DIE KIRCHLICHE DOGMATIK

VON
KARL BARTH

ERSTER BAND
DIE LEHRE VOM WORT GOTTES

ERSTER HALBBAND

THEOLOGISCHER VERLAG ZÜRICH

DIE LEHRE VOM WORT GOTTES

PROLEGOMENA ZUR KIRCHLICHEN DOGMATIK

VON
KARL BARTH
DR. THEOL., D. D., LL. D.
O. PROFESSOR AN DER UNIVERSITÄT BASEL

ERSTER HALBBAND

NEUNTE AUFLAGE

THEOLOGISCHER VERLAG ZÜRICH

9. Auflage 1975

© Theologischer Verlag Zürich
Druck: Meier & Cie. AG Schaffhausen
Printed in Switzerland
ISBN 3290.11006.0

MEINEM FREUND
RUDOLF PESTALOZZI

VORWORT

Die menschlichen Dinge — auch diejenigen, über die man einige Macht zu haben meint — laufen immer wieder anders, als man plant. *Hominum confusione? Dei providentia?* Sicher auch und sicher entscheidend: *Dei providentia*, aber sicher so, daß auf der anderen, der menschlichen Seite zunächst und an sich alles *confusio* ist, viele Pläne gar nicht und so ziemlich alle Pläne ganz anders zur Ausführung kommen, als man sie jeweils geplant hatte.

Als ich vor nunmehr fünf Jahren die „Lehre vom Worte Gottes" als ersten Band einer „Christlichen Dogmatik im Entwurf" an die Öffentlichkeit gab, da dachte ich — allerlei nicht unbrauchbare Vorarbeit lag ja vor — das damit verheißene Ganze etwa innerhalb der nun verflossenen Zeit leisten zu sollen und zu können. Es kam anders. Der gedruckt vor mir liegende erste Band zeigte mir zu deutlich (wie es wohl auch anderen geht: deutlicher als ein im Schrank liegendes Manuskript mir das zu zeigen vermocht hätte!), wie viel ich selbst geschichtlich und sachlich noch zu lernen habe; der Widerspruch, auf den das Buch wenigstens im Kreise der Kollegen gestoßen ist, war zu allgemein und heftig und die inzwischen eingetretenen Verschiebungen in der theologischen, kirchlichen und allgemeinen Lage gaben mir zu viel zu denken — mittlerweile wollte ja doch auch Anselm von Canterbury noch sein Buch haben! — als daß ich den allmählich häufiger werdenden freundlichen oder auch ironischen Nachfragen: wo denn mein „zweiter Band" bleibe? hätte Gehör schenken und auf der Ebene und in dem Tenor des Anfangs von 1927 einfach hätte weiterschreiben dürfen. Das wurde mir freilich erst klar, als die 4000 Exemplare des als „erster Band" gedruckten Buches der Neige entgegengingen und ich vor der Aufgabe stand, mich zunächst um eine Neuauflage jenes ersten Teils zu bekümmern. Was ich vor zwölf Jahren bei der Neubearbeitung des Römerbriefs erlebt hatte, wiederholte sich: ich konnte und wollte dasselbe sagen wie einst; aber so wie ich es einst gesagt, konnte ich es jetzt nicht mehr sagen. Was blieb mir übrig, als von vorn anzufangen, und zwar noch einmal dasselbe, aber dasselbe noch einmal ganz anders zu sagen? Und so muß ich nun die Leser erfreuen oder vielleicht teilweise auch ärgern durch die Tatsache, daß ich ihnen statt des erwarteten neuen Buches zunächst noch einmal bloß das erneuerte alte vorlege. Möchten es mir einige glauben, daß, wenigstens von mir aus gesehen, das alles unter dem Druck von äußeren und inneren Notwendigkeiten so planwidrig laufen mußte! Und möchte es dann einigen auch als sinnvoll einleuchten, daß ich mich in dieser nicht gerade üblichen Weise aufhalten und ablenken ließ!

Die eingetretene Veränderung besteht zunächst formell in der sehr viel größeren Ausführlichkeit, die ich der Darstellung meinte geben zu sollen. Sie zeigt sich augenfällig darin, daß ich vorläufig bei nicht unerheblich größerem Umfang des Buches und trotz einiger kräftiger Streichungen nur bis zur Hälfte des in seiner ersten Fassung besprochenen Stoffes vorgedrungen bin und also nur einen ersten Halbband vorlegen kann. Was kann ich dafür? Alle Probleme haben sich mir eben in den fünf Jahren noch sehr viel reicher, bewegter und schwieriger dargestellt. Ich mußte weiter ausholen und breiter begründen. Und nun wage ich doch zu hoffen, es sei gerade damit alles faktisch einfacher und durchsichtiger geworden.

Das äußere Anwachsen des Buches hängt auch damit zusammen, daß ich der Andeutung der biblisch-theologischen Voraussetzungen, der theologiegeschichtlichen Zusammenhänge und der polemischen Beziehungen meiner Sätze mehr Raum geben wollte. Ich habe alle diese Dinge in die kleingedruckten Zwischensätze zusammengedrängt und die eigentliche dogmatische Darstellung so eingerichtet, daß sie, besonders von Nichttheologen, allenfalls auch unter Überspringung dieser Exkurse im Zusammmenhang gelesen werden kann. Sollte ich umgekehrt die Naschsüchtigen unter den — Theologen bitten müssen, nicht etwa bloß diese Exkurse zu lesen?! Man kann nämlich den Text zur Not (eigentlich doch auch nur zur Not) auch ohne die Exkurse, man kann aber die Exkurse sicher nicht ohne den Text verstehen. Wenn ich die angeführten Bibel-, Väter- und Theologenstellen meistens *in extenso* wiedergegeben habe, so geschah das nicht nur mit Rücksicht auf die Vielen, denen die benützten Bücher nicht zur Hand sein können, sondern weil ich allen Lesern unmittelbarer als dies durch bloße Verweise hätte geschehen können, Gelegenheit geben wollte, diejenigen Stimmen selbst zu hören, die mir bei der Ausarbeitung meines eigenen Textes in den Ohren lagen, die mich geführt, belehrt oder angeregt haben und an denen ich von den Lesern gemessen zu werden wünsche. Daß diese Stimmen dasselbe gesagt hätten wie ich, meine ich nirgends, wohl aber, daß man, was heute in der Dogmatik zu sagen und zu hören nottut, besser verstehe, ja letztlich sogar nur dann ganz verstehe, wenn man diese Stimmen mit hört, sofern es sich um Bibelstellen handelt, sogar als den eigentlichen Grundtext, den alles Andere und alles Eigene nur kommentieren kann, durch alles Andere und Eigene hindurch hört. Wer die Anführung dieser oder jener ihm bedeutsamen Instanz zu vermissen Anlaß finden sollte, mag jedenfalls bedenken, daß das Auswahlprinzip einer Dogmatik ein anderes sein muß als das einer geschichtlichen Darstellung im engeren Sinn. Ebenso bin ich aber auch den von mir implizit oder explizit bestrittenen Gegensätzen, auch denen meiner besonderen und direkten Widersacher und Kritiker von heute nicht etwa systematisch nachgegangen, sondern ich habe, meinen eigenen Weg gehend, diejenigen aufgenommen, die mir in irgendeinem Sinn Eindruck gemacht haben, und habe sie da aufgenommen, wo es mir zur Bewegung oder auch bloß zur Beleuchtung der Probleme sachlich dienlich erschien.

Den Tatbestand über die zwischen der ersten und dieser zweiten Auflage eingetretene inhaltliche Bewegung möge der Leser dem Buche selbst entnehmen. Ich darf mich hier mit einigen allgemeinen Bemerkungen begnügen.

Wenn im Titel des Buches an die Stelle des Wortes „christlich" das Wort „kirchlich" getreten ist, so bedeutet das einmal: daß ich hinsichtlich des Verzichts auf den von mir bekämpften leichtfertigen Gebrauch des großen Wortes „christlich" mit dem guten Beispiel vorangehen möchte — aber doch auch das Sachliche: daß ich zum vornherein darauf hinweisen möchte: Dogmatik ist keine „freie" sondern eine an den Raum der Kirche gebundene, da und nur da mögliche und sinnvolle Wissenschaft. Der Weheruf über den allgemeinen Gang meiner Entwicklung wird gewiß schon angesichts dieser so sichtbaren Veränderung noch lauter ertönen. Einige werden doch gerade daraus ersehen, wie es gemeint war, wenn ich in den letzten Jahren (und übrigens auch in diesem Buche selbst) mehrfach etwas lebhaft gegen — nein für die Kirche das Wort ergriffen habe. Aber wie dem auch sei: man wird in dieser neuen Auflage die Linien gerade in der durch diese Veränderung angezeigten Richtung schärfer ausgezogen finden.

Das bedeutet vor allem, daß ich einiges (worunter doch auch meine eigenen Absichten) jetzt besser verstanden zu haben meine, indem ich in dieser zweiten Fassung des Buches tunlichst Alles, was in der ersten nach existentialphilosophischer Begründung, Stützung oder auch nur Rechtfertigung der Theologie allenfalls aussehen mochte, ausgeschieden habe. „Das Wort oder die Existenz"? Die erste Auflage hat dem Scharfsinn und doch auch — der Verständnislosigkeit einigen Anlaß geboten, diese Frage zu stellen. Ich darf hoffen, daß sie nun, wenigstens was meine Absicht betrifft, deutlich beantwortet ist. Weil ich in jenem Unternehmen nur eine Neuaufnahme der Linie Schleiermacher-Ritschl-Herrmann, und weil ich in jeder denkbaren Fortsetzung dieser Linie nur das klare Verderben der protestantischen Theologie und Kirche erblicken kann, weil ich zwischen dem nur auf römisch-katholischem Boden legitimen Spiel mit der *analogia entis*, zwischen der Größe und dem Elend einer angeblichen natürlichen Gotteserkenntnis im Sinn des Vatikanums und einer aus ihrer eigenen Quelle sich nährenden, auf ihren eigenen Füßen stehenden, von jenem säkularen Elend endlich befreiten protestantischen Theologie keine dritte Möglichkeit mehr sehe, deshalb kann ich hier nur Nein sagen. Ich halte die *analogia entis* für die Erfindung des Antichrist und denke, daß man ihretwegen nicht katholisch werden kann. Wobei ich mir zugleich erlaube, alle anderen Gründe, die man haben kann, nicht katholisch zu werden, für kurzsichtig und unernsthaft zu halten.

Damit ist nun schon gesagt, wie ich mich zu dem Vorwurf zu stellen habe, den ich vor fünf Jahren am deutlichsten vorausgesehen hatte und der denn auch alsbald fast auf der ganzen Linie — in allen Tönen, die vom freundlichen Bedauern bis zum hellausbrechenden Zorn möglich sind — erhoben worden ist: Ich befinde mich geschichtlich, formal und sachlich auf den Wegen der Scholastik. Scheine doch die Kirchengeschichte für mich nicht erst mit dem Jahre 1517 anzufangen. Sei ich doch in der Lage, Anselm und Thomas auch ohne Zeichen des Abscheus zu zitieren. Gebe es doch für mich offensichtlich so etwas wie eine Maßgeblichkeit des altkirchlichen Dogmas. Trage ich doch in aller Ausführlichkeit die Lehre von der Trinität und an ihrem Ort sogar die von der Jungfrauengeburt vor. Das Letztgenannte allein hätte offenbar manchen Zeitgenossen genügt, um mich des Kryptokatholizismus für mehr als verdächtig zu halten. Was soll ich dazu sagen? Soll ich entschuldigend darauf hinweisen, daß der Zusammenhang zwischen der Reformation und der alten Kirche, das trinitarische und das christologische Dogma, der Begriff des Dogmas überhaupt und der Begriff des biblischen Kanons doch schließlich nicht meine böswilligen Erfindungen sind? Oder soll ich gegen die Empörung die Empörung setzen: über die Anmaßung, die ihrerseits die Notwendigkeit der Ignorierung oder Leugnung jener Dinge, die ihrerseits einen epigonenhaften Fideismus bereits als Dogmen zu betrachten scheint, deren Verächter man flugs des „Katholisierens" zeihen dürfe? Oder soll ich — vielleicht unter Namensnennung — fragen, warum mir eigentlich kein einziger von den sogenannten „positiven" Theologen, deren es ja an deutschen Universitäten noch etliche geben soll — sie oder ihre Vorgänger führten doch noch vor rund 20 Jahren einen leidlich rüstigen Streit um „das Bekenntnis"! — in dieser Sache beigesprungen ist? Oder was und wie denn etwa sie heute von Trinität und Jungfrauengeburt zu lehren gedächten? Oder soll ich mich nur wundern über das Banausentum, das überall, wo es seinen Ethizismus nicht wiedererkennt, über „Spekulation" meint jammern zu dürfen, das nicht merkt, daß nicht nur die wichtigsten sondern auch die interessantesten und schönsten Probleme der Dogmatik dort anfangen, wo man auf Grund des Märchens von der „unfruchtbaren Scholastik" und auf Grund des Schlagwortes vom „griechischen Denken der Kirchenväter" zu denken aufhören müßte? Oder soll ich lachen über das schon phonetisch so komische Gerede von *fides quae* und *fides qua*, mit dem sich etliche offenbar aller scholastischen Sorgen auf einen Hieb meinen entschlagen, mit dem sie auch mit mir eiligst meinen fertig werden zu können? Oder soll ich vielmehr weinen über die immer noch zunehmende Verwilderung, Langweiligkeit und Bedeutungslosigkeit des modernen Protestantismus, dem — wahrscheinlich doch gerade mit Trinität und Jungfrauengeburt — eine ganze dritte Dimension (sagen wir einmal: die Dimension des — mit religiös-sittlichem „Ernst" nicht zu verwechselnden — Geheimnisses) abhanden gekommen ist: damit er mit allem möglichen nichtsnutzigen Ersatz gestraft werden, damit er auf Hochkirche, Deutschkirche, Christengemeinschaft, religiösen Sozialismus und ähnliche betrübte Rotten und Sekten um so hemmungsloser hereinfallen, damit so und so mancher seiner Prediger und Gläubigen schließlich im Rauschen seines nordischen Blutes und beim politischen „Führer" religiösen Tiefsinn entdecken lernen möchte. Was da auch das Richtige sei, ich kann an diesem Einwand und an dem Gemunkel von meinem „Katholisieren" nur vorbeigehen und alles, was man an meinem Buch in dieser Hinsicht beklagt hat, im Angesicht des Feindes eindringlicher und ausdrücklicher noch einmal sagen. Ich bin gerade nach dieser besonders angefochtenen Seite besonders guten Mutes und meiner Sache besonders sicher.

Zum Schluß eine Bemerkung im Blick auf die gegenwärtige theologische Lage. Man wird dieses Buch in Zustimmung oder Ablehnung um so besser verstehen, je mehr man es, wie ich schon im Vorwort zur ersten Auflage sagte, als Alleingänger, je weniger man es also als Exponenten einer Bewegung, Richtung oder Schule auffaßt. Auch in diesem Sinn möchte es „kirchlich" sein. Daß zwischen Eduard Thurneysen und mir eine alte und immer wieder als selbstverständlich bewährte theologische Zusammengehörigkeit besteht, darf ich als bekannt voraussetzen. Ich kenne darüber hinaus unter den theologischen Kollegen, unter den Pfarrern und unter den Nichttheologen manchen Mann und manche Frau, mit denen ich mich in gemeinsamer Gesinnung herzlich verbunden weiß. Aber eine Schule ist das nicht und gerade an die, die man mit mir selbst als Wortführer der sog. „dialektischen Theologie" oder als deren Anverwandte am meisten zu nennen pflegt, würde ich dabei nicht einmal in der hervorgehobensten Weise denken können. Es wird gerade ihnen wie mir recht sein, wenn dieses Buch auch in seiner neuen Gestalt nicht als die Dogmatik der „dialektischen Theologie" in Anspruch genommen wird. Die Gemeinschaft, in der und für die ich dieses Buch geschrieben habe, ist die Gemeinschaft der Kirche, keine theologische „Arbeitsgemeinschaft". Allerdings: innerhalb der Kirche gibt es eine evangelische Theologie, die zu bejahen und eine häretische Untheologie, die resolut zu verneinen ist. Aber ich bin froh, *in concreto* nicht zu wissen und nicht wissen zu müssen, wer hüben, wer drüben steht und also wohl einer Sache, nicht aber einer Partei dienen, wohl gegen eine Sache, aber nicht gegen eine andere Partei mich abgrenzen, m. e. W. nicht für und nicht gegen Personen arbeiten zu müssen. Also auch meinen scheinbaren und wirklichen Nachbarn gegenüber frei und auf Erden nur der Kirche verantwortlich zu sein! Ich wollte wohl, daß ich auch darin Einigen, die mich ums Leben gern mit X und Y Arm in Arm gehen sehen würden, verständlich werden möchte.

Vorwort

Es ist mir nun nicht verborgen, daß das Unternehmen einer Dogmatik der evangelischen Kirche in der heutigen Zeit auch an sich und abgesehen von den sie in ihrer Besonderheit treffenden Einwänden Bedenken unterliegt, auf die zu antworten mir nicht eben leicht fallen kann. Wo ist denn in der Gegenwart die evangelische Kirche, die danach begehrt, daß man sie so ernst nimmt, sich in dem Sinne zu ihr bekennt, wie es in diesem Buche geschieht? Weiß ich etwa nicht, daß im Bereich des modernen Protestantismus gerade das Kirchenregiment weithin keinen dringlicheren Wunsch zu kennen scheint, als den, von Kirchenlehre so wenig als möglich hören zu müssen? Weiß ich nicht, daß auch das in der heutigen Kirche etwa vorhandene Interesse an der Lehre auf ganz andere Dinge gerichtet ist, als auf die gerade in meiner Grundlegung verhandelten? Weiß ich nicht um das Mißverhältnis zwischen dem, was heute Aller Köpfe und Herzen erfüllt und dem, was ich auf diesen Blättern als aufregend und wichtig dartun möchte? Weiß ich nicht, wie wahrscheinlich es ist, daß mir aus weiten Kreisen derer, die von theologischer Arbeit überhaupt Notiz zu nehmen pflegen, der Ruf aufs neue begegnen wird: hier würden Steine statt Brot geboten? Doch, ich weiß das Alles und es könnte mich wohl müde machen, daran zu denken. Ich kann dazu nur sagen, daß ich es mir verboten sein lasse, mich durch den Gedanken daran müde machen zu lassen. Weil ich meine, daß derjenige auf eine sich selbst ernst nehmende evangelische Kirche bis zum jüngsten Tag vergeblich *warten* würde, der es nicht in aller Bescheidenheit wagen wollte, an seinem Ort und so gut er es versteht, solche Kirche zu *sein*. Weil ich das heutige Kirchenregiment besser zu verstehen meine, als es sich selbst versteht, wenn ich sein mir nur zu wohlbekanntes Ressentiment gegen das, was ihm wichtigste Aufgabe sein müßte, nicht beachte, sondern von dem schlecht informierten an das besser zu informierende Kirchenregiment appelliere. Weil ich fest überzeugt bin, daß es zu den Klärungen besonders auf dem weiten Feld der Politik, die heute nötig sind und zu denen die Theologie heute ein Wort sagen möchte (wie sie denn auch in der Tat ein Wort dazu zu sagen haben sollte!) nicht kommen kann, ohne daß es zuvor zu denjenigen umfassenden Klärungen in der Theologie und über die Theologie selbst gekommen ist, um die es hier gehen soll. Weil der Kirche und mit ihr der Theologie zuzumuten ist — Welt in der Welt, wie sie es zweifellos nicht minder sind als die Chemie oder als das Theater! — nun dennoch und gerade dem Rhythmus ihrer eigenen Sachlichkeit zu folgen, d. h. aber sich wohl zu überlegen, welches die *wirklichen* Bedürfnisse des Tages sind, nach denen sie ihr Programm zu richten hat. Weil ich die Erfahrung gemacht habe, daß „man" (jenes von vielen Kirchenmännern und Theologen so sehr respektierte!) letzten Endes dann und erst dann wieder mit uns rechnet, wenn wir ein wenig unbekümmert um das, was „man" von uns erwartet, tun, was nun eben *uns* aufgetragen ist. Weil ich tatsächlich glaube, daß eine bessere kirchliche Dogmatik (auch abgesehen von allen ethischen Nutzanwendungen) ein letztlich wichtigerer und soliderer Beitrag auch zu Fragen und Aufgaben wie etwa der der deutschen Befreiung sein möchte, als das meiste von all dem Wohlgemeinten, was so viele auch unter den Theologen angesichts dieser Fragen und Aufgaben dilettantisierend meinen leisten zu sollen und zu können. Darum lasse ich es mir verboten sein, mich durch jene Gedanken müde machen zu lassen. Darum wage ich das wirklich auch für mein Empfinden Gewagte, mitten im Jahr 1932 an eine Dogmatik und noch dazu an eine so umfangreiche Dogmatik zu gehen. Ich wollte es nicht unterlassen, dies auszusprechen, um anzudeuten, daß das, was sich in Scherz und Ernst dazu bemerken läßt, wohl auch durch meine Seele gegangen ist.

Auf Wunsch meines Herrn Verlegers teile ich den Lesern sehr gerne aber auch sehr unverbindlich mit, wie ich mir die Fortsetzung des mit diesem Halbband gemachten Anfangs denke.

Es werden zunächst in einem zweiten Halbband vermutlich ungefähr gleichen Umfangs die „Prolegomena zur Dogmatik" zu Ende zu führen, es wird also entsprechend der ersten Auflage zunächst die Lehre von der Offenbarung zu beendigen, die Lehre von der Heiligen Schrift und die Lehre von der kirchlichen Verkündigung vorzutragen sein.

Der zweite Band soll die Lehre von Gott, der dritte die Lehre von der Schöpfung, der vierte die Lehre von der Versöhnung, der. fünfte die Lehre von der Erlösung enthalten.

Die sog. Ethik verstehe ich als die Lehre von Gottes Gebot und halte es nicht für richtig, sie anders denn als einen integrierenden Bestandteil der Dogmatik zu behandeln oder eine Dogmatik vorzutragen, die jene nicht in sich schlösse. Der Begriff des Gebotes Gottes im allgemeinen soll in dieser Dogmatik am Schluß der Lehre von Gott zur Sprache kommen. Über das Gebot Gottes unter dem Gesichtspunkt der Ordnung wird am Schluß der Lehre von der Schöpfung, unter dem Gesichtspunkt des Gesetzes am Schluß der Lehre von der Versöhnung, unter dem Gesichtspunkt der Verheißung am Schluß der Lehre von der Erlösung gehandelt werden.

Ich brauche nicht zu sagen, daß ich zur Ausführung dieses Planes in der Weise, wie sie mir jetzt als richtig vor Augen steht, mit vielen Jahren rechnen muß. Und alle Verständigen werden einsehen, daß ich mich heute bei einer Sache auf so weite Sicht nicht durch ins Einzelne gehende Mitteilungen aus meinen Vorarbeiten festlegen kann, sondern sie bitten darf, mir auf Grund der eben gemachten Andeutungen vorläufig zu glauben, daß ich weiß, wo ich hinaus will. „So Gott will und wir leben" (Jak. 4, 15).

Bergli, Oberrieden (Kt. Zürich) im August 1932

INHALT

EINLEITUNG

§ 1. Die Aufgabe der Dogmatik 1
    1. Kirche, Theologie, Wissenschaft 1
    2. Dogmatik als Forschung 10
    3. Dogmatik als Glaubensakt 16

§ 2. Die Aufgabe der Prolegomena zur Dogmatik 23
    1. Die Notwendigkeit dogmatischer Prolegomena 24
    2. Die Möglichkeit dogmatischer Prolegomena 35

DIE LEHRE VOM WORTE GOTTES

ERSTES KAPITEL. DAS WORT GOTTES ALS KRITERIUM DER DOGMATIK

§ 3. Die kirchliche Verkündigung als Stoff der Dogmatik 47
    1. Rede von Gott und kirchliche Verkündigung 47
    2. Dogmatik und kirchliche Verkündigung 73

§ 4. Das Wort Gottes in seiner dreifachen Gestalt 89
    1. Das verkündigte Wort Gottes 89
    2. Das geschriebene Wort Gottes 101
    3. Das geoffenbarte Wort Gottes 114
    4. Die Einheit des Wortes Gottes 124

§ 5. Das Wesen des Wortes Gottes 128
    1. Die Frage nach dem Wesen des Wortes Gottes 128
    2. Das Wort Gottes als Rede Gottes 136
    3. Die Rede Gottes als Tat Gottes 148
    4. Die Rede Gottes als Geheimnis Gottes 168

§ 6. Die Erkennbarkeit des Wortes Gottes 194
    1. Die Frage nach der Erkennbarkeit des Wortes Gottes 194
    2. Das Wort Gottes und der Mensch 198
    3. Das Wort Gottes und die Erfahrung 206
    4. Das Wort Gottes und der Glaube 239

§ 7. Das Wort Gottes, das Dogma und die Dogmatik 261

1. Das Problem der Dogmatik 261
2. Dogmatik als Wissenschaft 291
3. Das Problem der dogmatischen Prolegomena 305

ZWEITES KAPITEL. DIE OFFENBARUNG GOTTES
Erster Abschnitt. Der dreieinige Gott

§ 8. Gott in seiner Offenbarung 311

1. Die Stellung der Trinitätslehre in der Dogmatik 311
2. Die Wurzel der Trinitätslehre 320
3. Das *vestigium trinitatis* 352

§ 9. Gottes Dreieinigkeit 367

1. Die Einheit in der Dreiheit 367
2. Die Dreiheit in der Einheit 373
3. Die Dreieinigkeit 388
4. Der Sinn der Trinitätslehre 395

§ 10. Gott der Vater 404

1. Gott als Schöpfer 404
2. Der ewige Vater 411

§ 11. Gott der Sohn 419

1. Gott als Versöhner 419
2. Der ewige Sohn 435

§ 12. Gott der heilige Geist 470

1. Gott als Erlöser 470
2. Der ewige Geist 489

Register 515

I. Bibelstellen 515
II. Namen 521
III. Begriffe 524

Verbesserungen 514

EINLEITUNG

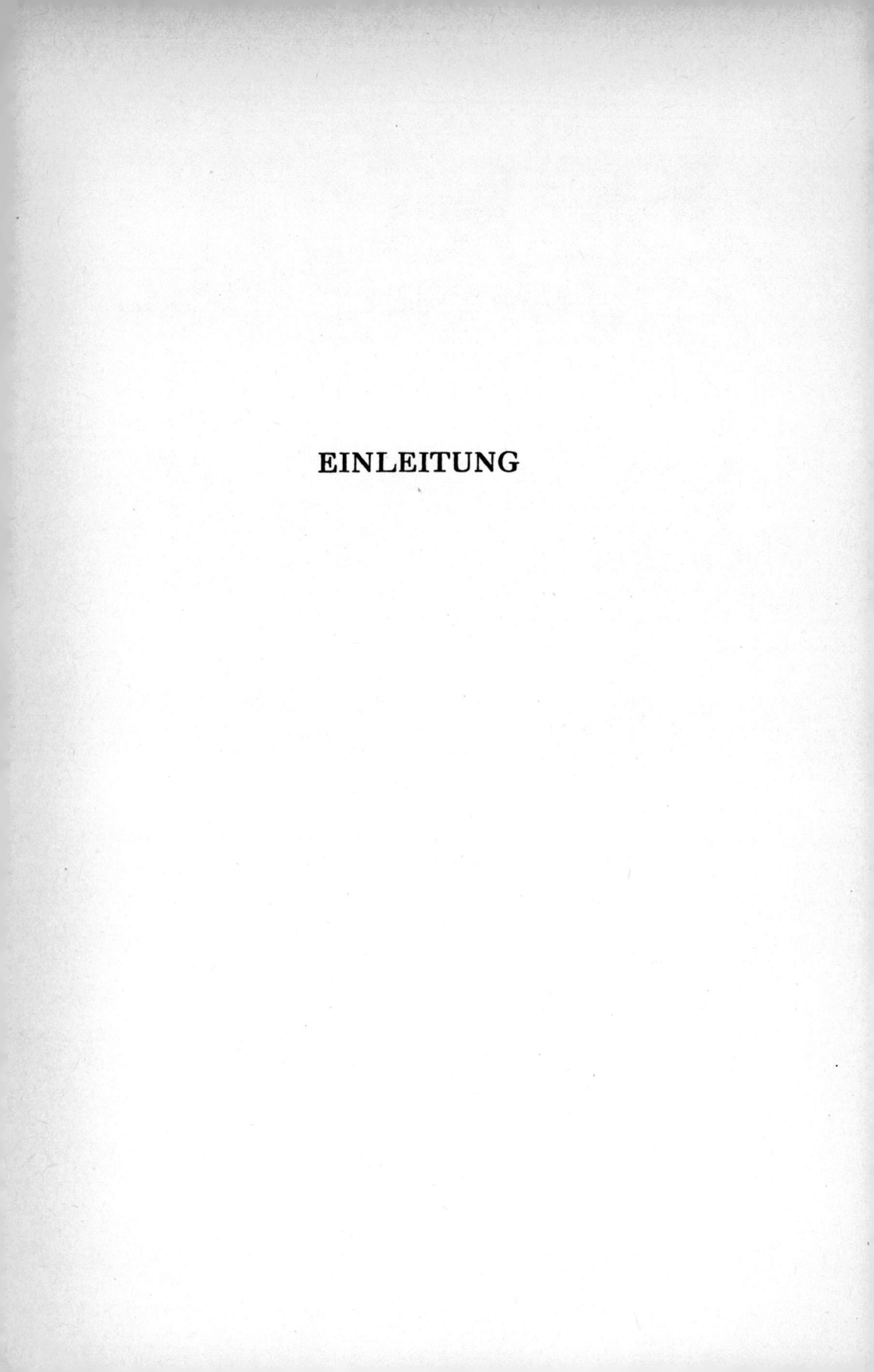

§ 1
DIE AUFGABE DER DOGMATIK

Dogmatik ist als theologische Disziplin die wissenschaftliche Selbstprüfung der christlichen Kirche hinsichtlich des Inhalts der ihr eigentümlichen Rede von Gott.

1. KIRCHE, THEOLOGIE, WISSENSCHAFT

Dogmatik ist eine theologische Disziplin. Theologie ist aber eine Funktion der Kirche.

Die Kirche bekennt sich zu Gott, indem sie von Gott redet. Das geschieht einmal durch ihre Existenz im Handeln jedes einzelnen Glaubenden. Und das geschieht zweitens durch ihr besonderes Handeln als Gemeinschaft: in der Verkündigung durch Predigt und Sakramentsverwaltung, in der Anbetung, im Unterricht, in der äußeren und inneren Mission mit Einschluß der Liebestätigkeit unter den Schwachen, Kranken und Gefährdeten. Die Wirklichkeit der Kirche geht zum Glück nicht auf in ihrem Handeln. Aber ihr Handeln geht darin auf, daß sie sowohl in ihrer Existenz in den Glaubenden als auch in ihrer gemeindlichen Existenz als solcher von Gott redet. Ihr Handeln ist „Theologie" in jenem weiteren und in diesem engeren Sinn.

Theologie ist *de divinitate ratio sive sermo* (Augustin, *De civ. Dei* VIII 1). Θεολόγος est ὁ τὸν θεὸν ἐκ θεοῦ ἐνώπιον τοῦ θεοῦ εἰς δόξαν αὐτοῦ λέγων (Coccejus, *Summa theol.* 1669 I 1).

Aber eben indem sich die Kirche zu Gott bekennt, bekennt sie sich auch zu der Menschlichkeit und zugleich zu der Verantwortlichkeit ihres Handelns. Sie weiß um die schwere Anfechtbarkeit, in der sie von Gott redet, und weiß, daß sie für ihr Reden Gott Rechenschaft schuldig ist. Die erste, letzte und entscheidende Antwort auf diese doppelte Not besteht darin, daß sie sich an der Gnade dessen genügen läßt, dessen Kraft in den Schwachen mächtig ist. Aber eben indem sie sich daran genügen läßt, anerkennt und übernimmt sie als handelnde Kirche eine weitere menschliche Aufgabe: die Aufgabe der Kritik und Korrektur ihres Redens von Gott. Damit stehen wir vor dem Begriff der Theologie im dritten, engsten und eigentlichen Sinn des Wortes.

Vgl. zu diesem dreifachen Begriff von Theologie Joh. Gerhard, *Loci theol.* 1610 *Prooem.* 4: Theologie ist 1. *fides et religio Christiana, quae omnibus fidelibus doctis aeque ac indoctis communis est, ut sic theologi dicantur* 2. *functio ministerii Ecclesiastici* 3. *accuratior divinorum mysteriorum cognitio, qua ratione theologi dicuntur, qui possunt veritatem divinam solide stabilire, eique oppositam falsitatem potenter destruere.*

Theologie als Wissenschaft (im Unterschied zu der „Theologie" des einfachen Glaubens- und Lebenszeugnisses und im Unterschied zu der „Theologie" des Gottesdienstes) ist eine Maßnahme der Kirche, ergriffen im Blick auf jene Anfechtbarkeit und Verantwortlichkeit ihres Redens. Sie wäre sinnlos ohne die rechtfertigende G n a d e, die auch hier allein gut machen kann, was der Mensch als solcher auf alle Fälle schlecht macht, sie kann aber sinnvoll sein als Akt des G e h o r s a m s eben gegen diese Gnade, des Gehorsams, in dem der Mensch auch hier ohne zu schauen g l a u b e n darf, seine Sache g u t zu machen.

Schon alte Theologie weiß: ... *et hominis officio ipso sancto Spiritu largiente in docendis etiam ipsis doctoribus non debere cessare et tamen neque qui plantat esse aliquid neque qui rigat sed Deum qui incrementum dat.* (Augustin, *De doctr. christ.* IV 16.)

Kirche bringt Theologie in diesem besonderen und eigentlichen Sinn hervor, indem sie sich einer Selbstprüfung unterzieht. Sie stellt sich die Wahrheitsfrage, d. h. sie mißt ihr Handeln, ihr Reden von Gott an ihrem Sein als Kirche. Es gibt also Theologie in diesem besonderen und eigentlichen Sinn, weil es in der Kirche vor ihr und ohne sie Rede von Gott gibt. — Theologie f o l g t der Rede der Kirche, sofern sie sie mit ihrer Frage, ob es dabei mit rechten Dingen zugehe, nicht an einem ihr fremden Maßstab, sondern an ihrem eigensten Ursprung und Gegenstand mißt. Theologie f ü h r t die Rede der Kirche, sofern sie sie konkret daran erinnert, daß sie unter allen Umständen fehlbares Menschenwerk ist, das in bezug auf seine Sachlichkeit oder Unsachlichkeit auf der Waage liegt, das Gehorsam gegen die Gnade sein muß, um wohlgetan zu sein. Theologie b e g l e i t e t die Rede der Kirche, sofern sie selbst nichts anderes ist als menschliche „Rede von Gott", sofern sie mit jener unter dem beim Hause Gottes anfangenden Gericht steht und sofern sie mit jener lebt von der der Kirche gegebenen Verheißung.

Die Arbeit, in der sich die Kirche dieser Selbstprüfung unterzieht, verläuft in drei Kreisen, die einander in der Weise überschneiden, daß das Zentrum eines jeden innerhalb der Peripherie auch der beiden anderen liegt, während man ein „systematisches" Zentrum, das Zentrum des die drei Kreise umfassenden Kreises in Anbetracht dessen, was hier allein Zentrum sein könnte, besser weder behaupten noch konstruieren wird. Die Wahrheitsfrage, um die es in der Theologie durchweg geht, ist die Frage der Übereinstimmung der der Kirche eigentümlichen Rede von Gott mit dem Sein der Kirche. Das K r i t e r i u m der christlichen Rede von der Vergangenheit und von der Zukunft her und mitten in der Gegenwart ist also das S e i n d e r K i r c h e, d. h. aber J e s u s C h r istus: Gott in seiner gnädigen offenbarenden und versöhnenden Zuwendung zum Menschen. Kommt die christliche Rede von ihm her? Führt sie zu ihm hin? Ist sie ihm gemäß? Keine dieser Fragen ist ohne die andere, aber jede ist mit ganzem Gewicht selbständig zu stellen. So ist Theologie als biblische Theologie die Frage nach der Begründung, als praktische Theologie die Frage nach dem Ziel, als dogmatische Theologie die Frage nach dem Inhalt der der Kirche eigentümlichen Rede.

Die sogenannte Kirchengeschichte antwortet auf keine selbständig zu stellende Frage hinsichtlich der christlichen Rede von Gott und ist darum nicht als selbständige theologische Disziplin aufzufassen. Sie ist die unentbehrliche Hilfswissenschaft der exegetischen, der dogmatischen und der praktischen Theologie.

Indem sich die Kirche die Wahrheitsfrage in diesem dreifachen Sinn nicht willkürlich, sondern sachgemäß stellt, bekommt diese ihre Selbstprüfung den Charakter eines wissenschaftlichen Unternehmens, das als solches selbständig neben andere menschliche Unternehmungen gleicher oder ähnlicher Art tritt: als diese besondere, die theologische „Wissenschaft". — Für beides: für den Charakter der Theologie als einer „Wissenschaft" und für ihre Besonderheit neben den anderen „Wissenschaften" wird man freilich nur praktisch und unter Vorbehalt eintreten können.

Schon die behauptete Selbständigkeit der Theologie gegenüber den anderen Wissenschaften ist jedenfalls nicht als prinzipiell notwendig zu erweisen. Die Behandlung der Frage nach der Wahrheit der Rede von Gott als Spezialfrage einer besonderen Fakultät ist eine Mißlichkeit, die man in ernster Anerkennung ihrer faktischen Unvermeidlichkeit in Kauf nehmen, aber nicht aus allerletzten Gründen rechtfertigen wollen soll. Nur theologischer Übermut könnte hier anders als praktisch argumentieren wollen. Es könnte ja sein, daß Philosophie oder Geschichtswissenschaft oder Soziologie oder Psychologie oder Pädagogik oder alle miteinander, im Raume der Kirche arbeitend, jene Aufgabe: das Reden der Kirche von Gott an ihrem Sein als Kirche zu messen, übernehmen und eine besondere Theologie überflüssig machen würden. Befindet sich doch die Theologie wirklich nicht im Besitz besonderer Schlüssel zu besonderen Türen! Weder verfügt sie über einen Erkenntnisgrund, der nicht sofort auch in jeder anderen Wissenschaft Aktualität haben könnte, noch kennt sie ein Gegenstandsgebiet, das irgendeiner anderen Wissenschaft verborgen sein müßte. Sie müßte das Geschehensein der Offenbarung, die Möglichkeit der Gnade und damit sich selbst verkennen, wenn sie solches behaupten wollte. Ebenso wird sich ja schon eine prinzipielle Notwendigkeit auch der „Theologie" des Gottesdienstes unmöglich nachweisen lassen: Jer. 31, 34 könnte ja schon in der Erfüllung begriffen sein! Philosophie und „profane" Wissenschaft überhaupt muß wahrlich nicht „profan", nicht heidnisch sein. Sie könnte *philosophia christiana* sein.

Porro si sapientia Deus est, per quem facta sunt omnia sicut divina auctoritas veritasque monstravit, verus philosophus est amator Dei. (Augustin, *De civ. Dei* VIII 1.)

Wer das prinzipiell bestreitet, verbindet eine Verzweiflung an der „Welt" mit einer Überschätzung der „christlichen" Welt in einer Weise, die sich weder mit der christlichen Hoffnung noch mit der christlichen Demut verträgt. Theologie als besondere Wissenschaft ist wie die „Theologie" des Gottesdienstes als besondere christliche Rede nur zu rechtfertigen als relative, faktische Notwendigkeit. Als solche ist sie gerechtfertigt.

Absolute et simpliciter Theologia non est necessaria, ne quidem toti Ecclesiae: potest enim Deus homines immediate h. e. sine ministerio hominum Theologorum informare et convertere — sed ex hypothesi posita scil. Dei voluntate. (Quenstedt, *Theol. did.-pol.* 1685 I, *cap.* 1 *sect.* 2 *qu.* 1 *ekth.* 6.)

Die anderen Wissenschaften haben eben die Aufgabe der Theologie faktisch nicht als ihre eigene anerkannt und aufgenommen. Das Reden der Kirche von Gott ist freilich von jeher von vielen Seiten kritisiert und zu korrigieren versucht worden. Aber was hier geschehen muß, das ist ja seine Kritik und Korrektur vom Sein der Kirche her: von Jesus Christus her als von seiner Begründung, seinem Ziel und seinem Inhalt. Und nun ist es faktisch so (ohne daß sich erweisen ließe, inwiefern es prinzipiell so sein müsse), daß der Historiker, der Pädagog usw. und nicht zuletzt auch der Philosoph, auch wo sie voll guten Willens dieses Thema mit in Betracht ziehen, im Rahmen ihrer Wissenschaften an dem hier vorliegenden Problem immer wieder vorbei reden, d. h. das Reden der Kirche von Gott nach irgendwelchen ihm fremden Prinzipien statt nach seinem eigenen beurteilen und so den Schaden, um deswillen die Kirche einer kritischen Wissenschaft bedarf, mehren statt mindern. Und das um so schlimmer, wenn es etwa auch noch unter dem Namen von „Theologie" geschieht! Die Leistung des Philosophen, Historikers usw. kann faktisch für das hier vorliegende Problem immer nur indirekt, mittelst einer bestimmten Interpretation bedeutsam werden. Direkt übernommen haben Philosophie, Geschichtswissenschaft, Psychologie usw. in jedem der drei theologischen Problemgebiete faktisch noch nie etwas anderem als der Vermehrung der Selbstentfremdung der Kirche, der Entartung und Verwüstung ihrer Rede von Gott gedient. In jener Interpretation hört aber, wie die zuständigen Zunftmeister sofort einwenden werden, Philosophie auf Philosophie, hört Geschichtswissenschaft auf Geschichtswissenschaft zu sein. *Philosophia christiana* ist faktisch noch nie Wirklichkeit gewesen: war sie *philosophia*, so war sie nicht *christiana*, war sie *christiana*, so war sie nicht *philosophia*. Soll nun das Anliegen der Kirche nicht einfach liegen bleiben, so wird entsprechend der besonderen Funktion des Gottesdienstes die besondere Funktion einer wissenschaftlichen Theologie faktisch unentbehrlich. Ihre Aufgabe ist die von den anderen Wissenschaften faktisch nicht versehene Kritik und Korrektur der Rede von Gott nach Maßgabe des der Kirche eigenen Prinzips. Theologie ist diejenige Wissenschaft, die sich letztlich diese und nur diese Aufgabe stellt, alle anderen möglichen Aufgaben menschlicher Wahrheitsforschung aber dieser Aufgabe unterordnet.

Non ubique quidquid sciri ab homine potest in rebus humanis ... huic scientiae tribuens, sed illud tantummodo, quo fides saluberrima, quae ad veram beatitudinem ducit, gignitur, nutritur, defenditur, roboratur. (Augustin, *De trin.* XIV 1, 3.) *Theologia ... ita est omnium arbitra et domina, ut de ipsis judicet et ipsa a nulla alia scientia judicetur; omnes enim aliae disciplinae exigendae sunt ad ejus amussim, ut quicquid habent cum Theologia non consonum reiiciatur.* (Fr. Turrettini, *Instit. Theol. elenchth.* I 1679, I 6, 7.) Vgl. Thomas v. Aquino, *S. theol.* I qu. 1, art. 5.

Es könnten sich auch die anderen Wissenschaften letztlich diese und nur diese Aufgabe stellen, alle anderen Aufgaben dieser Aufgabe unterordnen. Es könnten alle Wissenschaften in ihrer Spitze Theologie sein. Daß sie es nicht sind, dieses Faktum braucht hier weder unter Anklage gestellt noch gerechtfertigt zu werden. Es schafft jedenfalls ein Vakuum, das für die Kirche nicht tragbar ist. Die Sonderexistenz der Theologie bedeutet die Notmaßnahme, zu der sich die Kirche angesichts des faktischen Versagens der anderen Wissenschaften entschließen muß. Eine wissenschaftstheoretische Begründung dafür läßt sich nicht geben. Gerade von der Kirche und also von der Theologie selbst her gesehen, ist diese Sonderexistenz der Theologie theoretisch völlig problematisch. Die Theologie selbst wird von den Bemühungen, ihr eine Stellung im System der Wissenschaften zuzuweisen, sagen müssen, daß ihr dabei zu viel und — zu wenig Ehre angetan wird.

Ähnlich verhält es sich nun aber auch mit der Frage, ob die Theologie überhaupt eine „Wissenschaft" sei. Diese Frage ist auf keinen Fall eine Lebensfrage für die Theologie. Denn es gibt keine prinzipielle Notwendigkeit, keine inneren Gründe, die sie veranlassen könnten, ihre Zugehörigkeit gerade zu diesem Genus in Anspruch zu nehmen. Es könnte vielmehr allerlei Anlaß bestehen, in aller Form darauf Verzicht zu leisten.

Unter den altprotestantischen Orthodoxen hat m. W. erst Baier (*Comp. Theol. posit.* 1686 Prol. 1, 15), dem dann Buddeus (*Instit. Theol. dogmat.* 1724 I 1, 28) folgte, die Theologie mit Betonung eine *scientia* genannt. Vermutlich im Anschluß an Thomas v. Aquino (*S. theol.* I qu. 1, art. 2 u. 6) wurde in der älteren Leidener Schule (z. B. Waläus, *Loci comm.* 1640 S. 4, Leidener *Synopsis pur. Theol.* 1624 I, 9) vorsichtig von *scientia vel sapientia* geredet, während sonst, soweit ich sehe, die überwiegende Mehrheit der älteren (z. B. Wolleb, *Christ. Theol. Comp.* 1626, *Praecogn.*) und jüngeren (z. B. Mastricht, *Theol. theor.-pract.* 1698 I 1, 1) Reformierten, aber auch der Lutheraner Quenstedt (*Theol. did.-pol.* 1685 I, *cap.* 1 sect. 1 th. 28) den Begriff *doctrina* bevorzugten. J. Gerhard hat die Bezeichnung der Theologia als *scientia* aus folgenden Gründen ausdrücklich abgelehnt: 1. *scientiae certitudo ab internis et inhaerentibus principiis, fidei vero ab externis videlicet ab autoritate revelantis pendet.* 2. *subjectum Theologiae est Christus, cujus cognitio scientifico modo haberi nequit, sed ex divina revelatione eam peti oportet.* 3. *cujusvis scientiae principium est intellectus quando ex principiis apte cognitis ad scientiam conclusionum devenitur. At in theologia intellectus non est principium sed finis.* 4. *scientiis ratiocinando inventis potest subesse falsum.* (*Loci theol.* 1610. *Prooem.* 8.) Er und später Hollaz (*Ex. Theol. acroam.* 1707, *Prol.* 1, 1) wählen den Begriff *sapientia*. Im 19. Jahrhundert hat A. F. C. Vilmar, m. W. einsam, gegen den Namen „Wissenschaft" als „einstweilen" zu schwer belastet, Verwahrung eingelegt. (Dogmatik 1874 I S. 38. Vgl. Die Theologie der Tatsachen wider die Theologie der Rhetorik, 4. Aufl., 1876, S. VI f.) Das Pathos, mit dem Georg Wobbermin versichert, die Theologie habe „das allergrößte, nämlich ein durchaus existentielles Interesse daran, als wirkliche Wissenschaft zu gelten, als Wissenschaft im strengen, ja im strengsten Sinne des Wortes" (Richtlinien evang. Theologie 1929 S. 25), ist allzugroß. Zur antiken und mittelalterlichen Vorgeschichte dieser Frage vgl. G. Söhngen, Die kathol. Theologie als Wissenschaft und Weisheit (Catholica, Vierteljahrschrift für Kontroverstheologie, April 1932).

Wenn die Theologie sich eine „Wissenschaft" nennen läßt und selber nennt, so erklärt sie damit: 1. Sie ist wie alle anderen sog. Wissenschaften menschliche Bemühung um einen bestimmten Erkenntnisgegenstand. 2. Sie geht dabei wie alle anderen Wissenschaften einen bestimmten, in sich folgerichtigen Erkenntnisweg. 3. Sie ist wie alle anderen Wissenschaften in der Lage, sich selbst und jedermann (jedermann, der fähig ist, sich um diesen Gegenstand zu bemühen und also diesen Weg zu gehen) über diesen Weg Rechenschaft abzulegen. Es würde aber an dem, was sie zu tun hat, nicht das Geringste ändern, wenn sie als irgendetwas anderes denn gerade als „Wissenschaft" zu gelten hätte. Keinesfalls folgt aus der Tatsache, daß sie als solche gilt und auch wohl zu gelten beansprucht, die Verpflichtung, sich mit Rücksicht auf das, was sonst „Wissenschaft" heißt, in ihrer eigenen Aufgabe stören und beeinträchtigen zu lassen. Der Ausrichtung auf diese ihre eigene Aufgabe hat sie vielmehr schlechterdings jede Rücksicht auf das, was sonst „Wissenschaft" heißt, unterzuordnen und nötigenfalls zu opfern. Die Existenz der anderen Wissenschaften, die höchst achtunggebietende Treue, mit der wenigstens manche von ihnen ihren Axiomen und Methoden nachgehen, kann und muß sie daran erinnern, daß auch sie ihrer eigenen Aufgabe ordentlich, d. h. mit entsprechender Treue nachgehen soll. Sie kann sich aber nicht von jenen darüber belehren lassen, was das in ihrem Fall konkret zu bedeuten hat. Sie hat methodisch nichts bei ihnen zu lernen.

Sie hat sich nicht vor ihnen zu rechtfertigen, vor allem nicht dadurch, daß sie sich den Anforderungen eines zufällig oder nicht zufällig allgemein gültigen Wissenschaftsbegriffs unterzieht.

Auf die Frage, was denn eigentlich die „Wissenschaft" sei, der die Theologie durchaus angehören müsse, antwortet Georg Wobbermin (a. a. O. S. 29) sehr treuherzig:

"Das Streben nach möglichst genauer und möglichst vollständiger Erkenntnis der uns zugänglichen Wirklichkeit." Aber welche gute Theologie wird denn ihren Gegenstand zu der „uns zugänglichen Wirklichkeit" rechnen? Und wird eine schlechte Theologie, die das tut, die erstrebte Anerkennung durch die anderen Wissenschaften nun etwa wirklich finden?

Was es bedeuten würde, sich dem heute — und wahrscheinlich doch nicht nur heute — in Ansehen und Kraft stehenden Wissenschaftsbegriff anzupassen, kann man sich exemplarisch klar machen an dem Aufsatz von Heinrich Scholz: „Wie ist eine evangelische Theologie als Wissenschaft möglich?" (Z. d. Z. 1931, S. 8—53). Die Anforderungen, die an ein als „Wissenschaft" gelten wollendes Unternehmen und so auch an die Theologie zu richten sind, sind nach Scholz (a. a. O. S. 18—24, 28—48), vom Minimum zum Maximum aufsteigend, folgende: 1. Widerspruchslosigkeit aller in der betr. angeblichen Wissenschaft zu bildenden Sätze („Satzpostulat"), 2. Einheit ihres Gegenstandsbereiches („Kohärenzpostulat"), 3. Möglichkeit der Nachprüfung aller aufzustellenden Sätze durch jeden „hinlänglich aufmerksamen Leser oder Hörer" („Kontrollierbarkeitspostulat"), 4. Respektierung des physikalisch und biologisch Unmöglichen („Konkordanzpostulat"), 5. Freiheit von „irgendwelchen Vorurteilen" („Unabhängigkeitspostulat"), 6. Aufspaltbarkeit aller Sätze in Axiome und Theoreme und Beweisführung auf dieser Grundlage (dies die solenne „Höchstforderung, die an eine Wissenschaft gestellt werden kann"). Scholz hat sicher recht, wenn er sich dagegen verwahrt, daß der Theologe in diesem Wissenschaftsbegriff etwa ein arbiträres modernes Fündlein erblicken möchte: „Auch dieser Begriff hat eine Tradition, eine große, klassische Tradition und es ist schön und der Mühe wert, sich für die Hochhaltung dieser Tradition einzusetzen" (a. a. O. S. 51). Er hat neben seiner theoretischen Begründung in der Geschichte der Philosophie seit Plato und Aristoteles die geschichtliche Entwicklung mindestens der letzten 2—300 Jahre und eine in Berlin, New York und Tokio leidlich gleichmäßig durchgesetzte praktische Ausführung für sich. Er ist ja auch nicht als starres, sondern als bewegliches Prinzip gemeint, das ein Mehr oder Weniger an praktischer Erfüllung wohl erlaubt. Es hätte darum auch keinen Sinn, hier auf seine innere Problematik und auf seine in der Anwendung vielleicht ununterbrochen und bis in die Naturwissenschaften hinein stattfindenden Durchlöcherungen hinzuweisen. Er ist darum doch der Wissenschaftsbegriff unserer Zeit. Und gerade diesen Wissenschaftsbegriff kann die Theologie nur rundweg als für sie unannehmbar erklären. Schon das Mindestpostulat der Widerspruchsfreiheit ist für die Theologie nur in ganz bestimmter, für den Wissenschaftstheoretiker schwerlich tragbarer Interpretation annehmbar: Die Theologie wird zwar keine prinzipielle Unaufhebbarkeit der von ihr geltend zu machenden „Widersprüche" behaupten. Aber die Sätze, in denen sie ihre Aufhebung behauptet, werden Sätze über das freie Handeln Gottes und also keine die Widersprüche „aus der Welt schaffenden" (a. a. O. S. 44) Sätze sein. Alle übrigen Paragraphen jenes Gesetzes können den Theologen nur daran erinnern, daß er wissen soll, was er tut, wenn er sie übertritt, und daß er als Theologe nicht umhin kann, sie übertreten zu müssen. Ohne Verrat an der Theologie kann hier kein Jota zugegeben werden, denn jede Konzession hieße hier Preisgabe des Themas der Theologie. Umgekehrt hat Scholz auf die Frage, ob nicht auch und vor allem die Sachhaltigkeit oder Gegenstandsgemäßheit zu den Postulaten des Wissenschaftsbegriffs gehören möchte, geantwortet (a. a. O. S. 52), ihm sei bis jetzt kein Kriterium begegnet, „mit dessen Hilfe auch nur in einem einzigen ernstlich kontroversen Fall entschieden werden kann, ob ein vorgegebenes Denken in diesem Fall sachhaltig ist oder nicht". Der Theologe wird für das Gewicht dieser Feststellung vielleicht noch mehr Verständnis haben als andere. Er wird aber sagen, daß gerade Sachgemäßheit in diesem ärgerlich unbestimmbaren Sinn der allgemeinste Ausdruck der einen charakteristischen Regel ist, an die sich die Theologie halten darf und halten muß. — So kann die Auseinandersetzung mit diesem Wissenschaftsbegriff nur in der trockenen Erklärung bestehen, daß er der der Theologie auf keinen Fall sein kann.

Eine scheinbar harmlosere weil allgemeinere Bestimmung des Begriffs „Wissenschaft" gibt Arthur Titius in seiner Berliner Universitätsrede vom 26. Juli 1931: „Ist systematische Theologie als Wissenschaft möglich?" Wissenschaft ist nach Titius „da vorhanden oder doch in Verwirklichung begriffen, wo auf dem Gebiete des Erkennens gemeinsame Arbeit besteht oder möglich ist. Das ist nur da der Fall, wo der der Erkenntnis unterliegende Gegenstand jedem in erforderlicher Deutlichkeit zugänglich gemacht und nach den für alle gleichen Methoden dargestellt werden kann" (S. 5 f.). Die Möglichkeit einer Erfüllung dieser Bedingung durch die systematische Theologie sieht Titius einmal (S. 11 f.) darin, daß diese in dem neuerdings sich wieder durchsetzenden Gedanken der Einheit der Welt einen jedem Denkfähigen zugänglichen „Ansatzpunkt" habe, sodann (S. 14 f.) in der Möglichkeit des Mythus von dem unmittelbaren Wirken Gottes als einer inneren Kausalität von personhafter, wunderbarer Art, in dessen christlicher Gestalt der Theologe „tiefe Wahrheit" erblickt, Wahrheit, die doch auch der diesen Mythus Ablehnende in ihrer „Wucht" usw. anerkennen muß, schließlich (S. 27 f.) in der jedermann klarzumachenden psychologischen, soziologischen und moralischen Bedeutung der christlichen Religion. „So läßt sich Theologie dem Wissen einordnen" (S. 30), wenn ihr nur, wie übrigens auch der Geschichtswissenschaft und letztlich auch der Naturwissenschaft die Möglichkeit zugestanden wird, auch von der „Wesensschau" („eine Art von Intuition, vermöge deren in dem Erkenntnisprozeß ästhetische Momente mitbestimmend eintreten" S. 30) geziemenden Gebrauch zu machen. — So läßt sich die Theologie in der Tat dem Wissen einordnen. Aber gerade im Blick auf die drei Momente, die sie hier als Wissenschaft rechtfertigen sollen: Einheitsidee, Möglichkeit des Mythus, humane Relevanz des Christentums, kann sie theologisch nur als völlig gehaltlos bezeichnet, muß die so eingeordnete Theologie als Theologie abgelehnt werden. Wie kann es anders sein, wenn man den Gegenstand der Theologie jedem in erforderlicher Deutlichkeit zugänglich machen und nach den für alle geltenden Methoden darstellen will? Wissenschaftsbegriff hin und her, dieser Erkenntnisgegenstand erträgt nun einmal diese Behandlung nicht.

Wenn die Theologie sich eine Wissenschaft nennen läßt oder selber nennt, so kann sie damit keinerlei Verpflichtung übernehmen, sich an den für andere Wissenschaften gültigen Maßstäben messen zu lassen.

Sie kann sich aber auch nicht in der Form vor den anderen Wissenschaften rechtfertigen, daß sie ihrerseits einen eine gute Theologie nicht aus-, sondern einschließenden Wissenschaftsbegriff zur Diskussion stellt. Um sich zu den anderen Wissenschaften in ein systematisches Verhältnis zu setzen, müßte ja die Theologie ihre eigene Sonderexistenz als prinzipiell notwendig verstehen. Gerade das kann sie aber nicht: sie kann sich selbst durchaus nicht als Glied in einem geordneten, sondern nur als Lückenbüßerin in einem ungeordneten Kosmos verstehen. Wie sollte ein jener Lückenbüßerin und diesem ungeordneten Kosmos gemeinsamer Wissenschaftsbegriff möglich sein? An der Gegensätzlichkeit des Willens, das theologische Thema aufzunehmen oder nicht aufzunehmen, muß jeder Versuch dieser Art schon im Keime zuschanden werden. Und diese Gegensätzlichkeit des Willens ist, jedenfalls von der Theologie her gesehen, wirklich kein durch eine synthetische Konstruktion aufzuhebendes „Problem" mehr.

Gegen die die Theologie als Wissenschaft einschließenden wissenschaftsenzyklopädischen Versuche, wie sie seit Schleiermacher immer wieder unternommen worden sind, ist insgemein der Einwand zu erheben, daß dabei die Abnormalität der Sonderexistenz der Theologie übersehen und darum etwas grundsätzlich Unmögliches unternommen ist. Das faktische Ergebnis aller solcher Versuche war und wird sein: die störende bzw. zerstörende Auslieferung der Theologie an den allgemeinen Wissenschaftsbegriff und — die milde Nichtbeachtung, mit der die nicht-theologische Wissenschaft — vielfach in besserer Witterung des Sachverhalts als die syntheselüsternen Theologen — gerade auf diese Art, die Theologie zu rechtfertigen, zu antworten pflegt.

Auch die Verpflichtung zur Vorlage eines besseren Wissenschaftsbegriffs als prinzipielle Selbstrechtfertigung kann also seitens der Theologie nur abgelehnt werden.

Die Theologie hat keine andere Möglichkeit, ihre „Wissenschaftlichkeit" zu erweisen, als die, in der faktisch stattfindenden, durch ihren Gegenstand bestimmten Arbeit an ihrer Erkenntnisaufgabe zu zeigen, was nun eben sie unter „Wissenschaftlichkeit" versteht. Ein Pachtrecht auf den Namen „Wissenschaft" hat keine Wissenschaft und es gibt auch keine Wissenschaftstheorie, die diesen Titel mit letztinstanzlicher Vollmacht zu vergeben oder zu verweigern hätte. Letzten Respekt können ja die in irgendeinem allgemeinen Wissenschaftsbegriff in Erscheinung tretenden Konventionen nicht in Anspruch nehmen. Die Entscheidung darüber, ob jemand oder etwas ist, was er oder es zu sein vorgibt, fällt je und je in einem dieses Vorgeben bewährenden oder nicht bewährenden Ereignis, nicht in noch so gewichtigen Stipulationen über die Berechtigung oder Nichtberechtigung solchen Vorgebens. Auf dieses Ereignis lassen wir es ankommen. Die Theologie hat keinen Anlaß, sich den Namen einer Wissenschaft verbieten zu lassen. Wer weiß denn, ob sie es nicht mehr ist als viele oder alle der unter jener Konvention vereinigten „Wissenschaften"?

Das praktische Interesse, um deswillen wir an der Bezeichnung der Theologie als Wissenschaft ohne besonderes Pathos festhalten, ist aber dieses:

1. Indem die Theologie sich als „Wissenschaft" bezeichnet, stellt sie sich in die Reihe, bekennt sie sich als menschliche Bemühung um die Wahrheit zu ihrer Solidarität mit den heute nun einmal unter diesem Begriff vereinigten sonstigen Bemühungen dieser Art, protestiert sie selbst gegen die Vorstellung ihrer ontologischen Erhöhung über diese anderen (wie sie sich bei den von den Alten unterscheidend geltend gemachten Bezeichnungen *doctrina* oder gar *sapientia* leicht einschleichen konnte), erinnert sie sich selbst daran, daß sie eben nur „Wissenschaft" ist und also an die „Profanität", in der sie auch auf ihrem relativ besonderen Weg auch in den höchsten Regionen ihr Werk tut.

Indem sie den Begriff „Wissenschaft" nicht einfach den anderen überläßt, meldet sie aber auch 2. den (bei allem schuldigen Respekt vor der klassischen Tradition) nötigen Protest gegen jenen zugestandenermaßen „heidnischen" allgemeinen Wissenschaftsbegriff an. Es kann auch seinen unentwegtesten Vertretern, es kann der Universität nichts schaden, durch die Nachbarschaft des Theologen unter demselben Dach daran erinnert zu werden, daß die quasi-religiöse Unbedingtheit ihrer Interpretation dieses Begriffs faktisch nicht unangefochten ist, daß die mit dem Namen Aristoteles anhebende Tradition jedenfalls nur eine neben anderen ist und daß jedenfalls die christliche Kirche nun einmal nicht Aristoteles zum Ahnherrn hat.

Und schließlich dokumentiert die Theologie damit, daß sie sich mit den „Wissenschaften" (trotz der grundsätzlich nicht zu behebenden Differenz im Verständnis dieses Begriffs) faktisch unter demselben Namen zusammenschließt, 3. daß sie deren Heidentum nicht ernst genug nimmt, um sich unter einem anderen Namen vornehm von ihnen abzusondern, daß sie sie vielmehr trotz ihres Versagens gegenüber der theologischen Aufgabe und trotz ihres für die Theologie nicht tragbaren Wissenschaftsbegriffs mit sich selbst zur Kirche rechnet. Sie glaubt an die Vergebung der Sünden und nicht an die letzte Wirklichkeit eines heidnischen Pantheons. Eine Begründung dieses Glaubens kommt nicht in Betracht, aber seine Verleugnung noch weniger. Seine Verleugnung könnte aber der Sinn einer allzu reinlichen Unterscheidung der Theologie von den „Wissenschaften" sein.

Das sind die äußeren — ungrundsätzlichen — Gründe, die wir haben, diese Unterscheidung zu unterlassen.

2. DOGMATIK ALS FORSCHUNG

Dogmatik ist die Selbstprüfung der christlichen Kirche hinsichtlich des Inhalts der ihr eigentümlichen Rede von Gott. Den gesuchten rechten Inhalt dieser Rede nennen wir „das Dogma". Dieser Begriff als solcher und damit auch der Begriff „Dogmatik" als solcher wird in § 7 erklärt werden. Hier ist zu dem angegebenen Sachgehalt zunächst folgendes zu sagen: Indem wir den rechten Inhalt des der Kirche eigentümlichen Redens von Gott als Gegenstand menschlicher Erkenntnisarbeit oder Forschung bezeichnen, setzen wir voraus, daß er dessen: Gegenstand menschlicher Forschung zu sein, sowohl fähig als auch bedürftig, daß „Wissenschaft vom Dogma" möglich aber auch notwendig ist. Beides ist offenbar nicht selbstverständlich und bedarf der Feststellung.

1. Dogmatik als Forschung setzt voraus, daß der rechte Inhalt christlicher Rede von Gott vom Menschen erkannt werden kann. Diese Voraussetzung macht sie, indem sie in der Kirche und mit der Kirche glaubt an Jesus Christus als die offenbarende und versöhnende Zuwendung Gottes zum Menschen. Die Rede von Gott hat dann den rechten Inhalt, wenn sie dem Sein der Kirche, d. h. wenn sie Jesus Christus gemäß ist. . . . εἴτε

προφητίαν, κατὰ τὴν ἀναλογίαν τῆς πίστεως (Röm. 12, 6). Mit der Frage nach dieser Gemäßheit untersucht die Dogmatik die christliche Rede. Sie hat also das Maß, an dem sie mißt, nicht erst zu finden, geschweige denn zu erfinden. Sie versteht und anerkennt es mit der christlichen Kirche als gegeben: in seiner durchaus nur ihm eigenen Weise, so wie uns eben der Mensch Jesus Christus gegeben ist, so wie Gott sich in seiner Offenbarung dem Glauben gibt — aber gegeben, und zwar in sich vollkommen, ohne vorangehende Diskussion zu Recht bestehend und gewiß, wie es ein Kriterium, ein Maß, an dem ernstlich gemessen werden kann und soll, sein muß. Dogmatik setzt voraus, daß Gott in Jesus Christus, wie er das Sein der Kirche ist, d. h. wie er sich selbst der Kirche verheißen hat, die Wahrheit, und zwar nicht nur in sich, sondern (wir erkennen ihn ja und wir erkennen ihn nur im Glauben an Jesus Christus) auch und gerade für uns Wahrheit ist. Sofern die Dogmatik das Maß, an dem sie die Rede von Gott mißt, in Jesus Christus, in dem Ereignis des göttlichen Handelns entsprechend der der Kirche gegebenen Verheißung empfängt, wird sie möglich als Erkenntnis der Wahrheit. Was der rechte Inhalt solcher Rede von Gott ist oder nicht ist, das ist in dem Lichte, in das wir hier gerückt sind, an sich in einem Nu und in der höchsten Vollkommenheit und Gewißheit klar. Der Vollzug der Erkenntnis, das Ereignis menschlichen Handelns, die dieser Zueignung entsprechende Aneignung vom intuitiven Ergreifen bis zum sprachlich formulierenden Begreifen, in der das Offenbarwerden der *analogia fidei* und die von ihm ausgehende Klarheit in der Dogmatik (nicht erst und nicht nur in der Dogmatik, aber auch in der Dogmatik) geschöpfliche Gestalt gewinnt — sie ist jenem Geschehen von Gott her gegenüber freilich ein Zweites, im Glauben zwar mit ihm Geeintes, aber gerade im Glauben auch wohl von ihm zu Unterscheidendes. Nur daß dieses Zweite das Erste nicht aufhebt. In, mit und unter der menschlichen Frage redet die Dogmatik von der göttlichen Antwort. Indem sie forscht, weiß sie auch. Indem sie lernt, lehrt sie schon. In menschlicher Ungewißheit wie jede andere Wissenschaft bestätigt sie die gewisseste Wahrheit, die längst am Tage ist. Als Glaubenssatz, im Hinblick auf seinen eigentlichen Gegenstand muß also jeder Satz der Dogmatik gewagt werden in der Gewißheit, nicht menschliche, sondern göttliche Wahrheit auszusprechen, darf er der Härte des „Dogmatischen" (im Unterschied zu der akademischen Zurückhaltung etwa des philosophischen Satzes) durchaus nicht ausweichen. Das notwendige Korrektiv ergibt sich aus der Sache selber: „als Glaubenssatz, im Hinblick auf seinen Gegenstand!" Die Unverfügbarkeit des Glaubens und seines Gegenstandes soll und wird dafür sorgen, daß aus der göttlichen Gewißheit keine menschliche Sicherheit werden kann. Aber eben der unverfügbare Glaube und sein unverfügbarer Gegenstand sind es, die die Erkenntnis möglich machen, um die es in der Dogmatik geht: als göttliche gewisse Erkenntnis.

ὁ δὲ πνευματικὸς ἀνακρίνει μὲν τὰ πάντα, αὐτὸς δὲ ὑπ' οὐδενὸς ἀνακρίνεται. τίς γὰρ ἔγνω νοῦν κυρίου, ὃς συμβιβάσει αὐτόν; ἡμεῖς δὲ νοῦν Χριστοῦ ἔχομεν (I. Cor. 2, 15f.).
— *Viderint, qui Stoicum et Platonicum et dialecticum Christianismum protulerunt. Nobis curiositate opus non est post Christum Jesum nec inquisitione post evangelium* (Tertullian, *De praescr.* 7). *Aliud est, de silvestri cacumine videre patriam pacis et iter ad eam non invenire et frustra conari per invia ... et aliud tenere viam illuc ducentem cura coelestis imperatoris munitam* (Augustin, *Conf.* VII 21, 27). *Civitas Dei ... habens de rebus quas mente et ratione comprehendit etiamsi parvam ... tamen certissimam scientiam* (*De civ. Dei* XIX 18). *Tolle assertiones, et Christianismum tulisti* (Luther, *De servo arb.* 1525 W. A. 18, S. 603, Z. 28). *Spiritus sanctus non est Scepticus, nec dubia aut opiniones in cordibus nostris scripsit, sed assertiones ipsa vita et omni experientia certiores et firmiores* (*ib.* S. 605, Z. 32). *Veritas periclitari potest, perire non potest. Impugnatur quidem, sed non expugnatur, Quia verbum Domini manet in aeternum* (Komm. zu Gal. 1, 7, 1535 W. A. 40¹, S. 115, Z. 15). *Sic ego omnino nihil audio contrarium meae doctrinae; sum enim certus et persuasus per spiritum Christi meam doctrinam de Christiana justitia veram ac certam esse* (Komm. zu Gal. 3, 1 W. A. 40¹, S. 323, Z. 28). *Haec est ratio, cur nostra Theologia certa sit: Quia rapit nos a nobis et ponit nos extra nos, ut non nitamur viribus, conscientia, sensu, persona, operibus nostris, sed eo nitamur, quod est extra nos, Hoc est, promissione et veritate Dei, quae fallere non potest* (Komm. zu Gal. 4, 6 W. A. 40¹, S. 589, Z. 25). *Ut certa est cuilibet sano haec sententia: bis quattuor sunt octo ... ita sint certi nobis et immoti articuli fidei, comminationes et promissiones divinae ... Quare illam dubitationem philosophicam seu* ἐποχὴν *nequaquam admittamus ad doctrinam ecclesiae a Deo traditam ... Non alenda est hic aut laudanda dubitatio, sed sit fides certa assensio ...* (Melanchthon, *Loci comm.* 1559 C. R. 21, S. 604f.). — „Die kritische Frage", mit der Eberhard Grisebach der Arbeit der Theologie zuschauen zu müssen meint, hat genau den Wert einer Einschärfung der (freilich auch einigen Theologen nicht ganz neuen) Einsicht, daß die Sätze der Dogmatik keine andere Gewißheit haben als die, die Glaubenssätzen im Hinblick auf ihren Gegenstand zukommen kann und daß sowohl dieser ihr Gegenstand wie auch der Glaube nicht zur Verfügung des Dogmatikers stehen. Sofern jene Kritik von der Frage nach der theologischen Gewißheit zu deren Bestreitung übergeht, hebt sie sich selbst auf und braucht sie nicht gehört zu werden. Und die Theologen dieser Schule wird man fragen dürfen: wie lange sie wohl noch von der Wiederholung der „kritischen Frage" zu leben gedenken?

Offenbar im Hinblick auf diese Seite des Sachverhalts: die Möglichkeit der Dogmatik als Forschung, nannten die reformierten Orthodoxen die Theologie in nicht ungefährlicher Verkürzung: *doctrina revelata* oder *patefacta*. Doch begegnet man gerade hier unter den Späteren der Näherbestimmung, daß den theologischen Sätzen *evidentia* und *certitudo* eigen sei im Blick auf ihre *ratio objectiva*, die Offenbarung und auf den *habitus*, den Glauben, in dem wir sie bejahen. (Fr. Burmann, *Syn. Theol.* 1678 I 2, 60). *Ea cognitio est vera, etiamsi non sit adaequata, quia quae de Deo cognoscuntur ... carent omni mendacio, licet plus in re ipsa sit, quam a nobis intellegi potest* (Coccejus, *Summa theol.* 1669 I 4).

2. Dogmatik als Forschung setzt voraus, daß der rechte Inhalt christlicher Rede von Gott menschlich erkannt werden muß. Die christliche Rede muß auf ihre Christusgemäßheit untersucht werden. Sie liegt nirgends offenkundig und unproblematisch vor in dieser Gemäßheit. Der endgültig und genugsam gegebenen göttlichen Antwort entspricht die

in unermüdlichem ehrlichem Weiterschreiten ihre Treue bewährende menschliche F r a g e, das auch in den höchsten Abschlüssen offenbleibende: „Nicht, als ob ich es schon ergriffen hätte." Die Dogmatik empfängt ja das Maß, an dem sie mißt, in einem Akt menschlicher Aneignung. Darum muß sie Forschung sein. Sie kennt das in sich vollkommene, alles in einem Nu entdeckende Licht, aber sie kennt es nur im Prisma dieses Aktes, der, wie radikal, wie existentiell er immer verstanden werden mag, ein menschlicher Akt ist, der in sich keinerlei Gewähr für die Richtigkeit der in Frage stehenden Aneignung bietet, der in sich vielmehr fehlbar und also selber der Kritik und Korrektur, der nachprüfenden, überbietenden Wiederholung bedarf. Die geschöpfliche Gestalt, die das offenbarende Handeln Gottes in der Dogmatik gewinnt, ist darum gar nicht die einer Erkenntnis im Nu, wie sie es der göttlichen Gabe entsprechend freilich sein müßte, sondern ein mühsames Schreiten von einer menschlichen Teileinsicht zur anderen, mit der A b s i c h t, aber in keiner Weise mit der G a r a n t i e eines „Fortschrittes"!

Βλέπομεν γὰρ ἄρτι δι' ἐσόπτρου ἐν αἰνίγματι ... ἄρτι γινώσκω ἐκ μέρους (I. Cor. 13, 12). Und in sinngemäßer Anwendung darf auch an II. Cor. 4,7 erinnert werden: Ἔχομεν δὲ τὸν θησαυρὸν τοῦτον ἐν ὀστρακίνοις σκεύεσιν, ἵνα ἡ ὑπερβολὴ τῆς δυνάμεως ᾖ τοῦ θεοῦ καὶ μὴ ἐξ ἡμῶν. *Diximusne aliquid et sonuimus aliquid dignum Dei? Imo vero nihil me aliud quam dicere voluisse sentio: Si autem dixi, non hoc est, quod dicere volui* (Augustin, *De doctr. christ.* I, 6). *Cur non te sentit, Domine Deus, anima mea, si invenit te? An non invenit, quem invenit esse lucem et veritatem? ... An et veritas et lux est, quod vidit, et tamen nondum te vidit, quia vidit te aliquatenus, sed non vidit te, sicuti es? Domine Deus meus, formator et reformator meus, dic desideranti animae meae, quid aliud es, quam quod vidit ut pure videat quod desiderat* (Anselm v. Canterbury, *Prosl.* 14). *Et ut omne aenigma est sermo obscurus, nodosus, involutus, intellectu difficilis: ita nostra Theologia ratione obiecti est inevidens, complectens mysteria profundissima et in hac mortalitate cognitu difficillima* (Hollaz, *Examen Theol. acroam.* 1707, *Prol.* I, 8).

Eben damit, daß die Wahrheit im G l a u b e n vorausgesetzt wird als das bekannte Maß aller Dinge, ist entschieden, daß sie in keiner Weise als „vorhanden" vorausgesetzt ist. Die Wahrheit k o m m t: nämlich im Glauben, in dem wir a n f a n g e n, und im Glauben, in dem wir a u f h ö r e n (und neu anfangen!) zu erkennen. Resultate früherer dogmatischer Arbeit ebenso wie unsere eigenen Resultate können grundsätzlich nur Zeichen dieses ihres Kommens sein. Resultate sind ja auf alle Fälle Resultate m e n s c h l i c h e r Bemühung und eben als solche sind sie H i l f e, aber auch G e g e n s t a n d n e u e r menschlicher Mühewaltung. Dogmatik gibt es nur als *theologia crucis*: im Akt des im Glauben gewissen, aber gerade darum demütigen, immer wieder auf den Anfang zurückgeworfenen, immer neu sich aufschließenden Gehorsams: nicht als arbeitslos triumphierenden Zugriff und auch nicht als eine je und dann zu erledigende und erledigte Arbeit. Sie ist immer auf dem schmalen Wege von der geschehenen Offenbarung her zu der verheißenen Offenbarung hin:

... ἐκ πίστεως εἰς πίστιν Röm. 1, 17. Augustin entwickelt an wichtiger Stelle die Lehre: das *credere* müsse dem *intelligere* vorangehen, sofern es der durch die *vox de coelo* (*verbum Dei*) begründete Glaube ist. Das *credere* müsse aber dem *intelligere* folgen, sofern es der durch den *sermo propheticus* (*verbum meum*) zu bestätigende Glaube ist, von dem Mc. 9, 22 f. gilt! Glaube als Glaube an Gott steht auf sich selbst und begründet die Erkenntnis. Glaube als Glaube des Menschen bedarf der Erkenntnis und wird durch sie bestätigt (*Sermo* 43, 4—9).

Hier trennt sich unser Weg von dem der römisch-katholischen Dogmatik und hier ist auch gegen eine bestimmte Tendenz der altprotestantischen Tradition Verwahrung einzulegen. Dogmatik ist die Wissenschaft vom Dogma. Nur in untergeordnetem Sinn und in strengem Zusammenhang mit jenem ersten ist sie auch Wissenschaft von den Dogmen. Aufgabe der Dogmatik ist also nicht nur die Zusammenstellung, Wiederholung und Umschreibung einer Anzahl schon vorhandener, ein für allemal ausgesprochener und nach Wortlaut und Sinn authentisch definierter „Offenbarungswahrheiten".

Auch nach römisch-katholischer Ansicht scheint es zwar „einen wahren Fortschritt der lehrenden Kirche" zu geben: nämlich in der Erkenntnis, im Verständnis in der Entfaltung und Anwendung, im Ausdruck der geoffenbarten Wahrheit (Diekamp, Kath. Dogmatik, 6. Aufl., 1. Bd. 1930, S. 19. Vgl. dazu schon des Vinzenz v. Lerinum Lehre vom *profectus religionis*, *Common.* I 22 f.). Unter „Offenbarungswahrheit" ist hier aber zu verstehen das durch das lebendige Lehramt der Kirche unfehlbar vorgelegte „apostolische Depositum", bestehend aus der Hl. Schrift und der mündlichen apostolischen Überlieferung (Diekamp a. a. O. S. 24 f.). Dieses „Depositum" ist also identisch mit einer Summe von heiligen Texten. Der Dogmatik kommt die Aufgabe zu, „durch Schlußfolgerungen ein volleres Verständnis dieser Wahrheiten zu ermitteln" (Diekamp a. a. O. S. 76 f.). Wobei doch auch der zu ermittelnde „Sinn" dieser Wahrheiten (= Texte!) als vom kirchlichen Lehramt schon ermittelt und autoritativ verkündigt vorausgesetzt ist, so daß es sich auch bei der Aufgabe des „Verständnisses" um etwas anderes als im Abschreiben in etwas höherem Sinn nicht handeln kann: *Hinc sacrorum quoque dogmatum is sensus perpetuo est retinendus, quem semel declaravit sancta mater Ecclesia, nec unquam ab eo sensu altioris intelligentiae specie et nomine recedendum* (*Conc. Vatic., Sess.* III *Constit. de fide cath.* c. 4).

Diese allzu praktikable Ansicht verkennt, indem sie in den Dogmen göttliche Zueignung und menschliche Aneignung direkt in eins setzt, den gottmenschlichen Charakter des Seins der Kirche. Das Sein der Kirche ist Jesus Christus, ist also unaufhebbar gottmenschliche Person, Handeln Gottes am Menschen, ein Handeln, im Unterschied zu dem die menschliche Aneignung, wie sie auch und gerade in den von der Kirche geglaubten „Dogmen" dokumentiert ist, würdig, respektabel, aber gerade nicht „unfehlbar" zu nennen und also fernerer Nachfrage, „ob es sich also verhielte", nicht entzogen ist. Der Begriff „Offenbarungswahrheiten" im Sinn von nach Wortlaut und Sinn ein für allemal mit göttlicher Autorität gegebenen und geprägten lateinischen Sätzen ist theologisch unmöglich, wenn anders Offenbarung in der freien in Jesus Christus ein für allemal gefallenen, aber gerade darum und so für uns streng zukünftigen Entscheidung Gottes wahr ist und in der Kirche je und je in der unverfügbaren Wirklichkeit des Glaubens wahr werden muß. Offenbarungswahrheit ist der frei handelnde Gott selber und ganz allein. Ehrwürdige, weil in gemeinsamer Erkenntnis der Kirche zu bestimmter Zeit gewonnene Resultate dogmatischer Arbeit, wie es die in den Symbolen niedergelegten Dogmen sind, können und sollen unsere eigene dogmatische Arbeit leiten, aber an keinem Punkt kraft ihrer Autorität an deren Stelle treten. Aber auch um die bloße Zusammenstellung, Wiederholung und Präzisierung der biblischen Lehre kann es sich in der Dogmatik nicht handeln.

So scheint schon Melanchthon *die Aufgabe verstanden zu haben* (Loci comm. *1559 C. R. 21, S. 601). In schlimmer Vergröberung lehrte* Heidan (Corp. Theol. christ. *1686, Prol. 1 f.): Die Hl.Schrift sei* non scripta ut systema quoddam, sed historica nobis facta Ecclesiae ab initio mundi ad finem describit. *Aufgabe der* Loci communes *sei es nun, die* res S. Scriptura contentas certo et concinno ordine *vorzubringen:* ... ut certo methodo res divinas complecti et eas suo ordine collocare possitis et sicut Pharmacopolae solent medicamenta sua certis capsulis distinguere et disponere, ita vos omnia suis quaque locis digerere possitis.

Nach der biblischen Lehre als nach der Begründung unserer Rede von Gott fragt die exegetische Theologie. Sie wird auch der Dogmatik beständig vor Augen stehen müssen. Die rechte Begründung der christlichen Rede ist aber doch nur in Gott und nicht für uns identisch mit ihrem rechten Inhalt. Darum fragt die Dogmatik als solche nicht nach dem, was die Apostel und Propheten gesagt haben, sondern nach dem, was „auf dem Grunde der Apostel und Propheten" wir selbst sagen sollen. Diese Aufgabe kann uns auch durch die notwendig vorangehende Erkenntnis des „Schriftgrundes" nicht abgenommen sein.

Institutio religionis christianae hieß faktisch auch für Calvin, *obgleich Exegese und Dogmatik in seinem Werk fortwährend ineinandergehen: Anweisung zum christlichen Denken und Reden auf* eigene Verantwortung in der Gegenwart.

Eben indem sich die Kirche ihr eigenes Sein als Maß ihrer Rede durch die Schrift (und mit göttlicher Autorität nur durch die Schrift) bezeugen läßt, sieht sie sich aufgefordert, es selber zu erkennen und also auch und gerade angesichts dieser Begründung aller christlichen Rede mit dem ganzen Ernst des noch nicht Wissenden zu fragen, was die christliche Rede heute sagen darf und soll.

Nam et ego tecum credo et inconcusse credo .... sed nunc molimur id quod in fidem recepimus, etiam intelligendo scire ac tenere firmissimum (Augustin, De lib. arb. *I 3, 6; vgl. 4, 10).* Quod enim hortante ipso quaerimus eodem ipso demonstrante inveniemus, quantum haec in hac vita et a nobis talibus inveniri queat *(ib. II 2, 6).* — Anselm v. Canterbury *will das, wonach ihn sein Unterredner fragt,* non tam ostendere, quam tecum quaerere *(Cur Deus homo? I, 2). Es geht ihm beim* intellectus fidei *nicht um eine Wiederholung des gläubigen* legere, *sondern wirklich um ein* intus legere *der Schrift und des Dogmas* ohne *Begründung aus ihrem autoritativen Gegebensein (so gewiß es dieses voraussetzt!):* ... quatenus auctoritate Scripturae penitus nihil in ea *(scil.* meditatione) persuaderetur *(Monol., Prol.) .... ut quod fide teneamus .... sine Scripturae auctoritate probari possit* (Ep. de incarn. 6). *Der Unterscheidung zwi-*

schen dogmatischer Forschung und autoritativem Zitat dient auch Anselms bekannte nicht ganz unanstößige Formel: *remoto Christo ... quasi nihil sciatur de Christo* (*Cur Deus homo? Prol.*). *Quaedam disputatio ordinatur ad removendam dubitationem an ita sit; et in tali disputatione theologica maxime utendum est auctoritatibus, quas recipiunt illi, cum quibus disputatur ... Quaedam vero disputatio est magistralis in scholis non ad removendum errorem, sed ad instruendum auditores, ut inducantur ad intellectum veritatis quam intendit; et tunc oportet rationibus inniti investigantibus veritatis radicem et facientibus scire, quomodo sit verum, quod dicitur* (Thomas v. Aquino, *Quodlib* 4, 18).

Diese Seite des Sachverhaltes: die Notwendigkeit der Dogmatik als Forschung, stand wohl den lutherischen Orthodoxen vor Augen, wenn sie die Theologie von der Hl. Schrift als *ex verbo Dei exstructa* (z. B. J. Gerhard, *Loci comm.* 1610, *Prooem.* 31) *docens ... ex divina revelatione* (Baier, *Comp. Theol. pos.* 1686, *Prol.* 38) usw. ausdrücklich zu unterscheiden pflegten. (So unter den Reformierten auch Burmann, *Syn. Theol.* 1678, I 2, 41.)

3. DOGMATIK ALS GLAUBENSAKT

Dogmatik ist ein Stück menschlicher Erkenntnisarbeit. Aber dieses Stück menschlicher Erkenntnisarbeit steht unter einer besonderen entscheidenden Bedingung. Es erfordert freilich wie alle menschliche Erkenntnisarbeit die intellektuellen Fähigkeiten der Aufmerksamkeit und der Konzentration, des Verstehens und Urteilens. Es fordert wie jede ernsthafte menschliche Erkenntnisarbeit den besten Willen, von diesen Fähigkeiten Gebrauch zu machen und schließlich die Hingabe des ganzen Menschen an diesen Gebrauch. Es setzt aber darüber hinaus den christlichen Glauben voraus, der auch in der tiefsten reinsten Hingabe an diese Aufgabe an sich durchaus nicht Ereignis ist. Dogmatik ist ja eine Funktion der christlichen Kirche. Die Kirche prüft sich selbst, indem sie Dogmatik treibt. Der Kirche ist die Verheißung des Kriteriums christlicher Rede: der Offenbarung Gottes, gegeben. Die Kirche kann Dogmatik treiben. Dogmatik müßte auch in der Kirche nicht das Werk einer besonderen theologischen Wissenschaft sein. Aber Dogmatik außerhalb der Kirche ist keine Möglichkeit. In der Kirche sein heißt aber Mitaufgerufensein durch Jesus Christus. In der Kirche handeln heißt im Gehorsam gegen diesen Aufruf handeln. Dieser Gehorsam gegen den Aufruf Christi ist der Glaube. Im Glauben wird das Gericht Gottes anerkannt und seine Gnade gepriesen. Im Glauben wird Selbstprüfung im Blick auf die Verantwortung vor Gott notwendig. Der Glaube ergreift die Verheißung eines „Geführtwerdens in alle Wahrheit" (Joh. 16, 13). Der Glaube erkennt Gott. Der Glaube ist die Bestimmtheit menschlichen Handelns durch das Sein der Kirche, also durch Jesus Christus, durch die gnädige Zuwendung Gottes zum Menschen. Im Glauben und nur im Glauben ist menschliches Handeln auf das Sein der Kirche, auf das offenbarende und versöhnende Handeln Gottes bezogen. Darum ist Dogmatik nicht anders möglich denn als ein Glaubensakt, in der Bestimmtheit menschlichen Handelns durch das Gehör und als Gehorsam Jesus Christus gegenüber. Sie wäre ohne Glauben gegenstands- und sinnlos; sie wäre auch bei genauester technischer Nachahmung dessen, was die Kirche hier tut, auch bei der aufrichtigsten Intention „zu tun, was die Kirche tut", eine müßige Spekulation ohne Erkenntnisgehalt.

H. Scholz (Z. d. Z. 1931 S. 34) fragt (ausdrücklich im Blick auf die Dogmatik): „Kann man eine Gestalt des Christentums aufbauen, so aufbauen, daß der Anblick dieser Gestalt und die Vertiefung in sie der Mühe wert ist, ohne selbst an dieses Christentum auf Gedeih und Verderb zu glauben, oder kann man es nicht?" Seine (zum Glück nur indirekte!) Antwort lautet, „daß wir uns durchaus getrauen, vom Platonismus, vom Aristotelismus, von Leibniz und Kant das Bild zu entwerfen, das sich jedem eindrücken soll, der überhaupt für solche geistigen Bilder empfänglich ist, und so, daß wir auf Gedeih und Verderb weder Platoniker, noch Aristoteliker, noch Leibnizianer, noch Kantianer sind, sondern das, was zu sein unser Schicksal ist." — Dazu ist zu sagen: Sofern unter „Christentum" die christliche Lebens- und Weltanschauung, wie sie neben Platonismus, Aristotelismus usw. eine geschöpfliche, geistesgeschichtliche Wirklichkeit ist, zu verstehen ist, und unter „Gestalt" oder „Bild" des Christentums eine in Verantwortung (gegenüber den Gesetzen der Wissenschaft von solcher Wirklichkeit) entworfene Darstellung des Christentums in dieser seiner Geschöpflichkeit — insofern ist der Aufbau einer „eindrücklichen" Gestalt des Christentums, „ohne selbst an das Christentum auf Gedeih und Verderb zu glauben", gewiß eine schöne und lohnende Möglichkeit. Aber in der Dogmatik handelt es sich nicht darum. Für „Christentum" ist hier einzusetzen: der rechte Inhalt der in der Furcht Gottes zu wagenden Rede von Gott. Für „Gestalt": die Sätze, in denen wir bei der Nachfrage nach diesem Inhalt unsere vorläufigen Antworten fixieren. Und an die Stelle des Problems der „Eindrücklichkeit" für geistig empfängliche Menschen tritt hier schroff das Problem der Verantwortlichkeit Gott gegenüber. Schon mit diesem dritten ist gesagt, daß es in der Dogmatik außerhalb des realen Gegenüber von Gott und Mensch — und das ist eben der Glaube — nichts „aufzubauen" gibt. Und nun geht ja jener „rechte Inhalt": Jesus Christus, nicht auf in geschöpflicher Wirklichkeit. Er ist Offenbarung, gottmenschliche Wirklichkeit. Gibt es solche und gibt es Erkenntnis solcher — die Kirche und mit ihr die Dogmatik setzt beides voraus —, dann kann diese Erkenntnis nur die des Glaubens sein, wobei wir gewiß werden fragen dürfen: ob Glaube Glaube wäre, wenn er nicht in der Tat „Glaube auf Gedeih und Verderb" wäre? *Omnis recta cognitio Dei ab obedientia nascitur* (Calvin, *Instit.* I 6, 2). Platos Anspruch, uns zu Platonikern zu machen, kann ohne Schaden für eine eindrucksvolle Darstellung des Platonismus umgangen werden. Christi Anspruch auf unseren Gehorsam ist identisch mit dem Sein der Kirche und ist von einer Dogmatik, die sich nicht selbst aufgeben und zu einer geistesgeschichtlichen Betrachtung werden will, nicht zu umgehen. Dogmatik setzt nicht voraus, daß es „unser Schicksal" ist, christlich zu glauben, wohl aber, daß uns „unser Schicksal" nicht christlich zu glauben, kein letztes Wort bedeutet und daß wir „der himmlischen Stimme nicht ungehorsam" sind (Act. 26, 19).

Nun ist aber der Glaube keine solche Bestimmtheit menschlichen Handelns, die der Mensch seinem Handeln nach Belieben zu geben oder die er ihm, einmal empfangen, nach Belieben zu erhalten vermöchte. Er ist vielmehr selber die gnädige Zuwendung Gottes zum Menschen, die freie persönliche Gegenwart Jesu Christi im Handeln des Menschen. Sagen wir also: Dogmatik setzt den Glauben, setzt die Bestimmtheit des menschlichen Handelns durch das Gehör und als Gehorsam gegenüber dem Sein der Kirche voraus, so sagen wir: sie setzt bei jedem Schritt und Satz die freie Gnade Gottes voraus, die sich als Gegenstand und Sinn dieses menschlichen Handelns je und je schenken oder auch verweigern kann. Es steht je und je bei Gott und nicht bei uns, ob unser Hören wirkliches Hören, unser Gehorsam wirklicher Gehorsam, unsere Dogmatik als Erkenntnis des rechten Inhalts christlicher Rede gesegnet und geheiligt oder müßige Spekulation ist.

Von hier aus ist das zu beurteilen, was einst als die Forderung der Wiedergeburt bzw. der Bekehrung des Theologen viel diskutiert wurde und was heute als das Requisit der sog. Existenziellheit des theologischen Denkens aufs neue zur Debatte steht. Dringende Warnungen vor der Unkraft eines Theologisierens ohne Verhältnis des Gegenstandes zur Person des Theologen, ohne Inanspruchnahme des wirklichen und ganzen theologischen Menschen finden wir schon bei Anselm v. Canterbury: das *credere*, das die Voraussetzung des *intelligere* ist, kann nicht nur sein ein *credere id*, es muß sein ein *credere in id, quod credi debet* (*Monol.* 76—78). Die *rectitudo fidei et intellectus* involviert notwendig eine *rectitudo volendi* (*De Concordia* qu. III 2 und 6). *Non solum ad intelligendum altiora prohibetur mens ascendere sine fide et mandatorum Dei obedientia, sed etiam aliquando, datus intellectus subtrahitur ... neglecta bona conscientia* (*Ep. de incarn.* 1). *Non est... securus transitus a scientia ad sapientiam; oportet ergo medium ponere, scilicet sanctitatem* (Bonaventura, *In Hex.* XIX, 3). Gegen gewisse angeblich „mystische" Theologen, deren tatsächliche Lebenserfahrung das Gegenteil aller *theologia negativa* sei, die von der Liebe des Christen zu Tod und Hölle nichts wüßten, hat der jüngere Luther das Wort geschrieben: *Vivendo, immo moriendo et damnando fit theologus, non intelligendo, legendo aut speculando* (*Op. in Psalm.* W. A. 5, S. 163, Z. 28). . . . Doctores der kunst, der Ertzney, der Rechten, der Sententias mugen der bapst, Keyszer und Universiteten machen, aber sey nur gewisz, eynen Doctorn der heyligenn schrifft wirt dir niemandt machen, denn allein der heylig geyst vom hymel, wie Christus sagt Joh. vi.: „Sie mussen alle von got selber geleret sein." Nu fragt der heylig geyst nit nach rodt, brawn parrethen, odder was des prangen ist, auch nit, ob einer jung odder alt, ley odder pfaff, munch odder weltlich, Jungfraw odder ehlich sey, Ja ehr redt vortzeitten durch ein Eseln widder den Propheten, der drauff reyt. Wolt got, wir weren sein wirdig, das uns solch doctores geben wurden. . . . (Luther, An d. chr. Adel deutsch. Nation v. d. chr. Standes Besserung 1520 W. A. 6, S. 460, Z. 28.) Aber auch Melanchthon hat (z. B. Apol. Conf. Aug., *De justif.* 9 u. 37, C. R. 27, 430 u. 434) gerne eingeschärft, daß die rechte Erkenntnis des Heils nicht durch leere Spekulationen, sondern nur *in agone conscientiae et in acie* erworben werde. Wie das alles theologisch zu verstehen ist, wurde im Zeitalter der Orthodoxie damit angedeutet, daß die Theologia *concretive considerata* (die Theologie als Ereignis im Unterschied zu ihrem Begriff) beschrieben wurde als *habitus* θεός δοτός *per verbum a Spiritu sancto homini collatus* (J. Gerhard, *Loci theol.* 1610, *Prooem.* 31). Man weiß: *Post lapsum non nascuntur theologi, sed fiunt scil. a Deo docti per verbum scriptum* (Quenstedt, *Theol. did. pol.* 1685 I *cap.* 1, *sect.* 2, *qu.* 2, *ekth.* 2). Also: Wirkliche Theologie ist eine dem Menschen wirklich widerfahrende Bestimmung und Inanspruchnahme durch den handelnden Gott. Daß an diesem Punkte die Gefahr der Anthropologisierung der theologischen Erkenntnis drohend werden konnte, zeigt die gewiß nicht unzweideutige Behauptung des Anselm v. Canterbury: Wenn man die Verkündigung und das Hören des Wortes Gottes mit einer Aussaat (*agricultura*) vergleichen wolle, so sei das *semen:* das Wort Gottes, *immo non verbum sed sensus qui percipitur per verbum* (*De Concordia* qu. III 6). Damit droht offenbar der mißliche Umschlag von einer göttlichen Bestimmung zu einer

3. Dogmatik als Glaubensakt

menschlichen Bestimmtheit, wenn nicht gar ausdrücklich zu einer menschlichen Leistung, wie dies die Meinung Bonaventuras gewesen ist, der jene sanctitas verstand und genau zu beschreiben wußte als eine vita timorata, inpolluta, religiosa, aedificatoria (*In Hex*. XIX 20f.). Denkt man auf dieser Linie weiter, dann würde doch wohl der *sensus*, die menschliche Bestimmtheit, das Erfahren und Sichverhalten des erkennenden Subjektes zum Kriterium der theologischen Erkenntnis erhoben. Offenbar zur Vermeidung dieser Gefahr wollte die mittlere und spätere Orthodoxie (z. B. Quenstedt a. a. O. *ekth*. 5; Hollaz, *Ex. theol. acroam*. 1707 *Prol*. 1, 18—21; Buddeus, *Instit. theol. dogm*. 1724 I 1, 49) zwischen jenem objektiven theologischen *habitus* auf der einen und dem Glauben bzw. der Wiedergeburt des Theologen auf der anderen Seite unterschieden wissen: *Constat, habitum Theologiae reapse separare posse a fide salvifica* (so Heidan, *Corp. Theol. christ*. 1686 L I. S. 3). Daß dies nicht im Sinne Luthers gedacht war, braucht kaum gesagt zu werden. Eben mit dieser Entgegenstellung gab man ja nun das viel Schlimmere zu verstehen, daß man Glaube, Wiedergeburt und Bekehrung bereits entscheidend als ein menschliches Erfahren und Sichverhalten zu interpretieren im Begriffe war. Wie wenig sicher man seiner Sache war, zeigte sich darin, daß man die Möglichkeit einer nur von jenem *habitus* lebenden Theologie unbekehrter Theologen, die Möglichkeit einer *theologia irregenitorum*, wie man sie auf Grund jener Unterscheidung behaupten mußte, nun doch mit allen möglichen Vorbehalten und Einschränkungen umgeben zu müssen meinte. Es war kein Wunder, wenn der Pietismus diese Unterscheidung wieder preisgab und vom Studenten der Theologie mindestens ein ernstes Streben nach persönlicher Bekehrung forderte (A. H. Francke, *Method. stud. theol*. 1723 *cap*. 2). Aber gerade darin, daß man nur vom Streben danach sprach, zeigte es sich, wie selbstverständlich inzwischen die Auffassung geworden war, daß der Glaube entscheidend als eine Bestimmtheit der menschlichen Wirklichkeit zu verstehen sei. Daß der Rationalismus (z. B. G. J. Planck, Einl. i. d. theol. Wissensch. 1794, Bd. 1, S. 62 f.), was diese subjektive Voraussetzung betrifft, nicht mehr an dem Requisit „christlicher Religiosität", sondern nur noch an dem einer „Religiosität überhaupt" festhalten wollte, war auch nicht eben eine Verbesserung der Lage. Und als dann Schleiermacher als Theologe nur noch reden wollte von dem, was „die innerste Triebfeder meines Daseins" ist, aus „innerer unwiderstehlicher Notwendigkeit meiner Natur" (Reden üb. d. Rel. 1799, S. 5), „um seine eigene Anschauung hinzustellen als Objekt für die Übrigen" (a. a. O. S. 182), da war wohl der Sinn für das, was Anselm, Luther und Melanchthon mit ihrer Forderung des *sensus* und der *experientia* als Voraussetzung der rechten Theologie wollten, völlig verloren gegangen. „Daß niemand Theolog wird und bleibt, niemand die Wissenschaft von der Religion, vom Christentum sich zum Lebensberuf macht, der zur Religion, zum Christentum kein inneres Verhältnis hätte, das darf vorausgesetzt werden (wie überhaupt niemand ein bestimmtes Stück der Geisteswissenschaften als Beruf treiben wird, ohne den Gegenstand seiner Wissenschaft zu lieben)" — so lautet ihr Anliegen, übersetzt in der Sprache des Liberalismus des 19. Jahrhunderts (H. Mulert, Evangelische Kirchen und theologische Fakultäten, 1930, S. 16 f.) Die Anthropologisierung der Theologie war perfekt geworden. Und nun fragt es sich ernstlich, ob nicht dasselbe zu sagen ist von dem, was heute im Anschluß an Kierkegaard, aber doch bewußt oder unbewußt vor allem in Fortsetzung der pietistischen Tradition als das „Existenzielle" theologischen Denkens und Redens gefordert wird. Die Tatsache ist nicht ohne Humor, aber zugleich etwas verdächtig, daß, dem Zuge der Zeit folgend, sogar G. Wobbermin seine, von Hause aus doch gewiß nicht gerade an Kierkegaard interessierte und orientierte Theologie neuerdings (Wort Gottes und evangelischer Glaube, 1931, S. 14 f.) als die Theologie eines „religionspsychologisch-existentiellen Denkens" zu interpretieren unternommen hat. Wenn dieses „Existentielle" darin gesucht wird, daß die Sätze der Theologie Berichte sein müßten über die im Glauben radikal offenbar gewordene menschliche Situation je des gerade sprechenden Theologen, wenn gefordert wird, daß ihre Aussagen sein müßten „der Aufschrei eines Menschen, der, wie Christophorus, zusammenbricht unter der allzu schweren Last von etwas, was jetzt im heutigen Deutschland unter allen Umständen geschehen müßte", wenn z. B. der Satz, daß wir allzumal Sünder sind, nur dann keine Phrase sein soll, „wenn ich es aus einem ganz konkreten Anlaß ausspreche, wenn mir bei einer ganz bestimmten Gelegenheit zum Bewußtsein gekommen ist, daß dieses mein hoffnungsloses Versagen aus einer Ichhaftigkeit quillt..., die mir mit allen meinen Mitmenschen gemeinsam ist" (K. Heim, Glaube und Denken, 1931, S. 409), dann sind das Psychologismen und Gesetzlichkeiten, unter deren Joch man sich weder beugen muß noch darf. Es dürfte dann an der Zeit sein, mit neuem Verständnis nach der vorpietistischen Lehre vom theologischen Habitus zu greifen, kraft dessen der Theologe abgesehen von seiner größeren oder kleineren Christophorushaftigkeit und ohne alle Notwendigkeit existentiellen Aufschreiens usw. von Gottes Gnade ist, was er ist. Eine Reaktion in diesem Sinn, eine neue Besinnung von Christophorus auf Christus ist denn auch bereits auf den Plan getreten: „Theologische Aussagen sind nur möglich auf Grund dessen, daß Evangelium, Botschaft, Verkündigung da ist", so wird uns nun aufs neue zugerufen. Ein Satz mit theologischer Intention „ist ein Satz, der gerade abgelöst von der Existenzlage des Sprechenden gilt und der seinen Sinn für den ihn Hörenden gerade nur auf Grund dieser Ablösbarkeit empfängt" (K. Fr. Schumann, Der Gottesgedanke und der Zerfall der Moderne, 1929, S. 348 f.). Und, mit scharfer polemischer Wendung: „Die ἀκοή πίστεως darf sich im Ergreifen der Verheißung nicht als existenzielle Glaubensentscheidung verstehen" (H. M. Müller, Glaube und Erfahrung bei Luther, 1929, S. 90). „Wo das Existentielle in welcher Methode auch immer zum Gegenstand der Theologie erhoben wird, dient man grundsätzlich dem Humanum.... Es gibt nur eine Alternative: entweder man versteht die eigene Existenz als Sein in der Gnade oder aber man erwartet Gottes kontingente Heimsuchung im wirklichen Ende dieser Existenz" (a. a. O. S. 187). Solche Reaktion ist sicher zeitgemäß und nützlich. Die ursprüngliche Forderung eines Anselm, eines Luther und Melanchthon, in der doch auch die alte und neue Lehre von der *theologia regenitorum*, von der „existenziellen" Theologie ihre *particula veri* hat, wird aber dabei nicht aus den Augen verloren werden dürfen. „Gottes kontingente Heimsuchung" trifft, wenn auch vom Ende her, wenn auch „von außen" die Existenz des Menschen und so ist auch die Gabe ihrer Verheißung durch den Glauben eine göttliche Bestimmung und Inanspruchnahme des konkreten Daseins des Menschen, meiner selbst. Wo diese nicht stattfände, würde aus der Theologie eine gegenstandslose Zuschauerweisheit außerhalb der Kirche. Erkenntnis würde in ihr nur stattfinden in der unselbständigen Gestalt einer nachahmenden formalen Teilnahme an der Erkenntnis der Kirche und des Glaubens. Wo diese aufhörte, müßte, wie Anselm ganz richtig sagte, auch die Erkenntniskraft einer solchen Theologie aufhören. Aber vor der Gefahr, solche Zuschauerweisheit außerhalb der Kirche, vor der Gefahr, Atheologie zu werden, ist keine Theologie in keinem Augenblick menschlich gesichert und zu sichern. Glaube, Wiedergeburt, Bekehrung, „existenzielles" (d. h. auf Grund existenziellen Betroffenseins vor sich gehendes) Denken ist allerdings unentbehrliches Requisit dogmatischer Arbeit, aber nicht, sofern mit dem allen ein Erfahren und Sichverhalten, ein Wollen und Laufen, ein Erleben und Leisten des Theologen gemeint ist, so daß seine Theologie durchaus ein persönlicher „Aufschrei", ein Bericht über seine biographische Situation sein müßte, sondern sofern damit gemeint ist: die Gnade göttlicher Prädestination, die freie Gabe des Wortes und des heiligen Geistes, der Akt der Berufung zur Kirche, die dem Theologen je und je von dem handelnden Gott her widerfahren muß, damit er sei, was er heißt und tue, was seinem Namen entspricht.

Die Kirche kann und soll ihre Selbstprüfung wohl auf eigene Hand mit menschlicher Anstrengung menschlicher Mittel unternehmen und durchführen. Aber ob sie dabei als Kirche handelt und also im Glauben

3. Dogmatik als Glaubensakt

Gott erkennt, ob das Ergebnis ihres Tuns also richtige und wichtige Kritik, Korrektur und nicht schlimmere Verderbnis der christlichen Rede ist, das liegt nicht in ihrer Hand. Sache göttlicher Gnadenwahl ist offenbar das Gegebensein jener besonderen entscheidenden Bedingung der Dogmatik, ist je und je die Entscheidung über das, was in der Dogmatik Wahrheit ist oder nicht ist. Furcht des Herrn muß hier immer wieder der Weisheit Anfang sein. Das ist die oft empfundene Schwierigkeit aller, aber ganz besonders der dogmatischen Theologie.

Cognovi, explicationem dogmatum Ecclesiae propter multas causas opus esse difficillimum et quamquam necessarium est, tamen plenum esse ingentium periculorum (Melanchthon, *Loci comm.* 1559 C. R. 21, 602). Es war doch wohl mehr als mönchische Stilübung, wenn Anselm v. Canterbury von der *imbecillitas scientiae meae* (*Cur Deus homo?* I 25), Bonaventura von der *pauper portiuncula scientiolae nostrae* (*Breviloq., Prooem.*) redete und wenn Petrus Lombardus auf der ersten Seite seines Sentenzenbuches seine Leistung mit dem Scherflein der Witwe und mit den zwei Denaren verglich, die der barmherzige Samariter dem Wirt gab mit dem Versprechen, ihn später voll zu befriedigen. Von Thomas v. Aquino, dessen *Summa theologica* bekanntlich ein Torso geblieben ist, wird erzählt, er habe auf die Aufforderung, weiter zu schreiben, geantwortet: „Reginald, ich kann nicht, weil all das, was ich geschrieben habe, mir wie Spreu vorkommt. Ich hoffe von Gott, daß er bald meinem Leben und Lehren ein Ende bereiten werde" (M. Grabmann, Das Seelenleben des hl. Thomas v. Aq., 1924, S. 51). Wogegen die andere Nachricht, daß dem eben mit dem christologischen Teil jenes Werkes Beschäftigten Christus erschienen sei mit den Worten: *Bene scripsisti de me, Thoma!* gewiß als weniger sachnah bezeichnet werden darf. Den *doctor ecclesiae* als Träger der Aureole hat Thomas selbst mit Recht der Eschatologie vorbehalten (*S. theol.* III qu. 96, art. 6).

Dogmatik kann als Akt der Buße und des Gehorsams nicht unterlassen und sie kann doch gerade als solcher nur im Vertrauen auf das gänzlich unverfügbare Zurstellesein ihres Real- und ihres Erkenntnisgrundes, auf Gottes der Kirche verheißene Offenbarung und auf die Kraft des die Verheißung ergreifenden Glaubens sich ereignen. Das alles gilt in gleicher Weise für den Lehrer wie für den Schüler der Dogmatik, für die Verfasser dogmatischer Schriften wie für deren Leser. Immer ist der Glaubensakt, d. h. aber sein Grund in der göttlichen Prädestination, die freie Tat Gottes am Menschen und seinem Werk, die Bedingung, durch die dogmatische Arbeit ermöglicht wird, durch die sie aber auch mit letztem Ernst in Frage gestellt ist.

Paul Althaus sieht das Problem der Theologie als Wissenschaft in dem Konflikt zwischen „kritischer Haltung" und „kirchlicher Bindung", die beide dem Theologen gleich notwendig seien und die sich doch gegenseitig zu gefährden schienen (Grundriß d. Dogmatik, 1929, § 1). Dieses Problem entbehrt des letzten und eigentlichen Ernstes. Es kann, wie Althaus selber zeigt, von links wie von rechts her verhältnismäßig leicht und freundlich gelöst werden. Die alten Theologen haben die Schwierigkeit der Theologie und ihre Überwindung mit Recht auf einer anderen Ebene gesucht: *Non ego te duco, sed ille, de quo loquimur, sine quo nihil possumus, nos ducit, ubicumque viam veritatis teneamus* (Anselm v. Canterbury, *Cur Deus homo?* II 9). *In Theologia... datur subiectum plane divinum, quod est... omni re prius, ut nullam principiati rationem habere possit, unde . . . fit, ut duas hasce rationes simul contineat, sitque subjectum, de quo agit Theologia et simul etiam ejus principium* (Fr. Turrettini, *Inst.Theol.el.* I 1679,L, I,qu. 5, 9). *Ille enim solus idoneus est de se testis, qui quod sibi gratum est, docere nos possit et cui nihil gratum esse potest, nisi a se profectum et naturae suae conveniens. Quod quale sit nemo novit nisi ipse. At id quomodo nobis innotescat, nisi nobis ab ipso patefiat et reveletur?* (Heidan, *Corp. Theol. chr.* 1686, L. I, S. 7). *Quemadmodum in spiritualibus nemo mortalium sibi ipse quidquam absque gratiae viribus aut dare aut tribuere, ita multo minus ea largire potest, quae ad theologiae habitum requiruntur* (Buddeus, *Instit. Th. dogm.* 1724, I 1, 51). — In seiner Schrift „Die Entstehung der chr. Theol. und des kirchl. Dogmas", 1927, S. 54 f., 87 f., hat Ad. v. Harnack im Blick auf Vergangenheit und Gegenwart dargelegt, es gebe und habe immer gegeben: (1.) Eine („charismatische") Theologie von Innen, bei der der Theologe, vom „Standpunkt" des Gläubigen aus redend, für „seine Wahrheit" auf deren innere Überzeugungskraft rechne und niemals von dem Bewußtsein verlassen sei, „daß er nur unter dem Beistand des Geistes Gottes Theologie auszusagen vermag, daß also seine Arbeit eine charismatisch bedingte ist". Diese Art von Theologie ist zwar von Paulus begründet, sie kann aber niemals weder kirchliche noch wissenschaftliche Theologie werden. Sie ist Bekenntnis und Predigt, sie ist also nicht Gemeinschaft bildend. (2.) Eine Theologie von Außen. Sie „stellt die betreffende Religion in den Kreis der übrigen Erkenntnisobjekte und beschreibt ihre Wirklichkeit und Wahrheit nach allgemein gültigen geschichtlichen, psychologischen und theoretischen Erkenntnisprinzipien". Ihre Väter sind die Apologeten des 2. Jahrhunderts und sie und nur sie ist Gemeinschaft bildend, kann kirchlich und wissenschaftlich werden. „Man mag das beklagen, weil das Unzureichende einer solchen Theologie offenbar ist; aber niemand vermag das zu ändern und wer es versucht, der scheitert und verwirrt die Theologie. An der Predigt hat er seine Aufgabe." — Es ist gewiß angemessen, diese testamentarische Erklärung des Mannes, der auch mir ein verehrter Meister gewesen ist, hier ohne Kommentar noch Widerspruch für oder gegen sich selber reden zu lassen.

Und nun gibt es, menschlich geredet, keine Überwindung dieser fundamentalen und so unter allen Wissenschaften nur die Theologie (und in der Theologie so nur die Dogmatik) bedrückenden Schwierigkeit, keinen angebbaren Weg zur Beschaffung jener besonderen entscheidenden Bedingung der Dogmatik. Die „gute Meinung" kann man wohl „hervorrufen", aber auch die beste Meinung hilft hier gar nichts. Und den christlichen Glauben, der den theologischen Habitus entscheidend ausmacht, kann man nicht hervorrufen. Die populäre Scheu vor der Theologie (und in der Theologie vor der Dogmatik insbesondere) ist nur zu wohl begründet. Immer scheint sich hier der Mensch zu viel anzumaßen und immer scheint er hier nach aller gehabten Mühe doch mit leeren Händen dazustehen. Immer scheint hier ein Versuch am untauglichen Objekt und mit ungenügenden Mitteln vorzuliegen. Und viel zu sehr ist es im Wesen der Sache begründet, daß dieser Schein möglich ist, als daß er etwa durch einen Wechsel der Methode auf die Dauer abzuwehren wäre.

Das Geheimnis des *ubi et quando visum est Deo, Conf.Aug., Art.* 5, (vgl. zum Verständnis dieser Stelle die Nachweisungen von Hans Engelland, Melanchthon, 1931, S. 568 f.) begleitete bis jetzt wie die christliche Rede von Gott überhaupt, so auch und gerade die Dogmatik durch alle Stadien ihrer Geschichte. Es kann und wird auch in Zukunft nicht anders sein.

Wir sagen, menschlich geredet, nichts zur Erleichterung jener Schwierigkeit, wir bekennen uns nur zu dem Geheimnis, in dem sie gründet, wir wiederholen nur den Satz, daß Dogmatik nur als Glaubensakt möglich ist, wenn wir auf das Gebet verweisen als auf die Haltung außerhalb derer dogmatische Arbeit nicht möglich ist.

Hoc intelligere quis hominum dabit homini? quis angelus angelo?. quis angelus homini? A te petatur, in te quaeratur, ad te pulsetur: sic accipietur, sic invenietur, sic aperietur (Augustin, *Conf.* XIII 38, 53). *Non solum admonendi sunt studiosi venerabilium Litterarum, ut in scripturis sanctis genera locutionum sciant ... verum etiam, quod est praecipium et maxime necessarium, orent ut intelligant. In eis quippe Litteris, quarum studiosi sunt, legunt quoniam Dominus dat sapientiam et a facie ejus scientia et intellectus a quo et ipsum studium, si pietate praeditum est, acceperunt (De doctr. chr.* III 37). An Anselm v. Canterbury, *Prosl.* I — wir kommen § 6, 4 auf diese Stelle zurück — sei schon hier erinnert. Thomas v. Aquino hat an die Spitze seiner *Summa theologica* folgendes Gebet gesetzt: *Concede mihi quaeso, misericors Deus, quae tibi sunt placita ardenter concupiscere, prudenter investigare, veraciter agnoscere et perfecte implere ad laudem nominis tui.* Die Absicht, in der A. H. Francke in einem ganzen Abschnitt seiner Anweisung zum Studium der Theologie *De oratione* handelte, ist durchaus sachgemäß. Und es wird doch wohl auch nicht bloß als barocker Schnörkel anzusehen sein, wenn Hollaz die Behandlung jedes einzelnen Locus in ein „*Suspirium*", die Rede über Gott ausdrücklich in die Rede an Gott übergehen ließ.

Gebet kann die Anerkennung sein, daß mit unserer Intention (freilich auch mit unserer Gebetsintention!) nichts getan ist. Gebet kann der Ausdruck menschlichen Wollens des Willens Gottes sein. Gebet kann bedeuten, daß der Mensch („auf Gedeih und Verderb!") Gott recht und sich selbst unrecht gibt. Gebet kann die menschliche Antwort auf die schon unterwegs befindliche göttliche Gebetserhörung sein, der Inbegriff des wahren Glaubens, den wir uns nicht selbst genommen haben. Wir würden nicht vom wirklichen Gebet reden, wenn wir „muß" statt „kann" sagen würden. Der Weg vom „kann" zum „muß" ist nach Röm. 8, 26 f. selber in das Geheimnis verhüllt, an dessen Pforte wir hier stehen. Wir geben also mit diesem Hinweis niemandem ein Mittel an, bei dessen Gebrauch er sich Gelingen seines Werkes in Aussicht stellen dürfte. Es muß aber gesagt sein, daß nicht einzusehen ist, wie gerade dieses Werk anders gelingen kann, denn auf Grund göttlicher Entsprechung zu dieser menschlichen Haltung: „Ich glaube, lieber Herr, hilf meinem Unglauben!"

§ 2
DIE AUFGABE DER PROLEGOMENA ZUR DOGMATIK

Prolegomena zur Dogmatik nennen wir den einleitenden Teil der Dogmatik, in welchem es sich um die Verständigung über ihren besonderen Erkenntnisweg handelt.

1. DIE NOTWENDIGKEIT DOGMATISCHER PROLEGOMENA

Prolegomena zu einer Wissenschaft, sofern solche notwendig und möglich sind, werden entscheidend immer in Überlegungen und Darlegungen darüber bestehen, wie es in der betreffenden Wissenschaft zum Wissen kommt. Wir verstehen unter „Prolegomena zur Dogmatik" (*praecognita Theologiae*, wie manche von den Alten noch gehaltvoller gesagt haben) den Versuch einer expliziten Rechenschaftsablage über den besonderen Erkenntnisweg, der in der Dogmatik begangen werden, man könnte auch sagen: über den besonderen Punkt, von dem aus in der Dogmatik gesehen, gedacht und geurteilt werden soll. Es versteht sich nicht von selbst, daß die Frage danach explizit aufgeworfen und beantwortet werden, daß es also Prolegomena zur Dogmatik geben muß. Es könnte auch so sein, daß diese Frage einfach durch die Art, in der die Dogmatik ihren Weg geht, beantwortet wird. Die gemachten Voraussetzungen könnten sich schlicht in ihrer Anwendung zeigen und bewähren. Die Rede selbst könnte die Ersparnis jeder Vorrede bedeuten. Fehlende oder höchst spärliche Prolegomena müssen nicht das Zeichen einer naiven, sie können das Zeichen einer sehr bewußten, durchreflektierten wissenschaftlichen Haltung sein. Und diese Haltung muß nicht auf einer Selbsttäuschung beruhen, sie kann in der Einfalt der Wahrheit, in höchster wissenschaftlicher Gesundheit ihren legitimen Grund haben. Das *ab esse ad posse valet consequentia* könnte ihre Rechtfertigung sein. Es gibt zu denken, daß die großen Vertreter altkirchlicher und mittelalterlicher Dogmatik sich jedenfalls mit kürzesten Reflexionen über den zu betretenden Erkenntnisweg als solchen begnügt haben.

Wir finden z. B. bei Johannes Damascenus Ἔκδοσις ἀκριβὴς τῆς ὀρθοδόξου πίστεως zwei allenfalls als Prolegomena anzusprechende Eingangskapitel über die Erkennbarkeit Gottes. Petrus Lombardus beginnt sein Sentenzenwerk nach einem kurzen Prolog ohne alle methodischen Überlegungen. In der *Summa theologica* des Thomas v. Aquino finden wir eine erste Quästio mit 10 Artikeln über den Begriff der *doctrina sacra*, in seiner *Summa c. gent.* 8 einleitende Abschnitte über Glauben und Wissen. Unter den Reformatoren hat sich noch Zwingli in seinem *Comm. de vera et falsa religione* 1525 mit einer knappen Erörterung des Begriffes *religio* an diese Tradition gehalten. Seine *Fidei ratio* von 1530 beginnt nach einer Anrede an den Kaiser unmittelbar mit dem Dogma von der Dreieinigkeit, ebenso seine für den französischen König bestimmte *Fidei christianae expositio* von 1531 mit der Entwicklung des Gottesbegriffs. Unter den Neueren hat sich Ad. Schlatter, Das christliche Dogma, 2. Aufl. 1923, nahezu ohne Prolegomena zu behelfen gewußt.

Aber das Phänomen ist nicht eindeutig. Neben tiefsinniger Sachlichkeit kann eine weniger tiefsinnige Überheblichkeit und Selbstsicherheit zu seiner Erklärung jedenfalls auch in Betracht kommen. Theologisch urteilend wird man mit beiden Möglichkeiten rechnen und nach beiden Seiten mit letzten Worten zurückhalten müssen.

Ich würde es nach wie vor für zu schnellfertig halten, in dem kurz angebundenen Zur-Sache-Kommen jener Älteren ohne weiteres (so E. Brunner, Theologie und Kirche,

Z. d. Z. 1930 S. 397) den Ausdruck einer ihre eigene Problematik verkennenden *theologia gloriae* zu sehen. Andererseits habe ich mich selbst (1. Aufl. dieses Buches S. 10 f.), indem ich jenes Verfahren als das eines „klassischen", das heute übliche als das eines „dekadenten" Zeitalters bezeichnete, einer romantisierenden Geschichtsphilosophie schuldig gemacht, von der ich jetzt Abstand nehmen möchte.

Die Situation der Kirche, die den Raum der dogmatischen Arbeit bildet, ist nicht immer dieselbe, sondern legt dieser Arbeit je und je besondere Bedingungen auf. Was uns verwehrt ist, muß es nicht immer gewesen sein. Aber was einst erlaubt war, kann uns heute verboten sein. Und uns ist es heute verboten, in der Dogmatik ohne ausdrückliche und ausführliche Rechenschaftsablage über die Frage des Erkenntnisweges zur Sache zu kommen. Es fragt sich nur — und die Frage ist entscheidend wichtig —, aus welchem Grunde wir uns dies verwehrt sehen und also dogmatische Prolegomena für notwendig halten.

Man verweist hier gewöhnlich und in der letzten Zeit mit neuem Eifer auf die seit rund 300 Jahren eingetretene, die Theologie als solche in Frage stellende Wandlung des allgemeinen Kulturbewußtseins und Weltbildes, auf die angeblich in besonderer Weise aufs Ganze gehende Welle von Heidentum, von der heute Kirche und Theologie bedroht seien, auf den unsere Zeit angeblich vor anderen Zeiten auszeichnenden, alle Offenbarung als solche negierenden „Radikalismus des Vernunftdenkens".

„Schon in der zweiten Hälfte des 17., noch mehr aber in der ersten Hälfte des 18. Jahrhunderts waren gegen die christlichen Glaubenslehren und auch gegen die Wissenschaft von ihnen der Bedenklichkeiten, Einwürfe und Zweifel durch Naturalisten, Rationalisten der Zeit, sog. Freigeister so viele geworden, daß eine kurze Einleitung unzureichend war, man mußte Vorbesprechungen anfangen, ehe es an die Dogmatik ging." (Carl Daub, Prolegomena zur Dogmatik, 1839 S. 3) — „Es handelt sich heute nicht darum, wie Gott ist, sondern ob er ist, nicht was offenbart sei, sondern ob es Offenbarung gebe, nicht um die rationalistische Verderbnis an einzelnen Punkten, sondern um die Infragestellung des Offenbarungswunders als solchen, um das Vorzeichen aller christlichen Theologie, um die Norm, um den Begriff der Offenbarung, nicht um die Inhalte, also um das Problem: Vernunft und Offenbarung." (E. Brunner, Z. d. Z. 1930 S. 414.)

Diese veränderte Situation sei es, so wird gesagt, welche heute Prolegomena zur Dogmatik notwendig mache. Wolle die Dogmatik heute „existentielle" Theologie sein und nicht einem „gefährlichen Chinesentum" verfallen, so müsse neben ihrer ersten Aufgabe, der Besinnung der Kirche auf das Wort Gottes, eine zweite, andere, aus jener Situation erwachsene Aufgabe der Theologie anerkannt und in Angriff genommen werden.

E. Brunner, Die andere Aufgabe der Theologie, Z. d. Z. 1929 S. 255 f., auf den ich mich hier besonders beziehe, will diese der Dogmatik vorzuordnende Disziplin nicht Apologetik, sondern „Eristik" nennen. Aber macht er die alte Apologetik nicht schlechter, als sie war, um nur ja von ihr abrücken zu können, wenn er sie in Bausch und Bogen charakterisiert als „schwächliche und ängstliche Defensive vor einem Vernunfttribunal als Selbstrechtfertigung der Christen vor einer Welt, die zu ihnen das Vertrauen verloren hat" (a. a. O. S. 258)? Sollte der Unterschied etwa zwischen Chr. E. Luthardts Apologetischen Vorträgen, 1870 f., und Karl Heims „Glauben und Denken", 1931, ein anderer sein als der des Schlechteren und Besseren oder auch einfach des Altfränkischen und Modernen? Wäre es nicht klärend, wenn man sich auch zu dem Namen „Apologetik" ohne falsche Scham wieder bekennen würde? Der „Geißel" Overbecks, von der Brunner die frühere Apologetik gezüchtigt sieht, wird man ja doch auch als „Eristiker" schwerlich entgehen.

Die Aufgabe der Theologie bestünde im „Kampf gegen die Selbstsicherheit des modernen Geistes", dem Kampf gegen „das Vernunftaxiom von der Letztwirklichkeit der Vernunft", im „Niederringen dieser sich abschließenden und darum dem Wort widerstrebenden Vernunft" und in der „Befreiung der in diesem Vernunftwahn und dieser Vernunfteinsamkeit sich heimlich nach dem göttlichen Du sehnenden Vernunft".

Etwas zurückhaltender sagt K. Heim a. a. O. S. 433: „Der christlichen Philosophie fällt, entsprechend der bescheidenen Dienststellung, die ... die Erkenntnis dem Leben gegenüber hat, nur eine negative Aufgabe zu. Sie muß den Menschen ‚entsichern'. Sie muß alles rückhaltlos in seiner Unmöglichkeit aufdecken, was der Mensch zu allen Zeiten unternommen hat, um eine Reservestellung zu beziehen, in der er vor der Ewigkeitsfrage gesichert ist, die jeder Augenblick neu an ihn stellt."

Es gebe doch einen durch die Sünde nicht zerstörten „Anknüpfungspunkt der göttlichen Botschaft im Menschen", eine dem Menschen natürliche „Frage nach Gott".

E. Brunner versteht unter dem ihm sehr wichtigen Begriff des „Anknüpfungspunktes": „Dasjenige Von-sich-selbst-Wissen des Menschen, das der Mensch als Nichtgläubiger haben kann und das als solches ins Gläubige aufgenommen wird." (Theologie und Ontologie, Z. Th. K. 1931 S. 112.)

Anknüpfend an diesen Anknüpfungspunkt sei „zu zeigen, wie durch das Wort Gottes die menschliche Vernunft teils als Quelle lebensfeindlichen Irrtums enthüllt, teils in ihrem eigenen unvollendbaren Suchen erfüllt wird".

E. Brunner, Z. d. Z. 1929 S. 257, 260, 262, 264, 267, 273 f. Vgl. auch Z. d. Z. 1930 S. 398, 410; Gott und Mensch 1930 S. 55 f.

Diese Begründung der Notwendigkeit dogmatischer Prolegomena ist aus drei Gründen abzulehnen.

1. Darum, weil der dabei vorausgesetzte Unterschied unserer Zeit gegenüber früheren theologisch nicht zu begründen ist: Hat es je eine Zeit gegeben, in der die Theologie im Grunde nicht ebenfalls einer aufs Ganze gehenden Negation der in der Kirche geglaubten Offenbarung gegenüberstand? Haben nicht auch die Antike und das Mittelalter, den christlichen Theologen sehr wohl bewußt, ihre Aufklärer, Atheisten und Säkularisten als Vorläufer unseres spezifisch modernen Heidentums gehabt? War die taktische Situation des Offenbarungsglaubens, um die es hier ja gehen soll, etwa in der zweiten Hälfte des 18. Jahrhunderts nicht ungleich gefährdeter als heute? Und vor allem: bedeutete die Fülle der Götter, Dämonen und Mirakel, die das alte Weltbild vor dem unsrigen auszeichnete, christlich betrachtet, wirklich ein Plus gegenüber der Entgötterung, die weithin das Kennzeichen des unsrigen ist? Konnte etwa

das vorkantische und vorkopernikanische Kulturbewußtsein, in dem für diese und jene Offenbarung, für Offenbarung überhaupt und im allgemeinen allerdings mehr Raum war als in dem unsrigen, die Situation der christlichen Kirche und Dogmatik ernsthaft erleichtern und also einen ernsthaften Grund für die Spärlichkeit der Prolegomena jener Alten bilden? Und hat denn andererseits das moderne Kulturbewußtsein und Weltbild mit seiner besonderen Bedrohung „aller Offenbarung", der Offenbarung überhaupt und im allgemeinen, wirklich eine grundsätzlich gefährdetere, der Sicherung oder Auseinandersetzung ganz anders bedürftige Lage für die christliche Dogmatik geschaffen? Beides wäre doch wohl nur dann zuzugeben, wenn die in der Kirche geglaubte Offenbarung als ein Spezialfall innerhalb des Genus „Offenbarung überhaupt und im allgemeinen" zu verstehen wäre. Dies ist aber, wie wir vorläufig einfach behaupten, nicht der Fall. Die Erkenntnis der in der Kirche geglaubten Offenbarung steht nicht und fällt nicht mit der durch das alte Weltbild erleichterten, durch das neue erschwerten, allgemeinen religiösen Möglichkeit. Vielmehr ist die Auseinandersetzung zwischen der glaubenslosen Vernunft des Menschen und der in der Kirche geglaubten Offenbarung zu allen Zeiten in grundsätzlich gleich ernster Weise das Problem der christlichen Rede überhaupt und der Dogmatik im besonderen gewesen. Darum kann es nicht geboten sein, die Tragik gerade der modernen Gottlosigkeit, als widerführe uns etwas Sonderliches, so tragisch zu nehmen, wie es bei jener Auffassung von der Notwendigkeit dogmatischer Prolegomena vorausgesetzt ist.

2. Diese Auffassung ist aber auch darum mißlich, weil sie für diese Prolegomena selbst eine Fragestellung nach sich zieht, mit der die Aufgabe der Dogmatik sofort fallen gelassen statt in Angriff genommen wird. In der Dogmatik hat die Kirche ihre Rede von Gott am Maßstab ihres eigenen Seins, d. h. der göttlichen Offenbarung, zu messen. Ihre Rede von Gott ist aber die Rede der an sich glaubenslosen und glaubenswidrigen Vernunft des Menschen. Dogmatik ist also auf der ganzen Linie Auseinandersetzung zwischen dieser Vernunft des Menschen und der in der Kirche geglaubten Offenbarung. Aber diese Auseinandersetzung findet im Raume der Kirche selbst statt, d. h.: sie ist nicht am Widerspruch der Vernunft, sondern am Spruch der Offenbarung orientiert. Sie ist nicht am Aufweis eines „Anknüpfungspunktes" der göttlichen Botschaft an den Menschen, sie ist schlechterdings an der ergangenen und vernommenen göttlichen Botschaft selbst interessiert. Auch ihre Erkenntnisfrage kann nicht lauten: wie ist menschliche Erkenntnis der Offenbarung möglich? (als wenn es ihr problematisch wäre, ob Offenbarung erkannt wird! als ob von einer Untersuchung der menschlichen Erkenntnis die Einsicht in die Möglichkeit der Erkenntnis göttlicher Offenbarung zu erwarten wäre!), sondern: welches ist die wirkliche

menschliche Erkenntnis der göttlichen Offenbarung? (unter der Voraussetzung, daß die Offenbarung selbst und von sich aus den nötigen „Anknüpfungspunkt" im Menschen schafft). Wird nun dieses Verhältnis verschoben, wird der Widerspruch der Vernunft als solcher zum Gegenstand der Untersuchung und seine Überwindung als solche zu deren Ziel gemacht, dann ist damit der Raum der Kirche verlassen und ist in der Tat eine „andere Aufgabe" an die Stelle der Aufgabe der Dogmatik gesetzt.

„Die eristische Theologie unterscheidet sich von der dogmatischen dadurch, daß sie mehr darauf acht hat, mit wem sie vom Glauben redet, daß sie mehr auf seine Widerstände ... eingeht, insofern also mehr *ad hominem* redet". (E. Brunner, Z. d. Z. 1929 S. 269.) Als ob die Dogmatik mehr zu den Engeln redete! Aber wo man mit Emphase nun gerade *ad hominem* reden will, da ist mit der dogmatischen sofort auch die theologische Haltung überhaupt gefährdet.

Wie es sich auch mit der Legitimität und Möglichkeit dieser anderen Aufgabe verhalten möge, die Aufgabe der Dogmatik bleibt dann liegen. Für die Beantwortung ihrer besonderen Erkenntnisfrage, für die Feststellung ihrer besonderen Wissenschaftlichkeit, wird dann nichts geleistet. Prolegomena zur Dogmatik mit dieser Fragestellung müßten mehr eine Ausleitung aus der als eine Einleitung in die Arbeit der Dogmatik bedeuten.

Es ist doch wohl nicht nur der Eifer des Neuentdeckers, der E. Brunner besonders in dem Aufsatz von 1929 veranlaßt hat, die Arbeit der eigentlichen Dogmatik gegenüber der seiner „Eristik" in ein herzlich unerfreuliches Licht zu rücken.

3. Man wird aber auch fragen müssen, ob bei der bewußten Auffassung von der Notwendigkeit dogmatischer Prolegomena nicht auch und gerade das Anliegen zu kurz kommt, in dem sie offenbar ihren Grund hat: die „Verantwortlichkeit und Gegenwärtigkeit" des theologischen Denkens.[1] Sollte das die Dogmatik vor dem Chinesentum schützen und ihr die gewiß wünschenswerte Beziehung zu der ungläubigen Zeitgenossenschaft sichern, daß sie gleich beim ersten Schritt ihr Thema aus dem Auge verliert und sich — aus welcher Vollmacht eigentlich? — der merkwürdigen Aufgabe zuwendet, „das Vernunftaxiom zu erschüttern"?[2] Wir sagen: Nein, gerade ein verantwortliches und gegenwärtiges, mit der Zeitgenossenschaft in realer Beziehung stehendes theologisches Denken wird sich (wenn es durch Gottes Gnade das alles ist!) als solches auch heute damit ausweisen, daß es sich über die Begründung seines Grundes, über Fragen wie: ob Gott ist, ob es eine Offenbarung gibt usw. in keine Diskussion einläßt, sondern sich, ungerechtfertigt in seinem Tun, wie es dieser Sache in jeder Hinsicht entspricht, als Denken aus diesem Grunde faktisch vollzieht und damit als Zeugnis des Glaubens gegen den Unglauben faktisch auf dem Plane ist. Daß mit der christlichen Kirche überhaupt auch die Dogmatik auf der ganzen Linie im Gegensatz des Glaubens zum

---

[1] E. Brunner, Z. d. Z. 1930 S. 397.
[2] E. Brunner, Z. d. Z. 1929 S. 256.

Unglauben und insofern auf der ganzen Linie apologetisch-polemisch zu reden hat, darüber kann kein Streit sein. Es hat aber noch nie eine andere wirksame Apologetik und Polemik des Glaubens gegen den Unglauben gegeben als die ungewollte (unmöglich zu wollende! schlechthin ereignishafte!), die dann stattfand, wenn Gott selbst sich zum Zeugnis des Glaubens bekannte. Alle gewollte Apologetik und Polemik dagegen ist aus drei Gründen notorisch noch immer ein unverantwortliches und ungegenwärtiges und darum auch unwirksames Tun gewesen:

a) In ihr muß offenbar der Glaube den Unglauben ernst und sich selber nicht ganz ernst nehmen und darum heimlich oder offen aufhören, Glaube zu sein. Was der Unglaube vom Glauben erwartet, ist schlechterdings das eine: daß er Ereignis sei. Es steht nicht in unserer Hand, dieses Ereignis herbeizuführen. In „Auseinandersetzung" mit dem Unglauben ist der Glaube aber sicher nicht Ereignis. Verbietet nicht schon der Artikel von der Vergebung der Sünden ein Gespräch, in dem der Unglaube des Gesprächpartners ernst genommen, d. h. aber in dem dieser als Weltkind angeredet und bei seinem Unglauben behaftet wird? Hofft man ihn so auch nur apagogisch über das Unrecht seiner Vorurteile gegen den Glauben belehren zu können?

b) In aller selbständig auftretenden Apologetik und Polemik des Glaubens verrät sich die Meinung, mit der Dogmatik selbst sei alles aufs beste bestellt.

Karl Heim beginnt das Vorwort von „Glaube und Denken" 1931 mit der erstaunlichen Feststellung: „Wir haben genug dogmatische Lehrbücher, die in die Lehre der evangelischen Kirche... ausgezeichnet einführen." Genug!? Ausgezeichnet!?

Der Theologe, der sich auf diese Künste einläßt, meint offenbar sehr wohl Zeit und Vollmacht zu haben, der Sorge um die Dogmatik den Rücken zu kehren und statt an der Sache selbst zu arbeiten, mit anderen Leuten über die Sache zu reden. Diese getroste Zerstreutheit ist nicht angebracht und kann auf die Länge und in der Tiefe auch nach außen nicht glaubwürdig wirken.

c) Eine selbständige Eristik ruft mindestens der Gefahr, daß umgekehrt eine Dogmatik, die die Auseinandersetzung mit dem Unglauben in Gestalt solcher Prolegomena schon hinter sich zu haben meint, das notwendige Wissen um die ständige Bedrohtheit aller ihrer Sätze vermissen lassen und — nun allerdings chinesisch (der Bau der chinesischen Mauer war bekanntlich ein durchaus eristisches Unternehmen!) als *praenumerando* gesicherte Esoterik sich gebärden wird.

Sofern auch die Theologie wirklich und wirksam apologetisch und polemisch ist, ist sie es, indem ihr eigentümliches Tun, das ja nicht anderswo als mitten im Streit des Glaubens mit dem Unglauben stattfinden kann, als Zeugnis des Glaubens von Gott anerkannt, bekräftigt und gesegnet ist, nicht aber auf Grund besonderer Veranstaltungen, in denen sie schließlich auch dem Gesprächspartner nur offenbaren kann, daß sie **entweder ihn** täuschte, wenn sie **vorgab**, auf dem Boden gemeinsamer Voraussetzungen mit ihm zu verhandeln, **oder selbst nicht bei der Sache war**, wenn sie dies **wirklich** tat. „Das Vernunftaxiom zu erschüttern" wird ihr so oder so sicher nicht gelingen, sondern wenn überhaupt, dann ohne besonderen Aufwand und ehrlich auf ihrem eigenen Wege. Apologetik und Polemik können nur **Ereignis**, sie können nicht **Programm** sein.

Es gilt doch auch für die Theologie: „Der halben musen wir acht nemen, das so wir das euangelion nyt mit seyner eigen gewalt, sunder mit unsern krefften wollen enthalten, so ist es gar verlorn, darum so mansz am besten wyl vertedigen, so felt es hernider. Last uns der sorg gantz absten, das euangelion darff unser hilff nichtz, es ist für sich selbs gnugsam krefftig, bevelet es gott allein dess es ist... Derhalben ist das eyn gering, schlecht ding, das sich dyser arme hauff der sophisten dar wider legt: was woltenn dise fledermeus mit yren flederwuschen aussrichten? Last sye faren, Es ist von gottes gnaden eyn ungelernt volck.... In disem allem ist kein besser radt dan predigen das euangelion schlecht und lauther furdtan, und bitten got, dass er uns leyt und fure." (Luther, Sermon vom Glauben und guten Werken 1522 W. A. 10^{III}, S. 354, Z. 15.) Also ists beschlossen, das dem wort Gottis keyn meyster noch richter, also auch keyn schütz herr mag geben werden denn Gott selber. Es ist seyn wort, darumb wie ers on menschen verdienst und rad lesst ausgehen, also will ers auch selbs on menschen hülff und sterck handhaben und verteydigen. Und wer bey menschen hyrüber schutz und trost sucht, der wird fallen und beydes feylen, von Gott und den menschen verlassen werden. (Fastenpostille 1525, W. A. 17^{II}, S. 108, Z. 26.)

Die Notwendigkeit dogmatischer Prolegomena, d. h. die Notwendigkeit einer expliziten Rechenschaftsablage über den besonderen in der Dogmatik zu begehenden Erkenntnisweg, muß, um gebieterisch zu sein, eine innere, eine in der Sache selbst begründete Notwendigkeit sein. Beruht sie auf einem Konflikt, in welchem sich der Glaube befindet, so muß dieser Konflikt, um ernsthaft zu sein, ein Konflikt des Glaubens mit sich selber sein. Auch der Konflikt des Glaubens mit dem Unglauben kann doch nur in dem Fall und in der Form belangvoll sein, daß er ein Konflikt des Glaubens mit sich selber ist: weil im Glauben selber der Unglaube sich irgendwie zu Worte gemeldet hat und Gehör beansprucht. Dieses paradoxe Faktum liegt nun in der Tat vor: Der Glaube steht nicht nur und er steht gar nicht in erster und wichtigster Linie im Streit mit dem Unglauben, sondern er steht im Streit mit sich selbst, d. h. mit einer Gestalt oder mit Gestalten des Glaubens, in denen er sich zwar nach seiner Form, aber nicht nach seinem Inhalt wiedererkennt — so sehr nicht wiedererkennt, daß er in ihnen zwar um ihrer Form willen ebenfalls Glauben, christlichen Glauben, anerkennen muß, um ihres Inhalts willen aber diesen Glauben nur als **Andersglauben** verstehen kann. Der Andersglaube ist der Glaube, in dem wir den Unglauben sich zum Worte melden hören. Indem wir an die Aufgabe der Dogmatik herantreten wollen, stoßen wir auf dieses Faktum des Andersglaubens. Indem wir nämlich nach dem Sein der Kirche, nach Jesus Christus als der Norm kirchlichen Handelns fragen wollen, finden wir, daß wir schon im Verständnis dieser Norm, in der Erkenntnis Jesu Christi als des Herrn der Kirche zwar mit etlichen so weit einig sind, daß wir mit ihnen gemeinsam an jene Aufgabe herantreten können, mit etlichen anderen aber schon in dieser Voraussetzung (in der Art, wie wir diese Voraussetzung verstehen) nicht einig sind und also auch nicht gemeinsam mit ihnen an die dogmatische Arbeit herantreten können. Wir müssen feststellen, daß unser eigenes Verständnis des Seins der Kirche keineswegs als einziges auf dem Plane ist, daß neben unserem eigenen so andere, so fremdartige Verständnisse des Seins der Kirche auf dem Plane sind, daß die Gemeinsamkeit mit den Vertretern dieser anderen Verständnisse nur die Gemeinsamkeit des Streites mit ihnen sein kann, und zwar darum, weil wir das Andere, Fremdartige ihres Verständnisses nicht als eine uns vielleicht noch unbekannte Möglichkeit des Glaubens selbst, sondern eben nur als glaubenswidrige Möglichkeit, als Unglauben verstehen können und nun doch wegen seiner formalen Voraussetzungen als eine Möglichkeit des Glaubens verstehen müssen. Das ist das paradoxe Faktum der Häresie. Wir verstehen unter Häresie eine solche Gestalt des christlichen Glaubens, der wir zwar formell (weil auch sie sich auf Jesus Christus, auf seine Kirche, auf die Taufe, auf die Heilige Schrift, auf gemeinsame christliche Bekenntnisformeln usw. bezieht) ihre Eigenschaft als Gestalt des christlichen Glaubens nicht abstreiten können, ohne doch in der Lage zu sein, zu verstehen, was wir damit tun, wenn wir sie als solche anerkennen, weil wir ihren Inhalt (die in ihr stattfindende Interpretation dieser gemeinsamen Voraussetzungen) nur als Widerspruch gegen den Glauben verstehen können.

Sehr schön ist dieses Paradoxon im Faktum der Häresie hervorgehoben in den Worten des Irenäus: *Similia enim loquentes fidelibus ... non solum dissimilia sapiunt, sed et contraria et per omnia plena blasphemiis, per quae interficiunt eos, qui per similitudinem verborum dissimile affectionis eorum in se attrahunt venenum; sicut quis aquae mixtum gypsum dans pro lacte, seducat per similitudinem coloris, sicut quidam dixit superior nobis de omnibus qui quolibet modo depravant quae sunt Dei, et adulterant veritatem: In Dei lacte gypsum male miscetur* (C. o. haer. III 17, 4).

Eben wegen dieser Paradoxie des Faktums der Häresie ist diese für den Glauben eine belangvolle Größe, man könnte auch sagen: wird der Unglaube in Gestalt der Häresie für den Glauben eine belangvolle Größe, was er als reiner Unglaube gerade nicht ist. Weil er in der Häresie zugleich als eine Gestalt des Glaubens auftritt, darum wird er hier ernsthaft, darum **kann** und darum **muß** es zwischen dem Glauben und der Häresie Streit und zwar ernsten Streit geben.

Die alte, die mittelalterliche und noch die nachreformatorische Kirche bis zu Pietismus und Aufklärung haben gegen Juden, Heiden und Atheisten in der Regel nur nebenbei und nicht entfernt mit demselben Nachdruck und Eifer gestritten wie eben gegen die Häretiker. Das war darum (bis auf das gewiß nicht zu lobende, aber auch nicht wesentlich zur Sache gehörige Sichbeschimpfen oder gar Sichverbrennen jener vergangenen Tage) sinnvoll, weil zwischen Kirche und Häretikern wirklich gegeneinander (statt aneinander vorbei!) nämlich: ganz verschieden ganz vom selben Gegenstand geredet wurde. Man ging sich gegenseitig so an und zu Leibe, wie das nur zwischen streitenden Brüdern stattfinden kann. Der vielgerühmte Fortschritt vom 17. zum 18. Jahrhundert bestand darin, daß man sich entschloß, sich zu dulden, d. h. los und gegenseitig seinem Schicksal zu überlassen. Das erst war der Bruch der vorher im Streite immer noch und immer wieder bewährten Gemeinschaft.

In dem Streit zwischen Kirche und Häresie geht es eben doch um (wenn auch ganz entgegengesetzt unternommene) Arbeit an der Sache selbst, nicht um jenes von vornherein zur Ergebnislosigkeit verurteilte Reden über die Sache. Das Thema ist dasselbe: darum kann hier Streit sein. Gewiß geht es um ganz verschiedene Interpretation desselben Themas: darum muß hier Streit sein. So verschieden ist die Interpretation der Kirche von der der Häretiker, daß die Frage drohend genug aufsteht: ob es nicht hüben und drüben vielleicht doch um ein ganz anderes Thema gehen, ob der gegenüberstehende Andersglaube nicht vielleicht doch nur als Unglaube zu verstehen sein möchte. Das Gespräch zwischen der Kirche und den Häretikern wäre nicht so ernsthaft, wenn es anderswo als angesichts dieser drohenden Frage geführt würde. Aber solange und sofern das Gespräch noch geführt wird, ist diese Frage jedenfalls nicht dahin entschieden, daß Kirche und Häretiker nichts miteinander zu schaffen haben. Das stattfindende Gespräch und vielleicht gerade dessen Schärfe beweisen ja das Gegenteil. Die Kirche muß in diesem Gespräch die Häresie dabei behaften, daß diese ja selber die Kirche sein möchte. Und die Häresie kann die Kirche nur darum angreifen, weil diese nicht genug, nicht wahrhaft die Kirche sei. Beides kann nicht geschehen ohne Rückgriff auf die wie sehr immer problematisierten gemeinsamen formalen Voraussetzungen. Uneinig im Inhalt des Glaubens appelliert man doch von beiden Seiten an gewisse gemeinsame Formen des Glaubens und behauptet damit (und wäre es bloß, indem man jene drohende Frage aufwirft) einen mindestens immer noch in Betracht kommenden gemeinsamen Grund des Glaubens. Erst wenn Kirche und Häresie sich gar nicht mehr begegnen, sich gar nichts mehr zu sagen haben sollten, wäre dieser fern aber sicher über beiden sich spannende Bogen des Friedens zerbrochen oder doch bedeutungslos geworden. In der wirklichen Begegnung mit der Häresie wird der Glaube in Konflikt mit sich selber gestürzt, weil er — solange und sofern er die Häresie nicht losgeworden ist, solange und sofern sie ihn vielmehr angeht, solange und sofern er sich ihr gegenüber verantworten muß — nicht umhin kann, sie trotz der Stimme des Unglaubens, die er aus ihr zu vernehmen meint, mindestens auch als Glauben und nicht nur als Unglauben zu behandeln. Er muß sie als eine Möglichkeit des Glaubens verstehen, freilich als eine ihm tief unverständliche, als eine solche, die er nur als eine Möglichkeit der Störung und Zerstörung des Glaubens auffassen kann, als eine Möglichkeit, die er abwehren muß — aber als eine Möglichkeit des Glaubens selber und darum und insofern (deshalb auch die Notwendigkeit heftiger Abwehr!) als seine eigene Möglichkeit, als eine Möglichkeit nicht außerhalb, sondern, wie unanschaulich immer als solche, innerhalb der Kirche. Darum ist dieser Konflikt ein ernsthafter Konflikt und darum kann und muß nun die Aufgabe expliziter Rechenschaftsablage über den in der Dogmatik zu begehenden Erkenntnisweg eine innere, in der Sache selbst begründete Notwendigkeit werden.

Wir stehen vor dem Faktum der Häresie. Konkret: wir stehen vor dem Faktum des römischen Katholizismus in der Gestalt, die er sich im 16. Jahrhundert im Kampf gegen die Reformation gegeben hat. Und wir stehen innerhalb der organisatorischen Einheiten der evangelischen Kirchen selbst vor dem Faktum des in der mittelalterlichen Mystik und in der humanistischen Renaissance wurzelnden pietistisch-rationalistischen Modernismus. Das Faktum der modernen „Offenbarungsleugnung" usw. ist völlig uninteressant neben diesem Doppelfaktum. Denn hier, in seinem Gegensatz zum römischen Katholizismus und zum protestantischen Modernismus, steht der evangelische Glaube in Konflikt mit sich selber. Beide sind ja nicht irgendwelche irrelevante Heidentümer, wollen es jedenfalls nicht sein, sondern begegnen uns, wenn wir sie so nehmen, wie sie sich geben, als Möglichkeiten des Glaubens, wohlverstanden unseres eigenen Glaubens, als Möglichkeiten innerhalb und nicht außerhalb der Kirche. Und indem wir sie hören, indem wir uns dem formalen Recht ihres Anspruchs nicht entziehen, müssen wir sagen, daß wir den Glauben und die Kirche in diesen beiden Gestalten nicht wiedererkennen, so völlig nicht wiedererkennen, daß die Frage, ob diese Möglichkeiten nicht Möglichkeiten des einfachen Unglaubens seien, die Frage, ob der römisch-katholische und der modernistisch-protestantische Theologe nicht doch nach Matth. 18, 17 als „Heiden und Zöllner" anzusprechen seien, unvermeidlich wird. Aber unsere Begegnung mit den Häresien wäre ja keine wirkliche Begegnung, wir wären jene ja schon wieder losgeworden, wir hörten sie ja schon nicht mehr, wenn wir diese Frage für entschieden halten würden. Stehen sie uns wirklich als Faktum gegenüber und ist diese Frage also noch nicht entschieden, dann kehrt sie sich auch gegen uns selber, dann sind wir hinsichtlich unseres eigenen Verständnisses des Seins der Kirche, hinsichtlich unserer eigenen Erkenntnis Christi zur Bereinigung, zur Rechenschaftsablage, zur Verantwortung aufgefordert. Daß wir evangelische und keine andere Theologie treiben, das können wir freilich so wenig diskutieren und begründen, wie daß wir getauft sind und glauben. Auch in bezug auf uns selbst können wir nur von dem Faktum ausgehen, sofern es eben als Faktum gegeben ist. Wohl aber zwingen uns die Häresien dazu, uns klar zu machen, inwiefern, in welchem Sinne, mit welcher inneren Begründung wir hier und nicht dort stehen und also die Offenbarung nicht katholisch und auch nicht modernistisch sondern evangelisch verstehen.

Daß man in der Existenz der Häresien entscheidend diese Aufforderung zu hören habe, ist eine alte Einsicht: *Improbatio quippe haereticorum facit eminere quid Ecclesia tua sentiat et quid habeat sana doctrina* (Augustin, *Conf.* VII 19, 25, vgl. *De cat. rud.* 24, 44, *De civ. Dei* XVI 2, 1). — *Ob hoc haereseon non statim divinitus eradicantur auctores, ut probati manifesti fiant, id est: ut unusquisque, quam tenax et fidelis et fixus catholicae fidei sit amator appareat* (Vinzenz v. Lerinum, *Common.* I 20, 25, vgl. 19, 24). — *Quia perversi homines apostolicam doctrinam et caeteras doctrinas et scripturas pervertunt ad sui ipsorum perditionem... ideo necessaria fuit temporibus procedentibus explicatio fidei* (Thomas v. Aquino, *S. theol.* II² qu. 1 art. 10).

Die Bereinigung, zu der wir aufgefordert sind, wird aber sofort eine Bereinigung hinsichtlich des zu betretenden Erkenntnisweges sein müssen. Sofort vom Erkenntnisgrund ab trennen sich ja die Wege. Sofort in bezug auf den Erkenntnisgrund müssen wir uns also im Blick auf die abweichenden Möglichkeiten mit uns selbst einig werden. Was ist aber der Erkenntnisgrund anderes als eben jenes Sein der Kirche, das offenbar selber schon so verschieden interpretiert werden kann, daß alles, was daraus gefolgert wird, so anders wird, wie es zwischen der Kirche und den Häresien in allen Stücken der Fall ist. Das evangelische Verständnis jener scheinbar oder wirklich hüben und drüben identischen formalen Voraussetzungen zu klären, das ist die uns heute auferlegte innere Notwendigkeit dogmatischer Prolegomena.

Häretische Richtungen und sogar ganze häretische Kirchen (z. B. die marcionitische, die donatistische, die arianische) kannte freilich schon das kirchliche Altertum und Mittelalter. Man wird aber sagen müssen, daß die Häresie doch erst durch die Reformation und seit der Reformation zu einem allgemein und grundsätzlich empfundenen Problem geworden ist. Es war formell nichts Neues und sachlich doch etwas ganz Neues in der Art, wie die evangelische Kirche eines Luther und Calvin das Papsttum und wie umgekehrt der Katholizismus des 16. und 17. Jahrhunderts nun gerade diese „Ketzerei" gesehen haben. Was „Andersglaube" ist, das hat sich damals und so erst damals der Kirche eingeprägt. Darum gibt es von da ab auf allen Seiten dogmatische Prolegomena. Man wird ihre ersten Spuren auf evangelischer Seite in den besonders in den reformierten Bekenntnissen (zuerst in der *Conf. Tetrapol.* 1530 und später immer regelmäßiger) auftauchenden Präambeln über das Schriftprinzip zu finden haben. Mit dem neuen materialen Erkenntnis Christi (in bezug auf das Verhältnis von Sündenvergebung und christlichem Leben), in der die Reformation Ereignis wurde, verband sich eben von Anfang an, zusammengefaßt in der Lehre von der alleinigen Normativität der heiligen Schrift, eine neue formale Theologie, die ausführlich und selbständig zur Sprache zu bringen angesichts des der Sache selbst begegnenden Widerspruchs und angesichts dessen, daß dieser Widerspruch nicht der des Unglaubens sondern des Andersglaubens war, alsbald unvermeidlich wurde. Das wachsende Bedürfnis in dieser Richtung kann man an dem Anwachsen der einleitenden Erörterungen über das Schriftprinzip auch in den verschiedenen Fassungen der Loci Melanchthons erkennen. Als das erste Beispiel grundsätzlich ausholender Prolegomena in unserem Sinn wird man wohl die 10 ersten Kapitel der Institutio Calvins von 1559 in Anspruch zu nehmen haben. Grundsätzliche formale

Bestimmungen zur Abwehr des evangelischen Schriftprinzips wurden damit auch für die gegenüberstehende römisch-katholische Dogmatik notwendig. Der erste weithin sichtbare Schritt in dieser Richtung waren die Bestimmungen über die Würde der der Heiligen Schrift gleich- bzw. vorzuordnenden kirchlichen Tradition an der Spitze der Aufstellungen des Tridentiner Konzils. Und es ist konsequent und verständlich, daß die Prolegomena katholischer Dogmatik seit dem Vaticanum um den Begriff der im Papst vereinigten kirchlichen Lehrgewalt als der eigentlichen Offenbarungsquelle und des entsprechenden „katholischen Glaubens" kreisen müssen. Die Aufgabe solcher Rechenschaftsablage über die formalen Voraussetzungen wurde noch dringlicher und die dogmatischen Prolegomena bekamen deutlich erkennbar noch mehr Gewicht und Umfang als als dritter Gesprächspartner, besonders wirkungsvoll und siegreich auf evangelischer Seite, aber nicht ohne Querverbindungen auch nach der katholischen hin, jener pietistisch-rationalistische Modernismus auf den Plan trat. Wir haben uns ihm gegenüber, obwohl er aus den evangelischen Kirchen weder ausgestoßen ist noch freiwillig zur Bildung von Gegenkirchen übergegangen ist, ebenso bestimmt abzugrenzen wie gegenüber dem Katholizismus. Der Glaube, der im Kampf mit dem Zweifel an der Wahrheit liegt, im Kampf mit der Frage: Gibt es einen Gott? ist ein anderer als der Glaube, in welchem der Mensch danach fragt, ob der Gott, dessen Existenz kein Problem ist, ihm gnädig sei oder ob der Mensch an sich selbst verzweifeln müsse? Der erste ist der modernistische, der zweite ist der evangelische Glaube und beide können sich gegenseitig nur noch an den hüben und drüben identischen formalen Voraussetzungen wiedererkennen. Sie sind in Christus einig und zugleich gerade in Christus nicht einig. Der modernistische Glaube hat das so scharf empfunden wie der evangelische und der katholische. Weshalb er denn auch seinerseits, sobald er seine eigene Dogmatik zu entwickeln begann, in der für das 18. und 19. Jahrhundert so bezeichnenden Lehre von der „Religion" seinen durchaus eigenen Zugang zu der Sache, so wie er sie verstehen zu müssen meinte, dargestellt hat. Die Bedeutung Schleiermachers besteht vor allem darin, daß er in seiner Lehre von der christlichen Frömmigkeit als dem Sein der Kirche dieser Häresie eine die Zeit vor ihm ebenso erfüllende wie die Zeit nach ihm weissagende formale Begründung gegeben hat. Er ist nicht der Inaugurator, aber der große reife Klassiker des Modernismus, von dessen Nachfolge sich dieser, wenn er sich selbst versteht, niemals wird abdrängen lassen dürfen.

2. DIE MÖGLICHKEIT DOGMATISCHER PROLEGOMENA

Wie sind dogmatische Prolegomena, wie ist eine Vorverständigung über den in der Dogmatik zu begehenden Erkenntnisweg möglich? Eine solche setzt offenbar einen Ort voraus, von dem aus dieser Weg sichtbar und verständlich ist. Welches ist dieser Ort?

Die Antwort, die sich der Theologie seit den Tagen der Aufklärung und heute mit neuer Dringlichkeit anbietet, die Antwort der modernistischen Dogmatik, ist diese: Kirche und Glaube wollen als Glied eines größeren Seinszusammenhangs und es will also Dogmatik als Glied eines größeren wissenschaftlichen Problemzusammenhangs verstanden werden, aus dessen allgemeinen Strukturgesetzen dann ihre besonderen Erkenntnisbedingungen abzulesen sind, ihre besondere Wissenschaftlichkeit zu erkennen ist. Dieser Problemzusammenhang ist aber der einer Ontologie und das muß seit Descartes bedeuten: eines umfassend explizierten Selbstverständnisses des menschlichen Daseins, das unter anderem und an bestimmter Stelle auch zum Vorverständnis eines Daseins in der Kirche bzw. im Glauben und also zum Vorverständnis und Kriterium theologischer Erkenntnis werden kann.

Es war idealistische Philosophie, die einst Schleiermacher und De Wette anleitete, das menschliche Dasein als eine Summe von „Vermögen" oder „Richtungen" oder „Tätigkeiten" des menschlichen Selbstbewußtseins zu verstehen und in diesem an zentraler Stelle, in Gestalt des „Gefühls" oder „unmittelbaren Selbstbewußtseins" auch eine ursprüngliche Anlage bzw. Grundlage für die geschichtlich zu verwirklichende Frömmigkeit und damit auch das Erkenntnisprinzip der christlichen Dogmatik als der Selbsterklärung dieser bestimmten geschichtlich wirklichen Frömmigkeit zu finden. Formal und inhaltlich allzu naiv im Verhältnis zu den wirklichen Problemen der menschlichen Existenz war freilich auch noch hier das vorausgesetzte Daseinsverständnis. So interpretiert denn heutige, durch Kierkegaard theoretisch und durch Weltkrieg und Revolution praktisch eines Besseren belehrte Ontologie das menschliche Dasein nicht erst sekundär, sondern von Hause aus als „Geschichte" und sachlich nicht sowohl als Vermögen usw. als vielmehr als „Hineingehaltensein in das Nichts" (M. Heidegger, „Was ist Metaphysik?" 1929, S. 20). Und es war begreiflich, daß eine ihrerseits nach einem wesentlicheren Verständnis des Neuen Testamentes fragende Theologie es versuchte, das nunmehr so verstandene Dasein als „vorgläubiges" zu deuten, d. h. in ihm die ontologisch existenziale Möglichkeit des existenziellen Ereignisses des Glaubens zu suchen und an Hand seiner Analyse ein „Vorverständnis" der christlichen Rede und der christlichen Theologie, vor allem der Exegese zu gewinnen. (R. Bultmann, Der Begriff der Offenbarung im N. T. 1929; Die Geschichtlichkeit des Daseins und der Glaube, Z. Th. K. 1930, S. 339 f.) Die methodische Zusammengehörigkeit der Schleiermacher-De Wetteschen und der Bultmannschen Konzeption dürfte doch nicht zu verkennen sein. „Daß der theologische Ansatz in einer Bestimmtheit des Daseins, des Menschen, stattfindet... ist im Grunde ein Stück Liberalismus. Man hätte meinen können, das Unternehmen, vom gläubigen Menschen zunächst einmal abgesehen von Gott zu reden, hätte sich als undurchführbar erwiesen." (Heinrich Barth, Philosophie, Theologie und Existenzproblem, Z. d. Z. 1932, S. 113f.). Vgl. dazu die Belobigung Bultmanns durch G. Wobbermin (Richtlinien evangel. Theologie, 1929, S. 102, 110 Anm., 116, 143).

Dogmatische Prolegomena auf dem Boden dieser Konzeption werden offenbar bestehen: einmal in dem Aufweis, daß in einer allgemeinen Ontologie bzw. Anthropologie tatsächlich auch für dieses Ontische, das Sein der Kirche bzw. des Glaubens, Raum ist, daß das menschliche Dasein auch als gläubiges Dasein verwirklichbar ist. Sodann in der konkret historischen Erinnerung, daß dieses besondere Ontische als Ereignis und somit als Gegenstand einer ontischen Wissenschaft tatsächlich auf dem Plan ist. Endlich in der Feststellung der Regeln, die sich für diese Wissenschaft, also für die Kritik und Korrektur der christlichen Rede aus jener ihrer ontologisch-ontischen Begründung ergeben müssen.

1. Anthropologische Möglichkeit — 2. Historisch-psychologische Wirklichkeit — 3. Methode, das ist das Schema, nach dem die Einleitungen zu Schleiermachers „Der christliche Glaube" (§ 3—10, § 11—19, § 20—31) und zu De Wettes Lehrbuch der christlichen Dogmatik 1831 (§ 1—27, § 28—45, § 46—61) tatsächlich verlaufen und nach dem wohl auch die Einleitung zu einer Dogmatik im Sinne von Bultmann verlaufen müßte.

Die Sätze solcher Prolegomena wollen dann nicht selber Sätze dogmatischer Erkenntnis sein. Die Silbe Pro- in dem Wort Prolegomena ist dann mit „vorher" zu übersetzen.

Man sagt dann mit Schleiermacher, „daß alle Sätze, welche hier vorkommen werden, nicht selbst auch dogmatische sein können". D. chr. Gl. § 1, 1.

Die Sätze solcher Prolegomena geben sich dann vielmehr teils als Lehnsätze aus Metaphysik, Anthropologie,[1] Religionsphilosophie und Religionsgeschichte, teils als rein methodologische Erörterungen. Was dogmatische Erkenntnis ist, soll dann wirklich außerhalb der Dogmatik *praenumerando* festgestellt werden, soll auch für den feststellbar sein, der sich um die Dogmatik selbst nicht weiter zu bemühen gesonnen ist.

Die Möglichkeit dieser Lösung steht und fällt mit der Bejahung der Frage, ob es das wirklich gibt: einen dem Sein der Kirche übergeordneten Seinszusammenhang und also einen der Dogmatik übergeordneten wissenschaftlichen Problemzusammenhang? Eine von der Aktualität der Offenbarung verschiedene existenziale Potentialität, von der aus jene als Ereignis zu verstehen wäre? Ein allgemein Menschliches als Möglichkeit, als dessen Verwirklichung dieses Besondere nachher anzusprechen wäre? Ein existenzial-ontologisches Prius dieses Ontisch-Existenziellen? Wenn diese Voraussetzung zugelassen wird, dann sind Prolegomena jener Art möglich. Eben diese Voraussetzung hat nun aber durchaus nicht neutralen sondern hoch theologischen Charakter. Daß dabei, was dogmatische Erkenntnis ist, a u ß e r h a l b der Dogmatik festgestellt werde, das ist nur insofern richtig, als es dabei in der Tat außerhalb einer bestimmten, nämlich außerhalb der reformatorisch-evangelischen (wie auch außerhalb der römisch-katholischen) Dogmatik festgestellt wird: dafür um so bestimmter i n n e r h a l b der modernistischen. Die Behauptung eines existenzial-ontologischen Prius des ontisch-existenziellen Glaubens bzw. die Definition des Glaubens als einer Weise des Geschichtlichseins menschlicher Existenz ist ein Kardinalsatz des Glaubens, der das Sein der Kirche, der sich selbst entscheidend als eine Bestimmung der Wirklichkeit des Menschen, als Frömmigkeit, versteht.

Schleiermachers Behauptung, seine Einleitung sei nicht selbst Dogmatik, ist nicht haltbar. Schon sein Schüler Alex. Schweizer hat es eingesehen und ausgesprochen, daß in jener „keineswegs eine bloß einleitende Verständigung, sondern die Grundlage der Glaubenslehre selbst mitenthalten ist" und hat darum die Aufgabe der Prolegomena seinerseits dahin bestimmt, es müsse „ein besonderer Teil der Glaubenslehre selbst als der grundlegende vorausgeschickt werden, in welchem das christliche Glaubensbewußtsein noch abgesehen von der Unterscheidung der in ihm liegenden verschiedenen Momente über sich selbst Rechenschaft ablegt". (Die christliche Glaubenslehre, 2. Aufl. 1877, 1. Bd., S. 92 f.) Man messe jene Behauptung Schleiermachers an seinen kurz darauf folgenden Definitionen der Kirche: „eine Gemeinschaft, welche nur durch freie menschliche Handlungen entsteht und nur durch solche fortbestehen kann", „eine Ge-

---

[1] Nach Schleiermacher: Ethik.

meinschaft in Beziehung auf die Frömmigkeit" (D. chr. Gl. § 2, 2; § 3, 1). Diese für alles Folgende entscheidende Definition ist offenbar die für den Modernismus bezeichnende, wie sie im englischen Congregationalismus ihren Ursprung hat (vgl. z. B. Art. 20, 23, 24 der „Platform" der Savoy-Deklaration 1658). Sie und nur sie konnte Schleiermacher ermächtigen, seine Grundlegung mit Lehnsätzen aus der Ethik zu eröffnen; sie charakterisiert also diese Lehnsätze als dogmatische (wir sagen: häretisch-dogmatische) Sätze.

Wir verstehen diesen modernistischen Glauben als gemein-christlich, sofern das Sein der Kirche in der Tat eine Bestimmung der menschlichen Wirklichkeit bedeutet. Wir können ihn aber nicht als christlich verstehen, sofern er die Möglichkeit dieser Wirklichkeit als eine menschliche Möglichkeit interpretiert, sofern er verkennt, daß jene Bestimmung der menschlichen Wirklichkeit nur von einem Außerhalb aller menschlichen Möglichkeiten, nämlich von dem handelnden Gott her ist und einzusehen ist, sofern er seine eigene Geschichte statt aus sich selbst aus einem allgemeinen Vermögen oder aus der allgemeinen Geschichtlichkeit des menschlichen Daseins zu verstehen sucht. Fällt dieser Glaube, dann auch diese Interpretation des Glaubens, dann auch die Voraussetzung eines anthropologischen Prius des Glaubens, dann auch die Möglichkeit von Prolegomena dieser Art.

Heinrich Barth versteht (a. a. O. S. 105) unter „Existenz" die „konkrete Entscheidung für eine Möglichkeit, die in dieser Entscheidung ihre Verwirklichung erfährt", bestimmt sie aber im Gegensatz zu M. Heidegger und R. Bultmann als „bezogen auf ein ihr Jenseitiges" (S. 117), nämlich auf „das sie transzendierende Kriterium" (S. 108) das „seinerseits die Bedeutung der Existenz besitzt" (S. 109), das mit der „Idee" der Existenz identisch ist (S. 110). Diese „Existenz in der Begrenzung" möchte H. Barth, „um den alten scholastischen Ausdruck zu gebrauchen — eine ‚Analogie' der Gotteserkenntnis nennen" (S. 116f.). Schauplatz der so interpretierten Existenz-Dialektik ist die Geschichte, und zwar in der Weise, daß „jede geschichtliche Phase ein je Einmaliges und Unwiederholbares darstellt". „Ein solches Einmaliges" würde uns dann in dem Element der Geschichte begegnen, das der Theologe als „Offenbarungsgeschichte" versteht, in der „die Wahrheit der Existenz und damit Sinn und Möglichkeit ihrer Verantwortung, in schlechthin einzigartiger, nie dagewesener Weise aufleuchtet" (S. 118f.). Das Verhältnis von Philosophie und Theologie ist danach so zu bestimmen: „Existenzphilosophie geht von Existenz im allgemeinen aus; indem sie sich nur der eben vorgefundenen Existenz als ihres Anknüpfungspunktes bedient, darf sie sich nicht zutrauen, durch reines Weiterdenken auch mit der „neuen Existenz" des biblischen Menschen ins reine zu kommen. Es ist daher sinnvoll und im Wesen des Existenzproblems wohl zu begründen, daß sie deren nachdenkende Verarbeitung einer besonderen Wissenschaft, der Theologie, überläßt". Was diese „als besondere Wissenschaft konstituiert, ist das Positive eines bestimmten geschichtlichen Elementes. Theologie ist insofern ‚positive' Wissenschaft" (S. 121). „Theologie hat zum Gegenstande die gläubige Existenz des biblischen Menschen und das in der Urkunde der Schrift niedergelegte Selbstverständnis seiner Existenzgewißheit. Diesem in ausgezeichnetem Sinne geschichtlichen Faktum soll der Theologe sein Nachdenken widmen" (S. 122). Es ist „die Möglichkeit einer sichtenden und klärenden Zusammenfassung der dort begegnenden existentiellen Erkenntnisse", die speziell im Versuche einer „Dogmatik" Gestalt gewinnt (S. 122f.). Es kann keine Frage sein, daß wir es hier mit einem sehr energischen und eindrucksvollen Versuch zu tun haben, die anthropologische Enge der Heideggerschen Existenzphilosophie auf dem

Boden und mit den Mitteln der Existenzphilosophie selbst zu überwinden, mit einem philosophischen Entwurf, der auf die Geltendmachung eines anthropologischen Prius des Glaubens und also auf die auch und gerade bei Heidegger-Bultmann nicht überwundene Bevormundung und Bestimmung der Theologie verzichten will. So will H. Barth nämlich verstanden sein: 1. die Entgegensetzung des Begriffes des Allgemeinen und des Besonderen soll hier nicht den Versuch bedeuten, das Besondere (das Problem der besonderen geschichtlichen Wirklichkeit) in der bekannten rationalistischen Weise durch Subsumtion unter einen allgemeinen Begriff bewältigen zu wollen. 2. Die in der Offenbarungsgeschichte „aufleuchtende" Wahrheit der Existenz soll nicht verstanden werden als identisch mit der „allgemeinen" Wahrheit der Existenz, mit der es die Existenzphilosophie als solche zu tun hat, sondern als das Licht, das eben gerade dort und nirgends sonst aufleuchtet. Nicht Gotteserkenntnis, sondern bloß eine „Analogie" zur Gotteserkenntnis will ja der philosophische („allgemeine") Begriff der Existenz bieten. Also kann und will hier die Philosophie die Dogmatik nicht ihrem eigenen Problemzusammenhang ein- und unterordnen, sondern bloß ihr „Verhalten" gegenüber der Dogmatik aufweisen, wozu sie auf Grund jenes transzendierenden Verständnisses allerdings in der Lage ist. 3. Nur rückblickend (von der geoffenbarten Wahrheit her) rekapitulierend, nicht antizipierend will der philosophische Existenzbegriff „Analogie" zur Gotteserkenntnis sein. Als Instrument der Gotteserkenntnis soll er also auf keinen Fall gelten. — Man darf wohl den Wunsch aussprechen, daß diese Selbstinterpretation der „kritischen Existenzphilosophie" auch in der öffentlichen Auseinandersetzung noch unmißverständlicher zutage treten möchte, als dies in dem zitierten Aufsatz (vgl. z. B. die angeführte Definition der Theologie S. 122 oder die Bezeichnung der Offenbarung als „ein solches Einmaliges" S. 119) der Fall gewesen ist, wozu auch der Verzicht auf die nun einmal in dieser Hinsicht allzu belasteten Kategorien des „Allgemeinen" und „Besonderen" (Positiven, Geschichtlichen) gewiß dienlich sein könnte. Es wird ferner die Verantwortung für die Behauptung, daß wir es in jener transzendierenden Erkenntnis der menschlichen Existenz mit einer „Analogie" der Gotteserkenntnis zu tun haben, dem Philosophen überlassen bleiben müssen, d. h. diese Behauptung kann kein theologischer Satz werden. Denn wie er theologisch zu begründen sein sollte, ist nicht abzusehen. Es wird also dem Theologen gegenüber die scharfe Warnung angebracht sein, daß er sich auch durch diese neue Anwendung des „alten scholastischen Ausdrucks" zu keiner philosophischen Sicherung seiner Arbeit, d. h. zu keiner weiteren Möglichkeit natürlicher Theologie verlocken lasse. „Prolegomena zur Dogmatik" können sich auch aus der „kritischen Existenzphilosophie" nicht ergeben. Wenn jene Behauptung von der „Analogie" wirklich als eine rekapitulierende und nicht als eine antizipierende zu verstehen ist, dürfte diese Warnung auch im Sinne dieser Philosophie selber liegen.

Im Unterschied zu der eben besprochenen Konzeption wird in der **römisch-katholischen Dogmatik** der Ort, von dem aus sie sich selbst über ihren Erkenntnisweg vergewissert, als die mit sich selbst beginnende und auf sich selbst beruhende Wirklichkeit der göttlichen **Offenbarung** und des ihr entsprechenden übernatürlichen **Glaubens** beschrieben. Dogmatische Prolegomena bestehen hier in der Feststellung: es gibt in Gestalt der Hl. Schrift, der kirchlichen Ueberlieferung und des beide infallibel repräsentierenden und interpretierenden lebendigen Lehrapostolates der Kirche jenes **objektive**, und es gibt in Gestalt der *fides catholica*, die die Offenbarung in ihrer Vorlage durch die Kirche annimmt, dieses **subjektive Erkenntnisprinzip**.

So z. B. Matth. Jos. Scheeben, Handbuch der kathol. Dogmatik, 1. Bd. 1874; B. Bartmann, Lehrbuch der Dogmatik, 7. Aufl. 1. Bd. 1928. Wie beweglich auch diese

Konzeption im einzelnen sein kann, erhellt daraus, daß einerseits Joh. Kuhns Einleitung in die katholische Dogmatik (1846, der Katholizismus ist hier wie bei J. A. Möhler noch in der Auseinandersetzung mit dem Idealismus begriffen!) fast ausschließlich in einer Lehre vom Glauben, andererseits die Einleitung zu F. Diekamps Katholischer Dogmatik, 1. Bd. 6. Aufl. 1930, fast ebenso ausschließlich in einer Lehre von den „Quellen der Dogmatik", d. h. vom objektiven Erkenntnisprinzip bestehen kann.

Daß diese Feststellungen selbst schon Glaubenssätze und in ihrer wissenschaftlichen Form dogmatische Sätze sind, das ist hier selbstverständlich. Aber wir können doch auch sie nur als Sätze eines anderen Glaubens und einer fremden Dogmatik würdigen. Ihre Voraussetzung ist doch wohl die, daß das Sein der Kirche, Jesus Christus, nicht mehr der freie Herr ihres Daseins, sondern in das Dasein der Kirche hineingebunden, durch bestimmte konkrete Gestaltungen des menschlichen Verständnisses seiner Offenbarung und des sie ergreifenden Glaubens endgültig eingeschränkt und bedingt ist. Wieder läßt sich der gemeinchristliche Charakter dieses Glaubens nicht verkennen, sofern hier mit dem Begriff des handelnden Gottes, des grundsätzlichen Außerhalb aller menschlichen Möglichkeiten als der Quelle dogmatischer Erkenntnis wenigstens im Ansatz Ernst gemacht ist. Aber wieder bricht unsere Gemeinschaft mit diesem Glauben ab, angesichts der Art, wie Gnade hier Natur wird, wie hier das Handeln Gottes alsbald verschwindet und aufgeht im Handeln des begnadeten Menschen, wie das Außerhalb aller menschlichen Möglichkeiten sich hier nun doch sofort wandelt in ein geschlossenes Innerhalb kirchlicher Wirklichkeit und der personale Akt göttlicher Zuwendung in eine kontinuierlich vorfindliche Beziehung. Römisch-katholischer Glaube glaubt diese Wandlung. Er kann sich selbst und Gottes Offenbarung in dieser kontinuierlich vorfindlichen Beziehung zwischen Gott und Mensch, in dieser Offenbartheit wieder erkennen. Er bejaht eine *analogia entis*, das Stattfinden einer Gottähnlichkeit des Geschöpfs auch in der gefallenen Welt und damit die Möglichkeit, das profane „es gibt" auch auf Gott und göttliche Dinge anzuwenden, wie es die — nun doch auch ontologische — Voraussetzung jener Wandlung, jener Umgehung und Unschädlichmachung des Entscheidungscharakters der Offenbarung und des Glaubens ist.

Inhorresco in quantum dissimilis ei sum; inardesco in quantum similis ei sum. (Augustin, *Conf.* XI 9, 11.) *Id quod in Deo perfecte est, in rebus aliis per quandam deficientem participationem invenitur* ... *Et sic creatura habet quod Dei est; unde et Deo recte similis dicitur.* (Thomas v. Aquino *S. c. gent.* I c. 29.) Vgl. auch *Conc. Later.* IV 1215 *De trin.* etc. cap. 2 in Denzingers Enchiridion Nr. 432 am Ende und dazu E. Przywara, Religionsphilosophie kath. Theol. 1926 S. 22 f. und *passim*.

Ist dieser Glaube nicht der unsrige, wissen wir nichts von solcher Wandlung und ihrer Voraussetzung, ist uns die Wortverbindung: „es gibt Offenbarung" so unmöglich wie die andere: „es gibt Glauben", dann wird uns auch der Ort, von dem aus hier dogmatische Erkenntnis gewonnen wird, verboten sein.

2. Die Möglichkeit dogmatischer Prolegomena

Die uns unter Voraussetzung des evangelischen Glaubens übrig bleibende Möglichkeit einer Verständigung über die dogmatische Erkenntnis ist also nach links abzugrenzen durch den Verzicht auf die Voraussetzung einer existential-ontologischen Möglichkeit des Seins der Kirche, nach rechts durch den Verzicht auf die Voraussetzung eines kontinuierlich-vorfindlichen Hineingebundenseins des Seins der Kirche in eine geschöpfliche Gestalt, in ein „es gibt". Nach links ist zu sagen: das Sein der Kirche ist *actus purus*, göttliche, mit sich selbst anfangende und nur aus und durch sich selbst einsichtige, also anthropologisch nicht vorverständliche Handlung. Nach rechts ist zu sagen: Das Sein der Kirche ist *actus purus*, freie Handlung, nicht kontinuierlich-vorfindliche Beziehung; Gnade ist Ereignis personaler Zuwendung, nicht übertragener dinghafter Zustand. Wir können nach links und rechts zunächst nur fragen: wie es denn anders sein soll, wenn das Sein der Kirche identisch ist mit Jesus Christus? Ist dem so, dann kann als Ort, von dem aus der Weg dogmatischer Erkenntnis zu sehen und zu verstehen ist, weder das Vorher einer anthropologischen Möglichkeit, noch das Nachher einer kirchlichen Wirklichkeit in Betracht kommen, sondern allein je der gegenwärtige Augenblick des Redens und Gehörtwerdens Jesu Christi selber, des göttlichen „Lichtschaffens" in unseren Herzen.

λάμπειν ἐν ταῖς καρδίαις ἡμῶν 2. Kor. 4, 6, — von Paulus mit dem Es werde Licht! Gen. 1, 3 verglichen.

Von Jesus Christus als dem Sein der Kirche her ist die freie persönliche Entscheidung darüber zu erwarten, welches der rechte Inhalt christlicher Rede und also auch: welches der Weg zu seiner Erkenntnis, zur Erkenntnis des Dogmas sein soll. Wie alles Erkennenwollen des Dogmas selbst, so kann auch alle Verständigung über die Richtung dieses Erkennenwollens nur eine besondere Form der auf die Verheißung gestützten, bereiten Erwartung dieser Entscheidung des Herrn der Kirche sein.

Das heißt dann aber jedenfalls: es bestätigt sich die Einsicht, die auf dem Boden römisch-katholischer Dogmatik selbstverständlich und auch auf dem der modernistischen Dogmatik schließlich nicht zu vermeiden ist: Prolegomena zur Dogmatik sind nur möglich als ein **Teilstück der Dogmatik selber**. Die Silbe Pro- in dem Wort Prolegomena ist uneigentlich zu verstehen: es handelt sich nicht um die **vorher**, sondern um die **zuerst** zu sagenden Dinge.

Wir können zum Zweck jener Rechenschaftsablage über den in der Dogmatik zu begehenden Erkenntnisweg nicht einen solchen Ort beziehen, der irgendwo abseits von diesem Wege selbst, irgendwo oberhalb der dogmatischen Arbeit läge. Ein solcher Ort abseits und oberhalb wäre eine Ontologie bzw. Anthropologie als Grundwissenschaft von den menschlichen Möglichkeiten, unter denen irgendwo auch die des Glaubens und der Kirche vorgesehen wäre. Als einen solchen Ort abseits und oberhalb müssen wir aber auch eine angebliche kirchliche Wirklichkeit verstehen, in der die Entscheidung des Herrn der Kirche schon vorweggenommen ist. In beiden Fällen, in den Prolegomena modernistischer und katholischer Dogmatik, kann man vorher, bevor man ihn antritt, wissen und sagen, welches der rechte Erkenntnisweg sein wird. Evangelische Dogmatik kann das nicht. Sie kann es nur wagen, ihren Weg anzutreten, um dann auf diesem Weg — sei es denn, wie wir dies als notwendig erkannt haben, zuerst, aber auf diesem Weg — sich um die Erkenntnis der Richtigkeit dieses Weges zu bemühen. Sie weiß, daß man in den in sich geschlossenen Kreis dieser Bemühung nicht von außen hineintreten kann, weder von einer allgemeinen menschlichen Möglichkeit, noch von einer kirchlichen Wirklichkeit her. Sie weiß, daß alle ihre Erkenntnis — auch und gerade die Erkenntnis von der Richtigkeit ihrer Erkenntnis — nur Ereignis sein, nicht aber von einem Ort abseits und oberhalb dieses Ereignisses als richtige Erkenntnis gesichert werden kann. Als Versuch einer solchen Sicherung kann sie also auch ihre in den Prolegomena zu liefernde Rechenschaftsablage auf keinen Fall verstehen. Diese Rechenschaftsablage wird sich vielmehr nur innerhalb, wenn auch am Anfang der (von jedem Punkt abseits und oberhalb her gesehen ungesicherten) dogmatischen Arbeit selbst vollziehen können.

Wir sehen den möglichen Ansatzpunkt solcher Rechenschaftsablage in der Tatsache, daß die christliche Kirche es wagt, von Gott zu reden, bzw. es wagt, ihr Reden als Reden von Gott zu verstehen. Diese Tatsache als solche, abgesehen von den möglichen und wirklichen Inhalten solcher Rede, ist offenbar selbst schon ein Stück „Rede von Gott". Sie besagt von Gott, daß die Kirche von ihm rede. Diese Aussage, wie immer sie gemeint und zu erklären sein mag, ist so wenig selbstverständlich, so sehr der Erläuterung bedürftig wie alle anderen bzw. wie alle inhaltlichen Aussagen, die die Kirche von Gott zu machen wagt. Sie bedarf wie diese der Kritik und Korrektur, der Untersuchung, mit welchem Recht die Kirche dazu kommt, das zu sagen, und in welchem Sinn sie das sagen kann. Das Recht, mit dem sie dazu kommt, und der Sinn, in dem sie das sagt, ist dann offenbar identisch mit der Norm, an der zu messen ist, was sie sagt, mit der Norm des übrigen Inhalts ihrer Rede von Gott. Die Erkenntnis dieses Rechtes und Sinnes ist identisch mit der Erkenntnis der Richtigkeit ihrer Erkenntnisse, des rechten Weges, den sie bei der Kritik und Korrektur ihrer Erkenntnisse zu gehen hat. Soll es eine besondere Besinnung über diesen Weg als solchen geben — und wir haben gesehen, daß es eine solche geben soll — dann muß sie bestehen in der Frage (der selber schon dogmatischen Frage!) nach dem rechten Inhalt der vorausgesetzten Aussage von dem in der Kirche stattfindenden Reden von Gott. Diese Aussage hat dann einen rechten Inhalt, wenn sie sich bezieht auf ein zu der von Gott redenden Kirche zuvor gesprochenes Wort Gottes selbst. Wenn

2. Die Möglichkeit dogmatischer Prolegomena

und sofern ein solches Wort von Gott selbst zur Kirche gesprochen ist, dann und nur dann gibt es ein Recht und hat es einen Sinn, in der Kirche von Gott zu reden. Dann und nur dann gibt es auch ein Kriterium — das Wort Gottes selbst ist dann dieses Kriterium — der Richtigkeit solchen Redens und damit ein Kriterium richtiger Kritik und Korrektur solchen Redens: ein Kriterium der Dogmatik. Wir fragen also in den Prolegomena zur Dogmatik nach dem Worte Gottes als nach dem Kriterium der Dogmatik. Indem wir danach fragen, geben wir uns — schon auf dem Wege befindlich — Rechenschaft über den Weg, den wir gehen.

Das so verstandene Thema der Prolegomena zur Dogmatik ist nun offenbar grundsätzlich kein anderes als das, das die altprotestantische Theologie in ihrer Abwehr gegen den Katholizismus und dann bald auch gegen den hereinbrechenden Modernismus unter dem Titel *De scriptura sacra* verhandelt hat. Wir werden sehen, daß der Kardinalsatz der Lehre vom Worte Gottes, die wir im folgenden zu entwickeln versuchen, in der Tat sachlich kein anderer sein wird als der von der Autorität und Normativität der Heiligen Schrift als des Zeugnisses von Gottes Offenbarung und als der Voraussetzung der kirchlichen Verkündigung. Aber was von der Heiligen Schrift als dem Kriterium der Dogmatik zu sagen ist, bedarf in der heutigen Situation sowohl dem Katholizismus wie dem Modernismus gegenüber einer umfassenden Erläuterung jenes Zusammenhangs. Darum versuchen wir eine Lehre vom Worte Gottes und nicht nur eine Lehre von der Heiligen Schrift: eine Lehre von der Heiligen Schrift im Zusammenhang einer umfassenden Lehre vom Worte Gottes. Auch die alten Protestanten sind bei der Entwicklung des Locus *De scriptura sacra* faktisch ohne entscheidende Verweise auf die Inhalte der christlichen Rede von Gott bzw. ohne Vorwegnahme materieller Dogmen (z. B. der Lehre von der Versöhnung, vom heiligen Geist, vom Glauben, von der Kirche) nicht ausgekommen. Auch wir müssen solche Vorwegnahmen machen und müssen sie, um deutlich zu sein, sogar noch erweitern. Die auffallendste Vorwegnahme dieser Art wird darin bestehen, daß wir die ganze Trinitätslehre und wesentliche Teile der Christologie schon hier, als Bestandteile der Antwort auf die Frage nach dem Worte Gottes zur Sprache bringen. Man kann die Frage nach dem formalen Dogma nicht stellen, ohne gerade in diesen zentralen Punkten schon auf das materiale Dogma einzutreten, wie denn das vermeintlich formale Dogma selber in Wirklichkeit höchst material ist, nur daß es eben hier, zu Beginn der ganzen Arbeit, außer nach seiner materialen in hervorgehobener Weise nach seiner formalen Bedeutung, als Grundlegung der dogmatischen Erkenntnis als solcher, gewürdigt werden soll.

DIE LEHRE
VOM WORTE GOTTES

ERSTES KAPITEL
DAS WORT GOTTES ALS KRITERIUM DER DOGMATIK

§ 3
DIE KIRCHLICHE VERKÜNDIGUNG ALS STOFF DER DOGMATIK

Die in der Kirche stattfindende Rede von Gott will insofern Verkündigung sein, als sie sich als Predigt und Sakrament an den Menschen richtet mit dem Anspruch und umgeben von der Erwartung, daß sie ihm auftraggemäß das im Glauben zu hörende Wort Gottes zu sagen habe. Sofern sie trotz dieses Anspruchs und dieser Erwartung menschliches Wort ist, wird sie Stoff der Dogmatik, d. h. der Untersuchung ihrer Verantwortlichkeit, gemessen an dem Worte Gottes, das sie verkündigen will.

1. REDE VON GOTT UND KIRCHLICHE VERKÜNDIGUNG

Nicht alle menschliche Rede ist Rede von Gott. Es könnte und müßte wohl so sein. Es ist nicht prinzipiell zu begründen, warum es anders ist. Weil Gott der Herr ist, von dem her und zu dem hin wir sind, weil auch die von ihm und von uns selbst unterschiedenen Wirklichkeiten und Wahrheiten, die den konkreten Anlaß und Gegenstand menschlicher Rede zu bilden pflegen, von ihm her und zu ihm hin sind, darum müßte und dürfte es keine profane Rede, sondern, in letzter Sachlichkeit verstanden, nur Rede von Gott geben. Aber nun muß doch wohl jede ernsthafte Besinnung über das menschliche Reden von Gott davon ausgehen, daß sich tatsächlich alles ganz anders verhält, daß es ganz unmöglich ist, die menschliche Rede als solche als Rede von Gott zu interpretieren. Wir kennen den Menschen d. h. wir kennen uns selbst nicht als den Menschen des Urstands und auch nicht als den Menschen des Reiches der Herrlichkeit. Von diesem und jenem würde freilich zu sagen sein: alle seine Rede ist Rede von Gott. Aber so kennen wir uns nicht, sondern nur als den Menschen, dem als einem Abgefallenen, Verlorenen und Verdammten Barmherzigkeit widerfahren ist, den Menschen im Reich der Gnade, der Gegenwart zwischen den Zeiten der Schöpfung und der Erlösung. Wir stehen im Zeichen einer immer wieder über uns fallenden Entscheidung zwischen

Profanität und Heiligung unseres Daseins, zwischen Sünde und Gnade, zwischen einem Gott vergessenden, gegen Gott schlechterdings neutralen, d. h. aber schlechterdings gegen ihn streitenden und demselben von Gott in seiner Offenbarung durch den Glauben zum Sein in der Kirche, zum Ergreifen seiner Verheißung erweckten Menschsein. Diese Scheidung widerfährt aber fort und fort auch der menschlichen Rede. Sie ist nicht etwa identisch mit der Scheidung zwischen „weltlicher" und „religiöser" Rede. Religiöse Rede zeichnet sich freilich äußerlich vor der weltlichen dadurch aus, daß „Gott" ihr mehr oder weniger ausgesprochener Gegenstand ist. Sie zeichnet sich auch wohl innerlich aus durch die ausdrücklich oder auch stillschweigend auf diesen Gegenstand gerichtete Intention, durch die mehr oder weniger aufrichtige Absicht, direkt oder indirekt von Gott zu reden. Aber diese Scheidung verläuft an sich noch innerhalb des profanen Daseins. Weder jener Gegenstand noch jene Intention machen die menschliche Rede zur geheiligten Rede von Gott, wie sie umgekehrt auch deshalb noch nicht notwendig profan sein muß, weil ihr dieser Gegenstand und diese Intention fehlen. Diese Scheidung ist wie die zwischen einer gläubigen, religiösen und einer ungläubigen, weltlichen Haltung überhaupt nur ein Symptom und noch dazu nie ein unzweideutiges Symptom der wirklichen und endgültigen Scheidung zwischen dem profanen und geheiligten Dasein. Immerhin: ein notwendiges Symptom. Das immer wieder sich vollziehende Ereignis jener endgültigen Scheidung, jenes Ereignis, in dem Gott der Handelnde ist, wirft in dem Ereignis dieser vorläufigen Scheidung, in welchem der Mensch handelt, seinen Schatten voraus.

Es kann also nicht im allgemeinen richtig sein, diese vorläufige Scheidung als den „menschheitlichen Zwiespalt zwischen sakramentaler Dämonie und profaner Entleerung" zu charakterisieren (Paul Tillich, Relig. Verwirklichung, 1930, S. 64). Sie deckt sich freilich nicht notwendig mit der göttlichen Scheidung und mag dann, sofern sie das nicht tut, allerdings so zu charakterisieren sein. Sie kann aber als Symptom der göttlichen Scheidung Hinweis auf deren Wahrheit sein und ist dann offenbar so nicht erschöpfend charakterisiert. Es beruht weiter nicht auf sorgfältiger Überlegung, wenn man im allgemeinen sagt, von Gott aus gesehen habe die geschichtliche Kirche nichts vor der geschichtlichen Gesellschaft voraus, die Tat Gottes, die Offenbarung wende sich in gleicher Weise gegen Gesellschaft und Kirche, die „unsichtbare Gemeinde" könne „ganz gleich, ob von der religiösen oder der kulturellen Seite her" verkündet und verwirklicht werden. (P. Tillich, Kirche und Kultur, 1924, S. 10 f., 16 f., 19.) Gewiß ist Gott nicht an die geschichtliche Kirche gebunden, sondern ist frei und mächtig, dem Abraham aus diesen Steinen Kinder zu erwecken. Aber das ändert nichts daran, daß der Gegensatz von Kirche und Gesellschaft nicht in der abstrakten Gleichheit, sondern gerade in der konkreten Ungleichheit seiner Glieder Symptom der göttlichen Scheidung ist und Hinweis auf deren Wahrheit werden kann. Diesen Gegensatz endlich im allgemeinen als „das Wesenswidrige" zu interpretieren (a. a. O. S. 9) und ihn vom „Jenseits des Seins" her zum Gegenstand eines allgemeinen „Protestes" zu machen (Rel. Verwirklichung, S. 46), das geht darum nicht an, weil unser Standort weder die Zeit der Schöpfung noch die Zeit der Erlösung, also gerade kein „Jenseits des Seins", sondern die Gegenwart zwischen den Zeiten, die Zeit des *regnum gratiae* ist, in welchem das

Symptom jener menschlichen Scheidung in seiner ganzen zweideutigen Relativität und Vorläufigkeit als Hinweis auf die göttliche Scheidung jeden Augenblick höchst wesentlich werden kann.

Jenes Ereignis, in welchem Gott handelt, besteht nämlich ebenfalls durchaus darin, daß Menschen von Gott sichtbar zum Sein in der sichtbaren Kirche erweckt, ausgesondert und versammelt werden. Ein innerhalb des profanen Bereichs aufspringender sichtbarer Gegensatz von „religiös" und „weltlich" ist jetzt, nicht an sich, aber in diesem Ereignis göttlicher Erwählung bestätigt und bewährt und damit ausgezeichnet als echter Hinweis auf den Gegensatz von Gericht und Gnade, in welchem nicht dieser und dieser Mensch anderen gegenüber, wohl aber Gott an den Menschen handelt. Nur im Glauben ist dieses Ereignis freilich als dieses Ereignis, das Sein in der Kirche als göttliche Erwählung und Heiligung sichtbar. Was an sich sichtbar ist, ist auch hier ein Ereignis innerhalb des profanen Bereichs. Seine Bedeutsamkeit kann verkannt, sie kann ihm auch faktisch wieder entzogen werden.

Damit er gewislich anzeygt, das die predigt des Euangelij nicht eyne ewige, werende, bleybende lere ist, sondern ist wie eyn farender platz regen, der dahyn leufft, was er trifft, das trifft er, was feylet, das feylet. Er kompt aber nicht widder, bleybt auch nicht stehen, sondern die sonne und hitze kompt hernach und leckt yhn auff etc. Das gibt auch die erfarunge, das an keynem ort der wellt das Euangelion lauter und reyn ist blieben uber eyns mans gedencken, sondern so lange die blieben sind, die es auffbracht haben, ists gestanden und hat zugenommen, wenn die selbigen dahyn waren, so war das liecht auch dahyn, folgeten so balde drauff rottengeyster und falsche lerer. (Luther, Fastenpostille 1525, W. A. Bd. 17^{II}, S. 179, Z. 28.)

Zur vollen Gewißheit des Glaubens hat der zum Sein in der Kirche Erweckte und Versammelte allen — zur Sicherheit und Überheblichkeit hat er keinen Augenblick Anlaß.

Warum nicht? Τὸ φῶς ἐν τῇ σκοτίᾳ φαίνει καὶ ἡ σκοτία αὐτὸ οὐ κατέλαβεν (Joh. 1, 5). So steht es mit uns!

Aber eben in dieser von außen gesehen unendlichen Gefährdung ist das Sein des Menschen in der Kirche *ubi et quando visum est Deo* wirkliches konkretes Ereignis, sichtbares Sein in der sichtbaren Kirche. Im selben Sinn gibt es menschliche Rede, die als Rede von Gott von anderer menschlicher Rede wirklich und konkret unterschieden ist: gewiß nicht an sich und in sich selber, sondern kraft göttlicher Bestätigung und Bewährung, aber kraft göttlicher Bestätigung und Bewährung dessen, was sie von anderer menschlicher Rede wirklich und konkret unterscheidet. Wenn das Sein der Kirche, Jesus Christus als handelnde Person Gottes, das Sein von Menschen im sichtbaren Raum menschlichen Geschehens heiligt zum Sein in der Kirche, dann heiligt er auch ihre Rede zur in der Kirche stattfindenden Rede von Gott.

Nicht alle im kirchlichen Gottesdienst stattfindende Rede von Gott will Verkündigung sein. Das will sie zunächst da nicht, wo sie sich als Rede des Menschen an Gott wendet. Das Gebet, das Lied, das Bekenntnis der Kirche ist offenbar nur insofern das, was es zu sein vorgibt, als es einerseits das Unmögliche, Gott etwas verkündigen zu wollen, andererseits auch das Unwürdige, nebenbei den Menschen etwas verkündigen zu wollen, tunlichst unterläßt. Es ist an Gott gerichtete Antwort des Lobes, der Buße und des Dankes des Menschen, dem Verkündigung von ihm her widerfahren ist. Es ist Opfer, dessen Darbringung Gott gegenüber nur den Sinn einer Bestätigung dessen haben kann, was er am Menschen getan hat, und bei dem dieser offenbar keine Absichten in bezug auf den etwa mitgegenwärtigen anderen Menschen haben kann.

Wir denken an Luthers bekannte Forderung in seiner Predigt bei der Einweihung der Schloßkirche zu Torgau 1544: .. das nicht anders darin geschehe, denn das unser lieber Herr selbs mit uns rede durch sein heiliges Wort, und wir widerumb mit jm reden durch Gebet und Lobgesang.. (W. A. 49, S. 588, Z. 15 vgl. S. 592, Z. 17; S. 594, Z. 26) ... Zum dritten, so wir Gottes Wort gehöret haben, das wir auch ein gemein Weyrauch oder Reuchwerk hinauff fur Gott bringen, nemlich das wir mit einander jn anruffen und beten ... (S. 599, Z. 25).

Es gibt aber auch andere Elemente des Lebens der Kirche, in denen die Rede von Gott sich zwar an den Mitmenschen wendet und die nun doch auch nicht Verkündigung sein wollen können. Hierher gehört eine Funktion, die von Anfang an in irgendeiner Form als integrierendes Moment des Lebens der Kirche erkannt worden ist: die Betätigung **helfender Solidarität** gegenüber der äußeren Lebensnot der menschlichen Gesellschaft. Auch sie gehört zu der Antwort des Menschen an Gott. Wenn und weil sie die Antwort des wirklichen Menschen ist, muß sie nach Matth. 5, 14 f. ein leuchtendes Licht sein unter den Leuten, unter denen der Mensch nun einmal allein wirklicher Mensch ist. Ist Gott für den Menschen da, wie das Gebet, das Lied, das Bekenntnis der Kirche als Antwort auf die gehörte Verkündigung sagen, dann muß dieser Mensch auch für seine Mitmenschen, mit denen zusammen er allein wirklicher Mensch ist, da sein als der Mensch, für den Gott da ist. Aber die besondere Rede von Gott, die in dem Tun dieses Menschen bestehen wird, ist doch primär und eigentlich ebenfalls an Gott und nicht an die Menschen gerichtete Rede. Weder kann sie in die ganz überflüssige Konkurrenz treten wollen zu den notwendigen Versuchen der Gesellschaft, sich in ihren Nöten selber zu helfen, noch kann sie als Demonstration eigentümlich christlichen Tuns verkündigen wollen, wie Gott hilft. „Daß sie eure guten Werke sehen und euren Vater im Himmel preisen", daß sie ein Kommentar werden soll zu der Verkündigung der Hilfe Gottes, das ist ihr freilich verheißen, darauf kann sie aber nicht ihr Absehen richten. Sie ist wie Gebet, Lied und Bekenntnis, gerade in Gestalten wie Franz von Assisi und Bodelschwingh noch immer überschwengliche, absichtslose, im letzten und besten Sinn unpraktische Rede von Gott gewesen. Dann und so hat ihr Licht geleuchtet.

Dies dürfte übersehen sein in der Schrift von H. Bär, Weniger Predigt!, 1930, in welcher empfohlen wird, heute „mehr" als die Predigt den Dienst an sittlich-sozialen Reformen zur Verkündigung zu machen.

Wollte kirchliche Sozialarbeit als solche selber Verkündigung sein, dann könnte sie nur zur Propaganda, und zwar zur nicht eben würdigen Propaganda werden. Wirkliche christliche Liebe müßte sich ja entsetzen vor dem Gedanken, mit ihrem allzu menschlichen Tun als Verkündigung der Liebe Christi sich auszugeben.

Wiederum kann auch der kirchliche Jugendunterricht als solcher nicht Verkündigung sein wollen.

Hier scheint mir das Buch von Gerh. Bohne, Das Wort Gottes und der Unterricht, 1929, einer gewissen nötigen Nüchternheit zu entbehren. Auch Th. Heckel, Zur Methodik des evangelischen Religionsunterrichts, 1928, dürfte zu weit gehen, wenn er (S. 33) den evangelischen Lehrer als „Zeugen, Priester und Herold" in Anspruch nimmt.

Hier heißt Rede von Gott, das Verständnis der Verkündigung vorbereitend, sozusagen technisch unterbauend, sehr schlicht Unterweisung, Belehrung über das, was die Kirche bis jetzt, bis zum Erscheinen dieser neuen Generation der zu ihr Berufenen, als den rechten Glauben erkannt und bekannt hat, Bekanntmachung mit den wichtigsten Elementen der Überlieferung, an welche die Verkündigung heute anzuknüpfen hat. Gewiß, kirchlicher Jugendunterricht wird an bestimmter, äußerlich kaum abzugrenzender Stelle in Jugendgottesdienst übergehen müssen. Das darf aber unter keinen Umständen zum Nachteil dessen ausschlagen, was er gerade im Unterschied zu jenem zu leisten hat. Jugendunterricht als solcher hat zu belehren, nicht zu bekehren, nicht „in die Entscheidung zu stellen" und insofern nicht zu verkündigen.

Endlich kann nach unserem Verständnis der Sache auch die Theologie als solche nicht Verkündigung sein wollen. Rede von Gott an Menschen ist auch sie. Aber die Verkündigung ist ihre Voraussetzung, ihr Stoff und ihr praktisches Ziel, nicht ihr Inhalt und ihre Aufgabe. Theologie reflektiert über die Verkündigung. Sie tritt ihr als kritische Instanz gegenüber. Sie ist kirchlicher Jugendunterricht auf höherer Stufe und mit besonderer Absicht: als Nachprüfung des Zusammenhangs der heutigen Verkündigung mit dem ursprünglichen und beherrschenden Sein der Kirche und als Anweisung zu ihrer rechten, sachgemäßen Fortsetzung. Grenzüberschreitungen zur Verkündigung hin werden auch hier, und zwar in allen Disziplinen der Theologie unvermeidlich und hier und da schon als Erinnerung an das Thema äußerst angebracht sein. Aber die Ausnahmen bestätigen auch hier die Regel: Theologie als solche ist nicht Verkündigung, sondern Wissenschaft, Unterricht und Forschung. Man wird in etwas weiterem Sinn auch den kirchlichen Jugendunterricht und die Theologie als solche zu den Elementen des kirchlichen Lebens rechnen dürfen, in denen der

Mensch auf die gehörte Verkündigung antwortet, in denen er zu ihr Stellung zu nehmen versucht. — Alle hier erwähnten Funktionen haben das Gemeinsame, daß sie die geschehene und geschehensollende Verkündigung zur Voraussetzung haben.

Die in der Kirche stattfindende Rede von Gott will aber da selber Verkündigung sein, wo sie sich an die Menschen richtet mit dem bestimmten Anspruch und umgeben von der bestimmten Erwartung, daß sie ihnen das Wort Gottes zu sagen habe. Wir sehen sofort: der Begriff „Rede von Gott" tritt hier in ein ganz neues Licht, ja er bekommt einen Inhalt, der ihn zu sprengen droht. Alles, was wir bisher als in der Kirche stattfindende Rede von Gott berührt haben, hat dieser Rede von Gott gegenüber auch das Gemeinsame, daß es, ob es nun an Gott selbst und allein oder auch an die Menschen gerichtete Rede sei, eindeutig Rede von Gott, über Gott sein, Gott zum Gegenstand haben will. In der kirchlichen Verkündigung zerbricht — nicht der Begriff „Rede von Gott", aber diese seine Eindeutigkeit. „Verkündigen" heißt freilich auch von Gott reden. Aber in der Rede von Gott ist hier verborgen als der Sinn dieses Tuns, des Verkündigens: der Wille, das Wort Gottes selber zu reden.

Παραλαβόντες λόγον ἀκοῆς παρ' ἡμῶν τοῦ θεοῦ ἐδέξασθε οὐ λόγον ἀνθρώπων ἀλλὰ καθὼς ἀληθῶς ἐστιν λόγον θεοῦ (I. Thess. 2, 13). Ὡς ἐκ θεοῦ κατέναντι θεοῦ ἐν Χριστῷ λαλοῦμεν (II. Cor. 2, 17). Εἴ τις λαλεῖ ὡς λόγια τοῦ θεοῦ (I. Petr. 4, 11). *Praedicatio verbi Dei est verbum Dei* (*Conf. Helv. post.* 1562 *Art.* I, 2. Nach dem deutschen Text: „Derhalben wenn noch heute bei Tag das Wort Gottes durch die Prediger, die ordentlich berufen sind, in der Kirchen verkündt wird, so glauben wir, daß das Wort Gottes verkündt und von den Gläubigen angenommen werde.") *Idem verbum est, quod et homo praedicat et Spiritus sanctus cordi inscribit: Una proprie vocatio, sed cuius causa et medium duplex, organicum: homo verbum extus praedicans principale: Spiritus sanctus intus illud cordi inscribens.* (H. Heidegger, *Corp. Theol.* 1700 XXI, 22, zit. nach Heppe, Die Dogmatik der ev.-ref. Kirche 1861, S. 379).

Verkündigung ist menschliche Rede, in der und durch die Gott selber spricht, wie ein König durch den Mund seines Herolds, und die auch gehört und aufgenommen sein will als Rede, in der und durch die Gott selber spricht, also gehört und aufgenommen im Glauben: als göttliche Entscheidung über Leben und Tod, göttliches Urteil und göttlicher Freispruch, ewiges Gesetz und ewiges Evangelium miteinander.

Wo menschliche Rede von Gott Verkündigung ist, da erhebt sie diesen Anspruch, da ist sie von dieser Erwartung umgeben. Mit welchem Recht? Sicher nicht mit dem Recht der logischen Form oder des sachlichen Inhalts, des religiösen Tiefsinns oder der persönlichen Gewalt, die dieser menschlichen Rede von Gott an sich eigen sein mögen. In und mit allem, was sie an sich ist, kann sie dem göttlichen Selbstwort nur dienen. Und das göttliche Selbstwort hört nicht auf, sich selbst zu sein, indem es sich von menschlicher Rede dienen läßt. Aber indem es sich von ihr dienen läßt, ist es selbst diese menschliche Rede, und indem diese menschliche Rede ihm dient, ist sie selbst das göttliche Selbstwort.

1. Rede von Gott und kirchliche Verkündigung

Zur eigentlichen Erklärung dieses aktuellen „ist" müßte schon hier auf die christologische „Zweinaturenlehre" verwiesen werden.

Will also menschliche Rede Verkündigung sein, so kann das nur heißen, daß sie dem Worte Gottes dienen, daß sie auf sein bevorstehendes Gesprochenwerden durch Gott selber hinweisen will. Daß sie Wort Gottes ist, daß Gott den menschlichen Hinweis heiligt zu seinem eigenen Zeugnis, das kann sie sich nicht nehmen. Der Wille, der hier seitens des Menschen in Frage kommt, kann nur der sein, einen Auftrag zu übernehmen. Es gehört entscheidend zu der Einsicht aller wahren Prophetie, daß der Mensch als solcher keine Möglichkeit hat, das Wort Gottes zu sagen. Nicht Gnade, sondern Dienst an der Gnade, Gnadenmittel, will die menschliche Rede von Gott sein, wenn sie Verkündigung sein will. Wäre der Wille, der hier in Frage kommt, der Wille des Menschen, über sich selbst hinauszugreifen, sich mit seinem Wort von Gott an die Stelle Gottes zu setzen, so wäre er gotteslästerlicher Aufruhr. Darum kann es nicht gehen bei jenem Anspruch und jener Erwartung. Wohl aber darum, daß die Kirche hinsichtlich des Dienstes am Worte Gottes Auftrag hat und daß sich darum in ihr immer wieder auch der Wille finden muß zum Übernehmen dieses Auftrags. Verkündigung ist also nicht nach ihrer formellen oder inhaltlichen Vollkommenheit gefragt — höchste Vollkommenheit würde menschliche Rede noch nicht zur Verkündigung machen und geringste könnte sie noch nicht hindern, Verkündigung zu sein — wohl aber danach, ob sie Dienst ist, ob sie Auftrag habe.

Man könnte auch sagen: ob sie διακονία τοῦ λόγου (Act. 6, 4) *ministerium verbi divini* ist. *Potes facere, quicquid infra te est: Quicquid autem dei cultum* anghet, *nihil fac, nihil loquere, nisi certus sis habere dei verbum et opus . . . quando autem verbum dei* ghet, *tum opera omnia bona sunt.* (Luther, Pred. a. 2. Advent 1523 W. A. 11, S. 209, Z. 22.) Lieber, harre, biss dich Gott fordere, biss in des sicher und guts muts. Ja wenn du weyser und klüger werest denn Salomon und Daniel, doch soltest du davor fliehenn wie vor der helle, das du auch nur ain wort redest, du wurdest denn dazu gefordert und beruffen. Wirdt Got deiner bedürffen, er wirt dich wol ruffen. Rufft er dich nicht, lieber, lass dir deine kunst nicht den bawche auffreyssen, Du denckest seer nerrisch auff den nutz und frommen, . . . den du schaffen woltest, Glaube mir, niemandt wirt mit predygen nutz schaffen, denn der on sein willen und begird zu predigen und zu leren wirt gefordert und gedrungen, Denn wir habenn nu ainen maister, unser Herr Jhesus Christus, der leret alleine und bringet frucht durch seine knecht, die er darzu hat beruffen. Wer aber unberuffen leret, der leret nicht on schaden, bayde seiner und der zuhörer, drumb das Christus nicht bey im ist." (Festpostille 1527, W. A. 17 II, S. 258, Z. 38.)

Der Wille, der nicht sowohl zu dem Wagnis vollmächtiger Gottesrede als vielmehr zu diesem zu übernehmenden Auftrag nicht Nein, sondern Ja sagt, dieser Wille ist der Wille zur kirchlichen Verkündigung. Sein inneres, nicht aufzulösendes, weil nur in der göttlichen Prädestination und im Glauben beantwortetes Problem ist die Entscheidung darüber, ob er in dieser Hinsicht gehorsamer Wille ist.

Welches aber ist die Funktion der Verkündigung in der Kirche unter und neben ihren anderen Funktionen? Wir sahen: Nicht alle in der Kirche stattfindende Rede von Gott will Verkündigung sein. Damit ist offenbar nicht darüber entschieden, ob sie es nicht dennoch sein könnte und vielleicht je und je ist, vielleicht sogar in viel höherem Maße ist als diejenige Rede von Gott, die es nun gerade sein will? Die wirkliche Verkündigung des Wortes Gottes kann nicht bedingt sein durch unsere Intention, das Wort Gottes zu sagen. Warum sollten Anbetung und Liebestätigkeit, Unterricht und Theologie, faktisch nicht je und je und vielleicht viel realer Verkündigung sein? Wenn das *ubi et quando visum est Deo* gilt, wie es für uns gelten soll, dann kann hier offenbar schon grundsätzlich unmöglich Nein gesagt werden. Und es ist zwar keine Binsenwahrheit, wohl aber eine Binsenfrage: Ob der sakrifizielle Teil unserer Gottesdienste nicht faktisch weithin viel mehr Verkündigung ist als der dem Anspruch und der Erwartung nach der Verkündigung gewidmete andere Teil und ob die Existenz eines Bodelschwingh nicht mehr Verkündigung gewesen ist als die intendierte Verkündigung von tausend predigenden Pfarrern? Dieselbe Frage wäre gewiß auch im Blick auf den kirchlichen Unterricht und auf die Theologie zu stellen. Wir werden sogar noch weitergehend zu bedenken haben, daß für Gott kein Hindernis bestehen kann, auch solche Rede von Gott zur Verkündigung seines Wortes an uns zu machen, die uns in ihrem Charakter als geheiligte, in der Kirche stattfindende Rede zunächst teilweise oder ganz verborgen ist. Daß die Kirche immer sichtbar ist, braucht ja noch nicht zu bedeuten, daß wir sie in ihrem wirklichen Umfang auch tatsächlich sehen, daß die Dimensionen ihres Raumes nicht sehr oft ganz andere sein können, als wir zu wissen meinen. Es kann Gott sehr plötzlich gefallen, Abraham durch Melchisedek, Israel durch Bileam segnen, ihm durch Cyrus helfen zu lassen. Und noch mehr: Es wird auch nicht geleugnet werden können, daß Gott sein Wort auch ganz anders als durch die in der bekannten oder neu zu entdeckenden Kirche stattfindende Rede von ihm, also ganz anders als gerade durch „Verkündigung" zum Menschen reden kann. Er kann Kirche direkt und neu begründen, wann und wo und wie es ihm gefällt.

Modus vocationis opposite consideratus in externum et internum distinguitur. Ille foris per verbi et sacramentorum administrationem, hic intus per operationem Spiritus sancti peragitur. Non semper Deus utrumque vocationis modum ad hominum conversionem sibi possibilem adhibet, sed quosdam interno tantum Spiritus sancti lumine ac numine absque externo verbi sui ministerio ad se vocat. Qui vocationis modus per se quidem est ad salutem sufficiens, sed rarus admodum, extraordinarius, nobisque incognitus. (*Syn. pur. Theol.* Leiden 1624 *Disp.* 30, 32—33). Diese Lehre ist weder mit der unter dem Einfluß des Cartesius von A. Heidan (*Corp. Th. chr.* 1686 *Loc.* I S. 8 f.) vertretenen Lehre von den *ideae Dei potentia nobis semper inexistentes*, noch mit der z. B. von Hollaz (*Ex. Th. acr.* 1707 I 1, 9) bekämpften quäkerischen Lehre vom *lumen internum* zu verwechseln. Auch sie meint den Glauben, betont aber, daß Gott nicht als durch den Weg der *vocatio ordinaria*, den Weg der Verkündigung als Begründung des Glaubens gebunden gedacht werden dürfe.

Also: So kann es mit Gottes Wort auf keinen Fall stehen, daß es hineingefangen wäre in die Verkündigung der jeweils schon existierenden Kirche oder gar in die Verkündigung der uns als solche bekannten Kirche oder gar in die in dieser uns bekannten Kirche stattfindende Rede von Gott, die im besonderen Verkündigung sein will. Kirchliche Verkündigung versteht sich ja selbst nur als Dienst am Worte Gottes, als Mittel der Gnade in des freien Gottes Hand. Sie kann also nicht des Wortes Meister sein, sie kann es nicht auf seine eigenen Schranken beschränkt wissen wollen. — Aber wenn wir alle hier sinnvoller Weise zu bedenkenden göttlichen Möglichkeiten nicht nur als solche ruhig anerkennen, sondern auch als jederzeit eintreten könnende Wirklichkeiten so offen als möglich erwarten, so werden wir uns doch zu erinnern haben, daß die Frage: Was Gott tun kann? eine andere ist als die: Was ist uns durch die der Kirche gegebene Verheißung aufgetragen?

Non pas que Dieu soit attaché à telles aides ou moyens inferieurs, mais pource qu'il luy plaist nous entretenir soubz telle charge et bride. (Conf. Gallic. 1559, art. 25). In der konstanten Verwechslung dieser beiden Fragen scheint mir die Eigentümlichkeit der Lehre Paul Tillichs zu liegen, die sie als Beitrag zur theologischen Arbeit letztlich uninteressant macht. Wenn die erste Denkvoraussetzung die ist, daß man über die Kirche ebensowohl oder besser von außen als von innen, ohne Anerkennung der Verbindlichkeit ihres Auftrags als durch ihn gebunden denken und reden zu können meint, dann wird allerdings jener „Radikalismus" möglich, der „vom Unbedingten her" mit Kirche und Kultur, sakraler und profaner Sphäre, Sakrament und Natur, Protestantismus und Proletariat, Dämonie und Entleerung, und so auch mit dem Symbol des Wortes und allerlei anderen Symbolen ebenso souverän wie nach beiden Seiten unverbindlich und überall zuletzt recht behaltend umzugehen weiß, wie man eben mit Dingen umgeht, die man unter sich und nicht über sich hat. „Vom Unbedingten her" kann aber, wenn damit dasselbe gesagt sein soll, wie „von Gott her" gerade nicht heißen: von der unendlichen Potenz Gottes her, sondern nur: von dem konkreten Befehl Gottes her, der, ohne der Allmacht Gottes zu nahe zu treten — wie sollte er auch? — weder die überlegene Stellung Gottes von uns fordert, noch uns erlaubt, unsere eigene Möglichkeit zu wählen, sondern der, als konkreten Gehorsam findendes oder nicht findendes Gebot über unsere Wirklichkeit entscheidet. Um dieses Gebot Gottes geht es in der Kirche. Und über die Beziehung der Kirche zu ihm und nur zu ihm reflektiert die Theologie. Mag eine Philosophie der Geistesgeschichte gut und gern über etwas anderes und dann auch über ein anderswo als in diesem Gebot erkanntes „Unbedingtes" oder „Seinsjenseits" reflektieren. Nur daß sie nicht meinen sollte, die Aufgabe der Theologie dann auch nur mit einem Finger angerührt zu haben. In diesem Sinn muß auf Tillich schon auch die Fortsetzung jener Stelle aus der *Conf. Gallic.* angewandt werden: *En quoi nous détestons tous fantastiques qui voudroyent bien, entant qu'en eux est, anéantir le ministère et prédication de la parole de Dieu et de ses Sacrements.*

Nötigt die Frage: was kann Gott tun? die Theologie zur Demut und Offenheit, so nötigt sie die Frage: was ist uns geboten? zum konkreten Gehorsam. Gott kann durch den russischen Kommunismus, durch ein Flötenkonzert, durch einen blühenden Strauch oder durch einen toten Hund zu uns reden. Wir werden wohl daran tun, ihn zu hören, wenn er das wirklich tut. Wir werden aber — es wäre denn, daß wir uns für

Propheten und Gründer einer neuen Kirche hielten — nicht sagen können, daß es uns aufgetragen sei, das so Gehörte als selbständige Verkündigung weiterzugeben. Gott kann durch einen Heiden oder Atheisten zu uns reden und uns damit zu verstehen geben, daß die Grenze zwischen Kirche und Profanität immer noch und immer wieder ganz anders läuft, als wir bisher zu sehen meinten. Damit ist aber noch nicht gesagt — es könnte wiederum nur einem Propheten gesagt sein —, daß wir das gehörte Heidnische und Atheistische nun etwa selber zu verkündigen hätten. Und so können wir endlich in der Anbetung und Liebestat, im Jugendunterricht und in der Theologie der uns bekannten Kirche sehr wohl und mit Recht Gottes Wort gehört zu haben meinen, ohne daß wir damit unsererseits den Auftrag empfangen hätten, das alles gerade als Verkündigung betreiben zu wollen. Wie es immer stehen möge mit jenen nicht zu bezweifelnden außerkirchlichen und neukirchlichen Möglichkeiten Gottes, mit dem uns vielleicht unbekannten größeren Raume der sichtbaren Kirche und innerhalb der von uns gesehenen Kirche mit der ungewollten, aber faktischen Verkündigung durch die anderen Elemente des kirchlichen Lebens — das ist sicher, daß diese uns bekannte Kirche neben dem Auftrag, dem sie auch in jenen anderen Funktionen hörend und antwortend gehorsam sein möchte, einen **besonderen** Auftrag zur Verkündigung, also nun nicht nur zum Hören und Antworten, sondern entscheidend zum **Reden** von Gott an und für die Menschen hat, einen Auftrag, den sie versäumen würde, wenn sie verkündigen wollte, wo und was uns zu verkündigen nun gerade **nicht** aufgetragen ist.

Was aber ist diese besondere, aufgetragene und als Auftrag an und für die Menschen zu übernehmende Verkündigung der Kirche? Wir antworten zunächst einfach berichtend:

1. Solche Verkündigung ist die **Predigt**, d. h. der von einem in der Kirche dazu Berufenen unternommene Versuch, in Form einer Erklärung eines Stücks des biblischen Offenbarungszeugnisses die Verheißung der heute und hier zu erwartenden Offenbarung, Versöhnung und Berufung Gottes in seinen eigenen Worten auszusprechen und Menschen der Gegenwart verständlich zu machen.

Es dürfte lehrreich sein, die von Karl Fezer (Das Wort Gottes und die Predigt, 1925, S. 77; vgl. dazu die Rezension von Eduard Thurneysen, Theol. Bl. 1925, Sp. 197 f.) gegebene Definition daneben zu halten: „Die Predigt ist das Bemühen eines Menschen, durch freie Rede dazu mitzuwirken, daß der im Schriftwort uns seine Gemeinschaft schenkende Gott einem Kreis von anderen Menschen gemeinsam durch den Heiligen Geist gegenwärtig werde." (Die Formel hat, wie ich höre, im mündlichen Unterricht Fezers unterdessen eine andere Gestalt bekommen. Ich zitiere sie nicht in polemischer Absicht, sondern um auf die Probleme hinzuweisen, die hier zu erwägen sind.)

2. Solche Verkündigung ist das **Sakrament**, d. h. die in der Gemeinschaft der Kirche nach Anweisung des biblischen Offenbarungszeug-

nisses vollzogene, die Predigt begleitende und bestätigende symbolische Handlung, die als solche das die Verheißung nicht nur erfüllende, sondern schon begründende Ereignis der Offenbarung, Versöhnung und Berufung Gottes bezeugen will.

Vgl. die außergewöhnlich klare und erschöpfende Bestimmung des Begriffs „Sakrament" im Heidelb. Kat. 1563 Fr. 66: „Was seind die Sacrament? — Es seind sichtbare, heilige warzeichen unnd Sigill, von Gott darzu eingesetzt, daß er uns durch den brauch derselben, die verheissung des Evangelions desto besser zuverstehen gebe, und versigele: Nemlich dass er uns von wegen des einigen opffers Christi, am Creutz vollbracht, vergebung der sünden, und ewiges leben auss gnaden schenke."

Das ist es, was die in der Kirche stattfindende Rede von Gott sein will, wenn sie Verkündigung sein will, wenn sie sich an die Menschen richtet mit dem Anspruch und umgeben von der Erwartung, daß sie ihnen das Wort Gottes zu sagen habe. Verkündigung als Predigt und Sakrament kann und soll sie sein wollen, weil die **Kirche zu dieser Verkündigung Auftrag hat.**

Beim Versuch einer Interpretation des so Berichteten wird man sich vor allem folgendes klarzumachen haben: das Gegebensein sowohl wie den Sinn eines **Auftrags** kann man, wenn man nicht selber der Auftraggeber ist, sondern sich selber streng nur als den Beauftragten versteht, auf zwei und nur auf diese zwei Weisen begründen. Entweder, indem man den ergangenen Befehl so wie man ihn empfangen und gehört zu haben meint, **wiederholt.** Oder indem man damit ein Faktum schafft, daß man ihm einfach zu **gehorchen** versucht. In beiden Fällen ist die Antwort, die man dem nach Begründung Fragenden damit gibt, eine indirekte, in beiden Fällen kann sie also für diesen höchst „unbefriedigend" sein. In beiden Fällen besteht ja die Antwort in einer Rückfrage, wird es dem Fragenden überlassen, ob er in der Wiedergabe dessen, was wir als Befehl gehört haben, oder in unserem Versuch, diesem Befehl zu gehorchen, den Willen des Auftraggebers und den Sinn dieses seines Willens und also das Vorliegen eines wirklichen und sinnvollen Auftrags selber erkennen bzw. wiedererkennen wird. Fragt man uns also, warum denn die in der Kirche stattfindende Rede von Gott gerade als Predigt und Sakrament Verkündigung sein wolle, bzw. inwiefern sie gerade in diesem Tun den besonderen Auftrag der Verkündigung zu haben meine, so wird darauf nur die doppelte und beidesmal einfältige Antwort zu geben sein: **einmal**: wir entnehmen dem biblischen Offenbarungszeugnis, daß Jesus Christus seiner Kirche über das Gebot des Glaubens, der Liebe und der Hoffnung hinaus und im Unterschied zu dem Gebot der gemeinsamen Anrufung seines Namens, der brüderlichen Hilfe usw. den Auftrag der Verkündigung, und zwar der Verkündigung durch die Predigt und das Sakrament gegeben hat. Will er von den Seinen nur, daß sie ihr Kreuz auf sich nehmen und ihm nachfolgen? Will er als Zeugnis dieser Nachfolge nur jene anderen Funktionen seiner Kirche? Oder will er nicht vielmehr beides, indem er auch und gerade und vor allem dies will: daß in seiner Kirche und durch seine Kirche das Selbstwort Gottes verkündigt werde? Und wenn dem so ist, ist dann das: Machet zu Jüngern alle Völker, indem ihr sie tauft — indem ihr sie lehrt! (Matth. 28, 19 f.) eine genuine Zusammenfassung dessen, was uns durch die biblischen Dokumente hinsichtlich dieses seines Willens gesagt ist und also als sein Befehl für uns zu gelten hat? Und s o d a n n : Wir können das Vorhandensein und den Inhalt dieses Befehls allerdings nicht etwa mit dem Hinweis auf die überzeugende Güte unseres Gehorsams ihm gegenüber begründen, als ob jener in diesem für sich selbst sprechen würde. Denn ob unser Tun Gehorsam gegen diesen Befehl ist, darüber entscheidet wiederum nicht der Beauftragte, sondern der Auftraggeber. Unsere Rede von Gott kann auftragsgemäße Verkündigung und also Predigt und Sakrament nach dem Willen und Befehl des Herrn der Kirche sein wollen. Aber nicht unseres Gehorsams und nicht einmal der Aufrichtigkeit unseres Willens dazu werden wir uns dabei getrösten, sondern nur des von uns vernommenen Befehls selber, der in der Tat, um andern als solcher erkennbar zu werden, für sich selber sprechen muß. Und so werden wir auch hier, zaghaft und zurückhaltend genug, nur fragen können: ob etwa bei allem mitlaufenden Ungehorsam der Befehl des Herrn in dem, was die Kirche tut, nun nicht dennoch mitreden und für sich selber reden möchte?

Nur nachträglich, *a posteriori*, exegetisch, nicht im Sinn einer Begründung des der Kirche gewordenen Auftrags, mögen dann auch Erwägungen darüber am Platz sein: Ob denn auch nur der Gedanke an ein Offenbarwerden des Wortes Gottes außerhalb der bis jetzt existierenden oder der uns bis jetzt bekannten Kirche möglich wäre für den, der nicht zuvor innerhalb der Kirche wirkliche Verkündigung kennen gelernt hätte? Ob wir uns auf entsprechende wirkliche Erfahrungen, etwa auf unser Gehörthaben des Wortes Gottes durch die Stimme des Kommunismus oder einer anderen unser Dasein angeblich „existenziell angehenden" Wirklichkeit berufen könnten, wenn wir nicht auf Grund vorangehender Erfahrung von der Wirklichkeit des Wortes Gottes, wie sie uns als auftragsmäßige Verkündigung irgendwie begegnet ist, ein Kriterium zu solchem Hören mitgebracht und gut oder schlecht angewendet hätten? Vor allem aber — und darauf kommt es uns ja in unserem Zusammenhang an — ob denn das Leben der Kirche selbst nicht geradezu seiner entscheidenden Mitte, des Beziehungspunktes aller ihrer übrigen Funktionen entbehren würde ohne diese Funktion, die Funktion der V e r k ü n d i g u n g ? Wir sahen ja: alle jene anderen Elemente sind in irgendeinem Sinn Antwort auf das gehörte Wort Gottes. Gewiß kann man nun auch Predigt und Sakrament in dieser Reihe sehen: sie sind a u c h Antwort auf das vom Menschen Gehörte, so gewiß jene anderen Elemente a u c h Verkündigung sein können und sicher je und je tatsächlich sind. Aber so sicher diese antwortenden Elemente, wie wir sahen, als solche nicht Verkündigung sein **wollen** können, so sicher muß ihnen ein Element gegenüberstehen, das freilich auch als Antwort interpretierbar ist, das nun aber im Unterschied zu jenen Verkündigung nicht nur sein kann und je und je ist, sondern sein **will** — sein will, weil es das sein wollen **soll** — in welchem die dort vorausgesetzte Verkündigung ihren eigentlichen und eigentümlichen Ort und Sitz hat. Gewiß kann jene Mitte, jener Beziehungspunkt, auf den das ganze Leben der Kirche mit Einschluß der Elemente der Verkündigung ausgerichtet ist, nur das Wort Gottes selber sein und die Verkündigung wird sich so wenig an dessen Stelle drängen wollen, wie dies irgendeiner anderen der Funktionen der Kirche zustehen würde. Es fragt sich aber, ob das Wort Gottes nicht innerhalb des Bereichs menschlichen Gehorchenwollens ebenso seine Repräsentation haben will, eine bestimmte kirchliche Funktion fordert, ob also das Verkündigen der Kirche nicht mindestens ebenso zur Aufgabe gemacht ist, wie jenes Antworten auf Gottes Wort, wie es in Anbetung und kirchlicher Fürsorge, in Unterricht und Theologie stattfinden möchte. Ob diese Frage zu bejahen ist, das ist in keiner Weise zu erschließen; darüber entscheidet der Auftrag, von dem alle wirkliche Verkündigung herkommen muß.

Nehmen wir an, daß dieser Auftrag ergangen und vernommen sei; dann wird doch auch das nachträglich einsichtig zu machen sein, daß Verkündigung sinnvoller Weise gerade in **Predigt** und **Sakrament** besteht. — Was als Verkündigung dem Hören und Antworten in der Kirche als Repräsentation des Wortes Gottes gegenübertreten soll, das erfordert in irgendeinem Sinn eine Aussonderung, eine besondere befehlende **Berufung** dessen, der hier fungieren soll. Weiter: Was ein solcher Mensch in Ausübung der Verkündigung als Gottes Wort sagen wollen kann, das kann nicht das göttliche Selbstwort als solches, sondern nur die Wiederholung seiner **Verheißung** sein, Wiederholung der Verheißung: „Siehe ich bin bei euch alle Tage!" (Matth. 28, 20). Verkündigung muß heißen: Ankündigung — Ankündigung, der das wirkliche: Ich bin bei euch! als kommende Erfüllung gegenübersteht. Weiter: Soll nun aber diese Ankündigung legitime Wiederholung nicht irgendeiner, sondern der der Kirche von Gott selbst gegebenen Verheißung sein, dann kann sie nicht eigenmächtige religiöse Rede, dann muß sie als Homilie, d. h. als **Schrifterklärung** gebundene und geführte Rede sein. Soll sie aber wirkliche Wiederholung dieser Verheißung sein, dann kann sie nicht in bloßer Schriftlesung bzw. in Repetition und Umschreibung des Wortlauts des biblischen Zeugnisses bestehen, dann kann sie dieses vielmehr nur zur Voraussetzung haben. Das konkrete und heutige Gegenüber von Gott und Mensch, dessen Wirklichkeit freilich nur durch das Wort Gottes selbst zu schaffen ist, muß dann in dem menschlichen Ereignis der Verkündigung seine Entsprechung haben, d. h. der Berufene muß dann die der Kirche gegebene Verheißung in eigenen Worten den Menschen seiner Zeit verständlich zu machen willens sein. Berufung, Verheißung, Schrifterklärung, Aktualität — das sind aber die entscheidenden Bestimmungen des Begriffs der Predigt. Ist Verkündigung auftragsgemäß Predigt — daß es so ist, soll damit als unbegründbar nicht begründet sein — dann sind diese Begriffe die nachträgliche Erklärung des Sinnes der Predigt. — Die nur als Predigt interpretierte Verkündigung würde nun aber offenbar an einer empfindlichen Schwäche leiden. Predigt ist menschliche Rede in Form menschlich gedachter und ausgesprochener Worte. Die bloß gepredigte Verheißung ist also im Mund des Predigers wie im Ohr des Hörers ein menschliches Werk, sie ist im besten Fall eine zunächst vom Prediger vollzogene, dann auch vom Hörer zu vollziehende „existenzielle" Entscheidung. Wäre sie nun bloß das, wie sollte sie dann Hinweis auf das göttliche Selbstwort sein? Wird das gesprochene und vernommene Menschenwort nicht, je ernsthafter es gesprochen und vernommen wird, als solches notwendig eine völlige Verfinsterung des Wortes Gottes bedeuten, dem es doch dienen will? Die der Kirche gegebene in der Heiligen Schrift bezeugte Verheißung selbst ist ja offenbar im Unterschied zu der gepredigten Verheißung nicht solches Menschenwerk. Sie ist Wort: als geschehenes göttliches Ereignis, als vollbrachte göttliche Handlung der richtenden und versöhnenden Gnade, in der über den Menschen entschieden ist vor allen seinen Entscheidungen, von der her seine Entscheidungen allein die Qualifikation als Glaubensentscheidungen empfangen können, von der her also das, was der Prediger und sein Hörer menschlicherweise tun, allein zum Hinweis auf das göttliche Selbstwort werden kann. Wird dieses Ereignis nicht mitverkündigt, inwiefern wird dann wirklich die der Kirche gegebene Verheißung verkündigt, inwiefern ist dann die kirchliche Verkündigung statt eines *ministerium verbi divini* nicht vielmehr ein unüberwindliches Hindernis, das dem Selbstwort Gottes in den Weg gelegt wird? Aber wie soll dieses Ereignis mitverkündigt werden? Wie soll es geschehen, daß die Verkündigung nicht nur Wahrheit, sondern Wahrheit als Wirklichkeit, d. h. als Werk Gottes, und damit erst eindeutig die Gnade als Gnade verkündigt? Wie soll das geschehen, sofern Verkündigung eindeutig identisch sein sollte mit Predigt? Wir stehen hier vor der fundamentalen Schwierigkeit der Predigtaufgabe, neben der man alle anderen ruhigen Gewissens als Kinderspiel bezeichnen darf. Von hier aus gesehen ist es wohl verständlich, wenn es in der Kirche mit dem Anspruch und mit der Erwartung, daß die Predigt Gottes Wort zu sagen habe, faktisch zur Rechten und zur Linken nicht eben weit her ist — ist es wohl verständlich, wenn einerseits die römisch-katholische Predigt sich weithin mit dem Niveau eines höheren Religions- und Moralunterrichts zufrieden zu geben scheint und wenn andererseits die typisch neuprotestantische Predigt mehr als der möglichst wahrhafte und lebendige Ausdruck der persönlichen Frömmigkeit des betreffenden Redners nicht zu sein beansprucht. Von beiden Ausweichungen wird noch zu reden sein. Man wird angesichts der Schwierigkeit, die ihnen zugrunde liegt, als Antwort auf die Frage, wie denn Gottes Wort als Gottes Werk verkündigt werden könne, nicht sofort zu dem freilich sehr wahren und sehr gültigen Hinweis auf Gott selbst, auf den Heiligen Geist greifen dürfen, der das Werk des in menschlich gedachten und ausgesprochenen Worten verkündigten Glaubens im Mund des Predigers und im Ohr des Hörers als sein eigenes Werk bestätigen, die gepredigte Verheißung zum Ereignis der wirklichen der Kirche gegebenen Verheißung machen werde. Dieser Hinweis auf die eigene Kraft des göttlichen Selbstwortes in und trotz der Finsternis des ihm dienenden Menschenwortes ist allerdings das A und das Ω, die *ultima ratio*, ohne die nicht nur der Begriff der Predigt, sondern auch der Begriff der kirchlichen Verkündigung überhaupt nicht zu vollziehen ist. Es fragt sich nur, ob eben dieser Hinweis nicht im Begriff der der Kirche aufgetragenen Verkündigung selbst durch ein zweites mit der Predigt als solcher nicht identisches Element vertreten ist, in welchem Verkündigung gerade das wäre, was sie allein als Predigt offenbar nicht sein kann: Verkündigung von Wirklichkeit, von der Verheißung als Gottes Werk, von der Gnade des gepredigten und vernommenen Glaubens, von der vor und jenseits aller unserer Entscheidungen gefallenen Entscheidung, welche menschliches Reden und Hören auszeichnet als Gottesdienst im Geist und in der Wahrheit. Auch dieses zweite Element der Verkündigung könnte freilich nur menschliche Rede von Gott sein. Es könnte insofern nicht mehr sein wollen als die Predigt, als auch es nur ankündigen, nämlich die künftige Offenbarung, Versöhnung und Berufung ankündigen und also Wiederholung der Verheißung, Gnadenmittel sein könnte. Es könnte auch nicht selbständige Verkündigung neben der Predigt, es könnte nur deren Bestätigung sein wollen, wie das Siegel unter einem Brief dessen Authentie bestätigt, aber zu seinem Inhalt nichts hinzufügt, anderswo als unter dem Brief, irgendwo für sich stehend, nichts besagt. Es müßte der Predigt in der Weise zugeordnet sein, daß es, wie die Predigt selbst die Verheißung als solche, seinerseits den Ereignis- und das heißt den Gnadencharakter der Verheißung im Gegensatz zu allem eigenen Werk des Menschen auf der Ebene menschlichen Geschehens repräsentierte. Es dürfte, um diese Begründung der Verheißung zu repräsentieren, nicht in weiteren Worten bestehen, sondern es müßte Handlung sein. Es dürfte aber, um Verkündigung zu sein, so wenig wie die Predigt willkürlich gewählte, sondern es müßte durch das biblische Zeugnis geforderte und bestimmte Handlung sein. Es könnte weiter so wenig wie die Predigt das Wort Gottes selbst etwa ersetzen wollen, es könnte also, wie die Predigt streng repräsentatives Wort ist, nur streng repräsentative Handlung, genau so wie die Predigt nur Dienst am Worte Gottes sein: Was hier wie dort mehr ist als Repräsentation, Dienst und Symbol, das ist das Ereignis, dessen Subjekt nicht die Kirche, sondern Gott selber ist. Und es müßte der Gegenstand, den es zu repräsentieren hat, eben diejenige Voraussetzung der Predigt sein, die die Predigt als solche, als menschlich gedachtes und ausgesprochenes Wort, nicht einmal repräsentieren, für die das menschliche Wort als solches nicht Symbol sein kann: die Offenbarung, Versöhnung und Berufung, die die Kirche nur dann vor sich zu haben glauben, hoffen und verkündigen kann, wenn sie sie als Tat göttlicher Gnade hinter sich hat, die sie nur dann real erwartet, wenn sie von ihr (als von der in der Epiphanie Jesu Christi ein für allemal geschehenen) schon herkommt. Verheißung in Form eines Annexes zur Predigt, Handlung im Unterschied zum bloßen Wort, Schriftmäßigkeit, repräsentativ-symbolische Beziehung zu dem „Ein für allemal" der Offenbarung — das sind die entscheidenden Bestimmungen des Begriffs des Sakramentes. Wir haben auch diesen Begriff nicht postuliert, sondern exegesiert unter der Voraussetzung, daß sein Inhalt auf Grund göttlichen Auftrags im Leben der Kirche Wirklichkeit ist und insofern als exegesierbarer Text vorliegt. Von einer freien Begründung der Notwendigkeit des Sakraments kann so wenig die Rede sein wie von der einer Notwendigkeit der Predigt und der Verkündigung überhaupt. Es soll also nicht unterlassen sein, im Rückblick auf das Gesagte und als Antwort auf die Frage nach seiner letzten Begründung von der Exegese auf jenen vorliegenden Text selbst zurückzuverweisen.

Aber diese Exegese der Begriffe Verkündigung, Predigt und Sakrament bedarf zum Schluß einer ausdrücklichen Erklärung: So wie eben geschehen, exegesiert evangelische Dogmatik diese Begriffe.

Wir können hier davon absehen, daß es spezifisch evangelisch-reformierte Dogmatik ist, die dabei in gewissen Einzelbestimmungen das Wort geführt hat.

Diese Exegese steht zunächst hinsichtlich des Oberbegriffs der Verkündigung im Gegensatz zu der modernistischen Dogmatik. Auch diese kennt die hier bezeichnete Funktion; sie kennt aber nicht die wesentliche Unterschiedenheit gegenüber allen anderen Funktionen der Kirche, die jener dann zukommt, wenn sie auf einem Auftrag an und für die Menschen beruht, wenn sie als menschliche Rede von Gott einem göttlichen Selbstwort, gesprochen aus einem unaufhebbaren Gegenüber aller Humanität zu dienen hat. Modernistisches Denken weiß letztlich nichts davon, daß der Mensch im Verhältnis zu Gott sich immer wieder etwas sagen zu lassen, immer wieder etwas zu hören hat, was er immer wieder noch nicht weiß und was er sich unter keinen Umständen und in keinem Sinn selber sagen kann. Modernistisches Denken hört den Menschen antworten, ohne daß ihm jemand gerufen hätte. Es hört ihn mit sich selber reden. Ihm ist darum Verkündigung eine notwendige Lebensäußerung der „Kirche" genannten menschlichen Gemeinschaft, eine Lebensäußerung, in der ein Mensch im Namen und zur geistigen Förderung einer Anzahl anderer, schöpfend aus einem ihm und ihnen gemeinsamen Schatze, zur Bereicherung dieses Schatzes eine Deutung seiner eigenen Geschichte und Gegenwart als Zeugnis von der in diesem Kreis von Menschen lebendigen Wirklichkeit vorträgt.

Ein Lehrstück „Vom Dienst am göttlichen Wort" fehlt auch in Schleiermachers Glaubenslehre nicht (§ 133 f.). Wir hören aber sofort, daß das „göttliche Wort" nichts anderes ist als „der Geist in allen", nämlich aller in der Kirche Vereinigten (§ 134, 3). Also ist der Dienst an diesem Wort die „Tat der Gemeinde als solcher" (§ 135, 2) konkret: das „Verhalten der Selbsttätigen zu den Empfänglichen" (§ 133, 1) oder: die „Einwirkung der Stärkeren auf die Schwächeren" (§ 133, 2) durch das Mittel der Selbstmitteilung, d. h. „einer erregend wirkenden Selbstdarstellung, in dem die durch Nachbildung aufgenommene Bewegung des sich Darstellenden in dem empfänglich aufgeregten Aufnehmenden eine Kraft wird, welche dieselbe Bewegung hervorruft" (§ 133, 1). Sie umfaßt das „ganze christliche Leben" und bedarf nur um der guten Ordnung und der Erhaltung des Gemeinbewußtseins willen einer besonderen „Geschäftsführung" (§ 134, 3; 135). — Nicht anderswo, sondern nur am anderen, dem realistischen Ende des von Schleiermacher idealistisch angetretenen Weges befinden wir uns, wenn 100 Jahre später nach P. Tillich eine „neue sakramentale Situation" als Rettung des Protestantismus (Relig. Verwirkl., 1930, S. 166) dadurch zu „schaffen" wäre, daß „es uns gelingt, in die Tiefe unseres eigenen ungespaltenen vorgegenständlichen Seins zu gelangen" (a. a. O. S. 154) und von da aus ein Verständnis zu gewinnen dafür, daß es eine in dem „historischen Schicksal" eines wechselseitigen Ergreifens und Ergriffenseins zu erlebende Mächtigkeit der natürlichen Dinge und Situationen und so u. a. auch des Wortes gibt, kraft deren sie für den Glauben Träger „sakramentaler Mächtigkeit" werden können (S. 176). Sollte hier mit „sakramentaler Situation" dasselbe gemeint sein, was wir Verkündigung nennen und ist der Weg zu dieser „sakramentalen Situation", das historische Schicksal, durch das sie geschaffen wird, wirklich die Beziehung zwischen einem vertieften Selbstverständnis und einem vertieften Weltverständnis und umgekehrt, dann dürfte dringend zu vermuten sein, daß auch hier der Mensch als letztlich lediglich mit sich selbst redend gedacht ist. Und in der Tat: „Die religiösen Symbole werden geschaffen im religionsgeschichtlichen Prozeß" (S. 106). „Man hat ein Recht zu sagen, daß z. B. Christus oder Buddha Symbole sind, sofern in ihnen das Unbedingt-Transzendente angeschaut werden kann" (S. 104). „Gott als Gegenstand ist eine Vertretung des im religiösen Akt Letztgemeinten" (S. 103). „Das Unbedingt-Transzendente geht über jede Setzung eines Wesens, auch eines höchsten Wesens hinaus. Sofern ein solches gesetzt ist, ist es im religiösen Akt auch wieder aufgehoben. Diese Aufhebung, dieser dem religiösen Akt immanente Atheismus ist die Tiefe des religiösen Aktes" (S. 102). „Die Wahrheit eines Symbols ruht in seiner inneren Notwendigkeit für das symbolschaffende Bewußtsein" (S. 103). „Da wo das Seelische — abgesehen von allen Sachbeziehungen — sich selbst ausspricht, spricht es sich religiös aus" (S. 94).

Für diese Konzeption müssen offenbar die Begriffe Rede, Wort, Verkündigung, Predigt, die an sich alle noch auf jenes Gegenüber von Gott und Mensch hinweisen könnten, untergehen in dem allgemeinen Begriff der Wirkung oder Bewegung bzw. in der Vorstellung einer allgemeinen, Gott und Mensch zusammenschließenden Dynamik oder auch Sinnhaftigkeit, von der unser Aller und jedes Einzelnen Existenz irgendwie getragen

§ 3. *Die kirchliche Verkündigung als Stoff der Dogmatik*

ist, und die irgendwie — und das wäre dann das Bedürfnis nach Verkündigung — durch uns zur Sprache gebracht werden soll. Aber Logos in seiner Isolierung als herüber-hinüber gesprochenes Wort wird dann notwendig zu einem Symbol neben vielen anderen. „Ich kann das Wort so hoch unmöglich schätzen", nämlich unmöglich als den Ausdruck jener Dynamik oder Sinnhaftigkeit. Die Frage wird jetzt ernsthaft: Warum wähle ich gerade diese Symbole, gerade die Rede von Gott, gerade diese Form der Rede: die aktuelle Bibelerklärung und gerade diese zwei oder sieben Sakramente? Sind gerade diese die wahrsten Symbole, wenn mein Seelisches sich selbst aussprechen soll und will. Könnte es nicht wahrere geben als diese?

Daß man gerade vom Wort Gottes redet — „in der Wahl (!) dieses Symbols liegt der geistige Charakter der Selbstmitteilung des Seins-Jenseits... Ganz falsch ist es aber, das Wort als Symbol für die Selbstmitteilung des Seins-Jenseits gleichzusetzen mit dem Wort als physisches Mittel der Selbsterfassung und Selbstmitteilung des menschlichen Geistes und auf diese Weise Wort Gottes und Schriftwort oder Predigtwort zu vermengen" (P. Tillich, Rel. Verwirkl., 1930, S. 48 f.; vgl. S. 60). „Wort ist nicht nur da, wo gesprochen und begriffen wird, sondern Wort ist auch da, wo anschaulich gemacht und gehandelt wird in wirkungskräftigen Symbolen. *Verbum* ist mehr als *oratio*. Das hat der Protestantismus weithin vergessen. *Verbum*, Offenbarungswort, kann (!) in allem sein, worin der Geist sich ausdrückt, auch in den schweigenden Symbolen der Kunst, auch in den Werken der Gemeinschaft und des Rechtes. Und darum muß eine Kirche in allen diesen Formen reden können. Sie alle müssen Symbole werden für das Wort der Offenbarung. Und das heißt ja nichts anderes als das gesamte Leben der Gesellschaft nach allen Seiten ist dann bestimmt, symbolkräftig zu sein für Gott" (Kirche und Kultur, 1924, S. 19 f.). Welche von den verschiedenen zu wählenden Sprachen hat heute am meisten „Symbolkraft"? das wird jetzt die feierliche Frage der Berneuchener und ein in der Kirche aufzustellender „Brunnen mit fließendem Wasser als Versinnbildlichung des schöpferischen Lebensstromes Gottes" (Berneuchener Buch, 1926, S. 112), farbige Fensterscheiben als Symbole des „Lichts vom ungeschaffnen Lichte" und allerlei freundliche Dinge ähnlicher Art bekommen nun Gelegenheit, mit der weniger zeitgemäß gewordenen Predigt in nicht ganz aussichtslose Konkurrenz zu treten, nachdem bekanntlich die Orgel (von Julius Smend) schon lange zur Würde einer „zweiten Kanzel" erhoben worden war, die „das Überschwengliche, Unaussprechliche in der Religion, und vollends im Evangelium, uns mit anderen Zungen, vorab in heiligen Tönen" verkünden muß. (Zit. nach Herbert Birtner, Die Probleme der Orgelbewegung, Theol. Rundschau, 1932, S. 66). Denn der Seufzer wird allgemein und nicht mehr zu überhören: „Die Predigt, auf die Person des Predigers gestellt (!), steht jetzt zu sehr im Vordergrund." (O. Dibelius, Das Jahrhundert d. Kirche, 5. Aufl. 1928, S. 252.) Also: „Weniger Predigt! Mehr Tat und mehr andere Formen der Verkündigung!" „Die Konkurrenz anderer geistiger Darbietungen" ist heute zu groß geworden. „Mehr und mehr Pfarrer haben heute keine ausreichende Zeit, ihre Predigten auszuarbeiten." „Um Begeisterung handelt es sich beim Dichter wie beim religiösen Redner. Die allermeisten Sterblichen können sich aber nicht auf Kommando begeistern." Vielleicht daß auch Jesus das Reden „immer weniger befriedigt" hätte, wenn er „statt eines Jahres Jahrzehnte lang hätte öffentlich wirken und reden können und müssen" (!!) (H. Bär, Weniger Predigt!, 1930, S. 8f., 12f.) usw.!

Und jenseits von dem allen mag und muß sich dann wohl auch die letzte Frage erheben: Warum überhaupt Verkündigung? Warum überhaupt Symbole? Warum nicht lieber schweigen? Warum nicht als das wahrhaftigste Wort, das wir sagen können, alle besondere Rede von Gott, alles Hantieren mit Symbolen überhaupt aufgeben?

„Zweifellos wäre dieses das höchste Ziel einer theologischen Arbeit: den Punkt zu finden, wo die Wirklichkeit selbst unsymbolisch zugleich von sich selbst und dem Unbedingten spricht, den Punkt zu finden, wo die Wirklichkeit selbst ohne Symbol zum Symbol wird, wo der Gegensatz von Wirklichkeit und Symbol aufgehoben ist." Wäre dies nicht die gewaltigste Aussprache dessen, was in uns ist, wenn wir alle Aussprache unterlassen würden zugunsten eines „unmittelbaren Redens von den Dingen, sofern sie uns unbedingt angehen, sofern sie im Transzendenten stehen" (P. Tillich, Rel. Verwirkl. S. 108)?

Was zur Kritik dieser Lehre zu sagen ist, ist durch sie selber deutlich genug gesagt: das Verständnis des Begriffs Verkündigung auf dieser Linie kann nur mit seiner Auflösung endigen. Verkündigung als Selbstdarstellung muß sich auf die Dauer als ein überflüssiges und undurchführbares Unternehmen herausstellen und hat sich offenbar schon weithin als das herausgestellt. Die Unterschiedenheit solcher Verkündigung von den anderen Funktionen der Kirche läßt sich nicht als wesentlich nachweisen. Aber werden damit nicht auch diese anderen Funktionen als Antworten (Antworten auf was?) unwesentlich? Was ist und was soll Kirche, wenn ihr gerade die Mitte eines wirklichen Angeredetwerdens des Menschen fehlen sollte? Wenn das die Wahrheit ihres Seins sein sollte, daß der Mensch in seiner Welt und mit seiner Welt allein ist? Ist es nicht offenkundig, daß hier eine verhängnisvolle Verwechslung des Menschen der Gegenwart, des Menschen des *regnum gratiae*, mit dem Menschen der ewigen Herrlichkeit vorliegt, der, wie wir eingangs gesehen haben, einer besonderen Rede von Gott und darum auch eines Angeredetwerdens von Gott und darum auch einer Kirche nicht bedarf noch bedürfen wird? Wenn wir dieser Mensch nicht sind, woher nimmt dann die modernistische Lehre ihren Rechtsgrund?

Man wird alles, was evangelischem Glauben an dem ihm fremden Glauben zur Linken hier unverständlich ist, zusammendrängen müssen in die Frage Röm. 10, 14 f.: Πῶς οὖν ἐπικαλέσονται εἰς ὃν οὐκ ἐπίστευσαν; πῶς δὲ πιστεύσωσιν οὗ οὐκ ἤκουσαν; πῶς δὲ ἀκούσωσιν χωρὶς κηρύσσοντος; πῶς δὲ κηρύξωσιν ἐὰν μὴ ἀποσταλῶσιν; ... ἄρα ἡ πίστις ἐξ ἀκοῆς, ἡ δὲ ἀκοὴ διὰ ῥήματος Χριστοῦ.

Die andere nicht weniger schwere Differenz, die hier zu berühren ist, trennt uns von der römisch-katholischen Dogmatik. Sie betrifft zunächst, aber doch nur zunächst, nicht den Oberbegriff der Verkündigung, sondern das Verhältnis der Begriffe Predigt und Sakrament unter sich. Die römisch-katholische Kirche ist bewußt und ausgesprochen Kirche des Sakramentes. Nicht stark genug kann es ihre Dogmatik betonen: Die Kirche lebt von und in diesem Gnadenmittel.

Die Sakramente sind die *canales gratiae*, die *vasa medicinae* gegen Sünde und Tod, die *fundamenta et cardines vitae christianae*, der nach Gen. 2, 10 von Eden ausgehende Strom, die sieben Säulen, auf denen nach Prov. 9, 1 die Weisheit ihr Haus gebaut, das Band des Friedens von Eph. 4, 16 (H. Hurter, *S. J., Theol. dogm. compend.*, 12. Aufl.

1908, 3. Bd. S. 214). „Die Wirksamkeit der Kirche bei ihrer Vollziehung ist die eigentlichste Offenbarung und äußere Bestätigung ihres geheimnisvollen Lebens; sie sind der wesentliche Inhalt des kirchlichen Kultes und darum die vorzüglichsten Mittel, um die sichtbare Kirche in der Einheit zu erhalten und sie als wahre Kirche erkennbar und unterscheidbar zu machen. Ihr Empfang ist das wesentlichste Merkmal der kirchlichen Gemeinschaft, ihre Spendung die vorzüglichste und erhabenste Tätigkeit ihrer Priester" . . . Sie sind „der konzentrierteste Ausdruck und der innerste Kern des kirchlichen Glaubens und Lebens". (Scheeben-Atzberger, Handb. d. kath. Dogm. 4. Bd., 1903, S. 463.) Vgl. auch Bartmann, Lehrb. d. Dogm., 7. Aufl. Bd. 2, 1929, S. 207.

Man möchte aber ernstlich fragen, ob die Superlative, die man hier zu hören bekommt, nicht immer noch zu wenig sagen, wenn man sich vergegenwärtigt, daß der Predigt in dieser Dogmatik neben dem so ernst genommenen und gefeierten Sakrament nicht nur eine geringere, sondern man möchte beinahe sagen: keine Bedeutung zukommt. Es verhält sich ja nicht etwa nur so, daß der Katholizismus in derselben Weise das Sakrament überbetonen würde wie der Protestantismus die mündliche Predigt.

Dieser Schematismus wird zum hellen Unsinn, wenn er in der Zuspitzung von Klaus Harms (in s. 95 Thesen von 1817) vorgetragen wird: Die römische Kirche halte und bilde sich „vorzugsweise" am Sakrament, die reformierte „vorzugsweise" am Wort, die lutherische aber „herrlicher als beide" am Sakrament wie am Wort. (Kürzlich wieder reproduziert von Max Glage, Unsere Taufe, 1931, S. 4.) Denn einmal kann sich der lutherische Protestantismus dem reformierten gegenüber, bleibt er auch nur einigermaßen in den Spuren Luthers selber, hinsichtlich der Mehrbetonung und Vorordnung der Predigt gegenüber dem Sakrament unmöglich desolidarisieren und in jene überlegene Mitte stellen wollen; sodann kann die Wichtigkeit, die dem Sakrament bei und in jener Mehrbetonung und Vorordnung der Predigt gerade in der Praxis der reformierten Kirche beigelegt, die Sorgfalt, mit der das Problem des Sakramentes gerade in der reformierten Dogmatik behandelt wurde und wird, unmöglich parallelisiert werden mit dem, was in der katholischen Dogmatik mit der Predigt geschieht. Man wird dasselbe sogar von der modernistisch protestantischen Dogmatik sagen müssen: nicht einmal Schleiermachers oder Troeltschs Würdigung der Sakramente können — mag man sie sachlich beurteilen, wie man will — mit dem, was in der katholischen Dogmatik, so weit ich sehe, grundsätzlich und durchgängig hinsichtlich der Predigt geschieht, in Parallele gesetzt werden.

Was der Predigt hier widerfährt, ist nämlich einfach: *Silentium altissimum*. Die römisch-katholischen Dogmatiker gehen vom Traktat von der Gnade oder auch von dem von der Kirche zu dem von den Sakramenten über, sie entwickeln die Lehre vom Sakrament des priesterlichen *ordo*, sie reden auch vom Lehramt der Kirche durchgehend so, als ob es so etwas wie Predigt als unentbehrliches und ernst zu nehmendes Gnadenmittel überhaupt nicht gebe. Was sie an der Predigt interessiert, und natürlich nur vorübergehend interessieren kann, sind juristische Fragen wie die nach den primären und sekundären Trägern legitimer kirchlicher Lehre, die Notwendigkeit besonderer *missio canonica* zum Predigen u. dgl.

So auch in den das „Lehramt" betreffenden Artikeln bei Josef Braun, Handlexikon d. kath. Dogm. 1926, S. 185 f., das über Predigt, Verkündigung usw. ganz stumm bleibt. Vgl. *C. jur. can. c. 1327/28*.

Daß die katholische Theologie in mehr praktisch gerichteten Schriften gelegentlich hohe und scheinbar auch dogmatisch relevante Töne über die Predigt finden kann, soll nicht verschwiegen sein.

Durch „Wort und Sakrament" baut der Priester den mystischen Leib des Herrn, die Kirche. „Durch dieses Wort der Predigt und in ihm lebt Christus mystisch fort, baut, breitet aus, erleuchtet, tröstet, begnadigt er fort und fort seine Kirche, setzt er fort durch alle Jahrhunderte sein Werk der Erlösung, speist er unsere Seelen durch das Brot der Wahrheit, wie er durch das eucharistische Brot den ganzen Menschen sich einverleibt. Und die Predigt hat keine andere Aufgabe, als dieses Wort von Gott in Menschensprache zu übersetzen, zu erklären und anzuwenden." Sie wirkt, indem sie selbst Gottes Wort wird. (Franz Hettinger, Timotheus. Briefe an einen jungen Theologen, 3. Aufl. 1909, S. 45, 48.) Man möchte wohl wissen dürfen, ob solche Sätze bloß als *pia opinio* (oder vielleicht doch als *propositio temeraria*?) eines Einzelnen zu beurteilen sind — oder warum sie andernfalls in den Lehrbüchern der katholischen Dogmatik keine Parallelen haben? Es gibt von demselben Verfasser eine Homiletik unter dem Titel „Aphorismen über Predigt und Prediger" 1888, in der man doch nach einer dogmatischen Begründung der Notwendigkeit der Predigt ebenfalls vergeblich sucht.

Solche gelegentliche Bejahung ändert nichts daran, daß die katholische Dogmatik selbst und auch die maßgebenden dogmatischen Äußerungen des kirchlichen Lehramts, die doch beide, wenn ihnen eine Sache wichtig ist, nicht eben wortkarg zu sein pflegen, an diesem Punkt sich in nahezu völliges Dunkel hüllen.

Das stärkste Wort für die Predigt, das sich in der Sammlung von Denzinger (Nr. 426) findet, ist ein konzessiver Satz in der *Professio fidei Waldensibus praescripta von 1208*, in welchem sie gerade noch als *valde necessaria et laudabilis* bezeichnet wird. Eine relativ bemerkenswerte Schätzung der Predigt findet sich in der *Praefatio* zum *Catech. Roman.* 1566. Sie scheint aber mit der zeitgeschichtlichen Notwendigkeit einer wirksamen Abwehr des Protestantismus (*Qu.* 5—7!) sehr nahe zusammenzuhängen und der dogmatische Gehalt ist doch auch in diesem Text jedenfalls hinsichtlich des Zusammenhangs von Predigt, Glaube und Gnade nicht erheblich.

Und ebensowenig kann der Umstand, daß die allsonntägliche Predigt für den katholischen Gemeindepfarrer Vorschrift ist, und die Tatsache, daß die katholische Kirche in alter und neuer Zeit mehr als einen hervorragenden Prediger hervorgebracht hat, etwas daran ändern, daß diese Funktion auch in ihrer Praxis in eine merkwürdige Abseitsstellung gedrängt ist: Äußerlich dadurch, daß der Meßgottesdienst auch ohne sie vollständig sein kann.

Der liturgische Ort der Predigt ist die sog. Vormesse (die alte *missa catechumenorum*), deren organischen Mittelpunkt heute die (lateinische) Lesung des „Evangeliums" bildet. Pius Bihlmeyer O. S. B. macht zu der betr. Stelle (Das vollständige römische Meßbuch, 3. Aufl. 1930, S. 533) folgende Bemerkungen: „Nun spricht Christus zu uns durch sein Wort oder durch seine Wunder und Erlösungstaten. Derselbe liebevolle, wundermächtige Heiland wird beim heiligen Opfer selbst erscheinen, um geheimnisvoll an uns (!) zu vollbringen, was er nach dem Berichte des Evangeliums an andern (!) gewirkt hat. In diesem Glauben und Hoffen hören wir das Evangelium ... An das Evangelium schließt sich nach altem Brauch (!) oft (!) eine Predigt, in der die heiligen Gottesworte näher erklärt und als Richtschnur für unser Leben dargestellt werden." Man bedenke: Den Weg zu dieser Aktion bildete: 1. der *Introitus* mit *Kyrie*, 2. das christologische *Gloria*, 3. eine *Oratio* für den betr. Tag, 4. die Lesung der Epistel, 5. das *Graduale* mit oder ohne Tractus und Sequenz, 6. die schönen Gebete: *Munda cor meum ac labia mea, omnipotens Deus, qui labia Isaiae prophetae calculo mundasti ignito: ita me tua grata miseratione dignare mundare, ut sanctum Evangelium tuum digne valeam nuntiare. Per Christum Dominum nostrum. Amen. — Jube, Domine, benedicere. Dominus sit in corde meo et in labiis meis: ut digne et competenter annuntiem Evangelium suum. Amen.* Und auf jene Lesung mit oder ohne Predigt folgt (offenbar mehr sagend als Bihlmeyer): *Per evangelica dicta deleantur nostra delicta* und abschließend das nicäno-konstantinopolitanische *Credo*. Man kann sich des Eindrucks nicht erwehren, daß dieser gewaltige Aufbau zu der Dürftigkeit seines heutigen Mittelpunktes (lohnt es sich z. B., wegen einer bloßen Lesung Jes. 6 in Anspruch zu nehmen?) in keinem Verhältnis steht. Fehlt hier nicht gerade das, worauf alles hinzuweisen scheint: die Predigt als (jenseits der bloßen Lesung) eigentliche und notwendige *annuntiatio*? Aber auch und gerade die benediktinische Liturgiereform der Gegenwart scheint dieser liturgischen Uneigentlichkeit und Nichtnotwendigkeit der Predigt durchaus nicht entgegenzuwirken.

Innerlich zeigt sich jene Abseitsstellung der Predigt darin, daß sie sich über die Ebene apologetischer Belehrung und moralischer Ermahnung im Prinzip kaum erheben zu wollen, den Charakter einer der Feier des Sakraments an Ernst irgendwie ebenbürtigen eigentlichen Verkündigung im ganzen nicht in Anspruch zu nehmen scheint.

Vgl. die zitierten Worte von Bihlmeyer. *C. jur. can. c.* 1347, 1 gibt in bezug auf den Inhalt der Predigt folgendes an: *In sacris concionibus exponenda inprimis sunt, quae fideles credere et facere ad salutem oportet.*

Die Predigt ist im scharfen Unterschied zum Sakrament kein konstitutives Element im Begriff des katholischen Priestertums.

Jeder Priester hat, außer im Falle besonderen Dispenses, täglich seine Messe zu zelebrieren, dagegen kann man nach *Trid. Sess.* XXIII *De sacr. ordinis, can.* 1 sehr wohl Priester sein, ohne je zu predigen.

Das ist es, was man von der Stellung des Sakraments in der Theorie und Praxis der evangelischen Kirchen vielleicht mit Ausnahme gewisser Sekten unmöglich sagen könnte.

Wenn man diesen eigentümlichen Tatbestand auf der römisch-katholischen Seite und dann auch den Sinn und die Tragweite der evangelischen Antithese verstehen will, muß man sich vor allem klar machen, daß der Katholizismus — darin dem Modernismus nicht unähnlich — in jener Mitte des Lebens der Kirche, die wir mit dem Begriff „Verkündigung" bezeichnet haben, etwas ganz anderes als eben Verkündigung sich ereignen sieht. Verkündigung muß ja heißen: Wiederholung der göttlichen Verheißung. Auf Grund des Wortes, das Gott zu seiner Kirche gesprochen hat, wird in seiner Kirche durch Menschen hingewiesen auf das Wort, das Gott zu seiner Kirche sprechen will. Die Gegenwart Gottes ist dann Gottes Gnade, d. h. seine unergründlich freie jeweilige Tat, in der er sich zu jenem Hinweis bekennt und damit die Verheißung in doppeltem Sinn erfüllt: indem er ihre durch Menschen vollzogene Wiederholung zu einer wahren macht und indem er der verkündigten Verheißung entspricht durch das wirkliche neue Kommen seines Wortes. Die Gnade dieser doppelten Erfüllung widerfährt dann aber dem Menschen schlechterdings darin, daß er die Verheißung hört und ihr gehorsam wird. Sie widerfährt ihm allein im Glauben. So haben die Reformatoren jenes Ereignis in der Mitte des Lebens der Kirche verstanden. Sie haben es unter dem Begriff der Verkündigung verstanden, d. h. unter dem Begriff der durch menschliche Tat wiederholten *promissio*, weil sie die Gegenwart des heiligen Gottes unter den unheiligen Menschen nicht anders verstehen zu können meinten, denn als die Gnade des streng personalen freien Wortes Gottes, das in dem ebenfalls personalen freien Hören des Menschen zu seinem Ziele kommt, dem Hören des Glaubens, das sich seinerseits nur als Gnade verstehen kann. Diese Voraussetzung fehlt der römisch-katholischen Dogmatik. Auch sie nennt das Ereignis in der Mitte des Lebens der Kirche Gnade. Aber sie versteht unter Gnade nicht den Zusammenhang von Wort und Glaube, sondern den Zusammenhang zwischen einem göttlichen Sein als Ursache und einem göttlich-kreatürlichen Sein als Wirkung. Unter dem nötigen Vorbehalt darf man auch sagen: sie versteht darunter nicht ein geschichtliches, sondern ein physisches Ereignis. Darin sieht sie die Gegenwart Jesu Christi in seiner Kirche, die mystische Einheit des Hauptes mit dem ganzen Leibe: daß von Jesus Christus unter bestimmten Bedingungen ein stetiger ununterbrochener Einfluß göttlich-menschlichen Seins auf die Seinigen ausgeht.

Man wird gerade an dieser Stelle die innere Beziehung zwischen der römisch-katholischen und der modernistischen Auffassung kaum verkennen können. Die Behauptung einer Gemeinschaft von Gott und Mensch in Gestalt einer Wirkung jenseits des Gegenüber von göttlicher und menschlicher Person, jenseits des Aktes göttlicher und menschlicher Entscheidung ist beiden jedenfalls gemeinsam, wenn man sich auch vor Augen halten muß, daß diese synthetische Wirkung im Modernismus als vom Menschen, im Katholizismus dagegen als von Gott aus vollzogen gedacht wird. Aber was bedeutet hier (und nicht nur hier!) der Gegensatz von „anthropozentrischer" und „theozentrischer" Theologie? In der Abneigung gegen die Anerkennung einer letzten Notwendigkeit der Verkündigung treffen beide dennoch zusammen.

„Verkündigung" kann offenbar nicht die Bezeichnung dieses Ereignisses sein. Weder ist und bleibt hier die Gnade personales freies Wort Gottes, noch ist und bleibt sie hier hörender Glaube. Weder muß sie von Gott aus gerade Wort, noch muß sie im Menschen gerade Glaube sein. Weder braucht hier der Mensch zu lauschen auf ein schon gesprochenes, noch braucht er hier zu warten auf ein erst zu sprechendes Wort Gottes. Weder muß hier der Glaube die ergangene Verheißung ergreifen als von Gott ergangene, noch muß er hier einer noch ausstehenden Erfüllung harren. Weder wird hier eben in diesem Ergreifen und Harren die Seligkeit erkannt, noch das Gericht in einer Situation, die von diesem Ergreifen und Harren verschieden ist. Das alles kann offenbar nur als teils ungenügend, teils überflüssig, teils verkehrt gesagt beurteilt werden, wenn die Gnade von seiten des göttlichen Spenders wie auf seiten des menschlichen Empfängers eine Wirkung, ein Einfluß, ein nicht wesenhaft und nicht letztlich zwischen Person und Person, sondern sachlich, zwischen Gott als Gründer hier und den „Seinsgründen" der menschlichen Person dort verlaufendes Geschehen und Erleiden ist.

Es ist der protestantischen Polemik dringend zu empfehlen, das Wort „magisch" in diesem Zusammenhang nicht zu gebrauchen. Es gibt keine sinnvolle Definition des Begriffs „Magie", durch die die authentische katholische Auffassung von jenem seinshaften Geschehen wirklich getroffen wäre. — Vgl. zum Ganzen: Damasus Winzen, O. S. B. Die Sakramentenlehre der Kirche in ihrem Verhältnis zur dialektischen Theologie, Catholica 1932, S. 19f.

Wir stehen hier vor einer Urentscheidung. Wer in der Lage ist, eine Wirkung, einen Einfluß unpersönlichen Charakters als Gnade Jesu Christi zu interpretieren, für den versteht sich alles weitere von selbst. Natürlich muß das Sakrament unter dieser Voraussetzung das Eins und Alles werden: als Handlung im Unterschied zum gesprochenen Wort eignet es sich allerdings, wenn einmal „Einfluß" das sein soll, was zwischen Gott und Mensch in der Kirche stattfindet, zum Mittel und Kanal dieses Einflusses.

Natürlich muß dann die Bedeutung des Sakraments als ein *causare, continere et conferre gratiam (Conc. Florent.* 1438 *Decr. pro Arm.* Denz. Nr. 695) und seine Kraft als wirksam *ex opere operato*, d. h. als unabhängig von göttlicher Entscheidung und menschlichem Glauben — *Si quis dixerit, non dari gratiam per hujus modi sacramenta semper et omnibus, quantum est ex parte Dei, etiam si rite ea suscipiant, sed aliquando et aliquibus: A. S.* (Trid. Sess. VII Can. *de sacr in genere can.* 7) *S. q. d., per ipsa novae legis sacramenta ex opere operato non conferre gratiam, sed solam fidem divinae promissionis ad gratiam consequendam sufficere: A. S. (ib. can. 8)* — beschrieben werden.

Und natürlich muß nun die Predigt in jene eigentümliche Abseitsstellung geraten. Sie ist hier tatsächlich nicht wesensnotwendig, sondern sie kann nur neben dem Wesensnotwendigen hergehen als dessen vorläufige und beiläufige Erklärung und Einschärfung.

Gewiß weiß und betont auch die katholische Kirche (z. B. *Cat. Roman., Praef. qu.* 2): *fides ex auditu* (Röm. 10, 17), aber sie versteht den aus dem Hören des Wortes kommenden Glauben doch nur als die Vorbereitung für den Empfang der Gerechtigkeit vor Gott. *Disponuntur autem ad ipsam justitiam dum excitati divina gratia et adiuti, fidem ex auditu concipientes, libere moventur in Deum, credentes, vera esse, quae divinitus revelata et promissa sunt.* (*Trid. Sess.* VI, *cap.* 6).

Sie kann nicht Mittel der eigentlichen heiligmachenden Gnade, der *gratia gratum faciens*, sie kann nur Mittel einer vorbereitenden Gnade sein.

Wenn bei den Dogmatikern in der Lehre von der sog. „aktuellen" Gnade an bestimmter Stelle auch vom Hören die Rede ist, so ist es doch nur die als sehr vorläufig bezeichnete Gnade der *illustratio intellectus*, die unter diesem Gesichtspunkt zur Darstellung kommt (M. J. Scheeben, Handb. der kath. Dogm. 3. Bd. 1882, Neuaufl. 1925, S. 666; B. Bartmann, Lehrb. der Dogm. 7. Aufl. 2. Bd. 1929, S. 15).

Jenes würde ja heißen, daß die teils ungenügende, teils überflüssige, teils verkehrte Problematik wieder auflebt, die da unvermeidlich ist, wo es um das Wort und um sein Hören geht. Eben in dieser Problematik will aber die römisch-katholische Dogmatik das Ereignis in der Mitte des Lebens der Kirche nicht sehen und verstehen. Darum kann die Predigt für sie nicht anderswo als gerade am äußersten Rande kirchlichen Handelns ihren Ort haben. Darum kann die Predigt in der römisch-katholischen Praxis nur Belehrung und Ermahnung sein wollen. Nochmals: Wo man in der Lage ist, die Gnade Jesu Christi als ein *causare gratiam ex opere operato* zu verstehen, da geht das alles in Ordnung und kann gar nicht anders als eben in dieser Ordnung gehen.

Die Reformatoren aber sahen sich nicht in dieser Lage. Nicht als Ursache und Wirkung, sondern als Wort und Glauben meinten sie diese Gnade verstehen zu sollen und eben darum das repräsentative Ereignis in der Mitte des Lebens der Kirche als Verkündigung, als einen Akt, in dem es ums Reden und ums Hören geht, hinweisend darauf, daß es auch in dem Verkündigten selbst nicht um eine sachliche Beziehung, sondern um eine personale Begegnung geht. Von da aus mußte sich ihnen auch das Verhältnis von Predigt und Sakrament unter sich in einer ganz bestimmten Weise regeln. Sie konnten und durften zwar dem Sakrament nicht etwa die Stellung zuweisen, die nach der römisch-katholischen Dogmatik der Predigt zu kommt. Verkündigung des ein für allemal gelegten Grundes der Verheißung und darum Verkündigung in Form der symbolischen Handlung mußte für sie wesensnotwendig sein und bleiben. Aber diese Verkündigung setzt offenbar die andere, die Wiederholung der biblischen Verheißung als geschehend voraus. Um dieser willen muß jene sein und also das Sakrament um der Predigt willen und nicht umgekehrt. Also: Nicht das Sakrament allein, auch nicht die Predigt allein und wenn man exakt reden will, auch nicht einfach zweispurig: die Predigt und das Sakrament, sondern: die Predigt mit dem Sakrament, mit dem ihre menschliche Rede als göttliches Werk bestätigenden sichtbaren Handeln ist das konstitutive Element, die anschauliche Mitte des Lebens der Kirche. *A parte potiori*, aber eben nur *a parte potiori* verstanden, kann und muß man die evangelischen Kirchen, die lutherische so gut wie die reformierte, Kirchen der Predigt nennen.

Solchen glauben zu erlangen, hat Gott das predigampt eingesatzt, Euangelium und Sacramenta gegeben (Conf. Aug. Art. 5). Dan das worth bringt Christum yns volck und macht yn bekant yn yrem hertzen, das sie aus dem Sacrament nymmer meher vorstunden. Darumb ist es ein schwers wesen zu unsern tzeyten, das man vill messen helt und nur auff messze stifften eylet, und leyder das fuernemest, darumb die messzen seind eingesatzt, nach bleybt, das ist dye prediget. (Luther, Ausleg. deutsch d. Vaterunsers 1519, W. A. Bd. 2, S. 112, Z. 15.) Nu disse mißbreuch abtzuthun, ist auffs erst tzu wissen, das die Christlich gemeyne nymer soll zu samen komen, es werde denn da selbs Gottis wort gepredigt und gebett ... Darumb wo nicht gotts wort predigt wirt,

§ 3. Die kirchliche Verkündigung als Stoff der Dogmatik

ists besser, das man widder singe noch lesse, noch zu samen kome. . . . Es ist alles besser nach gelassen, denn das wort. Und ist nichts besser getrieben denn das wort. Denn das das selb sollt ym schwang unter den Christen gehen, tzeygt die gantze schrifft an, und Christus auch selb sagt, Luce 10 „Eyns ist von notten". Nemlich das Maria tzu Christus fussen sitze und hore seyn wort teglich, das ist das beste teyl, das zurwelen ist, und nymer weg genomen wirt. Es ist eyn ewig wort, das ander mus alles vergehen, wie viel es auch der Martha zuschaffen gibt. (Von Ordnung Gottesdiensts 1523, W. A. 12, S. 35, Z. 19 u. S. 37, Z. 29.) *Primum vero et summum omnium, in quo omnia pendent alia, est docere verbum dei. Nam verbo docemus, verbo consecramus, verbo ligamus et solvimus, verbo baptisamus, verbo sacrificamus, per verbum de omnibus iudicamus, ut cuicunque verbum cesserimus, huic plane nihil negare possumus, quod ad sacerdotem pertinet. (De instit. ministris Ecclesiae* 1523, W. A. 12, S. 180, Z. 5.) . . . Wo der Predigtstuhl liegt, und schnarchet, daß der die Worte nicht aufwecket und erkläret, so singet und lieset man es zwar wohl dahin, aber ohne allen Verstand (E. A. 1, 229, zwischen 1530—34). Darumb sollen wir wissen, daß Gott so geordnet hat, das niemand sol zur erkentnis Christi komen noch die vergebung durch yhn erwerben oder den heiligen geist empfahen on eußerlich offentlich mittel, Sondern hat solchen schatz ynn das mündliche wort odder predigampt gefasset und wils nicht ym winckel odder heimlich ym hertzen ausrichten, sondern offentlich unter die leut ausgeschryen und ausgeteilt haben, wie Christus befihlt „Gehet hin ynn alle welt und predigt das Euangelion allen creaturn" . . . (Predigt über Matth. 9, 1 f., 1529 W. A. 29, S. 579, Z. 25.) *Est itaque Benedicere: praedicare et docere verbum Evangelii confiteri Christum et cognitionem ipsius propagare in alios. Et hoc sacerdotale officium est et iuge sacrificium Ecclesiae in novo Testamento, quae benedictionem illam distribuit praedicando, administrando sacramenta, absolvendo, consolando et tractando verbum gratiae* (Komm. zu Gal. 3, 9, 1535, W. A. Bd. 40, 1 S. 387, Z. 21). *Ecclesia nihil facere debet, quam recte et pure docere Evangelium atque ita generare liberos* (zu Gal. 4, 27 S. 664 Z. 27). Denn der aller gröste, heiligste, nötigste, höchste Gottesdienst, wilchen Gott ym ersten, und andern gebot, als, das gröste hat gefoddert, ist Gottes wort predigen, Denn das Predigampt, ist das höchste ampt ynn der kirchen, Wo nu der Gottesdienst ausgelassen wird, wie kan da erkenntnis Gottes, die lere Christi, odder das Evangelium sein? (Melanchthon, Apologie ,C. R. 28, 220). Calvin nannte die Predigt (*doctrina*) die *anima ecclesiae* (*Instit.* IV 12, 1, vgl. *Suppl. Exhort.* 1543, C. R. 6, 459) oder die *mater ex qua nos Deus generat* (Komm. z. Gal. 4, 24, C. R. 50, 237) und hat sich in seinem großen Brief an den Herzog von Somerset (Okt. 1548 C. R. 13, 70 f.) ausführlich dahin geäußert, bloße Lektionen könnten die *prédication vive* nicht ersetzen und die Möglichkeit subjektiver Ausschreitungen der Prediger, mit der dabei allerdings zu rechnen sei, dürfe hier keinen Hinderungsgrund bilden: *Tous les dangers quon peult craindre ne doibvent empescher que l'Esprit de Dieu nayt sa liberte et son cours en ceulx ausquelz il a distribue de ses graces pour edifier l'Eglise.* Denn: . . . *de dire que nous puissions avoir dévotion, soit à prière, soit à cérémonie sans y rien entendre c'est une grand moquerie: combien qu'il se dict communement. Ce n'est pas une chose morte ne brutifve, que bonne affection envers Dieu: mais est un mouvement vif, procedant du sainct Esprit quand le coeur est droictement touché, et l'entendement illuminé. . . . il n'y a nulle edification: sinon où il y a doctrine. (Forme des Prières* 1542, *Epistre au Lecteur, C. R.* 6, 165 f.). — Es ist demgegenüber schlechterdings als theologische Unbesonnenheit und Willkür zu bezeichnen, wenn gewisse Lutheraner des 19. Jahrhunderts (Klaus Harms, Vilmar, Löhe) es sich glaubten leisten zu dürfen, unter mehr oder weniger deutlicher Diskreditierung der Predigt „Altar" und „Altarsakrament" nun doch wieder als das Zentrum des kirchlichen Handelns auszurufen. Man höre dagegen das Votum des wohl einwandfrei lutherischen Hermann Bezzel: „Wie verhält sich Wort und Sakrament zueinander?... Das Wort ist das erste gewesen und wird das erste bleiben. Es heißt nicht: Himmel und Erde werden vergehen, aber meine Sakramente vergehen nicht, sondern es heißt: Aber meine Worte vergehen nicht. Und gerade, weil bei uns leicht eine Überschätzung der Sakramente um deswillen eintreten kann, weil man von ihnen eine magische Wirkung erwartet, ist es not, daß man den nüchternen evangelischen Begriff zwischen beiden betrachtet. Das Wort ist das primäre. Es gibt wohl Wort ohne Sakrament, niemals aber Sakrament ohne Wort. Das Wort ist das erste. Wort hat es gegeben, ehe Sakrament war. Das Wort steht allein, das Sakrament kann nie allein stehen. Das Wort ist Gottes ursprüngliches Wesen, das Sakrament ist erst durch unsere Not erweckt. Das Wort wird nach unserer Not bleiben, das Sakrament wird nach unserer Not verschwinden. Dieses vorausgeschickt, muß ich sagen: das Wort ist das hörbare Sakrament und das Sakrament ist das sichtbare Wort. Das Wort war vor dem Sakrament und besteht ohne Sakrament, es wird auch nachher noch bestehen." (Johannes Rupprecht, Hermann Bezzel als Theologe, 1925, S. 369.)

2. DOGMATIK UND KIRCHLICHE VERKÜNDIGUNG

Der Anspruch, mit dem die kirchliche Verkündigung auftritt, die Erwartung, von der sie umgeben ist, darf nicht darüber täuschen: sie ist immer und sie wird immer auch sein — Menschenwort. Sie ist auch mehr, sie ist auch etwas ganz anderes als das. Sie ist, nämlich wann und wo es Gott gefällt, Gottes eigenes Wort. Auf die Verheißung dieses göttlichen Wohlgefallens hin wird sie im Gehorsam gewagt. Auf sie bezieht sich jener Anspruch und jene Erwartung. Verkündigung hört aber als Predigt wie als Sakrament nicht auf Repräsentation, menschlicher Dienst zu sein.

Deßhalp wir ouch bekennend, das die diener der kilchen mitarbeyter gottes syen, als sy der heilig paulus nent ... doch mit disem anhang und verstand, das wir ynn dem allem alle würckung und krafft dem Herrn got allein, dem diener aber das zudienen, zuschriben, dann gwüss jsts, das dise krafft und würckung keiner Creatur niemerme angebunden sol noch mag werden, sonder gott der teylt sy us nach sinem frygen willen denen, denen er wil (*Conf. Helv. prior* 1536 art. 15).

Und sofern sie dies ist, ist sie kein unanfechtbares, kein in seinem rechten Sinn gesichertes Tun, unterliegt sie vielmehr wie alles menschliche Tun der Frage nach ihrer Verantwortlichkeit. Diese Frage kann nun freilich so gestellt sein, daß sie abzuweisen ist. Die kirchliche Verkündigung darf sich z. B., auf ihren Inhalt gesehen, nicht fragen lassen, ob sie sich denn auch mit der Eigenart und den Interessen einer Rasse, eines Volkes, einer Nation, eines Staates vertrage. Sie kann sich nicht fragen lassen nach ihrer Übereinstimmung mit den Erfordernissen dieser und jener wissenschaftlichen oder ästhetischen Zeitbildung. Sie kann sich nicht fragen lassen, ob sie denn auch zur Erhaltung oder vielleicht auch zum Umsturz dieser oder jener Form der Gesellschaft oder Wirtschaft das Nötige beitrage. Eine Verkündigung, die nach diesen und ähnlichen Seiten Verantwortungen übernimmt, bedeutet Verrat an der Kirche und an Christus selber. Ihr geschieht nur ihr Recht, wenn ihr früher oder später durch irgendeine feine oder brutale Gottlosigkeit der Mund gestopft wird. Viel besser gar keine als solche Verkündigung. Gerade um ihrer wirklichen Verantwortlichkeit willen muß die kirchliche Verkündigung nach allen übrigen Seiten unbedingt frei sein. Ihre wirkliche Verantwortlichkeit ergibt sich aber aus ihrer Intention,

Verkündigung des Wortes Gottes zu sein. Eben der Anspruch, mit dem sie auftritt, und eben die Erwartung, von der sie umgeben ist, weisen auch hin auf die kritische Instanz, von der her sie sich fragen lassen muß, von der her gesehen es je und je richtig oder nicht richtig um sie bestellt ist. Und weil es sich in der Verkündigung insofern um die Mitte des Lebens der Kirche handelt, als sie ja die Repräsentation des göttlichen Aufrufs sein will, auf den alle anderen Elemente des Lebens der Kirche zu antworten haben, so ist zu sagen: Mit und in der Verkündigung ist die Kirche selbst und überhaupt von jener kritischen Instanz her je und je gefragt nach der Wahrheit ihres Daseins als Kirche.

Est autem Ecclesia congregatio sanctorum, in qua Evangelium recte docetur et recte administrantur sacramenta (Conf. Aug. art. 7). Das *docere Evangelium* und das *administrare sacramenta* vollzieht sich also unter Voraussetzung einer in diesem Tun vorausgesetzten und anzustrebenden *puritos* und *rectitudo,* einer über die Richtigkeit dieses Tuns entscheidenden Norm. Und diese *rectitudo* der Lehre und des Sakraments entscheidet dann zugleich darüber, ob die Kirche hier und jetzt Kirche, *ecclesia, congregatio sanctorum* wirklich ist.

Also gerade von ihrem Ursprung und Grund, gerade vom Sein der Kirche her ist die kirchliche Verkündigung und mit ihr die Kirche selbst wirklich angefochten und in Frage gestellt. Keine andere etwa vorkommende Anfechtung darf die Kirche auch nur von ferne so bedrängen wie diese. In dem Maß, als sie hier wirklich bedrängt ist, wird sie gegenüber allen anderen Anfechtungen fröhlichen Mutes sein dürfen und müssen. Die Bedrängnis dieser Frage wird aber immer eine doppelte, nämlich eine der Vergangenheit und eine der Zukunft zugewandte Seite haben: Was war das, was da gestern christliche Verkündigung sein wollte? Und was wird das sein, was da morgen aufs neue mit diesem Anspruch und umgeben von dieser Erwartung auftreten wird? In die Mitte zwischen diesem Gestern und Morgen, beide zugleich angehend, das Gestrige nachträglich und das Morgige im voraus anfechtend, das Gestrige kritisierend, um das Morgige zu korrigieren, trifft die Frage nach der Verantwortung, um die es hier geht. Weil es Gottes Dienst ist, was die kirchliche Verkündigung sein will, darum ist es Gott selbst und allein, der hier fragt und dem hier zu antworten ist. Gerade darum und so ist aber die Kirche mit dieser Verantwortlichkeit ernstlich und konkret belastet. Indem sie sich allen anderen Verantwortlichkeiten entziehen kann und soll, wird diese eine ganz brennend. Würde sie es nicht, würde sich die Kirche mit ihrer Verkündigung gerade Gott gegenüber in Sicherheit fühlen, dann müßten allerdings jene anderen Verantwortlichkeiten brennend werden, dann könnte und müßte es allerdings geschehen, daß aller Widerspruch, der von staatlichen, gesellschaftlichen, kulturellen und ähnlichen Gesichtspunkten her gegen die kirchliche Verkündigung erhoben wird, ohne in sich selber recht zu haben, der Kirche gegenüber recht bekäme und in seiner ganzen Unkirchlichkeit zu einer sehr notwendigen Kritik der Kirche würde.

2. Dogmatik und kirchliche Verkündigung

Das *Ad fontes*! der Humanisten am Anfang des 16. Jahrhunderts war gewiß an sich eine Angelegenheit eines theologisch leicht zu durchschauenden und bestimmt abzulehnenden Historismus. Die Entdeckung des freien schöpferischen Individuums, wie sie seit der Mitte desselben Jahrhunderts auf allen Gebieten immer mächtiger einsetzte, war an sich gewiß nichts anderes als ein Stück neu auflebenden Heidentums. Die Vernünftigkeit, mit der das 18. Jahrhundert die Probleme des Lebens besser als die Kirche meistern zu können gedachte, kennzeichnete sich selbst scharf genug, um als theologischer Irrtum durchaus einsichtig zu werden. Die eudämonistisch-rationalistischen Gedanken, in denen der moderne Sozialismus seinen geschichtlichen Ursprung und von denen her er bis heute sein geistiges Gesicht hat, können in der kirchlichen Verkündigung sicher keinen Raum haben. Der neue „Humanismus", der heute in Amerika gepredigt wird und der einige Aussicht hat, die Weltanschauung der nächsten Zukunft zu werden, verrät schon durch seine vollkommene Trottelhaftigkeit, daß er der Kirche gegenüber an sich in einer höchst unterlegenen Position ist. Und ebensowenig könnte man in den asiatischen Primitivitäten der bolschewistischen Ideologie eine der Verkündigung der Kirche innerlich auch nur von ferne gewachsene Konkurrenz erblicken. Aber das alles hätte doch nur dann kräftig gegolten und würde auch heute nur dann kräftig gelten, wenn für „Kirche" überall einzusetzen wäre: die ihrer eigenen Verantwortlichkeit in bezug auf ihre Verkündigung bewußte, von ihr schwer bedrückte, um sie ernstlich besorgte Kirche. Für eine unbesorgte, selbstsichere, in ihrem eigenen Zentrum unangefochtene Kirche waren und sind alle diese Gegner ernsthafte Gegner.

Die Kirche soll Gott fürchten und die Welt nicht fürchten. Aber nur wenn und indem sie Gott fürchtet, braucht sie die Welt nicht zu fürchten. Fürchtet sie Gott nicht, dann hilft es ihr auch nichts, sondern dann gefährdet es sie erst recht, wenn sie die Welt fürchtet, auf ihren Widerspruch hört und ihn in ihrer Haltung berücksichtigt, allerlei Verantwortlichkeiten ihm gegenüber übernimmt, so notwendig und berechtigt die Kritik auch sein mag, die sie von dorther treffen mag.

Es war der prophetische Denker und Prediger Hermann Kutter (1863—1931), der mit einer Kraft wie keiner neben ihm im letzten Menschenalter die Erkenntnis vertreten hat, daß der Machtbereich Gottes wahrlich größer ist als der Bereich der Kirche, und daß es Gott je und je gefiel und gefällt, seiner Kirche gerade in den Gestalten und Ereignissen des profanen Weltgeschehens warnend und tröstend entgegenzutreten. Kutter sagte das, vor allem in seinen älteren Büchern „Sie müssen" 1903, „Gerechtigkeit" 1905 und „Wir Pfarrer" 1907, im besonderen Blick auf die Sozialdemokratie der Vorkriegszeit. Zu der Theorie, daß die Kirche zum Sozialismus als zu einer vorlaufenden Erscheinung des Reiches Gottes Stellung zu nehmen habe, zum eigentlichen System des „religiösen Sozialismus" ist das, was bei Kutter als eine aktuelle Schau und Deutung der Zeichen der Zeit und in keiner Weise als ein Programm gemeint war, erst bei Leonhard Ragaz geworden. Nach dem Kriege hat dann P. Tillich, unverhältnismäßig viel blutleerer und abstrakter denkend als Kutter und Ragaz, an die Stelle des Sozialismus gleich die profane Kultur überhaupt gesetzt und diese mit dem Vorzeichen prophetischer Bedeutsamkeit versehene Profanität im allgemeinen der Kirche gegenüber als systematisches Prinzip aufgerichtet und geltend gemacht. — Zu dem Allem ist in unserem Zusammenhang folgendes zu sagen: Nehmen wir an, es habe seine Richtigkeit damit, daß gerade in der Gegenwart die Welt, und vielleicht im besonderen der Sozialismus, der Kirche etwas Entscheidendes zu sagen habe, so kann, wenn die notwendigste Kritik nicht die heilloseste Verführung bedeuten soll, der Ertrag dieser Begegnung kein anderer sein als der, daß die Kirche sich durch jene fremde, außerkirchliche Stimme, die Stimme Gottes in ihr erkennend, zu sich selber rufen, an die verheißungsvolle Not ihres besonderen Dienstes sich erinnern läßt. Auch die größte und demütigste und offenste Bereitschaft der Kirche, sich von der Welt etwas sagen zu lassen, könnte ja bedeuten, daß sie nun erst recht nicht daran denkt, ihre besondere Verantwortlichkeit ernster zu nehmen, sondern sich aufs neue zerstreuen läßt: wähnend, daß es ihr nur an Zeitbewußtsein, Aufgeschlossenheit und Aktivität gefehlt habe und wähnend, daß nun z. B. der Sinn für die soziale Not, die Fähigkeit zu radikalen sozialen Einsichten und Absichten, der Wille zur sozialen Tat ein Ersatz sein könne für die besorgte Konzentration auf ihr Eigenes, die sie vorher versäumt hatte. Geht es wirklich um prophetische Schau und Deutung des der Kirche von der Welt her direkt oder indirekt widerfahrenden Widerspruchs, ist es also der Spruch Gottes, den die Kirche in diesem Widerspruch zu erkennen meint, dann wird das, was sie ihm zu entnehmen hat, unter allen Umständen nur die Aufforderung zu dieser besorgten Konzentration auf ihr Eigenes, zur erneuten Unruhe hinsichtlich ihrer Treue gegen ihren Auftrag sein können und gerade nicht die Einladung zu einer zerstreuten Übernahme fremdartiger Verantwortlichkeiten. Es genügt nicht nur als Ertrag einer solchen Begegnung zwischen Kirche und Welt, sondern es ist ihr allein möglicher Ertrag, daß die Kirche die schlichte Frage nachher ernster nimmt als vorher: was heißt *pure docere Evangelium, recte administrare sacramenta?* Kutters Lehre wies im Unterschied zu der von Ragaz und Tillich in diese Richtung. Mehr kann man in diesem Zusammenhang auch von ihm nicht sagen. Es kann eine heilsame prophetische Konzentration und Ungeduld, es kann aber doch auch eine mehr rückwärts als vorwärts weisende Unmittelbarkeitsphilosophie gewesen sein, die ihn veranlaßte, in aller Theologie doch auch nur einen Versuch zu sehen, das Göttliche zu theoretisieren und zu säkularisieren statt unentwegt in ihm zu leben. Von Ragaz darf man, ohne ihm zu nahe zu treten, sagen, daß er sich mit dem Versuch, die Begegnung der Kirche mit dem Sozialismus in dieser Richtung ernst zu nehmen, nie aufmerksam und eingehend auseinandergesetzt hat, und daß er vielleicht überhaupt nicht in der Lage ist, ihn ruhig zu verstehen. Daß uns seine nervösen Angriffe (zuletzt in der von Georg Wünsch herausgegebenen Schrift „Reich Gottes, Marxismus, Nationalsozialismus" 1931, S. 1—65) Eindruck machen sollten, das darf er bei allem Respekt, den wir ihm nicht verweigern möchten, nicht verlangen. Tillich aber ist einerseits zu unverbesserlicher Geistesgeschichtler, zu sehr Erbe des liberaltheologischen Ressentiments gegen die Kirche geblieben und, wie es scheint, immer mehr geworden und hat sich andererseits zu sehr von der pseudoeschatologischen „Lage" der Jahre unmittelbar nach dem Krieg systematisch bestimmen und festlegen lassen, als daß ich seine Proteste gegen „das supranaturalistische Endstadium der dialektischen Bewegung in Barths Dogmatik" (Rel. Verwirklichung 1930, S. 20) interessant finden könnte. Beide, Ragaz (a. a. O. S. 53) und Tillich (a. a. O. S. 21), halten ihr Tun für Dynamik, das meine aber für Statik ... Was soll ich dazu sagen?

Die Furcht Gottes, die der Kirche not tut, kann aber nach Anweisung des Gleichnisses von den anvertrauten Pfunden nicht tatenlos, ihr Wissen um die Verantwortlichkeit ihrer Verkündigung kann kein theoretischer Vorbehalt sein. Ihre Anfechtung von Gott her verlangt nach einer menschlichen Entsprechung, d. h. aber nach menschlicher Besinnung und Untersuchung. Genügte ihre Verkündigung gestern ihrer Verantwortlichkeit? Wird sie ihr morgen genügen? Ist diese Frage der Kirche wirklich von Gott gestellt, dann muß sie ihr auch innerhalb des Bereichs der menschlichen Möglichkeiten begegnen, dringlich werden und zu schaffen geben. Dem Gebet, mit dem sie auf diese Anfechtung letztlich antwortet, muß als Vorletztes eine Arbeit zugeordnet sein: eine kritisch-korrigierend forschende Arbeit an der kirchlichen Verkündigung im Blick auf das göttliche Urteil, an das sie ja als das, was sie sein will, appelliert. Es kann sich bei dem, was die Kirche hier tun kann und soll, in keiner Weise darum handeln, daß sie mit ihrem Urteil an die Stelle dieses göttlichen Urteils treten will oder dieses göttliche Urteil vollstrecken zu können meint. Sie würde ja das Gericht Gottes, in dem sie steht, nicht ernst nehmen, wenn sie es mit dem, was sie tut, selbst an sich vollstrecken zu können meinen würde.

Die Abgrenzung, die hier nötig ist, ist selbstverständlich. Römisch-katholische Dogmatik weiß um eine Unfehlbarkeit der Kirche, des kirchlichen Lehramts im besonderen und des römischen Papstes im besondersten *in definienda doctrina de fide vel moribus* (*Conc. Vatic., sess.* IV, *Constit. dogm. de Eccl. Christi cap.* 4), die es ihr erlaubt und gebietet, die *doctrina (propositio) ecclesiae* (vgl. Bartmann, Lehrbuch der Dogm. 7. Aufl. 1. Bd. 1928 S. 33 f.) als eine *infallibilis et divina regula* (Thomas v. Aq., S. theol. II¹ qu. 6, art. 3) zu handhaben. *Doctrina ecclesiae = divina regula?* Heißt das nicht, daß die Kirche sich mit göttlichem Gericht selbst richten will? Wir können hier nur unsere schon gestellte Frage wiederholen: Inwiefern wird unter dieser Voraussetzung an der kirchlichen Verkündigung ernstlich gearbeitet? Inwiefern unterscheidet sich die Bemühung um sie unter dieser Voraussetzung von einem kommentierenden Überliefern längst und endgültig bekannter Ergebnisse? Und inwiefern ist, wenn diese Frage nicht zu klären ist, ein ernstliches Angefochtensein der kirchlichen Verkündigung als eines menschlichen Werkes anerkannt? Oder wenn eben dies nicht anerkannt sein sollte, mit welchem Rechte und mit welchem Mute?

Die Kirche kann ihre Verkündigung weder absolut in Frage stellen, noch auch absolut zurechtstellen. Sie kann sich nur darum bemühen zu sehen, inwiefern sie in Frage gestellt ist und inwiefern sie zurechtgestellt werden sollte. Sie kann an ihrem menschlichen Werk wiederum nur ein menschliches Werk der Kritik und Korrektur tun. Und weil dem so ist, wird sie fern sein von der Meinung, die Angefochtenheit ihrer Verkündigung, die ihr von Gott selbst bereitete Unruhe, los werden zu wollen oder zu können. Dieses Werk der Kritik und Korrektur ihrer Verkündigung kann von der Kirche im rechten Sinn nur unternommen werden im Wissen um die Unaufhebbarkeit der ihr bereiteten Unruhe, und sein Erfolg wird, wenn es wohl getan ist, immer auch der sein, ihr die ihr bereitete Unruhe nur noch viel klarer bewußt zu machen. Aber eben dieses menschliche Werk ist ihr offenbar mit der Verkündigung selbst befohlen. Der kirchlichen Verkündigung muß eine kirchliche Theologie, speziell die Dogmatik, gegenüber und an die Seite treten. Theologie und Dogmatik im besonderen ist im Unterschied zu allen zerstreuten Antworten auf unsachliche Fragen die konzentrierte Besorgnis und Bekümmerung der Kirche um ihre eigenste Verantwortung. Indem sie ihre Verkündigung zum Stoff der Dogmatik macht, tut sie, von der Verkündigung selbst und von dem Gebet um ihre Richtigkeit abgesehen, das Eine, was ihr nottut, das Einzige, was sie in bezug auf die anschauliche Mitte ihres Lebens als Kirche tun kann. Denn wie sollte es da nicht um das Eine gehen, was ihr not tut, wo es nicht nur um das gewiß auch ernst zu nehmende richtige Antworten auf den göttlichen Ruf geht wie in den übrigen Funktionen der Kirche, sondern um die richtige Repräsentation des göttlichen Rufes selber, also um Gottesdienst in diesem potenzierten Sinne des Begriffs? Und wie sollte eine ernsthafte Reflexionsarbeit auf dem Hintergrund biblischer Exegese und im Blick auf die Praxis der Predigt nicht wirklich das einzige sein, was in bezug auf dieses Eine (immer abgesehen vom Gebet) zu tun ist, zu tun aber auch tatsächlich möglich ist?

Wie katastrophal muß die Kirche sich selbst mißverstehen, wenn sie, unter welchem Vorwand immer, meinen kann, auf den gewiß auch wichtigen Feldern etwa der Gottesdienstreform oder der sozialen Arbeit oder der christlichen Pädagogik oder der Ordnung ihres Verhältnisses zu Staat und Gesellschaft oder der internationalen kirchlichen Verständigung irgend etwas Ernsthaftes unternehmen und ausrichten zu können, ohne daß gleichzeitig in bezug auf jene anschauliche Mitte ihres Lebens das Nötige und Mögliche getan wird: als ob es sich von selbst verstünde, als ob man getrost damit rechnen könnte, daß *evangelium pure docetur et recte administrantur sacramenta*! Als ob man das getrost Gott befehlen und unterdessen mit der vielleicht längst um ein falsches Zentrum rotierenden Peripherie des kirchlichen Kreises sich beschäftigen könnte! Als ob man sich gerade Gott befehlen dürfte ohne sich Sorge zu machen um das, was an diesem entscheidenden Punkt geschieht! Nochmals: wie katastrophal muß die Kirche sich selbst mißverstehen, wenn sie meinen kann, Theologie sei die Angelegenheit einiger dazu besonders bestellter Theoretiker, denen alle Übrigen als rüstig-getroste Männer der Praxis gelegentlich mit halbem Ohr zuhören dürften, um es sich ihrerseits zum Ruhmestitel zu machen „ganz untheologisch" den Forderungen des Tages („der Liebe") zu leben. Als ob diese Praktiker nicht selber fort und fort verkündigten oder doch redeten und schrieben und nach dem Recht dieses ihres Tuns wahrhaftig auch gefragt wären! Und als ob es etwas Praktischeres geben könnte, als dieser Frage ihren Lauf zu lassen, und das heißt dann eben: theologische, dogmatische Arbeit zu tun! Und nochmals: wie katastrophal muß die Kirche sich selbst mißverstehen, wenn sie wähnen kann, theologische Besinnung sei eine Angelegenheit ruhiger zur Kontemplation geeigneter und einladender Situationen und Zeiten, eine Art Friedensluxus, für den keine Zeit zu haben, nicht nur erlaubt sondern geboten sei, wenn die Verhältnisse wirklich ernst und aufregend werden. Als ob es gerade für eine auch äußerlich angefochtene Kirche eine dringendere Aufgabe geben könnte als die, sich nun erst recht innerlich zu konsolidieren und das heißt dann doch wohl, theologische Arbeit zu treiben! Als ob das Unternehmen der Verkündigung nicht bedeutete, daß die Kirche sich permanent im Ernstfall befindet! Und als ob Theologie anders recht getrieben werden könnte als eben im Blick auf diesen ständigen Ernstfall! Man täusche sich nicht: durch diese verkehrten Meinungen über die Theologie und die Dogmatik im besonderen entsteht und besteht für das Leben der Kirche ein dauernder und wachsender Ausfall, für den Kompensationen zu erhalten, man von den speziell in dieser Funktion Tätigen nicht erwarten kann. Die ganze Kirche muß eine ernsthafte Theologie ernsthaft wollen, wenn sie eine ernsthafte Theologie haben will.

Wir haben die Beziehung zwischen Dogmatik und Verkündigung nun noch von der anderen Seite in Erwägung zu ziehen. — Wenn wir die kirchliche Verkündigung als Stoff der Dogmatik bezeichnen, so ist damit folgendes gemeint: Kirchliche Verkündigung ist jedenfalls auch menschliche Rede von Gott. Und eben als menschliche Rede ist sie das konkrete Problem der Dogmatik, das *factum* und *faciendum*, auf das sich die Dogmatik als Wissenschaft bezieht. Ausgehend von der Frage, wie gestern in der Kirche von Gott geredet wurde, fragt die Dogmatik, wie dies mor-

2. Dogmatik und kirchliche Verkündigung

gen geschehen soll. Die Frage richtet sich zunächst und direkt an die mit der Aufgabe der Verkündigung Betrauten, indirekt, aber darum nicht weniger gewichtig, an die Kirche überhaupt, die für den richtigen Vollzug dieser Funktion wie für den aller anderen als Ganzes solidarisch verantwortlich ist. Nur ordnungsmäßig, aber nicht prinzipiell und also auch nicht ohne die Möglichkeit von Ausnahmen ist nach evangelischem Begriff die Funktion der Predigt und Sakramentsverwaltung gerade an den Stand der Theologen gebunden. Das bedeutet aber, daß es in Sachen der dogmatischen Frage auch für die Nicht-Theologen keinen prinzipiellen Dispens geben kann.

Der Luxus „ganz untheologischen", d. h. aber an der dogmatischen Frage unbeteiligten Denkens und Redens, den sich auch und gerade Theologen gerne und nicht ohne Eitelkeit auf solche Freiheit zu leisten pflegen, kann streng genommen nur in Form eines heimlichen vorübergehenden oder dauernden Kirchenaustritts wirklich stattfinden. Es ist die Freiheit, häretisch oder häretisierend zu faseln, die man da in Anspruch nimmt, wo man „ganz untheologisch" — theologisieren zu sollen und zu können meint. Für diese Freiheit ist in der Kirche kein Raum.

Die Möglichkeit der dogmatischen Frage, die Möglichkeit dogmatischer Kritik und Korrektur, ergibt sich aus dem Anspruch, mit dem die Rede von Gott in der Kirche auftritt, und aus der Erwartung, von der sie daselbst umgeben ist. Man müßte schon diesen Anspruch und diese Erwartung und damit die Kirche selbst leugnen, wenn man sich der dogmatischen Frage gegenüber ernstlich desinteressieren wollte. Die in der Kirche stattfindende Rede von Gott will als Verkündigung Wort Gottes sein. An diesem ihrem eigensten Kriterium wird sie in der Dogmatik gemessen. Es handelt sich bei dem Stoff der Dogmatik zunächst um eine Reihe von Wörtern, die mehr oder weniger konstant und betont in der ganzen Kirche, also diesseits und jenseits der kirchlichen Spaltungen, das sprachliche Material der Verkündigung zu bilden pflegen. Diese Wörter bekommen aber hier wie überall ihren Sinn durch die Verbindungen und Zusammenhänge, in denen sie verwendet werden. Kraft dieses jeweiligen Sinnes wird die Rede von Gott je zu einer bestimmten, charakteristischen Rede. In einer Fülle von derartigen Bestimmtheiten existiert sie nun jeweils für die Dogmatik, und die dogmatische Frage wird allgemein lauten, ob und inwiefern sie, d. h. also der Sinn, in dem jene Wörter in ihr verwendet werden, ihrer Absicht, Dienst am Worte Gottes zu sein, angemessen ist oder nicht. Die Verkündigung von gestern, mit deren Kritik die Dogmatik methodisch einsetzt, wäre also prinzipiell: die Summe der bisher vorgekommenen, durch den mit jenen Worten verknüpften Sinn verschieden bestimmten Versuche kirchlicher Verkündigung. Faktisch ist es nun doch nur ein sehr geringer Bruchteil dieser Summe, der, wo dogmatisch gearbeitet wird, als bekannt vorausgesetzt und also zum Gegenstand der Untersuchung gemacht werden kann. Aber auch innerhalb dieses bekannten Bruchteils können es wieder nur einige wenige, repräsentativ aus der Reihe der übrigen hervortretende Elemente sein, mit denen sich diese Arbeit beschäftigen kann. Endlich könnte es weder sachgemäß noch fruchtbar sein, wenn sich die Dogmatik etwa direkt auf die kirchliche Predigt, wie sie gestern, vorgestern und ehegestern gehalten worden ist, beziehen wollte. Sie wird sich vielmehr, um die Selbstprüfung der Kirche hinsichtlich dieser ihrer zentralen Funktion wirklich zu fördern, auf diejenige Form der Verkündigung von gestern beziehen, in der diese bereits geprüft, kritisiert und korrigiert vorliegt, d. h. aber auf die Ergebnisse der Geschichte der Dogmatik selber. Eben in ihrer bisherigen Dogmatik hat sich ja die Kirche maßgeblich darüber ausgesprochen, inwiefern sie die in ihr stattfindende Rede von Gott, gemessen am Kriterium des Wortes Gottes, als Verkündigung zu verstehen meine. Woraus sich ergibt, was man ohne Sentimentalitäten als Notwendigkeit verstehen muß: daß es sich in der Dogmatik entscheidend um ein Gespräch der Dogmatiker untereinander handelt, wobei unter den „Dogmatikern" natürlich nicht nur die dogmatischen Dozenten und Schriftsteller, sondern einfach und allgemein die von der dogmatischen Frage Betroffenen und Bewegten von heute und gestern zu verstehen sind. Schon in diesen Beschränkungen in bezug auf das vorausgesetzte *factum* verrät sich der wesentlich gymnastische Charakter der Dogmatik: sie kann schon als kritischer Rückblick auf das Gestern nur exemplifizierend, nicht umfassend und erschöpfend arbeiten. Er ergibt sich aber auch im Blick auf das angestrebte *faciendum*. Wiederum handelt es sich um jene Reihe von Wörtern, die das Material aller christlichen Verkündigung ausmachen, die nun, soweit dies als nötig eingesehen ist, auf Grund der vorangegangenen Kritik in veränderten Verbindungen und Zusammenhängen und also in einem neuen und hoffentlich besseren Sinn gebraucht werden sollen. Aber wie diese Korrektur der Rede von Gott je nur einen Bruchteil ihres bisherigen Bestandes betreffen kann, so wird nun auch nur ein Bruchteil dessen, was morgen in der Kirche von Gott geredet werden wird, als direkt korrigiert und es wird auch dieser Bruchteil nur als zunächst und bis auf weiteres korrigiert gelten dürfen. Die Selbstprüfung der Kirche hinsichtlich ihrer Verkündigung wird ja schon morgen mit der Verkündigung selbst weitergehen müssen. So wird die dogmatische Arbeit auch nach dieser Seite mehr als gymnastischen Charakter nicht in Anspruch nehmen können. Sie ist *pars pro toto*. Sie kann es — das kann schon jetzt gesagt werden — auf ein System christlicher Wahrheit nicht abgesehen haben. Das würde ja, von allem anderen abgesehen, bedeuten, daß sie die Totalität der geschehenen kirchlichen Verkündigung zu kritisieren und die Totalität einer korrigierten kirchlichen Verkündigung endgültig auf den Plan zu stellen vermöchte. Das vermag sie aber gerade nicht. Sie kann auch im Blick auf das Morgen nur exemplifizieren und sie kann nur bis auf bessere Belehrung und gerade nicht abschließend so und nicht anders exemplifizieren. An einem bestimmten Ausschnitt aus dem ganzen Kosmos der vergangenen und künftigen kirchlichen Verkündigung soll in der Dogmatik Kritik und Korrektur der Rede von Gott geübt, — es soll gelernt werden und es kann auch das in der Dogmatik gerade nur für den Bedarf des nächsten Tages geschehen. Damit verrät sich die Dogmatik eindeutig als eine Angelegenheit der Schule, deren Unterweisung die Wirklichkeit des Lebens in keiner Weise vorwegnehmen, sondern nur zur Begegnung mit dieser Wirklichkeit die nächste und nötigste Anleitung geben kann. Die kirchliche Verkündigung ist der Stoff der Dogmatik. Es wäre aber eine verhängnisvolle Verwechslung, wenn man auch das Umgekehrte sagen wollte: die Dogmatik sei der Stoff der kirchlichen Verkündigung.

Es ist ein bekannter und vielleicht unvermeidlicher Anfängerfehler predigender Studenten und Vikare, zu meinen, was sie zu verkünden hätten, müßten und könnten sie getrost dem von ihnen jeweils geschätzten dogmatischen Kollegheft oder Lehrbuch entnehmen. Wogegen umgekehrt ältere Prediger sich allzu getrost aus dem Bereich dieser kritischen Instanz zu entfernen pflegen.

Was zu verkündigen ist, das darf und kann man von der Dogmatik nicht zu hören erwarten. Was zu verkündigen ist, das muß je und je gefunden werden in der Mitte zwischen dem bestimmten Bibeltext im Zusammenhang der ganzen Bibel und der Gemeinde in der bestimmten Situation dieser und dieser Gegenwart. Dogmatik aber kann nur Anleitung sein zur rechten Überlegenheit und zur rechten Fügsamkeit, zur rechten Kühnheit und zur rechten Vorsicht für den Augenblick, wo es auf jenes Finden ankommen wird, Anleitung zur Orientierung zwischen den beiden andern Polen: dessen, was unter allen Umständen gesagt werden muß, und dessen, was unter keinen Umständen gesagt werden darf, kurz, Anleitung zu dem Akt des Wählens zwischen den verschiedenen Möglichkeiten, wie er für dieses menschliche Tun als menschliches Tun ebenso charakteristisch ist wie für alles andere — Anleitung unter dem Gesichtspunkt, daß es sich bei diesem Tun um die Verkündigung des Wortes Gottes handeln soll und daß es diesem seinem Sinn nach bestem menschlichen Wissen und Gewissen angemessen gestaltet werden sollte.

Die direkte Beziehung der Theologie bzw. der Dogmatik auf die Aufgabe der kirchlichen Verkündigung hat schon Augustin ausdrücklich vertreten: *ut non solum legendo alios . . . sed et aliis ipsi aperiendo proficiant* (*De doctr. chr. Prol.* 1 vgl. I, 1). Als eine Belehrung der kirchlichen Lehrer gaben sich in der Reformationszeit sowohl Luthers Großer Katechismus 1529, als auch der Berner Synodus 1532, als auch der Catechismus Romanus 1566. Daß es in der Dogmatik darum gehe, den Theologen *aptum reddere ad instituendum hominem ad salutem*, das sagen dann im alten Protestantismus bemerkenswerterweise gerade die Lutheraner J. Gerhard (*Loci theol.* 1610 Prooem. 26 u. 31), Quenstedt (*Theol. did. pol.* 1685 P. I *cap.* 1 sect. 2 qu. 2 ekth. 15), Baier (*Comp. Theol. pos.* 1686, Prol. 1, 1), Buddeus (*Instit. theol. dogm.* 1724 I 1, 28). Weiter war es bekanntlich kein anderer als Schleiermacher, der die praktische Aufgabe der Kirchenleitung geradezu zum konstitutiven Prinzip der theologischen Wissenschaft erhoben hat (Kurze Darstellung 1830 § 1—13). Ihm schließt sich sehr energisch der Marburger Vilmar an: „Sowie sich die Dogmatik aus dem Gebiete der Kirche entfernt, dient sie nicht mehr der Seligkeit, sondern der Wissenseitelkeit des Individuums. Die Dogmatik soll wissen, daß sie als ein Gegenstand der Vorbereitung für das geistliche Amt in dem Verhältnis der Schule zum wirklichen Leben stehe und daß auch ihr gesagt sei: *Non scholae sed vitae discimus*. Das Leben der Kirche steht über der Dogmatik." Bei Vilmar findet sich die für die hier vorgetragene Auffassung charakteristische Wendung, daß die Dogmatik „eigentlich *gymnasmata* für das Kirchenamt und dessen Träger" enthalte (Dogmatik 1. Teil 1874 S. 59). Gute Worte gegen die Meinung, als habe die Dogmatik dem praktizierenden Theologen Stoff für seine Predigten und Katechisationen zu bieten, fand Schleiermachers Schüler August Twesten (Vorlesungen über die Dogm. d. ev.-luth. Kirche 1. Bd. 1838 S. 82 f.): Sie gewähre ihm nicht einen unmittelbaren, wohl aber den desto wichtigeren mittelbaren Nutzen, daß sie seiner ganzen Wirksamkeit den „Charakter einer höheren Besonnenheit" aufpräge. „Was aber seinen Lehrberuf betrifft, so gewöhnt sie ihn, abgesehen von ihrem wohltätigen Einflusse auf Tiefe und Umfang seines religiösen Gedankenkreises, an eine Kritik, die nicht bloß, wie gewöhnlich, auf die Form, sondern auch auf den christlichen Gehalt seiner Vorträge und ihr Verhältnis zu den höchsten Aufgaben der praktischen Theologie überhaupt geht" (a. a. O. S. 85). Endlich ist das Verständnis der Dogmatik als „Schule", ihre Beziehung auf die „Leitung des kirchlichen Unterrichts" auch bezeichnend für die theologische Arbeit Albrecht Ritschls (Unterricht i. d. christl. Rel. 3. Aufl. 1886 § 87, Rechtfertigung und Versöhnung 2. Bd. 4. Aufl. 1900 S. 3 u. 13).

Unter „Verkündigung des Wortes Gottes" ist bei dem allem zunächst und entscheidend zu verstehen: die Predigt und die Sakramente, wobei es sich bei den letzteren, die ja als *verba visibilia* in Handlungen einer eigenen Ordnung angehören, ebenfalls nur um die sie begleitende mündliche Verkündigung, um die für den jeweiligen Sinn ihrer Verwaltung bezeichnende „Lehre" von den Sakramenten wird handeln können. Aber wir sahen, daß sich wohl die Aufgabe, aber nicht die Wirklichkeit der Verkündigung auf diese zwei Begriffe: Predigt und Sakrament zurückführen und beschränken läßt. Verkündigung können auch die anderen, die sakrifiziellen und überhaupt antwortenden Elemente des Lebens der Kirche sein. Und sofern nun doch auch in diesen anderen Funktionen der Kirche durch Menschen von Gott geredet wird, unterliegen auch sie der Frage, inwiefern dies recht geschieht. Daß das *factum* und *faciendum* des kirchlichen Jugendunterrichts mit in den Bereich der Dogmatik fallen muß, ergibt sich schon aus der Unvermeidlichkeit, mit der er je und je selber von der Belehrung zur Verkündigung wird übergehen müssen. Die dogmatische Frage kann aber auch in der Theologie selbst einerseits weder dem Exegeten noch andererseits dem praktischen Theologen erspart bleiben. Dem Exegeten nicht, weil ja auch seine noch so textgetreue Bibelerklärung auf alle Fälle ein Gewebe biblischen Zeddels und eines Einschlags von mitgebrachten eigenen Wortverbindungen und also Sinnmöglichkeiten darstellt, das, um als rechte Verkündigung in der Kirche auftreten zu dürfen, der Frage nach der Legitimität dieses Mitgebrachten nicht entzogen werden darf. Und die dogmatische Frage kann dem praktischen Theologen nicht erspart werden, weil auch die alleräußerlichste Frage in Bez. auf die Ausführung des Kirchendienstes in der Gegenwart je nach der Einsicht in das, was rechte Verkündigung ist oder nicht ist, sehr verschieden beantwortet werden kann. Weiter kann das, was in der Kirche gebetet und gesungen wird, durchaus nicht als dogmatisch belanglos betrachtet werden: Liturgie und Gesangbuch wollen auch unter dem Gesichtspunkt ernst genommen sein, daß ihr Inhalt in menschlichen Worten besteht und daß er auch als Verkündigung — und vielleicht als sehr verkehrte Verkündigung — wirksam sein kann.

Es ist eine wunderliche Sache, daß in den evangelischen Kirchen bei Agenden- und Gesangbuch-Revisionen alle möglichen Instanzen, nur nicht die dogmatische Wissenschaft als maßgebend zugezogen zu werden pflegen. Die Ergebnisse sind denn auch danach!

Aber es wird doch auch in der heute in den Vordergrund gerückten kirchlichen Sozialarbeit wahrlich nicht nur gehandelt, sondern auch allerlei geredet, und zwar nebenbei mit dem Anspruch der Verkündigung geredet: es wird anders geschehen, wenn dogmatische Besinnung dahintersteht, als wenn dies nicht der Fall ist. Wir haben aber weiter festgestellt, daß damit zu rechnen ist, daß Gott jeweils auch aus einem Außerhalb der uns jetzt bekannten oder sogar der jetzt wirklichen Kirche zu uns reden kann und insofern wird die Aufmerksamkeit der Dogmatik sich auch nicht durch die Mauern der Kirche einschränken lassen dürfen. Es wird freilich immer ein Wagnis, ein Abweichen von ihrer eigentlichen Linie bedeuten, wenn sie sich nun wirklich auf eine solche außerkirchliche Verkündigung des Wortes Gottes meint beziehen zu dürfen, oder wenn sie umgekehrt, statt, wie es ihres regelmäßigen Amtes ist, zur bekannten sichtbaren Kirche, zugleich zur Welt meint reden zu sollen.

Es wäre unsinnig, ihr dies etwa als Regel vorschreiben zu wollen! Dogmatik ist nun einmal keine allgemeine Gott-Welt-Gnosis.

Der einzelne Dogmatiker nimmt die Verantwortlichkeit des Propheten auf sich, wenn er dies tut! Es kann nicht geleugnet werden, daß er es vielleicht gelegentlich tun muß. Das normale und zentrale Faktum, auf das sich die Dogmatik bezieht, wird doch sehr schlicht die kirchliche Sonntagspredigt von gestern und morgen sein und bleiben. Die Kirche steht und fällt mit dieser ihr befohlenen Funktion. Sie hat allen Anlaß, die dogmatische Arbeit als Kritik und Korrektur dieser ihrer entscheidenden Funktion sehr ernst zu nehmen.

Dieser Problemstellung entsprechend ist nun noch zu interpretieren bzw. zurechtzustellen, was in alter und neuer Zeit über den Stoff der Dogmatik gesagt worden ist. Als Stoff der Dogmatik wird von Katholiken und Protestanten, Alten und Modernen in allerhand Varianten, angegeben: Gott und die göttlichen Dinge, oder: der Mensch in seinem Verhältnis zu Gott, oder Gottes Offenbarung in Christus, oder: der christliche Glaube, in neuerer Zeit wohl auch: das christliche Prinzip oder: das Wesen des Christentums. Kurz: der Gegenstand der christlichen Rede, die christliche Sache.

Dagegen ist insofern nichts einzuwenden, als die christliche Rede selbstverständlich als Rede von der christlichen Sache, und als, in dieser Indirektheit, in der Tat auch die christliche Sache selbst zum Stoff der Dogmatik wird. Es lohnt sich aber, die Indirektheit, in der dies allein geschehen kann, nicht aus den Augen zu verlieren. Folgende drei Gesichtspunkte sind hier zu beachten:

1. Die Notwendigkeit der Dogmatik ist eine andere als die der kirchlichen Verkündigung. Verkündigung muß sein als Vollstreckung des göttlichen Befehls an die Kirche. Dogmatik muß sein, weil Verkündigung fehlbares Menschenwerk ist. Das ist zweierlei. Das Verhältnis der Verkündigung zur christlichen Sache ist offenbar ein primäres, das der Dogmatik ein sekundäres. Das Gegebene, von dem die Dogmatik ausgeht, ist weder Gott noch die Offenbarung noch der Glaube. Von diesem Gegebenen geht die Verkündigung aus. Gewiß kann und soll auch Dogmatik Verkündigung sein und geht dann insofern auch von diesem Gegebenen aus. Sofern sie nun doch eine eigene Funktion hat, die mit der der Verkündigung nicht zusammenfällt, ist ihr Gegebenes ein anderes, nämlich die fragwürdige Tatsache, daß in der Verkündigung durch Menschen von Gott, Offenbarung, Glaube menschlich geredet wird — fragwürdig, weil es sich nicht von selbst versteht, daß dies in Wahrheit und Reinheit geschieht und weil sich die Kirche der Verantwortung dafür, daß es in Wahrheit und Reinheit geschehen sollte, nicht entziehen kann. Dogmatik dient der Predigt, indem sie diese Frage aufwirft. Sie prüft die „Orthodoxie" des jeweiligen Kerygma. Wie denn auch das konkrete Dogma nichts anderes ist als durch die Kirche geprüftes, vorläufig bereinigtes, auf eine bestimmte „rechte" Formel gebrachtes Kerygma. Man darf von der Dogmatik nicht mehr erwarten, als sie *qua* Dogmatik leisten kann. Und man darf sich in der Dogmatik an vielem nicht stoßen, was ihr *qua* Dogmatik nun einmal eigentümlich ist.

Z. B. die *rabies theologorum*, der im Himmel nicht mehr zu begegnen Melanchthon sich so freute.

Sie will nicht positive, erweckliche und erbauliche Darbietung, ja sie will nicht einmal im selben Sinn wie die Predigt belehrende Darstellung sein. Sie handelt von Gott, Offenbarung, Glauben nur im Blick auf ihren Reflex in der Verkündigung. Sie ist auch, indem sie darstellt, Untersuchung und Polemik, Kritik und Korrektur.

Ihre Aufgabe ist ἐπικόψαι τὰς τῆς πλάνης ὁδούς, ἵνα μίαν ὁδὸν βασιλικὴν ὁδεύσωμεν (Cyrill v. Jerus., Katech. 16, 5). „Die kirchlichen Lehrbestimmungen sind nur das Geländer, welches nach beiden Seiten vor dem Sturz in den Abgrund bewahrt, wie die Tonnen, welche das richtige Fahrwasser abstecken (Fr. Ad. Philippi, Kirchl. Glaubenslehre 1854 f. 2. Bd. S. 150).

Man erspart sich viel unnötige Enttäuschungen in bezug auf die Form und die Ergebnisse der Dogmatik, wenn man sich dies nüchtern vor Augen hält.

2. Die Dogmatik **dient** der kirchlichen Verkündigung. Man darf ihr Verhältnis zu dieser in Parallele setzen zu dem, was in der alten Kirche *Pistis* und *Gnosis* und seit Augustin *credere* und *intelligere* genannt wurde, sofern unter *Pistis* bzw. *credere* die einfache, der gehörten Botschaft unreflektiert entsprechenwollende Wieder- und Weitergabe ihres Inhalts, unter *Gnosis* bzw. *intelligere* die wissenschaftliche Untersuchung dieser Entsprechung verstanden werden darf. Man wird aber bei dieser Gegenüberstellung drei Vorbehalte geltend machen müssen, die schon in der alten Kirche nicht immer beachtet worden sind und deren Nichtbeachtung noch heute in die Irre führen kann.

a) Dogmatik bedeutet der kirchlichen Verkündigung gegenüber eine andere Art und Funktion, aber in keiner Weise eine höhere Stufe des Glaubens und seiner Erkenntnis.

Es war bekanntlich eines der Ergebnisse der Auseinandersetzung mit dem alten Gnostizismus, daß die Kirche eine Aristokratie der wissenschaftlichen Theologen in ihrer Mitte ablehnte. Aber es handelt sich hier um einen Gedanken, der so nahe liegt, daß er praktisch immer wieder zur Versuchung werden kann.

Wir haben uns sehr klar zu machen: die einfachste Evangeliumsverkündigung kann im uneingeschränktesten Sinn Verkündigung der Wahrheit sein und dem einfältigsten Hörer diese Wahrheit vollgültig vermitteln, wenn es Gottes Wille ist. Die Dogmatik ist nicht etwa die Kunst gewisser geistlich besser Situierter, das Privileg eines esoterischen Christentums, der Wahrheit noch besser habhaft zu werden, als wie sie Gott in seiner Kirche allem Volk verkündigen läßt. Indem sich der Dogmatiker bemüht um die Verbesserung dessen, was der **Mensch** hier tut, ist er weder als Glaubender noch als Wissender besser dran als irgendein Glied der Kirche in bezug auf das, was **Gott** hier tut.

b) Dogmatik kann nämlich der kirchlichen Verkündigung gegenüber nicht auf eine höhere, bessere Quelle der Erkenntnis rekurrieren, die etwa darin zu suchen wäre, daß erst in ihr das christliche Denken anfinge oder daß in ihr genauer, umfassender und tiefer gedacht würde als in der einfachen Predigt. Es ist nicht so, daß der Versuch Gott, Offenbarung, Glauben menschlich zu denken, erst in der Dogmatik anfinge, sondern durchaus schon in der Verkündigung selbst, sofern sie und so gewiß sie menschliche Rede ist und im Hören der Verkündigung, sofern es ein menschliches Hören ist, wird dieser Versuch unternommen, und es ist auch durchaus nicht abzusehen, warum er nicht auch schon hier in Form eines genauen, umfassenden und tiefen Denkens unternommen werden sollte und könnte.

Paul Althaus schreibt: „Theologie bedeutet den Vollzug des Glaubensaktes in der Sphäre des Denkens. Der Glaube soll die Welt überwinden. Die Theologie ist das Ringen um Überwindung der Welt der Geister und Gedanken. Die Theologen vollziehen damit die Besinnung ... als Dienst an der ganzen Gemeinde, also gleichsam in stellvertretendem Denken" (Evangelium und Leben 1927 S. 26 f.). Trotz und angesichts dieser Näherbestimmung: sollte der Theologie nicht zuviel zugeschrieben sein, wenn zum Ziel gerade ihres „Ringens" das gemacht wird, was doch nur dem Glauben als solchem (der dann auch der Glaube eines „Laien" sein kann) verheißen ist?

Geschweige denn, daß mit der Einführung der kritischen Reflexion, die die Dogmatik nun allerdings von der Verkündigung unterscheidet, eine höhere Erkenntnisnorm an Stelle derjenigen der Verkündigung gesetzt würde. Hier droht natürlich ständig der Einbruch irgendeiner Philosophie, die dann *in concreto* den Anspruch erheben wird, jene höhere Erkenntnisquelle zu bedeuten. Denn woher sollte jenes kritisch reflektierende Denken seine Art und seine Norm haben, wenn nicht aus der menschlichen Vernunft und also *in concreto* aus irgendeiner Philosophie? Hier muß denn auch immer wieder die Einsicht Platz greifen, daß das kritisch reflektierende Denken, so gewiß es das Denken menschlicher Vernunft ist und welche Farbe welcher Philosophie es immer an sich tragen möge, in Beziehung zu dem Gegenstand der Verkündigung der Kirche zu setzen und daß sein Vollzug nicht von seinem menschlichen Ursprung und Wesen, sondern von seinem göttlichen Gegenstand her zu bestimmen ist.

Das *credo ut intelligam* bei Anselm von Canterbury (Prosl. 1) bedeutet gerade nicht den Übergang vom Glauben zu einem anderen Genus, sondern ein αἰχμαλωτίζειν πᾶν νόημα εἰς τὴν ὑπακοὴν τοῦ Χριστοῦ (2. Kor. 10, 5).

Es steht nicht in unserer Macht, jenen Einbruch der Philosophie in die Dogmatik faktisch abzuwehren. Es steht auch nicht in unserer Macht, dem kritisch reflektierenden menschlichen Denken jene Beziehung auf den göttlichen Gegenstand und jene Bestimmtheit durch ihn faktisch zu geben. Es steht aber wohl in unserer Macht, uns die Notwendigkeit jener Beziehung und Bestimmtheit vor Augen zu halten und also keiner Philosophie das Recht zu diesem Einbruch zuzugestehen, keinen immanenten Ordnungen des kritisch reflektierenden Denkens, keinem Verlangen des menschlichen Denkbedürfnisses, sondern allein dem Bedürfnis des hier in Frage stehenden Gegenstandes das letzte Wort zu geben. Wir können wenigstens wissen, daß die Dogmatik nur nach einer Seite unbedingt offen und gehorsam sein darf, und daß sie diese eine Seite mit der Verkündigung der Kirche und nicht mit irgendeiner Philosophie gemeinsam hat.

c) Dogmatik kann also der kirchlichen Verkündigung gegenüber nicht Selbstzweck sein wollen. Es verhält sich nicht so, daß Gott, Offenbarung, Glaube der Verkündigung gegeben wäre und dann abseits davon und irgendwie anders auch noch der Dogmatik. Sondern das alles ist der Kirche gegeben, und zwar nicht zur Betrachtung, sondern eben zur Verkündigung gegeben und nur insofern dann auch der

Dogmatik als Voraussetzung ihrer Prüfung des menschlichen Werks dieser Verkündigung. Es ist der Kirche gegeben, nämlich als ihr Sein, ihr sie schaffendes und begründendes Lebensprinzip, aber eben darum nicht als ein Seiendes, das Gegenstand einer von ihrem Handeln sich entfernenden, selbständigen Theorie, Gnosis, Spekulation werden könnte, sondern als die göttliche Handlung, mit der die Kirche sich selber handelnd auseinandersetzen muß. Dieses ihr menschliches Handeln ist aber eben primär die Verkündigung und etwas anderes als deren richtiger Vollzug kann der Zweck der Dogmatik nicht sein. Sie hat als kritische Theorie, Gnosis oder Spekulation genau nur insofern Raum und Recht, als sie diesem Zwecke dient.

Die altprotestantische Dogmatik hat sich in dem Gegensatz zwischen Thomas v. Aquino und Duns Scotus in der Frage, ob die Theologie eine *scientia speculativa* oder *practica* sei, mit zunehmender Entschiedenheit auf die Seite des Duns Scotus gestellt. Der Vorgang, auf den wir noch zurückkommen werden, ist zweideutig. Er hatte seinen Grund einerseits sicher in dem hereinbrechenden Religionismus der Neuzeit und seinem Nichtmehrwissen um die Gegenständlichkeit Gottes, andererseits doch auch in einer gesunden Abkehr von einem abstrakten und im Grunde unkirchlichen Beschauen und Bereden Gottes, von jener reinen in sich selbst kreisenden theologischen Spekulation, wie sie in den berühmten Schriften des Pseudo-Dionys klassische Gestalt gewonnen hatte, in der mittelalterlichen Mönchsscholastik, aber auch bei den protestantischen Orthodoxen selbst mächtig genug nachwirkte und uns in gewissen Partien der römisch-katholischen Dogmatik noch heute begegnet. Es bedeutet eine Anerkennung der der katholischen Dogmatik von dieser Seite drohenden Gefahr, wenn B. Bartmann in seinem Lehrbuch vielen (lange nicht allen!) seiner Paragraphen einen letzten besonderen Abschnitt unter dem Titel „Lebenswerte" (nämlich des betr. dogmatischen Themas) beigibt, wenn auch das Problem so einfach nun doch nicht zu lösen sein dürfte! Die Parole vom praktischen Charakter der Theologie konnte die Erkenntnis bedeuten: die Kirche ist keine Akademie und es gibt auch keine akademische Ecke in der Kirche. *Semper cogitandum est, Filium Dei non ob eam causam prodidisse ex arcana sede aeterni Patris, et revelasse doctrinam coelestem, ut seminaria spargeret disputationum, quibus ostendandi ingenii causa luderetur, sed potius ut homines de vera Dei agnitione et omnibus iis quae ad aeternam salutem consequendam necessaria sunt, erudirentur* (M. Chemnitz, *Loci theol.* ed. 1590, *Hypomnemata* 9).

Zusammengefaßt: Weil Dogmatik weder eine höhere christliche Lebensmöglichkeit bedeutet, noch einen selbständigen Erkenntnisgrund geltend machen, noch als Theorie eine selbständige Rolle und Bedeutung in Anspruch nehmen darf, darum ist für sie die christliche Sache nicht anderswie da, als wie sie eben in der christlichen Verkündigung da ist.

3. Der Gegenstand der kirchlichen Verkündigung: die christliche Sache fordert Dogmatik, sofern ihre Verkündigung ein verantwortliches Tun und sofern Dogmatik eben der Versuch dieser Verantwortung gegenüber dem Gegenstand der Verkündigung ist. Es ist aber in keiner Weise so, daß die Kirche in der Dogmatik sozusagen Herr und Richter der christlichen Sache würde, so daß die jeweiligen Ergebnisse der Dogmatik als ein Gott, seiner Offenbarung und dem Glauben sozusagen auferlegtes Gesetz zu gelten hätten. Die Dogmatik hat zu untersuchen und jeweils

wieder einmal festzustellen, wie von Gott, Offenbarung, Glauben am besten zu reden ist, sofern menschliche Rede von diesen Dingen als kirchliche Verkündigung gelten soll. Sie darf aber nicht meinen, feststellen zu können, was Gott, Offenbarung, Glaube an sich sind. Sie hat sich bei ihren Untersuchungen wie bei ihren Feststellungen vor Augen zu halten, daß Gott im Himmel, sie aber auf Erden ist, daß Gott, seine Offenbarung und der Glaube allem menschlichen Reden und so auch dem der besten Dogmatik gegenüber immer wieder sein eigenes freies Leben lebt. Wenn wir alles wieder einmal überlegt und zurechtgestellt und besser formuliert haben, wie wir es der christlichen Sache hinsichtlich des menschlichen Redens davon schuldig sind — und wenn dann unsere Ergebnisse sogar zum kirchlichen Bekenntnis und Dogma erhoben werden sollten, dann sollen wir sprechen: wir sind unnütze Knechte! und in keinem Sinn meinen, der Sache auch nur im geringsten Meister geworden zu sein.

In den berühmten Eingangsworten des sog. Athanasianischen Symbols tritt die Dogmatik bzw. das Dogma mit folgendem Anspruch auf: *Quicumque vult salvus esse, ante omnia opus est, ut teneat catholicam fidem, quam nisi quisque integram inviolatamque servaverit, absque dubio in aeternum peribit.* Das geht zu weit. Eine solche Fixierung des seligmachenden Glaubens durch ein menschliches und insofern immerhin anfechtbares Theologumen hat mit jenem Binden und Lösen auf Erden, dem nach dem Evangelium (Matth. 16, 19; 18, 18) ein Gebunden- und Gelöstsein im Himmel entspricht, darum nichts zu tun, weil dabei die richtende Gewalt, die dort dem Gehorsamsakt der apostolischen Verkündigung zugesprochen wird, auf eine von diesem Akt abstrahierte Formel, auf einen Wortzusammenhang als solchen übertragen ist, der im Unterschied zu jenem Gehorsamsakt ein Instrument ist, mit dem der Mensch Gott, Offenbarung und Glauben meistert. Wir fragen: Inwiefern findet dieses Meistern in der römisch-katholischen Auffassung von Dogmatik und Dogma nicht statt? Immerhin: indem nach ihr das Dogma erst teilweise bekannt und proklamiert ist und also auch die Dogmatik noch nicht vollständig sein kann und indem sie andererseits den Unterschied macht zwischen einer expliziten und einer impliziten *fides catholica*, anerkennt auch sie, daß die Offenbarung und der seligmachende Glaube dem Glaubensgesetz gegenüber ihr eigenes einerseits reicheres, andererseits begrenzteres Leben leben. — Auf der anderen Seite haben wir hier der Theologie Wilhelm Herrmanns zu gedenken. Kein Zug in ihrem Bilde ist bezeichnender als sein unermüdlicher Kampf gegen die Vorstellung eines dem Glauben auferlegten Lehrgesetzes. Er ist es, der Herrmanns Lebenswerk einen ausgeprägt antikatholischen Charakter gegeben hat. Was hat er in diesem Kampf verfechten wollen? Das eigene freie Leben der christlichen Sache gegenüber allen menschlichen Fixierungen, gegenüber allen Versuchen, aus dem „auf Erden" ein „im Himmel" zu machen, gegenüber aller intellektuellen Werkgerechtigkeit? Oder schließlich doch nur das menschliche Recht eines romantischen Antiintellektualismus, Individualismus und Wahrhaftigkeitsfanatismus? Man muß wohl als Vordergrundsantwort ebenso das Zweite wie als Hintergrundsantwort das Erste sagen. Sofern man, rein exegetisch vielleicht etwas gewagt, auch das Erste sagen darf, wird Herrmanns Protest als notwendiger Protest gegen das *Quicumque vult salvus esse* zu würdigen sein. Sofern das Zweite zu sagen ist, wird der Protestantismus gut tun, sich ja nicht mit Herrmann zu identifizieren.

Man wird dann aber auch die Aufgabe der Dogmatik an der Verkündigung nicht so verstehen dürfen, als habe sie dieser Gott, Offenbarung,

Glauben als Predigtinhalt vorzulegen. Wir sahen schon: was die Dogmatik geben kann, das sind nicht Inhalte, sondern Anleitungen, Wegweisungen, Gesichtspunkte, Grundsätze und Schranken für ein nach menschlichem Ermessen richtiges Reden. In diesem Sinn mag sie Lehrgesetz heißen. Ihre Voraussetzung ist doch die, daß die Predigt ihren Inhalt von ganz anderswoher bekommt. Eben darum kann sie auch hier nicht Herr und Richter sein. Sie kann und soll wohl allen Ernstes beraten, sie kann und soll aber nicht befehlen wollen in der Kirche.

Man darf hier 2. Kor. 1, 24 anwenden: οὐχ ὅτι κυριεύομεν ὑμῶν τῆς πίστεως, ἀλλὰ συνεργοί ἐσμεν τῆς χαρᾶς ὑμῶν.

Mit der christlichen Sache selbst muß auch die kirchliche Verkündigung letztlich frei bleiben, nämlich frei den Befehl zu empfangen, den sie immer wieder aus jenem eigenen freien Leben der christlichen Sache selbst empfangen muß. Sie, die kirchliche Verkündigung und nicht die Dogmatik, ist in der Kirche unmittelbar zu Gott. Sie muß notwendig sein, die Dogmatik nur um ihretwillen. Von ihr lebt die Dogmatik, so gewiß sie nur in der Kirche lebt. In ihr und nur sofern Gott, Offenbarung, Glaube ihr Gegenstand sind, in diesen, hat die Dogmatik darum ihren Stoff zu suchen.

Was Ambrosius (*De fide ad Grat.* 1, 5, 42) gegen eine häretische Theologie schrieb, gilt doch gegenüber aller Theologie: *Non in dialectica complacuit Deo salvum facere populum suum. Regnum enim Dei in simplicitate fidei est, non in contentione sermonis.*

§ 4
DAS WORT GOTTES IN SEINER DREIFACHEN GESTALT

Die Voraussetzung, die die Verkündigung zur Verkündigung und damit die Kirche zur Kirche macht, ist das Wort Gottes. Es bezeugt sich in der heiligen Schrift im Wort der Propheten und Apostel, denen es ursprünglich und ein für allemal durch Gottes Offenbarung gesagt wurde.

1. DAS VERKÜNDIGTE WORT GOTTES

Wir haben zu reden von der Voraussetzung, die die Verkündigung zur Verkündigung und damit die Kirche zur Kirche macht. Verkündigung muß ja je und je zur Verkündigung werden: aus einem Tun, das, mit dem entsprechenden Anspruch auftretend und von der entsprechenden Erwartung umgeben, Verkündigung sein will und sein soll zu einem Tun, das Verkündigung ist. Und weil das Geschehen wirklicher Verkündigung die alle anderen bedingende Lebensfunktion der Kirche ist, so ist zu sagen, daß eben in diesem Geschehen die Kirche selbst je und je Kirche werden muß. Verkündigung und Kirche sind freilich auch einfach und sichtbar da, gerade so wie Brot und Wein des Abendmahls einfach und sichtbar da sind oder wie das Austeilen, Essen und Trinken von Brot und Wein im Abendmahl einfach und sichtbar geschieht. Aber als das, was sie sein wollen und sollen, als theologisch relevante Größen, als Wirklichkeiten der Offenbarung und des Glaubens, sind sie nicht einfach und sichtbar da, sondern als solche müssen sie je und je ins Dasein treten.

Die Beziehung zum Abendmahl ist nicht als bloß beiläufig zu verstehen. Man kann sich das, was für Verkündigung und Kirche überhaupt gilt, nicht besser vergegenwärtigen als eben am Sakrament. Calvin sagt vom Baum des Lebens im Paradies und von Noahs Regenbogen: *Non quod arbor praestaret illis immortalitatem . . . aut arcus coercendis aquis foret efficax . . . sed quia notam a verbo Dei insculptam habebant, ut documenta essent testamentorum eius ac sigilla. Et antea quidem arbor erat arbor, arcus arcus; ubi inscripta fuerunt verbo Dei, indita est nova forma, ut inciperent esse quod prius non erant* (*Instit.* IV 14, 18). Und H. Bullinger sagt von den irdischen Elementen im Sakrament: *Verbo Dei fiunt, quae antea non fuerunt, sacramenta. Consecrantur enim verbo et sanctificata esse ostenduntur ab eo qui instituit.* Darum und insofern heißen sie nicht bloß Wasser, Brot und Wein, sondern, ohne daß sie darum ihre Natur veränderten, Bad der Wiedergeburt, Leib und Blut des Herrn. (Conf. Helv. post. 1562, art. 19, bei K. Müller, S. 207, Z. 11 f. und 34 f.) Es wäre sehr unangebracht, vor Begriffen wie *fieri* und *nova forma*, wie wir sie hier gerade von reformierten Autoren gebraucht finden, etwa darum zurückzuschrecken, weil dabei das nicht einfach abzuweisende Problem der römisch-katholischen Wandlungslehre allerdings sichtbar wird: es geht im Sakrament und in der Predigt und im ganzen Leben der Kirche ununterbrochen darum, daß die Existenz des irdischen Leibes von seinem himmlischen Haupte her eine neue Gestalt bekomme, daß sie Wirklichkeit der Offenbarung und des Glaubens werde. Wiederum wäre es unangebracht, es als eine nominalistische Abschwächung dieses Werdens zu verstehen, wenn z. B. Bullinger an jener Stelle die Transsubstantiationslehre so deutlich abweist und die neue Bezeichnung der Elemente so resolut eben als Bezeichnung versteht. Diese Bezeichnung ist ja nicht eine ihnen willkürlich beigelegte Bedeutung, sondern die *nota a verbo Dei insculpta*. Man würde nur zeigen, daß man nicht verstanden hat, was das bedeutet, wenn irdische Wirklichkeit durch das Wort Gottes diese neue *nota* bekommt, wenn man dieses Verständnis dieses Neuwerdens für weniger „realistisch" halten würde als das in der katholischen Transsubstantiations- oder als das in der lutherischen Konsubstantiationslehre sich aussprechende.

Die Voraussetzung eben dieses Ereignisses ist das Wort Gottes. Zwischen diesem Zentralbegriff unserer Prolegomena und der Dogmatik überhaupt auf der einen und dem Begriff der Verkündigung auf der anderen Seite bestehen vier entscheidende Beziehungen, deren Verhältnis untereinander mit dem von vier konzentrischen Kreisen zu vergleichen ist und die wir nun zu analysieren haben.

1. Das Wort Gottes ist der Auftrag, auf dessen Gegebensein die Verkündigung beruhen muß, um wirkliche Verkündigung zu sein. Die Notwendigkeit der Verkündigung kann nicht objektivistisch damit begründet werden, daß gewisse dem Dasein des Menschen und der Dinge immanente Sachverhalte oder Wertordnungen nach Erkenntnis und Bekanntmachung verlangten. Diesem Verlangen ist nicht mit Verkündigung, sondern mit grundsätzlich profaner Wissenschaft zu entsprechen und es kann keine Frage sein, daß alle solche Sachverhalte oder Wertordnungen, an die

man als an mögliche Gegenstände kirchlicher Verkündigung denken könnte, dem Bereich der profanen Wissenschaft angehören und durchaus nicht der Verkündigung durch Predigt und Sakrament bedürfen. Die Notwendigkeit der Verkündigung kann aber auch nicht subjektivistisch damit begründet werden, daß gewisse persönliche Überzeugungen gewisser Menschen zu dieser besonderen Aussprache drängten. Denn sofern diese Überzeugungen rationaler Darstellung fähig sind, dürfte man die betr. Personen wiederum auf den Weg der wissenschaftlichen Darlegung — sofern sie ganz oder vorwiegend irrationaler Art sein sollten, dürfte man sie auf die Möglichkeit musikalischer, dichterischer oder überhaupt künstlerischer Darstellung verweisen. Es dürfte sich auch allen solchen objektiven oder subjektiven Motiven gegenüber — um so mehr, je mehr Ernst und Würde sie in Anspruch nehmen — die Frage nahelegen, ob sie nicht abgesehen von aller wissenschaftlichen oder künstlerischen Darstellung vor allem durch eine ihnen entsprechende praktische, sittlich-politische Lebenshaltung zum Ausdruck zu bringen wären. Aber wie dem auch sei: gerade von der Einsicht in die Notwendigkeit von Verkündigung werden wir unter Voraussetzung dieser Motive weit abgeführt. Lauter solche Motive laufen nun freilich notwendig wie überall so auch in der Kirche, auch wenn es sich um Verkündigung handelt, mit. Ja noch deutlicher gesagt: sie sind die menschlichen Motive aller angeblichen Verkündigung und andere als diese menschlichen Motive können wir an sich gar nicht haben. Es ist nicht so, daß wir über sie hinauszugreifen und ein Höheres, die angebliche Verkündigung notwendig begründendes und so verwirklichendes Motiv zu ergreifen und also geltend zu machen vermöchten. Was wollten wir auch Höheres geltend machen als Sachverhalte und Wertordnungen auf der einen, Überzeugungen auf der anderen Seite? Eben dies: daß es nicht möglich ist, ein höheres Motiv als diese und also eine Notwendigkeit der kirchlichen Verkündigung und also die Verkündigung als wirkliche Verkündigung aufzuweisen und geltend zu machen, eben dies anerkennen und bestätigen wir, wenn wir den Auftrag, auf den wir sie zurückführen, als das Wort Gottes bezeichnen. Gewiß reden wir auch damit implizit, objektivistisch von einem Sachverhalt und einer Wertordnung und subjektivistisch von einer persönlichen Überzeugung. Diese menschliche Motivation ist das Medium, über das man sich so wenig erheben kann, wie man seinen Schatten los wird, über das man sich aber auch nicht erheben wollen soll, weil eben dieses Medium der Ort ist, wo wir den göttlichen Auftrag zu erwarten haben. Gottes Wort bedeutet in diesem Zusammenhang: Gottes positiver Befehl. Gottes positiver Befehl: also ein Motiv, das nach eigenem schlechthin überlegenen Prinzip motivierend, wenn auch inmitten der ganzen unvermeidlichen Welt der menschlichen Motivationen vorhanden und wirksam ist. Gottes positiver Befehl: also ein Motiv, das nun gerade in seiner Göttlichkeit nicht so vorhanden und wirksam ist, wie Sachverhalte und Wertordnungen über uns und Überzeugungen in uns vorhanden und wirksam sind, das wir nämlich nicht geltend machen können, weil wir nicht darnach greifen können, sondern das da ist und wirksam ist, wann und wo es da sein und wirksam sein will. Keine Verkündigung beruht nicht auch auf jenen vorhandenen, geltend zu machenden menschlichen Motiven. Aber keine Verkündigung ist wirkliche Verkündigung, sofern sie nicht auch und darüber hinaus auf jenem Auftrag beruht, den wir uns in keiner Weise nehmen, den wir in keiner Weise als gegeben voraussetzen, den wir schlechterdings nur empfangen und im Akt des Empfanges haben können, der uns und die ganze Welt unserer Motivationen schlechterdings von außen trifft, aufhebt und bestimmt als in nicht vorhergesehener Weise ergehender Befehl, zu dem wir, wie früher gesagt, nur Stellung nehmen können, indem wir ihn, so wie wir ihn gehört zu haben meinen, wiederholen und indem wir ihm, so gut oder schlecht wir können, zu entsprechen suchen. Wirkliche Verkündigung heißt also: verkündigtes Wort Gottes und verkündigtes Wort Gottes heißt in diesem ersten und äußersten Kreis: menschliche Rede von Gott auf Grund der alle menschliche Veranlassung grundsätzlich transzendierenden und also menschlich nicht zu begründenden sondern nur faktisch sich ereignenden und zu anerkennenden Anweisung Gottes selber.

So saget ehr nun: „Wen Gott gesanth hat" das ist: Gottes word wird nicht genennet, den das do gesanth ist. Das ist: niemands gedencke, das Gottes wortt auff erden komme aus menschlicher andacht. Sols gottes wortt sein, so mus gesanth sein. Sonst ists unmuglich, das die heilige schrieft konne verstanden oder ausgelegt werden aus eigener andacht wilkoer. Es gillt nicht, das einer sol reden, und ist nicht beruffen, den Gottes wortt kompt alleine dohehr, das es Gott sendet. Wo nicht, so kan nicht die gantze welt reden dasjhenige, was do kondte erlosen von sunden und die gewissen trösten. Wen ehr das Wortt und das ampt nicht gesanth hette, so hetten wir nichts. Darumb so sol man nichts reden noch hören den alleine das wortt gottes. So es erdicht ist aus menschlicher wahl und andacht, so meide es. Es kompt nicht, es sey den vom himmel gesanth. Und wer nun mit den Munchen sol umgehen, der frage, ob ihr dieng auch gottes wort sej. Do wirstu horen, das sie furgeben: Es ist aus guter mejnung, gott zu ehren, gethan. Derhalben so ists ein gottesdienst und Gottes wortt. Aber es gehört mehr darzu, dan gute meynung, das man gottesdienst thue, und sunde bezale. Es fleust aus deinem Hertzen die andacht, der gutthdunkel. Sprich du aber, obs gott vom himmel gesanth hab, auch ob ehrs gebotten hab. Ja ists doch gott zu ehren geschehen? Deste erger ists, und eine zwifache gotteslesterung, das du dasjhenige heissest gottes wort und einen gottesdienst, das du selber erdacht hast. Also hat der Babst undter dem Namen und Tittel der kirchen die welt verfuret. Aber ohne gottes sendung kompt kein wort in die welt. So es aus meinem hertzen gewachsen ist, so henge ich nach Chrisostimo, Augustino und Ambrosio, so ists dan Gottes wort nicht. Den es ist ein großer undterscheidt undter dem Wort, das vom himmel gesanth ist, und das ich aus eigener wahl und andacht erfinde. Die Heilige schrieft, so sie auff erden gewachsen, so spricht Joannes: Wer von der Erden ist, der redet irdisch dieng. Drumb mussen wir lernen unser Seligkeit grundlich zu setzen auff gottes wortts krafft und nicht auff unser andacht oder dunckel. (Luther, Ausl. des 3. und 4. Kap. Joh. 1538 f. W. A. 47, S. 193, Z. 10.)

2. Das Wort Gottes ist der **Gegenstand**, der als solcher der Verkündigung gegeben sein muß, damit sie wirkliche Verkündigung sei. Verkündigung ist gefragt, inwiefern sie Verkündigung von etwas, sachgemäße Aussage, Verkündigung eines wirklichen Gegenstandes ist. Wieder ist zu sagen: Sofern dieser Gegenstand dem Bereich der Gegenstände menschlichen Wahrnehmens und Denkens, dem Bereich der Gegenstände äußerer oder innerer Anschauung angehören sollte, ist nicht abzusehen, inwiefern er gerade durch Predigt und Sakrament verkündigt werden müßte. Sollte Gegenständen dieser Ordnung die wissenschaftliche, die künstlerische oder auch die sittlich politische Darstellung und Mitteilung nicht unverhältnismäßig viel angemessener sein? Wieder müssen wir freilich zugestehen: wir haben keine anderen Gegenstände als die unserer äußeren oder inneren Anschauung. Auch von dem Gegenstand der Verkündigung wird also zu sagen sein: haben wir ihn überhaupt als Gegenstand, dann werden wir ihn immer auch als Gegenstand äußerer oder innerer Anschauung, als Gegenstand von Erfahrung und Denken haben. Hätten wir ihn nicht so, so hätten wir ihn gar nicht. Aber sofern wir ihn nur so haben, haben wir ihn gerade nicht als möglichen Gegenstand von Verkündigung. Metaphysik oder Psychologie mögen und müssen sich dann seiner bemächtigen. Dieselben, die sich eines Gegenstandes, den zu verkündigen der Mühe wert wäre, nicht zu bemächtigen vermögen! Indem wir den Gegenstand der Verkündigung als **Wort Gottes** bezeichnen, meinen wir: er ist nicht nur und nicht primär Gegenstand menschlicher Anschauung. Er muß Gegenstand menschlicher Anschauung werden, um verkündigt werden zu können. Aber gerade sofern er wirklich verkündigt wird, ist er ganz und gar nicht Gegenstand menschlicher Anschauung. Verkündigt wird er, sofern er sich uns und der ganzen Welt aller unserer Gegenstände gegenüber als Gegenstand gibt und setzt: gewiß in dem unvermeidlichen Medium anschaulicher Gegenständlichkeit, aber in diesem Medium als der Gegenstand, dessen man in keiner Weise habhaft werden, auf den man nie als auf ein Datum zurückverweisen kann, der in der und nur in der Weise Voraussetzung ist, daß er selber sich setzt, wo wir ihn in keiner Weise setzen können. So haben wir ihn, wenn wir ihn haben. Wir haben ihn, indem er sich gibt. So ist er, von allen möglichen Gegenständen der Metaphysik oder der Psychologie verschieden, Gegenstand der Verkündigung. Zwischen diesem Gegenstand und Predigt und Sakrament als Mitteln seiner Darstellung und Mitteilung dürfte ein innerer Zusammenhang bestehen. Predigt und Sakrament sind ja, wie wir sahen: Verheißung künftiger Offenbarung auf Grund geschehener Offenbarung. Wie sollte von diesem Gegenstand anders geredet werden denn als eben in der von Wissenschaft, Kunst und Politik wohl unterschiedenen Form solcher Verheißung? Wirkliche Verkündigung heißt also: verkündigtes Wort Gottes, und verkündigtes Wort

Gottes heißt in diesem zweiten Kreis: menschliche Rede von Gott auf Grund der nicht vorhandenen, nicht vorherzusehenden, in keinen Plan einzubeziehenden, sondern nur in der Freiheit seiner Gnade wirklichen Selbstvergegenständlichung Gottes, kraft welcher er je und je Gegenstand dieser Rede sein will und ist nach seinem Wohlgefallen.

Gute Abgrenzungen zu diesem Punkt bei H. M. Müller, Glaube und Erfahrung bei Luther, 1929: „Das konkrete, kontingente Gegebenwerden des Glaubens und insofern der Gabe selbst bleibt in der Verkündigung des Evangeliums nur kündbar, sie bleibt Ankündigung." (S. 95.) „Die Predigt ist als Vermittlung der Verheißung gerade nicht etwa Überlieferung der Offenbarung, sondern sie ist Hinweis auf das Geschehen der Offenbarung." (S. 119; vgl. auch S. 41, 149, 150, 162, 196 u. ö.)

3. Das Wort Gottes ist das Urteil, kraft dessen Verkündigung allein wirkliche Verkündigung sein kann. Verkündigung ist ja auch danach gefragt, ob sie denn wahr ist. Was soll darüber entscheiden? Was ist hier Kriterium? Man pflegt die Wahrheit menschlicher Rede einerseits vom Wesen ihres Gegenstandes, andererseits doch auch von der Situation und dem Anliegen des Redenden her zu beurteilen. Natürlich kann und muß das auch der kirchlichen Verkündigung gegenüber geschehen. Sie liegt im Bereich menschlicher Rede; der Verkündiger wird sich fragen lassen müssen: Was weißt du von dem, was du sagst? Und: Welches Anliegen vertrittst du, indem du gerade das sagst? Er muß und wird sein Tun an Hand dieser Fragen beurteilen lassen. Nur daß es gerade von allen so orientierten Urteilen als Verkündigung nicht getroffen wird. Sondern es ist dann sein wissenschaftlicher oder sittlich politischer oder ästhetischer Charakter, der da beurteilt wird. Verkündigung als solche, wie sie in Predigt und Sakrament geschieht, setzt doch voraus, daß weder das Wesen ihres Gegenstandes noch die Situation und das Anliegen des Redenden irgend jemandem in der Weise einsichtig sind oder werden können, daß er zur Bildung eines Urteils über ihre Wahrheit in der Lage wäre. Gibt es überhaupt ein Urteil über die kirchliche Verkündigung als solche, dann muß es von anderswoher gefällt werden. Eben dieses grundsätzliche Anderswoher des die kirchliche Verkündigung als solche treffenden Urteils meinen und bezeichnen wir, indem wir es als das Wort Gottes anerkennen. Wir leugnen also damit nicht, daß die Verkündigung auch anderen Kriterien untersteht; wir bestätigen damit sogar, daß wir in der Tat nur diese anderen Kriterien zu ihrer Beurteilung kennen: in der Gegenwart nämlich, daß wir also nicht in der Lage sind, anders über ihre Wahrheit zu befinden. Aber eben in dieser Gegenwart können wir nicht umhin, 1. uns zu erinnern, daß ein von diesen anderen verschiedenes Kriterium sich, ohne daß es jemandem bekannt gewesen wäre, selber zu erkennen gegeben hat, und 2. zu erwarten, daß dieses Kriterium, das wir jetzt wirklich nicht kennen, oder eben nur aus jener Erinnerung kennen, sich wiederum selber zu erkennen geben werde. Dieses erinnerte und erwartete, unserer Gegenwart und aller Gegenwart unverfügbare Kriterium

ist das Wort Gottes. Wir können dieses Kriterium nicht handhaben. Es ist das Kriterium, das sich selbst handhabt und außerdem in niemandes Hand ist. Wir können die anderen Kriterien handhaben in Erinnerung und in Erwartung dieses Kriteriums. Aber nur sein eigenes Urteil gilt absolut verbindlich und unverbrüchlich. Verkündigung wird wirkliche Verkündigung, indem sie durch dieses Urteil gutgeheißen ist. Wirkliche Verkündigung heißt also: Verkündigtes Wort Gottes, und verkündigtes Wort Gottes heißt jetzt, in diesem dritten inneren Kreis: Menschliche Rede von Gott, die nach Gottes eigenem, nicht vorwegzunehmendem und nie in unsere Hand geratendem Urteil im Blick auf das verkündigte Objekt wie im Blick auf das verkündigende Subjekt wahre und also zu hörende, mit Recht Gehorsam verlangende Rede ist.

4. Das Wort Gottes ist endlich — und damit erst sagen wir das Entscheidende — das Ereignis selbst, in dem die Verkündigung zur wirklichen Verkündigung wird. Also nicht nur der Auftrag, den der Mensch bekommen haben muß, nicht nur der Gegenstand, der der menschlichen Rede gegenüber auf den Plan treten, nicht nur das Urteil, durch das sie als wahr bestätigt werden muß. Noch immer könnte unter allen diesen Gesichtspunkten das Wirklichwerden der Verkündigung als eine bloß äußerliche, zufällige Charakterisierung, eine Art Bekleidung oder Beleuchtung eines Geschehens verstanden werden, das als solches schließlich doch das Geschehen des Wollens und Vollbringens des verkündigenden Menschen bliebe. Freilich müßte dann schlecht verstanden sein, was das „Kleid" und das „Licht", die hier in Frage kommen, bedeuten, was das heißt, daß Verkündigung wirklich wird, indem Gott befiehlt, Gott auf den Plan tritt, Gott urteilt. Aber wer würde hier das Subjekt nicht immer wieder schlecht verstehen? Das Verständnis des Subjekts in diesem Satz müßte freilich alle nominalistischen Mißverständnisse in bezug auf die Prädikate unmöglich machen. Aber es liegt sehr tief in der Natur der Sache, daß das nominalistische Mißverständnis hier nicht eindeutig und nicht endgültig auszurotten ist. Es ist das Wunder der Offenbarung und des Glaubens, wenn dieses Mißverständnis je und je nicht besteht, wenn uns also Verkündigung nicht nur ein irgendwie charakterisiertes menschliches Wollen und Vollbringen, sondern auch und zuerst und entscheidend Gottes eigene Tat, wenn uns menschliche Rede von Gott nicht nur das, sondern auch und zuerst und entscheidend Gottes eigene Rede ist. Dieses Wunder ist es, was wir hier im vierten und engsten Kreis unserer Überlegungen nicht sowohl zu erklären als vielmehr als dieses besondere Wunder zu würdigen haben. „Nicht nur — sondern auch und zuerst und entscheidend", so muß die Formel lauten. Mit dem „Nicht nur — sondern auch" wird zunächst zugegeben: Auch die menschliche Rede mit ihren Motiven, mit ihren Gegenständen, mit den Urteilen, unter denen sie als menschliche Rede steht, ist da, indem das Wort Gottes da ist. Das Wunder

der wirklichen Verkündigung besteht nicht darin, daß das Wollen und Vollbringen des verkündigenden Menschen mit seiner ganzen Bedingtheit und in seiner ganzen Problematik in Wegfall käme, daß irgendwo in der Wirklichkeit der Schöpfung ein Verschwinden stattfände und also eine Lücke entstünde und irgendwie in diese Lücke hinein träte dann, durch einen bloßen übrigbleibenden Schein menschlicher Wirklichkeit kaum verborgen, nackte, göttliche Wirklichkeit.

Der entscheidende Satz der römisch-katholischen Wandlungslehre lautet: Daß durch die priesterliche Konsekration eine *conversio totius substantiae panis in substantiam corporis Christi Domini nostri et totius substantiae vini in substantiam sanguinis eius* stattfinde (*Trid. sess.* XIII, *Decr. de ss. Euch. cap.* 4), und zwar so, daß von Brot und Wein nur die *accidentia sine subjecto* übrig blieben. (*ib. can.* 2 und *Conc. Constantiense* 1415 Errores Joannis Wicleff 2, Denz. Nr. 582.)

Das Wollen und Vollbringen des verkündigenden Menschen kommt aber gar nicht in Wegfall in der wirklichen Verkündigung. Wie Christus wahrer Mensch wurde und in alle Ewigkeit auch wahrer Mensch bleibt, so wird wirkliche Verkündigung Ereignis auf der Ebene aller anderen menschlichen Ereignisse. Sie kann auf dieser Ebene gesehen und gehört werden und dieses Gesehen- und Gehörtwerden darf auch kein bloßer Schein sein, sondern muß in aller Wesentlichkeit geschehen. Ohne die Zweideutigkeit, die Mißverständlichkeit, die Anfechtbarkeit, in der dies geschieht, in der sie selber Ereignis unter vielen anderen Ereignissen ist, könnte sie auch nicht wirkliche Verkündigung sein. Sie ist aber, wie Christus nicht nur wahrer Mensch ist, nicht nur Wollen und Vollbringen des verkündigenden Menschen. Sie ist auch und sie ist sogar zuerst und entscheidend göttliches Wollen und Vollbringen. Gerade darum braucht das Menschliche nicht in Wegfall zu kommen. Die hier scheinbar so brennende Frage nach der Art des Nebeneinander- und Zusammenwirkens der beiden Faktoren ist eine höchst unsachgemäße Frage. Gott und das Menschliche sind doch nicht zwei nebeneinander- und zusammenwirkende Faktoren. Das Menschliche ist ja das von Gott Geschaffene. Nur im Stande des Ungehorsams ist es ein Gott gegenübertretender Faktor. Im Stande des Gehorsams ist es Dienst Gottes. Zwischen Gott und wahrem Gottesdienst kann es keine Konkurrenz geben. Gottesdienst braucht nicht in Wegfall zu kommen, damit Gott selber in ihm zu Ehren komme. Wo wirklich Gott gedient wird, da ist — ohne Wegfall des Menschlichen, vielmehr bei voller wesentlicher Gegenwart und Wirksamkeit des Menschlichen in seiner ganzen Menschlichkeit — das Wollen und Vollbringen Gottes nicht nur als erster oder zweiter Faktor mitwirkend auch auf dem Plan, sondern in der Weise als das Erste und Entscheidende auf dem Plan, wie es eben Gott dem Schöpfer und Herrn zukommt. Ohne dem Menschlichen seine Freiheit, seine irdische Substanz, seine Menschlichkeit zu nehmen, ohne das menschliche Subjekt auszulöschen oder sein Handeln zu einem mechanischen Geschehen zu machen, ist dann Gott das Subjekt, von dem das menschliche Handeln seinen neuen, wahren Namen bekommen muß. Seinen wahren Namen! Also nicht bloß einen aufgeklebten Titel: nein, den Namen, der ihm nun kraft der ganzen Überlegenheit des Willens seines Schöpfers und Herrn so wesentlich, so primär wie nur möglich, zukommt. Wo kirchliche Verkündigung nach diesem Willen Gottes geschieht, wo sie auf Gottes Auftrag beruht, wo sich Gott selber ihr zum Gegenstande gibt, wo sie nach seinem Urteil wahr ist, m. e. W. wo sie wahrer Gottesdienst ist, da ist einerseits ihr Charakter als irdisch sichtbares und hörbares Ereignis nicht beseitigt.

Brot bleibt Brot, Wein bleibt Wein, wäre in der Sprache der Abendmahlslehre zu sagen. Der Realismus der sakramentalen Heiligung ist keine Zerstörung des eigenen Daseins der Zeichen!

Da wird sie aber andererseits durch das ihr übergeworfene neue Kleid der Gerechtigkeit in diesem ihrem irdischen Charakter ein neues Ereignis, das Ereignis des Sprechens Gottes selber in der Sphäre menschlicher Ereignisse, das Ereignis des bevollmächtigten Vikariates Jesu Christi. Wirkliche Verkündigung als dieses neue Ereignis, in welchem das Ereignis menschlicher Rede von Gott nicht beseitigt, aber wohl aufgehoben ist, ist Wort Gottes. Wirkliche Verkündigung heißt also noch einmal: Verkündigtes Wort Gottes. Erst jetzt dürfte es deutlich sein, daß das „verkündigt" ins Prädikat gehört und inwiefern es dahin gehört. Verkündigtes Wort Gottes heißt jetzt, in diesem vierten und innersten Kreis: Menschliche Rede von Gott, in der und durch die Gott selber von sich selber redet.

Adolf v. Harnack hat in einer schönen Abhandlung (*Christus praesens — Vicarius Christi*. Sitz.-Berichte der preuß. Akad. d. Wiss. 1927 S. 415 f.) gezeigt, wie es gerade von dem Begriff des „Wortes Gottes" aus zu der „Aufnahme der Kirche in die theologischen Hauptgleichungen" (Gott, Christus, Geist usw.) bis hin zu der Lehre von der Unfehlbarkeit des römischen Papstes kommen konnte und gekommen ist. In der Tat: Wir stehen hier nicht nur vor dem Problem der römisch-katholischen Wandlungslehre, sondern auch vor dem Problem der römisch-katholischen Anschauung von allem dem, was unter dem Begriff der kirchlichen *potestas* zusammenzufassen ist.

Es könnte an sich durchaus in der Linie unseres Begriffs vom „verkündigten Wort Gottes" liegen, wenn Gregor von Nyssa (übrigens ebenfalls in Analogie zu der Neuqualifikation der Elemente im Sakrament) vom Priester sagt, daß er, der noch bis gestern einer von vielen, einer aus dem Volke gewesen sei, nunmehr, kraft seiner Weihe als Priester ein καθηγεμών, πρόεδρος, διδάσκαλος εὐσεβείας, μυστηρίων λανθανόντων μυσταγωγός (*Or. in diem luminum*) geworden sei. Oder wenn Ambrosius den Täuflingen im Blick auf den christlichen Priester erklärt: *Vidisti illic levitam, vidisti summum sacerdotem. Noli considerari corporum figuras, sed mysteriorum gratiam ... Quid tradiderit considera! (De myst. 2, 6.) Non merita personarum consideres, sed officia sacerdotum (ib. 5, 27)*. Oder wenn Augustin speziell im Blick auf den kirchlichen Prediger einschärft: *Boni fideles non quemlibet hominum, sed ipsum Dominum obedienter audiunt* — der *locus superior sedis ecclesiasticae*, von dem aus da geredet werde, zwinge auch den vielleicht persönlich sehr unguten Redner von selbst zu gutem Wort (*De doctr. christ*. IV, 27). Oder wenn er das irdische Lautwerden der Stimme Gottes dahin beschreibt, *quod creaturae motus expressit eam, serviens aeternae volun-*

tati tuae ipse temporalis (Conf. XI 6, 8*).* Oder wenn er von der *doctrina de superiore loco in conspectu omnium personante* sagt, daß sie jeweils die Entscheidung über die Hörer bedeute, daß *et qui faciunt audiant ad praemium et qui non faciunt audiant ad judicium (De civ. Dei* II 28*).*

Diese schlechthinnige Auszeichnung der Funktion kirchlicher Verkündigung ist an sich auch den Reformatoren durchaus geläufig: Nu mag ich unnd eyn iglicher, der Christus wort redet, frey sich rhumen, das seyn mund Christus mund sey. Ich bynn yhe gewisz, das meyn wortt nitt meyn, sondernn Christus wort sey, szo mus meyn mund auch des seyn, des wort er redet. (Luther, Eine treue Vermahnung, 1522, W. A. 8, S. 683, Z. 13.) Hiemit sind alle Menschen auf Erden dem Predigtamt, so die Apostel und ihre Nachkommen von Gottes wegen führen, unterworfen, daß sie demselbigen untertan seyn, und folgen müssen, wollen sie anders Gottes Gnade haben und selig werden. (Pred. üb. Joh. 16, 5 f. 1533, E. A. 3, S. 434.) Das ist nun ein gewalt, gegen welcher Keyser unnd König gewalt nichts ist, Das ein Apostel, ja ein yeder Jünger Christi, darff ein urteyl sprechen uber die gantze welt, das die sünde soll hinweg sein. Und solches urteyl soll so gewaltig und gewiss sein, alss hette es Christus selb gesprochen... (Predigt über Joh. 20, 19—31, 1533 W. A. 52, S. 269, Z. 18). Das ist ein gross trefflich Ding, dass eines jeglichen rechtschaffenen Pfarrherrns und Predigers Mund Christi Mund ist, und sein Wort und Vergebung Christi Wort und Vergebung ist. Hast du Sünde, und bekennest dieselbige, und glaubest an Christum; so soll dir der Pfarrherr und Prediger dieselbige Sünde an Christi Statt vergeben, und die Worte, welche er dir von Gottes wegen sagt, sollst du annehmen, als hätte sie Christus selbst zu dir gesagt. Darum thut man recht daran, daß man des Pfarrherrs und Predigers Wort, das er prediget, Gottes Wort nennet. Denn das Amt ist nicht des Pfarrherrs und Predigers, sondern Gottes; und das Wort, das er prediget, ist auch nicht des Pfarrherrs und Predigers, sondern Gottes. (Pred. über denselben Text 1534 E. A. 3, S. 376.) Am jungsten tage wird Gott zu mir sagen: hastu das auch geprediget ? und ich den sagen werden: Jha, item, Gott dan zu dir sprechen wird: Hastu das auch gehört ? und du antwortten wirst: Jha, und er ferner spricht: worumb hast du es denn nicht gegleubet ? und du sprichst den: O, ich hiellts fur ein menschenwortt, so ein armer Capellan oder Dorfpfarherr gesaget hatte. So wird dich dan dasselbige wortt, das in deinem Hertzen stickt, verklagen und dein kleger und richter am jungsten tage sein. Den es ist Gottes wort, du hast Gott selbst gehört, wie den Christus spricht: „wer euch horet, Der horet mich", und ich hab den meinem ampt fur dem Gerichte und angesicht gottes gnung gethan, wen ich dir deine sunde und laster offenbaret und drumb gestrafft hab, und bin den rein von deinem bluth. Du magst den zusehen, wie du bestehest. (Ausl. des dritten und vierten Kap. Joh. W. A. 47, S. 120, Z. 28.) Also kondte ich den frolich sein und sagen: Gott, der himmel und erden geschaffen hat, der do ist die gottliche Maiestet, hat geredet mitt mir. Wie ? Durch meinen mittbruder. Ehr thuts uns zu gutth, item zur liebe unnd freundtschafft. Aber wen man einen prediger ansihet, so gedenckt man: Es ist ein arme elender mensch, und betrachtet niemandts, das die gottliche Maiestet drundter ligt. Ein Engel sol machen den Himmel vol feuers, das ein blitz und donner herein schlegt, und das Himmel unnd erden schwartz werden, und das alles einfellet. Worumb wiltu den nicht gott hören, der sich stellet als ein schwacher mensch, der sich verbirget unnd gleich den lieben Aposteln sich heltt ? Drumb so ists nicht eines predigers wortt, sondern Gottes wortt. Dieweils dan gottes wort ist, so soltestu dich darfur entsetzen oder frolich werden (*ib.* S. 213 Z. 26) Wenn du mich nu, der ich ein Prediger bin, hörest und hörest mich nicht anders, denn wie du einen andern menschen hörest, gleubst auch meinen worten nicht anderst, denn anderer menschen wort, so bistu mit mir verdampt... Also soltu mich nicht hören als einen menschen, der menschen wort predige. So du mich also hörest, wer es viel besser, du hörest mich gar nicht, Also auch deinen Pfarrherr soltu nicht als ein menschen hören, der menschen wort rede und predige, sondern solt jhn hören als den, der das wort redet aus dem munde der unmündigen und seuglingen... (Predigt in Merseburg gehalten 1545, W. A. 51, S. 15, Z. 30 u. 36.) *Repraesentant Christi*

1. Das verkündigte Wort Gottes

personam propter vocationem ecclesiae, non repraesentant proprias personas ut testatur Christus: qui vos audit, me audit. Cum verbum Christi, cum sacramenta porrigunt, Christi vice et loco porrigunt. (Melanchthon, Apol., *De ecclesia, C. R.*, 27, 529.) Sehr nachdrücklich erklärt aber auch Calvin: gewiß sei Gott nicht gebunden an das menschliche Wort von ihm und könnte er die Seinigen auf irgendeinem direkten Weg zu sich ziehen. Es habe ihm aber offenbar gefallen, uns *educatione ecclesiae* zum Mannesalter Christi heranreifen zu lassen und also ohne aufzuhören, selber und allein in seiner Kirche zu regieren, ohne sein Recht und seine Ehre an einen Menschen abzutreten, des menschlichen Wortes als einer *vicaria opera* sich zu bedienen. Und nun gelte von der christlichen Predigt: *Deus ipse in medium prodit, et quatenus huius ordinis autor est, vult se praesentem in sua institutione agnosci.* Es handle sich dabei um den Erweis, daß der Mensch tatsächlich ein Tempel Gottes werden könne. Es sei weiter eine entscheidende Probe unserer Demut gegen Gott, daß wir seinem Worte nicht etwa als einem direkt vom Himmel geredeten, sondern so wie es uns begegne, im Munde eines *homuncio quispiam ex pulvere emersus*, der in keiner Beziehung besser ist als wir, Gehorsam zu leisten lernten. Und es sei endlich das stärkste Band der Liebe untereinander, in der Gott uns verbinden wolle, daß er in der Predigt sein Wort eben in den Mund eines Mitmenschen lege und uns damit verbiete, uns selbst genügen zu wollen. (Pred. üb. Luc. 1, 16 f. *C. R.* 46, 39; *Institit.* IV, 1, 5 und 3, 1; vgl. E. Brunner, Gott und Mensch 1930, S. 65.) Die Beziehung der Ordnung, daß in der Verkündigung *homines per homines* zu unterrichten sind, auf die christliche *charitas* ist übrigens ein Gedanke schon Augustins gewesen (*De doctr. christ., Prol.* 6).

Von diesem Begriff des verkündigten Wortes Gottes aus könnte auch die bekannte Auszeichnung des Bischofsamtes, wie sie zuerst besonders von Ignatius von Antiochien, dann von Irenäus, Tertullian und Cyprian vertreten worden ist, nicht als an sich unmöglich bezeichnet werden. Man kann weder die katholische Position richtig würdigen noch die richtige evangelische Position beziehen, wenn man etwa (mit Harnack a. a. O. S. 446) schon an dem Vikariats- bzw. Sukzessionsgedanken an sich Anstoß nimmt. Man müßte schon den *Christus praesens* leugnen, wenn man den *vicarius Christi* grundsätzlich leugnen wollte. Der Dissensus zwischen der römisch-katholischen Dogmatik und uns, dem wir hier allerdings ins Auge sehen müssen, kann nicht das Daß, sondern nur das Wie dieses Vikariats bzw. dieser Sukzession betreffen. Folgende drei Fragen dürften hier entscheidend sein: 1. **Wie wird ein Mensch** *vicarius Christi* bzw. *successor Petri*? Nach römisch-katholischer Lehre wird er es durch seinen Ort am Fuß einer ohne Unterbrechung auf einen Apostel, letztlich auf Petrus und allerletztlich auf Christus als den Stifter der Kirche zurückgehenden Bischofsliste. Wir fragen: Wie dieser profane, nämlich historisch-juridische Tatbestand einer solchen Liste dazu kommt, die Rechtmäßigkeit des kirchlichen Amtes zu verbürgen? Was denn aktenmäßige mit wirklicher und d. h. dann doch wohl pneumatischer Sukzession zu tun haben möchte? 2. **Wie besteht dieses Vikariat oder diese Sukzession**? Sie besteht nach römisch-katholischer Lehre in einem Charakter, den der Bischof oder Priester zu seinem Menschsein hinzu durch seine Ordination auf Lebenszeit empfängt. Wir fragen: Wieso ein Charakter auf Lebenszeit, wenn anders Ordination sich doch nur auf die amtlichen Akte des Geweihten beziehen und auch in bezug auf diese Akte mehr als die Verkündigung einer Verheißung nicht bedeuten wollen kann? 3. **In was besteht dieses Vikariat oder diese Sukzession**? Nach römisch-katholischer Lehre in einer dem kirchlichen Lehramt dauernd eigenen Vollmacht, irreformable Definitionen in Sachen des Glaubens und der Sitte aufzustellen und zu verkündigen. Wir fragen: Inwiefern kann die Ausübung solcher einer menschlichen Instanz dauernd eigenen Vollmacht, irreformabel zu reden, noch als Dienst Gottes verstanden werden? Inwiefern liegt hier noch eine Vertretung und nicht vielmehr eine Ersetzung Christi vor? Alle drei Fragen zusammengefaßt: Ist das Vikariat im römisch-katholischen Sinn nicht ein solches, dem vom Vikariat nur noch die Akzidentien erhalten sind, während es in der Substanz schlechthin die mit der Kirchenregierung identisch gewordene Regierung Christi ist? Wir verstehen: Diese ganze Lehre ist ein wahrhaftig bedeutsamer Versuch dem Problem der wirklichen Verkündigung gerecht zu werden. Aber bedeutet diese Lösung nicht, daß die Verkündigung (durch die Vorstellungen von der historischen Sukzession, vom *character indelebilis* und von der Möglichkeit irreformabler Definitionen) entmenschlicht, d. h. in eine Sphäre gerückt wird, in der sie nur noch zum Schein ein menschlich anfechtbares, verantwortliches, überbietbares und also dienstbares Tun bedeuten kann. Es war gewiß folgerichtig, aber es ist doch eine Tatsache, der wir fassungslos gegenüberstehen, daß Innocenz III. an seinem Konsekrationstage einfach — über sich selbst gepredigt hat (Harnack a. a. O. S. 441). Auch die römisch-katholische Dogmatik weiß natürlich um die Herrschaft Christi als eine Herrschaft nicht nur in seiner Kirche, sondern über seine Kirche. Aber wo kann diese Herrschaft Christi über seine Kirche in diesem System konkret werden, wo kann sie eigenen Spielraum haben, wenn alle Übertragung aller seiner Gewalt an die Kirche immer schon stattgefunden hat, wenn seine Gewalt in der Kirche einfach da ist? Und wenn sie keinen eigenen Spielraum hat, unterscheidet sie sich dann anders als bloß dem Namen nach von der in der Kirche ohne Unterbruch, Hemmung und Grenze von Menschen ausgeübten Gewalt? Gewiß könnte der Katholik Luthers Interpretation des Bildes vom guten Hirten Joh. 10 gutheißen: Also zeucht er das rechte Hirten Ampt, das ist, das Regiment den Gewissen und der Seelen zu helffen, allein auff sein eigen Person, als, der allein das gethan und volnbracht hat, das werck unser Erlösung, sein Leib und leben für seine Schafe gesetzt unnd das Ampt gestifftet, treibt und erhelt, dadurch er sie zu sich bringet, regieret und erhelt, Und also in diesem Ampt die gantze Predigt des Euangelii begreifft, wo und wenn und durch welche es gepredigt wird, Welche nach Christo auch Hirten heißen, nicht jrer Person halben (denn solches kan niemand seien on Christus selbs), sondern, das sie in dem Ampt sind, welches allein Christi eigen ist und er durch sie ubet und in demselben wircket. (Crucigers Sommerpostille 1543, W. A. 21, S. 323, Z. 3). Aber an der Frage, was hier „Person" heißt, scheiden sich die Wege unerbittlich. Nach evangelischer Ansicht kann man gerade von einem Handeln der Person Christi in und über seiner Kirche nicht mehr reden, wo den menschlichen Instanzen in der Kirche ihre Menschlichkeit in der bewußten Weise genommen ist und wo umgekehrt Christi eigenes Entscheiden verschwunden ist im Entscheiden dieser menschlichen Instanzen. Was in der beschriebenen Weise zur Ausstattung, Eigenschaft, Befugnis und Würde anderer Personen werden kann, das hört in demselben Maße auf, handelnde Person zu sein. Eine persönliche Herrschaft müßte sein eine freie Herrschaft. Eine persönliche Gegenwart müßte eine solche sein, neben der es auch die Möglichkeit von Abwesenheit gibt. Einer persönlichen Gabe müßte die Möglichkeit ihrer Verweigerung gegenüberstehen. Und eben diese Einschränkung der kirchlichen Gewalt durch die Person Christi müßte dann die Kirche als wahre, Christus dienende und darum dann auch der Wohltat seiner Herrschaft, seiner Gegenwart und Gabe teilhaftige Kirche erweisen. Eben diese Einschränkung ist aber durch die Lehre von der historischen Sukzession, vom *character indelebilis* und von der Möglichkeit irreformabler Definitionen ausgeschlossen. Darum müssen wir diese Lehre ablehnen. Luther fährt in der eben zitierten Predigt fort: Also gehets auch in diesem geistlichen Regiment der gewissen, wo nicht Christus durch sein Hirten Ampt selbs hütet, leitet und füret, da hillft und nützet kein ander Predigt, ob sie gleich sonst gut und recht ist, Denn sie kan doch nicht bestehen in der not wider den Teuffel, so er seinen Helle rachen auffsperret durch schrecken der sünden und ewigen Todes, Denn wenn es dazu kompt, so stehet das arme Schaf allein und verlassen, auff sich selbs und sein thun, durch des Gesetzes unnd unser werck Lere gewiesen, hat keine hülffe noch beistand mehr, des sichs möchte trösten und rettung finden (*ib*. S. 324 Z. 17) und sagt in einer späteren Predigt über denselben Text noch polemischer: So aber solche Predigt recht gebraucht, nütz und gut sein sol, so mussen sie nicht selbs einsteigen in den Schaff stall wie jene, noch sich unterstehen Hirten zu sein, Sondern allein Türhüter und Diener des rechten Hirten Christi, die die Schafe in der hut unnd verwarung halten, das nicht Frembde zu jnen einreissen. Und dem Hirten einreumen unnd stat geben, der sie selbs zur weide aus und ein füre, Also, das solch Ampt gerichtet sey, nicht selbs zu weisen, sondern dem Hirten auff thun, das die Schafe jn selbs hören und von jm geweidet werden (*ib.* S. 501 Z. 8). In dem Bekenntnis der Straßburger Synode von 1533 (mitgeteilt in der „Reformierten Kirchenzeitung" 1931 Nr. 27 S. 211) lesen wir Art. 6: Der Glaub kommt aus dem Gehör. Jedoch ist weder der Pflanzer noch der Begießer etwas, sondern Gott, der das Gedeihen gibt, Alles. Derhalb aber muß ein Abbruch seyn göttlicher Gnaden und Werk, wöllen den Worten und Handlungen der evangelischen Predig und Sacramenten etwas Kraft zugeben, uns von Sünden zu reinigen, welche Kraft sie an ihnen selbst haben, wenn sie nur von Menschen gepredigt und gehandelt werden, es werde von denen, welchen man die Wort und Sacrament mittheilet, geglaubt wie es wölle ... Und wiederum hat Calvin gut gesagt, was von der evangelischen Auffassung des jedes *opus operatum* ausschließenden Verhältnisses von Gott und Mensch im kirchlichen Amt zu sagen ist: *Et certe quum nobis constet Dei negotium hic nos et curare et agere, ipsum sibi operique suo minine defuturum confidimus. Caeterum qualiscunque exitus erit, nunquam nos coepisse, aut huc usque progressos esse poenitebit. Nobis spiritus sanctus doctrinae nostrae fidelis est ac certus testis. Scimus, inquam, esse aeternam Dei veritatem quam praedicamus. Ministerium nostrum ut mundo sit salutare, optamus quidem, sicut par est: verum ut id consequamur, Dei est praestare, non nostrum.* (*Suppl. Exhort.* 1543, C. R. 6, 534.) Wir können aber unseren Einwand gegen die römisch-katholische Lehre auch zusammenfassen in die Anweisung, die der größte katholische Theologe, Augustin, dem Prediger gegeben hat: *Oret, ut Dominus sermonem bonum det in os eius (De doctr. chr.* IV, 15). Was bedeutet es, wenn dieses *oret* nicht bloß als aszetisch-homiletischer Wink, sondern in seinem sachlichen Gehalt ernst genommen wird, strenger als es wohl auch nach Augustins eigener Meinung zu nehmen war? Muß man wirklich beten um den *sermo bonus?* Kann man nur beten um ihn? Ist das Handeln Christi, die wirkliche Verkündigung, das verkündigte Wort Gottes, an das kirchliche Amt und also an den menschlichen Akt oder ist umgekehrt, wie nach diesem *oret* zu schließen wäre, Amt und Akt an das Handeln Christi, an die von Gott her eintretende Verwirklichung der Verkündigung, an das verkündigte Wort Gottes gebunden? Diese Frage ist, von unserem Thema aus gesehen, der rätselhafte Riß, der seit 400 Jahren durch die Kirche geht.

2. DAS GESCHRIEBENE WORT GOTTES

Wir sagten: Kirchliche Verkündigung muß gewagt werden in Erinnerung geschehener und in Erwartung kommender Offenbarung. Der Grund der Erwartung ist dabei offenbar identisch mit dem Gegenstand der Erinnerung. Wir reden — hoffend, was man nicht sehen, was wir nicht als gegenwärtig voraussetzen können — von einer verwirklichten Verkündigung, von einem in der Kirche verkündigten Wort Gottes: daraufhin, daß Wort Gottes schon gesprochen, daß Offenbarung schon geschehen ist. Wir reden also in Erinnerung.

Was bedeutet diese Erinnerung schon geschehener Offenbarung? Erinnerung an Gottes geschehene Offenbarung könnte einmal bedeuten: die Aktualisierung eines der Existenz jedes Menschen ursprünglich immanenten Offenbarseins Gottes, bzw. eines jedem Menschen ursprünglich eigenen Wissens um Gott. Erinnerung an Gottes geschehene Offenbarung wäre dann identisch mit der Entdeckung und neuen Inbesitznahme eines lange verborgenen, vergessenen und unbenützten Teiles, und zwar des zentralsten und lebenswichtigsten Teiles des zeitlosen Wesensbestandes des Menschen selbst: seiner Bezogenheit zum Ewigen oder Absoluten.

So hat Augustin, natürlich in bestimmtem Anschluß an die platonische Lehre von der Anamnese die *memoria* verstanden. *Unde adest, nisi ex memoria? Nam et cum ab alio commoniti recognoscimus, inde adest. Non enim quasi novum credimus, sed recordantes approbamus hoc esse quod dictum est. Si autem penitus aboleatur ex anima, nec admoniti reminiscimur. Neque enim omni modo adhuc obliti sumus, quod vel iam oblitos nos esse meminimus (Conf.* X 19, 28*).* Gott ist nach Augustin das, was wir alle suchen, indem wir doch alle eine *vita beata* suchen. Wie kommen wir dazu, glücklich sein zu wollen, diese *vita beata* zu lieben? Offenbar kennen wir sie schon. *Nimirum habemus eam nescio quomodo. . . . Neque enim amaremus eam nisi nossemus (ib.* 28, 29*).* Alles aktuelle Wissen um Gott kann darum nur eine Bestätigung dieses schon vorher von Gott Gewußten sein: *Neque enim aliquid de te inveni, quod non meminissem ex quo didici te. Nam ex quo didici te, non sum oblitus tui. Ubi enim inveni veritatem, ibi inveni Deum meum ipsam veritatem, quam, ex quo didici, non sum oblitus (ib.* 24, 35*).* Ganz ähnlich ist viel später argumentiert worden, als es sich darum handelte, den Cartesianismus in die Theologie einzuführen: Was hülfe aller Unterricht, alle Belehrung, so meinte A. Heidan (*Corp. theol. christ.* 1686 *Loc.* I S. 9), *nisi ex nobis ideam Dei formare possimus.* Nicht von außen (*aliunde*) kommt uns die *idea Dei* zu, sondern sie ist *potentia nobis semper inexistens.* „Erinnerung" heißt auf dieser Linie offenbar, und schon Augustin hat das klar zum Ausdruck gebracht: Verinnerlichung, Einkehr und Heimkehr des Menschen aus der Zerstreuung der Außenwelt zu sich selber, um daselbst Gott zu finden. *Sero te amavi, pulchritudo tam antiqua et tam nova! Sero te amavi! Et ecce intus eras et ego foris et ibi te quaerebam . . . mecum eras et tecum non eram (Conf.* X 27, 38*).*

Sollte die Erinnerung an Gottes Offenbarung, auf die hin kirchliche Verkündigung gewagt wird, d i e s e Erinnerung sein? Daß sie das unmöglich sein könne, wird sich offenbar nicht *a priori* beweisen lassen. Warum sollte es Gott nicht gefallen haben können, seiner Kirche immanent zu sein als ihr zeitweilig verborgener aber ruhig dauernder, weil zeitlos gelegter Grund, auf dem wirklich zu stehen für sie dann nur eine Sache gründlicher Selbstreflexion zu sein brauchte? Warum sollte Gott die Kirche nicht in sich selbst als Kirche begründet sein lassen, um sie durch immer neue Rückkehr zu sich selbst als Kirche — und das eben wäre dann die Erinnerung an Gottes geschehene Offenbarung — immer wieder in sich selbst als Kirche sich gründen zu lassen? Warum nicht?

Der Neuplatoniker und der katholische Kirchenmann konnten offenbar in Augustin sehr wohl in Personalunion existieren. Warum sollten nicht beide recht gehabt haben?

Vom Begriff der göttlichen Freiheit oder Potenz aus kann ein Grund, weshalb es unmöglich so sein konnte, nicht bestehen. Er besteht aber darin, daß Gott von seiner Freiheit oder Potenz nicht diesen Gebrauch gemacht hat. — Er besteht also in einem in ganz andere Richtung weisenden F a k t u m.

Wir müssen auch hier zunächst rein exegetisch fortfahren (wobei wir uns bewußt sind, daß es evangelisch-reformatorische Exegese der kirchlichen Wirklichkeit ist, die wir dabei treiben): Die Kirche findet sich in bezug auf das Wort Gottes nicht allein, nicht auf sich selbst und also nicht auf Selbstbesinnung angewiesen. Sie getraut sich nicht, sich für das Wagnis ihrer Verkündigung auf sich selbst als die Quelle des göttlichen Wortes zu berufen. Sie sucht den Auftrag, den Gegenstand, das Urteil, das Ereignis, in Erinnerung an das sie sich in ihrer Verkündigung legitimiert und zu ihrer Verkündigung aufgefordert glaubt, nicht in einer verborgenen Tiefe ihrer eigenen Existenz. Die Heimkehr zu ihrem eigenen Sein, auf Grund deren sie ihre Verkündigung in der Tat allein wagt, bedeutet für sie allerdings die Rückkehr zu ihrem eigenen Sein, aber eben zu ihrem ihr selbst überlegenen Sein, zu Jesus Christus als dem himmlischen Haupt, dem sie, sein irdischer Leib, als solcher verbunden, aber auch als solcher unterschieden gegenübersteht, der zwar die Kirche in sich, den aber die Kirche nicht in sich hat, zwischen dem und ihr gerade kein umkehrbares, kein Wechselverhältnis stattfindet, so gewiß eben das Verhältnis von Herr und Knecht kein umkehrbares ist. Er ist ihr nur immanent, indem er ihr transzendent ist. Das ist das Faktum, das ihre Erinnerung an Gottes geschehene Offenbarung zu einer von jener Besinnung auf einen ihr selbst zeitlos eigenen Wesensgrund verschieden macht: es hat Gott gefallen, anders als in reiner Immanenz ihr Gott zu sein.

Aber dieses Faktum ist näher zu beschreiben. Die Unterschiedenheit des Hauptes vom Leibe und seine Überlegenheit über ihn drückt sich konkret darin aus, daß der Verkündigung in der Kirche eine ihr als Phänomen höchst ähnliche, wie sie selbst zeitliche und nun doch von ihr verschiedene und ihr ordnungsmäßig überlegene Größe gegenübersteht. Diese Größe ist die **Heilige Schrift**. Sie ist die konkrete Gestalt des Grundes, weshalb die Erinnerung, auf Grund deren wir Gottes Offenbarung erwarten, nicht die Erinnerung an ein zeitloses Wesen der Kirche selbst sein kann. Sie ist der Riegel, der der platonischen Anamnese hier faktisch geschoben ist. Zunächst einfach, indem sie da ist und uns sagt, was Gottes schon geschehene Offenbarung ist, deren wir uns zu erinnern haben. Also zunächst einfach damit, daß sie **Kanon** ist.

Κανών heißt Stab, dann Richtscheit, Regel, Vorbild, zugewiesener Bezirk. Im kirchlichen Sprachgebrauch der drei ersten Jahrhunderte wurde so genannt: das in der Kirche als maßgebend, d. h. als apostolisch Feststehende, die *regula fidei*, d. h. die Norm des Glaubens bzw. der kirchlichen Lehre des Glaubens. Aus diesem (doch nur scheinbar) weiteren Begriff des κανών τῆς ἀληθείας oder τῆς πίστεως wächst dann seit dem 4. Jahrhundert hervor der speziellere: der Kanon Heiliger Schrift, d. h. die Liste der in der Kirche als maßgebend, weil als apostolisch erkannten biblischen Bücher.

Mit der Anerkennung des Vorhandenseins eines Kanons spricht die Kirche aus, daß sie sich gerade in ihrer Verkündigung nicht allein gelassen weiß, daß der Auftrag, auf Grund dessen sie verkündigt, der Gegenstand, den sie verkündigt, das Urteil, unter dem ihre Verkündigung steht, das Ereigniswerden wirklicher Verkündigung anderswoher, von außen, und zwar konkret von außen, in der ganzen Äußerlichkeit eben des konkreten Kanons zukommen muß — als kategorischer aber nun gerade als historischer, als in der Zeit laut werdender Imperativ. Und mit der Anerkennung, daß dieser Kanon faktisch mit der Bibel alten und neuen Testamentes, mit dem Wort der Propheten und Apostel identisch ist, spricht sie aus, daß diese Beziehung ihrer Verkündigung auf ein konkretes Außen nicht ein allgemeines Prinzip, nicht eine bloße Formbestimmtheit ist, deren Inhalt je dieser oder auch ein ganz anderer sein könnte, sondern daß diese Beziehung inhaltlich schlechterdings bestimmt ist, daß sie empfangene Weisung, vollzogene Bindung ist, daß dieses aus bestimmten Texten bestehende Stück vergangenen Geschehens die Arbeitsanweisung, der Marschbefehl ist, mit dem nicht nur ihre Verkündigung, sondern sie selbst steht und fällt, der also unter keinen Umständen, auch nicht hypothetisch, wegzudenken und unter keinen Umständen, auch nicht hypothetisch, durch einen anderen ersetzt zu denken ist, wenn man nicht Verkündigung und Kirche selbst wegdenken will.

Man beachte zur weiteren Verständigung zunächst das, was eben die phänomenelle Ähnlichkeit zwischen der kirchlichen Verkündigung und der ihr in der Kirche gegenübergestellten zweiten Größe, dem Kanon Heiliger Schrift, genannt wurde. Sie besteht darin, daß es sich offenbar auch in der Heiligen Schrift nicht primär sondern erst sekundär um Schrift handelt: Sie ist selbst der Niederschlag einst geschehener Verkündigung durch Menschenmund. Sie will aber auch noch in ihrer Gestalt als Schrift nicht sowohl historisches Monument als vielmehr kirchliches Dokument, schriftliche Verkündigung sein. Die beiden Größen stehen also zunächst unter ein Genus zusammengefaßt nebeneinander: dort die Schrift als Anfang, hier die heute zu haltende Predigt als Fortsetzung eines und desselben Geschehens, Jeremia und Paulus am Anfang, der heutige Prediger des Evangeliums am Ende einer und derselben Reihe.

Diesen Zusammenhang hat Luther gut gesehen. Einerseits: Euangelion aber heysset nichts anders, denn ein predig und geschrey von der genad und barmhertzigkeytt Gottis, durch den herren Christum mit seynem todt verdienet unnd erworben, Und ist eygentlich nicht das, das ynn büchern stehet und ynn buchstaben verfasset wirtt, sondernn mehr eyn mundliche predig unnd lebendig wortt, unnd eyn stym, die da ynn die gantz welt erschallet unnd offentlich wirt ausgeschryen, das mans uberal höret. (Ep. S. Petri gepredigt unnd ausgelegt 1523, W. A. 12, S. 259, Z. 8.) Andererseits: Denn wir haben Johannis des Täufers Wort und Geist, und wir Pfarrer und Prediger sind zu unserer Zeit das, das Johannes der Täufer zu seiner Zeit gewesen ist. Wir lassen Johannis des Täufers Finger zeigen, und seine Stimme klingen: „Siehe, das ist Gottes Lamm, das der Welt Sünde trägt"; wir führen Johannis des Täufers Predigt, weisen auf Christum, und sagen: Das ist der rechte, einige Heiland, den sollt ihr anbeten, an den hänget euch. Solche Predigt muß bleiben bis an den jüngsten Tag, ob sie wohl an allen Orten nicht allezeit und zugleich bleibet, dennoch muß sie bleiben. (Pred. über Matth. 11, 2 f. 1533 E. A. 1, S. 159.)

2. Das geschriebene Wort Gottes

Eben in dieser phänomenellen Ähnlichkeit findet dann zwischen Heiliger Schrift und heutiger Verkündigung auch die ordnungsmäßige Unähnlichkeit statt, die Überlegenheit, die schlechthin konstitutive Bedeutung der ersteren für die letztere, die Bedingtheit der Wirklichkeit heutiger Verkündigung durch ihre Begründung auf die Heilige Schrift und durch ihre Bindung an sie — also die grundsätzliche Auszeichnung des geschriebenen Propheten- und Apostelwortes vor allem in der Kirche später gesprochenen und heute zu sprechenden sonstigen Menschenwort. Besteht das Gesagte zu Recht: daß die Kirche sich in bezug auf ihre Verkündigung nicht allein sieht, sondern sich in einer konkreten Gegenüberstellung befindet, in welcher sie der geschehenen Offenbarung Gottes eingedenk ist, und ist die konkrete Gestalt ihres Gegenübers wirklich das biblische Propheten- und Apostelwort, dann muß diesem offenbar ihr gegenüber eine grundsätzliche Auszeichnung eigen sein. Ist das Vikariat der kirchlichen Verkündigung echt, d. h. gründet die Kirche bei ihrer Verkündigung nicht heimlich doch in sich selbst, sondern in dem Anderen, der ihr Herr ist, ohne daß sie sein Herr würde, dann muß die konkrete Gestalt des Vikariats die Sukzession sein.

Auch dieser Begriff aus der römisch-katholischen Definition des kirchlichen Amtes ist also nicht etwa an sich zu beanstanden. Die Reihe: Gott-Christus-Apostel-Bischof-Gemeinde, wie sie zu Beginn des 2. Jahrhunderts in der kirchlichen Literatur (z. B. Clemens Rom. *ad. Cor.* 42 u. 44) sichtbar wird, das besonders von Irenäus fast formelhaft angewendete Kriterium: da ist die Kirche, wo die *traditio* oder *successio apostolorum* ist (z. B. *C. o. haer.* III 2, 2; 3, 1; 4, 1; IV 26, 2, 5; 33, 8; V 20) aber auch die Bekämpfung der Häretiker unter dem Gesichtspunkt der Frage nach ihrem Verhältnis zu dem apostolischen Ursprung der Kirche — *Edant ergo origines ecclesiarum suarum, evolvant ordinem episcoporum suorum ita per successionem ab initio decurrentem, ut primus ille episcopus aliquem ex apostolis... habuerit auctorem et antecessorem ... exhibent quos ab apostolis in episcopatum constitutos apostolici seminis traduces habeant* (Tertullian, *De praesc. haer.* 32) — das alles könnte an sich sein gutes Recht haben als Ausdruck des Wissens eben um die Konkretheit der Gestalt, in der Christus und seine Kirche beisammen sind und sich gegenüberstehen: Apostolizität ist in der Tat eines der entscheidenden Merkmale der wahren Kirche *(credo unam sanctam catholicam et apostolicam ecclesiam)* und wegen ihrer direkten Beziehung zu dem übergeordneten Charakter des Christlichen geradezu das entscheidende Merkmal der wahren kirchlichen Verkündigung. So sagt und bekennt es mit ihrem Schriftprinzip auch die evangelische Kirche: Nu, das er sagt: Ir werdet auch zeugen, denn jr seid vom anfang bey mir gewesen, Damit malet er sonderlich die Apostel aus fur alle Prediger, bestetiget jre Predigt also, das alle Welt sol an jr wort gebunden sein und denselben gleuben on alles widersprechen unnd gewis sein, das alles, was sie leren und predigen, die rechte Lere und des heiligen Geistes predigt sein, die sie von jm selbs gehöret und empfangen haben. Wie 1. Johan. 1 solch Zeugnis füret und saget: „Das wir gehöret haben, das wir gesehen haben mit unseren Augen, das wir beschawet haben" usw. „vom Wort des Lebens, das verkündigen wir euch." Solch zeugnis haben keine Prediger auff Erden on die Apostel allein, Denn den andern wird hiemit befolhen, das sie alle sollen der Apostel Fustappen nach folgen, bey der selbigen Lere bleiben und nicht weiter noch anders leren. Und ist doch hieneben auch das rechte Warzeichen angezeigt, dabey man solche des heiligen Geists Predigt kennen und prüfen sol, da er sagt: „Der heilige Geist wird zeugen von Mir" usw. (Luther, Crucigers Sommerpostille, W. A. 21, S. 426, Z. 2.) Die Differenz zwischen evangelischer und katholischer Anschauung besteht also auch hier nicht hinsichtlich des Daß, sondern hinsichtlich des Wie. Und auch hinsichtlich des Wie kann unsererseits weder gegen die Zusammenfassung des Apostolats in Petrus, noch auch gegen die Möglichkeit eines Primats in der Kirche, der dann ja auch derjenige der römischen Gemeinde sein könnte, grundsätzlicher Einspruch erhoben werden. Der Protest des Protestantismus in der Sukzessionsfrage richtet sich einzig und allein dagegen, daß das *Tu es Petrus* usw. über den Kopf des ersten Petrus hinweg mechanisch auf jeden folgenden römischen Bischof als zweiten, dritten und hundertsten Petrus bezogen wird, als ob die Sukzession und Tradition des Petrus von Matth. 16, dem Fleisch und Blut solches nicht offenbart hat, eine andere als eine pneumatische bzw. als ob sie als pneumatische an den profanen Tatbestand einer solchen Bischofsliste gebunden sein könnte. „Die Sichtbarkeit und die damit verbundene Stetigkeit der Kirche erfordern hienach eine von Christus, dem Ausgangspunkte, beginnende, in ununterbrochener Reihenfolge fortdauernde kirchliche Ordination, so daß, gleichwie die Apostel vom Heilande gesendet wurden, auch sie hinwiederum Bischöfe einsetzten, diese sich abermal Nachfolger gaben und so fort bis auf unsre Tage. An dieser vom Heilande ausgegangenen und ununterbrochen fortgesetzten bischöflichen Reihenfolge wird vorzugsweise, als an einem äußeren Merkmale, erkannt, welches die wahre von ihm gestiftete Kirche sei." (J. A. Möhler, Symbolik 3. Aufl. 1834 S. 396). Das ist's, wozu wir nur Nein sagen können. *Est enim ecclesia coetus non alligatus ad ordinariam successionem, sed ad verbum Dei. Ibi renascitur ecclesia, ubi Deus restituit doctrinam et dat Spiritum sanctum* (Melanchthon, *De ecclesia et de auctoritate verbi Dei* 1539, C. R. 22, 598). Und der Grund dieses Protestes ist der, daß Apostolizität unter jenen Umständen aus einer göttlichen Gabe und menschlichen Aufgabe zu einem gesicherten menschlichen Besitz werden muß, daß sie, „vorzugsweise" mechanisch historisch, juridisch verstanden, nicht mehr Norm sein kann, die der Kirche wegweisend und richtend gegenübertritt, sondern umgekehrt dem *judicium ecclesiae*, der Verfügung des zweiten, dritten oder hundertsten Petrus restlos verfallen ist. Pneumatische Sukzession setzt offenbar voraus, daß der *successor* mit dem *antecessor* pneumatisch aber gerade nicht mechanisch identisch ist, so also, daß dem *antecessor* ein eigener Spielraum bleibt gegenüber dem *successor*. Ein solcher Spielraum ist aber dem ersten Petrus im römisch-katholischen System gerade nicht gegeben; sondern hier ist der *antecessor* aufgehoben und verschwunden im *successor*: es ist gerade die Wacht am Grabe des Petrus, was hier die Apostolizität der Verkündigung ausmachen soll. Weil Petrus, weil der Apostolat, weil die Heilige Schrift unter dieser Voraussetzung keine freie Macht mehr ist in der Kirche und der Kirche gegenüber, weil die Kirche unter dieser Voraussetzung doch wieder mit sich allein und auf sich selbst und also auf Selbstbesinnung angewiesen ist, darum können wir den römisch-katholischen Sukzessionsbegriff nicht gutheißen. Auch nicht und zuallerletzt in der (theologisch vom katholischen wie vom evangelischen Standpunkt aus als dilettantisch zu bezeichnenden) Form, in der er von Friedrich Heiler, Im Ringen um die Kirche, 1931, S. 479 (vgl. bes. die „vier Gründe" S. 506 f.!) vorgetragen und vertreten wird.

Apostolische Sukzession der Kirche muß heißen: daß sie sich richtet nach jenem Kanon, also nach dem Propheten- und Apostelwort als nach der notwendigen Regel alles in der Kirche geltenden Wortes — daß sie eintritt in die Nachfolge der Propheten und Apostel in ihrem Amt der Verkündigung und das so, daß deren Verkündigung frei und selbständig vorangeht, die Verkündigung der Kirche aber auf sie bezogen ist, im Blick auf sie hin im Gehorsam gewagt wird, an ihr gemessen ist, sie also nur ersetzt, indem und sofern sie ihr gemäß ist, — daß sie ihr freie Macht über sich selbst immer wieder zugesteht. Alles kommt gerade für den Begriff einer lebendigen Sukzession darauf an, daß der *antecessor* als noch lebendig und dem *successor* gegenüber im Besitz freier Macht gedacht wird. Dies kann aber, wenn der *antecessor*, wie es hier der Fall ist, ein längst Verstorbener ist, nur dann der Fall sein, wenn seine Verkündigung schriftlich fixiert ist und wenn anerkannt wird, daß er eben in diesem seinem **geschriebenen Wort** heute noch Leben und freie Macht über die Kirche hat. Gerade an der Schriftlichkeit des Kanons, an seinem Charakter als *scriptura sacra*, hängt seine Selbständigkeit und Unabhängigkeit und also seine freie Macht gegenüber der Kirche und also die Lebendigkeit der Sukzession. Gewiß, es könnte Gott auch gefallen haben, seiner Kirche den Kanon in Form einer ungeschriebenen, von Geist zu Geist und von Mund zu Mund sich fortpflanzenden prophetisch-apostolischen Tradition zu geben.

Dann könnte es legitim und sinnvoll sein, daß gerade das Grab des Petrus das zentrale Heiligtum der Kirche wäre! Kanon könnte das Ereignis der Tradition sein, d. h. „der eigentümliche in der Kirche vorhandene und durch die kirchliche Erziehung sich fortpflanzende christliche Sinn ... das fortwährend in den Herzen der Gläubigen lebende Wort" (J. A. Möhler, Symbolik 3. Aufl. 1834 S. 371).

Man wird nicht bestreiten wollen, daß es etwas Derartiges in der Kirche außer dem wirklichen Kanon gibt. Man wird aber sagen müssen: Sofern es Gott gefallen hätte, diese ungeschriebene geistig-mündliche Überlieferung zum Kanon seiner Kirche zu machen, dann wäre der Kanon vom Leben der Kirche selbst so wenig zu unterscheiden, wie wir etwa das in unseren Adern rollende Blut unserer Väter von unserem eigenen Blut zu unterscheiden vermögen, d. h. aber die Kirche wäre dann doch wieder mit sich selbst allein und auf sich selber, auf ihre eigene Lebendigkeit angewiesen. Was es auch an solcher geistig-mündlicher Tradition in der Kirche geben mag — es kann eben, weil ihm die Schriftlichkeit abgeht, den Charakter einer der Kirche unaufhebbar gegenübergestellten Autorität offenbar nicht haben. In der ungeschriebenen Tradition ist die Kirche nicht angeredet, sondern im Gespräch mit sich selbst begriffen.

Das Wort des Papias: οὐ γὰρ τὰ ἐκ τῶν βιβλίων τοσοῦτόν με ὠφελεῖν ὑπελάμβανον ὅσον τὰ παρὰ ζώσης φωνῆς καὶ μενούσης (Euseb, H. E. III 39, 4) ist bezeichnend für die in ihren Wirkungen katastrophale Wendung, die hier schon zu Beginn des zweiten Jahrhunderts eingetreten ist: Die „Lebendigkeit" wird jetzt nicht mehr im geschriebenen Wort der Apostel selbst, sondern in der „Stimme" von solchen Zeitgenossen gesucht und gefunden, die die Apostel selbst noch gekannt haben und dieser „lebendigen und dauernden Stimme" wird nun auch bereits den „Büchern" d. h. den apostolischen Schriften gegenüber der Vorzug gegeben. Wir befinden uns am Ende derselben Reihe — die „Lebendigkeit" ist nun offenbar vom *antecessor* restlos auf den *successor* übergegangen — wenn K. Adam (Das Wesen des Katholizismus 4. Aufl. 1927 S. 162) vom „toten Wort" der Bibel im Gegensatz zu der „Vitalität" der kirchlichen Tradition reden kann. Aber befinden wir uns auf einer anderen und nicht vielmehr mitten in derselben Linie, wenn wir — Lessing sich weigern hören „an den Faden einer Spinne" (d. h. an das Wort der Zeugen der ersten Zeit)

„nichts weniger als die ganze Ewigkeit hängen zu wollen" (Eine Duplik, Lessings theol. Schr., herausg. v. Chr. Groß, II 2 S. 34), wo doch einst die *regula fidei* nicht mit der Schrift identisch gewesen sei (Nötige Antwort, *ib.* II 2 S. 215 f.) und wo doch heute einzig „das noch immer fortdauernde Wunder der Religion" und wiederum nicht die Schrift den durchschlagenden Beweis für das Christentum bilde (Eine Duplik, *ib.* II 2 S. 33). „Es muß doch möglich sein, daß Alles, was Evangelisten und Apostel geschrieben haben, wiederum verloren gänge und die von ihnen gelehrte Religion doch bestände" (Fragm. eines Unbekannten, *ib.* II 1 S. 262). Wirklich? hatte ihn danach sein Gegner M. G o e z e gefragt, und trotzig antwortete Lessing: „Gott behüte mich, jemals so klein von Christi Lehren zu denken, daß ich diese Frage so geradezu mit Nein zu beantworten wagte? Nein, dieses Nein spreche ich nicht nach und wenn es mir ein Engel vom Himmel vorsagte! Geschweige denn, da es mir nur ein Luther'scher Pastor in den Mund legen will!" (Axiomata, *ib.* II 2 S. 118). Mit mehr Recht als die ersten Worte des Evangeliums Johannes, so meinte Lessing, sollte das Testament Johannis: Kinderchen, liebt euch! in allen Kirchen am sichtbarsten Ort in goldenen Buchstaben zu lesen sein (Das Test. Joh., *ib.* II 2 S. 19). „Es ist freilich apokryphisch, dieses Testament, aber darum nicht weniger göttlich" (Über den Beweis . . . *ib.* II 2 S. 14). Wer fühlte sich gerade bei diesem letzten Satz nicht daran erinnert, daß auch das Trienter Konzil neben der heiligen Schrift *nec non traditiones ipsas, tum ad fidem, tum ad mores pertinentes, tanquam vel oretenus a Christo vel a Spiritu sancto dictatas et continua successione in Ecclesia catholica conservatas, pari pietatis affectu et reverentia suscipit et veneratur (Trid. sess. IV Recipiuntur libri . . .).* Hat sich nun Lessing des Katholisierens oder hat sich das Trienter Konzil eines (dann freilich schon bei Papias anhebenden) Modernisierens schuldig gemacht? Wie verhalten sich diese beiden Tendenzen zueinander? Das ist sicher, daß sie in der Wirkung, in der relativen Verselbständigung der gegenwärtigen Kirche gegenüber dem Kanon Heiliger Schrift, d. h. aber in der relativen Entwertung dieses Kanons übereinkommen.

Gibt es nun abgesehen von der nicht zu leugnenden eigenen Lebendigkeit der Kirche ihr gegenüber eine konkrete Instanz von ihrerseits eigener Lebendigkeit, eine Instanz, deren Spruch nicht ein Reden der Kirche mit sich selbst, sondern ein Reden zur Kirche bedeutet, die der Kirche gegenüber die Stellung einer freien Macht und darum eines Kriteriums haben kann, dann muß sie sich offenbar gerade durch ihre Schriftlichkeit als „Bibel" von dem bloß geistig-mündlichen Leben der kirchlichen Tradition unterscheiden und vor ihm auszeichnen. Gewiß ist nun auch dieser wirkliche, der biblische Kanon der Einbeziehung in das eigene Leben, Denken und Reden der Kirche fortwährend ausgesetzt, sofern die Bibel ja fortwährend neu verstanden und also erklärt und gedeutet sein will. Exegese ist aber immer eine Kombination von Nehmen und Geben, Auslegen und Einlegen. Gerade die Exegese, ohne die doch die Norm nicht als Norm zur Geltung kommen kann, bedeutet also auch die ständige Gefahr einer Beschlagnahme der Bibel durch die Kirche, einer Aufsaugung ihres eigenen Lebens durch das Leben der Kirche, eine Verwandlung ihrer freien Macht in kirchliche Mächtigkeit, kurz eine Aufhebung ihres Charakters als Norm, die der Kirche gebietend gegenübersteht. Alle Exegese der Bibel bedeutet das Vorhandensein dieser Gefahr. Alle Exegese kann überwiegend ein Einlegen statt ein Auslegen werden und insofern zurückfallen in das Gespräch der Kirche

2. Das geschriebene Wort Gottes

mit sich selber. Und nun wird man diese Gefahr damit nicht bannen, sondern erst recht heraufbeschwören und akut machen, daß man die rechte Auslegung von dem Urteil eines endgültig entscheidenden kirchlichen Lehramts oder von dem Urteil einer ebenso unfehlbar sich gebärdenden historisch-kritischen Wissenschaft abhängig macht. Nehmen wir an, die eine oder die andere dieser Instanzen seien des höchsten Vertrauens der Kirche würdig, so verfehlt sich die Kirche der Bibel gegenüber doch in beiden Fällen, sofern sie so oder so über die rechte Auslegung verfügen zu können und damit eine Norm über die Norm aufrichten und damit die eigentliche Norm an sich selbst reißen zu sollen und zu können meint. Die Exegese der Bibel ist vielmehr nach allen Seiten freizugeben: Nicht, wie diese Forderung vom Liberalismus gestellt wurde, um des freien D e n - k e n s , sondern um der freien B i b e l willen. Die Gegenwehr gegen mögliche Brutalisierung des Textes ist hier wie überall dem Text selbst zu überlassen, der tatsächlich noch immer gegenüber den Übergriffen einzelner oder ganzer Zeiten und Richtungen in der Kirche sein eigenes Leben zu behaupten und in immer neuen Wendungen siegreich durchzusetzen und so sich als Norm Anerkennung zu verschaffen gewußt hat wie es eine bloß geistig-mündliche Tradition eben nicht kann.

Die „innere Wahrheit" ist trotz Lessings Protest (Axiomata a. a. O. II 2 S. 127) „eine wächserne Nase, die sich jeder Schelm nach seinem Gesichte bossieren kann, wie er will" und wenn gegenreformatorische Polemik dasselbe schöne Bild auf die Bibel angewendet hat (*scriptura est tanquam nasus cereus; quia flecti potest hinc inde* — zitiert von Calvin, Articuli Fac. Paris. cum Antidoto 1544 C. R. 7, 31), so kann uns das nur das Recht der Forderung einer freien Exegese um der freien Bibel willen beweisen.

Der kanonische Text hat schon als Text den Charakter einer freien Macht und die Kirche braucht nichts zu tun als nach jeder in ihr vorgetragenen Exegese und wäre sie die beste, sich den Unterschied zwischen Text und Kommentar aufs neue klar zu machen, den Text aufs neue unbefangen zu Worte kommen zu lassen, um die Herrschaft dieser freien Macht zu erfahren und in der Bibel den Gegenspieler oder Widerpart zu finden, den die Kirche in ihm finden muß, wenn es ihr mit der lebendigen *successio apostolorum* ernst ist.

Nun ist freilich weiter zu fragen: Wie kommt denn gerade das p r o p h e - tisch-apostolische Wort dazu, diese normative Stellung der Kirche und ihrer Verkündigung gegenüber einzunehmen? Daß es schriftliches Wort, daß es Text sein muß, um wirklicher vom Leben der Kirche selbst sich unterscheidender Kanon zu sein, das haben wir uns eben klar zu machen versucht. Aber die Schriftlichkeit allein macht es offenbar nicht zur Norm. Es gibt auch andere Texte, über die in bezug auf ihre Exegese bzw. auf die ihnen innewohnende freie Macht Entsprechendes zu sagen wäre. Als Text liegt schließlich auch ein großer Teil der nicht-kanonischen Überlieferung vor, soweit sie z. B. im Dogma fixiert worden ist. Was macht gerade die Bibel alten und neuen Testamentes zum K a n o n?

Warum muß die Erinnerung der Kirche an Gottes geschehene Offenbarung immer wieder gerade die Bibel zum konkreten Gegenstand haben? Es soll kein Ausweichen vor dieser mit Recht immer neu zu stellenden Frage bedeuten, wenn wir zunächst sofort antworten: die Bibel macht sich selbst zum Kanon. Sie ist Kanon, weil sie sich als solcher der Kirche imponiert hat und immer wieder imponiert. Die Erinnerung der Kirche an Gottes geschehene Offenbarung hat ausgerechnet die Bibel zum konkreten Gegenstand, weil faktisch dieser und kein anderer Gegenstand die Verheißung künftiger göttlicher Offenbarung ist, die der Kirche ihre Verkündigung zur Pflicht und die ihr zu dieser Pflicht Mut und Freude machen könnte. Meinten wir angeben zu können, **warum** dem so ist, dann täten wir ja doch wieder, als hätten wir ein Maß in Händen, an dem wir die Bibel zu messen und auf Grund dessen wir ihr jene ausgezeichnete Stellung anzuweisen in der Lage wären. Unsere letzte und entscheidende Weisheit wäre dann doch wieder die Weisheit eines Selbstgesprächs, wenn auch eines über die Bibel geführten Selbstgesprächs. Nein, die Bibel ist schon darum Kanon, weil sie es **ist**. Aber sie ist es, indem sie sich als solcher **imponiert**. Und wenn wir dieses Geschehen als solches nur registrieren können als die Wirklichkeit, in der die Kirche Kirche ist, so ist es doch, nachdem dies geschehen ist, nicht unmöglich, nachträglich, exegetisch, anzugeben, in was dieses Sich-Imponieren besteht, und inwiefern es gerade der Weisheit unserer Selbstgespräche eine Grenze setzt. Wir müssen hier schon im voraus auf den **Inhalt** der Heiligen Schrift verweisen. Das prophetisch-apostolische Wort ist Wort, Zeugnis, Verkündigung und Predigt von **Jesus Christus**. Die Verheißung, die der Kirche in diesem Wort gegeben ist, ist die in der Person dessen, der wahrer Gott und wahrer Mensch ist, ausgesprochene Verheißung der Barmherzigkeit Gottes, die sich unser annimmt, die wir vermöge unserer Feindschaft gegen Gott uns selber ganz und gar nicht helfen können. Die Verheißung dieses Wortes lautet also: Immanuel! Gott mit uns! — mit uns, die wir uns in die tiefe Not gebracht haben und immer wieder bringen, nicht mit Gott sein zu können. Die Heilige Schrift ist das Wort von solchen Menschen, die dieses „Immanuel" ersehnt, erwartet, erhofft und endlich in Jesus Christus gesehen, gehört und betastet haben. Sie sagt, bezeugt, verkündigt es. Und sie verheißt durch ihr Sagen, Bezeugen und Verkündigen, daß es auch und gerade für uns gilt. Wer ihr Wort so hört, daß er seine Verheißung ergreift und Ja dazu sagt, der glaubt. Und eben dieses Ergreifen und Bejahen der Verheißung: Immanuel mit den Sündern! im Wort der Propheten und Apostel, eben dies ist der Glaube der Kirche. In solchem Glauben erinnert sie sich der schon geschehenen und in solchem Glauben erwartet sie die noch ausstehende künftige Offenbarung Gottes, erinnert sie sich der Fleischwerdung des ewigen Wortes und der in ihm geschehenen Versöhnung und erwartet sie die Zukunft Jesu Christi und ihre eigene Erlösung von der Macht des Bösen. Also: kraft dieses ihres Inhalts imponiert sich die Schrift. Schrift dieses — aber wirklich dieses! — Inhalts ist im Unterschied zu anderen Schriften Heilige Schrift: Wo die Kirche dieses Wort hörte — sie hörte es bei den Propheten und Aposteln und nirgends sonst — da hörte sie ein gebieterisches, ein letztes Wort, das sie mit keinem anderen mehr verwechseln und auf gleiche Ebene stellen konnte. Schrift dieses Inhalts setzt jener Erinnerung in Form des Selbstgesprächs ihre natürliche Grenze: Gilt jenes „Immanuel, mit uns, den Sündern!", dann kann unser eigener tiefster Wesensgrund, was auch von ihm zu halten sei, die geschehene Offenbarung Gottes jedenfalls nicht sein, dann hat die Heimkehr zu uns selbst — wie bedeutsam solche Heimkehr im übrigen sein möge — mit der Heimkehr zu Gottes Offenbarung jedenfalls nichts zu tun. Schrift dieses Inhalts muß gegenüber dem Leben der Kirche, das ja eben nur in dieser Beziehung Leben sein kann, stehen bleiben als eine Größe voll eigener Lebendigkeit und voll freier Macht, als Kriterium, das sich in das geschichtliche Leben der Kirche nicht auflösen läßt. Und Schrift dieses Inhalts muß endlich immer wieder zu dem werden, wovon wir ja ausgegangen sind: zum Gegenstand der wirklichen echten Erinnerung, in der die Kirche mit ihrer Verkündigung der Zukunft entgegensieht und entgegengeht. „Ich glaube, darum rede ich" (Ps. 116, 10). Das Hören dieses Wortes im Glauben an seine Verheißung gebietet und ermöglicht die Verkündigung.

Das große geschichtliche Paradigma für diese Entdeckung des in der Bibel kraft ihres Inhalts der Kirche gegebenen Kanons ist die Anfangszeit der Reformation. Was sich in Wittenberg und Zürich in den zwanziger, in Genf in den dreißiger Jahren des 16. Jahrhunderts abgespielt hat, das ist wie ein Bilderbuch zu dem eben Ausgeführten: Die Kirche sieht wieder, daß sie Christus mit seinen Gaben nicht in sich selbst hat, sondern von seinem, von außen zu ihr kommenden Wort („Es ist das Heil uns kommen her von Gnad und lauter Güte...") gefunden werden muß. Sie sieht dies aber darum, weil sein Wort und eben in seinem Wort er selber sie schon gefunden hat, weil sie schon nicht mehr allein gelassen ist, weil er als ihr Gegenspieler und Widerpart eben im biblischen Wort bereits tröstend und richtend auf den Plan getreten ist. D. h. aber konkret: weil das Alte und Neue Testament bereits zu ihr gesprochen, sich ihr bereits als „Kanon der Wahrheit" aufgedrängt hat. Ihre Verkündigung ist wieder unter die Notwendigkeit gestellt, Sukzession, gehorsame Nachfolge des Propheten- und Apostelwortes zu werden. Darum wird ihr jetzt die Bibel wieder wichtig als Buch, in seiner Überlegenheit und Freiheit gegenüber ihr selbst, jenseits aller, auch ihrer eigenen Exegese des Buches, in seiner Einzigartigkeit, die eben darin liegt und damit gesichert ist, daß es das Buch von Christus ist, von der Gnadenverheißung, die sonst nirgends zu hören ist und die der Not und dem Hochmut des auf sich selbst sich stellenden, mit sich selbst sich beratenden Menschen ein Ende macht. Und darum, weil dieses Buch als Kanon da ist, muß jetzt in der uns heute so erstaunlichen Quantität und Intensität gepredigt werden, wie es in dieser Zeit geschehen ist; darum, mit der Bibel und in der Bibel und durch die Bibel wird jetzt, was kirchliche Verkündigung ist, von der Kirche ganz neu entdeckt.

Es bleibt uns nun nur noch das letzte zu sagen. Vorausgesetzt, es habe seine Richtigkeit mit dem eben beschriebenen Faktum: Durch die Heilige

Schrift ist die Kirche zu ihrer Verkündigung aufgerufen, ermächtigt und angeleitet — so ist eben damit gesagt: auch die Heilige Schrift ist **Wort Gottes**. Genau in demselben Sinn, in dem wir dies von dem Ereignis wirklicher Verkündigung gesagt haben. Auch die Erinnerung an Gottes geschehene Offenbarung, auch die Entdeckung des Kanons, auch der Glaube an die Verheißung des Propheten- und Apostelwortes oder besser gesagt: auch jenes Sich-Imponieren der Bibel in der Kraft ihres besonderen Inhalts und also das Stattfinden wirklicher apostolischer Sukzession ist ja ein Ereignis und nur als Ereignis zu verstehen. In diesem Ereignis ist die Bibel Gottes Wort, d. h. in diesem Ereignis ist das prophetisch-apostolische Menschenwort in eben der Weise Repräsentant des Wortes Gottes selber, wie dies im Ereignis wirklicher Verkündigung das Menschenwort auch des heutigen Predigers werden soll: Menschenwort, das Gottes Auftrag an uns hinter sich hat, Menschenwort, dem sich Gott zum Gegenstand gegeben, Menschenwort, das von Gott als gut anerkannt und angenommen ist, Menschenwort, in dem Gottes eigenes Reden zu uns Ereignis ist. Eben dieses Ereigniswerden des Redens Gottes selber im Menschenwort der Bibel ist aber Gottes und nicht unsere Sache. Das meinen wir, wenn wir die Bibel Gottes Wort nennen. Wir bekennen und anerkennen damit, daß die Erinnerung an Gottes geschehene Offenbarung, ohne die das Unternehmen kirchlicher Verkündigung unmöglich wäre, ebenso Gottes Gnade und Gabe ist wie die Verwirklichung, deren unser eigenes Verkündigen bedarf. Wir haben es nicht in unserer Macht, diese Erinnerung zu vollziehen, auch und gerade nicht in Form **unseres Griffes** nach der **Bibel**, sondern wenn und indem die **Bibel** nach **uns** greift, also indem wir erinnert **werden**, vollzieht sich diese Erinnerung. Daß das geschieht, daß die Bibel zu uns redet von der Verheißung, daß Propheten und Apostel uns sagen, was sie uns zu sagen haben, daß ihr Wort sich uns imponiert und daß also die Kirche in ihrem Gegenüber zur Bibel je und je wird, was sie ist, das ist eben Gottes und nicht unsere Entscheidung, das ist Gnade und nicht unser Werk. Die Bibel ist Gottes Wort, sofern Gott sie sein Wort sein läßt, sofern Gott durch sie redet. Man kann bei dieser zweiten Gleichung so wenig wie bei unserer ersten („die kirchliche Verkündigung ist Gottes Wort") abstrahieren von dem freien Handeln Gottes, in welchem und durch welches er es jetzt und hier an uns und für uns wahr sein läßt, daß das biblische Menschenwort sein eigenes Wort ist. Der Satz: „Die Bibel ist Gottes Wort" ist ein Glaubensbekenntnis, ein Satz des im biblischen Menschenwort Gott selbst reden hörenden Glaubens. Gewiß ein Satz, den wir, indem wir ihn im Glauben wagen, wahr sein lassen, ganz abgesehen von unserem Glauben und über allen unseren Glauben hinaus, wahr sein lassen auch und gerade gegen unseren Unglauben, nicht wahr sein lassen als eine Beschreibung unseres Erlebnisses mit der Bibel, sondern wahr sein lassen als eine Beschreibung des Handelns

Gottes in der Bibel, welches auch die Erlebnisse seien, die wir dabei machen oder nicht machen. Aber nun ist doch das gerade der Glaube, der in dieser Weise über sich selbst und alle mit ihm verbundenen oder auch nicht verbundenen Erlebnisse hinaussieht und hinausgreift auf das Handeln Gottes, nämlich daraufhin, daß dieses Handeln Gottes am Menschen Ereignis geworden ist, also nicht daraufhin, daß der Mensch nach der Bibel, sondern daraufhin, daß die Bibel nach dem Menschen gegriffen hat. Die Bibel wird also Gottes Wort in diesem Ereignis und auf ihr Sein in diesem Werden bezieht sich das Wörtlein „ist" in dem Satz, daß die Bibel Gottes Wort ist. Nicht darin wird sie Gottes Wort, daß wir ihr Glauben schenken, wohl aber darin, daß sie uns Offenbarung wird. Aber daß sie uns Offenbarung wird über alles unser Glauben hinaus, daß sie Wort Gottes ist auch gegenüber unserem Unglauben, das können wir doch wohl nur im Glauben an uns und für uns wahr sein lassen und als wahr bekennen, im Glauben gegen unseren Unglauben, im Glauben, in welchem wir von unserem Glauben und Unglauben weg und auf das Handeln Gottes sehen, aber im Glauben und nicht im Unglauben. Und darum eben nicht abstrahiert von dem Handeln Gottes, kraft welches die Bibel sein Wort an uns je und je werden muß.

Die lutherische Orthodoxie kannte eine im Gegensatz zu den Calvinisten, den Schwenckfeldianern, den Quäkern u. a. ausgebildete Kampflehre von der *efficacia Verbi divini etiam ante et extra usum*: Dem verkündigten und geschriebenen Wort Gottes eigne göttliche Kraft, welches auch seine Wirkung auf den Hörer oder Leser sein möge. Es finde in Bibel und Predigt ein göttlicher *actus primus* statt, wie es auch mit dem *actus secundus* im Herzen der Menschen stehen möge (Quenstedt, *Theol. did. pol.* 1685, I *cap.* 4 *sect.*, 2 qu. 16; Hollaz, *Ex. theol. acroam.* 1707, III 2, 1 qu. 4). Sofern das Anliegen dieser Lehre dieses war, die Wahrheit des Glaubenssatzes, daß die Bibel und die Predigt Gottes Wort sind, in vollem Umfang als von der subjektiven Erfahrung unabhängig und ihr gegenüber überlegen zu erweisen, ist ihr gewiß recht zu geben. Sie wollte aber mehr als das und in diesem Mehr wird man ihr nicht folgen können. Quenstedt leugnete geradezu, daß die Bibel ein *instrumentum* sei, das *novo motu et elevatione nova ad effectum novum ultra propriam suam naturalem virtutem producendum* bedürftig sei. Bibel und Predigt seien vielmehr *media*, denen *summa vis et efficacia* an sich und dauernd innewohne (*ib.* ekth. 7). Die Bibel sei, so meint Hollaz, heilsames Wort Gottes, wie die Sonne auch hinter Wolken Wärme ausstrahle, wie ein Samenkorn auch in unfruchtbarem Erdreich seine Kraft habe, wie die Hand eines schlafenden Menschen eine lebendige Hand sei. Und wieder Hollaz erklärt mit dürren Worten, das Wort Gottes sei keine *actio*, sondern eine *vis*, eine *potentia*, die als solche *efficacia* auch *extra usum* habe: nämlich eine *vis hyperphysica analoga efficaciae physicae i. e. vera et realis*. Als ob das theologische Kriterium des Wahren und Wirklichen ausgerechnet die Analogie zum Physischen sein müßte und sein dürfte! Unter dieser Voraussetzung ist die Theorie allerdings folgerichtig und eindrucksvoll. Eine mit Sonnenschein und Samentrieb zu vergleichende Kraft bedarf allerdings keiner *nova elevatio*. Sie ist da, wie eben Naturkräfte da sind. Aber ist Gottes Wort so da? Wenn es wirklich Wort ist? Und wenn es das Wort des Gottes ist, der Person ist? Man wird doch wohl zwischen den Begriffen „Wort Gottes" und „*vis hyperphysica*" wählen müssen, und wie hier zu wählen ist, darüber sollte in der evangelischen Theologie eigentlich kein Zweifel möglich sein.

3. DAS OFFENBARTE WORT GOTTES

Die Bibel ist das konkrete Mittel, durch das die Kirche an Gottes geschehene Offenbarung erinnert, zur Erwartung künftiger Offenbarung aufgerufen und eben damit zur Verkündigung aufgefordert, ermächtigt und angeleitet wird. Die Bibel ist also nicht selbst und an sich Gottes geschehene Offenbarung, wie ja auch die kirchliche Verkündigung nicht selbst und an sich die erwartete künftige Offenbarung ist. Sondern die als Gottes Wort zu uns redende und von uns gehörte Bibel bezeugt die geschehene Offenbarung. Die als Gottes Wort zu uns redende und von uns gehörte Verkündigung verheißt die künftige Offenbarung. Indem sie wirklich Offenbarung bezeugt, ist die Bibel, und indem sie wirklich Offenbarung verheißt, ist die Verkündigung Gottes Wort. Die Verheißung in der Verkündigung beruht aber auf der Bezeugung in der Bibel, die Hoffnung künftiger Offenbarung auf dem Glauben an die ein für allemal geschehene. Darum ist die entscheidende Beziehung der Kirche zur Offenbarung ihre Bezeugung durch die Bibel. Ihre Bezeugung! Nochmals: die Bibel ist nicht selbst und an sich Gottes geschehene Offenbarung, sondern indem sie Gottes Wort wird, bezeugt sie Gottes geschehene Offenbarung und ist sie Gottes geschehene Offenbarung in der Gestalt der Bezeugung. Indem der Kanon, der „Stab", gebietend, in Marsch setzend, wegweisend, von einer lebendigen ausgereckten Hand bewegt wird, wie das Wasser im Teich Bethesda bewegt wurde, um dadurch und so heilsam zu werden, bezeugt er und begründet durch dieses Bezeugen die Beziehung der Kirche zur Offenbarung und damit die Kirche selber als wahre Kirche und damit ihre Verkündigung als wirkliche Verkündigung. Durch sein Bezeugen! Bezeugen heißt: in einer bestimmten Richtung über sich selbst hinaus und auf ein Anderes hinweisen. Bezeugung ist also der Dienst an diesem Anderen, in welchem der Zeuge für die Wahrheit dieses anderen einsteht, der Dienst, der eben im Hinweis auf dieses Andere besteht. Und eben dieser Dienst ist konstitutiv für den Begriff „Prophet" ebensowohl wie für den Begriff „Apostel", über deren Differenz hier noch nicht zu reden ist.

Wenn Paulus 1. Kor. 9, 16 von sich schreibt: ἐὰν γὰρ εὐαγγελίζωμαι, οὐκ ἔστιν μοι καύχημα. ἀνάγκη γάρ μοι ἐπίκειται· οὐαὶ γάρ μοί ἐστιν ἐὰν μὴ εὐαγγελίσωμαι, so beschreibt er damit (vgl. etwa Jer. 20, 7 f.) die dem Propheten und dem Apostel gemeinsame Situation.

In diesem Dienst stehend, weisen die biblischen Zeugen über sich selbst hinaus. Verstehen wir sie als Zeugen — und nur als Zeugen verstehen wir sie genuin, d. h. so, wie sie selber verstanden sein wollten, dann müssen wir ihr Selbst, das in seiner inneren und äußeren Bedingtheit und Bewegtheit sozusagen die Materie ihres Dienstes bildet, entscheidend unter dem Gesichtspunkt seiner Form als Hinweis hinweg von sich selbst verstehen. Nicht um ihrer selbst willen, auch nicht um ihres tiefsten in-

3. Das offenbarte Wort Gottes

neren Besitzes oder auch Bedürfnisses willen, sondern angefordert von jenem Anderen reden und schreiben sie. Nicht um sich selbst durchzusetzen, auch nicht als Helden oder Advokaten der von ihnen vertretenen Sache, sondern jenseits aller immanenten Teleologie darum, weil von jenem Anderen geredet und geschrieben werden muß. Nicht sich selbst, auch nicht und gerade nicht ihr besonderes Gotteserlebnis und Gottesverhältnis wollen sie der Kirche darbieten und nahelegen, sondern durch sich selbst jenes Andere. Aber auch „durch sich selbst" nicht in dem Sinn, wie zum Offenbarwerden objektiver Sachverhalte und Werte oder subjektiver Erregungen der Mensch selbst mehr oder weniger vollkommenes Organ sein muß (wie es bei den Hervorbringungen der Wissenschaft, der Politik und der Kunst der Fall ist), sondern so durch sich selbst, daß gerade nur und ausschließlich das das vollkommene oder unvollkommene menschliche Organ von außen bedrängende und begrenzende Andere, das Bezeugte selbst dasjenige ist, was den Menschen zum Zeugen macht.

„Über den Unterschied zwischen einem Apostel und einem Genie" (Kierkegaard 1847) kann hier nicht anhaltend genug nachgedacht werden. — Das Paradigma für den biblischen Zeugen in der Einheit seiner Gestalt ist der zwischen Altem und Neuem Testament, zwischen Propheten und Aposteln so merkwürdig in der Mitte stehende Johannes der Täufer: Ἐγένετο ἄνθρωπος, ἀπεσταλμένος παρὰ θεοῦ, ὄνομα αὐτῷ Ἰωάννης. οὗτος ἦλθεν εἰς μαρτυρίαν, ἵνα μαρτυρήσῃ περὶ τοῦ φωτός, ἵνα πάντες πιστεύσωσιν δι' αὐτοῦ. οὐκ ἦν ἐκεῖνος τὸ φῶς, ἀλλ' ἵνα μαρτυρήσῃ περὶ τοῦ φωτός. (Joh. 1, 6 f., vgl. 3, 27 f.) Wozu man Johannes des Täufers auf Grünewalds Kreuzigungsbild, besonders seines ungeheuerlichen Zeigefingers, gedenken möge: Kann man nachdrücklicher und vollständiger von sich selbst wegzeigen (*illum oportet crescere me autem minui*)? Und kann man nachdrücklicher und realer auf das Gezeigte zeigen, als es da geschieht? Das ist's, was der vierte Evangelist von diesem und damit noch von einem andern und damit unzweideutig von — jedem „Johannes" sagen wollte.

Warum und worin hat der biblische Zeuge Autorität? Eben darum und darin, daß er gar keine Autorität für sich selbst in Anspruch nimmt, daß sein Bezeugen darin aufgeht, jenes Andere selbst und durch sich selbst Autorität sein zu lassen. Man tut also der Bibel eine schlechte und ihr selbst unwillkommene Ehre an, wenn man sie mit diesem Anderen, mit der Offenbarung selbst direkt identifiziert.

Das kann in der Weise geschehen, daß man in der heroischen religiösen Persönlichkeit des biblischen Zeugen die Offenbarung suchen und finden zu können meint. Das kann aber auch in Form der Lehre von der allgemeinen, gleichmäßigen und dauernden Inspiriertheit der Bibel geschehen, auf die wir später zu sprechen kommen. Kierkegaard sagt in der eben genannten Schrift (Der Begriff des Auserwählten, hrsg. von Th. Haecker 1917 S. 314) sehr richtig, daß der Irrtum, als ob ein Apostel ein Genie sei, nicht bloß auf seiten der Heterodoxie, sondern auch auf der der Hyperorthodoxie, überhaupt auf der der Gedankenlosigkeit zu suchen sei. Man vergesse in der Tat nicht, daß die historistische Auffassung der Bibel mit ihrem Heroenkult und die mechanische Verbalinspirationslehre Produkte desselben Zeitalters und desselben Geistes sind. Sie haben das Gemeinsame, daß sie Mittel bedeuteten, durch die sich der Mensch der Renaissance der Bibel bemächtigen wollte und damit Hindernisse aufrichtete, sie, wie es sich gehört, über sich mächtig werden zu lassen.

Diejenige direkte Identifikation zwischen Offenbarung und Bibel, die tatsächlich in Frage kommt, ist eben keine von uns vorauszusetzende und vorwegzunehmende. Sie findet als Ereignis statt, wenn und wo das Bibelwort Gottes Wort wird und d. h. wenn und wo das Bibelwort als Zeugenwort in Funktion tritt, wenn und wo der Finger des Johannes nicht umsonst, sondern wirklich zeigend zeigt, wenn und wo wir durch das Mittel seines Wortes das auch zu sehen und zu hören bekommen, was er sah und hörte. Also: Im Ereignis des Wortes Gottes sind Offenbarung und Bibel in der Tat eines, und zwar wortwörtlich eines.

Denn also heyst dise predigt: „Furchtet euch nicht, Euch ist heut geborn der Heyland, welcher ist Christus, der Herr." Solchs sind nicht menschen wort, die inn eins menschen hertzen gewachsen sind. Denn die weyssesten leut auff erden wissen nichts davon. Sonder dise predigt ist vom hymel herab geschollen, der selben sind wir, Gott sey ewig lob, teylhafftig worden. Denn es ist eben so vil, du hörest oder lesest dise predigt, als hettest du es vom Engel selb gehört. Denn die Hirten haben die Engel auch nicht gesehen, sie haben nur das liecht und den glantz gesehen, Die wort aber der Engel haben sie gehöret, die höret man noch in der predigt, man lisets noch im buch, wenn wir nur die augen und ohren wollen auffthun und solche predigt lernen und recht brauchen (Luther, Predigt von der Engel Lobgesang 1544 W. A. 52, S. 50, Z. 13).

Eben darum ist aber einzusehen, daß und inwiefern sie auch immer nicht eines sind, inwiefern ihre Einung wirklich ein Ereignis ist. Die Offenbarung, auf die die biblischen Zeugen von sich selbst wegsehend und wegzeigend hinsehen, unterscheidet sich von dem Wort der Zeugen schon rein formal so, wie sich eben ein Geschehen selbst auch von dem besten, getreuesten Bericht darüber unterscheidet. Aber dieser Unterschied ist unbeträchtlich neben dem aus aller Analogie herausfallenden, daß es sich ja in der Offenbarung um den kommenden und endlich, als die Zeit erfüllt war, gekommenen Jesus Christus handelt. Also um das eigene, buchstäblich und diesmal wirklich unmittelbar von Gott selbst gesprochene Wort. In der Bibel aber handelt es sich auf alle Fälle um menschliche Versuche, dieses Wort Gottes in bestimmten menschlichen Situationen, z. B. im Blick auf die Komplikationen der politischen Lage Israels in der Mitte zwischen Ägypten und Babylonien oder im Blick auf die Irrungen und Wirrungen der christlichen Gemeinde von Korinth zwischen 50 und 60 nach Chr., in menschlichen Gedanken und Worten zu wiederholen und wiederzugeben. Hier *Deus dixit*, hier *Paulus dixit*. Das ist zweierlei. Und gerade weil es im Ereignis des Wortes Gottes nicht zweierlei ist, sondern eines wird, ist zu sagen, daß es nicht selbstverständlich und nicht an sich eines ist, daß die Offenbarung zunächst als übergeordnetes, die Bibel zunächst als untergeordnetes Prinzip zu verstehen ist.

Schon in den Briefen des Ignatius von Antiochien (z. B. *Ad Magn.* 13, 2) erhebt sich über dem Unterordnungsverhältnis Gemeinde-Bischof gleichsam als dessen Urbild das andere: Apostel-Christus. Augustin vergleicht in seiner ersten Homilie über das Johannes-Evangelium die biblischen Zeugen mit jenen Bergen, von denen uns nach Ps. 121 Hilfe kommt: Aber nicht von den Bergen als solchen, sondern von dem Herrn,

3. Das offenbarte Wort Gottes

der Himmel und Erde gemacht hat, und der über diesen Bergen ist! Denn: *Audeo dicere fratres mei, forsitan nec ipse Joannes dixit ut est, sed et ipse ut potuit; quia de Deo homo dixit: Et quidem inspiratus a Deo sed tamen homo. Quia inspiratus, dixit aliquid; si non inspiratus esset, dixisset nihil: Quia vero homo inspiratus, non totum quod est dixit, sed quod potuit homo dixit.* Man hat zu unterscheiden, so sagt Augustin anderswo, zwischen dem, was die *veritas incommutabilis per se ipsam ineffabiliter loquitur rationalis creaturae mentibus* und ihrem Reden *per mutabilem creaturam* durch geistige Bilder und physische Stimme *(De civ. Dei* XVI, 6, 1). Ebenso unterscheidet Anselm von Canterbury zwischen der unmittelbaren *(sine humana doctrina)* vollzogenen göttlichen Aussaat in die Herzen der Propheten und Apostel und dem aus der dort aufgegangenen Ernte gewonnenen Saatgut, mit dem wir nun arbeiten *(De concordia qu.* III, 6). Die heilige Schrift ist *super solidam veritatem ... velut super firmum fundamentum fundata (Cur Deus homo?* II, 19), also nicht einfach mit ihm identisch. Von derselben unmittelbaren Offenbarung redet Luther, wenn er zwischen Propheten auf der einen, Weisen und Schriftgelehrten auf der anderen Seite unterscheidet: Propheten sind, die aus bloßer eyngebung des heyligen geysts predigen, die es nitt auss der schrifft odder durch menschen geschopfft haben, als Moses und Amos waren. Unnd das sind die hohisten unnd besten, die sind weysse und kunden andere weysse machen, schrifft setzen und ausslegen; der artt gewessen fast alle vetter fur und mit Mose und nach yhm auch viel, ssonderlich die Apostell, die da leyen und schlecht ungelertt leutt, wie Luc. Act. 5 sagt, der schrifft unkundig waren (Kirchenpostille 1522, W. A. 10¹ S. 271 Z. 21). Wogegen dann Weise und Schriftgelehrte das Vorhandensein prophetischer Schrift schon voraussetzen. Aber auch Calvin, der Offenbarung und Schrift viel näher aneinanderrückt als etwa Augustin, sagt gerade an der am meisten zitierten Stelle mit deutlichem Vorbehalt, die Heilige Schrift habe bei den Gläubigen dann die ihr gebührende Autorität, *ubi statuunt e coelo fluxisse, acsi vivae ipsae Dei voces illic exaudirentur (Instit.* I 7, 1), und formuliert den Inspirationsbegriff an der entscheidenden Stelle dahin, daß *summa Scripturae probatio passim a Dei loquentis persona sumitur (ib.* 7, 4). Und auch in der dann folgenden, der fatalen Inspiriertheitslehre entgegengleitenden Zeit der Orthodoxie bleibt die Erinnerung an die bewußte Unterscheidung in der mannigfachsten Weise lebendig. Nach Bullinger *(Comp. rel. christ.* 1598 S. 5 zit. nach Alex. Schweizer, Glaubensl. d. ev. ref. Kirche 1. Bd. 1844 S. 200) ist zu sagen: *Literae, verba caro sunt, sententiae vero Dei.* Nach W. Musculus *(Loci comm.* 1564 S. 73, Schweizer a. a. O. S. 199) heißen die heiligen Schriften heilig: *quoniam de sacris rebus loquuntur.* Nach Petrus Martyr *(Loci comm.* 1580 S. 13, Schweizer a. a. O. S. 200) ist die heilige Schrift eine *expressio quaedam sapientiae Dei.* Nach J. Gerhard *(Loci theol.* 1610, *Prooem.* 18) ergeht das *verbum externum Dei* anders *per inspirationem,* anders *per sermonem externum,* d. h. durch Engel, Menschen oder menschliche Schrift. In der Syn. pur. Theol. Leiden 1624 *Disp.* 1, 8 heißt es: *Sacrae Theologiae revelatio a Deo prophetis et Apostolis facta, est immediata, quae autem per hos Ecclesiae Dei manifestata est, mediata est.* Und im Sinn und öfters mit dem Wortlaut gerade dieser Unterscheidung sind in jener Zeit (vgl. z. B. Bucan *Instit. Theol.* 1605 Loc. 4, 16), aber auch noch in der reformierten (z. B. Fr. Turrettini *Instit. theol. elenct.* 1679 Loc. 2 qu. 2, 5 f.) wie in der lutherischen (Quenstedt, *Theol. did. pol.* 1686 I, cap. 4, sect. 2 qu. 3 ekth. 3 und I 7, 1 thes. 1 n. 2; Baier, *Comp. theol. pos.* 1686 Prol. 2, 1; Hollaz, *Ex. theol. acroam.* 1707 Prol. 3 qu. 2) Hochorthodoxie bei aller Konzentration auf die Schrift als solche auch Überlegungen über die von der Schrift zu unterscheidende, weil sie als inspirierte Schrift erst begründende Offenbarung selber angestellt worden.

Die Offenbarung erzeugt die sie bezeugende Schrift: als Auftrag, als „Last", die den Propheten und Aposteln auferlegt wird, als Gegenstand, der sich ihnen gegenüber selber auf den Plan führt, als Richter zugleich und als Bürge der Wahrheit ihrer Rede, als Ereignis der Inspiration, in welchem sie Redner und Schreiber des Wortes Gottes werden. Weil die Offenbarung die sie bezeugende Bibel erzeugt, weil Jesus Christus das Alte und Neue Testament in die Existenz gerufen hat, weil die Heilige Schrift das Dokument eines einzigartigen Hörens auf einen einzigartigen Ruf, das Dokument eines einzigartigen Gehorsams gegen einen einzigartigen Befehl ist, darum konnte sie Kanon und darum kann sie je und je bewegter Kanon werden: Künderin der Offenbarung, Ruf und Befehl Gottes, Wort Gottes an uns. Wenn die Kirche in den Propheten und Aposteln das konkrete Gegenüber hat, durch das sie an Gottes geschehene Offenbarung erinnert, in die Erwartung seiner künftigen Offenbarung versetzt und ebenso zu ihrer Verkündigung befohlen und ermächtigt wird, dann geschieht dies doch darum, weil sie in ihnen wirklich die Künder dieser geschehenen Offenbarung hat. Zu solchen Kündern der Offenbarung haben sich aber die Propheten und Apostel nicht selbst eingesetzt, und sie sind es auch keinen Augenblick an sich und selbstverständlich. Sondern was sie dazu macht, das ist das von ihrer Existenz verschiedene Geschehensein der Offenbarung Gottes selber. Das Geschehensein, so müssen wir dieses an ihnen Geschehende bezeichnen: *Deus dixit*. Was die Schrift erzeugt hat und was die Schrift nun ihrerseits bezeugt, das ist wirklich und endgültig, einmal und einmal für allemal geschehen. Was da geschehen ist, davon war im Umriß schon die Rede: Gott war mit uns, mit uns seinen Feinden, mit uns, den von seinem Zorn Getroffenen und Zerschlagenen. Gott war mit uns, so real und vollständig, wie Gott das tut, was er tut; er war mit uns als unseresgleichen. Sein Wort ward Fleisch von unserem Fleisch, Blut von unserem Blut. Seine Herrlichkeit wurde gesehen hier in der Tiefe unserer Situation, und was die tiefste Tiefe unserer Situation ist, das wurde ja erst offenbar, als sie dort und damals von der Herrlichkeit des Herrn erleuchtet wurde: als er in seinem Wort hinabfuhr in die untersten Örter der Erde (Eph. 4, 9), um daselbst und so dem Tode die Macht zu nehmen und das Leben und ein unvergängliches Wesen ans Licht zu bringen (2. Tim. 1, 10). Das ist geschehen und das ist's, was das Alte Testament als Wort von der Weissagung und das Neue Testament als Wort von der Erfüllung, aber beide als geschehen, abschließend, vollkommen und genugsam geschehen, verkündigen. Das macht die biblischen Zeugen zu den merkwürdigen, von keiner Morphologie des Genies zu erfassenden Johannesgestalten, darum gilt von ihnen, wenn auch in der verschiedensten Weise: „Der Eifer um dein Haus hat mich gefressen" (Ps. 69, 10), darum können sie, die gerade für sich keine Autorität haben wollen, mit ihrem gebrechlichen Menschenwort je und je die unerhörteste Autorität beanspruchen und bekommen; das kam über sie und will durch sie immer aufs neue über die Kirche kommen und ausgeschrien werden als das schlechthin Dringlichste, was jede Zeit und zu jeder

3. Das offenbarte Wort Gottes

Zeit jeder Mensch und jeder Mensch in jeder Hinsicht hören kann und muß: dieses „Gott mit uns" ist geschehen. Mitten in der menschlichen Geschichte und als ein Teilstück dieser Geschichte, aber nun gerade nicht wie Teilstücke dieser Geschichte zu geschehen pflegen, nämlich nicht fortsetzungs-, nicht ergänzungsbedürftig, nicht über sich selbst hinausweisend und nicht einem fernen Ziel erst zustrebend, keiner Exegese, keiner, auch nicht der leisesten Addition oder Subtraktion zugänglich, keiner Wandlung seiner Gestalt fähig, sondern mitten im Strom des Werdens, das nur in sich selbst bewegte Sein, mitten im Meer des Unabgeschlossenen und Wandelbaren und Sich-Wandelnden, das abgeschlossene Geschehen, die erfüllte Zeit.

Ein Stück apokrypher christlicher Legende aus dem zweiten Jahrhundert mag hier zu Worte kommen, weil es in seiner ganzen unhistorischen Torheit das sehr anschaulich macht, was, wenn hier Anschauung möglich wäre, als erfüllte Zeit anzuschauen wäre. Im sogen. Protevangelium des Jakobus Kap. 18 hören wir Joseph, den Nährvater Jesu, folgendes erzählen, was er in der Nacht der Geburt des Herrn in der Umgebung von Bethlehem erlebt haben will: „Ich aber, Josef, ging umher und ging nicht umher. Und ich blickte auf an das Himmelsgewölbe und sah es still stehen und blickte auf in die Luft und sah sie erstarrt, und ich sah die Vögel des Himmels unbeweglich und ich sah auf die Erde und sah eine Schüssel da stehen und Arbeiter gelagert und ihre Hände in der Schüssel und die Kauenden kauten nicht, und die am Aufheben waren, brachten nichts in die Höhe, und die zum Munde führen wollten, brachten nichts zum Munde, sondern aller Angesichter waren nach oben gerichtet, und siehe, Schafe wurden getrieben und blieben stehen, und es hob der Hirt seine Hand auf, sie zu schlagen, und seine Hand blieb oben stehen, und ich sah auf den Wasserlauf des Flusses und sah die Mäuler der Böcke daraufgehalten, und sie tranken nicht; und auf einmal ging alles wieder seinen Lauf." (Neutestamentl. Apokryphen, hrsg. von Edgar Hennecke, 2. Aufl. 1924, S. 91). Erfüllte Zeit heißt tatsächlich, wenn sie nun gerade in ihrer vollkommenen göttlichen Aktualität die eine einzige wirklich bewegte und bewegende Zeit sein sollte: der Stillstand, die gänzliche Relativierung aller anderen Zeit und ihres scheinbar so bewegten und bewegenden Inhaltes.

Diese erfüllte Zeit, die mit Jesus Christus identisch ist, dieses schlechthin Geschehene, im Verhältnis zu dem alles andere ein noch nicht oder nicht mehr Geschehenes ist, dieses „Es ist vollbracht!", dieses *Deus dixit*, zu dem es keine Analogien gibt, ist die in der Bibel bezeugte Offenbarung. Die Bibel verstehen würde von Anfang bis zu Ende, von Vers zu Vers bedeuten: verstehen, wie alles in ihr darauf als auf seine unsichtbar-sichtbare Mitte bezogen ist. Aber eben weil es sich darum handelt, werden wir sagen müssen, daß wir die Bibel zu verstehen von uns aus gar nicht in der Lage sind. Es kann nur darum gehen, daß die Bibel sich uns zu verstehen gibt, daß wir die Bibel als Gottes Wort zu hören bekommen. Die Bibel als Gottes Wort hören heißt dann aber: Da und dort, in dem gewiß immer sehr bescheidenen, wechselnden, vielleicht zunehmenden, vielleicht aber auch abnehmenden Umfang, in welchem das eben für jeden einzelnen je und je wahr wird, hören, wie die Menschenworte der Bibel Träger dieses ewigen Wortes sind, d. h. wie sie von dieser Mitte her gemeint, mit allem, was sie sagen, wiederum diese Mitte meinen. Indem dann und so die Bibel selbst Offenbarung ist, begründet sie die Kirche, macht sie Verkündigung notwendig und möglich. Die Einheit der **Offenbarung** gewährleistet die Einheit des biblischen Zeugnisses trotz und in dessen ganzer Mannigfaltigkeit, ja Gegensätzlichkeit. Die Einheit der **Bibel** gewährleistet die Einheit der Kirche trotz und in der Verschiedenheit des Maßes des Glaubens, in dem die Bibel diesem und jenem und diesem und jenem heute und morgen zur Offenbarung wird. Die so begründete Einheit der **Kirche** aber gewährleistet die Einheit der **Verkündigung**.

Die Offenbarung ist nach allem Gesagten ursprünglich und unmittelbar, was die Bibel und die kirchliche Verkündigung abgeleitet und mittelbar sind: **Gottes Wort.** Wir sagten von der kirchlichen Verkündigung: Sie muß Gottes Wort je und je werden. Und wir sagten dasselbe von der Bibel: Sie muß Gottes Wort je und je werden. Dieses „Je und Je" bezog sich nicht auf das menschliche Erlebnis (als ob unsere Affektion durch dieses Ereignis und unsere Stellungnahme dazu konstitutiv sein könnte für seine Wirklichkeit und seinen Inhalt!), wohl aber auf die Freiheit der Gnade Gottes. *Ubi et quando visum est Deo*, nicht an sich, sondern kraft göttlicher **Entscheidung**, wie sie in Bibel und Verkündigung je und je fällt, indem der freie Gott sich ihrer bedient, sind Bibel und Verkündigung Gottes Wort. Das alles kann man nun so von der Offenbarung nicht sagen. Wir stehen, wenn wir von der Offenbarung reden, vor dem göttlichen Akt selbst und als solchem, an den als an den Grund und die Grenze, die Voraussetzung und den Vorbehalt des über Bibel und Verkündigung als Wort Gottes zu Sagenden bisher zu erinnern war. Weil 1. die **Verkündigung** nur als Wiederholung der biblischen Bezeugung der geschehenen Offenbarung wirkliche Verkündigung, d. h. Verheißung künftiger Offenbarung ist, und weil 2. die **Bibel** nur in ihrer Beziehung auf die in ihr bezeugte geschehene Offenbarung wirkliche Bezeugung, d. h. faktische Erinnerung an diese geschehene Offenbarung ist — darum ist die Freiheit der Gnade Gottes der Grund und die Grenze, die Voraussetzung und der Vorbehalt der Sätze, laut welcher die Verkündigung und die Bibel das Wort Gottes sind. Der entscheidende Gehalt dieser Sätze, das Positive, das sie aussagen und die selbstverständlichen Negationen, von denen dieses Positive umgeben ist, die Beziehung, in der sie gelten, ist eben ihre Beziehung zur **Offenbarung**. Die Offenbarung ist aber selber nichts anderes als die Freiheit der Gnade Gottes, nicht das Prinzip dieser Freiheit natürlich — dieses Prinzip ist erst das freilich notwendige Produkt menschlicher Reflexion über diese Freiheit — sondern das Ereignis, in dem der freie Gott seine freie Gnade walten und wirken läßt. In diesem Ereignis der Gnade Gottes sind Verkündigung und Bibel **aufgehoben** im dreifachen

Sinn dieses Wortes: 1. aufgehoben im Sinn von emporgehoben, ausgezeichnet, sichtbar und kenntlich gemacht, sofern die Bibel dieses Ereignis bezeugen und die Verkündigung diese Bezeugung wiederholen will, sofern in der Bibel und in der Verkündigung dieses Ereignis das in der menschlichen Rede eigentlich Gemeinte ist, 2. aufgehoben im Sinn von relativiert, begrenzt, sofern dieses Ereignis auch die Schranke dessen bedeutet, was Verkündigung und Bibel an sich selbst sein und durch sich selbst leisten können, die Schranke, die allein durch das, was Menschen da sagen wollten und wollen, offenbar nicht als aufgehoben gedacht werden kann, und 3. aufgehoben im Sinn von wohlaufgehoben, geborgen, gesichert, sofern dieses Ereignis die Bestätigung und Bewährung, die Erfüllung dessen ist, was Verkündigung und Bibel an sich sind und durch sich selbst leisten, die Gegenwart des im menschlichen Wort der Bibel und der Verkündigung Gemeinten. Also gerade im Blick auf die Offenbarung oder von der Offenbarung aus ist von Verkündigung und Bibel zu sagen, daß sie Gottes Wort sind, indem sie je und je Gottes Wort werden. Eben darum ist nun aber von der Offenbarung selbst nicht dies, sondern gerade das Umgekehrte zu sagen: sie wird Wort Gottes, nämlich in der Bibel und in der Verkündigung, indem sie es in sich selber ist. Sie ist selber dasjenige, was Bibel und Verkündigung in jenem dreifachen Sinn aufhebt. Offenbarung ist selber die göttliche Entscheidung, die in der Bibel und in der Verkündigung fällt, indem sie sich ihrer bedient, die sie also bestätigt, bewährt und erfüllt. Sie ist selber das Wort Gottes, das Bibel und Verkündigung sind, indem sie es werden.

ὃν γὰρ ἀπέστειλεν ὁ θεὸς τὰ ῥήματα τοῦ θεοῦ λαλεῖ· οὐ γὰρ ἐκ μέτρου δίδωσιν τὸ πνεῦμα. ὁ πατὴρ ἀγαπᾷ τὸν υἱόν, καὶ πάντα δέδωκεν ἐν τῇ χειρὶ αὐτοῦ. ὁ πιστεύων εἰς τὸν υἱὸν ἔχει ζωὴν αἰώνιον· ὁ δὲ ἀπειθῶν τῷ υἱῷ οὐκ ὄψεται ζωήν, ἀλλ' ἡ ὀργὴ τοῦ μένει ἐπ' αὐτόν. (Joh. 3, 34—36.)

Sie steht also unter keiner Bedingung (das kann man nur von unserer Erkenntnis der Offenbarung sagen), sondern sie ist selbst Bedingung. Nicht *ubi et quando*, sondern *illic et tunc visum est Deo* ist von ihr zu sagen. Nicht von einer zu verwirklichenden Möglichkeit, sondern von der Wirklichkeit des Wortes Gottes als dem Grund aller möglichen Selbstverwirklichungen ist hier zu reden. *Ubi et quando* kann und muß gesagt werden, weil zuletzt oder zuerst *illic et tunc* zu sagen ist. Weil es eine bewegende Hand gibt, gibt es einen bewegten und selber bewegenden Kanon, eine beauftragte, gegenständliche, wahre und wirkliche Verkündigung im Gehorsam gegen diesen Kanon. Sagen wir: „Offenbartes Wort Gottes", dann gehört also das „offenbart" (im Unterschied zu dem „geschrieben" und zu dem „verkündigt" der beiden ersten Gestalten des Wortes) nicht ins Prädikat, sondern ist nichts als eine Umschreibung, eine zweite Bezeichnung des Subjektes selber. Bezeichnet „geschrieben" und „verkündigt" die zweifache konkrete Beziehung, in der das Wort Gottes zu uns gesprochen wird, so bezeichnet Offenbarung das Wort Gottes selbst im Akt seines zeitlichen Gesprochenwerdens. Daß es über diesem Akt kein Anderes, Höheres gibt, aus dem er zu begründen und abzuleiten wäre, — es wäre denn das ewige Wort Gottes in seiner Überlegenheit aus der es in der Offenbarung hervortritt — daß er wohl die Bedingung ist, die alles bedingt, ohne doch selber bedingt zu sein, das sagen wir eben damit, daß wir ihn als Offenbarung bezeichnen. Offenbarung, *revelatio*, ἀποκάλυψις heißt Enthüllung des Verhüllten. Handelt es sich wirklich und streng darum, dann ist alles von der Offenbarung Verschiedene Verhüllung, Verborgensein des Verhüllten.

Das offenbarte Wort ist das den Äonen nicht bekannte, sondern verschwiegene Mysterium Röm. 16, 25; Kol. 1, 26; Eph. 3, 9. Das heißt aber: es ist für sein Enthülltsein kein anderer Grund zu finden und anzugeben als eben die stattgefundene Enthüllung selber. Es ist das durch die ἀποκάλυψις oder φανέρωσις qualifizierte νῦν, in welchem der Offenbarungszeuge als solcher spricht, in welchem allein die Möglichkeit besteht, es als enthüllt zu verstehen, über welche Qualifizierung mit dem Hinweis auf den Willen Gottes wirklich das letzte Wort gesagt ist: κατ' ἐπιταγὴν τοῦ αἰωνίου θεοῦ (Röm. 16, 25), οἷς ἠθέλησεν ὁ θεὸς γνωρίσαι . . . Kol. 1, 26. Der Christliche glaub und das Christliche leben stehet ynn dem einigen wörtlin Offenbaren von Gott, denn wo das nicht furhanden ist, da wird kein hertz nymmer recht gewar dieses geheymnis, das da verborgen gewesen ist von der welt her, Nu offenbarets Gott alleine seinen von ewickeit ausserwelten heiligen, den ers wil kundt gethan haben, sonst wird es wol für yedermann verborgen und ein recht geheymnis bleiben. Was wil hie der freye, ja der knechtische gefangene wille guts darzu sagen odder thuen ? Wo wil er aus seinem vermugen zu diesem liecht und geheymnis komen ? Wenn es yhm der allmechtige starcke Gott verbirget, so wird er sich mit keiner bereytung odder guttem wercke darzu schicken, Es kan keine Creatur zu diesem erkentnis komen, Christus offenbars yhm denn allein ym hertzen selbs. Da gehet zu poden alles verdienst, alle krefte und vermugen der vernunfft und gilt für Gott nichts, Christus mus es allein geben (Luther, Predigt über Matth. 11, 25—30 1527, W. A. 23, S. 689, Z. 4).

Es muß dann alles Offenbarsein als Offenbarwerden, d. h. als bedingt eben durch den Akt der Offenbarung gedacht werden, alles Geschehen, in welchem Offenbarung geschieht, als bezogen auf das in diesem Akt ein für allemal Geschehene, alle erfüllte Zeit als erfüllt von der Fülle dieser Zeit. Offenbarung selbst aber ist auf kein anderes oder Höheres oder Früheres bezogen. Offenbarung als solche ist nicht relativ. Offenbarung ist ja auch nicht verschieden von der Person Jesu Christi und wiederum nicht verschieden von der in ihm geschehenen Versöhnung. Wer Offenbarung sagt, sagt: „Das Wort ward Fleisch." Gewiß, man kann auch etwas anderes, etwas bloß Formales und dann als solches Relatives sagen wollen mit dem Wort „Offenbarung". Man sagt dann aber nicht das, was die Bibel sagen will mit diesem Worte und also nicht das, worauf sich die kirchliche Verkündigung bezieht, wenn sie sich auf die Bibel bezieht und also nicht das, was in der christlichen Dogmatik Offenbarung heißen muß, wenn sie sich als solche selbst ernst nehmen will. Sagt man aber mit dem Wort „Offenbarung": „Das Wort ward Fleisch und wohnte unter uns", dann sagt man das, was jedenfalls nur noch innertrinitarisch: aus dem Willen des Vaters, aus der Sendung des Sohnes und des Heiligen

Geistes, aus dem ewigen Dekret des dreieinigen Gottes, d. h. aber nicht anderswie denn als Erkenntnis Gottes aus Gott, als Erkenntnis des Lichtes im Licht, zu begründen ist. Dasselbe ergibt sich, wenn wir statt „Jesus Christus" sachlich „Gott mit uns" sagen. Gewiß, man kann an Stelle dieses Absoluten etwas Relatives meinen mit dem Worte „Offenbarung", aber die Bibel meint nun einmal dieses Absolute und in Erkenntnis dieses Absoluten erinnert sich die Kirche an Hand der Bibel der geschehenen Offenbarung und eben daran hat sich eine Dogmatik, die nicht im leeren Raum, sondern im Raum der Kirche arbeitet, zu halten. Sagt man aber „Gott mit uns", dann sagt man das, was keinen Grund und keine Möglichkeit außer seiner selbst hat, was in keinem Sinn vom Menschen und von seiner Situation aus, sondern nur als Erkenntnis Gottes aus Gott, als freie unverdiente Gnade zu erklären ist. Indem die Bibel die Offenbarung Gottes bezeugt und indem die kirchliche Verkündigung dieses Zeugnis im Gehorsam aufnimmt, verzichten beide auf jede andere Begründung als die, die Gott selber ein für allemal gegeben hat, indem er gesprochen hat. Bibel und Verkündigung appellieren gleichsam an dieses ein für allemal Gegebene, daß es als solches auch jetzt und hier auf dem Plane sein möchte. Eben als das ein für allemal Gegebene können sie es ja nicht wiedergeben, nicht selber auf den Plan führen, sondern eben nur bezeugen und verkündigen. Daß das *Deus dixit* der Kirche jeweils in ihren verschiedenen Zeiten und Situationen gegenwärtig sei, das wahrzumachen liegt nicht in der Macht der Bibel und der Verkündigung. Das ist wahr — nun muß das *ubi et quando* wieder in Kraft treten — wo es wahr ist, d. h. wo und wann es Gott, indem er ein für allemal sprach, nach seinem ewigen Ratschluß wahr haben wollte, wo und wann es Gott durch sein Betätigen, Bewähren und Erfüllen des Bibel- und Predigtwortes wahr werden läßt. Dieses Wahrsein und Wahrwerden der Offenbarung besteht dann darin, daß sich die Kirche der geschehenen Offenbarung wirklich erinnert, das biblische Zeugnis von ihr als wirkliche Verheißung künftiger Offenbarung im Glauben empfängt, ergreift und nun auch wirklich verkündigt. Wobei unter künftiger Offenbarung keine andere zu verstehen ist als die ein für allemal geschehene, aber eben diese als die nun auch an uns gerichtete. Wie ja auch der wiederkommende Christus kein anderer ist als der gekommene, aber eben dieser als der nun auch zu uns kommende. Das „Gott mit uns" wird für uns *hic et nunc* als im Glauben empfangene und ergriffene Verheißung aktuell, weil es *illic et tunc* göttlicher Akt ist. Es ist also das an sich und in sich selbst Wahre, was da für uns als Erinnerung und ebenso als Verheißung wahr wird, also als Erinnerung an den ins Fleisch gekommenen und eben so als Hoffnung auf den in Herrlichkeit wiederkommenden Christus. Es ist Jesus Christus selbst, der da für sich selbst spricht und keines Zeugen bedarf als eben seines Heiligen Geistes und des Glaubens der seiner in der empfangenen und ergriffenen

Verheißung froh wird. Dieses unabhängige und unüberbietbare Woher des zu uns kommenden Wortes Gottes meinen wir, wenn wir von seiner dritten — sachlich wäre zu sagen von seiner **ersten** — Gestalt reden, von seiner Gestalt als **offenbartes** Wort Gottes.

4. DIE EINHEIT DES WORTES GOTTES

Von drei Gestalten des Wortes Gottes, nicht von drei verschiedenen Worten Gottes haben wir geredet. In dieser dreifachen Gestalt und nicht anders — auch als das eine immer nur in dieser dreifachen Gestalt — ist es uns gegeben und müssen wir es begrifflich zu verstehen suchen. Es ist eines und dasselbe, ob wir es als Offenbarung, als Bibel oder als Verkündigung verstehen. Es besteht auch kein Stufen- und Wertunterschied zwischen diesen drei Gestalten. Denn sofern die Verkündigung wirklich auf der Erinnerung an die in der Bibel bezeugte Offenbarung beruht und also gehorsame Wiederholung des biblischen Zeugnisses ist, ist sie nicht weniger Wort Gottes als die Bibel. Und sofern die Bibel wirklich die Offenbarung bezeugt, ist sie nicht weniger Wort Gottes als die Offenbarung selber. Indem kraft der Aktualität der Offenbarung Bibel und Verkündigung Wort Gottes **werden**, **sind** sie es auch: das eine Wort Gottes, innerhalb dessen es kein Mehr oder Weniger geben kann. Man darf aber die drei Gestalten des Wortes Gottes auch nie vereinzelt verstehen wollen. Wohl ist die erste, die Offenbarung, die die beiden anderen begründende Gestalt. Aber gerade sie begegnet uns nie und nirgends abstrakt, gerade sie kennen wir nur indirekt, eben aus der Schrift und in der Verkündigung. Gerade das unmittelbare Wort Gottes begegnet uns nur in dieser doppelten Mittelbarkeit. Aber auch die Schrift will ja, um für uns Wort Gottes zu werden, in der Kirche verkündigt sein. Es wäre also zum Überblick über das Ganze der folgende kleine Schematismus von gegenseitigen Relationen aufzustellen:

Offenbartes Wort Gottes kennen wir nur aus der von der Verkündigung der Kirche aufgenommenen Schrift oder aus der auf die Schrift begründeten Verkündigung der Kirche.

Geschriebenes Wort Gottes kennen wir nur durch die die Verkündigung erfüllende Offenbarung oder durch die von der Offenbarung erfüllte Verkündigung.

Verkündigtes Wort Gottes kennen wir nur, indem wir die durch die Schrift bezeugte Offenbarung oder indem wir die die Offenbarung bezeugende Schrift kennen.

Es gibt nur **eine** Analogie zu dieser Lehre vom Worte Gottes. Genauer gesagt: Die Lehre vom Worte Gottes in seiner dreifachen Gestalt ist selber die einzige Analogie zu der Lehre, die uns bei der Entwicklung des Begriffs der Offenbarung grundlegend beschäftigen wird:

zur Lehre von der Dreieinigkeit Gottes. Daß man für Offenbarung, Schrift und Verkündigung die göttlichen „Person"namen Vater, Sohn und Heiliger Geist einsetzen kann, und umgekehrt und daß man hier wie dort auf dieselben Grundbestimmungen und gegenseitigen Verhältnisse stoßen wird, daß auch die entscheidende Schwierigkeit und die entscheidende Klarheit hier wie dort dieselbe ist, darin wird man eine gewisse Unterstützung hinsichtlich der inneren Notwendigkeit und Richtigkeit des hier über das Wort Gottes Ausgeführten erblicken dürfen.

Die Lehre von den drei Gestalten des Wortes Gottes in dem hier versuchten Umriß ist nicht neu. Wir haben im einzelnen gesehen, wie sich die Offenbarung, die Schrift und die Verkündigung je als besondere Gestalten des Wortes Gottes dem christlichen Denken von Anfang an eingeprägt haben. Erinnern wir uns nun noch einiger Zeugnisse für die Einheit und den Zusammenhang dieser drei Gestalten. — Es sind vor allem einige Stellen bei Luther, die hier in Betracht kommen. Schon in den *Dictata* super Psalterium (1513—16) sagt Luther (zu Psalm 45, 2): *Quod verbum Dei triplici modo dicitur:* 1. Es gibt ein Reden Gottes *per verbum externum et linguam ad aures hominum*, dessen Vorbild Luther in dem vom Schleier der bloßen Buchstäblichkeit verhüllten alttestamentlichen Propheten- und Väterwort erblickt. 2. Es gibt ein Wort Gottes, das er durch den Geist zu seinen Heiligen jetzt auf Erden spricht, nämlich in seinem Sohne, gegenüber dem prophetischen Wort bereits ein *verbum consummans et abbreviatum*, aber auch es noch immer von mannigfachen Hüllen umgeben. 3. Es gibt ein Wort, das Gott der Vater in sich selbst und zu den Heiligen in der ewigen Herrlichkeit spricht. So werden wir es dereinst hören, *cum nobis verbum suum ipse sine ullo medio revelabit. Unico et simplicissimo verbo suo* wird er uns dann sättigen und der Geist selbst wird dann an Stelle aller Zeichen das eine Sakrament sein (W. A. 3, S. 262, Z. 5). Daß die erste Gestalt, das *verbum externum* der Predigt, hier noch zu kurz kommt, in seiner Bedeutung noch nicht verstanden ist, zeigt sich schon daran, daß Luther keinen Weg sah, die ihm bei der zweiten und dritten Gestalt offenbar vorschwebende trinitarische Gliederung durchzuführen, weil er das, was er damals noch unter *verbum externum* verstand, mit dem Heiligen Geist nicht wohl in Beziehung setzen konnte. Wie er sich den Fortschritt von der ersten zur zweiten Gestalt gedacht hat, ist im einzelnen ebenfalls nicht klar. Und auch die Trennung zwischen dem Wort, das der Vater in der dritten Gestalt *in se ipso* und in der zweiten *in filio* spricht, dürfte so nicht durchzuführen sein. Aber im ganzen sind die drei Gestalten bis hin und mit der eschatologisch charakterisierten dritten doch sehr genau gesehen und bezeichnet. Eine interessante Variation unseres Themas findet sich in der schon zitierten Predigt über Matth. 23, 34 f. (Kirchenpostille 1522, W. A. 10[1], S. 272, Z. 17), in der als „die drey weysse, darynn die warheyt mag offenbartt werdenn" genannt werden: „schrifft, wortt, gedanckenn; schrifft durch die buchernn, wortt durch den mund, gedancken durch das hertz. Man kan ssonst mit nichts mehr fassen die lere, denn mit hertz, mund und schrifft." Das letzte, was Luther hier „Gedanken" nennt, ist doch wohl nichts anderes als das, was wir als erstes die Offenbarung genannt haben, kraft welcher Schrift und Predigt den Menschen angehen, sein Herz erreichen. Wichtiger ist eine Stelle aus einer (ebenfalls in der Kirchenpostille 1522 enthaltenen) Predigt über die Weisen aus dem Morgenland. Sie überrascht vor allem durch die ganz neue, man möchte fast sagen überbetonte Schätzung, die eben das *verbum externum*, die Verkündigung, nun bei Luther gefunden hat. Die „mündlich und offentlich predigt ... die stym oder die wort durch den mund ausgeruffen", das ist ihm nun das Licht, von dem 2. Kor. 4, 6; 2. Petr. 1, 19 die Rede ist. „Nu wird schrifft nit ehe verstanden, das liecht gehe denn auff." Mit „Schrift" ist dabei zunächst gemeint: das im Alten Testament vorliegende Prophetenwort. Ihm stellt Luther das Neue Testament zunächst einfach gegenüber als die lebendig, d. h. mündlich gewordene Verkündigung, deren Aufgabe darin besteht, das in seiner Schriftlichkeit zunächst verschlossene Prophetenwort aufzutun. „Denn durchs Euangelium sind die propheten auffgethan darumb muß der stern am ersten auffgehn und ersehen werden. Denn ym newen testament sollen die predigt mundlich mit lebendiger stym offentlich geschehen und das erfurbringen ynn die sprach und gehöre, das tzuuor ynn den buchstaben und heymlich gesicht vorporgen ist. Syntemal das newe testament nichts anders ist, denn eyn auffthun und offenbarung des alten testaments, wie das Apoc. 5 ist betzeyget, da das lamp gottis aufsthett das buch mit den sieben sieglen. Auch sehen wyr ynn den Apostoln, wie alle yhre predigett nichts anders gewessen ist, denn die schrifft erfurbringen und sich drauff bawen." Und nun fährt Luther erstaunlich genug weiter: „Darumb hatt auch Christus selbs seyn lere nitt geschrieben, wie Moses die seyne, ssondern hatt sie mundlich than, auch mundlich befollhen tzu thun und keynen befelh geben sie tzu schreyben. Item die Apostolln haben auch wenig geschrieben, datzu sie nit alle ... Auch dieselbigen, die geschrieben haben, thun nitt mehr denn weyssen uns ynn die allte schrift, gleych wie der engel die hirtten zu krippen und windeln. Und der stern disse Magos gen Bethlehem; darumb ists gar nicht new testamentisch, bucher schreyben von Christlicher lere, ssondern es solten on bucher an allen orttern seyn gutte, gelerte, geystliche, vleyssige prediger, die das lebendige wortt auss der allten schrift tzogen und on unterlass dem volck furbleweten, wie die Aposteln than haben. Denn ehe sie schrieben, hatten sie tzuuor die leutt mitt leyplicher stymme bepredigt und bekeret, wilchs auch war yhr eygentlich Apostolisch und new testamentisch werck; das ist auch der rechte stern, der Christus gepurtt tzeygt unnd die engelische bottschafft, die von den windelln und der krippen sagen. Das man aber hatt mussen bucher schreyben, ist schon eyn großer abbruch und eyn geprechen des geystis, das es die nott ertzwungen hatt, und nit die artt ist des newen testaments ..." Neutestamentliche Schrift neben der alttestamentlichen oder als Interpretation der alttestamentlichen sei nämlich eine Abwehrmaßnahme gegen die Verderbnis in der Kirche gewesen. „Da must man das letzt vorsuchen, das tzu thun unnd nott war, auff das doch ettlich schaff fur den wolffen erredtet wurden: da fieng man an zu schreyben, und doch durch schrifft, sso viell es muglich war, die scheffle Christi ynn die schrifft tzu furen unnd damit vorschaffen, das doch die schaff sich selb weyden mochten und fur den wolffen bewaren, wo yhr hyrtten nit weyden odder tzu wolffen werden wolten." Weitere Bücher aber hätten dann in der Kirche am besten gar nicht mehr geschrieben werden sollen. Und der Stern von Bethlehem, der Stern der Weisen, sei unter allen Umständen „die leypliche predigt und die liechte offenbarung von Christo, wie derselb ynn der schrifft vorporgen und vorsprochen ist; drumb wer den sternn sihet, der erkennet gewisslich den konig der Juden, den new gepornen Christum; denn das Euangelium leret nit anders denn Christum, sso hatt auch die schrifft nichts anders denn Christum. Wer aber Christum nicht erkennet, der mag das Euangelium hören oder das buch wol ynn den henden tragen, aber seynen vorstand hatt er noch nit, denn Euangelium on vorstand haben ist keyn Euangelium haben. Und die schrifft haben on erkenntniss Christi, ist keyn schrifft haben, und ist nit anders, denn dissen stern leuchten lassen und doch nit ersehen" (W. A. 10 I, S. 625—28). Der Gedanke findet sich in dieser Pointierung gerade in jenen Jahren bei Luther durchaus nicht vereinzelt: Altes und Neues Testament verhalten sich zueinander wie geschriebenes und verkündigtes Wort Gottes. „Also sind die bücher Mosi und die propheten auch Euangelium, syntemal sie eben das zuvor verkundiget und beschrieben haben von Christo, das die Apostel hernach gepredigt odder geschrieben haben. Doch ist eyn unterscheyd da zwisschen. Denn wie wol beydes dem buchstaben nach ist auff papyr geschrieben, so soll doch das Euangelion odder das new Testament eygentlich nicht geschrieben, sondern ynn die lebendige stym gefasset werden, die da erschalle und uberal gehört werde ynn der wellt. Das es aber auch geschrieben ist, ist auss uberfluss geschehen. Aber das alte Testament ist nur ynn die schrifft verfasset, und drumb heysst es „ein buchstab", und also nennens die Apostel die „schrifft" denn es hatt alleyn gedeutet auff den zukunftigen Christum. Das Euangelion aber ist eyn lebendige predig von

4. Die Einheit des Wortes Gottes

Christo, der da kommen ist" (Epistel S. Petri 1523, W. A. 12, S. 275, Z. 5, vgl. auch 259, 8 und 556, 9). Daß Luther in anderen Zusammenhängen auch auf die Schriftlichkeit des Neuen Testamentes höchstes Gewicht legte und sie gar nicht als notwendiges Übel behandelte, und daß es darum nicht anginge, ihn bei dieser Unterscheidung systematisch zu behaften, braucht nicht bewiesen zu werden. Sie zeigt aber, wie er über das Verhältnis von Schrift und Predigt überhaupt gedacht hat: Beide haben denselben Inhalt und Gegenstand, und zwar so, daß die Predigt ihn zunächst aus der Schrift empfängt und also nichts anderes als Schrifterklärung sein kann, aber auch so, daß er aus der Schrift durchaus eben in Gestalt von lebendiger Verkündigung entnommen werden und so zum Wort Gottes an uns werden muß. Allegorisierend über Luc. 2, 12 hat Luther zur selben Zeit seine Anschauung dahin zusammengefaßt: „Christus ist ynn der schrifft eyngewickelt durch und durch, gleych wie der leyb ynn den tuchlen. Die krippen ist nu die predigt, darynn er ligt und verfasset wirt, und daraus man essen und futter nympt" (Predigt über Luc. 2, 1523, W. A. 12, S. 418, Z. 24). — Die protestantische Orthodoxie, die auf dem Höhepunkt ihrer Entwicklung von der Verschiedenheit der Gestalten des Wortes Gottes und von der Bewegtheit ihrer Beziehungen untereinander nicht gerne reden hörte, hat um so energischer (was ja an sich auch wahr und lehrreich ist) ihre Einheit betont. In bezug auf die Einheit des Wortes Gottes an die biblischen Zeugen und des Wortes Gottes durch sie: *hae distinctiones non faciunt essentialem aliquam differentiam inter verbum Dei hominibus communicatum, sed tantum distinctos communicationis et revelationis modos exprimunt* (J. Gerhard, *Loci theol.* 1610 *Prooem.* 18). *Distinctio Verbi in* ἄγραφον *et* ἔγγραφον *non est divisio generis in species* ... *quasi alius esset Verbum non scriptum a scripto; sed est distinctio subjecti in sua accidentia, quia eidem Verbo accidit, ut fuerit non scriptum olim et nunc sit scriptum* (Fr. Turrettini, *Instit. theol. el.* 1679 *Loc.* 2 qu. 2, 4). *Nec vero aliud est verbum Dei quod a Deo vel quod inspiratum viris Dei, quam quod in scriptura traditur, aut praedicatur, vel mente humana reconditur* (Hollaz, *Ex. theol. acrom.* 1707, III, 2, 1). So richtig das alles ist, man vermißt doch in den ganzen Äußerungen aus dieser Übergangszeit schmerzlich die Einsicht der Reformatoren in die Dynamik des Verhältnisses der drei Gestalten untereinander. Das zeigt sich in der Inspiriertheitslehre, die sozusagen ein Einfrieren der Beziehung zwischen Schrift und Offenbarung bedeutet. Das zeigt sich aber vor allem darin, daß die Theologen dieser Zeit um die dritte Gestalt des Wortes Gottes, die Verkündigung, kaum mehr wesentlich und wirklich zu wissen scheinen. „Wort Gottes" heißt zwar die Predigt auch bei ihnen, aber der wirkliche Beziehungspunkt von Offenbarung und Schrift in der Gegenwart wird bei ihnen immer mehr etwas ganz anderes als der Akt der kirchlichen Verkündigung: nämlich die Erkenntnis, der Glaube, die Heiligung, die Seligkeit des einzelnen Menschen. Damit mußte jene Einheit von Offenbarung und Schrift, mit wie starrer Objektivität sie auch umkleidet werden mochte, immer mehr in den Schein geraten, nicht sowohl ein Handeln Gottes mit seiner Kirche, als vielmehr eine göttliche Privatveranstaltung für soundsoviele Privatpersonen zu sein, zu deren Durchführung die Predigt und die Sakramente dann gerade noch als sogenannte „*media salutis*" gut genug waren. Indem die Kirche vergaß, daß das Korrelat zu Offenbarung und Schrift zunächst gar nicht die Beseligung oder Besserung des menschlichen Individuums, sondern (auf demselben Niveau mit Offenbarung und Schrift) die Verkündigung als Dienst Gottes ist, vergaß sie nicht weniger als sich selber, machte sie sich selbst aus einer Stätte des Gottesdienstes, durch den als solchen auch den Menschen geholfen ist, zu einer Stätte feinsten Menschendienstes, in welchem Gott schließlich als das höchst objektive, höchst wunderbare Mittel, aber eben doch nur als Mittel figurieren muß. Der Ruhm der Objektivität, mit dem man das Wort Gottes vor allem in seiner biblischen Gestalt umgab, war doch auch so etwas wie eine Äußerung bösen Gewissens, mit der man versteckte, daß man nicht mehr recht wußte, was man sagte, wenn man „Wort Gottes" sagte, nicht mehr wußte, daß man damit heute sich ereignendes Handeln — nicht des Menschen in seinem Verhältnis zu Gott, sondern Gottes in seinem Verhältnis zum Menschen, und damit eben Kirche sagt. Wenn man das nicht mehr wußte, war es dann erstaunlich, daß der hereinbrechende neuzeitliche Modernismus fand, man könne zu jenem Ziel eines feinsten Menschendienstes auch auf einfacherem und weniger wunderbarem Weg kommen, als es die Orthodoxie in großer äußerer, aber nicht in ebenso großer innerer Treue noch immer behauptete? War es erstaunlich, wenn die Objektivität, die die Orthodoxie für Offenbarung und Schrift und theoretisch auch für die Predigt und die Sakramente noch immer in Anspruch nahm, einem hellen Kopf und Tausenden von hellen Köpfen und doch auch von frommen Herzen, immer mehr wie ein überflüssiges Götzenbild vorkam, das zu zertrümmern ihnen wie ein gutes, Gott wohlgefälliges Werk erscheinen mußte? Der katastrophale Zusammenbruch der Orthodoxie im 18. Jahrhundert, an dessen Folgen wir bis auf diesen Tag zu tragen haben, ist kein größeres Rätsel als der Einsturz eines Hauses, dessen Fundamente weichen. Nicht die kritisch gewordene Philosophie der Welt, sondern die unkritisch gewordene, sich selbst im Zentrum nicht mehr verstehende Theologie der Kirche selbst war für jenes Unheil verantwortlich. Die uns Heutigen gestellte Aufgabe muß bei allem großen Respekt vor der von der Orthodoxie geleisteten Arbeit und bei allem Verständnis für die letzten Intentionen dieser Arbeit darin bestehen, im Unterschied zu jener und in neuer Aufnahme der Gedanken Luthers auch und gerade die Verkündigung ernst zu nehmen als Tun der Kirche, in welchem und durch welches nicht dem Menschen sondern Gott gedient werden soll, in welchem und durch welches Gott zu Worte kommen will, um dann von da aus wieder zu verstehen, daß und in welchem Sinn zuerst die Bibel und zu allererst die Offenbarung wirklich Gottes Wort ist. Hier setzte vor dem Hereinbrechen jener Katastrophe des 18. Jahrhunderts das Vergessen ein. Hier muß offenbar das neue Gedenken einsetzen. Mit darum muß der direkte Gegenstand einer heutigen Dogmatik eben die kirchliche Verkündigung sein.

§ 5
DAS WESEN DES WORTES GOTTES

Das Wort Gottes ist in allen seinen drei Gestalten Rede Gottes zum Menschen. Eben darum geschieht, gilt und wirkt es in der Tat Gottes am Menschen. Eben als solche geschieht es aber in der von allem anderen Geschehen verschiedenen Weise Gottes, d. h. in Gottes Geheimnis.

1. DIE FRAGE NACH DEM WESEN DES WORTES GOTTES

Wir haben an dieser Stelle vor allem in zwei Punkten Abstand zu nehmen von der ersten Auflage dieses Buches. — Es handelt sich zuerst um die dort in § 5, 1 gemachten Ausführungen, des Inhalts; daß nach der an Hand einer Analyse der kirchlichen Verkündigung gewonnenen Feststellung des Begriffs des Wortes Gottes in seiner dreifachen Gestalt nunmehr von der phänomenologischen zur existentiellen Betrachtungsweise, d. h. vom Denken eines die Dinge von außen Betrachtenden zum Denken eines in seiner Existenz an den Dingen Beteiligten überzugehen sei. Diese Stelle ist von verschiedenen Seiten mit Recht beanstandet worden (vgl. Fr. Gogarten, Karl Barths Dogmatik, Theol. Rundschau 1929 S. 70 f.; Th. Siegfried, Das Wort und die Existenz I 1930 S. 35 f., 250 f.). Es fragt sich, ob die Begriffe des phänomenologischen und des existentiellen Denkens in der bewußten Weise richtig angegeben und unterschieden sind. Es fragt sich weiter, ob existentielles Denken mehr ist als eine bestimmte Form eben des phänomenologischen oder ob beide Begriffe nicht gar an irgendeinem Ort zusammenfallen. Es fragt sich also, ob die Vorstellung eines „Übergangs" vom einen zum andern nicht überhaupt unvollziehbar ist. Aber das sind philosophische und nicht theologische Fragen. Und der Einwand, den ich mir selbst seither gemacht habe, ist eben der, daß diese Begriffe, welches auch ihr Inhalt und ihr Verhältnis untereinander sein möge, entscheidende Einschnitte auf dem Weg des dogmatischen Denkens, wie es dort vorausgesetzt schien, überhaupt nicht machen oder bezeichnen können. Wie immer die Philosophen sich über jene Fragen verständigen oder auch nicht verständigen mögen, sie werden es als Philosophen und nicht als Theologen, d. h. sie werden es nicht unter verantwortlicher Berücksichtigung des theologischen Themas tun und darum so, daß die Theologie nichts von ihnen lernen kann und auch nichts von ihnen lernen soll, wenn sie sich nicht von jenen an Stelle ihres eigenen ein philosophisches Thema unterschieben lassen will, wie es noch immer geschehen ist, wenn sie von irgendeiner Philosophie sachliche Belehrung entgegennahm. Eine solche Aufnahme eines philosophischen Themas war nun auch in der ersten Auflage an dieser Stelle nicht meine Absicht. Die Konstatierung jenes „Übergangs" war harmloser und beiläufiger gemeint als sie verstanden worden ist. Es ist ja klar, daß man sich in der Dogmatik wie in jeder Wissenschaft wie jedes anderen so auch des spezifisch philosophischen Sprachgutes — nicht bedienen muß aber bedienen kann, wo es zur beiläufigen Illustration und Einschärfung des in theologischer Absicht zu Sagenden zweckmäßig ist, wo der Sinn, in welchem eine solche sprachliche Anleihe vollzogen wird, durch den Zusammenhang relativ sicher gestellt ist und wo das Mißverständnis relativ fernliegt, als handle es sich darum, theologische Sätze durch Zurückführung auf solche philosophischen Gehaltes begründen, d. h. aber ein philosophisches Thema an die Stelle des theologischen zu setzen. Dieses Mißverständnis lag aber an jener Stelle relativ nahe und ist denn auch prompt eingetreten. Th. Siegfried (a. a. O. S. 36) hat diese Stelle zu meinem Schrecken dahin interpretiert: „Auf dieses Fundament (gemeint ist: das eingeführte existentielle Denken) will er seine Dogmatik bauen." So hatte ich es wirklich nicht gemeint. Ich hätte aber über die bessere Meinung hinaus einsehen müssen, daß die Heranziehung jener Begriffe gerade an jener Stelle ein im Verhältnis zu dem, was ich schon damals sagen wollte, überflüssiges und gefährliches Spiel bedeutete. Überflüssig, weil eine Begründung der Lehre vom Worte Gottes damit, daß sie als eine Setzung existentiellen Denkens aufgewiesen und also als ihr Hintergrund und ihre Rechtfertigung eine Existential-Philosophie geltend gemacht wurde, nachher doch nicht folgte. Gefährlich, weil alles Folgende auf Grund jener Stelle so verstanden werden konnte, als ob es eben doch, wenn auch unter unklarer Kombination mit den Absichten der katholischen und der altprotestantischen Theologie auf etwas Derartiges, nämlich auf eine existential-philosophische Begründung der Theologie, abgesehen sei. Auch um das, was ich damals sachlich unter jenem „Übergang" verstand, kann und konnte es sich ja im Ernst nicht handeln. Es wäre fatal, wenn wir im Bisherigen nicht als in unserer Existenz an den Dingen Beteiligte gedacht und geredet hätten. Es kann aber, wenn dies bisher nicht geschehen sein sollte, nicht in unserer Macht stehen, nunmehr dazu „überzugehen" und also uns vorzunehmen, von jetzt an als Beteiligte zu denken und zu reden. Wir können aber auch weder vorher noch nachher davon abstehen, indem wir von den Dingen denken und reden, sie immer auch, wie beteiligt wir immer an ihnen sein mögen, von außen zu betrachten. Wiederum wäre aber auch von dieser Betrachtung von außen zu sagen, daß es keineswegs in unserer Macht steht, die Dinge, von denen hier die Rede ist, auch nur von außen wirklich zu Gesicht zu bekommen. Die zwei Betrachtungsweisen, die ich dort auseinanderhalten wollte, sind, wie sie auch philosophisch zu analysieren und ins Verhältnis zu setzen seien, mehr oder weniger allem menschlichen Denken und Reden eigentümlich und ein theologischer Gedankengang als solcher kann durch dieses Mehr oder Weniger weder richtiger oder unrichtiger, noch wichtiger oder unwichtiger werden. Es findet auch bei eventuellen Übergängen vom Mehr zum Weniger und umgekehrt, wie sie natürlich auch in theologischen Gedankengängen vorkommen können, gerade keine ernsthafte theologische Entscheidung statt. — Das führt

§ 5. Das Wesen des Wortes Gottes

uns zum Zweiten. Die Lehre vom Worte Gottes wird in der ersten Auflage an der Stelle, an der wir uns hier befinden, in der Weise fortgeführt, daß zunächst in §§ 5 und 6 zwei Analysen der Situation des Menschen erstens als Prediger und zweitens als Hörer des Wortes Gottes und dann in § 7 eine Analyse der eigentümlichen Erkenntnis des Wortes Gottes überhaupt gegeben wird. An diese drei Analysen werden dann jeweils im letzten Absatz der drei Paragraphen und angeblich als „Ergebnis" jener Analysen dreimal drei „Näherbestimmungen des Wortes Gottes" angeschlossen, die in ihrer Gesamtheit das darstellen, was jetzt als Lehre vom Wesen des Wortes Gottes entwickelt werden soll. Jene Anordnung in der ersten Auflage hatte drei Fehler. 1. Die über drei Paragraphen zerstreute und fast in Form von Zusätzen auftretenden „Näherbestimmungen" des Begriffs des Wortes Gottes wurden der Aufmerksamkeit der Leser schon durch diese äußere Stellung in einer für das Verständnis des Ganzen verhängnisvollen Weise entzogen. Es konnte allzu leicht geschehen und es ist auch faktisch geschehen, daß man diese Schlußteile der §§ 5 bis 7 als einen bloßen, vielleicht auch fehlen könnenden Abgesang zu den Analysen auffaßte, die den eigentlichen zum Teil ziemlich aufregenden Inhalt der drei Paragraphen bildeten. 2. Es ist mir nicht gelungen (es konnte mir glücklicherweise nicht gelingen!), diese Schlußabsätze über den Begriff des Wortes Gottes wie die Ankündigung lautete, als „Ergebnisse" der drei Analysen einleuchtend und glaubwürdig zu machen. Es bestanden zwischen den Analysen und diesen Näherbestimmungen gewisse gedankliche Assoziationen, aber im Grunde und im Ganzen standen die letzteren anderswoher begründet, an dieser Stelle nicht eben notwendig und darum dann auch nicht eindrücklich und Aufmerksamkeit erregend neben den ersteren. 3. Der nicht gelungene (notwendig nicht gelingen könnende) Versuch, die Lehre vom Wesen des Wortes Gottes aus der Analyse der konkreten Situation des Predigers, des Hörers bzw. des das Wort Gottes erkennenden Menschen überhaupt abzuleiten, bedeutete im selben Sinn und in derselben Richtung das Verfolgen einer „falschen Tendenz", wie die vorhin kritisierte Einführung und Verwendung der Begriffe des phänomenologischen und existentiellen Denkens. Faktisch wurden ja jene Näherbestimmungen keineswegs aus jenen Analysen gewonnen. Ich tat aber so, als ob sie daraus gewonnen werden könnten und müßten. Eine Anthropologie, wenn auch eine kirchliche Anthropologie, sollte angeblich der Erkenntnisgrund der entscheidenden Sätze über das Wort Gottes sein. Damit — in Verbindung mit jener allgemeinen Erklärung: es handle sich von jetzt ab und speziell in den §§ 5 bis 7 um existentielles Denken — habe ich damals doch (wenn auch nur in der Weise der *libellatici* der decianischen Christenverfolgung) den falschen Göttern Reverenz erwiesen. Wenn das Wort Gottes etwas sicher nicht ist, dann nicht ein Prädikat des Menschen, auch nicht des Menschen, der es empfängt, also auch nicht des im Raum der Kirche redenden, hörenden und erkennenden Menschen. Das müßte es aber sein, wenn aus einer Analyse der konkreten Situation dieses Menschen wirklich die Näherbestimmungen seines Wesens abzuleiten wären, wie dort, wenn nicht geschehen ist, so doch intendiert und behauptet wurde.

Fr. Gogarten hat in seiner schon zitierten Rezension der ersten Auflage dieses Buches in der Hauptsache zwei Einwände gegen seinen Inhalt erhoben: 1. ihm fehle darin eine „eigentliche Anthropologie" (S. 66) und 2. es rede wenigstens streckenweise „das eine Mal von einem an und für sich, gegen den Menschen hin, isolierten Gott, und das andere Mal von einem an und für sich, gegen Gott hin isolierten Menschen" (S. 72), statt durchweg von Gott und Mensch in ihrer Zusammengehörigkeit. (Vgl. auch „Das Problem einer theologischen Anthropologie", Z. d. Z. 1929 S. 493 f.) Zu dem zweiten Vorwurf wird im Verlauf dieses Paragraphen besonders Stellung genommen werden. Zum ersten ist bereits Stellung genommen in der vorhin vorgetragenen Selbstkritik und es bleibt mir nun nur noch übrig, diese Stellungnahme Gogarten gegenüber zu explizieren. Ich könnte alles gegen mich selbst Gesagte dahin zusammenfassen, daß ich heute bedauere, vor fünf Jahren zu einer „eigentlichen Anthropologie" wenigstens auf dem Wege gewesen zu sein. Gogarten hätte das eigentlich von seinem Standpunkt aus anerkennen müssen. Daß er es faktisch nicht konnte, sondern trotz meiner offen vorliegenden Tendenz in dieser Richtung von einem „Fehlen" eigentlicher Anthropologie redet, das ist mir heute sehr tröstlich als Bestätigung dafür, daß der Schaden so groß nicht geworden ist, wie er wohl hätte werden können. Ich müßte es nämlich für einen großen Schaden ansehen, das wirklich zu tun, was Gogarten zum Glück bei mir nicht getan findet, aber gerne getan gesehen hätte: die Aufrichtung einer „eigentlichen Anthropologie" als „Mittelpunkt", als „die zentrale Aufgabe", als „das eigentliche Problem der Theologie" (Z. d. Z. 1929 S. 505), als „das schwerste Stück der Arbeit", die Theologen heute zu tun hätten (Th. Rundsch. 1929 S. 67), und das heißt dann doch wohl: als Quellpunkt und Kriterium aller weiteren theologischen Sätze. — Gogarten hat das Anliegen, das ihn bei seiner Forderung einer „eigentlichen Anthropologie" bewegt, in doppelter Weise begründet: einmal zeitgeschichtlich (Z. d. Z. 1929 S. 502 f.): Infolge der neuzeitlichen Natur- und Welterkenntnis sei der Mensch aus seiner im Mittelalter ganz selbstverständlichen zentralen Stellung äußerlich verdrängt und eben dadurch zur Entdeckung und zum inneren Bewußtsein seiner selbst und seiner Geschichtlichkeit aufgerufen worden. „Vermenschlichung des Lebens" sei das, was schon Luther mit den Humanisten seiner Zeit und überhaupt mit der Renaissance verbunden habe und Schleiermachers Theologie sei bei allen nötigen Vorbehalten als der erste große Versuch zu würdigen, dieses Charakteristikum der lutherischen Lehre auch zum Charakteristikum einer groß angelegten und durchgeführten Theologie zu machen. Weil das Denken der neueren Zeit nun einmal am stärksten vom Problem des Menschen selbst bewegt sei, darum müsse die Anthropologie als das eigentliche Problem einer heutigen Theologie verstanden werden. Nehmen wir an, daß die geschichtlichen Hintergründe dieser Analyse unserer Zeit in Ordnung seien — es werden vielleicht nicht alle Lutheraner an diesem Entwurf ihre Freude haben — und nehmen wir weiter an, daß diese Analyse selbst sachlich richtig sei — sie ist doch vielleicht vor dem Kriege richtiger gewesen als in der längst wieder viel realistischer gewordenen Gegenwart, in der man von einem großen und besonders auch von dem jüngeren Teil der Zeitgenossen kaum mehr wird sagen können, daß gerade „Vermenschlichung des Lebens" ein für ihr Lebensbewußtsein allzu bezeichnender Begriff sei. Es bleibt doch auf alle Fälle zu fragen, ob es der angezeigten Anthropologisierung des modernen (oder einst modern gewesenen) Lebensbewußtseins gegenüber ratsam sei, in den Spuren Schleiermachers, wenn auch unter etwas anderem Vorzeichen, nun gerade an diesem Lebensbewußtsein sich zu orientieren. Die Theologie hat es allzu oft versucht, das jeweilige Zeitbewußtsein auf seinem eigenen Boden aufzusuchen und zu überwinden. Wir haben uns bereits früher dagegen gewandt, daß sich die Theologie ihre Aktion durch irgendwelche Gegner vorschreiben läßt, weil es nicht anders sein kann, als daß sie ihnen damit bereits die Hälfte oder mehr als die Hälfte dessen zugesteht, was sie gerade nicht zugestehen sollte: die Unselbständigkeit des Lebens und Denkens der Kirche gegenüber dem der Welt, den Primat der Fragen, die die Welt der Kirche, gegenüber den Fragen, die die Kirche sich selber zu stellen hat. Und könnte heute eine Theologie, die bewußte „Vermenschlichung des Lebens" auch methodisch gerade nicht mitmacht, nicht auch — wenn denn davon die Rede sein soll — viel zeitgemäßer sein als eine solche, die durch ihren Ansatz zum vornherein zugibt, nur ein zweites Wort, ein sogenanntes „Wort zur Lage" (zur außerhalb der Kirche vorgefundenen Lage!) zu sagen zu haben? Gogartens zweites Anliegen scheint von der Christologie herzukommen. Muß man nicht, so fragt er (Theol. Rundsch. 1929 S. 73), „von dem Menschen aus denken, zu dem Gott geworden ist? Kann man denn anders als ausgehen von dem Gott, der eben nicht isoliert ist gegen den Menschen und heißt das nicht, daß man dann vom Menschen aus denken muß"? Ich würde das verstehen, wenn es statt „vom Menschen aus" heißen würde „zum Menschen hin". In dem Maß unterscheiden sich theologische Sätze in der Tat von den Sätzen jeder Metaphysik und jeder Moral, als sie die Wirklichkeit und Wahrheit, von der sie

§ 5. *Das Wesen des Wortes Gottes*

reden wollen, entsprechend dem Immanuel, das den Inhalt der Offenbarung bildet, verständlich machen als Wirklichkeit und Wahrheit von Gott her zum Menschen hin. Sollte es aber wirklich eine Konsequenz der Christologie, der Fleischwerdung des Wortes sein, daß nun *post Christum* „vom Menschen aus" — und das heißt bei Gogarten nicht: von Jesus, von dem einen einzigen Gottmenschen aus, sondern: von dem Gott gegenüber nun nicht mehr isolierten und doch mit dem Gottmenschen nicht identischen anderen Menschen aus gedacht werden dürfe und sogar gedacht werden müsse und sogar im Zentrum der Theologie gedacht werden müsse? Ist denn dieser von Gott nicht mehr isolierte Mensch, abgesehen von dem einen Gottmenschen, in der Weise da, daß man nun von ihm aus denken dürfte und müßte? Diese Konsequenz haben jedenfalls auch die alten lutherischen Dogmatiker, deren Christologie sie vielleicht naheliegen mochte, noch nicht gezogen. Sondern der sie zog, war erst S c h l e i e r m a c h e r und nachher in böser Absicht L. F e u e r b a c h. Also gerade dieses zweite eigentlich theologische Anliegen Gogartens scheint mir nicht nur wenig überzeugend, sondern sachlich geradezu bedenklich zu sein. — Ich muß aber die von Gogarten bei mir vermißte Anthropologie darum für Schaden ansehen, weil ich nicht sehe, wie bei ihr die Gefahr einer neuen Auslieferung der Theologie an irgendeine Philosophie und damit der Verlust des theologischen Themas zu vermeiden sein soll. Es entgeht mir nicht, daß Gogarten sich (ausführlich in dem Aufsatz in Z. d. Z., aber andeutungsweise auch schon in der Rezension in der Theol. Rundsch. z. B. S. 68, 73) eindeutig darüber erklärt hat, das Thema seiner „eigentlichen Anthropologie" sei „d e r Mensch, der nicht ohne den Gott gedacht werden kann, der sich in der Offenbarung dem Menschen verbunden hat"; ihr Inhalt könne also nur aus dem Evangelium selbst oder aus dem Zusammenhang der ganzen Theologie gewonnen werden (Z. d. Z. 1929 S. 494 f.). Gogartens Absicht scheint danach in der Richtung zu liegen, die ich vorhin in bezug auf mein eigenes Vorgehen von 1927 mit dem Begriff „kirchliche Anthropologie" bezeichnet habe. Aber was ich damals als solche ausgeführt habe: die Analyse des Selbstverständnisses des das Wort Gottes predigenden und hörenden und in dieser konkreten Situation erkennenden Menschen, das hat ja Gogarten als „eigentliche Anthropologie" gerade nicht genügt, so wenig, daß er nicht einmal meine (von ihm aus gesehen gute) Absicht in dieser Richtung anerkennen und loben konnte. Warum nicht genügt? Gogarten schrieb damals, mit meiner Unterschätzung der Anthropologie hänge „auf das allerengste" zusammen das Fehlen „einer gründlichen Untersuchung der Frage der Wissenschaftlichkeit der Theologie und das heißt der Frage des Verhältnisses von Theologie und Philosophie und was sonst damit zusammenhängen mag" (Theol. Rundsch. 1929 S. 66 f.). Ist nun nicht anzunehmen (und bestätigt nicht auch die in diesem Zusammenhang abgegebene Erklärung seiner Solidarität mit B u l t m a n n diese Annahme): daß Gogartens eigene Schätzung der Anthropologie eben mit dieser Untersuchung „auf das allerengste" zusammenhänge? Soll aber die Anthropologie dazu dienen, das Verhältnis von Theologie und Philosophie zu klären, d. h. dann aber in der Nachbarschaft Bultmanns doch sicher: aus dem einzusehenden Verhältnis von Philosophie und Theologie die Möglichkeit der Theologie abzuleiten, wie soll dann mit der theologischen Selbständigkeit der von Gogarten gewünschten Anthropologie, mit ihrem Gewonnenwerden aus dem Evangelium und nur aus dem Evangelium, ernst zu machen sein? Die entscheidenden Sätze des anthropologischen Programms Gogartens lauten dahin, es bestehe zwischen der Lehre vom Menschen einerseits und der Lehre von Gott andererseits ein Zirkel: „Es gibt kein Verständnis des Menschen ohne das Verständnis Gottes, aber ... diesen Gott kann ich wiederum nicht verstehen, ohne schon den Menschen zu verstehen" (Z. d. Z. 1929 S. 496). Würde Gogarten im letzten Satz „a u c h den Menschen" statt „s c h o n den Menschen" geschrieben haben, so wäre nichts dagegen einzuwenden. Der Gedanke wäre dann der: Verständnis des Menschen hat Verständnis Gottes zur Voraussetzung; Verständnis Gottes schließt aber auch immer Verständnis des Menschen in sich. Das scheint nun aber Gogartens Gedanke nicht zu sein. Es wäre ja auch nicht abzusehen,

1. Die Frage nach dem Wesen des Wortes Gottes

inwiefern es von da aus zu jenem Primat der Anthropologie, zur Klärung des Verhältnisses von Theologie und Philosophie und so zur Begründung der Wissenschaftlichkeit der Theologie kommen sollte. Und Gogarten schreibt ja eben: „schon" des Menschen. Durch dieses „schon" scheint dem Verständnis des Menschen ein Vorsprung vor dem Verständnis Gottes zugeschrieben zu sein, ein Vorsprung, der seinerseits nicht denkbar scheint ohne die Voraussetzung irgendeines „Vorverständnisses" in bezug auf den Menschen, wie es ja bei Bultmann in der Tat vorgesehen ist. Aber ein solches Vorverständnis in bezug auf den Menschen, mittels dessen wir in den bewußten Zirkel des Verständnisses von Gott und Mensch in ihrer Zusammengehörigkeit sozusagen hineinspringen würden, scheint nun doch wieder nicht in Einklang zu bringen mit Gogartens unzweideutiger Erklärung: Der Mensch dürfe nicht primär als einer verstanden werden, „den es auch außerhalb der Offenbarung gibt, den man also denken kann, auch ohne die Offenbarung Gottes mitzudenken" (a. a. O. S. 497). Die Offenbarung Gottes! Was heißt das bei Gogarten in diesem Zusammenhang? Er interpretiert diesen Ausdruck an derselben Stelle durch den Zusatz: die Offenbarung, „in der sich Gott dem Menschen von der Schöpfung her als seinen Gott und Herrn verbunden hat", und etwas später noch deutlicher: „die Offenbarung, die Schöpfung und Erhaltung des Menschen von Anfang der Welt her ist" (a. a. O. S. 498). Und damit ist uns nun ein letztes Rätsel aufgegeben. Was ist zu verstehen unter der „von der Schöpfung her" geschehenden Offenbarung oder unter der Offenbarung, die Schöpfung und Erhaltung des Menschen geradezu ist? Es könnte (etwa im Sinn von Frage 19 des Heidelb. Kat.) bedeuten: das Evangelium, das seit der Schöpfung immer wieder an den Menschen ergangen ist. Aber warum sollte Gogarten dies gerade in diesem Zusammenhang erklärend hervorheben wollen? Und wie sollte daraus, daß das eine Evangelium das Evangelium aller Zeiten vom Anfang der Welt her ist, der Primat der Anthropologie folgen, den Gogarten doch mit seinen Ausführungen beweisen will? Was bleibt nun übrig als die durch Gogartens zweite Formel ohnehin näher gelegte Annahme: „von der Schöpfung her" heißt: Offenbarung Gottes, die in und mit der Schöpfung und Erhaltung selbst gegeben ist und die uns als solche, auch abgesehen vom Evangelium, d. h. abgesehen von Gottes zweiter, von der Schöpfung unterschiedener Offenbarung in den Ordnungen der Wirklichkeit unseres Geschaffenseins, unserer geschöpflichen Existenz vorliegt und bekannt ist. Die Verbindung und Zusammengehörigkeit zwischen Gott und Mensch, auf die Gogarten seine Anthropologie gründen will, wäre dann die in dem Verhältnis von Gott als Schöpfer und dem Menschen als Geschöpf gesetzte. Dann würde mit einem Schlag alles klar: Gogarten könnte dann einerseits mit Recht sagen, daß es sich auch für ihn durchaus um den und nur um den Menschen handle, den es nur innerhalb der Offenbarung gibt, und er könnte andererseits und gleichzeitig wiederum mit Recht dem Verständnis des Menschen mit jenem „schon" einen Vorsprung vor dem Verständnis Gottes, nämlich des aus seiner Offenbarung im Evangelium zu verstehenden Gottes geben. Es bliebe eine leichte terminologische Schwierigkeit darin übrig, daß Gogarten mehrfach ausdrücklich von dem im „Evangelium" (nicht nur von der „Offenbarung") her zu verstehenden Menschen redet. Aber unter „Evangelium" könnte ja an dieser Stelle diese mit der Schöpfung selbst gegebene, der verkündigten Offenbarung vorlaufende Offenbarung zu verstehen sein oder aber die im Evangelium implizit gegebene Bestätigung dieser Schöpfungsoffenbarung. Der Primat der Anthropologie, das Bultmannsche Vorverständnis, jenes merkwürdige „schon" und jenes noch merkwürdigere „vom Menschen aus", nicht zu vergessen endlich die Möglichkeit einer Klärung des Verhältnisses von Philosophie und Theologie und einer Begründung der Wissenschaftlichkeit der Theologie, das alles wäre dann gesichert. Ist mit Offenbarung in diesem Zusammenhang gemeint: ein der Offenbarung im engeren und eigentlichen Sinn vorangehendes mit unserer geschöpflichen Existenz als solcher gegebenes Offenbarsein Gottes, dann muß ja wirklich eine Analyse dieser unserer geschöpflichen Existenz bzw. des in ihr stattfindenden Offenbarseins Gottes als „Vorverständnis" der eigentlichen und besonderen Offenbarung der erste Schritt theologischer Besinnung sein, der Schritt, mit dem wir in jenen Zirkel von Verständnis Gottes und Verständnis des Menschen gleichsam von einem äußeren und umfassenden Zirkel her hineinspringen würden. Wir könnten dann Gott, nämlich den Gott der verkündigten Offenbarung in der Tat nicht verstehen, „ohne schon (d. h. zuerst) den Menschen zu verstehen", den Menschen nämlich, dem Gott als sein Schöpfer ursprünglich offenbar ist. Wir müßten dann in der Tat primär, nämlich bei jenem Einsprung in den inneren Zirkel „vom Menschen aus", d. h. eben von diesem durch sein Geschaffensein mit Gott verbundenen Menschen aus denken. Und dieser Mensch, der im äußeren Kreis seines Geschaffenseins in seiner Weise auch schon mit Gott verbunden ist, könnte nun wirklich als der gemeinsame Gegenstand oder gleichsam als Drehscheibe zwischen Philosophie und Theologie verstanden und es könnte dann die Anthropologie zur Klärung des Verhältnisses dieser beiden Wissenschaften bzw. zur Begründung der Theologie als Wissenschaft verwendet werden. Wenn die „Offenbarung von der Schöpfung her", von der Gogarten redet, so zu verstehen wäre, dann könnte ich mir bei der von ihm bei mir vermißten und von ihm selbst offenbar vertretenen „eigentlichen Anthropologie" etwas jedenfalls in sich Sinnvolles denken. Allerdings wüßte ich dann nicht, durch was sich dieses an sich Sinnvolle von einer zünftigen natürlichen Theologie noch unterscheiden sollte. Analyse des Menschen im Lichte einer Offenbarung Gottes von der Schöpfung her als *introitus* zu dem inneren Zirkel der eigentlichen, auf die *revelatio specialis* sich gründenden Theologie — das ist doch noch immer das Wesen und die Absicht aller natürlichen Theologie gewesen. Und dies ist nun die bedrängende Doppelfrage, vor der ich stehe: Inwiefern sollte das Wesen und die Absicht von Gogartens „eigentlicher Anthropologie" nicht nach allem, was er dazu gesagt hat, mit dem Wesen und der Absicht aller natürlichen Theologie identisch sein ? Und: Wie sollte es möglich sein, daß ausgerechnet Friedrich Gogarten wirklich so verstanden sein wollte ? Wie sollte das zu vereinbaren sein mit den scharfen Erklärungen, die Gogarten auch und gerade in diesem Zusammenhang gegen die natürliche Theologie abgegeben hat (S. 495 f.) ? Was haben wir bei Gogarten ernst zu nehmen: sein anthropologisches Programm oder seine energische Absage an die natürliche Theologie ? Oder inwiefern haben wir beides ernst zu nehmen ? Wie verhält sich jenes zu dieser, diese zu jenem ? — Aber wie dem auch sei, ich kann von mir nur sagen, daß ich das, was er bei mir vermißt, darum nicht leisten kann, weil ich nicht einsehe, daß etwas von einer neuen oder vielmehr von der alten natürlichen Theologie Verschiedenes dabei herauskommen könnte. Natürliche Theologie im eben umschriebenen Sinn ist aber darum ein nur auf dem Boden des Katholizismus mögliches Unternehmen, weil dabei vorausgesetzt ist, das Offenbarsein Gottes in unserem Geschaffensein, die Schöpfung des Menschen, die zugleich Offenbarung Gottes ist, sei uns irgendwo und irgendwie, etwa daraufhin, daß sie durch das Evangelium bestätigt wird, direkt einsichtig. Diese direkte Einsicht in die ursprüngliche Verbindung Gottes mit dem Menschen, die Einsicht in die Schöpfung des Menschen, die als solche auch Offenbarung Gottes ist, ist uns aber durch den Sündenfall jedenfalls nach den reformatorischen Voraussetzungen über die Tragweite der Sünde gerade genommen und nur im Evangelium, in der *revelatio specialis* wiedergegeben. D. h. aber: sie ist uns so wiedergegeben, daß wir freilich das Wort Gottes in Offenbarung, Schrift und Verkündigung als Wort Gottes zum Menschen hin, als auch und gerade auf den Menschen als Gottes Geschöpf bezogen verstehen müssen — nicht aber so, daß ihm Sätze zu entnehmen wären, die nun auch abgesehen von dem Gegebenwerden des Wortes Gottes in Offenbarung, Schrift und Verkündigung vom Menschen, d. h. von dem auf Grund des gehörten Wortes Gottes nunmehr sich selbst in seinem Geschaffensein verstehenden Menschen aus als allgemeine Wahrheiten zu erkennen und — und das ist ja das Entscheidende — ihrerseits zur Voraussetzung des Verständnisses des Wortes Gottes bzw. zur Grundlage der Theologie gemacht werden dürften. Es gibt freilich eine theologische Anthropologie, aber die wird weder, wie es Gogarten vielleicht ursprünglich vorschwebte, in einer Explikation und Anwendung christologischer Sätze noch auch in einer über den

1. Die Frage nach dem Wesen des Wortes Gottes

Sündenfall hinweg nun doch wieder möglichen Analyse des Geschaffenseins des Menschen, das zugleich Offenbarung Gottes ist, bestehen, sondern schlicht in dem Aufweis des im Worte Gottes selbst bezeichneten in Jesus Christus aufgedeckten, ursprünglichen *status integritatis* und des nunmehr in Kraft stehenden *status corruptionis* des Menschen, einem Aufweis, der nun sicher nicht dazu dienen kann, verständlich zu machen, daß es „vom Menschen aus" irgendwelche Möglichkeiten zu Gott hin gibt, der vielmehr gar sehr die Isolierung des Menschen Gott gegenüber zum Inhalt hat, über welchen eine Verständigung mit irgendeinem Philosophen so wenig möglich sein wird, wie über irgendeinen anderen Locus der Dogmatik — von dem also den Gebrauch zu machen, um deswillen Gogarten seine „eigentliche Anthropologie" auf den Plan führen will, gerade nicht möglich sein wird. Der Zirkel zwischen dem Verständnis Gottes und des Menschen, von dem Gogarten so eindrucksvoll spricht, der Zirkel, in welchem jene Zugehörigkeit des Menschen zu Gott erkannt wird, ist eben wirklich nur e i n e r, und er ist ein fest g e s c h l o s s e n e r Zirkel. Auch Gogarten spricht nur von einem und spricht von seiner festen Geschlossenheit. Es ist mir aber nicht deutlich, inwiefern es bei beidem wirklich bleibt. Ist er nämlich nur einer und ist er fest geschlossen, dann ist es auch vom Begriff der Schöpfung her nicht möglich, von außen in ihn hineinzuspringen bzw. eine gemeinsame Plattform aufzuzeigen, auf der man sich mit dem Philosophen, ob er nun Grisebach oder Heidegger heiße, darüber verständigen könnte, inwiefern die Bewegung in diesem Zirkel auch von außen gesehen allenfalls möglich ist. Denn auch um unser Geschaffensein wissen wir nicht aus unserem Geschaffensein, sondern durch das Wort Gottes, aus dem wir keine selbständigen, im allgemeinen wahren, vom Worte Gottes selbst verschiedenen und also zu ihm hinleitenden Erkenntnisse ableiten können. Und es ist die Erkenntnis in diesem Zirkel keine umkehrbare. Die Bewegung in ihm geht nicht automatisch weiter von oben nach unten und von unten nach oben. Er ist mit dem religionspsychologischen Zirkel W o b b e r m i n s in keiner Weise zu verwechseln. Man kann nicht nach Belieben jetzt den Menschen verstehen wollen daraufhin, daß man Gott und jetzt Gott daraufhin, daß man den Menschen verstanden hat. Sondern Gott verstehen ist auch daraufhin, daß man von Gott aus den Menschen verstanden hat, jedesmal ein neues in sich selbst, oder vielmehr in Gottes Wort und nicht ein in dem vorangehenden Verständnis des Menschen begründetes Verstehen. Das „vom Menschen aus" kann doch nur heißen: vom Menschen des verlorenen *status integritatis* und also des nunmehr bestehenden *status corruptionis* aus. „Vom Menschen aus" Gott verstehen bezeichnet also entweder einen in sich unmöglichen Vorgang oder aber einen solchen, der nur in Form von Christologie, nicht aber in Form von Anthropologie (auch nicht in Form einer in Anthropologie übersetzten Christologie) zu beschreiben ist. Es gibt einen Weg von der Christologie zur Anthropologie. Es gibt aber keinen Weg von einer Anthropologie zur Christologie. — Auf Grund aller dieser Erwägungen muß ich nicht nur die Einladung Gogartens, meine Dogmatik durch Einführung einer „eigentlichen Anthropologie" zu verbessern, ablehnen, sondern auch alles das tilgen, was in meinem eigenen Entwurf von vor fünf Jahren wie eine Konzession in dieser Richtung erscheinen konnte.

Es darf erstens nicht mehr aussehen, als ob die Lehre vom Wort Gottes dadurch begründet oder auch nur nachträglich gestützt werden solle, daß sie als eine Setzung existentiellen Denkens verstanden wird. Und es darf zweitens keinerlei Anthropologie auch nur scheinbar als Basis des Verständnisses des Wortes Gottes auftreten wollen. §§ 5 bis 6 der ersten Auflage, die vom Menschen als Prediger und als Hörer des Wortes Gottes handeln, können ganz wegfallen, weil ihr wesentlicher Inhalt zum Teil in den §§ 3 und 4 der neuen Fassung vorweggenommen ist, zum Teil unter die Frage nach der Erkenntnis des Wortes Gottes gehört, zum Teil seinen Ort besser in einer Homiletik als in einer Dogmatik hat. Daß und inwiefern das Wort Gottes Wort an den Menschen ist, das ist zu zeigen in Erörterung der Erkenntnisfrage, d. h. der Frage nach der Wahrheit des Wortes Gottes. Die Antwort aber auf die Frage: Was ist das Wort Gottes?, die Lehre von seinem Wesen, darf nicht mehr als durch diese Untersuchung bedingt, also nicht mehr in der Nachbarschaft einer „eigentlichen Anthropologie" erscheinen, sondern ist, jener vorausgehend, selbständig zu entwickeln.

Wir haben von den Gestalten des Wortes Gottes gesprochen. Gestalt ist offenbar immer die Gestalt eines Wesens. Aber kann man auch von einem Wesen des Wortes Gottes reden? Kann man antworten auf die naheliegende, volkstümliche, aber auch im Munde von Theologen nicht seltene Frage: Was ist denn das Wort Gottes? Wir befinden uns bei der Frage nach dem Wesen des Wortes Gottes vor derselben Schwierigkeit, in der wir uns in der Dogmatik viel später bei der Frage nach dem Wesen Gottes überhaupt befinden werden. Gott und sein Wort sind uns nicht in der Weise gegeben, wie uns natürliche und geschichtliche Größen gegeben sind. Was Gott und was sein Wort ist, das können wir nie rückblickend und damit vorwegnehmend feststellen, das muß er uns selbst immer wieder und immer neu sagen. Es gibt aber kein menschliches Wissen, das diesem göttlichen Sagen entsprechen würde. Es kommt in Gottes Sagen wohl zu einer Begegnung und Gemeinschaft zwischen seinem Wesen und dem Menschen, aber nicht zu einer Aufnahme dieses Wesens in das Wissen des Menschen. Es kann nur immer wieder zu neuem göttlichem Sagen kommen. In diesem göttlichen Sagen realisiert sich mit dem Gott mit uns! überhaupt die Erkenntnis Gottes und seines Wortes. Wir können also nur — nämlich im Glauben an das Wort Gottes — sagen, wer Gott ist: Er ist der eine Gott Vater, Sohn und heiliger Geist. Und so können wir nur — nämlich im Blick auf die Wirklichkeit der Kirche, in deren Raum wir denken — sagen, welches das Wort Gottes ist, dessen man sich hier erinnert und das man hier erwartet: Es ist als das eine Wort Gottes: Verkündigung, Schrift und Offenbarung. Aber freilich: Wie wir, im Glauben wissend darum, wer Gott ist, nun auch sagen können und müssen, wie Gott ist, wie es auf Grund der Trinitätslehre eine Lehre von den Eigenschaften gibt, in denen uns das verborgene, mit keinem menschlichen Wort vorauszusagende und nachzusprechende, also in keinem menschlichen Wort adäquat wiederzugebende Wesen Gottes offenbar ist — so können wir, wissend darum, welches das Wort Gottes ist, nämlich wissend um seine drei Gestalten, sagen, wie es ist, in welcher Reihe von Bestimmungen es, in diesen drei Gestalten zu uns gesprochen, dieses Wort, das Wort Gottes ist. Also: Wir können wohl sagen, was das Wort Gottes ist, aber wir müssen es indirekt sagen. Wir müssen uns der Gestalten erinnern, in denen es für uns wirklich ist und müssen diesen seinen Gestalten entnehmen, wie es ist. Dieses Wie ist das erreichbare menschliche Spiegelbild des unerreichbaren göttlichen Was. Dieses Spiegelbild ist es, um das es hier gehen soll.

2. DAS WORT GOTTES ALS REDE GOTTES

Die kirchliche Verkündigung ist Rede. Auch die heilige Schrift ist Rede. Aber Rede ist auch die Offenbarung selbst und als solche. Halten wir uns an das Wort Gottes in den drei Gestalten, in denen es in der Kirche tatsächlich gehört wird, denken wir nicht über die Kirche hinaus an Dinge, die Gott gewollt und getan haben könnte, aber jedenfalls in der Kirche nun einmal nicht getan und also auch nicht gewollt hat, dann haben wir keinen Anlaß, den Begriff „Wort Gottes" nicht vor allem wörtlich zu nehmen. „Gottes Wort" heißt: Gott redet. „Redet" ist nicht ein Symbol,[1] eine vom Menschen auf Grund seines eigenen Urteils über größere oder geringere Symbolkräftigkeit gewählte Bezeichnung und Beschreibung eines an sich ganz anderen, dem Sinn dieses Satzes ganz fremden Sachverhalts. Sondern dieser Satz entspricht, gewiß in menschlicher Inadäquatheit, in der Gebrochenheit, in der menschliche Sätze dem Wesen des Wortes Gottes allein entsprechen können — der Möglichkeit, die Gott jedenfalls in seiner Kirche gewählt und verwirklicht hat. Wir verabsolutieren nicht die menschliche Möglichkeit des Intellekts. Wir mögen sehr wohl die Privatmeinung haben, es könnte schöner und besser sein, wenn Gott nicht so „intellektualistisch" ausgerechnet geredet hätte und noch redete und es wäre Gott angemessener, wenn „Gottes Wort" ebensogut allerhand Anderes bedeuten könnte außer dem, daß „Gott redet". Aber ist denn diese unsere auf irgendeiner Philosophie beruhende Privatmeinung so wichtig? Wenn vielleicht nicht, dann halten wir uns einfach daran und denken nicht darüber hinaus: in der Gestalt, in der die Kirche Gottes Wort kennt — der einen und einzigen, die uns notwendig, weil gebieterisch etwas angeht — in dieser Gestalt heißt „Gottes Wort": „Gott redet" und alles, was weiter von ihm zu sagen ist, muß als Exegese, nicht aber als Einschränkung oder Negation dieses Satzes zu verstehen sein. Wir werden Gottes Rede auch als Gottes Tat zu verstehen haben und Gottes Tat auch als Gottes Geheimnis. Aber wie nur Gottes **Tat** wirklich **Gottes Geheimnis** ist (und nicht irgendein anderes Geheimnis), so ist auch nur Gottes **Rede** wirklich **Gottes Tat** (und nicht irgendeine andere Tat). Die Begriffe Tat und Geheimnis können uns also, so notwendig sie exegetisch sind, von dem Begriff Rede nicht wegweisen, sondern eben als Exegesen nur immer wieder auf ihn als den ursprünglichen Text zurückverweisen. Sind sie getreue Exegesen, dann sagen sie freilich in ihrer Weise nicht weniger als alles, nicht weniger als das Eine und Ganze, was hier zu sagen ist, wie der ursprüngliche Text selber. Es kann also sehr wohl und ohne Gefahr auch mit den Begriffen Tat und Geheimnis gesagt werden, was das Wort Gottes ist: dann nämlich, wenn dabei (anders als bei dem nach dem rechten Symbol suchenden Faust) keine von dem Begriff der Rede verschiedene Übersetzung des Logos, sondern eine Erklärung eben der allein möglichen Übersetzung durch den Begriff Rede die Absicht ist. Versuchen wir es, zunächst ohne Exegese, den Text selbst in dieser seiner allein

---

[1] Wie P. Tillich, Rel. Verwirkl. 1930 S. 48 meint.

möglichen Übersetzung zu verstehen. Was bedeutet das für den Begriff des Wortes Gottes, wenn Wort Gottes ursprünglich und unaufhebbar heißt: Gott redet?

1. Es bedeutet zunächst und vor allem die Geistigkeit des Wortes Gottes, Geistigkeit verstanden im Unterschied zur Natürlichkeit, zur Leiblichkeit, zu allem physischen Geschehen. Wir beeilen uns hinzuzufügen, daß es auch kein Wort Gottes gibt ohne physisches Geschehen. Daran erinnert uns ja schon die Zusammengehörigkeit von Predigt und Sakrament. Daran erinnert uns die Buchstäblichkeit der heiligen Schrift. Daran erinnert uns zuletzt und zuhöchst die Leiblichkeit des Menschen Jesus Christus. Aber das alles berechtigt uns nicht, zu sagen, das Wort Gottes sei ebensowohl und im gleichen Sinn geistig wie natürlich-leiblich. Es gibt hier in allen Gestalten des Wortes Gottes ein Oben und Unten, ein Zuerst und Nachher, das in seiner ganzen Relativität doch nicht zu verwischen und nicht umzukehren ist. Das Wort Gottes ist auch natürlich-leiblich, weil es ohne das nicht das an uns Menschen als geistig-natürliche Wesen gerichtete, wirklich zu uns, wie wir wirklich sind, kommende Wort Gottes wäre. Darum muß das Sakrament neben der Predigt stehen; darum ist die Predigt selbst auch ein physisches Geschehen. Darum ist der Buchstabe der Schrift alles andere als ein *pudendum* und *negligendum*. Darum heißt ja sogar die Kirche (aber gerade darin zeigt sich auch deutlich das Subordinationsverhältnis) der Leib Christi. Das Wort Gottes ist auch natürlich-leiblich, weil es in der geschöpflichen Sphäre, in die es als Wort an uns Menschen eingeht, kein Geistiges ohne Natürlich-Leibliches gibt. Aber daß das Wort Gottes sich selbst nicht nur an die Geistigkeit, sondern auch an die Leiblichkeit der Kreatur bindet, das darf uns nun nicht hindern, einzusehen, daß es keineswegs neutral über beiden oder in beiden oder gar primär und vorzüglich Natur ist.

Man darf sich in diesem Punkt nicht verblüffen lassen durch den heute ganz neu umgehenden Realismus und Antispiritualismus. Daß die Leiblichkeit das Ende der Wege Gottes sei, dieser gern zitierte Ausspruch Fr. Chr. Oetingers war eine gute, wenn auch überspitzte Äußerung einer sehr nötigen Opposition gegen den naturflüchtigen Geist der Aufklärung, er eignet sich aber wirklich nicht zur Dogmatisierung. Und wenn Erich Przywara mir einmal (Stimmen der Zeit 1929 S. 231 f.) vorgehalten hat, ich ziele so merkwürdig auf die zwei Worte Wort und Geist hin, damit verrate ich einen „verhüllten Spiritualismus" und damit eine letzte Innerweltlichkeit meines angeblich so transzendenten Gottesbegriffs, während Gott an kein Geschöpfgebiet vor dem anderen gebunden, sondern beiden gegenüber frei sei, so ist zu fragen: Ob sich Gott nicht unbeschadet seiner Freiheit schon in der Schöpfung anders und zwar mehr und näher an den Geist als an die Natur gebunden hat? Ob nicht auch nach der einheitlichen Anthropologie der Bibel, an der wahrlich nicht gerüttelt werden soll, der Mensch zuerst und vor allem im Hinblick auf die ihm von Gott eingehauchte unsichtbare Lebendigkeit zu betrachten ist? Ob es zufällig ist, wenn das Reden von Gott in der Bibel zwar hundertfältig geboten, das Erstellen von Bildern Gottes aber *expressis verbis* verboten und verpönt wird? Ob die Worte „Wort" und „Geist" etwa zufällig im Alten und Neuen Testament diese

2. Das Wort Gottes als Rede Gottes

besondere Rolle auch hinsichtlich Gottes selbst spielen und ob in der Trinitätslehre statt *Logos* und *Pneuma* ebensogut Worte aus dem anderen Geschöpfgebiet verwendet werden könnten? Es ist wohlgetan, wenn wir uns das neutestamentliche Wort von der leiblichen Auferstehung Christi und das andere von der Auferstehung auch unseres Leibes wieder ganz anders gesagt sein lassen als die meisten derer, die unmittelbar vor uns waren. Es ist wohlgetan, wenn wir uns durch die Lieblingslehre der östlichen Orthodoxie: daß die eschatologische Erlösung auch den Kosmos, die Ktisis, im umfassendsten Sinn in sich begreife, wieder an eine ebenfalls lange vernachlässigte Wahrheit des Neuen Testamentes erinnern lassen. Es wäre aber nicht wohlgetan, wenn wir darüber übersehen wollten, daß der Mensch im Alten und Neuen Testament zwar auch als Naturwesen, aber nun doch als dieses ausgezeichnete und zwar durch Geist ausgezeichnete Naturwesen angeredet — wir können auch einfach sagen: daß er eben angeredet wird, daß dies und nicht irgendein Naturgeschehen, daß auch im Naturgeschehen immer die Rede Gottes der Weg ist, auf dem Gott ihn heimsucht. Eine gewisse relative „Kanonisierung des Geistes gegen die Natur" (Przywara) — mehr soll nicht behauptet werden — kann man doch bei aller Anerkennung des realistischen Anliegens unmöglich nicht behaupten.

Das Wort Gottes ist primär geistiges und dann und so, in dieser seiner Geistigkeit, um ihretwillen und ihrer unbeschadet, auch leiblich-natürliches Geschehen. Das ist vor allem gemeint, wenn wir es entsprechend den Gestalten, in denen wir es hören, Rede Gottes heißen. Rede ist, auch als Rede Gottes, die Form, in der sich Vernunft der Vernunft, Person der Person mitteilt. Gewiß göttliche Vernunft der menschlichen, göttliche Person der menschlichen. Die ganze Unbegreiflichkeit dieses Geschehens steht vor uns. Aber Vernunft der Vernunft, Person der Person, zunächst analog dem Geschehen in der geistigen und nicht zunächst analog dem Geschehen in der natürlich-leiblichen Geschöpfsphäre. Das Wort Gottes ist — wir dürfen dem heute so verpönten Begriff nicht ausweichen, ein rationales und nicht ein irrationales Geschehen.

Die Erinnerung an angeblich „tiefere" anthropologische Seinsschichten jenseits der rationalen beruht auf einer philosophischen Konstruktion und einem philosophischen Werturteil, über die sich die Philosophen unter sich einigen müssen. Wir haben nichts dazu zu sagen, als daß sich die Begegnung von Gott und Mensch nach dem, was wir in der Kirche von ihr wissen, zuerst, vorzüglich und charakteristisch in dieser Sphäre, der Sphäre der *ratio*, wie „tief" oder wenig „tief" diese nach philosophischem Urteil liegen möge, abspielt. — ... der König, da hie der Psalm von saget, ob er wol auff erden sein Reich hat, so regirt er doch Geistlich und auff Himmlische weis also, das, ob man wol sein Reich nicht sihet, wie man das weltlich sihet, so höret mans dennoch, Ja wie? „Aus dem munde der jungen Kinder und Seuglingen hastu ein macht zugericht." Und ist Christi Reich ein hör Reich, nicht ein sehe Reich. Denn die augen leiten und füren uns nicht dahin, da wir Christum finden und kennen lernen, sondern die ohren müssen das thun ... (Luther, Predigt in Merseburg gehalten 1545, W. A. 51, S. 11, Z. 25). Als wenn du ein Prediger sihest und hörest predigen das wort Gottes, durch welches er aus dem bevelh Christi Bus und vergebung der sünden verkündigt, da sihestu keinen pflug oder egen, Sondern sihest und hörest, das der Prediger allein die zungen und das wort nimpt. ... Also auch, wenn wir sehen die heilige Sacrament reichen ... die errettung und freiung von sünden und Todt, das du auch nicht mehr jnns Teuffels Reich gefangen gehalten werdest, sihestu nicht, sondern hörest es allein, das dirs mit der zungen des Predigers durchs wort angebotten und geschenkt wird (ib. S. 12 Z. 9).

Reden steht in Korrelation zu Hören, Verstehen, Gehorchen. Wie sehr diese Begriffe dadurch problematisiert werden mögen, daß es sich hier ja um Gottes Reden und um das dem Reden Gottes korrelate Hören, Verstehen und Gehorchen handelt — es ist der Glaube, der die Rede Gottes hört, versteht und ihr gehorcht — wir werden die Ebene eben dieser Begriffe Reden, Hören, Verstehen, Gehorchen nicht verlassen dürfen, wenn wir uns nicht anderswohin stellen wollen, als wo das Wort Gottes gehört wird.

„Das Heilige" Rudolf Ottos ist nur schon darum, was es auch sein möge, jedenfalls nicht als das Wort Gottes zu verstehen, weil es das Numinose und weil das Numinose das Irrationale, das Irrationale aber das von einer verabsolutierten Naturgewalt nicht mehr zu Unterscheidende ist. Eben an dieser Unterscheidung hängt aber für das Verständnis des Begriffs des Wortes Gottes zunächst alles.

Das Wort Gottes hat auch Naturgewalt, aber es hat zuerst und vor allem und entscheidend die schlichte geistige Gewalt der Wahrheit. — Was wir hier vom Worte Gottes sagen, gilt nicht etwa gleichmäßig von jedem Wort. Man kann von keinem anderen Worte sagen, daß es entscheidend die Gewalt der Wahrheit habe. Für jedes andere Wort bedeutet die Physis seine Schranke, an der sich zugleich auch die Unkraft seiner Geistigkeit verrät. Jedes andere Wort entbehrt bald mehr der Wahrheit, bald mehr der Wirklichkeit und damit dann sicher beider. Für jedes andere Wort ist bezeichnend das unsichere Pendeln zwischen einem krampfhaften Idealismus und einem ebenso krampfhaften Realismus. Die Natürlichkeit und die Geistigkeit jedes anderen Wortes sind ja die des gefallenen Menschen. Nur in Gottes Wort finden wir die normale Ordnung des Geistigen und des Natürlichen. Aber in Gottes Wort finden wir sie und werden uns auch durch die Verirrungen einer naturflüchtigen menschlichen Geistigkeit nicht verleiten lassen dürfen, jene Ordnung einzuebnen oder gar umzukehren. Man wird sich darum in bezug auf die theologische und gottesdienstliche Sprache klar sein müssen darüber, was es bedeutet, wenn man naturalistische Begriffe zur Verwendung bringt. Es kann schon im Blick auf die Sprache der Bibel selbst unmöglich grundsätzlich verboten sein, von Leben, Licht, Feuer, Quelle, Strom und Sturm, von Durchbrüchen, Erschütterungen, Überwältigungen und Erlebnissen zu reden. Man muß dann aber dessen gedenken, daß dies in der Bibel genau besehen überall in jener ganz bestimmten Unterordnung geschieht, also bedenken, daß man, naturalistisch redend, das Wort Gottes gerade in seinem nicht primären Sinn bezeichnet, daß man so von dem redet, was es sicher auch, was es aber sicher nicht zuerst ist. Man wird dann zu bedenken haben, wie leicht sich hier beim Hörer und beim Redner selbst ein Abgleiten einstellt in die Natursphäre, wo es nicht mehr Rede und Antwort, Erkenntnis und Entscheidung, sondern nur noch Bewegung, Druck und Stoß gibt, wo es nicht mehr um Wahrheit, sondern nur noch um Wirklichkeit geht. Es geht immer auch darum und darum ist der Naturalismus nicht aus der theologischen Sprache zu verbannen. Aber es geht im Worte Gottes nicht zuerst und nicht eigentlich darum. Und sobald es etwa nur darum ginge in dem, was wir sagen, so wäre es nach menschlichem Ermessen, nach dem was wir über das Wort Gottes durch das Wort Gottes selber wissen, mit dem Gottesdienst in Theologie und Verkündigung vorbei. Das Wissen um die primäre Geistigkeit des Wortes Gottes wird uns zur Konzentration auf das geistige Gebiet und zur Umsicht beim Betreten des natürlichen mahnen.

2. „Gottes Wort" heißt: Gott redet. Das bedeutet zweitens seine Persönlichkeit. Gottes Wort ist kein Ding, das zu beschreiben, es ist aber auch kein Begriff, der zu definieren wäre. Es ist weder ein Sachverhalt, noch eine Idee. Es ist nicht „eine", auch nicht die höchste „Wahrheit". Es ist die Wahrheit, indem es Gottes sprechende Person ist, *Dei loquentis persona*. Es ist nicht ein Objektives. Es ist das Objektive, indem es das Subjektive, nämlich das Subjektive Gottes ist. Gottes Wort heißt: der redende Gott. Gewiß, Gottes Wort ist nicht etwa bloß die formale Möglichkeit, sondern die gefüllte Wirklichkeit göttlicher Rede. Es hat immer einen ganz bestimmten objektiven Inhalt. Gott redet immer ein *concretissimum*. Aber dieses göttliche *concretissimum* ist als solches weder vorherzusagen noch nachzusprechen. Was Gott redet, das ist nie und nirgends abstrahiert von Gott selbst bekannt und wahr. Es wird bekannt und wahr dadurch und darin, daß er selbst es sagt, daß er in Person in und mit dem von ihm Gesagten gegenwärtig ist.

Non satis est habere donum, nisi sit et donator presens, sicut petivit et Moses exo. 33: „Si non tu ipse precedas nos, ne educas nos de loco ipso" etc. (Luther, Römerbr. 1515—1516, Fi. Schol. 140, 15). *A Deo enim vivo disceditur dum a verbo eius disceditur, quod est vivum et omnia vivificans, imo Deus ipse* (Hebräerbr. 1513, Fi. Schol. 42, Z.2). Das Wort Christi ist nach einer anderen Äußerung Luthers der Mund Christi: Das es also gehe jmerdar aus Christi mund von einem mund zum andern und doch bleibe Christi mund (Pred. üb. Joh. 14, 23 f. Cruc. Sommerpost 1543, W. A. 21, S. 469, Z. 3).

Es war die alles tragende und begründende dritte Gestalt des Wortes Gottes, die wir im Begriff der Offenbarung zu fixieren suchten, welche uns nötigte, bei der Analyse der Begriffe Verkündigung und Schrift beständig dieses Vorbehalts eingedenk zu bleiben. Eben indem wir das Wort Gottes nicht nur als Verkündigung und Schrift, sondern in Verkündigung und Schrift als Gottes Offenbarung verstehen, müssen wir es in jener Identität mit Gott selber verstehen. Gottes Offenbarung ist Jesus Christus, Gottes Sohn.

„Gottes Sohn" ist in der Sprache der Trinitätslehre von „Gottes Wort" nicht verschieden. Wenn es Joh. 1, 1 f. heißt: Ἐν ἀρχῇ ἦν ὁ λόγος, καὶ ὁ λόγος ἦν πρὸς τὸν θεὸν καὶ θεὸς ἦν ὁ λόγος. οὗτος ἦν ἐν ἀρχῇ πρὸς τὸν θεόν, so wäre der vierte Satz eine sinnlose Wiederholung des zweiten, wenn das οὗτος, zunächst allerdings ebenfalls mit λόγος zu ergänzen, nicht, emphatisch gebraucht, zugleich über alles Folgende hinweg, auf den erst V. 18 genannten Personennamen Ἰησοῦς Χριστός hinweisen würde, mit dessen

Träger der Logos im Prolog dieses Evangeliums identisch gesetzt werden soll. Und in Apoc. 19, 12—13 wird der wiederkommende Christus, der Reiter auf dem weißen Pferd, beschrieben als Träger einer Tiara ἔχων ὄνομα γεγραμμένον ὃ οὐδεὶς οἶδεν εἰ μὴ αὐτός, d. h. dessen Wortlaut zwar jedem, der ihn sieht, dessen Wortsinn — das Wesen, auf das dieser Name hinweist — nur ihm selbst bekannt ist. Καὶ κέκληται τὸ ὄνομα αὐτοῦ (der Wortlaut dieses Namens): ὁ λόγος τοῦ θεοῦ. Also auch hier: Was das Wort Gottes ist, läßt sich direkt nicht sagen. Es ist der Name der Offenbarung, d. h. aber des Offenbarers. Er ist das Wort Gottes. Von ihm allein ist zu erfahren, d. h. wird zu erfahren sein, was das Wort Gottes ist. Wir können von uns aus nur sagen, wie es, d. h. wie er ist.

Die Gleichung: Gottes Wort ist Gottes Sohn, macht allen Doktrinarismus im Verständnis des Wortes Gottes radikal unmöglich. In ihr, aber auch nur in ihr ist ein wirkliches und wirksames Hindernis aufgerichtet gegen das, was nach römisch-katholischer Konzeption aus der Verkündigung und nach der Theorie des späteren Altprotestantismus aus der Heiligen Schrift gemacht wurde: eine stabile Summe von offenbarten gleich den Paragraphen einer Rechtsquelle in ein System zu bringenden Sätzen. Das System in der Heiligen Schrift und in der Verkündigung kann allein die Offenbarung, d. h. aber Jesus Christus sein. Gewiß gilt ja auch das Umgekehrte: Gottes Sohn ist Gottes Wort. Also Gott offenbart sich in Sätzen, durch das Mittel der Sprache und zwar der menschlichen Sprache: Es wird je und je dies und dies von den Propheten und Aposteln gesprochene, in der Kirche verkündigte Wort sein Wort. Die Persönlichkeit des Wortes Gottes ist also nicht etwa gegen seine Wörtlichkeit und Geistigkeit auszuspielen. Es ist nicht so, daß diese zweite Bestimmung, unter der wir es verstehen müssen, nun doch seine Irrationalität bedeuten, und also die erste Bestimmung, unter der wir es verstehen mußten, aufheben würde.

So meint es offenbar P. Tillich, bei dem sich folgende, etwas naive Polemik findet. „Ganz falsch ist es aber, das Wort als Symbol für die Selbstmitteilung des Seinsjenseits gleichzusetzen mit dem Wort als physischem Mittel der Selbsterfassung und Selbstmitteilung des menschlichen Geistes, und auf diese Weise Wort Gottes und Schriftwort oder Predigtwort zu vermengen. Demgegenüber ist einfach (!) darauf hinzuweisen, daß für die christliche Theologie Jesus Christus das Wort ist, nicht seine Worte, sondern sein Sein, das sowohl in seinen Worten wie auch in seinem Tun und Leiden zum Ausdruck kommt" (Rel. Verwirkl. 1930 S. 49). Dazu ist zu sagen: Man kann einerseits die Worte, das Tun und Leiden und das Sein Jesu Christi nicht in der Weise voneinander trennen, daß Worte, Tun und Leiden nur „Ausdruck" seines Seins wären, als ob sein Sein gleichsam hinter den Worten, dem Tun und Leiden stünde. Das Sein dieser Person ist identisch mit ihrem Reden, Tun und Leiden. Nun ist uns aber dieses Sein Christi auch gar nicht direkt gegenwärtig, sondern es muß uns gegenwärtig werden und es kann uns nur indirekt gegenwärtig werden, nämlich durch die Wortverkündigung zunächst der Heiligen Schrift und dann auch der Kirche. Wird uns das Sein Christi gegenwärtig, dann geschieht das durchaus so, daß es sich mit dem „Wort als physischem Mittel der Selbsterfassung und Selbstmitteilung des menschlichen Geistes" gleichsetzt, daß also Schriftwort und Predigtwort Wort Gottes werden. Denn wo mein wort ist, daselb bin ich auch (Luther, Predigt über Matth. 22, 1544, W. A. 52 S. 509 Z. 26). . . . Got hat Christum nicht anders mugen ynn die wellt austeylen, er muste yhn ynns wort fassen und also ausbreyten und yderman furtragen. Sonst were Christus fur sich selbs alleyne und uns

2. Das Wort Gottes als Rede Gottes

unbekand blieben, so were er denn fur sich selbs alleyne gestorben. Weyl aber das wort Christum uns fur tregt, so tregts uns fur den, der den tod, sund und teuffel uberwunden hat (Predigt über Joh. 8, 46—59, 1525, W. A. 17^{II} S. 234 Z. 11).

Die Verpersönlichung des Begriffs des Wortes Gottes, der wir in Erinnerung daran, daß Jesus Christus das Wort Gottes ist, nicht ausweichen können, bedeutet nicht seine Entwörtlichung. Sie bedeutet aber (und das bedeutet sie allerdings) die Erkenntnis seines Personseins im Unterschied zu allem Dingsein oder Sachesein, auch wenn und sofern es Wort, Schriftwort und Predigtwort ist. Personsein heißt nicht nur in logischem Sinne Subjekt sein, sondern auch in ethischem Sinn: freies Subjekt sein, frei auch gegenüber den jeweiligen Beschränkungen, die mit seiner Individualität als solcher gegeben sind, verfügen können über sein eigenes Dasein und Sosein, sowohl sofern es geprägte Form als auch sofern es lebendige Entwicklung ist, aber auch wählen können neuer Daseins- und Soseinsmöglichkeiten. Vergegenwärtigen wir uns, was das heißt, so wird es uns nicht einfallen, in dieser Verpersönlichung des Begriffs des Wortes Gottes einen Anthropomorphismus zu sehen. Nicht das ist problematisch, ob Gott Person ist, sondern das ist problematisch, ob wir es sind. Oder werden wir unter uns Menschen einen finden, den wir im vollen ernsten Sinn dieses Begriffs Person nennen könnten? Gott aber ist wirklich Person, wirklich freies Subjekt. Und so gewiß wir damit vor seiner Unbegreiflichkeit stehen, weil wir diesen Gedanken nicht zu Ende denken können, so gewiß dürfen wir uns, sein Wort hörend, nicht weigern, diesen Gedankenanfang zu denken, ihn gerade in seinem Wort als Person zu erkennen. Wir sagen damit: Nicht irgend etwas, nicht ein ϑεῖον, sondern er selbst kommt zu uns in seinem Wort. Gerade in seinem Wort ist Gott Person. Das bedeutet dann aber konkret: Er ist der Herr der Wörtlichkeit seines Wortes. Er ist nicht an sie, sondern sie ist an ihn gebunden. Er verfügt also frei über die Wörtlichkeit der Heiligen Schrift, er kann sie gebrauchen oder auch nicht gebrauchen, er kann sie so oder auch anders gebrauchen. Und er kann über die Wörtlichkeit der Heiligen Schrift hinaus neue Wörtlichkeit wählen: Was die Heilige Schrift verkündigt als sein Wort, kann wiederum als sein Wort in neuer Wörtlichkeit verkündigt werden, immer so, daß er selbst es ist, der in dieser Wörtlichkeit redet. Nochmals: Die Persönlichkeit des Wortes Gottes bedeutet nicht seine Entwörtlichung, wohl aber das schlechthin wirksame Hindernis, seine Wörtlichkeit in ein menschliches System zu bringen, bzw. sich seiner Wörtlichkeit zur Grundlegung und zum Aufbau eines menschlichen Systems zu bedienen. Es wäre nicht Treue, sondern Untreue Gottes gegen uns, wenn er es uns erlaubte, von seinem Wort solchen Gebrauch zu machen. Das würde ja bedeuten, daß er es uns erlaubte, über sein Wort Macht zu gewinnen, es in unseren eigenen Betrieb zu nehmen und uns damit zu unserem Unheil gegen ihn selbst zu verschließen. Gottes Treue gegen seine Kirche besteht darin, daß er von seiner

Freiheit Gebrauch macht, in seinem Worte selber zu uns zu kommen, und daß er sich die Freiheit wahrt, dies immer wieder zu tun.

3. „Gottes Wort" heißt: Gott redet. Das muß drittens das bedeuten, was ich die **Absichtlichkeit** des Wortes Gottes nennen möchte. Man könnte auch sagen: seine Bezogenheit oder seine Gezieltheit, sein Charakter als Anrede. Wir kennen das Wort Gottes weder in seiner Gestalt als Verkündigung, noch als Heilige Schrift, noch als Offenbarung als eine für sich seiende oder auch nur für sich sein könnende Wesenheit. Wir kennen es nicht anders denn als an **uns** gerichtetes, **uns** angehendes Wort. Es ist nun freilich gar nicht selbstverständlich, daß dem so ist. Daß dem so ist, ist nicht etwa aus dem allgemeinen Begriff des Redens zu erschließen. Es ist so, aber es könnte auch anders sein. Auch im innertrinitarischen Leben Gottes ist freilich die ewige Zeugung des Sohnes oder des Logos der Ausdruck der Liebe, des Nicht-einsam-sein-wollens Gottes. Aber daraus folgt gerade nicht, daß Gott nicht Gott sein könnte, ohne uns anzureden. Wir verstehen die Liebe Gottes zum Menschen oder zunächst überhaupt zu einer von ihm selbst unterschiedenen Wirklichkeit zweifellos nur dann, wenn wir sie als freie, ungeschuldete, nicht auf einem Bedürfnis beruhende Liebe verstehen. Gott wäre um nichts weniger Gott, wenn er keine Welt und keinen Menschen geschaffen hätte. Das Dasein der Welt und unser Dasein ist Gott nicht etwa wesensnotwendig, auch nicht als Gegenstand seiner Liebe. Gerade die ewige Zeugung des Sohnes durch den Vater besagt zunächst und vor allem, Gott ist auch ohne die Welt und uns durchaus nicht einsam; seine Liebe hat ihren Gegenstand in ihm selber. Und so kann man nicht sagen, daß unsere Existenz als die Existenz von Adressaten des Wortes Gottes für den Begriff des Wortes etwa konstitutiv sei. Es könnte nicht weniger sein, was es ist, auch ohne uns. Gott könnte seiner Liebe auch selber genügen; denn er ist schon sich selber Gegenstand und wahrhaftig der Liebe werter Gegenstand. Gott brauchte nicht zu uns zu reden; was er bei sich selber und mit sich selber redet von Ewigkeit zu Ewigkeit, könnte ohne unser Dabeisein, als Rede, die für uns ewiges Schweigen wäre, wirklich ebensogut und besser geredet sein. Nur wenn man sich darüber klar ist, kann man würdigen, was es heißt, daß Gott eine Welt und uns selbst — nicht notwendig für ihn, aber tatsächlich geschaffen hat, daß seine Liebe — nicht notwendig für ihn, aber tatsächlich uns gilt, daß sein Wort — nicht notwendig für ihn, aber tatsächlich zu uns gesprochen ist. Es ist also **freie tatsächliche nicht Gott wesensnotwendige** Absichtlichkeit, die uns in der Verkündigung, in der Bibel, in der Offenbarung begegnet. Wir würdigen ihre Wirklichkeit nur dann recht, wenn wir sie verstehen als die Wirklichkeit der Liebe des Gottes, der unser nicht bedarf und nun doch nicht ohne uns sein will, nun doch gerade auf uns sein Absehen gerichtet hat.

2. Das Wort Gottes als Rede Gottes

In diesem Zusammenhang ist es nun wirklich einmal angebracht und notwendig, sich vor Augen zu halten, was Gott zwar nicht wirklich getan hat, aber hätte tun können, weil nur in diesem Gegensatz verständlich wird, was er wirklich getan hat. — Gerade von hier aus ergibt sich aber auch, wie zweideutig es ist, die Lehre vom Worte Gottes in den Rahmen einer **Anthropologie** zu stellen. Die Freiheit der göttlichen Absicht auf den Menschen kann dann nur noch nachträglich behauptet werden, während sie durch den Ansatz eigentlich geleugnet ist.

Also: Der hörende Mensch als Gegenstand der Absicht des redenden Gottes ist im Begriff des Wortes Gottes zwar faktisch notwendig, aber nicht wesensnotwendig eingeschlossen. Er ist in ihm nicht[1] „mitgesetzt" wie Schleiermachers Gott im Gefühl schlechthinniger Abhängigkeit. Es ist Gottes freie Gnade, daß er tatsächlich notwendig in ihm mitgesetzt ist. — Wenn wir in diesem Sinn „Absichtlichkeit", Beziehung auf **uns** als dritte Eigenschaft des Wortes Gottes zu erkennen meinen und nun weiter fragen nach dem Inhalt dieser Absicht, nach dem, was diese Beziehung, dieses Gezieltsein des Wortes Gottes, für sein Verständnis bedeutet, so erinnern wir uns: Sein Inhalt ist, wo und wann immer Gott zum Menschen spricht, ein *concretissimum,* er hat jedem Menschen je und je etwas ganz Besonderes, gerade ihn und so nur ihn Angehendes zu sagen. Der wirkliche Inhalt der Rede Gottes oder der wirkliche Wille der redenden Person Gottes ist also auf keinen Fall als allgemeine Wahrheit von uns aufzufassen und wiederzugeben. Wir können und müssen freilich als Leser der Schrift und als Hörer und Träger der Verkündigung mit bestimmten menschlich-begrifflichen allgemeinen Füllungen arbeiten, scheinbar nachsprechend oder vorwegnehmend, was Gott zu diesem und diesem Menschen gesagt hat oder zu diesem und diesem Menschen sagen wird. Anders können wir offenbar weder uns selbst noch andere erinnern an das einst gekommene und einst wiederkommende Wort Gottes. Wir können das in Worten eigener Prägung oder in Schriftzitaten tun. Wir werden dann aber immer zu bedenken haben, daß diese Füllungen unser eigenes Werk sind, nicht zu verwechseln mit der konkreten Fülle des Wortes Gottes selbst, dessen wir gedenken und harren, sondern nur Hinweis darauf. Ganz anders war immer das, was Gott sagte, und immer ganz anders wird das sein, was er sagen wird — ganz anders als das, was wir uns selbst und anderen sagen können und sagen müssen über seinen Inhalt. Nicht nur das als Wort Gottes gehörte Predigtwort, auch das Schriftwort, durch das Gott zu uns redet, wird doch wirklich ganz anders bei dem Übergang aus dem Munde Gottes selbst in unser Ohr und in unseren eigenen Mund. Es wird nun das von uns im Glauben erinnerte und erwartete Wort Gottes, dem das von Gott gesprochene und wieder zu sprechende Wort als solches aufs neue in strenger Souveränität gegenübertritt. Aber auch in dieser strengen Souveränität, in der uns sein wirklicher Inhalt von uns aus unbegreiflich bleibt, ist ihm

---

[1] Wie ich in der ersten Auflage S. 111 erstaunlicherweise behauptet hatte.

jene Absichtlichkeit eigen, ist es das uns angehende, auf uns zielende und insofern bestimmte, nicht durch uns, aber durch Gott selbst als den auf uns Zielenden bestimmte Wort. Wir nehmen nichts von seinem wirklichen Inhalt vorweg, wir merken uns nur die Gesichtspunkte, unter denen wir auf seinen wirklichen Inhalt zu achten haben, wenn wir im Blick auf diese seine Absichtlichkeit, im Blick darauf, daß es Anrede an uns ist, folgende Feststellungen machen:

Das Wort Gottes als an uns gerichtetes ist erstens ein solches, das wir uns nicht selbst sagen und das wir uns auch unter keinen Umständen selbst sagen könnten. Alles menschliche Wort, auch das menschliche Wort der Verkündigung, auch das der Bibel, könnten und können wir uns vielleicht als solches auch selber sagen. Die Begegnung mit dem Menschenwort als solchem ist nie echte, unaufhebbare Begegnung und kann es nicht sein. Die Begegnung mit dem Worte Gottes ist echte, unaufhebbare, d. h. nicht in Gemeinschaft aufzulösende Begegnung. Das Wort Gottes sagt uns immer ein Neues, das wir sonst nie und von niemandem gehört hätten. Es ist der Felsblock eines Du, aus dem kein Ich wird, was uns hier in den Weg geworfen ist. Diese nun doch auf uns sich beziehende, sich uns nun doch bekanntgebende, aber eben so bekanntgebende Andersheit charakterisiert es grundlegend und umfassend als Gottes Wort, als Herrenwort, mit dem verglichen alle anderen Worte, wie tief und neu und angreifend sie sein mögen, eben keine Herrenworte sind. Was Gott uns sagen mag, es wird jedenfalls so, es wird als Herrenwort gesagt sein.

Als solches an uns gerichtetes Herrenwort ist das Wort Gottes dann zweitens das Wort, das uns in unserer Existenz meint und trifft. Kein Menschenwort hat die Kompetenz, uns in unserer Existenz zu meinen und kein Menschenwort hat die Kraft, uns in unserer Existenz zu treffen. In unserer Existenz uns meinen dürfte und in unserer Existenz uns treffen könnte uns nur ein solches Wort, das uns so fragen und antworten würde, wie der Tod als das Ende unserer Existenz uns fragen und antworten könnte. Aber der Tod ist stumm. Er fragt nicht und antwortet nicht. Er ist ja auch nur das Ende, kein wirkliches Außerhalb und Oberhalb unserer Existenz, von dem her sie gemeint sein und getroffen werden könnte. Das Wort Gottes ist das Wort des Herrn, weil es aus diesem Außerhalb und Oberhalb kommt, aus dem auch der Tod nicht zu uns reden würde, selbst wenn er reden könnte. Das Wort Gottes geht uns darum an, wie uns kein Menschenwort als solches angehen kann und wie uns auch der Tod nicht angeht, weil es das Wort unseres Schöpfers ist, das Wort dessen, der unsere Existenz und das Ende unserer Existenz umgrenzt, von dem her sie bejaht und verneint ist, weil eben durch dieses Wort alles geworden und erhalten ist und ohne es nicht wäre. Der sich hier hören läßt, dem gehören wir. Was er auch sagen mag, es wird jedenfalls auch in dieser Beziehung des Schöpfers zu seinem Geschöpf gesagt sein.

Als das an uns gerichtete Wort unseres Schöpfers ist das Wort Gottes **drittens** das Wort, das offenbar als Erneuerung jener ursprünglichen Beziehung zwischen uns und ihm nötig geworden ist und nötig wird. Daß Gott zu uns redet, daß er sich uns offenbart, d. h. doch aber: sich uns ganz neu zuwendet, als Unbekannter sich selbst bekannt macht — nachdem er uns doch geschaffen hat, obwohl wir ihm doch gehören, das muß einerseits eine Kritik der Wirklichkeit der zwischen ihm und uns bestehenden Beziehung bedeuten, andererseits aber auch eine Erklärung, sie seinerseits trotz und mit dieser seiner Kritik aufrecht zu erhalten und neu zu befestigen. Beides könnte nicht Inhalt eines menschlichen Wortes sein: Nur der diese Beziehung geschaffen hat, kann sie auch bestätigen und erneuern, wenn sie gestört oder zerstört ist. Nur Gott kann das Urteil sprechen und die Zusage geben und den Anspruch erheben, die alle gleicherweise eben in dem Begriff der Offenbarung liegen. Es ist das Wort Gottes, unter diesem dritten Aspekt seiner Absichtlichkeit das Wort der **Versöhnung**, d. h. des **Versöhners**, des Gottes, der, eine zweite Schöpfung, seinen Bund mit uns in Gericht und Gnade neu aufrichtet. Was Gott uns sagen mag, es wird jedenfalls auch in dieser erneuernden Beziehung gesagt sein.

Eben als das an uns gerichtete Versöhnungswort ist das Wort Gottes aber **viertens** und endlich das Wort, durch welches Gott sich selber dem Menschen ankündigt, d. h. durch welches er sich selber verheißt als Inhalt der Zukunft des Menschen, als der ihm auf seinem Weg durch die Zeit als das Ende aller Zeit, als der verborgene Herr aller Zeiten, Entgegenkommende. Seine Gegenwart durch das Wort ist eben seine Gegenwart als Kommender, kommend zur Erfüllung und Vollendung der in der Schöpfung zwischen ihm und uns begründeten, in der Versöhnung erneuerten und bestätigten Beziehung. Wieder kann dieses letzte Wort kein Menschenwort sein. Menschliche Worte sind nie letzte Worte, nie Zusage eines gewissen endgültigen Kommens des Anderen. Es ist Gottes und nur Gottes Wort eigen, eben als Wort auch die volle echte Gegenwart des Sprechenden, wenn auch seiner als des Kommenden zu sein. Gottes Wort ist das Wort unseres **Erlösers**, d. h. des Herrn, der Herr sein wird, wie er es war und ist, der in seiner Beziehung zu uns sich selber und damit auch uns **ewige** Treue hält. Und eben so wirklicher rechter Herr, der Herr aller Herren, ist. Und was immer Gott uns sagen mag, es wird jedenfalls immer auch in dieser letzten, vollendenden, eschatologischen Beziehung gesagt sein.

Nochmals: Was Gott uns je und je sagt, bleibt sein Geheimnis, das im Ereignis seines wirklichen Redens offenbar wird. Die konkrete Fülle dessen, was er je und je zu den Menschen gesagt hat und sagen wird, ist und bleibt wirklich seine Sache. Wir können uns nur daran halten — wir müssen uns aber auch daran halten: Wenn er redete, dann war es, und wenn er reden wird, dann wird es sein: das Herrenwort, das Wort unseres Schöpfers, unseres Versöhners, unseres Erlösers. Indem wir es verstehen als auf uns abgesehen, als uns angehend, ist uns anbefohlen, unser menschliches Denken und Reden darüber jedenfalls nach diesen vier Richtungen offen zu halten, unter diesen vier Gesichtspunkten bereit und wachsam zu sein.

3. DIE REDE GOTTES ALS TAT GOTTES

Es hat keinen Sinn, sich, wo Gott redet, nach der zugehörigen Tat umzusehen. Das Mißtrauen, ob Rede nicht etwa „nur" Rede sein möchte, ist aller menschlichen Rede gegenüber freilich nur zu angebracht. Wenn der Mensch redet, dann wird — um so mehr je besser, schöner und wahrer er redet — des Menschen Elend sichtbar, der Zwiespalt von Wahrheit und Wirklichkeit, in dem er lebt. Wenn der Mensch redet, dann sucht er sich unwillkürlich gegen diese Entblößung zu schützen, vielleicht dadurch, daß er durch Tonfall und Gebärde zu erkennen gibt, daß er durchaus nicht nur rede, sondern mitten in der Tat begriffen sei, vielleicht doch auch inhaltlich dadurch, daß er möglichst praktisch, d. h. möglichst von eigenen oder fremden, vergangenen oder künftigen Taten redet. Der bewußte Verdacht, er möchte „nur" reden, die Frage nach der zugehörigen Tat, wird ihn trotzdem umspielen und irgendwoher und in irgendeinem Sinn sicher treffen. Wo Gott redet, da ist dieser Verdacht gegenstandslos. Wer Gott reden hörte und könnte noch nach der zugehörigen Tat fragen, der würde damit nur zeigen, daß er tatsächlich nicht Gott reden gehört hat. Wir mögen z. B. christliche Predigten hören und uns fragen: Was geschieht denn damit, daß diese Sache geschieht? Was entspricht denn nun allen diesen Worten in der Wirklichkeit? Eine sehr wohl aufzuwerfende Frage! Wir mögen sogar die Heilige Schrift hören und nur Worte, menschliche Worte hören, die wir verstehen oder auch nicht verstehen, neben denen uns aber immer noch das entsprechende Ereignis fehlt. Es ist dann sicher in der Verkündigung wie in der Bibel nicht das Wort Gottes gewesen, was wir gehört haben. Wäre es das Wort Gottes gewesen, so könnten wir uns keinen Augenblick nach Gottes Taten umsehen. Das Wort Gottes selbst wäre dann die Tat gewesen. Das Wort Gottes bedarf keiner Ergänzung durch die Tat. Das Wort Gottes ist selbst die Tat Gottes. Es ist in dem Maße Tat, daß alles, was wir Tat, Ereignis, Praxis, Leben usw. zu nennen und was wir als Ergänzung zum menschlichen Wort zu vermissen und zu verlangen pflegen, neben jenem als wirkliche Tat höchst fragwürdig erscheinen muß. Das Wort Gottes macht im eminentesten Sinn Geschichte.

So er spricht, so geschieht es, so er gebeut, so stehet es da (Ps. 33, 9). Wenn das Wort Gottes an den alttestamentlichen Propheten ergeht, so wird das (etwa Jer. 1) mit dem

3. Die Rede Gottes als Tat Gottes

Verbum *hajah* (geschehen) beschrieben. Man denke an alle die direkten Zusammenhänge von Wort und Schöpfung, Wort und Berufung, Wort und Sündenvergebung, Wort und Wunder, Wort und Segen, Wort und Strafe usw. im Alten und Neuen Testament. Aber auch wo der Zusammenhang indirekter erscheint: wenn etwa die Propheten von künftigen Ereignissen oder die Evangelisten rückblickend von den Taten Jesu reden, handelt es sich nicht um gesprochene Referate über ein fernes Geschehen, sondern um ein unmittelbares durch das Wort geschehendes Auf-den-Plan-führen der schon oder noch als geschehend verstandenen Dinge. Sihe an die Scheppfung aller Creaturen. „Im anfang schuff Gott Himel und Erden." Wodurch? Durch sein Wort, wie Moses schreibt: „Gott sprach: Es werde liecht, und es war liecht." „Gott sprach: Es werde ein Feste zwischen den Wassern" usw. „und es geschah also." „Gott sprach: Es samle sich das Wasser unter dem Himel an sondere Orter, das man trocken sehe, Und es geschah also." Das sprechen thuts, Wenn dieser Sprecher etwas spricht, das er haben wil, So mus es geschehen. So nu Gott aus Nichts, allein durch sein sprechen Himel und Erden und alle Creaturn geschaffen hat, Wie solt er denn nicht vermögen durch sein Wort und Sacrament auszurichten, was er wil, sonderlich weil sein Wort da stehet uns solchs zeuget? (Luther, Predigt am Sonntag Cantate über 1. Cor. 15, 1544, W. A. 49, S. 405, Z. 33). Und darum ... sollen wir sein wort herrlich unnd hoch halten als ein Allmechtige krafft. Denn wer es hat, der hat und kan alles. Widerumb, wer es nit hat, den kan und sol sonst nichts wider Sünd, Tod unnd Teuffel schützen. Denn was unser lieber Herr Christus hie thut mit des Königischen Son, das er durch sein Allmechtiges wort jhn vom tod errettet unnd bey dem leben erhelt, Das will er durch sein wort mit uns allen thun, wenn wirs nur annemen wollen ... (Predigt über Joh. 4, 47—59, 1544, W. A. 52, S. 515, Z. 4). Es ist Christo nur um ein Wörtlein zu tun, so ist es bald ja. Und also regieret Gott seine christliche Kirche, ja also regieret er die ganze Welt, daß es ihm keine schwere Arbeit ist, sondern daß er alles mit einem Wort ausrichtet. Darum sollen wir lernen Gottes Wort in Ehren halten, und demselben glauben. Dasselbe Wort haben wir in der Predigt des Evangelii, in der Taufe, im Sakrament, in der Absolution. ... Glauben wir dem Wort, so wird uns geschehen, wie diesem Königischen geschehen ist, nämlich, daß wir erlangen, was uns im Wort zugesagt ist (Predigt über Joh. 4, 47—54, 1534, E. A. 5 S. 215).

Das ist ja der Unterschied der Tat vom Wort: Bloßes Wort ist bloße Selbstäußerung einer Person. Tat ist darüber hinaus die von ihr ausgehende relative Veränderung der Umwelt. Bloßes Wort ist passive, Tat ist darüber hinaus aktive Teilnahme an der Geschichte. Aber für das Wort Gottes gelten diese Unterschiede gerade nicht. Denn gerade als bloßes Wort ist es Tat. Ist es doch als bloßes Wort die göttliche Person, die Person des Herrn der Geschichte, dessen Selbstäußerung als solche Veränderung und zwar absolute Veränderung der Welt, dessen *passio* in der Geschichte als solche *actio* ist. Was Gott tut, indem er redet, das läßt sich nun freilich genau so, wie das, was er sagt, weder reproduzierend noch vorwegnehmend allgemein bestimmen. Wir können nur auf die *concretissima* der in der Bibel bezeugten und der in Zukunft von Gott zu erwartenden Taten verweisen.

Es war immer und wird immer sein das Besondere ὅσα ἡτοίμασεν ὁ θεὸς τοῖς ἀγαπῶσιν αὐτόν (1. Cor. 2, 9).

Wir können und müssen uns darüber Rechenschaft geben, was das bedeutet, daß Gottes Reden und also Gottes Wort in allen seinen Gestalten Gottes Tat ist.

1. Daß Gottes Wort Gottes Tat ist, das bedeutet einmal seine **kontingente Gleichzeitigkeit**. Damit ist folgendes gemeint: Je eine andere Zeit ist die Zeit der direkten ursprünglichen Rede Gottes selbst in seiner Offenbarung, die Zeit **Jesu Christi**,[1] die Zeit dessen, was Propheten und Apostel gehört haben, um es dann zu bezeugen — eine andere Zeit die Zeit dieses **Zeugnisses**, die Zeit der Prophetie und des Apostolates, die Zeit des Petrus, auf den Christus seine Kirche baut, die Zeit der Entstehung des Kanons als des konkreten Gegenüber, in der die Kirche für alle Zeiten ihre Norm empfängt — und wieder eine andere Zeit ist diese und diese Zeit der **Kirche** selber, die Zeit der abgeleiteten, auf die Worte der Propheten und Apostel bezogenen und durch sie normierten Verkündigung. Das sind unterschiedene Zeiten, unterschieden nicht nur durch die Differenz der Zeiträume und Zeitinhalte, nicht nur durch die Ferne der Jahrhunderte und den Abstand der Menschlichkeit der Jahrhunderte und Jahrtausende, sondern unterschieden durch die verschiedene Stellung Gottes zu den Menschen. Jesus Christus war nicht weniger wahrer Mensch als die Propheten und Apostel, aber vermöge seiner Einheit mit Gott stand er ihnen schlechterdings gegenüber wie ein Herr seinen Sklaven. Die biblischen Zeugen waren als Menschen, auch als religiöse Menschen, in keiner Weise grundsätzlich vor den späteren Lehrern der Kirche oder auch vor uns oder auch vor den Lehrern und Führern anderer Religionen ausgezeichnet; dennoch waren und sind sie in ihrem Amt als Zeugen in einer schlechthin einmaligen und einzigartigen Stellung uns anderen allen gegenüber. Wiederum ist unsere Situation in der Kirche, mag auch unsere menschliche Existenz der Christi und der der Apostel grundsätzlich aufs genaueste gleichen, kraft unserer Bezogenheit auf die Schrift und durch die Schrift auf die Offenbarung und dann doch auch durch die dazwischen liegende Erfahrung der Kirche, die wir vor den Propheten und Aposteln voraushaben, die uns jedenfalls von ihnen unterscheidet, eine dritte und ganz besondere Situation. Das, die Verschiedenheit der Vor- und Nach-, der Über- und Unterordnungen ist es, was die Zeiten des Wortes Gottes so verschieden macht. Dreimal handelt es sich um ein Sagen des Wortes Gottes durch Menschenmund. Aber nur zweimal, bei den biblischen Zeugen und bei uns, zuerst auch um ein Sichsagenlassen und nur einmal, bei uns, um ein indirektes, durch die Bibel vermitteltes Sichsagenlassen. Diese verschiedene Stellung in der Ordnung Gottes unterscheidet diese drei Zeiten in einer Weise wie menschliche Zeiten sonst nicht, wie sie eben nur hier, wie eben nur die Zeiten des Wortes Gottes verschieden sind. — Man kann diese Ungleichzeitigkeit natürlich damit auflösen, daß man von der Verschiedenheit dieser drei Zeiten in der Ordnung Gottes absieht, indem man sie nicht als Zeiten des Wortes Gottes, sondern immanent, d. h. bloß in Würdigung der

---

[1] Die nach Joh. 8, 56 doch auch schon die Zeit Abrahams war.

3. Die Rede Gottes als Tat Gottes

Verschiedenheit der Zeiträume und der menschlichen Zeitinhalte als solcher betrachtet und darstellt. Die Würdigung dieser Verschiedenheit braucht dann für eine direkte Einsicht in die Kontinuität und Einheit der Zeiten, für die Einsicht in unsere Gleichzeitigkeit mit Christus und allen seinen Heiligen nicht nur kein Hindernis zu bilden — sie wird diese Einsicht vielmehr erst ermöglichen und begründen, indem sie den Menschen der Vergangenheit, heiße er nun Jeremia oder Jesus oder Paulus oder Luther, als Mitmenschen sehen und verstehen und damit freilich kritisieren, aber doch auch achten und lieben, kurz mit ihnen als den Genossen einer und derselben Zeit umgehen lehrt.

Das ist der Weg, den die neuere protestantische Theologie (nach der Überwindung der großen Krise der aufklärerischen Ungeschichtlichkeit) in allen ihren typischen Vertretern gegangen ist und noch geht. „Offenbarung Gottes in der Geschichte" meinte und meint man auf diesem Weg ganz neu und jetzt erst recht, erlöst von den starren Gegensätzen der alten Kirche und Theologie, entdeckt zu haben. Der in dieser Hinsicht epochemachende Name ist, soweit ich sehe und verstehe, der Name Lessing. „Der garstige breite Graben" (nämlich zwischen der Bibel und uns), von dem er an bekannter Stelle (Der Beweis des Geistes und der Kraft, Theol. Schr., ed. Groß II, 2 S. 13) gesagt hat, daß er ihn bei allem guten Willen nicht überspringen könne, er war ja nicht und konnte für den Verfasser des Laokoon nicht sein das allgemeine Problem historischen, den Abstand der Jahrhunderte und die Verschiedenheit ihrer Humanität überspringenden Verständnisses. Diesen Sprung konnte Lessing und konnten nach ihm Herder und Schleiermacher und die anderen bis hinab zu A. Ritschl und Harnack, Lagarde und Troeltsch sehr wohl machen, und zwar immer besser und virtuoser machen. Und so darf man auch das andere berühmte Lessingwort: „Zufällige Geschichtswahrheiten können der Beweis von notwendigen Vernunftswahrheiten nie werden" (a. a. O. S. 12) nicht dahin banalisieren, als ob unter Geschichtswahrheit die besondere konkrete empirische Wahrheit eines geschichtlichen Datums als solche und unter Vernunftwahrheit die zeitlose Wahrheit der mathematischen und philosophischen Axiome zu verstehen sei. In diesem Gegensatz des Einmaligen und des Allgemeingültigen, des Empirischen und des Rationalen bewegt sich noch die Religionsphilosophie Kants, aber gerade nicht mehr die des in dieser Hinsicht viel moderneren Lessing. Lessing kennt sehr wohl einen Beweis des Christentums durch die Geschichte. Es muß aber „der Beweis des Geistes und der Kraft" sein, d. h. die Geschichte beweist uns keine Wahrheit, solange sie „zufällige Geschichtswahrheit", nur von anderen uns berichtete, nicht aber von uns selbst „gefühlte" und „erfahrene" Wahrheit ist. Sie wird „notwendige Vernunftwahrheit", d. h. sie wird für uns notwendige und wirkliche Wahrheit, wenn sie und sofern sie von uns als solche „gefühlt" und „erfahren" wird, so erfahren, wie der „Paralytikus den wohltätigen Schlag des elektrischen Funkens erfährt". „Die Religion ist nicht wahr, weil die Evangelisten und Apostel sie lehrten, sondern sie lehrten sie, weil sie wahr ist. Aus ihrer inneren Wahrheit müssen die schriftlichen Überlieferungen erklärt werden und alle schriftlichen Überlieferungen können ihr keine innere Wahrheit geben, wenn sie keine hat" (Fragm. eines Ungen. a. a. O. II, 1 S. 261; Axiomata a. a. O. II, 2 S. 122. Der apologetische Gebrauch des Begriffs der „Erfahrung" findet sich nach K. Aner, Die Theologie der Lessingzeit 1929 S. 148 f. schon in den Predigten des Abtes J. Fr. W. Jerusalem von 1745). Und diese innere Wahrheit hält Lessing offenbar für eine uns durchaus zugängliche und greifbare Größe, über deren Vorhandensein wir kraft unseres Fühlens und Erfahrens Richter sein können. Darum appelliert er von Luthers Schriften an Luthers Geist (Anti-Göze a. a. O. II, 2 S. 140), vom Buchstaben der Bibel an den Geist der Bibel (Axiomata a. a. O. II, 2 S. 112), von den erzählten Wundern an das

„noch immer fortdauernde Wunder der Religion selbst" (Eine Duplik a. a. O. II, 2 S. 33), schließlich von der christlichen Religion an die Religion Christi (Die Rel. Christi a. a. O. II, 3 S. 448 f.). „Man wird mir doch nimmermehr in Hamburg den ganzen Unterschied zwischen Brutto und Netto wollen streitig machen" (Axiomata a. a. O. II, 2 S. 108). „Die historischen Worte sind das Vehiculum des prophetischen Wortes" (a. a. O. S. 112). Das war Lessings Anstoß und das war seine Überwindung des Anstoßes. Es war die ordnungsmäßige und, wie er sehr richtig sah, nicht aufzuhebende Ungleichzeitigkeit zwischen Christus, den Aposteln und uns selbst, was ihn störte und was er darum fallen ließ zugunsten einer immanenten und darum auch immanent aufzuhebenden Ungleichzeitigkeit. Von da ab fanden es alle lebendigeren Geister im Unterschied zur Aufklärung und zu Kant nicht mehr schwer und anstößig, die Offenbarung als Geschichte und die Geschichte als Offenbarung zu interpretieren.

Aber wenn man die ordnungsmäßige Verschiedenheit der drei Zeiten fallen läßt, dann hat man, wie laut und herzlich man dann immer noch von Offenbarung, von ihrer Konkretheit und Geschichtlichkeit reden und wie einleuchtend und praktisch sich dann auch alles gestalten mag, den Begriff des Wortes Gottes selbst fallen gelassen. Wo man in der Lage ist, unsere Ungleichzeitigkeit mit Christus und den Aposteln dadurch aufzuheben, daß man sich mit ihnen auf denselben Boden oder sie auf denselben Boden mit sich selber stellt, um sich dann, desselben prophetischen Geistes teilhaftig wie sie, im eigenen Gefühl den Maßstab der inneren Wahrheit besitzend, mit ihnen über Brutto und Netto ihres Wortes zu unterhalten, wo die Gleichzeitigkeit also auf der Hypothese eines bloß quantitativen Unterschiedes zwischen denen dort und uns hier beruht, da dürfte doch der Begriff des Wortes Gottes in einer Weise humanisiert sein, daß es nicht verwunderlich ist, wenn man ihn lieber nur noch verhältnismäßig selten und gleichsam in Anführungszeichen gebraucht — vielmehr verwunderlich, daß man ihn nicht lieber ganz und ausdrücklich streichen will. Die der Geschichte immanenten Unterschiede, wie ernst sie als solche genommen werden mögen, können einen ernsthaften Gebrauch des Begriffs „Wort Gottes" nicht rechtfertigen. Denn die Würdigung dieser Unterschiede bedeutet grundsätzlich nicht, daß man sich etwas sagen läßt. Ein ernsthaftes Sagen des Wortes Gottes kann im Feld dieser Unterschiede darum auch nicht vorkommen. Innerhalb dieser Unterschiede gibt es nur ein Zusammensein mit Christus und den Aposteln, ein Zusammensein, dessen Norm und Bedingungen bei allem Respekt vor der Größe und Lebendigkeit der Geschichte endlich und zuletzt doch wir die Lebenden und darum Rechthabenden aufstellen und handhaben. Die Kirche der Gegenwart, wie geschichtlich sie immer fühlen und denken mag, spricht dann als Erbin und Deuterin der Geschichte das letzte Wort und ist, ohne Wort Gottes in einem ernsten Sinn des Begriffs, mit sich selber allein und auf sich selber angewiesen. Bleiben wir dabei, daß der Begriff des Wortes Gottes gerade das bedeute, daß die Kirche nicht mit sich selbst allein und auf sich selbst angewiesen sei, dann muß es auch bei dem ordnungsmäßigen Unterschied der Zeiten sein Bewenden haben und die Gleichzeitigkeit der heutigen

3. Die Rede Gottes als Tat Gottes

Verkündigung mit der Schrift und mit der Offenbarung kann dann auf keinen Fall als eine durch Nivellierung dieses Unterschiedes, durch Einverleibung der Schrift und der Offenbarung in das Leben der Humanität von uns herbeizuführende — sie kann dann nur als ein Ausdruck dessen verstanden werden, daß das Wort Gottes selbst Gottes Tat ist. Sie hat also mit dem allgemeinen Problem des historischen Verstehens direkt nichts zu tun. Irgendein historisches Verstehen findet freilich immer statt, wenn uns das Wort Gottes in seiner Gleichzeitigkeit offenbar wird. Aber nicht dieses historische Verstehen als solches bedeutet das Hören und begründet das Verkündigen des Wortes Gottes. Wo das Wort Gottes gehört und verkündigt wird, da geschieht etwas, was bei aller hermeneutischen Kunst durch keine hermeneutische Kunst herbeizuführen ist.

Die biblischen Zeugen hatten ja auch ein bestimmtes historisches Verstehensverhältnis zu Jesus Christus.[1] Aber in diesem Verhältnis kam es nicht durch die diesem Verhältnis immanente Kraft dazu, daß sie Jesus Christus als den Sohn Gottes erkannten.

Also gerade nicht durch die Kraft des Lessingschen „Fühlens" und „Erfahrens": σάρξ καὶ αἷμα οὐκ ἀπεκάλυψέν σοι (Matth. 16, 17). Die das in die Welt gekommene Licht aufnehmen, die das Reich Gottes sehen, tun das nicht kraft ihrer irdischen Geburt (Joh. 1, 13; 3, 3 f.). Von den „Weisen und Klugen" — d. h. doch wohl vor dem Urteil aus einer dem Menschen schon bekannten inneren Wahrheit — hat der Vater das Geheimnis des Sohnes verborgen (Matth. 11, 25).

Vielmehr wird diese Erkenntnis im Alten und Neuen Testament auf Erwählung, Offenbarung, Berufung, Aussonderung, neue Geburt zurückgeführt, lauter Begriffe, die die Immanenz der historischen Beziehung sozusagen von innen sprengen, sofern Gott selbst das Subjekt des in ihnen bezeichneten Handelns ist, sofern Gottes „Wohlgefallen"[2] als durchaus äußere Wahrheit in der mit diesen Begriffen bezeichneten freien Handlung innere Wahrheit als solche erst schafft und setzt: Abgesehen von allen unleugbar bestehenden historischen Beziehungen; in diesen Beziehungen aber nicht durch sie. Man darf diese Begriffe nicht als nachträgliche Deutungen eines eigentlich und an sich immanenten Geschehens verstehen. Sie deuten nicht, sie sagen, wie es primär ist. Nachträgliche Deutung ist hier vielmehr gerade jede immanente Erklärung dieser Begriffe. Man kann sie nur im Sinne der biblischen Autoren als Bezeichnungen freier Taten Gottes verstehen oder man versteht sie gar nicht. Sie besagen, daß ohne Aufhebung des Unterschiedes durch die freie Tat Gottes die Zeit Christi gleichzeitig wird mit der Zeit der Propheten und Apostel.

Die Propheten weissagen von Christus und die Apostel verkündigen ihn, beide nicht als Referenten, sondern als Zeugen, die nicht nur „von Christus", sondern „in Christus" reden, nicht daraufhin, daß sie Christus erlebt haben, wie man auch Plato erleben kann, sondern daraufhin, daß es Gott gefiel ἀποκαλύψαι τὸν υἱὸν αὐτοῦ ἐν ἐμοί (Gal. 1, 15).

---

[1] ἐγνώκαμεν κατὰ σάρκα Χριστόν (2. Cor. 5, 16).
[2] εὐδοκία (Matth. 11, 26; Gal. 1, 15; Eph. 1, 9).

Das Wort der Schrift in seinem ganz anderen Zeitraum, mit seinem ganz anderen Zeitinhalt, gegenüber dem Wort der Offenbarung, rückt nun in seine ordnungsmäßige Stellung, es wird nun qualifiziert als Propheten- und Apostelwort und sagt als solches, als Zeugnis von Christus und in seiner Unterordnung unter das Wort Christi zugleich das Wort Christi selber.

Es ist derselbe nur als Tat Gottes verständliche Schritt von einer Zeit in die andere, wenn die Verkündigung der Kirche darin wirkliche Verkündigung, d. h. Gottes Wort wird, daß in ihr die Heilige Schrift und in der Heiligen Schrift Christus selbst zu Worte kommt. Wiederum liegt hier vor und muß hier vorliegen ein bestimmtes historisches Verstehensverhältnis, mit dessen sämtlichen sachgemäßen Komponenten von der philologischen Analyse bis zur Kunst der sogenannten Einfühlung. Verkündigung ist ja nur möglich in diesem Verstehensverhältnis, wie es auch Prophetie und Apostolat nur gab in einem bestimmten Verstehensverhältnis. Aber in diesem Verhältnis kommt es zur Verkündigung des Wortes Gottes nicht durch die einzelnen oder auch sämtlichen Komponenten dieses Verhältnisses, also z. B. weder durch philologische Akribie noch durch die genialste oder raffinierteste Einfühlung, sondern schlicht und einfach durch die Kraft des biblischen Wortes selbst, das sich jetzt in einer ganz anderen Zeit Raum verschafft und dieses Raumes Inhalt wird, nicht indem Paulus als religiöse Persönlichkeit, sondern indem Paulus der Apostel Jesu Christi und in diesem Jesus Christus selbst in der Verkündigung auf den Plan tritt. Indem das Wort Gottes diese Tat ist, in diesem Schritt von der Offenbarung in die Schrift und in die Verkündigung der Kirche, also im vollen strengen Unterschied der Zeiten, ist es eines, ist es gleichzeitig.[1]

„Kontingent gleichzeitig" haben wir gesagt, eben um den Tat-, den Ereignischarakter dieser Gleichzeitigkeit zu betonen. Von einer doppelten Kontingenz müßte sogar die Rede sein, sofern es sich ja sowohl in dem Verhältnis zwischen der Offenbarung und der Heiligen Schrift als auch in dem Verhältnis zwischen der Heiligen Schrift und der Verkündigung auf alle Fälle sowohl auf den redenden Gott gesehen um ein kontingentes *illic et tunc*, als auch auf den hörenden Menschen gesehen, um ein kontingentes *hic et nunc* handelt. Von einem Schritt von hier nach dort haben wir ja in beiden Verhältnissen geredet. Dieser „Schritt" darf nicht zu der allgemeinen Wahrheit einer fixen oder kontinuierlichen Relation zwischen den drei Gestalten verflüchtigt werden. Es handelt sich wirklich um einen „Schritt", der nur als je dieser und dieser und dieser, eben als kontingente Tat, Wirklichkeit hat. Das Problem des Wortes Gottes besteht darin, daß diesem bestimmten Menschen der Gegenwart durch die Verkündigung dieses bestimmten anderen Menschen an Hand dieses bestimmten biblischen Textes dieses bestimmte Offenbarwerden Gottes zuteil, daß also ein

---

[1] Ἰησοῦς Χριστὸς ἐχθὲς καὶ σήμερον ὁ αὐτός (Hebr. 13, 8).

bestimmtes *illic et tunc* ein bestimmtes *hic et nunc* werde. Das Problem des Wortes Gottes ist also je und je ein ganz bestimmtes, einmaliges und einzigartiges Problem, und von diesem Problem ist zu sagen, daß es durch das Wort Gottes selbst gelöst wird, indem das Wort Gottes durch den Mund Gottes gesprochen, gleichzeitig ist, *illic et tunc* und (d. h. eben als *illic et tunc* gesprochenes) *hic et nunc*.

2. Daß das Wort Gottes Gottes Tat ist, das bedeutet zweitens seine Re gierungsgewalt. Das Reden Gottes ist das Handeln Gottes an denen, zu denen er redet. Sein Handeln ist aber als ein göttliches, als das Handeln des Herrn sein regierendes Handeln. Wo und wenn Jesus Christus uns gleichzeitig wird durch Schrift und Verkündigung, wo also das „Gott mit uns" von Gott selber zu uns gesagt wird, da kommen wir unter eine Herrschaft. Die Begriffe Erwählung, Offenbarung, Aussonderung, Berufung, neue Geburt, die wir vorhin berührten, bezeichnen alle eine Zusage, ein Urteil, einen Anspruch gegenüber dem Menschen, durch die Gott ihn an sich bindet. Evangelium und Gesetz als konkreter Inhalt des Wortes Gottes bedeuten auf alle Fälle eine Verhaftung des Menschen. Das Wort Gottes sagt dem Menschen auf alle Fälle — was es ihm auch in *concretissimo* sagen möge — daß er nicht sein, sondern Gottes eigen ist. Verstehen wir das Wort Gottes von seinem Ursprung in der Offenbarung, in Jesus Christus, her als den Inbegriff der Gnade Gottes, so heißt Gnade doch eben dies, daß der Mensch nicht mehr sich selbst überlassen, sondern in die Hand Gottes gegeben ist.

Das Evangelium oder das Wort vom Kreuz ist die δύναμις θεοῦ den Glaubenden oder denen, die gerettet werden, lesen wir Röm. 1, 16 und 1. Cor. 1, 18. Als „lebendig" und als „lebendig und kräftig" wird das Wort Gottes 1. Petr. 1, 23 und Hebr. 4, 12 bezeichnet. Und Matth. 4, 4 heißt es vom Menschen: Er lebt παντὶ ῥήματι ἐκπορευομένῳ διὰ στόματος θεοῦ.

Wer von dieser zugleich tragenden und bewegenden, schützenden und strafenden, beruhigenden und beunruhigenden Gewalt nichts wüßte, wer von ihr bloß reden hörte, ohne sie als Gewalt zu kennen, der würde damit nur dokumentieren, daß er um das Wort Gottes nichts wüßte. Wir wissen in dem Maß um das Wort Gottes, als wir um diese Gewalt wissen; wir reden dann vom Wort Gottes, wenn wir in Erinnerung und in Erwartung dieser Gewalt reden und zwar so, daß wir verstehen: diese Gewalt des Wortes Gottes ist nicht eine Gewalt unter anderen, auch nicht eine unter anderen göttlichen Gewalten, sondern die eine einzige göttliche Gewalt, die uns angeht, auf die wir angewiesen sind, der gegenüber wir in der Entscheidung zwischen dem ihr gebührenden Gehorsam und der abgründlichen Unbegreiflichkeit des Ungehorsams und damit in der Entscheidung zwischen Seligkeit und Verdammnis stehen. Auch der Heilige Geist ist ja (wenigstens nach dem abendländischen Verständnis der Dreieinigkeit Gottes) vom

§ 5. *Das Wesen des Wortes Gottes*

Wort nicht zu trennen, seine Gewalt also keine von der des Wortes verschiedene, sondern die im Wort und durch das Wort lebendige Gewalt. Auch um die Gewalt Gottes in seiner Schöpfung und Regierung der Welt wissen wir nicht anders als durch das offenbarte, geschriebene und verkündigte Wort und können sie, wenn wir durch dieses Wort um sie wissen, von der Gewalt des Wortes selbst unmöglich unterscheiden.

Ἐδόθη μοι πᾶσα ἐξουσία ἐν οὐρανῷ καὶ ἐπὶ γῆς (Matth. 28, 18). Τὰ πάντα δι' αὐτοῦ καὶ εἰς αὐτὸν ἔκτισται· καὶ αὐτός ἐστιν πρὸ πάντων καὶ τὰ πάντα ἐν αὐτῷ συνέστηκεν (Col. 1, 17).

Es gibt da, wo Gott einmal geredet hat und gehört ist, also in der Kirche, kein Entrinnen vor dieser Gewalt, kein Vorbeikommen an ihr, keine Anerkennung göttlicher Gewalten, die nicht zusammengefaßt wären in dieser Gewalt, bezogen auf ihre Art, wirksam in ihrer Weise.

Καὶ αὐτός ἐστιν ἡ κεφαλὴ τοῦ σώματος, τῆς ἐκκλησίας (Col. 1, 18 vgl. Eph. 1, 22 f.). Das ist von Christus gesagt. Aber eben Christus ist ja das Wort Gottes, gleichzeitig in der Prophetie und im Apostolat und gleichzeitig in der Verkündigung seiner Kirche. Ist er hier gleichzeitig, tut er jenen Schritt, dann stehen wir hier notwendig vor der Erkenntnis der Monarchie des Wortes Gottes in der Kirche, wie sie für den reformatorischen Gottes- und Kirchenbegriff bezeichnend ist. Die heylig Christenlich Kilch, deren eynig houpt Christus, ist uss dem wort Gotts geborn, im selben belybt sy, und hört nit die stimm eines frömbden (Zwingli, Berner Thesen von 1528, Art. 1). Gottes Wort ist ein Blümlein, das heißt je länger je lieber. . . . Das ist, wer Gottes Wort einmal recht ergreift, der gewinnet es so lieb, daß er's immer je mehr und mehr begehret (Luther, Predigt über Luc. 5, 1—11, 1534, E. A. 4, S. 342). . . . unsere predigt ist diese, das, wer höret diese predigt von Christo und gleubet an ihn, der hab das ewige leben. Das wortt Gottes, so vom himmel gesanth ist, das sol darzu gehoren, das, wenn du gahr zu asschen gebrandt wurdest, du dennochs wustes, wo aus (Ausl. des 3. u. 4. Kap. Joh. 1538 f., W. A. 47, S. 188, Z. 28). Denn das ist ye gewiß, das wir all unser seligkeyt allein durchs wort Gottes haben. Was wusten wir sonst von Gott, vom Herren Christo und seinem Opffer und vom heyligen Geyst? (Predigt über Marc. 7, 31—37, 1544, W. A. 52, S. 451, Z. 39). Denn Gott hat uns kein andere treppen geben noch einen anderen weg gewisen, darauff wir gen hymel gehen können, denn sein liebes wort, das heylig Euangelium. Wer das selb gern höret, mit fleyss merket und lust und liebe dran hat, dem ist geholffen (ib. S. 452, Z. 16). Denn Gott will sich on das wort in deinem hertzen nicht offenbaren, Solt du jn sehen und erkennen, so muß es allein durch das wort und die eusserlichen Sacrament geschehen (ib. S. 453, Z. 31). Wie zeucht uns der Vater? Durch Christum. Wie durch Christum? Mit dem Worte. Also reizet er und locket dir; treibet dich denn deine Noth, so gehe fröhlich hinan, und bringe dein Unglück tapfer vor; aber bringe je das Wort mit (Predigt über Joh. 8, 46—59, E. A. 11, S. 130). Denn die seele des menschen kan durch nichts anderst erhalten werden, denn durch das wort Gottes, das ist jre speise und waide, und so seer als sie sich des gebrauchet, daran hanget und glaubet, so ferne ist jr geradten und geholffen (Predigt über Luc. 11, 1527, W. A. 17 II, S. 280, Z. 30). Es ist nach Luther die Entsprechung der Himmelfahrt und des Sitzens Christi zur Rechten Gottes: das regnum Christi in der Welt, als *doctrinale regnum* zu verstehen, gleichbedeutend mit dem *ministerium Verbi (Enarr. ub. Cap. 53 Esaiae 1544, E. A. Exeg. Op. lat.* 23, S. 448 f.). Denn durchs Wort wird er regieren und nicht anders (Passion, 5. Predigt, 1534, E. A. 3, S. 268). Das ist das Neue Testament und Reich Christi, das gehet an mit so geringer Macht; und doch mit allmächtiger Gewalt und Macht, der niemand widerstehen kann. Närrisch scheinets zu seyn, das Christus das neue Testament

3. Die Rede Gottes als Tat Gottes

auf diese Weise anfähet (Predigt über Apg. 2, 1—13, 1534, E. A. 4, S. 86). Da ist doch alles gering und nichtig anzusehen, beide, die Materia und die Instrumenta. Die Materia und Predigt ist geringe; die Instrumenta, das ist die Apostel und Jünger, welche Christus als die Werkzeuge zu dieser Predigt brauchet, sind viel geringer. Und gehet doch durch diese geringe Predigt und nichtige Werkzeuge, das neue Testament und Reich Christi (ib. S. 87). Dise predig ist nicht von menschen kommen, sondern Christus hat sie selbs gefurt und hernach den Aposteln und yren nachkommen yns hertz geben, das sie es fasseten, und ynn mund, das sie es redten und predigten. Das ist seyn reych, also regiert er, als das all sein krafft steht und ligt an dem wort Gottis: Welche nun das hören und glawben, die gehörn ynn das reych und das wortt wirt denn so mechtig, das es alles schafft, was dem menschen nott ist, und bringt alle gutter, die man haben mag. Denn es ist Gottis krafft, das es kan unnd mag selig machen alle die daran glawben, wie sanct Paulus sagt Ro. 1. (Predigt über Joh. 10, 12 ff., 1523, W. A. 12, S. 530, Z. 24). Er nimmt aber sonderlich die zwei Glieder vor sich. Ohren und Zunge; denn das Reich Christi gegründet ist auf das Wort, welches man sonst weder fassen noch begreifen kann, ohne durch diese zwei Gliedmaas, Ohren und Zunge, und regieret allein durch das Wort und Glauben im Herzen der Menschen. Das Wort fassen die Ohren, und das Herz glaubets; die Zunge aber redets oder bekennets, wie das Herz glaubet. Darum, wenn man die Zunge und Ohren hinweg thut, so bleibet kein merklicher Unterschied zwischen dem Reich Christi und der Welt (Predigt über Marc. 7, 31—37, E. A. 13, S. 308).
... *la parole de Dieu seule doit estre suffisante pour nostre foy. Si on demande sur quoy nostre foy est fondée et comment elle vient à sa perfection c'est par la parole de Dieu* (Calvin, Predigt über Gal. 1, 11f., C. R. 51, 361). *Iterum hic memoria repetere convenit, qualis sit regni Christi natura. Ut enim ipse aureo diademata ornatus non est, vel instructus terrenis armis; ita non dominatur in mundo armorum potentia, nec sibi autoritatem conciliat pomparum splendore, vel terrore et metu populum suum cogit: sed evangelii doctrina regium eius insigne est, quo sub obsequium suum colligit fideles. Proinde ubicunque annunciatur pure evangelii doctrina, illic Christum regnare certum est: ubi vero reiicitur, simul etiam aboleri eius imperium* (Komm. zu Jes. 11, 4, C. R. 36, 240). *Car Dieu regne, quand il conduit tout par sa providence: mais cependant nous n'apercevons rien de son empire, quand nous luy sommes rebelles, que tout va pesle mesle et que sa parole n'est point escoutee, laquelle est le sceptre royal par lequel il domine sur nous: que son Esprit ne domine point pour nous conduire en son obéissance, et pour nous ranger tellement à luy, qu'il vive plustost en nous, que nous ne vivions à nos appetits, et selon nostre naturel. Dieu donc ne regne point en ceste facon sinon quand l'Evangile nous est presché et que nostre Seigneur Jesus Christ, qui a este constitué son lieutenant, nous gouverne tant par sa parole que par son S. Esprit ... Or il est bien certain que ... Dieu estant Createur de tout le monde, n'a iamais quitté son authorite. Il faut donc que sa puissance ait son estendue par tout: mais c'est d'une facon qui nous est cachée et incompréhensible, quand Dieu gouverne, et que sa parole cependant n'est point preschee ... puis de là nous pouvons recueillir combien la doctrine de l'Evangile nous doit estre precieuse et amiable, veu que par icelle Dieu nous prend sous sa charge et nous recognoist et advoue pour son peuple ... qu'il veut habiter au milieu de nous* (Predigt über Matth. 3, 2, C. R. 46, 490 f.)

Aus der Erkenntnis der Regierungsgewalt des Wortes Gottes muß sich nun folgendes ergeben: Wir reden vom Worte Gottes. Darum müssen wir von seiner Gewalt reden, von seiner Macht, von seinen Wirkungen, von den Veränderungen, die es hervorbringt. Weil das Wort Gottes Geschichte macht, darum ist es als Wort auch Tat.

Ist denn nicht mein Wort wie Feuer, ist der Spruch Jahves und wie ein Hammer, der Felsen zerschmeißt? (Jer. 23, 29). Denn wie der Regen vom Himmel herabkommt und nicht zurückkehrt, er tränkte denn die Erde und machte sie gebären und machte sie sprossen und schenkte Samen dem Sämann und Brot dem Esser, so mein Wort, das aus meinem Munde gegangen: es wird nicht leer zu mir zurückkehren, es habe denn getan, was mir gefiel, und ausgeführt, wozu ich es sandte (Jes. 55, 10 f.). Man vgl. im Neuen Testament den konstitutiven Zusammenhang von καλεῖν, κλῆσις, ἐκκλησία, κλητός mit der Gesamtheit dessen, was ἐν Χριστῷ für den Menschen und im Menschen radikal anders wird.

Die Zusage des Wortes Gottes ist als solche kein leeres dem Menschen gleichsam gegenüber stehenbleibendes Versprechen, sondern die Versetzung des Menschen in den ganz neuen Stand dessen, der diese Zusage vernommen, in sich aufgenommen hat, der nun nicht mehr ohne, sondern wie er sich auch dazu stelle, mit dieser Zusage lebt. Der Anspruch des Wortes Gottes ist als solcher kein Wunsch oder Befehl, der gleichsam außerhalb des Hörers bliebe, der seine Existenz nicht tangierte, sondern er ist Inanspruchnahme, Beschlagnahme des Menschen: Der Mensch ist, wie er sich auch zu dem Anspruch Gottes seinerseits stelle, als Hörer seines Wortes ein im Bereich des göttlichen Anspruchs Befindlicher, ein von Gott Beanspruchter geworden. Wiederum ist das Urteil des Wortes Gottes als solches nicht bloß ein Aspekt, unter dem der Mensch in sich selbst unberührt nun stünde, so wie derselbe Mensch vom Standpunkt der Ameise aus als ein Riese, vom Standpunkt des Elefanten aus als Zwerg erscheinen und beurteilt werden mag, ohne daß er so oder so faktisch ein anderer ist. Sondern das Urteil Gottes schafft als solches nicht nur ein neues Licht und damit eine neue Situation, sondern mit der neuen Situation einen neuen Menschen, der vorher gar nicht existierte, nun aber existiert, identisch mit dem, der das Wort gehört hat. Wiederum wäre das nicht der Segen des Wortes Gottes, was nicht, indem es *benedictio* ist, sofort und als solche als *beneficium*, als eine reale Einstellung unter das Wohlwollen und den Schutz Gottes erkannt und verstanden wäre.

Wir finden das alles in denkbar stärkstem Ausdruck Jac. 1, 18, wo (vgl. auch 1. Petr. 1, 23) von der Zeugung des Christen durch den λόγος ἀληθείας die Rede ist. Und dann v. 21 folgerichtig von einem λόγος ἔμφυτος, also von einem λόγος, der nun sozusagen zum Menschen selbst gehört, ohne den der Mensch gar nicht mehr sich selbst wäre.

Und weil das Wort, um das es hier geht, Gottes Wort ist, werden wir ausdrücklich hinzufügen müssen: Seine Wirkung, seine verändernde Gewalt ist nicht wie andere Gewalten eine bloß relative, in sich ungewisse, durch das Verhalten anderer Faktoren z. B. des Menschen bedingte und eingeschränkte. Das mag gelten von allem, was es beim Menschen bewirkt, was als seine Wirkung im Dasein des Menschen sichtbar wird. Das gilt aber nicht von seinem Wirken selbst und als solchem. Die Gewalt des Wortes Gottes ist in sich selbst und als solche absolute Gewalt.

Alles Fleisch ist wie Gras und alle Herrlichkeit des Menschen wie des Grases Blume. Das Gras ist verdorrt und die Blume ist abgefallen τὸ δὲ ῥῆμα κυρίου μένει εἰς τὸν αἰῶνα (1. Petr. 1, 24 f.). Das Wort Gottes ist nicht nur der λόγος ζῶν, sondern auch der λόγος μένων. Es ist ein „unvergänglicher Same" (*ib.* v. 23); ὁ λόγος τοῦ θεοῦ ἐν ὑμῖν μένει, das wird 1. Joh. 2, 14 gerade den „Jünglingen", also den noch nicht Bewährten gesagt (vgl. *ib.* v. 27: das „bleibende" Chrisma).

Das alles muß vom Worte Gottes gesagt werden, weil das Wort Gottes ja von Jesus Christus und weil darum seine Wirkung von der Herrschaft Jesu Christi nicht verschieden ist. Wer das Wort Gottes hört, der wird eben damit einbezogen in den realen Machtbereich dieser Herrschaft. Von ihm und für ihn gilt schon alles das, was das Wort Gottes als Zusage, als Anspruch, als Urteil, als Segen besagt. Nicht erst die Predigt setzt es in Geltung, sondern die Predigt erklärt und bestätigt, daß es in Geltung steht. Eben darin ist sie Verkündigung des Wortes Gottes, daß sie es als ein schon in Geltung Stehendes verkündigt.

Das gilt auch und gerade von der Predigt unter den farbigen und unter den weißen Heiden. Ginge sie nicht aus von der mehr als axiomatischen Voraussetzung, daß ihre Hörer als Heiden bereits erledigt, bereits in den Machtbereich Christi einbezogen sind, indem ihnen das Wort Gottes verkündigt wird, wie sollte sie dann etwas Besseres als Propaganda, wie sollte sie dann „Mission", d. h. Sendung, wie sollte sie dann im Glauben geschehende Verkündigung des Wortes Gottes sein? Mögen wir uns über die Gesinnungen und Zustände der Hörer alle möglichen noch so richtigen Gedanken machen — indem wir ihnen im Glauben an die Verheißung der Gegenwart und Wirkung des Wortes Gottes das Evangelium predigen, geht uns im Blick auf sie nur das eine etwas an: All Sünd hast Du getragen.

Auch nicht erst der Glaube setzt das alles in Geltung, was das Wort Gottes für uns besagt. Auch der Glaube und gerade der Glaube ist doch der Glaube an Jesus Christus und also die Anerkennung und Bestätigung, daß das Wort Gottes in Geltung gestanden hat, bevor wir glaubten und ohne daß wir glaubten. Gerade der Glaube lebt doch[1] von der Gewalt, die vor dem Glauben und ohne den Glauben Gewalt ist, von der Gewalt, die ihm selbst, dem Glauben, seinen Gegenstand und damit, von diesem Gegenstand aus, erst sein Dasein gibt. Darum, als Zeichen dieser realen überlegenen Gewalt des Wortes Gottes ist die Taufe eingesetzt. Sie verkündigt als ihrerseits reales Handeln am Menschen und Verfügen über ihn eben dies: Er steht allen seinen Erlebnissen und Entscheidungen vorangehend im Herrschaftsbereich Christi. Noch bevor er zu Gott Stellung nehmen kann, hat Gott zu ihm Stellung genommen. Wie er auch Stellung nehmen mag, es wird innerhalb und auf dem Boden der Stellungnahme Gottes zu ihm geschehen. Wird er glauben, so wird das nur die Bestätigung dessen sein, daß er Gottes Zusage hat, von Gott beansprucht, beurteilt, gesegnet ist. Wird er nicht glauben, so wird auch das keine frei zu wählende Möglichkeit sein. Er wird gegen Gottes Wort sündigen. Er wird gerade nicht als Freier, sondern als Unfreier sich erweisen. Er wird nicht wählen, sondern verworfen sein. Er wird keine Möglichkeit, sondern die Unmöglichkeit ergreifen. Mit einem Wort: Er wird auch und gerade in seinem Unglauben am Worte Gottes gemessen, von seiner Gewalt betroffen sein. Eben die vorangegangene Stellungnahme Gottes zu ihm wird seinen Unglauben zum Unglauben,

---

[1] Wir haben dies schon als Wahrheitsmoment der altlutherischen Lehre von der *efficacia verbi extra usum* geltend gemacht.

seine Sünde zur Sünde machen. Nur und erst im Bereich der Gnade gibt es ja Glauben und Unglauben, gibt es Gerechtigkeit und Sünde. Nur und erst durch die Gewalt des Wortes Gottes gibt es beide: Solche, die gerettet werden und solche, die verloren gehen.

Ἰδοὺ οὗτος κεῖται εἰς πτῶσιν καὶ ἀνάστασιν πολλῶν ἐν τῷ Ἰσραήλ (Luc. 2, 34). Derselbe in Zion gelegte Stein wird den einen zum Anstoß und Ärgernis, „und wer an ihn glaubt, wird nicht zuschanden werden" (Röm. 9, 33). Und Paulus nennt seine Verkündigung eine Χριστοῦ εὐωδία τῷ θεῷ ἐν τοῖς σωζομένοις καὶ ἐν τοῖς ἀπολλομένοις, οἷς μὲν ὀσμὴ ἐκ θανάτου εἰς θάνατον, οἷς δὲ ὀσμὴ ἐκ ζωῆς εἰς ζωήν (2. Cor. 2, 15 f.).

Man wird diese ganze Betrachtung nicht bloß auf das Verhältnis des Wortes Gottes zum einzelnen Individuum als solchem beschränken dürfen. Alles Gesagte gilt *mutatis mutandis* für das Verhältnis des Wortes Gottes zum menschlichen Kosmos überhaupt, konkret: für das Verhältnis von Kirche und Geschichte oder Kirche und Gesellschaft. Es ist nicht so, daß Gott sich irgendwo und irgendwie offenbarte, daß es irgendwo eine Bibel und daß es irgendwo eine Kirche der Predigt und des Sakramentes gibt — und dem stünde nun die Geschichte oder die Gesellschaft unberührt, souverän, ihren eigenen Gesetzen folgend gegenüber, und nun müßte die Kirche sozusagen von außen, von einem jenem Kosmos fremd gebliebenen Gott her ihre Sache bzw. die ihres Gottes jenem Kosmos gegenüber in Angriff und Verteidigung vertreten und behaupten. So ist die Kirche nicht draußen bei Gott und so ist die Welt nicht drinnen ohne Gott. So kann man die Dinge nur sehen, wenn man Bibel und Kirche, abgesehen von der sie konstituierenden Offenbarung, betrachtet oder wenn man unter Offenbarung mit Schleiermacher bloß den einzigartigen Anfang der Religion, die nun einmal die unsrige ist, verstehen will. Das heißt dann aber nicht des gekommenen Wortes Gottes gedenken und das kommende erwarten. Soll unter Offenbarung Wort Gottes verstanden sein und sollen auch Bibel und Kirche im Licht jener Erinnerung und dieser Erwartung verstanden werden, dann muß die dem Worte Gottes gegenüberstehende Menschenwelt auch als Ganzes als eine einer entscheidenden Veränderung unterworfene betrachtet werden. Die Welt kann dann von der Kirche aus nicht bei ihrer Gottlosigkeit behaftet, nicht in ihrer Gottlosigkeit ernst genommen werden; sofern und solange die Kirche es so hält, beweist sie nur, daß sie selbst nicht ernstlich an das Wort Gottes glaubt. Täte sie es, dann müßte sie auch konkret mit seiner Gewalt rechnen. Es kann sich nicht darum handeln, daß der Mensch etwa auf Grund einer ihm verbliebenen schöpfungsmäßigen Zusammengehörigkeit und Verbundenheit mit Gott — als ob der Sündenfall so radikal folgenreich nicht wäre — für Gott in Anspruch genommen wird. Es handelt sich nicht um natürliche, sondern gar sehr um übernatürliche Theologie. Aber eben eine solche wird, die Gewalt des Wortes Gottes bedenkend, die Welt, die Geschichte, die Gesellschaft, in Anspruch nehmen müssen als die, in deren Mitte Christus geboren, gestorben und auferstanden ist. Nicht im Lichte der Natur, aber im Lichte der Gnade gibt es keine in sich geschlossene und geschützte, sondern nur eine vom Worte Gottes, vom Evangelium, von Gottes Anspruch, Urteil und Segen in Frage gestellte, nur vorläufig und nur begrenzt ihrer eigenen Gesetzlichkeit und ihren eigenen Göttern überlassene Profanität. Was das Wort Gottes sagt, das steht, wie sich auch die Welt dazu stelle, und ob es für sie zum Heil oder zum Unheil ausschlage, in Geltung.

Ἐγένετο ἡ βασιλεία τοῦ κόσμου τοῦ κυρίου ἡμῶν καὶ τοῦ χριστοῦ αὐτοῦ καὶ βασιλεύσει εἰς τοὺς αἰῶνας τῶν αἰώνων (Apc. 11, 15). Dieses ἐγένετο ist gerade als eschatologisches ganz wörtlich und real ernst zu nehmen. Christus wird nicht erst, sondern er ist schon βασιλεὺς βασιλέων καὶ κύριος τῶν κυρίων (Apc. 19, 16 vgl. Phil. 2, 9f.; Col. 2, 15; Eph. 1, 21).

Also weder wird die Welt sich von sich aus zur Übereinstimmung mit dem Worte Gottes entwickeln, noch hat etwa die Kirche das durch ihre Arbeit in und an der Welt zu schaffen. Sondern die Kirche ist darin und so Kirche, daß sie glaubt und verkündigt: Vor allen Weltentwicklungen und vor aller ihrer eigenen Arbeit ist das faktisch entscheidende Wort wie über sie selbst, die Kirche, so auch über die Welt schon gesprochen. Die Welt existiert also gar nicht mehr abseits und neutral der Offenbarung, der Bibel, und der Verkündigung gegenüber. Ob sie glaube oder nicht glaube, ob sie sich so oder so entwickle, ob die Kirche größeren oder kleineren Einfluß habe, ob sie aus Millionen von Bekennern und Verkündigern bestehe oder ob nur zwei oder drei im Namen Christi versammelt seien — es wird sich bei dem, was aus Kirche und Welt wird, auf alle Fälle um nichts anderes handeln können als um ein Geschehen in der Folge jenes schon gesprochenen entscheidenden Wortes.

Sermo enim Dei venit mutaturus orbem, quoties venit (Luther, *De servo arb.* 1525, W. A. 18, S. 626, Z. 26).

Wenn die Kirche glaubt, was sie doch zu glauben behauptet, dann ist sie der Ort, wo der Sieg Jesu Christi nicht das letzte, sondern das erste gehörte und weitergegebene Wort ist. Darum und so ist sie der Ort der Offenbarung, der Barmherzigkeit und des Friedens, der Berg Zion, nach welchem die Heiden, ob sie es wissen und wollen oder nicht, unterwegs sind. Die Kirche, die dieser Ort ist, wird der Welt etwas zu sagen haben und von der Welt ernst genommen werden. Die Erinnerung wird im Blick auf das hier Gesagte am Platze sein: Es handelt sich bei der Gewalt, von der hier die Rede war, um die Gewalt des Wortes, um Regierungsgewalt, um die Gewalt Gottes. Das alles unterscheidet sie von anderen Gewalten, ihr Wirken von anderem Wirken, das durch sie Gewirkte von sonstigem Gewirkten. Es soll gerade hier nicht vergessen sein, daß das Wort Gottes die Rede Gottes ist und bleibt und also seine Gewalt, die mit keiner anderen zu verwechselnde Gewalt der Wahrheit. Aber daß eben die Wahrheit[1] Gewalt ist, das war in unserem Zusammenhang ohne Vorbehalt festzustellen.

---

[1] Die Wahrheit, die nach Joh. 1, 14 f. mit der Gnade in einem Atem zu nennen ist.

3. Daß das Wort Gottes Gottes Tat ist, das bedeutet drittens: Es ist **Entscheidung**. Dadurch unterscheidet sich eine Tat von einem bloßen Geschehen. Bloßes Geschehen ist schon in sich betrachtet ein irgendeiner höheren Notwendigkeit unterworfener Ablauf. Es hat irgendeine Ursache als seinen Anlaß über sich. Und es hat alles übrige Geschehen, in dessen Zusammenhang es geschieht, als Bedingung seiner selbst neben sich. Es wirkt, indem es gewirkt ist, und indem Anderes neben ihm wirkt und gewirkt ist. Das gilt vom Geschehen in der Natur ebenso wie von dem im einzelnen und gemeinsamen Menschenleben. Es ist eine bloße Hypothese, wenn wir ein Geschehen zugleich eine Tat, eine Entscheidung, einen Akt freier Wahl nennen. Im Begriff des Geschehens liegt dieses Prädikat jedenfalls nicht. Das ist zu bedenken, wenn man den Begriff des Wortes Gottes in Beziehung bringt zum Begriff der **Geschichte**. Zweifellos muß das geschehen. Nach allem, was wir über die kontingente Gleichzeitigkeit und über die Regierungsgewalt des Wortes Gottes gesagt haben, ist das Wort Gottes auch geschichtliches, zeitliches Geschehen. Aber wenn es nun etwa darin aufginge, Geschehen zu sein, dann wäre sein Charakter als Tat, als Entscheidung, so hypothetisch wie all das andere, was wir als solche in Anspruch zu nehmen pflegen. Das Wort Gottes ist nicht zuerst als Geschichte und dann und als solche auch noch als Entscheidung, sondern zuerst und grundlegend als Entscheidung und dann und als solche auch als Geschichte zu verstehen. Wer an eine Tat denkt, die ebensogut oder besser als ein bloßes Geschehen interpretiert werden kann, eine Tat, die von einer höheren Notwendigkeit aus abläuft und die zur Linken und zur Rechten von anderen Taten bedingt ist, der hat das Zweideutige gedacht, das im Gebiet des Menschlichen Tat zu heißen pflegt, nicht aber das Wort Gottes. Wer sich durch den Umstand blenden läßt, daß das Wort Gottes in Jesus Christus, in der Bibel, in der Verkündigung allerdings auch menschliche Tat ist, um es daraufhin zu verstehen, als ob es nur das und also in jene unvermeidliche Dialektik von menschlicher Tat und bloßem Geschehen verwickelt wäre, wer es im Zwielicht dieser Dialektik sieht, der denkt *eo ipso* nicht das Wort Gottes. Das Wort Gottes wird zuerst als Entscheidung verstanden oder es wird gar nicht verstanden. Man könnte auch einfach sagen: als **göttliche Tat**. Als göttliche Tat unterscheidet es sich — obwohl es selber auch menschliche Tat ist — von allen menschlichen Taten dadurch, daß es von dem *Sic et Non* jener Dialektik nicht erreicht wird. Es ist auch menschliche Tat, es ist also auch Geschehen, aber es ist als Tat und Geschehen **frei**, so frei wie Gott selber, wie es denn in der Tat Gott selber ist. Gott ist der Herr, über dem kein anderer und nichts anderes ist, neben dem auch weder zur Rechten noch zur Linken ein Anderer oder ein Anderes, ihn bedingend, mit ihm im Zusammenhang steht. Gott ist *a se*. Das gilt vorbehaltlos auch von seinem Wort. Aber die Aseität Gottes ist nicht leere Freiheit. Alle Potentialität ist in Gott beschlossen in seiner Aktualität und also alle Freiheit

3. Die Rede Gottes als Tat Gottes

eben in seiner Entscheidung. Entscheidung heißt Wahl, gebrauchte Freiheit. Wir würden das Wort Gottes schlecht verstehen ohne die unbedingte Freiheit, in der es gesprochen ist; wir würden es aber noch einmal schlecht verstehen, wenn wir es als bloße Möglichkeit verstehen würden statt als gebrauchte Freiheit, als fallende Entscheidung, als geschehende Wahl. Als geschehende Wahl: Das Wort Gottes ist ja in der Menschheit Christi, in der Bibel und in der Verkündigung auch menschliche Tat und also zeitliches Geschehen. Aber auf Grund von Wahl ist das Wort Gottes eins mit der Menschheit Christi, mit der Heiligen Schrift, mit der Verkündigung und also zeitliches Geschehen. Beides miteinander: Die Wahl und das Geschehen machen das Wort Gottes zu Gottes Tat im Unterschied von allen anderen Taten. — Daß das Wort Gottes Gottes Tat und also geschehende Wahl, fallende Entscheidung, gebrauchte Freiheit ist, das bedeutet nun konkret folgendes:

a) Das Wort Gottes ist nicht so Wirklichkeit, wie ein erfahrbarer Tatbestand unter dem Vorbehalt der Angemessenheit unserer Sinneswahrnehmungen und unseres Verstandes Wirklichkeit hat. Aber auch nicht so, wie etwa die sogenannten Naturgesetze, die ja in besonderer Abwandlung auch die der Geisteswelt sind, Wirklichkeit haben. Auch nicht so, wie, sofern es solche gibt, die Axiome der Mathematik und Physik Wirklichkeit haben. Nicht so, wie es wirklich ist, daß ich ich und nicht du bin und du du und nicht ich bist, oder daß gestern nicht heute ist und nie morgen sein wird. Nicht so, wie die Struktur des sogenannten Charakters und des sogenannten Schicksals eines jeden von uns wahrscheinlich kosmisch (wohlverstanden: kosmisch!) vielleicht aus den Linien seiner Hand, vielleicht aus seiner Physiognomie, vielleicht aus seiner Handschrift, vielleicht aus dem Stand der Gestirne zur Stunde seiner Geburt ablesbar, prädeterminiert wirklich ist bis in die seltsamsten Kleinigkeiten. Mit einem Wort: Nicht so Wirklichkeit, wie die Gesamtheit dessen wirklich ist, was wir sonst Wirklichkeit heißen. Obwohl und indem es an dieser Wirklichkeit auch Anteil hat und gerade in dieser Wirklichkeit uns entgegentritt. Darum nicht so Wirklichkeit: weil es im Unterschied zu aller anderen Wirklichkeit nicht allgemein, d. h. nicht immer und nicht überall vorhanden und darum nicht allgemein und d. h. nicht immer und nicht überall feststellbar ist oder wenigstens *mutatis mutandis* vorhanden und feststellbar sein könnte. Gerade daß hier auch dieses „könnte", die Potentialität, auf Grund derer sich vielleicht vergleichbare Größen aufweisen lassen würden, ausfällt, gerade das ist bezeichnend. Das Wort Gottes „könnte" auch nicht allgemein vorhanden und feststellbar sein. Dieses „könnte" wäre ja noch immer charakteristisch für eine geschaffene, von Gott in seiner Aseität und Aktualität unterschiedene Wirklichkeit. Das Wort Gottes ist ungeschaffene Wirklichkeit, identisch mit Gott selber, darum nicht allgemein vorhanden und feststellbar, auch nicht möglicherweise. Nie und unter keinen Umständen allgemein, sondern immer und unter allen Umständen *suo modo, sua libertate, sua misericordia* ist das Wort Gottes Wirklichkeit in unserer Wirklichkeit und so und daraufhin und dadurch bedingt — wiederum *suo modo* — allein auch vorhanden und feststellbar.

Darum gibt es nach 1. Sam. 3, 1 Zeiten, in denen eine Offenbarung Jahves etwas Seltenes ist. Darum die merkwürdigen Weissagungen Amos 8, 11: „Fürwahr, es sollen Tage kommen, ist der Spruch des Herrn Jahve, da will ich Hunger und Durst in das Land senden, daß alle seine Bewohner trauern, nicht Hunger nach Brot und Durst nach Wasser, sondern danach, die Worte Jahves zu hören, daß sie von einem Meer zum anderen wanken und von Norden nach Osten umherschweifen, um das Wort Jahves zu suchen, ohne etwas zu finden!" Und Micha 3, 6: „Darum soll es euch Nacht werden ohne Gesichte und Finsternis ohne Orakel; die Sonne soll den Propheten untergehen und der Tag sich über ihnen verfinstern. So werden die Seher zuschanden und die Wahrsager müssen sich schämen; sie werden alle ihren Bart verhüllen; denn die göttliche Antwort bleibt aus!" Darum bezeichnet der Begriff des Wortes oder des Gesetzes, des Gebotes, der Weisung, des Befehls, der Rechte Jahves für die Propheten wie für die andern Ausgezeichneten Jahves, wie für ganz Israel, wie für den einzelnen Israeliten im ganzen Alten Testament (ich würde auch den 119. Psalm und überhaupt die spätere kanonische Literatur nicht ausnehmen) ein von Jahve her zu erwartendes, zu offenbarendes, zu erbittendes und nicht ein nach immanenter Notwendigkeit fälliges Ereignis oder gar eine allgemein vorhandene und feststellbare höhere Zuständlichkeit. Und darum wird auch im Neuen Testament das Sein des wahrhaftigen Lichtes in der Welt als ein ἔρχεσθαι εἰς τὸν κόσμον (Joh. 1, 9), als ein ἀποκαλύπτεσθαι oder φανεροῦσθαι beschrieben. Wir gedenken auch hier des Zusammenhangs zwischen Offenbarung und göttlicher εὐδοκία. Ὅπου θέλει πνεῖ (Joh. 3, 8) gilt wirklich wie vom Geist so auch vom Wort Gottes. Das alles bedeutet offenbar: Das Wort Gottes ist Entscheidung.

Es ist nur wirklich und nur als wirklich zu verstehen, wenn und indem es sich selbst gibt und zu verstehen gibt. Die Frage: Was ist das Wort Gottes? ist dann völlig hoffnungslos, wenn sie die Frage nach der Kategorie bedeutet, unter die das Wort Gottes etwa fallen möchte, die Frage nach dem Syllogismus, mittels dessen es etwa bewiesen werden könnte. Die Frage nach der Kategorie und nach dem Syllogismus setzen offenbar voraus, daß auch das Wort Gottes zu den allgemein vorhandenen und feststellbaren und also zu den geschaffenen Wirklichkeiten gehören. Alle in diese Richtung greifenden Begriffe, auch der Begriff eines höchsten Wesens, eines *ens perfectissimum* oder eines Unbedingten, auch der Begriff des Durchbruchs und der Erkenntnis eines solchen höchsten Wesens, der Begriff seiner Offenbarung, ist als solcher — eben als allgemeiner Begriff — nicht der Begriff des Wortes Gottes. Alle allgemeinen Begriffe unterdrücken das Wesentliche, daß das Wort Gottes nur in seiner eigenen Entscheidung Wirklichkeit ist. Daß das Wort Gottes Entscheidung ist, das bedeutet, daß es keinen Begriff des Wortes Gottes gibt außer dem Namen Gottes, den man liebt, fürchtet und anbetet, weil er mit dem Träger des Namens identisch ist.

b) Weil das Wort Gottes nicht wie die geschaffenen Wirklichkeiten allgemein vorhanden und feststellbar oder doch möglicherweise allgemein vorhanden und feststellbar ist, darum bedeutet es als Entscheidung in

3. Die Rede Gottes als Tat Gottes

seinem Verhältnis zum Menschen immer ein Wählen. Das Wort Gottes ist eine *specialissime* so und nicht anders an diesem und diesem bestimmten Menschen geschehende Tat Gottes.

„Ehe ich dich schuf im Mutterleibe, ersah ich dich mir, und ehe du aus dem Mutterschoße hervorgeboren, weihte ich dich, zum Propheten der Völker bestimmte ich dich!" (Jer. 1, 5, vgl. Jes. 49, 1). Das ist freilich der Begriff der prophetischen Erwählung, dem im Alten Testament im allgemeinen wohl nur die Erwählung Israels unter den Völkern entspricht, die ja bei Deuterojesaia merkwürdig genug mit der Erwählung des einzelnen Propheten und Gottesknechtes zusammengesehen wird. Aber im Neuen Testament werden die Begriffe ἐκλέγεσθαι, ἐκλογή, ἐκλεκτός zweifellos in Korrespondenz zu den Begriffen καλεῖν usf. auch von den einzelnen Gläubigen als solchen gebraucht und zwar eben so, daß das ἐκλέγεσθαι bzw. προορίζειν als die Voraussetzung des καλεῖν erscheint (Röm. 8, 30), während nicht allem καλεῖν auch ein ἐκλέγεσθαι entspricht.

Im Gesprochen- und Vernommenwerden des Wortes findet diese Wahl statt: Wahl der Gnade zum Glauben und seiner Gerechtigkeit oder Wahl der Ungnade zum Unglauben und seiner Sünde. Die *vocatio* kann *efficaciter*, *efficacissime* ergehen und die darin stattfindende *electio* kann doch *rejectio* sein, d. h. das Gesprochen- und Vernommenwerden des Wortes kann vollständig und die darin stattfindende Wahl kann dennoch die Wahl der Ungnade sein.

Πολλοὶ γάρ εἰσιν κλητοί, ὀλίγοι δὲ ἐκλεκτοί (Matth. 22, 14). Dieses kritische Verhältnis von κλῆσις und ἐκλογή ist wohl auch gemeint, wenn Matth. 24, 40 f., Lc. 17, 34 f. die Rede ist von den Zweien, die beisammen auf dem Acker sind, die in einem Bette schlafen, die auf einer Mühle mahlen und von denen es dann doch heißen muß: ὁ εἷς παραλημφθήσεται καὶ ὁ ἕτερος ἀφεθήσεται. Wir denken auch an das Gleichnis vom viererlei Acker, wo der Same ja ausdrücklich das Wort Gottes genannt wird und besonders an die Marc. 4, 11 gegebene allgemeine Erklärung: Euch ist das Geheimnis des Reiches Gottes gegeben, jenen aber, denen draußen, widerfährt alles in Gleichnissen, ἵνα βλέποντες βλέπωσιν καὶ μὴ ἴδωσιν, καὶ ἀκούοντες ἀκούωσιν καὶ μὴ συνιῶσιν, μήποτε ἐπιστρέψωσιν καὶ ἀφεθῇ αὐτοῖς.

Wir sprachen unter dem Titel der Regierungsgewalt des Wortes Gottes bereits von dieser doppelten Möglichkeit seiner Wirkung. Daß es Entscheidung und also Wahl ist, das ist der innere Grund dieser doppelten Möglichkeit. Müssen wir einen inneren Grund dieser Wahl wissen, eine Rechtfertigung Gottes wegen der Freiheit, die er sich nimmt und hat, indem er zum Menschen redet, jetzt um ihn anzunehmen, jetzt um ihn zu verwerfen, diesen mit seinem Licht zu erleuchten, diesen mit demselben Licht zu blenden, also diesen als Petrus, diesen als Judas zu behandeln? Zur Rechtfertigung genügt hier wie bei dem hier sichtbar werdenden Dogma der Prädestination überhaupt: die im Worte fallende Entscheidung ist Gottes und darum ist sie gerechte und gute Entscheidung. Sie ist eine Entscheidung, der die verborgene Wirklichkeit der Beziehung, wie sie zwischen Jesus Christus und Petrus, Jesus Christus und Judas besteht, sicher genau entspricht, die aber vor allem in sich selbst als göttliche Entscheidung gerechtfertigt ist. Es ist Tatsache: Wir können das Wort Gottes hören und wieder hören, und können es dabei recht hören, seine Zusage als Zusage annehmen, seinem Anspruch gehorsam werden, seinem Urteil uns unterwerfen, seinen Segen empfangen, in ihm — wohlverstanden in ihm, außerhalb unserer selbst! — die Substanz finden, von der wir uns nähren und leben; oder wir können es auch **nicht recht** hören, nur scheinbar annehmen, gehorsam, untertan, empfänglich werden und dann ohne es als unsere Substanz weiterleben müssen. Wir mögen das eine oder das andere kennen oder beides. Wir müssen aber wissen, daß das Wort der Wahrheit selbst hier über „recht" oder „nicht recht" entscheidet, d. h. daß wir so Gnade und so unser Gericht empfangen, wie es uns von Gottes **und darum** von Rechts wegen zukommt.

c) Als göttliche Entscheidung wird das Wort Gottes wirksam an und in einer Entscheidung des Menschen, zu dem es gesagt ist. Was sagt mir die in der Heiligen Schrift bezeugte, durch Predigt und Sakrament verkündigte Offenbarung? Was wird mir in ihr offenbar? „Gott mit uns", so haben wir den Inhalt des Wortes Gottes allgemein angegeben. Eben dieses „Gott mit uns" muß nun aber, indem es **mir** gesagt wird, indem **ich** es höre, ohne aufzuhören, der göttliche Inhalt des Wortes zu sein oder sich als solcher zu verändern, vielmehr gerade als der lebendige und unveränderliche Inhalt des Wortes zu seinem Ziel kommen in meinem so oder so beschaffenen und bestimmten Dransein ihm gegenüber, in meiner durch das von Gott zu mir gesprochene Wort vollzogenen Qualifizierung. Diese meine neue Qualifizierung ist die Entscheidung über meinen Glauben oder Unglauben, meinen Gehorsam oder Ungehorsam, d. h. die göttliche Entscheidung darüber, ob mein Tun Glaube oder Unglaube, Gehorsam oder Ungehorsam, rechtes oder nicht rechtes Hören ist. Nur gegenüber dem zu mir gesprochenen Worte Gottes, nur als Antwort darauf gibt es diese Entscheidung.

Sie ist nicht ein Spezialfall unter den Möglichkeiten menschlicher Entscheidung überhaupt. Sie kann also nicht im Rahmen einer allgemeinen Anthropologie vorverstanden werden. Auch die radikalste Krisis, in der der Mensch allgemein anthropologisch sich selbst verstehend, sich entdecken mag, hat mit **dieser** Krisis **nichts** zu tun. Denn auch in der radikalsten Krisis allgemein menschlicher Art entdeckt sich der Mensch zugleich als eigener Wähler seiner eigenen Möglichkeit. Ihm widerfährt nicht, sondern er vollzieht eine Entscheidung. Und dieses sein eigenes Verhalten ist das eigentliche und primäre Offenbaren Gottes. (Vgl. dazu das die theologische Verwertung der Philosophie von M. Heidegger vielleicht nun doch zu Ende, d. h. *ad absurdum* führende Buch von H. E. Eisenhuth, Das Irrationale als philosophisches Problem 1931, besonders den Schlußabschnitt S. 260—67.) Von hier aus kann weder Glaube noch Unglaube, weder Gehorsam noch Ungehorsam, noch die Entscheidung zwischen beiden, überhaupt in Sicht kommen. Schon über die **Möglichkeit** von Glauben und Unglauben, Gehorsam und Ungehorsam dem Worte Gottes gegenüber kann nur im Rahmen einer **theologischen** Anthropologie verhandelt werden.

Wie das Wort Gottes selbst Offenbarung, d. h. ein für mich neues Wort ist, so ist die Situation, in die es mich versetzt, indem es zu mir gesprochen wird, eine schlechterdings neue, nicht vorherzusehende und vorherzuverstehende, eine mit keiner anderen zu vergleichende, im Worte Gottes und nur in ihm begründete Situation. Freilich eine Situation der Entscheidung. Aber nicht der (freilich auch stattfindenden!) Entscheidung meines verschiedenen Entschließens und Wählens, sondern der Entscheidung eines verschiedenen Beurteilt- und Angenommenwerdens, und also — weil das Urteilen und Annehmen das Urteilen und Annehmen Gottes ist — eines verschiedenen Wahrseins, eines verschiedenen Sinnes meines Entschließens und Wählens. Gerade weil das Wort Gottes „Gott mit uns" heißt, gerade als Herrenwort, als das Wort unseres Schöpfers, Versöhners und Erlösers, spricht es uns offenbar unser Urteil. In ihm wird entschieden darüber wer wir sind. Wir sind, was wir auf Grund dieses Urteils, wir sind, was wir als seine Hörer sind, d. h. wir sind Glaubende oder Nichtglaubende, Gehorsame oder Ungehorsame. Wir sind weder das Eine noch das Andere vorher und an sich. Wir haben vorher und an sich nicht einmal die Möglichkeit, das Eine oder das Andere zu sein. Glaube und Unglaube, Gehorsam und Ungehorsam, sind nur möglich, indem sie als unser Tun das Urteil Gottes in seinem zu uns gesprochenen Wort so oder so beantworten. Im Glauben und im Gehorsam ist mein eigenes Entschließen und Wählen wahrhaftig vor Gott gut, existiere ich, was auch sonst von mir zu sagen sein mag, dem Worte Gottes entsprechend, habe ich seine Gnade an- und aufgenommen. Im Unglauben und Ungehorsam ist mein eigenes Entschließen und Wählen, was auch sonst von ihm zu sagen sein möge, wahrhaftig vor Gott böse, existiere ich dem Worte Gottes widersprechend, habe ich seine Gnade nicht angenommen. So oder so ich: Es ist also wirklich meine, meine höchst verantwortliche Entscheidung. Es liegt aber nicht in meiner Entscheidung, daß sie diesen Charakter hat, daß ich jetzt das Gute, jetzt das Böse wähle. Sondern was diese meine Entscheidung, die ich mit freiem Willen vollziehe, bedeutet: daß so ein Schritt zur Rechten und so ein Schritt zur Linken ihr Sinn ist, daß ich so wählend glaube und gehorche und so wählend beides verweigere, diese Qualifizierung meiner Entscheidung ist die in ihr stattfindende Wahrheit der göttlichen Entscheidung über mich. Gott hat mich, indem er zu mir spricht, ersehen als der, der ich bin zu dem, der ich bin. Die neue Qualität, die ich durch das Wort Gottes bekomme, ist meine eigentliche und wesentliche Qualität. Gerade diese meine eigentliche und wesentliche Qualität kann ich mir nicht selbst geben. Nur Gott kann mich richten. So bin ich ganz und gar der, der ich kraft göttlicher Entscheidung bin. Kraft göttlicher Entscheidung bin ich in meiner eigenen Entscheidung ein Glaubender oder ein Nichtglaubender. Und darin, in diesem Entscheiden, durch das entschieden wird, wer ich bin in meinem eigenen Entscheiden und damit entschieden wird, was mein Entscheiden in Wahrheit bedeutet — in diesem Wahrmachen meiner Wirklichkeit[1] vollendet

---

[1] In diesem ans Licht bringen unserer Werke (Joh. 3, 20f.; Eph. 5, 12f.).

sich das Wort Gottes als die Tat Gottes. Es ist immer die Tat des unerforschlichen Gerichtes Gottes.

4. DIE REDE GOTTES ALS GEHEIMNIS GOTTES

Wir müssen in einer dritten Reihe von den Eigenschaften des Wortes Gottes reden, um über alles das hinaus, was unter dem Gesichtspunkt „Rede — Tat" gesagt wurde, darauf als auf das wahrlich Entscheidende hinzuweisen: Um Gottes Rede, um Gottes Tat geht es in dem Allen. Wir haben es ja schon im Bisherigen immer wieder versucht, nach dieser Richtung Abgrenzungen vorzunehmen. Aber wenn wir das Ganze der bisher besprochenen Begriffe: Geistigkeit, Persönlichkeit, Absichtlichkeit und Gleichzeitigkeit, Regierungsgewalt, Entscheidung, überblicken — könnte nicht noch immer die Frage entstehen, ob da nicht von irgendeinem anderen Logos, ob da wirklich von dem Logos Gottes die Rede gewesen sei? Oder könnte nicht noch immer die Versuchung bestehen, von dem Logos Gottes, wie wir ihn beschrieben haben, so zu denken und zu reden, wie man von einer vielleicht schwierig zu erfassenden, aber eben doch zu erfassenden anderen geistigen Größe denkt und redet, so nämlich, daß man nun doch — und nach schwieriger Arbeit vielleicht nur um so besser und sicherer — um sie zu wissen, sie in ihrer Struktur zu durchschauen, in ihrem Wirken zu verstehen meint, so daß man ihrer wenigstens denkend und redend Herr ist, so gut oder schlecht wie eben der Mensch eines Objektes denkend und redend Herr zu werden vermag?

Es darf hier ein Bedenken angemeldet werden, das freilich nur empfindungsmäßig zu begründen und auch wohl nur empfindungsmäßig zu verstehen und darum leicht beiseitezuschieben ist. Weil und indem ich es immer wieder gegen mich selber habe, habe ich es ein wenig gegen die ganze ältere und jüngere theologische Zeitgenossenschaft, besonders sofern sie sich in der sogen. „systematischen" Theologie betätigt. „Ernsthafte theologische Arbeit" ist ein Ideal, das in unser aller Munde ist. Es scheint, daß nicht nur die Bibel, sondern auch die protestantischen und altkirchlichen Väter wieder nachdrücklicher zu uns reden. Die großen Begriffe Gott, Wort, Geist, Offenbarung, Glaube, Kirche, Sakrament usw. sind wieder in unser Blickfeld getreten. Wir sehen wieder, daß der Theologie hier Aufgaben gestellt sind. Viele von uns wissen schon wieder recht klug, übersichtlich und bestimmt von diesen Dingen zu reden. Das „theologische Gespräch" ist vielerorts in erstaunlich intensiver Weise aufgenommen worden. Man kann sich nur freuen, in dieser unserer Zeit Theologe sein zu dürfen. Es steht aber zu befürchten, daß wir insgesamt im Begriff stehen, viel zu positiv zu werden. Ich denke dabei nicht an den fragwürdigen und heute obsolet gewordenen Parteisinn dieses Wortes — obwohl etwas von dem eigentümlichen Pathos der einstigen „positiven" Theologie in dem, was ich hier „positiv" nenne, sicher weiterlebt bzw. wieder aufgelebt ist. Ich denke an eine gewisse Sicherheit der Stimmung, Sprache und Haltung, mit der wir, wie es scheint, auf dem neuen bzw. alten Feld meinen arbeiten zu können, an eine gewisse Getrostheit, mit der wir jene großen Begriffe meinen in den Mund nehmen, analysieren und konstruktiv so oder so miteinander verbinden zu können, an eine gewisse Munterkeit, mit der wir über die durch diese Begriffe bezeichneten Dinge reden, als redeten wir darum von ihnen, weil wir relativ so hemmungslos über sie zu reden wissen. Eine Sicherheit, Getrostheit und Munterkeit, die vielleicht nur noch größer wird, indem wir auch noch das Moment der Unsicherheit oder gar der „getrosten Verzweiflung" oder gar eine „Todeslinie" oder dgl. in unsere mehr oder weniger geistreichen Rechnungen einzubeziehen verstehen. Ist es unserem Geschlecht auch lebensmäßig (nicht nur gedanklich) klar, daß das „Ernsthafte" ernsthafter theologischer Arbeit darin begründet ist, daß ihr Gegenstand nie und in keinem Sinn uns zu Gebote steht, auch nicht zu Gebote unserer tiefsten „biblischen" oder „reformatorischen" Schau und Erkenntnis, auch nicht zu Gebote unseres feinsten und umsichtigsten Konstruierens? Schlechterdings jede theologische Möglichkeit kann als solche lauter Strohdreschen und Leerlauf, lauter Komödie und Tragödie, lauter Betrug und Selbstbetrug sein. Auch das eifrigste theologische Schätzesammeln ist sicher nur Narrheit ohne jenes „Reichsein in Gott" (Luc. 12, 21), das niemand sich verschaffen und niemand sich erhalten kann. Gerade eine glaubensgewisse, d. h. aber gegenstandsgewisse Theologie sollte ohne das Wissen um diese Gefährdung so wenig sein können wie ein Uhrwerk ohne Perpendikel. Und dieses Wissen müßte sich bemerkbar, es müßte das theologische Denken und Reden in einem eigentlichen Sinn fruchtbar und gehaltvoll machen. Inwiefern macht es sich bemerkbar in der theologischen Produktion unserer Tage? Inwiefern können jene Sicherheit, Getrostheit und Munterkeit, jener Sauerteig des „Positiven" und der „Positiven" mit diesem Wissen zusammen bestehen? Inwiefern ist unser theologisches Gespräch kein Gerede? *C'est le ton qui fait la musique*. Über den Ton überhaupt und so auch über den Ton, der das Gespräch zum Gerede machen kann, kann man nicht diskutieren, und mit denen, an die man hier nächst sich selber am meisten denkt, schon gar nicht. Ich meine den Jammer und den Spott und das „Ganz gewiß — aber!" schon zu hören, mit dem sie diese Zeilen aufnehmen werden. Muß es nicht dennoch immer wieder gesagt werden: Hütet euch vor diesem Sauerteig!?

Es wäre offenbar gerade eine Bestätigung jener Frage, es wäre wirklich von einem anderen Logos als dem Logos Gottes die Rede gewesen, wenn wir meinen sollten, dieser Frage gegenüber beweisen zu sollen und zu können: Wir haben uns nicht getäuscht, wir haben wirklich von dem Logos Gottes geredet. Eben mit dieser Meinung, das in irgendeinem Sinne beweisen zu können, würden wir die Sache verraten, oder vielmehr verraten, daß wir diese Sache mit irgend einer andern Sache verwechselt haben. Denn wenn irgend etwas ernst gemeint war in dem bisher Gesagten, dann müssen wir uns dabei behaften lassen, daß nur der Logos Gottes selbst den Beweis führen kann, daß, wo angeblich von ihm geredet wird, wirklich von ihm geredet wird. Und ebenso wären wir der bewußten Versuchung dann jedenfalls schon erlegen, wenn wir nach irgendeinem Mittel suchen würden, uns ihrer zu erwehren, uns ihr gegenüber zu sichern und unversuchlich zu machen. Denn eben das hieße doch in der raffiniertesten Weise Herr des Wortes Gottes werden wollen, wenn wir meinten, uns in eine Position begeben zu können, in der wir uns ihm gegenüber nun sicher in der richtigen, nicht herrenmäßigen, sondern dienenden Stellung befänden. Wäre das nicht der höchste Triumph menschlicher Sicherheit? Aber wäre es nicht eben damit die Bestätigung jener Frage und der Fall in diese Versuchung? Denn was würde das bedeuten, wenn wir jene Abgrenzung des Göttlichen gegenüber dem Menschlichen wirklich vollzogen hätten oder noch vollziehen würden? Könnten wir das, dann hätten wir ja doch gesagt oder würden nun doch noch sagen: was das Wort Gottes ist. Ziel aller Sehnsucht in der Theologie das zu können, aber Ziel einer illegitimen Sehnsucht! Gegenstand alles Hochmuts in der Theologie, wenn man meint, das wirklich zu können, aber sicher Gegenstand eines unguten Hochmuts! Denn nach allem, was wir davon wissen können, wie das Wort Gottes ist, ist es ausgeschlossen, daß es das ist: eine Größe, die wir, und geschähe es in der größten Demut und Zurückhaltung, von anderen Größen abzugrenzen und eben damit zu objektivieren wüßten. Gewiß, sie ist von allen anderen Größen abgegrenzt, sie ist objektiv und sie ist *sui generis*. Gottes Rede ist anders als alles andere Reden und sein Tun ist anders als alles andere Tun. Aber hieße es nicht gerade diese seine Andersheit verleugnen, wenn wir meinen würden, einen Maßstab dieser Andersheit zu besitzen und anwenden zu können? Ist es nicht gerade jenen anderen, mit dem Worte Gottes nicht identischen Größen eigentümlich, daß wir sie mehr oder weniger eindeutig gegeneinander abzugrenzen und zu objektivieren wissen? Zeigt sich nicht gerade darin, daß wir sie durchschauen, verstehen und letztlich beherrschen, letztlich mit ihnen fertig zu werden wissen, weil wir uns letztlich mit ihnen auf einer Ebene befinden? Wäre das Wort Gottes *sui generis*, wenn wir *suum genus* zu umschreiben, ihm als dem noch so sehr „ganz Anderen" seinen sicheren Ort anzuweisen wüßten? Ist das Wort Gottes nicht vielmehr gerade darin *sui generis*, Gottes Wort, daß wir das nicht können, daß es dies vielmehr selber und allein tut? Also darum konnte es bei jenen bereits vorgenommenen Abgrenzungen nicht gehen, dem Worte Gottes sozusagen seinen Bezirk innerhalb der uns bekannten und begrifflich einzuteilenden Welt anzuweisen. Nur Signale, Alarmzeichen konnten alle unsere Abgrenzungen sein wollen, um darauf aufmerksam zu machen, Gottes Wort ist und bleibt immer Gottes Wort, nicht gebunden, nicht festzulegen auf diese These und auf jene Antithese. Ein Umriß des Begriffs, wie ihn der Philosoph verlangen würde, ist nicht entstanden und durfte nicht entstehen. Allein Gott begreift sich selber, auch in seinem Worte. Unser Begriff von ihm und seinem Wort kann nur ein Aufweis der Grenzen unseres Begreifens sein, ein Aufweis, der sich auch nicht zu einem negativen Beweis verdichten wollen darf. Darum kann es also auch jetzt nicht gehen, wo allerdings gerade dieses Entscheidende: Das Wort Gottes ist Gottes Wort! noch einmal eingeschärft werden soll. Wir können es auch jetzt nur einschärfen, indem wir unserer eigenen Grenzen noch einmal und ausdrücklich eingedenk sind, indem wir uns einschärfen, daß wir auch über das Wie des Wortes Gottes kein armes Wörtlein sagen könnten, wenn das Wort Gottes uns nicht gesagt würde als Gottes Wort, und das heißt dann so gesagt, daß alles unser Denken und Reden über sein Wie seine Substanz nicht in sich selber, sondern außer sich, in Gottes Wort selbst hat, so also, daß aus unseren Gedanken und Worten über dieses Wie nie und nimmer das heimliche System eines Was werden kann. Darum und in diesem Sinn reden wir zum Schluß von der Rede Gottes als dem

Geheimnis Gottes. Nicht um eine letzte Sicherung, sondern um eine — übrigens immer noch vorletzte „Entsicherung" der Theologie des Wortes Gottes handelt es sich, man könnte auch sagen: um eine theologische Warnung vor der Theologie. Um die Warnung vor der Meinung, gerade ihre Spitzensätze oder Prinzipien seien wie die angeblichen Axiome der Mathematiker und Physiker in sich selbst gewiß und nicht vielmehr bezogen auf ihren allein gewissen Inhalt und Gegenstand, den sie nicht meistern können, sondern von dem sie gemeistert sein müssen, wenn sie nicht Seifenblasen sein wollen.

Wenn wir das hier Auszuführende gerade unter dem Begriff des Geheimnisses zusammenfassen, so denken wir dabei an den Sinn, den das Wort Mysterium im Neuen Testament hat. Mysterium bezeichnet nicht einfach die Verborgenheit Gottes, wohl aber sein Offenbarwerden in einer verborgenen, d. h. in einer unscheinbaren, nicht direkt, sondern indirekt kundgebenden Weise. Mysterium ist die Verhüllung Gottes, in der er uns entgegentritt, gerade indem er sich uns enthüllt: weil er sich uns nicht anders enthüllen will und kann, als indem er sich verhüllt. Mysterium bezeichnet also genau das göttliche, d. h. aber das unsere Grenze bezeichnende Gegebensein des Wortes Gottes, durch das es sich von allem anderweitig Gegebenen selbst unterscheidet. Sich selbst unterscheidet? Also nicht: von uns als unterschieden festzustellen. Dann wäre es ja eben nicht Geheimnis. Sondern: sich selbst unterscheidet, indem es so und nur so sich uns gibt. Nicht so, daß wir zu einem triumphierenden Unterscheiden kommen, sondern so, daß es ihm selbst vorbehalten bleibt, sich zu unterscheiden.

1. Die Rede Gottes ist und bleibt Gottes Geheimnis vor allem in ihrer Welthaftigkeit. Wenn Gott zum Menschen redet, so zeichnet sich dieses Geschehen nie und nirgends so vom übrigen Geschehen ab, daß es nicht sofort auch als ein Teil dieses übrigen Geschehens interpretiert werden könnte. Die Kirche ist in der Tat auch eine soziologische Größe von bestimmten historischen und strukturellen Ausmaßen. Die Predigt ist in der Tat auch ein Vortrag. Das Sakrament ist in der Tat auch ein Symbol inmitten der kompromittierenden Nachbarschaft aller möglichen anderen Symbole. Die Bibel ist in der Tat auch das Dokument der Geschichte einer vorderasiatischen Stammesreligion und ihres hellenistischen Ausläufers. Jesus Christus ist in der Tat auch der historisch schwer zu ermittelnde, und wenn ermittelt, neben mehr als einem anderen Religionsstifter und sogar neben manchen späteren Vertretern seiner eigenen „Religion" leicht ein wenig banal wirkende Rabbi von Nazareth. Und vergessen wir nicht: die Theologie ist in der Tat, so gewiß sie sich der menschlichen Sprache bedient, auch eine Philosophie oder ein Konglomerat von allerlei Philosophien. Auch die biblischen Wunder sprengen diese Mauer von Welthaftigkeit nicht: Sie sind schon, als sie geschahen, anders gedeutet worden denn als Erweise des Wortes Gottes, und sie können bekanntlich immer wieder sehr anders gedeutet werden. Der Schleier ist dicht. Wir haben das Wort Gottes nicht anders als im Geheimnis seiner Welthaftigkeit.

Das heißt aber: Wir haben es immer in einer Gestalt, die als solche nicht das Wort Gottes ist und als solche auch nicht verrät, daß sie die Gestalt gerade des Wortes Gottes ist. Mit anderen Worten: Die Selbstdarbietung Gottes in seinem Wort ist keine direkte, aber auch nicht eine indirekte von der Art, wie etwa das Gesicht eines Menschen, das wir in einem Spiegel wahrnehmen, eine indirekte Selbstdarbietung dieses Menschen genannt werden kann.

Wenn Paulus 1. Cor. 13, 12 von einem βλέπειν δι' ἐσόπτρου redet, so ist der Zusatz ἐν αἰνίγματι wohl zu beachten. Er macht darauf aufmerksam, daß es sich um ein doppelt indirektes Sehen handelt: Daß uns das Wort Gottes in einer von seinem Gehalt zu unterscheidenden Gestalt begegnet, ist das eine, daß diese Gestalt als solche ein „Rätsel", eine Verhüllung des Wortes Gottes bedeutet, ist das zweite, was zu bedenken ist. — Es ist der Begriff des Paradoxons, auf den hier zu verweisen ist. Ein Paradoxon ist eine solche Mitteilung, die nicht nur mittels einer δόξα, einer „Erscheinung" gemacht wird, sondern die παρὰ τὴν δόξαν, d. h. im Gegensatz zu dem, was die Erscheinung als solche zu sagen scheint, verstanden sein will, um überhaupt verstanden zu werden. Gerade weil nur das Wort Gottes den Begriff des Paradoxons in ganzer Strenge erfüllt, während in allen anderen denkbaren „Paradoxa" der Gegensatz zwischen Mitteilung und Gestalt ein solcher ist, der von irgendeinem überlegenen Standort aus aufgelöst werden kann, dürfte es sich empfehlen, von diesem Begriff, nachdem er seinen Dienst getan, aber auch allerhand Verwechslungen hervorgerufen hat, in der Theologie nun wieder sparsameren Gebrauch zu machen.

Die Selbstdarbietung Gottes in seinem Wort ist mit keiner anderen Selbstdarbietung vergleichbar, sofern alles, was uns sonst als Selbstdarbietung begegnet, entweder direkte Mitteilung oder doch, wenn indirekte, durch eine gewisse Ähnlichkeit und Entsprechung zwischen Sache und Gestalt charakterisiert ist, eine Eigentümlichkeit, die es ermöglicht (wie es eben für die Wahrnehmung eines Gegenstandes im Spiegel bezeichnend ist), die indirekte in direkte Mitteilung bzw. Erkenntnis aufzulösen. Eben dies ist es, was beim Worte Gottes ausgeschlossen ist. Seine Gestalt ist nicht ein geeignetes, sondern ein ungeeignetes Mittel der Selbstdarbietung Gottes. Sie entspricht der Sache nicht, sondern sie widerspricht ihr. Sie enthüllt sie nicht, sondern sie verhüllt sie. Unter der „Welthaftigkeit" des Wortes Gottes ist eben nicht nur dies zu verstehen, daß es uns im Gewande geschöpflicher Wirklichkeit begegnet. Sondern weil diese geschöpfliche Wirklichkeit die des gefallenen Menschen ist, und weil uns das Wort Gottes eben in dieser Wirklichkeit begegnet, so ist zu sagen: Seine Gestalt ist nicht etwa die einer reinen Natur, die sich dann als solche sofort von der Unnatur ihrer Umgebung abheben würde. Auch unsere Erkenntnis des Wortes Gottes geschieht ja nicht mittels einer irgendwie rein gebliebenen und also das Geheimnis Gottes in der geschöpflichen Wirklichkeit durchschauenden, sondern durchaus mittels unserer gefallenen Vernunft. Der Ort, wo Gottes Wort offenbar wird, ist objektiv und subjektiv der Kosmos, in dem die Sünde regiert. Die Gestalt des Wortes Gottes ist also wirklich die des Kosmos, der im Widerspruch gegen Gott steht. Sie hat so wenig an sich die Fähigkeit, uns Gott zu offenbaren, wie wir von

4. Die Rede Gottes als Geheimnis Gottes

uns aus die Fähigkeit haben, Gott in ihr zu erkennen. Wenn Gottes Wort in ihr offenbar wird, so geschieht es freilich „durch sie", aber so, daß dieses „durch sie" ein „trotz ihrer" bedeutet. Die Welthaftigkeit, wie sie dem Worte Gottes eigen ist, ist nicht an sich und als solche transparent, fähig dazu, das durchscheinende Gewand oder der Spiegel des Wortes Gottes zu sein. Und es kann sich also ihr gegenüber nicht darum handeln, mittels irgendeiner Anstrengung und Kunst nun doch dahinter zu kommen, daß sie die Welthaftigkeit gerade des Wortes Gottes ist. Was durch Deutung, durch Exegese dieses Stückes Welt zutage gefördert werden kann, das wird immer (schon darum, weil es unser Deuten und Exegesieren ist, mit dem wir uns hier zu helfen suchen) selber auch wieder ein verborgenes Stück Welt, neuer Deutung und Exegese bedürftig, letztlich aber aller Auflösung widerstrebend, selber auch wieder Widerspruch gegen das Wort Gottes und nicht Entsprechung des Wortes Gottes und also sein einfacher Spiegel sein. Die wirkliche Interpretation seiner Gestalt kann nur die sein, die das Wort Gottes sich selber gibt.

Es ist die Stelle 1. Cor. 1, 18—2, 10, die in diesem Zusammenhang nicht ernsthaft genug überlegt werden kann: Was Paulus predigt, das ist ὁ λόγος ὁ τοῦ σταυροῦ, der Χριστὸς ἐσταυρωμένος, der freilich Gottes Kraft und Gottes Weisheit ist, durch den Gott die Weisheit des Kosmos zur Torheit macht, der aber gerade als solcher vom Kosmos her gesehen nur μωρία sein kann, der auch seine Verkündiger und seine Hörer zu Narren, zu Schwachen, zu Niedrigen, zu Nichtsen (μὴ ὄντα) stempelt, der als σοφία ἐν μυστηρίῳ ἡ ἀποκεκρυμμένη nur durch göttliche Erwählung durch die ἀπόδειξις πνεύματος καὶ δυνάμεως, durch ἀποκάλυψις einleuchten kann, „damit kein Fleisch sich vor Gott rühmen könne", „damit euer Glaube nicht in menschlicher Weisheit bestehe, sondern in Kraft Gottes". Was Gott durch ihn bereitet hat denen, die ihn lieben, das hat kein Auge gesehen, kein Ohr gehört, das ist in keines Menschen Herz gekommen. Es ist der von Gott gegebene Geist, der es erkennt, niemand und nichts sonst. — *Quia mirandum est, idcirco non creditur. Qualia enim decet esse opera divina, nisi super omnem admirationem? Nos quoque ipsi miramur, sed quia credimus ... Nam si Deus et sapiens et potens ... merito in adversariis sapientiae potentiaeque id est in stultitia et impossibilitate materias operationis suae instituit; quoniam virtus omnis ex his causam accipit a quibus provocatur* (Tertullian, *De bapt.* 2). — Es handelt sich um die Einsicht, die Luther in der Heidelberger Disputation 1518 (W. A. 1, S. 362 f.) als *theologia crucis* einer *theologia gloriae*, d. h. einem direkten bzw. bloß relativ indirekten Erkennenwollen Gottes gegenübergestellt hat. W. von Loewenich (Luthers Theologia crucis 1929 S. 7 und 12) hat mit Recht geurteilt, daß es sich dabei nicht um ein besonderes Kapitel der Theologie, sondern um eine besondere Art der Theologie und bei Luther nicht bloß um ein Prinzip des jüngeren Luther, sondern um ein Prinzip seiner ganzen Theologie handle. *Iam adhuc agimus cum Deo velato, in hac enim vita non possumus cum Deo agere facie ad faciem. Universa autem creatura est facies et larva Dei. Sed hic requiritur sapientia quae discernat Deum a larva. Hanc sapientiam mundus non habet, ideo non potest discernere Deum a larva* (Komm. zu Gal. 2, 6, 1535, W. A. 40¹ S. 174, Z. 12). Das hätte in Anwendung der Lehre von der *analogia entis* zur Not auch ein platonisch oder aristotelisch gebildeter katholischer Theologe sagen können. (Es lohnt sich darum nicht, aus solchen Sätzen wie dem von dem *larva Dei*-Charakter der ganzen Kreatur mit K. Holl und seinen Schülern, eine besonders tiefe neue Weltanschauung Luthers herauszugeheimnissen.) Der Nerv des Gedankens Luthers ist der, daß die *larva Dei*, die Indirektheit seiner Selbstmitteilung eine doppelte, nämlich nicht nur eine durch die K r e a t ü r l i c h k e i t, sondern auch eine durch die S ü n - d i g k e i t der Kreatur veranlaßte ist: *ut ergo fidei locus sit, opus est, ut omnia quae creduntur, abscondantur. Non autem remotius absconduntur, quam sub contrario obiectu, sensu, experientia. Sic Deus dum vivificat, facit illud occidendo; dum iustificat, facit illud reos faciendo; dum in coelum vehit, facit id ad infernum ducendo* (De serv. arb. 1525, W. A. 18, S. 633, Z. 7). Das Wort höre ich und Paulum sehe ich, der ist ein armer Mensch: Aber dieses Heil, Gnade, Leben und Friede, die sehe ich nicht; sondern vielmehr das Widerspiel muß ich täglich sehen und fühlen, Sünde, Schrecken, Unglück, Leiden und Tod; daß es scheinet, als seyn keine Menschen so gar von Gott verlassen als die Christen, so dieses Wort hören (Predigt über Apg. 13, 26 f., E. A. 8 S. 191). Und noch schärfer: *Nam fides ita dicit: Ego credo tibi Deo loquenti. Quid loquitur Deus? Impossibilia, mendatia, stulta, infirma, absurda, abominanda, haeretica et diabolica, si rationem consulas* (zu Gal. 3, 6, 1525, W. A. 40¹ S. 361, Z. 14). Und schließlich fast unerhört scharf: Also mus Gottes trew und warheit auch ymer dar zuvor eine große lugen werden, ehe sie zur warheit wird. Denn fur der wellt heißt sie eine Ketzerey. So dunkt uns auch selbs ymer dar, Gott wolle uns lassen und sein wort nicht halten und fehet an ynn unserem hertzen ein lugener zu werden. Und Summa, Gott kann nicht Got sein, Er mus zuvor ein Teufel werden, und wir konnen nicht gen himel kommen, wir mussen vorhin ynn die helle faren, konnen nicht Gotteskinder werden, wir werden denn zuvor des Teufels kinder. Denn alles was Gott redet und thut, das mus der Teufel geredt und gethan haben (der 117. Ps. ausg. 1530, W. A. 31¹ S. 249, Z. 21).

Man wird also bei allen Anwendungen des Satzes, daß die Verkündigung, die Schrift, die Offenbarung Gottes Wort ist, darauf Rücksicht zu nehmen haben, daß dies n u r in dieser doppelten Indirektheit wahr ist, daß es sich bei dem Sprechen und Vernommenwerden des Wortes Gottes nicht nur überhaupt um einen Akt Gottes und nicht nur um einen Akt Gottes in der kreatürlichen Wirklichkeit als solcher, sondern um einen Akt Gottes in der Gott widersprechenden, Gott verhüllenden Wirklichkeit handelt, in der seine Offenbarung nicht nur seine Tat, sondern seine Wundertat, das Zerreißen eines unzerreißbar dichten Schleiers, d. h. aber eben: sein Geheimnis ist.

Man kann also z. B. die kirchliche Verkündigung nicht so gestalten wollen, daß sie innerhalb des Kosmos als Element der Bildung, der Erziehung, der Pflege des Volkstums, des sozialen Fortschritts usw. als Notwendigkeit einleuchtend wird. Man kann die Bibel nicht, wie es in der Zeit der Orthodoxie und der Aufklärung üblich war (wie es leider Instit. I, 8 nebenbei auch C a l v i n versucht hat) und wie es dann seit H e r d e r mit allen Mitteln des neuen historischen Denkens versucht wurde, unter allerlei humanen Gesichtspunkten als ein glaubwürdiges und empfehlenswertes Buch hinstellen wollen. Und man sollte vor allem die Offenbarung selbst, Jesus Christus, mit allem direkten oder bloß relativ indirekten Aufweisenwollen ihrer Superiorität über die anderen Religionen (wie es etwa K. H o l l, Urchristentum und Religionsgeschichte 1925, Ges. Aufsätze zur Kirchengesch. II. S. 1 f. getan hat) grundsätzlich verschonen. Eine r e i n historische Betrachtung des Christentums erweist sich hier auf die Länge immer wieder als gerade theologisch fruchtbarer als solche sich als historisch gebenden und schließlich doch auf einer Verwechslung der Kategorien beruhenden Durchbruchsversuche.

Man darf ja die Welthaftigkeit des Wortes Gottes nicht sozusagen als einen fatalen Zufall, als einen ganz oder doch teilweise vielleicht einmal zu behebenden Übelstand auffassen. Wir haben es bei dieser Welthaftigkeit, also bei dieser doppelten Indirektheit, wirklich mit einer echten und nicht aufzuhebenden Eigenschaft des Wortes Gottes selbst zu tun. Offenbarung heißt Fleischwerdung des Wortes Gottes. Fleischwerdung aber heißt: Eingang in diese Welthaftigkeit. Wir sind in dieser Welt, wir sind selber durch und durch welthaft. Wenn Gott nicht welthaft zu uns spräche, würde er gar nicht zu uns sprechen. Die Welthaftigkeit seines Wortes umgehen, hieße Christus umgehen. Mag uns immerhin erst daran ganz aufgehen, was das heißt, daß wir Fleisch sind und darum nicht Gott und ohne Organ und Fähigkeit für Gott, sondern in Feindschaft gegen ihn und ohnmächtig, ihm gehorsam zu werden — es ist doch so: Was zunächst wie ein absurdes Hindernis erscheint, das Gott sich selbst in den Weg legt, das eben ist sein wirklicher und darum doch wohl notwendiger und guter Weg zu uns. Nicht als ob wir einsehen könnten, warum es so sein muß und sein kann. Wir stehen ja nicht oberhalb Gottes und unserer selbst, können also über die Notwendigkeit und Güte der Beziehung, in die sich Gott zu uns setzt, kein anderes Urteil aussprechen als ein solches, das die Wirklichkeit dieser Beziehung nachzusprechen sucht. Wir haben aber nichts anderes nachzusprechen und wir müssen dies nachsprechen: So gewiß Gott mit uns in Beziehung tritt durch sein Wort, so gewiß muß sein Wort sein wie es ist: welthaft, ein in doppelter Indirektheit gesprochenes Wort. Es verhält sich also nicht so, daß Gott uns durch irgendeine leidige Störung verhüllt wäre, dann aber sich unter Beseitigung dieser Verhüllung enthüllte — unter dieser Voraussetzung wären ja die Versuche des Menschen, seinerseits Gott gleichsam zu Hilfe zu kommen durch einen eigenen Vorstoß in das Geheimnis, nur zu begreiflich und entschuldbar, wo nicht gar notwendig. Sondern es verhält sich so, daß **Gott selbst sich verhüllt und eben damit** — und darum dürfen wir nicht in das Geheimnis vorstoßen wollen — **sich enthüllt**. Es ist uns gut so, daß Gott gerade so handelt, wie er handelt, und es könnte uns nur verderblich sein, wenn er anders handelte, wenn er uns so offenbar wäre, wie wir es für richtig halten würden: direkt und ohne Hülle, ohne Welthaftigkeit oder doch nur in jener harmlosen, *analogia entis* zu durchschauenden Welthaftigkeit. Es wäre nicht größere Liebe und Barmherzigkeit, es wäre unser Ende und das Ende aller Dinge, wenn das Wort so zu uns gesprochen würde. Daß es so zu uns gesprochen wird, wie es in Wirklichkeit der Fall ist: enthüllend in seiner Verhülltheit, das ist der entscheidende Ausdruck dafür, daß es wirklich zu uns gekommen ist, statt daß wir zu ihm kommen müssen, ein Versuch, an dem wir nur scheitern könnten. Gerade in seiner Welthaftigkeit ist es also in jeder Hinsicht das Wort der Gnade.

Luther hat u. a. in einer gewaltigen Ausführung am Anfang seines Galaterbriefkommentars (W. A. 40[I], S. 75 ff.) dargelegt: Dies eben müsse uns vom Papst, von den Türken, Juden und allen *justitiarii* unterscheiden: *ut abstineamus a speculatione Maiestatis*, die uns leiblich und seelisch nur verderblich sein könne; *scrutator enim Maiestatis opprimitur a gloria*. Gott direkt erkennen wollen, heißt Werkgerechtigkeit und Werkgerechtigkeit bedeutet luziferischen Fall und Verzweiflung. Wogegen wir uns an den wahren und wirklichen Christus zu halten haben, wie er in der Krippe zu Bethlehem und in dem Schoß der Jungfrau liegt. Ebenso hat sich Calvin ausgesprochen: *Quand donc nous n'aurions sinon la maiesté de Dieu qui se présentera devant nos yeux, elle sera pour nous effrayer et n'y pourrons pas avoir aucun acces à cause que nous sommes creatures fragiles, et mesmes qu'il n'y en nous que peché: nous campons ici sur la terre: mais nous sommes dignes d'estre engloutis iusques au profond d'enfer* (Predigt über Gal. 1, 3 f., C. R. 50, 289). *Magnifions la bonte de nostre Dieu, veu qu'il luy plaist d'avoir regard à nous et à nostre rudesse, et qu'il est content que sa gloire nous soit cachée, afin que nous n'en soyons point abysmez. Car ... nous ne la pouvons porter estans ainsi fragiles que nous sommes* (Predigt über Deut. 5, 4 f., C. R. 26, 248). — Ya, wenn mans also entpfindett, wie es in der warhait auch ist, so muste der mensch als balde von stund an sterben, Denn der mensch, als er flaisch und plut ist, kan ers nicht verstehen, am lebenn ist des menschenn hertz vil zu enge datzu, das es solchs begreyffen solte ... (Luther, Predigt über Marc. 16, 1—8, Sommerpost. 1526, W. A. 10¹, 2 S. 216, Z. 19). Es ist verbotten, ich sols nicht sehen, fuhlen, wissen noch erkennen, sondern allein horen, und mit dem glauben dran hengen und auff dem bloßen wortt gottes stehen. — Und gehet gleich mit uns zu als mitt einem, der den Schwindel im kopff hat, sol der auff einen hohen thurm steigen oder uber eine brucken, dorundter ein tieff wasser fleust, kommen, so mus man in schlechts verblenden, blintzlich fhuren und einen mantel umb den kopff hengen, ihne fhuren und tragen, sonst fellet ehr vom thurm und bricht den Hals oder fellt ins wasser und erseufft. Also mussen wir, wenn wir selig werden wollen, auch folgen unserm fhurer, do sind wir dan sicher. Wir mussen alhier auch schlegts die augen zu thun und folgen dem Gleitzman, dem Gottlichen wort, und sagen: ich will mich lassen in Windeln einwickeln, und mir einen mantel umb den kopff schlahen und mich fhuren lassen zu dem, das ich gleube und nicht sehe und will drauff leben und sterben. Anders werden wirs nicht fhulen, wenn wir uns gleich druber zerriessen. Es haben sich viel drumb bekummert und gerne wissen wollen, wo doch unser wohnung oder herwerg sej, wenn wir sterben, wo wir doch hin fhuren, und sind viel großer leute druber unsinnig worden, das sie es nicht gewust haben, wo man hin komme, wen man aus diesem leben fhare, und haben derhalben das Sprichwort gemacht:

> Ich lebe und weiß nicht, wie lange
> Ich sterbe und weiß nicht, wen
> Ich fhare und weiß nicht, wohin
> Es ist wunder, das ich froelich bin.

Und es ist wahr, ein unchrist kans gahr nicht wissen, aber ein Christ muß anders darvon urtteiln, er hatt einen treuen uberfhurer, er folget auch seinem fhurer und gleitzmann, Christo, welcher saget, was man thun soll, spricht: Hore, was wir reden, den wir wissen, was wir reden, unser rede sind die warheit, vertraue mir, gib dich hehr gefangen und lege dich in meinem mantel, so ich umb deinen kopff gewickelt hab, ich will dich wohl hinnuber tragen. Wenn du nun solches thust, so wirstu von ihme nicht verfuhret. Aber du sprichst: Ich weiß nicht, wo ich hin komme, ich fuhle nichts, tappe und greiffe auch nichts. Solchs ist nu wohl wahr, aber du must auff Gottes wortt dich verlassen und Gott vertrauen, der wirdt dich erhalten, wo nicht, so fellestu vom thurm, sturtzest den hals einzwej oder scheust aus dem Schieff und must ersauffen. Es schejnet aber nichts da, man weiß nicht, wo die leiter oder Stuffen ist oder der Strick daran die leiter henget, man kan keinen weg sehen, der gehn himmel gehet. Aber in Christo ist uns der weg gehn Himmel allein furgestellet, welcher durch das Gottliche wortt uns wirt furgehalten, sonst steigestu in die lufft, so fellestu. ... Diess ist nu der unterschied zwisschen den Christen und Heiden, das ein Gottloser und Heide hingehet wie ein kuhe, sehen urtteiln und richten alles nach der altten geburt, als was sie fhulen und greiffen. Ein Christ aber folget dem nicht, so er sihet, sondern folget dem, so er nicht sihet oder fhulet, und bleibet bej dem Zeugniss Christi, höret, was Christus redet, dem folget er ins finsternis

4. Die Rede Gottes als Geheimnis Gottes

hinein. Also stecken wir im Sack und sind eingewickelt in seinem mantel, und fhuret uns dan dohin, do er selbst ist, und in Christo steigen wir hinauff gehn himmel, der in selig machet (Auslegung des 3. und 4. Kap. Joh. W. A. 47, S. 33, Z. 38). Sihe das ists, darauff S. Johannes jnn seinem Euangelio schir jnn allen worten dringet, das man nur die hohen schöne gedancken lasse faren, damit die vernunfft und kluge leut umbgehen und Gott suchen jnn der maiestet außer Christo. Er will jn Christo jnn der wiegen und der mutter jm schos ligen odder am creutz hengen, so wollen sie hinauff jnn himel steigen und ausforschen, wie er sitzt und die wellt regiret. Das sind eitel ferliche gedancken, wo man sie nicht recht furet. Denn sie sind alle an diesen einigen ort gebunden, das man nicht weiter tappen noch sehen sol. Wiltu alles treffen und ergreiffen, was Gott ist und thut un jm sinn hat, so suche es nur nirgend, denn da ers selb hin gesteckt und gelegt hat. Das hörestu jnn dem wort „Alles was dein ist, das ist mein" usw. Darumb sol ein Christen nicht anders wissen Gott zu suchen noch zu finden denn jnn der jungfrawen schos und am creutz odder wie und wo sich Christus jnn dem wort zeiget (Predigt über Joh. 16, 20, 1528/29, W. A. 28, S. 135, Z. 38).

Gerade im Anschluß an diese Gedanken Luthers und Calvins müssen wir nun nochmals auf Fr. Gogarten zurückkommen. Er hat an der ersten Auflage dieses Buches außer dem „Fehlen einer eigentlichen Anthropologie" vor allem dies beanstandet, daß darin wenigstens teilweise „das eine Mal von einem an und für sich, gegen den Menschen hin isolierten Gott und das andere Mal von einem an und für sich, gegen Gott hin isolierten Menschen" die Rede sei (Theol. Rundsch. 1929 S. 72). Das zeige sich in der Anwendung der Begriffe „objektiv" und „subjektiv" auf Gott und den Menschen, in der Unterscheidung zwischen einer „ewigen Geschichte Gottes" und Gottes Offenbarung als Geschichte, bzw. dem von Gott angesprochenen Menschen, zwischen einem „Gott an sich" und einem „Gott für uns". Das sei aber ein Fehler, wenn vorausgesetzt werden dürfe, daß in der Theologie „von der geschehenen Fleischwerdung des Wortes aus" zu denken sei. Ich irre mich wohl kaum, wenn ich annehme, daß Gogarten bei dieser Polemik eben an die vorhin in einigen Proben auf den Plan gerufene Polemik Luthers gegen die *speculatio Maiestatis* gedacht hat. Daß ich diese Warnung des Reformators geradezu überhört habe, das wirft er mir zwar nicht vor. Er zitiert vielmehr eine Reihe von Stellen aus meinem Buch selbst, in denen ich in Widerspruch mit mir selber von der Aufhebung jener Unterscheidung rede. Er traut mir auch wohl zu, daß eben dies, die Aufhebung jener Unterscheidung, meine eigentliche Meinung sei, zu der ich mich durch jenes Unterscheiden in Widerspruch setze. Er meint „zu sehen, daß Barth selbst ganz hart an diese Dinge herankommt. Aber indem er an sie herankommt, verläßt er sie schon wieder" (S. 73). Gogarten hat zwei Erklärungen für dieses meinen Fehler. Er meint nämlich einmal, das komme davon, wenn man wie ich „mit unbesehen aufgegriffenen und ungesäuberten Begriffen" arbeite, statt vorher in einer eigentlichen Anthropologie in dieser Hinsicht Ordnung zu schaffen. Diese ungesäuberten Begriffe seien es nämlich, die fortwährend „fremde Problemstellungen" in mein Denken hereinbrächten und mir so das Konzept verdürben (S. 78 f.). Am Schluß seines Aufsatzes aber sagt Gogarten noch etwas anderes, nämlich: Es sei ihm deutlich, daß gerade in dem, was er da zu beanstanden habe, „das echte theologische Anliegen" des Buches bemerkbar sei, das Bestreben nämlich, in allen Fragen der Dogmatik den Nachdruck auf das „Gott selbst" zu legen, eine Intention, in der er sich mit mir einig wisse (S. 79 f.). — Ich habe dazu folgendes zu sagen: Der Tatbestand, daß ich jene Unterscheidung mache, um sie doch wieder preiszugeben oder umgekehrt: daß ich hart an die Dinge (Gogarten meint offenbar: an die eindeutige und definitive Aufhebung jenes Unterschieds) herankomme, um sie dann doch wieder zu verlassen — dieser Tatbestand ist richtig gesehen. Was die „ungesäuberten Begriffe" betrifft, so gebe ich den Tatbestand ebenfalls zu, kann aber nur wiederholen, daß ich das ganze Unternehmen einer vorweg in einer Anthropologie von theologisch zweifelhaftem Charakter vorzunehmenden Begriffssäuberung von Herzen ablehne und meinerseits nur von der Begriffssäuberung etwas erwarte, die sich im Vollzug der dogmatischen Untersuchung und Darstellung selber vollzieht. Was das theologische Anliegen betrifft, das Gogarten auch in meinem angeblichen Fehler wirksam sieht und in dem er sich trotz meines Fehlers mit mir verbunden weiß, so wäre es gewiß lehrreich gewesen, wenn er sich darüber ausgesprochen hätte, inwiefern offenbar auch er den bewußten Fehler nicht bloß in gewissen vielleicht doch bloß formal zu bedauernden Unglücksfällen mit „ungesäuberten Begriffen", sondern in gewissen sachlichen Notwendigkeiten begründet sieht. Ob er dann nicht vielleicht selber zu der Einsicht gekommen wäre, daß sich das von ihm getadelte Verfahren gar nicht vermeiden läßt, wenn man theologisch und nicht etwa philosophisch „von der geschehenen Fleischwerdung des Wortes aus" denken will. Theologisches Denken von da aus wird sich von einem philosophischen dadurch unterscheiden, daß es unter „Fleischwerdung des Wortes" nicht die Wahrheit eines Zustandes, z. B. die Wahrheit der Einheit von Subjekt und Objekt, der Menschbezogenheit Gottes oder der Gottbezogenheit des Menschen, die nun als zu exegesierendes Prinzip der Dogmatik zugrunde zu legen wäre, versteht — etwas Derartiges haben auch Luther und die altlutherischen Dogmatiker trotz jener Ablehnung aller *speculatio Maiestatis* nicht getan— sondern die Wahrheit eines göttlichen Aktes. Soll sie aber als Akt verstanden werden, dann muß der *terminus a quo* („Gott an sich") und der *terminus ad quem* („Gott für uns") zunächst unterschieden werden, um dann eben in der Beschreibung des Aktes als solche aufeinander bezogen zu werden. Was sollte das „Gott für uns" besagen, wenn es nicht eben aus dem Hintergrunde des „Gott an sich" gesagt würde ? Um der Aufhebung willen, d. h. eben um von dieser Sache zu reden, muß in dieser Sache auch unterschieden werden. Wer hier durchaus nicht 2 sagen wollte, der könnte hier offenbar auch nichts sagen, wenn er 1 sagt. Wir erinnern uns an dieser Stelle an das in Absatz 2 dieses Paragraphen über die „Absichtlichkeit", d. h. über die Bezogenheit des Wortes Gottes Gesagte. Es wurde dort hervorzuheben versucht: Wir verstehen die Liebe Gottes zu uns nur dann recht, wenn wir sie als eine ungeschuldete und freie verstehen und so auch das Wort Gottes als ein solches, das nicht erst als zu uns gesprochenes, sondern in sich selber Wahrheit und Herrlichkeit hat. Es wäre um nichts weniger das ewige Wort Gottes, wenn es nicht zu uns gesprochen wäre, und das eben macht die Barmherzigkeit seiner Offenbarung, seines Zuunsgesprochenseins aus, daß es zu uns gesprochen ist kraft der Freiheit, in der Gott „Gott an sich" sein könnte, nun aber nicht sein will und faktisch nicht ist, sondern „Gott für uns" sein will und faktisch ist. Diese Freiheit Gottes, ohne die man sein Wort nicht als Gnade verstehen kann, würde mir verdunkelt erscheinen, wenn man in allzu triumphierender Überwindung des sogenannten griechischen Denkens den Gegensatz von „objektiv" und „subjektiv" im Begriff des Wortes Gottes einfach fallen lassen würde, wie Gogarten es offenbar wünscht. Ich muß hier an eine andere kritische Besprechung meines Buches erinnern, in der ich gerade von der entgegengesetzten Seite aus getadelt worden bin. In den „Stimmen der Zeit" (November 1928 S. 105) schrieb Erich Przywara S.J., eine „unheimliche" Reduktion gehe durch mein ganzes Buch. Ich sage nämlich zu der gesamten Welt der christlichen Offenbarung nur insofern Ja, als sie eine einzige Anschaulichkeit des Vorgangs von Offenbarung sei, wie Kierkegaard sie faßte: als das Gespräch Gottes zum Menschen. Die Trinität löse sich bei mir auf in die Dreiheit von Offenbarer, Offenbaren und Offenbarsein, Menschwerdung sei nur noch das Konkretsein dieses Offenbarungsvorganges, Gnade nur die subjektive Möglichkeit von Offenbarung. Alle Fülle des ewigen Lebens sei also auf das eine „Gespräch" reduziert und so sei schließlich die letztlich pantheistische Korrelationstheologie des protestantischen Liberalismus bei mir doch nur umgekehrt, das „von unten nach oben" in ein „von oben nach unten" verwandelt, es werde bei mir zwar nicht Gott in das Wesen des Menschen hinab, wohl aber (Przywara meint offenbar: nur um so schlimmer) der Mensch in das Wesen Gottes hinaufgezogen sofern das Wesen Gottes selbst als das „Offenbarungsgespräch" bezeichnet werde. . . . Das ist nun gewiß nicht gerade eine gerechte Würdigung meiner Absichten und dessen,

4. Die Rede Gottes als Geheimnis Gottes

was ich tatsächlich gesagt habe. Aber ich habe die Tatsache, daß ein so kluges und auch ein wenig schadenfrohes Auge wie das Przywaras es fertig brachte, mich unter diesem Aspekt zu sehen und zu verstehen, doch als eine Warnung aufgefaßt, gerade nicht in der von Gogarten gewünschten Richtung weiterzugehen. Wer nicht so verstanden sein will, wie Przywara mich hier, sei es denn zu Unrecht, verstanden hat, der wird sich klar machen müssen, daß und inwiefern er nicht Korrelationstheologie, d. h. nicht eine Theologie treibt, in der Gott in seiner Beziehung zu uns auf- und untergeht: weder von unten nach oben, so daß Gott zu einem Prädikat des Menschen wird, noch von oben nach unten, so daß der Mensch zu einem Requisit des Wesens Gottes würde. Bei dem notwendigen Denken in der Korrelation von Gott und Mensch darf es nicht, wie es etwa bei Wobbermin und seinem Schüler R. Winckler nur zu sichtbar wird, wie ich es aber auch bei Bultmann nicht deutlich vermieden sehe, zu einem Wegdenken des freien Grundes kommen, den diese Korrelation in Gott hat. Wenn man das nicht will, dann bleibt es nicht nur sinnvoll, sondern notwendig, mit der ganzen älteren Theologie zwischen der Trinität Gottes, wie sie uns im offenbarten, geschriebenen und verkündigten Wort Gottes erkennbar ist und seiner immanenten Trinität, also zwischen „Gott an sich" und „Gott für uns", zwischen der „ewigen Geschichte Gottes" und seinem zeitlichen Handeln bewußt und scharf zu unterscheiden, immer wieder daran zu erinnern, wie das „Gott für uns" sich gar nicht selbstverständlich von dem Hintergrund des „Gott an sich" abhebt, wie es wahr ist nicht als ein Zustand Gottes, den wir vom Begriff des seiner Offenbarung teilhaftigen Menschen aus fixieren und behaupten könnten, sondern als eine Tat, als ein Schritt Gottes, den er dem Menschen entgegentut, und durch den dieser erst ein seiner Offenbarung teilhaftiger Mensch w i r d. Dieses Werden auf seiten des Menschen ist ein von außen, von Gott her bedingtes, während Gott, indem er jenen Schritt tut, mit dem die ganze Korrelation überhaupt erst geschaffen wird, nicht von außen, vom Menschen her bedingt ist. Darum kann allerdings — darin ist Gogarten zuzustimmen — in der Theologie nicht vom M e n s c h e n an sich, in seiner Isolierung Gott gegenüber, gesprochen werden. Wohl aber muß in der Theologie, wie es eben in der eigentlichen Trinitätslehre als der Voraussetzung der Christologie geschieht, von G o t t an sich, in seiner Isolierung dem Menschen gegenüber, gesprochen werden. Wir kennen uns selbst nicht anders denn als die von Gottes Wort Angesprochenen, wohl aber müssen wir, gerade als die von Gottes Wort Angesprochenen Gott kennen als den, der uns in Freiheit, als der Herr anspricht, der nicht nur darin existiert, daß er uns anspricht, sondern als der, der diese Relation und Korrelation begründet und wahr macht, der auch v o r h e r, auch a n s i c h, auch in seiner ewigen Geschichte Gott ist. Wenn diese Feststellung, wenn also die Erinnerung an das immanente objektive Gottsein Gottes im Unterschied zu seinem Gottsein für uns, schon *speculatio Maiestatis* sein sollte, dann hätte Luther selbst schon *speculatio Maiestatis* getrieben, wenn er das Wort, das im Anfang war, bei Gott und selber Gott (Joh. 1, 1) vergleicht mit der Art, wie Liebe oder Zorn, auch ohne daß sie ausgesprochen und kundgegeben werden, einen Menschen schlechterdings erfüllen, das ganze Wesen dieses Menschen ausmachen könnten, und dann fortfährt: „Diesem Bilde nach gehet Gott auch in seiner Maiestat, in seiner Natur schwanger mit einem wort oder gespräch, das Gott in seinem Göttlichen wesen mit sich selber hat, und seines Hertzens gedancken ist, dasselbe ist so erfüllet und gros und volkommen als Gott selber, niemand sihet, höret noch begreifft dasselbige Gespreche denn er allein. Er hat ein unsichtbar und unbegreiflich gespreche, das wort ist für allen Engeln und für allen Creaturen gewesen, denn hernach hat er durch dis gespreche und wort allen Creaturen das wesen gegeben, in dem gespreche, wort und gedancke ist Gott gar brünstig, das er sonst nicht anders dafür gedencket (Ausl. des 1. und 2. Kap. Joh. 1537/38, W. A. 46, S. 545, Z. 6). Aber was sollte das mit der *speculatio Maiestatis* zu tun haben, gegen die Luther im Galaterbriefkommentar und sonst polemisiert ? Nicht dagegen wendet sich doch diese Polemik, daß das fleischgewordene Wort allen Ernstes als das Wort Gottes und also in seiner unsichtbaren Majestät erkannt und verstanden werde, nicht gegen die Unterscheidung zwischen dem, was wir zu sehen, zu fühlen, vernunftgemäß zu begreifen bekommen und dem, was wir unter Voraussetzung dieses ganzen sichtbaren Aspektes zu glauben haben — sondern gegen den Versuch, die Notwendigkeit des Glaubens dadurch zu umgehen, daß abseits von der Welthaftigkeit und dem damit gegebenen Geheimnis des fleischgewordenen Wortes der Versuch zu einer direkten bzw. nur relativ indirekten Erkenntnis Gottes unternommen wird. Wenn Luther auf die Krippe von Bethlehem und auf das Kreuz Christi verweist, so sagt er doch damit nicht: hier in dieser Erscheinung höchster Welthaftigkeit als solcher wird direkte Erkenntnis Gottes möglich und wirklich, hier braucht also zwischen dem, was wir sehen, hören und begreifen, und dem, was wir zu glauben haben, zwischen der wahren Menschheit und der wahren Gottheit, zwischen dem *terminus ad quem* und dem *terminus a quo*, nicht unterschieden zu werden, sondern gerade damit verweist er doch auf die vollkommene Welthaftigkeit, d. h. aber auf die Verborgenheit des Wortes und damit auf die alleinige Wirklichkeit indirekter Erkenntnis, damit doch wohl auf jene Unterscheidung, auf ihre nie als schon vollzogen, sondern immer als im Vollzug begriffen zu denkende Aufhebung und damit auf die immanente Trinität, auf das ewige Wesen und die ewigen Ratschläge Gottes. Hier, in der *humanitas Christi*, sollen wir das alles suchen und finden — aber hier eben das suchen und finden — suchen und finden, nicht aber direkt sehen und haben. Und nun kann ich umgekehrt nicht recht einsehen, wie es gerade auf dem von Gogarten angedeuteten Weg einer direkten Identifizierung von „Gott an sich" und „Gott für uns" vermeidlich sein soll, in eben das hineinzugeraten, was Luther als *speculatio Maiestatis* abgelehnt hat: in die Leugnung der Indirektheit unserer Erkenntnis des Wortes Gottes. Wer wirklich Indirektheit sagt und meint damit nicht bloß die harmlose, kraft der *analogia entis* in Direktheit umzuwandelnde Indirektheit erster Potenz, sondern die verschärfte, eigentliche und unauflösliche Indirektheit der Offenbarung und Erkenntnis Gottes im Fleische, in der Ärgerlichkeit der Krippe und des Kreuzes — der muß doch an dieser Stelle 2 sagen, um 1, um das hier einzig in Betracht kommende 1 zu sagen. Ist es denn ernst mit der Welthaftigkeit und also Verborgenheit des Wortes Gottes, wenn man meint, das Eine in einem statt in zwei Worten sagen zu können? Ich behaupte natürlich nicht, daß Gogarten das meint und daß er die Indirektheit unserer Erkenntnis des Wortes Gottes leugnen wolle. Aber wiederum stehe ich vor dem Rätsel: Da er jenes offenbar nicht meint und dieses nicht leugnet, was mag er dann mit seiner Kritik im Auge gehabt und gewollt haben? Hat er sich von den Konzeptionen A. Ritschls, an die mich seine Kritik hier unheimlich erinnert hat, so gelöst, wie man sich von ihnen (d. h. von den Konzeptionen der Aufklärungstheologie) lösen sollte? — Aber wie dem auch sei: Von vorgekommenen, sachlich wichtigen Fehlaussagen meiner Darstellung hat ja Gogarten nicht gesprochen, sondern genau genommen nur von einer Quelle möglicher sachlicher Unglücksfälle. Wogegen ich aber aus der von der entgegengesetzten Ecke kommenden Rezension von Przywara entnehmen mußte, wie sehr ein Weitergehen in der von Gogarten gewünschten Richtung eine Gefährdung des sachlichen Verständnisses gerade in dem Punkt, auf den mir alles ankommt, bedeuten müßte. So wird es sich auch in dieser Hinsicht nicht vermeiden lassen, daß ich in der von Gogarten mißbilligten Richtung eher noch schärfer werde reden oder noch ausdrucksvoller werde schweigen müssen, jedenfalls keinen Schritt breit nachgeben kann.

2. Die Rede Gottes ist und bleibt Gottes Geheimnis in ihrer Einseitigkeit. Ich denke dabei an das eben durch die „Welthaftigkeit" des Wortes Gottes bedingte Verhältnis von Verhüllung und Enthüllung. Daß Gottes Wort einseitig ist, das heißt: Es begegnet uns, indem es zu uns gesprochen und von uns vernommen wird, nicht teils verhüllt, teils enthüllt, sondern entweder verhüllt oder enthüllt, ohne darum in sich ein anderes zu sein,

ohne so oder so weniger wirklich zu uns gesprochen und vernommen zu werden. Eben seine Verhüllung kann uns schlechterdings zu seiner Enthüllung werden und eben seine Enthüllung schlechterdings zu seiner Verhüllung. Schlechterdings: d. h. es ist jeweilen, unveränderlich in sich selber, für uns je das Eine oder das Andere. Wir können nur jeweilen im Einen das Andere begreifen, d. h. wir können jeweilen das Andere nur ergreifen, indem wir das Eine ergreifen: wir können es nur im Glauben ergreifen. Wir werden in bezug auf das Eine in größte Klarheit versetzt: in solche Klarheit, daß wir uns über das, was uns gesagt wird, sehr bestimmte und in sich deutliche Gedanken machen, daß wir mit unserer ganzen inneren und äußeren Lebenshaltung: mit Freude, Dankbarkeit, Zuversicht, Eifer, Ernst, Schrecken, Verwirrung, Sorge, Reue darauf reagieren können. Aber nur dann ist dieses Reagieren wirklich das Reagieren auf das Wort Gottes, wenn unsere Klarheit, unser Denken, unsere so oder so bestimmte Lebenshaltung im Andern seine ganz bestimmte Grenze hat: die durch das zu uns gesprochene Wort selber gesetzte Grenze, die es nun gerade nicht zu einem Ganzen, zu einer Synthese, zu einem System, kommen läßt, weder in unserer Theorie noch in unserer Praxis, die Grenze jenseits derer das Wort uns in der ganzen Klarheit, in der es zu uns gesprochen und von uns vernommen ist, Geheimnis bleibt, erst recht wieder zum Geheimnis wird. Das Wort Gottes vernehmen heißt nicht und von keiner Seite: den Zusammenhang der beiden Seiten durchschauen, wissen und sagen können: warum und inwiefern jetzt eben das verhüllte Wort uns Enthüllung bedeutet oder eben das enthüllte Verhüllung. Könnten wir dies wissen und angeben, dann wäre uns das Wort Gottes offenbar kein Geheimnis mehr, sondern ein Paradoxon wie ein anderes, ein Paradoxon, hinter dessen angebliches Geheimnis man mehr oder weniger gemächlich kommen kann. Die Rede Gottes ist und bleibt insofern Geheimnis, als uns ihre Ganzheit, freilich als solche, also mit dem ganzen Gewicht und Ernst des Gotteswortes, immer nur nach ihrer **einen** Seite **offenbar** wird, nach der **anderen** Seite aber **verborgen** bleibt. Verborgen, also nicht einfach entzogen: In dem, was uns offenbar wird, ist immer auch das uns Verborgene enthalten — aber eben als Verborgenes: nur als solches, und d. h. eben nur im Glauben zu ergreifen und zu haben. Kraft dieser seiner Einseitigkeit bleibt das, was Gott uns sagt, was es ist, bleiben seine Wege höher als unsere Wege und bleiben seine Gedanken höher als unsere Gedanken (Jes. 55, 8 f.), nicht nur ihrer Quantität, sondern ihrer Art und Möglichkeit nach. Je das verborgen Bleibende in dem, was uns offenbar wird, bleibt in Gottes eigener Hand, bleibt dort, bei ihm selbst, zu suchen und zu finden, läßt sich nicht in unsere eigene Einsicht, nicht in eine entsprechende Haltung übersetzen: weil das ja der Sinn der Rede Gottes ist, nicht uns zu bestimmten Gedanken oder zu einer bestimmten Haltung zu veranlassen, sondern durch die Klarheit, die er uns gibt, und die uns allerdings zu beidem veranlassen wird, uns an ihn selbst zu binden. Das geschieht aber, indem wir immer wieder vor unsere Grenze, d. h. vor sein Geheimnis gestellt werden.

Wir müssen näher an diese Sache herantreten: Wenn durch die Wundertat Gottes sein Wort in seiner Welthaftigkeit zu uns gesprochen und von uns vernommen wird, dann kann das einmal bedeuten, daß wir das „Gott mit uns", das uns da gesagt wird, zwar wirklich hören, aber nur in der welthaften Gestalt hören, in der es uns gesagt wird; es kann aber zum andern bedeuten, daß wir es zwar in seiner welthaften Gestalt hören, aber eben so wirklich hören. Das ist von Gott aus dasselbe, aber für uns durchaus nicht dasselbe, sondern zweierlei oder eben nur im Glauben einerlei. Das eine Mal enthüllt sich uns Gott in seinem Wort, aber eben damit, daß er sich verhüllt. Das andere Mal verhüllt er sich, aber eben damit enthüllt er sich auch. Beide Male geht es darum, das ganze, das wirkliche Wort Gottes zu hören, also sowohl die Enthüllung Gottes in seiner Verhüllung, als auch die Verhüllung Gottes in seiner Enthüllung: die welthafte Gestalt ohne den göttlichen Gehalt ist nicht das Wort Gottes und der göttliche Gehalt ohne die welthafte Gestalt ist auch nicht das Wort Gottes. Weder können wir vor der welthaften Gestalt als solcher stehen bleiben, noch können wir über diese hinausfliegen und uns nur noch an dem göttlichen Gehalt erfreuen wollen. Das eine wäre realistische, das andere wäre idealistische und beides wäre falsche Theologie. Beide Male hören wir aber nur im Glauben das ganze, das wirkliche Wort Gottes. Eine Aufhebung des Unterschiedes, ja Gegensatzes von Gestalt und Gehalt vermögen wir nicht zu vollziehen. Das Koinzidieren beider ist Gott, es wird aber nicht uns einsichtig. Was uns einsichtig wird, das ist immer Gestalt ohne Gehalt oder Gehalt ohne Gestalt. Wir können wohl realistisch oder idealistisch, wir können aber nicht christlich denken. Das Denken der Synthese wäre offenbar am allerwenigsten christliches Denken, weil es ja nicht mehr und nicht weniger bedeuten würde, als daß wir die Wundertat Gottes selber vollziehen wollten. Im Glauben und im Denken des Glaubens geht es nicht um das Denken dieser Synthese. Glauben heißt vielmehr: diese Synthese als unvollziehbar anerkennen, sie Gott anbefehlen und bei Gott suchen und finden. Indem wir sie bei Gott finden, anerkennen wir, daß wir sie nicht selbst finden, also weder in einer bestimmten Lebenshaltung vollziehen, noch systematisch denken können. Aber indem wir sie Gott anbefehlen und bei Gott suchen, finden wir sie, hören wir das ganze, das wirkliche Wort Gottes, also jetzt den göttlichen Gehalt in seiner welthaften Gestalt, jetzt in der welthaften Gestalt den göttlichen Gehalt. Das ganze, das wirkliche Wort Gottes im Glauben hören, heißt nicht: die Einheit von Verhüllung und Enthüllung, von Gestalt und Gehalt nun doch einsehen und nun also doch auf dem Umweg des Glaubens ein christliches Denken fertig bringen. Nein, das Denken des Glaubens wird immer ganz ehrlich entweder ein realistisches oder ein idealistisches, also ein an sich und in sich sehr unchristliches Denken sein. Als solches, also ohne an sich und in sich ein anderes zu werden, ist es als Denken des Glaubens ein gerechtfertigtes und geheiligtes Denken: heißt doch Rechtfertigung und Heiligung im Glauben Rechtfertigung und Heiligung von des Glaubens Gegenstand, von Gott her, ohne daß darum der glaubende Mensch und also auch sein Denken aufhörte, minder bedürftig zu sein. Und weil wir uns den Glauben nicht selbst geben können, darum können wir uns diese Rechtfertigung und Heiligung auch unseres Denkens nicht selbst verschaffen, können keine Christlichkeit unseres Denkens fertig bringen oder auch nur bei uns selbst oder anderen konstatieren, können sie also nur als Gottes Gnade glauben: Glauben angesichts der Tatsache, daß unser Denken je von der einen oder je von der anderen Seite her vor einer Mauer steht, die wir weder niederlegen noch durchsichtig machen können, also angesichts der Unchristlichkeit, die wir unserem Denken an sich und in sich betrachtet nicht absprechen können. Glauben heißt also jetzt: den göttlichen Gehalt des Wortes Gottes hören, obwohl uns schlechterdings nur seine welthafte Gestalt einsichtig ist. Und Glauben heißt jetzt: die welthafte Gestalt des Wortes Gottes hören, obwohl uns nur sein göttlicher Gehalt einsichtig ist.

Man darf an dieser Stelle gewiß an das merkwürdige Verhältnis der Begriffe „Vater" und „Sohn" in ihrer Anwendung auf Gott als solchen und sein fleischgewordenes Wort als solches im Johannesevangelium erinnern. Beide Begriffe werden dort so gebraucht, daß jeweilen der Inhalt des einen als einsichtig vorausgesetzt wird und daß dann jeweilen die Aussage folgt: Von der Erkenntnis des Inhalts des einen muß, kann und wird es nun zur Erkenntnis des Inhalts des anderen kommen. Z. B.: Was der Vater mir gibt 6, 37 oder: Wen der Vater zieht 6, 44 oder: Wem er vom Vater gegeben ist 6, 45 oder: Wer dem Sohne vom Vater gegeben ist 10, 29: der kommt zu mir, dem Sohne. Andererseits: Wer den Sohn nicht ehrt, der ehrt auch den Vater nicht 5, 23. Wer mir dient, den wird der Vater ehren 12, 26. Niemand kommt zum Vater, denn durch mich 14, 6. Wer mich siehet, der siehet den Vater 14, 9. Damit der Vater geehrt werde im Sohne 14, 13. Oder in fast unmittelbarer Gegenüberstellung: Ich ehre meinen Vater 8, 49 und: Mein Vater, der mich ehret 8, 54. Die Erklärung: Ich und der Vater sind eins (10, 30) ... damit sie eins seien wie wir (der Vater und der Sohn 17, 11) unterstreicht offenbar nur: Glauben heißt bei Johannes ebensowohl von dem bekannten Vater her zu dem unbekannten Sohne wie von dem bekannten Sohne her zu dem unbekannten Vater kommen. Es dürfte dem Sinn des Johannesevangeliums nicht zuwider sein, wenn wir für Vater und Sohn in diesem Zusammenhang unsere Begriffe Gehalt und Gestalt in ihrer Verschiedenheit und Einheit einsetzen.

Der Glaube ist also jedesmal die Anerkennung unserer Grenze und die Anerkennung des Geheimnisses des Wortes Gottes, die Anerkennung der Gebundenheit unseres Hörens an Gott selber, der uns je durch die Gestalt zum Gehalt und durch den Gehalt zurück zur Gestalt und beide Male zu sich selbst führen will, der sich so oder so nicht in unsere Hand gibt, sondern uns in seiner Hand behält.

Es könnte auffallen, daß die Bewegung des Glaubens oder vielmehr die Bewegung des Wortes Gottes selbst, der ja der Glaube nur folgen kann, so ausdrücklich und durchgehend als eine doppelte beschrieben wird. Das geschieht nicht einem Schema zulieb, sondern weil der hier zu umschreibende Sachverhalt es nicht anders zuläßt. Es ist ja allerdings vor allem so, daß es sich im Glauben darum handelt, die Verhüllung, in der Gott in der Verkündigung, in der Bibel und in Christus selbst zu uns redet, gleichsam zu durchbrechen oder als durchbrochen zu erkennen, also zu sehen und zu hören, daß eben die Verhüllung Gottes seine wahre und wirkliche Enthüllung ist.

Wir denken hier an die bekannte wunderbare Predigt Luthers über die Geschichte vom kanaanäischen Weib Matth. 15, 21 f. Gläubig an die gehörte Verkündigung von Christus (an „solch gut geschrey") sich haltend, kommt die Frau zu ihm, aber siehe, da stellt er sich „aller ding anders, als wollt er yhren glauben und gute zuversicht feylen lassen und seyn gerücht falsch machen, das sie hette möcht dencken: Ist das der gütige freundliche man? odder sind das die gute wort, die ich von yhm habe hören sagen, darauff ich mich habe verlassen? Es mus nicht war seyn. Er ist deyn feynd und will deyn nicht, Er möcht doch eyn wort sagen und zu myr sprechen: Ich will nicht. Nu schweygt er als ein stock. Sihe, dis ist gar eyn harter puff, wenn sich Gott also ernst und zornig erzeygt und seyne gnade so hoch und tieff verbirget ... Nu, was thut das weyblin hiezu? Sie thut solch unfreundlich und hart geberde Christi aus den augen, lesst sich das alles nicht yrren, nympts auch nicht zu synn, sondern bleybt stracks und fest ynn yhrer zuversicht hangen an dem guten gerüchte, das sie von yhm gehort und gefasset hatte, und lesst nicht abe. Also müssen wyr auch thun und lernen alleyn am wort fest hangen, ob gleich Gott mit allen creaturn sich anders stellet denn das wort von yhm sagt. Aber, o wie wehe thut das der natur und vernunfft, das sie sich soll so nackt ausziehen und lassen alles, was sie fület, und alleyne am blossen wort da sie auch das widder spiel fuelet. Gott helff uns ynn nöten und sterben zu solchen mut und glauben. Auch die Fürbitte der Jünger Jesu führt nur zu der Antwort: „Ich bin nicht gesandt denn nur zu den verlorenen Schafen aus dem Hause Israel." Hie müssen alle heyligen und alle furbitte stille stehen. Ja, hie mus das hertz auch das wort lassen faren, wo es nach dem fuelen sich halten wollt. Aber was tut das weyblin? Es lesst doch nicht abe, hellt sich an das wort, ob es yhm gleich aus dem hertzen will mit gewalt gerissen werden, keret sich an solche ernste antwort nicht, trawet noch feste, seyne güte sey noch darunter verborgen, und will noch nicht urteylen, das Christus ungnedig sey odder seyn muege. Das heysst ja fest gehalten. Und wieder führt ihr eigenes „Herr hilf mir" nur zu der Antwort: „Es ist nicht fein, daß man den Kindern ihr Brot nehme und werfe es vor die Hunde." Was will sie hie sagen? Da gibt er yhr schlechts fur, sie sey der verdampten und verlorenen eyne, die nicht solle mit den auserweleten gerechnet werden. Das ist eyn ewigs unwiderrücklich antwort, da niemand fur uber kan. Noch lesst sie nicht abe, sondern bewilligt auch ynn seyn urteyl und gibts zu, sie sey eyn hund, begerd auch nicht mehr denn eyn hund, nemlich, das sie die brosamen, so vom tissch der herrn fallen, esse. Ist das nicht eyn meyster stuck? Sie fehet Christum ynn seynen eygen worten. Er gleicht sie eym hunde, das gibt sie zu und bittet nicht mehr, denn er wollt sie eynen hund lassen seyn, wie er selbs urteylet, wo wolt es hyn? Er war gefangen. Eym hunde lesst man ja die broesamlein unter dem tisch, das ist seyn recht. Darumb thut er sich nu gar auff und gibt sich ynn yhren willen, das sie nu nicht hund, sondern auch eyn kind Israel sey ... hie sihestu, ob sich Christus gleich hart stellet, so gibt er doch keyn endlich urteyl, das er neyn sage, sondern alle seyne antwort lauten wol als neyn, sind aber nicht neyn, sondern hangen und schweben. Denn er spricht nicht: Ich will sie nicht hören, sondern schweyget still sagt wider ja noch neyn. Also spricht er auch nicht, Sie sey nicht vom haus Israel, sondern,

Er sey alleyne zum hause Israel gesand. Lessts also hangen und schweben zwisschen neyn und ja. Also spricht er nicht: du bist eyn hund, man soll dyr nicht vom brod der kinder geben, sondern, Es sey nicht feyn etc. Lessts abermal hangen, ob sie eyn hund sey oder nicht. Doch lauten alle drey stuck sterker auffs neyn denn auffs ja, und ist doch mehr ja drinnen denn neyn. Ja eytel ja ist drinnen, aber gar tieff und heymlich und scheynet eytel neyn. — Damit ist angezeygt, wie unser hertz stehet ynn der anfechtung. Wie sichs fuelet, so stellet sich hie Christus. Es meynet nicht anders, es sey eytel neyn da und ist doch nicht war. Drumb mus sichs von solchem fuelen keren und das tieffe heymliche Ja unter und uber dem Neyn mit festem glauben auff Gotts wort fassen und hallten, wie dis weyblin thut, und Gotte recht geben ynn seynem urteyl uber uns, so haben wyr gewonnen und fangen yhn ynn seynen eygen worten, als wenn wyr ym gewissen fuelen, das uns Gott schilt fur sunder und nicht werd des hymelreichs urteylet, da fuelen wyr die helle und dunkt uns, wir sind ewiglich verloren. Wer nu hie dises weyblins kunst kunde und Gott ynn seynem eygen urteyl fangen und sagen: Ja HERR, es ist war, ich byn eyn suender und deyner gnade nicht werd, Aber doch hastu verheyssen vergebung denn suendern und bist nicht kommen die gerechten zuruffen, sondern, wie auch St. Paulus sagt, die suender selig zu machen. Sihe, so mueste sich Gott durch seyn eygen urteyl uber uns erbarmen (Fastenpostille 1525 W. A. 17^{II} S. 201—204).

Aber es ist auch umgekehrt so, daß eben auch in der Enthüllung Gottes seine **Verhüllung** zu erkennen und zu anerkennen ist, die Gebundenheit des Gehaltes an die Gestalt, der Herrlichkeit an die Niedrigkeit, der Güte an die Strenge des Wortes Gottes. Nur in der Vollendung, in der der Glaube überhaupt aufhört, können wir uns den Menschen als dieser rückläufigen Bewegung des Glaubens, dieser Erinnerung an die Welthaftigkeit des Wortes Gottes nicht mehr bedürftig sondern enthoben denken. Auch der im Sichtbaren zum Unsichtbaren, im Nein zum Ja durchbrechende oder hindurchgeführte Glaube ist ja als menschliches Erfahren, Tun und Denken betrachtet, der Glaube des Menschen, der auch und gerade in seinem Triumph der Korrektur und Ergänzung, ja noch mehr: der ganz neuen Bindung an Gott bedürftig ist. Er muß also den gegangenen Weg wieder zurückgehen, er muß, indem er durch das Wort befreit ist, durch dasselbe Wort wieder gefangen, er muß wieder vor Gott und das muß ja nun heißen: vor den in seiner Verhüllung verhüllten Gott gestellt werden. Was könnte die menschliche Erfahrung der Enthüllung Gottes, wenn es dabei sein Bewenden haben sollte, anderes bedeuten als *superbia*? Und was könnte das Denken in dieser Erfahrung, wenn das Denken dabei stehen bleiben wollte, anderes werden als *theologia gloriae, speculatio Maiestatis*? Noch immer hat sich ja die katholische und die protestantische *theologia gloriae* gerade auf diese Erfahrung, auf den siegreichen Glauben berufen und nicht gemerkt, daß sie, indem sie die Indirektheit der Erkenntnis Gottes aufgab, sofort auch den wirklichen Glauben und das wirkliche Wort Gottes aufgab. Es bedarf ja nicht weniger des Glaubens und des Wortes Gottes auch zu dieser rückläufigen Bewegung, zu dieser Umkehr vom Finden zum Suchen, vom Drinnen- zum Draußensein, vom Haben zum Bitten, vom Triumph der Erfahrung und des Denkens in die ehrliche und völlige geistliche Armut. Es ist wahrlich für den Sieger nicht weniger hart und unbegreiflich, daß auch er und gerade er sich als ein Geschlagener erkennen und bekennen, als für den Geschlagenen, daß er sich als solcher als Sieger wissen soll.

Es dürfte ein wichtiger Unterschied zwischen Glaube und Mystik darin bestehen, daß der Mystiker als solcher diese Umkehr verweigert, im Rausch gerade angesichts der enthüllten Gottheit von ihrer Verhüllung nichts mehr wissen, Verkündigung, Bibel, Christus in ihrer Welthaftigkeit nur noch als für ihn entbehrlich gewordene, grundsätzlich hinter ihm liegende Symbole der ihm enthüllten Gottheit verstehen und fortan nur noch in weiteren immer völligeren, immer mehr in die Tiefe oder in die Höhe führenden Enthüllungen seine Zukunft sieht. Wogegen gerade der siegreich Glaubende als solcher zur Verkündigung, zur Bibel, zu Christus in ihrer Welthaftigkeit sofort zurückkehrt, sich gleichsam wieder in die unterste Klasse setzt und seine Zukunft nur (wirklich nur!) in dem ihm wie jedem anderen Sünder gänzlich verborgenen (nicht schon enthüllten, sondern gänzlich verborgenen!) Gott sucht. Gerade in diesem Gehen und Wiederzurückgehen hat der Glaubende als solcher, weil es sich ja beide Male um das Gehen auf Befehl des rufenden Gottes handelt, von allem anderen abgesehen, eine Gewißheit, die der Mystiker als solcher nie haben kann.

Die menschliche Erfahrung und das menschliche Denken möchten als solche immer, ihrem eigenen Schwergewicht folgend, geradlinig weitergehen: Von der Verzweiflung in die tiefere Verzweiflung, vom Ernst in noch größeren Ernst (es gibt auch eine negative *theologia gloriae*!) oder vom Triumph in höheren Triumph, von der Freude in noch größere Freude; eben diese Geradlinigkeit ist dem Glauben durch das Wort Gottes verwehrt, das uns aus der Verzweiflung zum Triumphieren, aus dem Ernst in die Freude, aber auch aus dem Triumph zum Verzweifeln und aus der Freude zum Ernst ruft. Das heißt *theologia crucis*. So, in dieser Zucht durch sein Wort, die uns nie uns selber überläßt, weder in unserer Demut noch in unserem Hochmut, so ist Gott sich selber und uns treu, also immer in einem eindeutigen, einseitigen Vorwärts oder Rückwärts, in welchem je das andere ungesagt bleibt und dem gegenüber alles darauf ankommt, es so oder so als von Gott gesagt zu hören. Wie notwendig es ist, sich diese doppelte Bewegung des Wortes und des ihm folgenden Glaubens klar zu machen, erhellt schließlich auch daraus, daß man auf beiden Seiten die Linien nur etwas auszuziehen braucht, um von den Begriffen Verhüllung und Enthüllung oder Gestalt und Gehalt aus auf die anderen gegensätzlichen Begriffe: Gesetz und Evangelium, Forderung und Verheißung stoßen, in anderer Wendung: Buchstabe und Geist, wieder in anderer Wendung: Gottes Zorn und Gericht und Gottes Gnade. Das Wort Gottes in seiner Verhüllung, seine Gestalt ist die Inanspruchnahme des Menschen durch Gott. Das Wort Gottes in seiner Enthüllung, sein Gehalt ist Gottes Zuwendung zum Menschen. Das Wort Gottes ist eines: In der Inanspruchnahme vollzieht sich die Zuwendung und die Zuwendung geschieht nicht ohne Inanspruchnahme. Indem der Mensch wirklich und ernstlich unter das Gesetz getan wird, kommt er zum Evangelium und indem er durch Offenbarung und Glauben zum Evangelium kommt, wird er wirklich und ernstlich unter das Gesetz getan. Gottes Zorn und Gericht ist nur die harte

4. Die Rede Gottes als Geheimnis Gottes

Schale, das *opus alienum* der göttlichen Gnade, aber gerade wer um Gnade, um das *opus Dei proprium* weiß, der und nur der weiß, was Gottes Zorn und Gericht ist. Gerade der Buchstabe der Verkündigung und der Bibel ist der Träger des Geistes; aber gerade der Geist wird uns auch immer wieder zum Buchstaben zurückführen. Man wird, wenn man an solche je aus der Verhülltheit oder Enthülltheit des Wortes Gottes sich ergebenden inhaltlichen Begriffe denkt, nicht sagen wollen — man könnte es nur unter heilloser Abschwächung aller dieser ernsthaften Begriffe sagen — daß wir ihren Inhalt gleichzeitig in seiner Wahrheit erfahren und daß wir sie systematisch miteinander verknüpfen könnten. Sondern wahr in Erfahrung und Denken wird uns jeweils das eine, glauben müssen wir jeweils das uns nicht einsichtig werdende andere.

Ex. 19—20 finden wir die Erzählung von dem zwischen Jahve und Israel am Sinai vollzogenen Bundesschluß. Was das Wesen dieses Bundes ist, wird angedeutet durch die Erinnerung an die Israel von seinem Gott bisher widerfahrene Hilfe und durch die Verheißung: Unter allen Völkern sollt ihr mein Eigentum sein. Aber nicht das ist der entscheidende Inhalt dieser Kapitel, sondern einerseits (Ex. 19) die erstaunlich ausführliche und eindringlich ausgesprochene Weisung, sich dem Ort der Erscheinung dieses so gnädigen und freundlichen Gottes bei Vermeidung sofortigen Todes unter allen Umständen fernzuhalten und sodann die Beschreibung des fürchterlichen Eintretens seiner nur von dem einen Mose aus der Nähe erlebten Erscheinung, andererseits (Ex. 20) die Aufzählung der Israel von Jahve seinerseits auferlegten Bedingungen, d. h. aber der Gebote seines Bundes, an deren strikte Erfüllung die Verheißung geknüpft wird. Im selben alttestamentlichen Kanon ist nun Jerem. 31, 31 f. wiederum von einem Bund desselben Jahve mit demselben Israel die Rede. Er beruht auf der Voraussetzung, daß Israel jenen ersten Bund, dessen Gebote es erfüllen sollte, gebrochen hat. Als ob das nun nicht das Ende jedes möglichen Bundes bedeutete, als ob Gott sich selber untreu würde, wird nun gerade ein anderer neuer Bund verkündigt: Auch in ihm soll es freilich ein Gesetz geben, aber nun nicht mehr von ferne her unter Blitz und Donner offenbart, sondern — aber was heißt in diesem Fall „Gesetz"? — ein in das Herz der Israeliten zu schreibendes Gesetz, so sehr, so im eigentlichsten Sinn in ihr Herz, daß auch alle Belehrung über die Erkenntnis Jahves von Mensch zu Mensch überflüssig werden soll. Auf Sündenvergebung soll diese neue Gesetzesoffenbarung, dieser ganz neue jahvenahe Stand Israels, dieser neue, von jenem ersten Bund her einfach unbegreifliche Bund, beruhen „Und so will ich ihr Gott sein und sollen sie mein Volk sein" (v. 33). Müssen wir nun Ex. 19—20 und Jer. 31 hören, so können wir offenbar nicht beide miteinander hören. Auch und gerade eine religionsgeschichtliche Analyse dieser beiden Texte würde uns in ihrer Art darüber belehren, daß eine systematische Zusammenschau beider eine Unmöglichkeit ist. Wir können also nur je den einen oder den anderen hören. Und es kann nicht etwa Sache einer harmonisierenden Exegese, sondern nur Sache des Glaubens sein, je im einen auch den anderen, im alten auch den neuen, im neuen auch den alten Bund in Geltung zu sehen. — Ein ähnliches Verhältnis dürfte im Alten Testament zwischen den sog. Heils- und den sog. Unheilsweissagungen der Propheten bestehen. Die Propheten überraschen uns bekanntlich durch die schroffe Einseitigkeit, in der sie jeweilen ungemildert nur vom kommenden Gericht und jeweilen ebenso hemmungslos nur von der kommenden Erlösung reden. Es gab eine Zeit, in der die alttestamentliche Wissenschaft es für unmöglich hielt, daß ein und derselbe Prophet jetzt so und jetzt so geredet haben solle. Man ist heute vorsichtiger geworden. Wir werden sagen: Heils- und Unheilsprophetie, so absolut gemeint wie beide auftreten, waren natürlich nicht gleichzeitig, nicht in irgendeiner innerlichen Verknüpfung möglich:

Es kann darum auch kein System der prophetischen Rede geben. Sie ereignete sich entweder als Drohung oder als Verheißung. Gerade in dieser Einseitigkeit wollte sie Wort Gottes sein. Zu ihrem Verständnis gehörte und gehört das, was wir neutestamentlich Glauben nennen: das Vernehmen auch des jeweils nicht Gesagten. — Und man darf im Neuen Testament an das Verhältnis zwischen der synoptischen und der johanneischen Tradition in bezug auf die Menschheit und die Gottheit Jesu Christi erinnern. Gewiß reden beide von beidem, aber mit je so verschieden gerichtetem Interesse und Nachdruck, daß man beide nur mißverstehen kann, wenn man, wie es einst die „Historisch-Kritischen" taten, die eine an der anderen messen oder aber (wie es einst als „positiv" galt) die eine mit der anderen auszugleichen suchen wollte. Daß die johanneische Relation sich geradezu gegen die synoptische wendet, das ist eine theologisch gar nicht üble historische Hypothese mancher neuerer Forscher. Man kann das nicht zusammenhören: Jesus von Nazareth ist Gottes Sohn und: Gottes Sohn ist Jesus von Nazareth. Man hört hier entweder das eine oder das andere oder man hört gar nichts. Und je das andere kann dann nur indirekt, nur im Glauben gehört werden. — Ich nenne als letztes Beispiel das Verhältnis von Kreuz oder Tod und Auferstehung Christi in der Verkündigung des Paulus. Er braucht beide Begriffe oft genug in größter Nähe, aber in wie ganz verschiedene Richtung weisen sie dann jedesmal in bezug auf Christus selbst und in bezug auf die Heilswirklichkeit für die Christen. Gewiß meint Paulus immer beide, wenn er einfach Ἰησοῦς Χριστός oder ἐν Χριστῷ sagt, aber es ist bezeichnend, daß er eben nur mit diesem Namen wirklich beides sagen kann. Dieser Name ist eben kein eine einheitliche Erfahrung oder einen einheitlichen Gedanken repräsentierendes System, sondern das Wort Gottes selber. In ihm sind Kreuz und Auferstehung eines, aber nicht — für Paulus nicht, für seine ersten Leser nicht und für uns auch nicht — in dem, was explizierend über diesen Namen hinaus gesagt wird. Man kann nur, das eine oder das andere, realisierend, was mit dem einen oder dem anderen gesagt ist, hören und dann je trotz und in der Verhüllung durch das eine im Glauben auch das andere. — Das sind nur einige von den großen Einseitigkeiten der als Wort Gottes geschriebenen und vernommenen Bibel. Es ist charakteristisch für die ganze Bibel, wenn das Wort Gottes Hebr. 4, 12 „schärfer als jedes zweischneidige Schwert" (vgl. auch Apc. 1, 16) genannt und wenn dann von ihm gesagt wird, es fahre durch und trenne Seele und Geist, Gelenke und Mark und werde zum Richter der Pläne und Absichten des Herzens und kein Geschaffener könne sich vor ihm verbergen, sondern alles sei entblößt und werde festgehalten vor seinen Augen.

Es ist, wie schon hier zu sagen ist, diese äußere Einseitigkeit, beruhend auf der inneren für uns unübersichtlichen Zweiseitigkeit, des Wortes Gottes, die den Glauben zum Glauben macht, zu jenem aus der Tiefe in die Höhe, aus der Höhe in die Tiefe steigenden ergriffenen Ergreifen immer des unsichtbaren, des nicht erfahrenen, des nicht zu denkenden Gottes. Aus dem Worte Gottes hat der Glaube also nicht nur seine Existenz, sondern auch dieses sein Wesen.

Ὁ λόγον Ἰησοῦ κεκτημένος ἀληθῶς, δύναται καὶ τῆς ἡσυχίας αὐτοῦ ἀκούειν, ἵνα τέλειος ᾖ, ἵνα δι' ὧν λαλεῖ πράσσῃ καὶ δι' ὧν σιγᾷ γινώσκηται (Ignatius von Ant., ad Eph. 2, 15). Luther nennt die fides Christi eine *res arduissima, quia translatio et raptus est ab omnibus quae sentit intus et foris in ea quae nec intus nec foris sentit scilicet invisibilem, altissimum, incomprehensibilem Deum* (Hebr. Br. 1513 Fi. Schol. S. 39 Z. 3). *Non enim habent nomen neque speciem ea, quae fides intelligit. Nam praesentium rerum prosperitas vel adversitas penitus subvertit omnem hominem, qui fide non intelligit invisibilia. Hic enim intellectus ex fide venit, iuxta illud ‚Nisi credideritis, non intelligetis' et est ingressus ille caliginis, in qua absorbetur, quicquid sensus, ratio, mens intellectusque hominis comprehendere potest. Coniungit enim fides animam cum invisibili, ineffabili, innominabili, aeterno, incogitabili verbo Dei simulque separat ab omnibus visibilibus, et haec est Crux et phase Domini* (*Oper. in Ps.* 1519 f., W. A. 5, S. 69, Z. 24). Luther hat die Situation des glaubenden Menschen mehr als einmal als ein *pendere* oder *haerere* zwischen Himmel und Erde beschrieben: von beiden Seiten jetzt angezogen und ferngehalten, jetzt festgehalten und weggetrieben (z. B. Hebr. Br., Fi. Schol. S. 71, Z. 11; Vorles. über Jes. 1527, W. A. 25, S. 328, Z. 33). Klassisch in den Worten: Wachen aber ist anhangen dem ewigen gute und nach dem selben sehen und sehnen. Aber darynne ist er allein und niemant mit ym, dann sie schlaffen alle. Und er sagt, auff dem dach, alss sprech er, die werlt ist eyn hauss, darynne sie alle schlaffen unnd beschlossen ligen, ich aber allein byn ausser dem hauss, auff dem dach, noch nyt ym himel, und auch nit yn der werlt, die werlt hab ich unnder myr und den hymel uber myr, also zwischen der werlt leben und dem ewigen leben eynsam ym glauben schwebe. (Die sieben Bußpsalmen 1517, W. A. 1, S. 199, Z. 1.) Das alles wäre als Wahnsinn zu bezeichnen, wenn es nicht, in der „Einseitigkeit" des Wortes Gottes begründet, genau so und nicht anders sein müßte.

3. Die Rede Gottes ist und bleibt Gottes Geheimnis in ihrer **Geistlichkeit**. Wir berühren mit diesem Satz, der den Schluß unserer Darstellung des Wesens des Wortes Gottes bilden soll, zum ersten Mal nachdrücklich den Begriff des **Heiligen Geistes**. Wer Heiliger Geist sagt in der Predigt oder in der Theologie, der sagt immer ein letztes Wort. Er redet dann nämlich immer, ob er es weiß oder nicht weiß — es wäre aber gut, es zu wissen — von dem Ereignis, in dem Gottes Wort dem Menschen nicht nur offenbart, sondern auch von ihm geglaubt wird; er redet davon, daß und wie das Wort Gottes zu diesem und diesem Menschen so gesagt ist, daß er es hören muß oder davon, daß und wie dieser und dieser Mensch so für das Wort Gottes offen und bereit ist, daß er es hören kann. Sofern es zum Wesen des Wortes Gottes gehört, daß es dem Menschen vernehmbar wird, ist von ihm zu sagen: Es ist geistlich, d. h. es ist da, wo es wirklich ist und wo es also vom Menschen geglaubt wird, endlich und l tztlich selber der Grund dieses Ereignisses. Die Bibel und das Dogma der Kirche und die ganze ältere Theologie reden, wenn sie auf dieses Ereignis zu sprechen kommen, was auch sonst von ihm zu sagen sein möge, vom Heiligen Geist. Was dann auch vom Menschen zu sagen sei — und hier wird ja nun unvermeidlich vom Menschen geredet werden müssen — alle theologische Anthropologie, d. h. alle Lehre von dem Menschen, dem das Wort Gottes offenbar und von dem es vernommen wird, wird unter diesem Zeichen stehen müssen. Das Zeichen bedeutet: Auch unter diesem neuen Aspekt gesehen, auch wenn wir den Begriff der Offenbarung (der ja auch für den Begriff der heiligen Schrift und der kirchlichen Verkündigung konstitutiv ist) sozusagen von unten, von uns her zu fassen versuchen, auch dann und gerade dann ist zu sehen und zu sagen: Gott ist der Herr in diesem Geschehen. Der Herr der **Rede** ist auch der Herr unseres **Hörens**. Der Herr, der das **Wort** gibt, ist auch der Herr, der den **Glauben** gibt. Der Herr unseres Hörens, der Herr, der den Glauben gibt, der Herr, durch dessen Tat Offenheit und Bereitschaft des Menschen für das Wort wahr und wirklich ist — kein

anderer Gott, aber der eine Gott so — das ist der Heilige Geist. Wir werden auf den ganzen Aspekt, der sich hier auftut, und auf dieses Zeichen, unter dem dieser Aspekt zu verstehen ist, abgesehen von dem Ort, den diese Dinge in der Dogmatik selbst haben, an späterer Stelle unserer Prolegomena zurückkommen. Wir halten uns hier nur an das Ergebnis: Das Wort Gottes ist auch in seinem zum Ziel Kommen beim Menschen, im Ereignis des menschlichen Glaubens an das Wort Gottes Gottes Wundertat. Wir müssen an unseren Glauben nicht weniger glauben als an das geglaubte Wort, d. h. wir können unser Verhalten dem Worte Gottes gegenüber, gerade wenn wir es als ein positives Verhältnis zu ihm meinen verstehen zu dürfen und zu müssen, wenn wir also unseren Glauben bekennen, als positives nur als von Gott her möglich und wirklich, nur als Wunder des heiligen Geistes und nicht als unser eigenes Werk verstehen.

Luthers allbekannte und doch nie genug gewürdigte Erklärung des dritten Artikels greift hier ein: „Ich glaube, das ich nicht aus eigener vernunfft noch krafft an Jhesum Christ meinen Herrn glauben odder zu jm komen kan, Sondern der heilige geist hat mich durchs Evangelion beruffen, mit seinen gaben erleuchtet, jm rechten glauben geheiliget und erhalten, gleich wie er die gantze Christenheit auff erden berufft, samlet, erleucht, heiliget und bey Jesu Christo erhelt jm rechten einigen glauben..." (Der Kl. Katech. 1531, W. A. 30^I, S. 367, Z. 4.)

Das bedeutet nun konkret folgendes: Daß das Wort Gottes von einem Menschen gehört und von ihm vernommen ist, das kann von ihm selbst und anderen immer nur im Glauben erkannt werden. Wir sagen dasselbe, wenn wir sagen: im Heiligen Geiste. Glaube ist freilich auch eine menschliche Erfahrung. Dieser Erfahrung wird auch eine bestimmte menschliche Haltung entsprechen und diese menschliche Haltung wird auch in bestimmten menschlichen Gedanken ihren Ausdruck finden. Aber daß diese Erfahrung die Erfahrung des Glaubens ist, diese Haltung die Haltung des Glaubens, diese Gedanken die Gedanken des Glaubens, der das Wort Gottes gehört hat, das entscheidet sich geistlich, d. h. das entscheidet sich nicht vom Glauben, sondern vom geglaubten Wort her. Man kann also keine Bedingungen angeben, bei deren Erfüllung das Hören des Wortes gesichert wäre. Es gibt keine Methode, um die Offenbarung zur wirklich vernommenen Offenbarung zu machen, keine Methode einer wirklich pneumatischen, d. h. das Offenbarungzeugnis in der Bibel zur Sprache bringenden und insofern das Pneuma nun wirklich auf den Plan führenden Schriftexegese, vor allem auch keine Methode lebendiger, erweckender, die Zuhörer in einem letzten Sinn wirklich treffenden Verkündigung. Es gibt das alles nicht, weil das Wort Gottes darin Geheimnis ist, daß es uns geistlich, d. h. unter allen Umständen nur durch den Heiligen Geist, in aller Mittelbarkeit nur unmittelbar von Gott selbst her wirklich trifft. In seiner Geistlichkeit unterscheidet es sich endgültig von jeder bloßen Idee oder Hypostase, der, damit sie uns auch nur als solche einsichtig werde, irgendeine Erfahrung, eine Haltung, ein Begriff auf

4. Die Rede Gottes als Geheimnis Gottes

unserer Seite mit irgendeiner, wenn auch noch so geringen und schwer greifbaren Sicherheit entsprechen muß. Nach einer Entsprechung des Wortes Gottes auf unserer Seite wird man vergeblich suchen, auch wenn man sich mit noch so wenig begnügen, auch wenn man in die letzten Tiefen und an die äußersten Grenzen der menschlichen Existenz gehen wollte, um sie zu suchen. Freilich ist das Wort Gottes immer in ganz bestimmten menschlichen Erfahrungen, Haltungen und Gedanken wirklich, aber in seiner eigenen Kraft und Würde und nicht in der dieser menschlichen Erfahrungen, Haltungen und Gedanken, also nicht so, daß deren Vorhandensein die Gegenwart des Wortes Gottes irgendwie sicher stellen würde, nicht so, daß sie notwendig und eindeutig die Zeichen seiner Wirklichkeit wären.

Als eines der neuesten Beispiele dafür, wie leicht man gerade diese Geistlichkeit des Wortes Gottes vergißt, führe ich an, was P. Tillich über die Aufgabe der Verkündigung der Kirche in der Gegenwart ausführt. Er meint ihr vor allem raten zu müssen, auf eine direkte Darbietung der religiösen Inhalte, wie sie in Bibel und Tradition gegeben sind, zu verzichten. Dafür habe sie sich folgende Regeln zu merken: „Erstens muß sie auf das radikale Durchleben der Grenzsituation dringen: sie muß dem Menschen der Gegenwart die heimlichen Vorbehalte nehmen, die ihn hindern, sich mit unbedingter Entschlossenheit an die Grenze seiner menschlichen Existenz zu stellen.... Zweitens muß sie sprechen von dem Ja, das in der unbedingt ernst genommenen Grenzsituation über den Menschen ergeht.... Drittens endlich muß der Protestantismus zeugen von dem neuen Sein, aus dem heraus es allein möglich ist, jenes Wort in Vollmacht zu sprechen, d. h. so zu sprechen, daß es nicht wieder zur Sicherung wird (Rel. Verwirkl. 1930 S. 38 f.). Auch der evangelische Religionsunterricht soll nach Tillich die Aufgabe haben, „die menschliche Lage in ihren profanen und religiösen Äußerungen, soweit sie dem Schüler bekannt und verständlich sind, von der Grenze des Menschlichen her sichtbar zu machen". (Zeitschrift für den ev. Religionsunterricht 1931 S. 290.) Wir fragen: Was heißt „radikales Erleben der Grenzsituation"? Was heißt „unbedingte Entschlossenheit"? Wie macht man das: einem Menschen die Vorbehalte nehmen, die ihn hindern, sich mit dieser Entschlossenheit an jenen Ort zu stellen? Ist es denn selbstverständlich, daß „in der unbedingt ernst genommenen Grenzsituation" ein Ja über den Menschen ergeht und was heißt es, von diesem Ja zu sprechen? Was heißt: Von der Grenze des Menschlichen her oder gar: aus dem neuen Sein heraus sprechen, so sprechen, daß menschliches Wort nicht wieder zur Sicherheit für den Hörer wird? Offenbar meint doch Tillich mit dem allem eine neue bessere Methode angeben zu können. Eine Methode wozu? Man muß es ihm glauben, daß auch er in seiner Sprache die Verkündigung des Wortes Gottes meint. Aber wenn er sie meint, sind dann nicht alle seine Vorschläge reine Naivitäten, verglichen mit denen es nun vielleicht doch sehr viel wirklichkeitsnäher ist, sich nach wie vor an die direkte Verkündigung der „Inhalte von Bibel und Tradition" zu halten? Durch die Negationen oder Begrenzungen des Menschen, die wir nach Tillich offenbar durchaus selbst vollziehen können, verschaffen wir ihm und uns selbst das Wort Gottes noch lange nicht. Eben durch die Verkündigung der „Inhalte von Bibel und Tradition" bezeugen wir, daß wir dazu überhaupt nicht in der Lage sind.

Natürlich kann es sich auch nicht darum handeln, als die wahre Methode nun etwa die Einsicht zu empfehlen, daß es hier keine Methode geben kann! Diese Einsicht ist gewiß gut, aber man kann sie so gut wie jede andere Einsicht haben und üben, ohne daß das mit dem Aufweis des Ereignisses des Hörens des Wortes Gottes auch nur das Geringste zu tun hat. Auch sie gibt uns dieses Heft noch lange nicht in die Hand. Das Suchen nach der Möglichkeit, dieses Heft in die Hand zu bekommen, das Suchen nach einem solchen Gefäß menschlicher Erfahrung, Haltung und Lehre, das nun sicher und unzweideutig das Gefäß des göttlichen Inhalts wäre — dieses Suchen ist nicht weiter und weiter zu treiben, hinein in irgendwelche neue bis jetzt noch unerkannte oder doch unbedachte Bezirke menschlicher Wirklichkeit, ganz gleichviel, ob es sich dabei um neue Positionen oder bloß um die möglichen Grenzen dieser und dieser oder auch aller möglichen Positionen handle. Die Einsicht, die hier nötig ist, ist die, daß dieses Suchen ziellos ist.

Es ist mir bis jetzt auch nicht deutlich geworden, inwiefern sich der von H. M. Müller in seinem früher zitierten Buch im Anschluß an E. Grisebach mit ganz neuem Sinn in die theologische Diskussion eingeführte Begriff der „Erfahrung" bzw. der „Anfechtung" nun wirklich von einem lange gesuchten und endlich gefundenen Grenzbegriff unterscheidet, der sich dann jedenfalls als solcher durchaus nicht zur eindeutigen Bezeichnung des wirklichen Hörens des Wortes Gottes eignen würde. Es kann sich hier nur darum handeln, das Suchen nach einer Methode des Hörens des Wortes Gottes, nach einer eindeutig „richtigen" Beschreibung seines Eingehens in den Menschen, in den Bereich seiner Erfahrungen, Haltungen und Gedanken überhaupt aufzugeben. — Die weyl das wort gottis nith yn menschen gewalt ist, noch tzu reden, noch tzu treffen fruchtbarlich, sundern allein ynn gottis handt, darumb ist es noth, das wyr darumb bitten, das er unns selb gebe das heylige worth durch sich oder durch eynen menschen (Luther, Ausl. deutsch des Vaterunsers 1519, W. A. 2, S. 108, Z. 28). Es soll keyn mensch dem andernn leuchten, ssondern ditz liecht soll yhn allen leuchten alleyn, und die prediger sollen nur vorleuffer unnd getzeugen seyn disses liechts tzu den menschen, auff das sie alle ynn das liecht glewben (Pred. üb. Joh. 1, 1—14, Kirchenpostille 1522 W. A. 10 [1,1] S. 223, Z. 3). Darumb ist es yhe eyn wunderlich reych: das wortt ist da und wirt niemant gewar, das es so thettig sey und solch grosz ding auszrichte, den die do glewben; es musz selbs ym hertzen gefület und geschmeckt seyn. Darumb künden wyr prediger nicht mehr thun, denn das wyr unsers herren Christi mund sind und seyn rusttzeug, da durch er leyblich das wort prediget. Das wort lesset er offentlich auszgehen, das es yderman höre, Aber das mans ynwendig ym hertzen entpfinde, das schafft der glaub unnd ist eyn heymlich werck Christi, wo er sihet, das es zu thun sey nach seynem göttlichen erkenntnis und gefallen (Pred. üb. Joh. 10, 12 f., 1523 W. A. 12, S. 531, Z. 4). Der Christliche glaub und das Christliche leben stehet ynn dem einigen wörtlin Offenbaren von Gott, denn wo das nicht furhanden ist, da wird kein hertz nymmer recht gewar dieses geheymnis, das da verborgen gewesen ist von der welt her. Nu offenbarets Gott alleine seinen von ewickeit ausserwelten heiligen, den ers wil kundt gethan haben, sonst wird es wol für yederman verborgen und in recht geheymnis bleiben. Was wil hie der freye, ja der knechtische gefangene wille guts darzu sagen odder thuen? Wo wil er aus seinem vermugen zu diesem liecht und geheymnis kommen? Wenn es yhm der almechtige starcke Gott verbirget, so wird er sich mit keiner bereytung odder guttem wercke darzu schicken, Es kan keine Creatur zu diesem erkentnis komen, Christus offenbars yhm denn allein ym hertzen selbs. Da gehet zu poden alles verdienst, alle kreffte und vermugen der vernunfft und gilt für Gott nichts, Christus mus es allein geben (Pred. üb. Matth. 11, 25—30, 1527 W. A. 23, S. 689, Z. 4).

Nur unter Voraussetzung dieses ausdrücklich auszusprechenden Verzichtes werden wir im nächsten Paragraphen von der Erkennbarkeit des Wortes Gottes reden können. Wir werden dort davon zu reden haben, daß

4. Die Rede Gottes als Geheimnis Gottes

und wie es Gegenstand menschlicher Erkenntnis sein kann. Wir werden aber nicht so davon reden können, daß wir Angaben darüber machen, wie sich dieser Gegenstand und diese Erkenntnis gegenüber anderen Gegenständen und ihrer Erkenntnis eindeutig und sicher abgrenzen lassen. Das wäre ja eben die Methode des Hörens des Wortes Gottes, die als solche unmöglich ist, weil das Hören des Wortes Gottes der Glaube, der Glaube aber das Werk des heiligen Geistes ist. Selbstverständlich liegen die mit jedem und so auch mit dem christlichen Glaubensbekenntnis verbundenen menschlichen Erfahrungen, Haltungen und Gedanken als solche im Bereich der Humanität und können als solche bestimmt und gegen andere abgegrenzt werden. Sie liegen aber nicht im Bereich der Humanität, sofern der christliche Glaube Hören des Wortes Gottes ist. Sie können als Hören des Wortes Gottes im Bereich der Humanität nur bezeugt werden unter Berufung auf die Verkündigung durch die Kirche, auf die heilige Schrift, auf die Offenbarung, in Form von Interpretation dieser dreifachen Gestalt des Wortes Gottes. Sie können aber als Hören des Wortes Gottes nicht Gegenstand von sogenannten „Auseinandersetzungen" innerhalb dieses Bereichs, d. h. sie können als Hören des Wortes Gottes nicht neben und gegenüber dem, was in diesem Bereich sonst gehört wird, gerechtfertigt, abgegrenzt und so in diesem Bereich domestiziert werden.

Man kann sich den hier notwendigen Verzicht sehr schön klar machen an den drei „unverlierbaren Wahrheiten", die Eduard Spranger als gewiß berufener Sprecher der gegenwärtigen deutschen Geistigkeit der Theologie zu „neuer Erwägung anheimgeben möchte": 1. die Verantwortung des Menschen für den Grund seiner Glaubensbereitschaft, 2. die Auseinandersetzung mit den erkannten Eigengesetzlichkeiten des sogenannten Weltlaufs, 3. die Auseinandersetzung mit der vorgefundenen Mannigfaltigkeit religiöser Überzeugungen (Der Kampf gegen den Idealismus, Sitzungsberichte d. preuß. Akad. d. Wiss. 1931 XVII S. 436). Man kann sich wundern über die Ahnungslosigkeit, mit der Spranger uns da zu „neuer" Erwägung anheimgibt, was der protestantischen Theologie nun wirklich seit 200 und mehr Jahren ausgiebig genug gesagt und von ihr respektvoll genug entgegengenommen worden ist. Möge er sich mit dem Beifall begnügen, den seine „unverlierbaren Wahrheiten" noch heute auch in weiten Kreisen der Kirche und der Theologie sicher finden werden, uns aber gestatten, sie als ausgezeichnete Formulierungen dessen zu werten, was seitens einer ihres Namens werten Theologie unter allen Umständen und vorbehaltlos verweigert werden muß. Hier kann nach wie vor nur in schärfster Antithese geantwortet werden: 1. Es gibt in Sachen des Grundes der „Glaubensbereitschaft" des Menschen keine Verantwortung der Theologie nach außen. Die Verantwortung der Theologie besteht vielmehr darin, klar zu machen, daß „Glaubensbereitschaft" von außen gesehen ihren Grund in sich selber hat und also hinsichtlich ihres Grundes unverantwortlich ist. 2. Die Theologie kann sich mit den „Eigengesetzlichkeiten" des Weltlaufs darum nicht auseinandersetzen, weil sie selbst innerhalb und nicht außerhalb dieses Weltlaufs steht und weil sie die Auseinandersetzung Gottes mit diesen Eigengesetzlichkeiten zwar wie die Kirche überhaupt innerhalb dieses Weltlaufs zu bezeugen aber nicht zu vollziehen hat. 3. Die Theologie kann sich mit der „vorgefundenen Mannigfaltigkeit religiöser Überzeugungen" darum nicht auseinandersetzen, weil sie diese Mannigfaltigkeit zwar in dem Raum menschlicher Erfahrungen, Haltungen und Gedanken in der Tat vorfindet, an einer Auseinandersetzung mit ihr auf diesem Boden aber kein Interesse hat, während sie sie im Raum des Glaubens eben nicht vorfindet und sich darum auch nicht mit ihr auseinandersetzen kann. — Die Frage, ob diese Antwort an Spranger Spranger selbst und seinen vielen Gesinnungsgenossen in Philosophie und Theologie einleuchtet und Eindruck macht, ist unverhältnismäßig viel weniger wichtig als die Frage, ob es in der Kirche immer wieder einen „Rest" geben wird, der hinsichtlich der in der Theologie zu leistenden Arbeit nur so oder ähnlich antworten kann.

Wenn wir in bezug auf das Ereignis des Hörens des Wortes Gottes nicht auf ein innerhalb der Existenz des Menschen liegendes Datum und auch nicht auf die Begrenzung aller Data menschlicher Existenz und schließlich auch nicht auf die Möglichkeit einer kontingenten Erfahrung, sondern nur auf den Glauben und d. h. auf den Heiligen Geist verweisen, so bestätigen wir, was am Anfang dieses Paragraphen gesagt wurde: daß die Frage „Was ist das Wort Gottes?" nur damit zu beantworten ist, daß wir, seine dreifache Gestalt interpretierend, auf sein Wie hinweisen. Also: Wie ist das Wort Gottes? Antwort: Es ist auf unseren Lippen und in unseren Herzen im Geheimnis des Geistes, der der Herr ist.

§ 6
DIE ERKENNBARKEIT DES WORTES GOTTES

Die Wirklichkeit des Wortes Gottes in allen seinen drei Gestalten gründet nur in sich selber. So kann auch seine Erkenntnis durch Menschen nur in seiner Anerkennung bestehen und diese Anerkennung kann nur durch es selbst wirklich und nur aus ihm selbst verständlich werden.

1. DIE FRAGE NACH DER ERKENNBARKEIT DES WORTES GOTTES

Unser bisheriger Weg war, in Kürze zusammengefaßt, dieser: Wir haben in § 3 im Begriff des Wortes Gottes den auftragsgemäßen Inhalt der kirchlichen Verkündigung und damit auch das Kriterium der Dogmatik als der wissenschaftlichen Prüfung der kirchlichen Verkündigung gefunden. Wir sind im § 4 auf die drei Gestalten aufmerksam geworden: Verkündigung, Schrift und Offenbarung, in denen die durch jenen Begriff bezeichnete Größe wirklich ist. Und wir haben endlich in § 5 im Blick auf diese drei Gestalten nach dem Wesen dieser Größe gefragt und lernten als dessen drei unterschiedene und doch nicht verschiedene Bestimmungen kennen: Gottes Rede, Gottes Tat und Gottes Geheimnis.— Bevor wir uns auf Grund dieser Feststellungen einer vorläufigen Bestimmung des Begriffs der Dogmatik zuwenden, haben wir explizit Antwort zu geben auf die Frage nach der Erkennbarkeit des Wortes Gottes.

Im Begriff der kirchlichen Verkündigung und darum auch im Begriff der Dogmatik ist offenbar vorausgesetzt, daß es Menschen möglich wird, das Wort Gottes zu hören, sogar zu sagen und also zu erkennen. Nicht für das menschliche Dasein überhaupt, sondern für einen ganz bestimmten Bereich des menschlichen Daseins wird dies allerdings in diesen Begriffen vorausgesetzt, nämlich für den Bereich der Kirche. Aber auch innerhalb der uns heute bekannten oder vor dem Auge Gottes wirklichen Grenzen dieses Bereichs sind es jedenfalls Menschen, die zum Hören und zum Sagen des Wortes Gottes aufgerufen sind. Darf die Kirche und in ihr die kirchliche Verkündigung und im Dienst der kirchlichen Verkündigung die Dogmatik sich auf die Wahrheit berufen, dann muß das heißen: es können Menschen — nicht alle Menschen, aber bestimmte Menschen, auch diese bestimmten Menschen nicht immer und überall, aber in bestimmter Situation — das Wort Gottes erkennen. Wäre es nicht so, dann müßte der ganze Begriff des Wortes Gottes als ein Phantasieprodukt und also die kirchliche Verkündigung samt der Dogmatik als ein gegenstands- und darum sinnloses Tun und also die Kirche als eine Stätte der Selbsttäuschungen sondergleichen bezeichnet werden. Denn auch wenn dann dem Begriff des Wortes Gottes irgendein uns unbekanntes Seiendes entsprechen sollte — hätten wir von diesem wirklich keine Erkenntnis, so wäre das durch jenen Begriff Bezeichnete trotz jener Entsprechung für uns keine wahre Wirklichkeit, sondern ein Phantasieprodukt. Im Begriff der Kirche als einer Stätte, an der die Wahrheit geredet und gehört wird, und im Begriff der kirchlichen Verkündigung und der Dogmatik als eines in sich sinnvollen Tuns wird vorausgesetzt, daß es zur Erkenntnis des Wortes Gottes durch Menschen kommen könne.

Wir verstehen unter der Erkenntnis eines Gegenstandes durch Menschen die Bewährung ihres Wissens um dessen Wirklichkeit hinsichtlich seines Daseins oder seiner Existenz und hinsichtlich seines Soseins oder seines Wesens. „Bewährung ihres Wissens" aber heißt: die Wirklichkeit des betreffenden Gegenstandes, sein Dasein und Sosein wird, wahr in sich selber, auf irgendeine Weise und in irgendeinem Grad von Deutlichkeit und Bestimmtheit, nun auch für sie wahr. Ihr Wissen um ihn wird aus einer zufälligen zu einer notwendigen, aus einer äußeren zu einer inneren Bestimmung ihrer eigenen Existenz. Sie sind als Erkennende von dem erkannten Gegenstand angegangen. Sie existieren nicht mehr ohne ihn sondern mit ihm. Sie müssen ihn, sofern sie ihn denken, mit dem ganzen Vertrauen, mit dem sie überhaupt zu denken wagen, als wahre Wirklichkeit, als wahr in seinem Dasein und Sosein denken. Sie müssen, wie und was sie auch weiter von ihm denken mögen, mit dem Denken des Wahrseins seiner Wirklichkeit anfangen. Sie können sich diesem seinem Wahrsein gegenüber nicht mehr auf sich selbst zurückziehen, um es von da aus zu bejahen, in Frage zu stellen oder zu verneinen. Ist doch sein Wahrsein gerade zu ihnen selbst gekommen, ihnen zu eigen geworden. Und sind doch eben damit sie selbst seinem Wahrsein zu eigen geworden.

Dieses Geschehen, diese Bewährung nennen wir, im Unterschied zu bloßen Kenntnissen Er-kenntnis. Erkenntnis wird eine Kenntnis, wenn der Mensch zum verantwortlichen Zeugen ihres Inhalts wird.

Erkenntnis des Wortes Gottes in diesem Sinn ist die Voraussetzung der Kirche. Man kann und muß es auch umgekehrt sagen: Die Kirche ist die Voraussetzung von Erkenntnis des Wortes Gottes. Wir sagen so oder so: daß das Wort Gottes für Menschen erkennbar wird. Speziell kirchliche Verkündigung bedeutet ja, daß Gottes Wort von Menschen gehört und von Menschen selber gesagt werden kann. Wäre es nicht erkennbar, wäre ein sich bewährendes Wissen um das Wort Gottes unmöglich, wäre es unmöglich, daß seine Wirklichkeit Menschen so angeht, daß sie nicht mehr ohne das Wort Gottes, sondern nun mit ihm existieren, daß sie seine Wirklichkeit nur noch als wahre denken, daß sie nur noch mit dem Wahrsein seines Daseins und Soseins zu denken anfangen können, wäre die Freiheit, sich dem Worte Gottes gegenüber auf sich selbst zurückzuziehen, eine grenzenlose und unzerbrechliche — dann hieße das ja, daß ein ernstzunehmendes Hören und Sagen des Wortes Gottes ausgeschlossen wäre. Ernstzunehmendes Hören und Sagen beruht auf der Möglichkeit von Erkenntnis. Die Voraussetzung der Kirche ist also die Möglichkeit dieser Beziehung, der Erkenntnisbeziehung zwischen Menschen und dem Worte Gottes. Oder auch umgekehrt: die Kirche ist die Voraussetzung der Möglichkeit dieser Erkenntnisbeziehung. Wir haben auf unserem bisherigen Weg stillschweigend mit dieser Voraussetzung gerechnet, man kann auch wohl sagen, daß die Frage nach ihrer besonderen Art und nach ihrem sachlichen Recht besonders im vorangehenden Paragraphen über das Wesen des Wortes Gottes implizit bereits aufgeworfen und beantwortet ist. Aber diese Frage ist wichtig genug, um nun auch selbständig und explizit behandelt zu werden. Wie können Menschen das Wort Gottes erkennen? So soll die Frage formuliert werden.

Einige Bemerkungen zu dieser Fragestellung als solcher mögen uns zunächst an die Sache heranführen.

1. Wir sagen nicht: wie erkennen Menschen das Wort Gottes? Damit würden wir ja nach der Wirklichkeit solcher Erkenntnis fragen. Die Wirklichkeit der Erkenntnis des Wortes Gottes könnte aber nach allem, was wir über dessen Gestalten und dessen Wesen gehört haben, nur insofern Inhalt einer von einem Menschen auf diese Frage zu gebenden Antwort sein, als diese Antwort bestehen würde in der Wiederholung der der Kirche gegebenen biblischen Verheißung und in dem Hinweis auf deren kommende Erfüllung und insofern als dann das Wort Gottes selbst zu diesem menschlichen Wiederholen und Hinweisen hinzukommen und die wirkliche Antwort übernehmen würde. M. a. W.: auf die so gestellte Frage könnte von einem Menschen nur mit Verkündigung geant-

wortet werden. Aber gerade um klar zu stellen, daß dem so ist, müssen wir fragen: wie können Menschen das Wort Gottes erkennen? müssen wir nach der Möglichkeit dieses Geschehens fragen. Gerade die ganze Tragweite der Einsicht, daß auf die Frage nach der wirklichen Erkenntnis des Wortes Gottes das Wort Gottes allein Antwort gibt, erfordert, daß wir uns umsehen, ob es nur so oder ob es nicht etwa auch anders sein könne.

2. Wir sagen nicht: wie können die Menschen oder gar: wie kann der Mensch das Wort Gottes erkennen? Wir haben uns ja schon erinnert: es geht nicht um den Menschen überhaupt und nicht um den Menschen im allgemeinen, sondern es geht konkret und bestimmt um den Menschen in der Kirche. Wo das Wort Gottes erkannt wird und also erkannt werden kann, da muß es gesprochen, da muß es als göttlicher Ruf an diese und diese Menschen ergangen sein. Gott kennt sie, diese Menschen, die jeweils als wirkliche Hörer und Verkündiger das Wort Gottes erkennen und also es zu erkennen fähig sind und die eben damit als die lebendigen menschlichen Glieder am Leibe Christi die Kirche konstituieren. Um das Erkennenkönnen dieser Menschen geht es.

3. Eben darum, weil Gott sie kennt, sagen wir auch lieber nicht etwa: wie erkennen die Christen das Wort Gottes? Wir könnten freilich auch so sagen, wir müßten dann aber hinzusetzen: die berufenen und erwählten Christen, und würden damit undeutlich sein, denn gerade darum handelt es sich ja: wie es möglich ist, daß Menschen berufene und erwählte und also wirkliche Christen, Hörer und Verkündiger des Wortes Gottes werden können durch seine Erkenntnis. Gott kennt sie, die das werden. Wir kennen auch die Christen nur als Menschen, die uns als solche vor die Frage stellen, wie es möglich sein soll, daß sie das Wort Gottes erkennen.

4. Wenn wir nach der Möglichkeit der Erkenntnis des Wortes Gottes fragen, so werden wir den dabei als bekannt vorausgesetzten Begriff der Erkenntnis, wie wir es vorhin mit Absicht getan haben, so allgemein, so weltanschaulich und erkenntnistheoretisch unbestimmt fassen müssen, daß die Möglichkeit jeder Korrektur, Einschränkung oder Umkehrung, die ihm von dem gerade hier in Rede stehenden Gegenstand der Erkenntnis her widerfahren könnte, offen bleibt. Wenn vorhin Erkenntnis definiert wurde als an ihrem Subjekt sich bewährendes Wissen um die Wirklichkeit eines Gegenstandes, so sollte damit das Erkenntnisproblem bloß bezeichnet, nicht aber vorwegnehmend interpretiert werden. Jede Interpretation würde hier eben bedeuten: weltanschaulich-erkenntnistheoretische Bestimmung. In solcher Bestimmtheit darf aber das Erkenntnisproblem hier auch als Problem nicht vorausgesetzt werden, wenn man nicht schwerste Gefahr laufen will, mit der Voraussetzung schon die Antwort in ganz bestimmter und dann vielleicht sehr unangemessener Weise vorwegzunehmen. Was Erkenntnis als Erkenntnis des Wortes Gottes

bedeutet, das darf an eine Untersuchung dieser Frage auf keinen Fall in einer ultimativen Form schon herangebracht werden.

Ich notiere als Gegenbeispiel einen Satz von Fr. Traub. Er hat mir (Monatsschr. f. Past. Theol. 1928, S. 82) vorgehalten, auf die Frage „wie ich dazu kommen kann, das Wort Gottes zu bejahen, d. h. es als Wort Gottes und als Wirklichkeit zu bejahen?" bekomme man in meiner Dogmatik keine Antwort. Daß „das Wort Gottes erkennen können" hier vorweg interpretiert wird mit „dazu kommen können es zu bejahen", das ist die hier an die Untersuchung schon herangebrachte weltanschaulich-erkenntnistheoretische Bestimmtheit des Problems, die u. U. geeignet sein könnte, die Behandlung dieses Erkenntnisproblems zum vornherein zu kompromittieren. Wer sagt uns, daß gerade in unserer „Bejahung" des Wortes Gottes der konstitutive Akt seiner Erkenntnis bestehe? Und wer sagt uns vor allem, daß wir zu dieser Bejahung „kommen" könnten? Die Antwort auf die so gestellte Frage müßte offenbar die Angabe eines Weges sein, einer Methode, mittels derer sich dieses „dazu kommen" verwirklichen ließe. Wer sagt uns, ob diese Frage überhaupt gestellt werden darf und also eine sinnvolle Antwort überhaupt finden kann?

Es könnte sich ja aus der Eigenart dieses Erkenntnisgegenstandes ergeben, daß der Begriff seiner Erkenntnis durchaus nicht ultimativ an dem Begriff der Erkenntnis anderer Gegenstände, an einem allgemeinen Erkenntnisbegriff gemessen werden darf, sondern daß er sich überhaupt nur von diesem seinem Gegenstand her bestimmen läßt.

2. DAS WORT GOTTES UND DER MENSCH

Wie nötig gerade der vorhin an letzter Stelle gemachte Vorbehalt ist, zeigt sich sofort, wenn wir uns zunächst vor Augen halten, was das heißt, daß der Mensch es ist, der uns hier als Erkennender des Wortes Gottes verständlich werden soll. Es liegt ja im Begriff der Kirche, daß dem so ist. Das Wort Gottes, das sie hört und verkündigt, und das sie zur Kirche macht, ist Gottes an Menschen gerichtetes Wort. An Menschen richtet sich die Predigt und das Sakrament, an Menschen das Wort der Propheten und Apostel, an Menschen die Offenbarung Gottes selbst in Jesus Christus, an Menschen also auch das Wort Gottes, dessen drei Gestalten wir damit noch einmal bezeichnet haben. Richtet es sich an sie, so will es offenbar von ihnen gekannt und darum gehört, aber offenbar nicht nur gekannt und gehört, sondern im vorhin allgemein festgestellten Sinn erkannt sein. Es will sich an ihnen, vermittelt durch ihr Wissen um es, bewähren als Wirklichkeit. Es richtet sich an sie, damit sie es sich gesagt sein ließen und also nicht mehr ohne es, sondern mit ihm seien, was sie sind.

Man denke hier an den Zusammenhang von „Gnade" und „Wahrheit" Ps. 89, 15, 25; 98,3; 117, 2 und an die Art, wie dieser Zusammenhang Joh. 1, 14, 17 aufgenommen wird. Man denke an die Bezeichnung des Evangeliums als λόγος τῆς ἀληθείας 2. Kor. 6, 7; Eph. 1, 13; Kol. 1, 5; 2. Tim. 2, 15; Jak. 1, 18. Man denke endlich an die Bezeichnung des Entscheidenden im Christenstand als ἐπίγνωσις τῆς ἀληθείας. 1. Tim. 2, 3; 4, 3; 2. Tim. 2, 25; 3, 7; Tit. 1, 3.

So gewiß das Wort Gottes zunächst und ursprünglich das Wort ist, das Gott bei und zu sich selber spricht in ewiger Verborgenheit — wir werden bei der Entwicklung des Offenbarungsbegriffs im Zusammenhang der Trinitätslehre auf diese große und unveräußerliche Wahrheit zurückkommen — so gewiß ist es nun doch in Offenbarung, Schrift und Predigt das zu Menschen geredete Wort, können wir gar nicht von ihm reden, können wir es gar nicht denken, ohne sofort auch des es hörenden und eben erkennenden Menschen zu gedenken. Das Wort Gottes, Jesus Christus, als das Sein der Kirche, stellt uns unweigerlich vor die Einsicht: Menschen waren es und werden es sein, die da gemeint und angesprochen und also qualifiziert sind als Adressaten, aber auch selber als Träger dieses Wortes. Das Wort Gottes stellt uns also vor das sozusagen anthropologische Problem: wie denn Menschen als Menschen das sein können? Vor das „sozusagen" anthropologische Problem, sage ich und deute damit an, daß es mit dieser Bezeichnung nur unter bestimmtem Vorbehalt seine Richtigkeit hat. Oder sollte es anders sein? Sollen wir vorbehaltlos sagen, daß die Frage der Möglichkeit der Erkenntnis des Wortes Gottes eine Frage der Anthropologie ist? Sollen wir doch danach fragen, was der Mensch überhaupt und als solcher (neben allerlei anderem, was er kann) nun auch in dieser Hinsicht kann oder nicht kann? Gibt es eine allgemeine und allgemein einsichtig zu machende Wahrheit hinsichtlich des Menschen, die etwa auch das in sich schlösse, daß er fähig ist, das Wort Gottes zu erkennen? Wir müssen diese Frage stellen, weil eine fast übermächtige Entwicklung in der Geschichte der protestantischen Theologie seit der Reformation zu einer eindrucksvollen Bejahung dieser Frage durch die ganze Richtung in der Kirche, die wir als die modernistische bezeichnet haben, geführt hat.

Wir erwähnten bereits gelegentlich die Verhandlungen innerhalb der protestantischen Orthodoxie über die Frage, ob die Theologie mit Thomas v. Aquino als eine wesentlich theoretische oder mit Duns Scotus als eine wesentlich praktische Wissenschaft zu verstehen sei. Die Entscheidung fiel immer bewußter und allgemeiner im Sinn der zweiten Antwort und bedeutete dies: daß man als den Gegenstand der Theologie nicht mehr wie noch Chemnitz (*Loci theol.* ed. 1592, *De usu et util. loc. theol.* S. 12) das Wesen und den Willen Gottes oder wie Waläus die *res divinae, nempe Deus ipse . . . et res omnes quae a Deo sunt* (*Loci comm.* 1640, S. 5) angab, sondern wie schon J. Gerhard (*Loci theol.* 1610, *Prooem.* 28) den *homo quatenus ad aeternam beatitudinem est perducendus*, oder wie Wendelin (*Theol. christ. lib. II*, 1639, *Prol.* 1, 3) die *vera religio, quae est ratio agnoscendi colendique Deum* oder wie Burmann (*Syn. Theol.* 1678 I 2, 52) die *vita hominis sive cultus ipsius erga Deum* oder wie Mastricht (*Theol. theor. pract.* 1698 I 1, 26) die *vita hominis formanda et dirigenda Deum versus*. Man kann diese Wendung *in meliorem partem* auslegen. Einer ihrer umsichtigsten Vertreter: Fr. Turrettini wußte (*Instit. Theol. el.* 1679 I 5, 4) sehr schön zu zeigen, daß es sich in der Theologie freilich auch so um Gott handle, aber eben um den *Deus quatenus revelatus est*, um den *Deus noster id est foederatus in Christo*. Man wollte, gewiß im Sinn der Reformation, von der Nachbarschaft mit einer *nuda speculatio de Deo* abrücken (Quenstedt, *Theol. did. pol.* 1685 I cap. 1, sect. 2, qu. 2, font. sol. 7). Man wußte schon damals sehr genau, daß es mit einer „unexistenziellen" Theologie nichts ist: *theologia nisi ad praxin referatur ne theologia quidem est* (Burmann a. a. O. I 2, 51, vgl. Coccejus, *S. theol.* 1669 I 8). Daß die Orthodoxen die Theologie in steifem Objektivismus als „*scientia de Deo et rebus divinis*" aufgefaßt und getrieben hätten, das steht zwar bei H. Mulert (Religion, Kirche, Theologie 1931, S. 28) und anderen neueren Autoren zu lesen, widerspricht aber durchaus dem Tenor der ausdrücklichen Erklärungen, die man bei diesen Theologen, auch bei den älteren, die jene Wendung noch nicht mitgemacht haben, findet. Die protestantische Orthodoxie litt von Anfang an eher an einem Zuviel als an einem Zuwenig in bezug auf die Berücksichtigung des religiösen Subjektes. Jedenfalls wollte sie, und das war sicher auch der Sinn jener Wendung zur *scientia practica*, das Wort Gottes durchaus als an den Menschen gerichtetes Wort verstehen. Nur daß diese Wendung eben doch wohl auch noch einen anderen Sinn hatte. Es ist ja offenkundig, daß mit dieser Wendung auch das erreicht und doch wohl auch angestrebt war, daß der Gegenstand der Theologie, wie das wissenschaftliche Zeitbewußtsein seit der Renaissance es immer bestimmter forderte, aus einem dem Ort des Menschen echt gegenüberliegenden Jenseits in den Bereich des Menschen selbst gerückt wurde. Dieser Gegenstand mußte nicht, aber er konnte nun als von den allgemeinen Wahrheiten des Menschen umfaßt und bedingt gedacht werden. Es konnte nun versucht werden, ihn oder doch seine Möglichkeit im Rahmen des Selbstverständnisses des Menschen zu verstehen. Der gleichzeitige neue Ausbau einer *theologia naturalis* als Wissenschaft von den *praeambula fidei* im alten thomistischen Sinn, das langsame aber merkliche Zurücktreten der Bedenken, die die Reformatoren hinsichtlich des Wertes dieses Unternehmens gehabt hatten, zeigt, wie man auch von anderen Punkten aus eben an jener Einbeziehung interessiert war. Im 18. Jahrhundert jedenfalls läßt es sich nicht mehr verleugnen, daß die Konsequenzen in dieser Richtung gezogen worden sind. Jetzt taucht die Definition auf, die uns ja noch heute zu schaffen macht: Theologie ist „Wissenschaft der Religion", worunter zu verstehen sein soll: die „gelehrte Erkenntnis derjenigen Lehren und Wahrheiten, welche uns über unsere Verhältnisse gegen Gott, über unsere Pflichten gegen ihn, die aus diesen Verhältnissen entspringen, und über die Hoffnungen, die wir auf diese Verhältnisse bauen dürfen, den zu unserer Glückseligkeit und Beruhigung nötigen Unterricht geben." (G. J. Planck, Einleitung in die theol. Wiss. 1794 1. Bd. S. 29). Ein Herder und ein Schleiermacher wußten dann freilich das Wesen der Religion besser als so in seiner Tiefe, Mächtigkeit und Selbständigkeit zu erfassen. Das jenen Satz von Planck so auffällig beherrschende „Wir" bleibt aber doch oder wird erst recht der Angelpunkt auch ihrer Anschauung. Es ist ja derselbe Schleiermacher, der zum erstenmal ganz grundsätzlich eben diese neuentdeckte selbständige Wirklichkeit der Religion auf eine entsprechende allgemein anthropologisch aufweisbare Möglichkeit bezieht, der zum erstenmal ganz grundsätzlich auch und gerade das Christentum in Form einer konkret historischen Analyse des menschlichen Daseins im Rahmen einer allgemeinen Lehre vom Menschen zu interpretieren unternimmt: 1. Die Begegnung des Menschen mit Gott ist zu verstehen als menschliches historisch-psychologisch feststellbares religiöses Erlebnis. Und 2. dieses Erlebnis ist zu verstehen als Aktualisierung eines allgemein aufweisbaren religiösen Vermögens des Menschen. Das sind, von Schleiermacher her bei aller Verschiedenheit der Typen in der Einzelinterpretation, die beiden Kardinalsätze der Religionsphilosophie des 19. und 20. Jahrhunderts geworden. Entscheidend ist natürlich der zweite von diesen Sätzen. Wenden wir ihn an auf das, was wir in unserer Terminologie die Lehre vom Worte Gottes nennen, so würde er bedeuten: die wirkliche Erkenntnis des Wortes Gottes ist die Verwirklichung einer dem Menschen als solchem eigenen besonderen Erkenntnismöglichkeit. Wenn wir diesen Satz bejahen, dann haben wir uns die Antwort auf die Frage nach dem Können, mit der wir hier beschäftigt sind, von der Anthropologie her geben zu lassen, wobei es eine Frage zweiter Ordnung ist, ob wir uns dabei gerade der Anthropologie Schleiermachers und der Seinen oder ob wir uns einer unserem Zeitbewußtsein kongenialeren wie etwa der von M. Heidegger anschließen wollen. Nun, die Wahl wird uns erspart bleiben, denn wir sind nicht in der Lage, jenen Satz, auf Grund dessen wir vor solche Wahl gestellt würden, zu bejahen.

Die Erwägung, die uns verbietet, hier Ja zu sagen, ist diese: Es ist erstens wohl wahr (und darum ging es wenigstens teilweise wenigstens in den Anfängen jener Entwicklung), daß das Wort Gottes zu verstehen ist als Ereignis in und an der Wirklichkeit des Menschen.

Es wäre grundsätzlich nichts dagegen einzuwenden, daß dieses Ereignis als „Erlebnis", und sei es denn als „religiöses Erlebnis" bezeichnet wird. Der Streit geht nicht gegen diesen Terminus und noch weniger gegen das Richtige und Wichtige, das dieser Terminus schließlich bezeichnen könnte: das höchst reale und bestimmende Eintreten des Wortes Gottes in die Wirklichkeit des Menschen. Der Terminus ist aber belastet (und darum vermeiden wir ihn) durch die hinter ihm stehende Anschauung von der allgemeinen religiösen Erlebnisfähigkeit des Menschen bzw. von der kritisch-normativen Bedeutung dieser Fähigkeit.

Und es ist zweitens wohl wahr, daß diesem Ereignis eine Möglichkeit, ein Können auf seiten des Menschen logisch und sachlich entsprechen muß.

Sogar der Begriff des religiösen „Apriori", der in der Religionsphilosophie um 1910 eine so große Rolle gespielt hat, wäre nicht schlechterdings und an sich zu verwerfen, wenn nicht leider allgemein im Anschluß an den richtig oder unrichtig verstandenen Kant eben ein Vermögen, eine im Menschen als solchem begründete Eignung und die entsprechende Verfügungsfreiheit darunter verstanden worden wäre.

Die Frage ist aber, ob dieses Ereignis mit den anderen Ereignissen, die in die Wirklichkeit des Menschen eintreten können, darin in einer Reihe steht, daß es, um eintreten zu können, tatsächlich einer solchen Möglichkeit auf seiten des Menschen bedarf, die ihm vom Menschen als solchem gleichsam entgegengebracht wird, die in einer ihm von Haus aus als Mensch zugehörigen Anlage, in einem Organ, in einer durch Selbstbesinnung, durch anthropologische Daseinsanalyse zu erreichenden und aufzudeckenden positiven oder auch negativen Eignung besteht, kurz, in dem, was die kantianisierende Philosophie ein „Vermögen" nennt. Es könnte ja so sein, daß jenes Ereignis diese ihm entsprechende Möglichkeit auf seiten des Menschen nicht sowohl bei diesem voraussetzte, als vielmehr sie mit sich bringt und sie ihm, indem es Ereignis ist, verleiht, so daß sie seine, des Menschen, Möglichkeit wird, ohne doch (indem sie das ist) aufzuhören, ganz und gar seine, des Wortes Gottes, eigene, die nur ihm eigene Möglichkeit zu sein. Es kann sich ja auch um eine Erkenntnismöglichkeit handeln, die wohl als Erkenntnismöglichkeit des Menschen, aber nun, im Unterschied zu allen anderen nur vom Erkenntnisgegenstand bzw. von der Erkenntniswirklichkeit her und durchaus nicht vom Erkenntnissubjekt, also durchaus nicht vom Menschen her als solche verständlich zu machen ist. Wir müssen uns gegen jene erste und für diese zweite Auffassung des uns beschäftigenden „Könnens" entscheiden im Blick auf das Wesen des Wortes Gottes, und zwar speziell im Blick auf das, was wir in § 5, 2, 3 unter dem Begriff seiner „Absichtlichkeit", d. h. seiner Bezogenheit, seiner Gezieltheit auf den Menschen, seines Charakters als Anrede an den Menschen gesagt haben. Wir haben das Wort Gottes gerade unter diesem Gesichtspunkt (demselben, der uns ja hier beschäftigt) als Akt der freien Liebe Gottes verstehen müssen: nicht so, als ob der angeredete und hörende Mensch etwa wesensnotwendig zum Begriff des Wortes Gottes gehörte. Daß der Mensch Adressat des Wortes Gottes ist, das ist, sofern es wahr ist, Faktum und nicht aus etwas anderem, was wir über das Wesen Gottes zuvor wissen könnten, abzuleiten. Noch weniger offenbar aus etwas, was wir zuvor über das Wesen des Menschen wissen könnten! Gottes Wort ist nicht mehr Gnade oder Gnade selbst ist nicht mehr Gnade, wenn man dem Menschen eine Hinordnung zu diesem Wort, eine ihm selbständig und an sich eigene Erkenntnismöglichkeit diesem Wort gegenüber zuschreibt. Dasselbe ergibt sich aber auch aus dem, was an der gleichen Stelle über den Inhalt des an den Menschen gerichteten Wortes Gottes gesagt wurde. Wir machten dort die Feststellung, daß dieser Inhalt, wie er auch in *concretissimo* je und je für diesen und diesen Menschen beschaffen sein möge, auf alle Fälle sein werde: echte unaufhebbare Begegnung mit dem Herrn des Menschen, Offenbarung, die der Mensch nicht selber vollziehen kann, Offenbarung eines Neuen, das ihm nur gesagt werden kann. Weiter: Begrenzung seiner Existenz durch das schlechthinnige Außerhalb seines Schöpfers, Begrenzung, auf Grund derer er sich nur als geschaffen aus dem Nichts und gehalten über dem Nichts verstehen kann. Weiter: Radikale Erneuerung und damit offenbar radikale Kritik seiner ganzen gegenwärtigen Wirklichkeit, Erneuerung und Kritik, auf Grund deren er sich selbst nur als von Gnade lebenden, und also als verlorenen, von seiner Seite aus für Gott verschlossenen Sünder verstehen kann. Endlich: Die Gegenwart Gottes als des Kommenden, des im strengsten Sinn Zukünftigen, des ewigen Herrn und Erlösers des Menschen, auf Grund welcher Gegenwart er sich selbst nur als einen dieser Zukunft des Herrn Entgegeneilenden und ihn Erwartenden verstehen kann. Wohlverstanden: nicht mit diesen Formeln zur Umschreibung des wirklichen Inhalts des Wortes Gottes, wohl aber mit dem Inhalt des Wortes, das Gott selber spricht, und in dem er sich auf alle Fälle so ausspricht, wie es diese Formeln andeuten, mit dem wirklichen Inhalt des wirklichen Wortes Gottes wird dem Menschen auch das gesagt, daß ein Hören- oder Verstehen- oder Erkennenkönnen von seiner Seite, eine Fähigkeit, die er, das Geschöpf, der Sünder, der Wartende diesem Wort entgegenzubringen hätte, also eine Möglichkeit in jenem ersten Sinn nicht in Betracht fällt, sondern daß die dem wirklichen Wort Gottes entsprechende Erkenntnismöglichkeit ebenso zu ihm, dem Menschen, gekommen ist, ein ebenso unbegreifliches *novum* auch und gerade seinem ganzen Können und Vermögen gegenüber darstellt, ebenso nur als reines Faktum zu verstehen ist, wie das wirkliche Wort Gottes selber.

Wir hören I. Cor. 2, 6 f. von der Weisheit Gottes in Christus, sie sei eine σοφία ἐν μυστηρίῳ, unbekannt den Archonten dieses Äons, von keinem Auge gesehen, von keinem Ohr gehört, in keines Menschen Herz gekommen, nur dem πνεῦμα Gottes selbst und also nur durch das πνεῦμα Gottes selbst zugänglich. Also nicht zugänglich dem ψυχικὸς ἄνθρωπος, der als solcher das πνεῦμα nicht hat, der das nur dem πνεῦμα und durch das πνεῦμα Zugängliche also nicht erkennen kann: οὐ δέχεται, οὐ δύναται γνῶναι. Empfangen (λαμβάνειν) muß der Mensch nicht nur das Wort von Christus, sondern auch das πνεῦμα, durch das es erkannt wird, oder er wird es gar nicht erkennen. Ἐδίδαξεν ἡμᾶς ὁ κύριος, ὅτι θεὸν εἰδέναι οὐδεὶς δύναται, μὴ οὐχὶ θεοῦ διδάξαντος, τουτέστιν ἄνευ θεοῦ μὴ γινώσκεσθαι τὸν θεόν (Irenaeus C. o. h. IV 6, 4). Denn was ist Erkennen fur ein werck? Es heisset jhe weder fasten, wachen, casteien, noch was man mit dem leibe thun odder leiden kan, sondern es ligt gar jnwendig jm tieffsten grund des hertzens. Summa Erkendnis ist kein werck, sondern gehet vor allen wercken. Denn nach und aus dem erkendnis folgen werck. Item Werck heißet das, das wir thun, Erkendnis aber ist des, das wir empfahen und nemen. Also ist durch das einige wortlin „Erkennen" als durch einen gewaltigen donnerschlag nidder geschlagen alle lere, die auff menschen werck, geistliche orden und Gottes dienst gegründet ist als dadurch von sunden los zu werden, Gott versunen und gnade zu erwerben (Luther, Predigt über Joh. 17, 3, 1528, W. A. 28, S. 100, Z. 21).

Die modernistische Anschauung, gegen die wir uns hier abzugrenzen haben, geht auf die Renaissance und zwar speziell auf den Renaissancephilosophen Cartesius mit seinem Gottesbeweis aus der menschlichen Selbstgewißheit zurück.

Unter den modernen Religionsphilosophen dieser Richtung waren einige wie G. Wobbermin (System. Theologie 2. Bd. 1921 S. 455) und Heinrich Scholz (Religionsphilosophie 2. Aufl. 1922 S. 310) offen oder unvorsichtig genug, sich ausdrücklich auf Cartesius zu berufen und sich an seinem Gedankengang aufs neue zu stärken.

„Das Ich-Erleben begründet für den Menschen die denkbar sicherste Realitätsgewißheit, die für ihn überhaupt möglich ist. Sie ist die Voraussetzung ... für alle die Außenwelt betreffende Wirklichkeitsgeltung." [1] Man wird fragen dürfen, ob dieser Cartesianismus auch nur auf der philosophischen Ebene so unerschütterlich ist wie er sich zu geben pflegt. Aber das geht uns hier nichts an und wir werden uns wohl hüten, ihm eine andere, dem theologischen Anliegen etwa besser entsprechende Philosophie entgegenzustellen, uns, des Cartesius müde, nun etwa dem Aristoteles bzw. dem Thomas in die Arme zu werfen. Wir stellen, mißtrauisch auch nach der anderen Seite, hier nur das fest: Man kann in der Theologie jedenfalls nicht cartesianisch denken.

Karl Holl hat einmal (in dem Aufsatz: „Was hat die Rechtfertigungslehre dem modernen Menschen zu sagen?" 1907, in: Ges. Aufsätze zur Kirchengeschichte, 3. Bd. 1928, S. 559) den „allen heute Lebenden gemeinsamen" und „die Richtschnur ihrer Religiosität" bildenden Grundsatz dahin formuliert: es gelte „nichts als religiös giltig zu anerkennen, als was in der uns gegenwärtigen Wirklichkeit angetroffen und aus dem eigenen unmittelbaren Empfinden heraus wieder erzeugt werden kann". Eben dieser „Grundsatz" ist der Grundsatz des in der Theologie unmöglichen cartesianischen Denkens. Auf dem Boden dieses Grundsatzes gibt es keine Erkenntnis des Wortes Gottes. Denn weder treffen wir das Wort Gottes in der uns gegenwärtigen Wirklichkeit an, sondern — und das ist etwas anderes — in der uns gegenwärtigen Wirklichkeit

---

[1] Wobbermin a. a. O.

trifft es uns an, noch kann es aus unserem eigenen unmittelbaren Empfinden wiedererzeugt werden, sondern wenn wir es je erkennen sollten, dann würden wir selbst uns nach Jak. 1, 18 als die von ihm Erzeugten erkennen müssen.

Das Faktum Wort Gottes empfängt seine Würde und Geltung in keiner Hinsicht und auch nicht zum noch so geringsten Teil von einer Voraussetzung her, die wir an es herantragen, sondern daß es für uns wahr ist, das gründet wie das andere, daß es in sich selbst wahr ist, schlechterdings in ihm selber. Es geht in der Theologie darum, die Selbstgewißheit auf die Gottesgewißheit zu gründen und an der Gottesgewißheit zu messen und also mit der Gottesgewißheit anzufangen, ohne auf die Legitimierung dieses Anfangs durch die Selbstgewißheit zu warten. Indem jener Anfang gemacht wird — aber nur indem er gemacht wird! — ist er dann auch — aber eben nur nachträglich, beiläufig, relativ — legitimiert durch die nötige Selbstgewißheit. M. a. W.: In der wirklichen Erkenntnis des Wortes Gottes, in der ja jener Anfang allein gemacht werden wird, ist auch das Ereignis, daß sie möglich ist, daß jener Anfang gemacht werden kann. Nochmals: wir gründen diese Ablehnung des cartesianischen Weges nicht auf eine andere bessere Philosophie. Es interessiert uns hier nicht einmal, ob es eine solche gibt. Wir begnügen uns, im Blick auf diesen Gegenstand, den Gegenstand der Theologie, zu sagen, daß die Möglichkeit seiner Erkenntnis durch Menschen so und nicht anders zu bejahen ist. Menschen können das Wort Gottes erkennen, weil und sofern Gott will, daß sie es erkennen, weil und sofern es dem Willen Gottes gegenüber nur die Ohnmacht des Ungehorsams gibt und weil und sofern es eine Offenbarung des Willens Gottes in seinem Wort gibt, in der eben diese Ohnmacht des Ungehorsams aufgehoben ist. Wir werden auf das damit angedeutete Problem im dritten Absatz unseres Paragraphen zurückkommen. Hier war vorerst nur dies festzustellen: Will man das Problem der Erkennbarkeit des Wortes Gottes ein anthropologisches Problem nennen, so muß damit gemeint sein: ein Problem der kirchlichen, der theologischen Anthropologie. Nicht wie der Mensch überhaupt und als solcher das Wort Gottes erkennen könne, kann die Frage sein. Diese Frage ist gegenstandslos, denn es gibt dem Worte Gottes gegenüber keinen Menschen überhaupt und als solchen, sondern es ist, was es ist, indem es zu diesem und diesem Menschen konkret gesprochen ist. Das ist die Frage: wie eben diese Menschen, zu denen es konkret gesprochen ist, es erkennen können. Und die Antwort auf diese Frage muß jedenfalls lauten: sie können es, wenn und indem ihnen dieses Können durch das Wort selbst gegeben wird. — Zu dieser ersten Feststellung sind zunächst noch zwei Erläuterungen zu geben:

1. Wir haben eine positive Feststellung gemacht, haben in bezug auf die Erkennbarkeit des Wortes Gottes ein bestimmtes Ja ausgesprochen. Darauf muß schon auf dieser ersten Stufe unserer Überlegungen hin-

gewiesen werden, weil die Anhänger der auf eine allgemeine Anthropologie sich stützenden Beantwortung unserer Frage gegen all das eben Gesagte einzuwenden pflegen, es würden damit das Wort Gottes und der Mensch schließlich doch auseinandergehalten oder gar „auseinandergerissen". Dazu ist zu sagen: der Andere sollte doch nicht so beharrlich in allem nur das Nein hören. Mit dem Gesagten ist eine Beziehung zwischen Gott und Mensch bzw. eine Erkenntnis des Wortes Gottes durch den Menschen und also eine Erkennbarkeit des Wortes Gottes für jenen allerdings für den Fall in Abrede gestellt, daß eine vom Worte Gottes zu abstrahierende Fähigkeit des Menschen die Bedingung dieser Beziehung sein sollte. Diese Bedingung ist allerdings nicht zu erfüllen. Gerade der Mensch, der das Wort Gottes wirklich erkennt, erkennt auch, daß er zu dieser Erkenntnis keine Fähigkeit hinzuzubringen, sondern alle Fähigkeit erst zu empfangen hat. Aber dürfte man von Theologen nicht auch in der Neuzeit erwarten, daß sie ihr Herz nicht an diese nun einmal unerfüllbare Bedingung hängen möchten? Darf man, wenn man bei der Sache ist, den Verweis auf die aller Selbstgewißheit vorangehende Gottesgewißheit einen ungenügenden, einen unbefriedigenden Verweis nennen? Ist der Verweis auf diesen Weg, den Weg von der Gottesgewißheit zur Selbstgewißheit, nicht das einzige, aber dafür schlechterdings gewisse und durchschlagende Positive, das zu unserer Frage zu sagen ist?

2. Etwas Positives haben wir nun freilich mit diesem Verweis nur insofern gesagt, als er eben ein Verweis war: der Verweis auf das Ereignis der wirklichen Erkenntnis des Wortes Gottes. Die Kraft dieses Verweises liegt nicht in ihm selber, sondern in dem, worauf er verweist. Wir können das, worauf hier verwiesen wird: jenes Ereignis, die tatsächliche Priorität der Gottesgewißheit vor aller Selbstgewißheit, das Faktum der Erkenntnis des Wortes Gottes, das seine Möglichkeit nicht beim Menschen voraussetzt, sondern, zum Menschen kommend, mit sich bringt — wir können das nur so „voraussetzen", wie der Mensch eben Gott „voraussetzen" kann. „Voraussetzung" muß in diesem Fall heißen: Erinnerung an seine Verheißung und Hoffnung seiner Zukunft, d. h. aber Appell an das biblische Wort und Erwartung seiner Erfüllung. Unser Verweis hat also genau soviel Kraft als die Verheißung wahr ist und als die Zukunft des Herrn gewiß ist.[1] Die Kraft unseres Verweisens liegt also in keiner Hinsicht in unserer Hand. Das gilt nicht nur von dem Positiven, das wir aussprechen wollten, sondern auch und ebenso streng von der mitlaufenden Negation. Will sagen: wir können auch die der hier vorgetragenen Anschauung entgegengesetzte These der cartesianisch eingestellten Theologen nicht etwa direkt und eigentlich *ad absurdum* führen und aus den Angeln heben. Die Kraft, mit der ihnen der Mund gestopft werden müßte,

---

[1] Konkret gesprochen: Genau so viel Kraft, als der angeführte Text 1. Kor. 2 Wahrheit und sein Inhalt Wirklichkeit hat.

steht nicht zu unserer Verfügung und es steht auch ihnen selbst nicht die Kraft zur Verfügung, sich den Mund stopfen zu lassen. Auch die Erkenntnis der Unmöglichkeit der Erkenntnis des Wortes Gottes außerhalb ihrer Wirklichkeit ist nur möglich unter Voraussetzung dieser wirklichen Erkenntnis. Es gibt keine Philosophie, die dem Glauben bzw. der Theologie auch nur diesen negativen Dienst leisten könnte. Der positive Verweis auf die Erkenntnismöglichkeit, die das Wort Gottes selbst mit sich bringt, kann abgelehnt werden und damit auch der negative Verweis auf seine Unerkennbarkeit ohne die von ihm selbst mitgebrachte Erkenntnismöglichkeit. Es steht auch hinsichtlich unserer selbst, wenn wir diesen doppelten Verweis bejahen, seine Kraft nicht zu unserer Verfügung. Unsere Bejahung als solche könnte eine kraftlose, weil der wirklichen Erkenntnis des Wortes Gottes entbehrende, eine bloß verbale und mentale, statt darüber hinaus auch eine reale sein. Wenn sie real ist, so liegt das nicht an ihr, auch nicht etwa an dem Ernst und an der Aufrichtigkeit, auch nicht an der existenziellen Beteiligung, mit der wir sie vollziehen, sondern an dem Realen, das durch sie bejaht wird. Kurz: es kommt für die Bündigkeit dessen, was wir hier behaupten und verneinen, alles darauf an, daß wir als Redende und als Hörende bei der Sache sind. Aber daß wir bei der Sache sind, das kommt ganz und gar nicht auf uns, sondern auf die Sache an. Und zwar gerade darum, weil diese Sache, das Wort Gottes, keine Sache, sondern der lebendige persönliche und freie Gott ist. — Gerade diese Erläuterung wird uns bei allem weiteren, was zu unserer Frage zu sagen ist, begleiten müssen.

3. DAS WORT GOTTES UND DIE ERFAHRUNG

Was unter diesem Titel beabsichtigt ist, ist die konkrete Anwendung und Ausführung des im Bisherigen allgemein Festgestellten. Wir haben festgestellt: Erkenntnis des Wortes Gottes wird Menschen möglich im Ereignis der Wirklichkeit des Wortes Gottes. Sie „wird Menschen möglich" — dieser Teil des Gedankens soll jetzt vor allem interpretiert werden. Wir versuchen dies mittelst des Begriffs der Erfahrung.

H. M. Müller (Glaube und Erfahrung bei Luther 1929) hat unter dem Begriff der Erfahrung im Anschluß an gewisse Lutherstellen die außerordentliche Erfahrung der Anfechtung des Glaubens bzw. der Überwindung dieser Anfechtung verstanden und ins Auge gefaßt. Wir folgen hier einem allgemeineren Sprachgebrauch.

Wenn Erkenntnis des Wortes Gottes Menschen möglich wird, dann muß das heißen: es wird ihnen eine Erfahrung vom Worte Gottes möglich. Wir definierten ja Erkenntnis als diejenige Bewährung menschlichen Wissens um einen Gegenstand, durch den sein Wahrsein zu einer Bestimmung der Existenz des erkennenden Menschen wird. Eben diese **Bestimmung der Existenz des erkennenden Menschen** nennen wir Erfahrung. Der Mensch existiert nicht abstrakt, sondern konkret,

d. h. aber in Erfahrungen, in Bestimmungen seiner Existenz durch Gegenstände, durch ein von ihm unterschiedenes Außen. Als Erfahrener, d. h. bestimmt durch dieses Außen, das ihm bisher begegnete und wie es ihm begegnete und als Erfahrender, d. h. als eben jetzt wieder einem bestimmten Außen in bestimmter Weise Begegnender ist er, was er ist, existiert er als Mensch, nicht sonst. Kann Erkenntnis des Wortes Gottes Menschen möglich werden, dann muß das also heißen: sie können vom Worte Gottes Erfahrung haben, sie können als durch das Wort Gottes Bestimmte sein, was sie sind.

Es soll ausdrücklich gesagt sein, daß wir mit dieser Formulierung auch das aufnehmen möchten, was richtig gemeint sein könnte in der im 19. Jahrhundert so beliebten Formel vom „religiösen Bewußtsein". Wir werden allerdings nicht mit den Männern des 19. Jahrhunderts sagen: „es gibt" ein, oder der Mensch „hat" ein religiöses Bewußtsein. Wir könnten aber sagen: Menschen können ein religiöses Bewußtsein haben oder in unserer Sprache: das Wort Gottes kann Grund und Gegenstand menschlichen Bewußtseins werden. Wenn z. B. Schleiermacher vom christlichen Bewußtsein oder Selbstbewußtsein sprach, so meinte er ja damit ein „Affiziertsein" (An K.H. Sack am 9. 4. 1825, Briefe Bd. 4, S. 335), d. h. offenbar etwas Ähnliches wie unser „Bestimmtsein". Wenn wir den Begriff der Erfahrung vorziehen, so tun wir es, weil er Umfassenderes sagt.

Wir verstehen unter der Erfahrung vom Worte Gottes, die Menschen unter Voraussetzung seiner Wirklichkeit möglich ist, die Bestimmtheit ihrer Existenz als Menschen durch das Wort Gottes.

Gibt es eine solche Bestimmtheit menschlicher Existenz durch das Wort Gottes, dann wird vor allem zu sagen sein: sie ist nicht zu verwechseln mit irgend einer Bestimmtheit, die der Mensch selber seiner Existenz geben kann. Erfahrung vom Worte Gottes ereignet sich freilich immer in einem Akt menschlicher Selbstbestimmung. Aber nicht als dieser Akt ist sie Erfahrung vom Worte Gottes. Keine Bestimmtheit, die der Mensch sich selber geben kann, ist als solche die Bestimmtheit durch das Wort Gottes. Aber auch die andere Ansicht kann hier keinen Raum haben, als handle es sich bei dieser Erfahrung um ein Zusammenwirken von göttlichem Bestimmen und menschlichem Sichselbstbestimmen. Die nicht zu leugnende Tatsache, daß diese Erfahrung sich in einem Akte menschlicher Selbstbestimmung ereignet, bedeutet auch das nicht, daß der Mensch in dieser Selbstbestimmung sozusagen einen größeren oder kleineren Teil des Ganzen leistete, um den verbleibenden Rest der Bestimmung Gottes zu überlassen. Und schließlich ist auch die oft als Lösung empfohlene Anschauung[1] abzulehnen, als handle es sich um ein „Zugleich", ein „Ineinander", eine „Spannungseinheit" zwischen göttlichem und menschlichem Bestimmen. Was von der einen Seite gesehen Gnade sei, sei von der anderen Seite gesehen Freiheit und umgekehrt. Alle diese Theorien sind darum abzulehnen, weil sie mit der in der wirklichen Erfahrung vom Worte Gottes stattfindenden Selbsterkenntnis des Menschen,

---

[1] Sie ist die Augustins und heute besonders das Zentraldogma der Hollschule.

wie wir sie aus der biblischen Verheißung kennen, im Widerspruch stehen. Läßt sich ein Mensch durch das Wort Gottes sagen, daß er einen Herrn hat, daß er dessen Geschöpf ist, ein von ihm begnadigter, verlorener Sünder, ein Anwärter ewiger Erlösung und darum ein Fremdling in dieser Zeitlichkeit, dann wird es ihm gerade dieser Inhalt des erfahrenen Wortes rundweg verbieten, die Möglichkeit solcher Erfahrung ganz oder teilweise sich selbst zuzuschreiben oder auch die göttliche Möglichkeit, die sich in solcher Erfahrung verwirklicht, mit einer ihm selbst eigenen Möglichkeit dialektisch gleichzusetzen. Alle jene Theorien — die dritte nicht zuletzt — stammen nicht von dem in dieser Sache allein zuständigen Zeugen, nämlich von dem im Ereignis der wirklichen Erkenntnis des Wortes Gottes stehenden Menschen, wie er uns durch die Heilige Schrift vorgehalten wird, sondern sie stammen von einem diesem Ereignis interessiert aber von außen Zuschauenden, der die beiden hier offenbar auf dem Plan befindlichen Bestimmungen, die durch Gott und die durch den Menschen selbst, für irgendwelche Bestimmungen hält, wie sie auch sonst miteinander konkurrieren mögen und der sie nun, wie man es bei irgendwelchen konkurrierenden Bestimmungen mit Recht zu versuchen pflegt, in ihrem Zusammensein zu verstehen, der nun irgendeine Synthese zwischen ihnen zu ermitteln sucht — offenbar vor allem mit dem Interesse, die Selbstbestimmung des Menschen gegenüber der Bestimmung des Menschen durch Gott „irgendwie" zu behaupten. Der von außen Zuschauende und so Interessierte übersieht aber — und als von außen Zuschauender und so Interessierter muß er sogar übersehen —, daß das Zusammensein von Gott und Mensch, wie es in der Erfahrung vom Worte Gottes stattfindet, kein Zusammensein auf derselben Ebene ist, daß es also ganz unmöglich ist, dieses Zusammensein gleichsam von einer höheren Warte aus zu überblicken und als Zusammensein in seiner Möglichkeit zu durchschauen. Er übersieht auch, daß es keinen Sinn haben kann, die menschliche Selbstbestimmung „irgendwie" und wäre es auch in jener dialektischen Weise, der Bestimmung des Menschen durch Gott gegenüber behaupten zu wollen. Eben und gerade als Selbstbestimmung unterliegt sie ja der Bestimmung durch Gott. Eben unsere Selbstbestimmung bedarf ja dieser Bestimmung durch Gott, um Erfahrung von seinem Wort zu sein. In diesem Verhältnis des gänzlichen Unterliegens und Bedürfens der Bestimmung durch Gott gegenüber kann sie doch unmöglich, wie Pelagius wollte, an die Stelle jener treten, oder wie die Semipelagianer wollten, mit jener zusammenwirken, oder wie Augustin wollte, mit jener heimlich identisch sein. Mögen solche Auflösungen überall möglich sein, wo es sich sonst um konkurrierende Bestimmungen des Menschen oder auch eines Gegenstandes handelt, hier, wo es um die Frage der Bestimmung des Menschen durch Gott und durch sich selbst geht, sind sie unmöglich.

Aber ein ganz entsprechendes Mißverständnis eines Zuschauers würde es nun doch auch sein, wenn man die Situation des Menschen in der Erfahrung vom Worte Gottes als Aufhebung seiner Selbstbestimmung, als einen Zustand teilweiser oder völliger Rezeptivität und Passivität verstehen wollte.

Weil er fast notwendig diese Vorstellung erweckt, werden wir den Schleiermacherschen Begriff der „Abhängigkeit" gerade in diesem Zusammenhang lieber nicht aufnehmen.

Bei scheinbar größtem Verständnis für den Gedanken der Allmacht Gottes und seines Wortes würde doch auch so eine Verkennung der Natur des Gegenübers von Gott und Mensch stattfinden. So gewiß es sich in der Erfahrung vom Worte Gottes ernstlich um Gott handelt, so gewiß handelt es sich darin auch ernstlich um den Menschen. Gerade der in der wirklichen Erkenntnis des Wortes Gottes stehende Mensch erkennt aber sich selbst durchaus als existierend in der Tat seines Lebens, als existierend in seiner Selbstbestimmung. Wir haben hier nicht darüber zu befinden, ob man das wirklich vom Menschen überhaupt und im allgemeinen sagen kann und sagen muß, sofern man ihn als nicht nur natürliches, sondern als wesentlich und primär geschichtliches Wesen zu verstehen habe.

Neuere Philosophie verschiedener Richtung sagt es so und lebt dabei vielleicht mehr, als ihr als Philosophie bekömmlich ist, von einem theologischen Anleihen.

Wie dem auch sei: der das Wort Gottes wirklich erkennende Mensch, wie er uns in der biblischen Verheißung begegnet, kann sich selber nur als in seiner Tat, in seiner Selbstbestimmung Existierender verstehen. Das Wort Gottes kommt ja als Aufruf zu ihm und das Gehör, das es bei ihm findet, ist das rechte Gehör des Gehorsams oder das schlechte Gehör des Ungehorsams. Ob es letztlich das eine oder das andere ist, das steht freilich nicht in seiner Hand. Dazu, zum Gehorsam- oder Ungehorsamsein seines Tuns, kann er sich nicht selbst entschließen und bestimmen. Er steht vielmehr, indem er sich entscheidet, indem er sich entschließt und bestimmt, in dem heimlichen Gericht der Gnade und Ungnade Gottes, dem sein Gehorsam oder Ungehorsam allein offenbar ist. Und das ist eben die übergreifende Bestimmung durch Gott, die seiner Selbstbestimmung widerfährt. Sie ändert aber nichts daran, daß sein Hören Selbstbestimmung, Tat, Entscheidung ist. Daß das Zusammensein von Gott und Mensch in der Erfahrung des Menschen vom Worte Gottes kein Zusammensein auf derselben Ebene ist, nicht zu überblicken wie das Zusammensein irgendwelcher zwei sonstiger Größen, also nicht zu durchschauen in seiner Möglichkeit als Zusammensein, damit muß nun auch nach dieser Seite Ernst gemacht werden. Auch der an der Allmacht Gottes Interessierte, der das Problem von dieser Seite lösen möchte, könnte ja ein von außen Zuschauender sein, der von hoher Warte aus sehen und urteilen möchte und gerade so und darum von allem nichts versteht. Wir können hier einfach zwei vorhin formulierte Sätze mit etwas anderer Betonung wiederholen: Eben und gerade unsere Selbstbestimmung unterliegt hier der Bestimmung durch Gott. Eben unsere Selbstbestimmung bedarf dieser Bestimmung durch Gott, um Erfahrung von seinem Wort zu sein. Wäre es nicht gerade die menschliche Selbstbestimmung, die hier sozusagen als das Material, als das Unterliegende, als das Bedürftige gemeint ist, wenn wir von der Bestimmung menschlicher Existenz durch das Wort Gottes reden, wie würden wir denn von der Bestimmtheit menschlicher Existenz reden und wie dann überhaupt von einer Bestimmtheit durch das Wort Gottes? Ist das Wort Gottes nicht zu Tieren, Pflanzen oder Steinen gesprochen, sondern zu Menschen und ist also Bestimmtheit durch das Wort Gottes wirklich eine Bestimmtheit menschlicher Existenz, in was sonst soll sie dann bestehen, als darin, daß eben die Selbstbestimmung, in der der Mensch Mensch ist, in der Bestimmung durch Gott ein ihr schlechthin überlegenes Oberhalb bekommt, daß sie als Selbstbestimmung und ohne als solche im geringsten angetastet oder gar zerstört zu werden, eine Weisung empfängt, unter ein Urteil gestellt wird, einen Charakter aufgeprägt erhält, kurz, ebenso bestimmt wird, wie ein sich selbst bestimmendes Wesen durch ein Wort und wie nun eben der Mensch durch das Wort Gottes bestimmt wird. Daß ihr dies widerfährt und was ihr damit widerfährt, das ist nicht das Werk der menschlichen Selbstbestimmung. Es ist aber umgekehrt das Werk der menschlichen Selbstbestimmung, dem dies widerfährt, was ihm auch damit widerfahren möge.

Wenn das klar ist, dann sollte jetzt der Weg frei sein zur näheren Erklärung unseres Satzes, daß Menschen vom Worte Gottes Erfahrung haben können. Dieser Satz muß dann besagen: Menschen können in ihrer Selbstbestimmung durch das Wort Gottes bestimmt sein. Also nicht nur bestimmt durch allerlei ihnen sonst begegnendes Außen — das können sie freilich auch sein —, sondern auch bestimmt durch das Wort Gottes. Es sollte an dieser Stelle dreierlei nun verhältnismäßig leicht einzusehen sein:

1. Wir haben es zur Bestimmung des anthropologischen Ortes, wo Erfahrung vom Worte Gottes möglich wird, nicht nötig, unter den verschiedenen Möglichkeiten menschlicher Selbstbestimmung die eine oder andere hervorzuheben, als ob gerade sie und nur sie das erwählte Gefäß dieser Erfahrung sei. Man hat den Willen, man hat das Gewissen, man hat das Gefühl als solche ausgezeichnete Orte namhaft gemacht und ganze theologische Systeme auf je diesen oder diesen bevorzugten Ort aufgebaut.

Der Grund, der den einen diesen, den anderen jenen anthropologischen Ort bevorzugen ließ, war dabei immer der, daß jeder eine bestimmte Synthese des Verhältnisses von göttlicher und menschlicher Bestimmung, eine indeterministische, eine dialektische oder eine deterministische je von diesem oder diesem anthropologischen Ort aus am besten zu rechtfertigen wußte oder hoffte. Diese unter der Voraussetzung der Notwendigkeit und Möglichkeit einer solchen Synthese freilich notwendige Unsachlichkeit rächte sich dann regelmäßig in Form einer sehr einseitigen Auffassung der religiösen Erfahrung und dann auch des angeblich so erfahrenen Wortes Gottes. Wir haben nun gesehen, daß die bewußte Synthese weder notwendig noch möglich ist. Wir haben also auch kein Bedürfnis eine solche Synthese anthropologisch zu rechtfertigen. Wir brauchen weder den Willen hervorzuheben zur Unterstreichung der menschlichen Freiheit, noch das Gewissen als den Ort, wo der Mensch mit dem Willen Gottes einig werde, noch das Gefühl, um die schlechthinnige Abhängigkeit des Menschen von der Omnipotenz Gottes klar zu machen.

Wir können ruhig den Willen und das Gewissen und das Gefühl und alle anderen in Betracht kommenden anthropologischen Orte verstehen als Möglichkeiten menschlicher Selbstbestimmung, um dann diese in ihrer Totalität zu verstehen als bestimmt durch das den ganzen Menschen angehende Wort Gottes.

2. Wir haben es also auch nicht nötig, gewisse anthropologische Orte mit einem so grundsätzlichen Mißtrauen und Verdacht zu umgeben, wie dies in der Geschichte der Theologie oft vorgekommen ist. Ich denke hier vor allem an die merkwürdige Polemik, die in der Neuzeit gegen den sog. „Intellekt" des Menschen, sein Verstandes- und Denkvermögen als Ort möglicher religiöser Erfahrung vom Worte Gottes üblich geworden ist.

Zwei gerade entgegengesetzte Gründe wurden und werden für die besondere Unzuständigkeit des Intellekts in Sachen der religiösen Erfahrung geltend gemacht: In den Augen der einen ist seine Betätigung in dieser Sache das fatale Symptom dafür, daß der Mensch, statt sein Leben handelnd selbst zu bestimmen, im Begriff steht, in die träge Passivität bloßer Reflexion und Betrachtung des Lebens zu versinken. In den Augen der anderen ist Betätigung des Intellekts vielmehr gerade der Gipfel jener allzukühnen Selbstbestimmung, die nach ihnen in der Erfahrung vom Worte Gottes gebrochen und womöglich zerbrochen werden sollte. Nach den einen soll ihm also die rechte Kraft, nach den anderen die rechte Demut, nach beiden aber die rechte Tiefe fehlen, die man im Unterschied zum Intellekt viel eher an einem jener anderen anthropologischen Orte, etwa im Gewissen oder im Gefühl anzutreffen hofft. Was sollen wir dazu sagen? Vor allem gewiß dies, daß auch wir keinen Anlaß sehen, nun etwa gerade den Intellekt anthropologisch besonders zu bevorzugen. Was der Mensch tut, indem er von diesem Vermögen Gebrauch macht, indem er denkt und zu verstehen sucht, kann wie alle menschliche Selbstbestimmung in der Tat Faulheit oder auch Hybris oder auch beides zugleich sein. Aber gilt dies etwa vom Gefühl, vom Gewissen, vom Willen oder was man hier noch nennen mag, nicht auch? Sind sie nicht auch, sind sie etwa weniger Selbstbestimmung? In dem Grad weniger, daß die Differenzen in Bezug auf das Verhältnis von Spontaneität und Rezeptivität, die hier in Betracht kommen mögen, ernstlich ins Gewicht fallen gegenüber der umfassenden Bestimmung der ganzen menschlichen Existenz durch das Wort Gottes? Ist es nicht ein willkürliches Vorurteil, daß der Mensch gerade im Denkakt in einem schlimmeren Sinne Mensch sei als in seinen anderen Selbstverwirklichungen? Sollte dieses Vorurteil wirklich, wie man immer wieder vorgibt, ein Urteil des christlichen Glaubens sein? Notorisch erst auf dem Rückzug vor dem modernen Agnostizismus und nicht vorher ist der christliche Glaube auf dieses wunderliche Urteil verfallen! Dieses Vorurteil könnte aber eine schlimme Verschlossenheit für das Wort Gottes bedeuten. Wir erinnern uns der früher festgestellten Tatsache, daß das Wort Gottes nicht zuletzt, sondern zuerst und beherrschend ganz wörtlich

Rede und d. h. ein geistiges Geschehen ist. Ist dem so, dann muß sein Gesprochenwerden zum Menschen jedenfalls auch den Intellekt in Anspruch nehmen, und muß die Erfahrung von ihm jedenfalls auch und gerade die Inanspruchnahme des Intellekts in sich schließen. Bedeutet der modern-theologische Antiintellektualismus nicht einerseits ein Heiligkeitsstreben, das auf einer Selbsttäuschung in Bezug auf die anderen anthropologischen Möglichkeiten beruht und notwendig mit Enttäuschungen enden muß, andererseits eine Einengung der möglichen Erfahrung vom Worte Gottes an entscheidendster Stelle, die sofort deren gänzliche Leugnung bedeuten könnte? Wir können ihn für keine respektable Angelegenheit halten. Wir halten ihn für einen Krampf, von dem man genesen muß, um zu sehen, was hier wirklich zu sehen ist.

Das die menschliche Existenz bestimmende Wort Gottes ist stark genug, um auch mit dem im Denken sich selbst bestimmenden Menschen fertig zu werden. Dasselbe wäre natürlich zu sagen,[1] wenn von anderer Seite nun etwa das Gefühl oder das Gewissen als Ort möglicher Erfahrung vom Worte Gottes diskreditiert und ausgeschlossen werden sollte. Müssen wir es als mehr als verdächtige Zwängerei ablehnen, die christliche Erfahrung ausgerechnet und vorzüglich als Erfahrung des Gefühls oder des Gewissens zu interpretieren, so können wir selbstverständlich auch einem Ausschluß nun gerade dieser anthropologischen Orte unmöglich zustimmen.

Die evangelische Theologie ist gerade auf diesem Gebiet immer wieder durch die Versuchung gefährdet, polemische Tagesnotwendigkeiten zu prinzipiellen Verneinungen zu erheben, die sich dann als solche nicht durchführen lassen. Wir möchten dieser Versuchung nach allen Seiten widerstehen.

3. Wir haben es aber auch nicht nötig, als Grund der Möglichkeit menschlicher Erfahrung vom Worte Gottes irgendwelche außergewöhnliche, verborgene anthropologische Orte in Anspruch zu nehmen oder ausfindig zu machen und zu behaupten. An dem Vorhandensein solcher außergewöhnlicher, heute mehr als in früheren Zeiten beachteter und erforschter Orte und an der Möglichkeit, daß ihrer noch mehr vorhanden sein möchten, als heute beachtet und erforscht sind, ist ja nicht zu zweifeln. Es gibt z. B. unbewußte und unterbewußte und es scheint auch halb okkulte und okkulte Möglichkeiten der menschlichen Seele zu geben. Es gibt fraglos außer dem diskursiven Denken und in allerlei Kombinationen mit ihm auch ein intuitives Erfassen von Gegenständen. Es mag sein, daß es außer der Möglichkeit des ästhetischen auch eine Möglichkeit des spezifisch frommen Empfindens und Verhaltens gibt.

Die philosophische Aufklärung über das Wesen und die Grenzen besonders der theoretischen Vernunft brachte es mit sich, daß die Theologen sich seit Schleiermachers Entdeckung der besonderen „Provinz", die der Religion im menschlichen Gemüt eigen sei, mit einer gewissen interessierten Vorliebe diesen Nebengebieten der Psychologie zuwandten. Auf Grund unserer Voraussetzungen werden wir dazu sagen müssen: wir können an dem Aufweis solcher angeblich besonderen Orte möglicher religiöser Erfahrung gerade kein besonderes Interesse nehmen. Auch die auf diesen Nebengebieten in Betracht kommenden Möglichkeiten, die allgemein anerkannten und die problematischen,

---

[1] Und entsprechend zu begründen.

3. Das Wort Gottes und die Erfahrung

sind auf alle Fälle Möglichkeiten menschlicher Selbstbestimmung. Sie sind, sofern sie überhaupt als humane Möglichkeiten anzusprechen sind, im umfassenden Sinn des Begriffs verstanden, rationale Möglichkeiten. Ihre Verborgenheit und Seltsamkeit qualifiziert sie durchaus nicht etwa als Einbruchsstellen der Bestimmtheit des Menschen durch das Wort Gottes. Mit Akten menschlicher Selbstbestimmung haben wir es vielmehr —nochmals: sofern es sich überhaupt um spezifisch humane Akte handelt, auch hier zu tun und werden wir es hier, welche Entdeckungen hier auch noch zu machen sein und welche Deutungen sie dann auch finden mögen, immer zu tun haben. Wir sagen das nicht, um diese besonderen Orte als Orte möglicher Erfahrung vom Worte Gottes auszuschließen, sondern gerade um sie mit den anderen bekannteren anthropologischen Orten zusammenzuschließen zu der Totalität menschlicher Existenz, die als Gegenstand der Bestimmung durch das göttliche Wort hier unser Interesse hat.

Warum sollten unter den Möglichkeiten menschlichen Existierens in der Bestimmtheit durch dieses Wort das Unterbewußtsein oder die Intuition, oder was hier genannt werden mag, nicht auch ihre Stelle haben? Aber warum sollten sie neben und unter den anderen bekannteren Möglichkeiten nun gerade eine besondere Würde haben? Was Tiefenpsychologie uns hier in verschiedenen Richtungen zu sagen haben mag, mag uns an die Weite erinnern, in der der Begriff der menschlichen Existenz auf alle Fälle zu fassen ist. Auskünfte über die Offenheit dieser menschlichen Existenz für das Wort Gottes werden wir auch von der tiefsten Tiefenpsychologie nicht erhalten und nicht erwarten wollen.

Wir fassen zusammen: Menschliche Existenz heißt menschliche Selbstbestimmung. Handelt es sich in der Erfahrung vom Worte Gottes um die Bestimmung menschlicher Existenz und also menschlicher Selbstbestimmung durch das Wort Gottes, so ist unter Selbstbestimmung zu verstehen: die Betätigung sämtlicher Vermögen, in deren Betätigung der Mensch Mensch ist, ohne grundsätzliche Hervorhebung und ohne grundsätzliche Zurückstellung dieser oder jener menschlichen Möglichkeit. Alle derartigen Hervorhebungen oder Zurückstellungen sind in unserem Zusammenhang schon deshalb methodisch abzulehnen, weil sie Ergebnisse bzw. Voraussetzungen einer allgemeinen philosophischen Anthropologie sind, von deren Konstruktionen wir uns, welches Recht oder Unrecht sie auch auf ihrem Boden haben mögen, hier nicht beeinflussen lassen dürfen. Bestimmung der menschlichen Existenz durch das Wort Gottes kann, von verschiedenen Seiten gesehen, ebensowohl als eine Gefühls- wie als eine Willens- wie als eine Intellektsbestimmung verstanden werden, sie kann auch im konkreten Fall psychologisch betrachtet tatsächlich mehr das eine als das andere sein. Sie ist aber sachlich entscheidend eine Bestimmung des ganzen sich selbst bestimmenden Menschen.

Dieses festgestellt stoßen wir einen Schritt weiter vor zu der Frage, in was denn nun die Erfahrung vom Worte Gottes, d. h. also die Bestimmung des ganzen sich selbstbestimmenden Menschen durch das Wort Gottes bestehen möchte? Auf diese für das ganze Problem unseres Paragraphen entscheidende Frage antwortet im vorausgeschickten Leitsatz der Begriff der Anerkennung. Ich wüßte kein Wort, das dem Wesen des Wortes Gottes, um dessen bestimmende Wirkung es ja hier gehen soll, verhältnismäßig so angemessen wäre, wie dieses. Und dieses Wort ist auch im Blick auf das, was wir vom Menschen wissen oder zu wissen meinen, genau genug, um gerade das Besondere zu sagen, was hier von ihm zu sagen ist, aber auch allgemein genug, um dieses Besondere so umfassend zu sagen, wie es hier gesagt werden muß. — Wir entwickeln den Begriff der Anerkennung in Anlehnung an die neun Orientierungspunkte in Bezug auf das Wesen des Wortes Gottes, die wir in § 5 festgestellt und erklärt haben:

1. In dem Wort Anerkennung steckt einmal der Begriff der Erkenntnis. So muß es sein, weil das Wort Gottes primär und beherrschend Rede ist, Mitteilung von Person zu Person, von Vernunft zu Vernunft, Geist, rationales Geschehen, Wort der Wahrheit, weil es sich an die menschliche *ratio* wendet, worunter man ja nicht nur den Intellekt, aber jedenfalls auch und nicht zuletzt den Intellekt zu verstehen hat. Ist dem so, dann muß dem auch die Erfahrung von ihm, sofern sie möglich ist, entsprechen. Eben darauf weist das Wort Anerkennung jedenfalls auch hin.

2. In diesem Wort ist aber auch das ausgesprochen, daß es sich in der Erfahrung vom Worte Gottes um ein Verhältnis des Menschen als Person zu einer anderen Person, natürlich zu der Person Gottes, handelt. Man spricht freilich auch von Anerkennung von Tatsachen, und um eine solche geht es ja auch hier, aber eine Tatsache, die man anerkennt, ist jedenfalls nicht eine Naturtatsache — man anerkennt weder einen Bergsturz noch einen Regenbogen oder dgl. — sondern eine von einer Person oder von Personen geschaffene und vertretene Tatsache. So beschaffen ist auch die Bestimmtheit menschlicher Existenz durch das Wort Gottes: sie ist die Bestimmtheit durch Gottes Person. Auch darum bezeichnen wir sie als Anerkennung.

3. Anerkennung bezieht sich auf das Vorliegen einer bestimmten positiven oder negativen Verfügung in bezug auf den, der etwas anerkennt. Anerkennung heißt aber nicht nur Unterwerfung unter eine Notwendigkeit, sondern Sich-Fügen in die Sinnhaftigkeit, Gutheißen dieser Notwendigkeit, nicht nur Sich-in-sie-finden, sondern Sich-mit-ihr-zurechtfinden. Anerkennung des Wortes Gottes bezieht sich auf die Absichtlichkeit des Wortes Gottes, auf seinen Inhalt als Herrenwort, als Wort des Schöpfers, Versöhners und Erlösers des Menschen. Sie muß also darin bestehen, daß der Mensch dieses Wort (wenn auch in ganz bestimmter Weise) gutheißt, und sich mit diesem seinen Inhalt (wenn auch in ganz bestimmter Weise) als mit einer für ihn gültigen Wahrheit zurechtfindet. Anerkennung des Wortes Gottes durch den Menschen besteht im Ein-

geständnis seiner Beugung vor den in Gottes Wort ausgesprochenen Absichten Gottes, 'in einer (freilich ganz besonderen) Bejahung des „Gott mit uns", das das Wort Gottes seinen Hörern zu sagen hat.

4. Anerkennung des Wortes Gottes muß nun freilich weiter auch bedeuten: Respektierung der in dem Worte Gottes geschehenden Tatsache als solcher. Diese Tatsache besteht aber vor allem in seinem Kommen zu uns, in seiner kontingenten Gleichzeitigkeit als Offenbarung, hl. Schrift und kirchliche Verkündigung. *Illic et tunc* wird *hic et nunc*. Jesus Christus selber lebt in der Botschaft seiner Zeugen, lebt in der auf diese Botschaft sich gründenden Verkündigung seiner Kirche, schreitet als Herr der Gnade und des Gerichts entgegen der Existenz des Hörers des Wortes. Erfahrung vom Worte Gottes muß also jedenfalls auch sein: Erfahrung seiner Gegenwart und, weil diese seine Gegenwart nicht auf einem historischen Erinnerungsakt des Menschen beruht, sondern auf Gottes Selbstvergegenwärtigung im Leben des Menschen, darum: Anerkennung seiner Gegenwart.

5. In dem Wort Anerkennung liegt die Beziehung zu einer Verfügung, zu einer Notwendigkeit, haben wir bereits gesagt. Wir haben dessen zu gedenken, daß das Wort Gottes Gewalt hat — Gewalt, wie Wort Gewalt hat, also Gewalt der Wahrheit, Gewalt der Zusage, des Anspruchs, des Urteils, des Segens Gottes, die sein Inhalt sind, aber Gewalt. Anerkennung des Wortes Gottes durch den Menschen ist also freilich ein Gutheißen des Wortes Gottes durch den Menschen, aber nicht ein Gutheißen wie es auf Grund von Überredung zwischen Gleichstehenden, sondern ein Gutheißen, wie es auf Grund von Gehorsam, von Unterwerfung zwischen völlig Ungleichstehenden zustandekommt. Erfahrung vom Worte Gottes haben heißt zurückweichen vor seiner Überlegenheit. Ob es als Gesetz oder als Evangelium zu uns kommt, als Gebot oder als Verheißung, es kommt jedenfalls so, daß es den Menschen und zwar sein Gewissen und seinen Willen ebenso wie seinen Intellekt und sein Gefühl beugt — nicht zerbricht, aber wirklich beugt, in eine Konformität mit sich selber bringt.

6. Anerkennung heißt weiter sicher: Entscheidung. Das Kommen des Wortes Gottes zum Menschen ist die Tat göttlicher Freiheit und Wahl. Es muß nicht zu ihm kommen, sondern es kommt nach Gottes Wohlgefallen und wiederum ist es Gottes Wohlgefallen, wie es zu ihm kommt, ob zur Gnade oder zum Gericht. Die Erfahrung vom Worte Gottes ist also auf alle Fälle: Erfahrung dieser göttlichen Freiheit und Wahl und also selber Entscheidung, Entscheidung über den Menschen, die manifest wird als Qualifizierung der Entscheidung des Menschen als eine Entscheidung zum Glauben oder Unglauben, zum Gehorsam oder Ungehorsam. Unter der Konformität mit dem Worte Gottes, von der vorhin die Rede war, ist also zunächst beides zu verstehen: Gehorsam und Ungehorsam. Auch

im Ungehorsam findet eine Anerkennung des Wortes Gottes statt, wenn auch wider den Willen des Menschen und zu seinem Unheil. Auch in seinem Ungehorsam kennzeichnet sich der Mensch als der, der er ist vor dem Worte Gottes. Auch Ungehorsam ist in seiner Weise eine Bestätigung, ein Gutheißen des Wortes Gottes: sofern er eben Ungehorsam gegen das Wort Gottes ist und sofern des Menschen Selbstbestimmung auch im Ungehorsam eine Vollstreckung seiner Bestimmung durch das Wort Gottes ist. Das Entsprechende wäre natürlich von der Entscheidung des Gehorsams zu sagen. Eben weil Erfahrung vom Worte Gottes solche Entscheidung ist, kann und muß der Mensch in der Kirche zu immer neuer Erfahrung und also Entscheidung aufgerufen werden.

7. Im Begriff der Anerkennung liegt aber weiter dies, daß der damit bezeichnete Akt ein Haltmachen vor einem Rätsel, ein Sichzufriedengeben mit einer nicht offenen, sondern vom Anerkennenden aus gesehen, ungeklärten Situation bedeutet. Wir sprachen in § 5 von der Welthaftigkeit des Wortes Gottes, d. h. davon, daß es in einer Gestalt zu uns kommt, die zugleich seine Verhüllung bedeutet. Erfahrung vom Worte Gottes muß also darin bestehen, daß wir es in dieser Gestalt und Verhüllung, in dieser doppelten Indirektheit empfangen. Auch unser Aufnehmen des Wortes wird, das wird uns nachher besonders wichtig werden, teilnehmen an dieser doppelten Indirektheit. Auch es wird eine welthafte Gestalt, die Gestalt von allerlei menschlichen Akten haben, und diese Gestalt wird seine Verhüllung, seine Infragestellung sein. Anders denn in dieser zutiefst in der Sache begründeten Problematik gibt es keine Erfahrung vom Worte Gottes. Sie wird immer auch in der Respektierung, in der Anerkennung seines Geheimnisses bestehen.

8. Eben weil es sich um die Anerkennung des Geheimnisses Gottes in seinem Wort handelt, müssen wir nun auch darauf Gewicht legen, daß das Wort Anerkennung einen Akt des Menschen, eine Bewegung bezeichnet, eine Bewegung, die, nur indem sie vollzogen wird, die hier geforderte Anerkennung ist, die also nicht in eine Haltung aufzulösen ist. Was dies letztere in der Erfahrung vom Worte Gottes verhindert und also diese Erfahrung, wo immer sie wirklich ist, zur Bewegung macht, das liegt in dem, was wir in § 5 die Einseitigkeit des Wortes Gottes genannt haben. Wir verstanden darunter dies, daß uns das eine ganze Wort Gottes immer zugleich verhüllt und enthüllt oder enthüllt und verhüllt begegnet und daß dies nun doch für uns jedesmal je etwas Besonderes ist, daß es uns einseitig, jetzt in seiner Verhüllung und jetzt in seiner Enthüllung, begegnet, in der Einheit beider uns nicht einsichtig wird und nun doch jedesmal als das eine ganze Wort Gottes gehört sein will. Anerkennung des Wortes Gottes muß angesichts dieser Sachlage bedeuten: immer wieder sich führen lassen, immer wieder den Schritt tun, immer wieder in der Bewegung sein von der einen jeweils gemachten Erfahrung,

von dem einen jeweils gefaßten Gedanken, zu dem entgegengesetzten Erfahren und Denken, weil Hören des Wortes Gottes immer im Mithören des einen im anderen, des anderen im einen besteht. In dieser durch keine Synthese zu beruhigenden Bewegung anerkennt ein Mensch das Geheimnis des Wortes Gottes und hat er christliche Erfahrung.

9. Wo Anerkennung stattfindet, da findet statt ein Zurücktreten des Menschen, der anerkennt, vor dem, was, oder vor dem, den er anerkennt. Er weicht der Autorität eines An deren. Das steht nicht im Widerspruch zum Begriff der Selbstbestimmung, das bedeutet aber, daß die Selbstbestimmung dieses Menschen als solche an einem bestimmten Ort in einem bestimmten Zusammenhang stattfindet. Sie hat ihren Anfang und Grund gefunden in einer höheren anderen Bestimmung. Im Akt der Anerkennung hat das Leben des Menschen, ohne aufzuhören das sich selbst bestimmende Leben dieses Menschen zu sein, sein Zentrum, sein Woher, den Sinn dieser seiner Stellungnahme, auch das Kriterium darüber, ob diese seine Stellungnahme den entsprechenden Sinn wirklich hat — das alles hat es außerhalb seiner selbst, in dem Anerkannten. Es hat es, sofern es es hat, von dem Anerkannten her. Und so ist Anerkennung zwar als Stellungnahme ganz und gar das Tun dieses Menschen und doch auf den Sinn dieser Stellungnahme gesehen, auch gar nicht sein Tun, sondern eine Bestimmung, die ihm von dem Anerkannten, von dem ihn zur Anerkennung Nötigenden her widerfahren ist. Zuerst ist das Anerkannte, dann und daraufhin und letztlich durchaus von ihm her gibt es Anerkennung. Wir stehen vor dem, was wir in § 5 die Geistlichkeit des Wortes Gottes genannt haben, d. h. die Begründung nicht nur des Gesprochenseins, sondern auch des wirklichen Hörens des Wortes Gottes durch den Menschen in ihm selber, die Aneignung des Wortes Gottes als Gabe des hl. Geistes und also als des Wortes eigenes Tun am Menschen. Und damit stehen wir nun zugleich vor der Grenze dessen, was wir von der Erfahrung vom Worte Gottes als solcher sagen können. Das letzte, was hier zu sagen ist, ist der Satz, daß die Stellungnahme der Anerkennung dem Worte Gottes gegenüber wohl eine wirkliche Stellungnahme des Menschen, ein Akt seiner Selbstbestimmung ist, aber der Akt derjenigen Selbstbestimmung des Menschen, deren Sinn und Grund, deren letzten Ernst und eigentlichen Gehalt, deren Wahrheit und Wirklichkeit er nicht sich selbst, sondern nur seiner Bestimmung durch das Wort Gottes zuschreiben kann. Es ist der Akt reiner Anerkennung, könnten wir auch sagen, der Akt, in welchem die Anerkennung darin besteht, daß sie nur die Antwort sein will auf eine dem Menschen jenseits alles seines Tuns und Vermögens widerfahrene — der Begriff muß an dieser Grenze seine Bedeutung wechseln! — An-Erkennung, deren Subjekt nicht er selbst ist, in deren freier Wahrheit und Wirklichkeit er anerkannt sein muß, um ihre Wahrheit und Wirklichkeit zu anerkennen.

Man wird wohl daran tun, sofort einzusehen und auszusprechen: diese Erfahrung **hört**, indem sie als Erfahrung stattfindet, **auf**, Erfahrung zu sein. Wir werden, um den Problemkreis der Frage nach der Menschenmöglichkeit der Erkenntnis des Wortes Gottes zu schließen oder vielmehr: um die Stelle aufzuzeigen, wo er endgültig offen bleiben muß, im letzten Absatz unseres Paragraphen an dieser Stelle den dem Hl. Geist des Wortes Gottes entsprechenden Begriff des **Glaubens** einsetzen und bedenken müssen. Aber bevor wir das tun, lohnt es sich, einen Augenblick rückblickend haltzumachen und eben dies ausdrücklich festzustellen: daß Erfahrung vom Worte Gottes **möglich** ist, daß sie aber gerade hinsichtlich ihres Sinnes und Grundes, ihres letzten Ernstes und eigentlichen Gehaltes, gerade hinsichtlich ihrer Wahrheit und Wirklichkeit, **nicht** Erfahrung, **mehr** als Erfahrung ist.

Wir schicken diesem negativen und erweiternden Satz eine positive Feststellung voraus. Wir haben im bisherigen die Möglichkeit menschlicher Erfahrung vom Worte Gottes nicht verneint, sondern bejaht. Wir haben sie eben damit als echte Erfahrung charakterisiert, daß wir ihren Charakter als menschliche Selbstbestimmung so stark wie möglich unterstrichen haben. Wir haben weder gegen die Einbeziehung des Gefühls noch gegen die des Gewissens in die Erfahrung vom Worte Gottes etwas eingewendet, allerdings auch nicht gegen die des Intellekts. Wir haben auch nicht gegen den Begriff des Erlebnisses gekämpft und haben sogar das „religiöse Bewußtsein" ruhig gelten lassen. Wir haben diese Erfahrung — allerdings nicht in Form einer psychologischen Studie, sondern in Form einer Ableitung aus unserem früher gewonnenen Verständnis des Wesens des Wortes Gottes — beschrieben, indem wir eine Reihe von Akten nannten, die mit teilweiser Ausnahme des Grenzfalls des letzten alle durchaus als menschliche und menschenmögliche Akte anzusprechen sind. Wir wollen nichts dagegen haben, wenn man unsere 9 oder 8 Punkte, in denen wir die „Anerkennung" entwickelt haben, schlecht und recht als den Versuch einer — wie es sich hier gehört formalen — Beschreibung eben des christlich-religiösen Erlebnisses oder Bewußtseins auffassen und bezeichnen will.

Ich muß das betonen, weil ich es leid bin, immer wieder das Sprüchlein zu hören, als gehe ich damit um, die Offenbarung und den Glauben hinsichtlich des glaubenden Menschen in die Luft zu stellen, eine *fides quae creditur* „ohne Berücksichtigung der *fides qua creditur*, der eigenpersönlichen Glaubensüberzeugung und Glaubenserfahrung" zu lehren. „Die eigenpersönliche Glaubenserfahrung soll ganz ausgeschaltet werden". Die Übermittlung der Offenbarung werde nicht so gedacht, „daß dabei auch das Naturwesen des Menschen in Betracht kommt" — so referiert z. B. G. Wobbermin (Richtlinien ev. Theol. 1929 S. 22, 104, 139, 141 u. a.) und von E. Schaeder muß ich wieder und wieder (zuletzt in: Das Wort Gottes, 1930 S. 37 f.) den allerdings etwas vagen Vorwurf hören, ich sei der Gefahr erlegen, „den Protest gegen die Stellung und Geltung des Ich im Glauben und in der Theologie des Glaubens in unhaltbarer Weise zu übersteigern". Man werde bei mir als „Glaubensmensch und Theologe" genötigt, „das

3. Das Wort Gottes und die Erfahrung

Unmögliche zu leisten, nämlich über unseren eigenen Schatten zu springen". Der notwendige Kampf gegen den Idealismus überschlage sich bei mir, mit der reinen Distanz von Gottes Geist und menschlichem Geist oder unendlichem Ich sei es „denn doch auch nicht" getan (a. a. O. S. 41) usw. — Ich zweifle nun keinen Augenblick daran und es wird gleich darauf zurückzukommen sein, daß der Gegensatz zwischen der Anschauung Wobbermins und Schaeders (um diese beiden als Wortführer vieler anderer zu nennen) und der hier vertretenen Anschauung so tief ist, wie er innerhalb der evangelischen Kirche nur sein kann, und ich denke wirklich nicht daran, mich ihnen durch Entgegenkommen empfehlen zu wollen. Es würde aber Klärung der Streitlage bedeuten, wenn sie und andere es unterlassen könnten, mir Negationen zuzuschreiben, die ich so nie, auch nicht vor 10 Jahren vertreten habe. Der Streit kann wirklich nicht darum gehen, ob die „eigenpersönliche Glaubenserfahrung" zu „berücksichtigen" sei, und ob dabei auch das Naturwesen des Menschen „in Betracht komme" oder ob gegen die Stellung und Geltung des Ich im Glauben ein „übersteigerter", d. h. doch wohl ein absoluter „Protest" zu erheben sei. Was hätte es für einen Sinn, hier auch nur relativ zu negieren und zu protestieren, geschweige denn gleich „übersteigert"! Ich meine aber allerdings, daß das ruhige Ja, das man an dieser Stelle sprechen kann und muß, von anderen Sätzen gefolgt sein muß als denen, die etwa Wobbermin und Schaeder ihm folgen lassen wollen und auf die es ihnen ja bei dem ganzen Streit ebenso entscheidend ankommt wie mir auf meine folgenden Sätze.

Man kann alles zugeben, was hier tatsächlich zuzugeben ist, man kann also feststellen, wie wir es nun in aller Form getan haben, daß es sich bei der Erfahrung vom Worte Gottes um eine echte menschenmögliche Erfahrung handelt. Aber dann muß man doch wohl weiter gehen und fragen: Ist Erfahrung vom Wort Gottes in der Weise möglich, daß durch sie der Bestand menschlicher Möglichkeiten durch eine weitere, nun eben diese, bereichert wird, daß der Mensch nun eben eine Möglichkeit, ein Organ, eine Fähigkeit mehr hat als vorher? Oder umgekehrt gesehen: Wird die Möglichkeit der Erfahrung vom Worte Gottes, indem sie dem Menschen in der Kraft ihrer Wirklichkeit gegeben wird — wird sie ihm so gegeben, daß sie zu einer zwar außerordentlichen, vielleicht sogar als wunderbar zu bezeichnenden, aber doch ihm selbständig eigenen, zur besonderen Möglichkeit nun eben des religiösen Menschen (des begnadigten Menschen kann und muß man auch sagen), aber immerhin des Menschen wird? Findet in der Wirklichkeit dieser Erfahrung sozusagen eine göttliche Emanation in der Richtung auf den Menschen oder vom Menschen her gesehen ein göttlicher *influxus* statt, dessen Niederschlag dann die bewußte Möglichkeit wäre? Ist aus dem Möglichwerden der Erfahrung vom Worte Gottes zu folgern: Also es gibt Menschen, die diese Möglichkeit haben — vielleicht so, wie andere im Unterschied zu vielen Mitmenschen etwa künstlerische Möglichkeiten haben? Gibt es diese Menschen so, daß sie sich selbst als Besitzer dieser Möglichkeit vorfinden und rekognoszieren oder von anderen als solche vorgefunden und rekognosziert werden können? Wird Erfahrung vom Worte Gottes also in der Weise wirklich, daß ihre Möglichkeit feststellbar und also voraussetzbar wird als ein Prädikat, als ein bestimmtes Sosein bestimmter Menschen, als Eigentümlichkeit eines menschlichen Ich oder Wir, die man nun direkt, eindeutig, und ohne Vorbehalt von diesem Ich oder von diesem Wir aussagen kann ?

Dies ist offenkundig die Folgerung z. B. Schaeders aus jener gemeinsamen Voraussetzung, wenn er von einer im Glauben stattgefundenen und aufweisbaren „Konjunktion zwischen dem Wort Gottes und dem endlichen Ich" (a. a. O. S. 41), von einem „wortverbundenen Ich" (S. 45) reden kann, wenn er „bei der Frage nach dem Worte Gottes beim glaubenden Ich einsetzen will — „wie soll man es denn anders machen?" — (S. 43), wenn er um eine „wortvermittelte wirksame Synthese zwischen dem Geiste Gottes und dem endlichen Geiste (S. 46), um eine „innigste Synthese von Wort, Geschichte, menschlichem Ich, Geist Gottes und Glauben" (S. 50), um eine „Zugehörigkeit des Wortes Gottes zur strikten Gegenwart dessen, der es vernimmt" (S. 49) zu wissen meint, wenn er auf einmal sogar das Wort Gottes selber beschreiben kann als „entstanden(!) aus der Synthese von göttlicher Selbstdarbietung oder Offenbarung und menschlichem, durch diese Offenbarung bewirktem Glaubensverhalten" (S.105), wenn er keine Hemmungen empfindet, gelegentlich zu sagen: „Wir werden im Vertrieb(!) des Wortes Gottes nicht weiterkommen(!)", bis wir diese und diese Bedingung erfüllt haben (S.103), wenn schließlich seine Lehre vom Worte Gottes gipfelt in dem Hinweis auf gewisse „Gesinnungsmenschen", die die entscheidende Wirkung des Wortes Gottes bzw. der Kirche des Wortes darstellten (S. 170). Es ist sehr verdienstlich und darf hier erwähnt werden, weil es uns weiteres erspart: daß Robert Winckler gerade diese Theorie nicht nur ausdrücklich als „in den Grundzügen parallel" mit der seines Lehrers Wobbermin bezeichnet hat, sondern auch als „eine Plattform", auf der sich heute „alles Nichtdialektische zusammenfinden kann" (Th. Lit. Z. 1931 Sp. 550. Vgl. dazu auch Torsten Bohlin, Th. Lit. Z. 1931 Sp. 570).

Suchen wir vor allem uns klar zu machen, was es bedeuten würde, wenn diese Theorie richtig wäre. Es würde offenbar bedeuten, daß eine Eignung des Menschen für das Wort Gottes, eine Möglichkeit des Vollzugs der Bestimmung des Menschen durch das Wort Gottes mittels menschlicher Selbstbestimmung nun doch zu behaupten wäre. Nun doch, sage ich, denn sie wird ja von den Vertretern dieser Theorie zunächst nicht behauptet, d. h. nicht als eine allgemeine, nicht als eine dem Menschen von Hause aus eigene Möglichkeit behauptet. Als Möglichkeit in diesem Sinn kann sie von ihnen sogar emphatisch in Abrede gestellt werden. Es kann auf dem Boden dieser Theorie sogar sehr eifrig gesagt werden, daß die Möglichkeit solcher Erfahrung dem Menschen von Gott und nur von Gott her gegeben werde.

Es soll hier wiederholt sein, was schon in der ersten Auflage dieses Buches (S. 92 f.) ausdrücklich gesagt wurde: Man würde Schleiermacher (und den Seinigen bis auf diesen Tag) Unrecht tun, wenn man ihnen unterschieben wollte, sie hätten gewollt, was dann Feuerbach allerdings wollte, sie hätten nämlich das menschliche Subjekt zum Schöpfer seiner Bestimmtheit durch Gott machen wollen, ihre Theologie sei also als direkter Cartesianismus anzusprechen. Ich meine die Bedeutsamkeit der von Schaeder ausgegebenen Parole „Theozentrische Theologie" bei der Polemik, die ich schon damals gegen ihn führte, nicht verkannt zu haben. Schaeder legt jetzt Wert darauf, das Ich, das nach ihm in der Theologie nach dem Worte Gottes zu befragen ist, als das „wortverbundene Ich" verstanden zu wissen. Nun, ich habe damals aus seinem früheren Buch freilich Sätze wie die folgenden zitiert: „Die Größen, die wir erkennend behandeln, sind sämtlich Bewußtseinsgrößen oder sie sind für unsere Behandlung nicht da. Der Gott, mit dem es die Theologie zu tun hat, ist der Gott unseres Bewußtseins und kein anderer. Oder er ist der göttliche Geistesgehalt unseres Bewußtseins. ... Der gegenwärtige endliche Geist oder das persönliche Bewußtsein wird von der Theologie auf seinen Gottes- oder göttlichen Geistbesitz und auf dessen Bedingungen untersucht. Es ist nicht abzusehen, wie es anders sein sollte. Das nenne ich das Theozentrische in der Theologie. Natürlich setzt sie, gerade indem sie diesen Namen wählt, beim Menschen oder beim geistigen Bewußtsein des Menschen ein. Welcher Verständige könnte nicht so verfahren wollen? Aber im Bewußtsein oder vom Bewußtsein aus will sie mit den zuständigen Erkenntnismitteln die göttliche Geisteswirklichkeit, das Pneumatische, die Wirklichkeit Gottes erfassen" (Das Geistproblem der Theologie 1924 S. 2 u. 4). Aber ich habe doch schon damals Schaeders weiteren Satz angeführt und berücksichtigt: „Wir erreichen Gott nur so, daß er uns erreicht, d. h. nur auf Grund seiner Selbstoffenbarung an uns, die sich, mindestens endgültig oder abschließend, um als Offenbarung gelten zu können, in unserem Bewußtsein vollzieht" (a. a. O. S. 63) und glaube Schaeder schon damals genau so verstanden zu haben, wie er sich jetzt (Das Wort Gottes 1930 S. 43 f.) interpretiert hat, d. h. ich habe schon damals das, was er jetzt interpretierend hinzufügt, ohne weiteres als seine Meinung unterstellt. Und es soll ausdrücklich hervorgehoben sein, daß man auch bei Wobbermin Sätze wie die folgenden lesen kann: „Der Weg, der hier in Frage steht, führt von Gott zum Menschen, nicht umgekehrt vom Menschen zu Gott. Der Mensch, der sich immer schon in Sünde und Schuld verstrickt findet, kommt von sich aus nicht auf den Weg zu Gott. Denn Sünde und Schuld führen ihn gerade von Gott weg. Nur Gott vermag ein Beziehungsverhältnis zwischen Gott und Mensch anzubahnen, die Kluft zu überbrücken, die durch die Sünde des Menschen aufgerissen ist und immer von neuem aufgerissen wird" (Richtlinien ev. Theol. 1929 S. 102). Also darüber, daß der Mensch nicht von vornherein und im allgemeinen für das Wort Gottes geeignet ist, daß er sich in der Erfahrung vom Worte Gottes zunächst durchaus nicht schöpferisch verhält, daß die Möglichkeit solcher Erfahrung nicht als eine ihm ursprünglich zugehörige, sondern als eine ihm zugewachsene zu verstehen ist, darüber kann mit den Vertretern dieser Theorie kein Streit sein.

Aber was auch auf dem Boden dieser Theorie zunächst zu gelten scheint und behauptet wird: das Handeln, das Schaffen, das Geben Gottes in der Erfahrung von seinem Wort, das hört dann doch auf einmal an einem bestimmten Punkt auf zu gelten. Und was zunächst auf dem Boden dieser Theorie nicht zu gelten scheint und verneint wird: die Eignung des Menschen zu der bewußten Erfahrung, das tritt dann auf einmal an einem bestimmten Punkt doch in Kraft. Man fängt scheinbar gar nicht cartesianisch an, aber man fährt dann doch offenkundig cartesianisch weiter. Man denkt sich nämlich die Wirklichkeit dieser Erfahrung, also die Bestimmtheit des Menschen durch das Wort Gottes so, daß Gott in ihr dem Menschen etwas in der Weise übergebe, daß es nun tatsächlich aus der Hand Gottes in die Hand des Menschen übergehe oder von der Seite des Menschen aus gesehen: daß er von Gott etwas in der Weise empfange, daß es nun tatsächlich in seine Hand gelegt sei. Es hat eine „Konjunktion", eine „Synthese" stattgefunden. Des Menschen Bewußtsein hat nun „göttlichen Geistesgehalt", auf den hin es betrachtet und untersucht werden kann. Der Satz *homo capax verbi Dei* lebt plötzlich auf. Es entsteht in der Wirklichkeit dieser Erfahrung als vorfindbare, aufweisbare und voraussetzbare Größe ein neuer Mensch, neu nicht nur darin, daß er der durch das Wort Gottes angesprochene Mensch ist, neu also gerade nicht nur in Christus — wer könnte und dürfte dagegen etwas sagen? — sondern neu in sich selber, verwandelt im immanenten Bestand seiner Menschlichkeit. Dieser Mensch gewinnt nun, gewiß auf Grund seines Angesprochenseins durch das Wort, Eigenständigkeit und Eigeninteresse als Teilhaber an der Wirklichkeit des Wortes, so sehr, daß die Einführung des Begriffs der Mystik nun wenn nicht unentbehrlich, so doch naheliegend und wünschenswert wird.

Schaeder, Das Geistproblem S. 118 f.; zurückhaltender: Das Wort Gottes S. 54. Ich weiß nicht, ob man es als eine Unsicherheit in der Terminologie oder als ein sachliches Schwanken auffassen soll, wenn Schaeder in seinen letzten Äußerungen die „Glaubensmystik" zunächst als „wirksame Nähe Gottes", als Inanspruchnahme, Annahme und Rechtfertigung des Menschen beschreibt (Das Wort Gottes S. 33 f., vgl. auch S. 47), dann aber doch sich selbst überbietet: sie sei nicht nur das, sondern auch „eine charakteristische innere Umgestaltung oder inhaltliche Bereicherung des Ich" (a. a. O. S. 41). Nicht indem er den Begriff der Mystik einführt, wohl aber, indem er sie so definiert, indem er jene „Konjunktion" oder „Synthese" behauptet, ist der entscheidende Schritt geschehen.

Dieser so ausgezeichnete Mensch ist also gewiß nicht etwa der Mensch im allgemeinen und dem „göttlichen Geistesgehalt" seines Bewußtseins entspricht keine beim Menschen als solche vorausgesetzte Möglichkeit. Dieser Mensch ist vielmehr der besondere Mensch, den man den frommen Menschen, den christlich-gläubigen Menschen zu nennen pflegt. Und die ihm eigene Möglichkeit, Träger „göttlichen Geistesgehaltes" zu sein, ist die Möglichkeit, die er in der Wirklichkeit der Erfahrung vom Worte Gottes empfangen hat. Sie ist aber, und darauf kommt nun alles an, eine ihm als diesem Menschen, als dem frommen Menschen eigene, d. h. zu eigen gewordene Möglichkeit. In einer verborgenen, aber doch nicht ganz verborgenen, sondern einsichtigen Tiefe seines Seins ist seine Existenz, seine Selbstbestimmung identisch mit dem Vollzug seiner Bestimmung durch das Wort Gottes. Er steht nicht mehr nur auf dem Worte Gottes, sondern, gewiß unter steter Berufung auf das Wort Gottes, auch auf sich selbst, auf der in ihm wirklichen und also ihm möglichen Konjunktion oder Synthese, auf dem ihm mitgeteilten *esse capax verbi Dei.*

Seine „eigenpersönliche Glaubenserfahrung" wird nun, mit Wobbermin zu reden, zum „Gegenpol" des Wortes und damit zum, wenngleich als untergeordnete Größe verstandenen, „methodischen Hilfsmittel" zur Erkenntnis des Wortes (Richtlinien S. 140 f.).

Und die Wirklichkeit der Erfahrung vom Worte Gottes selbst ruht nun nicht mehr in sich selber; sie ist aus einem Kreis zu einer Ellipse geworden, deren einer, und zwar der uns nächstliegende Pol, Gott gegenüber, der erfahrende Mensch ist.

3. Das Wort Gottes und die Erfahrung

Kann es vermeidlich sein, daß der so, als subjektiver Gegenpol, qualifizierte Mensch finden wird, daß er sich selber näher ist als das Wort Gottes, daß also die Erkenntnisordnung: Mensch-Gott aufs neue in Kraft treten wird — mit dem doppelten Vorbehalt, daß es sich um den begnadigten Menschen handle und daß die Sachordnung gerade die umgekehrte sei (vgl. dazu Wobbermin, Wort Gottes und ev. Glaube 1931 S. 9 und Robert Winckler, Theol. Lit. Z. 1931 Sp. 550—51) — aber aufs neue und nun erst recht in Kraft treten wird? Wird eine Theologie, die demzufolge „bei der Frage nach dem Wort Gottes beim glaubenden Ich einsetzen" will (Schaeder, Das Wort Gottes S. 43) anders können, als eben dieses glaubende Ich, den bekannten christlichen Gläubigen, zum Kriterium und Maß ihrer Aussagen über das Wort Gottes zu machen? Und kann dann geleugnet werden, daß damit der scheinbar abgelehnte Cartesianismus — als, sagen wir, indirekter Cartesianismus, als Cartesianismus des gläubigen Christen doch wieder in die Theologie eingezogen ist. Ist der Begriff „Theozentrische Theologie" dann nicht doch ein *lucus a non lucendo* geworden?

Also in der wirklichen Erfahrung vom Worte Gottes wird der Mensch zur selbständigen und darum auch selbständig interessanten Verwirklichung und damit auch Ermöglichung dieser Erfahrung. Es gibt fromme Menschen, in deren Dasein und Sosein das Wort Gottes eingegangen ist und also sich vorfindet und deren Dasein und Sosein nun also zur Fundgrube und zum ersten und entscheidenden Kriterium und Maß der Erkenntnis des Wortes Gottes werden muß. Zu dieser These haben wir Stellung zu nehmen.

Man glaube nur nicht, daß es sich bei dieser These und bei unserem Gegensatz zu ihr um eine Spitzfindigkeit der theologischen Schulen handle, die ebensogut auch unausgemacht bleiben könnte. Hinter der These der Professoren Wobbermin und Schaeder von dem selbständigen und selbständig interessant werdenden Sein und Besitzen des frommen Menschen steht das „*Ecclesiam habemus*" der Generalsuperintendenten Dibelius und Schian, steht der *common sense* nahezu unserer ganzen positiven und liberalen Pfarrerschaft, steht, in diesem Punkt innig mit der herrschenden Richtung in der Kirche verbündet, die herrschende Richtung auch in der pietistischen Gemeinschaftsbewegung. Sagt ihnen, was auch Wobbermin und Schaeder sagen wollen, daß die Sachordnung in bezug auf die Erfahrung vom Worte Gottes „Gott-Mensch" lauten muß, und nicht umgekehrt, so werden sie euch heute alle beifallen und einverstanden sein. Sagt ihnen weiter, daß für den Menschen im allgemeinen, den ungläubigen oder vorgläubigen Menschen, auch die Erkenntnisordnung „Gott-Mensch" lauten müsse, daß es ohne vorangehende Offenbarung auch keinen Glauben geben könne, so werden sie euch auch darin, selber noch immer nicht mitbetroffen, recht geben. Aber sagt ihnen, daß diese Erkenntnisordnung auch und gerade für den frommen Menschen gilt, daß auch und gerade er keine Möglichkeit hat — auch nicht als empfangene — sondern die Möglichkeit zur Erfahrung vom Worte Gottes nur empfangen, nur als geliehene in der Wirklichkeit des Empfanges gebrauchen kann, sagt ihnen, daß diese Möglichkeit Gottes Möglichkeit ist und bleibt und aus seiner Hand in keines anderen Hand übergeht — sagt ihnen dies, so ist der zornige unversöhnliche Streit sofort da. Wir haben, wenn wir dies sagen, wenn wir jener These, die in der Tat nur durch Messers Breite, aber abgrundtief von ihr geschiedene Gegenthese gegenüberstellen, die erdrückende Mehrheit unter den Führern und Geführten in der heutigen evangelischen Kirche leidenschaftlich gegen uns. Nun, die Empfindung, die man auf der Gegenseite zu haben scheint: daß es gerade hier in bezug auf Glaube, Liebe und Hoffnung, in bezug auf Denken und Leben, in bezug auf Welt und Kirche ums Ganze geht — diese Empfindung ist durchaus auch die unsrige, und wer immer sieht, um was es geht, der wird sich diese Empfindung, wie er sich auch sachlich stellen möge, zu eigen machen müssen. Möchte doch jedermann wählen, niemand mehr nach neuen langweiligen Vermittlungsversuchen sich umsehen!

Den Grund unserer Ablehnung auch dieses christlichen, des indirekten Cartesianismus und zugleich unsere eigene These in bezug auf die Möglichkeit der Erfahrung vom Worte Gottes haben wir nun zu entwickeln.

Wir müssen dazu zunächst den positiven Gehalt unseres bisherigen Gedankengangs nochmals kurz zusammenfassen. Wir haben festgestellt: wenn es Kirche und kirchliche Verkündigung in einem ernsthaften Sinn gibt, so setzt das voraus, daß Erkenntnis des Wortes Gottes gewissen Menschen möglich ist. Daß ihnen diese Erkenntnis möglich ist, das muß aber heißen: ihnen ist Erfahrung vom Worte Gottes möglich, d. h. es ist möglich, daß gewisse Menschen durch das Wort Gottes in ihrer Existenz, d. h. in der Totalität ihrer Selbstbestimmung, durch das Wort Gottes bestimmt werden. Es ist möglich, so haben wir dann vom Wesen des Wortes Gottes aus näher definiert, daß das Verhältnis gewisser Menschen zum Worte Gottes das Verhältnis der Anerkennung ist. Also in der Möglichkeit der Anerkennung des Wortes Gottes besteht die Möglichkeit der Erfahrung und also die Möglichkeit der Erkenntnis des Wortes Gottes. An diesem Punkte ist uns dann der Cartesianismus ein zweites Mal, nun eben als christlicher, als indirekter Cartesianismus begegnet mit seiner Deutung dieser Möglichkeit als einer solchen, die im Akt der wirklichen Anerkennung (oder also Erfahrung oder also Erkenntnis) des Wortes Gottes in Form einer Emanation aus dem zum Menschen gesprochenen Worte Gottes oder in Form eines *influxus* in den vom Worte Gottes angesprochenen Menschen diesem zu eigen, zu einem Prädikat seiner Existenz, zu einem Gehalt seines Bewußtseins, zu seinem Besitz werde. Gegen diese Deutung der bewußten Möglichkeit haben wir uns nun abzugrenzen.

Wir gehen dazu noch einmal auf den Anfang zurück: es geht um die Möglichkeit der Erkenntnis des Wortes Gottes. Es geht also um die Möglichkeit der Bewährung des Wissens, das Menschen vom Worte Gottes haben. Es geht darum, daß das Wort Gottes für Menschen, die durch Offenbarung, Schrift und Verkündigung mit ihm bekannt wurden, in der Weise wahr werden kann, daß nun auch sie selber es für wahr halten müssen, daß sein Wahrsein ihnen zu eigen werde, daß sie zu verantwortlichen Zeugen seiner Wahrheit werden. Es geht darum, daß Kirche und kirchliche Verkündigung unter Menschen und durch Menschen in Wahrheit stattfinden können. Es sind — wir haben das alles am Anfang unseres Paragraphen festgestellt — nicht geringe Dinge, die von dieser Möglichkeit abhängen. Wie wir diese Möglichkeit verstehen, davon hängt ab, wie wir die Kirche und die kirchliche Verkündigung verstehen und für die Dogmatik: wie wir ihren besonderen Dienst in der

Kirche, die Prüfung, die Kritik und Korrektur der kirchlichen Verkündigung verstehen. Denn das Wort Gottes ist das Kriterium der Kirche, der kirchlichen Verkündigung und der Dogmatik. Indem wir fragen, wo die Möglichkeit der Erkenntnis des Wortes Gottes zu suchen sei, fragen wir: wo haben wir das Kriterium zu suchen, mit dem die Dogmatik zu arbeiten hat? Es ist nicht dasselbe, ob wir auf diese Frage mit dem christlichen, dem indirekten Cartesianismus antworten: es ist dem frommen, dem christlich-gläubigen Menschen von Gott in der Weise gegeben, daß es ihm übergeben ist, daß wir es nun in ihm, in seiner eigenpersönlichen Glaubenserfahrung als solcher, in seinem wortverbundenen Ich, unter den Gehalten seines Bewußtseins suchen müssen — es ist nicht dasselbe, wenn wir dies sagen müssen oder wenn wir vielleicht gerade das nicht sagen dürfen. Die Dogmatik wird anders aussehen und auch die kirchliche Verkündigung und schließlich die ganze Kirche wird entscheidend anders aussehen je nachdem, ob das zu sagen ist oder nicht zu sagen ist. Die ganze Frage nach dem Verhältnis der Kirche zur Wahrheit wird sehr anders gestellt sein, je nachdem man hier ja oder nein sagt, und es könnte je nachdem das Verhältnis auch der Wahrheit zur Kirche ein anderes sein. Ihre Gegenwart oder Nichtgegenwart in der Kirche könnte damit zusammenhängen, ob die Kirche hier zur Rechten oder zur Linken gehen will. Jesus Christus kann und will und wird sich in irgendeiner und zwar in irgendeiner heilsamen und siegreichen Weise auch zu einer Kirche mit einer schlechten, d. h. an dieser Stelle auf einer falschen Entscheidung beruhenden Dogmatik und Verkündigung bekennen. Das dürfen und sollen wir uns zum Troste sagen. Aber damit dürfen und sollen wir uns nicht beruhigen. Wir müssen an jenem Kreuzweg die Augen so weit als möglich auftun und wir dürfen nur mit denkbar bestem Gewissen den Weg zur Rechten oder zur Linken einschlagen. Wir müssen unserer Sache so sicher sein, wie Menschen ihrer Sache nur sicher sein können, wenn wir die Möglichkeit der Erkenntnis des Wortes Gottes hier oder dort suchen. Und eben so soll die Frage nun gestellt sein: **kann man seiner Sache sicher sein, wenn man diese Möglichkeit beim frommen, dem christlich-gläubigen Menschen sucht?** Ist man sicher, daß man in dem, was man als Möglichkeit eines solchen Menschen bei ihm antreffen, feststellen, betrachten, analysieren kann — daß man darin tatsächlich die Möglichkeit der Erkenntnis des Wortes Gottes antrifft und also bejahen kann? Oder, von der anderen Seite gefragt: ist man sicher, daß man die der wirklichen Erkenntnis des Wortes Gottes entsprechende Möglichkeit solcher Erkenntnis, diese Möglichkeit, von deren Verständnis nachher so viel abhängt, wirklich unter den Möglichkeiten eines solchen Menschen antreffen, in einer der Möglichkeiten eines solchen Menschen bejahen kann? Kann man mit letzter menschlicher Sicherheit sagen, daß dem so ist? Kann man die Hand dafür ins Feuer legen? (Wir können ja nur so **fragen** bei solcher Entscheidung, aber so **müssen** wir allerdings fragen; wir müssen fragen, ob man es mit letztem menschlichem Ernst verantworten kann, die Möglichkeit der Erkenntnis des Wortes Gottes dem frommen Menschen als solchem zuzuschreiben.) Und eben die so gestellte Frage ist es, die wir verneinen müssen. Wir könnten sie nur mit vorletztem Ernst, nur mit schwankendem Gewissen, nur mit halber Sicherheit bejahen.

Wir könnten es wohl verantworten, hier ja zu sagen, wenn es sich nicht um die Möglichkeit der Erkenntnis gerade des Wortes Gottes, sondern etwa um die Möglichkeit des Verständnisses platonischer Weisheit und Lebensgestaltung handelte. Wo sollten wir die suchen, finden und studieren, wenn nicht in den Vertretern solcher Weisheit und Gestaltung, in den von ihrem Pathos und Ethos ergriffenen Menschen? Wir könnten es wohl verantworten, hier ja zu sagen, wenn es nicht um das Kriterium der Dogmatik ginge, sondern um das Prinzip einer Philosophie oder Weltanschauung, nicht um die Verkündigung der Kirche, sondern um die Botschaft eines Bundes von Erleuchteten und Tieferblickenden, überhaupt nicht um die Kirche, sondern um eine Gemeinschaft von bewegten und bewegenwollenden Gesinnungsmenschen. Immer wäre es, wenn es um die Möglichkeit menschlicher Erkenntnis von im Bereich des Menschen liegenden Dingen ginge, in der Tat naheliegend und geboten, diese Möglichkeit, ihres objektiven Gehaltes unbeschadet, bei den betreffenden Kompetenten, d. h. wenn wir dazu gehören, in uns selbst oder in anderen, jedenfalls in beteiligten Menschen aufzusuchen. Wir dürften mit letzter menschlicher Sicherheit die Erwartung hegen, sie dort wirklich anzutreffen, uns dort orientieren und belehren lassen zu können.

Mit der Möglichkeit der Erkenntnis des Wortes Gottes verhält es sich anders. Auch sie hat allerdings ihre besonderen Träger, ihre Kompetenten, ihre Vertreter. Jawohl, es gibt Menschen, die diese Möglichkeit haben. Wir selber sind vielleicht unter den Menschen, die sie haben: als Reflex oder Echo ihrer Wirklichkeit nämlich, im Akt des zu uns gesprochenen Wortes, im Ereignis der Erfahrung von ihm. Aber wenn wir uns nun an uns selbst oder an andere solche Menschen halten wollen, um daselbst, bei uns oder bei ihnen, diese von Gott her sozusagen eingeflößte Möglichkeit festzustellen, stoßen wir dann nicht alsbald auf eine unüberwindliche Schwierigkeit, die sich sofort als das Ende aller, aber auch aller Sicherheit solcher Feststellung erweist? Geht es uns, wenn wir den göttlichen Geistesgehalt menschlichen (begnadeten) Bewußtseins erforschen wollen, nicht so, wie dem Mann, der den Widerschein des schönen silbernen Mondes in einem Sieb aus dem Teich schöpfen wollte? Was können und werden wir denn da festzustellen und zu erforschen finden? Als Substanz menschlicher Erfahrung vom Worte Gottes offenbar das, was wir als den Akt der Anerkennung des Wortes Gottes bezeichnet und beschrieben haben: einen menschlichen Lebensvorgang von sehr charakteristischer und differenzierter und zugleich umfassender Art. Weil dieser Lebensvorgang in der Tat vorkommt, erlebbar, feststellbar und beschreibbar ist, darum reden wir von einer Möglichkeit menschlicher Erfahrung vom Worte Gottes. Indem wir diesen Lebensvorgang in uns selbst oder Anderen feststellen, rechnen wir mit jener Möglichkeit. Aber heißt das, daß wir jene Möglichkeit tatsächlich in diesem Lebensvorgang vorfinden, daß wir daraufhin mit jener Möglichkeit rechnen, weil wir sie in diesem Lebensvorgang vorgefunden haben? Oder ist es nicht so, daß wir auch und gerade in diesem Lebensvorgang als solchem jene Möglichkeit durchaus nicht zu sehen und zu fassen bekommen, daß vielmehr das, was wir zu sehen und zu fassen bekommen, immer nur der Lebensvorgang als solcher ist, der als solcher auch etwas ganz anderes sein könnte als gerade jene Möglichkeit? Ist es so, daß die in uns selbst oder anderen stattfindende Anerkennung nun wirklich die Anerkennung des Wortes Gottes sein muß, daß sie sich durchaus nur auf dieses, das Gegenüber des göttlichen Wortes, beziehen kann, daß sie ein treuer Spiegel dieses Gegenübers ist, daß wir also im Blick auf diese menschliche Anerkennung auf dieses Gegenüber schließen, den Menschen als konfrontiert mit diesem Gegenüber verstehen dürften? Wer sagt uns das? Wer bürgt uns dafür? Wer bürgt uns, wenn wir die feststellbare menschliche Möglichkeit als solche ins Auge fassen, dafür, daß sie gerade die der Wirklichkeit des Wortes Gottes entsprechende Möglichkeit und nicht eine ganz andere Möglichkeit ist? Lassen sich nicht für alle die neun Momente, die wir unter dem Begriff der Anerkennung zusammengefaßt haben (vielleicht mit Ausnahme des letzten, auf das wir aber den Begriff der Erfahrung nur noch teilweise anzuwenden wagten), frappante Parallelen unter den Möglichkeiten ganz anderer Art beibringen? Sollte sich diese Anerkennung des Wortes Gottes in eindeutiger Charakteristik und Eigenart auch nur von dem Phänomen der sogenannten „anderen Religionen" abheben? Gehört das Christentum, sofern es in solcher menschlichen Anerkennung seine Wirklichkeit hat, nicht unleugbar dem Feld der allgemeinen Religionsgeschichte an, auf dem es zwar Hügel und Täler, aber keinen Himmel gibt? Und liegt wiederum nicht das ganze Feld der Religionsgeschichte mitten in dem umfassenden Feld der allgemeinen Kulturgeschichte, gibt es auch nur ein sogenanntes religiöses Phänomen, das sich nicht mehr oder minder glücklich und vollständig als Prototyp oder Residuum eines durchaus diesseitigen Lebensgestaltungsversuches, als ein Phänomen der Arbeit im weitesten Sinn des Begriffs deuten ließe? Und ist Kultur etwas anderes als der eben unter dem Aspekt der Arbeit verstandene menschliche Lebensakt als solcher? Wenn wir uns an das halten, was wir als menschliche Anerkennung des Wortes Gottes feststellen und erforschen können, an das Erfahrbare in der christlichen Erfahrung — wo haben wir da das Kriterium um diese Erfahrung von anderen, das Echte an ihr vom Unechten zu scheiden? Wo sind da die Grenzen der Möglichkeit, alles umzudeuten ins allgemein Religiöse, ins Kulturelle, ins Humane überhaupt und schließlich wohl auch noch ins Biologische? Daß man in dem, was man als Akt der Anerkennung im frommen Menschen sich ereignen sieht, nun wirklich die Anerkennung des zu ihm gesprochenen Wortes Gottes und also die Möglichkeit seiner Erfahrung bzw. Erkenntnis vor sich hat, mit welcher Sicherheit will man das wissen und behaupten? Nein, gerade die Sicherheit, deren die Dogmatik, die kirchliche Verkündigung und die Kirche selbst hinsichtlich der Möglichkeit der Erkenntnis des Wortes Gottes bedarf, wird hier nicht zu erreichen sein. Was hier zu erreichen ist, das sind vage Behauptungen, zu deren Stützung man des Rekurses auf den direkten, den philosophischen Cartesianismus, schwerlich wird entraten können.

Es ist doch einfach nicht wahr, was Schaeder dekretiert: „Jede subjektive Erklärung dieser subjektiven Bewußtseinsphänomene versagt" (Das Geistproblem d. Theol., 1924, S. 65). Und wenn Wobbermin den Satz, es sei „die letzte höchste Wirklichkeit", die den Gegenpol des „religiösen Grundaktes" bilden müsse, damit als gegen den Verdacht subjektiver Illusion gesichert beweist, daß dieser religiöse Grundakt als ich-bezogen die „Urrealität aller Wirklichkeitsgewißheit und Wirklichkeitsgeltung", nämlich das Ich-Bewußtsein, für sich habe (Syst. Theol., 2. Bd., 1921, S. 456), so beweist das nur, daß man auch als Anhänger des indirekten Cartesianismus genötigt ist, an dem Punkt, auf den alles ankäme, seine Zuflucht zu dessen ursprünglicher und direkter Form, zum Schwur bei der Gewißheit der allgemein menschlichen Selbstgewißheit zu nehmen. — Faktisch geht es uns bei dem Hinweis auf das, was das Wort Gottes an, in und durch uns selbst bewirkt, genau so, wie dem Aaron, als er vor Pharao und den Seinen den Stab zur Schlange werden ließ: „Da forderte Pharao die Weisen und Zauberer und die ägyptischen Zauberer taten auch also mit ihrem Beschwören: ein jeglicher warf seinen Stab von sich, da wurden Schlangen daraus" (Ex. 7, 10 f.), nur daß wir der Fortsetzung: „Aber Aarons Stab verschlang ihre Stäbe" leider keineswegs mächtig sind.

Man könnte nun freilich einwenden, daß wir bei dem Allem erst sozusagen den Außenaspekt des bewußten, erfahrbaren Aktes, daß wir ihn erst sozusagen als Phänomen ins Auge gefaßt hätten. Daß er so nicht als dieser qualifizierte Akt zu rekognoszieren, daß es so zu keiner Gewißheit um seine Echtheit kommen könne, das sei allerdings zuzugeben, aber ganz anders stehe es doch, wenn man nach dem frage, was der in diesem Akte begriffene Mensch selbst um ihn wisse: ob er sich nicht für diesen Menschen — und sofern dieser Mensch doch wohl zum maßgebenden Zeugen des in Frage stehenden Sachverhaltes anzurufen sei, nicht auch allgemein — charakteristisch, unzweideutig, sichtbar und faßbar als dieser und kein anderer Akt und also sichtbar und faßbar als die gesuchte Möglichkeit der Erfahrung bzw. der Erkenntnis des Wortes

3. Das Wort Gottes und die Erfahrung

Gottes von allen anderen Akten und Möglichkeiten abhebe? Wir antworten: In der Tat, die scheinbar so unvermeidliche Relativierung jenes Aktes könnte in der Grenze seines Außenaspektes, in der Grenze seiner bloß theoretischen Betrachtung ihre eigene Grenze haben, jenseits derer (auf Grund seines Innenaspektes, in der Analyse seines existentiellen Charakters also) sich neues Land auftun und dann auch eine gewisse Deutung dieses Aktes hinsichtlich seiner Bezogenheit auf Gottes Wort sich ergeben könnte. Wie sollten wir uns weigern können, dem Vorschlag zu einer solchen Erweiterung oder Vertiefung der Fragestellung Folge zu leisten? Wir müssen uns aber dabei das eine ausbedingen: der in diesem Akt begriffene Mensch, der hier Zeuge sein, dessen Selbstverständnis hier entscheiden soll, wird der Mensch sein müssen, wie wir ihn aus der Verheißung kennen. Nur dieser Mensch kann uns sagen, wie es sich mit der der wirklichen Erfahrung vom Worte Gottes entsprechenden Möglichkeit verhält. Mein Selbstverständnis kann hier nur belangreich sein, sofern ich mich als konfrontiert mit der Verheißung, d. h. mit dem mir in Offenbarung, Schrift und kirchlicher Verkündigung begegnenden Wort Gottes verstehe, sofern ich mich sehe in dem ganz bestimmten Licht, das von dorther auf meine Existenz fällt. Analyse meines Selbstverständnisses kann hier nur den Sinn haben, zu appellieren an das, was die Verheißung einem jeden über ihn selbst sagt und was ihm entscheidend und durchschlagend nur die Verheißung selbst von ihm sagen kann. Beteuerungen eines persönlichen Soundsodranseins, wenn das etwa „existentielles" Reden bedeuten sollte, könnten hier keine Wichtigkeit haben. Machen wir uns die Forderung, nunmehr auch den Innenaspekt des erfaßbaren Aktes der Anerkennung und also der christlichen Erfahrung zu Wort kommen zu lassen, unter diesem Vorbehalt zu eigen, was werden wir dann anderes sagen können als: gerade unter diesem Aspekt gesehen ist es durchaus nicht der menschliche Akt als solcher, das Erfahrbare und Erfahrene als solches, das wirklich in unsere Hände Gelegte, das durch den Menschen Vollziehbare und Feststellbare als solches, was diesen Akt unter und neben den anderen menschlichen Möglichkeiten schlechterdings auszeichnet, charakterisiert und qualifiziert als den Akt, in welchem die Bestimmung des Menschen durch das Wort Gottes stattfindet. Gewiß: der Mensch, der wirklich durch das Wort Gottes bestimmt ist, wird diesen Akt vollziehen. Es gibt keine wirkliche Erkenntnis des Wortes ohne Vollzug dieses Aktes. Indem der Mensch das Wort Gottes erkennt, wird alles das, was wir von diesem Akt gesagt haben, erfahrbar und erfahren, psychologisch wirklich und feststellbar: es ereignet sich ein Verstehen, ein persönliches Betroffenwerden, ein Jasagen, Fürwahrhalten und Gutheißen, ein Gegenwärtigwerden ferner Zeiten, ein Gehorsam, eine Entscheidung, ein Stillstehen vor dem Geheimnis und ein Bewegtwerden durch dessen inneres Leben, eine Gründung des ganzen Menschen auf dieses jenseits seiner selbst liegende Geheimnis. Das alles geschieht und muß geschehen.

Daß die Begegnung des Menschen mit Gott nach dem Alten und Neuen Testament das Gegenteil eines transzendenten Dramas ist, dem der Mensch gleichsam als müßiger Zuschauer gegenüberstünde, daß die biblischen Begriffe der Erneuerung und Heiligung, des Glaubens, Erkennens, Gehorchens, der Buße, der Liebe, der Demut, des Dankes usw. ausnahmslos auch auf ein ganz konkretes, erfahrbares und psychologisch feststellbares Geschehen und Tun hinweisen, das hat bekanntlich kein anderer als Luther immer wieder eingeschärft. Wir erinnern uns in diesem Zusammenhang nur an einige der allgemeinsten Stellen, in denen besonders eben die Erfahrbarkeit dieses Geschehens hervorgehoben wird: Derselbige fride uberschwebt über alle synn, vernunfft und verstentniss. Das mustu nicht alßo verstehen, das yhn niemant fulen noch empfinden muge; denn sollen wyr mit gotte fride haben, ßo mußen wyrß yhe fulen im hertzen und ym gewissen, wie kund sonst unßer hertz unnd synn beward werden durch yhn... (Adventspostille, Phil. 4, 4 f., 1522, W. A. 10$^{1\,2}$, S. 186, Z. 15). Denn wenn der mensch also sicher hingehet ynn dem wahn, als habe er den glauben und doch nimer erferet, der mus verfaulen und verdorren, und findet sich nichts uberal, wenn es zum treffen kompt, da sichs finden sol (Pred. üb. Joh. 4, 10 f., 1532, W. A. 36, S. 468, Z. 29). So ir nu .. die Aufferstehung Christi mit dem Glauben gefasset und der selben krafft und trost empfangen habt, Und also mit jm aufferstanden seid, So mus sich ja solchs an euch beweisen, das jr es fuelet und bey euch gespueret werde, wie es in euch angefangen habe zu wircken, das es nicht allein wort, sondern warheit und Leben sey. Denn welche es nicht also empfinden, denen ist Christus noch nicht aufferstanden... (Cruc. Sommerpostille, Pred. üb. Kol. 3, 1—7, W. A. 21, S. 266, Z. 20)... nym fur dich das wort gottis, gehe hin und hore zu do mans predigt, oder liß oder schreib es oder sing es auch, das du nur da mit umbgehist und handlest, da wirstu yhe etwas fulen, das wirt nicht feelen (Pred. üb. Luc. 24, 13 ff., 1523, W. A. 12, S. 500, Z. 10) .. das ruffen des geystis ym hertzen mustu fulen, denn es ist yhe auch deyneß hertzen ruffen, wie solltistu es denn nit fulen ? ... Fulestu nu das ruffen nit, sso denk und ruge nit mit bitten, biß daß gott dich erhore; denn du bist Cayn und es steht nit wol umb dich ... (Kirchenpostille 1522, Pred. üb. Gal. 4, 1 f., W. A. 10$^{1\,1}$, S. 372, Z. 10 u. S. 373, Z. 2). Vgl. auch Calvin: Consequitur fidem a pio affectu nullo modo esse distrahendam (Instit. III 2, 9). Id autem (das Gewißwerden des Glaubens) fieri nequit, quin eius (der Güte Gottes) suavitatem vere sentiamus et experiamur in nobis ipsis (ib. III 2, 15).

Aber daß das alles geschieht und geschehen muß, bedeutet nun gerade nicht, daß in diesem Geschehen die Möglichkeit der Erfahrung vom Worte Gottes zu sehen und zu finden sei, daß in ihm die menschliche Selbstbestimmung zum Gegenpol der göttlichen Bestimmung werde, daß aus dem Menschen nun ein „wortverbundenes Ich" werde, an dessen Betrachtung man sich also bei der Frage nach dem Worte Gottes zu orientieren habe. Gerade der Mensch, der wirklich in diesem Akt begriffen ist, wird doch nie und nimmer, er wird auch nicht teilweise, auch nicht zu einem noch so kleinen Teil, in diesem Akt als solchem eine Ermöglichung dessen, was Sinn, Grund und Ziel, Wahrheit und Wirklichkeit dieses Aktes ist, sehen. Wie wahrhaftig und gut und gewaltig er „fühlen" mag, er wird sich jedenfalls nicht als „Gegenpol" fühlen, er wird nicht als „wortverbundenes Ich" vom Platze zu gehen meinen, er wird neue Erfahrung nicht, auch nicht teilweise, in Form einer Selbst-

3. Das Wort Gottes und die Erfahrung

erfahrung erwarten. Er wird durch das Wort Gottes zwar aufgerufen sein in seiner ganzen Existenz, „von ganzem Herzen, von ganzer Seele, von ganzem Gemüt und aus allen seinen Kräften", er selbst wird dabei sein. Aber keinen Augenblick und in keiner Hinsicht wird er dieses sein Dabeisein als ein auch nur annäherndes Genügen gegenüber dem ihm begegnenden Zuspruch und Anspruch beurteilen. Keinen Augenblick und in keiner Hinsicht wird er darauf, daß er dabei ist, sein Vertrauen setzen, daran sich orientieren, daraus den Maßstab nehmen zum Verständnis der Wirklichkeit, in der er steht: er wird darüber überhaupt nicht reflektieren, sondern er wird eben dabei sein. Keinen Augenblick und in keiner Hinsicht wird er darauf zurückkommen, daran sich halten, darauf weiterbauen wollen, daß er, er dabei gewesen sei. Über sein Dabeisein ergeht doch, indem es stattfindet, das Gericht des göttlichen Wortes. Welche erfahrbare Anerkennung des Wortes Gottes, welches Verstehen, Betroffensein, Jasagen, Gehorchen usw. würde dem auch nur von ferne entsprechen, was wirkliche Anerkennung des Wortes Gottes zu heißen verdienen würde? Welche erfahrbare Anerkennung des Wortes Gottes würde nicht, indem sie stattfindet, eben durch das Wort Gottes aufgedeckt und überwiesen — nicht ihrer gewissen Unvollkommenheit und Unzulänglichkeit, sondern ihrer gänzlichen Verkehrtheit und Nichtigkeit, so gewiß sie wie alles andere, was wir tun können, das Werk des menschlichen Herzens ist, dessen Dichten und Trachten böse ist von Jugend an, dem nur durch Vergebung geholfen werden kann? In welcher erfahrbaren Anerkennung des Wortes Gottes als solcher könnte also irgend so etwas wie eine notwendige und gewisse Entsprechung zum Worte Gottes vorliegen? Liegt sie wirklich vor, dann gewiß auf Grund der Anerkennung, die der Mensch nicht vollzieht und darum auch nicht feststellen kann, sondern die seinem durch die Sünde verdorbenen und toten Werk aus Gnade widerfährt, um Christi willen, nicht um seiner inneren Beschaffenheit willen. Wie sollte es sich nun gerade beim frommen, beim christlich-gläubigen Menschen anders verhalten? Gerade er ist es doch, der weiß, der sogar ganz allein weiß, daß es sich so und nicht anders verhält. Der Satz *finitum non capax infiniti* etwa könnte hier wirklich nicht beweisen, was zu beweisen ist. Wenn die wirkliche Erfahrung des vom Worte Gottes angesprochenen Menschen gegen diesen Satz spräche, dann müßte dieser Satz fallen, wie in der Theologie jeder philosophische Satz fallen muß, der mit dieser Erfahrung in Widerspruch steht. Als philosophischer Satz interessiert er uns auch nicht im geringsten. Wir werden nicht sagen: *finitum*, sondern wir werden sagen: *homo peccator non capax* — und wir werden nicht fortfahren: *infiniti*, sondern: *verbi Domini*. Gerade diese wirkliche Erfahrung des vom Worte Gottes angesprochenen Menschen entscheidet und beweist, daß ihre Ermöglichung jenseits ihrer selbst stattfindet.

Wir denken an das ἔξελθε ἀπ' ἐμοῦ ὅτι ἀνὴρ ἁμαρτωλός εἰμι des Petrus (Luc. 5, 8) und an das Wort des Vaters des mondsüchtigen Knaben πιστεύω· βοήθει μου τῇ ἀπιστίᾳ (Marc. 9, 24). Derselbe Luther, der die Erfahrung so hoch stellt, kann und muß darum auf dieser Linie auch das sagen: Der glaub ist der ardt, das er nicht empfindet, sonder die vernunfft fallen laßt, die augen zu thut und sich schlecht jns wort ergibt, emd selbigen nachfolgt durch sterben und leben. Empfinden aber geedt nichtt weytter, dann was man mit vernunfft und synnen begreyffen kan, als was man höret, sihet und empfindet oder mit den eußerlichen synnen erkennet. Derhalben empfinden ist wider den glauben, glaub wider das empfinden ... Wer nun dem entpfinden nachgeet, der ist verdorben, wer aber wider diß entpfinden mit dem hertzen an dem wort hanget, der wirt hin durch gebracht (Sommerpostille 1526, Pred. üb. Marc. 16, 1 f., W. A. 10^{12}, S. 222, Z. 21 u. S. 223, Z. 34). Aber wenn ich Gott glaube unnd new geporn bin, so thue ich die augen zu und tappe nit und laß das wesen der seel gantz umbkommen und gedenck: Ey Got, in deiner hand steet meine seele, du hast sie erhalten in meinem leben und hab noch nye erkant, wo du sy hin gesetzt hast, darumb wil ich auch nicht wissen, wa du sie yetzund hin thon wirdst, das allain waiß ich wol, sie stät in deiner hand, du würst ir wol helffen. (Sommerpostille 1526, Pred. üb. Joh. 3, 1—15, W. A. 10^{12}, S. 301, Z. 20.) Das Wort, das ich rede, hörest du wohl; aber du weißt deß weder Anfang noch Ende. Gleichwie du nicht weißt, wo der Wind anfähet, und wo er aufhöret: also weißt du auch nicht, wo das Wort herkommt, und wo es hinaus will. Die leibliche Stimme, und das äußerliche Wort hörest du wohl; aber des Wortes Kraft siehest du nicht, was es ausrichtet, wie der Geist mit und bei dem Worte wircket. Darum muß das Wort geglaubet seyn, wider alles Sehen und Fühlen der Vernunft. Wenn man viel will disputieren, wie es zugehe, so ist es aus. (Pred. üb. Joh. 3, 1—15, 1532, E. A. 4, S. 177.) Also sehe ich auch keinen Christen. Ich kann auch selbst nicht sagen: Diese stunde oder an der Stedte werde ich ein Christen werden. In Summa: es sihet sich nicht, es zeitet sich nicht, es stedtet sich nicht, es greifft sich nicht, es fulet sich nicht, es kleidet sich nicht, es stehet nicht in diesem noch jenem, was man sihet und fulet, es ist lauter nichts. — Ja, was soll mirs dan, wens nichts ist? Ja, es ist nichts, wenn du deine funff sinne drumb fragest und deine Vernunfft und deine weisheit zu rath nimpst. Du must aber sinnen und vernunfft bej seit thun und dencken, es sej etwas anders, das einen Christen machet, darvon du nichts mehr den das hauchen und sausen horst. Die Stimm horestu, der folge und gleube ir, so wirstu auffs neue geborn. (Ausl. des 3. Kap. Joh., 1538—40, W. A. 47, S. 29, Z. 22.) — Es ist hier auch der Ort, uns eines von Calvin oft und gern ausgesprochenen Gedankens zu erinnern: Dies sei die Schwäche und Torheit alles philosophischen Redens vom „höchsten Gut", daß dabei der Mensch bei sich selbst festgehalten werde: *quum necesse sit extra nos exire.* Das „höchste Gut" sei doch die *coniunctio cum Deo.* Diese aber erfordere eine *conformatio* des Menschen mit Gott. Diese wiederum könne nur in einer Negation des Menschen, in einem völligen *quiescere ab operibus nostris* zustande kommen. Und darum: *hinc semper faciendum est exordium, quum de regula pie sancteque vivendi agitur, ut homo sibi quodammodo mortuus Deum patiatur vivere; ferietur ab operibus propriis, ut locum Deo agenti concedat. Fateri enim necesse est, tunc recte demum constitutam esse vitam quum Deo subiecta est. Atqui propter ingenitam pravitatem hoc nunquam fit, donec a propriis operibus supersedemus. Talis inquam repugnantia est inter Dei gubernationem et nostros affectus, ut in nobis agere, nisi otiosis, nequeat.* (Komm. z. Hebr. 4, 10, C. R. 55, 48.)

Mit diesem „Umkommen des Wesens der Seele", mit dem „Es ist lauter nichts" bei Luther und mit dem *locum concedere Deo agenti*, dem Müßigwerden ja Sterben des Menschen gegenüber der göttlichen Tat bei Calvin ist fraglos bereits mystische Begrifflichkeit auf den Plan getreten. Man darf sich daran nicht stoßen, weil diese Begrifflichkeit an dieser Stelle tatsächlich kaum zu vermeiden ist. Ist die Erfahrung vom Worte Gottes eine solche, die ihren Grund und ihre Gewißheit nur außerhalb ihrer selbst haben kann, dann handelt es sich ja in der Tat gerade bei ihrem Verständnis als wirkliche und wahre Erfahrung um das Verständnis ihres eigenen radikalen Endes, um das Verstehen dessen, daß es hier wirklich um ein Umkommen und Sterben des Menschen geht. Das ist das neue Land, das sich gerade dann auftut, wenn man die christliche Erfahrung nicht nur als Phänomen betrachtet, sondern selber sprechen läßt. Will man das Denken des dann sichtbar werdenden Jenseits aller Erfahrung mystisches Denken nennen, so lohnt es sich nicht, etwa gegen dieses Wort zu streiten. Wenn nur klar bleibt, was im sogenannten mystischen Denken oft nicht klar bleibt, daß dieses Jenseits nicht sozusagen ein nun auch noch zu betretendes und einzunehmendes Hinterland des Bereichs menschlicher Taten, Erlebnisse und Besitztümer, ein mit neuen Mitteln nun doch noch festzustellender menschlicher Akt oder Aktinhalt sein kann. Sondern das Jenseits, in welchem gerade die wirkliche Erfahrung selbst ihren Grund sucht und findet, bezogen auf das sie sich als wirkliche und wahre Erfahrung weiß, in dessen Anerkennung sie allein bestehen will, bestehen ohne Anspruch auf eigenen Gehalt und Ernst, so bestehen, daß sie nur von ihm her und zu ihm hin als Anerkennung bestehen will — dieses Jenseits will als echtes, unaufhebbares, nicht zu verdiesseitigendes Jenseits, es will als das Jenseits Gottes des Herrn, des Schöpfers, des Versöhners, des Erlösers, verstanden sein. Menschliche Selbstbestimmung, wie sie auch und gerade in der Anerkennung des Wortes Gottes stattfindet, also menschliche Erfahrung vom Worte Gottes, wird sich selbst, gerade wenn sie das wirklich ist, nie zu sehen, zu durchschauen, zu verstehen meinen als bestimmt durch das Wort Gottes. Sie wird es sein, ohne sich selber in diesem ihrem Sein zu sehen und zu verstehen. Es wird ganz schlicht von Gott aus wahr sein, daß menschliche Existenz hier in der Anerkennung des Wortes Gottes begriffen ist. Denn es wird wahr sein, daß Gott gesprochen und der Mensch gehört hat. Ein neuer, ein wiedergeborener Mensch wird im Akte dieser Anerkennung als der von Gott Angesprochene und Gott Hörende dastehen — wohlverstanden: sich selbst und anderen als solcher unbekannt, in einer nicht feststellbaren Neuheit; was feststellbar ist, wird auch bei ihm immer das Alte sein — sich selber nicht besitzend; sofern er sich selbst besitzt, wird er sicher nicht diesen neugeborenen Menschen besitzen — es wird aber wahr sein, daß er bewahrt ist in dem Frieden Gottes, der höher ist als alle Vernunft. Es wird wahr sein in schlechthinniger Unabhängigkeit von allen Wahrheitskriterien, die der profane oder auch der fromme Mensch erst bereitzustellen und begutachtend anzuwenden hätte, bevor er sich freundlichst entschließt, was wahr ist, wahr sein zu lassen. Es wird das alles in sich selbst wahr sein, wie das Wort Gottes in sich selbst wahr ist; ja, sein Wahrsein wird gar kein anderes sein (kein Gegenpol! keine subjektive Entsprechung!) als das Wahrsein des Wortes Gottes selbst. Die Möglichkeit der Erkenntnis des Wortes Gottes liegt im Worte Gottes und nirgends sonst. Daß sie wirklich wird, das kann schlechterdings nur geschehen und zwar als Wunder vor den Augen jedes Menschen, des profanen und des frommen, des Griechen und des Juden.

„Es ist nur ein Schein, daß der Regenbogen auf der Erde steht, in Wirklichkeit wölbt er sich über der Erde; zwar läßt er sich zur Erde hernieder, er steht aber nicht auf unserer Erde, sondern wird nur von ihr aus wahrgenommen. Ebenso verhält es sich mit der göttlichen Wahrheit; dieselbe bedarf nicht der menschlichen Unterlage, so wenig wie der Regenbogen der Erde bedarf. Wohl bestrahlt sie den Menschen und dieser nimmt sie auf; sie wird jedoch nie vom Menschen abhängig. Sie zieht sich zurück und der Mensch bleibt in Finsternis; sie kommt wieder und der Mensch wandelt im Licht. Aber Mithelfer ist der Mensch nicht; produzieren kann er das Licht nicht; es aufbewahren gleichfalls nicht!" (Eduard Böhl, Dogmatik 1886, S. XXV.) „Darum wenn ich sterbe — ich sterbe aber nicht mehr —, und es findet jemand meinen Schädel, so predige es ihm dieser Schädel noch: Ich habe keine Augen, dennoch schaue ich Ihn; ich habe kein Gehirn noch Verstand, dennoch umfasse ich Ihn; ich habe keine Lippen, dennoch küsse ich Ihn; ich habe keine Zunge, dennoch lobsinge ich Ihm mit euch allen, die ihr Seinen Namen anruft. Ich bin ein harter Schädel, dennoch bin ich ganz erweicht und zerschmolzen in Seiner Liebe; ich liege hier draußen auf dem Gottesacker, dennoch bin ich drinnen im Paradies! Alles Leiden ist vergessen. Das hat uns Seine große Liebe getan, da Er für uns Sein Kreuz trug und hinausging nach Golgatha." (H. Fr. Kohlbrügge, Passionspredigten, 3. Aufl., 1913, S. 173 f.) So spricht die wirkliche christliche Erfahrung.

Dieses Wunder ist der Glaube, von dem wir im vierten Absatz unseres Paragraphen das in diesem Zusammenhang Nötige zu sagen haben werden.

Ziehen wir hier noch die letzte Linie unseres bisherigen Gedankengangs. Wir haben dem christlichen Cartesianismus gegenüber die Frage gestellt, ob man die These von der Bewußtseinsimmanenz der Möglichkeit der Erfahrung vom Worte Gottes mit dem ihrer Tragweite für die Dogmatik, die kirchliche Verkündigung und die Kirche überhaupt angemessenen letzten menschlichen Ernst verantworten, ob man die Hand dafür ins Feuer legen — wir könnten auch fragen: ob man ihn als *articulus stantis et cadentis ecclesiae* vertreten und verteidigen zu können sich anheischig machen wolle? Wir haben gesehen, daß der Akt der Anerkennung des Wortes Gottes, soweit er eben als bewußtseinsimmanent von außen, historisch-psychologisch, durch Selbstbeobachtung oder durch Beobachtung anderer feststellbar ist, nicht einmal eindeutig als dieser Akt zu charakterisieren ist, geschweige denn in seiner Bezogenheit auf ein Wort Gottes erkennbar wird. Was feststellbar ist, sind menschliche Möglichkeiten in unaufhebbarer Nachbarschaft und unverwischbarer Ähnlichkeit mit anderen menschlichen Möglichkeiten. Und wir haben gesehen, daß uns hier auch der Übergang zum „existentiellen" Denken nicht nur nicht weiter hilft, sondern uns endgültig bestätigt, daß hier nichts zu gewinnen ist. Denn wenn dieses Denken das Selbstverständnis des Menschen ist, der sich durch das Wort Gottes über sich selbst hat Bescheid sagen lassen, dann wird gerade dieser Innenaspekt der christlichen Erfahrung bezeugen, daß die wirkliche Anerkennung des Wortes Gottes keineswegs auf einer dem Menschen mitgeteilten und nunmehr ihm inhaerierenden, ihm immanenten Möglichkeit beruht, sondern im Worte Gottes selber, dem der Mensch mit seinen Möglichkeiten in keinem Sinn vorangehen, sondern nur folgen kann. — Und nun müssen wir unsererseits positiv so schließen: Diese Möglichkeit, im Unterschied zu jenen anderen, die uns zwischen den Händen zerrinnen, die Möglichkeit menschlicher Erfahrung vom Wort Gottes, verstanden als Möglichkeit dieses Wortes selber — sie kann und muß man mit Sicherheit, mit letztem menschlichen Ernst bejahen, sie kann und muß in der Tat als *articulus stantis et cadentis ecclesiae* vertreten und verteidigt werden, für ihren Charakter als einer einzigartigen Möglichkeit kann man tatsächlich die Hand ins Feuer legen. Indem man sich in der Dogmatik, in der kirchlichen Verkündigung, in der Kirche überhaupt, auf diese Möglichkeit bezieht, wird man unter allen Umständen nicht auf Sand, sondern auf Felsen bauen.

H. M. Müller hat mir (*Credo ut intelligam*, Theol. Bl. 1928, Sp. 167 f.) vorgeworfen, daß in meiner Dogmatik der „unerhörten Sicherheit" des Neuprotestantismus doch nur eine andere gegenübergestellt wird. Selbstverständlich! kann ich darauf nur antworten. Nicht darum ist die „Sicherheit" der neuprotestantischen These „unerhört", weil sie Sicherheit ist, sondern weil sie es gerade nicht ist, nicht sein kann, sondern zu sein nur vorgibt. Die Sicherheit, mit der sich Dogmatik, kirchliche Verkündigung und Kirche auf die Möglichkeit menschlicher Erkenntnis des Wortes Gottes zu beziehen haben, kann nicht groß genug sein und es ist allerdings meine — und doch wohl nicht nur meine — Meinung, daß sie in bezug auf die einzige und einzigartige Möglichkeit, die hier in Betracht kommt, in bezug auf die Selbstgewißheit des göttlichen Wortes eine geradezu „unerhörte" Sicherheit sein muß.

Es wird sich ja immer wieder fragen, ob wir diese Möglichkeit kennen. Steht und fällt sie doch mit dem wirklichen Gesprochenwerden des Wortes Gottes zu uns, das wir als solches nicht vorwegnehmen, das wir nur als das Ereignis der Gnade Gottes vor uns haben und erwarten können. In diesem Ereignis kommt die Möglichkeit der Erkenntnis des Wortes Gottes für uns in Sicht, nicht anders und nicht vorher. Das heißt aber: sie kommt für uns in Sicht, indem sie verwirklicht wird, indem wir Erkenntnis des Wortes Gottes haben, indem unsere Selbstbestimmung durch das Wort Gottes bestimmt ist. Wir kennen sie dann, wenn wir sie nur noch bejahen können, weil wir selber in unserer ganzen Existenz ihre Verwirklichung sind. Es fragt sich, ob wir sie kennen, weil dieses Ereignis, indem sie für uns in Sicht kommt, in der Freiheit Gottes steht.

Gnade wäre nicht Gnade, wenn Gott uns diese Wirklichkeit und mit ihr auch diese Möglichkeit nicht schenken oder auch versagen könnte. Die Erkennbarkeit des Wortes Gottes steht und fällt also mit dem unserer Verfügung entzogenen Akt seiner wirklichen Erkenntnis. An dieser Verwirklichung hängt es also auch, ob wir sie kennen und bejahen können; an ihr hängt auch die Sicherheit dieser Bejahung. Sie kann nur die Sicherheit des Glaubens sein, die Sicherheit des Menschen, an dem Gott in seiner freien Gnade nicht vorübergegangen ist, sondern den er durch sein Wort zum Glauben aufgerufen hat und der, durch sein Wort aufgerufen, im Glauben steht. Im Glauben hat und kennt und bejaht der Mensch nur diese Möglichkeit der Erkenntnis des Wortes Gottes: die im Worte Gottes selbst liegende, im Worte zu ihm gekommene und im Worte ihm gegenwärtige. Die Sicherheit seiner Bejahung dieser Möglichkeit kann dann also nur die des Wortes Gottes selbst sein. Das bedeutet nun aber: seine Sicherheit ist keine Selbstsicherheit. Nicht seiner, sondern des Wortes Gottes ist er sicher und auch des Wortes Gottes ist er nicht aus und in sich selbst, sondern aus und in dem Worte sicher. Seine Sicherheit ist wohl seine Sicherheit, aber sie hat ihren Sitz außer ihm, im Worte Gottes und so, indem das Wort Gottes ihm gegenwärtig ist, ist sie seine Sicherheit.

Quare facile senties, si advertas, hunc affectum ex tuis viribus in te non esse: impetrandus ergo per humilem et in seipso desperatum spiritum. Fabulae ergo sunt opinatorum Scholasticorum, hominem esse incertum, in statu salutis sit nec ne. Cave tu, ne aliquando sis incertus, sed certus, quod in te ipso perditus: laborandum autem, ut certus et solidus sis in fide Christi pro peccatis tuis traditi. (Luther, Komm. zu Gal. 1, 4, 1519, W. A. 2, S. 458, Z. 26.)

Wenn das Wort Gottes uns gegenwärtig ist, dann heißt das doch, daß wir von uns selbst abgewendet, zum Worte Gottes hingewendet, auf das Wort Gottes ausgerichtet werden. Im Glauben stehen heißt doch: zu neuem Glauben aufgerufen sein. Gegenwart des Wortes und Stehen im Glauben heißt also: das Wort und den Glauben vor sich haben und erwarten, neues Hingewiesensein auf die freie Verwirklichung der eben erfahrenen Gnade, neues Sichklammern an die Verheißung, neues Ausschauen nach dem Ereignis, in dem die Möglichkeit der Erkenntnis des Wortes Gottes für uns in Sicht kommt.

ἐλάβομεν καὶ χάριν ἀντὶ χάριτος (Joh. 1, 16). Die Gerechtigkeit Gottes ist offenbart ἐκ πίστεως εἰς πίστιν (Röm. 1, 17). Gerade das kann und muß aber auch heißen: παρ' ἐλπίδα ἐπ' ἐλπίδι ἐπίστευσεν (Röm. 4, 18).

Der Mensch, die Kirche, die kirchliche Verkündigung, die Dogmatik, die mit dem Wort und dem Glauben meinten arbeiten zu können wie mit einem ihnen zur Disposition stehenden Kapital, würden gerade damit nur beweisen, daß sie weder das Wort noch den Glauben hätten. Wo man sie hat, da setzt man sie gerade nicht als Besitz voraus, da streckt man sich, hungernd und dürstend und gerade so selig, nach ihnen aus.

Und so nun auch nach der Möglichkeit der Erkenntnis des Wortes Gottes. Gerade wo man sie **kennt, erwartet** man sie zu kennen. Die Sicherheit ihrer Bejahung ist also die Sicherheit ihrer Erwartung — der Erwartung, die in ihrer vorausgegangenen Gegenwart, in der ergriffenen Verheißung, wir können schon hier sagen: die auf der empfangenen und geglaubten Taufe beruht — aber der **Erwartung**. Wenn wir die Möglichkeit der Erkenntnis des Wortes Gottes behaupten, so heißt das: wir **beziehen** uns auf das Ereignis ihrer Verwirklichung. Und das besagt dann doch wohl gerade: nicht wir behaupten sie, sondern wir **bekennen** sie, wie man eben den Glauben, indem man glaubt, bekennen muß, wie man sich zu dem Ereignis der Gnade Gottes nur bekennen kann. Dieses Ereignis, die Gnade und mit und in der Gnade der Glaube, muß vorangehen. Bekennend, auf die uns schon verkündigte, auf die schon empfangene Gnade uns beziehend, gibt es dann ein Bejahen der dem Menschen gegebenen Möglichkeit der Erkenntnis des Wortes Gottes. Wir sind also, indem wir diese Möglichkeit bejahen, sehr ernstlich gefragt, wo wir dabei herkommen, ob wir uns dabei nicht doch etwas angemaßt haben, dessen man sich nicht anmaßen kann, ob wir nicht vielleicht doch einen Turm bauen wollten, ohne die Kosten überschlagen zu haben, ob wir dabei nicht etwas zu sein meinen und vorgeben, was zu sein wir empfangen haben müßten, um es wirklich zu sein. Die Kirche, die kirchliche Verkündigung, die Dogmatik müssen es wissen, daß sie, wenn sie explizit oder implizit die Möglichkeit der Erkenntnis des Wortes Gottes bejahen, in der Krisis dieser Frage stehen, der Frage: Woher des Wegs? Wirklich vom Wort, wirklich vom Glauben, wirklich von der geglaubten Taufe her? Und auch und gerade, wenn sie dabei wirklich von daher kommen, kann ihr Bejahen dieser Möglichkeit nur ein Sich-Beziehen auf das neue, künftige Ereignis der Verwirklichung dieser Möglichkeit sein. Diese Möglichkeit ist immer eingeschlossen, aufgehoben in dieser Verwirklichung. Von dort her will sie sich uns bekannt machen und schenken, dort will sie, als uns bekannte und geschenkte, immer aufs neue gesucht und gefunden sein. Die Sicherheit ihrer Bejahung ist also wirklich die Sicherheit ihrer Erwartung. Die Sicherheit von der Gnade, vom Glauben, von der geglaubten Taufe her, ist die Sicherheit des aufs neue hoffend **vorwärtsschauenden** Glaubens. Es kann nicht anders sein: die **Sicherheit** dieser Erwartung ist eine aufs tiefste **gefährdete** Sicherheit. Muß doch der Mensch in dieser Erwartung alle eigene mitgebrachte Sicherheit fahren lassen und preisgeben. Ist er doch dabei ganz auf die freie Gnade geworfen, an deren Stelle die verdiente Verdammnis treten könnte: dann wäre ohne die Verwirklichung in Gottes Wort auch die Möglichkeit seiner Erkenntnis dahin und was wäre dann all unser noch so sicheres Bejahen dieser Möglichkeit? Also: die Sicherheit dieser Erwartung ist sozusagen eine zitternde Sicherheit. Sie hat ihre Kraft in einer Ergebung auf Gnade und Ungnade. Sie ist, auf sie selbst gesehen, ohne Grund, ohne Griff nach Gott hin und auch nichtig neben den anderen menschlichen Sicherheiten, die ihren Sitz nicht so streng außerhalb des Menschen haben. Menschlicher, d. h. unsicherer ist sie als alle anderen menschlichen Sicherheiten, gerade weil sie die Sicherheit der Erwartung, dieser Erwartung ist. Und nun doch „unerhörte Sicherheit"? Nun doch eine Sicherheit, die man der im menschlichen Selbstbewußtsein verankerten Sicherheit der direkt oder indirekt kartesianischen These über die Erkennbarkeit des Wortes Gottes ruhig und zuversichtlich als auf alle Fälle überlegen gegenüberstellen darf? Jawohl, denn auch das kann hier nicht anders sein: gerade weil sie so tief gefährdet ist, gerade weil sie sich bezieht auf die Bestätigung, die wir nicht schaffen, sondern nur hoffen können, gerade weil sie in die göttliche Verwirklichung eingeschlossen und also unserem Zugriff entzogen und also nur dort zu suchen, von dorther zu erwarten ist, gerade darin und so ist sie eine Sicherheit, die ein Metall in sich trägt, das sie jeder anderen Sicherheit überlegen macht: weil und sofern sie Bekenntnis zu Gottes freier Gnade, also gerade weil und sofern sie Ergebung auf Gnade und Ungnade, d. h. aber Appell an Gott selber ist. Was sie nun freilich wiederum nur ist, sofern sie die Sicherheit der schon empfangenen Gnade, der Gnade des Glaubens, der **Taufgnade** ist. Ist sie diese Sicherheit — es fragt sich, es steht bei Gott, ob unsere Sicherheit diese Sicherheit ist — aber ist sie diese Sicherheit, dann ist unsere Bejahung der Erkennbarkeit des Wortes Gottes das Anklopfen, dem aufgetan wird. Sie findet dann statt in dem Kreis der Verheißung und des Glaubens, in dem es kein Ja und Nein, sondern nur Ja gibt. Indem sie **bittet** darum, daß sie diese überschwengliche Bejahung sein **möchte**, **ist** sie in ihrer ganzen Menschlichkeit eine Bejahung von „unerhörter" Sicherheit.

„(Der Mensch) muß nit dran tzweyffeln noch wancken, er sey eyner von denen, den solch gnade und barmhertzickeyt geben sey unnd hab sie gewißlich durch die tauff oder sacrament erlangt. Wo er das nu glaubt, ßo muß er frey von yhm selb sagen, er sey heylig, frum, gerecht und gottis kind, der selickeyt gewiß, und muß hyran gar nit tzweyffeln, nit auß yhm oder umb seyner vordienst und werck willen, sondern auß lautter barmhertzickeyt gottis, ynn Christo ubir yhn außgossen. Dieselben acht er ßo groß, wie sie denn auch ist, das er nit tzweyffelt, sie mach yhn heylig und gottis kind. Und wo er daran tzweyffellt, thett er seyner tauff und sacrament die hochsten unehre und lügenstraffet gottis wort und gnaden ynn den sacramenten. Denn es soll hie nit furcht oder wancken seyn, das er frum und gottis kind sey auß gnaden, ßondern alleyn furchten unnd sorgen, wie er also bleybe biß ans ende bestendig, ynn welchem alleyn alle fahr und sorg steht; denn es ist alle selickeyt da gewißlich. Aber ungewiß unnd sorglich ists, ob er bestehe unnd sie behallt, da muß man ynn furcht wandelln; denn solcher glawb pocht nicht auff werck odder sich selb, ßondern alleyn auff gott unnd seyne gnade dieselb mag unnd kan yhn auch nit lassen, dieweyl das pochen weret. Aber wie lang es weren wirtt, weyß er nit; ob yhn eyn anfechtung davon treyben mocht, das solchs pochen auffhöret, so höret die gnade auch auff. Das meynet Salomon Eccle. 9: Es sind rechtfertige und yhre werck ynn gottis hand, dennoch wirtt es alles ynn tzukunfftig ungewisheytt gestellet, das der mensch nit weyß ob er gnaden oder ungenaden wirdig sey. Er spricht nit, das es gegenwertig ungewiß sey, ßondern zukunfftig, Darumb, das der mensch nitt weyß, ob er bleyben werd für den anstoßen der anfechtung." (Luther, Kirchenpostille 1522, Pred. üb. Gal. 1, 4 f., W. A. 10^{1,1}, S. 331, Z. 17.)

Gerade von dieser letzten Unsicherheit, von der Freiheit Gottes umgeben, kann die Sicherheit unserer Bejahung der Erkennbarkeit des Wortes Gottes nicht groß genug sein. Daß sie begrenzt genug in die Erscheinung treten wird, dafür dürfte gesorgt sein und vor der von den Unverständigen hier schrecklich an die Wand gemalten Gefahr der „Verabsolutierung" brauchen wir uns wirklich nicht zu fürchten.

4. DAS WORT GOTTES UND DER GLAUBE

Wir haben am Anfang unseres Paragraphen gesagt, daß wir nur nach der Erkennbarkeit, nicht nach der Erkenntnis des Wortes Gottes fragen können, weil Erkenntnis des Wortes Gottes nicht anderes ist als die Wirklichkeit der Menschen widerfahrenden Gnade Gottes, deren Wie als Wirklichkeit uns so verborgen ist wie Gott selber, auf die wir uns also mit unseren Fragen und Antworten immer nur beziehen können. Gott hat sie offenbart und will sie offenbaren und der Mensch darf sie verkündigen. Unsere Frage kann nicht sein: wie das geschieht?, sondern nur, unter der Voraussetzung, daß dies geschieht, wie das geschehen kann, wie wir das verstehen sollen, daß Menschen Subjekt oder Objekt dieses Geschehens werden. Nun hat uns aber eben diese Frage doch und erst recht wieder auf jenes Geschehen selbst zurückgeführt. Wir fanden die Möglichkeit der Erkenntnis Gottes als schlechthin begründet, aufgehoben und verschlossen eben in dem Ereignis ihrer Verwirklichung und unser Ja zu dieser Möglichkeit wurde zu einem einzigen Hinweis auf dieses Ereignis. Wir können dieses Ereignis nicht auf den Plan führen, wir können also unseren Hinweis nicht begründen, wir könnten ihn ja nur begründen, indem wir das Ereignis, auf das er hinweist, auf den Plan führten und selber für sich sprechen ließen. Wir können also nur noch fragen — und das müssen wir allerdings fragen, was denn mit diesem Hinweis in unserem Zusammenhang gemeint ist, inwiefern, in welchem Sinn, mit welcher besonderen Notwendigkeit wir auf jenes Ereignis hinweisen als auf den Ort, wo die Frage der Erkennbarkeit des Wortes Gottes entschieden wird. Auf die so gestellte Frage ist zu antworten: wir weisen auf dieses Ereignis hin als auf das Ereignis des **Glaubens**. Der Glaube — wir konnten diesen Begriff schon bei den Erörterungen unseres dritten Absatzes über die Erfahrung zum Schluß nicht mehr vermeiden — ist die in der wirklichen Erkenntnis des Wortes Gottes stattfindende Ermöglichung dieser Erkenntnis. Das bewußte Ereignis kann und muß noch unter vielen anderen Begriffen verstanden werden. Wir wählen an dieser Stelle, der allgemeinen kirchlichen und theologischen Tradition folgend, gerade diesen Namen, weil er tatsächlich zugleich präzis und umfassend das Moment in diesem Ereignis bezeichnet, das es zur Ermöglichung der Erkenntnis des Wortes Gottes macht. Fragt man: was ist denn die in ihrem Wie unbegreifliche, nur durch Gott zu offenbarende, durch Menschen nur in seinem Dienst und kraft seiner Gegenwart zu verkündigende Wirklichkeit der Erkenntnis Gottes, sofern in ihr dessen Erkennbarkeit beschlossen ist? dann kann man genau und erschöpfend nur antworten: diese Wirklichkeit ist der Glaube.

Man macht sich das am besten klar, wenn man an die Verwendung des Begriffs πίστις im Neuen Testament denkt. πίστις kann, wie Röm. 3, 3 und wie besonders die Verwendung des Adjektivs πιστός zeigt, die Treue Gottes, seine und seines Wortes Zuverlässigkeit und Glaubwürdigkeit bezeichnen, also diejenige Eigenschaft Gottes und seines Wortes, kraft welcher ein Erkennen Gottes durch den Menschen von Gott her, weil Gott eben πιστός ist, verlangt ist. πίστις ist aber weiter schon bei Paulus, Röm. 12, 6; Gal. 1, 23; 3, 22 f.; 1. Tim. 4, 1. 6 und dann Jud. 3 u. 6 die Lehre des Glaubens, das dem Menschen offenbarte Evangelium, also der Weg, auf dem ihm Erkenntnis Gottes von Gott her durch Bekanntgabe seiner selbst möglich gemacht wird. πίστις bezeichnet dann weiter und vor allem — man denke hier an den sogen. *Gen. mysticus* πίστις 'Ιησοῦ Χριστοῦ und an die vielen paulinischen und johanneischen Stellen, die dasselbe besagen — den durch Gottes Offenbarung in Christus geschaffenen Stand, das Sein der Christen, ihr Sein ἐν Χριστῷ, durch das sie in den Stand gesetzt sind, Erkenntnis Gottes bzw. Erkenntnis Christi als des Kyrios nun auch ihrerseits zu vollziehen, die Wirklichkeit von Menschen, in der dieser Vollzug Ereignis ist. In der πίστις 'Ιησοῦ Χριστοῦ sehen wir die göttliche Entscheidung über den Menschen fallen. Dann erst und von da aus gleitet der Begriff sozusagen abwärts in den Bereich menschlicher Handlungsweisen: πίστις erscheint nun (dahin dürfte die Hauptmasse der synoptischen Stellen, aber auch viele aus den Briefen gehören), mehr oder weniger oft und deutlich speziell als Vertrauen qualifiziert, als dasjenige Verhalten von Menschen, in welchem sie die Würde, die Hilfsbereitschaft, die Macht, die Wahrheit Gottes, wie sie ihnen in Christus begegnet, durch ihre Anerkennung als solche, durch ihre Unterwerfung unter sie, ehren und verehren: die von Gott in Christus gebotene Möglichkeit, sein Wort zu erkennen, ist jetzt in diesem Verhalten verwirklicht. πιστεύειν ist jetzt die durch das eigne Verhalten des Menschen vollzogene Entscheidung. πίστις kann dann bekanntlich weiter und noch konkreter auftreten als Bezeichnung einer christlichen Geistesgabe oder Tugend, neben der es auch andere gibt, und neben denen sie nicht besonders hervortritt, ja neben denen sie (1. Kor. 13, 13!) sogar zurücktreten kann. Und schließlich wird πίστις, πιστεύειν, πιστός auch einfach zur Bezeichnung dessen, was man christliche Religion bzw. die Zugehörigkeit zu ihr nennen könnte, also zur Bezeichnung der in Form einer bestimmten Gemeinde, eines bestimmten Kultus, eines bestimmten Bekenntnisses, einer bestimmten Lebensweise höchst direkt sichtbaren geschichtlichen Erscheinung, deren Relativität und Fragwürdigkeit dann auch in der bekannten scharfen Weise, wie dies im Jakobusbrief geschieht, hervorgehoben werden kann. Wie weit weg sind wir hier scheinbar von der so objektiv gültigen πίστις θεοῦ von Röm. 3, 13, aber auch von jener so verborgen bedeutsamen und wirksamen πίστις 'Ιησοῦ Χριστοῦ. In Wirklichkeit stehen doch alle diese Bedeutungen des Begriffs auf einem Nenner: immer, wie objektiv oder wie subjektiv, wie zentral oder wie peripherisch, wie eindeutig oder mehrdeutig der Begriff auch verwendet werde, vom Geheimnis Gottes bis hinein in das, was auf den Straßen von Korinth und Rom jedermann direkt sehen konnte, ist πίστις das auf dem Willen und Wort Gottes beruhende, auf den Willen und das Wort Gottes sich beziehende wirkliche Geschehen, in welchem jedenfalls auch eingeschlossen ist, daß sich die Verkündigung von Christus an Menschen bewährt, in welchem Menschen, von ihrer Wahrheit betroffen, selber zu ihren Trägern werden, das Geschehen also, in welchem Erkenntnis Gottes wirklich wird. — Πίστις sagt mehr als γνῶσις, es sagt aber unter allen Umständen auch γνῶσις. Augustin sagt darum mit Recht: *Si tollatur assensio, fides tollitur; quia sine assensione nihil creditur* (*Enchir.* 20). Und ebenso definiert Thomas von Aquino mit Recht: *fides cognitio quaedam est, in quantum intellectus determinatur per fidem ad aliquod cognoscibile* (*S. theol.* I qu. 12, art. 13). Und im Entscheidenden entsprechend Bonaventura: *Fides non est aliud nisi habitus, quo intellectus noster voluntarie captivatur in obsequium Christi* (*Sent.* III d. 23 a. 1 qu. 1 zit. nach R. Seeberg, Dogmengeschichte, 3. Bd., 2.—3. Aufl., 1913, S. 336). Auf derselben Linie aber auch Luther: *fidem nihil aliud esse quam veritatem cordis hoc est rectam cogitationem cordis de Deo* (Komm. zu Gal. 3, 7, 1535, W. A. 40¹,·S. 376, Z. 23). *Apprehenditur Christus ... ratione seu intellectu informato fide et illa apprehensio Christi per fidem proprie est speculativa vita* (*ib.* zu Gal. 3, 13, W. A. 40¹, S. 447, Z. 15). *Fides est in intellectu ... Fides dictat et dirigit intellectum ... Est igitur fides doctrina seu notitia ... Fides habet obiectum veritatem ... Primum omnium pius habere debet rectam opinionem et intellectum fide informatum ... Fides igitur est Dialectica, quae concipit ideam omnium credendorum* (*ib.* zu Gal. 5, 5, W. A. 40 II, S. 26, Z. 11 f. u. S. 28, Z. 9 f.). Und Calvin: *Non in ignoratione, sed in cognitione sita est fides* (*Instit.* III 2, 2). *Fateor ... generale fidei obiectum ... esse Dei veritatem* (*ib.* III 2, 30). Der Gehalt des Begriffes γνῶσις ist aber in dem Begriff πίστις so enthalten, daß sichtbar wird, wie Gott selber oder Christus zugleich der Gegenstand, der Sinn, die Ermächtigung und das Maß der wirklichen Erkenntnis Gottes ist, ohne daß diese doch darum aufhörte, ein ganz konkretes, durch Menschen vollzogenes und von Menschen erfahrenes Tun zu sein.

Also: im Glauben, als im Glauben gegebene Möglichkeit, haben wir die Erkennbarkeit des Wortes Gottes zu verstehen. Im Ereignis des Glaubens wird sie sozusagen geboren, kommt sie in Sicht und will sie gesucht und gefunden sein.

Vom Ereignis des Glaubens, nach dem Verständnis des Neuen Testamentes, wie es der evangelischen Kirche eigentümlich ist, ist nun aber jedenfalls als wichtig in unserem Zusammenhang dreierlei zu sagen, woraus sich dann auch drei verschiedene Bestimmungen des Begriffs der Erkennbarkeit des Wortes Gottes ergeben müssen.

1. Die Anerkennung des Wortes Gottes, die wir als die konkrete Gestalt seiner Erfahrung durch Menschen verstanden haben, wird im Glauben als der wirklichen Erfahrung durch das erkannte Wort Gottes sozusagen in Kraft gesetzt. Gleichviel in was für vollkommener oder unvollkommener Form das als Anerkennung verstandene menschliche Tun sich abspielen mag, im Glauben ist es die rechte, die angenommene, die anerkannte Anerkennung, nicht weil der Mensch in sich selbst die Kraft hätte, nicht weil er aus sich selbst es geleistet hätte, diese rechte Anerkennung zu vollziehen, sondern weil das, was er kann und tut, durch das anerkannte Wort Gottes anerkannt wird, nicht als Selbstbestimmung, sondern als vom Wort Gottes bestimmte Selbstbestimmung. Halten wir fest: der Glaube ist Erfahrung, ein konkret feststellbarer zeit-

licher Akt dieses und dieses Menschen, der Akt eben der Anerkennung. Aber nun ist Erfahrung nicht selbstverständlich wirkliche Erfahrung, Erfahrung vom Worte Gottes. Von keiner Erfahrung als solcher, welche noch so vollkommene Form sie haben möge, wäre dies zu sagen. Also: nicht als Erfahrung ist der Glaube Glaube, d. h. wirkliche Erfahrung, obwohl er sicher Erfahrung ist. Oder: der Akt der Anerkennung ist nicht als solcher die Anerkennung des Wortes Gottes. Er ist es auch nicht kraft irgendeiner Vollkommenheit, in der er vollzogen wird. Sondern es ist das Wort, es ist Christus, auf den sich der Glaube bezieht, weil er sich ihm zum Gegenstande gibt, der den Glauben zum Glauben, zur wirklichen Erfahrung macht. Wohlverstanden: weil er sich ihm zum Gegenstande gibt! Denn nicht schon darin ist der Glaube Glaube, daß er eine Beziehung hat oder ist — sie könnte ja auch eine in Wirklichkeit gegenstandslose Beziehung zu einem eingebildeten Gegenstande sein — sondern darin, daß ihm das Wort Gottes als Gegenstand dieser Beziehung als Gegenstand der Anerkennung und damit als Grund des wirklichen Glaubens gegeben ist.

Ein gerade hinsichtlich des Erkenntnisproblems besonders instruktives Dokument für die konstitutive Bedeutung des Glaubensgegenstandes für den Glauben ist das erste Kapitel im Proslogion des Anselm von Canterbury. In engstem sachlichen Zusammenhang mit dem unmittelbar daraufffolgenden berühmten Beweis der Existenz Gottes wird dort in Form eines Gebets das Problem aufgeworfen, ob denn Gott dem Denker, der eben die Existenz und das Wesen Gottes zu verstehen und zu erklären sich anschickt, überhaupt gegenwärtig sei. Er bedürfte seiner, um der Mann zu sein, der ihn recht zu sehen und also zu verstehen vermag, aber darüber hinaus: um ihn überhaupt als findbaren Gegenstand seines Suchens zu haben. *Quando illuminabis oculos nostros et ostendes nobis faciem tuam? ... Nec quaerere te possum, nisi te doceas, nec invenire, nisi te ostendas.* Und Anselm findet sich durchaus nicht in dieser ihm in doppeltem Sinne so notwendigen Gegenwart Gottes. Gottes Angesicht ist ihm ebenso verborgen, wie er sich selber blind findet. Das doppelte Entgegenkommen, dessen er von seiten Gottes bedürfte, findet nicht statt. Er meint damit nicht die metaphysische Unbegreiflichkeit Gottes, sondern ausdrücklich das Geheimnis Gottes, das nur als Strafe über den sündigen Menschen zu verstehen ist: als Sohn Adams weiß er sich so dran, wie er dran ist. Er versetzt sich aber auch nicht etwa rhetorisch in den Zustand des Heiden, indem er so redet. Nein: *Tu me fecisti et refecisti et omnia mea bona tu mihi contulisti et nondum novi te.* Durchaus als Christ meint er also sagen zu müssen, was er sagt. Wiederum kann es sich nicht um das Erlebnis eines zufälligen und vorübergehenden Rückfalls dieses Christen aus dem Glauben in den Unglauben handeln, denn im selben Atemzug formuliert er sein Anliegen dahin: *Desidero aliquatenus intelligere veritatem tuam, quam credit et amat cor meum.* Es braucht über das alles hinaus wirklich nicht noch besonders daran erinnert zu werden, daß das Ganze sich im Raum der katholischen Kirche und auf dem Hintergrund ihres unerschütterlich anerkannten Credo abspielt. „Der Erzbischof (? erst 30 Jahre später!) ist kein schlechter Katholik" (H. M. Müller, Theol. Bl. 1928, Sp. 169 f.). Gewiß ist damit und mit all dem vorhin Gesagten gegeben, daß die Unruhe, mit der Anselm nach der Gegenwart Gottes ausschaut, keine absolute Unruhe ist, kein negatives Gegenstück zum Frieden Gottes, sondern die relative Unruhe eines Menschen, die als solche ihren begrenzten Ort und Spielraum hat und der in der Kirche eine Ruhe irgendwo und irgendwie, vielleicht als seine, vielleicht aber auch gar nicht als seine Ruhe, aber jedenfalls als eine seiner Unruhe überlegene Ruhe gegenübersteht. Wäre ein Unruhigseinwollen, das den Ausblick auf diese überlegene Ruhe ausschlösse, wäre die Behauptung einer absoluten Unruhe nicht die tollste von allen tollen Selbstapotheosen des Menschen? Kann und darf denn eine Destruierung der menschlichen Möglichkeit, Gott zu erkennen, wie sie in diesem Anselm-Kapitel allerdings vorgenommen wird, zu Ende geführt werden? Darf man sich in der katholischen oder in der evangelischen Kirche auf das Stehen in der Krisis versteifen, wie H. M. Müller es von Anselm und vom Theologen überhaupt zu fordern scheint? Als ob Menschen diesseits des Endes aller Dinge in einer absoluten Krisis zu stehen in der Lage wären! Muß sich nicht gerade ein wirkliches und aufrichtiges menschliches Suchen, wenn es im Raum der Kirche stattfindet, verraten als ein solches, auf dem bei aller vielleicht ratlosen Verzweiflung noch der Widerschein des Gefundenhabens und schon der Widerschein des neuen Findenwerdens liegt? Aber wie dem auch sei, es ist menschlich nicht schön, es läßt sich aus dem Text und aus den sonstigen Anselmtexten nicht begründen und es hat vor allem etwas merkwürdig Unweises und Ungeistliches, wenn H. M. Müller mit jenem Anselm-Kapitel kurzerhand damit fertig wird, daß er der darin aufgeworfenen Frage als solcher keinen Ernst zumißt, weil sie ja doch nur innerhalb des „Systems" aufgeworfen sei und so ihre Beantwortung schon heimlich bei sich habe. Er unterschlägt dabei einmal, daß die Frage in jenem Kapitel als Frage jedenfalls durchaus stehen bleibt und weder durch die Berufung auf das Credo der Kirche oder auf das *credere* des christlichen Denkers, noch auch dialektisch, noch auch durch die Andeutung einer etwa schon eingetretenen Gebetserhörung gelöst wird: warum in aller Welt soll sie dem Anselm nicht so bitter ernst gewesen sein, wie einem Menschen eine offene Frage nur ernst sein kann — auch und gerade indem er sich mit dieser seiner Frage im Raum der Kirche und also im Bereich der für ihn zwar gänzlich ausstehenden, aber schon gegebenen und gewiß kommenden Antwort wußte? Und H. M. Müller übersieht vor allem: wenn diese Frage bei Anselm tatsächlich im Widerschein ihrer schon vollbrachten und neu kommenden Lösung steht und doch radikal offene Frage ist, so ist der Hinweis auf den „Katholizismus" Anselms doch wirklich nicht als die einzige Interpretationsmöglichkeit geltend zu machen. Man könnte auch sagen: dann ist noch lange nicht ausgemacht, daß der Hinweis auf Anselms „Katholizismus" eine Interpretation *in malam partem* bedeuten muß. Warum soll das merkwürdige Zusammensein von letzter Beunruhigung und letzter Gelöstheit, wie es für dieses Anselmkapitel allerdings bezeichnend ist, nicht daraus zu erblicken sein, daß Anselm ja betet, indem er fragt, und fragt, indem er betet. Ist es nicht naheliegender und ehrerbietiger, sich an diese Tatsache zu halten? Darf man sie wegen des doch schlechthin unbeweisbaren Verdachtes, hier möchte ein „System" vorliegen, ignorieren oder als schlechten „Katholizismus" diskreditieren? Nur wenn man sich dies herausnimmt — und das ist das Unhumane und zugleich Ungeistliche in H. M. Müllers Darlegung zu dieser Sache, daß er sich dies herausnimmt — nur dann kann man auf dem Hintergrund der Lehre von der absoluten Unruhe die allerdings nicht absolute, sondern begrenzte Unruhe Anselms so leicht nehmen, wie er das tut. Nimmt man es ernst, daß Anselm so beunruhigt betete und gerade betend so beunruhigt war, dann wird man das Kapitel würdigen als eine in ihrer Art einzigartige Illustration dafür, wie gerade der wirkliche, der restlos sichere und geborgene Glaube immer ein Durchgang ist von Erwartung zu neuer Erwartung. Alle Unruhe des Glaubens ist in der Tat aufgehoben im Gebet, aber gerade sein Gebet ist seine tiefe Unruhe. Und als Gebet wie als Unruhe ist er Erwartung und zwar Erwartung eben seines Gegenstandes. Von seinem Gegenstand lebt er, ruhig oder unruhig, gefunden habend, suchend, wiederfindend und aufs neue suchend. Dieser Gegenstand ist aber der freie Gott, der dem Menschen, weil er ein Sünder ist, verborgen ist, der ihn freilich in den neuen Stand des Glaubens versetzt hat, in welchem er ihm erkennbar wird, der nun aber gerade in diesem neuen Stand — er ist ja der Stand des Glaubens — von neuem und wieder von neuem gesucht und gefunden sein will. Er ist und bleibt gerade für den Glauben in die Gegenständlichkeit, in das Außerhalb des Wortes Gottes, in Jesus Christus, verschlossen. Er muß den Menschen lehren ihn zu suchen und er muß sich ihm zeigen, damit er ihn finde. Aber von diesem seinem Gegenstand und Außerhalb lebt der christliche Glaube.

Non ex visione credentis, sed a visione eius cui creditur ergibt sich jene *determinatio intellectus ad aliquod cognoscibile* (Thomas von Aquino, *S. theol.* I qu. 12, art. 13 ad 3). *Non enim fides assentit alicui nisi quia est a Deo revelatum* (ib. II² qu. 1, art. 1). — *Tolle verbum et nulla jam restabit fides* (Calvin, Instit. III, 2, 6). — *Quoties nos de fide loquimur, intelligi volumus obiectum scilicet misericordiam promissam. Fides non ideo iustificat, quia ipsa sit opus per sese dignum* (nicht darümb... das er an jhm selbst vnser werck vnd vnser ist), *sed tantum quia accipit misericordiam promissam* (Melanchthon, Apologie, Art. 4 De justif. 55 f., vgl. 86). — *Non enim in sensum sed in promissionem recumbit fides* (C. Olevian, *De subst. foed.* 1585, S. 304, zit. nach Heppe, Dogmatik d. ev. ref. Kirche 1861, S. 388). — *Non propter fidem quatenus est virtus vel opus nostrum justificamur* (M. Chemnitz, *Loci theol.* ed. 1591, Vol. II, S. 255). ... *sed propter objectum quod fides apprehendit Christum* (ib. S. 252). *De fide non est statuendum ex sensu consolationis et gaudii spiritualis: quia quintus ille gradus sequitur fidem, non est de essentia fidei et Deus sensum illum pacis credentibus saepe subtrahit* (ib. S. 252). *Ancoram fidei nostrae iactam esse in ipsum coelum et quidem ubi Christus pro nobis sacerdos* (ib. S. 257). Mit erfreulichster Präzision interpretiert dann die Hochorthodoxie: Die *fides* ist *justificans* nicht als *qualitas inhaerens* oder als *actio* des Menschen, sondern: *ut est in praedicamento relationis*, als Verhalten (σχέσις) zu ihrem *objectum*. Wiederum aber nicht *per relationem* (durch das sich Beziehen!), sondern *in relatione: quatenus sibi applicat et appropriat meritum Christi, cui unico dignitas illa competit*. Schließlich ist zu sagen, daß der Akt des rechtfertigenden Glaubens (*fides quae justificat*) freilich durch die Begriffe *notitia, assensus, fiducia* richtig umschrieben ist, daß aber dieser Akt als rechtfertigend (als *fides qua justificat*) nur zu verstehen ist, sofern er, jenseits dessen, was ihn zum Akt macht, ist: eine *nuda apprehensio seu fiducialis acceptatio bonorum foederalium er beneficiorum Messiae passiva, admissiva motuum Spiritus, requietoria in sanguine et meritis Christi* (Quenstedt, *Theol. did.-pol.* 1685 III *cap.* 8, *sect.* 2, *qu.* 6 *ekth.* 8—10).

Wir müssen in diesem Zusammenhang von Luther besonders reden. Es gibt zwei Lutherworte, von denen in der heutigen theologischen Aussprache besonders das eine von Wobbermin mit einer ihm selbst offenbar nicht ermüdenden Zähigkeit immer und immer wieder angeführt wird (zuletzt z. B. Richtl. ev. Theol. 1929 S. 124 f.; Wort Gottes und ev. Glaube 1931, S. 5), nachdem es samt seiner Umgebung in Luthers Text im vorigen Jahrhundert schon bei A. Ritschl (Rechtf. u. Vers., 4. Aufl., 1. Bd., S. 218 f.; 3. Bd., S. 201 f.) eine verwandte Rolle gespielt hatte. Es lautet: „Glaube und Gott gehören zuhaufe" und steht am Anfang der Erklärung des ersten Gebotes im Großen Katechismus. Das andere steht in der Römerbriefvorlesung und lautet, jedem Leser Wobbermins ebenfalls wohlvertraut: *fides et promissio sunt relativa* (statt *relativa* schreibt Wobbermin beharrlich *correlativa*, vgl. Richtl. S. 109 u. 125 und Wort Gottes S. 5). Das erste Wort steht in folgendem Zusammenhang: Was heißt ein Gott haben oder was ist Gott? Antwort: Ein Gott heißet das, dazu man sich versehen sol alles guten und zuflucht haben ynn allen nöten. Also das ein Gott haben nichts anders ist denn yhm von hertzen trawn und gleuben, wie ich offt gesagt habe, das alleine das trawen und gleuben des hertzens machet beide Gott und abeGott. Ist der glaube und vertrawen recht, so ist auch dein Gott recht, und widerumb wo das vertrawen falsch und unrecht ist, da ist auch der rechte Gott nicht. Denn die zwey gehören zuhauffe, glaube und Gott. Worauff du nu (sage ich) dein hertz hengest und verlessest, das ist eygentlich dein Gott. (Deutsch Catechismus 1529, W. A. 30¹, S. 132, Z. 34.) Und das andere: *fides et promissio sunt relativa; idem cessante promissione cessat et fides et*

4. Das Wort Gottes und der Glaube

abolita promissione aufertur et fides et econtra (Glosse z. Röm. 4, 14, Fi. S. 40, Z. 24). Wir fügen der Fülle halber gleich noch zwei andere in der gleichen Richtung laufende Lutherworte hinzu. Das eine als Parallele zu der Stelle aus dem Großen Katechismus: Wie du dich kehrest und wendest, also kehret und wendet sich Gott auch. Denkest du, er zürne mit dir, so zürnet er. Denkest du, er sey dir unbarmherzig, und wolle dich in die Hölle stoßen, so ist er also. Wie du von Gott glaubest, so hast du ihn. (Pred. üb. Joh. 4, 47 f., 1534, E. A. 5, S. 224.) Darum, wie wir glauben, so geschieht uns. Halten wir ihn für unseren Gott, so wird er freilich nicht unser Teufel seyn. Halten wir ihn aber nicht für unseren Gott, so wird er freilich auch nicht unser Gott, sondern muß ein verzehrend Feuer sein (*ib.* 5 S. 229). Das andere als Parallele zu der Römerbriefglosse: Also soll wort und glaub fein beysam stehen, Denn es kan keins on das ander sein. Wer da glaubt unnd hat das wort nit, der glaubt wie Türcken und Juden, Die haben den glauben, Gott sey gnedig und barmhertzig. Aber es feylet jn an der zusagung, Denn Gott will außer Christo nicht gnedig sein. Also, wer das wort hat und den glauben nit, da schafft das wort auch nichts bey. Das also wort und glauben zur Ehe zusam geben, unnd keines sich vom andern scheyden kan lassen. (Hauspost. 1544, Pred. üb. Matth. 9, 1 f., W. A. 52, S. 498, Z. 22.) Wobbermin will mit jenen beiden Sätzen beweisen, daß das Verhältnis von Wort Gottes und Glaube nach Luther als ein „Beziehungsverhältnis", als ein „Korrelatverhältnis", ein „Zirkelverhältnis", ein „Verhältnis der Wechselbeziehung", ein „doppelpoliges Verhältnis" (Richtl. S. 125, 140 f.; Wort Gottes S. 5 f., 14, 27 u. ö.) zu verstehen sei. Ich möchte über diese Bezeichnungen keinen Streit führen, wenn sie mir auch zu zweideutig sind, als daß ich sie aufnehmen möchte, sondern hier im Blick auf Luther nur das feststellen: Luther sagt, daß im Glauben, bzw. Irrglauben oder Unglauben des Menschen die Entscheidung darüber falle, was für einen Gott er habe, daß der Mensch also immer den Gott habe, den er glaube. Damit ist nun aber keineswegs gesagt, daß der Glaube gewissermaßen der menschliche Gegenspieler des Wortes Gottes, daß das Verhältnis von Wort Gottes und Glaube das symmetrische zweier Partner — eines übergeordneten und eines untergeordneten — aber zweier Partner sei, daß dieses Verhältnis grundsätzlich ebenso im Glauben wie im Worte Gottes begründet sei. Gewiß: nur der Glaube hat den rechten Gott und dieser rechte Gott ist als geglaubter Gott dasjenige, auf das der Mensch das Vertrauen seines Herzens setzt. Aber nicht, daß er vom Menschen geglaubt wird, nicht das Vertrauen seines Herzens (nicht sein „Interesse" an ihm, wie A. Ritschl sagte) macht ihn zum rechten Gott — als Gegenstand des Glaubens oder Vertrauens an sich könnte er ja auch ein Abgott sein — sondern das macht ihn zum rechten Gott, daß er im rechten Glauben geglaubt wird. Daß der Glaube, in welchem der rechte Gott geglaubt wird, der rechte Glaube ist, das verdankt er aber in keiner Weise und in keinem Sinn sich selber, sondern dem, daß der rechte Gott sich ihm offenbart hat, d. h. aber dem Worte Gottes. In diesem Begriff muß die Zirkelbewegung der Reflexion ihr Ende erreichen und erreicht sie es auch bei Luther; bezeichnet er doch den Punkt, in welchem die wirkliche unumkehrbare Zirkelbewegung von Wort und Glaube ihren Anfang nimmt, ihren Anfang, der nicht selber wieder durch einen „Gegenpol" bedingt ist. Wobbermin meint, daß man den Satz „Glaube und Gott gehören zuhaufe" auch in den anderen übersetzen könnte, „Glaube und Wort Gottes gehören zuhaufe" (Wort Gottes S. 5). Das könnte denkbar sein, wenn wir es nur mit diesem Satz zu tun hätten. Aber auf den übrigen Inhalt jener Katechismusstelle gesehen läßt sich diese Übersetzung nicht halten: daß das Trauen und Glauben des Herzens das Wort Gottes mache, daß, wenn der Glaube und das Vertrauen des Menschen recht sei, auch das Wort Gottes recht sei, das wollte und konnte Luther offenbar nicht sagen. In der Katechismusstelle geht es ihm ja nur darum zu sagen, daß „Gott" für den Menschen auf alle Fälle und in jedem Sinn dieses Wortes das sei, worauf der Mensch sein höchstes Vertrauen setze. Es hat nun wirklich keinen Sinn, auf diese volkstümliche Präambel sein Lutherverständnis oder gar seine ganze Theologie aufzubauen. Luther selbst hat weder im Großen Katechismus noch sonst den so definierten „Gott", sondern eben den rechten Gott des rechten Glaubens gelehrt und bei der Frage nach diesem Gott hat er nie und nimmer auf den Glauben als solchen oder auf dessen immanente Rechtheit verwiesen und ihn zur Würde seines „Gegenpols" oder Partners des Wortes Gottes erhoben. Sondern nun heißt es: On Gottes Wort etwas glauben, ist kein glaube, sonder ein falscher wahn, da nymmer mer nichts auß wirdt, Eben als wenn du glauben woltest, du soltest noch Römischer Keyser werden.... (Hauspost. 1544, Pred. üb. Joh. 4, 47 f., W. A. 52, S. 518, Z. 22.) Wer nun Gottes wort nicht hat noch weyß, der kan solche zuversicht nicht haben und muß dises treffenlichen trostes gerathen. (Ib. Pred. üb. Luc. 5, 1 f., W. A. 52, S. 396, Z. 7.) Das ist es nun, daß ich gesaget habe, daß Gott nicht will leiden, daß wir uns sollen auf etwas anders verlassen, oder mit dem Herzen hangen an etwas, das nicht Christus in seinem Wort ist, es sey wie heilig und voll Geistes es wolle. Der Glaube hat keinen anderen Grund, darauf er bestehen könne (E. A. 11, 26). Inn dem glauben mus man alle ding aus den augen thun on das wort Gottis. Wer yhm etwas anders lessit ynn die augen bilden denn das selb wort, der ist schon verloren. Der glawb hanget alleyn dem wort blos und lautter an, wendet die augen nicht darvon, sihet keyn ander ding an, widder sein werck noch verdienst. Wenn das hertz nicht also blos stehet, so ist schon verloren. (Pred. üb. Joh. 4, 4 f., 1522, W. A. 10 III, S. 423, Z. 17.) Diß ist des glaubens aigenschafft und natur, das er nichts neben jm leyden mag, darauff sich der mensch stewer oder begebe, allain daz bloße Gottes wort oder götliche zusagung. ... der glaub lest faren alle Creaturn, alle sichtbare ding in der welt, auch sich selbs, und hanget an Gottes wortt, Ja also muß es zu geen, lieber geselle, der glaub fuset nyrgendt auff, tappet nicht nach etwas, das er gewyß sey, so wirt er auch behalten. (Festpost. 1527, Pred. üb. Luc. 1, 26 f., W. A. 17 II, S. 400, Z. 14 u. 32.) Im Glauben findet statt eine *speculatio qua Christus apprehenditur*, eine *speculatio theologica fidelis et divina inspectio serpentis suspensi in palo hoc est Christi pendentis in cruce pro meis tuis et totius mundi peccatis* (Komm. zu Gal. 3, 13, W. A. 40 I, S. 447, Z. 18). Und man beachte, daß auch in jener Römerbriefglosse und in der Predigt, in der von der „Ehe" zwischen Wort und Glauben die Rede ist, der Nachdruck der Ausführungen Luthers durchaus auf dem Gedanken liegt, daß es ohne Wort keinen Glauben gebe, während die dialektische Ergänzung, daß man das Wort nicht ohne Glauben haben könne, an beiden Stellen nur eben vollzogen, aber nicht ausgeführt und in keiner Weise betont wird. Summa: wenn Luther von Wort und Glauben redet, dann sagt er freilich, daß wo kein Glaube ist, auch das Wort nicht sein oder nichts schaffen kann, er sagt aber vor allem, und darauf kommt es doch an, daß der Glaube, wo er ist, seinen Grund und seine Wahrheit und sein Maß nicht in sich selbst als menschliche Tat und Erfahrung, sondern, obwohl er menschliche Tat und Erfahrung ist, jenseits seiner selbst in seinem Gegenstand, in Christus oder im Worte Gottes habe. Die Bezeichnungen Zirkelverhältnis, Wechselverhältnis, Korrelativverhältnis usw. sind mindestens keine sehr präzisen Umschreibungen für das, was Luther in dieser Sache sagen wollte und gesagt hat. Wir bekommen bei Luther tatsächlich keine andere Belehrung über das, was reformatorische Erkenntnis in dieser Sache gewesen ist, als bei Melanchthon.

Von hier aus sollte nun weiter verständlich sein, daß die Interpretation des Glaubens als *fiducia*, Vertrauen, Zuversicht, wie wir sie bei den Reformatoren und dann in der ganzen altprotestantischen Theologie finden (*Est itaque fides non aliud, nisi fiducia misericordiae promissae*.... Melanchthon, Loci 1521, De justif. et fide IV; vgl. *Conf. Helv. post.* 16 am Anfang; Heidelb. Kat. Fr. 21) mit einer Verschiebung der Wirklichkeit des Glaubens aus dem Gegenstand des Glaubens in das glaubende Subjekt nichts zu tun hat. Diese Hervorhebung der *fiducia* sollte den wirklichen Glauben abgrenzen von einer bloßen *opinio historica*, von einer neutralen erinnernden Kenntnis und Bejahung biblischer oder kirchlicher Sätze, wie sie auch außerhalb der Wirklichkeit des Glaubens möglich ist. Das Moment der *notitia* bzw. des *assensus*, d. h.

das Moment der Erkenntnis aus dem Glauben auszuschließen, den Glauben als reines, intellektuell gestaltloses oder hinsichtlich seiner intellektuellen Gestalt indifferentes Vertrauen, als irgendein Vertrauen zu irgend etwas aufzufassen, den Glaubensgegenstand also zu problematisieren und die Wirklichkeit des Glaubens in das glaubende Subjekt zu verlegen, das war eine Möglichkeit, von der man sicher (entgegen dem, was K. Aner, R. G. G.² Art. „Glaube: IV, dogmengeschichtlich" anzunehmen scheint) sagen kann, daß auch in der Frühzeit der Reformation keiner ihrer verantwortlichen Führer sie auch nur einen Augenblick lang ernstlich in Erwägung gezogen hat. Der Glaube ist für den alten Protestantismus *fiducia* und insofern mehr als *notitia* und *assensus* im Blick auf den Inhalt des Wortes Gottes, sofern der Mensch im Glauben das barmherzige Immanuel!, das das Wort Gottes ausspricht, annimmt, d. h. aber sich die Barmherzigkeit, von der das Wort spricht, widerfahren läßt, sich ihrer auf das Wort hin tröstet, sich auf das Wort hin auf sie verläßt, sofern der Glaubende ein durch das Wort Gottes Getrösteter ist. Gewiß ist der Glaube erst Glaube, indem er *fiducia* ist und wären *notitia* und *assensus* für sich noch gar nicht Glauben, sondern eben jene *opinio historica*, die auch der Gottlose haben kann. Aber wie sollte er *fiducia* sein, ohne zugleich und gerade als *fiducia* auch *notitia* und *assensus* zu sein, *fiducia promissionis*, Vertrauen auf die Barmherzigkeit Gottes, die uns als *misericordia promissa*, d. h. in der Gegenständlichkeit des Wortes begegnet, die Gestalt und zwar Wortgestalt hat und darum in dem sie annehmenden Glauben auch Erkenntnisgestalt, die Gestalt des Fürwahrhaltens? Einige Zeilen vor jener berühmten Definition der *fides* als *fiducia* definiert ja derselbe Melanchthon: *Quid igitur fides? Constanter assentiri omni verbo Dei*. Er würde auch sicher nicht mit Wobbermin (Wort Gottes S. 10f; Richtlinien S. 131 ist sogar von „radikaler Verwerfung der *fides historica*" die Rede!) gesagt haben, daß dieses *assentiri* der *fiducia* „untergeordnet" sei, und zwar darum nicht, weil für ihn eine wirkliche und ernstliche, eine theologisch wichtige Unterordnung nicht zwischen *assensus* und *fiducia* im wirklichen Glauben, sondern nur zwischen beiden und ihrem Gegenstand in Betracht kommen konnte. Gerade von dem als *fiducia* verstandenen Glauben hat darum Melanchthon, wie wir hörten, gesagt, daß er nicht als *opus per sese dignum*, sondern nur im Blick auf sein *objectum* als wirklicher, rechtfertigender Glaube zu verstehen sei. Eben in der Beziehung zu seinem Objekt als solchem ist der Glaube aber notwendig und gar nicht „untergeordnet" auch *notitia* und *assensus* (Melanchthon scheint noch in den Loci von 1559, C. R. 21, S. 242f., diese beiden Momente nicht zu unterscheiden), Erkenntnis, Fürwahrhalten des Wortes der göttlichen Person, dem er sein Vertrauen schenkt. Man kann sich, daß es so war und sein mußte, auch sehr schön an dem Worte *fiducia* selber klar machen. Es hat neben der psychologischen auch eine juristische Bedeutung und es dürfte doch wohl sprachwissenschaftlich legitim sein, zum Verständnis der einen Bedeutung mindestens auch auf die andere zu achten. *Fiducia* bedeutet nämlich juristisch verstanden die Überlassung eines Eigentums auf Treu und Glauben oder auch: den Vertrag, der über eine solche Überlassung (z. B. bei einem Scheinverkauf) aufgestellt wird, oder auch: die hypothekarische Sicherheit, die man sich dabei geben läßt. *Fiducia* heißt also das, was man bei einem Rechtsgeschäft, bei dem man ein eigenes Recht vorläufig und vorübergehend in die Hand eines anderen legt, sozusagen als Bürgschaft zur Begründung des nach wie vor bestehenden Rechtsanspruchs in der eigenen Hand behält: sei es die bloße Gewißheit um die Treugläubigkeit dieses anderen, sei es ein Vertrag, der diese Treugläubigkeit, sei es ein Depositum, das auch noch diesen Vertrag sicherstellt. *Fiducia* bezieht sich also auf die Zuverlässigkeit, die *bona fides* des anderen, bei dem mein Recht, ohne aufzuhören das meinige zu sein, nun aufgehoben ist. Ich habe Fiduz heißt also: ich habe Grund, mich auf diese Zuverlässigkeit des anderen meinerseits zu verlassen. Ohne die Beziehung auf diesen Gegenstand, die *bona fides* des anderen, gäbe es keine *fiducia*. Ich habe sie, indem ich in dieser Beziehung zu ihm stehe, und um in dieser Beziehung zu ihm stehen zu können, nicht sonst. Das ist das *tertium comparationis* zwischen dem juristischen und dem psychologischen und dann doch wohl auch dem theologischen Begriff der *fiducia*. Man beachte, daß es schon im Neuen Testament gelegentlich von Gott heißen kann: πίστιν παρασχὼν πᾶσιν ἀναστήσας αὐτὸν ἐκ νεκρῶν, d. h. er gab in der Auferstehung Jesu allen eine Bürgschaft und diese Bürgschaft ist nichts anderes als das, was sie nun in der Form des Glaubens haben können (Act. 17, 31). *Fiducia* bezeichnet nicht weniger als *notitia* und *assensus* die Gegenstandsbezogenheit des Glaubens. Sondern gerade *fiducia*, gerade das im Glauben stattfindende Sichverlassen auf Gottes Zuverlässigkeit bezeichnet diese Gegenstandsbezogenheit prägnant und gerade wegen des im Begriff *fiducia* ausgesprochenen sachlichen Gehalts des Glaubens dürfen zur Kennzeichnung seines formalen Gehalts die Begriffe *notitia* und *assensus* mit ihrem Hinweis auf das göttliche Gegenüber als solches nicht fehlen. *Ultimus actus fidei nempe fiducia anima fidei justificantis est, sive perfectio eius formalis qua stante impossibile est hominem perire. Interim tamen praesupponit obiecti justifici cognitionem explicitam et assensum generalem ... et specialem* (Quenstedt, *Theol. did. pol. 1685*, III, *cap.* 8, *sect.* 2, *qu.* 6, *ekth.* 7).

Ein Wort zum Schluß über das neuerdings wieder (ebenfalls bes. von Wobbermin) vielberufene Begriffspaar *fides quae creditur* und *fides qua creditur*. Diese Unterscheidung stammt von Augustin: *Aliud sunt ea, quae creduntur, aliud fides qua creduntur. Illa quippe in rebus sunt ... haec autem in animo credentis est* (*De trin.* XIII, 2, 5). Anselm von Canterbury hat dann das Moment der *fides qua* gespalten, indem er unterschied zwischen *credere id* und *credere in id, quod credi debet* (*Monol.* 76—78). Auch dieses *in id* stammt von Augustin (bei ihm z. B. *Tract. in Joann.* 29, 6). Petrus Lombardus führt zunächst jene erste Augustinstelle an und verwendet dann (ob original?) im Blick auf die zweite für die *fides qua creditur* sogar eine dreifache Formel: *aliud est enim credere in Deum, aliud credere Deo, aliud credere Deum*. (Sent. III, 23 C u. D; vgl. zu der Stelle die Randbemerkung Luthers, W. A. 9, S. 90, Z. 15.) Bei Petrus Lombardus hat dann J. Gerhard zunächst die erste Augustinstelle gefunden und im Anschluß daran wahrscheinlich als erster ausdrücklich die uns heute bekannten Begriffe *fides quae creditur* und *fides qua creditur* gebraucht, von denen der erste das Objekt des zweiten, die *materia circa quam*, der zweite aber die πεποίθησις *et* πληροφορία *in animo credentis* bezeichne. (*Loci theol.* 1610; *Loc.* 16, 66.) Außerdem fand aber J. Gerhard bei dem Lombarden auch jene dreigliedrige Formel für die *fides qua creditur* und scheint sie, indem er sie ebenfalls für augustinisch hielt, als eine Bestätigung seiner eigenen Formel *fiducia, assensus, notitia* aufgefaßt zu haben (*ib.* 67). Von ihm ab sind jedenfalls sowohl *fides quae* und *qua* als zur Erklärung der *fides qua* jene drei Begriffe mehr oder weniger Gemeingut der protestantischen Scholastik geworden. Wir finden beide schon bei J. Wolleb (*Chr. Theol. Compend.* 1626, I, 26, 1 u. 7) auch von der reformierten Dogmatik aufgenommen, während z. B. M. Chemnitz auf der lutherischen und W. Bucan auf der reformierten Seite sie als bekannte Formeln noch nicht vorausgesetzt zu haben scheinen. Die Unterscheidung *fides quae* und *qua* kann nun offenbar nur die Bedeutung haben, die Dialektik des objektiv-subjektiven Gehalts des Glaubensbegriffs, wie sie uns schon in dem Gebrauch der neutestamentlichen πίστις entgegengetreten ist, das Problem Glaube-Glaubensgegenstand als solches zu bezeichnen. Zur Diskussion dieses Problems selbst gibt diese Unterscheidung keinen Beitrag, denn alles würde nun, wie schon die Bemühungen Anselms und des Lombarden zeigen, darauf ankommen, zu bestimmen, was denn unter *fides qua* zu verstehen ist. Wir sind vorhin dem entscheidenden Begriff *fiducia* nachgegangen und haben die in unserem Zusammenhang nötige Feststellung gemacht, daß gerade *fiducia* — und mit ihr die *fides qua* überhaupt, die eben darum nicht bloße *fiducia* ist — über sich selbst hinausweist auf den Gegenstand, in Beziehung zu dem sie *fiducia* ist. Anders hat auch der Realist Augustin, der zuerst von diesem *quae* und *qua* gesprochen zu haben scheint, seine *fides qua* sicher nicht verstanden.

Steht es nun mit dem Glauben so, dann wird von der im Ereignis des Glaubens gegebenen Erkennbarkeit des Wortes Gottes zu sagen sein: sie ist keine Möglichkeit, die der Mensch zur wirklichen Erkenntnis von seiner Seite hinzubrächte; sie ist aber auch keine Möglichkeit, die dem Menschen in der wirklichen Erkenntnis als eine Bereicherung seiner Existenz von irgendwoher zuwachsen würde. Sondern wie der Glaube im Worte Gottes seinen absoluten und unbedingten Anfang nimmt, unabhängig von den angeborenen oder erworbenen Eigenschaften und Möglichkeiten des Menschen, und wie er als Glaube keinen Augenblick und in keiner Hinsicht anderswoher und anderswovon lebt als vom Worte, so in allen Stücken auch die Erkennbarkeit des Wortes Gottes, nach der wir hier fragen. Wir können sie nicht feststellen, indem wir dem Worte Gottes sozusagen den Rücken kehren, um uns selbst zu betrachten und bei uns selbst eine Offenheit, einen positiven oder wenigstens einen negativen Anknüpfungspunkt für das Wort Gottes zu entdecken. Wir können sie nur feststellen, indem wir im Glauben und seiner Erkenntnis feststehen, d. h. indem wir uns von uns selbst abwenden und dem Wort Gottes unser Gesicht oder vielmehr unser Gehör zuwenden. Indem wir es hören, haben wir die Möglichkeit es zu hören. Die Feststellung ist dann also nicht die unserer Möglichkeit, sondern die seiner Wirklichkeit, die Feststellung, die anders, als indem wir feststehen, gar nicht gemacht werden kann. In seiner Wirklichkeit haben wir auch unsere Möglichkeit, aber nicht um sie anzuschauen, sondern nur um sie zu gebrauchen. Indem wir sie anschauen würden, würden wir ja nicht mehr hören, würden wir also seine Wirklichkeit und mit ihr unsre Möglichkeit, die wir anschauen wollten, verlieren. Als in seiner, des Wortes Wirklichkeit zu uns kommende, ist sie unsere Möglichkeit, wie auch der Glaube als zu uns kommender unsere Möglichkeit ist. Wirklich unsere: des ganzen geschöpflichen sündigen Menschen Möglichkeit. Aber nicht so, daß man sie, diesen Menschen betrachtend, irgendwo in oder an ihm entdecken oder ablesen könnte. Sondern so, nur so, daß dieser geschöpfliche, sündige Mensch des zu ihm kommenden Wortes und damit seines Glaubens wartet und eben damit schon glaubt, er, der sich selbst betrachtend immer wieder wird sagen müssen, daß er nicht glauben kann.

P. Althaus sagt darüber sehr schön und treffend: „Ich weiß nicht, ob ich glaube; aber ich weiß, an wen ich glaube" (Grundriß d. Dogm. 1929, S. 19; vgl. Communio sanctorum 1929, S. 92 f.).

Genau so steht es im Glauben mit der Erkennbarkeit des Wortes Gottes. Sie ist keine außerordentliche Kunst. Oder soll man gerade umgekehrt sagen: sie ist eine höchst außerordentliche Kunst? Ihre Ausübung setzt ja keine besondere natürliche oder übernatürliche Ausrüstung voraus. Der Glaubende ist durchaus derselbe unbegabte und träge oder auch begabte und aufgeregte Mensch, der er als Nichtglaubender war und wieder werden kann. Als der, der er ist, mit dem Inventar, das nun einmal seinem Bestand entspricht, glaubt er. Es geht ja nicht um eine Erhöhung oder Erniedrigung seiner Existenz, es geht um die Gnade und das Gericht Gottes über seine Existenz. Also: nicht außerordentlich, sofern es sich ganz und gar um den Menschen und sein Erkennen, wie er ist, handelt. Höchst außerordentlich freilich, sofern diesem Menschen und seinem Erkennen das Wort Gottes hier zur Wahrheit wird. Aber ob außerordentlich oder nicht: jedenfalls eine uns gegebene Möglichkeit, aber eben nur zum Gebrauch gegeben, nicht zu inventarisieren, nicht zu katalogisieren, nicht aufs Eis und nicht ins Museum zu stellen.

Die Geschichte vom „Manna" Ex. 16 ist bis in die Einzelheiten hinein exemplarisch für das, was in diesem Zusammenhang vom Glauben zu sagen ist.

Also keine Möglichkeit, die man aufweisen, sondern eine Möglichkeit, auf die man nur hinweisen kann, wie auf den Glauben, wie auf das Wort Gottes selber, wie auf das von der Jungfrau Maria geborene Kind im Stall von Bethlehem. Wobei wieder der Ernst und die Kraft dieses Hinweises, der Ernst und die Kraft Gottes sein müssen, damit wir wirklich hinweisen. Also: daß sie schlechterdings am Gegenstand der wirklichen Erkenntnis entsteht und besteht, das ist das erste, was wir von der Erkennbarkeit des Wortes Gottes als der im Glauben uns gegebenen Möglichkeit zu sagen haben.

2. Wenn im Glauben dies geschieht, daß die Anerkennung des Wortes Gottes, wie sie menschliche Tat und Erfahrung werden kann, nicht durch sich selbst, sondern durch das anerkannte Wort Gottes sozusagen in Kraft gesetzt wird, so daß sie nun wirkliche Anerkennung ist, dann müssen wir jetzt auch positiv feststellen: im Glauben haben Menschen wirkliche Erfahrung vom Worte Gottes und kein *finitum non capax infiniti*, auch kein *peccator non capax verbi divini* darf uns jetzt hindern, diesen Satz mit allen seinen Konsequenzen ernst zu nehmen. Nicht auf eine menschliche Kapazität bezieht sich ja dieser Satz, sondern auf Menschen unter Voraussetzung ihrer völligen Inkapazität. Der Satz über die Inkapazität des *finitum* oder des *homo peccator* ist zugegeben. Und der Satz von dem Menschen, der im Glauben wirkliche Erfahrung vom Worte Gottes habe, beseitigt jenen Satz nicht. Aber er überholt ihn, er klammert ihn ein. Der Glaube fällt ja nicht unter die verschiedenen Kapazitäten des Menschen, weder als angeborene noch als zugewachsene. Unter diesen kommt eine Kapazität für das Wort Gottes allerdings nicht vor. Die Möglichkeit des Glaubens, wie sie dem Menschen in der Wirklichkeit des Glaubens gegeben ist, kann eben nur als eine dem Menschen von Gott geliehene und zwar ausschließlich zum Gebrauch geliehene verstanden werden. Sobald wir sie als eine dem Menschen in irgendeinem Sinn eigene verstehen wollten, müßte der andere Satz von der mensch-

lichen Inkapazität wieder in Kraft treten. Wir verstehen sie nicht als eine dem Menschen in irgendeinem Sinn eigene Möglichkeit. Eben darum ist nun aber auch von den Möglichkeiten des Menschen her kein Einspruch zu erheben, wenn wir sagen, daß im Glauben eine Gottförmigkeit des Menschen stattfindet. Wir sagen nicht: eine Vergottung, aber eine Gottförmigkeit, d. h. ein Angepaßtsein des Menschen an das Wort Gottes. Er wird ja im Glauben, indem er das Wort Gottes wirklich vernimmt, dazu geeignet, es zu vernehmen. Wollte man dies in Abrede stellen, dann könnte man den Glauben nicht mehr als Tat und Erfahrung des Menschen, den Menschen nicht mehr als Subjekt des Glaubens bezeichnen und verstehen. Schreiben wir aber dem Menschen eine Eignung — keine ihm eigene, sondern eine ihm im Glauben geliehene und keine zu betrachtende, sondern nur eine im Glauben zu gebrauchende — aber eine Eignung zum Vernehmen des Wortes Gottes zu, dann können wir nicht davor zurückweichen, von einer ihm im Glauben eignenden Gottförmigkeit zu reden. Vernehmen des Wortes Gottes könnte nicht stattfinden, wenn es nicht in und mit diesem Ereignis ein Gemeinsames zwischen dem redenden Gott und dem hörenden Menschen, eine Analogie, eine Ähnlichkeit bei aller durch den Unterschied zwischen Gott und Mensch gegebenen Unähnlichkeit gäbe, einen — jetzt können wir diesen Begriff auch aufnehmen — „Anknüpfungspunkt" zwischen Gott und Mensch.

Dieser Anknüpfungspunkt ist das, was die theologische Anthropologie im Anschluß an Gen. 1, 27 das „Ebenbild Gottes" im Menschen nennt. Wir können aber darunter in diesem Zusammenhang unmöglich mit E. Brunner (Gott und Mensch, 1930, S.55 f.) die auch dem sündigen Menschen von der Schöpfung her verbliebene Humanität und Personalität verstehen; denn eine Gottförmigkeit, einen Anknüpfungspunkt für das Wort Gottes kann die Humanität und Personalität des sündigen Menschen nun gerade nicht bedeuten. In diesem Sinn, als dem Menschen *qua* Geschöpf eigene Möglichkeit für Gott, ist das „Ebenbild Gottes" nicht nur, wie man sagt: mit Ausnahme einiger Restbestände zerstört, sondern vernichtet. Was vom Ebenbild Gottes auch im sündigen Menschen erhalten ist, ist die *recta natura*, der als solcher eine *rectitudo* auch nicht *potentialiter* zuzuschreiben ist. Das Vermögen für Gott ist dem Menschen, wie es auch mit seiner Humanität und Personalität stehe, wirklich verloren gegangen. Wir können also nicht einsehen, daß nun etwa an dieser Stelle eine gemeinsame Diskussionsbasis für philosophische und theologische Anthropologie, die Gelegenheit zu einem gemeinsamen Aufweis wenigstens der Möglichkeit nach Gott zu fragen, sichtbar werde. Das Ebenbild Gottes im Menschen, von dem hier zu reden ist, und das den wirklichen Anknüpfungspunkt für das Wort Gottes bildet, ist das durch Christus vom wirklichen Tode zum Leben erweckte und so „wiederhergestellte", die neugeschaffene *rectitudo*, nun wirklich als Möglichkeit des Menschen für das Wort Gottes. Die Versöhnung des Menschen mit Gott in Christus schließt auch das in sich oder fängt schon damit an, daß der verlorene „Anknüpfungspunkt" neu gesetzt wird. Dieser Anknüpfungspunkt ist also nicht außerhalb des Glaubens, sondern nur im Glauben wirklich. Im Glauben ist der Mensch durch das Wort Gottes für das Wort Gottes geschaffen, im Worte Gottes existierend, nicht an sich, nicht kraft seiner Humanität und Personalität, auch nicht von der Schöpfung her, denn was von der Schöpfung her vom Menschen zu Gott hin möglich ist, das ist eben durch den Sündenfall verloren gegangen. Darum kann man auch von diesem Anknüpfungspunkt, wie von allem, was im Glauben, d. h. durch die Gnade der Versöhnung wirklich wird, nur theologisch und nicht theologisch und philosophisch reden.

„Gottförmigkeit" nannten wir die Möglichkeit des Vernehmens des Wortes Gottes. Das sagt ja auch der Begriff der *imago Dei*. Wir müssen uns klar sein darüber, daß wir uns damit in haarscharfer Nähe der katholischen Lehre von der *analogia entis* befinden. Aber auch und gerade in dieser Nähe wird unsere Lehre eine ganz andere sein müssen als jene. Wir verstehen die hier in der Tat zu behauptende Analogie, Ähnlichkeit oder Gleichförmigkeit zwischen Gott und Mensch gerade nicht als *analogia entis*, d. h. nicht als eine überschaubare und durchschaubare, vom Standpunkt eines Schauenden aus in einer Synthese als Analogie zu verstehende Analogie. Nicht ein Sein, das das Geschöpf mit dem Schöpfer bei aller Unähnlichkeit gemeinsam haben soll, sondern das keiner bloßen Theorie zugängliche Tun, die menschliche Entscheidung ist im Glauben in aller Unähnlichkeit ähnlich der Entscheidung der Gnade Gottes. Von mehr als einer Analogie oder Ähnlichkeit darf nicht die Rede sein. Und es muß betont werden, wie es übrigens auch die katholische Lehre von der *analogia entis* tut, daß es sich um eine Ähnlichkeit bei größerer Unähnlichkeit handelt. Weshalb die früher erwähnte Theorie Augustins (und heute der Hollschule) von der heimlichen Identität zwischen der göttlichen und der menschlichen Entscheidung unzulässig ist, das läßt sich von hier aus verstehen. Bestünde hier heimliche Identität, dann müßte nicht von Ähnlichkeit in der Unähnlichkeit, sondern von Gleichheit in der Ungleichheit die Rede sein, dann würde es sich aber nicht um bloße Gottförmigkeit, sondern um eine Vergottung des Menschen handeln. Um weniger als Gottförmigkeit aber kann es sich in der Tat nicht handeln. Indem wir die thomistische *analogia entis* ablehnen, bejahen wir den anderen thomistischen Gedanken, in welchem wir übrigens den Wahrheitsgehalt auch der sogen. *analogia entis* erblicken möchten: *quum igitur christiana fides hominem de Deo ... instruit ... fit in homine quaedam divinae sapientiae similitudo* (Thomas v. Aquino, *S. c. gent.* II, 2). So sagt auch Luther vom Akt der Rechtfertigung im Glauben: sie geschehe so, daß Gott *nos tales facit, quale est verbum suum, hoc est justum, verum, sapiens etc. Et ita nos in verbum suum, non autem verbum suum in nos mutat. Facit autem tales tunc, quando nos verbum suum tale credimus esse scilicet justum verum. Tunc enim iam similis forma est in verbo et in credente, id est veritas et justitia* (Schol. zu Röm. 3, 4, Fi. II, S. 65, Z. 16). Und anderswo: *Necesse est sapientiam carnis mutari et suam formam relinquere ac formam verbi suscipere. Quod fit, dum per fidem se ipsam captivat et destruit, conformat se verbo, credens verbum esse verum, se vero falsam* (*ib.* zu Röm. 6, 14, Fi. II, S. 160, Z. 3). Und wieder anderswo: *per fidem fit homo similis verbo Dei* (Schol. zu Hebr. 3, 13, Fi. II, S. 44, Z. 4). Und wieder an anderer Stelle: Wie das wort ist, ßo wirt auch die seele von yhm, gleych als das eyßen wirt gluttrodt wie das fewr auß der voreynigung mit dem fewr. (Von der Freiheit eines Christenmenschen, 1520; W. A. 7, S. 24, Z. 33.) Im Blick auf die Gerechtigkeit, die der Mensch im Glauben empfängt, konnte Luther wohl sagen: *fides ita exaltat cor hominis et transfert de se ipso in Deum, ut unus spiritus fiat ex corde et Deo* (Schol. zu Hebr. 7, 1, Fi. II, S. 74, Z. 9). Im Blick auf die Unbeweglichkeit und Gewißheit des Glaubens geradezu: *fide homo fit Deus* (Komm. zu Gal. 2, 7, 1535, W. A. 40¹ S. 182, Z. 15). Im Blick auf die Macht des wirklichen Glaubens: Hilff gott, wie eyn ubirschwencklich, reych und mechtig ding ists umb den glawben!; macht er doch den menschen aller dingzu eynem gott, dem nichts unmuglich ist ... (Kirchenpost. 1522, Pred. üb Luc. 2, 21, W. A. 10¹, S. 518, Z. 5). Und im Blick darauf, daß der Mensch im Glauben und nur im Glauben Gott seine Ehre als Gott gebe, noch kühner: *Ea (sc. fides) consummat divinitatem et, ut ita dicam, creatrix est divinitatis, non in substantia Dei, sed in nobis. Nam sine fide ... nihil maiestatis et divinitatis habet Deus.* (Komm. zu Gal. 3, 6, W. A. 40¹, S. 360, Z. 21.) Im gleichen Sinn hatte schon

4. Das Wort Gottes und der Glaube

Augustin sagen können, daß in der *justificatio* des Menschen, sofern sie uns zu Kindern Gottes macht, eine *deificatio* stattfinde, wobei doch auch bei ihm der Kommentar nicht fehlt: *sed hoc gratiae est adoptantis non naturae generantis* (*Enarr. in Ps.* 49, 2). Von der Vorstellung einer im Glauben stattfindenden Vergottung im Sinn einer Verwandlung des Wesens des Menschen in das göttliche Wesen kann weder bei Augustin noch bei Luther die Rede sein. Es ist die nach Gal. 2, 20 zu lehrende *apprehensio Christi* oder *habitatio Christi in nobis* oder *unio hominis cum Christo*, wie sie im wirklichen Glauben stattfindet, die jene Sätze möglich macht. In der Betonung dieses mehr als mystischen und mehr als spekulativen Satzes: Glauben heißt Einswerden mit dem Geglaubten, also mit Jesus Christus, blieb Calvin hinter Luther und blieben beide hinter einem Augustin, einem Anselm, einem Bernhard von Clairvaux nicht im geringsten zurück. Ohne diesen Satz ist die reformatorische Lehre von Rechtfertigung und Glauben unmöglich zu verstehen. Wie er von der Vorstellung einer wesensmäßigen Vergottung des Menschen gerade in der Reformationszeit unterschieden wurde, kann man aus der Auseinandersetzung Calvins mit A. Osiander (*Instit.* III, 11, 5 f.) ersehen: von einer *mixtura Christi cum fidelibus* (*ib.* 11, 10) kann dabei keine Rede sein. *In medio tenebrarum* (Luther zu Gal. 2, 16, W. A. 40I, S. 229, Z. 18), in völliger Verhüllung findet diese *unio*, diese Selbstvergegenwärtigung Christi oder also des Wortes Gottes oder also Gottes selbst im glaubenden Menschen, diese *inhabitatio totius sacrosanctae trinitatis*, wie man später sagte, statt. Es bleibt gerade in diesem Verhältnis der Mensch der Mensch mit seinen Möglichkeiten und mit deren Grenzen und Christus selbst und allein oder das Wort der Gegenstand des Glaubens und nicht eine eingegossene Liebe oder dgl. ist die *forma fidei* (Luther, ib. 229, 28), d. h. das, was den Glaubenden vor dem Nichtglaubenden auszeichnet, was seine Erfahrung und sein Tun zum wirklichen Glauben macht und damit zu einer ihm zum Gebrauch gegebenen Möglichkeit. Aber allerdings: eine solche Auszeichnung findet statt. Ihre völlige Verborgenheit entspricht nur ihrer völligen Wirklichkeit als göttliche Gnade, einer Wirklichkeit, über die als solche mit keiner Hyperbel zuviel gesagt werden kann.

Im Glauben ist der Mensch gottförmig, d. h. das Wort Gottes zu vernehmen fähig, fähig der im Wort über ihn fallenden Entscheidung Gottes in seiner eigenen Entscheidung so zu entsprechen, daß das Wort Gottes nun das von ihm gehörte Wort, er selber nun der von diesem Wort angesprochene Mensch ist. Man wird diese Fähigkeit nicht unter dem Bestand seiner ihm eigenen Möglichkeiten suchen, man wird ja den Satz von der Einwohnung Christi, die im Glauben stattfindet, nicht in einen anthropologischen Satz übersetzen dürfen. Man wird von der Verlorenheit des natürlichen und sündigen Menschen, als der der Glaubende sich selbst erst recht erkennen wird, keine Abstriche zu machen haben. Aber eben dieser natürliche und sündige Mensch, der er ist und als der er sich auch und gerade im Glauben erkennen muß, ist im Glauben, ist in Christus, nach Röm. 6, 3 f., tot, und lebend bin ich im Glauben, mir selbst ein Wunder, der andere Mensch, und als solcher dessen fähig, wessen ich mich als natürlicher sündiger Mensch nur schlechterdings unfähig wissen kann.

Zu dieser Fähigkeit gehört nun auch, daß dem Menschen im Glauben das Wort Gottes erkennbar ist, daß es zu ihm gesagt werden und daß er es hören und als Wort und zwar als Gottes Wort vernehmen kann.

§ 6. Die Erkennbarkeit des Wortes Gottes

Es kann im Glauben geschehen, daß der Mensch eine ὑπόστασις ἐλπιζομένων hat, d. h. eine dem Wesen des Erhofften entsprechende und offene Zuversicht, einen ἔλεγχος οὐ βλεπομένων, d. h. einen Beweis des ihm Unsichtbaren und Unzugänglichen (Hebr. 11, 1). Zu dem im Glauben vor Gott gerechten Menschen kann gesagt werden: ἐγγύς σου τὸ ῥῆμά ἐστιν, ἐν τῷ στόματί σου καὶ ἐν τῇ καρδίᾳ σου (Röm. 10, 8). Es wird jetzt möglich, was Irenäus einmal fordert: ἵνα ἀεὶ μὲν ὁ θεὸς διδάσκῃ, ἄνθρωπος δὲ διὰ παντὸς μανθάνῃ παρὰ θεοῦ (*C. o. h.* II, 28, 3). Dieses Können in bezug auf das Wort Gottes ist die Gottförmigkeit des Glaubenden und speziell die Erkennbarkeit des Wortes Gottes, nach der wir hier fragen.

Zu dem in Adam verlorenen, aber in Christus wiedergebrachten Ebenbild Gottes im Menschen gehört auch dies, daß er Gottes Wort hören kann. Nur indem das Wort Gottes wirklich trotz seiner Sünde und in seine Sünde hineingesprochen wird, nur in der Gnade, mit der Gott auf die Sünde antwortet, kann auch diese Möglichkeit wieder aufleben. Aber in der Gnade lebt sie wieder auf. Nicht als natürliches Vermögen des Menschen also — ist es doch Gnade, die Sündern, unvermögenden Menschen widerfährt — als Vermögen der Unvermögenden also, als anthropologisch gar nicht deutbares Wunder, aber als wirkliches Vermögen, das im Glauben schon aktualisiert ist, über dessen Vorhandensein es also gar keine Diskussion mehr geben, dessen Vorhandensein nur noch festgestellt werden kann, weil es sich, indem es Ereignis wurde, als Möglichkeit schon ausgewiesen hat, bevor danach gefragt werden kann.

Was kein Auge gesehen, kein Ohr gehört hat, was in keines Menschen Herz gekommen ist, das hat Gott denen bereitet, die ihn lieben (1. Kor. 2, 9). Es gibt Menschen — Gott hat es gegeben, daß es solche Menschen gibt —, die Gottes Gnadentaten wissen (ib. 2,12), die die „Tiefen Gottes" erforschen (ib. 2, 10), die Geistliches geistlich richten können (ib. 2, 13), Menschen, die man auf ihre Bekanntschaft mit dem Worte Gottes anreden kann: δέξασθε τὸν ἔμφυτον λόγον (Jak. 1, 21), die im Glauben „stehen" können (1. Kor. 16, 13).

Indem das Wort Gottes zum Menschen gesprochen wird, ist es bei ihm und er beim Wort. Es gibt keinen Beweis dieses Beieinanderseins des Wortes und eines Menschen, als den Verweis darauf, daß es, indem das Wort Gottes zu irgendeinem anderen Menschen gesprochen wird, auch bei ihm zu einem solchen Beieinandersein kommen kann. Der Beweis des Glaubens besteht in der Verkündigung des Glaubens. Der Beweis der Erkennbarkeit des Wortes besteht im Bekenntnis dazu. Im Glauben und Bekenntnis wird das Wort Gottes menschlicher Gedanke und menschliches Wort, gewiß in unendlicher Unähnlichkeit und Inadäquatheit, aber nicht in gänzlicher Fremdheit gegenüber seinem Vorbild, sondern in seiner ganzen menschlich-sündigen Verkehrtheit dessen wirkliches Abbild, als Verhüllung des Göttlichen zugleich seine Enthüllung. Keine immanente Verwandlung des menschlichen Denkens, der menschlichen Sprache ist damit gemeint, keine noch so bescheidene Aufhebung der Ärgerlichkeit, in der das Wort auch hier Fleisch ist. Und keine Abschwächung des Wunders dieses Beieinanderseins ist damit gemeint, keine

4. Das Wort Gottes und der Glaube

supranaturalistische Physik, die das Unbegreifliche nun etwa doch begreiflich machen wollte. Und wiederum und nochmals: das hier zu Sagende kann nicht als Analyse einer gegenwärtigen Wirklichkeit gemeint sein, denn als solche entzieht es sich unserem Zugriff und unserer Kunde, sondern streng nur als Erinnerung an die Verheißung und als Hoffnung auf deren kommende Erfüllung. Dann und so aber kann und darf dieses Beieinandersein, ja Einssein des göttlichen und des menschlichen Logos im Glauben auch nicht verschwiegen oder gar geleugnet werden. Dieses Beieinandersein, ja Einssein ist die Erkennbarkeit des Wortes Gottes, die Möglichkeit der kirchlichen Verkündigung, vom Prediger wie vom Hörer aus verstanden, und damit die Möglichkeit auch der Dogmatik. Indem die Kirche den Dienst der Verkündigung versieht, indem wir Dogmatik treiben, bekennen wir, daß wir diese Möglichkeit glauben. Wir haben allen Anlaß, gerade hier, bei aller drohenden Nähe von *analogia entis*, Mystik und Identitätsphilosophie und allen etwa bestehenden sog. „Gefahren" zum Trotz, nicht undeutlich zu werden.

Uniatur tecum cogitatio mea, una et singularis sit tecum intentio mea ubi tecum a te misericorditer suscepta beata iam regnat substantia nostra (Anselm von Canterbury, Medit. 1, 6). Aber auch Luther: *In ipsa fide Christus adest. Fides ergo est cognitio quaedam vel tenebra, quae nihil videt et tamen in istis tenebris Christus fide apprehensus sedet sicut Deus in Sinai et in templo sedebat in medio tenebrarum* (Komm. zu Gal. 2, 16, W. A. 40^I, S. 229, Z. 15). „Der Satz der Offenbarung: Gott redet ist identisch mit dem Satze: der Mensch hört!" (Ed. Thurneysen, Das Wort Gottes und die Kirche, 1927, S. 222; Wobbermins Entrüstung über diesen Satz, Wort Gottes u. ev. Gl., 1931, S. 27, ist weder aktiv noch passiv sehr einsichtig.)

Mit unserem Satz von der Gottförmigkeit des Menschen im Glauben und also auch in seiner Möglichkeit das Wort Gottes zu erkennen, ist nun — als zweite Bestimmung der Erkennbarkeit des Wortes Gottes — dieses gesagt: Wo und wann das Wort Gottes von Menschen wirklich erkannt wird, da entspricht die Art dieses Erkennens der Art des Wortes Gottes selbst. Haben wir als erste Bestimmung der Erkennbarkeit des Wortes Gottes dies verstanden: sie ist eine menschliche Möglichkeit, die angesichts dieses dem Menschen gegenübertretenden Gegenstandes, gegenüber dem Worte Gottes selbst, als Reflex von dessen eigener, in sich begründeter Möglichkeit, Möglichkeit wird — so ist nun zu sagen: sie wird so Möglichkeit, wie das Wort Gottes selbst und in sich möglich ist. Darum haben wir, was Anerkennung des Wortes Gottes durch den Menschen ist, nicht in Form einer Analyse des menschlichen Glaubensbewußtseins, sondern in Form einer durch das Wesen des Wortes Gottes an das menschliche Glaubensbewußtsein gerichteten Postulates beschrieben. Man hat sich den Menschen im Ereignis des wirklichen Glaubens als sozusagen von oben geöffnet zu denken. Von oben, nicht von unten! Was von unten, als menschliche Erfahrung und Tat, als Glaubensbewußtsein sichtbar, greifbar und analysierbar wird, das ist nicht die Erfüllung dieses Postulates, das ist an sich ein „Hohlraum", der auch ganz anders gefüllt sein könnte als gerade durch das Wort Gottes. Gerade der wirklich Glaubende wird sich nicht weigern anzuerkennen, daß auch sein Glaubensbewußtsein als solches menschliche Finsternis ist. Wir können also nicht dazu übergehen, nun etwa doch das Bewußtsein unseres bekannten Ich auf seinen Gehalt an Wort Gottes zu untersuchen. Die Öffnung von oben, die sich im Ereignis des wirklichen Glaubens vollzieht, bleibt uns so verborgen wie dieses Ereignis selbst und wie Gott selbst. Wir müssen aber auch sagen: sie ist uns auch so offenbar wie dieses Ereignis, wie Gott uns offenbar ist: in Erinnerung der Verheißung, in Hoffnung ihrer Erfüllung. Wie wir das Wort Gottes selbst glauben dürfen und müssen, es zu glauben aufgerufen werden, so auch unseren Glauben an das Wort, so auch unsere Möglichkeit, es zu erkennen oder seine Erkennbarkeit für uns, das Vorhandensein der *forma verbi* mitten in der menschlichen Finsternis, der Gegenwart Christi in den *tenebrae* unseres Herzens. Ist das Ereignis des Glaubens das Ereignis der Gegenwart des geglaubten Wortes beim Menschen, das Einswerden des Menschen mit ihm, dann muß das heißen: die Finsternis des Menschen — wir werden sie nie als etwas anderes sehen und verstehen können — kann Licht werden. Also: die Möglichkeit des Menschen, unzureichend in sich selber, kann die zureichende göttliche Möglichkeit werden. In ihrer Erfüllung ist sie die zureichende göttliche Möglichkeit. Wir bejahen, indem wir die im Ereignis des Glaubens stattfindende Erkennbarkeit des Wortes Gottes, wie sie uns verheißen ist, bejahen, die göttliche Möglichkeit. Sofern wir sie nur in ihrer Verborgenheit, in der Hülle der uns als Finsternis begegnenden menschlichen Möglichkeit bejahen können, darum werden wir die Unähnlichkeit zwischen der göttlichen Möglichkeit an sich und dem, was sie in unseren Händen wird, nicht leugnen: wir können den ins Wasser getauchten Stab nur als einen gebrochenen Stab sehen. Aber unanschaulich für uns, nicht gesehen und doch wirklich ist er der gänzlich ungebrochene Stab. In aller Unähnlichkeit ist die menschliche Möglichkeit, im Glauben die Verheißung zu ergreifen, nicht ohne Ähnlichkeit mit der göttlichen Möglichkeit ihrer Verwirklichung. Nicht in sich selber, nicht als menschliche Möglichkeit, wohl aber nach unserer ersten Bestimmung: von ihrem Gegenstand her, als Möglichkeit die Verheißung zu ergreifen. Kraft dieser Ähnlichkeit ist unsere Möglichkeit, das Wort Gottes zu erkennen, die Möglichkeit einer gewissen und klaren Erkenntnis, nicht gleich, wohl aber ähnlich der Gewißheit und Klarheit, in der Gott in seinem Worte sich selber erkennt. Kraft dieser Ähnlichkeit bekommt das Bekenntnis des Glaubens, wie es der Erkenntnis des Wortes Gottes entspricht, jene Bestimmtheit, die es von dem Ausdruck noch so tiefer und ernster menschlicher Überzeugungen grundsätzlich unterscheidet, jenen letzten menschlichen Ernst, der eben nur die Sache des Bekenntnisses, und zwar des Bekenntnisses des Glaubens sein kann. Kraft dieser Ähnlichkeit kann es Kirche, kirchliche Verkündigung, Dogmatik geben. Die Gewißheit und Klarheit der Erkenntnis, das Bekenntnis des Glaubens, die Kirche, sie beruhen darauf, daß das Wort Gottes, wo und wann immer es wirklich erkannt wird, in der Art des Wortes Gottes selbst, in dieser Ähnlichkeit zum Geglaubten und Erkannten, erkannt wird.

Wir stellen also der katholischen Lehre von der *analogia entis* nicht eine Leugnung des Analogiebegriffs entgegen. Wir sagen aber: die in Frage kommende Analogie ist nicht eine *analogia entis*, sondern nach Röm. 12, 6 die ἀναλογία τῆς πίστεως: die Entsprechung des Erkannten im Erkennen, des Gegenstandes im Denken, des Wortes Gottes im gedachten und gesprochenen Menschenwort, wie sie die wahre, im Glauben stattfindende, christliche Prophetie von aller unwahren unterscheidet. Diese *analogia fidei* ist doch wohl auch der Sinn der merkwürdigen paulinischen Stellen, in denen das menschliche Erkennen Gottes umgekehrt wird in ein Erkanntwerden des Menschen durch Gott. Γνόντες θεόν nennt Paulus die Christen, um sich sofort zu verbessern: μᾶλλον δὲ γνωσθέντες ὑπὸ θεοῦ. Dieses γνωσθῆναι ist es offenbar, was ihr γιγνώσκειν als Christen von ihrem früheren heidnischen Nicht-Wissen um Gott unterscheidet (Gal. 4, 8 f.). Wenn hier in der christlichen Gemeinde einer meint, etwas erkannt zu haben, so hat er noch nicht erkannt, was man erkennen muß. Auf den menschlichen, auch auf den christlichen Erkenntnisakt als solchen kann man nie als auf ein schon gelungenes, seinem Gegenstand entsprechendes Werk zurückblicken. Wer Gott liebt οὗτος ἔγνωσται ὑπ' αὐτοῦ. Wieder ist es der göttliche nicht durch den Menschen, sondern am Menschen stattfindende Erkenntnisakt, der denjenigen auszeichnet, dessen Erkennen in der Liebe zu Gott und also in der wirklichen Gemeinschaft mit ihm, in der Gegenwart Gottes gründet (1. Kor. 8, 2 f.). Dieses Erkanntwerden, die göttliche Möglichkeit, bleibt aber auch im Christen von der menschlichen Möglichkeit des Erkennens unterschieden: diese kann jene nicht erschöpfen, es bleibt bei der Ähnlichkeit, bei der Analogie. Gott zu sehen „von Angesicht zu Angesicht" ohne Unähnlichkeit, das bleibt auch für den Christen der ewigen Vollendung vorbehalten: τότε δὲ ἐπιγνώσομαι καθὼς καί (d. h. nicht nur entsprechend, ähnlich, analog, sondern: gleich wie) ἐπεγνώσθην (1. Kor. 13, 12). Dieselbe Umkehrung haben wir vor uns in den Worten Augustins: *Qui autem per Spiritum tuum vident ea (sc. opera Dei) tu vides in eis. Ergo cum vident quia bona sunt, tu vides quia bona sunt: et quaecumque propter te placent, tu in eis places et quae per Spiritum tuum placent nobis, tibi placent in nobis.* (*Conf.* XIII, 31, 46.) Man muß aber auch unbefangen genug sein, daß bei aller Bedenklichkeit *in bonam partem* Deutbare in den Worten des Hegelianers Ph. Marheineke nicht zu übersehen: „In dem menschlichen Geiste ist Gott sich nicht durch diesen, sondern durch sich selbst offenbar, und so auch dem menschlichen Geiste offenbar. Dieser als Vernunft ist in ihm aufgehoben. Dies ist das Schwerste, was die Wissenschaft jedem zumuthet, der sich auf sie einläßt, daß die reine Substanz selbst sich als Subjekt zeige, er mit seinem Geiste sich dem göttlichen subjicire und ihm gelassen sei. Sein wahres Wissen vom Absoluten ist selber ein absolutes." (Grundlehren d. chr. Dogm. als Wissenschaft, 1827, § 115.) — Gerade wenn wir die im Glauben stattfindende Gottförmigkeit des Menschen und den in dieser Gottförmigkeit gesetzten „Anknüpfungspunkt" für das Wort Gottes nicht als eine angeborene oder zugewachsene Eigenschaft des Menschen, sondern als das alleinige Werk der aktuellen Gnade Gottes verstehen, bleibt uns als letztes Wort an dieser Stelle nur übrig: Gott handelt in seinem Wort am Menschen. Darum, weil des Menschen Werk im Glauben dasjenige ist, an dem Gottes Werk geschieht, darum kann der Mensch das Wort Gottes erkennen. Er erkennt, indem er von Gott erkannt ist.

3. Wir sind mit dieser letzten Wendung in der Erörterung des Begriffs der *analogia fidei* bereits auf das Dritte und Letzte gekommen, was in diesem Zusammenhang vom Glauben und von der Erkennbarkeit des Wortes Gottes für den Menschen zu sagen ist. Wenn es so steht, daß der Mensch darin wirklich glaubt, 1. daß ihm der Gegenstand des Glaubens gegenwärtig wird und 2. daß er selbst diesem Gegenstande angeglichen wird, dann ergibt sich abschließend als Drittes: er ist als Glaubender ganz und gar von diesem Gegenstande her. Er kann sich, indem er glaubt, nicht als in sich selbst, sondern nur als in seinem Gegenstande begründet, ja nur als durch seinen Gegenstand existierend, verstehen. Er hat sich seinen Glauben nicht selbst erschaffen, sondern das Wort hat ihn erschaffen. Er ist nicht zum Glauben gekommen, sondern der Glaube ist durch das Wort zu ihm gekommen. Er hat sich den Glauben auch nicht genommen, sondern der Glaube ist ihm durch das Wort geschenkt worden. Er kann als Glaubender nicht sich selbst als handelndes Subjekt des Werkes, das da geschieht, verstehen. Unbeschadet dessen, daß es um seine Erfahrung und Tat geht, daß er im Glauben keineswegs ein Holzblock oder Stein, sondern eben der sich selbst bestimmende Mensch ist, unbeschadet dessen, daß er im Glauben keineswegs in eine passiv-apathische Kontemplation versinkt — auch in solchem Versinken wäre er ja übrigens immer noch der sich selbst bestimmende Mensch — sondern, in welchem besonderen Seelenzustand auch immer, jedenfalls denkend, wollend, fühlend, durchaus bei sich selber ist, sein eigenes Leben lebt. Es geht aber darum, daß er im Glauben eben diese seine keineswegs geschmälerte Selbstbestimmung, daß er sich selbst eben in seiner Aktivität, in seinem Leben seines eigenen Lebens als durch das Wort Gottes bestimmt, daß er sich eben in seiner Freiheit, in vollem Gebrauch seiner Freiheit als Mensch als ein Anderer verstehen muß, der zu werden er kein Vermögen hatte, der zu sein er auch kein Vermögen hat, der zu werden oder zu sein er also nicht frei ist (obwohl er frei ist, indem er es wird und ist!) — kurz, der er nur sein **kann**, indem er es **ist**. Der Mensch **handelt**, indem er glaubt, aber daß er **glaubt**, indem er handelt, das ist **Gottes Handeln**. Der **Mensch** ist Subjekt des Glaubens. Nicht Gott, sondern der Mensch glaubt. Aber gerade dieses Subjektsein des Menschen im Glauben ist eingeklammert als Prädikat des Subjektes **Gott**, so eingeklammert wie eben der Schöpfer sein Geschöpf, der barmherzige Gott den sündigen Menschen umklammert, d. h. aber so, daß es bei jenem Subjektsein des Menschen bleibt, und gerade dieses, gerade das Ich des Menschen als solches, nur noch von dem Du des Subjektes Gott her ist.

Die alte Theologie hat diesen Sachverhalt beschrieben, wenn sie den Glauben bezeichnete als eine **Gabe Gottes**, des Heiligen Geistes. Das konnte freilich in sehr verschiedener Schärfe gemeint sein und gesagt werden. Wir müssen es in einem durch-

4. Das Wort Gottes und der Glaube

greifenderen Sinne verstehen als es z. B. bei Augustin gesagt und verstanden ist. Augustin hat freilich den Pelagianern gegenüber sehr ausdrücklich und sehr eindrucksvoll gelehrt, daß der Glaube Gnade ist. Aber sein *Ut credamus Deus dedit* blieb doch zweideutig, denn es blieb bei dem anderen Satz: *fides in potestate est*, wobei *potestas* die *facultas faciendi* bedeutete (*De Spir. et lit.* 31, 55) und das Verhältnis dieser beiden Sätze wurde so umschrieben: *Quid habeat et quid accipiat, Dei est; accipere et habere utique accipientis est* (*ib.* 34, 60). In einer seiner letzten Schriften gegen die Semipelagianer hat er dann allerdings auch das noch richtig zu stellen gesucht: *Habere fidem gratiae est fidelium* heißt es jetzt; aber auch jetzt noch steht dem gegenüber der andere Satz: *Posse habere fidem naturae est hominum* : es gibt eine allgemeine menschliche *natura in qua nobis data est possibilitas habendi fidem* (*De praedest.* 5, 10). Man wird hier vielmehr, weil nicht abzusehen ist, wie auch nur diese *possibilitas habendi*, geschweige denn das *habere* vom Menschen aus zu begründen ist, mit Luther sagen müssen: *fidem esse....simpliciter donum Dei, qui ut creat ita conservat fidem in nobis*. (Komm. zu Gal. 1, 12, 1535, W. A. 40¹, S. 130, Z. 13.) Man muß hie nicht vernunfft noch yhre werck an sehen, wenn man vom glauben und Gottis werck redet. Hie wirckt Gott alleyn, und die vernunfft ist tod, blind, und gegen disem werck wie eyn unvernunfftig bloch, auff das bestehe die schrifft, die da sagt: „Gott ist wunderlich ynn seynen heyligen." Item Jesaie 55: „Wie der hymel uber die erden erhaben sind, so sind meyne wege uber ewre wege erhaben." (Fastenpost. 1525, Pred. üb. Matth. 8, 1 f., W. A. 17¹¹, S. 85, Z. 10.) Die aber Gottes wort gern hören, und zu denen Christus gesaget hat, wie hie zum stummen: Ephata, Ohr, du solt offen stehen, Die sind es, den recht gehofffen ist wider den Teufel, Denn Gott hat uns kein andere treppen geben noch einen andern weg gewisen, darauff wir gen hymel gehen können, denn sein liebes wort, das heylig Euangelion. Wer das selb gern höret, mit fleyß merket und lust und liebe dran hat, dem ist geholffen. Das ist das eine wunderwerck, welches noch täglich in der Christenheyt geht, das unsere ohren, welche der Teuffel durch die sünde verstopffet hat, durch das Wort wider auffgethun werden, das wir Gottes wort hören. (Hauspost. 1544, Pred. üb. Luc. 18, 9 f., W. A. 52, S. 452, Z. 14.) Gleich nun wie Got das wort gibt, es ist sein und nicht unser wort, Also gibt er auch den glauben an das wort, Denn es ist beides Gottes werck, wort und glaub. (Hauspost. 1544, Pred.üb. Matth. 9, 1 f., W. A. 52, S. 501, Z. 19.) Das du aber solchs horist und auffnympst, ist auch deyner krafft nicht, ßondern gottis gnaden, die das Euangelium ynn dir fruchtbar macht, das du yhm glewbist.... (Adventspost. 1522, Pred. üb. Matth. 21, 1 f., W. A. 10¹², S. 30, Z. 5.) Wo Christus nicht zur Rechten Gottes säße, noch von seinem Geist täglich ausgösse, so könnte der christliche Glaube nicht bestehen. Denn er ist wider alle menschliche Vernunft, und der Teufel ist ihm feind. Darum, wo diese Ausgießung des heiligen Geistes nicht für und für währete, würde der Teufel nicht einen einigen Menschen bei der Pfingstpredigt und bei dem Glauben an Christum bleiben lassen. (Pred. üb. Apg. 2, 14 f., 1534, E. A. 4, 105.) Wobei zu bemerken ist, daß Luther gerade die im Glauben stattfindende lebendige direkte Bezogenheit auf Christus im Unterschied zu einem bloßen Fürwahrhalten, den in Werken lebendigen Glauben, eben darauf zurückgeführt und daran gebunden hat, daß er nicht ein menschliches Werk (das könnte jenes Fürwahrhalten auch sein!), sondern Gottes Gabe sei. Es sind etliche, die das Evangelium, und was man saget vom Glauben, hören oder lesen, und fallen geschwinder darauf, und heißen das Glauben, das sie denken. Sie denken aber nicht weiter, denn Glaube sey ein Ding, das in ihrer Macht stehe, zu haben oder nicht zu haben, als ein ander, natürlich, menschlich Werk; darum, wenn sie in ihrem Herzen einen Gedanken zuwege bringen, der da spricht: Wahrlich, die Lehre ist recht, und ich glaube, es sey also; so bald meinen sie, der Glaube sey da. Wenn sie denn nun sehen und fühlen an ihnen selbst und an andern, daß keine Änderung da ist.... Siehe, so fallen sie denn daher, und schreien und sagen: Ei, der Glaube thuts nicht allein. Warum? Ei, darum, sind ihrer doch so viele, die da glauben und thun nichts mehr denn vorhin, finden sich auch gar nichts anders gesinnet, denn vorhin. Das sind die, welche Judas in seiner Epistel v. 8

Träumer heißt, die sich mit ihrem eigenen Traum betrügen. Denn was ist solcher ihr Gedanken, den sie Glauben heißen, anders denn nur ein Traum, und ein Nachtbild vom Glauben, das sie selbst von eigener Kraft, ohne Gottes Gnade, in ihrem Herzen gemacht haben? die werden danach ärger, denn sie vorhin waren. ... Aber der rechte Glaube, da wir von reden, lässet sich nicht mit unseren Gedanken machen, sondern er ist ein lauter Gottes Werk, ohn alles unser Zuthun, in uns. ... Darum ist er auch gar ein mächtig, thätig, unruhig, geschäftig Ding, der den Menschen gleich verneuert, anderweit gebieret, und ganz in eine neue Weise und Wesen führt, also, daß unmöglich ist, daß derselbige nicht sollte ohn' Unterlaß Gutes thun. (Pred. üb. Luc. 16, 1 f., E. A. 13, 235. Vgl.: Hauspost. 1544, Pred. üb. Joh. 16, 5 f., W. A. 52, S. 292, Z. 31.)

Die Anwendung auf das Erkenntnisproblem ergibt sich von selbst.

Wir können uns jetzt Augustin wieder anschließen: *Non parva ex parte intelligit et scit Dominum, qui intelligit et scit etiam hoc a Domino sibi dari, ut intelligat et sciat Dominum.* (*Conf.* XVII, 4, 8.) Und Anselm von Canterbury: *Intellectus ex auditu gratia est* (*De concordia Qu.* III, 6).

Das Wort Gottes wird erkennbar, indem es sich erkennbar macht. Daß man bei diesem Satz stehen bleibt und keinen Schritt darüber hinaus tut, darin besteht die Anwendung des eben Gesagten auf das Erkenntnisproblem. Die Möglichkeit, das Wort Gottes zu erkennen, ist Gottes Wunder an uns, so gut wie das Wort und sein Gesprochenwerden selber. Es geht auch hier nicht um die Behauptung einer Passivität des Menschen, die seine Freiheit beseitigen oder auch nur einschränken würde. Es geht aber auch hier um die Einsicht, daß jenes Beieinandersein, ja Einssein menschlicher und göttlicher Möglichkeit, des Erkennens des Menschen und seines Erkanntwerdens von Gott, in der Freiheit des Menschen Ereignis ist und doch in keinem Sinn als deren Produkt, also als Ergebnis einer Intuition, einer denkbaren und vollziehbaren Vertiefung oder Erhöhung des menschlichen Seelenlebens verstanden werden darf. Mag eine solche immer stattfinden — und warum sollte sie nicht stattfinden? sie muß aber nicht durchaus stattfinden! — nicht sie ist es jedenfalls, die jenes Einswerden und also die Erkennbarkeit des Wortes Gottes herbeiführt. Auch die Vorstellung vom *sacrificium intellectus* ist nur ein letzter verzweifelter Versuch, aus der Erkenntnis Gottes ein Werk des Menschen zu machen, eine menschliche Möglichkeit dem alleinigen Werke Gottes entsprechen zu lassen. Haben wir verstanden, daß die Erkennbarkeit des Wortes Gottes wirklich ein unveräußerlicher Glaubenssatz ist, daß sie aber eben als solcher das Wunder des Glaubens und zwar das für uns nur zu erinnernde und zu erhoffende Wunder bezeichnet, dann muß als letzte Notwendigkeit jetzt auch das verständlich sein, daß als das ursprüngliche Subjekt, als der primär Mächtige, als der die Möglichkeit der Erkenntnis des Wortes Gottes Schaffende der Mensch abzusetzen und Gott selbst einzusetzen ist. — Christus bleibt nicht draußen. Und es ist wohl wahr, daß der Mensch ihm die Tür auftun muß (Apok. 3, 20), aber eben daß dies geschieht, ist *quoad actum* und *quoad potentiam* das Werk des draußenstehenden Christus. So daß auch das andere vorbehaltlos wahr bleibt: der auferstandene Christus geht durch verschlossene Türen (Joh. 20, 19 f.).

§ 7
DAS WORT GOTTES, DAS DOGMA UND DIE DOGMATIK

Dogmatik ist die kritische Frage nach dem Dogma, d.h. nach dem Worte Gottes in der kirchlichen Verkündigung oder konkret: nach der Übereinstimmung der von Menschen vollzogenen und zu vollziehenden kirchlichen Verkündigung mit der in der Schrift bezeugten Offenbarung. Prolegomena zur Dogmatik als Verständigung über deren Erkenntnisweg müssen darum bestehen in der Ausführung der Lehre von den drei Gestalten des Wortes Gottes als des offenbarten, des geschriebenen und des verkündigten.

1. DAS PROBLEM DER DOGMATIK

Wir haben in den drei vorangehenden Paragraphen das Kriterium der Dogmatik bezeichnet: seine drei Gestalten, sein Wesen, seine Erkennbarkeit. Was gemeint war, wenn wir in § 3 das Wort Gottes das Maß nannten, an welchem die kirchliche Verkündigung durch die Dogmatik zu messen ist, das sollte nun vorläufig und in seiner ganzen Unbegreiflichkeit begreiflich geworden sein. Vorläufig begreiflich geworden, werden wir sagen müssen: bedeutete doch alles Gesagte nur sozusagen einen Versuch, uns umzustellen und einzustellen in die Richtung, in die wir blicken müssen, um zu sehen, von woher die Kirche ihre Verkündigung eingesehen und beurteilt weiß, von woher darum auch sie selbst zu denken sich bemühen muß, um sich, ihrer Verantwortlichkeit bewußt, der nötigen Selbstprüfung hinsichtlich ihrer Verkündigung zu unterziehen. Wir haben mit allem bisher Gesagten erst sozusagen den Ort dieses Kriteriums umrissen, seine Eigenart im Unterschied zu anderen Gegenständen menschlichen und auch wohl christlichen Nachdenkens und also seine Verschiedenheit von anderen an sich möglichen Kriterien ins Auge zu fassen gesucht. Wir haben, wenn auch in stetem Blick auf den konkreten Gehalt dieses Kriteriums, zunächst formal gefragt und die entsprechenden formalen Antworten bekommen. Es kann und es muß — immer in der Erinnerung an die der Kirche gewordene Verheißung und immer in der Erwartung von deren Erfüllung — vom Worte Gottes mehr gesagt werden als bisher gesagt wurde. Die Erinnerung, zu der sich die Kirche aufgerufen weiß, bezieht sich auf einen ganz konkreten Gehalt des Wortes Gottes, und so auch die von dieser Erinnerung unzertrennliche Erwartung. Dieser konkrete Gehalt des Kriteriums der Dogmatik ist noch nicht in den Mittelpunkt unserer Aufmerksamkeit gerückt und selbständig zur Sprache gekommen. Das muß aber geschehen. Erst wenn wir es in seiner Einheit von Form und konkretem Gehalt verstanden haben, erst wenn es klar ist, daß die Form, mit der wir uns bis jetzt beschäftigt haben, die Form eines ganz konkreten Gehaltes ist, haben wir das Wort Gottes so verstanden, daß seine Geltendmachung als Kriterium der kirchlichen Verkündigung sinnvoll und legitim wird. Unsere Lehre vom Worte Gottes kann also von ferne noch nicht vollständig sein. Gerade ihre ganz charakteristischen Sätze stehen noch aus. In einem Sinn dürfen wir dabei allerdings nicht weiterzukommen und noch mehr zu hören erwarten. Wir sagten eben: was mit „Wort Gottes" gemeint ist, müsse jetzt in seiner ganzen Unbegreiflichkeit begreiflich geworden sein. Es bleibt nämlich und es wird bleiben: erstens bei der Unbegreiflichkeit dessen, daß das Wort Gottes zu Menschen gesprochen wird. Keine noch anzustellende Überlegung, auch nicht die, die sich auf seinen konkreten Gehalt richten muß und wird, wird uns zu der Einsicht verhelfen können, wie diese Wirklichkeit zustande kommt. Wir haben untersucht und werden weiter untersuchen, wie sie beschaffen ist. Wir werden *a posteriori* nach ihren Möglichkeiten, nämlich nach den in ihr selbst begründeten Möglichkeiten fragen können. Wie sie in dieser Beschaffenheit zustande gekommen ist und zustande kommt, welches die Möglichkeit ihrer Möglichkeiten ist, das muß und wird uns unbegreiflich bleiben. Und es bleibt und wird bleiben: zweitens bei der Unbegreiflichkeit dessen, was das Wort Gottes in sich selber ist. Einmal darum, weil es als das, was es ist, nur Inhalt des jeweiligen Ereignisses seines Gesprochenwerdens zu diesem und diesem Menschen ist. Sodann darum, weil auch das, was dieser und dieser Mensch im Ereignis des Glaubens als Wort Gottes vernimmt und aufnimmt, und wovon er Rechenschaft geben kann, schon nicht mehr das ist, was das Wort Gottes, das ihm gesagt wurde, in sich selber ist, sondern seine Erinnerung an das ihm gesagte und seine Erwartung des ihm neu zu sagenden Wortes. Über diese doppelte Schranke wird die Dogmatik auch damit nicht hinwegkommen, daß sie ihr Interesse dem konkreten Gehalt des Wortes Gottes zuwendet. Auch seinen konkreten Gehalt kann sie ja mit der ganzen Kirche nur in der Erinnerung und in der Erwartung kennen und also weder in seinem Daß noch in seinem (im engeren Sinn) konkreten Was, weder mit einer Begründung, die außerhalb seiner selbst läge, noch als das *verbum concretissimum*, wie es je diesen und diesen Menschen trifft, und doch auch diesem, indem es ihm offenbar wird, verborgen bleibt. Man darf von der Dogmatik nichts Übermenschliches erwarten: es kann nicht ihres Amtes sein, die der Kirche gesetzten Schranken des Glaubens niederzureißen. Es gehört vielmehr mit zu ihrer Aufgabe, diese Schranken als solche kenntlich zu machen, zu sagen, was man sagen kann und eben damit zu warnen vor Übergriffen bzw. vor Illusionen hinsichtlich der Dinge, die man **nicht** sagen kann. — In diesem Sinn also sollte es jetzt begreiflich sein, was mit den zwei Worten „Wort Gottes" gemeint ist: **vorläufig begreiflich und begreiflich in seiner ganzen Unbegreiflichkeit.** Wir weisen mit dem Ersten auf die Möglichkeit weiterer Einsichten hin. Und wir sagen mit dem Zweiten, daß wir auch bei allen weiteren Einsichten in gewissen Schranken zu laufen haben werden.

Aber bevor wir diesen weiteren Weg antreten können, müssen wir noch einmal, nunmehr einigermaßen belehrt über das Eine, was dabei not tut, zur Aufgabe der Dogmatik als solcher zurückkehren. Wir haben sie in § 1 allgemein bestimmt als die Aufgabe der Selbstprüfung der christlichen Kirche hinsichtlich des Inhalts der ihr eigentümlichen Rede von Gott. Wir haben dann im § 3 genauer gesagt: es handelt sich um Untersuchung der „Verantwortlichkeit" dieser Rede, nämlich der kirchlichen Verkündigung gemessen an dem Worte Gottes, das sie verkündigen will. So ergab sich uns zunächst die Notwendigkeit zu fragen und zu sagen, was denn unter diesem Maß, an dem die kirchliche Verkündigung zu messen, mittelst dessen also jene Selbstprüfung zu vollziehen ist, zu verstehen sei. Nachdem dies nun geschehen ist, schreiten wir zu einer dritten Näherbestimmung der dogmatischen Aufgabe. Es sei gleich bemerkt, daß sie noch nicht die letzte sein kann. Diese kann erst stattfinden, wenn wir unser Kriterium nun auch nach seinem konkreten Gehalt untersucht haben oder vielmehr in der letzten Etappe dieser Untersuchung selber. Aber eben um festzustellen, in welcher Richtung wir dabei weiterzugehen haben, müssen wir uns für einen Augenblick aufs neue der Aufgabe als solcher zuwenden, um deretwillen die Frage nach dem Kriterium gestellt worden ist und weiter zu stellen ist.

Die Aufgabe der Dogmatik sei also die Untersuchung der kirchlichen Verkündigung hinsichtlich ihrer Übereinstimmung mit dem Worte Gottes, hinsichtlich ihrer Angemessenheit an das, was sie verkündigen will. In der menschlichen Gestalt der von der Kirche auf den Plan gestellten Verkündigung soll ja das Wort Gottes selber auf dem Plan sein. So lautet der Anspruch, mit dem die Kirche ihre Verkündigung geltend macht, so auch die Erwartung, von der diese umgeben ist. Die dogmatische Arbeit setzt damit ein, daß man diesen Anspruch und diese Erwartung ganz ernst, daß man die Kirche hinsichtlich dieses Anspruchs und dieser Erwartung sozusagen beim Worte nimmt. In der Dogmatik behaftet die Kirche sich selber bei dem, was sie in ihrer Verkündigung unternimmt. Sie stellt ihr Unternehmen auf die Probe, indem sie ihm kritisch gegenübertritt, indem sie also jenen Anspruch und jene Erwartung für einen Augenblick insofern suspendiert, als sie ihre Verkündigung und das Wort Gottes reflektierend auseinanderrückt, nicht um das Wort Gottes an ihrer Verkündigung, sondern um ihre Verkündigung am Wort Gottes messen zu können. Sie hört nicht auf zu glauben, daß Gott sich zu ihr und ihrem Tun bekennen, daß er sein Wort in ihre Verkündigung hineingeben und so ihre Verkündigung zur wirklichen Verkündigung machen will. Aber daß sie das glaubt, heißt doch: daß sie die Verheißung Gottes ergreift. Sie glaubt, heißt nicht: sie meint es zu besitzen, sondern: sie hofft, daß es ihr geschenkt werde. Gerade die Reflexion des Glaubens wird also darin bestehen, daß die Kirche das Wort Gottes und ihr eigenes zunächst auseinanderhält und dieses von jenem her in Frage gestellt sieht. Gerade der Glaube weiß sich selbst gefragt, ob er denn als menschliches Werk auch Gehorsam ist. Gerade dem Glauben wird das Gericht Gottes, dem alles menschliche Werk als solches unterliegt, kein müßiger Gedanke sein, sondern der Aufruf, sich in bezug auf dieses Werk nun auch selber zu richten. Die entsprechende kritische Bemühung um die kirchliche Verkündigung ist die Aufgabe der Dogmatik. Wie aber soll sie dieser Aufgabe gerecht werden? Wie und wo soll sie des Wortes Gottes als einer von der kirchlichen Verkündigung verschiedenen Größe ansichtig werden, um jene mit ihm zu vergleichen und an ihm zu messen? Gibt es dazu überhaupt eine Möglichkeit?

Wenn es eine solche Möglichkeit etwa nicht gäbe, dann würden wir jetzt vor einem merkwürdigen Dilemma stehen.

Man könnte sich nämlich auch dann in mannigfaltiger Weise um die christliche Verkündigung bemühen. Man könnte auch dann fragen, ob sie denn dem Worte Gottes, das sie zu verkündigen, ja zu sein vorgäbe, wirklich angemessen sei. Man könnte auch dann, angesichts ihrer menschlichen Unvollkommenheit beunruhigt, versuchen, nach dieser Angemessenheit zu fragen und sie im Blick auf diese Angemessenheit zu verbessern. Man könnte sie philosophisch auf ihren erkenntnistheoretischen, logischen, weltanschaulichen, psychologischen Gehalt prüfen, oder historisch oder ethisch-pädagogisch oder politisch auf ihre Form. Man könnte sie dem jeweils modernsten Weltbild anpassen oder den jeweils drängendsten praktischen Nöten und Aufgaben oder den jeweils beredtesten Ausdrucksformen. Es fehlt ja nicht an solchen anderen Kriterien, die man gleichsam vikarierend für das fehlende Kriterium des Wortes Gottes eintreten lassen könnte. Es könnte ja so sein, daß die kirchliche Verkündigung in dem Maß auch dem Worte Gottes entspräche, als sie vor diesem und jenem dieser anderen Kriterien oder vor ihnen allen miteinander Bestand hätte. Theologie bestünde dann eben in der Handhabung dieser anderen Kriterien und ihre Sachlichkeit in deren möglichst strenger Anwendung, immer in der Voraussetzung, daß damit eben dem ungreifbaren eigentlichen Kriterium der Theologie, dem Worte Gottes, Genüge getan werde.

So und von hier aus kann man die Theologie des modernistischen Protestantismus zu verstehen suchen. Auch sie wollte, in ihrer Weise von der Sorge um die Kirche

1. Das Problem der Dogmatik

erfaßt und getrieben, der von der Reformation und der älteren Kirche überkommenen Aufgabe gerecht werden, wollte in ihrer Weise die Bemühung um die rechte, dem Worte Gottes entsprechende kirchliche Verkündigung fortsetzen. Auch sie wollte und hatte darum ihre Dogmatik. Sie hatte aber das eigentliche K r i t e r i u m über und gegenüber der kirchlichen Verkündigung, wie es ihr besonders durch die Reformation an die Hand gegeben war, v e r l o r e n. Sie kannte es wohl noch, aber sie verstand es nicht mehr als Kriterium, in seiner Unterschiedenheit und Überlegenheit gegenüber der Gegenwart kirchlichen Handelns. Sie rechnete wohl noch immer mit ihm, aber sie verstand nicht mehr seine Würde, seinen Charakter als Instanz, über die hinaus man nicht appellieren kann. Sie verlernte es, gerade dorthin und nur dorthin zu sehen bei der Frage nach dem Worte Gottes, an dem die kirchliche Verkündigung zu messen ist. Sie sah bei dieser Frage immer mehr anderswohin. Die gleichsam leer gewordene Stelle des Kriteriums der reformatorischen Theologie mußte anderweitig besetzt werden und wurde nun anderweitig besetzt. Man muß, auch wenn man diese neuere, mit dem Pietismus und der Aufklärung an die Führung gekommene Theologie für häretisch hält, anerkennen: sie wollte die kritische Funktion der Theologie fortsetzen; sie wollte nach wie vor das Gewissen der verkündigenden Kirche sein; sie wußte auch dies, daß das Gewissen Kriterien haben muß. Und wenn sie nun das Kriterium der reformatorischen Theologie als solches nicht mehr verstand und darum nach anderen Kriterien griff, so tat sie dies in der Meinung, eben in diesen anderen Kriterien vollen und ebenbürtigen Ersatz, gewissermaßen eine Stellvertretung für das Verlorene zu haben. Nicht aus schlechtem, sondern in sehr gutem Willen ist sie so philosophisch, so weltanschauungsmäßig, so moralisch, so säkular, kurz so kulturprotestantisch geworden, wie sie es geworden ist und in immer neuen Wendungen durch das 18. und 19. Jahrhundert hin und bis in unser Jahrhundert hinein immer wieder wurde. Auch das goldene Kalb (Ex. 32) sollte ja nicht einen fremden Gott, sondern den Gott, der Israel aus Ägypten geführt, darstellen. Auch Israel hat dort in Frömmigkeit gehandelt und auch Aaron ist ihm dort in bester Absicht entgegengekommen. So kann man die Theologie des modernistischen Protestantismus verstehen. Sie sah keine Möglichkeit mehr, des Wortes Gottes als einer von der kirchlichen Verkündigung verschiedenen Größe ansichtig zu werden. Sie war aber anderer, von der kirchlichen Verkündigung ebenfalls unterschiedener und ebenfalls sehr maßgeblicher Größen, zusammengefaßt im modernen Kulturbewußtsein, sehr ansichtig. Sie schob also dieses Kulturbewußtsein vikarierend an die Stelle des ihr unkonkret gewordenen, zur Idee verflüchtigten Wortes Gottes. Und nun urteilte sie von da aus.

Wenn wir jene Unterscheidung nicht zu vollziehen vermögen, wenn uns also das Wort Gottes in seiner Unterschiedenheit von der kirchlichen Verkündigung keine konkrete Größe ist, dann könnte sich uns das Begehen dieses Weges — er ist aber nicht der einzige, der sich da auftut — ebenfalls nahelegen. Der schweren Problematik dieses Weges müßten wir uns dann aber sehr bewußt sein und es fragt sich, ob sie erträglich ist.

1. Woher weiß man, was man auf jenem Weg offenbar zu wissen meint, daß der Vorgang des Verlustes des Wortes Gottes als konkretes theologisches Kriterium und also des Verlustes einer spezifisch theologischen Sachlichkeit ein notwendiger und guter Vorgang ist, dessen Resultat man einfach akzeptieren müßte und dürfte?

2. Woher weiß man, ob die an Stelle des verlorenen neugewählten Kriterien diesem Unternehmen, der kirchlichen Verkündigung, nun wirk-

lich angemessen sind, ob man mit ihrer Anwendung nicht verwirrt, wo man ordnen, und zerstört, wo man bauen will?

3. Woher weiß man, ob man hier, wo vielleicht nur ein schlechthin gegebenes Kriterium in Betracht kommen dürfte, nicht schon darin entscheidend im Irrtum ist, daß man sich, und geschähe es in der besten Absicht, nach Kriterien überhaupt umsieht, Kriterien wählt und als solche einsetzt?

4. Woher weiß man schließlich, ob irgendein anderes Kriterium für das ungreifbar gewordene Wort Gottes überhaupt vikarieren kann, ob man nicht vielmehr, wenn es bei der Unmöglichkeit, das Wort Gottes konkret zu Gesicht zu bekommen, sein Bewenden haben soll, auf alle kritischen Bemühungen um die kirchliche Verkündigung, d. h. auf alle Theologie, besser verzichten würde?

Diese Fragen werden nun freilich nur die wirklich bedrängen und möglicherweise von jenem Wege abdrängen, für die das Wort Gottes als konkretes selbständiges Kriterium nicht völlig aus dem Gesichtsfeld entschwunden ist, für die also die Möglichkeit eines Vergleichs zwischen diesem und jenen anderen Kriterien jedenfalls nicht gänzlich abgeschnitten ist.

Dies ist auch im Zeitalter des theologischen Modernismus nicht geschehen. Die Beunruhigung durch die so ganz andere Fragestellung der ersten Jahrhunderte der Reformationskirchen hörte nicht auf wirksam zu sein. Sie war freilich manchmal auf ein Minimum reduziert. Wenn etwas dazu diente, sie niederzuhalten, und also die modernistische Einstellung zu versteifen, so war es der Widerstand, den das offizielle Kirchentum dem theologischen Liberalismus von den Tagen des Wöllnerschen Religionsedikts über das fatale Zeitalter Friedrich Wilhelms IV. noch bis in die Zeit vor dem Weltkrieg entgegengesetzt hat: weil dieser Widerstand nicht auf einer besseren Theologie, auf einem wirklichen Sehen dessen, was der Modernismus nicht mehr sah, beruhte, sondern in der Hauptsache auf etwas dunklen, konservativen Instinkten und weil er sich darum nicht auf dem in der Kirche allein möglichen Weg der geistlichen Überwindung, sondern in Form von machtpolitischer Niederhaltung dieser damals neuen Theologie auswirkte. Der humane Glanz, der den theologischen Liberalismus bis in seine letzte, etwa durch die Namen Harnack und Troeltsch charakterisierte Phase umgeben hat, das religiöse Pathos, mit dem er gerade damals etwa in der Theologie von W. Herrmann auftreten konnte, waren der Glanz und das Pathos eines Martyriums, durch das ihn die Kirchenleitungen, ohnmächtig ihm ein überlegenes Wort entgegenzustellen, vor ihm selbst und vor der Welt immer wieder ins Recht setzten. Was eine kirchenregimentliche „Orthodoxie", die ihrer Sache so wenig sicher war, wie die des 18., 19. und 20. Jahrhunderts, angesichts des großen modernistischen *Quidproquo* zustandebringen konnte und zustandegebracht hat, das war sicher alles andere als eine heilsame Beunruhigung dieses neuen Protestantismus von den Erkenntnissen der Reformation her. Und wenn es nun der liberalen gegenüber immer und bis in jene letzte Phase hinein auch eine von wahrhaftig ansehnlichen Kräften getragene sogen. „positive" Theologie gegeben hat, die die reformatorische These in bezug auf das Kriterium der Dogmatik formal aufrecht erhielt, so hätte sie sich einerseits von dem Bündnis mit den ungeistlich konservativen Kirchenregierungen fernhalten und sich deren machtpolitische Unterstützung verbitten und sie hätte sich andererseits unzweideutiger als das darstellen müssen, was sie sein wollte: als „Offenbarungstheologie". Hatte etwa

1. Das Problem der Dogmatik

jene „modern-positive" Gruppe, in der sich die Trümmer der einstigen Erlanger und Leipziger Schule im ersten Jahrzehnt unsres Jahrhunderts noch einmal zusammenfanden, ihren liberalen Gegnern so viel vorzuhalten, wie sie sich den Anschein gab? Wo war zuletzt eigentlich die theologische „Orthodoxie", von der die liberalen Journale so viel zu reden wußten? Wie hat sie bei jener Jagd nach anderen Kriterien mitgetan! Wie hat sie in Apologetik gemacht! Wie mancher aus ihren Reihen konnte eines Morgens ohne besondere Umstellung als leidlich echter Religionsphilosoph, Religionshistoriker, Religionspsychologe erwachen! Wie hat sie besonders auf dem Gebiete der Exegese mit einem Historismus, der darum nicht besser war, weil er ein traditionsfreundlicher und supranaturalistischer Historismus war, die Verwirrung der Gesichtspunkte noch vermehrt, ohne dem Gegner den geringsten Eindruck zu machen und ohne verhindern zu können, daß sich die Grenzen zwischen „positiven" und „liberalen" Alttestamentlern, „positiven" und „liberalen" Neutestamentlern immer mehr und schließlich völlig, und zwar durchaus zum Nachteil der sogen. „Positiven" verwischten! Und wie ist sie schließlich, als —1914! — der große Augenblick kam, wo eine „Offenbarungstheologie" sich von der Kulturtheologie innerhalb der Relativität alles Menschlichen wenigstens einigermaßen hätte unterscheiden müssen, im Ethos und in der Ethik mit dieser so ganz und gar Hand in Hand gegangen! Ich mache diese Feststellungen, an denen mir wirklich an sich nichts liegt, nur darum, weil immer wieder (bes. in den Schriften von E. Schaeder, vgl. aber auch P. Althaus, „Die Theologie", in: C. Schweitzer, Das relig. Deutschland der Gegenwart, 2. Bd, 1930, S. 140) die Klage ertönt, wie sehr heute vergessen werde, daß der theologische Protest gegen den Kulturprotestantismus schon lange und eigentlich immer auf dem Plan gewesen sei. Gewiß er war auf dem Plan, und wir fügen hinzu: er war ja auch in der liberalen Theologie selbst auf dem Plan; wie hätte es anders sein sollen, wenn sie sich als Theologie nicht ganz verkaufen und aufgeben wollte! Auch die liberale Theologie war ja so schlimm nicht, wie sie sich manchmal gab. Unter dem Zwang des Problems fehlte es auch in ihren eigenen Reihen nicht an gewiß anerkennenswerten Gegenströmungen. Nicht minder eifrig als E. Schaeder meldet heute Wobbermin immer wieder, z. B. Richtlinien 1930 im Vorwort, Wort Gottes 1931, S. 4, Anm. 2, an, daß er schon lange „in schärfstem Kampfe wie gegen allen Psychologismus, so gegen allen Historismus" (a. a. O. S. 6) gestanden habe. Aber welche Würde und welchen Sinn kann es haben, hier Prioritäten zu bestreiten oder zu behaupten? Wenn und sofern „es" wirklich schon lange gesagt wurde, von den Positiven und von den Liberalen selbst, nun, dann hat es damals die Wirkung und die Bedeutung gehabt, die es in der Form, in der es gesagt wurde, haben konnte. Sicher ist dies, daß die eigentliche Kraft der Beunruhigung weder von den Kirchenregierungen noch von der Theologie jener Zeit ausging, sondern sehr schlicht davon, daß die Kirche weiterlebte und auch ihre Verkündigung weiterging — geführt oder irregeführt, gefördert oder erst recht in Not gebracht durch die modernistische Theologie, aber jedenfalls weiterging auch im 18., 19. und ins 20. Jahrhundert hinein. Die Kirche lebte weiter, denn die Bibel blieb der Kirche erhalten, eine vielfach historistisch-psychologistisch relativierte und religionsphilosophisch zerdeutete Bibel, eine Bibel, deren Recht und Notwendigkeit, die Textgrundlage der kirchlichen Verkündigung zu bilden, in Frage gestellt, mehr faktisch als aus Einsicht, weithin sogar entgegen der theologischen Theorie bejaht wurde, eine Bibel, an die man sich nur noch mehr oder weniger gebunden fühlte — aber immerhin die Bibel und mit der Bibel das Problem und mit dem Problem die Beunruhigung gegenüber der neuprotestantischen Lösung. Damit: durch das Weitergehen der irgendwie — sehr „irgendwie"! — an die Bibel gebundenen Verkündigung, durch das weitergehende Leben der Kirche in dieser ihrer entscheidenden Funktion, ist die Frage gegenüber der modernistischen Antwort in dieser Sache lebendig erhalten geblieben.

Wenn wir gegenüber der ganzen Möglichkeit, an Stelle des Wortes

Gottes in der Dogmatik jene anderen Kriterien einzusetzen, jene vier Fragen aufwerfen, wenn wir sagen, daß man das, was man in allen jenen Punkten zu wissen meint, gerade nicht wissen kann, wenn wir also jene ganze Lösungsmöglichkeit für ungut erklären — so appellieren wir dabei an die schlichte Tatsache, daß die kirchliche Verkündigung nun einmal, verstanden oder unverstanden, innerlich begründet oder bloß gewohnheitsmäßig, faktisch mit der Bibel konfrontiert ist. Solange diese Konfrontierung nicht beseitigt ist, kann eigentlich niemand sagen, daß das ganze Problem für ihn nicht bestehe, daß die Möglichkeit des Wortes Gottes als des wahren und konkret selbständigen Kriteriums der kirchlichen Verkündigung seinem Gesichtsfeld gänzlich entrückt sei.

Dem Buch von Wilhelm Pauck, Karl Barth Prophet of a New Christianity? 1931, S. 99 entnehme ich folgende Mitteilung: *It is important to remember ... that the difference between modern preaching in America and Protestant Europe is fundamental. The American sermon is seldom Biblical and expository. Its reference to the Scripture is in the majority of cases casual or superficial. It deals generally with "religious" topics. The European Protestant, however, follows the old tradition of preaching the "Word", whether he is affiliated with liberal or orthodox theology.* Wenn das, was Amerika betrifft, in einiger Allgemeinheit richtig ist, so ist dort auch die hier vorausgesetzte faktische Konfrontierung der Kirche mit der Bibel nicht mehr oder kaum mehr Ereignis. Dann besteht natürlich auch das in dieser Konfrontierung begründete Problem nicht. Dann darf ich wohl für das Folgende und damit für das Ganze dieser Dogmatik bei den Nachkommen der Pilgerväter weder Interesse noch Verständnis erwarten. Aber vielleicht gibt es doch auch dort wenigstens eine dunkle Erinnerung, daß die Predigt der Kirche zur Bibel in irgendeiner ausgezeichneten Beziehung stehen könnte. Und sicher wird es auch dort einmal dazu kommen, daß die *"religious" topics* Einigen so dumm und fad werden, daß aus jener dunklen auch wieder eine helle Erinnerung werden kann.

Der Situation des Pfarrers auf der Kanzel, der nicht nur irgendwie und irgend etwas zu reden, sondern angesichts der offenen Bibel und angeblich sogar im Anschluß an die Bibel und in Auslegung der Bibel zu reden hat — dieser Situation kann sogar der außerhalb der Kirche Stehende, der den Glauben Verweigernde, wenigstens das entnehmen, daß hier ein Protest gegen die Einführung anderer Kriterien der kirchlichen Verkündigung oder sagen wir gleich: daß die Geltung eben der Bibel als Kriterium, als konkrete Gestalt des Wortes Gottes mindestens möglich sein könnte. Und nun kann es doch auch sein, daß die Bibel als Wort Gottes schon zu uns geredet hat oder noch reden wird, daß wir also nicht als Draußenstehende, sondern auf dem Boden der Kirche über diese Sache zu denken und zu urteilen hätten. Die Kirche als menschlicher Ort menschlichen Wollens und Tuns betrachtet, beruht ja nicht auf der Voraussetzung, wohl aber auf der Erinnerung und der Erwartung, daß Gott das Wort in der Tat in der Bibel geredet habe und zu uns rede. Kann man in dieser Erinnerung und Erwartung und insofern in der Kirche stehen, ohne jene vier Fragen aufwerfen zu müssen? Und sind dann jene Fragen anders zu beantworten als so:

1. Wenn es wirklich so ist, daß wir nicht mehr konkret wissen, ob und inwiefern das Wort Gottes das Maß ist, an dem die kirchliche Verkündigung zu messen ist, wenn sich uns das Wort Gottes wirklich aus einem konkreten Gegenüber zu einer bloßen Idee verflüchtigt hat, dann haben wir das nicht als ein historisches, geistesgeschichtliches Schicksal zu akzeptieren, sondern dann ist das das Zeichen des Zornes Gottes, die Anfechtung des Glaubens, das Fallen in die Folgen des Ungehorsams, bei dem man nicht sein eigener Zuschauer sein, mit dem man sich in der Kirche nicht abfinden kann, sondern das Ereignis, auf das man, wissend, daß es sich um göttliche Züchtigung handelt, nur damit antworten kann, daß man zu dem verborgenen Gott schreit, daß er einem das verlorengegangene Maß wieder schenken möge. So entspricht es der Erinnerung und Erwartung des Glaubens. Der Glaube kann jederzeit abstürzen in den Unglauben und dann ist die theologische Sachlichkeit in der Tat verloren, dann entsteht die Versuchung, sich ein goldenes Kalb zu machen als Vertreter des Gottes Israels, die Versuchung, sich im Unglauben sozusagen wohnlich einzurichten und zurechtzuhelfen. Der Glaube überwindet diese Versuchung. Der Glaube macht aus der Not keine Tugend. Der Glaube hört auch und gerade in der Tiefe des Unglaubens den neuen Aufruf zum Glauben. Der Glaube wird also auch in der Anfechtung bezüglich des Wortes Gottes, wie sie ihm wahrlich nicht erst seit dem 18. Jahrhundert widerfahren ist, die theologische Sachlichkeit wohl verlieren können, aber nur verlieren, um sie wiederzufinden.

2. Kirchliche Verkündigung ist in der Tat kein Unternehmen, das hinsichtlich seines Inhaltes auch anderen Kriterien als eben dem Worte Gottes unterstehen könnte. Was in ihr unternommen wird, das entzieht sich, freilich nicht hinsichtlich seiner menschlichen Motive und Formen, wohl aber hinsichtlich seiner geglaubten Intention dem Anspruch, von irgendeiner Philosophie oder Moral oder Politik her beurteilt zu werden. Einführung eines anderen Kriteriums kann hier nur bedeuten, daß auch das Unternehmen selbst ein anderes wird, daß es aufhört, das auftragsgemäße und von der göttlichen Verheißung begleitete Unternehmen der Kirche zu sein. Denn Einführung eines anderen Kriteriums bedeutet Verzicht auf die geglaubte Intention dieses Unternehmens. Sofern hier wirklich ein anderes Maß angelegt wird als das Maß des Wortes Gottes selbst, kann also hier, und wenn dieses Maß an sich betrachtet noch so richtig und wichtig wäre, tatsächlich nur Verwirrung und Zerstörung die Folge sein. Die Kirche kann als entscheidendes Wort über ihre Verkündigung keine andere Stimme hören als die Stimme ihres Herrn. Hört sie diese nicht, so wäre ihr die Finsternis völliger Rat- und Führungslosigkeit immer noch besser als das noch so helle Licht fremder Lichter.

3. Es liegt tatsächlich schon darin ein entscheidender Irrtum, daß man

meint, in Sachen der kirchlichen Verkündigung überhaupt nach Kriterien suchen, Kriterien wählen und einsetzen zu können. Das Kriterium, dem sich die Kirche unterworfen weiß, hat sie sich nicht erwählt und genommen, sondern es ist ihr gegeben. Es steht in Kraft bevor und indem Verkündigung unternommen wird; sie wird daraufhin unternommen, daß es schon in Kraft steht. Es kann dabei wohl beachtet oder nicht beachtet, anerkannt oder nicht anerkannt, es kann aber, wenn beachtet und anerkannt, nur in einem Gehorsamsakt, nur in einem Finden, dem kein menschliches Suchen vorangegangen ist, beachtet und anerkannt werden. Die Wahl anderer Kriterien an Stelle des Wortes Gottes verrät sich schon darin, daß sie eben eine Wahl, ein Akt menschlicher Verlegenheit und Klugheit statt ein Akt der Anerkennung zuvorkommender göttlicher Güte ist, als ein Akt, der das Verlassen des Bodens der Kirche, ihrer Erinnerung und Erwartung und insofern ihres Glaubens bedeutet.

4. Wendet man aber schließlich ein, daß es sich ja gar nicht um eine wirkliche Preisgabe des einen Kriteriums des Wortes Gottes handle, daß jene anderen Kriterien bloß stellvertretend für dieses eine (in Anbetracht der Ungreifbarkeit dieses einen!) einzusetzen seien, daß die Theologie ihre Aufgabe nicht verlasse, sondern sozusagen bloß ein Inkognito annehme, indem sie jene anderen Maßstäbe anlege neben dem einen, der damit nicht geleugnet und abgesetzt werde, sondern eben nur (immer in Anbetracht seiner Ungreifbarkeit!) gleichsam Vikare oder einen Vikar erhalten solle — so ist zu sagen: jene anderen Kriterien sind darum als unsachgemäß und schädlich abzulehnen, weil sie hier nicht vikarieren können, weil ein Vikariat hier grundsätzlich unmöglich ist. Die Philosophie, die Moral, die Politik oder was man hier auch anbieten könnte, mögen ihre Würde und ihr Recht an ihrem Ort haben, sie sind aber die Philosophie, die Moral, die Politik des sündigen und verlorenen Menschen, dessen Wort, wie tief und wahr es auch sein möge, als Richter über das Wort, das im Namen Gottes an diesen sündigen und verlorenen Menschen zu richten ist, also als Richter über die kirchliche Verkündigung, nicht anerkannt werden kann. Indem hier der Mensch sich selber richten wollte, würde er nicht gerichtet. Indem die Dogmatik der Verkündigung von daher dienen wollte, würde sie ihr mit einer wirklichen ernsthaften Kritik und Korrektur gerade nicht dienen. Auch Theologie wäre dann nichts anderes als eine Form unter den vielen Formen des Gespräches, das der Mensch über sich selber mit sich selber führt, während sie doch ein Dienst sein soll an der Rede, die Gott an den Menschen richtet. Die eigentliche Not der kirchlichen Verkündigung, die Not der Frage: wie kann der sündige Mensch Bote des göttlichen Wortes sein? bliebe dann unberücksichtigt, denn in dieser Not kann ihr auch das bestbegründete und wohlüberlegteste menschliche Urteil nicht helfen. Theologie könnte also dann, wenn sie auf diese eigentliche Not

1. Das Problem der Dogmatik

der Kirche doch keine Antwort zu geben hätte, in der Tat ebensogut auch unterbleiben.

Die andere Möglichkeit in dem Dilemma, in das wir gestellt wären, wenn wir um eine konkrete Gestalt des Wortes Gottes als des überlegenen Kriteriums kirchlicher Verkündigung etwa nicht wüßten, würde nun gerade darin bestehen, daß wir davon auszugehen hätten: die Kirche mit ihrer Verkündigung ist tatsächlich sich selbst überlassen und auf sich selbst gestellt. Aber, so könnte nun gefragt werden, heißt denn das, daß sie ohne das Wort Gottes ist und also nicht in der Lage, sich selbst vom Worte Gottes her zu kontrollieren, zu kritisieren und zu korrigieren? Darf und muß denn die Entgegenstellung von Wort Gottes und kirchlicher Verkündigung nicht als eine relative aufgefaßt werden? Haben wir nicht selbst gesagt, daß die Reflexion, in welcher die Kirche diese Unterscheidung vollzieht, die Reflexion des Glaubens ist, der, indem er jene Unterscheidung vollzieht, zugleich die göttliche Verheißung ergreift: Siehe, ich bin bei euch alle Tage! und eben damit die Unterscheidung auch schon wieder aufhebt? Sollte also jene Unterscheidung nicht hinauslaufen auf eine Unterscheidung innerhalb der Wirklichkeit der Kirche selber, auf die Unterscheidung des menschlichen und des göttlichen Momentes ihrer Wirklichkeit, die doch beide als Momente ihrer Wirklichkeit zu verstehen sind? Ist ihr als der Kirche Jesu Christi das Wort Gottes nicht übergeben, ist also die vermißte konkrete Instanz nicht in ihr selber aufgerichtet und lebendig? Ist nicht gerade dies die Herrlichkeit der Kirche, die Gegenwart ihres Herrn in ihr, daß sie einerseits das Wort Gottes verkündigen, andererseits dieses ihr Tun mittels desselben Wortes Gottes selbst normieren, kritisieren und korrigieren darf und soll?

Wir stehen bei dieser Möglichkeit zunächst noch einmal vor der schon früher besprochenen römisch-katholischen Auffassung von dem Verhältnis der Bibel zum kirchlichen Lehramt. Nach dieser Auffassung hat die Kirche freilich einen Herrn und Richter ihres Tuns, hat sie freilich das Wort Gottes über sich. Sie hat es aber über sich, indem sie es, ununterschieden von sich selber, in sich hat. Auch die römisch-katholische Kirche hat und liest und ehrt ja, unbeschadet dessen, daß sie ihr die Tradition an die Seite stellt, die Bibel. Aber allerdings nicht die Bibel an sich, keine freigegebene Bibel, keine der Kirche als Instanz gegenüberstehende Bibel. Daß die Bibel in ihrer eigenen Konkretion das Wort Gottes und als solches das überlegene Kriterium der kirchlichen Lehre sei, das ist hier nicht anerkannt. Sondern es handelt sich hier um die von der Kirche selbst bzw. von ihrem Lehramt, durch das Christus lebendig weiterredet, authentisch interpretierte Bibel, um die der Kirche gehörige, von ihrem Lehramt recht verstandene, recht ausgelegte, recht angewendete Bibel. Sie ist das Wort Gottes, an dem alle Verkündigung zu messen ist. *Regula proxima fidei*, nächste und unmittelbare Richtschnur des katholischen Glaubens, ist also doch nicht das Votum der Bibel, sondern das Votum des kirchlichen Lehramts über die Bibel. (Vgl. Diekamp, Kath. Dogm., 1. Bd., 1930, S. 63 f.) Es liegt eben auch und gerade angesichts der Bibel beides in der Hand der Kirche: die Verkündigung und die Norm zu deren nötiger Kritik, d. h. die recht verstandene und recht angewendete Bibel, die faktisch die Norm ist, die in jener Kritik zur Anwendung kommt. Es besteht in der Tat nur ein relativer Unterschied zwischen beiden und ihre Synthese kann der Kirche, die in ihrer Spitze *norma normata* und *norma normans, ecclesia audiens* und *ecclesia docens* zugleich ist, keinerlei Überraschungen bringen, denn sie überblickt jedenfalls in ihrer Spitze, d. h. eben in ihrem Lehramt, beide und hat volle Autorität und Verfügungsgewalt, die Synthese und also auch die dogmatische Kritik nach ihrem eigenen freien Ermessen zu vollziehen. Wir stehen aber bei dieser Möglichkeit nicht nur vor der römisch-katholischen Auffassung vom kirchlichen Lehramt. Letztlich auf sich selbst gestellt und sich selbst überlassen, finden wir ja die Kirche auch nach der Lehre des protestantischen Modernismus. Auch hier braucht das ja nicht zu bedeuten, daß die Kirche ohne das Wort Gottes und also ohne Kriterium ihrer Verkündigung sein muß. Es war ja auch hier nicht so, daß die Bibel zugunsten philosophischer, historischer, politischer und anderer Kriterien einfach ausgeschaltet worden wäre. Es blieb ja auch hier bei der Beziehung der Verkündigung auf die Bibel und damit auch bei einem gewissen kritischen Mitreden der Bibel in der Dogmatik. Es blieb sogar, was weithin zur Verhüllung des Problems diente, in der Regel auch bei den überkommenen starken theoretischen Sätzen über die Normativität und wohl gar alleinige Normativität der Bibel. Ich „mache radikalen Ernst damit, den Grundsatz Luthers zur vollen, uneingeschränkten Geltung zu bringen, daß allein das Wort Gottes Artikel des Glaubens zu stellen hat ... daß als Quelle der dogmatischen Arbeit ganz ausschließlich und bedingungslos — unter schärfster Ablehnung aller sogen. Nebenquellen — allein die Heilige Schrift zu gelten hat". So — Wobbermin! (Chrt. und Wiss. 1932, S. 179.) Aber auch hier hat die Kirche die Bibel nicht als konkretes und überlegenes Kriterium über sich. Auch hier hat sie sie nur über sich, indem sie sie in sich hat. Gewiß, hier gibt es kein unfehlbares Lehramt, das das In-der-Kirche-sein der Bibel autoritativ darstellen, das mit seiner Interpretation der Bibel die konkrete *regula proxima fidei* bilden würde. Aber daß die Kirche in ihrer Einheit als *norma normata* und *norma normans* im Katholizismus gerade diesen besonderen Exponenten hat, das ist auch dort nicht das Wesentliche dieser Position. Wesentlich ist vielmehr die vorausgesetzte Relativität des Gegensatzes zwischen Kirche und Bibel, bzw. die der Kirche zugeschriebene Einsicht in diese Relativität, die ihr zugeschriebene Fähigkeit, selber zu bestimmen, inwiefern sie sich von der Bibel richten lassen will und also letztlich in ihrer eigenen Sache selbst Richter zu sein. Eben das tut ohne unfehlbares Lehramt auch der protestantische Modernismus. Daß dem so ist, zeigt sich vielleicht am deutlichsten in derjenigen seiner verschiedenen Richtungen, in der sein Wesen abgesehen von Schleiermacher wohl überhaupt am klarsten und konsequentesten herausgearbeitet worden ist: bei den philosophisch an Hegel orientierten Theologen. Wenn Ph. K. Marheineke der christlichen Gemeinde ohne allen Vorbehalt den „heiligen Geist Jesu Christi" zuschreibt, der „das Wissen nicht nur in ihm selbst hat, sondern es selber ist" (Grundlehren der christl. Dogmatik 1827, § 15), wenn er darum von der christlichen Religion sagen kann: „in ihr wird Gott menschlich gewußt, wie er sich selber weiß. Sie ist die Wahrheit an und für sich" (§ 69), wenn er in diesem christlichen „Geist" nicht nur die Vernunft, sondern auch die kirchliche Überlieferung und die Schrift „in ihrem Fürsichseyn aufgehoben" sein läßt (§ 113) und dann ausdrücklich diesen „Geist" zum normativen Ausleger nicht nur der Überlieferung, sondern auch der Bibel macht (§ 112 und 588), der dort, indem er selbst der Geist der Bibel ist, in diesem seinen eigenen Standpunkt nimmt und also in der Dogmatik dort wie in der kirchlichen Überlieferung nur wiederholt, was er schon hat, ja selber ist (§ 116) — heißt das etwas anderes, als daß die Bibel zwar als Station, an der die Selbstbewegung des christlichen Geistes auch vorüberkommen muß, erhalten bleibt, eben als solche aber des Charakters einer dieser Selbstbewegung gegenüber unabhängigen, sie wirklich richtenden Instanz völlig verlustig geht? Heißt das etwas anderes, als daß der Gegensatz von göttlichem und menschlichem Wort, indem er sich dem christlichen Denker auftut, von diesem auch schon in seiner Relativität eingesehen und überwunden ist? Hat es grundsätzlich etwas zu bedeuten, wenn dieser christliche Denker nicht gerade Papst ist und auch keinen Papst über sich hat, der über das Inwiefern dieser Einsicht und Überwindung autoritativ entscheiden könnte? Kommt das Wesen derselben Grundanschauung nicht nur noch deutlicher an den Tag, wenn vermöge des in ihm als Glied der christlichen Gemeinde lebendigen Geistes jeder sein eigener Papst zu sein berufen ist? Und wenn A. E. Biedermann der Dogmatik die Aufgabe stellt, durch logische Verarbeitung unserer erfahrungsmäßigen Kenntnis des christlichen Glaubensaktes „autonom" Erkenntnis von dessen Wesen, vom christlichen Prinzip zu gewinnen (Christl. Dogm. 1869, § 92), wenn er dieses christliche Prinzip zu sehen meint in der „religiösen Persönlichkeit Jesu", d. h. in „derjenigen Wechselbeziehung zwischen Gott und Mensch, welche in Jesu die Tatsache seines religiösen Selbstbewußtseins gewesen ist" (§ 99), wenn er demgemäß die Bibel namhaft macht als den Ort, wo das christliche Prinzip „in erster Linie" (neben ihm kommt, wie bei Marheineke, auf gleicher Ebene die kirchliche Tradition, d. h. die geschichtliche Entwicklung in Frage) als in der „Urgestalt des christlichen Glaubens" historisch-wissenschaftlich zu ermitteln sei (§ 140) — was heißt das anderes, als daß das Verhältnis der Dogmatik zur Bibel als ein dialektischer Kreis verstanden ist, dessen Verlauf durch den Dogmatiker selbst bestimmt wird: er verarbeitet ja seine erfahrungsmäßige Kenntnis des Glaubensaktes ebenso, wie er (jetzt als Historiker) über das christliche Prinzip verfügt, sofern es ihm in der biblischen Urgestalt des christlichen Glaubens und in der Entwicklung der Kirche begegnet. Zum Gegenüber eines ἕτερος νόμος kann es trotz der Geltendmachung dieses geschichtlichen Beziehungspunktes nach dieser Theorie nicht kommen. Es bleibt bei der grandiosen Einsamkeit der das Wort Gottes immer schon in sich habenden Kirche der Gegenwart. Und es dürfte eine Unterfrage von nicht allzu großem Belang sein, ob man diese Einsamkeit durch die römisch-katholische Aufrichtung eines autoritativen Lehramtes oder durch das im protestantischen Modernismus selbstverständliche Fehlen eines solchen ausdrucksvoller symbolisiert finden will. Der die Bibel unfehlbar interpretierende römische Papst und der das christliche Prinzip oder den christlichen Geist ebenso sicher in sich tragende wie in der Bibel wiederentdeckende neuprotestantische Theologieprofessor sind Figuren, die sich von dem gleichen Hintergrund vielleicht wirklich gleich wirkungsvoll abheben.

Es gibt auch dieser zweiten Möglichkeit gegenüber keinen direkten Beweis ihrer Unmöglichkeit. Würden wir uns anmaßen, einen solchen zu führen, so würden wir uns sozusagen selbst aufheben; wir würden damit *ipso facto* nicht ihre Unmöglichkeit, sondern in tiefstem Einklang mit dem Gegner, dem hier zu widersprechen ist, unsererseits ihre Möglichkeit beweisen. Um zu beweisen, daß die Entgegenstellung von Wort Gottes und kirchlicher Verkündigung nicht nur, wie hier behauptet wird, eine bloß relative, eine Unterscheidung innerhalb der Kirche der Gegenwart selber ist, daß das Wort Gottes in der Bibel der kirchlichen Verkündigung vielmehr als richtende Instanz gegenübertritt und gegenüberstehen bleibt, daß die Bibel als diese überlegene, die Kirche von außen anredende Instanz auf keinen Fall die vom Papst oder vom Professor dogmatisch oder historisch schon interpretierte, sondern gerade die noch nicht interpretierte, die freie und aller Interpretation gegenüber freibleibende Bibel ist — um das zu beweisen, müssen wir uns ja offenbar selbst auf einen Standort oberhalb von Verkündigung und Bibel stellen, müssen wir selbst die Meinung teilen, als ob dieses Verhältnis einsichtig zu machen, in diesem und diesem Sinn von uns zu ordnen sei, als ob wir die Überlegenheit des Wortes Gottes in diesem Verhältnis zu begründen vermöchten. Die Bibel, deren Überlegenheit wir zu beweisen vermöchten, wäre offenbar auch nicht die freie und so eine wirkliche Instanz bildende, sie wäre offenbar ebenfalls eine in bestimmter Weise schon interpretierte Bibel, unsere uns zu eigen gemachte und so ein Instrument in unserer eigenen Hand gewordene Bibel und insofern bei aller vielleicht zu beweisenden Überlegenheit doch auch nur ein Moment innerhalb der Kirche der Gegenwart, die wir selber sind. Wir werden uns also hüten, einen derartigen Beweis anzutreten. Er könnte nur das Gegenteil von dem beweisen, was er beweisen sollte. Wir können auch hier nur auf ein **Faktum** hinweisen und im Blick auf dieses Faktum, ebenso unbegründet wie vorhin, **Widerspruch** einlegen. Das Faktum ist wiederum die Bedeutung, die die Bibel (abgesehen von allen Theorien über ihre Bedeutung!) im Leben der Kirche tatsächlich **hat**.

Sie hat sie auch in der römischen Kirche trotz der fatalen Lehre vom kirchlichen Lehramt und sie hat sie auch im protestantischen Modernismus trotz der ebenso fatalen Lehre vom Geist der Gemeinde oder vom christlichen Prinzip.

Die Bedeutung einer relativen Instanz gegenüber dem Bewußtsein und der Verkündigung der kirchlichen Gegenwart, die Bedeutung sozusagen einer zweiten Stimme, die die Kirche neben ihrer eigenen und in Harmonie mit ihrer eigenen immer auch hören wollte, hat sie nie und nirgends ganz verloren. Die gewisse Besorgnis und Bemühung um diese Harmonie, um ihre Herstellung und Erhaltung, brach nie und nirgends ganz ab. Das heißt aber auch: daß der Theorie zuwider oder in einer Erfüllung der Theorie, die besser war als diese selber, auch das immer möglich blieb, daß nicht die Kirche die Bibel, sondern die Bibel die Kirche beherrschte, daß jenes theoretisch so ganz zugunsten der Kirche bzw. des kirchlichen Menschen geordnete Verfügungsverhältnis, jenes Verhältnis von „über" und „in" der Kirche sich faktisch umkehren konnte. Mindestens ein Widerstand der freien, vielleicht doch von keiner Interpretation ganz gefangenzunehmenden Bibel blieb Möglichkeit. Auch die scheinbar von der Kirche assimilierte Bibel war doch nie so ganz assimiliert, daß man es etwa unterlassen hätte, sich wenigstens die relative Distanz zwischen ihr und sich selber von Zeit zu Zeit ins Bewußtsein zu rufen, daß man es etwa gewagt hätte, auch die formale — vielleicht wirklich bloß formal gewordene — Differenz als solche ganz zu leugnen. Die Bibel kam und die Bibel kommt in der Kirche zu Wort. Damit ist die Möglichkeit nicht abgeschnitten, daß sie auch der Kirche **gegenüber** zu Worte kommen kann. Gewiß, dieses Faktum und die mit ihm gegebene Möglichkeit ist nur ein **Zeichen**. Man kann es übersehen. Man kann die Geschichte der Bibel in der Kirche so sehen und deuten, daß immer der Papst und der Professor mit der Bibel gemacht hätten, was sie wollten. Aber man muß sie nicht notwendig so sehen und deuten. Man wird, auch wenn man sie so sieht und deutet, zugeben müssen, daß man sie auch anders sehen und deuten könnte — vielleicht faktisch nicht kann, aber doch könnte! Das Zeichen als solches, ob als solches verstanden oder nicht verstanden, so oder so verstanden, läßt sich nicht wegleugnen. Das Zeichen als solches bedeutet freilich nicht die Beantwortung der Frage, ob die Bibel Gottes Wort über der Kirche und an die Kirche ist. Diese Frage ist ja die Glaubensfrage. Wie sollte sie durch die Existenz jenes Zeichens beantwortet sein? Man kann auch nicht einmal dies allgemein sagen: daß eben die Glaubensfrage durch das Vorhandensein des Zeichens wenigstens gestellt sei. Man kann nur sagen: durch jenes Zeichen könnte die Glaubensfrage gestellt sein. Es könnte jenem Zeichen gegenüber Ereignis sein, daß der Mensch in der Kirche zum Glauben aufgerufen ist. Es könnte sein, daß der Mensch in der in der Kirche immerhin zu Worte kommenden Bibel das Wort Gottes hört und zwar nun wirklich das durch die Kirche nicht einzufangende und einzuklammernde, nicht in ihre eigene Wirklichkeit einzubeziehende, durch keine Interpretation in ein Menschenwort zu übersetzende Wort, das Wort, das der Kirche gegenübertritt, mit dem sie nicht zweistimmig singen kann, sondern das sie in seiner ganzen einzigartigen Einstimmigkeit einfach zu hören hat. Wir können dieses Ereignis, das Ereignis des Glaubens, nicht als geschehen voraussetzen. Wir können uns auf dieses Ereignis nur beziehen, sofern es der Inhalt der der Kirche gegebenen Verheißung — wir können auch sagen: des der Kirche gegebenen Gebotes ist. Wir können in bezug auf dieses Ereignis nicht aus der Gegenwart, nicht aus der Erfüllung heraus reden, sondern nur aus der Erinnerung und aus der Erwartung. Indem dieses Ereignis der Verheißung entsprechend geschehen, indem die Kirche die Kirche Jesu Christi sein wird, wird die Bibel gehört werden als das Wort Gottes. Das, diese kommende Erfüllung empfangener Verheißung ist's, worauf wir uns beziehen. Das Wort Gottes ist ja Rede, Tat, Geheimnis Gottes, also nicht eine abgesehen von dem Ereignis seines Gesprochenwerdens und Geglaubtwerdens der Kirche immanente, in ihr vorfindliche und aufweisbare Substanz. Also ist auch die Kirche nicht konstant, nicht kontinuierlich die Kirche Jesu Christi, sondern sie ist es je in dem Ereignis, daß das Wort Gottes zu ihr gesprochen und von ihr geglaubt wird. Also ist auch das in der Kirche aufgerichtete Zeichen: die irgendwie redende und gehörte Bibel ein echtes Zeichen, nicht weniger aber auch nicht mehr als das. Könnten wir statt von Gottes Verheißung und Gebot in bezug auf jenes Ereignis von einer schon geschehenen und nun als solche einleuchtenden Erfüllung, könnten wir statt von Zukunft von Gegenwart reden, könnten wir vom Glauben aus und mit dem Glauben argumentieren als mit einer vorhandenen und uns zuhandenen Voraussetzung, dann hörte das Zeichen auf Zeichen zu sein. Der als vorhanden vorausgesetzte Glaube würde das Zeichen als solches auflösen in ein direkt sichtbares und greifbares Datum. Unter Voraussetzung dieses Datums könnte dann die Bibel direkt als Gottes Wort verstanden werden. Dieses Datum zusammen mit dem Glauben oder der Glaube zusammen mit diesem Datum würden dann den Beweis der Bibel als des Wortes Gottes bilden. Aber eben dieser Beweis würde, indem er geführt würde, das widerlegen, was er beweisen wollte.

Er würde uns genau dorthin zurückführen, von wo wir ausgingen, nämlich zu dem Doppelgebilde des römischen Katholizismus und des protestantischen Modernismus. Nichts ist bezeichnender für beide als eben die Voraussetzung des schon geschehenen Ereignisses des Glaubens an das Wort Gottes und also eines schon vorhandenen Glaubens, eines Glaubens, von dem aus und mit dem man argumentieren kann. Eben mittelst dieser Voraussetzung wird dort das Zeichen als Zeichen aufgelöst und damit allerdings ein Beweis möglich gemacht: nämlich der, daß das Wort Gottes als Instanz nicht **über** der Kirche, sondern **in** der Kirche, daß es eine der Kirche eigentlich und letztlich ein- und untergeordnete Instanz ist.

Das Wort Gottes **über** der Kirche und **an** die Kirche erträgt keinen Beweis, auch nicht und am allerwenigsten diesen Beweis aus dem in der Kirche vorhandenen Glauben. Mit dem Schluß: weil ich glaube und weil für mich als Glaubenden die Bibel Gottes Wort ist, darum und insofern ist sie Gottes Wort — mit diesem Schluß ist es um die Göttlichkeit des Wortes Gottes geschehen, ist es nicht mehr als das **über** der Kirche stehende **an** die Kirche gerichtete Wort verstanden. Mit diesem Schluß wird *theologia gloriae* getrieben, die sich — wie laut sie auch das Gegenteil beteure — dem Worte Gottes faktisch nicht unterwirft. Es handelt sich also nicht um diesen Schluß, wenn hier die Bibel als das freie, überlegene Kriterium der kirchlichen Verkündigung verstanden werden soll. Die Beziehung, in der wir dies tun, die Beziehung auf das Ereignis des Glaubens, bzw. des Gesprochen- und Gehörtwerdens des Wortes Gottes, erhebt nicht den Anspruch, eine Begründung zu sein. Es soll mit der Beziehung auf dieses Ereignis nicht ein Argument — ein mit der letzten Durchschlagskraft des unmittelbar Religiösen wirkenwollendes Argument aufgebracht werden, das uns in die Lage versetzen würde, dem Katholizismus und dem Modernismus gegenüber das gute Recht unseres eigenen Standpunktes zu erweisen und im Angriff zu verteidigen. Wir müssen ja wissen, daß sich die Beziehung auf dieses Ereignis ebensogut gegen uns selbst wenden kann, weil wir dieses Ereignis nicht in der Hand haben, weil es in seinem Wesen göttliche Entscheidung ist, deren Ergebnis wir nicht vorausnehmen können. Ob die Bibel als Wort Gottes zu uns sprechen, ob wir sie hören, ob wir sie als Wort Gottes glauben werden — wir und die, mit denen wir reden — das können wir uns nicht nehmen und ihnen nicht geben, das können wir also nicht als geschehen voraussetzen, von da aus und damit können wir nicht argumentieren.

Was wir als unseren Glauben voraussetzen möchten, könnte auch gottverlassener Unglaube und unser Argumentieren von da aus und damit könnte dann höchst kraftlos sein. Wir können nur darauf hinweisen, daß in jenem Ereignis, im Glauben an das Wort Gottes in der Bibel, die Entscheidung allerdings glatt und widerspruchslos gegen jede Auffassung der Bibel als einer von der Kirche eingesetzten und eingesehenen Instanz als einer bloß relativen Gegeninstanz gegenüber der kirchlichen Verkündigung der Gegenwart fallen würde. Es wäre sonst, wenn es diese Entscheidung nicht vollzöge, indem es geschieht, nicht dieses Ereignis. Es ist aber, wohlverstanden, nicht einmal ein direkter Hinweis auf dieses Ereignis, der die Beziehung, um die es hier geht, vollzieht. Maßten wir uns an, direkt darauf hinzuweisen, d. h. also selber, etwa in der Positur des Grünewaldschen Johannes als Zeugen dieses Ereignisses auftreten zu wollen, dann würden wir ja doch vorgeben, was man nicht vorgeben wollen sollte: seine Wirklichkeit sozusagen im Rücken zu haben, von ihr herzukommen, unter Berufung auf sie andere widerlegen zu können. Das Wort „Hinweis" wäre dann doch nur ein anderes Wort für „Voraussetzung". Wir können aber weder als Propheten noch als Apostel reden, also gerade nicht in der Plerophorie des biblischen Zeugnisses: „Wir sahen seine Herrlichkeit" (Joh. 1, 14). Was wir sahen und was uns zu dem bewußten Hinweis — nicht ermächtigt, sondern, sagen wir schlicht: veranlaßt, die *ratio* unseres Hinweises ist wieder sehr schlicht: die aus der Kirche noch nicht entfernte, ihrer Verkündigung noch nicht geradezu und gänzlich entfremdete, ihr gegenüber noch nicht aller Maßgeblichkeit entkleidete Bibel, eben dieses Faktum, dieses Zeichen, wie wir vorhin sagten. Wir beziehen uns auf das Ereignis des Glaubens, indem wir uns auf dieses Zeichen beziehen. Das, worauf wir hinweisen, ist also selbst ein Hinweis. Katholiken und Modernisten werden zugeben können und müssen, daß weder sie noch wir selbst dieses Zeichen, diesen Hinweis, geschaffen und aufgerichtet haben. Sondern wir alle haben es vorgefunden. Unter vielen anderen vielleicht in ganz andere Richtung weisenden Zeichen gibt es in der Kirche, die sich selber als Kirche Jesu Christi glauben möchte, jedenfalls auch dieses Zeichen: die nicht ganz überhörte, nicht ganz unterdrückte Stimme des Mose und der Propheten, der Evangelisten und der Apostel. Was sie sagen, das ist allerdings der direkte Hinweis auf das Ereignis des Wortes Gottes und des Glaubens: „Wir sahen seine Herrlichkeit" und „Wir haben geglaubt und erkannt" (Joh. 6, 69). Das können wir so von uns selber nicht sagen. Nochmals: wir sind nicht in demselben Sinn Zeugen wie die Propheten und Apostel. Es ist aber vor unseren Augen und Ohren, daß diese es von sich selbst gesagt und daß sie eben damit beansprucht haben, nicht irgendein menschliches Wort, sondern in menschlichen Worten das Wort Gottes gesagt zu haben, das Wort, das Gott selbst zu Menschen redet, das Wort, in welchem Gott an den Menschen handelt, das Wort, in dem Gottes Geheimnis offenbar ist. Das ist das unter uns aufgerichtete Zeichen der Bibel. Und auf dieses Zeichen, d. h. auf dieses Sagen der Propheten und Apostel, auf den von ihnen erhobenen Anspruch, können wir achten, so gut und so schlecht, wie wir auf andere Tatsachen achten können. Wir sind, indem wir im Raum der christlichen Kirche leben, in der Lage und sogar aufgefordert, darauf zu achten. Was damit geschieht, daß wir dies vielleicht tun, das ist ein Akt der Erinnerung. Nichts ist an sich anders geworden durch dieses Achten, als daß die Welt unserer geistigen Bilder sich um ein weiteres Bild vermehrt hat. *Notitia* hat stattgefunden, eine *opinio historica* haben wir uns gebildet. Sie macht uns nicht zu Propheten und Aposteln, sie stellt uns also nicht in die Wirklichkeit des Wortes und des Glaubens, von der jene zeugen. Keine Entfaltung und Bereicherung dieses Bildes, keine Vertiefung dieser unserer Erinnerung, keine systematische Klärung ihres Gehaltes, kann uns der Wirklichkeit, auf die sie hinweist, auch nur um eine Linie näher führen. Wir verweisen also nicht auf eine mit der Bibel in unsere eigenen oder in irgend jemandes Hände gelegte Verwirklichungsmethode, wenn wir nun unsererseits auf dieses Zeichen, auf diesen uns gegebenen Hinweis hinweisen. Natürlich können wir diesen Hinweis nicht anders vollziehen, als indem wir die Bibel bereits, und geschähe es auch in den kürzesten Worten, in irgendeinem bestimmten Sinn, der dann schon unser eigener Sinn ist, interpretieren. Aber diese Interpretation selbst kann keinen anderen Anspruch machen als eben den, auf das aufgerichtete Zeichen als solches aufmerksam zu machen. Interpretation selbst kann nur Hinweis sein, gerade nicht Aufdeckung des Heiligen Geistes oder des christlichen Prinzips in der Bibel, gerade nicht Vermittlung des in ihr gesprochenen Wortes Gottes. Was jenseits dieses Hinweisens und Hingewiesenwerdens, dieser Erinnerung und *notitia* geschieht oder nicht geschieht: das Sprechen oder Schweigen der Bibel, das Sagen der Propheten und Apostel *hic et nunc* und das Sichsagenlassen der Menschen von heute, die Bewährung des Anspruchs: das ist Gottes Wort, die fallende Entscheidung, das Ereignis des Glaubens oder auch sein Nicht-Ereignis, das alles entzieht sich unserer und jedes Menschen Sicht und Zugriff. Das ist w a h r, indem es wahr i s t. Das liegt nicht hinter uns, sondern vor uns. So und nur so verweisen wir darauf als auf die Entscheidung gegen die relative und für die absolute Geltung der Bibel als des Wortes Gottes, als des echten und überlegenen Kriteriums der kirchlichen Verkündigung und damit auch der Dogmatik. Wir handeln bei diesem Verweisen sozusagen unverantwortlich. Will sagen: Wir haben es in keinem Sinn und in keiner Weise zu verantworten, daß die Bibel wirklich Gottes Wort ist. Jedes Verantwortenwollen wäre hier Leugnung dessen, was man verantworten möchte. Wir können nicht mehr sagen als dies: die Bibel kann sich in dieser Sache selber verantworten. So wenig wir eindeutig, direkt und allgemein zu sagen vermöchten: sie verantwortet sich — so wenig vermöchten wir oder vermöchte irgend jemand zu sagen: sie kann sich nicht verantworten. Wir sagen: sie kann es — und beziehen uns so und damit auf das Ereignis des Glaubens, in welchem darüber entschieden ist, daß die Bibel zu reden und die Kirche zu hören hat. Fragt man uns: Mit welchem Recht wir das sagen, so antworten wir: Mit keinem Recht, das wir haben und für uns beanspruchen, aber mit dem Recht, das sich im Ereignis des Glaubens, wenn es eintritt, als Recht erweisen wird. Fragt man uns: Warum wir dies tun, warum wir im Blick auf jene mögliche Selbstverantwortung der Bibel zu der katholischen und modernistischen Lehre vom Worte Gottes Nein sagen, so antworten wir: Wir wissen so wenig, warum wir dies tun, als wir wissen, warum wir heute nicht mit dem linken, sondern mit dem rechten Fuß zuerst aus dem Bett gefahren sind, und beide Fragen gehen schließlich Andere in gleicher Weise nichts an. Es ist nun einmal so: wir widersprechen nun einmal jener Lehre. Wollte man weiter in uns dringen und uns fragen: ob es denn also Zufall sei, daß wir diesen Widerspruch einlegten, so werden wir uns lieber die Zunge abbeißen, als nun etwa doch den Heiligen Geist oder unseren Glauben oder unser Gewissen oder dgl. geltend machen, um uns so die nötige Bevollmächtigung vor den Leuten zu verschaffen, sondern wir werden antworten: Zufall kommt von Zufallen. Es mag uns also zugefallen sein, diesen Widerspruch zu erheben und zu vertreten. Nicht weil es mir so ist, aber weil es nun einmal so ist, daß hier widersprochen wird, werdet ihr euch damit als mit einem weiteren anspruchslosen kleinen Faktum und Zeichen abfinden müssen. Und wenn nun weiter gesagt werden sollte: also doch ein heimliches Sichberufen auf eine besondere Begnadung, auf ein Luthersches „Ich kann nicht anders", auf eine prophetische Erleuchtung wohl gar, so wäre noch einmal fröhlich zu antworten: Nichts von alledem, nichts Besonderes, nichts von Prophetie und Apostolat, eine ganz irdische, harmlose, vieldeutige Sache, alles mystischen Glanzes oder Geheimnisses entbehrend, nur ein wenig — Protestantismus will dieser Widerspruch sein, ein Zeichen, dem wir wirklich keine Zeigekraft zu geben vermögen, ein Zeichen, dem man wirklich von allen Seiten widersprechen, das man auch gänzlich übersehen oder gänzlich mißverstehen kann, ein Zeichen, über dessen Belanglosigkeit unter den vielen anderen Zeichen, an denen die Welt und die Kirche so reich ist, wir uns keinen Täuschungen hingeben! Ist es überhaupt ein Zeichen? Wir können auch das weder wollen noch wissen. Wir können eben bloß ganz absichts- und anspruchslos das Entsprechende tun, d. h. Widerspruch einlegen. Aber allerdings, indem wir dies tun, haben wir uns, vor der Aufgabe der Dogmatik stehend, dahin entschieden, die Bibel als der kirchlichen Verkündigung gegenüber aufgerichtete absolute Instanz gelten zu lassen. Daß Dogmatik nicht „Dogmatik" im Sinn der römisch-katholischen Kirche, d. h. nicht Entfaltung der der Kirche immanenten Offenbarungswahrheiten und nicht „Glaubenslehre" im Sinn des protestantischen Modernismus: Darstellung des Glaubens der in der Kirche vereinigten Menschen sein kann, darüber ist mit jenem angesichts des biblischen Zeichens nur faktisch, nicht begründet geltend zu machenden Widerspruch entschieden. Wir sagen mit diesem Widerspruch: die **Möglichkeit, des Wortes Gottes ansichtig zu werden als einer von der kirchlichen Verkündigung verschiedenen Größe, ist uns** — wie wir sahen, in der Tat als Möglichkeit — **gegeben in dem Faktum, daß in der Kirche die Bibel gelesen wird und auf dieses Faktum beziehen wir uns, wenn wir** — nicht katholisch und nicht modernistisch, sondern nun eben protestantisch, d. h. aber eben widersprechend mit **dieser Möglichkeit tatsächlich rechnen.** Wir sagen mit diesem Widerspruch, diesen Widerspruch nun allerdings in aller Form voraussetzend: Dogmatik als Frage nach dem Worte Gottes in der kirchlichen Verkündigung muß sein die kritische Frage nach der Übereinstimmung der kirchlichen Verkündigung — nicht mit irgendeiner Norm menschlicher Wahrheit oder menschlichen Wertes (das war die erste Möglichkeit unseres Dilemmas) und auch nicht mit einem von der Kirche selbst schon erkannten und verkündigten Maßstab göttlicher Wahrheit (das war die andere Möglichkeit), sondern **mit der in der Heiligen Schrift bezeugten Offenbarung.** Das ist der konkrete Sinn der in der Dogmatik zu stellenden Frage nach dem Worte Gottes. Wir können im Blick auf unseren § 4 auch sagen: Dogmatik hat die Aufgabe, die Gleichung zwischen dem Worte Gottes und dem menschlichen Wort in seiner Gestalt als kirchliche Verkündigung im Dienste ihrer Bewährung zu problematisieren, und sie tut dies, indem sie die kirchliche Verkündigung als menschliches Wort mißt an der zweiten Gestalt des Wortes Gottes, nämlich an der heiligen Schrift, sofern diese selber wieder Zeugnis ist von seiner dritten und ursprünglichen Gestalt, der Offenbarung.

Weil und sofern die Dogmatik diese Aufgabe hat, heißt sie eben **Dogmatik**, *theologia dogmatica*. Wir übersetzen diesen Begriff also nicht mit: „Wissenschaft von den Dogmen", sondern mit: „Wissenschaft vom Dogma." Das **Dogma** ist die Übereinstimmung der kirchlichen Verkündigung mit der in der Heiligen Schrift bezeugten Offenbarung. Nach dieser Übereinstimmung und also nach dem Dogma fragt die Dogmatik. Wir treten damit in Widerspruch zu der römisch-katholischen Bestimmung der Begriffe Dogma und Dogmatik. Nach ihr wäre ein Dogma: eine von der Kirche definierte Offenbarungswahrheit, und die Dogmatik: die Zusammenstellung und Kommentierung dieser Dogmen.

1. Das Problem der Dogmatik

Das Wort „Dogma" (vgl. zum folgenden A. Deneffe, S. J., Dogma. Wort und Begriff. Scholastik 1931, S. 381 f. u. 505 f.) bedeutete im Sprachgebrauch des heidnischen Altertums aber auch des griechischen Alten und Neuen Testamentes zunächst einen Befehl, eine Satzung, einen Beschluß. Ein Dogma ist z. B. das Dan. 6, 16 erwähnte „Gesetz der Meder und Perser", auf Grund dessen Daniel in die Löwengrube kommt; ein Dogma ist das Gebot, das nach Luk. 2, 1 vom Kaiser Augustus ausging; Dogmen sind nach Eph. 2, 15, Kol. 2, 14 die Satzungen des alttestamentlichen Gesetzes. Als zweite Bedeutung des Wortes kommt aber im Altertum auch in Betracht ein philosophischer oder überhaupt wissenschaftlicher Lehrsatz eines einzelnen Lehrers, einer Schule oder Richtung, und mehr in dieser als in jener ersten Bedeutung scheint dann das Wort, fast immer im Pluralis gebraucht, als Bezeichnung christlicher Wahrheiten schon im zweiten Jahrhundert (zuerst bei Ignatius von Ant., *Ad Magn.* 13, 1) in den Sprachgebrauch zunächst der griechischen Kirche übergegangen zu sein. Aber noch Cyprian, Tertullian, Ambrosius, Augustin, Leo d. Gr., und Gregor d. Gr. haben es in dieser Bedeutung nicht gekannt oder nicht verwenden wollen, ja noch bei Thomas v. Aquino wird es selten in dieser Bedeutung verwendet. Und mit dieser Bedeutung konkurriert bis in die Gegenwart hinein die gerade entgegengesetzte (schon bei Irenäus, C. o. h. I, 31, 3. Augustin hat vielleicht nur diese gekannt!): Dogmen, mit allerlei Adjektiven schlimmen Inhalts als solche gekennzeichnet, sind Irrlehren der Heiden oder der Häretiker. (Noch Leo XIII. in der Enzykl. „Quod Apostolici", 28. Dez. 1878, redet von den *prava dogmata Socialistarum*.) Mit systematischem Nachdruck scheint das Wort doch erst seit dem 16. Jahrhundert in jener anderen Bedeutung (im Sinn von *dogma fidei*, *dogma catholicum*, *dogma Ecclesiae*) gebraucht worden zu sein. Jedenfalls gibt es in der katholischen Kirche erst von hier ab theologische Bemühungen um die Bestimmung des Begriffs. Ihr Ergebnis faßt Deneffe (a. a. O. S. 531) in Übereinstimmung mit Diekamp und Bartmann in den Satz zusammen: Dogma est veritas a Deo formaliter revelata et ab Ecclesia sive solemniter (durch Kathedralentscheid oder Konzilsbeschluß) sive ordinarie (durch das Faktum, daß sie in der Kirche allgemein und unwidersprochen gelehrt wird) definita. (Gegen R. Seeberg, Lehrbuch der Dogmengeschichte, 1. Bd., 3. Aufl., 1920, S. 1, wäre also zu sagen, daß die formelle Anerkennung der betr. Sätze durch die Kirche den Begriff des kirchlichen Dogmas gerade nicht erschöpft.) Die systematische Darstellung dieser offenbarten Wahrheiten ist dann nach katholischer Ansicht die Dogmatik. (Vgl. Bartmann, Lehrbuch d. Dogm., 7. Aufl., 1. Bd., 1928, S. 2; Diekamp, Kath. Dogm., 6. Aufl., 1. Bd., 1930, S. 11.) In diesem Sinn hat aber auch auf evangelischer Seite R. Rothe (Zur Dogm., 1863, S. 14) die Aufgabe der Dogmatik verstanden.

Wir stellen zunächst fest: daß es Dogmen im Sinne dieser Bestimmung gibt, das wird auch von uns, freilich in näher zu erläuternder Weise anerkannt. Wir werden von den Dogmen, d. h. von den durch die Kirche anerkannten und bekannten in den kirchlichen Symbolen niedergelegten Lehrsätzen, von ihrer relativen Autorität und von ihrem Belang auch für die Dogmatik an einer späteren Stelle unserer Prolegomena zu handeln haben. Wir müssen aber — und das ist unser erster Einwand gegen den römisch-katholischen Begriff von Dogmen und Dogmatik — in Abrede stellen, daß die Dogmen das Ziel der dogmatischen Arbeit bilden, daß die Dogmatik um ihretwillen Dogmatik heißt. Denn die Dogmen sind nicht *veritates a Deo formaliter revelatae*. In den Dogmen redet die Kirche der Vergangenheit — ehrwürdig, respektabel, maßgeblich, *non sine Deo*, wie es ihr zukommt — aber die Kirche: sie definiert, d. h. sie beschränkt in den Dogmen die offenbarte Wahrheit, das Wort Gottes. Und damit wird aus dem Wort Gottes Menschenwort, nicht unbeachtliches, sondern höchst beachtliches, aber Menschenwort. Das Wort Gottes ist über dem Dogma wie der Himmel über der Erde ist.

Schon die Nachbarschaft der *dogmata ecclesiastica* mit den *dogmata haereticorum* müßte an die grundsätzliche Anfechtbarkeit des von der Kirche definierten Dogmas erinnern und von der Vorstellung eines unfehlbaren Dogmas dieser Art fernhalten. Man darf aber auch darauf hinweisen, daß nach der römisch-katholischen Lehre selbst die Dogmen noch nicht in ihrer Vollzahl bekannt bzw. durch die Kirche definiert sind, daß es vielmehr unbeschadet der substantiellen Abgeschlossenheit der Offenbarungswahrheit einen dogmatischen Fortschritt gibt (vgl. Diekamp, a. a. O. S. 15) und daß als unveränderliche und unfehlbare Wahrheit in den Formeln der Dogmen, schließlich doch nicht die Formeln, sondern ihr „sachlicher Inhalt" (*sensus*) angegeben wird. (Bartmann, a. a. O. S. 38.) In dieser Erläuterung könnte ein Zugeständnis der Menschlichkeit der Dogmen liegen. Aber freilich: es ist ja immer die Kirche selbst, die das Subjekt auch jenes in Aussicht gestellten dogmatischen Fortschritts sein wird, und auch der von der dogmatischen Formel zu unterscheidende *sensus* wird immer nur der *sensus* sein können, *quem tenuit ac tenet sancta mater Ecclesia* (*Conc. Vatic., Constit. dogm. De fide cath., cap.* 2). Zur wirklichen Anfechtung der Dogmen bzw. der die Dogmen verkündigenden und gegebenenfalls näher erläuternden Kirche, zu einer klaren, ernsten Unterscheidung zwischen den Dogmen und dem Worte Gottes kann es hier nicht kommen.

Wir können in der Identifizierung von Wort Gottes und kirchlichem Dogma, wie sie uns in jener Begriffsbestimmung begegnet, nur den Exponenten jener grandiosen Einsamkeit erblicken, in der sich eine Kirche befinden muß, die das Wort Gottes vorweg für sich selbst mit Beschlag belegt und in eigenen Betrieb genommen, und die Fähigkeit, der Stimme eines Gegenüber zu lauschen, verloren hat. Soll in der Dogmatik gerade diese Stimme von gegenüber gehört werden als Kriterium dessen, was die Kirche sagt und tut, dann kann die Dogmatik nicht bei der Frage nach den kirchlichen Dogmen stehen bleiben, dann können nicht die kirchlichen Dogmen die Form sein, in der sie jene Stimme von gegenüber hört. Sonst wäre die Dogmatik auch von dieser Seite gesehen ein Gespräch der Kirche mit sich selber, der Kirche von heute mit der Kirche von gestern und ehegestern. Im Zusammenhang des Gesprächs, das Gott mit seiner Kirche führt, kann auch dieses Gespräch der Kirche mit sich selber seine Bedeutung bekommen. Gerade das Gespräch der Kirche von heute mit der Kirche von gestern und ehegestern wird in der Dogmatik, wie noch grundsätzlich zu zeigen sein wird, auch geführt werden müssen. Aber wenn sich die Dogmatik in ihm erschöpfen wollte, dann würde sie ihrer Aufgabe als Verantwortung der Kirche gegenüber dem Worte Gottes sicher nicht gerecht werden. Sie hätte dann diese Aufgabe sogar noch nicht einmal aufgenommen. Das Dogma, nach dem die Dogmatik fragt, kann also gerade nicht die *veritas ab Ecclesia definita* sein. Die *veritas ab Ecclesia definita* ist selber Frage nach dem Dogma. Sie

1. Das Problem der Dogmatik

kann und soll die Dogmatik leiten. Das Dogma, das das Ziel der Dogmatik ist, kann sie nicht sein wollen.

Wir werden aber zweitens sagen müssen: Das Dogma, nach dem die Dogmatik fragt, ist nicht Offenbarungswahrheit, sondern es ist zu der Offenbarungswahrheit hin. Das wird auch von den Dogmen der Kirche, auf die wir hier noch nicht näher eintreten, zu sagen sein. Sie sind Sätze, die die Offenbarungswahrheit nur insofern fassen und wiedergeben wollen, als sie zu ihr hinstreben.

Auch Thomas v. Aquino schließt sich einer Definition des Begriffs des *articulus fidei*, also des einzelnen konkreten kirchlichen Dogmas von Isidor von Sevilla an: *Articulus est perceptio divinae veritatis tendens in ipsam* (S. th. II² qu. 1, art. 6).

Der Inbegriff aller möglichen derartigen Sätze, das, was alle Dogmen mit ihrem Hinstreben zur Offenbarungswahrheit sagen wollen, ist das Dogma, nach dem die Dogmatik fragt. Indem wir es den Inbegriff aller derartigen Sätze nennen, sagen wir schon, daß es nicht selber ein Satz ist, daß es von keiner Kirche je proklamiert werden wird. Es ist das in allen möglichen derartigen Sätzen Gemeinte, es ist das Dogma, um dessentwillen die Kirche die Dogmen proklamiert. Dogma bezeichnet das Wesen, dessen Erscheinungen die Dogmen, aber auch die dogmatischen Sätze, d. h. die Sätze der dogmatischen Wissenschaft, sein möchten, von dem her es wirkliche Dogmen und wirkliche dogmatische Sätze geben kann, dann nämlich, wenn sie ihm nachgebildet sind. Um des Dogmas willen muß sich die Dogmatik auch auf die Dogmen beziehen. Die Dogmen rufen sie auf zur Aufmerksamkeit auf das Dogma, sie geben ihr Weisung — so wie eben die Kirche Weisung geben kann, nach dem Dogma zu fragen. Auf einer dritten und untersten Stufe bildet dann sie selbst ihre, die wissenschaftlich dogmatischen Sätze. Das haben die dogmatischen Sätze, die Dogmen, und das Dogma gemeinsam: sie sind allesamt nicht Offenbarungswahrheit, sondern das Dogma ist und die Dogmen und dogmatischen Sätze wollen sein (sie sind es unter dem Vorbehalt, daß sie durch die Gnade Gottes unter Wachen und Beten dazu werden) zur Offenbarungswahrheit hin. Gerade das Dogma im ursprünglichen und eigentlichen Sinn als Inbegriff aller Dogmen und aller dogmatischen Sätze ist ein Beziehungsbegriff und von ihm her sind es auch alle Dogmen und dogmatischen Sätze. Nur daß es für diese unter den bewußten Vorbehalt gestellt ist, ob sie erfüllte Beziehungsbegriffe, d. h. Begriffe einer wirklich stattfindenden Beziehung sind. Um welche Beziehung es dabei geht, wissen wir schon: es handelt sich um die Beziehung der Übereinstimmung der kirchlichen Verkündigung mit der Bibel als dem Worte Gottes. Man kann also das Dogma definieren als die kirchliche Verkündigung, sofern sie mit der Bibel als dem Worte Gottes wirklich übereinstimmt. Wenn wir um das

Dogma wüßten, wenn wir das Dogma hätten, dann wüßten und hätten wir, weil das Dogma die mit dem Worte Gottes wirklich übereinstimmende kirchliche Verkündigung ist, in einer bestimmten und bestimmt aufweisbaren Gestalt und Erscheinung kirchlicher Verkündigung das Wort Gottes selber. Aber eben: eine Theologie, die das Dogma zu wissen und zu haben behaupten würde, wäre die *theologia gloriae,* die die Dogmatik der Kirche gerade nicht sein wollen darf. Was ihr vorgegeben ist, ist immer die tatsächliche kirchliche Verkündigung in der ganzen Menschlichkeit ihrer Gestalt und Erscheinung einerseits und andererseits das in der Kirche aufgerichtete Zeichen: die Verheißung und das Gebot der Bibel. Und was ihr aufgegeben ist, das ist die Frage nach dem Wort Gottes in der kirchlichen Verkündigung und also die Frage nach dem Dogma, nach der der kirchlichen Verkündigung nötigen Richtung hin auf die Bibel als das Wort Gottes. Jede Antwort, jede Verwirklichung solcher Richtung und Übereinstimmung könnte nur zweierlei sein: entweder das Ereignis des Wortes Gottes selber, das die Dogmatik weder voraussetzen noch postulieren noch gar schaffen kann, oder eine der großen Illusionen und Prolepsen einer Dogmatik, die eben dies nicht weiß: daß es mit allem Voraussetzen, Postulieren oder gar Schaffenwollen hinsichtlich dieses Ereignisses nichts ist. Die wirklichen Ergebnisse der Dogmatik können also, auch wenn sie die Form positivster Aussagen haben, selber nur neue Fragen sein, Fragen hin und her zwischen dem, was die Kirche zu verkündigen, und dem, was die Bibel verkündigt wissen zu wollen scheint, Fragen, die nur in größter Anspruchslosigkeit und im Bewußtsein größter Angefochtenheit gestellt werden können, gerade wenn sie vielleicht ernste, belangreiche Fragen sind. Wenn das Fragen aufhörte, wenn statt der Dogmen und der dogmatischen Sätze das Dogma selbst auf dem Plan erschiene, wenn die Übereinstimmung bestimmter kirchlicher Verkündigung mit dem Worte Gottes und also in dieser bestimmten kirchlichen Verkündigung das Wort Gottes selbst aufzuweisen wäre, dann wäre mit der *ecclesia militans* auch die Dogmatik am Ende und das Reich Gottes angebrochen. Die andere Möglichkeit solches Erscheinens des Dogmas bzw. des Wortes Gottes selber kann nur die der großen Illusionen und Prolepsen sein.

Insofern kann man, wie ich es in der ersten Auflage dieses Buches (S. 112 u. 123) getan habe, das Dogma einen „eschatologischen Begriff" nennen.

Die alte lutherische Theologie (z. B. Quenstedt, *Theol. did. pol.,* 1685, I, *cap.* 1 *sect.* 1, *Thes.* 3—14) unterschied sehr sinnvoll zwischen der *theologia archetypos,* die Gott hat, ja selber ist, und der *theologia ektypos,* wie sie außer Christus nach seiner Menschheit und den Engeln auch Menschen zu eigen sein kann, wobei doch auch die uns mögliche *theologia hominum* wieder zweierlei sei als *theologia patriae* in der ewigen Erlösung und als *theologia viatorum* in dieser Zeitlichkeit, und hier in dieser Zeitlichkeit eine andere *ante* und *post lapsum,* wiederum *post lapsum* eine andere als *theologia naturalis* und *supranaturalis* und als *supranaturalis* noch einmal eine

1. Das Problem der Dogmatik

andere als *theologia immediatae* und *mediatae revelationis*: jene nur den Propheten, Aposteln und Evangelisten, diese uns, den auf ihre Schriften Angewiesenen zukommend. Diese uns zukommende *theologia ektypos mediatae revelationis hominum viatorum post lapsum* kann man nun offenbar noch einmal unter einem doppelten Aspekt betrachten: Einmal in ihrer sinngemäßen, aber vor uns verborgenen, für uns schlechterdings zukünftigen, von uns nicht zu verwirklichenden und gerade so den Gegenstand unserer Frage bildenden Beziehung zu ihrem Urbild, zu der *theologia immediatae revelationis*: dann und insofern ist sie das Dogma. Sodann in ihrem Vollzug als konkrete, in der Zeit und je zu einer bestimmten Zeit sich vollziehende Gedankenarbeit der Kirche und in der Kirche, die uns um der kirchlichen Verkündigung willen auferlegte Frage nach jener Beziehung. Dann und insofern werden wir unter der *theologia ektypos mediatae revelationis hominum viatorum post lapsum* einerseits das kirchliche Dogma und andererseits das zu verstehen haben, womit wir hier beschäftigt sind: die wissenschaftliche Arbeit der Dogmatik.

Wir werden sodann dem römisch-katholischen Begriff von Dogma und Dogmatik gegenüber drittens fragen müssen: ob nicht schon dies das Symptom einer sehr früh einsetzenden Fehlentwicklung war, daß der Begriff des „Dogma" in der Bedeutung von „Lehrsatz" statt in der durch den biblischen Sprachgebrauch so viel näher gelegten Bedeutung von „Befehl" oder „Dekret" in die kirchliche Sprache aufgenommen worden ist? Angenommen, das kirchliche Dogma sei mit *veritas revelata* gleichzusetzen — daß es zur Offenbarungswahrheit hin sein möchte, geben auch wir zu — ist denn *veritas revelata* die Wahrheit eines Lehrsatzes? Ist Offenbarungswahrheit — so müssen wir weiter ausholend fragen — anderen Wahrheiten darin gleich, daß man sie als ἀλήθεια, d. h. als Enthülltsein eines verborgenen Eigentlichen in menschlichen Vorstellungen, Begriffen und Urteilen festlegen und in der so beschränkten und geprägten Form sozusagen konserviert, auch abgesehen von dem Ereignis ihres Enthülltwerdens als Wahrheit haben kann. So steht es offenbar mit der Wahrheit eines Lehrsatzes. Aber erträgt denn die Wahrheit der Offenbarung solche Versachlichung und Entpersönlichung? Kann man sie haben abstrahiert von der Person dessen, der sie offenbart und von dem offenbarenden Akt dieser Person, in welchem sie sich einer anderen Person zu vernehmen gibt? Kann das Haben dieser Wahrheit anders stattfinden als wiederum in einem Akt der sie vernehmenden Person, in einer Entscheidung, d. h. in einer Stellungnahme? Wenn die Offenbarungswahrheit die Wahrheit eines Lehrsatzes ist, dann offenbar: Ja.

Die Wahrheit eines Lehrsatzes kann man als eine neutrale neutral betrachten. Es kann freilich auch dazu kommen, daß man ihr zustimmt oder nicht zustimmt. Es liegt aber nicht in ihrem Wesen, daß sie diese Entscheidung fordert. Und es liegt nicht im Wesen ihrer Entgegennahme, daß sie Stellungnahme ist. Gerade das will die katholische Bestimmung des Dogmas als eines Lehrsatzes auch in der Tat ausschließen. Daß Dogma als solches nur Lehre und nicht etwa auch Gebot bedeutet, ist im Sprachgebrauch der Väter des zweiten und dritten Jahrhunderts und im vierten noch bei Euseb und Athanasius nicht klar. Es wird aber klar bei Cyrill von Jerus., bei Gregor v. Nyssa und bei Cyrill v. Alex., bei denen Dogma als Glaubenslehre und sittliches Gebot als zwei verschiedene Größen auseinandertreten. (Vgl. Deneffe, a. a. O. S. 508—13.) Daraus, daß die römisch-katholische Dogmatik nicht nur Dogma mit *veritas revelata* gleichsetzt, sondern nun auch noch *veritas revelata* mit der Wahrheit eines Lehrsatzes, daraus ergibt sich einer ihrer hervorstechendsten Charakterzüge. Wir haben ihn schon an früherer Stelle berührt: Katholische Dogmatik ist Theorie als Theorie und um der Theorie willen, gewiß bejahte Theorie, aber in ihrem Wesen gerade nach der geltenden thomistischen Auffassung reine Theorie. Theorie als Theorie will sagen: Daß die *veritas revelata* als solche bejaht wird, das ist das Urteil eines Betrachters, der als solcher nicht zu diesem Urteil oder auch zu dessen Gegenteil genötigt ist. Ist sie doch in sich selbst zunächst nicht sowohl Herausforderung dieses Urteils, Zwang zur Stellungnahme, als vielmehr ihrerseits reine, neutrale Wahrheit. Ist sie doch in sich selbst wahr in der festgelegten und geprägten Form des Lehrsatzes und dann für uns, welches auch unsere Stellungnahme dazu sei, in Form des Vernehmens und Verstehens dieses Lehrsatzes. Theorie um der Theorie willen will sagen: Die Theorie, die Betrachtung der *veritas revelata* hat ihr Ziel und ihren Zweck in sich selber. Sie hat keine notwendige Entsprechung in einer Handlung, geschweige denn, daß sie selbst als Handlung zu verstehen wäre. Die ganze Verknüpfung der Aufgabe der Dogmatik mit der kirchlichen Verkündigung, wie wir sie hier voraussetzen, ist nur schon darum ganz unkatholisch, weil für die katholische Dogmatik die Frage nach einer außerhalb ihrer selbst liegenden Aufgabe der Dogmatik so unmöglich ist, wie die Frage nach einer besonderen Aufgabe des Mystikers, der Engel oder der Seligen im Himmel bei ihrem Schauen Gottes. Die Aufgabe, die des katholischen Dogmatikers harrt, kann nur die sein, die in den *veritates revelatae* ein für allemal sichtbar gewordene, von Gott geordnete Welt bestimmter geistiger Sachverhalte in ihrem gegliederten Reichtum zu erfassen und darzustellen. (Vgl. dazu E. Peterson, Über die Forderung einer Theologie des Glaubens, Z. d. Z., 1925, S. 282.)

Eben diese Reserve, in der man der Wahrheit eines Lehrsatzes gegenüberstehen kann, eben diese Möglichkeit eines nur theoretischen Verhaltens zu ihm und die dieser Möglichkeit objektiv entsprechende Vorstellung eines rein sachlichen unpersönlichen Gegenwärtigseins der Wahrheit im Lehrsatz — eben das macht uns die Gleichung zwischen *veritas revelata* und Lehrsatz bedenklich und mehr als bedenklich.

Man könnte sich ja einen Augenblick fragen — und es ist lehrreich, das zu tun — ob wir unserm Bedenken nicht auch dann Geltung verschaffen könnten, wenn wir der anderen katholischen Gleichung, kraft welcher wir das kirchliche Dogma mit *veritas revelata* gleichzusetzen hätten, zu folgen vermöchten. Sollte nicht auch auf diesem katholischen Boden selbst zu fragen sein: ob denn *veritas revelata* oder also das kirchliche Dogma eine von der redenden und redend handelnden Person Gottes lösbare Wahrheit sein kann, eine Wahrheit, die nicht als solche zur Entscheidung, zum Handeln zwingt, und deren Entgegennahme weder als solche Entscheidung noch als solche Dienst an einer außerhalb ihrer selbst liegenden Aufgabe ist? Ob denn der Mensch, indem er mit einer solchen neutralen und ihm selbst Neutralität erlaubenden Wahrheit zu schaffen hat, mit Gott zu schaffen hat? Ob denn ein Lehrsatz als solcher als Gottes Wort verstanden werden kann? Müßte nicht das Dogma auch und gerade auf katholischem Boden, wo es mit Gottes Wort identifiziert wird, im Anschluß an den biblischen Sprachgebrauch, wie er bei den Vätern der ersten Jahrhunderte wenigstens noch möglich war, primär als Gebot verstanden werden? Also als Wahrheit, die wir nur so als Wahrheit haben können, daß sie uns von Gott gesagt wird, und so, daß ihre Entgegennahme nicht anders stattfinden kann als in der Entscheidung einer bestimmten Stellungnahme zu dem uns Gesagten! Also als ein Dogma, das freilich auch ein „Lehrsatz" ist (es handelt sich nicht darum, diese Bedeutung auszuschließen; wie sollten wir? Warum sollte uns nicht auch und gerade ein Befehl belehren können?), aber ein Lehrsatz, der nur insofern lehren und Dogma sein kann, als er von Gott „ausgeht", wie jenes Dogma „ausging" von Kaiser Augustus, also wie eben ein Befehl ausgeht — und im Akt des Gehorsams zu uns kommt (oder eben im Akt des Ungehorsams nicht zu uns kommt, uns nichts lehrt, als Dogma nicht für uns existiert), also so wie eben ein Befehl zu uns kommt oder nicht zu uns kommt: ausgeht in einer göttlichen, zu uns kommt in einer menschlichen Entscheidung! Aber freilich, wir müssen es einsehen, mit dieser Frage oder mit diesem Vorschlag könnten wir den katholischen Boden doch nur betreten, um ihn sofort wieder zu verlassen, oder wenn wir mit dieser Frage auf katholischem Boden Gehör finden sollten, müßte er aufhören, der katholische Boden zu sein. Denn wie könnte es anders sein: diese Frage oder dieser Vorschlag müßte alsbald auch die vorausgesetzte katholische Gleichung zwischen dem kirchlichen Dogma und der *veritas revelata* in Frage stellen.

Das kirchliche Dogma muß nach katholischer Auffassung gerade um deswillen primär den Charakter eines Lehrsatzes haben, damit ihm jene Beschaulichkeit eigne, damit seine Wahrheit aller Problematisierung sowohl durch die Stellungnahme des Menschen zu ihr, als auch durch Gott selber entzogen sei. Gerade der Charakter des Dogmas als Lehrsatz soll garantieren — so garantieren, wie sein Charakter als Gebot es nicht könnte, wie es durch seinen Charakter als Gebot geradezu gefährdet würde — seine Objektivität, sein Ansichwahrsein und damit eben seine Glaubwürdigkeit als *veritas revelata*. Lieber nimmt katholische Theologie jene Versachlichung und Entpersönlichung der offenbarten Wahrheit in Kauf, die damit allerdings gegeben ist, daß man das Dogma als Lehrsatz versteht, lieber wird sie aus der dabei entstehenden Not eine Tugend machen und erklären: gerade die Sachlichkeit und Unpersönlichkeit des Lehrsatzes, gerade sein Abstrahiertsein von aller menschlichen und göttlichen Entscheidung, gerade das unparadoxe Enthülltsein, das er als Lehrsatz ausspreche, kennzeichne und beglaubige das Dogma als Offenbarungswahrheit — lieber wird katholische Theologie das sagen, als daß sie von jener Gleichung etwa abgehen würde. Mit jener Gleichung, mit der Voraussetzung, daß die offenbarte Wahrheit in Form der Dogmen (nicht nur in dieser Form, aber auch in dieser Form) der Kirche übergeben sei, daß sie sie als solche habe und zu hüten habe, für ihre Geltendmachung als solche, für die Glaubwürdigkeit ihres Ansichwahrseins theologisch zu sorgen habe — gerade mit der Vorstellung von der Offenbarungswahrheit als einer in die Hand der Kirche gelegten beschaulichen Sache steht und fällt die katholische Theologie. Sie muß aus der Not eine Tugend machen. Oder vielmehr: die Not ist für sie gar keine Not. Sie nimmt nicht nur in Kauf, sondern sie will als katholische Theologie von Hause aus genau das alles, was mit dem Charakter des Dogmas als Lehrsatz gegeben ist. Es war nur in unserer, nicht in ihrer Sicht, eine Fehlentwicklung, was sich damals hinsichtlich des Wortes „Dogma" zugetragen hat. Nach ihrer Sicht mußte alles so kommen, wie es gekommen ist. Sie müßte sich selbst aufgeben, wenn sie auf die Frage zurückkommen wollte, ob im Begriff des Dogmas nicht die Bedeutung des Gebots oder Befehls vorzuschlagen und dann auch für seine Bedeutung als Lehrsatz bestimmend sein möchte. Sollte unsere diesbezügliche Anfrage oder Proposition ernst genommen werden — so ernst, wie wir sie natürlich meinen — sollte also die Lehre des Dogmas wirklich als Befehl (und nicht etwa sein von der katholischen Theologie natürlich auch nicht geleugneter Befehl doch wieder als beschauliche Lehre) verstanden werden, dann müßte es ja sofort an den Tag kommen, daß das von der Kirche selbst aufgestellte Dogma nicht selber dieser Befehl, sondern nur eine ernste Erinnerung an diesen Befehl sein kann.

Einen Befehl, der nur im Akt des Befehlenden und des ihm Gehorsamen oder Ungehorsamen ist, was er ist, kann man sich nicht selber geben, wie sich die Kirche die kirchlichen Dogmen gibt. Man kann auch die Wahrheit der Lehre, die man durch einen Befehl empfangen kann, nicht so haben, wie die Kirche die Wahrheit ihrer Dogmen hat. Wenn die *veritas revelata* Befehl ist, dann kann sie also nicht mit dem kirchlichen Dogma identisch sein. Kirchliches Dogma und *veritas revelata* rücken dann notwendig auseinander. Wir müssen uns also zurückziehen in der Einsicht, daß auf katholischem Boden für unser Anliegen kein Raum ist.

Oder vielmehr, wir müssen polemisch sagen: Eben darin verrät sich für uns die Unmöglichkeit der katholischen Gleichung zwischen Offenbarungswahrheit und kirchlichem Dogma, daß dabei aus der Offenbarungswahrheit das werden muß, was im Katholizismus daraus geworden ist. Gerade das dem Dogma zugeschriebene sachliche, unpersönliche Ansichwahrsein, gerade seine beschauliche Objektivität, um die es der katholischen Theologie geht, wenn sie im Begriff des Dogmas die Bedeutung des Lehrsatzes betont, gerade das ist für uns das Kennzeichen einer nicht nur durch die Geschöpflichkeit, sondern auch durch die Sünde des Menschen bedingten und beschränkten Wahrheit, der gegenüber die Wahrheit Gottes in seiner Offenbarung eine andere ist. Gerade vermöge dessen, daß es als Lehrsatz auch einfach betrachtet werden kann, daß es als Lehrsatz neutral ist und Neutralität erlaubt, gerade als Theorie — und wer wollte leugnen, daß das kirchliche Dogma das auch ist — bezeugt es selbst, wohin es gehört, nämlich zur Kirche, zu ihrer Rede, zu ihren Zeugnissen, zu ihrer Verkündigung, zu ihrem Gespräch mit sich selber — gewiß in ausgezeichneter Weise das alles, wir denken nicht daran, einer Nivellierung des kirchlichen Dogmas auf dieser seiner Ebene das Wort zu reden — aber zur Kirche und nicht zu dem Wort, in dem Gott die Kirche anredet. Wir verstehen nicht und werden es nie verstehen können, daß die Wahrheit die Wahrheit des Wortes Gottes sein soll, die so in die Hände der Kirche gelegt ist, wie dies beim kirchlichen Dogma der Fall ist. Wir meinen die Wahrheit des Wortes Gottes aus dem Zeugnis der heiligen Schrift als eine ganz anders souveräne Wahrheit zu kennen.

Unsere Erinnerung an den älteren Sprachgebrauch von „Dogma" kann also nicht etwa den Sinn haben, daß wir das kirchliche Dogma nun etwa als Befehl mit dem Worte Gottes identifizieren wollten. Sofern das kirchliche Dogma ein Befehl ist — und wir meinen allerdings darauf hinweisen zu müssen, daß es vom Alten und Neuen Testament her näher gelegen hätte, den Begriff vorzüglich in dieser Bedeutung in die kirchliche Sprache einzuführen — ist es ein **menschlicher** Befehl, ein Befehl von Sündern, wenn auch von in der Kirche versammelten Sündern, und als solcher von der ganzen Zweideutigkeit, Gebrechlichkeit und Verkehrtheit menschlichen Befehlens umgeben und durchdrungen. Der Himmel ist gleich hoch über dem als Befehl wie über dem als Lehrsatz verstandenen kirchlichen Dogma, und wir denken nicht daran, die Kirche auf dem Umweg über diese zweite oder vielmehr erste Bedeutung des Begriffs doch in den Besitz des Wortes Gottes zu setzen. Wohl aber kann uns die Erinnerung an diese erste Bedeutung des Begriffs ein wichtiges Licht geben zum Verständnis des Begriffs des Dogmas, nach dem die Dogmatik fragt, zum Verständnis des Begriffs der Übereinstimmung der kirchlichen Verkündigung mit dem Worte Gottes in der Heiligen Schrift. Die **Beziehung**, die in diesem Begriff des Dogmas enthalten ist, werden wir in Erinnerung an jene erste Bedeutung des Wortes verstehen müssen als die Beziehung zwischen **Befehl und Gehorsam**, erst dann und so auch als Beziehung zwischen Lehre und Belehrung. Übereinstimmung der kirchlichen Verkündigung mit dem Worte Gottes bedeutet natürlich auch die **Wahrheit** der kirchlichen Verkündigung. Aber nicht Wahrheit kann das letzte Wort über diese Übereinstimmung sein. Denn was Wahrheit ist, das ermißt sich an dem in diesem Fall Höheren, was Gottes **Wille** ist. Sein Wort ergeht an die zur Kirche versammelten sündigen Menschen als Herrenwort, dessen Erkenntnis in Form von Anerkennung sich vollziehen muß. Es muß zuerst (nicht in einem zeitlichen, aber in einem logischen Zuerst!) geglaubt und es kann nur dann und so als Wahrheit erkannt werden. **Credo ut intelligam.**

Die katholische Kirche hat das selbst sehr schön ausgedrückt in der Formel: *Credimus non propter intrinsecam rerum veritatem naturali rationis lumine perspectam, sed propter auctoritatem ipsius Dei revelantis, qui nec falli nec fallere potest* (Conc. Vatic. Constit. dogm. de fide cath., cap. 3). Gewiß ist die *auctoritas* auch *veritas*, aber nicht daß sie *veritas*, sondern daß sie *auctoritas* ist, macht sie glaubwürdig.

Das wäre das Wissen um das wirkliche Dogma, wenn wir um eine solche Form kirchlicher Verkündigung wüßten, die dem Willen Gottes angemessen, in der der Befehl Gottes an die Kirche vollstreckt wäre, in der der Glaube der Kirche sich mit der Ordnung ihres Herrn decken würde. Dann und insofern würde sie auch vollkommene Wahrheit sein, wogegen alle Wahrheit, die ihr anders als in Vollstreckung des göttlichen Befehls eigen sein könnte, sie durchaus nicht zum wirklichen Dogma machen, sondern vielmehr als der Frage nach dem Dogma bedürftig erweisen würde, weil sie an ihm gemessen noch immer Unwahrheit wäre. Das muß also — da jenes Wissen um das wirkliche Dogma vor dem Ende aller Dinge niemals Ereignis sein wird — der Sinn unserer Frage nach dem Dogma sein: nicht zuerst die Frage eines Schülers, der sich um die Übereinstimmung seiner Gedanken mit den überlegenen Gedanken seines Lehrers bemüht, sondern zuerst die Frage eines Knechtes, der nach der Übereinstimmung seines Tuns mit den Absichten seines Herrn zu fragen hat, um dann und bei diesem Anlaß sicher auch einiges zu lernen zu finden, was er vorher noch nicht wußte. Wenn wir das Dogma, nach dem in der Dogmatik gefragt wird, als einen Beziehungsbegriff bezeichnen, so meinen wir damit: es ist der Begriff einer Beziehung, die zwischen einer Forderung und einer der Forderung entsprechenden Entscheidung besteht. Das Dogma ist die Beziehung zwischen dem gebietenden Gott und dem seinem Gebot gehorchenden Menschen, die Beziehung, die in dem Ereignis dieses Gebietens und Gehorchens stattfindet. Darum ist es kein *opus supererogationis*, kein Luxus, kein akademisches Spiel, wenn in der Kirche Dogmatik getrieben wird. Es ist eben nicht so, daß die Kirche ihre Verkündigung in gutem Glauben und nach dem Willen Gottes ordnungsmäßig betreibt und dann erhebt sich beiläufig auch die Frage — sie wird vielleicht doch nur die Frage gewisser intellektuell besonders Interessierter sein — ob und inwiefern diese Verkündigung denn auch wahr sei, und zur Befriedigung dieses besonderen Bedürfnisses wäre dann die Dogmatik da. Es ist nicht so, daß hinsichtlich des Gehorsams der Kirche in ihrer Verkündigung alles zum besten bestellt wäre, nur die sog. „denkende Durchdringung", die Explikation des Glaubens stünde noch aus, nur der Schrei nach der Weltanschauung, nach der Beziehung dieses in sich vortrefflichen Glaubens zum Wissen wäre noch unbefriedigt und diesem Verlangen der Neugierde oder einer angeblichen Wahrhaftigkeit müßte nun irgendwo von Irgendwelchen neben Anderem, was die Kirche ihren Gliedern bietet, auch Dogmatik geboten werden. Nein, es ist so, daß eben das Allem zugrundeliegende Gehorsamsverhältnis der Kirche zu ihrem Herrn hinsichtlich ihrer Verkündigung in der Dogmatik zur Debatte gestellt ist. Es geht durchaus nicht um ein bißchen Wahrheit für solche, die sich sonderbarerweise gerade von daher beunruhigt fühlen, während sie im übrigen so beruhigt sind wie alle anderen, sondern es geht um den Willen Gottes, dessen Anerkennung oder Nichtanerkennung in der Verkündigung der Kirche eine Angelegenheit ist, die wahrlich die ganze Kirche, die Kirche als solche und in allen ihren Gliedern beunruhigen muß. Die Kirche steht und fällt mit dem, wonach in der Dogmatik gefragt wird. Darum muß sie danach fragen. Sie kann nicht Dogmatik treiben oder auch nicht treiben. Eine Dogmatik, die sie ebensogut auch nicht treiben könnte, an deren Frage sie nicht ganz, nicht als an der Frage nach ihrer eigenen Existenz beteiligt ist, eine Dogmatik, die sich in jenen Winkel der religiösen Intellektuellen oder der intellektuellen Religiösen drängen läßt, könnte nur eine schlechte, unnütze und langweilige Dogmatik sein, die dann sicher besser gar nicht getrieben würde. Wir treiben Dogmatik, weil wir, veranlaßt durch das Faktum der Bibel, die Frage nach dem Gehorsam der kirchlichen Verkündigung nicht loswerden. In der Frage nach dem Gehorsam ist dann auch die Frage nach ihrer Wahrheit beschlossen. Aber nur als Frage nach ihrem Gehorsam kann die Frage nach ihrer Wahrheit gestellt werden. Als Frage nach dem Gehorsam ist sie die Frage nach dem Dogma.

2. DOGMATIK ALS WISSENSCHAFT

Wir haben bereits in einem früheren Zusammenhang (§ 1, 1) festgestellt: Wenn die Theologie überhaupt und mit ihr die Dogmatik sich selbst als eine „Wissenschaft" versteht und bezeichnet, so tut sie das nicht prinzipiell, d. h. sie erhebt diesen Anspruch nicht als einen solchen, mit dessen Anerkennung sie stehen und fallen würde, und sie erhebt ihn ohne ihn vor einem außerhalb ihrer selbst liegenden Forum begründen und rechtfertigen zu können oder auch nur zu wollen. Weder anerkennt sie die Notwendigkeit, sich überhaupt gerade als Wissenschaft zu verstehen und zu legitimieren. Noch anerkennt sie etwa den heute maßgebenden allgemeinen Wissenschaftsbegriff als auch für sie maßgebend. Noch anerkennt sie die Verpflichtung, diesem einen anderen, sie selbst einschließenden und so rechtfertigenden Wissenschaftsbegriff entgegenzustellen. Sie versteht und bezeichnet sich selbst als eine „Wissenschaft", weil sie kein Interesse daran hat, sich den so genannten anderen menschlichen Erkenntnisbemühungen gegenüber anders als *de facto* abzusondern, weil sie protestieren muß gegen einen Wissenschaftsbegriff, der gerade diese ihre Erkenntnisbemühung ausschließen würde, weil sie eine, wenn auch verborgene, so doch kommende und als solche wirkliche Einheit aller menschlichen Erkenntnisbemühungen bejaht, man könnte auch sagen: weil sie die Kirche bejaht als den verborgenen, aber dennoch und gerade so wirklichen Raum aller menschlichen Erkenntnisbemühungen. Was sie unter „Wissenschaft" versteht, indem sie sich als eine solche bezeichnet, das bestimmt sie selber in Verantwortung gegenüber der Kirche, der sie dient — der auch die anderen Wissenschaften dienen könnten und müßten und endlich und zuletzt dienen werden — in Verantwortung gegenüber ihrem Gegenstand und der durch ihn gestellten Aufgabe. Sie weiß nämlich erstens, daß sie bei ihrer Frage nach dem Dogma, d. h. nach der Übereinstimmung der kirchlichen Verkündigung mit dem Worte Gottes einen bestimmten, den durch dieses besondere Problem bestimmten Erkenntnisweg zu gehen hat. Und sie weiß zweitens, daß sie sich selbst, d. h. aber jedermann, der an ihrem Problem beteiligt ist, über diesen ihren Erkenntnisweg Rechenschaft abzulegen hat. In dieser doppelten Verpflichtung nach innen, gegen sich selbst, besteht die konkrete Bedeutung ihres nach außen, vor dem Forum eines allgemeinen Wissenschaftsbegriffs nicht begründbaren Anspruchs, eine Wissenschaft zu sein: ihre Wissenschaftlichkeit besteht in ihrer Ausgerichtetheit, und zwar in ihrer bewußten und immer wieder bewußt zu machenden Ausgerichtetheit auf die Frage nach dem Dogma, wie sie durch die Existenz der Kirche gestellt ist. Wo in dieser Ausgerichtetheit, wir könnten auch sagen: in dieser Sachlichkeit, geforscht wird, da ist Dogmatik als Wissenschaft Ereignis.

Man wird dabei eine relative Unterscheidung gelten lassen müssen: Es gibt reguläre und es gibt irreguläre Dogmatik.

Unter regulärer Dogmatik ist ein solches Fragen nach dem Dogma zu verstehen, bei dem es auf diejenige Vollständigkeit abgesehen ist, die der besonderen Aufgabe der Schule, des theologischen Unterrichts, angemessen ist. Die theologische Schule muß, wenn sie gute Schule sein will, zum selbständigen Fragen nach dem Dogma erziehen. Eben darum muß sie tunlichst vollständig sein: sie muß einprägen, wie die eine Frage sich in viele Fragen zerlegt und wie diese vielen Fragen tatsächlich auf der ganzen Linie und unter allen möglichen Gesichtspunkten offen sind und miteinander im Zusammenhang stehen. Eine reguläre, d. h. schulmäßige Dogmatik muß also aufs Ganze gehen hinsichtlich des Umfangs der für die kirchliche Verkündigung bezeichnenden Begriffe und Themata, hinsichtlich des biblischen Zeugnisses, in dem diese Verkündigung ihr konkretes Kriterium hat, hinsichtlich der Orientierung an der Geschichte der Dogmen und der Dogmatik, d. h. an den bisher vorliegenden Konkretionen der kirchlichen Verkündigung, hinsichtlich der wirklichen und denkbaren Schwierigkeiten und Widerstände, mit denen man es bei jeder Einzelfrage zu tun hat, endlich hinsichtlich der impliziten und expliziten Deutlichkeit des Erkenntnisweges. Das sind Anforderungen, die sich von selbst ergeben, wenn Dogmatik unterrichtet werden soll und wenn dieser Unterricht planmäßige Führung und zwar Führung zu selbständiger dogmatischer Arbeit sein soll und nicht nur Mitteilung bestimmter Arbeitsergebnisse eines bestimmten Lehrers.

In diesem Sinn reguläre Dogmatiken sind in der alten Kirche das Werk Περὶ ἀρχῶν des Origenes, die große „Rede" des Gregor von Nyssa, die Katechesen des Cyrill von Jerusalem, Augustins Enchiridion, die Ἔκδοσις ἀκριβής τῆς ὀρθ. πίστ. des Johannes Damascenus, im Mittelalter das Schrifttum des Anselm von Canterbury (als Ganzes und nach seiner Absicht verstanden!), das Sentenzenwerk des Petrus Lombardus und natürlich die Summen der großen Dominikaner und Franziskaner. Die unverkennbare Steigerung des Schulmäßigen, die zwischen den Kirchenvätern und den Scholastikern stattfindet, wiederholt sich dann auf evangelischem Boden zwischen der regulären Dogmatik der Reformationszeit selbst (Melanchthons Loci, wenigstens in ihren späteren Fassungen, Zwinglis *Commentarius de vera et falsa religione* und vor allem Calvins *Institutio*) und der sowohl an umfassenden Lehrbüchern wie an kompendiarischen Grundrissen ganz besonders fleißigen und fruchtbaren protestantischen Orthodoxie vor allem des 17. Jahrhunderts, der eine katholische Theologie in nicht geringerer gelehrter Ausrüstung gegenüberstand. Mit dem 18. Jahrhundert setzt wieder ein langsames aber deutliches

Absinken ein. Die katholische Dogmatik hat sich davon seit der Mitte des 19. Jahrhunderts vor allem durch ihren gemeinsamen und planmäßigen Rückgang auf Thomas v. Aquino erholt. Die evangelische Dogmatik hat zwar dank der Leistung Schleiermachers und unter seinem Einfluß (etwa in den Werken von A. Schweizer, A. E. Biedermann, J. A. Dorner) ebenfalls und noch vor dem Wiederaufstieg auf katholischer Seite eine neue Blütezeit erlebt. Aber dieser nicht zu leugnende formelle Aufstieg der evangelischen Dogmatik in der ersten Hälfte des 19. Jahrhunderts war zu wenig innerlich notwendig, zu wenig durch ein neues Verständnis der evangelisch-theologischen Sache, zu sehr bloß durch die Übernahme der Errungenschaften zeitgenössischer Philosophie und im Zusammenhang damit zu sehr durch eine umfassende Preisgabe des evangelisch-theologischen Themas bedingt, als daß er sich hätte bewähren können. Es war eine müde Zeit, die in der schließlich doch nur über Idealismus und Romantik hinweg auf die Quintessenz der Aufklärungsdogmatik zurückgreifenden Theologie A. Ritschls eine Hoffnung zu erblicken meinte. Das Ende der krampfhaften Konzentration, die die Dogmatik dieser Schule für eine Weile eindrucksvoll machte, war doch eine individualistische Vereinfachung und Verkürzung aller Fragen, die der modernen evangelischen Dogmatik (schon gegenüber ihrer eigenen Vergangenheit in der Zeit vor Ritschl) ein eigentümlich journalistisches Gepräge gegeben hat. Man vergleiche, um zu sehen, was hier gemeint ist, etwa die Glaubenslehre von Troeltsch, dem führenden Mann der an Ritschl sich anschließenden Zeit, mit der Dogmatik von A. E. Biedermann oder mit der Leistung eines in seiner Art so ehrwürdigen Nachfahren jener Zeit wie H. Lüdemann. Man darf sich nicht darüber täuschen, daß wir diesen Rückschritt noch heute nicht überwunden haben, daß, was schulmäßige Exaktheit betrifft, alles, was wir heute produzieren, weder mit den Leistungen der mittelalterlichen und nachreformatorischen, noch mit denen der idealistischen, noch mit denen der thomistischen, noch auch, wohlverstanden, mit denen der reformatorischen Dogmatik zu vergleichen ist. Wären wir nur erst so weit, daß uns reguläre Dogmatik wenigstens wieder ein erstrebenswertes und mahnendes Ideal wäre!

Es gehört zu der menschlichen Wirklichkeit der Kirche, daß es in ihr nicht nur Theologie, sondern auch theologische Schule oder schulmäßige, d. h. nicht nur auf freiem Geistesaustausch, sondern auch auf Unterricht eingestellte Theologie (*theologia scholastica*) geben muß. Es war ein verhängnisvoller theologischer Irrtum, es war täuferischer Spiritualismus mitbeteiligt daran, als man meinte, sich davon dispensieren zu können. Wer der Tatsache der Menschlichkeit der Kirche ins Gesicht sieht, der kann die Kirche von der Aufgabe, auch schulmäßige Theologie zu treiben, nicht lossprechen, der wird dann aber auch die Aufgabe einer regulären Dogmatik grundsätzlich bejahen müssen.

Unter irregulärer Dogmatik ist demgegenüber ein solches Fragen nach dem Dogma zu verstehen, bei dem die Aufgabe der Schule zunächst nicht ins Auge gefaßt und bei dem es darum auf die bewußte Vollständigkeit zunächst nicht abgesehen ist. Dogmatik als freie Aussprache über die bei der kirchlichen Verkündigung sich ergebenden Probleme unter dem Gesichtspunkt der Frage nach dem Dogma kann und muß ja in der Kirche auch außerhalb der theologischen Schule und abgesehen von deren besonderen Aufgabe getrieben werden. Es gab solche freie Dogmatik, bevor es reguläre Schuldogmatik gab, und sie wird neben dieser immer wieder ihre Notwendigkeit und Möglichkeit haben. Sie wird sich von jener dadurch unterscheiden, daß sie nicht mit derselben Folgerichtigkeit aufs Ganze geht, weder hinsichtlich der kirchlichen Verkündigung selbst, noch hinsichtlich des entscheidenden biblischen Zeugnisses, noch hinsichtlich der Dogmengeschichte, noch hinsichtlich der Systematik im einzelnen, noch hinsichtlich der Strenge und Deutlichkeit der Methode. Sie wird vielleicht aus bestimmtem geschichtlichem Anlaß nur ein bestimmtes Thema herausgreifen und in den Mittelpunkt rücken. Sie wird sich vielleicht in bezug auf die biblische Begründung und in bezug auf die Auswahl der Gesprächspartner ziemlich ungezwungen bewegen. Sie wird vielleicht stark ein Vortrag von Ergebnissen sein und in Thesen oder Aphorismen verlaufen und den Unterschied von Dogmatik und Verkündigung nur teilweise oder gar nicht innehalten. Sie wird vielleicht in bezug auf die explizite und implizite Deutlichkeit ihres Erkenntnisweges viel zu wünschen übrig lassen. Sie wird in dieser oder jener Hinsicht oder in mehreren oder in allen zugleich Bruchstück, Fragment sein und sein wollen und als solches gewürdigt werden müssen.

Was uns von der dogmatischen Arbeit der alten Kirche auch aus der Feder ihrer bedeutsamsten und gelehrtesten Vertreter erhalten geblieben ist, ist in der Hauptmasse nicht reguläre, sondern im beschriebenen Sinn irreguläre Dogmatik. Athanasius hat im Unterschied zu Origenes und Johannes Damascenus keine eigentliche Dogmatik geschrieben. Luther war im Unterschied zu Melanchthon und Calvin ein geradezu charakteristisch irregulärer Dogmatiker. Man darf aber auch an jüngerer und weniger klassischer Vergangenheit an Namen wie die von J. G. Hamann, G. Menken, H. Fr. Kohlbrügge, J. Chr. Blumhardt, H. Kutter erinnern, deren Arbeit formal zweifellos hierhergehört. Irreguläre Dogmatik hat von altersher und bis auf diesen Tag in dogmatischen Traktaten, in Bibelkommentaren, in geschichtlichen Darstellungen, in Predigten, Flugschriften und anderer sogen. Erbauungsliteratur ihren Niederschlag gefunden. Irreguläre Dogmatik treibt in der Stille oder auch offenkundig wohl ein bißchen jedermann, der am Problem der Dogmatik beteiligt ist und doch zur Mitarbeit an der regulären Dogmatik nicht den Ruf oder nicht die Lust oder nicht die Zeit oder nicht das Zeug hat. Man wird im ganzen sagen müssen, daß die irreguläre Dogmatik wohl in allen Zeiten der Kirche ihrem Namen zuwider faktisch die Regel, die reguläre Dogmatik dagegen die Ausnahme bildete. Und man muß bemerken, daß die reguläre Dogmatik immer aus der irregulären hervorgegangen ist und ohne deren Anregung und Mitwirkung nie bestehen konnte.

Hält man sich den ganzen Unterschied beider sachlich und geschichtlich deutlich vor Augen, dann wird man sich in acht nehmen vor voreiligen Wertungen und Abwertungen nach der einen oder nach der anderen Seite. Man wird dann vor allem nicht etwa ohne weiteres die Wissenschaftlichkeit der regulären und die Unwissenschaftlichkeit der irregulären Dogmatik zusprechen. Wenn die Wissenschaftlichkeit der Dogmatik in ihrer besonderen Sachlichkeit, nämlich in ihrer Ausgerichtetheit auf die Frage nach dem Dogma besteht, dann ist nicht abzusehen, inwiefern nicht sowohl reguläre wie irreguläre Dogmatik sowohl wissenschaftlich wie unwissenschaftlich sein könnten.

Es kam freilich vor, und gerade im Zeitalter der Orthodoxie ist dies der Fall gewesen, daß die Wissenschaftlichkeit der Dogmatik von der Schuldogmatik gegen die Freischärler verteidigt werden mußte. Es kam aber auch das Andere vor, daß sie von den Freischärlern gegen die Schuldogmatik verteidigt werden mußte. Es läßt sich freilich nicht leugnen, daß der ein wenig in allen Jahrhunderten spürbare Widerwille gegen die Schuldogmatik oft genug auf irgendeinem Enthusiasmus und durchaus nicht auf gediegener christlicher Einsicht beruhte und mit dem Ernst der Frage nach dem Dogma wenig oder nichts zu tun hatte, also sicher kein Symptom von Wissenschaftlichkeit war. Es läßt sich aber auch das Andere nicht leugnen, daß der Übergang von der irregulären zur regulären Dogmatik — wenn vielleicht die Schule nicht mehr wußte, daß sie dem Leben, d. h. der Kirche zu dienen habe — oft genug von einem Absinken des Ernstes, der Lebendigkeit und der Freudigkeit der christlichen Einsicht, von einem Lahmwerden der Frage nach dem Dogma und also von einem Verlust der eigentlichen dogmatischen Wissenschaftlichkeit begleitet war.

Man wird hier nach beiden Seiten der Offenheit und Bereitschaft das Wort reden müssen. Es läßt sich nicht allgemein sagen, sondern es fragt sich von Fall zu Fall, ob jeweilen die Aphoristik der Irregulären oder die Systematik der Regulären der Aufgabe der Dogmatik mehr oder weniger gerecht wird. Es kann der Ruf nach der einen wie nach der anderen zur Notwendigkeit werden und es kann notwendig werden, die eine oder die andere in ihre Schranken zu weisen.

Was hier versucht werden soll, ist reguläre Dogmatik. Die Kirche wird ihrer zu keiner Zeit, auch und gerade nicht in den bewegtesten Zeiten, ganz entbehren können, und es weisen allerhand Zeichen darauf hin, daß besonders dem Protestantismus heute eine ordentliche Schuldogmatik heilsamer sein könnte als weitere allzuviele Irregularitäten, an denen er ja immer und in der Neuzeit vor allem in etwas gefährlicher Weise reich gewesen ist. Die Ergebnisse irregulärer Dogmatik sind mehr als die der regulären der Gefahr ausgesetzt, rein zufällig zu sein, schon darum, weil sie fast immer mindestens in ihrer Form stark durch die Persor und Biographie ihrer Urheber bedingt zu sein pflegen. Die Ernsthaftigkeit ihrer Bedeutung für die Kirche muß sich jedenfalls daran bewähren, daß sie sich gerade nicht nur als Ergebnisse irregulärer Dogmatik, also z. B. nicht nur in Predigtform oder im Pamphletton, nicht nur als Ausdruck religiöser, vielleicht auch prophetischer Erlebnisse und Impressionen, sondern auch in der strengeren Gestalt schulmäßig prüfender Überlegung vortragen lassen. Fast alle Erkenntnisse auf unserem Gebiet sind zunächst in Form des Aphorismus und im Ton der Verkündigung ans Licht getreten. In der Verkündigung selbst pflegt die Dogmatik, d. h. die Kritik und Korrektur der bisherigen Verkündigung ihren Ursprung zu nehmen. Aber eine Erkenntnis, die an die Form des Aphorismus oder an den Ton der Verkündigung gebunden wäre, eine Erkenntnis, die sich nicht auch unterrichten ließe, wäre keine echte Erkenntnis und darum muß die Dogmatik — nicht anfangen, aber weitergehen als reguläre Dogmatik. Was beanspruchen darf wahrhaft kirchlich zu sein, das wird das nüchterne Licht der „Scholastik" nicht zu scheuen brauchen, sondern es wird, in welcher Freiheit und Eigenart es sich auch zunächst zum Worte melden mag, so gewiß es allgemein gültig sein will, selber geradezu danach drängen, Schule zu machen und also schulmäßige Lehre zu werden. Die Furcht vor der Scholastik ist das Kennzeichen des falschen Propheten. Der echte wird es darauf ankommen lassen, seine Botschaft auch dieser Probe zu unterziehen.

Das Phänomen der Theologie L u t h e r s, der man ja auch einen ganz anderen Namen geben könnte, ist instruktiv genug für die Gefahren, von denen eine irreguläre Dogmatik bedroht ist. Es ist aber auch bezeichnend für ihr kirchliches Gewicht, daß sie es ertrug, in die Schultheologie Melanchthons und Calvins und ihrer Nachfolger einzugehen und alles, was sie bei diesem Prozeß vielleicht auch verloren haben mag, darf uns nicht hindern, anzuerkennen, daß dieser Prozeß um der Kirchlichkeit der Reformation willen ein notwendiger Prozeß war.

Gerade wer reguläre Dogmatik treiben will, hat dann freilich Anlaß, sich zu erinnern, daß diese Art, der Aufgabe nachzugehen, kein Monopolrecht, auch nicht und gerade nicht das der Wissenschaftlichkeit für sich in Anspruch nehmen darf. Es ist sicher nützlich zu bedenken, daß es jeden Augenblick möglich ist, daß die Frage nach dem Dogma in irgendeiner anspruchslosen Bibelstunde eines unbekannten Landpfarrers viel ernsthafter und fruchtbarer gestellt und beantwortet sein kann als in der denkbar exaktesten akademischen Erörterung. Schuldogmatik darf sich nicht als die b e s s e r e, sondern nur als die notwendige a n d e r e Gestalt der Dogmatik verstehen wollen. Und sie darf es nicht verschmähen, auf die Stimme der freien Dogmatik immer wieder zu hören.

Es hat heillose Folgen gehabt, daß die protestantische Schuldogmatik des 19. Jahrhunderts, darin viel hochmütiger als die des Zeitalters der Orthodoxie, es weithin verschmähte, dies zu tun und dabei die Existenz von Erscheinungen wie K o h l b r ü g g e und B l u m h a r d t einfach verschlafen hat.

Die Entscheidung über die W i s s e n s c h a f t l i c h k e i t oder U n w i s s e n s c h a f t l i c h k e i t der regulären und der irregulären Dogmatik fällt mit der Beantwortung der Frage, inwiefern beide mit ihrer Aufgabe und nicht etwa aus Zerstreutheit mit ganz anderen Dingen beschäftigt sind. Diese ihre Aufgabe besteht aber in der Kritik und Korrektur der kirchlichen Verkündigung hinsichtlich ihrer Übereinstimmung mit der in der Hl. Schrift bezeugten Offenbarung. Von einer wissenschaftlichen Dogmatik (gleichviel ob regulär oder irregulär) wird also dreierlei zu verlangen sein:

1. Sie hat sich mit dem Problem der kirchlichen Verkündigung als solcher zu beschäftigen, nicht mit irgendwelchen Denkproblemen, die zwar in der Nähe gewisser Begriffe der kirchlichen Verkündigung auftauchen mögen, mit dieser selbst aber gar nichts zu tun haben. Das System der christlichen Wahrheit kann nur insofern Aufgabe der Dogmatik sein, als es sich um die verkündigte und zu verkündigende christ-

liche Wahrheit handelt, deren Darstellung dann viel weniger ein System als der Bericht über ein Geschehen sein wird. Dogmatik als Gnosis ohne Absehen auf die Aufgabe der kirchlichen Verkündigung, Dogmatik als in sich selbst bewegte und ruhende Metaphysik wäre, wie tiefsinnig, geistreich und konsequent sie auch auftreten möchte, als Dogmatik unwissenschaftlich. Wann und wo der Übergang zu solcher Metaphysik stattfindet, läßt sich freilich nicht allgemein angeben. Es ist einzusehen, daß Begriffe einer bloßen Metaphysik zu Begriffen der Verkündigung und umgekehrt Begriffe der Verkündigung zu Begriffen einer bloßen Metaphysik werden können, daß also der Umfang des legitimen Gegenstands der Dogmatik *in concreto* beweglich ist.

Es ist ein nicht zu respektierender Unfug, wenn ängstliche, bornierte oder grundsätzlich flüchtig lesende Gemüter eine theologische Darlegung schon deshalb meinen ablehnen zu dürfen, weil sie auch mit solchen Begriffen arbeitet, die ihnen irgendwo auch in metaphysischem Gebrauch begegnet sind. Die Legitimität ihres Vorkommens entscheidet sich an dem Zusammenhang, in dem sie vorkommen. Aber am Zusammenhang entscheidet sich die Legitimität des Vorkommens aller, auch der scheinbar eindeutig zur Verkündigung gehörigen Begriffe. Auch sie könnten zu Begriffen einer Metaphysik werden, die mit Verkündigung nichts zu tun hat. Und es fragt sich, ob dies nicht gerade bei A. Ritschl, von dem sich ja jene Ängstlichen usw. die Parole geben ließen, in hervorragender Weise der Fall ist.

Aber das ändert nichts daran, daß hier der Dogmatik je und je eine Frage gestellt und eine Grenze gezogen ist. Nicht alle Sätze der Dogmatik eignen sich dazu, direkt Sätze der kirchlichen Verkündigung zu werden. Wir werden sogar, um genau zu sein, sagen müssen: Kein einziger Satz der Dogmatik eignet sich als solcher dazu. Dogmatik ist Zurüstung zur kirchlichen Verkündigung, sie formuliert die Sätze, die zu bedenken sind, bevor kirchliche Verkündigung ihre Sätze formuliert. Aber eben an dieser Beziehung müssen sich die Sätze der Dogmatik bewähren lassen. Sie dürfen nirgends in der Weise in der Luft stehen (vielleicht bloß um der logischen oder weltanschaulichen oder moralischen Vollständigkeit willen gebildete Sätze sein), daß sie als Zurüstung zur kirchlichen Verkündigung unverständlich, daß sie nur als reine Gnosis verständlich wären. Es gibt Grenzfälle (sie werden uns in der Gotteslehre, in der Lehre von der Schöpfung, in der Eschatologie begegnen — am wenigsten in der Lehre von der Versöhnung, aber gerade in der Christologie auch dort), denen man nicht ausweichen darf, die man aber als solche mit doppelter Vorsicht behandeln muß. Aber eben wenn wir sagen: es gibt Grenzfälle, sagen wir: es gibt auch eine Grenze. Sie ist bald leichter, bald schwerer zu finden, sie wird aber immer zu bedenken und sie wird nicht ungestraft zu überschreiten sein.

Die Frage der Unwissenschaftlichkeit in dieser Hinsicht erhebt sich gegenüber den Partien der mittelalterlichen und altprotestantischen Dogmatik, in denen es sich mehr um die Befriedigung des formalen Vollständigkeitsbedürfnisses des Gelehrten und Lehrers im allgemeinen als um die Konsequenz und Exaktheit des Gelehrten und Lehrers nun eben der Kirche zu handeln scheint. Sie erhebt sich aber noch mehr gegenüber gewissen Unternehmungen der modernen Dogmatik, bei denen es nicht sowohl um die kirchliche Aufgabe als solche, als vielmehr um allerlei Verständigungen über ihre Möglichkeit im Verhältnis zu diesem oder jenem allgemeinen Weltbild zu gehen scheint. Gerade die scheinbar höchsten Spitzen der Wissenschaft dürften auf unserem Gebiet in alter und neuer Zeit von der in Form des Übergangs zur reinen Gnosis immer hereinbrechenwollenden Unwissenschaftlichkeit am stärksten bedroht gewesen sein.

2. Wissenschaftliche Dogmatik hat sich mit der Kritik und Korrektur der kirchlichen Verkündigung zu beschäftigen, nicht etwa bloß mit ihrer wiederholenden Darstellung. Dogmatik kann nicht bloß sein: historisches Referat über den klassischen Ausdruck des verkündigten Glaubens dieser und jener kirchlichen Vergangenheit. Auch nicht bloß: Klärung und Darlegung des Glaubens, wie ihn der betreffende Dogmatiker persönlich zu verkündigen für richtig hält. Auch nicht bloß: Phänomenologie eines Durchschnitts des verkündigten Gemeinglaubens der jeweiligen Gegenwart.

Das erste war nach R. Rothe, das zweite nach Schleiermacher und Hofmann, das dritte nach A. Schweizer die Aufgabe der Dogmatik. Gegen alle diese Fragestellungen ist einzuwenden, daß die Kirche dabei sozusagen von außen gesehen ist, bzw. ihre eigene Zuschauerin ist. Die wirkliche Kirche existiert aber im Akte des Hörens und Verkündigens des Wortes Gottes durch Menschen. Auf die Frage dieser wirklichen Kirche antwortet nur eine solche Dogmatik, die auf die Problematik dieser ihrer Existenz eingeht, die nicht bloß etwas sagen, sondern, indem sie etwas sagt, dienen, helfen will.

Wiederholende Darstellung im Sinn der Absichten der genannten Theologen wird freilich der Dogmatik auf Schritt und Tritt unentbehrlich sein. Dogmatik kann sich aber nicht darin erschöpfen wollen, darzustellen. Ihre Wissenschaftlichkeit besteht darin, die kirchliche Verkündigung, wie sie ihr in ihren bisherigen Konkretionen und vor allem in der jeweilig gegenwärtigen Konkretion gegenübersteht, nicht sowohl zu bestätigen, als vielmehr zu beunruhigen, sie mit sich selbst, wie es sich wahrhaftig gehört, uneinig zu machen, sie über sich selbst hinaus und weiter zu treiben. Das historische Referat und das persönliche oder im Namen der Zeitgenossen ausgesprochene Glaubensbekenntnis können dabei nur Mittel sein. Dogmatik wird unwissenschaftlich, wenn sie bequem wird. Sie wird aber bequem — und wenn sie mit noch so lebendiger Einfühlung und noch so großem Scharfsinn getrieben würde — wenn sie sich auf die Entfaltung und Zurschaustellung eines irgendwie schon vorhandenen Besitzes beschränkt. Es braucht durchaus nicht nur sog. „starre" Dogmatik alten Stils (vielfach katholischen Stils) zu sein, die in diesem Sinn unwissenschaftlich zu nennen ist. Ganz dasselbe kann und muß von der flüssigsten, beweglichsten und frömmsten modernen Dogmatik gesagt werden, sofern ihr kritischer Nerv vielleicht tot ist, sofern sie für ihre kirchliche Umgebung vielleicht nichts bedeutet als eben eine angenehme

Bestätigung, daß alles in Ordnung ist und weitergehen kann wie bisher. Solange die Kirche auf Erden die Kirche der Sünder, ihre Verkündigung also von der schwersten Problematik umgeben ist, wird man mit aller Bestimmtheit sagen können, daß eine Dogmatik, die diese Haltung einnimmt und diesen Erfolg hat, im Unrecht ist. Die wirkliche Kirche wartet auf etwas anderes als auf Bestätigung. Wieder wird man sagen müssen, daß die Grenze zwischen einer bloß referierenden und einer, wie es sich gehört, kritischen Dogmatik, nicht allgemein bestimmt werden kann. Auch und gerade eine kritische Dogmatik wird auf weite Strecken sehr ernsthaft einfach referieren müssen und gerade referierend kritisieren und korrigieren.

Es ist klar, daß für die Aufgabe der Dogmatik unter Umständen durch die schlichte Anführung einer einzigen Bibel- oder auch Väterstelle mehr geschafft sein kann als mit der eingehendsten dialektischen Erörterung.

Und es könnte andererseits eine auf Schritt und Tritt kritisierende und korrigierende Dogmatik in Wahrheit doch nur auf ein Referat hinauslaufen.

Die Glaubenslehren von Schleiermacher und A. Schweizer enthalten wahrhaftig genug Kritik und Korrektur, es fragt sich aber, ob hier nicht in merkwürdigem Einklang mit der katholischen Auffassung der Dogmatik alle Kritik und Korrektur auf ein geradezu grandioses Bestätigen hinausläuft und hinauslaufen will.

Der Schein kann nach beiden Seiten trügen und vor dem Abgleiten in das verbotene Gegenteil gibt es wohl auch hier keine äußere Sicherung. Aber die Frage ist auch hier gestellt und jede Dogmatik wird auch auf diese Frage antworten müssen: soll die Dogmatik ein Stück Kirchengeschichte bzw. kirchlicher Gegenwartskunde sein oder selber ein Stück kirchlichen Handelns? Nur im letzteren Fall ist sie Wissenschaft im Sinn der ihr gestellten Aufgabe.

Am Anfang seiner Schrift „Die Theologie der Tatsachen wider die Theologie der Rhetorik" (4. Aufl., 1876, S. 1) erzählt A. F. C. Vilmar von einem in seiner Jugend gehörten Lehrer der Dogmatik, der gewisse Abschnitte dieser Disziplin zu begleiten und zu schließen pflegte mit den Worten: „*In futuram oblivionem*, meine Herren." Zu diesen Abschnitten hätten merkwürdigerweise gerade die vom Glauben, von der Rechtfertigung, von der Person Christi, von den Sakramenten und von den Gnadengaben des Hl. Geistes gehört. Aber was es auch sei: was man in der Dogmatik *in futuram oblivionem*, also als bloßen Wissensstoff lehren und lernen, schwarz auf weiß besitzen und getrost nach Hause tragen kann, das hat mit Wissenschaft sicher nichts zu tun. Wissenschaftlich ist die Dogmatik nicht als D a r b i e t u n g von allerlei Stoff, obwohl sie das auch sein muß, sondern als B e w e g u n g dieses Stoffes oder als dieser b e w e g t e Stoff. Solange und sofern diese Bewegung und Bewegtheit nicht eingesetzt hat, hat die dogmatische Arbeit noch nicht angefangen.

3. Wissenschaftliche Dogmatik fragt — und damit kommen wir zum Entscheidenden — nach der Übereinstimmung der kirchlichen Verkündigung mit der in der Hl. Schrift bezeugten Offenbarung. Das

ist's, was wir im ersten Absatz unseres Paragraphen als den Sinn des Dogmas herausgestellt haben. Wenn die Wissenschaftlichkeit der Dogmatik in ihrer besonderen Sachlichkeit, d. h. in ihrer Ausgerichtetheit eben auf die Frage nach dem Dogma besteht, dann haben wir es hier mit der entscheidenden Probe zu tun, an der sich ihre Wissenschaftlichkeit immer wieder bewähren muß. Wir hörten schon an früherer Stelle: Die kirchliche Verkündigung könnte und kann ja auch unter ganz anderen Gesichtspunkten kritisiert und korrigiert werden. Was dabei geschehen könnte, könnte unter diesen anderen Gesichtspunkten sogar Wissenschaft sein. Nur dogmatische Wissenschaft wäre es dann sicher nicht. Die beiden vorher genannten Verirrungen müssen der Dogmatik nicht verhängnisvoll werden: sowohl eine gnostische wie eine unkritische Dogmatik können der Aufgabe der Dogmatik wenigstens beiläufig gerecht werden. Das ist ausgeschlossen, wenn es sich um die dritte Verfehlung handelt, um die Verwechslung des Kriteriums der Dogmatik mit anderen Kriterien. Was dabei herauskommt, kann menschlich geredet — und wir haben hier nur menschlich zu reden — nur Verkehrtheit sein. Dogmatische Arbeit steht und fällt damit, daß das Maß, an dem die kirchliche Verkündigung gemessen wird, die in der Hl. Schrift bezeugte Offenbarung ist: keine Philosophie, keine Ethik, keine Psychologie, keine Politik. Es versteht sich von selbst, daß jeder dogmatisch Arbeitende mehr oder weniger auch mit ganz bestimmten geisteswissenschaftlichen Voraussetzungen arbeitet. Es fragt sich nur, ob er außerdem noch etwas weiß von dem in der Kirche aufgerichteten Zeichen der göttlichen Verheißung, und ob er in der Lage und willens ist, in jener weiter nicht begründbaren Weise dieses Zeichen so ernst zu nehmen, daß ihm in diesem Zusammenhang seine Weisung allen Weisungen, die er den Geisteswissenschaften verdanken mag, schlechterdings vorgeht. Wenn und sofern dies der Fall ist, ist seine Arbeit wissenschaftlich, wenn und sofern dies nicht der Fall ist, ist sie unwissenschaftlich, wie wissenschaftlich sie unter anderen Gesichtspunkten betrachtet sein mag. Es hat durchaus sein Recht — und dieses Recht soll hier nicht nur nicht angezweifelt, sondern nachdrücklich unterstrichen werden — wenn man vom Theologen und vom Dogmatiker nicht zuletzt geisteswissenschaftliche Bildung, Vertrautheit mit dem Denken des Philosophen, des Psychologen, des Historikers, des Ästhetikers usw. verlangt. Auch der Dogmatiker muß ja in einer bestimmten Zeit denken und reden und dazu muß er ein Mensch seiner Zeit, d. h. aber auch ein Mensch der seine Zeit konstituierenden Vergangenheit, m. a. W. ein gebildeter Mensch sein. Aber zum Dogmatiker macht ihn kein Bildungselement außer dem einen, das in allen jenen Disziplinen nicht vorgesehen ist, welches besteht in jenem unbegründbaren und anspruchslosen Achten auf das Zeichen der Hl. Schrift, um das versammelt die Kirche je und je zur Kirche wird. In diesem Achten wird der Theologe zum Theologen, in nichts sonst. Es handelt sich also nicht um eine Abwertung jener anderen Disziplinen. Es ist Unsinn, in diesem Zusammenhang von „Kulturkritik" zu reden, schon darum, weil man schließlich auch jenes Achten auf die Heilige Schrift als ein Kultur- oder Bildungsmoment bezeichnen kann. Es handelt sich auch nicht um die barbarische Forderung, daß dem Theologen als solchem das Kulturproblem gleichgültig sein müßte. Das Kulturproblem ist das Problem des Menschseins, das wahrhaftig auch für den Theologen als solchen besteht, so gewiß auch Theologie eine bestimmte Betätigung des Menschseins ist. Man kann durchaus auch das Problem der Theologie und der Dogmatik als im Rahmen des Kulturproblems gestellt sehen! Es handelt sich vielmehr um die schlichte Einsicht, daß dieses besondere Problem, wie übrigens auch alle anderen Probleme der Kultur, seine eigene, mit keiner anderen zu verwechselnde noch zu vermengende Gesetzlichkeit hat.

Es handelt sich um das, was Luther einmal, als er begründen wollte, warum die Theologie ebenso wie die Jurisprudenz und die Medizin ihre eigene Sprache, nämlich die *phrasis Spiritus sancti* habe und haben müsse, formulierte in dem Satz: *Non debet ars artem impedire, sed unaquaeque debet retinere suum quasi cursum et uti suis terminis* (Komm. z. Gen. 1, 14, W. A. 42, S. 35, Z. 35). Warum sollten wir es anders haben wollen: Dogmatik ist tatsächlich eine *ars* unter anderen *artes*, lehrbar und lernbar wie diese, aber nun eben diejenige „Kunst", deren Gesetz uns an die Heilige Schrift als an das für sie entscheidende Kriterium verweist, ohne dessen Geltung und Respektierung sie Pfuscherei wird.

Gewiß, dieses Problem ist ein sehr besonderes, ein äußerst merkwürdiges Problem. Wir werden uns wohl hüten, es zu nivellieren, also etwa ableiten und begründen zu wollen, daß und inwiefern man es auch als im Rahmen des Kulturproblems überhaupt gestellt sehen kann. Wer behauptet, daß dem so ist und weiß, was er damit sagt, der wird ja damit nichts anderes meinen können, als daß wir es hier mit dem Kulturproblem, mit dem Rahmen aller Kulturprobleme zu tun haben. Er wird also wissen müssen, daß er diesem Problem nicht nur seine eigene Gesetzlichkeit lassen, sondern auch darauf verzichten muß, seine Gesetzlichkeit aus einer ihr übergeordneten allgemeinen Gesetzlichkeit abzuleiten, verzichten freilich auch darauf, die Überlegenheit dieses Problems über alle anderen Probleme, in Form einer theologischen Kulturphilosophie etwa, als allgemeine Notwendigkeit nachweisen zu wollen. Er wird die Natur dieses Problems gut genug kennen, um zu wissen, daß ihm das alles verboten ist. Man kann niemandem zumuten, daß dieses Problem auch für ihn gestellt sei im Zusammenhang des Problems seines Menschseins, ja als das diesen Zusammenhang geradezu beherrschende Problem — so gewiß man niemand zumuten kann zu wissen, daß er in der Kirche ist, wenn er es eben nicht weiß, daß er es ist. Wohl aber darf man dem, der sich als von diesem Problem bewegt ausgibt, der sich an der dogmatischen Arbeit beteiligen will, zumuten, daß er sich an die eigene Gesetzlichkeit dieses Problems, wie merkwürdig sie immer sein möge, halte, wie er sich auf jedem anderen Gebiet an dessen besondere, wenn auch vielleicht weniger merkwürdige Gesetzlichkeit halten würde. Man darf ihm zumuten, daß er sich auch auf diesem Gebiet als Kundiger und nicht als Pfuscher benehme. Man darf ihm ohne alle anmaßende „Kulturkritik" zumuten, einzusehen, daß auf diesem Gebiet die Kriterien keiner Philosophie die Rolle spielen können, die ihnen vielleicht auf allen anderen Gebieten zustehen mag.

Wer das durchaus nicht akzeptieren will, sondern dabei beharrt, seinen letzten Maßstab auch hier dieser oder jener Logik oder Ontologie oder Psychologie oder Soziologie zu entnehmen, den darf man freundlich darauf aufmerksam machen, daß ihm ja alles Land offen steht, nur daß er eben davon lassen sollte, sich gerade hier, wo er mit solchen anderen letzten Maßstäben nur Verwirrung stiften kann, zu betätigen.

Man darf gegen die nun so lange im Schwang gewesene Korruption der Theologie, herbeigeführt dadurch, daß man sie als einen Zweig der allgemeinen Geisteswissenschaft verstehen und betreiben wollte, auch einmal im Namen der Reinlichkeit und des Anstandes protestieren! Freilich: zur inneren Begründung dieses Protestes wird dann mehr nötig sein als etwa das phänomenologische Interesse an der Respektierung der nun einmal bestehenden Ordnungen und Kategorien oder gar die Eifersucht eines auf seine besonderen Belange erpichten geistlichen Zünftlertums. Man kann und darf auch einmal auf die formale Notwendigkeit der Selbständigkeit der Theologie hinweisen, man darf dann aber nicht vergessen: der Ernst dieses Hinweises steht und fällt damit, daß von jenem Achten auf das Zeugnis der Schrift nicht bloß g e s p r o c h e n wird, sondern daß es faktisch s t a t t f i n d e t. Der wirklich durchschlagende Ruf zur theologischen Sachlichkeit wird nur von einer selbst ganz sachlichen Theologie ausgehen, ja er wird letztlich nur in der Arbeit einer solchen selbst ganz sachlichen Theologie bestehen können. Nicht die B e s c h r e i b u n g, sondern die E x i s t e n z einer solchen Theologie sagt, was hier wirklich zu sagen ist, und kann gehört werden als das, was hier wirklich zu hören ist: daß die Theologie zu keiner Zeit und in keiner Lage und unter keinem Vorwand ein dringenderes Anliegen kennen kann als dies: sich selber treu zu bleiben und immer treuer zu werden als Schrifttheologie. Ohne die E x i s t e n z einer solchen Theologie debattiert man die Frage nach der rechten Theologie gegenstandslos und dann sicher ergebnislos, auch wenn die Antwort, die wir hier als die richtige angeben, theoretisch noch so mächtig und eindrucksvoll auf dem Plane wäre. Nur der, der faktisch solche Theologie treibt, weiß, was hier Reinlichkeit und Anstand bedeutet, nur er wird auch mit wirklichem Nachdruck dafür eintreten können, nicht etwa der, der irgendwoher im allgemeinen zu wissen meint, daß es wie überall so auch in der Theologie reinlich und anständig zugehen und daß darum die Schrift im Hause der Theologie der Herr sein, werden und bleiben sollte. Ein einziger Versuch, in einer konkreten Frage unter dieser Voraussetzung zu denken und zu reden, ist beweiskräftiger als die exakteste Auseinandersetzung darüber, daß, warum und inwiefern ebenso gedacht und geredet werden sollte. Gerade hier dürfte dann die Frage dringlich werden, ob es nicht öfters die irreguläre Dogmatik als die reguläre gewesen ist, die in diesem Sinn als rechte Theologie einfach existiert und damit für die Geltendmachung der Wissenschaftlichkeit der Dogmatik das Entscheidende geleistet hat. Aber wie dem auch sei, d. h. wie es auch zu der Geltendmachung dieses dritten Merkmals der Wissenschaftlichkeit der Dogmatik komme — das ist sicher, daß wir es hier mit dem Merkmal zu tun haben, an dem sich die Wege zur Rechten und zur Linken am unbarmherzigsten und folgenschwersten scheiden. So sehr geht es hier ums Ganze, daß, wenn die Grenze zwischen einer letztlich durch die Schrift und einer letztlich durch andere Instanzen bestimmten Dogmatik allgemein anzugeben wäre, jede weitere Diskussion zwischen hüben und drüben abgeschnitten wäre. Man könnte sich dann nur gegenseitig gestehen, daß man unter demselben Namen mit einer *toto coelo* verschiedenen Sache beschäftigt sei und gegenseitig nichts voneinander zu lernen habe außer der Warnung vor dem schlechthin Verbotenen, die dann ein Teil für den Anderen bedeuten müßte. Man darf sich nicht darüber täuschen, daß das Schwert dieser völligen Scheidung sowohl über unserem Gegensatz zum römischen Katholizismus als auch über unserem Gegensatz zum protestantischen Modernismus hängt und etwas von seiner Drohung wird sich in den notwendigen Auseinandersetzungen mit beiden immer bemerkbar machen. Nur daß eben in Wirklichkeit der Verlauf auch dieser Grenze nicht allgemein anzugeben, sondern von Fall zu Fall zu finden ist und im letzten Grunde unseren Augen sogar ganz verborgen bleibt.

Dogmatische Arbeit, die sich wirklich unter das Kriterium der Heiligen Schrift stellt, ist letztlich und eigentlich Sache einer Berufung, deren Gegebensein und Fortsetzung menschlicher Einwirkung in gleicher Weise entzogen ist wie die Berufung zur wirklichen Verkündigung des Wortes Gottes. Sie kann im Blick auf die Möglichkeit solcher Berufung, wie sie uns durch die biblische Verheißung selbst nahegelegt ist, Sache eines immer wieder zu erneuernden Vorsatzes werden. Nur insofern kann sie dann auch Programm sein. Es kann aber kein programmatisches Absehen auf dieses entscheidende Merkmal wissenschaftlicher Dogmatik eine mechanische Sicherung vor dem Abgleiten in ein unwissenschaftliches, d. h. unschriftmäßiges Verfahren bedeuten. Faktisch ist auch noch nie, auch nicht in der Reformation, eine eindeutig schriftmäßige, gar nicht auch von anderen Instanzen bestimmte Dogmatik auf den Plan getreten. Umgekehrt wird man zugestehen müssen, daß die Bestimmtheit durch die Schrift und also die Wissenschaftlichkeit sich in der Dogmatik auch da wenigstens teilweise durchsetzen kann und zum Glück oft genug durchgesetzt hat, wo es an der prinzipiellen Einsicht und also an der programmatischen Beachtung dieses Merkmals mehr oder weniger bedenklich fehlte. Daß dem nach beiden Seiten so ist, das ist die Erklärung der Tatsache, daß eine Diskussion mit dem Katholizismus und mit dem Modernismus nun doch nicht abgeschnitten, sondern faktisch immer wieder möglich und auch notwendig ist, daß man auch da, wo man sich weithin gegenseitig nur als Häretiker verstehen kann, dennoch immer wieder mit dem Vorhandensein des auch den Häretiker umfassenden Raumes der Kirche rechnen muß und sich bei aller Bedrohtheit der Situation gerade nicht gänzlich voneinander scheiden kann.

Aber wieder und auch hier kann das, daß die Grenze nicht allgemein zu bestimmen ist, daß alle konkreten Urteile darüber unter Vorbehalt stehen, daß der tatsächliche Verlauf dieser Grenze jedesmal Sache einer Entscheidung ist, kraft welcher Erste Letzte und Letzte Erste werden können — wieder und auch hier kann das nicht bedeuten, daß diese Grenze nicht je und je gezogen wäre. Auch hier ist aller dogmatischen Arbeit die Frage gestellt, und zwar, wie nochmals hervorzuheben ist, hier so gestellt, daß ihre wirkliche Beantwortung, der tatsächliche Sinn, den eine bestimmte Dogmatik, unter diesem Gesichtspunkt betrachtet, hat oder nicht hat (wie viel oder wenig wir *in concreto* davon wissen mögen), für ihre Wissenschaftlichkeit das Urteil über Leben oder Tod bedeutet. Wir haben allen Anlaß, mit dem Urteil darüber zurückzuhalten, ob eine bestimmte Dogmatik die in der Heiligen Schrift bezeugte Offenbarung Gottes zum Maßstab hat oder nicht hat. Es kann kein Zweifel darüber bestehen, daß man zu allen Zeiten im Eifer des Gefechts sowohl mit dem positiven wie mit dem negativen Urteil viel zu freigebig umgegangen ist. Es wird angebracht sein, sich klarzumachen, daß man auch dann, wenn man im bestimmten Fall ein solches Urteil meint fällen zu dürfen und zu sollen, immer nur sozusagen auf Zeit, für den heutigen Tag, urteilen kann und morgen wieder hinhören muß, ob man sich nicht vielleicht nach der einen oder anderen Seite doch getäuscht haben möchte und so oder so anders urteilen müßte. Man wird solche Urteile, auch die noch so gut begründeten, auch die, die die in sich gespaltene Kirche feierlichst in ihren einander entgegengestellten und sich gegenseitig anklagenden Bekenntnissen niedergelegt hat, grundsätzlich nur als ganz scharf gestellte Fragen auffassen dürfen und nicht als gefallene Gottesurteile. Aber wenn das alles gesagt und eingesehen ist, ist auch das zu zu sagen und einzusehen, daß eben das Schwert des wirklichen Gottesurteils dennoch über unseren Häuptern hängt — über unserem eigenen ebenso wie über denen unserer häretischen Gesprächspartner — indem wir diese Arbeit antreten und treiben. Ob es reguläre oder irreguläre Dogmatik ist, was wir treiben, darauf kann es nicht letztlich ankommen. Es kann auch nicht letztlich ankommen auf die Vermeidung der Fehler einer gnostischen oder unkritischen Dogmatik, von denen vorher die Rede war, so gewiß auch diese Fehler als solche ins Auge gefaßt und tunlichst vermieden werden müssen. Es kommt aber letztlich alles darauf an, ob eine Dogmatik schriftmäßig ist. Wenn sie das wirklich nicht wäre, dann würde sie bestimmt erledigt sein, denn dann wäre von ihr in aller

Bestimmtheit zu sagen, daß die Kirche in ihr zerstreut, d. h. mit irgendwelchen anderen Dingen beschäftigt sei, und der ihr durch die Problematik ihrer Verkündigung gestellten wissenschaftlichen Aufgabe nicht gerecht werde.

3. DAS PROBLEM DER DOGMATISCHEN PROLEGOMENA

Wir kommen zum eigentlichen Ziel unseres Paragraphen. Die Dogmatik versteht und bezeichnet sich als eine Wissenschaft, haben wir gesagt. Damit ist gemeint: sie geht bewußt und ausdrücklich ihren ganz bestimmten, durch die Sache bestimmten Erkenntnisweg. Welches dieser ganz bestimmte Erkenntnisweg ist, darüber kann aber in der Lage, in der sich die Kirche seit vierhundert Jahren befindet, Übereinstimmung nicht ohne weiteres vorausgesetzt werden. Der Weg des römischen Katholizismus und der Weg des protestantischen Modernismus ist ein anderer als der der evangelischen Kirche. Evangelische Dogmatik hat sich darüber zu erklären, warum sie ihren von jenen unterschiedenen eigenen Weg gehen zu müssen meint und welches dieser ihr eigener Weg ist. Dies eben ist nach unseren § 2 angestellten Überlegungen die Aufgabe der Prolegomena zur Dogmatik. Was wir bis jetzt für diese Aufgabe getan haben, war die Bestimmung des Kriteriums der Dogmatik. Wir haben aber noch nicht gesprochen von der Anwendung dieses Kriteriums. Wir haben also — und insofern können wir hier noch nicht etwa schon abbrechen, insofern liegt sogar der größere Teil der Aufgabe noch vor uns — noch nicht gesprochen von dem in der Dogmatik zu begehenden Erkenntnisweg als solchem. Die Bestimmung des Kriteriums der Dogmatik ergab sich uns — und dies war die Absicht unseres nun abzuschließenden ersten Kapitels — aus der Besinnung auf und über die der Kirche gegebene Verheißung und Aufgabe der Verkündigung. Wir sahen: es ist die Verheißung und Aufgabe dieser Verkündigung, das Wort Gottes an den Menschen zu sein. Wir haben zunächst die formalen Fragen gestellt und beantwortet: Wo und wie das Wort Gottes zu finden ist, was es ist und wie es erkennbar wird. Das alles unter der Voraussetzung, daß seine verheißene und aufgegebene Identität mit der kirchlichen Verkündigung angesichts dessen, daß es sich bei dieser ja um Menschenwerk handelt, in Wirklichkeit in Frage steht, daß die kirchliche Verkündigung werden muß, was sie, von ihrer Verheißung und Aufgabe her gesehen ist, und daß der Kirche aus diesem „Werden, was sie ist" neben der Aufgabe der Verkündigung selbst die Aufgabe der Dogmatik, d. h. die Aufgabe der Prüfung, der Kritik und Korrektur ihrer jeweiligen tatsächlichen Verkündigung erwächst. Wir haben dann gesehen, wie das Wort Gottes der kirchlichen Verkündigung konkret gegenübersteht in Gestalt der Heiligen Schrift als dem der Kirche gegebenen Zeugnis von Gottes Offenbarung. Die mit der Schrift übereinstimmende kirchliche Verkündigung ist die Erfüllung des Begriffs des Dogmas, um dessen Erkenntnis die Dogmatik bemüht ist. Über diese Bestimmung des Kriteriums der Dogmatik sind wir bis jetzt nicht hinausgekommen. Wie sollen wir nun weiterkommen zur Bestimmung ihres Erkenntnisweges als solchen, zur Bestimmung der Anwendung dieses Kriteriums? Die hier zu treffende Wahl kann nicht willkürlich sein, sondern sie ergibt sich aus der Sache, wie wir sie bisher kennen gelernt haben. Wenn es sachgemäß war, das Problem „Verkündigung und Wort Gottes" auf den konkreten Nenner „Verkündigung und Heilige Schrift" zu bringen, dann werden wir jetzt zurückgreifen müssen auf diejenige Stelle unserer bisherigen Untersuchung, wo uns eben Verkündigung und Heilige Schrift in ihrem Zusammenhang bereits begegnet sind. Es geschah dies in unserem § 4, der von den drei Gestalten des Wortes Gottes handelte. In dem dort aufgezeigten Zusammenhang von Verkündigung und Heiliger Schrift steckt offenbar das, wonach wir jetzt fragen: der Erkenntnisweg zu einer kritischen Untersuchung der Übereinstimmung der Verkündigung mit der Heiligen Schrift. Wir haben es dort mit Verkündigung und Schrift als solchen oder vielmehr als Gestalten des Wortes Gottes zu tun gehabt und noch nicht mit dieser unserer Frage, wie die erste an der zweiten zu messen, von ihr aus zu kritisieren und zu korrigieren sei. Wir können und müssen also zur Beantwortung dieser unserer Frage auf jenen Zusammenhang zurückkommen. Soll der Erkenntnisweg, nach dem wir jetzt erst eigentlich zu fragen beginnen, deutlich werden, dann muß offenbar Folgendes, was bis jetzt noch nicht geklärt ist, geklärt werden:

1. Es muß gezeigt werden, wie das zu verstehen ist, wenn wir die Bibel als das in der Kirche aufgerichtete Zeichen der Verheißung, nämlich als das Zeugnis von Gottes Offenbarung und insofern als Wort Gottes verstehen, an dem die Verkündigung zu messen ist. Es muß gezeigt werden, was denn das heißt: als Kirche und in der Kirche dieses Zeichen haben und als solches hören und gelten lassen. Und es muß gezeigt werden, wie Menschen dazu kommen können, sich dieses Zeichen geben zu lassen. Es muß m. e. W. eine ausgeführte Lehre von der Heiligen Schrift gegeben werden.

2. Es muß gezeigt werden, wie denn das andere zu verstehen ist, daß das menschliche Wort in der Verkündigung der Kirche laut der Verheißung zum Gottes Wort werden kann und soll. Es muß die Norm aufgezeigt werden, der das menschliche Wort im Blick auf diese Verheißung zu unterwerfen ist. Und es muß die Beschaffenheit eines Denkens beschrieben werden, das dieser Norm sich zu unterwerfen willens ist. Es muß m. e. W. in strenger Korrespondenz zu der voranzustellenden Lehre von der Heiligen Schrift eine ebenso ausgeführte Lehre von der kirchlichen Verkündigung versucht werden. Wenn es gelingt, diese Kor-

respondenz aufzuzeigen, dann ist offenbar über die Anwendung aes Kriteriums der Dogmatik bzw. über den Erkenntnisweg der Dogmatik gesagt, was im allgemeinen darüber zu sagen ist.

3. Aber nun würde eine Untersuchung dieser Korrespondenz, würde auch die Lehre von der heiligen Schrift und von der kirchlichen Verkündigung selbst merkwürdig in der Luft stehen, wenn nicht auch, und nun doch wohl vor allem, drittens: die Frage nach dem Worte Gottes selbst und als solchem noch einmal und ganz neu aufgeworfen würde. Der ganze Sinn jener Korrespondenz zwischen Heiliger Schrift und Verkündigung und also auch der ganze Sinn des Erkenntnisweges der Dogmatik besteht ja darin, daß wir es sowohl in der Heiligen Schrift wie in der Verkündigung mit dem Worte Gottes zu tun haben, mit dem Unterschied, daß wir es dort (in der Heiligen Schrift), was die Aufgabe der Dogmatik angeht, einfach zu finden, hier aber (in der Verkündigung) wenigstens im Zusammenhang der Aufgabe der Dogmatik nicht sowohl zu finden als vielmehr nach ihm zu fragen, die Verkündigung auf ihre Beziehung zu ihm zu untersuchen haben — aber hier wie dort mit dem Worte Gottes. Die Frage wird, wenn jene Korrespondenz nicht nur behauptet, sondern als in sich sinnvoll verstanden werden soll, nicht umgangen werden können, wie es denn überhaupt zu dieser Korrespondenz kommen kann, was wir damit meinen, wenn wir von einem Finden des Wortes Gottes in der Bibel und von einer Frage nach dem Worte Gottes in der Verkündigung reden. Daß dies hier wie dort überhaupt in Betracht kommt, daß die Dogmatik mit dem Problem dieser Identität überhaupt zu rechnen hat, das darf nicht als vorausgesetzte These stehen bleiben. Das bedarf und das ist fähig keiner äußeren zwar, wohl aber einer inneren Begründung. Und wenn zwischen Bibel und Verkündigung wirklich jene Korrespondenz stattfindet und also ein dogmatischer Erkenntnisweg sichtbar wird, dann darf auch das nicht im Licht eines Zufalls oder wohl gar als ein Ergebnis allgemeiner didaktischer Erwägungen stehen bleiben, sondern es muß sich aus der Sache, nämlich daraus ergeben, daß Bibel und Verkündigung eben Wort Gottes sind oder werden können. Es muß gezeigt werden, daß und inwiefern schon die vorhin in bezug auf Bibel und Verkündigung gestellten Fragen nicht aus der Luft gegriffen, nicht Fragen einer zufälligen Neugier sind, auch nicht einem logischen Schematismus entspringen, der geradesogut hier wie überall zur Anwendung kommen könnte, sondern daß diese Fragen sich notwendig eben daraus ergeben, daß beide, Bibel und Verkündigung, Wort Gottes sind oder werden können. Eben darum muß auch die Frage nach dem Wort Gottes selbst und als solchem noch einmal und ganz neu aufgeworfen werden. Ganz neu: daß es in drei Gestalten existiert, daß es Gottes Rede, Gottes Tat, Gottes Geheimnis ist, daß und inwiefern es Menschen erkennbar wird, das soll nun nicht mehr explizit wie-

derholt werden, auf diese Bestimmung des Kriteriums der Dogmatik werden wir uns in Zukunft — sie wird auf Schritt und Tritt aktuell wichtig bleiben — beziehen als auf für diesmal vorausgesetzte Einsichten. Es gibt aber eine Stelle unserer bisherigen Überlegungen, die im Interesse einer Beantwortung unserer Frage nach dem Erkenntnisweg der erneuten und nun eingehendsten Klärung bedarf. Von drei Gestalten des Wortes Gottes war ja in unserem § 4 die Rede: von der Verkündigung, von der Bibel und dann an dritter (aber heimlich erster und entscheidender) Stelle von der Offenbarung, als von dem Woher des Wortes Gottes in Bibel und Verkündigung, als von der primären Gestalt des Wortes Gottes, auf die bezogen, an der teilnehmend Bibel und Verkündigung auch Wort Gottes sein können, von dem Wort Gottes, sofern es Wort Gottes schlechthin ist ohne alles Werden, von dem Ereignis des Wortes Gottes, in dessen Kraft Bibel und Verkündigung Wort Gottes werden. Indem das Wort Gottes sich offenbart, ist die Bibel und ist die Verkündigung Wort Gottes. Es ist also der Begriff der Offenbarung, der uns den Schlüssel geben muß zum Verständnis der Beziehungen zwischen den beiden, dem wir schon die Fragen entnehmen müssen, mit denen wir an diese beiden herantreten. Er allein kann deutlich machen, um was es gehen muß, wenn die Verkündigung von heute und gestern an der Bibel gemessen werden soll. Wir werden aber nicht im Allgemeinen nach der Offenbarung fragen können, etwa nach dem, was in allen Religionen gemeinsam so heißt und dem sich dann das, was die Religion der Bibel und der christlichen Verkündigung Offenbarung heißt, in seiner Besonderheit einzugliedern hätte. Wir würden ja schon, indem wir eine solche allgemeine Frage stellten, beweisen, daß wir nicht nach der Offenbarung des Wortes Gottes fragten, und würden dann auf diese Frage sicher auch keine Antwort bekommen. Und was sollten wir auch in unserem Zusammenhang für einen Anlaß haben, im allgemeinen nach Offenbarung oder nach einer Offenbarung im allgemeinen zu fragen? Wir fragen nach der Offenbarung, auf Grund derer die Verkündigung an der Bibel gemessen werden kann und muß, auf die sich Bibel und Verkündigung gemeinsam (und also auch gegenseitig aufeinander bezogen) beziehen. Wir haben es zu tun mit dem konkreten Begriff der Offenbarung, die die Bibel als geschehen bezeugt und die die Verkündigung als kommend verheißt, mit der ganz konkreten Klammer, die in der von der Verkündigung der Kirche aufgenommenen Schrift oder in der von der Schrift bewegten Verkündigung der Kirche eine bestimmte Vergangenheit, nämlich die Epiphanie Jesu Christi, und immer wieder eine bestimmte Zukunft, nämlich immer wieder den Augenblick, wo Menschen das Wort Gottes hören werden, zusammenfaßt. Wir fragen nach der ebenso gewissen wie unbegreiflichen, ebenso einmaligen wie immer neuen, aber jedenfalls konkreten Gegenwart des Wortes Gottes zwischen den Zeiten. Wohlverstanden: jenseits des **Begriffs**, auch und gerade des der Bibel und Verkündigung entnommenen Begriffs der Offenbarung, steht ihre **Wirklichkeit**. Wir können es nicht mit ihrer Wirklichkeit zu tun haben wollen. Wir können weder in der Verkündigung noch in der Dogmatik die bezeugte Vergangenheit und die verheißene Zukunft als Gegenwart auf den Plan führen. Wir können auch nicht meinen, mit der Gegenwart, die wir auf den Plan führen können, **diese** Vergangenheit, **diese** Zukunft auf den Plan zu führen. Wir haben es zu tun mit dem **Begriff** der Offenbarung, d. h. mit der Gegenwart des Wortes Gottes **zwischen den Zeiten**. Aber nun allerdings: mit einem **konkreten** Begriff von Offenbarung, mit einer **konkreten** Gegenwart des Wortes Gottes. Wir haben es zu tun mit dem Begriff der Offenbarung des Gottes, der nach Schrift und Verkündigung der Vater Jesu Christi, der Jesus Christus selber, der der Geist dieses Vaters und dieses Sohnes ist. Man kann natürlich auch nach dem Begriff ganz anderer Offenbarungen und vielleicht nach einem allgemeinen Offenbarungsbegriff fragen. Aber die Aufgabe der Dogmatik würde man dann liegen lassen. Denn die Dogmatik interessiert der Begriff **dieses** Gottes und nur er. Von ihm und nur von ihm kann sie Licht erwarten zum Verständnis des Zusammenhangs zwischen der Bibel und der kirchlichen Verkündigung und zur Anleitung bei der Kritik und Korrektur dieser letzteren. Wenn wir nicht den Übergang zu irgendeiner anderen, vielleicht auch guten und nützlichen Wissenschaft, die dann aber nicht Dogmatik wäre, vollziehen wollen, können wir an dieser Stelle, wo ja eben die Beziehung zwischen Bibel und Verkündigung in Frage steht, nur nach dieser konkreten Offenbarung fragen.

Wie aber sollen wir danach fragen? Offenbar so, daß wir zunächst das Faktum dieser — wohlverstanden: dieser, der in der Schrift als geschehen bezeugten und der in der Verkündigung als kommend verheißenen — Offenbarung ins Auge fassen und analysieren, so analysieren, wie uns dieses Faktum „Gott offenbart sich" eben in Bibel und Verkündigung selbst vor Augen gestellt ist, so analysieren, wie es uns durch das Faktum selbst und durch die Art, wie es sich uns bekannt gibt, geboten ist. Wiederum dem Faktum selbst ist dann zu entnehmen, inwiefern es als in sich selbst möglich, bzw. als sich selbst verwirklichend zu verstehen ist. Die Analyse dieses Faktums als solche wird nichts anderes sein können als eine Entwicklung dessen, was in der Dogmatik aller Zeiten unter dem Namen der Lehre von der göttlichen **Trinität** seine eigentümliche Rolle gespielt hat. Die Antwort auf die Frage nach der inneren Möglichkeit dieses Faktums wird gegeben einerseits durch die grundlegenden Sätze der **Christologie**, andererseits durch die grundlegenden Sätze über die Wirksamkeit des **Heiligen Geistes**. Wir stellen die Untersuchung des Offenbarungsbegriffs aber an, um die Voraussetzungen der **Lehre von der Heiligen Schrift** und der **Lehre von der kirchlichen Ver-**

kündigung, auf die es uns ja praktisch ankommt, klarzulegen. Aus dem Offenbarungsbegriff muß es sich ergeben, inwiefern Bibel und Verkündigung als Wort Gottes zu verstehen sind, welche Korrespondenz zwischen beiden besteht und wie die zweite an der ersten zu messen ist. Die Untersuchung des Offenbarungsbegriffs gehört darum an den Anfang des Ganzen. Wir werden also im weiteren Verlauf unserer Prolegomena in drei Kapiteln von der Offenbarung, von der Heiligen Schrift und von der Verkündigung der Kirche zu reden haben, so daß man das Ganze verstehen kann als eine Ausführung der in § 4 angekündigten Lehre von den drei Gestalten des Wortes Gottes, nur daß es nun nicht mehr auf den bloßen Aufweis dieser Gestalten abgesehen ist, sondern auf ihre innere Struktur und auf ihre Beziehungen untereinander, so daß der Weg — wir haben damals bei der Verkündigung als der problematischen Größe des ganzen Zusammenhangs eingesetzt — nun der umgekehrte werden, die Offenbarung also den Ausgangspunkt, die Verkündigung das Ziel bilden muß.

ZWEITES KAPITEL
DIE OFFENBARUNG GOTTES

ERSTER ABSCHNITT
DER DREIEINIGE GOTT

§ 8
GOTT IN SEINER OFFENBARUNG

Gottes Wort ist Gott selbst in seiner Offenbarung. Denn Gott offenbart sich als der Herr und das bedeutet nach der Schrift für den Begriff der Offenbarung, daß Gott selbst in unzerstörter Einheit, aber auch in unzerstörter Verschiedenheit der Offenbarer, die Offenbarung und das Offenbarsein ist.

1. DIE STELLUNG DER TRINITÄTSLEHRE IN DER DOGMATIK

Wenn wir, um zu klären, wie die kirchliche Verkündigung an der Heiligen Schrift zu messen ist, vorerst nach dem vorgeordneten Begriff der Offenbarung fragen, so haben wir uns schon bei diesem Fragen selbst an die Heilige Schrift als an das Zeugnis der Offenbarung zu halten. Vielleicht wichtiger als Alles, was die Dogmatik in bezug auf die ausgezeichnete Stellung der Bibel in der Kirche und der Kirche gegenüber sagen kann, ist das Beispiel, das sie selber schon bei ihren Grundlegungen zu geben hat. Sie muß versuchen, was ihr ja mit der Kirche überhaupt zweifellos geboten ist: auf die Schrift zu achten, also schon ihre Probleme sich nicht anderswoher als eben aus der Schrift geben zu lassen. Das grundlegende Problem, vor das uns die Schrift hinsichtlich der Offenbarung stellt, besteht aber darin: die in ihr bezeugte Offenbarung will nicht verstanden sein als irgendeine Offenbarung, neben der es noch andere gibt oder geben könnte. Sie will schlechterdings in ihrer Einzigartigkeit verstanden sein. Das heißt aber: sie will schlechterdings von ihrem Subjekt, von Gott her verstanden sein. Sie ist die Offenbarung dessen, der im Alten Testament Jahve und im Neuen ϑεός oder konkret κύριος heißt. Gerade die Frage nach dem sich offenbarenden Gott, die sich uns also als erste aufdrängt, kann aber, wenn wir dem Zeugnis der Schrift weiter folgen wollen, gar nicht getrennt werden von der zweiten Frage: Wie geschieht das, wie ist das wirklich, daß dieser Gott sich offenbart? Und von der dritten: Was wird daraus? Was bewirkt dieses Geschehen an dem Menschen, dem es widerfährt? Wie umgekehrt auch diese zweite und dritte Frage unmöglich von der ersten getrennt werden können. So unmöglich ist hier alle Trennung, daß die Antwort auf jede dieser drei Fragen bei aller Selbständigkeit und Eigenart, die ihr als Antwort auf je eine besondere Frage eigen sein und bleiben muß, mit den Antworten auf die beiden anderen Fragen im Wesen identisch ist. **Gott offenbart sich. Er offenbart sich durch sich selbst. Er offenbart sich selbst.** Wollen wir die Offenbarung wirklich von ihrem Subjekt, von Gott her verstehen, dann müssen wir vor allem verstehen, daß dieses ihr Subjekt, Gott, der Offenbarer, identisch ist mit seinem Tun in der Offenbarung, identisch auch mit dessen Wirkung. Dies ist der zunächst bloß anzuzeigende Sachverhalt, durch den wir uns angewiesen sehen, die Lehre von der Offenbarung mit der Lehre von dem **dreieinigen Gott** zu beginnen.

Ich habe in der ersten Auflage dieses Buches (S. 127) auf jene drei Fragen hingewiesen und habe dann fortgefahren mit den Worten: „Es sind logisch ganz einfach die Fragen nach Subjekt, Prädikat und Objekt des Sätzleins: ‚Gott redet‘, ‚*Deus dixit*‘." Diese Worte sind mir von verschiedenen Seiten übel genommen worden. Man hat mir ernst und spöttisch vorgeworfen, das sei eine grammatikalische und also rationalistische Begründung der Trinität, mit der ich betreibe, was ich sonst bekämpfe, nämlich die Ableitung der Offenbarungsgeheimnisse aus den Data einer allgemein einsichtigen Wahrheit. Auch auf die Aussage von der Offenbarung irgendeines anderen, eines bloß angeblichen Gottes, ja sogar auf das Sätzlein: „Ich zeige mich" (so Th. Siegfried, Das Wort und die Existenz, 1928 S. 52) könnte nach diesem Verfahren eine Trinitätslehre aufgebaut werden. — Dazu ist zu sagen, daß jene Worte, die ich noch heute in aller Form wiederholen kann, damals in der Tat etwas ungeschützt und mißverständlich dastanden. Aufmerksame und gutwillige Leser haben es zwar schon damals gemerkt, wie es gemeint war: daß diese Worte natürlich nicht selbst eine Begründung sein, sondern nur eine schon vollzogene Begründung vorläufig auf eine ihr angemessene, möglichst übersichtliche Formel bringen wollten. Ich dachte und denke natürlich nicht daran, die Wahrheit des Trinitätsdogmas aus der allgemeinen Wahrheit einer solchen Formel abzuleiten, sondern aus der Wahrheit des Trinitätsdogmas ist vielleicht die Wahrheit einer solchen Formel in diesem bestimmten Gebrauch, nämlich für das Trinitätsdogma abzuleiten. „Vielleicht" müssen wir sagen, denn die Wahrheit des Trinitätsdogmas steht und fällt nicht mit einer solchen Formel. Ich wüßte noch jetzt nicht, warum sie nicht als Formel für die durch die Sache geforderten Fragen richtig sein sollte. Rational sind alle dogmatischen Formeln und rational ist jedes dogmatische Verfahren, sofern in ihm von allgemeinen Begriffen, d. h. von der menschlichen *ratio* Gebrauch gemacht wird. Rationalistisch dürfte man sie doch erst dann nennen, wenn nachgewiesen wäre, daß ihr Gebrauch nicht durch die Frage nach dem Dogma, also nicht durch die Unterordnung unter die Schrift, sondern anderswoher, aus den Prinzipien einer bestimmten Philosophie wahrscheinlich, bestimmt sei. Macht man sich aber klar, daß es sich in der Dogmatik allgemein und notwendig um rationales Formulieren handelt, um ein auf eine schon vollzogene Begründung sich beziehendes, um ein auf die Schrift achtendes rationales Formulieren freilich, dann wird man auch an logisch-grammatikalischen Formeln als solchen keinen Anstoß nehmen — es ist bei ihnen so wenig wie bei gewissen juristischen Formeln einzusehen, warum sie besonders verdächtig sein sollten — sondern man wird nur danach fragen, ob sie im vorliegenden Fall der Sache angemessen seien oder nicht. Also im konkreten Fall: ob es eine willkürliche Vorwegnahme, Vereinfachung oder auch Komplizierung bedeutet, wenn man sagt: wir sind durch das, was uns die Heilige Schrift über die Offenbarung, von der sie zeugt, sagt, auf die Frage nach Subjekt, Objekt und Prädikat jenes Sätzleins gestoßen? Und wenn man sagt, daß wir mit diesen drei Fragen bzw. durch ihre uns in der Schrift begegnende Beantwortung auf das Problem der Trinitätslehre aufmerksam gemacht sind? Wenn man also weiter sagt, daß sich in diesen drei Fragen — nicht ein Weg zur Begründung, wohl aber zum Verständnis der Trinitätslehre eröffnet? Ob man auch aus dem Sätzlein „Ich zeige mich" eine Trinitätslehre ableiten kann, haben wir hier nicht zu untersuchen. Es wird sich wohl vor allem fragen, ob man das für ebenso geboten und sinnvoll halten kann, wie wenn es sich um das aus der Bibel exzerpierte Sätzlein „Gott redet" handelt.

Es steht mit der biblischen Beantwortung der Frage: Wer ist Gott in seiner Offenbarung? tatsächlich so, daß sie sofort auch auf die beiden anderen Fragen: Was tut er? und: Was wirkt er? antwortet, und zwar nicht nur beiläufig antwortet, nicht nur so, daß man sich das, was man da zu hören bekommt, aufheben könnte für das andere Mal, wo man dann auch diese anderen Fragen stellen wird, sondern so, daß man sofort, indem man die Antwort auf jene erste Frage entgegennimmt, auch hören muß, was auf diese anderen Fragen geantwortet wird — so, daß man jene erste Antwort nur dann recht hört, wenn man sie auch als mitgegeben in jenen anderen Antworten hört. Sollte sich das auch in anderen Offenbarungsurkunden so verhalten? Mag sein, mag nicht sein, es geht uns hier nichts an. In der Heiligen Schrift der christlichen Kirche verhält es sich jedenfalls so: wer sich da offenbart, wer da Gott ist, danach kann und muß wohl zuerst gefragt werden, und so dann auch nachher zweitens: was dieser Gott tut, und drittens: was er wirkt, ausrichtet, schafft und gibt in seiner Offenbarung. Aber wer hier verständig die Frage 1 stellt, dem wird nicht nur darauf geantwortet, sondern sofort auch auf Frage 2 und 3 und nur, wenn er die Antworten auf Frage 2 und 3 dazunimmt, hat er auch die Antwort auf Frage 1 wirklich bekommen.

1. Die Bibel sagt uns freilich auch, wer der Gott ist, den sie als den sich offenbarenden bezeugt.

Sie nennt und beschreibt ihn als Elohim (vielleicht: den zu Fürchtenden), als Jahve (auf diesen wichtigsten Namen wird noch besonders zurückzukommen sein), als El Schaddai (vielleicht: der Allgenugsame), als den Herrn und Schützer Israels, den Schöpfer Himmels und der Erde, den Herrscher der Welt und ihrer Geschichte, den Heiligen und den Erbarmer, im Neuen Testament als Herrn seines kommenden Reiches, als Vater im Himmel, als Vater Jesu Christi, als den Erlöser, als den Geist und als die Liebe usw.

2. Aber wer würde hier wirklich hören und verstehen ohne mitzuhören und mitzuverstehen, was nun weiter gesagt ist über das Daß und das Wie der Offenbarung dieses Gottes? Daß diese Offenbarung und wie sie geschieht, das ist nicht zufällig gegenüber der Tatsache, daß es sich gerade um dieses Gottes Offenbarung handelt. Auch und gerade im Daß und Wie dieser Offenbarung zeigt er sich als dieser Gott. Ja, dieser Gott will und kann sich offenbar nicht anders zeigen als in dem Daß und Wie dieser Offenbarung. Er ist auch in diesem Daß und Wie ganz er selber.

Gilt das schon im Alten Testament etwa im Blick auf die Tatsache, daß hier die Figuren des Mose und der Propheten es sind, um die sich der berichtete Vorgang der Offenbarung zusammendrängt (sie sind wirklich nicht nur Instrumente in Gottes Hand, sondern als solche zugleich seine Vertreter, nicht nur Zeugen offenbarter Wahrheiten, sondern Repräsentanten des sich offenbarenden Gottes) muß man schon im Alten Testament auf die merkwürdige Figur des an gewissen Stellen als mit Jahve identisch in Aktion tretenden Engels Jahves hinweisen — so noch vielmehr im Neuen Testament, wo die Offenbarung geradezu zusammenfällt mit der Erscheinung Jesu Christi. Also im Geschehen der Offenbarung selbst haben wir jetzt den Offenbarer zu suchen und zu erkennen.

3. Aber wer Gott ist in seiner Offenbarung, das ist dann drittens ebenfalls nach der Weisung der ganzen Bibel zu beantworten im Blick auf die Menschen, die die Offenbarung empfangen, im Blick auf das, was der Offenbarer mit ihnen will und tut, was seine Offenbarung an ihnen ausrichtet, was sein Offenbarsein also für sie bedeutet.

Offenbarung ist in der Bibel immer eine Geschichte zwischen Gott und bestimmten Menschen. Da wird einer ausgesondert und in die Fremde geführt wie Abraham, da wird einer zum Propheten, einer zum Priester, einer zum König berufen und gesalbt, da wird ein ganzes Volk erwählt, geführt, regiert, gesegnet, gezüchtigt, verworfen und wieder angenommen, da wird Glauben und Gehorsam erweckt oder auch Verstockung vollzogen. Da wird im Licht dieses ganzen Geschehens eine Kirche versammelt, Kerygma und Sakrament eingesetzt als Zeichen der Erinnerung und der Erwartung, weil der Mensch jetzt, „in Christus", eine Zukunft bekommen hat und eben damit eine Gegenwart zwischen den Zeiten.

Das Alles, dieses in der Schrift bezeugte Offenbarsein Gottes ist aber nicht bloß „Wirkung" des Offenbarers und seiner Offenbarung, von jenen nur zu unterscheiden — es ist auch von ihnen zu unterscheiden — sondern zugleich Antwort auf die Frage: Wer offenbart sich? und auf die zweite: Wie offenbart er sich? Also: Wer nach dem Gott fragt, der sich nach dem Zeugnis der Bibel offenbart, der muß ebenso auf sein Sich-Offenbaren als solches achten, wie auf die Menschen, die dieses Sich-Offenbaren angeht.

Das, daß wir die erste Frage stellend, sofort weitergeführt werden zu einer zweiten und dritten, das ist's, was uns vorläufig in die Nähe des Problems der Trinitätslehre führt. In die Nähe: denn noch könnten wir nicht sagen, daß wir durch diese Beobachtungen zur Entwicklung nun gerade der Trinitätslehre aufgerufen seien. Noch wissen wir ja erst das Eine: daß der sich offenbarende Gott der Bibel immer auch in seinem Offenbarwerden als solchem und in seinem Offenbarsein als solchem erkannt werden muß, um erkannt zu werden. Bezeichnend und in unserem Zusammenhang entscheidend werden diese Beobachtungen erst, wenn wir nun noch die folgenden zwei Feststellungen machen:

4. Die Frage „Wer ist der sich offenbarende Gott?" findet jedesmal auch in dem, was wir über sein Sich-Offenbaren als solches und in dem, was wir über sein Offenbarsein unter den Menschen zu hören bekommen,

1. Die Stellung der Trinitätslehre in der Dogmatik

ihre uneingeschränkt vollständige Antwort. Dieser Gott selbst ist gerade nicht nur er selbst, sondern auch sein Sich-Offenbaren.

Er kommt als Engel zu Abraham, er redet durch Mose und die Propheten, er ist in Christus. Offenbarung bedeutet in der Bibel nicht ein Minus, nicht ein Anderes gegenüber Gott, sondern das Gleiche, eine Wiederholung Gottes. Die Offenbarung ist wohl Prädikat Gottes, aber so, daß dieses Prädikat restlos mit Gott selber identisch ist.

Und wiederum: Er selbst ist nicht nur er selbst, sondern auch das, was er bei den Menschen schafft und ausrichtet.

Darum kann ja das Wort, das die biblischen Menschen hören und weitergeben, das Wort Gottes heißen, obwohl es von ihren Ohren gehört, von ihrem Munde geformt, zweifellos ihr Wort ist. Alle Gaben und Gnaden, aber auch alle Strafen und Gerichte haben in der Bibel ihr Gewicht nicht in dem, was sie in sich selbst, losgelöst von der Offenbarung und von dem, der sich offenbart, bedeuten, sondern darin, daß sie sein Werk am Menschen sind, daß er in ihnen den Menschen nahe oder ferne, Freund oder Feind ist.

Also: Es ist Gott selber, es ist in unzerstörter Einheit der gleiche Gott, der nach dem biblischen Verständnis der Offenbarung der offenbarende Gott ist und das Ereignis der Offenbarung und dessen Wirkung am Menschen.

5. Es scheint nicht möglich und es wird in der Bibel auch kein Versuch gemacht, die Einheit des sich offenbarenden Gottes und seiner Offenbarung und seines Offenbarseins in eine Einerleiheit aufzulösen, also die Grenzen, die die genannten drei Gestalten seines Gottseins in der Offenbarung voneinander trennen, aufzuheben, sie etwa auf ein synthetisches Viertes und Eigentliches zurückzuführen.

Wir werden in der ganzen Bibel nicht im Zweifel darüber gelassen, daß Gott unbeschadet seiner Offenbarung als Gott „unsichtbar", d. h. dem Menschen als solchem unzugänglich, weil im Unterschied zu ihm ewig und heilig ist und bleibt. Offenbart sich dieser Gott — und unbeschadet seiner Unsichtbarkeit offenbart er sich, macht er sich demselben Menschen zugänglich — so ist er in der Offenbarung in einer Weise, mit der sich jenes sein erstes Sein wohl indirekt, aber nicht direkt, nicht einfach, nicht unter Aufhebung der Unterschiedenheit identifizieren läßt. Der „Engel Jahves" im Alten Testament ist mit Jahve selbst offenbar identisch und nicht identisch. Es ist ganz unmöglich, daß nicht auch die Nicht-Identität sichtbar werde und bleibe. Ebenso im Neuen Testament die Unvertauschbarkeit der Namen Vater und Sohn. Dasselbe gilt aber auch in bezug auf das in der Bibel bezeugte Offenbarsein Gottes: Gibt Gott dem Menschen sich selbst, so ist er doch ein Anderer als der Geber, ein Anderer als die Gabe, so bleiben doch auch die Namen Christus und Geist oder Wort und Geist unvertauschbar.

Also: Demselben Gott, der in unzerstörter Einheit der Offenbarer, die Offenbarung und das Offenbarsein ist, wird auch in unzerstörter Verschiedenheit in sich selber gerade diese dreifache Weise von Sein zugeschrieben

Damit erst, mit der Beobachtung der Einheit und Verschiedenheit Gottes in seiner in der Schrift bezeugten Offenbarung — eben damit aber nun auch wirklich — sind wir vor das Problem der Trinitätslehre gestellt.

§ 8. Gott in seiner Offenbarung

So mag es noch einmal und nun vielleicht verständlich als nachträgliche Formulierung eines durch die Bibel vorgegebenen Sachverhaltes gesagt sein: Wir stehen vor dem Problem, daß in dem Satz „Gott redet" — nicht in dem allgemeinen, aber in dem der Bibel entnommenen Satz „Gott redet" — Subjekt, Prädikat und Objekt sowohl gleichzusetzen als auch zu unterscheiden sind. Die Behauptung ist wohlfeil, daß man das auch von dem gleichlautenden allgemeinen Satz oder von gleichlautenden Sätzen, die sich auf irgendeinen anderen Gott bezögen oder gar von dem Satz „Ich zeige mich" sagen könne. Man „kann" Alles. Aber daß man Vieles nur theoretisch „kann" und faktisch nicht tut, weil man es zu tun weder Anlaß noch Notwendigkeit hat, das kann hier offenbar nicht gleichgültig sein. Wer behaupten wollte, daß wir auch außerhalb des biblischen Offenbarungszeugnisses — nicht möglicherweise, sondern faktisch — vor das Problem der Trinitätslehre gestellt seien, der müßte aufweisen — er müßte die andere Trinitätslehre einer anderen Dogmatik einer anderen Kirche faktisch zu entwickeln sich getrauen — daß Anlaß und Notwendigkeit besteht zu tun, was man in bezug auf jene anderen Sätze eben vielleicht doch bloß tun „kann", um an dieser Stelle einen gehaltvollen Einwand vorzubringen.

Also wenn es richtig ist, zum Verständnis des Offenbarungsbegriffs zunächst zu fragen, wer denn Gott ist, und wenn wir danach an Hand der Bibel so fragen müssen, wie es eben in Kürze geschehen ist, dann haben wir Anlaß, der sichtbar gewordenen Frage entsprechend, der ebenfalls schon sichtbar gewordenen Antwort nachzugehen, d. h. aber uns zunächst — natürlich wiederum dieser eben sichtbar gewordenen Antwort, d. h. der Heiligen Schrift folgend — der Entwicklung der Lehre vom dreieinigen Gott zuzuwenden.

Wir sind, indem wir die Trinitätslehre an die Spitze der ganzen Dogmatik stellen, im Blick auf die Geschichte der Dogmatik gesehen, sehr isoliert.

Immerhin nicht ganz isoliert: Es waren im Mittelalter Petrus Lombardus in seinem Sentenzenwerk und Bonaventura in seinem *Breviloquium*, die es ebenfalls so gehalten haben.

Man pflegte und pflegt der Trinitätslehre sonst nicht diese Stellung zu geben. Der Grund für diese eigentlich seltsame Tatsache kann nur darin liegen, daß man offenbar in überwältigender Einmütigkeit gemeint hat, einem gewissen formal sehr naheliegenden und einleuchtenden Frageschema folgen und also zuerst von der Heiligen Schrift (oder in der katholischen Dogmatik von der Autorität des kirchlichen Lehramts oder in der modernistischen Dogmatik von der Wirklichkeit und Wahrheit der Religion) als dem *principium cognoscendi* (abgesehen von dem konkreten Inhalt des Glaubens) und dann wiederum in der Gotteslehre zuerst von Gottes Dasein, Wesen und Eigenschaften (wiederum abgesehen von der konkreten Gegebenheit dessen, was christlich „Gott" heißt) reden zu sollen und zu können.

Auch Melanchthon und Calvin und nach ihnen die protestantische Orthodoxie beider Konfessionen gingen hier merkwürdig unbedenklich mit, und ebenso hat keine der späteren Bewegungen in der katholischen und protestantischen Theologie hier zum Betreten eines anderen Weges geführt.

Unser Grund, von dieser Gewohnheit abzuweichen, ist dieser: Es läßt sich schwer absehen, wie denn über die Heilige Schrift das für die Heiligkeit nun gerade dieser Schrift Bezeichnende gesagt werden kann, wenn nicht zuvor (natürlich aus der Heiligen Schrift selbst) klar gemacht ist, wer denn derjenige Gott ist, dessen Offenbarung die Schrift zur heiligen macht. Und es läßt sich wiederum schwer absehen, wie denn das für diesen Gott Bezeichnende klargemacht werden soll, wenn man, wie es in der alten und neuen, katholischen und protestantischen Dogmatik immer wieder gemacht worden ist, die durch die Trinitätslehre zu beantwortende Frage: Wer Gott ist? zurückstellt und zunächst davon handelt, daß und was er ist, als ob dieses Daß und Was anders als unter Voraussetzung jenes Wer zu bestimmen wäre.

Man darf hier Calvin selbst gegen das auch von ihm angewandte Verfahren anrufen: *Quomodo enim immensam Dei essentiam ad suum modulum mens humana definiat...? Imo vero, quomodo proprio ductu ad Dei usque substantiam excutiendam penetret...? Quare Deo libenter permittamus sui cognitionem. Ipse enim demum unus, ut inquit Hilarius, idoneus sibi testis est, qui nisi per se cognitus non est. Permittemus autem si et talem concipiemus ipsum qualem se nobis patefacit: nec de ipso aliunde sciscitabimur quam ex eius verbo* (*Instit.* I 13, 21).

Als ob nicht bei der Lehre von der Heiligen Schrift sowohl wie bei der Lehre von Gott die schwerste Gefahr bestünde, daß man sich in Erwägungen verliert und zu Feststellungen veranlaßt sieht, die mit dem angeblichen konkreten Gegenstand beider Lehren gar nichts zu tun haben, wenn man dessen Konkretheit, wie sie eben in der trinitarischen Gestalt des christlichen Gottesbegriffs manifest ist, zunächst dahingestellt sein läßt. Und als ob nicht die Trinitätslehre selber von der gleichen Gefahr, der Gefahr einer unsachgemäßen Spekulation, bedroht wäre, wenn man sie erst nachträglich zu Worte kommen läßt, statt ihr, die uns über die konkrete und entscheidende Frage: Wer ist Gott? Auskunft zu geben hat, das erste Wort zu geben.

Daß man immer wieder jenem formal eben allzu naheliegenden und allzu einleuchtenden Schema: Wie erkennen wir Gott? Ist ein Gott? Was ist Gott? und endlich und zuletzt erst: Wer ist unser Gott? meinte folgen zu sollen, das steht in eigentümlichem Widerspruch zu den höchst gewichtigen Erklärungen, die man über die tatsächliche umfassende Bedeutung der Trinitätslehre abzugeben denn doch nicht umhin konnte. Was wir durch ihre Voranstellung praktisch zur Anerkennung bringen möchten, das ist ja in der Geschichte der Dogmatik durchaus nicht verborgen gewesen und oft genug in sehr starken Worten ausgesprochen worden: sie ist der Punkt, wo es sich grundlegend entscheidet, ob die wahrlich nach allen Seiten belangvolle Vokabel „Gott" in der kirchlichen Verkündigung in der ihrem Gegenstand als ihrem Kriterium an-

§ 8. Gott in seiner Offenbarung

gemessenen Weise zur Verwendung komme. Die Trinitätslehre ist es, die die christliche Gotteslehre als christliche — sie ist es also schon, die den christlichen Offenbarungsbegriff als christlichen vor allen möglichen anderen Gotteslehren und Offenbarungsbegriffen grundlegend auszeichnet. Gewiß die Entscheidung wiederholt sich auf der ganzen Linie. Aber es dürfte sich so verhalten, daß sie sich von hier aus wiederholt, von hier ihr Gefälle gewinnt, von hier aus so ernsthaft, so einfach zugleich und so verwickelt wird, wie sie es dann letztlich in der Tat überall ist.

Wenn wir Gott nicht erkennen, wie er sich als der Eine offenbart, nämlich *distincte in tribus personis*, so ist damit gegeben, daß *nudum et inane duntaxat Dei nomen sine vero Deo in cerebro nostro volitat* (Calvin, *Instit.* I 13, 2). — *Quia de Deo sentiendum est sicut se patefecit: Credimus, agnoscimus, confitemur et invocamus tres personas, Patrem, Filium et Spiritum sanctum.... De re summa et excellentissima cum modestia et timore agendum est et attentissimis ac devotis auribus audiendum, ubi quaeritur unitas trinitatis, Patris, Filii et Spiritus sancti. Quia nec periculosius alicubi erratur, nec laborosius quaeritur, nec fructuosius invenitur* (M. Chemnitz, *Loci* 1591, I S. 31). — *Ignorato vel negato Trinitatis mysterio tota salutis* οἰκονομία *ignoratur vel negatur* (J. Gerhard, *Loci* 1610, III 1, 7). — *Deus Deus esse non potest nisi tres habeat distinctos existendi modos sive personas* (B. Keckermann, *Systema S. S. Theol.* 1611 S. 20, zit. nach H. Heppe, Dogm. d. ev.-ref. Kirche 1861 S. 86). — *Qui non addunt mentionem trium personarum in descriptione Dei, eam nequaquam genuinam aut completam sistunt, quum sine iisdem nondum constet, quisnam sit verus Deus* (A. Calov, *Systema loc. theol.* 1655 f. II 182, zit. nach H. Schmid, Dogm. d. ev.-luth. Kirche, 4. Aufl. 1858 S. 78). — Solange der Theismus „nur Gott und Welt und nie Gott von Gott unterscheidet, bleibt er immer im Rückfalle und Übergange in die pantheistische oder irgendeine Verleugnung des absoluten Seins begriffen. Einen vollkommenen Schutz gegen Atheismus, Polytheismus, Pantheismus oder Dualismus kann es nur mit der Trinitätslehre geben.... Der Glaube an die ewige heilige Liebe, die Gott ist, kann sich nur durch die Erkenntnis des vollkommenen ewigen Gegenstandes der göttlichen Selbsterkenntnis und Liebe theoretisch und praktisch vollenden, d. h. durch den Gedanken der Liebe des Vaters zu dem eingeborenen Sohne. Endlich wird die volle belebende Natur und Mitteilung Gottes, welche weder Verminderung noch Beschränkung seines Wesens ist, nur durch die trinitarische Lehre vom Geiste bewahrt bleiben" (C. J. Nitzsch, System der christl. Lehre, 6. Aufl. 1851 S. 188). — *Met de belijdenis van Gods drieëenheid staat en valt het gansche Christendom, de geheele bijzondere openbaring. Zij is de kern van het Christelijk geloof, de wortel aller dogmata, de substantie van het nieuwe verbond. Uit dit religieus, Christelijk belang heeft dan ook de ontwickeling der kerkelijke triniteitsleer haar aanvang genomen. Het ging bij haar waarlijk niet om een metaphysisch lerstuck of eene wijsgeerige bespiegeling, maar om het hart en het wezen der Christelijke religie zelve. Zoozeer wordt dit gevoeld, dat allen, die nog prijs stellen op den naam van Christen, eene zekere triniteit erkennen en huldigen. In elke Christelijke belijdenis en dogmatiek is de diepste vraag deze, hoe God een en toch weer drievoedig kan zijn. En al naar gelang deze vraag beantwortd wordt, komt in alle stucken der leer de Chrijstelike waarheid minder of meer tot haar recht. In de triniteitsleer klopt het hart van heel de openbaring Gods tot verlossing der menschheid....* (H. Bavinck, *Gereformeede Dogmatiek*, 2. Bd. 4. Aufl. 1918 S. 346 f.) — „Der trinitarische Gottesname spricht das spezifisch christliche Gottesbewußtsein aus, und da das Gottesbewußtsein der Grund und Inhalt alles Glaubens ist, ist der trinitarische Gottesname das christliche Evangelium. Auf ihn geschieht deshalb die Taufe" (Ad. Schlatter, Das chr. Dogma, 2. Aufl.

1923 S. 354). — Und sogar Troeltsch fand in der Trinitätsformel, natürlich so wie er sie verstand, „einen kurzen Ausdruck des Christentums als der in Christus gegebenen und im Geiste wirksamen Gottesoffenbarung... die bleibende klassische Formel des Christentums, in die sich die ganze Glaubenslehre zusammenziehen läßt" (Glaubenslehre 1925 S. 124). Vgl. auch Joseph Braun, S.J., Handlexikon der kathol. Dogmatik 1926 S. 55: „Die Lehre von der heiligsten Dreifaltigkeit ist das Grunddogma des Christentums."

Wenn das so oder ähnlich zu sagen ist, dann ist eigentlich nicht einzusehen, warum das nicht in der äußeren und vor allem in der inneren Stellung der Trinitätslehre in der Dogmatik zum Ausdruck kommen soll.

Es gibt eine Reihe von neuzeitlichen Dogmatikern, die diesem Bedürfnis wenigstens äußerlich in der Weise Rechnung getragen haben, daß sie die sog. spezielle Dogmatik nach der Dreiteilung Gott Vater, Sohn und Heiliger Geist aufgebaut haben: Ph. K. Marheineke, Grundlehren der christl. Dogm. als Wiss. 1827, A. Schweizer, Glaubenslehre d. ev.-ref. Kirche 1844 f. und Christl. Glaubenslehre nach prot. Grundsätzen, 2. Aufl. 1877, H. Martensen, Die chr. Dogm. 1856, Th. Haering, Der christl. Glaube 1906, M. Rade, Glaubenslehre 1924 f. Die Notwendigkeit einer solchen Hervorhebung, also die konstitutive Bedeutung der Trinitätslehre wird freilich aus dem, was diese Autoren über sie selbst und als solche zu sagen haben, meist nicht eben sehr deutlich, sie ist z. B. bei A. Schweizer durch den mächtig vorgelagerten ersten Teil, eine breit ausgeführte natürliche Theologie, stark verdunkelt. Ich wüßte auch keinen unter den Genannten, bei dem etwa in der Entwicklung dieser Lehre, obwohl sie ihnen zum Schema des Ganzen dient, eine für dieses Ganze bedeutsame sachliche Entscheidung sichtbar würde. Man wird aber in der wie immer begründeten Wahl dieser Anordnung eine faktische Bestätigung des Vorhandenseins und der Dringlichkeit jedenfalls des Problems der Trinitätslehre nicht verkennen können. Dasselbe gilt natürlich von Schleiermacher, der die Trinitätslehre außerhalb der Reihe der übrigen dogmatischen Loci als solennen Schluß der ganzen Dogmatik zu verwenden gewußt hat. Daß die Schleiermachersche Trinitätslehre eben nur den Schluß seiner Dogmatik bilden kann, nicht aber ebensogut den Anfang bilden könnte, dem ist freilich zu entnehmen, daß ihr eine konstitutive Bedeutung auch bei ihm nicht zukommt, so daß auch hier das Faktum wichtiger ist als die Absicht und Weise, in der es geschaffen ist.

Nicht daß sie äußerlich irgendeine hervorgehobene Stellung bekommt, sondern allein das kann natürlich, indem auch wir ihr eine solche geben, unser Anliegen sein: daß ihr Gehalt für die ganze Dogmatik entscheidend und beherrschend werde. Das Problem der Trinitätslehre ist uns bei der an die Bibel gerichteten Frage nach der Offenbarung begegnet. Wenn wir fragen: wer ist der sich offenbarende Gott? dann antwortet uns die Bibel so, daß wir zum Bedenken der Dreieinigkeit Gottes aufgefordert sind. Auch die anderen Fragen: Was tut und was wirkt dieser Gott? werden, wie wir sahen, zunächst mit neuen Antworten auf die erste Frage: Wer ist er? beantwortet. Das Problem dieser drei gleichen und doch verschiedenen, verschieden und doch gleichen Antworten auf jene Fragen ist das Problem der Trinitätslehre. Das Problem der Offenbarung steht und fällt zunächst mit diesem Problem.

Daß die Erörterung der Trinitätslehre gerade in den Zusammenhang einer Erörterung der Offenbarung gehört, in dieser Überzeugung fühlen wir uns, abgesehen von dem angezeigten Weg, auf dem wir dazu gekommen sind, auch durch zwei unter sich im Zusammenhang stehende geschichtliche Tatsachen bestärkt. Die altprotestantischen Orthodoxen konnten, wissend oder nicht wissend, was sie sagten, nicht genug den Charakter der Trinität als eines, ja geradezu als des Mysteriums des Glaubens hervorheben. *Mysterium trinitatis neque lumine naturae inveniri, neque lumine gratiae, neque lumine gloriae potest comprehendi ab ulla creatura.* (H. Alsted, *Theol. scholast.* 1618, zit. nach Heppe a. a. O. S. 86 f.) *Sublimitas tanta est, ut* ὑπὲρ νοῦν, ὑπὲρ λόγον καὶ ὑπὲρ πᾶσαν κατάληψιν*: Quare ex ratione nec oppugnari nec expugnari, nec demonstrari, sive a priori, sive a posterio potest aut debet* (J. Fr. König, *Theol pos. acroam.* 1664 I § 78). Eben darum haben sie auch im Einklang mit den Kirchenvätern und mit den mittelalterlichen Scholastikern nirgends so eindringlich wie hier von der Notwendigkeit eben der Offenbarung als der alleinigen Quelle der Erkenntnis dieses alle Mysterien beherrschenden Mysteriums geredet. Dazu paßt aber auch aufs genaueste die Abneigung, die der modernistische Protestantismus von den Tagen Servets und der anderen Antitrinitarier der Reformationszeit an gerade dieser Lehre entgegengebracht hat. Sie ist, wie Schleiermacher sehr richtig gesehen und ausgesprochen hat, dadurch vor anderen christlichen Lehren hervorgehoben, daß sie sich nicht als unmittelbare Aussage des christlichen Selbstbewußtseins verständlich machen läßt. „Oder wer dürfte behaupten, daß in dem Eindruck, welchen das Göttliche in Christo machte, aufgegeben gewesen sei, eine solche ewige Sonderung (im höchsten Wesen) als den Grund desselben (nämlich jenes Eindrucks) zu denken?" (Der chr. Glaube § 170, 2.) Wir nehmen gerade das, daß diese Theologie erklärt, von dem aus, was sie unter Offenbarung versteht, keinen Zugang zu dieser Sache zu haben als Indizium dafür, daß diese Sache da, wo es sich um die wirkliche Offenbarung handelt, an erster Stelle zu beachten und zu überlegen ist.

2. DIE WURZEL DER TRINITÄTSLEHRE

Wir haben im Bisherigen zunächst nur festgestellt, daß wir bei der Frage nach dem, was die Heilige Schrift als Offenbarung bezeugt, auf das Problem der Trinitätslehre stoßen, daß wir also Anlaß haben, zunächst diesem unsere Aufmerksamkeit zuzuwenden. Es gilt nun erst genau hinzusehen, um uns klarzumachen, daß wirklich schon der christliche Offenbarungsbegriff das Problem der Trinitätslehre in sich enthält, daß man ihn gar nicht analysieren kann, ohne als ersten Schritt eben diesen zu tun: zu versuchen, die Trinitätslehre zu Worte kommen zu lassen.

Gottes Offenbarung ist nach der Schrift Gottes eigenes unmittelbares Reden, nicht zu unterscheiden von dem Akt dieses Redens, also nicht zu unterscheiden von Gott selbst, von dem göttlichen Ich, das dem Menschen in diesem Akt, in dem es Du zu ihm sagt, gegenübertritt. Offenbarung ist *Dei loquentis persona.*

Von dem umfassenden Begriff des Wortes Gottes her gesehen ist zu sagen: hier, in Gottes Offenbarung, ist Gottes Wort identisch mit Gott selbst. Das kann man unter den drei Gestalten des Wortes Gottes unbedingt und in strengster Eigentlichkeit nur von der Offenbarung sagen, nicht in derselben Vorbehaltlosigkeit und Direktheit auch von der Heiligen Schrift und von der kirchlichen Verkündigung. Denn wenn man dasselbe auch von ihnen sagen kann und muß, so muß man jedenfalls einschalten, daß ihre Identität mit Gott eine indirekte ist. Man wird ja ohne ihren Charakter als Gottes Wort leugnen oder auch nur einschränken zu wollen, daran denken müssen, daß das Wort Gottes hier vermittelt ist: durch die menschlichen Personen der Propheten und Apostel, die es empfingen und weitergaben und wiederum durch die menschlichen Personen seiner Ausleger und Verkündiger, daß Heilige Schrift und Verkündigung Wort Gottes immer wieder werden müssen um es zu sein. Wenn auch in der Heiligen Schrift und in der kirchlichen Verkündigung das Wort Gottes Gott selbst ist, dann darum, weil es sich in der Offenbarung, von der sie zeugen, so verhält. Indem wir das Wort Gottes als das verkündigte und geschriebene verstehen, verstehen wir es gewiß nicht in einem minderen Grade als Wort Gottes. Wir verstehen dann aber dasselbe Wort Gottes in seiner Beziehung eben auf die Offenbarung. Verstehen wir es dagegen als offenbartes, so verstehen wir es ohne solche Beziehungen oder vielmehr: als den Grund jener Beziehungen, in denen es auch das Wort Gottes ist. Wir verstehen es dann als unverschieden von dem Ereignis, kraft dessen es auch in jenen Beziehungen das eine Wort Gottes ist, also als unverschieden von dem eigenen direkten Reden Gottes, also als unverschieden von Gott selbst. Das ist's, was die Offenbarung im Unterschied zu der Heiligen Schrift und zu der kirchlichen Verkündigung — wir werden nicht sagen auszeichnet, weil ein Rang- und Wertunterschied hier nicht in Betracht kommt, wohl aber kennzeichnet. (Vgl. dazu § 4, 3 und 4.)

Gottes Offenbarung ist nach der Heiligen Schrift ein Grund, der keinerlei höheren oder tieferen Grund über sich oder hinter sich hat, sondern der schlechterdings in sich selber Grund ist und also dem Menschen gegenüber eine Instanz, der gegenüber kein Appell an eine obere Instanz möglich ist. Ihre Wirklichkeit sowohl wie ihre Wahrheit beruhen nicht auf einer übergeordneten Wirklichkeit und Wahrheit, müssen nicht erst von einem solchen anderen Ort aus als Wirklichkeit aktualisiert und legitimiert werden, sind also auch nicht an der Wirklichkeit und Wahrheit, die an einem solchen anderen Ort zu finden wäre, gemessen, nicht mit einer solchen zu vergleichen, nicht im Blick auf eine solche als Wirklichkeit und Wahrheit zu beurteilen und zu verstehen. Sondern Gottes Offenbarung hat ihre Wirklichkeit und Wahrheit ganz und in jeder Hinsicht — also ontisch und noetisch — in sich selber. Nur indem man sie leugnet, kann man ihr einen von ihr selbst verschiedenen höheren oder tieferen Grund zuschreiben, oder sie von einem solchen höheren oder tieferen Grund aus verstehen, annehmen oder ablehnen wollen. Wohlverstanden: auch Annahme der Offenbarung von einem solchen von ihr verschiedenen und ihr vermeintlich überlegenen Grund aus — also z. B. eine Bejahung der Offenbarung, bei der der Mensch zuvor sein Gewissen zum Richter über sie eingesetzt hätte — kann nur unter Verleugnung der Offenbarung stattfinden. Offenbarung wird von keinem Anderen her wirklich und wahr, weder in sich noch für uns. Sie ist es in sich und für uns durch sich selber. Das unterscheidet sie auch von dem Zeugnis, das der Prophet und der Apostel und das der Ausleger und Verkündiger der Schrift von ihr gibt, jedenfalls sofern man dieses Zeugnis für sich betrachtet. Kann man auch von diesem Zeugnis dasselbe sagen: daß es in sich und für uns durch sich selber begründet sei, dann kraft dessen, daß dieses Zeugnis sich nicht bloß auf die Offenbarung beziehen will, sondern wirklich bezieht, weil die Offenbarung auch in ihm Ereignis geworden ist. Das kann geschehen. Das muß aber auch geschehen, damit die Schrift und die Verkündigung Wort Gottes seien. Sie müssen es **werden**. Die Offenbarung muß es nicht erst werden. In ihr ruht und lebt die Fülle des ursprünglichen, in sich selbst wesenden **Seins** des Wortes Gottes.

Vgl. zu diesem ganzen Zusammenhang: Eduard Thurneysen, Offenbarung in Religionsgeschichte und Bibel, Z. d. Z. 1928 S. 453 f. — Altes und Neues Testament sind durchaus einig in der Anschauung, daß die Aussprüche Gottes, wie sie nach ihrem Zeugnis an die Menschen ergangen sind, ein in sich geschlossenes Novum bilden gegenüber Allem, was die Menschen sich selbst oder was sie einander sagen können. Man kann dem, was in der Bibel Offenbarung heißt, gehorchen oder nicht gehorchen, glauben oder nicht glauben — beides kommt vor — man kann aber nicht von anderswoher einsehen, man kann sich nicht von anderswoher darüber orientieren, ob sie wirklich geschehen und ob ihr Inhalt wahr ist. Man kann sie nicht nur nicht selbst hervorbringen (wie die Baalspfaffen auf dem Karmel, 1. Kön. 18, es tun wollten), man kann sie auch nicht als Offenbarung kontrollieren (wie man es mit der Forderung von „Zeichen" Jesus gegenüber vergeblich versucht hat). Man kann nur innerhalb ihres geschlossenen Kreises stehen oder vielmehr gehen oder aber — die rätselhafte und doch immer wieder unheimlich zunächst liegende Möglichkeit des *mysterium iniquitatis*, „beschlossen unter den Unglauben" (Röm. 11, 32) — draußen stehen und gehen. Jesus redet ὡς ἐξουσίαν ἔχων (Matth. 7, 29). Was heißt das? Die Fortsetzung lautet: Nicht wie ihre Schriftgelehrten, d. h. offenbar: nicht wie solche, die sich im besten Fall auf die andere höhere Instanz eines schon vorliegenden Offenbarungszeugnisses beziehen müssen. Darum ist es dem Paulus so wichtig, den Herrn Jesus selbst gesehen und gehört zu haben und nicht nur durch die Überlieferung von ihm zu wissen. Sein Apostolat steht und fällt mit dieser seiner Unmittelbarkeit zur Offenbarung bzw. mit dieser Unmittelbarkeit der Offenbarung selber. Ebenso in sich selbst begründet und letztinstanzlich tritt aber auch die Größe auf, die besonders im Neuen Testament als der Geist mit seinen Entscheidungen in größten und kleinsten Dingen (bis auf die Reiserouten der Apostel) auf den Plan geführt wird. Wer nach der Bibel der Offenbarung Gottes teilhaftig und ihr gehorsam wurde, der hatte nicht Motive und Gründe dazu, der ist nicht belehrt und überzeugt worden, der folgte weder seiner Vernunft oder seinem Gewissen noch der Vernunft und dem Gewissen anderer Menschen — das Alles mochte auch geschehen, aber die Bibel spricht wenig davon und in dieser Sache ist nicht das wichtig — dem ist diese ἐξουσία entgegengetreten und ihr und niemand und nichts sonst hat er sich gebeugt. Er hat einem **Befehl gehorcht**.

Wir fassen das Alles zusammen in den Satz: **Gott offenbart sich als der Herr**. Dieser Satz ist als ein analytisches Urteil zu verstehen. Die Unterscheidung von Form und Inhalt kann man auf den biblischen Offenbarungsbegriff nicht anwenden. Es ist also, wo nach der Bibel Offenbarung Ereignis ist, keine zweite Frage, welches denn nun ihr Inhalt sein möchte. Und ihr Inhalt könnte nicht ebensogut in einem anderen Ereignis als in diesem offenbar werden. Sondern Offenbarung ist hier als solche — gewiß entsprechend dem Reichtum Gottes kein Mal wie das andere, sondern immer neu, aber als Offenbarung unter allen Umständen die Ankündigung der βασιλεία τοῦ θεοῦ, der Herrschaft Gottes. Und wie sollte die Ankündigung dieser βασιλεία anders erfolgen können als eben mittels dessen, was hier Offenbarung heißt? Das heißt Herr sein, was Gott in seiner Offenbarung dem Menschen gegenüber ist. Das heißt als Herr handeln, wie Gott in seiner Offenbarung am Menschen handelt. Und das heißt einen Herrn bekommen, was der Mensch an Gott bekommt, indem er seine Offenbarung empfängt — Offenbarung hier immer in dem unbedingten Sinn verstanden, wie sie uns eben im Zeugnis der Schrift entgegentritt. Alles was wir sonst als „Herrschaft" kennen, müßte sein: Abbild, und ist in Wirklichkeit: betrübte Karikatur **dieser Herrschaft**. Ohne Offenbarung weiß der Mensch das nicht, daß es einen Herrn gibt, daß er, der Mensch, einen Herrn hat und daß Gott dieser Herr ist. Durch die Offenbarung weiß er es. Offenbarung ist Offenbarung von **Herrschaft** und eben damit Offenbarung **Gottes**. Denn das ist die Gottheit Gottes, das ist's, was der Mensch nicht weiß, und was Gott ihm offenbaren muß und nach dem Zeugnis der Schrift offenbart: Herrschaft. Herrschaft liegt in der Offenbarung eben darum vor, weil ihre Wirklichkeit und Wahrheit so ganz in sich selbst begründet ist, weil sie sich nicht anders zu aktualisieren und zu legitimieren braucht, als dadurch, daß sie geschieht, weil sie nicht in irgendeiner Beziehung zu etwas Anderem, sondern durch sich selbst Offenbarung, weil sie jenes in sich geschlossene Novum ist. Herrschaft heißt **Freiheit**.

Der vorhin hervorgehobene biblische Begriff ἐξουσία besagt bekanntlich beides.

Gottheit heißt in der Bibel Freiheit, ontische und noetische Eigenständigkeit. In den Entscheidungen, die in dieser Freiheit Gottes fallen, wird das göttlich Gute Ereignis, verdienen es Wahrheit, Gerechtigkeit, Heiligkeit, Barmherzigkeit zu heißen, was ihre Namen besagen, weil sie es in der Freiheit Gottes wirklich sind So, als dieser Freie, als der allein Freie, hat der Gott der Bibel Herrschaft. So offenbart er sie auch.

Gerade jene für die biblische Offenbarung so charakteristische Selbstgenugsamkeit oder Unmittelbarkeit charakterisiert diese Offenbarung einerseits als Offenbarung Gottes, andererseits als Offenbarung von **Herrschaft**. Aber ganz charakteristisch wird das Alles doch erst dann, wenn wir nun darauf achten, daß es sich nicht etwa abstrakt um Offenbarung von **Herrschaft**, sondern konkret um die Offenbarung des **Herrn** handelt, nicht um Gottheit (und wäre es die als Freiheit verstandene Gottheit), sondern um **Gott selbst**, der in dieser Freiheit als **Ich** redet und mit **Du** anredet. Daß das geschieht, heißt in der Bibel Offenbarung und also Offenbarung seiner Herrschaft. Damit, daß dieses Ich redet und mit Du anredet, kündigt Gott sein Reich an und unterscheidet er diese Ankündigung von allen Spekulationen über Freiheit, Herrschaft, Gottheit, wie sie der Mensch vielleicht auch ohne Offenbarung anstellen könnte. Indem Freiheit, Herrschaft, Gottheit wirklich und wahr sind in Gott selbst und nur in Gott selbst, unzugänglich und unbekannt also, wenn nicht Gott selbst, wenn nicht dieses Ich redet und mit Du anredet — so, in Gott selbst, sind sie der Sinn des Ereignisses, das die Bibel Offenbarung heißt. „Gott offenbart sich als der Herr" heißt: Er offenbart, was nur er selbst offenbaren kann: sich selbst. Und so: eben als er selbst, hat und übt er seine Freiheit und Herrschaft, ist er Gott, ist er der Grund ohne Gründe, mit dessen Wort und Willen der Mensch ohne alles Warum nur anfangen kann, um eben darin und damit Alles zu empfangen, was wahr und gut zu heißen verdient. Es wird und ist wahr und gut dadurch, daß wir es von **ihm** empfangen, daß Gott als er selbst mit uns ist, so mit uns, wie nur ein Mensch, der Ich sagt und mit Du uns anredet, mit dem Anderen ist, aber nun mit uns ist als der, der **Er** ist, als der **Herr**, der der **Freie** ist. Dieses Mitunssein Gottes ist nach der Bibel das Ereignis der Offenbarung.

Den so verstandenen Satz: **Gott offenbart sich als der Herr** bzw. das, was dieser Satz bezeichnen will, also die durch die Schrift bezeugte Offenbarung selber nennen wir „die Wurzel der Trinitätslehre".

Wir verstehen unter der Trinitätslehre allgemein und vorläufig den Satz: Der, den die christliche Kirche Gott nennt und als Gott verkündigt, also der Gott, der sich nach dem Zeugnis der Schrift offenbart hat, ist in **unzerstörter Einheit derselbe**, aber auch in **unzerstörter Verschiedenheit dreimal anders derselbe**. Oder in den Ausdrücken des Trinitätsdogmas der Kirche: **Der Vater, der Sohn und der Heilige Geist** im biblischen Offenbarungszeugnis sind in der Einheit ihres Wesens der eine Gott, und der eine Gott im biblischen Offenbarungszeugnis ist in der Verschiedenheit seiner Personen der Vater, der Sohn und der Heilige Geist.

Wenn wir den Satz: Gott offenbart sich als der Herr bzw. die mit diesem Satz bezeichnete, durch die Schrift bezeugte Offenbarung selbst als die Wurzel der Trinitätslehre bezeichnen, so ist damit ein Doppeltes gesagt:

Einmal (negativ): der Satz oder die Sätze über die Trinität Gottes können nicht beanspruchen, mit dem Satz über die Offenbarung bzw. mit der Offenbarung selbst direkt identisch zu sein. Die Trinitätslehre ist eine Analyse dieses Satzes bzw. dessen, was er bezeichnet. Die Trinitätslehre ist ein Werk der Kirche, ein Dokument ihres Verständnisses jenes Satzes bzw. seines Gegenstandes, ein Dokument ihrer Erkenntnis Gottes bzw. ihres Kampfes gegen den Irrtum und für die Sachgemäßheit ihrer Verkündigung, ein Dokument ihrer Theologie und insofern ein Dokument ihres Glaubens und nur insofern, nur indirekt, ein Dokument der Offenbarung selber. Der Text der Trinitätslehre, ob wir dabei an eine ihrer kirchlich dogmatischen Formulierungen oder an unsere oder an eine andere theologisch-dogmatische Explikation des kirchlichen Dogmas denken, ist also nicht etwa identisch mit einem Stück des Textes des biblischen Offenbarungszeugnisses. Der Text der Trinitätslehre bezieht sich durchweg auf Texte des biblischen Offenbarungszeugnisses, er enthält auch gewisse jenem Text entnommene Begriffe, aber er tut das wie eine Interpretation das tut, d. h. er übersetzt und exegesiert jenen Text, und das bringt z. B. mit sich, daß er sich auch anderer Begriffe bedient als derer, die in seiner Vorlage enthalten sind. Das bedeutet, daß er nicht nur wiederholt, was dasteht, sondern daß er dem, was dasteht, als Erklärung dessen, was dasteht, ein Neues gegenüberstellt. Wir bezeichnen diesen Abstand gegenüber der Offenbarung und gegenüber der Schrift, dessen sich die Kirche und die Theologie bei ihren Leistungen bewußt sein muß, indem wir unseren Satz über die Offenbarung — auch er ist ja schon als Interpretation zu verstehen — nur als die Wurzel der Trinitätslehre bezeichnen.

Die Trinitätslehre ist schon in der alten Kirche mit dem Argument angefochten worden: sie sei nicht biblisch, d. h. sie stehe so, wie sie von der kirchlichen Theologie formuliert wurde, nirgends in der Bibel zu lesen. Ganz besonders gelte das von den entscheidenden Begriffen „Wesen" und „Person", mit denen sie arbeite, es gelte aber schon von dem Begriff „Trinität" selber. Nun, der Einwand kann gegen jedes Dogma, er kann gegen die Theologie überhaupt und als solche, er müßte dann aber auch gegen jede Verkündigung erhoben werden, die über die Lesung der Heiligen Schrift hinaus auch Erklärung ist. Erklärung heißt nun einmal: ein Vorgesagtes in anderen Worten nachsagen. Daß die Trinitätslehre „nicht in der Bibel stehe", das haben natürlich die Kirchen- und Konzilsväter und erst recht später die Reformatoren in ihrem Kampf gegen die neuen Antitrinitarier auch gewußt. Sie haben aber mit Recht in Abrede gestellt, daß es für die Legitimität, d. h. Biblizität des kirchlichen Dogmas und einer kirchlichen Theologie darauf ankomme, *ipsa etiam verba* (d. h. die Worte der Heiligen Schrift) *totidem syllabis et literis exprimere* (M. Chemnitz, *Loci* ed. 1591 I S. 34). Das bedeute eine *iniqua lex* für die Kirche, eine Verdammung aller Schriftauslegung, die eben darin bestehe, *explicare quod Scripturis testatum consignatumque est* (Calvin, *Instit.* I

13, 3). *Si oporteret de Deo dici solum illa secundum vocem quae sacra scriptura de Deo tradit, sequeretur quod nunquam in alia lingua posset aliquis loqui de Deo, nisi in illa in qua prima tradita est scriptura veteris vel novi testamenti. Ad inveniendum autem nova nomina antiquam fidem de Deo significantia coegit necessitas disputandi cum haereticis* (Thomas v. Aq., *S. th.* I *qu.* 29 *art.* 3). Unzutreffenden Erklärungen der Bibel, selber in der Sprache einer späteren Zeit vorgetragen, mußte eben in der Sprache derselben Zeit entgegengetreten werden. Darin bestand zu allen Zeiten die Aufgabe des Dogmas und der Dogmatik. Darin charakterisieren sich Dogma und Dogmatik in ihrer Unterschiedenheit von der Bibel. Aber darum nicht notwendig als unbiblisch, d. h. widerbiblisch. Sie befinden sich, wie man ohne weiteres zugeben muß, in demselben gefährlichen Raum, in dem sich jeweilen auch die abzuweisenden Irrlehren befinden. Aber was ist das für ein anderer Raum als eben der der *ecclesia militans*, die auf die Propheten und Apostel zu hören, die ihr Wort aber auch in der Sprache späterer Zeiten zu verstehen, unter Gefahr des Mißverständnisses recht zu verstehen sucht. *Nec enim Deus frustra donum prophetiae dedit ecclesiae ad interpretandas scripturas, quod inutile sane foret, si rem scripturis traditam nefas esset aliis vocabulis exprimere* (Fr. Turrettini, *Instit. Theol. elenct.* 1679 I *L.* 3 *qu.* 23, 23). Aber wenn dieser Einwand abzuweisen ist, so wird ihm doch nicht nur diese Erinnerung an die Gefahr aller Theologie, sondern wieder mit Calvin auch das zu entnehmen sein: daß es sich in der Lehre als solcher ihrem Gegenstand gegenüber um eine *impropria loquutio* handelt, daß die Erklärung als solche, sofern sie vom Text verschieden ist, sofern sie mit textfremden Begriffen arbeiten muß, gut und gerne auch „begraben" sein könnte, wenn das rechte Verständnis des Textes sonst gesichert wäre. *(Utinam quidem sepulta essent, constaret modo haec inter omnes fides, Patrem et Filium et Spiritum esse unum Deum: nec tamen aut Filium esse Patrem, aut Spiritum Filium . . . ib. 5.)* Es bedeutete demgegenüber ebenso eine Verwechslung der Kategorien, wie eine Vergewaltigung der Tatsachen, wenn man meinte versichern zu dürfen: *Trinitatis dogma non est ecclesiae traditio tantum, sed doctrina in sacris literis expressa* (J. Wolleb, *Christ. Theol. Comp.* 1626 *L.* I *cap.* 2 *can.* 2, 1).

Mit der Bezeichnung der Offenbarung als der Wurzel der Trinitätslehre ist sodann (positiv) auch das gesagt: der Satz oder die Sätze über die Trinität Gottes wollen allerdings mit dem Satz über die Offenbarung nicht direkt, aber indirekt identisch sein. Die Neuheit, die Andersheit, in der sie neben jenen ersten Satz bzw. neben dessen Inhalt treten, kann nicht bedeuten: Eine erste, sagen wir die biblische Zeit, hat noch einen Glauben ohne Offenbarung und Erkenntnis des dreieinigen Gottes gehabt. Was sie mit der Entgegenstellung und der Einheit zwischen Jahve und dem Engel Jahves, zwischen Vater, Sohn und Geist meinte, das war in Wirklichkeit ein nicht ganz geklärter Monotheismus, ein stark gebrochener Polytheismus oder dgl. — dann kam eine zweite, sagen wir die altkirchliche Zeit, die denselben Glauben aus allerhand Gründen nun wirklich trinitarisch im Sinne des Dogmas formulieren zu müssen meinte — und nun stünden wir in einer dritten, sagen wir der modernen Zeit, für die wiederum sowohl die Bibel als auch das Dogma Dokumente des Glaubens vergangener Zeiten geworden sind, denen gegenüber wir jede Freiheit hätten, unseren Glauben ebenso oder auch nicht ebenso auszudrücken. Nein, wir verstehen — mit welchem Recht und in welchem Sinn, wird freilich erst zu zeigen sein — das Dogma als eine notwendige und sachgemäße Analyse der Offenbarung, die Offenbarung selbst also durchaus als richtig interpretiert eben durch das Dogma. Die Bibel kann das Trinitätsdogma ebensowenig explizit enthalten, wie sie die anderen Dogmen explizit enthält; denn ihr Zeugnis, das ja auch in einer bestimmten geschichtlichen Situation oder in einer Vielheit von solchen abgegeben wurde, steht als Zeugnis von der Offenbarung wohl der irrenden Menschheit insgemein, aber nicht diesen und jenen explizierten Irrtümern der Kirchengeschichte als solchen gegenüber. Ihr Zeugnis ist aber als Zeugnis von der Offenbarung nicht nur die Urkunde des Glaubens einer bestimmten Zeit, sondern indem sie das ist, zugleich die Instanz, an der der Glaube jederzeit sich messen lassen muß und auch ungeachtet der Verschiedenheit der Zeiten gemessen werden kann.

Man konnte und kann also zwar sinnvoller Weise weder Arius noch Pelagius, weder den tridentinischen Katholizismus noch Servet, weder Schleiermacher noch Tillich direkt aus der Bibel widerlegen in dem Sinn, als ob ihre Irrlehren dort *totidem syllabis et literis* Kapitel und Vers soundsoviel schon widerlegt wären, als ob sich das Wort Gottes dort über die jeweiligen Angelegenheiten der verschiedenen Zeiten schon ausgesprochen hätte und bloß aufgeschlagen zu werden brauchte, um die richtige Entscheidung herzugeben. Man kann und muß aber zur dogmatischen Entscheidung in den jeweiligen Angelegenheiten der verschiedenen Zeiten aus dem jeweilig neu zu entdeckenden Grund der Schrift argumentieren, wenn man nicht ebenso willkürlich, ebenso untheologisch argumentieren will wie wahrscheinlich der Gegner.

Daraus folgt, daß der Beweis für die Wahrheit des Dogmas, das als solches „nicht in der Bibel steht", nicht etwa schon damit geführt ist, daß es nun einmal Dogma ist, sondern nur daraus, daß wir es als eine zutreffende Interpretation der Bibel verstehen können und müssen. Es wird später davon zu reden sein, daß und warum wir an das Dogma mit einem gewissen Vorurteil für seine Wahrheit, mit einem ganz bestimmten Respekt vor seiner (nicht absoluten aber relativen) Autorität heranzutreten haben. Aber das schließt nicht aus sondern ein, daß die Dogmatik das Dogma zu beweisen, d. h. aber seinen Grund, seine Wurzel in der Offenbarung bzw. im biblischen Zeugnis von der Offenbarung nachzuweisen hat. Wenn das Dogma keine solche Wurzel hätte, wenn es sich etwa zeigen ließe, daß bei seiner Entstehung vorwiegend oder ganz eingelegt statt ausgelegt worden ist, wenn es also nicht als Analyse der Offenbarung zu verstehen wäre, dann wäre es auch nicht als Dogma zu anerkennen.

In diesem Sinn können wir eine ganze Reihe von Dogmen der römisch-katholischen Kirche, etwa das von der mit der Heiligung zusammenfallenden Rechtfertigung oder das von Maria oder das vom Fegfeuer oder das von der Siebenzahl der Sakramente oder das von der Infallibilität des Papstes nicht als Dogma anerkennen. Ebensowenig natürlich die spezifischen Dogmen des protestantischen Modernismus wie das von der geschichtlichen Entwicklung der Offenbarung oder das von der Kontinuität zwischen Gott und Mensch im religiösen Erlebnis. Wir sehen die „Wurzel" nicht, die diese Lehren in der Offenbarung bzw. in deren biblischer Bezeugung haben müßten, um Dogmen sein zu können.

Indem wir die Offenbarung als die Wurzel der Trinitätslehre bezeichnen, zeigen wir also an, daß wir das biblische Zeugnis von Gott in seiner Offenbarung und die Trinitätslehre zwar durchaus nicht verwechseln oder in eins setzen, wohl aber zwischen beiden einen echten und begründeten Zusammenhang zu sehen meinen. Womit dann selbstverständlich gesagt ist, daß die Trinitätslehre auch für uns selbst, für die Dogmatik unserer Zeit — so gewiß das eine ganz andere Zeit ist als die des Athanasius und Augustin — durchaus aktuelle und nicht nur historische Relevanz hat, d. h. daß die Kritik und Korrektur der kirchlichen Verkündigung sich auch heute in Form der Entwicklung der Trinitätslehre vollziehen muß, daß der Text der Trinitätslehre — natürlich auch er in unserer eigenen Auslegung! auf Auslegung verzichten hieße ja überhaupt auf ihn verzichten — uns zum notwendig zu benützenden Kommentar für die Auslegung der Bibel und also für den Gebrauch des dogmatischen Kriteriums wird.

Aber kommen wir zur Sache: also der Grund, die Wurzel der Trinitätslehre, wenn sie eine solche hat und also mit Recht Dogma ist — und sie hat eine solche, sie ist mit Recht Dogma — liegt in der Offenbarung.

Frage 25 des Heidelberger Katechismus lautet folgendermaßen: Dieweil nur ein einig Göttlich wesen ist: warumb nennestu drey, den Vatter, Son, und heiligen Geist? Die Frage ist fast wörtlich übernommen aus dem Genfer Katechismus von 1545, wo Calvin selbst sie folgendermaßen beantwortete: *Quoniam in una Dei essentia Patrem intueri nos convenit... deinde Filium ... postremo Spiritum sanctum* (K. Müller, Bekenntnisschr. d. ref. Kirche 1903 S. 118, 25). Was heißt das: *Quoniam nos convenit?* Deutlicher hat Calvin in der Institutio (I 13, 2) geantwortet: *nam ita se praedicat unicum esse, ut distincte in tribus personis considerandum proponat.* Und dementsprechend formuliert der Heidelberger seine Antwort: Darumb dass sich Gott also in seinem wort gooffenbaret hat, dass dise drey underschiedliche Personen, der einig warhafftig ewig Gott seind. Also darum und insofern: *convenit*. Man könnte hier einwenden, daß Calvin und seine Nachfolger mit dieser Berufung auf die Offenbarung gewiß nur gemeint hätten, daß die Dreieinigkeit Gottes eben wie allerlei anderes in der Schrift bezeugt sei. Aber daß gerade ihre Einführung in dieser seltsamen Weise begründet wird, das wäre doch schon an sich sehr auffällig. Und wir dürfen nun an die früher zitierten Worte Calvins u. a. erinnern, aus denen hervorgeht, daß den alten Protestanten die Trinität durchaus nicht nur ein Glaubensartikel unter anderen war, sondern die grundlegende Antwort auf die Frage: Wer ist der Gott, auf den sich alle anderen Glaubensartikel beziehen? Wenn wir diese Frage mit der Lehre von der Offenbarung als solcher beantworten, so tun wir damit technisch allerdings etwas, was vor vierhundert Jahren so nicht getan worden ist. Wir entfernen uns aber sachlich sicher nicht von den Absichten jener Zeit, wenn wir darauf hinweisen, daß die Offenbarung als solche — die biblisch bezeugte Offenbarung nämlich — der Grund der Trinitätslehre ist bzw. daß die Trinitätslehre die angemessene Interpretation gerade dieser Offenbarung als solcher ist.

Wir sagen damit nicht: die Trinitätslehre ist bloß die Interpretation der Offenbarung und nicht auch eine Interpretation des in der Offen-

2. Die Wurzel der Trinitätslehre

barung sich offenbarenden Gottes. Das wäre darum sinnlos, weil ja eben die Offenbarung die Selbstinterpretation dieses Gottes ist. Haben wir es mit seiner Offenbarung zu tun, so haben wir es mit ihm selbst und nicht, wie die Modalisten aller Zeiten meinten, mit einer von ihm selbst unterschiedenen Entität zu tun. Und eben als Antwort auf die Frage nach dem in der Offenbarung sich offenbarenden Gott interessiert uns ja die Trinitätslehre. Damit ist gesagt: sie ist auch ein Bestandteil, und zwar der entscheidende Bestandteil der hier noch nicht zur Besprechung stehenden Gotteslehre. Wir nehmen die Besprechung dieses Bestandteils der Gotteslehre hier vorweg und werden später alles Übrige, was in diesem Zusammenhang zu entwickeln sein wird, eben auf diese Voraussetzung, die Dreieinigkeit Gottes, aufbauen. Man kann in einer Dogmatik der christlichen Kirche vom Wesen und von den Eigenschaften Gottes nicht recht reden, wenn nicht vorausgesetzt ist: es ist Gott Vater, Sohn und Heiliger Geist, von dem da die Rede ist. Aber diese Tatsache: daß die Trinitätslehre die Grundvoraussetzung auch der Gotteslehre als solcher ist, ist nun wieder kein Hindernis, sie nicht auch und gerade schon als Interpretation der Offenbarung als solcher zu verstehen. Nicht als eine erschöpfende Interpretation: um eine solche zu geben, können wir nicht nur von dem Gott, der sich offenbart, sondern müssen wir auch von der Art, wie er sich und von dem Menschen, dem er sich offenbart, reden, und dazu bedürfen wir weiterer Vorwegnahmen aus dem Gebiet der sog. speziellen Dogmen; es sind bestimmte Teile der Christologie und der Pneumatologie, an die wir uns dabei werden halten müssen. Der Trinitätslehre aber entnehmen wir in der Tat: wer der Gott ist, der sich offenbart, und darum lassen wir sie hier als Interpretation der Offenbarung zu Worte kommen. Wir sagen also damit nicht: die Offenbarung ist der Grund der Trinität, als ob Gott nur in seiner Offenbarung und um seiner Offenbarung willen der dreieinige wäre. Wir sagen aber allerdings: die Offenbarung ist der Grund der Trinitätslehre; die Trinitätslehre hat keinen anderen Grund als diesen. Wir kommen nicht auf einem anderen Weg zur Trinitätslehre als eben auf dem Weg einer Analyse des Offenbarungsbegriffs. Und umgekehrt: die Offenbarung muß, um richtig interpretiert zu werden, als Grund der Trinitätslehre interpretiert werden; man kann die für den Offenbarungsbegriff entscheidende Frage nach dem sich offenbarenden Gott nicht in Absehung von der in der Trinitätslehre gegebenen Antwort eben auf diese Frage beantworten, sondern gerade die Trinitätslehre ist die hier zu gebende Antwort. Wir sagen also damit, daß wir die Trinitätslehre als die Interpretation der Offenbarung oder die Offenbarung als den Grund der Trinitätslehre bezeichnen: wir finden die Offenbarung selbst in der Heiligen Schrift so bezeugt, daß unser auf dieses Zeugnis sich beziehendes Verständnis der Offenbarung bzw. des sich offenbarenden Gottes eben die Trinitätslehre sein muß.

§ 8. *Gott in seiner Offenbarung*

Wir meinen damit nicht nur diejenigen Stellen, die man mit hoher Wahrscheinlichkeit schon im Blick auf ihren Wortlaut als **explizite** Hinweise auf die mit Recht kommende und also schon in der Offenbarung bzw. in ihrem biblischen Zeugnis selbst angelegte Trinitätslehre verstehen darf oder muß, also nicht nur die Stellen, in denen deutlich von einer Dreiheit in der Einheit und von einer Einheit in der Dreiheit des sich offenbarenden Gottes die Rede ist.

Im Alten Testament darf als solch expliziter Hinweis vielleicht die Stelle Jes. 61, 1 f. erwähnt werden, wo in einem Atemzug von dem **Herrn Jahve** und von einem von diesem Herrn gesalbten **Träger der Heilsbotschaft**, auf dem wieder der **Geist dieses Herrn** ruht, die Rede ist. Im Neuen Testament haben wir hier natürlich vor allem an den Taufbefehl Matth. 28, 19 zu denken, in welchem, welcher Schicht der Überlieferung er auch angehören mag, Vater, Sohn und Heiliger Geist jedenfalls nicht nur ausdrücklich und unterschieden und sogar in der später klassisch gewordenen Reihenfolge genannt, sondern auch zusammengefaßt werden in dem Begriff des göttlichen „Namens", in den hinein (bzw. hinein in die eine durch diesen Namen bezeichnete göttliche Wirklichkeit) die „Völker" getauft werden sollen. Neben diese Stelle darf Röm. 1, 1—4 gestellt werden, wo das Evangelium bezeichnet wird nach seinem Urheber als das εὐαγγέλιον θεοῦ, nach seinem Inhalt als handelnd von dem υἱὸς θεοῦ, während das πνεῦμα ἁγιωσύνης bezeichnet wird als der Faktor, durch den dieser „Sohn Gottes" in seiner Auferstehung als solcher „abgegrenzt" und insofern (für die, denen er offenbar wird und die an ihn glauben) als solcher „eingesetzt" (ὁρισθείς) ist. Auf dem Höhepunkt desselben Briefes erscheint dann (11, 36) das berühmte Wort: ἐξ αὐτοῦ καὶ δι' αὐτοῦ καὶ εἰς αὐτὸν τὰ πάντα, an das man wohl so viele und so schwere exegetisch-systematische Gewichte nicht hängen darf, wie dies **Wobbermin** (bes. Systemat. Theol. III 1925 S. 392 f.) getan hat, weil es ja entscheidend nicht sowohl eine Aussage über Gott als vielmehr eine Aussage über die Welt und ihr Verhältnis zu Gott bedeutet. Dafür ist gerade dieses Wort um so erleuchtender für die Beziehungen, in denen der göttliche αὐτός als dreimal derselbe, aber dreimal anders derselbe, erkennbar wird. Nicht zufällig dürfte auch die Art sein, wie die Begriffe θεός, κυριος, πνεῦμα, 2. Thess. 2, 13, auftauchen und verwendet werden. (Dagegen ist die noch im Zeitalter der Orthodoxie hochgeschätzte Stelle 1. Joh. 5, 7 f. zwar in ihrem ursprünglichen Wortlaut — Geist, Wasser und Blut — ein interessantes Zeugnis für die Einheit und Verschiedenheit zwischen Christus und Geist, in ihrem später teilweise verbreiteten und berühmt gewordenen Textgestalt dagegen — Vater, Wort und Geist — für die Eruierung der neutestamentlichen Lehre als solcher nicht zu verwenden.) Jenen vier Stellen dürfen dann zur Seite gestellt werden eine Reihe von solchen, in denen ebenfalls und mehr oder weniger deutlich in denselben besonderen Funktionen, aber nun in mannigfach bewegter Reihenfolge, jene Drei erscheinen. Wir finden nach 1. Petr. 1, 2 die Erwählung der Gläubigen begründet in der πρόγνωσις θεοῦ πατρός, vollzogen in dem ἁγιασμὸς πνεύματος und abgezweckt εἰς ὑπακοὴν καὶ ῥαντισμὸν αἵματος· Ἰησοῦ Χριστοῦ. Wir hören Apok. 1, 4 von der Gnade und dem Frieden, die den sieben Gemeinden gewünscht werden, daß sie herzuleiten seien ἀπὸ ὁ ὢν καὶ ὁ ἦν καὶ ὁ ἐρχόμενος (man beachte, wie sich hier der erste und grundlegende Begriff noch einmal paradox in eine bedeutsame Dreiheit zerlegt), καὶ ἀπὸ τῶν ἑπτὰ πνευμάτων ἃ ἐνώπιον τοῦ θρόνου αὐτοῦ (der eine Geist soll hier offenbar zugleich als der besondere Geist jeder einzelnen der sieben Gemeinden bezeichnet werden) — καὶ ἀπὸ Ἰησοῦ Χριστοῦ dem treuen Zeugen usw. Steht in diesen zwei Stellen Christus, wenn auch gewichtig genug, an dritter Stelle, so rückt er in zwei anderen an die erste. Das geschieht 2. Kor. 13, 13, wo der sog. apostolische Segen die Gnade Jesus Christus, die Liebe Gott dem Vater und die κοινωνία dem Heiligen Geist zuschreibt, und Mark. 1, 9 f., wo auf Jesus als das beherrschende Subjekt der Taufgeschichte der Heilige Geist herniedersteigt, wonach eine Stimme vom Himmel seine Gottessohnschaft bestätigt. (Vgl. dazu Fr. Turrettini, *Instit. Theol. elenct. 1679 I Loc. 3, qu. 25, 7:* *Alius auditur, sed nec videtur, nec descendit. Alius non auditur, sed visibili specie descendit. Alius descendit et ascendit e flumine baptizatus in conspectu omnium.*) Wiederum fehlt es aber auch nicht an Stellen, in denen der Geist als das erste und im Zusammenhang namhafteste Glied der Dreiheit genannt wird: dem Heiligen Geist folgen Jud. 20—21 Gott und der κύριος Ἰησοῦς Χριστός oder es erscheint 1. Kor. 12, 4 f. und Eph. 4, 4 f. die klassische Reihenfolge Gott Vater, Sohn und Heiliger Geist nun geradezu umgekehrt, wobei doch gerade diese zwei letzten Stellen wieder besonders merkwürdig sind durch das die Einheit betonende αὐτός oder εἷς, mit denen die drei Begriffe eingeführt werden.

Wir haben uns darüber geeinigt, daß wir nicht erwarten dürfen, die Trinitätslehre im Alten oder Neuen Testament geradezu ausgesprochen zu finden. Man wird aber nur schon im Blick auf das Vorhandensein dieser expliziten Hinweise nicht leugnen können, daß die Problematik, die sich später in der Trinitätslehre entfaltet hat, der Bibel nicht fremd, sondern in ihr mindestens vorgebildet ist. Und dieser explizite Hinweis wird ja nun erst gewichtig dadurch, daß er von einem ganzen Netz von impliziten Hinweisen umgeben ist und vor allem dadurch, daß man das ganze Thema der Offenbarung Gottes, wie es im Alten und Neuen Testament, zentriert im Neuen, behandelt ist, gar nicht berühren geschweige denn erfassen kann, ohne eben auf die Vorbildung jener Problematik zu stoßen. Das ist's, was wir nun zu zeigen haben.

Gott offenbart sich als der Herr, in diesem Satz haben wir unser Verständnis der Form und des Inhalts der biblischen Offenbarung zusammengefaßt. Die Frage ist nun die: muß man diesen Satz ohne der Einheit seines Gehaltes zu nahe zu treten, in einem dreifachen Sinn verstehen und ohne seinem dreifachen Sinn zu nahe zu treten, als einheitlich in seinem Gehalt? Wenn dieser Satz, nicht in irgendeiner allgemeinen Bedeutung, sondern bezogen auf das, was in der Bibel Offenbarung heißt, dieses Verständnis erfordert, dann ist eingesehen, was auf Grund der eben angeführten Stellen nur als höchstwahrscheinlich zu vermuten ist, daß dieser Satz in der Tat die „Wurzel" der Trinitätslehre, daß die Problematik der Trinitätslehre in der Tat in der Offenbarung, wie sie in der Bibel bezeugt wird, vorgebildet ist. Dabei werden wir nun aber nicht mehr nach dem Schema Subjekt, Prädikat, Objekt (Offenbarer, Offenbarung, Offenbarsein) vorgehen, das uns ja nur klarmachen sollte, daß und inwiefern wir durch die Offenbarung selbst an das Problem der Dreieinigkeit herangeführt werden. Oder vielmehr: wir lösen dieses Schema — es hat und es behält seine Bedeutung — nun in der der konkreten Gestalt der biblischen Offenbarung auf der einen und der Trinitätslehre auf der anderen Seite entsprechenden Weise auf. Die Frage nach Offenbarer, Offenbarung und Offenbarsein entspricht der logisch-sachlichen Ordnung sowohl der biblischen Offenbarung als auch der Trinitätslehre. Wir werden darum nachher, wenn diese zu entwickeln sein wird, auf diese Ordnung zurückkommen. In einer anderen Ordnung müssen wir aber fragen, wenn wir nun sehen wollen, wie die biblische Offenbarung und die Trinitätslehre unter sich zusammenhängen, wie die zweite aus der ersten hervorgehen konnte und hervorgegangen ist. Das ist eine geschichtliche Frage, die als solche ihre besondere Gestalt hat. Sie ist aber dadurch bestimmt, daß einerseits die biblische Offenbarung ein bestimmtes geschichtliches Zentrum und andererseits die Trinitätslehre einen bestimmten geschichtlichen Anlaß in der biblischen Offenbarung hat. Geschichtlich betrachtet und gesprochen haben die drei in der Bibel beantworteten Fragen nach dem Offenbarer, nach der Offenbarung, nach dem Offenbarsein nicht das gleiche Gewicht, sondern es ist vielmehr der **zweite** dieser Begriffe: das **Handeln Gottes in seiner Offenbarung** — Offenbarung als Antwort auf die Frage: **Was tut Gott?** also das Prädikat jenes Satzes — das eigentliche Thema des biblischen Zeugnisses. Im Rahmen dieses Themas werden dann die beiden anderen — sachlich ebenso wichtigen — Fragen beantwortet. Und so ist auch die Trinitätslehre geschichtlich betrachtet, in ihrer Entstehung und Ausbildung, nicht gleichmäßig an Vater, Sohn und Heiligem Geist interessiert gewesen, sondern auch hier war das Thema zunächst die **zweite Person der Dreieinigkeit, Gott der Sohn, die Gottheit Christi.**

Es handelt sich um die dogmengeschichtliche Einsicht, die Harnack (Lehrb. d. Dogmengesch. 4. Aufl. 1909 1. Bd. S. 90) formuliert hat in dem Satz: „Das Bekenntnis zu dem Vater, dem Sohn und dem Geist ist ... die Entfaltung des Glaubens, daß Jesus der Christ sei." Sachlich entsprechend O. Scheel (RGG.[2] Art. Dreieinigkeit III): „Die Geschichte der Dreieinigkeitslehre ist zunächst eine Geschichte des Logosbegriffs im Christentum." Es handelt sich dabei um dieselbe Einsicht, die schon Irenäus, anknüpfend an den Namen Christus unter Berufung auf Jes. 61, 1 entwickelt hat: *In Christi enim nomine subauditur qui unxit et ipse qui unctus est et ipsa unctio in qua unctus est. Et unxit quidem Pater, unctus vero est Filius in Spiritu qui est unctio* (C. o. h. III 18, 3).

Im Rahmen dieses Themas, der Frage nach der Gottheit Christi, wenn auch logisch-sachlich alsbald gleiches Gewicht beanspruchend, sind dann auch hier die zwei anderen Fragen zunächst als notwendiges Gegenstück zu der Frage nach dem Sohn: die nach dem Vater und dann die nach dem Geist des Vaters und des Sohnes zur Sprache gekommen.

Wenn dies so notwendig und richtig war, wäre also zu sagen, daß wir in 2. Kor. 13, 13 mit der Reihenfolge: Christus, Gott, Geist die genuinste Form des biblischen Zeugnisses in dieser Sache vor uns haben. Die geschichtliche Entwicklung der Trinitätslehre aus dem Offenbarungszeugnis vollzog sich jedenfalls auf diesem Weg, und diesem Weg werden wir nun folgen müssen.

1. **Offenbarung bedeutet in der Bibel die Menschen zuteil werdende Selbstenthüllung des seinem Wesen nach dem Menschen unent-**

2. Die Wurzel der Trinitätslehre

hüllbaren Gottes. Das Moment der Selbstenthüllung in dieser Definition darf man als das — nicht logisch-sachliche aber geschichtliche Zentrum des biblischen Offenbarungsbegriffs bezeichnen. Wenn die Bibel von Offenbarung redet, so tut sie das ja in Form des Berichtes von einer Geschichte oder von einer Reihe von Geschichten. Der Inhalt dieser Geschichte und jeder einzelnen von diesen Geschichten ist aber eben jene Selbstenthüllung Gottes. Indem sie uns diesen Bericht gibt, erfahren wir freilich auch, daß es der seinem Wesen nach dem Menschen unenthüllbare Gott ist, der sich daselbst enthüllt, und daß diese Selbstenthüllung bestimmten Menschen zuteil wird. Logisch-sachlich wird das sofort gleich wichtig wie jene berichtete Selbstenthüllung. Geschichtlich bildet diese den Mittelpunkt. Was heißt hier aber Selbstenthüllung? Weil es der seinem Wesen nach dem Menschen unenthüllbare Gott ist, der sich da selbst enthüllt, heißt Selbstenthüllung: Gott tut, was Menschen in keinem Sinn und auf keine Weise selbst tun können: Er macht sich ihnen als Gott gegenwärtig, bekannt und bedeutsam. Er bezieht in dem geschichtlichen Leben von Menschen einen Ort, und zwar je einen ganz bestimmten Ort und macht sich zum Gegenstand menschlicher Anschauung, menschlicher Erfahrung, menschlichen Denkens, menschlicher Sprache. Er macht sich zu einer Instanz und zu einem Faktor, und zwar zu einer konkreten Instanz, zu einem geschichtlichen Faktor, zu einem in der Zeit und in zeitlichen Beziehungen bedeutsamen und wirksamen Element ihres menschlichen Daseins. Er ist selbst, er ist als Gott so für sie da, wie auch ganz andere Dinge oder Personen für sie da sind — etwa so wie Esau für Jakob, wie der Berg Horeb oder die Bundeslade für das Volk Israel, wie Johannes für Petrus, wie Paulus für seine Gemeinde da war — natürlich in seiner besonderen, mit keiner anderen zu verwechselnden Gestalt, aber real und konkret, in bestimmter Gestalt da, so da, daß die Menschen, die es angeht, ohne alle Spekulation und Bildrede sagen können: Immanuel, Gott mit uns! so, daß sie ohne alle Fiktion und Selbsttäuschung Du zu ihm sagen, zu ihm beten können. Das heißt Selbstenthüllung, das ist das, was der Mensch sich nicht verschaffen, sondern was ihm Gott nur geben kann, was er ihm aber auch gibt in seiner Offenbarung. Es ist der Begriff der Gestalt, den wir aus dem Gesagten als den entscheidenden herausheben müssen. Wer und was der sich offenbarende Gott auch sonst sein mag — das ist sicher, daß er in seiner Offenbarung nach dem Zeugnis der Bibel Gestalt hat und daß eben dieses sein Gestalthaben seine Selbstenthüllung ist. Es ist ihm nicht unmöglich und es ist ihm nicht zu gering, in seiner Offenbarung sein eigener Doppelgänger zu sein, Doppelgänger, sofern seine Selbstenthüllung, sein Gestalthaben offenbar keine Selbstverständlichkeit, sondern ein Ereignis, und zwar ein weder aus dem Wollen und Tun der Menschen noch aus dem übrigen Weltlauf erklärliches und abzuleitendes Ereignis ist, sofern ein

Schritt seinerseits zu diesem Ereignis nötig ist und sofern dieser Schritt offenbar bedeutet: ein Neues in Gott, ein sich Unterscheiden Gottes von sich selbst, ein Sein Gottes in einer seiner ersten, verborgenen Seinsweise als Gott gegenüber nicht untergeordneten, wohl aber anderen Seinsweise, nämlich einer solchen Seinsweise, in der er auch für uns seiend sein kann. Der sich hier als Gott offenbart, **kann sich offenbaren**; schon das Faktum seiner Offenbarung sagt dies: es ist ihm **eigentümlich sich von sich selbst zu unterscheiden**, d. h. in sich selbst und verborgen **Gott zu sein** und nun zugleich ganz anders, nämlich offenbar, das heißt aber in Gestalt dessen, was nicht er selbst ist, **noch einmal Gott zu sein**.

Anders noch einmal Gott — das zeigt sich im Alten Testament zunächst darin, daß so ziemlich die sämtlichen für den Jahve Israels bezeichnenden Eigenschaften, seine „**Gerechtigkeit**", mit der er über seinem Bunde mit Israel wacht, seine „**Güte**" und „**Treue**" gegen die Seinen, seine „**Herrlichkeit**", aber auch sein „**Wort**" und sein „**Geist**", die „**Weisheit**" des späteren Alten Testamentes, aber auch das anthropomorphistisch — oder sagen wir besser: gar nicht anthropomorphistisch — ihm zugeschriebene „**Antlitz**", sein „**Arm**", seine „**Hand**", seine „**Rechte**" je und je so zur Sprache gebracht werden, als wären sie nicht nur etwas an oder in Jahve, sondern eben anders noch einmal **Jahve selbst**. Das heißt Offenbarung: daß alle diese menschlichen, allzu menschlichen Begriffe gerade nicht nur das, gerade nicht nur Bezeichnungen und Darstellungen der Wirklichkeit Jahves, sondern die Wirklichkeit **Jahves selber** sind, daß Jahve in diesen Begriffen und also im Raum, im geistigen aber auch im körperlichen Raum der von ihm wahrhaftig verschiedenen Menschen das hat, was wir vorhin „Gestalt" nannten, daß in ihnen allen Jahve selbst da ist, subsistiert, Gegenständlichkeit hat für die, denen er offenbar ist. Hypostasen, d. h. eben unterschieden-nichtunterschiedene Wirklichkeiten des einen Gottes pflegt die Religionswissenschaft die so gebrauchten Begriffe zu nennen, und warum sollten wir uns diese Bezeichnung nicht gefallen lassen? Die Religionswissenschaft hat sie ja offenkundig ihrerseits aus der christlichen Dogmengeschichte entlehnt. Nun steht es aber so, daß sich aus der Reihe dieser Hypostasen eine in bedeutsamer, ja, wenn nicht alles täuscht, in zusammenfassender Weise heraushebt als der Inbegriff dessen, was Gott „anders noch einmal" in seiner Selbstenthüllung ist: der Begriff des **Namens Gottes**. Erkenntnis, Furcht, Liebe, Vertrauen, Hoffnung, Lob, Predigt, Anrufung, das alles wird immer wieder auf dieses scheinbare Nebenzentrum neben Jahve und doch unverkennbar gerade so auf Jahve selbst bezogen. In ihm, in diesem Namen denkt, redet und handelt der Fromme, wenn er vor Jahve, in seinem Dienst, unter seinem Schutz, unter seinem Segen steht. Diesem **Namen** Jahves, nicht dem auf dem Sinai oder nach späterer Anschauung im Himmel Wohnenden wird in Jerusalem ein Haus, der Tempel gebaut. Umgekehrt ist dieser Name die Instanz, um derentwillen Jahve vergibt, gnädig ist, leitet, Israel nicht verläßt; sein Name wohnt in der Tat — Jahve hat es sich erwählt — zu Jerusalem. Aber auch der schon erwähnte Engel Jahves steht zu dem Namen Jahves in engster Beziehung: das macht ihn nach Ex. 23, 21 zum Engel Jahves und gibt ihm als solchem Autorität, daß „mein Name in ihm ist". Im Namen Jahves läuft Alles zusammen, was er in seinem Verhältnis zu seinem Volk bzw. zu den Frommen ist, und vom Namen Jahves geht irgendwie Alles aus, was das Volk oder was die Frommen **in diesem Verhältnis** zu ihm stehend von ihm zu erwarten haben. Was bedeutet das Alles? Der Name jemandes ist nicht nur für das alttestamentliche, sondern weithin für das antike Denken überhaupt, vielleicht auch für das sog. primitive (in Wirklichkeit wohl gar nicht primitive!) Denken überhaupt durchaus nicht etwas dem Betreffenden von außen

Zukommendes, Zufälliges, Unwesentliches, gerade kein bloßes *nomen* im Sinn der mittelalterlichen Debatten, sondern gerade hier (vielleicht im Unterschied zu den vorhin genannten „Eigenschaften" Gottes nur hier) ist zu sagen: der Name ist ein Wesen, freilich ein zu einem anderen Wesen gehöriges, mit ihm in nicht zu klärender Weise identisches, aber nun doch ein eigenes Wesen, so daß die Aussagen über den Namen und den Benamten von einander zu unterscheiden sind und doch auch wieder füreinander eintreten können: „Wo der Name ist, ist der Benamte; was dem Namen geschieht, geschieht auch dem, dem er gehört; wo der Name wirkt, wirkt der Namensträger" (Hans Schmidt, RGG.²: Art. Namensglaube I). Wenn das Alte Testament dieses realistische Denken bezüglich des Namens auf Jahve anwendet, so heißt das einerseits: es unterscheidet zwischen Jahve, der auf dem Sinai oder im Himmel, und Jahve, der in Kanaan, in Silo und später in Jerusalem wohnt, es unterscheidet zwischen Jahve in seiner Verborgenheit und Jahve in seiner geschichtlichen Gestalt, in der er — das besagt ja das Gegebensein seines Namens — in Israel bekannt ist und mit Israel handelt. „Gottes Name ist der Ausdruck für sein persönliches Wesen, wie es in seinem Heiligtum, in seinem Volke gegenwärtig ist" (O. Procksch in G. Kittels Theol. Wörterbuch zum NT. 1932 Art. ἅγιος, S. 90). Es heißt aber auch andererseits: das Alte Testament meint nicht um zwei Götter oder um viele Götter zu wissen, sondern es weiß um den einen Gott: der verborgene Jahve selbst ist ja gegenwärtig in seinem Namen und alle Prädikate seines Namens sind die des verborgenen Jahve selbst — es weiß aber um diesen einen Gott einmal und dann noch einmal ganz anders. Und gerade darauf, daß es so, also „noch einmal ganz anders" um ihn weiß, kommt für Israel bzw. für die Frommen alles an. Denn dieser „noch einmal ganz anders" seiende Jahve, der Name Jahves, ist die Gestalt, in der Jahve Israel angeht, an ihm handelt, ihm offenbar ist. Darum ist der entscheidende Akt der Offenbarung, durch die Israel als Israel erwählt, zum Volk dieses Gottes wird, eben die Offenbarung des Namens Gottes. Daß diese Namensoffenbarung (Ex. 3, 13 f.) faktisch, inhaltlich eine Namensverweigerung ist — „Ich bin, der ich bin" dürfte schwerlich etwas Anderes bedeuten als eben: Ich bin der, dessen eigentlichen Namen niemand nachspricht — das ist bedeutsam genug: der offenbarte Name selbst soll durch seinen Wortlaut an die Verborgenheit auch und gerade des offenbarten Gottes erinnern. Aber eben unter diesem Namen, der selbst und als solcher sein Geheimnis ausspricht, offenbart sich Gott seinem Volk, d. h. aber er beginnt, wie Ex. 3 lehrreich zeigt, mit Israel zu handeln durch die an Mose ergehende Ankündigung seiner Errettung aus Ägypten. Man wird, gerade von hier aus gesehen, zum Begriff des Namens Gottes den auf eine ganz andere Ebene gehörenden Begriff des Bundes hinzu nehmen müssen, um das Ganze dessen, was im Alten Testament die Gestalt Gottes und insofern sein Sein in seiner Selbstenthüllung bedeutet, zu übersehen. Im Bunde mit diesem Volk — „Ich will ihr Gott, sie sollen mein Volk sein", Jer. 31, 33 — realisiert sich der Name Gottes: innerhalb des Bundes mit seiner göttlichen Zusage und Beanspruchung, mit seiner im Gesetz niedergelegten Urkunde geschieht ja Alles, was durch den Namen Jahves geschieht. In der Sprache unserer Historiker ausgedrückt: „Der Bundesgedanke ist die Form, in die sich das israelitische Bewußtsein von der in der Geschichte gewordenen Verbindung mit diesem Gott und zugleich von dem Gottgewollten dieser Verbindung kleidet" (J. Hempel, RGG.²: Art. Bund II A). Erkenntnis des Namens Jahves und insofern Erkenntnis Jahves selber haben und also an seiner Offenbarung teilnehmen, heißt eben Genosse des von ihm gestifteten Bundes sein. Jahve ist so und darin „anders noch einmal" Gott, daß er ein Volk erwählt, zu seinem Volke macht und als sein Volk regiert.

Und nun läßt sich verhältnismäßig einfach das Grundsätzliche übersehen, um das es sich im Neuen Testament handelt. „Anders noch einmal" Gott, darum geht es offenbar, nur unverhältnismäßig viel direkter, unzweideutiger, greifbarer, auch hier. So viel direkter, daß auch die „Hypostasen" des Alten Testamentes daneben blaß, mit dem berühmten Bild des Hebräerbriefes zu reden, nur wie „Schatten" erscheinen, so viel direkter, daß man jene, insbesondere die merkwürdige Stellung und Bedeutung des „Namens" Jahves ganz unbefangen und zugleich ganz sinnvoll, wie es die Kirche dem Judentum gegenüber immer vertreten hat, überhaupt nur von hier aus, als „Weissagung" der hier vorliegenden „Erfüllung" verstehen kann. Genau an die Stelle — nicht des Jahve auf dem Sinai oder im Himmel, wohl aber des zuletzt in Jerusalem in einem steinernen Haus real wohnenden Namens des Herrn — tritt nun die Existenz des Menschen Jesus von Nazareth. „Mein Herr und mein Gott" wird er an einer der Spitzen der neutestamentlichen Botschaft (Joh. 20, 28) genannt. Der ferne aber beständig auch nahe und aktuelle Hintergrund, ist auch hier der Gott, der keine geschichtliche Gestalt hat, der „Vater im Himmel". Aber eben diesen nennt ja der Jesus des Neuen Testamentes nicht nur den Vater, der ihn gesendet hat, sondern mit Nachdruck seinen Vater, den Vater, neben den er sich selbst stellen darf, nein gestellt weiß, indem er als Mensch unter Menschen existiert, indem er seinen Willen tut, d. h. indem er ihn offenbart, den Vater, von dem ihn wohl diese seine Gestalt als Mensch bzw. die Möglichkeit in dieser Gestalt Gott zu sein, aber nichts Wesentliches trennt. So unveräußerlich wichtig dieser Hintergrund ist, so wenig er auch nur einen Augenblick wegzudenken ist, das Bild selbst, das das neutestamentliche Zeugnis vor uns hinstellt, ist das Bild der Selbstenthüllung dieses Vaters, in der er nicht der Vater, sondern nun eben der Sohn ist, die geschichtliche Gestalt dieses Menschen in seinem Weg von Bethlehem nach Golgatha, der „Name" Jesu. Nochmals: die Konkretheit und Realität der Selbstenthüllung Gottes für den Menschen und damit das Rätsel der diese Selbstenthüllung möglich machenden, in Gott selbst stattfindenden Selbstunterscheidung hat hier dem Alten Testament gegenüber nicht bloß quantitativ zugenommen. Ist nicht vielleicht alles bloß spekulative, bloß bildliche, bloß fiktionäre Verständnis des realen Gegenstandwerdens Gottes in seiner Offenbarung doch erst hier abgeschnitten? Ist nicht die Frage des Glaubens an die Offenbarung, die Frage der Bejahung des „Gott mit uns" doch erst hier so gestellt, daß sie nach Entscheidung ruft, hier, wo an die Stelle der unsichtbaren, zunächst doch nur im Raum der menschlichen Vorstellung wirklichen Gestalt des Namens des offenbaren Gottes die einmalige, kontingente, somatische, menschliche Existenz Jesu getreten ist? Ist nicht in der Verwerfung Jesu durch die Juden erschütternd klar geworden, daß es möglich war, den Gott des Alten Testamentes scheinbar in tiefster Ehrfurcht und eifrigstem Glauben zu bejahen und in Wirklichkeit doch zu verleugnen, sofern gerade seine Gestalt, nun ganz konkret geworden, diesen Frommen zum Ärgernis wurde? Oder was hat Israel Jesus Anderes vorzuwerfen, als die ihm nun — nicht zum erstenmal, aber nun erst ganz unzweideutig gegenübertretende, die ihm nun sozusagen auf den Leib rückende göttliche Selbstenthüllung? Indem es den im steinernen Haus zu Jerusalem wohnenden Namen Gottes gegen Jesus als gegen einen Gotteslästerer verteidigen zu müssen meint, verleugnet es eben diesen Namen, scheidet es sich von ihm und damit von seiner eigenen heiligen Schrift, die ein einziges Zeugnis eben von diesem Namen als von Gottes realem Gegenwärtigsein und Handeln im menschlichen Raume ist. Dieses Gegenwärtigsein und Handeln Gottes verbittet sich Israel. Warum beginnt das Herrengebet des Neuen Testamentes so alttestamentlich: Dein Name werde geheiligt!? Wie sollte es anders beginnen? möchte man fast antworten. Darum geht es ja gerade bei Jesus. Nicht um etwas Neues, sondern um das Uralte und Erste, um den Gott, der „anders noch einmal" Gott und als Gott erkannt sein will: als der Gott Abrahams, Isaaks und Jakobs, der Gott, der in seinem Namen offenbar und in seinem Namen geheiligt sein will. Und darum muß das Herrengebet fortfahren in Explikation dieser ersten Bitte: Dein Reich komme! Dein Wille geschehe wie im Himmel so (N.B!) auch auf Erden! Dieses καὶ ἐπὶ γῆς war die Selbstenthüllung, die Gestalt Gottes, die Israel in seiner heiligen Schrift auf jeder Seite bezeugt fand, und die es nun, als sie erfüllt vor ihm stand, noch einmal verneinte, genau so, wie seine Väter in der Wüste gegen Mose gemurrt und später die Propheten gesteinigt hatten, nicht aus Irreligion, sondern gerade im Protest der feinsten ponderabelsten Re-

2. Die Wurzel der Trinitätslehre

ligion gegen die Offenbarung, die auch und gerade den frommen Menschen nicht sich selbst überläßt, sondern ihn real mit Gott konfrontiert. Darum endigt die Jesus-Offenbarung mit der Kreuzigung Jesu durch diese Frömmsten ihrer Zeit, die, das Immanuel! täglich auf den Lippen und im Herzen, gerade dieses Immanuel! in seinem nun unbedingt gewordenen Vollzug nicht wollten. Aber eben weil das Immanuel nun, in Jesus, unbedingt vollzogen war, mußte die Kreuzigung Jesu etwas Anderes bedeuten als die Steinigung auch des größten Propheten, nämlich: das Ende der Geschichte Israels als des besonderen Volkes der Offenbarung, den Abbruch des steinernen Hauses als der Wohnung des Namens des Herrn, den freien Ausgang — nicht eines neuen, sondern des einen alten Evangeliums nun zu Juden und Heiden. Indem das Wort Fleisch ward: λόγος συντελῶν, vollendet an den Tag bringend, was die Offenbarung im Alten Testament immer erst als Anzeige an den Tag gebracht hatte, mußte es auch werden λόγος συντέμνων, Aufhebung dieser Offenbarung und ihres schriftlichen Zeugnisses — nicht Widerlegung, nicht Abschaffung, nicht Zerstörung, aber Aufhebung in sich selber, wie eben die Morgendämmerung aufgeht in der Helligkeit der aufgehenden Sonne selber (Röm. 9, 28): Christus das τέλος des Gesetzes (Röm. 10, 4). Wir stehen vor dem Thema des großen Kampfes, den vor allen Anderen Paulus bei der Entstehung der Kirche gekämpft hat. Es war kein Kampf gegen, sondern wie der Kampf Jesu Christi selber, von dem er ja nur zeugen wollte, der große Kampf für das Alte Testament, d. h. für den einen, nun in der Zeit besiegelten, ewigen Bund Gottes mit den Menschen, für die Anerkennung der vollkommenen Selbstenthüllung Gottes.

Daß Gott das kann, was die Bibel ihm in ihren Berichten über das Geschehen von den Patriarchen über Mose und die Propheten nach Golgatha und zum Oster- und Pfingsttag zuschreibt: daß Gott Menschen offenbar werden kann in dem streng realen Sinn, wie das schließlich bei der Jesus-Offenbarung sichtbar wird, d. h. aber: daß Gott so sich selbst ungleich werden kann, daß er in der Weise Gott ist, daß er nicht an seine heimliche Ewigkeit und ewige Heimlichkeit gebunden ist, sondern auch zeitliche Gestalt annehmen kann und will und wirklich annimmt — dieses Können und Wollen und wirkliche Tun Gottes dürfen wir jetzt als eine erste Bestätigung unseres Satzes verstehen: Gott offenbart sich als der Herr. Gegenüber der Rede von anderen Offenbarungen außer der in der Bibel bezeugten müßte vor allem dies gefragt werden: ob es sich dort auch um ein solches echtes Gestaltannehmen der Gottheit gegenüber den Menschen und nicht vielleicht doch bloß um solche Erscheinungen handle, für die Identität mit der Gottheit gar nicht ernstlich behauptet wird, sondern bloß ein gewisses Anteilhaben an jener. Und es wäre zweitens zu fragen: ob etwa die Herrschaft, die vielleicht auch dort der Gottheit zugeschrieben wird, auch dort in solcher Freiheit des Gottes in sich selbst, d. h. in solcher Freiheit sich selber ungleich zu sein, gesehen wird. Wo diese zwei Fragen nicht zu bejahen sind oder in dem Maß, als sie nicht sicher zu bejahen sind, sollte man bei der Einordnung der biblischen Offenbarung in die Reihe anderer Offenbarungen mindestens sehr behutsam zu Werke gehen. Aber wie dem auch sei: die Herrschaft, die in der biblischen Offenbarung sichtbar wird, besteht eben in der Freiheit Gottes, sich von selbst sich zu unterscheiden, sich selber ungleich zu werden und doch der gleiche zu bleiben, ja noch mehr: gerade darin der eine sich selbst gleiche Gott zu sein, gerade darin als der eine einzige Gott zu existieren, daß er sich so, so unbegreiflich tief von sich selbst unterscheidet, daß er nicht nur Gott der Vater, sondern auch — das ist in dieser Richtung der zusammenfassende Sinn des ganzen biblischen Zeugnisses — Gott der Sohn ist. Daß er sich als der Sohn offenbart, das ist's zunächst, was gemeint ist, wenn wir sagen, daß er sich als der Herr offenbart. Eben diese Sohnschaft ist Gottes Herrschaft in seiner Offenbarung.

2. Offenbarung bedeutet in der Bibel die Menschen zuteil werdende Selbstenthüllung des seinem Wesen nach dem Menschen unenthüllbaren Gottes. Wir kommen, indem wir dieses Moment betonen, zurück auf das Subjekt der Offenbarung. Die in der Bibel bezeugte Offenbarung ist die Offenbarung des seinem Wesen nach den Menschen unenthüllbaren Gottes. Es gibt andere Dinge, es gibt auch andere Götter, die dem Menschen zwar auch unenthüllbar sind, d. h. von denen er faktisch auch keine Erfahrung und keinen Begriff hat, von denen er aber Erfahrung und Begriff sehr wohl haben könnte, deren Unenthüllbarkeit nur eine faktische ist, die durch irgendein anderes Faktum einmal aufgehoben werden könnte, weil sie nicht im Wesen der Sache oder des betreffenden Gottes begründet ist. Unenthüllbarkeit, Verborgenheit, gehört aber zum Wesen dessen, der in der Bibel Gott genannt wird. Dieser Gott ist als Schöpfer von der Welt verschieden, d. h. aber er gehört als der, der er ist, nicht zu dem Bereich dessen, was der Mensch als Geschöpf direkt erkennen kann. Er kann ihm aber auch nicht indirekt, in der geschaffenen Welt, enthüllbar sein, weil er der Heilige ist, den zu sehen, auch nur indirekt zu sehen, andere Augen nötig wären als unsere durch die Sünde verderbten. Und dieser Gott sagt endlich eben durch seine Gnade, d. h. durch seine Selbstenthüllung Jedem, dem sie zuteil wird, daß er von sich aus nicht könnte, was da für ihn und an ihm getan wird. So liegt es in dem Wesen dieses Gottes, daß er dem Menschen unenthüllbar ist. Wohlverstanden: gerade in seinem offenbarten Wesen unenthüllbar. Gerade der *Deus revelatus* ist der *Deus absconditus*, der Gott, zu dem hin es keinen Weg und keine Brücke gibt, über den wir kein Wort sagen könnten und zu sagen hätten, wenn er uns nicht eben als der *Deus revelatus* von sich aus begegnete. Erst wenn man das als die Meinung der Bibel erfaßt hat, übersieht man die Tragweite ihrer Aussage, daß Gott sich offenbart, d. h. daß er uns zu gut Gestalt angenommen habe. Man darf kein Jota abziehen von unserer vorhin gegebenen Interpretation der Offenbarung, daß sie darin besteht, daß Gott Gestalt angenommen hat. Wenn man das leugnet, leugnet man die Offenbarung selber. Aber daß es der seinem Wesen nach den Menschen unenthüllbare

2. Die Wurzel der Trinitätslehre

Gott ist, der sich da offenbart, das hat nun doch seine sehr bestimmte Bedeutung für das Verständnis seiner Selbstenthüllung. Es muß nämlich bedeuten, daß Gott auch in der Gestalt, die er annimmt, indem er sich offenbart, frei ist, sich zu offenbaren oder sich nicht zu offenbaren. M. a. W.: wir können seine Selbstenthüllung in jedem einzelnen Fall nur als seine Tat verstehen, in der er sich einem Menschen, der ihn zu enthüllen nicht vermögend ist, selber enthüllt, will sagen: in bestimmter Gestalt zeigt, aber: sich selber enthüllt. Offenbarung heißt immer Offenbaren, auch in der Gestalt, auch in den Mitteln der Offenbarung. Die Gestalt als solche, das Mittel, tritt nicht an die Stelle Gottes. Nicht die Gestalt offenbart, redet, tröstet, wirkt, hilft, sondern Gott in der Gestalt Es entsteht also damit, daß Gott Gestalt annimmt, kein Medium, kein Drittes zwischen Gott und Mensch, keine von Gott unterschiedene Wirklichkeit, die nun als solche Subjekt der Offenbarung wäre. Das würde ja bedeuten, daß Gott dem Menschen nun doch enthüllbar wäre, daß es Gottes selber nicht mehr bedürfte zu seiner Offenbarung oder vielmehr: daß Gott in die Hände des Menschen gegeben wäre, der, indem ihm Gottes Gestalt gegeben ist, mehr oder weniger über Gott verfügen könnte, wie über andere Wirklichkeiten. Daß Gott Gestalt annimmt, das bedeutet, daß er wie über den Menschen, so auch über die Gestalt, in der er dem Menschen begegnet, verfügt. Göttliche Gegenwart ist immer Gottes Entscheidung, gegenwärtig zu sein. Göttliches Wort ist göttliches Sprechen. Göttliche Gabe ist göttliches Geben. Gottes Selbstenthüllung bleibt Akt souveräner göttlicher Freiheit. Sie kann hier dem Einen sein, was das Wort sagt und dort dem Anderen erst recht Verhüllung Gottes. Sie kann für denselben Menschen heute das Erste, morgen das Zweite sein. Gott ist in ihr vom Menschen nicht zu fassen, nicht mit Beschlag zu belegen, nicht in Betrieb zu nehmen. Mit ihr rechnen heißt mit Gottes freier Güte rechnen, nicht mit einem Kredit, der ein für allemal bewilligt ist, nicht mit einem Axiom, auf das man sich ein für allemal zurückziehen kann, nicht mit einer Erfahrung, die man ein für allemal gemacht hat. Wäre es so, dann wäre es ja nicht der dem Menschen seinem Wesen nach unenthüllbare Gott, um dessen Selbstenthüllung es geht, dann ginge es vielmehr um eines jener Geheimnisse, die sich uns eines Tages entschleiern, um uns dann keine Geheimnisse mehr zu sein. Die Geheimnisse der Welt haben es an sich, daß sie einmal aufhören können, Geheimnisse zu sein. Gott ist immer wieder Geheimnis. Offenbarung ist immer wieder Offenbarung im Vollsinn des Wortes, oder sie ist nicht Offenbarung, jedenfalls nicht das, was in der Bibel so heißt.

Wir haben bereits auf den merkwürdigen Umstand hingewiesen, daß die große Namensoffenbarung Ex. 3 nach dem wahrscheinlichsten Verständnis des Textes gerade in einer Namensverweigerung besteht. „Warum fragst du nach meinem Namen, der doch wunderbar ist?" antwortet der Engel Jahves auch dem Manoah Richt. 13, 18 (vgl. Gen. 32, 30.) Eine Auslieferung Gottes an den Menschen, wie es das Wissen um seinen eigentlichen Namen bedeuten würde, soll eben in der Offenbarung nicht stattfinden, sondern die Offenbarung l selbst soll als Offenbarung der freien Güte Gottes verstanden werden und verstanden bleiben. Auf diese Zurückhaltung, dieses Verborgenbleiben Jahves gerade in seiner Offenbarung weist ja auch Ex. 3 jenes dringliche: „Tritt nicht herzu, zieh deine Schuhe aus von deinen Füßen, denn der Ort, wo du stehst, ist heiliges Land!" Wie denn überhaupt der Begriff der Heiligkeit im Alten Testament nichts mit einer Spekulation über den transzendenten Gott zu tun hat, sondern streng zu seiner Immanenz, d. h. zu seiner Offenbarung, zu seinem Namen gehört. Heilig ist im Alten Testament Alles, was mit dem zusammenhängt, was wir die Gestalt Gottes in seiner Offenbarung nennen, und was in diesem Zusammenhang und seinetwegen ein anderes Verhalten vom Menschen fordert als das Profane, in dessen Sphäre und Umgebung es als Gestalt des Gottes sichtbar und hörbar ist, ein unterscheidendes, zurückhaltendes, schlechterdings ehrfürchtiges Verhalten, ein Verhalten, in dem sich der Mensch aller Eigenmächtigkeit, alles täppischen Zugreifens — man denke etwa an die schlimmen Erfahrungen, die man mit der „Bundeslade" machen konnte! — zu entschlagen hat. Alles, was das Alte Testament über Gottes Selbstenthüllung sagt, steht *eo ipso* auch unter dem scheinbar gerade entgegengesetzten Zeichen: „Bin ich nur ein Gott, der nahe ist, spricht der Herr, und nicht auch ein Gott von ferne her?" (Jer. 23, 23.) Der „Engel des Bundes" wird Mal. 3, 1 ausdrücklich selber „Herr" genannt, was doch nicht hindert, daß er gleichzeitig vom Herrn gesendet werden muß. Heilig ist nach Jes. 6 der offenbare Gott, dessen Kleidsaum bloß den Tempel füllt, während er selber auf einem hohen und erhabenen Stuhl sitzt, dem Propheten und seinem ganzen Volk unbegreiflich, eben indem er sich ihm mit seiner Offenbarung zuwendet. Heilig ist Gott und heilig ist, was mit Gott zusammenhängt, weil und sofern Gott, indem er sich aufschließt und mitteilt, auch die Grenze zieht und befestigt, die den Menschen von ihm trennt, und die dieser darum nicht überschreiten soll. Heiligkeit ist die Absonderung, in der Gott Gott ist und als Gott seinen eigenen Weg geht, auch und gerade indem er „Gott mit uns" ist, der Vorbehalt seiner gnädigen oder ungnädigen Entscheidung, mit dem ihm gegenüber zu rechnen und um deswillen er immer von neuem und immer in gleicher Demut zu suchen ist. Heilig hat fraglos auch die Bedeutung von „unheimlich": Gott kommt wohl zu den Menschen, aber nicht um bei ihnen daheim zu sein. Dieser Gott geht, wie besonders schön die Begründung des Sabbats sagt, nicht auf in seinem Tun; er kann nicht nur wirken, er kann auch ruhen von allen seinen Werken; indem er eintritt in den Raum unsres Daseins, wohnt und behauptet er auch seinen ihm und nur ihm eigenen Raum. Es geht diesem Gott gegenüber, wie man sowohl der Haltung der Propheten wie besonders der der Psalmsänger entnehmen kann, immer aufs neue ums Ganze, und die Geschichte seiner Taten ist eine Geschichte von immer erneuten Anfängen. Wohl gibt es und soll es geben eine Tradition der Offenbarung, einen institutionellen Kultus, aber dem steht dann in schärfster Dialektik der Prophetismus gegenüber, immer bereit und gerüstet, Alles, was sich etwa beruhigen wollte, erst recht und aufs neue zu beunruhigen, Alles, was sich menschlich allzu menschlich klären wollte, aufs neue vor das Geheimnis Jahves zu stellen. Selbstverständlich ist gerade von hier aus die Schärfe des Bilderverbotes als Absage nicht sowohl an die Sinnenfreudigkeit, als vielmehr an die fromme Zudringlichkeit und Sicherheit der Religion Kanaans. Man kann nicht genug beachten, daß diese Verborgenheit Gottes im Alten Testament nirgends eine Angelegenheit einer esoterischen Metaphysik wird, daß sie vielmehr immer höchst praktisch wird und bleibt, eben weil sie ja nur die Verborgenheit des offenbarten, des handelnden Gottes ist. Aber eben daß dieser Gott nur als handelnder, gar nicht und nirgends (oder eben nur *per nefas*) als aufgegangen und gebunden in einem Medium gesehen und gehört werden kann, eben das wird verbürgt durch seine Verborgenheit, durch seine Unbegreiflichkeit.

2. Die Wurzel der Trinitätslehre

Dieses Verhältnis ändert sich auch im Neuen Testament nicht. Im Gegenteil, auch da wird jetzt in zugespitzter Weise wahr: daß Gott sich verbirgt, indem er sich offenbart, daß er auch und gerade indem er Gestalt annimmt, frei bleibt, in dieser Gestalt offenbar zu werden oder auch nicht zu werden. Die Gestalt ist hier die *humanitas Christi*. Und da stoßen wir auf eines der schwersten Probleme der Christologie, das uns mehr als einmal zu beschäftigen haben wird: Kann die Fleischwerdung des Wortes nach der Auffassung der biblischen Zeugen das bedeuten, daß die Existenz des Menschen Jesus von Nazareth sozusagen an sich, in ihrer eigenen Kraft und Kontinuität offenbarendes Wort Gottes gewesen wäre? Ist die *humanitas Christi* als solche die Offenbarung? Bedeutet die Gottessohnschaft Jesu Christi dies, daß Gottes Offenbaren nun sozus. auf das Existieren des Menschen Jesus von Nazareth übergegangen, dieses also mit jenem identisch geworden wäre? Wir können dazu an dieser Stelle nur folgendes feststellen: wo man es wirklich so aufgefaßt hat, da zeigte sich noch immer mehr oder weniger deutlich das, was, wie wir hörten, das Alte Testament mit seinem Heiligkeitsbegriff von dem offenbaren Gott gerade abwehren wollte: die Möglichkeit, Gott nun doch durch den Menschen enthüllen zu lassen, dem Menschen zu erlauben, sich mit Gott auf eine gemeinsame Plattform zu begeben, ihn dort zu begreifen und so seiner Herr zu werden. Der „schönste Herr Jesus" der Mystik, der „Heiland" des Pietismus, Jesus der Weisheitslehrer und Menschenfreund in der Aufklärung, Jesus der Inbegriff erhöhter Menschlichkeit bei Schleiermacher, Jesus als Verkörperung der Idee der Religion bei Hegel und den Seinen, Jesus als religiöse Persönlichkeit nach dem Bilde Carlyles in der Theologie des ausgehenden neunzehnten Jahrhunderts — das Alles sieht mindestens ganz bedenklich nach einem im Sinne des Alten Testamentes entheiligenden, profanierenden Zugreifen aus, bei dem man sich über die Gegenwart Gottes in Christus sozusagen verständigen, sich hier mit Hilfe irgendwelcher aus der Humanität stammenden Konzeptionen bemächtigen zu können glaubte. Wir können schon daran, daß solche Säkularisierungsversuche im Neuen Testament nicht unternommen werden, entnehmen, daß in ihm auch die *humanitas Christi* unter dem Vorbehalt der Heiligkeit Gottes steht, d. h. daß die Kraft und die Kontinuität, in der der Mensch Jesus von Nazareth nach dem Zeugnis der Evangelisten und Apostel in der Tat das offenbarte Wort war, auch hier in der Kraft und Kontinuität des göttlichen Handelns in dieser Gestalt und nicht in der Kontinuität dieser Gestalt als solcher bestand. Faktisch wurde ja auch Jesus durchaus nicht Allen, die ihm begegneten, sondern nur Wenigen zur Offenbarung. Aber auch diese Wenigen konnten ihn verleugnen und verlassen und einer unter ihnen konnte der Verräter sein. Seinem Dasein als solchem wird sichtlich nicht an sich und direkt das Offenbaren zugeschrieben. Dieses sein Dasein als solches wird ja auch in den Tod gegeben und so, vom Tode, also von seiner Grenze her, weil der Gekreuzigte auferstanden ist, wird er als der Sohn Gottes offenbar: wobei aber die Auferstehung nicht als eine der *humanitas Christi* eigene, sondern als eine ihr widerfahrende Wirkung, als ein Auferweckt werden von den Toten durch Gott (öfters, z. B. Gal. 1, 1; Röm. 6, 4; Eph. 1, 20 ausdrücklich: durch Gott den Vater) beschrieben wird. In der Sprache der späteren Zeit zu reden: die Gottheit ist der Menschheit Christi nicht so immanent, daß sie ihr nicht auch transzendent bliebe, nicht so, daß ihre Immanenz aufhörte, ein Ereignis ganz im Sinne des Alten Testamentes: immer wieder ein Neues, ein von Gott her in bestimmten Begebenheiten wirklich Werdendes zu sein. Man darf in der zusammenfassenden Formel des Paulus 2. Kor. 5, 19: θεὸς ἦν ἐν Χριστῷ κόσμον καταλλάσσων ἑαυτῷ den Nachdruck nicht so auf das ἦν legen, daß man seine Verbindung mit dem Verbum καταλλάττειν übersieht. Dieses versöhnende Handeln Gottes ist das Sein, aber eben dieses versöhnende Handeln Gottes ist das Sein Gottes in Christus. Der Sohn „verklärt" den Vater, ja, aber nicht ohne daß der Vater ihn, den Sohn verklärt (Joh. 17, 1). Nicht irgendein Sohn führt ja hier das Wort, sondern der Sohn dieses Vaters, der auch als Vater dieses Sohnes der Vater im Himmel bleibt, der Vater, der den Sohn sendet, um diese johanneische Bezeichnung des göttlichen Handelns hier an den Schluß zu stellen.

Und nun sagen wir wieder: daß der Gott der biblischen Offenbarung auch das kann, was ihm nun auch in dieser Hinsicht von den biblischen Zeugen zugeschrieben wird: daß seine Offenbarung nicht im geringsten ein Verlieren seines Geheimnisses bedeutet, daß er wohl Gestalt annimmt, aber ohne daß ihn doch irgendeine Gestalt fassen würde, daß er, indem er sich schenkt, frei bleibt, sich aufs neue zu schenken oder zu versagen, so daß immer sein neues Sichschenken des Menschen einzige Hoffnung bleibt, daß sein „noch einmal ganz anders" ihn wirklich nicht hindert, sich selbst ganz gleich zu bleiben — daß dem so ist, darin hören wir nun ein zweites Mal, offenbar in sehr verschiedener Weise gegenüber dem ersten die Bestätigung: Gott offenbart sich als der Herr. Wieder wäre hier nebenbei zu fragen: ob dort, wo man auch sonst von Offenbarung reden zu können meint, wirklich auch dies: das bleibende Geheimnis der sich offenbarenden Gottheit zum Begriff der Offenbarung gehöre und ob die Herrschaft, die dem „Gott" auch dort zugeschrieben wird, wohl auch dort in solcher Freiheit des Gottes gegenüber seinen eigenen Äußerungen bestehen möchte — oder ob dort Offenbarung nicht immer in einem Weltwerden des Gottes und also in einer Ermächtigung des Menschen bestehe und infolgedessen der „Gott" gerade nicht frei bleibe, sondern im besten Fall zu einem Partner, im schlimmeren zu einem Werkzeug des frommen Menschen werden müsse. Man kann ja auch da von „Offenbarung" sprechen, aber man wird dann, noch einmal gesagt: wohl tun, bei der Nebeneinanderordnung von biblischer und sonstiger Offenbarung mindestens nicht zu eilig zu sein. Aber das nur nebenbei. Sicher ist, daß die Herrschaft Gottes, wie sie in der biblischen Offenbarung sichtbar wird, eben in dieser seiner Freiheit besteht: in seiner bleibenden Freiheit, sich zu enthüllen oder zu verhüllen. Gott offenbart sich als der Vater, nämlich als der Vater des Sohnes, in dem er uns zu gut Gestalt annimmt. Gott der Vater ist Gott, der immer, auch indem er im Sohn Gestalt annimmt, nicht Gestalt annimmt, Gott als der freie Grund und als die freie Kraft seines Gottseins im Sohne. Keine Offenbarung im Bezirk des biblischen Zeugnisses, in der Gott nicht auch so, als der Vater, offenbar würde. Daß er dies tut, das ist das Andere — es ist wirklich ein Anderes, dasselbe und doch mit dem Ersten nicht auf einen Nenner zu bringen — was gemeint ist, wenn wir sagen, daß er sich als der Herr offenbart. Auch Gottes Vaterschaft ist Gottes Herrschaft in seiner Offenbarung.

3. Offenbarung bedeutet in der Bibel die Menschen zuteil werdende Selbstenthüllung des seinem Wesen nach dem Menschen unenthüllbaren Gottes. Wir haben vorhin gefragt: woher die Offenbarung kommt? Und fragen nun: wohin sie geht? Die in der Bibel bezeugte Offenbarung spielt sich nicht nur im Raum des Menschen ab, wie man

das auch von den Theogonien und Kosmogonien sagen kann, die der Gegenstand des Zeugnisses der Urkunden etwa der babylonischen Religion bilden. Sondern sie geht den Menschen, und zwar nicht irgendeinen mythischen Menschen, nicht den Menschen im allgemeinen, sondern immer je einen ganz bestimmten, einen bestimmten geschichtlichen Ort einnehmenden Menschen an. Es gehört zum Begriff der biblisch bezeugten Offenbarung, daß sie ein geschichtliches Ereignis ist. Geschichtlich heißt nicht: als geschichtlich feststellbar oder gar: als geschichtlich festgestellt. Geschichtlich heißt also nicht, was wir „historisch" zu nennen pflegen. Wir müßten ja alles vorhin über das Geheimnis in der Offenbarung Gesagte wieder aufheben, wenn wir jetzt auch nur ein einziges der in der Bibel berichteten Offenbarungsereignisse als solches als „historisch", d. h. als für einen neutralen Beobachter wahrnehmbar oder gar als von einem solchen wahrgenommen, bezeichnen wollten. Was der neutrale Beobachter von diesen Ereignissen wahrnehmen konnte und wahrgenommen haben mag, war die von ihm nicht als solche verstandene und von ihm auch gar nicht als solche zu verstehende Gestalt der Offenbarung, irgendein im menschlichen Raum sich abspielendes Geschehen mit allen möglichen diesem Raum entsprechenden Deutungsmöglichkeiten, aber auf keinen Fall die Offenbarung als solche.

Millionen im alten Orient mögen den Namen Jahves irgend einmal gehört und seinen Tempel irgendeinmal gesehen haben. Aber dieses Historische war nicht die Offenbarung. Tausende mögen den Rabbi von Nazareth gesehen und gehört haben. Aber dieses Historische war nicht die Offenbarung. Auch das Historische an der Auferstehung Christi, das leere Grab als das möglicherweise Feststellbare an diesem Ereignis, war jedenfalls nicht die Offenbarung. Dieses Historische konnte bekanntlich wie alles Historische auch sehr trivial gedeutet werden.

Wir können von der Frage nach der „historischen" Gewißheit der in der Bibel bezeugten Offenbarung nur sagen, daß sie in der Bibel selbst in einer Weise unberücksichtigt bleibt, die man nur dahin verstehen kann, daß diese Frage ihr eben gänzlich fremd, d. h. dem Gegenstand ihres Zeugnisses offenbar gänzlich unangemessen ist. Der neutrale Beobachter der die in ihr berichteten Ereignisse als Offenbarung verstand, hörte eben damit auf, ein neutraler Beobachter zu sein. Und für den nicht Neutralen, den Hörenden und Sehenden, den Glaubenden war und blieb ja in der Gestalt der Offenbarung zugleich deren Geheimnis, d. h. gerade er mußte wissen, daß hier historisch nicht nur wenig, sondern nichts bzw. immer nur etwas Anderes, für das Ereignis der Offenbarung Belangloses festzustellen war. Also nicht das kann gemeint sein, wenn wir die biblische Offenbarung als ein seinem Begriff nach geschichtliches Ereignis bezeichnen. Wir meinen damit vielmehr die Tatsache, daß die Bibel das, was sie Offenbarung nennt, immer als eine konkrete Beziehung zu konkreten Menschen versteht. Gott in seiner Unbegreiflichkeit und

Gott im Akt seiner Offenbarung, das ist nicht die Formel einer abstrakten, alle Zeit und überall gelten wollenden Gottes- oder Welt- oder Religionsmetaphysik. Das ist vielmehr Bericht über ein Geschehen, das sich einmalig, d. h. in einem immer mehr oder weniger genau bestimmten Dort und Damals abgespielt hat. Daß dieses Dort und Damals für uns historisch weithin im Dunkel liegt, daß die einzelnen Angaben, die die Bibel darüber macht, der historischen Kritik unterliegen, das ist bei Dokumenten einer Zeit und eines Kulturkreises, die eine historische Frage in unserem Sinn überhaupt nicht kannten, selbstverständlich, ganz abgesehen davon, daß historisches Interesse auch in dem in jener Zeit und in jenem Kulturkreis möglichen Sinn bei der Abfassung jener Dokumente, die ja eben Dokumente von Offenbarung sein wollten, keine ernstliche Rolle spielen konnte. Das ändert aber nichts daran, daß die Bibel mit dem, was sie Offenbarung nennt, immer ein einmaliges, ein dort und damals sich abspielendes Geschehen meint. Mag sie denn in so und so vielen Fällen, unbekümmert wie sie nun einmal in dieser Hinsicht ist, in ihren Angaben über das Dort und Damals, an den Maßstäben heutiger Historik gemessen, „irren" — wichtig ist nicht der mehr oder weniger „richtige" Inhalt, sondern die Tatsache dieser Angaben. Diese Tatsache, daß die Bibel des Alten und des Neuen Testamentes immer wieder und mit merkwürdigem Gewicht chronologische und topographische Angaben macht, daß sie also der Offenbarung Gottes, von der sie berichtet, jedesmal einen zeitlich und räumlich umschriebenen Ort zuschreiben will, daß sie die von ihr berichteten Vorgänge, in denen Menschen Offenbarung zuteil wird, einordnet in den Rahmen anderer damals und dort sich ereignender Vorgänge, daß das alte Ägypten, Assur und Babylon sichtbar werden als Horizont der Widerfahrnisse des Volkes Israel, daß Cyrenius, der Landpfleger in Syrien, nicht fehlen darf in der Weihnachtsgeschichte, und daß Pontius Pilatus wahrlich ins Credo gehört — das Alles besagt: die Bibel will, indem sie von Offenbarung berichtet, Geschichte erzählen, d. h. aber sie will nicht berichten über ein allgemein, immer und überall bestehendes oder in Gang befindliches Verhältnis zwischen Gott und Mensch, sondern von einem dort und nur dort, damals und nur damals, zwischen Gott und gewissen ganz bestimmten Menschen sich abspielenden Geschehen. Die göttliche Selbstenthüllung, von der sie berichtet, samt der Heiligkeit, die sie Gott bei diesem seinem Tun zuschreibt, sie wird nicht einfach dem Menschen, sondern sie wird diesen und diesen Menschen in ganz bestimmter Situation zuteil. Sie ist je ein ganz besonderes und als solches nicht vergleichbares und nicht wiederholbares Ereignis. Die Bibel als Zeugnis von Gottes Offenbarung hören, heißt unter allen Umständen: durch die Bibel von solcher Geschichte hören.

Das Hören solcher Geschichte, wie der, die in der in der Bibel bezeugten Offenbarung Ereignis ist, kann selbstverständlich nicht bedeuten: ein solches Geschehen auf

2. Die Wurzel der Trinitätslehre

Grund eines allgemeinen Begriffs von geschichtlicher Wahrheit für möglich, wahrscheinlich oder auch wirklich halten. Auch Geschichten, die sich zwischen Gott und Menschen ereignet haben, fallen freilich nach ihrer menschlichen Seite, also gerade hinsichtlich der in der Bibel geflissentlich betonten Angaben über ihre zeitliche Gestalt, unter diesen a l l g e m e i n e n Begriff von Geschichte. Sie fallen aber nicht darunter nach ihrer göttlichen Seite. Das „historische Urteil", das diesen allgemeinen Begriff voraussetzt, kann sich also grundsätzlich nur auf diese zeitliche Gestalt beziehen. Es kann weder behaupten noch verneinen, daß da und da Gott an den Menschen gehandelt habe. Es müßte ja, um dies zu behaupten oder zu verneinen, seine Voraussetzung, jenen allgemeinen Begriff, aufgeben und zum Bekenntnis des Glaubens oder Unglaubens dem biblischen Zeugnis gegenüber werden. Über die b e s o n d e r e Geschichtlichkeit der im biblischen Zeugnis berichteten Geschichte kann es kein wirklich „historisches" Urteil geben. Das Hören solcher Geschichte wie der, die in der in der Bibel bezeugten Offenbarung Ereignis ist, kann aber auch — und das ist weniger selbstverständlich — nicht abhängig sein von dem „historischen" Urteil über ihre zeitliche Gestalt. Das Urteil, laut welches eine biblische Geschichte mit Wahrscheinlichkeit als „Geschichte" im Sinne jenes allgemeinen Begriffs von geschichtlicher Wahrheit zu betrachten wäre, ist nicht notwendig das Urteil des Glaubens gegenüber dem biblischen Zeugnis. Denn dieses Urteil kann gefällt werden, ohne daß jene biblische Geschichte in ihrer Besonderheit, d. h. als Geschichte zwischen Gott und Menschen, verstanden wäre. Wiederum: das Urteil, laut welches eine biblische Geschichte n i c h t mit Wahrscheinlichkeit als „Geschichte" im Sinne jenes allgemeinen Begriffs, sondern vielleicht mit Wahrscheinlichkeit im Sinne jenes allgemeinen Begriffs n i c h t als „Geschichte" zu betrachten wäre — dieses Urteil ist nicht notwendig das Urteil des Unglaubens gegenüber dem biblischen Zeugnis; denn ein solches Urteil kann gefällt werden und jene Geschichte kann dennoch in ihrer Besonderheit, d. h. als Geschichte zwischen Gott und Menschen verstanden werden. Die Frage, die über das Hören oder Nichthören biblischer Geschichte entscheidet, kann nicht sein: die Frage nach ihrer a l l g e m e i n e n, sie kann nur sein: die Frage nach ihrer b e s o n d e r e n Geschichtlichkeit.

Das Urteil, eine biblische Geschichte sei teilweise oder ganz als S a g e oder L e g e n d e zu verstehen, braucht also die Substanz des biblischen Zeugnisses nicht notwendig anzugreifen. Es könnte nur besagen: diese Geschichte ist nach den Maßstäben, nach denen historische Wahrheit sonst und im Allgemeinen beurteilt zu werden pflegt, einer der sicheren Feststellung, daß sie dem Bericht entsprechend verlaufen sei, sich mehr oder weniger entziehende Geschichte. „Sage" oder „Legende" kann doch nur bezeichnen: den mehr oder weniger eingreifenden Anteil des Erzählers oder der Erzähler an einer erzählten Geschichte. Es gibt keine erzählte Geschichte, in der nach dem allgemeinen Begriff von historischer Wahrheit nicht mit einem solchen Erzähleranteil, also mit sagen- oder legendenhaften Elementen mindestens zu rechnen wäre. Das gilt auch von den in der Bibel erzählten Geschichten. Sie müßte ohne zeitliche Gestalt sein, wenn es anders sein sollte. Diese grundsätzliche Ungesichertheit ihrer allgemeinen Geschichtlichkeit, aber auch das positive Urteil, daß da und da tatsächlich Sage oder Legende vorliege, braucht die Substanz des biblischen Zeugnisses nicht notwendig anzugreifen: 1. darum nicht, weil dieses Urteil auf alle Fälle nur jene allgemeine Geschichtlichkeit eines biblischen Berichts betreffen und bestreiten kann, 2. darum nicht, weil es seinem Wesen nach auch im scheinbar klarsten Fall doch nur ein Wahrscheinlichkeitsurteil sein kann, 3. darum nicht, weil auch „Sage" oder „Legende" jedenfalls Geschichte meint und unbeschadet des „historischen" Urteils als Mitteilung von Geschichte g e h ö r t werden kann. Solange dies der Fall ist, ist die Frage der besonderen Geschichtlichkeit des betr. Berichts jedenfalls n i c h t n e g a t i v beantwortet.

Anders verhält es sich mit der Einführung der Kategorie des M y t h u s. Das Urteil, eine biblische Geschichte sei als Mythus zu verstehen, greift notwendig die Substanz des biblischen Zeugnisses an. Und zwar darum, weil „Mythus" nun gerade n i c h t Geschichte meint, sondern Geschichte nur vortäuscht. Mythus heißt ja in Form von Erzählung gebrachte, aber an sich raum- und zeitlos wahr sein wollende Darstellung gewisser immer und überall bestehender Grundverhältnisse der menschlichen Existenz in ihren Beziehungen zu ihren eigenen Ursprüngen und Bedingungen im natürlichen und geschichtlichen Kosmos bzw. in der Gottheit, in Form von Erzählung gebracht unter der Voraussetzung, daß der Mensch um alle diese Dinge weiß und sie so oder so darstellen kann, daß er ihrer mächtig ist, daß sie letzten Grundes seine eigenen Dinge sind. Der Mythus (vgl. zum Folgenden Eduard Thurneysen, Christus und die Kirche, Z. d. Z. 1930, bes. S. 189 f.) mißt dem von ihm berichteten Geschehen keinen exklusiven Charakter bei — das heißt: „Was der Mythus als Faktum berichtet, kann sich immer und überall ereignen, es ist kein einmaliges, sondern ein wiederholbares Geschehen.... Was sich aber wiederholen und sich immer wieder, wenn auch überraschend ereignen kann, das ist eine dem Naturgeschehen verwandte allgemeine Möglichkeit. Das sich so Ereignende beruht auf nichts Anderem als auf der Voraussetzung, daß der Mensch, dem diese im Mythus berichtete Offenbarung zuteil geworden ist, im letzten Grunde in einer freilich verborgenen aber überall wenigstens potentiell vorhandenen ursprünglichen und naturhaften Verbindung und Beziehung zum letzten Grund seines Daseins, zu seinem Gott, stehe. In den vom Mythus dann berichteten Offenbarungsereignissen wird diese latente Möglichkeit sozusagen aktiv. In immer neuen Theophanien erlebt der Mensch den Grund der Welt als gegenwärtig und sich mit ihm verbunden. Das heißt aber: es besteht hier eine letzte Identität zwischen Gott und Mensch. Von einem tiefgreifenden letzten Unterschied ist nicht die Rede. Was also der Mythus als einmal Geschehenes berichtet, das ist gar nicht einmal, sondern es ist die immer gleiche letzte Urbeziehung, die, hervorgelockt durch allerlei Zauber und Magie, ‚wieder einmal' erlebt und erfahren wird, um immer von neuem erlebt und erfahren zu werden."

> Freudig war vor vielen Jahren
> Eifrig so der Geist bestrebt,
> Zu erforschen, zu erfahren,
> Wie Natur im Schaffen lebt.
> Und es ist das ewig Eine,
> Das sich vielfach offenbart:
> Klein das Große, groß das Kleine,
> Alles nach der eignen Art;
> Immer wechselnd, fest sich haltend,
> Nah und fern und fern und nah,
> So gestaltend, umgestaltend —
> Zum Erstaunen bin ich da.
>
> (Goethe, Parabase, Jub-.Ausg. Bd. 2 S. 246)

Das ist die Geburt des Mythus! (Der Unterschied des Mythus von der eigentlichen Spekulation besteht nur darin, daß in der Spekulation die Form der Erzählung wieder abgestreift wird wie ein zu eng gewordenes Kleid, daß also das im Mythus als Faktum Vorgeführte nun in die Sphäre der reinen Idee bzw. des Begriffs erhoben, die vorhandene und bekannte Fülle jener Ursprünge und Beziehungen der menschlichen Existenz nun also auch noch in ihrem „An und für sich" zur Darstellung kommt. Der Mythus ist die Vorform der Spekulation, und die Spekulation ist das an den Tag kommende Wesen des Mythus.) Man kann es nun gewiß keinem Historiker verwehren, die Kategorie des Mythus auch auf gewisse in der Bibel berichtete Vorgänge anzuwenden. Es wäre freilich die Frage zu stellen, ob er die angeblichen Mythen wirklich im Text der Bibel gefunden habe und nicht vielmehr irgendwo hinter ihrem Text, unter Auflösung des Zusammenhangs, in dem die betreffende Stelle ihren Sinn hat, und unter Ignorierung dessen, was sie in diesem Zusammenhang sagt, unter Voraussetzung von dem biblischen Text vermutlich zugrunde liegenden sogenannten „Quellen" eigenen Charakters und selbständigen Inhalts, unter Kombination bestimmter Bestandteile des biblischen Textes mit als mythisch vielleicht wirklich anzusprechenden Bestandteilen außerbiblischer Texte. Es dürfte mit einem Wort fraglich sein, ob das Urteil „Mythus" auf die biblischen Berichte angewendet, nicht schon rein historisch-wissenschaftlich betrachtet, ein Fehlurteil ist, weil es vielleicht nur unter Überhören von dem, was die wirklichen biblischen Texte (so wie sie uns faktisch vorliegen, in ihrem engeren und weiteren Zusammenhang, als nun einmal biblische Texte gelesen!) sagen wollen und sagen, zustande kommen kann. Aber auch wenn dieser Einwand unverständlich erscheinen sollte: das wird sich der Historiker, der sich zu diesem Urteil entschließt, jedenfalls klarmachen müssen, daß er, indem es zu diesem Urteil für ihn überhaupt kommen kann, die Bibel sozusagen außerhalb der christlichen Kirche gelesen hat: nicht nach dem Zeugnis von Offenbarung, sondern nach irgend etwas Anderem, vielleicht eben gerade nach Mythus, nach Spekulation fragend — vielleicht selber gar nicht wissend darum oder vergessend, daß es so etwas wie Offenbarung geben möchte, vielleicht selber nur wissend oder doch in diesem Augenblick nur wissend um jene allgemeine Möglichkeit des Menschen, sich der Ursprünge und Beziehungen seines Daseins sei es fabulierend, sei es denkend oder sonstwie zu bemächtigen, weil sie in der Tat seine eigenen Dinge sind. Es ist eigentlich nichts als selbstverständlich, daß ein Zeitalter, das selber in so hohem Grade mythisch denkt, empfindet und handelt, wie die in der Aufklärung (mit Einschluß von Idealismus und Romantik) kulminierende sogenannte Neuzeit, auch in der Bibel den Mythus suchen und — finden muß. Der Historismus ist „das Selbstverständnis des Geistes, sofern es sich um die eigenen Hervorbringungen seiner in der Geschichte handelt" (E. Troeltsch, Ges. Schriften 3. Bd. 1922 S. 104). Gut! Wer nicht nach Offenbarung fragt, dem bleibt wohl nichts Anderes übrig, als eben nach Mythus zu fragen, und wer nach Mythus fragt, weil er danach fragen muß, weil der Mythus sein eigenes letztes Wort ist, der wird sich durch jenen vielleicht doch auch für den Historiker als solchen vorliegenden Einwand nicht abhalten lassen, auch in der Bibel nach Mythus zu fragen, um ihn dann sicher, und zwar genau genommen ein wenig überall, auch wirklich zu finden. Wir können nur feststellen: das Verständnis der Bibel als Zeugnis von Offenbarung und das Verständnis der Bibel als Zeugnis von Mythus schließen sich gegenseitig aus. Die Kategorie Sage, die Problematisierung der allgemeinen Geschichtlichkeit biblischer Berichte greift die Substanz der Bibel als Zeugnis nicht an, wohl aber die Kategorie des Mythus, weil „Mythus" die Geschichte als solche und damit auch die besondere Geschichtlichkeit der biblischen Berichte nicht nur problematisiert, sondern grundsätzlich verneint, weil die als Mythus verstandene Offenbarung nicht ein geschichtliches Ereignis, sondern eine raum- und zeitlose angebliche Wahrheit, d. h. aber eine Schöpfung des Menschen wäre.

Die Bibel legt darum so merkwürdiges Gewicht auf die Geschichtlichkeit der von ihr berichteten Offenbarung, weil sie unter Offenbarung gerade keine Schöpfung des Menschen versteht. Sie sagt so nachdrücklich, daß die Offenbarung diesen und diesen Menschen in dieser und dieser Situation zuteil wurde, weil sie sie eben damit beschreibt als ein Menschen Zuteilwerdendes. Das ist's, was bei der Anwendung — noch nicht des Begriffs Sage, wohl aber des Begriffs Mythus auf die Bibel übersehen bzw. geleugnet wird. Die in der Bibel bezeugten Offenbarungen wollen nicht sein die naturgemäß besonderen Erscheinungen eines Allgemeinen, einer Idee, die der Mensch dann gemächlich mit dieser Idee zu vergleichen und in ihrer Besonderheit zu verstehen und zu würdigen in der Lage wäre.

§ 8. Gott in seiner Offenbarung

Weil dem nicht so ist, darum wird man die Religionsphilosophie der Aufklärung von Lessing über Kant und Herder zu Fichte und Hegel mit ihrer unleidlichen Unterscheidung zwischen ewigem Gehalt und historischem „Vehikel" als den Tiefpunkt des modernen Mißverständnisses der Bibel bezeichnen müssen.

Die in der Bibel bezeugte Offenbarung will geschichtliches Ereignis sein, wobei natürlich, wenn wir hier den Begriff der Geschichte zur Erklärung herbeiziehen, nur das das *tertium comparationis* sein kann, daß es sich in der Offenbarung wie in der Geschichte um ein bestimmtes, von allen anderen unterschiedenes, also unvergleichliches und unwiederholbares Ereignis handelt. Wollte man das geschichtliche Ereignis mit der Aufklärung etwa selber doch wieder als bloßen Exponenten eines allgemeinen Geschehens, als unter eine Regel fallenden Sonderfall oder als Verwirklichung einer allgemeinen Möglichkeit auffassen, sollte „Geschichte" irgendwie als Rahmen verstanden werden, innerhalb dessen es nun auch so etwas wie Offenbarung gebe, dann müßten wir an dieser Stelle den Begriff der Geschichtlichkeit mit demselben Nachdruck ablehnen wie den des Mythus. „Geschichtlich" auf „Offenbarung" bezogen muß vielmehr heißen: Ereignis als Faktum, oberhalb dessen es keine Instanz gibt, von der her es als Faktum und als dieses Faktum einzusehen wäre. So wird Offenbarung nach der Bibel Menschen zuteil, und darum legt die Bibel Nachdruck auf Chronologie, Topographie und gleichzeitige Weltgeschichte, d. h. aber auf die Kontingenz und Einmaligkeit der von ihr berichteten Offenbarungen. Sie sagt gerade damit: Offenbarung geschieht senkrecht vom Himmel, sie fällt dem Menschen zu mit derselben Zufälligkeit, in der er, an diesem und diesem Ort, zu dieser und dieser Zeit und in diesem und diesem Zusammenhang lebend, nun eben dieser und dieser Mensch ist: in diesem und diesem Stadium seines inneren und äußeren Lebens, nur mit dem Unterschied, daß diese seine geschichtliche Kontingenz nun doch wieder aus allen möglichen Dimensionen überschaubar und erklärbar ist. Der Satz: *Individuum est ineffabile* läßt sich dem gegenüber zwar wohl behaupten, aber charakteristischerweise nicht begründen, während Offenbarung nun gerade das dem Menschen gegenübertretende, den Menschen angehende **Ineffabile ist**, das als solches sich selbst begründet. So und von da aus kommt es nun auch erst zu letzter Klarheit dessen, was wir unter 1 und 2 über die Enthüllung und Verhüllung Gottes in seiner Offenbarung gesagt haben. Mit diesen zwei Beziehungen, in denen die Bibel Gott als seiend versteht, können nicht etwa zwei mit allgemeiner Denknotwendigkeit zu begründende Momente einer vorhandenen und bekannten Wahrheit und Wirklichkeit gemeint sein. Sonst würden wir die biblische Offenbarung, auch wenn wir es nicht wahr haben wollten, doch als Mythus verstehen! Daß der *Deus revelatus* auch der *Deus absconditus* ist und der *Deus absconditus* auch der *Deus revelatus*, daß der Vater den Sohn und der Sohn den Vater „verklärt", das ist nicht

2. Die Wurzel der Trinitätslehre

selbstverständlich, d. h. nicht in sich verständlich, wie etwa die immanente Dialektik dieses oder jenes menschlichen Lebensgebietes oder wie vielleicht eine Dialektik wie die des Hegelschen An sich und Für sich in sich verständlich, d. h. aber in einem Dritten aufhebbar ist. Sind schon die Güte und die Heiligkeit Gottes selbst weder Erfahrungen, die wir machen, noch Begriffe, die wir uns bilden könnten, sondern göttliche Seinsweisen, auf die menschliche Erfahrungen und Begriffe allenfalls antworten können, sofern sie das Entsprechende gefragt sind, so ist erst recht ihr Zusammensein, ihre Dialektik, in der ja beide allein sind, was sie sind, keine erkennbare, d. h. keine von uns selbst vollziehbare, sondern nur eine als faktisch stattfindend feststellbare und anerkennbare Dialektik. Und dieses ihr faktisches Stattfinden, ihr Feststellbar- und Anerkennbarwerden ist die Geschichtlichkeit der Offenbarung. Wir sagen mit diesem Begriff: Offenbarung ist in der Bibel Sache eines Zuteilwerdens, eines Offenbarseins Gottes, durch das die Existenz bestimmter Menschen in bestimmter Situation dahin ausgezeichnet wurde, daß ihre Erfahrungen sowohl wie ihre Begriffe, Gott in seiner Enthüllung und Gott in seiner Verhüllung und Gott in der Dialektik von Enthüllung und Verhüllung — nicht zu fassen, wohl aber ihm zu folgen, ihm zu antworten vermochten.

Es ist das Moment der Berufung im biblischen Offenbarungsbegriff, auf das an dieser dritten Stelle zu achten ist. Wieder finden wir das Alte und das Neue Testament einmütig in der Auffassung, daß der Mensch sich die Offenbarung in keiner Weise selbst verschaffen kann. Wir wiesen schon hin auf die Baalspriester auf dem Karmel, die mit ihren Versuchen, den „Gott" herbeizurufen, genau die Art bezeichnen, wie man zu Jahve eben keinen Zugang hat. Und auf derselben Linie als Verkündiger einer selbst ergriffenen Offenbarung, die eben darum gar keine Offenbarung ist, sind offenbar auch die sogenannten „falschen" Propheten des Alten Testamentes gesehen. Ebenso werden im Neuen Testament (z. B. Mark. 10, 17 f., Luk. 9, 57f.) diejenigen, die von sich aus das ewige Leben erwerben bzw. Jesus nachfolgen wollen, als solche hingestellt, die dessen gerade nicht fähig sind. Wogegen die dem Abraham gegebene Verheißung nicht nur für seine Sara, sondern nach Gen. 17, 17 zunächst auch für Abraham selbst einfach ein Gegenstand des Gelächters ist, Jakob-Israel (ganz abgesehen von seinen sonstigen heute als so anstößig empfundenen Charaktereigenschaften) Gen. 32, 22 f. geradezu als ein Kämpfer, und zwar ein siegreicher Kämpfer, gegen Gott erscheint, der Widerstand gegen die Berufung, wie er bei einem Mose, Jesaia, Jeremia, Jona zunächst sichtbar wird, geradezu zum Wesen des echten Propheten zu gehören scheint. Dahin gehört natürlich als das große neutestamentliche Beispiel die Berufung des Saulus zum Paulus. Und auch in bezug auf Petrus war vielleicht die Meinung der Überlieferung, daß seine eigentliche Berufung erst durch den Auferstandenen, also hinter seiner Verleugnung Jesu erfolgt sei. Gerade zu ihm wird ja sehr nachdrücklich gesagt, daß Fleisch und Blut ihm das (nämlich die Gottessohnschaft Christi) nicht offenbart hätten. Es wäre natürlich töricht, das Alles sozusagen als eine negative Disposition der betreffenden Menschen für die Offenbarung zu verstehen. Bei so und so vielen Berufungen wird ja dieser Widerstand der Menschen nicht besonders hervorgehoben. Allerdings auch nirgends eine Vorbereitung auf die Berufung! Was die Bibel in dieser Hinsicht sagen will, ist offenbar dies: Es gibt keine Disposition des Menschen. Berufung ist ein unableitbares oder nur aus göttlicher Erwählung ableitbares Faktum. Propheten und Apostel stehen als solche da, nicht in irgendein Heroisches erhoben, in ihrer ganzen Menschlichkeit, aber gerade so als Propheten und Apostel sozusagen vom Himmel gefallen, sich selbst eben so erstaunlich wie ihrer Umgebung, in einem Amt, das von ihrer Existenz aus nicht zu erklären ist, Träger einer „Last", die sie nicht auf sich genommen haben, sondern die auf ihre Schultern gelegt wurde. Im Neuen Testament ist das Rätsel oder die Lösung des Rätsels dieses unbegreiflich faktischen Dabeiseins wirklicher Menschen bei Gottes Offenbarung ausgedrückt im Begriff des πνεῦμα. Wie wir mit Enthüllung schließlich nichts Anderes sagen als O s t e r n und dann, unvermeidlich rückwärts blickend auf das Woher? der Offenbarung mit Verhüllung nichts Anderes als K a r f r e i t a g, so sagen wir nun, vorwärtsblickend, zum Menschen hinblickend, an dem und für den die Offenbarung Ereignis wird, auf die Schwelle hinblickend, über die die Offenbarung eintritt in die Geschichte, nichts Anderes als P f i n g s t e n, Ausgießung des Heiligen Geistes. Das πνεῦμα ist das Wunder des Dabeiseins wirklicher Menschen bei der Offenbarung. Es handelt sich nicht um etwas Anderes an Pfingsten als um das Geschehen des Karfreitags und der Ostern. Aber eben: daß es sich hier für wirkliche Menschen, für so ganz menschliche Menschen, wie es die Apostel in der Darstellung des Neuen Testamentes sind, um das Geschehen des Karfreitags und der Ostern als um ein sie angehendes, s i e betreffendes, s i e berufendes Geschehen handeln kann und wirklich handelt, daß nun nicht nur Jesus Christus da ist, sondern Jesus Christus in der K i r c h e Jesu Christi, im G l a u b e n an Jesus Christus, das ist das Besondere der Pfingsten und des Geistes im Neuen Testament. Eben an Pfingsten haben wir gedacht, wenn wir die Offenbarung als ein vom Menschen aus gesehen senkrecht vom Himmel hereinfallendes Geschehen genannt haben. Wie soll man es anders ausdrücken, wenn man in der Nähe gerade dieses Textes und vielleicht doch aller den „Geist Gottes" oder „Geist Christi" betreffenden neutestamentlichen Stellen bleiben will: Das Wunder, das man hier nicht stark genug betonen kann, entspricht ja nur: einerseits dem Geheimnis Gottes, aus dem die Offenbarung hervorgeht und von dem sie immer umgeben bleibt, andererseits der Paradoxie, daß in der Offenbarung ein wirkliches Hervorgehen Gottes aus seinem Geheimnis stattfindet. So ist das Offenbarsein Gottes beschaffen.

Ohne dieses geschichtliche Offenbarsein Gottes wäre Offenbarung nicht Offenbarung. Gottes Offenbarsein macht sie zur B e z i e h u n g zwischen Gott und Mensch, zur effektiven Begegnung zwischen Gott und dem Menschen. Aber eben: Gottes eigenes Offenbarsein macht sie dazu. Auch in dieser Hinsicht, also hinsichtlich ihres Zieles, bestätigt sich unser Satz: Gott offenbart sich als der H e r r. Daß Gott das k a n n, was ihm die biblischen Zeugen zuschreiben: nicht nur Gestalt annehmen, nicht nur f r e i b l e i b e n in dieser Gestalt, sondern in dieser seiner Gestalt und Freiheit d i e s e r und d i e s e r M e n s c h e n G o t t w e r d e n, Ewigkeit in einem Augenblick, das ist der dritte Sinn seiner Herrschaft in seiner Offenbarung. Man redet von Offenbarung auch außerhalb der Bibel, und es gibt keinen Grund, das als absolut unmöglich zu bezeichnen. Wohl aber besteht Grund, nun auch dieses Dritte zu fragen: ob denn bei dem bei solcher Behauptung vorausgesetzten Begriff von Offenbarung dieses Moment des Offenbarseins Gottes als eines Aktes Gottes selber, diese Auffassung von der Aneignung der Offenbarung als einer schlechthinnigen Zueignung ohne alle Disposition mit in Betracht gezogen sei oder ob dort — an den anderen Orten, wo man das Bezeugtsein von Offenbarung meint annehmen zu dürfen, nicht vielmehr gerade die vielleicht positive, vielleicht (wie im Buddhismus) negative Disposition des Menschen die entscheidend wichtige Rolle spielt, ob was dort Offenbarung heißt, nicht vielleicht doch besser als Mythus zu bezeichnen wäre, weil es sich dort entscheidend um die Auseinandersetzung des Menschen mit sich selbst handelt? Aber wir legen kein Gewicht auf diese Seitenfragen. Wir haben nur das positive Interesse: im biblischen Zeugnis ist das, die Herrschaft Gottes in diesem dritten Sinn, mitentscheidendes Merkmal der Offenbarung. Gott offenbart sich als Geist, nicht als irgendein Geist, nicht als der entdeckbare und erweckbare Untergrund des menschlichen Geisteslebens, sondern als der Geist des Vaters und des Sohnes, also als derselbe eine Gott, aber nun als derselbe eine Gott auch so: in dieser Einheit, und zwar in dieser sich aufschließenden, gegen Menschen sich aufschließenden Einheit des Vaters und des Sohnes. Daß er das tut, auch dieses Dritte — es folgt nicht selbstverständlich aus dem Ersten und Zweiten, so gewiß auch in deren Sein und Zusammensein nichts, gar nichts Selbstverständliches ist — daß es ein solches Offenbarsein des Vaters und des Sohnes gibt, das ist's, was wir meinen, wenn wir sagen, daß er sich als der Herr offenbart. Auch daß Gott nach Joh. 4, 24 Geist ist, ist Gottes Herrschaft in seiner Offenbarung.

Wir blicken zurück und schließen ab. Wir haben nach der Wurzel der Trinitätslehre gefragt, nach ihrer Wurzel in der Offenbarung, nicht in irgendeiner Offenbarung, nicht in einem allgemeinen Begriff von Offenbarung, sondern in dem der Bibel zu entnehmenden Begriff von Offenbarung. Wir fragten, ob die Offenbarung als Grund der Trinitätslehre, ob die Trinitätslehre als erwachsen aus diesem Grunde verstanden werden müsse. Und nun haben wir nach einem Seitenblick auf die unmittelbar an die Trinitätslehre selbst anklingenden Stellen des biblischen Zeugnisses untersucht, was denn in der Bibel Offenbarung heißt, fragend, aber konkret, im Blick auf die biblischen Texte fragend, ob der Satz: „Gott offenbart sich als der Herr" in diesen Texten wirklich einen dreifachen Sinn und doch einen einfachen Gehalt habe. Wenn es richtig war, im biblischen Offenbarungszeugnis die drei Momente der Enthüllung, der Verhüllung und der Mitteilung oder: der Gestalt, der Freiheit und der Geschichtlichkeit oder: der Ostern, des Karfreitags und der Pfingsten, oder: des Sohnes, des Vaters und des Geistes hervorzuheben, wenn wir diese drei Momente einzeln richtig charakterisiert und wenn wir sie ins richtige Verhältnis zueinander gestellt haben — wenn unser dreimaliger Schluß: „Gott offenbart sich als der Herr" also keine Erschleichung, sondern ein wirkliches Ergebnis war und wenn wir mit diesem Satz wirklich dreimal unauflöslich anders dreimal dasselbe gesagt haben, dann ist jetzt zu schließen: die Offenbarung muß in der Tat als Wurzel oder Grund der Trinitätslehre verstanden werden. Als Wurzel oder Grund, sagen wir. Die Trinitätslehre ist uns noch nicht direkt begegnet. Auch in jenen trinitarisch klingenden Stellen fehlen die für die Trinitätslehre selber charakteristischen Elemente. Unsere Begriffe „unzerstörte Einheit" und „unzerstörte Verschiedenheit", der Begriff des einen Wesens Gottes und der drei in diesem Wesen zu unterscheidenden Personen oder Seinsweisen, endlich der von uns erst kurz berührte polemische Satz, daß die Dreieinigkeit Gottes **nicht nur** in seiner Offenbarung, sondern weil in seiner Offenbarung, in Gott selbst und an sich stattfinde, daß die Trinität also nicht nur als „ökonomische" sondern als „immanente" zu verstehen sei — das Alles ist nicht direkt biblische, d. h. in der Bibel explizit ausgesprochene, sondern kirchliche Lehre. Wir haben nicht mehr als das festgestellt: die biblische Lehre von der Offenbarung ist implizit und an einigen Stellen auch explizit **Hinweis** auf die Trinitätslehre. Sie muß in ihrem Grundriß als Grundriß auch der Trinitätslehre interpretiert werden. Läßt sich die Trinitätslehre selbst und als solche begründen und durchführen, so ist zu sagen: es besteht von der Offenbarung her ein echter und notwendiger Zusammenhang mit der Trinitätslehre. Die Trinitätslehre mit ihren in der Bibel nicht explizit ausgesprochenen Konsequenzen, Unterscheidungen und Zusammenfassungen beschäftigt sich mit einem durch das biblische Zeugnis von der Offenbarung tatsächlich und in der zentralsten Weise **gestellten** Problem. Sie ist tatsächlich **Exegese** dieses Textes. Sie ist **nicht** — das können wir schon jetzt sagen — eine willkürlich angestellte Spekulation, die ihren Gegenstand anderswo als in der Bibel hätte. Daß sie mit gewissen Philosophumenen der ausgehenden heidnischen Antike arbeitet, weiß jedes Kind. Das kann aber nach unseren Feststellungen nicht bedeuten, daß sie ein außerkirchliches, d. h. ein nicht in der Kirche als solcher notwendig gewordenes, ein nicht zu seiner Zeit aus dem Grunde der Schrift, aus dem an der Schrift entstandenen Glauben an Gottes Offenbarung hervorgegangenes Gebilde, eine ein Thema der heidnischen Antike behandelnde Lehre sei. Sondern ihre Sätze lassen sich als — nicht direkt aber indirekt identisch mit denen des biblischen Offenbarungszeugnisses verstehen. Sie ist kirchliche Exegese, d. h. sie exegesiert **diesen** Text, das in der Kirche als solches geltende Offenbarungszeugnis. Wir werden, wenn wir sie als kirchliche Exegese des biblischen Textes im Einzelnen darzustellen haben werden, nicht unterlassen dürfen, immer wieder zu diesem biblischen Text selber hinüberzublicken mit der Frage, ob und inwiefern es dabei mit rechten Dingen zugehen möchte. Daß sie kirchliche Exegese ist, daß die Sätze der Trinitätslehre der biblischen Offenbarung so direkt gegenüberstehen, wie nur eine Antwort einer Frage gegenüberstehen kann, das sollte durch den Nachweis, den wir geführt haben, vorläufig gesichert sein.

3. DAS *VESTIGIUM TRINITATIS*

Bevor wir uns im nächsten Paragraphen der Entwicklung der Trinitätslehre selber zuwenden, ist eine kritische Überlegung nötig hinsichtlich des

Ergebnisses, zu dem wir bisher gekommen sind. Wir haben nach der Wurzel der Trinitätslehre gefragt. Indem wir den biblischen Offenbarungsbegriff zu analysieren versuchten, kamen wir zu der Feststellung: eben diese Analyse auf ihren einfachsten Ausdruck gebracht, die dreifach eine Herrschaft Gottes als des Vaters, des Sohnes und des Geistes, ist die Wurzel der Trinitätslehre. M. a. W.: der biblische Offenbarungsbegriff ist selbst die Wurzel der Trinitätslehre. Die Trinitätslehre ist nichts Anderes als die Entfaltung der Erkenntnis, daß Jesus der Christus oder der Herr ist. Indem wir sagen: aus dieser Wurzel stammt die Trinitätslehre, sagen wir kritischpolemisch: sie stammt nicht anderswoher. Eben dieses „Nicht anderswoher" ist nun noch besonders ins Auge zu fassen. Anlaß dazu gibt uns das durch die Geschichte des Trinitätsdogmas gestellte Problem des *vestigium trinitatis*. Der Ausdruck stammt vermutlich von Augustin und bedeutet: ein Analogon der Trinität, also des trinitarischen Gottes der christlichen Offenbarung in dieser und dieser von ihm unterschiedenen, also geschöpflichen Wirklichkeit, eine solche geschöpfliche Wirklichkeit, die nicht etwa als angenommene Gestalt Gottes in seiner Offenbarung, sondern ganz abgesehen von Gottes Offenbarung in ihrer eigenen schöpfungsmäßigen Struktur eine gewisse Ähnlichkeit mit der Struktur des trinitarischen Gottesbegriffs aufweist und also als ein Abbild des trinitarischen Gottes selbst zu betrachten ist.

Augustin handelt von dieser Sache z. B. *Conf.* XIII 11, 12; *De civ. Dei* XI 24f., vor allem aber *De trin.* IX—XI. Zum allgemeinen Verständnis des Problems, wie die Kirchenväter und Scholastiker es gestellt sahen, ist lehrreich die Stelle *De trin.* VI, 10: *Oportet igitur, ut creatorem per ea quae facta sunt intellectum conspicientes, trinitatem intelligamus, cuius in creatura, quomodo dignum est, apparet vestigium. In illa enim trinitate summa origo est rerum omnium et perfectissima pulchritudo et beatissima delectatio. ... Qui videt hoc vel ex parte, vel per speculum et in aenigmate, gaudeat cognoscens Deum et sicut Deum honoret et gratias agat: qui autem non videt, tendat per pietatem ad videndum.*

Es muß scharf hervorgehoben werden: Es handelt sich (leider!) nicht um die in der Offenbarung einer geschöpflichen Wirklichkeit zuteil werdende Auszeichnung, vermöge welcher ein Mensch, ein Engel, ein natürliches oder geschichtliches Ereignis, menschliche Worte oder Handlungen, zuhöchst und zuletzt und zugleich als Inbegriff der ganzen so ausgezeichneten Kreatur: die *humanitas Christi*, zum göttlichen Organ oder Werkzeug oder Medium wird. Man könnte ja auch das, man kann die Gestalt, die Gott in seiner Enthüllung als der Sohn oder das Wort annimmt, das *vestigium trinitatis* nennen. Aber nicht das war gemeint bei der Entstehung und Anwendung dieses Begriffs. Sondern da handelt es sich um eine gewissen geschaffenen Wirklichkeiten angeblich immanent, also ganz abgesehen von ihrer allfälligen Beanspruchung durch Gottes Offenbarung eigene trinitarische Wesensdisposition, um eine echte *analogia entis*, um Spuren des trinitarischen Schöpfergottes im Seienden als solchem, in seinem reinen

Geschaffensein. Anerkennt man, daß es *vestigia trinitatis* in diesem zweiten Sinn gibt, dann stellt sich offenbar die Frage — und darum müssen wir in unserem Zusammenhang auf die Sache zu reden kommen — ob wir nicht etwa eine zweite Wurzel der Trinitätslehre neben der im vorigen Absatz aufgezeigten anzunehmen haben. Als solche zweite Wurzel der Trinitätslehre müßte doch offenbar das *vestigium trinitatis*, wenn es ein solches im zweiten Sinn des Begriffes gibt, in Betracht gezogen werden. Es müßte dann gefragt werden, ob die Entstehung der Trinitätslehre nicht mindestens a u c h auf die Einsicht in jene in der geschaffenen Welt auch abgesehen von der biblischen Offenbarung vorhandenen und wahrnehmbaren Spuren der Trinität zurückzuführen sei. Und wenn diese Frage einmal zugelassen wäre, dürfte es kaum vermeidbar sein, zu der weiteren Frage vorzuschreiten: welche von den zwei nebeneinander in Betracht kommenden Wurzeln der Trinitätslehre nun die eigentliche und primäre, welche dagegen der nachträgliche Senkling sein möchte? Aber auch die Frage müßte dann zugelassen sein: ob die Ableitung der Trinitätslehre aus der biblischen Offenbarung nicht bloß die nachträgliche Bestätigung einer auch abgesehen von dieser Offenbarung zu gewinnenden Erkenntnis Gottes aus seiner Offenbarung in der Schöpfung sein möchte? Und dann könnte die letzte Frage schwerlich ausbleiben: ob denn die bewußten *vestigia*, auf die sich dann die Trinitätslehre eigentlich gründen würde, wirklich durchaus als *vestigia* eines der Welt transzendenten Schöpfergottes und nicht vielmehr als nunmehr streng immanent zu verstehende Bestimmtheiten des Kosmos, und, weil der Kosmos der Kosmos des Menschen ist, als Bestimmtheiten der menschlichen Existenz zu verstehen sein, ob also nicht der Begriff der natürlichen ebenso wie der der biblischen Offenbarung zu streichen und die Trinitätslehre als kühner Versuch menschlichen Welt- und letztlich Selbstverständnisses, also als Mythus zu beurteilen sein möchte? Das Problem, das uns durch die Behauptung von dem Vorhandensein und Erkennbarsein jener *vestigia trinitatis* gestellt ist, ist also wahrhaftig von größtem Belang: nicht nur für die Frage nach der Wurzel der T r i n i t ä t s l e h r e, sondern für die Frage nach der O f f e n b a r u n g ü b e r h a u p t, für die Frage nach der Begründung der Theologie allein in der Offenbarung und schließlich geradezu für die Frage nach Sinn und Möglichkeit der Theologie im Unterschied zu einer bloßen Kosmologie oder Anthropologie.

Es fragt sich, ob diese *vestigia trinitatis* uns nicht mit den Konsequenzen, die sich aus ihrer Anerkennung ergeben — und wäre es auch nur die bewußte Fragenreihe, die sich aus dieser Anerkennung ergeben muß — nötigen, zuerst zu jener freundlichen Zweispurigkeit von „Offenbarung" und „Uroffenbarung" (P. Althaus) und dann von dieser Halbheit eiligst zur echten römisch-katholischen Theologie der *analogia entis* überzugehen. Sollten sie uns dann aber nicht gerade noch rechtzeitig darauf aufmerksam machen, daß die Theologie wohl daran täte, sich selber überhaupt nicht unmöglicherweise als Theologie verstehen zu wollen, sondern sich zu geben als das, was sie im Grunde allein sein kann: als ein Stück menschlichen Welt- und Selbstverständnisses, bei dessen Entwicklung der Begriff „Gott" wie ein überflüssiges X im Zähler und Nenner zur Vereinfachung der Rechnung auf beiden Seiten schlicht zu streichen ist, weil es ja mit oder ohne diesen Begriff doch nur um den Menschen, in unserem Falle: um des Menschen eigene Dreieinigkeit geht. Man kann die Frage freilich auch so stellen, ob wir nicht in diesem Begriffe des *vestigium trinitatis* ein uraltes trojanisches Pferd vor uns haben, das man einst (mit Augustin zu reden: um der *pulchritudo* und *delectatio* willen) allzu unbedenklich in das theologische Ilion hat einziehen lassen, in dessen Bauch wir es, gewitzigt durch einige zur Zeit Augustins so noch nicht gemachte Erfahrungen, gefährlich klirren hören, so daß wir Anlaß haben, eine heftige Abwehrbewegung zu vollziehen (vielleicht läßt sich nämlich hier in der Tat nichts Anderes tun als eben dies!), mit der wir erklären (vielleicht wirklich nur ganz naiv erklären!), daß wir mit dieser Sache nichts zu tun haben wollen.

Um uns zunächst über die *quaestio facti*, über die Frage, an was man denn konkret gedacht hat und denken kann, wenn man von *vestigia trinitatis* redet, zu unterrichten, teilen wir ein: es handelt sich um Phänomene aus der Natur, aus der Kultur, aus der Geschichte, aus der Religion und schließlich aus dem menschlichen Seelenleben.

Wir geben, da irgendwelche systematische Vollständigkeit im einzelnen nicht in Betracht kommen kann, aus allen fünf Gebieten einige charakteristische Beispiele. (Vgl. zum Folgenden H. Bavinck, Geref. Dogmatiek 1918 2. Bd. S. 332 f.)

1. Natur. — Anselm von Canterbury vergleicht Vater, Sohn und Geist in der Trinität mit dem Dasein und gegenseitigen Verhältnis von Quelle, Fluß und See, die als Eines und Ganzes Nil heißen mögen. Aber nicht nur das Eine und Ganze, sondern auch Quelle, Fluß und See je für sich sind der Nil. Obwohl doch die Quelle nicht der Fluß, der Fluß nicht der See und der See nicht die Quelle ist, obwohl es andererseits nicht drei Nile, sondern nur einen einzigen gibt. Der eine ganze Nil ist ja Quelle, Fluß und See. Ebenso schwierig bzw. unmöglich wie bei den „Personen" der Trinität zu sagen, was der gemeinsame Begriff ist, unter den diese drei fallen. Aber auch ebenso deutlich wie dort, daß die Quelle weder aus dem Fluß noch aus dem See ist, der Fluß nicht aus dem See, wohl aber aus der Quelle, der See dagegen aus der Quelle und aus dem Fluß (*Ep. de incarn. verbi c.* 13). — Luther scheint, jedenfalls bei Tisch redend, den Satz: *in omnibus creaturis licet invenire et cernere trinitatem istam esse expressam* gerne vertreten und am Beispiel der Sonne, des Wassers, der Gestirne, der Pflanzen usw. erläutert zu haben. Ein zusammenfassender Bericht über eine dieser seiner Darlegungen gerade im Blick auf die natürlichen Phänome lautet: „In allen Creaturen ist und siehet man Anzeigung der heiligen Dreifaltigkeit. Erstlich das Wesen bedeutet die Allmacht Gottes des Vaters; zum Andern die Gestalt und Form zeiget an die Weisheit des Sohnes, und zum dritten der Nutz und Kraft ist das Zeichen des heiligen Geistes; daß also Gott gegenwärtig ist in allen Creaturen, auch im Geringsten Blättlin und Mohnkörnlin" (W. A. Ti. 1, 395 f.). Begnügen wir uns beispielsweise zu erwähnen, daß man in ähnlicher Weise Gewicht, Zahl und Maß oder festen, flüssigen und gasförmigen Zustand und die drei Dimensionen der Körper, die Grundfarben gelb, rot und blau und den Akkord von Grundton, Terz und Quint mit der Trinität in Beziehung gebracht hat.

2. Kultur. — Lehrstand, Wehrstand und Nährstand in der Gesellschaft, Epos, Lyrik und Drama in der Dichtkunst, aber auch die drei Grunddisziplinen der mittelalterlichen Wissenschaft sollten hier *vestigia trinitatis* sein. Wir geben nochmals Luther das Wort: „Der Vater ist in göttlichen Dingen die *Grammatica*, denn er gibt die Wort und ist die Bronnquelle, daraus gute, feine, reine Wort, so man reden soll, fließen. Der Sohn ist die *Dialectica*; denn er gibt die Disposition, wie man ein Ding fein ordentlich nacheinander setzen soll, daß es gewiß schließe und aufeinanderfolge.

Der heilige Geist aber ist die *Rhetorica*, der Redner, so er fein fürträgt, bläset und treibet, macht lebendig und kräftig, daß es nachdruckt und die Herzen einnimmet" (W. A. Ti. 1, 564).

3. Geschichte. — Hierher gehört die in der Kirchengeschichte immer wieder auftauchende Lehre von den drei Reichen, die man entweder im alttestamentlichen, neutestamentlichen und christlich-kirchlichen Zeitalter zu finden meinte oder aber, eschatologisch pointiert und unter Kombination mit den drei großen Apostelgestalten in den drei Zeitaltern oder Reichen: 1. dem petrinischen, vergangenen, dem Reich der Furcht, d. h. des Vaters, 2. dem paulinischen, gegenwärtigen, dem Reich der Wahrheit, d. h. des Sohnes, und 3. dem johanneischen, zukünftigen, dem Reich der Liebe, d. h. des Geistes. In diesem Zusammenhang ist der Heilige Geist zu dem besonderen Stichwort aller sog. schwärmerischen oder sagen wir besser: aller chiliastischen Richtungen in der Kirche, man könnte fast sagen: der spezifisch unkirchliche oder gar antikirchliche Gott geworden, konnte es geschehen, daß z. B. Luther sich seiner einseitigen Anrufung gegenüber gelegentlich ebenso einseitig auf das Wort meinte berufen zu müssen und daß „spiritualistisch" zu einem Begriff wurde, mit dem eine bestimmte Kritik, eben die gegen alles Schwärmende sich richtende, ausgedrückt wird. Moeller van den Bruck hat (Das dritte Reich, 2. Aufl. 1926 S. 13) den Gedanken des dritten Reiches einen „Weltanschauungsgedanken" genannt, „der über die Wirklichkeit hinaushebt". „Nicht zufällig sind die Vorstellungen, die schon bei dem Begriff sich einstellen, bei dem Namen des dritten Reiches ... von vornherein ideologisch bloßgestellt, sind seltsam wolkig, sind gefühlvoll und entschwebend und ganz und gar jenseitig." Moeller v. d. Bruck wollte ihn bekanntlich „dem Illusionistischen entrücken und ganz in das Politische einbeziehen". Er hat doch auch in dieser Säkularisierung etwas behalten von dem Pathos der altkirchlich-mittelalterlichen Geschichtsphilosophie des *vestigium trinitatis*, wie sie, um nur einen Namen zu nennen, etwa in Joachim von Flore lebendig war.

4. Religion. — Schon das Mittelalter hat in diesem Zusammenhang auf die Phänomene des subjektiven religiösen Bewußtseins hingewiesen: *cogitatio, meditatio, contemplatio* oder: *fides, ratio, contemplatio* oder: *via purgativa, illuminativa* und *intuitiva* der areopagitisch beeinflußten Mystik, deren Wesen und Ordnung die Trinität widerspiegele. Und dem ist wohl an die Seite zu stellen die Behauptung Wobbermins, daß der christlich-trinitarische Monotheismus die Grundüberzeugung alles religiösen Glaubens insofern zum Abschluß bringe, als dieser überall drei Motive einschließe, zum Ausdruck kommend im religiösen Abhängigkeitsgefühl, im religiösen Geborgenheitsgefühl und im religiösen Sehnsuchtsgefühl" (Wesen und Wahrheit des Christentums 1925 S. 432). Nun ist aber durchaus nicht erst unsere religionsgeschichtlich interessierte Neuzeit, sondern, wie z. B. aus J. Gerhard, Loci 1610 L. 3, 30 ersichtlich, schon die alte Theologie darauf aufmerksam gewesen, daß auch in den objektiven Phänomenen der Religion, und zwar auch der nichtchristlichen Religion die Dreizahl gerade der Gottheit eine merkwürdige Rolle spiele. Wir heben Einiges hervor: es kannten die alten Babylonier zwei Göttertriaden, eine kosmische: *Anu, Enlil* und *Ea* (die Götter des Himmel, der Erde und des Wassers) und eine übergeordnete, siderische: *Shamash, Sin* und *Ishtar* (Sonne, Mond und Venusstern). Es kannten die alten Ägypter die Götterfamilie *Osiris* mit seiner Gattin *Isis* und ihrem Sohn *Horus* und in ähnlichem Verhältnis die alten Kananäer, Syrer und Karthager einen höchsten Gott, die später auch unter dem Namen *Kybele* verehrte *magna mater* und den z. B. unter dem Namen *Attis* oder *Adonis* bekannten Gottessohn und vermutlich wieder in ähnlichem Verhältnis das alte etruskische Rom die sog. kapitolinische Trias: *Jupiter optimus maximus, Juno regina* und *Minerva*. Es kennt der jüngere Brahmanismus die sogenante *Trimurti:* die mystische Einheit von *Brahma*, der die Welt hervorbringt, *Vishnu*, der sie erhält, und *Siva* (oder *Rudra*), der sie zerstört. Es lautet das Bekenntnis eines zum Buddhismus Übertretenden noch heute: „Ich nehme

meine Zuflucht zum *Buddha*, ich nehme meine Zuflucht zum *Dhamma*, ich nehme meine Zuflucht zum *Sangha*" (die „drei Kleinodien"), wobei Buddha die Persönlichkeit, Dhamma die Lehre, Sangha die Gemeinde des Religionsstifters bezeichnet.

5. Die menschliche Seele. — Es handelt sich hier nach Augustin einmal um die drei Vermögen der Seele: *mens*, das Vermögen der inneren, *notitia*, das Vermögen der äußeren Wahrnehmung, *amor*, das Vermögen, das eine auf das andere zu beziehen und so die Wahrnehmung zu vollziehen — sodann um die drei entsprechenden Momente im wirklichen Prozeß des Bewußtseins: *memoria*, d. h. der grundlegende Akt des Selbst- und Gegenstandsbewußtseins überhaupt und an sich, als reine Form, *intellectus*, d. h. der denkende Vollzug einer Selbst- oder Gegenstandsanschauung in einem bestimmten Bilde, *voluntas*, d. h. zugleich die Bejahung dieses Bildes und die Rückkehr vom Bilde zum reinen Bewußtsein. Es war also kein anderes, sondern in anderen Worten noch einmal dasselbe *vestigium*, wenn Augustin auch unterscheiden konnte: *amans, id quod amatur, amor*. Hören wir Augustin selbst in einer besonders prägnanten Formulierung seines Gedankens: *sine ulla phantasiarum vel phantasmatum imaginatione ludificatoria mihi esse me, idque nosse et amare certissimum est... Quid si fallerís? Si enim fallor, sum. Nam qui non est, utique nec falli potest ... Consequens est autem, ut etiam in eo quod me novi nosse, non fallor. Eaque duo cum amo ... quiddam tertium ... eis ... adiungo* (De civ. Dei XI 26). Mehr als ein *vestigium*, vielmehr die *imago Dei*, bzw. *trinitatis*, meinte Augustin in dieser Struktur des menschlichen Bewußtseins zu finden. Es war diese Theorie des *vestigium*, die vor allen anderen Eindruck und Schule durch alle Jahrhunderte hin gemacht hat. Wir finden sie in allerhand Abwandlungen, z. B. bei Anselm von Canterbury (Monol. 67 u. passim), Petrus Lombardus (Sent. I dist. 3), Thomas von Aquino (S. theol. I qu. 45, art. 7), Bonaventura (*Breviloq.* II c. 12), in der Reformationszeit bei Melanchthon (*Enarr. Symb. Nic.* 1550 *C. R.* 23, 235; *Loci* 1559 *C. R.* 21, 615 u. ö), bei dem Reformierten B. Keckermann (*Syst. S. S. Theol.* 1611 S. 20f.), in der Aufklärung in Lessings Erziehung des Menschengeschlechts § 73, im 19. Jahrhundert bei A. Twesten (Dogm. d. ev.-luth. Kirche 2. Bd. 1837 S. 194f.), in der Gegenwart bei keinem Anderen als Ad. Schlatter: „Da wir die Besitzer unseres Bildes sind, entsteht in uns beständig eine Art Dreieinigkeit; zum Wissenden kommt der Gewußte, nun aber nicht so, daß beide nebeneinanderstünden, sondern sofort erscheint der Dritte: der im Gewußten sich selbst Erkennende" (Das chr. Dogma 2. Aufl. 1923 S. 24). Ebenso trinitarisch ist nach ihm die Ordnung unseres Wollens: „Wir haben ein unmittelbares Wollen, ein wählendes Wollen und die Einigung beider, den von uns gewählten Willen, der nun die Aktionsmacht in sich hat (a. a. O. S. 148). Die Beziehung, die sich von da aus zu der Schellingschen Trias: Subjekt, Objekt, Subjekt-Objekt und zu Hegels An sich des subjektiven Geistes als Thesis, Für sich des objektiven Geistes als Antithesis und An und für sich des absoluten Geistes als Synthesis ergeben müssen, sollen nur angedeutet sein. Man darf ruhig behaupten, daß gerade diese Spitzen idealistischer Philosophie anderswo als auf dem Hintergrund der christlichen Dogmatik schlechterdings undenkbar waren, waren sie doch wirklich nichts Anderes als neue Varianten eben des augustinischen Trinitätsbeweises. Es ist klar, daß in diesen Zusammenhang auch das logisch-grammatikalische Schema von Subjekt, Objekt und Prädikat gehören würde, wenn es etwa unser wirklicher Schlüssel zur Trinitätslehre gewesen sein sollte. Und es ist ebenso klar, daß sowohl die mittelalterliche wie die Wobberminsche Konstruktion des religiösen Bewußtseins, auch hier, auch als Variante des allgemeinen augustinischen Bewußtseinsargumentes zu würdigen wäre.

Was soll man zu diesem ganzen Material sagen, was damit anfangen? Es liegt zunächst nahe, es in dem Sinn aufzufassen zu suchen, in welchem es ursprünglich gemeint war: als interessanten, erbaulichen, lehr- und hilfreichen Hinweis zum Verständnis der christlichen Lehre, nicht zu überschätzen, nicht als Grundlegung, nicht als Beweis im strengen Sinn zu verwenden, weil man die Trinität schon kennen und glauben muß, um ihre *vestigia* im Makrokosmos und Mikrokosmos nun wirklich als solche wahrzunehmen — aber immerhin zu schätzen, nämlich als nachträgliche unverbindliche, aber doch dankbar entgegenzunehmende Illustrationen des christlichen Credo.

Schon Irenäus warnte, man habe nicht *Deum ex factis, sed ea quae facta sunt, ex Deo* zu verstehen (*C. o. h.* II 25,1). Augustin selbst hat an seine Mahnung, der Mensch möchte doch lernen, die Trinität in sich selbst anzuschauen, ausdrücklich die weitere Mahnung angeknüpft: *cum invenerit in his aliquid et dixerit, non iam se putet invenisse illud, quod supra ista est incommutabile* (*Conf.* XIII 11). Auch Petrus Lombardus hält sichtlich zurück: *Non enim per creaturarum contemplationem sufficiens notitia trinitatis potest haberi vel potuit sine doctrinae vel interioris inspirationis revelatione ... Adiuvamur tamen in fide invisibilium per ea quae facta sunt* (*Sent.* I dist. 3 F), und äußert sich ausführlich über·die gerade in der augustinischen *similitudo* stattfindenden *dissimilitudines*. *Trinitate posita, congruunt hujusmodi rationes; non tamen ita, quod per has rationes sufficienter probetur trinitas personarum* (Thomas v. Aq. *S. th.* I qu. 32 art. 1). So darf man sicher auch die Äußerungen Luthers zu dieser Sache nicht als theologische Grundlegung sondern eben nur als theologische — Tischreden verstehen.

Man braucht das, was die alte Theologie sich an dieser Stelle leistete, darum doch nicht als ein bloßes und müßiges Spiel zu beurteilen, so spielerisch uns Manches von dem Vorgebrachten fraglos berühren mag.

Der andere Eindruck, den man von dem ganzen Material hat, ist doch unleugbar der, daß irgend etwas, wenn auch bald mehr bald weniger „dran sein" muß an der Beziehung zwischen der Trinität und all den Dreiheiten, auf die wir da hingewiesen werden. Warum soll auch nicht etwas dran sein? Es fragt sich nur: was? Die Theologie und die Kirche, aber schon die Bibel selbst, sprechen ja keine andere Sprache als eben die formell und inhaltlich durch schöpfungsmäßige Beschaffenheit der Welt geformte, aber auch durch die Grenzen der Menschheit bedingte Sprache dieser Welt: die Sprache, in der der Mensch, wie er nun einmal ist, also der sündige und verkehrte Mensch, sich mit der Welt, wie sie ihm begegnet und wie er sie sieht und zu verstehen vermag, auseinanderzusetzen versucht. Bibel, Kirche und Theologie sprechen diese Sprache zweifellos in der Voraussetzung, daß etwas „dran sein" könne, nämlich: daß in dieser Sprache auch von Gottes Offenbarung gesprochen, Zeugnis abgelegt, Gottes Wort verkündigt, Dogma formuliert und erklärt werden könne. Die Frage ist nur, ob dieses Können als ein der Sprache und also der Welt bzw. dem Menschen eigenes Können verstanden werden soll oder aber als ein Wagnis, das der Sprache und also der Welt, bezw. dem Menschen sozusagen von außen zugemutet wird, so daß es nicht eigentlich das Können der Sprache, der Welt, des Menschen, sondern das Können der Offenbarung wäre, wenn nun wirklich in Form von Begriffen und Vorstellungen, die es auch sonst und an sich gibt, entsprechend der geschaffenen Welt und entsprechend dem

3. Das vestigium trinitatis

Vermögen des mit dieser Welt sich auseinandersetzenden Menschen — auf einmal wirklich von Offenbarung, also von der Trinität, von Sündenvergebung und ewigem Leben geredet wird, von Dingen, deren diese Sprache des Menschen als solche durchaus nicht mächtig ist. Es soll nun nicht behauptet sein, daß die Erfinder der *vestigia trinitatis* diese Unterscheidung so vollzogen hätten. Indem wir sie vollziehen, werden wir ja zurückgeführt zu der Einsicht, daß das wirkliche *vestigium trinitatis* eben die in der Offenbarung von Gott angenommene Gestalt ist. Das war, so weit ich sehe, nicht die Meinung der Kirchenväter und Scholastiker, wenn sie vom *vestigium trinitatis* sprachen. Man kann aber mittels dieser Unterscheidung nachträglich verstehen, wie sie dazu kamen, einerseits den Gedanken der Wahrnehmbarkeit des *vestigium trinitatis* zu bejahen, andererseits ihn doch sofort wieder einzuklammern mit der Erklärung, daß dessen wirkliche Wahrnehmung doch nur unter Voraussetzung der Offenbarung, *trinitate posita*, stattfinden könne. Sie könnten tatsächlich etwas Anderes gemeint haben, als was sie scheinbar sagten: Sie waren auf der Suche nach der Sprache für das ihnen aus der Offenbarung und wie sie ja immer wieder sagten, nur aus der Offenbarung bekannte und allen Menschen nur durch die Offenbarung bekannt zu machende Geheimnis Gottes. Bei dieser Suche nach der Sprache begegneten ihnen außer dem durch die Bibel gebotenen Material bekanntlich zunächst eine Anzahl verwendbarer abstrakter Kategorien der zeitgenössischen Philosophie.

Streng genommen würde man ja schon den Begriff *trinitas* als solchen als ein auf dem Felde der Logik vorgefundenes *vestigium trinitatis* verstehen müssen. Und F. Diekamp, Kathol. Dogm. 1. Bd. 6. A. 1930 S. 260 weist richtig darauf hin, daß die von den Kirchenvätern beigebrachten Analogien schließlich nur weitere Ausführungen und Vermehrungen der ebenfalls schon analogischen biblischen Begriffe Vater, Sohn und Geist sind.

In dieser biblisch-philosophischen Sprache ist dann das Dogma formuliert worden. Aber das auch im formulierten Dogma noch immer lebendige Geheimnis der Offenbarung verlangte weiter und nun nach gefallener Entscheidung über ihr rechtes Verständnis erst recht nach Sprache. Und nun erst recht fand man — nicht daß die Sprache die Offenbarung, wohl aber daß die Offenbarung, gerade die im formulierten Dogma nun recht und maßgeblich verstandene Offenbarung, die Sprache fassen könne, d. h. daß, immer von dieser Offenbarung aus, in der bekannten von allen gesprochenen Sprache der Elemente genug zu entdecken seien, um, nicht erschöpfend, nicht angemessen, nicht exakt, aber immerhin bis zu einem gewissen Grade verständlich und anschaulich von der Offenbarung zu reden, Elemente, die sich zur Bezeichnung gewisser Momente und Beziehungen dessen, was von der Offenbarung zu sagen war, mit mehr oder weniger Aussicht brauchen ließen. Man wollte Vater, Sohn und Geist oder *unitas* in *trinitate*, *trinitas* in *unitate* sagen, tat die Augen und Ohren auf und fand, daß man es wagen müsse und könne, in dieser Absicht Quelle, Fluß und See, Gewicht, Zahl und Maß, *mens*, *notitia* und *amor* zu sagen, nicht weil diese Dinge sich an sich und von sich aus dazu eigneten, aber weil sie sich dazu eigneten, als Bilder der Trinität, als Mittel der Sprache von der Trinität angeeignet, sozusagen erobert zu werden, weil man ihnen, wissend um Gottes Offenbarung in der Schrift, meinte zumuten zu können zu sagen, was sie an sich und als solche natürlich nicht sagen und auch nicht sagen können. Nicht daran ist etwas, daß Quelle, Fluß und See, *esse, nosse, velle* sich zueinander verhalten wie Vater, Sohn und Geist, sondern daran ist etwas, daß Vater, Sohn und Geist sich wie Quelle, Fluß und See verhalten. Man war ja der Trinität sicher, der Sprache der Welt dagegen hinsichtlich der Trinität unsicher. Man mußte aber in dieser Sprache von der Trinität reden. Man mußte sie also für die Trinität, nämlich zum Zeugnis für die Trinität in Anspruch nehmen. Der Vorgang war also nicht der, daß man die Trinität aus der Welt, sondern umgekehrt der, daß man die Welt aus der Trinität erklären wollte, um in dieser Welt von der Trinität reden zu können. Nicht um Apologetik handelt es sich, sondern um Polemik, nicht um den Nachweis der Möglichkeit der Offenbarung in der Welt menschlicher Vernunft, sondern um die Feststellung der tatsächlichen Möglichkeiten dieser Welt menschlicher Vernunft als Stätte der Offenbarung. *Vestigia trinitatis in creatura* sagte man und meinte doch vielleicht eigentlich vielmehr so etwas wie *vestigia creaturae in trinitate* — natürlich in der sich offenbarenden Trinität, in der Trinität, sofern sie kreatürliche Gestalt annimmt: nicht traute man es den Dingen zu, daß ihnen die Trinität immanent sei und daß sie die Eigenschaft hätten, die Trinität widerspiegeln zu können — nach dieser Seite blieb ja anerkannterweise Alles unvollkommen, fragwürdig und bedingt durch die vorangehende Offenbarung — wohl aber traute man es der Trinität zu, daß sie sich in den Dingen widerspiegeln könne, und alle jene mehr oder weniger glücklichen Entdeckungen von *vestigia* waren ein Ausdruck dieses Vertrauens, nicht des Vertrauens auf das Vermögen der Vernunft für die Offenbarung sondern des Vertrauens auf das Vermögen der Offenbarung über die Vernunft. In diesem Sinn kann man sagen: es ging um das Problem der theologischen Sprache, die keine andere sein kann als die Sprache der Welt und die nun doch, koste es was es wolle, im Grunde immer gegen das natürliche Vermögen dieser Sprache in dieser Sprache als theologische Sprache von Gottes Offenbarung reden muß und reden zu können glaubt. In dieser Grundsätzlichkeit verstanden — so weit sie sich so verstehen läßt — war die Lehre von den *vestigia* schon keine Spielerei!

Aber warum macht sie uns nun doch weithin und wie man immer wieder empfindet, notwendig und mit Recht diesen Eindruck: den Eindruck, als handle es sich da eben doch um eine bloße nicht so ganz ernst zu nehmende Tischrede und irgendwie im Hintergrund um eine gefährliche Profanation des Heiligen? Man kann nur antworten: darum, weil man sich über die Absicht, die man dabei legitimerweise allein verfolgen konnte, nun doch nicht so im Klaren war, daß nicht jeden Augenblick die ganze eben entwickelte Ordnung auch umgekehrt, also aus Polemik Apologetik, aus dem Versuch theologischer Sprache die Preisgabe theologischer Sprache zugunsten irgendeiner Fremdsprache, aus der behaupteten angenommenen Vernünftigkeit der Offenbarung die Behauptung einer ursprünglichen Offenbarungsmäßigkeit der Vernunft, aus dem synthetischen „Gott in die Welt" ein analytisches „Gott in der Welt", aus der Inanspruchnahme der Welt durch die Offenbarung eine Inanspruchnahme der Offenbarung durch die Welt, aus dem entdeckten Hinweis also doch ein selbst erzeugter Beweis werden konnte. War man gegen diese Umkehrung nicht gesichert — und man war es wohl weithin nicht — dann mußte die Vorstellung von einer zweiten Wurzel der Trinitätslehre Platz greifen: man konnte nun meinen, die Trinität grundsätzlich ebensogut aus dem menschlichen Selbstbewußtsein oder aus anderen geschöpflichen Ordnungen wie aus der Heiligen Schrift ableiten und begründen zu können und dabei mußte sich zunächst die schon angedeutete Gefahr einstellen, daß das Interesse sich mehr und mehr diesen dem Menschen doch viel näher liegenden innerweltlichen Trinitäten zuwandte, daß man immer mehr in diesen als solchen die göttliche Trinität zu finden meinte. Ob man sie wirklich fand? Ob der dreieinige Gott, den man in der Welt zuerst wiederzufinden und dann auch selbständig zu finden meinte, nun wirklich der war, den die Heilige Schrift Gott nennt? Oder nicht doch etwa bloß ein Inbegriff, ein höchstes Prinzip der Welt und letztlich des Menschen selber? Ob also der geführte Beweis nicht doch — zwar etwas bewies, aber nun gerade nicht bewies, was er eigentlich beweisen sollte, und wenn man das nicht einsah, von dem, was er beweisen sollte, vielmehr abführte? Ob der so geführte Trinitätsbeweis nicht folgerichtig zur Leugnung des trinitarischen Gottes der Heiligen Schrift führen mußte, weil er einen *totaliter aliter* gearteten Gott bewies und an dessen Stelle setzte?

Nehmen wir an, es wollte jemand die Wahrheit der göttlichen Trinität ernstlich aus ihrer Bezeugung in der Religionsgeschichte beweisen. Was würde er, was könnte er beweisen? Die zwei babylonischen Triaden und das brahmanische Trimurti sind nachweisbar nichts Anderes als eben Formulierungen eines dreifach gegliederten Weltprinzips. In den ägyptischen, kananäischen und etruskischen Triaden ist ebenso deutlich das Urverhältnis der Familie das eigentlich Gemeinte und als göttlich Verehrte. In den „drei Kleinodien" des Buddhismus: Persönlichkeit, Lehre und Gemeinde Buddhas, haben wir es, sofern überhaupt mit einer göttlichen Trinität, dann offenkundig mit dem deifizierten geschichtlichen Vorgang der Religionsstiftung zu tun. Wenn das Alles „Gott" zu heißen verdient, was da als triadische Gottheit auftritt, dann ist die Religionsgeschichte eine Bestätigung der christlichen Trinität, sonst nicht. Denn was nach Abzug der Frage nach dem Wesen, das dort als das Wesen Gottes beschrieben wird, übrigbleibt, ist eigentlich nur die Dreizahl. Und die religionswissenschaftliche Begründung der Göttlichkeit gerade der Dreizahl („Heilig ist sie vermutlich deshalb, weil der primitive Mensch eine größere Zahl noch nicht kannte" RGG² Art. Dreieinigkeit I) wird man ja nicht gerade als sehr einleuchtend bezeichnen können. J. Gerhard hat wirklich (a. a. O.) schon Alles gesagt, was zur Fruchtbarkeit der Religionsgeschichte für unser Problem zu sagen ist: *In verbis nobiscum consentiunt, in verborum istorum explicatione ac sensu dissentiunt.* Wir könnten nur ins Leere treten, wenn wir hier wirklich Fuß fassen wollten.

Nehmen wir weiter an, es wollte jemand den Glauben an den dreieinigen Gott nebenbei auch aus der Geschichtsphilosophie begründen, so wäre leicht zu zeigen, daß der dreitaktige Rhythmus der geschichtlichen Entwicklung, wie er immer wieder behauptet worden ist, nichts Anderes ist als der Rhythmus der Auseinandersetzung mit Vergangenheit, Gegenwart und Zukunft, in der sich der handelnde und über sein Handeln reflektierende Mensch immer befindet. Man kann sich mit Sicherheit darauf verlassen, daß das in aller Geschichtsphilosophie entscheidende dritte Moment jeweilen genau den Ort bezeichnet, wo der betreffende Geschichtsphilosoph selber steht bzw. hinstrebt, wobei beides so sehr nicht verschieden ist. Wenn der Traum, den er von da aus träumt, die Weisheit Gottes ist, dann ist solche Geschichtsphilosophie ein Trinitätsbeweis, sonst sicher nicht, sonst hat der Geschichtsphilosoph nichts, gar nichts als eben seine eigene Schau und seinen eigenen Willen bewiesen.

Auf die Bedrohtheit des augustinischen Argumentes aus dem Bewußtsein hat schon Luther hingewiesen. Wir hörten, wie er bei allen möglichen anderen Argumenten dieser Art in seiner Weise fröhlich mittat. Um so mehr ist sein Instinkt zu bewundern, der ihn im Unterschied zu Melanchthon gerade hier nicht mittun ließ. Er erklärte nämlich, daß aus der augustinischen Lehre, von der in *memoria, intellectus* und *voluntas* vorhandenen *imago Dei* im Menschen die fatale *disputatio de libero arbitrio* folgen müsse. *Ita enim dicunt: Deus est liber, ergo cum homo ad imaginem Dei sit conditus, habet etiam liberam memoriam, mentem et voluntatem ... Ita nata est hinc periculosa sententia, qua pronuntiant Deum ita gubernare homines, ut eos proprio motu sinat agere.* (Komm. zu Gen. 1, 26 W. A. 42, 45, 25). Der Fortgang der anthropologischen Spekulation über Descartes und Kant zu Schelling und Hegel und endlich und folgerichtig zu Feuerbach hat ihm offenbar recht gegeben. Augustin meinte gewiß fern zu sein von der Möglichkeit solcher Umkehrung. Aber wenn B. Keckermann (a. a. O.) meinte sagen zu können: *quam est necessarium, hominem esse rationalem, ... tam est necessarium in Dei essentia tres esse personas,* dann war diese Umkehrung angebahnt. War sie vermeidlich, wenn dieses *quam ... tam* einmal gewagt war? Das Bild Gottes im Bewußtsein ist eben zunächst, an sich und als solches fraglos das Bild des freien Menschen. Wer in diesem Bild als solchem das Bild Gottes sieht, der sagt damit, daß er den freien Menschen als Gott erkennt. Wenn dieser freie Mensch wirklich Gott **ist**, dann ist der Beweis gelungen. Wenn aber Gott gerade nicht der freie Mensch sein, sondern dem freien Menschen souverän gegenüberstehen sollte, dann wäre offenbar gerade dieser zugleich naheliegendste und tiefsinnigste und geschichtlich mächtigste Beweis in besonders ausgezeichneter Weise daneben gelungen.

Und so steht es nun auch mit dem ganzen übrigen Material, sobald man es in seinem eigenen Bestand betrachtet mit der Frage, ob und inwiefern da wirklich *vestigia trinitatis in creatura* vorliegen möchten. *Vestigia trinitatis* allerdings, das wird man nicht leugnen können, es fragt sich nur: welcher Trinität? Wenn es die göttliche Trinität sein sollte, die uns in den drei Dimensionen des Raumes oder in den drei Tönen des einfachen Akkordes oder in den drei Grundfarben, oder auch in Quelle, Fluß und See begegnet, dann ist Gott — nun eben, wie ja auch im alten Babylonien und Indien vorgesehen, das geheimnisvoll dreifache Gesetz oder Wesen der uns bekannten Welt, das Mysterium des Kosmos, dessen Spuren uns in dieser Dreifaltigkeit aller oder doch vieler Dinge entgegentritt und das sich dann offenbar mit dem Mysterium des Menschen und mit dem Mysterium von dessen Religion aufs innigste berühren würde. Wenn das

3. Das vestigium trinitatis

Gott ist — es könnte ja sein, daß das Gott wäre, warum sollte dann die Fülle der Dreieinigkeiten in Natur und Kultur nicht wirklich die Dreieinigkeit dieses Gottes beweisen? Aber eben doch nur die Dreieinigkeit d i e s e s Gottes. Es bleibt die Frage, ob dieser Gott auch nur als Schöpfergott wirklich anzusprechen ist und also seinen Namen als „Gott" nicht vielleicht doch zu Unrecht trägt?

Und nun haben wir von den durchgehenden und auch von den Vertretern dieser Lehre nie geleugneten Inkongruenzen der *vestigia* in ihrem Verhältnis zur biblischen und kirchlichen Trinitätslehre noch gar nicht geredet. Man wird nämlich finden, daß gerade die entscheidenden Sätze dieser Lehre, nämlich der von der unauflöslichen Einheit und der von der unzerstörbaren Verschiedenheit der drei Momente sich an keinem dieser *vestigia* durchführen lassen, sondern daß der Beweis, der sich aus ihnen führen läßt, immer nur der Beweis entweder von drei nebeneinander stehenden göttlichen Wesen oder aber von einer einzigen göttlichen Monade ohne hypostatische Selbstunterscheidung sein kann, daß also, selbst wenn das dabei vorausgesetzte göttliche Wesen Gott zu heißen verdienen würde, gerade die Dreieinigkeit dieses Gottes im Sinn der christlichen Trinitätslehre aus diesen *vestigia* nicht zu beweisen wäre. Q u e n s t e d t hat völlig recht: *nulla vera et plena similitudo trinitatis in creaturis reperitur (Theol. did. pol.* 1685 *P.* I *c.* 6 *sect.* 2 *qu.* 3 *font. sol.* 5). Das sagte auch der L o m b a r d e mit seinem Hinweis auf die *dissimilitudines* in der *similitudo*, das hätte schließlich trotz allem auch A u g u s t i n sagen können. Und nun hat man, indem man die Möglichkeit der Lehre halbwegs zugab — sie ist selten rundweg bestritten worden — doch auch immer den Vorwurf gegen sie erhoben, es geschehe allzu leicht, daß durch sie der Spott der Ungläubigen herausgefordert und einfache Gemüter in die Irre geführt würden (vgl. T h o m a s v o n A q u i n o, *S. theol.* I *qu.* 32 *art.* 1, Calvin *Instit.* I 13, 18, Q u e n s t e d t a. a. O. *font. sol.* 6) und faktisch ist das Problem trotz der Autorität Augustins und im Gegensatz zu ihr von den meisten alten Dogmatikern eben nur gestreift und dann als unnütz und gefährlich wieder fallen gelassen worden. Was kann dieser Vorwurf und diese mißtrauische Haltung in einer Sache, die man doch nicht ganz leugnen konnte und wollte, für einen Sinn haben, wenn nicht eben den, daß man die Fremdheit dessen empfand, was mittels der *vestigia* als „Gott" bewiesen wurde, seine vollkommene Unterschiedenheit von dem Gott Abrahams Isaaks und Jakobs, von Vater, Sohn und Heiligem Geist im Neuen Testament, um die es sich doch in der Trinitätslehre handeln sollte.

Daher offenbar jener Eindruck des Spielerischen, ja Frivolen, dem man sich beim Nachdenken über dieses Theologumen kaum entziehen kann, so freundlich und glaubwürdig es einen etwa in den Worten Anselms oder Luthers zunächst berühren mag. Gerade wenn es ernst genommen wird, führt es offenbar unvermeidlich in eine zweideutige Sphäre hinein, in der man im Handkehrum beim besten Willen nicht mehr von dem Gott redet, von dem man ja reden wollte, dessen Spuren man zu entdecken meinte, sondern von irgend einem Welt- oder Menschheitsprinzip, von irgend einem Fremdgott. Um das Sprechen von Gottes Offenbarung ging es ursprünglich. Aber was Ereignis wurde, war Sprache von der Welt und vom Menschen, und diese als Sprache von Gottes Offenbarung verstanden, mußte geradezu werden: Sprache g e g e n Gottes Offenbarung. Der Eroberer w u r d e erobert. Dieses Spiel läßt sich eben nicht in Ernst umsetzen. Ernst genommen kann es nur eine Profanierung des Heiligen bedeuten. Daher die Empfindung von Frivolität, ohne die man ihm kaum beiwohnen kann.

Daraus folgt nun nicht, daß jenes Spiel etwa grundsätzlich verboten werden könnte, daß man die immerhin ansehnlichen Theologen, die sich mehr oder weniger eingehend damit beschäftigt haben, ohne weiteres als in diesem Stück häretisch betrachten müßte. Wir haben ja die gute Meinung, in der es getrieben werden konnte und seinen Grund im Problem der theologischen Sprache aufzuzeigen versucht. Aber eben hinsichtlich dieser guten Meinung und hinsichtlich des Problems der Sprache wäre hier etwas zu lernen. Es gibt offenbar Möglichkeiten der Sprache — und es scheint, daß wir es hier mit einer solchen zu tun haben — mit deren Gebrauch die Kirche und die Theologie etwas zwar nicht grundsätzlich zu Verbietendes, wohl aber etwas ganz Unverbindliches, nicht Auftragsgemäßes und sicher Gefährliches unternimmt, sofern dabei die Übersetzung, Neubegründung und Neuerfassung ihres Themas, die ihre Aufgabe ist, in mißliche Nähe zum Ergreifen eines ganz anderen Themas gerät, sofern dabei plötzlich eine μετάβασις εἰς ἄλλο γένος Ereignis werden kann. Die Erfinder der *vestigia trinitatis* wollten keine zweite andere Wurzel der Trinitätslehre neben der Offenbarung angeben, geschweige denn, daß sie diese andere als die eine und wahre angeben und die Offenbarung des trinitarischen Gottes leugnen wollten. Ihr Tun steht aber stark im Schatten der Frage, ob sie gerade dies nicht dennoch getan haben. Um jene unverbindliche, nicht auftragsgemäße und gefährliche Möglichkeit handelt es sich offenbar überall da, wo die theologische Sprache, wie dies hier zweifellos der Fall war, von der Interpretation zur Illustration der Offenbarung meint übergehen zu müssen. Interpretieren heißt: in anderen Worten dasselbe sagen. Illustrieren heißt: dasselbe in anderen Worten sagen. Wo die Grenze zwischen beiden liegt, läßt sich nicht allgemein sagen. Aber hier ist eine Grenze; die Offenbarung will nicht illustriert, sondern interpretiert sein. Wer die Offenbarung illustriert, der stellt ein zweites neben sie und in die Mitte der Aufmerksamkeit. Er traut der Offenbarung als solcher nicht recht hinsichtlich ihrer eigenen Beweiskraft, er möchte sein Reden von ihr auch noch von anderswoher als aus ihr selbst stützen, stärken und bestätigen lassen. Dieses Andere interessiert ihn nun mindestens mit. Seine Illustrationsfähigkeit und wer weiß, ob man nicht sofort sagen muß: seine Beweiskräftigkeit für die Offenbarung wird jetzt eine für sich wichtige Angelegenheit und damit offenbar das eigene Sein und Wesen dieses Anderen, das nun doch als angebliche Illustration der Offenbarung bereits ein solches Gewicht bekommen hat, daß es, weil es dem Menschen ja viel näher liegt als die Offenbarung, weil es ja letztlich sein eigenes Sein und Wesen ist, sofort zu einer Bedrohung seiner Aufmerksamkeit für die Offenbarung werden, eine Einschränkung seines Ernstnehmens der Offenbarung bedeuten muß. Ist nicht schon der Wunsch nach Illustration der Offenbarung geschweige denn die Behauptung der Notwendigkeit solcher Illustration, geschweige denn die Behauptung: dies und dies ist Illustration der Offenbarung — anders denn als Abfall von der Offenbarung zu verstehen, ist da nicht schon der Unglaube Ereignis geworden? Steht nicht der Übergang von der Interpretation zur Illustration als solcher unter dem Verbot: Du sollst dir kein Bildnis noch irgendein Gleichnis machen? Dieser Übergang sollte eben in der theologischen Sprache offenbar nicht stattfinden. Ebendarum geht es aber: ob wir in der Lehre von den *vestigia* nicht vielleicht doch typisch diesen Übergang vor uns haben und als solchen abzulehnen haben. Sei es denn: es gibt wohl keine Interpretation der Offenbarung — die sauberste Dogmatik, ja das kirchliche Dogma selbst nicht ausgenommen — in welcher sich nicht Elemente von Illustration befänden. Sei es denn: indem wir, vom Wortlaut der Schrift uns entfernend, auch nur den Mund auftun oder die Feder ansetzen, entfernen wir uns von der Offenbarung in der Richtung jener auf alle Fälle unverbindlichen, nicht auftragsgemäßen und gefährlichen Möglichkeit, also in unserem Fall: in der Richtung der *vestigia trinitatis*. Wir müssen uns z. B. ganz klar sein darüber, daß wir uns mit unserer im vorigen Absatz versuchten Disposition des biblischen Offenbarungsbegriffs nach den Momenten der Verhüllung, Enthüllung und Mitteilung in merkwürdige Nähe des fatalen augustinischen Argumentes begeben haben, daß wir gegen den Verdacht, auch wir möchten uns da einer Illustration bedient, auch wir möchten da ein kleines Spiel mit einem angeblichen *vestigium trinitatis* (vielleicht auf das Sätzlein „Ich zeige mich" zurückzuführen) getrieben haben, in keiner Weise gesichert sind. Haben wir uns damit nicht auch stützen, stärken, bestätigen lassen wollen durch eine von der Offenbarung verschiedene Größe, nämlich durch eine logische Konstruktionsmöglichkeit? Hat letztlich die Bibel zu uns gesprochen oder nicht schließlich doch nur diese Konstruktionsmöglichkeit? Haben wir die Wurzel der Trinitätslehre in der Offenbarung aufgedeckt und nicht letztlich doch diese ganz andere Wurzel? Wir wollten die Wurzel der Trinitätslehre in der Offenbarung aufdecken, keine andere; wir haben allerhand getan um sichtbar zu machen, daß es uns darum und nur darum gehe. Aber wenn irgend jemand uns dennoch vorwerfen wollte, daß es auch uns um jene ganz andere Wurzel gegangen sei — so könnten wir ihn nicht einmal der Böswilligkeit zeihen, denn dem Aspekt, als ob dem tatsächlich so sei, haben wir uns beim besten Willen nicht ganz, nicht eindeutig entziehen können. Es ist gut, sich das Alles klarzumachen. Man ist als Theologe hier wie sonst nicht in der Lage, die Rechtfertigung seines Tuns selbst vorwegzunehmen und sich selbst zuzusprechen. Aber das kann wiederum nichts ändern an der Gültigkeit des Gebotes, das dem Theologen hier gegeben ist, an der Grenze zwischen Interpretation und Illustration, die der theologischen Sprache, will sie theologische Sprache sein und bleiben, auf alle Fälle gezogen ist. Nichts ändern also an der Notwendigkeit der Aufmerksamkeit auf diese Grenze, an der Notwendigkeit der ständigen

Frage, wo wir uns befinden bei unserem Reden: diesseits oder jenseits. Die Entscheidung darüber liegt nicht in unserer Hand — wie wir ja auch nicht letztlich darüber zu entscheiden haben, ob die Erfinder der *vestigia trinitatis* sie wirklich überschritten haben oder nicht — wohl aber ist uns die Sorge auferlegt um diese Entscheidung, die Besinnung und Achtsamkeit von uns fordert. Die theologische Sprache ist keineswegs etwa frei gesprochen, alles und jedes zu wagen. Gerade im Gedanken an die Krisis, in der man immer steht und der man nirgends entgeht, wird man Unterschiede machen in seinem Tun. Es ist eben doch nicht dasselbe, die Trinität bewußt und absichtlich aus dem Schema des menschlichen Selbstbewußtseins oder aus einer anderen geschöpflichen Ordnung abzuleiten statt aus der Schrift, und: bei ihrer Ableitung aus der Schrift nach einem Schema greifen, das mit dem Schema des menschlichen Selbstbewußtseins und anderer geschöpflicher Ordnungen eine zugegeben nicht geringe Ähnlichkeit hat. Gewiß, das ist nur ein relativer Unterschied. Wir sind nicht dadurch gerechtfertigt, daß wir das zweite und nicht das erste tun, wir können schließlich nur in derselben Gefährdung mit allen Anderen, auch mit den Erfindern der alten *vestigia trinitatis*, einen Hinweis darauf versuchen, daß die Wurzel der Trinitätslehre in der Offenbarung liegt und nur in der Offenbarung liegen kann, wenn sie nicht sofort die Lehre von einem anderen, fremden Gott, von einem der Götter, der Menschgötter dieses Äons, wenn sie nicht ein Mythus sein soll. Im Sinne eines solchen Hinweises lehnen wir die Lehre von den *vestigia* ab. Wir können nicht den Anspruch erheben, sie im Namen und in der Kraft der Offenbarung aus dem Felde zu schlagen. Die Offenbarung wäre ja nicht die Offenbarung, wenn jemand in der Lage wäre, Anderen gegenüber den Anspruch zu begründen und als berechtigt zu beweisen, daß gerade er aus und von der Offenbarung rede. Wissen wir, was Offenbarung ist, so werden wir es auch in unserem beabsichtigten Reden von der Offenbarung darauf ankommen lassen, daß die Offenbarung von sich selber redet. Eben um dafür zu demonstrieren, daß dem so ist, setzen wir der Lehre von den *vestigia* schließlich ein ganz schlichtes, anspruchsloses Nein gegenüber, ein Nein, mit dem wir nur sagen wollen, daß uns jene Grenze in dieser Lehre überschritten scheint, aber ein Nein, dessen Kraft damit steht und fällt, daß wir es auch und nicht zuletzt auf uns selbst beziehen und daß wir es letztlich fein unbegründet lassen. Die Begründung könnte nur darin liegen, daß uns gesagt wäre: man kann nicht zweien Herren dienen! Der Herr, der in den *vestigia* sichtbar wird, ist uns nur als ein anderer Herr verständlich als der, der in der Bibel so heißt.

Es gibt freilich, und damit schließen wir, ein wirkliches *vestigium trinitatis in creatura*, eine Illustration der Offenbarung, aber die haben wir weder zu entdecken, noch selbst geltend zu machen. Sie besteht, wie wir es ja auch als den eigentlichen und rechtmäßigen Sinn der *vestigia*-Lehre zu verstehen gesucht haben, in der Gestalt, die Gott selbst in seiner Offenbarung in unserer Sprache, Welt und Menschheit angenommen hat. Was wir hören, wenn wir mit unseren menschlichen Ohren und Begriffen auf Gottes Offenbarung hören, was wir in der Schrift vernehmen (als Menschen vernehmen können), was die Verkündigung des Wortes Gottes in unserem Leben tatsächlich ist, das ist die dreifach eine Stimme des Vaters, des Sohnes und des Geistes. So ist Gott für uns da in seiner Offenbarung. So schafft er offenbar selber ein *vestigium* seiner selbst und also seiner Dreieinigkeit. Wir stellen nichts Zweites daneben, sondern wir sagen dasselbe, wenn wir darauf hinweisen, daß Gott für uns da ist in der dreifachen Gestalt seines Wortes: in seiner Offenbarung, in der Heiligen Schrift, in der Verkündigung.

Im Hinblick auf dieses wirkliche *vestigium trinitatis* werden wir dann wohl in Anwendung jener Luther'schen Tischrede von *Grammatica, Dialectica* und *Rhetorica* sagen dürfen: Der enzyklopädische Grundriß der Theologie muß lauten wie § 1, 1 angegeben: exegetische, dogmatische und praktische Theologie.

Dieses *vestigium* ist deutlich und zuverlässig. Es ist das *vestigium* des Gottes, der Gott zu heißen verdient. Und es ist wirklich das *vestigium* des dreieinigen Gottes im Sinn der kirchlichen Trinitätslehre. Aber gerade dieses *vestigium* wird man dann im oben bestimmten Sinn besser als *vestigium creaturae in trinitate* bezeichnen. Und indem wir uns an dieses halten, halten wir uns nicht an eine zweite neben der ersten, sondern an die eine Wurzel der Trinitätslehre.

§ 9
GOTTES DREIEINIGKEIT

Der Gott, der sich nach der Schrift offenbart, ist Einer in drei eigentümlichen, in ihren Beziehungen untereinander bestehenden Seinsweisen: Vater, Sohn und Heiliger Geist. So ist er der Herr, d. h. das Du, das dem menschlichen Ich entgegentritt und sich verbindet als das unauflösliche Subjekt und das ihm eben so und darin als sein Gott offenbar wird.

1. DIE EINHEIT IN DER DREIHEIT

Wir wenden uns nun, um die eigentliche begriffliche Klärung der Frage nach dem Subjekt der Offenbarung zu vollziehen, zur Entwicklung der kirchlichen Trinitätslehre.

Die Lehre von der Dreieinigkeit Gottes, wie sie sich in der Kirche als Interpretation der biblischen Offenbarung hinsichtlich der Frage nach dem Subjekt dieser Offenbarung herausgebildet und mit Recht behauptet hat, sie bedeutet — das ist vor allem hervorzuheben und festzustellen —

keine Aufhebung oder auch nur Infragestellung, sondern vielmehr die letzte und entscheidende Bestätigung der Einsicht: Gott ist Einer.

Der Begriff der Einheit Gottes als solcher wird uns später in der Gotteslehre zu beschäftigen haben. Er interessiert uns hier nur hinsichtlich eben dieser Einsicht: Dreieinigkeit Gottes besagt nicht nur keine Bedrohung, sondern vielmehr geradezu die Begründung des christlichen Gedankens der Einheit Gottes.

Wir sind bei unserem Nachweis der Wurzel der Trinitätslehre in der biblischen Offenbarung ausgegangen von und immer wieder zurückgekehrt zu dem Altes und Neues Testament zusammenfassenden offenbarten Namen Jahve-Kyrios. Die Trinitätslehre selbst ist nichts Anderes und will nichts Anderes sein als eine explizierende Bestätigung dieses Namens. Dieser Name ist der Name eines Einzigen, der Name des einen, einzigen Wollenden und Handelnden, den die Schrift als Gott bezeichnet.

Daran kann und will offenbar schon in der Heiligen Schrift selbst die Unterscheidung etwa zwischen dem auf dem Sinai und dem zu Jerusalem wohnenden Jahve oder im Neuen Testament die Unterscheidung von Vater und Sohn, oder die Unterscheidung, die in den Gegensätzen von Karfreitag, Ostern und Pfingsten sichtbar wird, nichts ändern. Wer zum Vater betet, wer an den Sohn glaubt, wer vom Heiligen Geist getrieben ist, dem tritt entgegen, dem verbindet sich der eine Herr. Wir zitierten die paulinischen Stellen 1. Kor. 12, 4f., Eph. 4, 4f.: man darf aber in ihnen nicht nur die Unterscheidung von θεός, κύριος, πνεῦμα, man muß in ihnen ebenso die durch das wiederholte αὐτός bzw. εἷς hervorgehobene Einheit beachten. Auch die kirchliche Trinitätslehre will den εἷς θεός nicht nur nicht verdunkeln, sondern vielmehr als solchen ans Licht stellen. Sie wendet sich von Anfang an gegen die Antitrinitarier als gegen solche, die sich auch und gerade an dem Bekenntnis zu dem einen Gott verfehlen. Voraussetzung und Ziel der Kirche in dieser Sache ist die Lehre von der Einheit Gottes, der göttlichen μοναρχία, in der sie τὸ σεμνότατον κήρυγμα τῆς ἐκκλησίας τοῦ θεοῦ erkennt (Papst Dionysius, *Ep. c. Tritheistas et Sabellianos* a. 260 Denz. Nr. 48).

Die trinitarische Taufformel wäre so schlecht als möglich verstanden, wenn sie als Formel einer Taufe auf drei göttliche Namen verstanden würde.

Noch Tertullian Adv. Prax. 26 hat von *singula nomina* geredet. Aber das ὄνομα des Vaters, des Sohnes und des Heiligen Geistes Matth. 28, 19 ist eines und dasselbe. *Ita huic sanctae trinitati unum naturale convenit nomen, ut in tribus personis non possit esse plurale* (Conc. Tolet. XI a. 675 Denz. Nr. 287). *In nomine*, nicht *in nominibus Patris, Filii et Spiritus sancti* wird getauft, hat der *Cat. Rom.* II 2, 10 gut hervorgehoben.

Der Glaube, der in dieser Formel bekannt wird, und ebenso der Glaube der großen dreiteiligen Bekenntnisse der alten Kirche ist also nicht ein Glaube, der drei Gegenstände hätte.

Non habes illic: credo in maiorem et minorem et ultimum; sed eadem vocis tuae cautione constringeris, ut similiter credas in Filium, sicut in Patrem credis, similiter in Spiritum sanctum credas, sicut credis in Filium (Ambrosius, *De myst.* 5, 28) *Quid sibi vult Christus, quum in nomine Patris et Filii et Spiritus sancti baptizari praecepit, nisi una fide in Patrem et Filium et Spiritum credendum esse? Id vero quid aliud est, quam clare testari Patrem, Filium et Spiritum unum esse Deum* (Calvin, *Instit.* I 13, 16).

1. Die Einheit in der Dreiheit

Drei Gegenstände des Glaubens müßte ja heißen: drei Götter. Die drei sog. „Personen" in Gott sind aber auf keinen Fall drei Götter.

Deus Pater, Deus Filius, Deus Spiritus sanctus. Et tamen non tres dii sunt, sed unus est Deus. Ita Dominus Pater, Dominus Filius, Dominus Spiritus sanctus et tamen non tres domini sed unus est Dominus (*Symb. Quicumque*).

Wir können den Begriff der Herrschaft Gottes, auf den wir den ganzen biblischen Offenbarungsbegriff bezogen fanden, unbedenklich mit dem gleichsetzen, was in der altkirchlichen Sprache das Wesen Gottes, die *deitas* oder *divinitas*, die göttliche οὐσία, *essentia*, *natura* oder *substantia* heißt. Das Wesen Gottes ist das Sein Gottes als göttliches Sein. Das Wesen Gottes ist die Gottheit Gottes.

Es muß der Gotteslehre vorbehalten bleiben, diesen Begriff ausführlicher zu entwickeln. An dieser Stelle genügt uns die Definition von Quenstedt (*Theol. did. pol.* 1685 P. I c. 9 sect. 1 th. 11): Das Wesen Gottes ist die *quidditas per quam Deus est, id quod est*. Von der Bibel her gesehen: das, was den Jahve-Kyrios zu dem macht, oder das, worin der Jahve-Kyrios der ist, als der er sich in diesem Namen, dem Herrennamen bezeichnet.

Von diesem Wesen Gottes nun ist zu sagen, daß seine Einheit durch die Dreiheit der „Personen" nicht nur nicht aufgehoben ist, sondern daß vielmehr gerade in der Dreiheit der „Personen" seine Einheit besteht. Was auch von dieser Dreiheit zu sagen sein wird, sie kann auf keinen Fall Dreiheit des Wesens besagen. Dreieinigkeit Gottes heißt nicht dreifache Gottheit, weder im Sinn einer Vielheit von Gottheiten noch im Sinn des Bestehens einer Vielheit von Individuen bzw. von Teilen innerhalb der einen Gottheit.

Die kirchliche Trinitätslehre läßt sich zusammenfassen in die Gleichung: *Deus est Trinitas* — wobei zu *Trinitas* sofort zu bemerken ist: *non triplex sed trina* (*Conc. Tolet.* IX Denz. Nr. 278). *Quidquid est in Deo, est ipse Deus unus et solus*; was auch über die Unterschiede in Gott zu sagen sein wird, einen Unterschied des göttlichen Seins und Daseins (*essentia und esse*) wird es nicht besagen können (Bonaventura, *Breviloqu.* I, 4).

Der Name des Vaters, des Sohnes und des Geistes besagt, daß Gott in dreimaliger Wiederholung der eine Gott ist, und das so, daß diese Wiederholung selbst in seiner Gottheit begründet ist, also so, daß sie keine Alteration seiner Gottheit bedeutet, aber auch so, daß er nur in dieser Wiederholung der eine Gott ist, so, daß seine eine Gottheit damit steht und fällt, daß er in dieser Wiederholung Gott ist, aber eben darum so, daß er in jeder Wiederholung der eine Gott ist.

Man hat in Gott hinsichtlich des Namens des Vaters, des Sohnes und des Geistes zwar zu unterscheiden: *alius — alius — alius*, nicht aber *aliud — aliud — aliud*, als ob es sich dabei um Teile eines Ganzen oder um Individuen einer Gattung handle (Fulgentius, *De fide ad Petrum c.* 5). *Personas distinguimus, non deitatem separamus* (*Conc. Tolet.* IX, Denz. Nr. 280). *Quibus est unum esse in deitatis natura, his est in personarum distinctione specialis proprietas* (*Conc. Tolet.* XVI a. 693, Denz. Nr. 296). Es handelt sich bei den sog. „Personen" um eine *repetitio aeternitatis in aeternitate*, also nicht um eine Dreiheit der Ewigkeit *extra se*, sondern um eine Dreiheit der Ewigkeit *in se*, so daß: *quotiescunque repetatur aeternitas in aeternitate, non est nisi una et eadem aeternitas* (Anselm von Canterbury, *Ep. de incarn.* 15). *Simplicissimam Dei unitatem non impedit ista distinctio* ... denn: *in unaquaque hypostasi tota intelligitur natura* (Calvin, *Instit.* I 13, 19). *Ipsa etenim Dei essentia est maxime unita individua ac singularis, idemque de tribus personis tamquam species de individuo nullo modo dici potest* (*Syn. pur. theol.* Leiden 1624, *Disp.* 7, *12*).

Es ist die Vorstellung einer bloßen **Arteinheit** oder einer bloßen **Kollektiveinheit**, die wir ausschließen, die Wahrheit der **numerischen Einheit** des Wesens der drei „Personen", die wir hervorheben möchten, wenn wir uns zur Bezeichnung der „Personen" zunächst des Begriffs der „Wiederholung" bedienen. Es wird gut sein, schon hier zu bemerken: zu dem einen einzigen Wesen Gottes, das durch die Trinitätslehre nicht verdreifacht, sondern gerade in seiner Einfachheit erkannt werden soll, gehört auch das, was wir heute die „**Persönlichkeit**" Gottes nennen.

Auch von diesem Begriff wird in der Gotteslehre ausführlich zu handeln sein. Der Begriff — nicht das durch ihn Bezeichnete, aber die Bezeichnung, die explizite Behauptung: Gott ist nicht ein Es, sondern ein Er — war den Kirchenvätern ebenso fremd wie den mittelalterlichen und auch den nachreformatorischen Scholastikern. Sie haben — von uns, aber doch nur von uns aus gesehen — allzu arglos und unkritisch dauernd von der *deitas*, von der *essentia divina* usw., also scheinbar von Gott als von einem Neutrum gesprochen. Der Begriff der „Persönlichkeit" Gottes — wir betonen ihn vorläufig, indem wir das Wesen Gottes als Herrschaft Gottes bestimmen — ist ein Produkt des Kampfes gegen den modernen Naturalismus und Pantheismus.

„Person" im Sinne der kirchlichen Trinitätslehre hat mit „Persönlichkeit" direkt nichts zu tun. Die Trinitätslehre lautet also nicht etwa dahin, daß in Gott drei Persönlichkeiten seien. Das wäre ja gerade der schärfste und schlimmste Ausdruck des Tritheismus, der hier abgewehrt werden soll. Insofern hängt die Lehre von der Persönlichkeit Gottes allerdings mit der Trinitätslehre zusammen, als, wie noch zu zeigen sein wird, gerade mit den trinitarischen Wiederholungen der Erkenntnis der Herrschaft Gottes radikal dafür gesorgt wird, daß aus dem göttlichen Er oder vielmehr Du in keiner Hinsicht ein Es werden kann. Aber nicht von drei göttlichen Ich, sondern dreimal von dem einen göttlichen Ich ist in ihr die Rede. Der Begriff der **Wesensgleichheit** (ὁμοουσία, *consubstantialitas*) des Vaters, des Sohnes und des Geistes ist also auf der ganzen Linie auch und vor allem im Sinn von **Wesensidentität** zu verstehen. Aus der Wesensidentität folgt die Wesensgleichheit der „Personen".

Die Behauptung, daß die Kirche mit ihrer Trinitätslehre den Antitrinitariern gegenüber gerade die Erkenntnis der **Einheit** Gottes und also den **Monotheismus** verteidigt hat, mag zunächst darum als paradox erscheinen, weil scheinbar das Anliegen der Antitrinitarier aller Zeiten gerade das gewesen ist, die einzigartige Bedeutsamkeit und Kraft der Offenbarung in Christus und seinem Geiste mit dem Prinzip des Monotheismus in das rechte Verhältnis zu setzen. Es könnte sich fragen, ob man nicht vielleicht doch bloß das sagen kann: die Kirche hat trotz der Trinitätslehre auch an der Einheit Gottes festhalten wollen und festgehalten; sie hat die Trinitätslehre so geformt, daß sie gleichzeitig dem christlichen Monotheismus gerecht zu werden suchte und vermochte? Wir müssen dieser abschwächenden Deutung gegenüber doch daran festhalten: Nein, es ging und geht auch und gerade in der kirchlichen Trinitätslehre als solcher auch und gerade um den christlichen Monotheismus. Man hat einfach nicht verstanden, um was es sich hier handelt, wenn man hier ein Konkurrieren zweier verschiedener Anliegen sich abspielen sieht, bei deren Geltendmachung es nun etwa zu Spannungen, Bruchstellen usw. kommen könnte. Unter diesem Gesichtspunkt kann man zwar die antitrinitarischen Häresien verstehen, die allesamt schon darum Häresien waren, weil sie Antworten auf falsch gestellte Fragen, nämlich Versuche, fälschlich entgegengesetzte Anliegen miteinander zu versöhnen, unsachgemäß konstruierte Spannungen aufzuheben, gewesen sind. Wogegen die kirchliche Linie schon formal darin sich vor den häretischen auszeichnet, daß, was auf ihr geschieht, ebensowohl und ebenso von Hause aus als Verantwortung gegenüber dem einen wie dem anderen Anliegen gemeint und verständlich zu machen ist, weil es faktisch gar nicht zwei Anliegen sind, die da einander gegenübergestellt und dann künstlich zur Übereinstimmung gebracht werden. Auf dieser schmalen aber stetigen Linie, wo es sich eben im Grunde sehr einfach weder um dieses noch um jenes Prinzip, sondern um die Interpretation der Schrift handelt, geht es von Hause aus und selbstverständlich **ebenso um die Einheit wie um die Dreiheit Gottes**, weil es um die Offenbarung geht, in der beides eines ist. Wogegen aller **Antitrinitarismus** zwar auf Grund der Schrift die Dreiheit, aber auf Grund der Vernunft die Einheit Gottes bekennen, beides miteinander vereinigen zu müssen meint und beides naturgemäß, schon wegen der Verschiedenheit der Quellen, aus denen, und des Sinnes, in dem er beides sagt, unmöglich vereinigen kann. Aller Antitrinitarismus kommt unvermeidlich — man muß das sehen, um die Schärfe zu verstehen, mit der er von der Kirche bekämpft worden ist — in das **Dilemma**, entweder die Offenbarung Gottes oder die Einheit Gottes zu leugnen. In dem Maß, als er wirklich die Einheit Gottes behauptet, wird er die **Offenbarung** als Akt wirklicher Gegenwart des wirklichen **Gottes** in Frage stellen müssen: die Einheit Gottes, in der es keine unterschiedenen Personen gibt, wird es ihm ja unmöglich machen, die Offenbarung in ihrer offenkundigen Andersheit dem unsichtbaren Gott, der Geist ist, gegenüber als echte Gegenwart Gottes ernst zu nehmen. In dem Maß, in dem er umgekehrt — und damit haben wir es hier zunächst zu tun — die Offenbarung behaupten aber ohne Anerkennung der Wesensgleichheit des Sohnes und des Geistes mit dem Vater im Himmel behaupten will, wird er die **Einheit Gottes** in Frage stellen. Er wird ja dann nicht umhin können, im Begriff der Offenbarung irgendein Drittes, das nicht Gott ist, eine nunmehr nicht göttliche — das will er ja nicht — sondern halbgöttliche Hypostase zwischen

Gott und den Menschen hineinzuschieben und zum Gegenstand des Glaubens zu machen. Antitrinitarismus heißt, sofern er nicht Leugnung der Offenbarung ist, in jeder Form eine gröbere oder feinere Vergötzung der Offenbarung.

Wenn Arius und die Seinen in Christus des einen Gottes erstes, höchstes und herrlichstes Geschöpf sehen und verehren wollten, von dem nun doch zu sagen sei: ἦν ποτε ὅτε οὐκ ἦν καὶ οὐκ ἦν πρὶν γένηται, es ist aus dem Nichts geschaffen, wie alle anderen Geschöpfe, es ist dem Vater gegenüber ἀλλότριος καὶ ἀνόμοιος, es wird zwar als υἱὸς τοῦ θεοῦ κτιστός Gott genannt, ohne es doch wirklich zu sein — so treten sie, offenbar gerade mit der Verehrung, die sie diesem Geschöpf nun dennoch darbringen wollen (und je ernster diese Verehrung gemeint wäre um so mehr!), der Einheit Gottes zu nahe. Ist Christus nicht wahrer Gott, was kann dann der Glaube an ihn Anderes sein als eben Aberglaube? Ebenso: wenn die arianischen und nichtarianischen Pneumatomachen, ein Eunomius oder ein Macedonius von Konstantinopel, den Heiligen Geist verstanden als eine geschaffene und dienende geistige Potenz — wie konnte es anders sein, als daß alle ernsthaften religiösen Aussagen über dieses geschöpfliche Pneuma es als eine halbgöttliche Instanz neben Gott erscheinen ließen und also gerade dem Monotheismus, dem diese ganze Richtung dienen wollte, schwersten Abbruch tat? Christus und der Heilige Geist sind „die Lebensmächte, durch die Gott das Wollen und das Vollbringen des Guten in den Menschen schuf" (K. Holl, Urchr. u. RelGesch. 1925, Ges. Aufs. z. KGesch. 2. Bd. 1928 S. 27). Eben gegen das Reden von solchen „Lebensmächten" richtete sich die monotheistische Spitze des kirchlichen Trinitätsdogmas. Subordinatianische Christologie — wir denken vor Allem an Origenes — wird zwar den Sohn und den Geist am Wesen des Vaters teilnehmen lassen, aber in abgestuftem Maße: in das Wesen Gottes selbst wird hier eine Hierarchie, ein Mehr und Weniger an göttlichem Wesen hineingedacht. Man wird auch diese Lösung nicht als mit der Einheit Gottes verträglich bezeichnen können. Von dem mit besonderer Gotteskraft ausgerüsteten und endlich zu göttlicher Würde erhobenen Menschen Christus, wie ihn die adoptianischen Monarchianer, ein Artemon und dann ein Paul von Samosata, lehrten, wäre in dieser Hinsicht dasselbe zu sagen wie von dem Christus des Arius. Und wenn endlich die modalistischen Monarchianer, ein Noet von Smyrna, ein Praxeas, ein Sabellius vor allem, ein Priscillian — auf ihren Spuren sind dann in der Neuzeit Schleiermacher und die Seinen gegangen — die Wesensgleichheit der trinitarischen „Personen" zwar behaupteten, aber doch nur als Erscheinungsformen, hinter denen sich Gottes eigentliches eines Wesen als etwas Anderes, Höheres verberge — so ist doch wohl zu fragen, ob die Offenbarung geglaubt werden kann mit dem Hintergedanken, daß wir es in ihr nicht mit Gott, wie er ist, sondern nur mit einem Gott, wie er uns erscheint, zu tun haben. Ist der τρόπος ἀποκαλύψεως wirklich ein anderer als der τρόπος ὑπάρξεως, und ist gerade die ὕπαρξις das eigentliche Sein Gottes, dann heißt das doch, daß Gott in seiner Offenbarung nicht eigentlich Gott ist. Diesen nichteigentlichen Gott als Gott ernst nehmen, ist aber gerade gegen den Monotheismus, den man mit dieser Unterscheidung zu schützen meinte und meint. Offenbarungsglaube muß dann — von daher ergeben sich die Fragen, die auch und gerade an den modernen Sabellianismus zu richten sind — zur Idolatrie werden.

Soll die Offenbarung als Gegenwart Gottes ernst genommen werden, soll es einen legitimen Offenbarungsglauben geben, dann dürfen Christus und der Geist in keinem Sinn untergeordnete Hypostasen sein. Wir müssen es in Prädikat und Objekt des Begriffs Offenbarung noch einmal und in keiner Weise weniger mit dem Subjekt selbst zu tun haben. Die Offenbarung und das Offenbarsein müssen dem Offenbarer gleich sein. Sonst können sie neben diesem, wenn dieser der eine Gott ist, **keinen Raum haben.** Die Einheit Gottes würde sonst die Offenbarung und das Offenbarsein unmöglich machen. Christus und der Geist würden dem Vater nicht nur, wie Arius in gefährlicher Nähe zur Leugnung aller Offenbarung sagte, „fremd und ganz unähnlich" sein, sondern nicht mehr mit ihm zu tun haben, als irgendwelche anderen Geschöpfe. Mit dem Monotheismus verträgt sich nur die Wesensgleichheit des Christus und des Geistes mit dem Vater.

In hac trinitate nihil prius aut posterius, nihil maius aut minus. Sed totae tres personae coaeternae sibi sunt et coaequales (Symb. Quicumque). Nullus alium aut praecedit aeternitate aut excedit magnitudine aut superat potestate (Conc. Florent. a. 1441 Decr. pro Jacobitis Denz. Nr. 704*).*

2. DIE DREIHEIT IN DER EINHEIT

Die Trinitätslehre als Lehre von der *repetitio aeternitatis in aeternitate* bestätigt die Erkenntnis der Einheit Gottes. Aber nun nicht irgendeiner Erkenntnis irgendeiner Einheit irgendeines Gottes.

Irgend einen Monotheismus vertritt nicht nur das Judentum und der Islam, sondern, wie wir heute wissen, irgendwie im Hintergrund oder als abschließenden Oberbau ihres Pantheons oder Pandämoniums so ziemlich jede Religion bis hin zu den Animismen etwa der sog. Naturreligionen Afrikas. Irgend ein Monotheismus hatte sich — man kann sich das nicht genug vor Augen halten — in der Philosophie, in den synkretistischen Kultlehren und vor allem im Lebensgefühl der ausgehenden abendländischen Antike längst durchgesetzt, als das Christentum auf den Plan trat, als etwa der Römerbrief des Paulus das damalige Rom erreichte. Man darf nicht erwarten, daß das Dogma und die Dogmatik der Kirche die Bestätigung irgend eines Monotheismus bringen, an irgend einem Monotheismus sich messen lassen werden. Aus dieser falschen Voraussetzung sind die antitrinitarischen Häresien entstanden und müssen sie immer wieder entstehen.

Es handelt sich um die offenbarte Erkenntnis der offenbarten Einheit des offenbarten Gottes — offenbart nach dem Zeugnis des Alten und Neuen Testamentes. Die in der Trinitätslehre bestätigte Einheit Gottes will **nicht** verwechselt sein mit **Einzelheit** oder **Einsamkeit.**

Sustulit singularitatis ac solitudinis intelligentiam professio consortii (Hilarius *De trin. 4).*

Einzelheit und Einsamkeit sind die Einschränkungen, die sich mit dem Begriff der numerischen Einheit im Allgemeinen verbinden müssen. Die numerische Einheit des offenbarten Gottes entbehrt aber dieser Einschränkungen. Keine logische Notwendigkeit darf uns hindern, dies einfach anerkennend festzustellen.

Für die Zahlbegriffe in der Trinitätslehre überhaupt gilt ja: *Haec sancta trinitas, quae unus et verus est Deus, nec recedit a numero, nec capitur numero (Conc. Tolet.* XI, Denz. Nr. 229). *In divinis significant (termini numerales) illa de quibus dicuntur,* sie sind metaphorisch zu verstehen, sie setzen keine Quantität in Gott, sie besagen letztlich nur Negationen (Thomas v. Aq. *S. theol.* I *qu.* 30 *art.* 3). *Quid ista ibi significent, ipso de quo loquimur aperiente, insinuare curemus* (Petr. Lombardus, *Sent.* I dist.24 A). So besagt die Zahl 1 die Negation aller Vielheit Gottes oder in Gott. Alle weiteren Folgerungen aus der Anwendung dieses Zahlbegriffes sind als unsachgemäß abzulehnen. Man muß sich klar machen: Der Gebrauch der Zahlbegriffe und der rationalen Begriffe überhaupt in der Trinitätslehre (und nicht nur in der Trinitätslehre!) der alten Kirche steht im Zeichen des Satzes des Hilarius (*De trin.* 4): *Intelligentia dictorum ex causis est assumenda dicendi, quia non sermoni res, sed rei sermo subjectus est.* Ohne diesen Satz vor Augen zu haben, kann man hier nicht einmal historisch verstehen, und wer sich diesen Satz nicht als methodisches Axiom zu eigen macht, der ist und wird nimmermehr ein Theologe!

Gott ist Einer, aber nun nicht so, daß er als solcher eines Zweiten und Dritten erst bedürfte um Einer zu sein, und auch nicht so, als ob er allein wäre und des Gegenübers entbehren müßte, nicht so also — das wird bei der Lehre von der Schöpfung und vom Menschen aber auch bei der Lehre von der Versöhnung entscheidend bedeutsam werden — als ob er nicht ohne die Welt und den Menschen zu sein vermöchte, als ob zwischen ihm und der Welt und dem Menschen ein notwendiges Reziprozitätsverhältnis bestünde. Sondern in ihm selbst schon sind diese Schranken dessen, was wir sonst unter Einheit verstehen, aufgehoben; in sich selbst ist seine Einheit keine Einzelheit und Einsamkeit. Damit, d. h. aber eben mit der Trinitätslehre, betreten wir den Boden des christlichen Monotheismus.

Μὴ συμπαραφέρου τοῖς Ἰουδαίοις πανούργως λέγουσι τὸ Εἷς θεὸς μόνος, ἀλλὰ μετὰ τοῦ εἰδέναι ὅτι εἷς θεὸς γίνωσκε ὅτι καὶ υἱός ἐστι τοῦ θεοῦ μονογενής. (Cyrill v. Jerus., *Kat.* 10, 2). *Confitemur: Non sic unum Deum, quasi solitarium* (Fides Damasi a. 380? Denz. Nr. 15).

Der Begriff der offenbarten Einheit des offenbarten Gottes schließt also nicht aus sondern ein eine Unterscheidung (*distinctio* oder *discretio*) eine Ordnung (*dispositio* oder *oeconomia*) im Wesen Gottes. Diese Unterscheidung oder Ordnung ist die Unterscheidung oder Ordnung der drei „Personen" — wir sagen lieber: der drei „Seinsweisen" in Gott.

Wir betreten damit die nicht nur uns, sondern ausnahmslos Allen, die sich vor uns um diese Sache gemüht haben, schwierigste Strecke unserer Untersuchung. Was heißt hier „Person", wie man gewöhnlich sagt? Oder allgemein gefragt: was ist gemeint mit dem als Vater, Sohn und Geist Unterschiedenen oder Geordneten in Gott? Unter welchem gemeinsamen Begriff sind diese drei zu verstehen? Was sind diese drei — nämlich abgesehen davon, daß sie ebensowohl miteinander, wie jeder einzelne für sich der eine wahre Gott sind? Was ist das gemeinsame Prinzip ihres Seins je als des Vaters, des Sohnes und des Geistes?

Wir haben den Begriff „Person" im Leitsatz unseres Paragraphen vermieden. Weder war er bei seiner Einführung in die kirchliche Sprache genügend geklärt, noch hat die nachträgliche Deutung, die ihm dann zuteil geworden ist und die sich in der mittelalterlichen und nachreformatorischen Scholastik im Ganzen durchgesetzt hat, eine solche Klärung wirklich gebracht, noch hat die Hereintragung des modernen Persönlichkeitsbegriffs in diese Debatte etwas Anderes als neue Verwirrung angerichtet. Die Lage wäre hoffnungslos, wenn es hier darauf ankäme zu sagen, was in der Trinitätslehre nun eigentlich „Person" heißt. Es kommt zum Glück nicht darauf an. Aber allerdings: die Schwierigkeiten, in die man sich in bezug auf diesen nun einmal klassisch gewordenen Begriff verwickelt sieht, sind doch nur ein Symptom für die Schwierigkeit der Frage überhaupt, die hier so oder so zu beantworten ist.

Der Begriff persona, πρόσωπον, stammt (wie der Begriff *trinitas* vermutlich zuerst von Tertullian gebraucht) aus dem Kampf gegen die sabellianische Häresie, sollte also das Insichsein und Fürsichsein je des Vaters, des Sohnes und des Geistes anzeigen. Aber hieß *persona*, πρόσωπον, nicht auch „Maske"? Konnte der Begriff nicht aufs neue der sabellianischen Vorstellung von den drei bloßen Erscheinungsformen, hinter denen ein verborgenes Viertes stünde, Vorschub leisten? In dieser Erwägung zog es die griechische Kirche weithin vor, *persona* statt mit πρόσωπον mit ὑπόστασις zu übersetzen. Aber bei ὑπόστασις dachten umgekehrt die Abendländer notwendig an *substantia* im Sinn von *natura* oder *essentia*, mußten sie sich also von der Nähe tritheistischer Vorstellungen bedroht sehen. Blieb man schließlich bei *persona* im Westen, bei ὑπόστασις im Osten stehen, so konnte kein Teil mit dem anderen und schließlich auch keiner mit sich selbst ganz zufrieden sein.

Es hat etwas Lösendes, daß ein Mann von der Autorität Augustins es (*De trin.* V 9, VII 4) offen ausgesprochen hat, daß es sich, wenn man die Sache nun gerade „Person" nenne, um eine *necessitas* oder *consuetudo loquendi* handle. Einen wirklich angemessenen Begriff dafür gebe es eben nicht. Sicher sei, daß mit den drei göttlichen Personen etwas ganz Anderes bezeichnet werde als ein Nebeneinander wie das von drei menschlichen Personen, und zwar darum, weil das Nebeneinander von menschlichen Personen eine Getrenntheit des Seins *(diversitas essentiae)* bezeichne, die dort in Gott — damit wurde die Möglichkeit des griechischen Einwandes gegen πρόσωπον formell anerkannt! — gerade ausgeschlossen sei. Auf die Frage: *quid tres?* d. h.: was ist das *nomen generale*, der Allgemeinbegriff für Vater, Sohn und Geist, könne eine eigentliche Antwort nicht gegeben werden, *quia excedit supereminentia divinitatis usitati eloquii facultatem. Verius enim cogitatur Deus quam dicitur et verius est, quam cogitatur.* (Je mehr man den Unterschied der Personen als im göttlichen Wesen selbst stattfindend und begründet versteht, um so begreiflicher wird in der Tat die Unbegreiflichkeit dieses Unterschiedes: dieser Unterschied nimmt eben teil an der Unbegreiflichkeit des göttlichen Wesens, das nicht das Wesen des offenbarten Gottes wäre, wenn es begreiflich, d. h. in den Kategorien des *usitatum eloquium* faßbar wäre. Weder *persona* noch ein anderer Begriff wird also den Dienst leisten können, diesen Unterschied wirklich begreiflich zu machen. Was hier am Platze sein kann, können nur mehr oder weniger fruchtbare und klärende Bezeichnungen eben der unbegreiflichen Wirklichkeit Gottes sein.) Wenn man, so meint Augustin, den Ausdruck *tres personae* dennoch brauche, so geschehe dies *non ut illud diceretur, sed ne taceretur omnino. Non enim rei ineffabilis eminentia hoc vocabulo explicari valet*: nicht um zu sagen, daß die drei in Gott gerade *personae* seien, sondern um mittels des Begriffs *personae* zu sagen, daß in Gott drei sind — wobei auch hier der Zahlbegriff 3 nicht mehr sagen kann als die Negation: daß Vater, Sohn und Geist als solche nicht 1 sind. In Augustins Nachfolge hat Anselm von Canterbury von der *ineffabilis pluralitas* (*Monol.* 38) von den *tres nescio quid* gesprochen: *licet enim possim dicere trinitatem propter Patrem et Filium et utriusque Spiritum, qui sunt tres, non tamen possum proferre uno nomine propter quid tres.* Gegen den Begriff *persona* hat eben auch Anselm das wahrhaftig begründete Bedenken, daß *omnes plures personae sic subsistunt separatim ab invicem, ut tot necesse sit esse substantias, quot sint personae.* Das geht bei menschlichen, das geht aber nicht bei den göttlichen Personen. Nur *indigentia nominis proprie convenientis* will darum auch er von den *personae* reden (*ib.* 79).

Das aristotelisch beeinflußte Mittelalter hat es dann doch versucht, dem Personbegriff einen besonderen systematischen Gehalt abzugewinnen. Den Anknüpfungspunkt für die hier angestellten Überlegungen bildete die Definition des Boetius (Anf. d. 6. Jahrh., *C. Eutych. et Nest.* 3): *Persona est naturae rationabilis individua substantia.* Nach Thomas von Aquino (*S. theol.* I qu. 29 art. 1—2) heißt *substantia individua* (gleichbedeutend mit *singulare in genere substantiae* oder mit *substantia prima*): ein in sich und für sich existierendes, ein in seinem Existieren von anderen geschiedenes, seine Existenz anderen nicht mitteilen könnendes Wesen, ein Einzelwesen. *Natura* bezeichnet das allgemeine Wesen, die *essentia speciei*, die *substantia secunda*, der ein solches Einzelwesen angehört. *Natura rationabilis* oder *rationalis* ist also die (nach mittelalterlicher Anschauung Gott, Engel und Menschen umfassende) vernünftige Natur im Gegensatz zu *natura irrationalis*, der (vom Tier abwärts alle übrigen Substanzen umfassenden) vernunftlosen Natur. *Persona* nun ist nichts Anderes als eben *substantia individua* (was auch *res naturae, subsistentia* oder mit den Griechen ὑπόστασις genannt werden kann), sofern das gemeinte Einzelwesen der vernünftigen Natur angehört. Die boetianische Definition ist also im Sinn von Thomas zu übersetzen: Person ist das vernünftige Einzelwesen. Daß dieser Begriff auf Gott anzuwenden sei, hat Thomas (*ib. art.* 3) begründet mit der Behauptung, *persona* schließe in sich das Merkmal einer Dignität, ja *persona* bezeichne geradezu das *perfectissimum in tota natura*. Diese Dignität, dieses *perfectissimum* müsse in eminentem Sinn, *excellentiori modo*, Gott zugesprochen werden. Thomas hat sich leider nicht darüber geäußert, worin diese im Personbegriff enthaltene Dignität, ja dieses *perfectissimum* der *persona* nach seiner Meinung bestehe. Geht es um die Vorzüglichkeit der vernünftigen Einzelwesen vor den unvernünftigen? Oder geht es um die Vorzüglichkeit des vernünftigen Einzelwesens vor der vernünftigen Natur als solcher? Oder um beides? Aber wie es auch damit stehe, Thomas selbst kennt einmal den Einwurf, daß das für den Personbegriff mindestens mitentscheidende *principium individuationis*, auch wenn von der vernünftigen Natur die Rede ist, eine in Individuation existierende Materie, ein individuell existierendes Etwas, eine Potentialität ist. Gott ist aber auch und gerade nach Thomas *immaterialis, actus purus*. Thomas muß darum zugeben, daß von dem Moment der *individua substantia* bei Anwendung des Personbegriffs auf Gott nur das Merkmal der *incommunicabilitas*, der Nicht-Mitteilbarkeit, der Existenz des betreffenden Wesens an andere übrigbleibt, vom Begriff des Einzelwesens also nur das, was es zu einem Einzelwesen macht unter Wegfall dessen, daß es ein Einzelwesen ist (*ib. art.* 3 *ad.* 4). Und ebenso kennt Thomas natürlich auch jenen noch wichtigeren Einwand, den schon Augustin und Anselm erhoben hatten: daß eine Mehrzahl von Personen notwendig auch eine Mehrzahl von Wesen — also von Gott ausgesagt: eine Mehrzahl göttlicher Wesen oder mindestens eine Teilung des einen göttlichen Wesens besagen müßte. Er muß darum, sachlich korrekt aber für seinen Personbegriff nun doch sehr bedrohlich, feststellen, die *personae* der Trinität seien *res subsistentes in* (nämlich in der einen) *divina natura*. Thomas kann nicht umhin anzuerkennen, daß die ὑπόστασις der Griechen in dieser Hinsicht sachnäher sei als die lateinische *persona* und daß er ὑπόστασις nur wegen der fatalen Übersetzung *substantia* vermeide. Jene *res subsistentes* in *divina natura* sind aber auch nach ihm nichts Anderes als *relationes*, innergöttliche Beziehungen (*ib.* qu. 29 *art.* 4; qu. 30 *art.* 1). So gerne man ihm hierin folgen und so gern man ihm methodisch zustimmen wird, wenn er sich auch hier auf die Unvergleichlichkeit des Begriffes in seinem Verhältnis zu dem Gemeinten bezw. göttlich Offenbarten beruft — *aliud est quaerere de significatione huius nominis „persona" in communi et aliud de significatione personae divinae* (*ib.* qu. 29 *art.* 4c) —

2. Die Dreiheit in der Einheit

so wenig kann man sich für überzeugt halten davon, daß auch nur die relative Sinngemäßheit (eine andere kommt in der Tat nicht in Betracht) der Verwendung gerade des Personbegriffs durch Thomas so geklärt worden sei, daß man die Zurückhaltung gegenüber diesem Begriff, bei der man sich immerhin auf A u g u s t i n und A n s e l m berufen darf, nun etwa aufgeben müßte. Die eigentliche, innerhalb der Grenzen des Möglichen liegende Erklärung dessen, um was es denn gehe bei den Dreien in der Dreieinigkeit, hat auch Thomas gerade n i c h t in Form einer Interpretation des Personbegriffs, sondern an Hand des Begriffs der R e l a t i o n e n gegeben!

Ganz in der Linie von Augustin und Anselm (und sachlich nicht in Widerspruch zu Thomas) hat C a l v i n gegen den Personbegriff polemisieren können mit den Worten: *Les anciens docteurs ont usé de ce mot de personne et ont dit, qu'en Dieu il y'a trois personnes: Non point comme nous parlons en noire langage commun appelant trois hommes, trois personnes ou comme mesmes en la papauté ils prendront ceste audace de peindre trois marmousets* (etwa: Männlein) *et voilà la trinité. Mais* — so meint Calvin weiter — *ce mot de personnes en ceste matière est pour exprimer les propriétez lesquelles sont en l'essence de Dieu* (*Congrégation de la divinité de Christ, C. R.* 47, 473). Von einem *magnum imo infinitum discrimen* zwischen den göttlichen Personen und den uns bekannten menschlichen hat dann auch J. Gerhard (*Loci* 1610 *L.* III, 62) gesprochen.

Was in der Begriffssprache des 19. Jahrhunderts „Persönlichkeit" genannt wird, unterscheidet sich von der altkirchlichen und mittelalterlichen *persona* durch den Hinzutritt des Merkmals des S e l b s t b e w u ß t s e i n s. Dadurch ist die ganze Frage nun erst recht kompliziert geworden. Man hatte und hat offenbar die Wahl, entweder zu versuchen, die Trinitätslehre unter Voraussetzung des so verschärften Personbegriffs durchzuführen oder aber bei dem alten seit jener Verschärfung des Sprachgebrauchs außerhalb der klösterlichen und einiger anderen Studierstuben völlig obsolet und unverständlich gewordenen Personbegriff stehen zu bleiben. Es war die 1857 durch Papst Pius IX. verurteilte Lehre des katholischen Theologen A n t o n G ü n t h e r, in der die erste Möglichkeit gewählt wurde: Nach ihm wären die einzelnen Personen der Trinität nun doch einzelne Substanzen, drei je für sich denkende und wollende Subjekte, auseinander hervorgehend und aufeinander bezogen und so in der Einheit einer absoluten Persönlichkeit sich zusammenschließend. Auf protestantischer Seite hat auf derselben Linie R i c h a r d G r ü t z m a c h e r (Der dreieinige Gott — unser Gott 1910) dem Schöpfer, dem Sohne, dem Geiste je ein besonderes Ich-Zentrum mit besonderem Bewußtsein, Willen und Inhalt zugeschrieben. Nach ihm wäre aber jeder Einzelne von diesen dreien auch absolute Persönlichkeit, mit den anderen darin eins, daß das Wesen aller drei Liebe und Heiligkeit ist, so daß sie auch immer als nebeneinander und miteinander wirkend erfahren werden. Man wird wohl sagen müssen, daß es schwer hält, hier nicht an die von Calvin abgelehnten *trois marmousets* zu denken und also diese Lehre Tritheismus zu nennen. Von einer Dreipersönlichkeit Gottes kann man eben ernsthaft ebensowenig reden wie von einer Dreiwesentlichkeit. Die von M e l a n c h t h o n an mehr als einer Stelle (z. B. *Exam. ordinand.* 1559, *C. R.* 23, 2) gegebene und später oft zitierte Definition: *Persona est subsistens vivum, individuum, intelligens, incommunicabile, non sustentatum ab alio* klingt in dieser Hinsicht doch nicht unbedenklich, besonders wenn man daneben hält, daß er imstande war, auch im Pluralis zu sagen: *tres vere subsistentes . . . distincti seu singulares intelligentes* (*Loci* 1559. *C. R.* 21, 613). *Vita* und *intelligentia* als Merkmale des Personbegriffs bringen notwendig mindestens einen tritheistischen Schein in die Trinitätslehre. Aber auch das Merkmal der Individualität, auf Vater, Sohn und Geist als solche, statt auf das eine Wesen Gottes bezogen, die Vorstellung einer dreifachen Individualität also, ist ohne Tritheismus kaum möglich. „In Gott ist wie e i n e Natur, so auch e i n e Erkenntnis, e i n Selbstbewußtsein" (F. Diekamp, Kath. Dogmatik[6] I. Bd. 1930 S. 271).

Offenbar vor der hier drohenden Gefahr meinte fast die ganze neuprotestantische Theologie in den Sabellianismus flüchten zu müssen. Man wollte einerseits auf Vater,

Sohn und Geist ebenfalls den modernen Persönlichkeitsbegriff anwenden, man scheute sich aber mit Recht davor, das mit einem Günther oder Grützmacher in ontologischem Sinne zu tun. Man beschränkte sich also auf eine nur phänomenologisch gemeinte Lehre von drei Personen, auf eine offenbarungsökonomische Trinität, auf solche drei Personen also, in deren Hintergrund dann Gott selbst immerhin „absolute" Persönlichkeit sein mochte. Es wurde bei dieser Auffassung weder im Altertum noch in der Neuzeit je ganz klar, inwiefern man nicht eigentlich — je ernster die Offenbarung genommen wurde umso näher müßte das eigentlich liegen — von einer Quaternität statt von einer Trinität gesprochen hat. Es war jedenfalls verständlich, daß Schleiermacher es vorgezogen hat, von dem Begriff der Persönlichkeit Gottes einfach zu schweigen, oder daß D. Fr. Strauß (Die christl. Glaubenslehre 1. Bd. 1840 § 33) und A. E. Biedermann (Christl. Dogmatik 1869 §§ 618 u. 715 f.) dazu übergegangen sind, ihn geradezu zu streichen, bzw. ihn aus dem Bereich der Wahrheit, in welchem Gott nichts Anderes als eben der absolute Geist ist, in das niedere Gebiet der inadäquaten religiösen Vorstellung zu verweisen. Es bleibt freilich zu fragen, ob die Annahme eines dreifachen göttlichen Selbstbewußtseins nicht auch dann als polytheistisch zu bezeichnen ist, wenn diese Dreifachheit „nur" als eine Sache der Offenbarungsökonomie bzw. der religiösen Vorstellung bezeichnet wird. Was heißt hier eigentlich „nur", wenn der Mensch doch gewiß gerade kraft der Offenbarungsökonomie bzw. in der religiösen Vorstellung faktisch mit Gott lebt, wenn aber gerade hier die *trois marmousets* doch das letzte Wort sein sollten ?

Die andere Möglichkeit hat die römisch-katholische Theologie ergriffen, in deren Trinitätslehre noch heute von „Personen" so geredet wird, als ob der moderne Begriff der Persönlichkeit nicht existierte, als ob die boethianische Definition noch immer aktuell und verständlich wäre und vor allem: als ob damals im Mittelalter die Bedeutung dieser Definition so geklärt worden wäre, daß mittels ihrer fruchtbar von den trinitarischen Drei geredet werden könnte.

Angesichts der Geschichte des Personbegriffes in der Trinitätslehre wird man wohl fragen dürfen, ob die Dogmatik wohl daran tut, sich seiner in diesem Zusammenhang weiterhin zu bedienen. Er gehört anderswohin, nämlich in die eigentliche Gotteslehre, und zwar als eine Folgerung aus der Trinitätslehre. Gerade aus dem trinitarischen Verständnis des in der Schrift offenbarten Gottes folgt nämlich, daß dieser eine Gott nicht nur als unpersönliche Herrschaft, d. h. als Macht, sondern als der Herr, also nicht nur als absoluter Geist, sondern als Person zu verstehen ist, d. h. aber als in und für sich seiendes Ich mit einem ihm eigenen Denken und Wollen. So begegnet er uns in seiner Offenbarung. So ist er dreimal Gott als Vater, Sohn und Geist. Aber ist wirklich das auch der Begriff, der diese Dreimaligkeit als solche erklärt, der also der Trinitätslehre als hermeneutisches Prinzip zugrunde gelegt werden kann? Wer ihn durchaus halten will, wird neben der ihm durch uralte kirchliche und wissenschaftliche Gewöhnung allerdings eigenen Ehrwürdigkeit kaum etwas Anderes dafür geltend machen können, als daß er einen anderen, besseren nicht an seine Stelle zu setzen habe. Man wird sich immerhin ernstlich fragen müssen, ob jener Pietätsgrund und dieser technische Grund schwerwiegend genug sind, um den Dogmatiker zu veranlassen den ohnehin und auch sonst schweren Gedanken der Trinität durch einen selber wieder so schweren und nur unter so vielen Kautelen verwendbaren Hilfsgedanken noch mehr zu belasten. Wir haben ja keinen Anlaß, den Personbegriff geradezu zu verfemen oder außer Kurs setzen zu wollen. Wir könnten ihn aber nur im Sinn einer praktischen Abkürzung und im Sinn der Erinnerung an die historische Kontinuität des Problems verwenden.

Die eigentlich gehaltvollen Bestimmungen des Prinzips der Dreiheit in der Einheit Gottes haben weder Augustin noch Thomas noch unsere protestantischen Väter aus der Analyse des Personbegriffs, sondern bei Anlaß ihrer durchweg allzu mühseligen Analysen des Personbegriffs aus ganz anderer Quelle gewonnen. Wir ziehen es vor, diese andere Quelle auch äußerlich als die primäre gelten zu lassen und sagen darum mindestens vorzugsweise nicht „Person" sondern „Seinsweise", in der Meinung, mit diesem Begriff dasselbe, was mit „Person" gesagt werden sollte, nicht absolut aber relativ besser, einfacher und deutlicher zu sagen. Daß Gott als Vater, Sohn und Geist je in besonderer Weise Gott ist, dieses Moment — nicht das der Teilnahme von Vater, Sohn und Geist am göttlichen Wesen, das ja in allen identisch und also für Vater, Sohn und Geist als solche gerade nicht bezeichnend ist, auch nicht das der „vernünftigen Natur" des Vaters, Sohnes und Geistes, die ja wiederum ohne Tritheismus nicht als eine dreifache bezeichnet werden kann — pflegt doch auch von denen, die hier den Personbegriff analysieren zu müssen meinen, bei diesen Analysen als erstes und entscheidendes Moment betont zu werden. Es handelt sich also nicht um die Einführung eines neuen Begriffs, sondern darum, einen bei der Analyse des Personbegriffs von jeher und zwar mit höchstem Nachdruck gebrauchten Hilfsbegriff in den Mittelpunkt zu rükken. Der Satz: „Gott ist Einer in drei Seinsweisen, Vater, Sohn und Heiliger Geist" bedeutet also: Der eine Gott, d. h. aber der eine Herr, also der eine persönliche Gott ist, was er ist nicht nur in einer Weise, sondern — wir berufen uns dafür schlicht auf das Ergebnis unserer Analyse des biblischen Offenbarungsbegriffes — in der Weise des Vaters, in der Weise des Sohnes, in der Weise des Heiligen Geistes.

„Seinsweise" ist die wörtliche Übersetzung des schon in den altkirchlichen Debatten verwendeten Begriffs τρόπος ὑπάρξεως: *modus entitativus* wie z. B. Quenstedt (*Theol. did. pol.* 1685 *P.* I *c.* 9 *sect.* 1 *th.* 8) lateinisch gesagt hat. Aber auch der Begriff ὑπόστασις in dem Sinn verstanden, wie er von der östlichen Kirche nach anfänglichen Bedenken und gegen das dauernde Bedenken des Westens schließlich statt πρόσωπον rezipiert worden ist, bedeutet *subsistentia* (nicht *substantia*), d. h. Existenzweise, Daseinsweise eines Seienden. In diesem Sinn nannte vielleicht schon Hebr. 1, 3 den Sohn χαρακτὴρ τῆς ὑποστάσεως θεοῦ, d. h. in seiner Seinsweise einen „Abdruck", einen Gegentyp der Seinsweise Gottes des „Vaters". Wir hörten schon von der thomistischen Definition des Begriffs der göttlichen Personen: sie sind *res subsistentes in natura divina*. Der Begriff *res* dürfte nicht eben glücklich sein, denn *res in natura* klingt hier nicht gut. Wohl aber ist der Begriff *subsistere* eines von den beiden brauchbaren Momenten des alten Personbegriffs. Ebenso lautet der Hauptbegriff in der Definition Calvins (*Instit.* I 13, 6): *subsistentia in Dei essentia* (Calvin hat übrigens in der vorhin angeführten *con-*

grégation ausdrücklich erklärt, daß er mit den Griechen die Begriffe *substance* oder *hypostase* zur Bezeichnung der in Frage stehenden Sache auch wegen ihrer biblischen Begründung in Hebr. 1, 3 für *plus convenable* halten würde). In der Folgezeit sagten z. B. I. Wolleb (*Chr. Theol. Comp.* 1626 I *c.* 2 *can.* 1, 4) *persona* bedeute: *essentia Dei cum certo modo entis*, oder die *Syn. pur. Theol.*, Leiden 1624, *Disp.* 7, 10: *substantia divina peculiari quodam subsistendi modo*, oder Fr. Burmann (*Syn. Theol.* 1678 I *c.* 30, 13): *essentia divina communis et modus subsistendi proprius*. Wir dürfen uns aber hier auch auf neuzeitliche katholische Autoren berufen: M. J. Scheeben (Handb. d. kath. Dogmatik 1. Bd. 1874, Neuaufl. 1925 S. 832) erklärt ausdrücklich, daß die Individualität der göttlichen Personen identisch sei mit der jeder von ihnen zukommenden besonderen Form des Besitzes der göttlichen Substanz, sie sei eine der Individualität der göttlichen Substanz selbst wesentlich zukommende Modalität dieser Individualität. Und B. Bartmann (Lehrb. d. Dogmatik 7. Aufl. 1. Bd. 1928 S. 169): „Das, wodurch die drei Personen sich voneinander unterscheiden, ist nicht in der Wesenheit zu suchen, auch nicht zunächst in der Person an sich, die mit den anderen völlig gleich und vollkommen und ewig ist, sondern in der verschiedenen Besitzweise der Wesenheit." Eben das, was von diesen Theologen *subsistentia*, *modus entis*, Form des Besitzes oder Besitzweise genannt wird, möchten wir, indem wir an der entscheidenden Stelle „Seinsweise" sagen, in den Mittelpunkt der Aufmerksamkeit rücken, in dem es auch in den verschiedenen Analysen des Personbegriffs faktisch immer, aber wie uns scheint durch den Zusammenhang allzusehr verdunkelt, gestanden hat.

Es handelt sich um besondere, um verschiedene, um je ganz eigentümliche Seinsweisen Gottes. Das will sagen: diese Seinsweisen Gottes sind nicht miteinander zu verwechseln noch zu vermischen. Wohl ist Gott in allen drei Seinsweisen in sich selbst und der Welt und den Menschen gegenüber der eine Gott. Dieser eine Gott ist aber dreimal anders Gott, so anders, daß er eben nur in dieser dreimaligen Andersheit Gott ist, so anders, daß diese Andersheit, sein Sein in diesen drei Seinsweisen ihm schlechterdings wesentlich, von seiner Gottheit unabtrennbar ist, so anders also, daß diese Andersheit unaufhebbar ist. Weder kann in Betracht kommen, daß die eine der göttlichen Seinsweisen ebensogut die andere, daß etwa der Vater ebensogut der Sohn oder der Sohn der Geist sein könnte, noch daß zwei von ihnen oder alle drei sich in einer zusammenfinden und auflösen könnten. Wäre dem so, dann wären sie keine dem göttlichen Sein wesentliche Seinsweisen. Eben weil die Dreiheit in dem einen Wesen des offenbarten Gottes gründet, weil man bei Leugnung der Dreiheit in der Einheit Gottes sofort einen anderen Gott meint als den nach der Schrift offenbarten — ebendarum muß man diese Dreiheit als eine unaufhebbare, die Eigentümlichkeit der drei Seinsweisen als eine unverwischbare verstehen.

Wir sahen, wie bei Thomas von Aquino außer dem Moment des *subsistere* eben das Moment der *incommunicabilitas* in seinem Personbegriff sich als haltbar, d. h. für den Personbegriff der Trinitätslehre brauchbar erwies. Und nun wird es wohl kein Zufall sein, wenn die *Conf. Aug. Art.* 1 gerade diese beiden Momente zusammenfaßte in ihrer Definition: Person im Zusammenhang der Trinitätslehre heiße: (*quod*) *proprie subsistit*. Man wird das „*quod*" in dieser Definition tatsächlich einklammern müssen: was *proprie subsistit*, ist ja nicht die Person als solche, sondern Gott in den drei Personen, aber eben: Gott als dreifach *proprie subsistens*. Es ist bemerkenswert, daß auch der mit den thomistischen *res subsistentes* arbeitende Fr. Diekamp (Kath.

Dogmatik 1. Bd. 6. Aufl. 1930 S. 352f.) zu dem Ergebnis kommt, daß absolute Subsistenz nur der göttlichen Substanz als solcher, den Personen als solchen dagegen nur relative Subsistenz zukomme. Aber eben dieses relative *subsistere* der Personen ist ein *proprie subsistere*. Ebenso hat Calvin gesagt, Person heiße *subsistentia in Dei essentia quae . . . proprietate incommunicabili distinguitur* (*Instit.* I 13, 6). Es hat Melanchthon in *Conf. Aug. Art.* 1 erklärend hinzugefügt: *Non pars aut qualitas in alio* und in den *Loci: Non sustentata ab alio*. Und es hat Quenstedt (a. a. O. *th.* 12) in Erweiterung der Formel Melanchthons das *incommunicabilis* noch verstärkt durch die Umschreibung *per se ultimato et immediata subsistens*. Wenn man darauf achtet und Nachdruck legt, daß die in Frage stehende Eigentümlichkeit tatsächlich ganz genau nur in das Verbum *subsistere* umschreibenden Adverbien *(proprie* usw.) oder Ablativen *(proprietate)* bezeichnet werden kann, während das Subjekt dieses subsistere und also auch des *proprie subsistere* streng genommen keine von dem einen Wesen Gottes verschiedene *res* oder *substantia*, sondern eben nur dieses eine Wesen Gottes selbst sein kann, dann dürfte sich der Begriff „Seinsweise", nun noch verstärkt und erklärt durch das Adjektiv „eigentümliche Seinsweise" immer deutlicher als der Kern dessen herausschälen, was die Dogmatik von dem alten Personbegriff festzuhalten hat. Gewiß ist über Gott Vater, Sohn und Geist mehr zu sagen als das, was mit der Formel „eigentümliche Seinsweise" gesagt ist. Um Seinsweisen, um das dreimalige Anderssein Gottes handelt es sich ja. Die Definition Calvins besteht durchaus zu Recht, *persona* heiße *natura divina cum hoc quod subest sua unicuique proprietas* (*Instit.* I 13, 19). Aber eben aus dieser und eigentlich aus all den angeführten Definitionen der Alten geht hervor: das bewußte „Mehr" — was Vater, Sohn und Geist „mehr" sind als „eigentümliche Seinsweisen"! — ist die *natura divina*, das eine ununterschiedene göttliche Wesen, mit dem ja der Vater, der Sohn und der Geit identisch sind. Fragen wir nun nach dem Nichtidentischen, nach dem Unterscheidenden und Unterschiedenen, nach dem, was den Vater zum Vater, den Sohn zum Sohn, den Geist zum Geist macht, nach dem *quod subest sua unicuique proprietas* — und danach müssen wir offenbar fragen, wenn wir nach der Dreiheit in der Einheit fragen wollen — dann müssen wir bei der weniger sagenden Formel „eigentümliche Seinsweise" stehen bleiben. Wir bezeichnen auch damit das eine göttliche Wesen, wir bezeichnen es aber damit (und exakt nur damit) als das eine göttliche Wesen, das nicht nur eines, sondern eines in dreien ist.

Ebendarum sind Vater, Sohn und Geist also nicht etwa zu verstehen als drei göttliche Eigenschaften, als drei Teile des göttlichen Besitzes, als drei Departemente des göttlichen Wesens und Wirkens. Die Dreiheit des einen Gottes wie sie uns bei unserer Analyse des biblischen Offenbarungsbegriffs entgegentrat, also etwa die Dreiheit von Offenbarung, Offenbarer und Offenbarsein, die Dreiheit von Gottes Heiligkeit, Barmherzigkeit und Liebe, die Dreiheit des Gottes von Karfreitag, Ostern und Pfingsten, die Dreiheit von Gott dem Schöpfer, Gott dem Versöhner und Gott dem Erlöser — das Alles kann und soll uns zwar, wie gleich zu zeigen sein wird, auf das Problem der Dreiheit in Gott aufmerksam machen und hinweisen. Den Begriff der wirklich eigentümlichen drei Seinsweisen Gottes haben wir damit, daß wir jeweilen diese drei Momente auseinanderhalten, haben wir in diesen drei jeweiligen Momenten als solchen noch nicht erreicht. Denn Alles, was da zu sagen ist, kann und muß, ob es sich nun um den inneren Besitz oder um die äußere Gestalt des Wesens Gottes handle, letztlich von Vater, Sohn und Geist in gleicher Weise gesagt werden. Keine Eigenschaft, keine Tat Gottes, die nicht in gleicher

Weise die Eigenschaft, die Tat des Vaters, des Sohnes und des Geistes wäre. Wohl bedeutet Erkenntnis der Offenbarung Gottes Erkenntnis bestimmter verschiedener, für uns nicht auf einen Nenner zu bringender Eigenschaften, an denen wir uns dann auch Gottes Sein als Vater, Sohn und Geist klarmachen mögen. Aber eben weil es im Wesen des offenbarten Gottes liegt, diese und diese Eigenschaften zu haben, sind sie in seinem Wesen auch ununterschieden eins und also nicht ontologisch auf Vater, Sohn und Geist zu verteilen. Wohl begegnet uns Gott in der biblisch bezeugten Offenbarung, wie wir sahen, immer wieder anders handelnd, immer wieder in je einer Seinsweise, genauer gesagt: ausgezeichnet, charakterisiert in je dieser oder jener Seinsweise. Aber dieses relativ unterschiedene Offenbarwerden der drei Seinsweisen besagt nicht ihr entsprechendes Unterschiedensein in sich selber. Im Gegenteil, werden wir sagen müssen: so gewiß das relativ verschiedene Offenbarwerden der drei Seinsweisen auf ihr entsprechendes Verschiedensein in sich hinweist, so gewiß auch und gerade auf ihr Einssein in diesem Verschiedensein.

Wir mögen uns z. B. am Begriff der Ewigkeit das Wesen des Vaters veranschaulichen; aber wie wäre das möglich, ohne sofort und gerade so auch den Sohn und den Geist unter diesem Begriff zu verstehen? Wir können mit Paulus und Luther in Christus die Offenbarung der Gerechtigkeit Gottes erkennen, um offenbar gerade dann auch den Vater und den Geist so und nicht anders zu verstehen. Wir können im Geist den Inbegriff des göttlichen Lebens anschauen, was dann doch gerade bedeuten muß, daß wir dasselbe Leben als das Leben des Vaters und des Sohnes begreifen. Wir werden — ich folge hier einer Ausführung Luthers (Von den letzten Worten Davids, 1543, W. A. 54, 59, 12) — etwa in der Geschichte von der Taufe Jesu zwar den in Gestalt der Taube Erscheinenden nicht den Vater oder den Sohn, sondern den heiligen Geist, die vom Himmel erschallende Stimme nicht die Stimme des Sohnes oder des Geistes, sondern die Stimme des Vaters, den im Jordan getauften Menschen, nicht den fleischgewordenen Vater oder Geist, sondern eben den fleischgewordenen Sohn nennen, ohne doch zu vergessen oder zu leugnen, daß Alles: das Reden vom Himmel, der Fleischgewordene und die von oben kommende Gabe das Werk des einen Gottes, des Vaters, des Sohnes und des Geistes ist. *Opera trinitatis ad extra sunt indivisa.*

Die Verschiedenheit der Seinsweisen, das *alius-alius-alius*, nach dem wir doch jetzt fragen, ist von hier aus nicht zu begründen. — Wenn aber nicht von hier aus, woher dann? Die einzig mögliche Antwort, die gegeben werden kann und auch faktisch von Anfang an gegeben worden ist, bestätigt uns noch einmal, daß man wohl tut, nicht den Begriff der Person, sondern den Begriff der Seinsweise in den Mittelpunkt der ganzen Untersuchung zu rücken. Diese Antwort lautet: das unterschiedliche Stattfinden der drei göttlichen Seinsweisen ist zu verstehen aus ihren eigentümlichen Beziehungen, und zwar aus ihren eigentümlichen genetischen Beziehungen zueinander. Vater, Sohn und Geist sind dadurch voneinander unterschieden, daß sie ohne Ungleichheit ihres Wesens und ihrer Würde, ohne Mehrung oder Minderung der Gottheit in ungleichen Ursprungsverhältnissen zueinander stehen. Wenn wir eben die Möglichkeit abgelehnt haben, die Unterscheidung der drei Seinsweisen aus den inhaltlichen Verschiedenheiten des Gottesgedankens im Offenbarungsbegriff abzulesen, weil von solchen letztlich nicht die Rede sein kann, so dürfen und müssen wir nun sagen: sehr wohl ablesbar aus dem Offenbarungsbegriff sind die formalen Eigentümlichkeiten der drei Seinsweisen — das, was sie eben zu Seinsweisen macht — diejenigen Eigentümlichkeiten, die durch ihr Verhältnis zueinander gegeben sind. Das Warum? dieser formalen Eigentümlichkeiten läßt sich freilich so gewiß nicht angeben, als man kein Warum? der Offenbarung angeben kann. Man kann aber, wie wir es versucht haben, das Daß der Offenbarung angeben und umschreiben, und man wird das nicht tun können — wir konnten es tatsächlich nicht tun — ohne in und mit den hier nicht in Betracht kommenden inhaltlichen Eigentümlichkeiten der drei Seinsweisen auf gewisse formale Eigentümlichkeiten zu stoßen, die sich auch als Eigentümlichkeiten des einen Wesens Gottes des Herrn als **nicht aufhebbare** Eigentümlichkeiten erweisen.

Man hat hier mit Recht zuerst und vor allem auf die neutestamentlichen Namen **Vater, Sohn** und **Geist** verwiesen. Wenn diese drei Namen wirklich in ihrer Dreiheit der eine Name des einen Gottes sind, dann folgt, daß in diesem einen Gott zunächst jedenfalls — sagen wir vorsichtig: so etwas wie Vaterschaft und Sohnschaft, also so etwas wie Erzeugen und Erzeugtsein, stattfindet und dazu ein Drittes, jenen beiden Gemeinsames, das nicht ebenfalls ein Erzeugtsein ist, auch nicht ebenfalls ein Hervorgehen bloß aus dem Erzeuger, sondern sagen wir allgemein: eine Hervorbringung, und zwar eine von dem Erzeuger und von dem Erzeugten gemeinsam herrührende Hervorbringung. Wir dürfen aber ruhig auch unter Anwendung unseres Ternars Offenbarer, Offenbarung, Offenbarsein so sagen: es gibt ein Woher, eine Urheberschaft, einen Grund der Offenbarung, einen Offenbarer seiner selbst, von der Offenbarung als solcher so gewiß unterschieden, als Offenbarung ein schlechthin Neues bedeutet gegenüber dem Geheimnis des Offenbarers, das in der Offenbarung als solcher abgelegt wird. Es gibt also, im Unterschied zu jenem ersten, als zweites die Offenbarung selbst als das Ereignis des Offenbarwerdens des zuvor Verborgenen. Und es gibt als das gemeinsame Ergebnis dieser zwei Momente als drittes ein Offenbarsein, die Wirklichkeit, die die Absicht des Offenbarers und darum zugleich der Sinn, das Wohin der Offenbarung ist. Kürzer gesagt: **nur weil es eine Verhüllung Gottes gibt, kann es eine Enthüllung, und nur indem es Verhüllung und Enthüllung Gottes gibt, kann es eine Selbstmitteilung Gottes geben.**

Wir könnten weiter sagen: daß Gott der **Schöpfer** ist, ist die Voraussetzung dessen, daß er der **Versöhner** sein kann; daß der Schöpfer Versöhner ist, darin ist begründet, daß er der **Erlöser** sein kann. Oder: daß Gott uns in Christus **barmherzig** sein kann, das gründet in seiner Heiligkeit, und also gründet die Liebe Gottes gegen uns in seiner Heiligkeit und Barmherzigkeit. Calvin hat sich diese Ursprungsverhältnisse in dem Gott der Offenbarung gerne klar gemacht in den Begriffen *principium* (nämlich *principium agendi*) *sapientia* (nämlich *dispensatio in rebus agendis*) *virtus* (d. h. *efficacia actionis*) (*Instit.* I 13, 18, vgl. *Cat. Genev.* 1545 bei K. Müller S. 118 Z. 25).

Wohlverstanden: nicht aus den inhaltlichen Verschiedenheiten dieser und ähnlicher Begriffsternare sind die realen Seinsweisen in Gott ablesbar. Denn Alles, was hier inhaltlich verschieden ist, muß als in seiner Verschiedenheit in der Einheit des göttlichen Wesens wieder aufgehoben gedacht werden. Wohl aber sind sie ablesbar aus den **regelmäßig wiederkehrenden Verhältnissen der jeweils drei Begriffe untereinander**, wie sie am einfachsten eben zwischen den Begriffen Vater, Sohn und Geist selber stattfinden. In diesen Verhältnissen gründet die Dreiheit in der Einheit Gottes. Darin besteht diese Dreiheit, daß in dem Wesen oder Akte, in welchem Gott Gott ist, einmal ein reiner Ursprung und sodann zwei verschiedene Ausgänge stattfinden, von denen der erste allein auf den Ursprung, der zweite andersartige auf den Ursprung und zugleich auf den ersten Ausgang zurückzuführen sind. In der Weise ist Gott nach der Schrift offenbar, in der Weise ist er Gott, daß er in diesen Beziehungen zu sich selber ist. Er ist sein eigener Hervorbringer und er ist in doppelter, und zwar in verschiedener Hinsicht, sein eigenes Hervorgebrachtes. Er besitzt sich selbst als Vater, d. h. als reiner Geber, als Sohn, d. h. als Empfänger und Geber, als Geist, d. h. als reiner Empfänger. Er ist der Anfang, ohne den es keine Mitte und kein Ende gibt, die Mitte, die nur vom Anfang her sein kann und ohne die das Ende nicht wäre, das Ende, das ganz und gar vom Anfang her ist. Er ist der Sprecher, ohne den es kein Wort und keinen Sinn gibt, das Wort, das das Wort des Sprechers und der Träger des Sinnes ist, der Sinn, der ebenso der Sinn des Sprechers wie seines Wortes ist. Aber hüten wir uns vor der damit schon beinahe betretenen Zone der *vestigia trinitatis*. Daß das *alius-alius-alius*, das sich an solchen anderweitigen Ternaren veranschaulichen läßt, nun doch kein *aliud-aliud-aliud* bedeutet, daß Einer und Derselbe in den wahrhaftig gegensätzlichen Bestimmungen dieser Ursprungsverhältnisse Dieser und Dieser sein kann, ohne aufzuhören der Eine und Derselbe zu sein, daß jedes dieser Ursprungsverhältnisse als solches zugleich das Eine ist, in dem diese Verhältnisse stattfinden, dafür gibt es keine Analogien, das ist die singuläre göttliche Dreiheit in der singulären göttlichen Einheit.

Es handelt sich bei dem eben Entwickelten um den Gedanken, der in der Dogmengeschichte unter dem Namen der Relationenlehre bekannt ist. Schon Tertullian dürfte sie gekannt haben: *Ita connexus Patris in Filio et Filii in Paracleto tres efficit cohaerentes, alterum ex altero* (*Adv. Prax.* 25). Ausdrücklich von σχέσις Verhältnis, Beziehung als dem personbildenden Momente in Gott haben zuerst die Kappadozier (z. B. Gregor von Nazianz, *Orat.* 29, 16) gesprochen. Im Abendland ist die Lehre dann bei Augustin deutlich hervorgetreten. *His enim appellationibus* (Vater, Sohn und Geist) *hoc significatur quo ad se invicem referuntur* (*Ep.* 238, 2, 14)...

3. Die Dreiheit in der Einheit

quae relative dicuntur ad invicem (*De trin.* VIII. *prooem.* 1) *Non quisque eorum ad se ipsum, sed ad invicem atque ad alterutrum ita dicuntur* (ib. V 6). Im Mittelalter hat Anselm von Canterbury (*De proc. Spir.* 2) die Formel geprägt: *In divinis omnia sunt unum, ubi non obviat relationis oppositio*, eine Formel, die vom *Conc. Florent. a.* 1441 (*Decr. pro Jacob.*, Denz. Nr. 703) geradezu zum Dogma erhoben worden ist. An anderer Stelle hat er die Sache so formuliert: *Proprium est unius esse ex altero et proprium est alterius alterum esse ex illo* (*Monol.* 38, vgl. auch 61 und *Ep. de incarn.* 3). Thomas von Aquino hat dann den Begriff der Relation in seinen Personenbegriff eingetragen und also die trinitarische *persona* definiert als *relatio ut res subsistens in natura divina* (*S. theol.* I qu. 30 art. 1 c, vgl. qu. 40, art. 1—2). Entsprechend lautet die nun vollständig zu zitierende Definition bei Calvin: *personam voco subsistentiam in Dei essentia, quae ad alios relata, proprietate incommunicabili distinguitur*. Luther hat die ganze Lehre von der Dreiheit in der Einheit völlig korrekt gerade in bezug auf die Relationslehre folgendermassen dargelegt: Der Vater ist mein und dein Gott und Schepffer, der mich und dich gemacht hat, Eben dasselbe Werck, das ich und du sind, hat auch der Son gemacht, ist gleich so wol mein und dein Gott und Schepffer als der Vater. Also der Heilige Geist hat eben das selbige Werck, das ich und du sind, gemacht, und ist mein und dein Gott und Schepffer, gleich so wol als der Vater und Son. Noch sinds nicht drey Götter oder Schepffer, Sondern ein Einiger Gott und Schepffer, unser aller beide. Hie mit diesem Glauben verware ich mich fur der Ketzerey Arij und seinesgleichen, das ich das Einige Göttliche wesen ... nicht zertrenne in drey Götter oder Schepffer, sondern behalte im rechten Christlichen Glauben, nicht mehr, denn den Einigen Gott und Schepffer aller Creaturn. — Widerumb, wenn ich nu uber und außer der Schepffung oder Creatur gehe, in das inwendige unbegreiffliche wesen Göttlicher natur, so finde ich, wie mich die Schrift leret (denn vernunft ist hie nichts) das der Vater ein ander unterschiedliche Person ist von dem Sone in der einigen unzertrenneten ewigen Gottheit. Sein unterscheid ist, das er Vater ist, Und die Gottheit nicht vom Sone noch von jemand hat. Der Son ein unterschiedliche Persone ist vom Vater in derselben einigen Vaterlichen Gottheit, Sein unterscheid ist, das er Son ist, und die Gottheit nicht von sich selbs, noch von jemand, sondern allein vom Vater hat, als ewiglich vom Vater geborn. Der Heilige geist ein unterschiedliche Person ist vom Vater und Sone, in derselbigen einigen Gottheit, Sein unterscheid ist, das er der Heilige geist ist, der vom Vater und Son zu gleich ausgehet ewiglich, Und die Gottheit nicht von sich selbes noch von jemand hat, sondern beide vom Vater und Sone zugleich und das alles von ewigkeit in ewigkeit. Hie mit diesem Glauben verware ich mich fur der Ketzerey Sabellij und sein gleichen, fur Juden, Mahmet, und wer sie mehr sind, die klüger sind, denn Gott selbs, und menge die Person nicht in eine Einige Person, Sondern behalte in rechtem Christlichen Glauben drey unterschiedliche Personen in dem einigen Göttlichen ewigen wesen, die doch alle drey gegen uns und die Creaturn, ein Einiger Gott, Schepffer und Wircker ist aller dinge (Von den letzten Worten Davids, 1543, W. A. 54, 58, 4). Wogegen es zu der tritheistischen Schwäche des Personbegriffs bei Melanchthon gehört, daß er, zum Schaden auch der ihm folgenden lutherischen Orthodoxie, den Begriff der Beziehung jedenfalls nicht in seine Definition aufgenommen hat, sondern ihn, wenn überhaupt, erst nachträglich zur Erklärung heranzuziehen pflegte.

Die Relationen in Gott, kraft welcher er Drei in einem Wesen ist, sind also: sein Vatersein (*paternitas*), kraft welches Gott der Vater der Vater des Sohnes ist, sein Sohnsein (*filiatio*), kraft welches Gott der Sohn der Sohn des Vaters ist und sein Geistsein (*processio, spiratio passiva*), kraft welches Gott der Geist der Geist des Vaters und des Sohnes ist. Die vierte logisch mögliche und auch real stattfindende Relation, das aktive Verhältnis des Vaters und des Sohnes zum Geiste kann darum keine vierte Hypostase bilden, weil zwischen ihr und der ersten und zweiten Hypostase kein relativer Gegensatz besteht, weil sie vielmehr in der ersten und zweiten Hypostase schon eingeschlossen ist,

Barth, Dogmatik 25

weil das *spirare* zum Vollbegriff des Vaters und des Sohnes gehört. *Spiratio convenit et personae Patris et personae Filii, utpote nullam habens oppositionem relationem nec ad paternitatem nec ad filiationem* (Thomas von Aquino, *S. theol.* I *qu.* 30 *art.* 2 *c*; vgl. J. Pohle, Lehrb. d. Dogmatik 1. Bd., 1902, S. 329, B. Bartmann a. a. O. S. 211). Diese drei Relationen als solche sind die göttlichen Personen, erklärt Thomas (*paternitas est persona Patris, filiatio persona Filii, processio persona Spiritus sancti procedentis, ib. art.* 2 ad 1) und mit ihm die ganze neuere katholische Dogmatik. Die Sache, die mit dem Personbegriff bezeichnet wird, ist, so erklärt M. J. Scheeben (a. a. O. S. 834), obwohl der Personbegriff formell keine relative Bedeutung hat, eine subsistierende Relation oder die Substanz unter einer bestimmten Relation. „Die göttlichen Personen als solche sind nichts Anderes als subsistente Relationen" (J. Pohle, a. a. O. S. 328). „Die trinitarischen Personen haben kein eigenes Inhäsionssubjekt, sondern sie existieren als *relationes subsistentes*" (B. Bartmann a. a. O. S. 211). Eine göttliche Person ist „eine innergöttliche Beziehung, insofern sie für sich selbst besteht und völlig unmitteilbar ist" (Fr. Diekamp a. a. O. S. 350). „Die Beziehungen ... sind das ... was die einzelnen Personen zu diesen Personen macht" (J. Braun, Handlexikon d. kath. Dogm., 1926, S. 228). Man darf zu dem Allem, schon zu der Erklärung des Thomas selber, noch mehr aber zu denen seiner modernen Schüler wohl fragen:

1. Was ist nun eigentlich aus der Definition: die Personen seien *res subsistentes in natura divina* (*S. theol.* I *qu.* 30 *art.* 1 *c*) geworden? Warum schweigen die katholischen Dogmatiker darüber? Warum reden sie nur von der Realität der Relationen als solcher? Sie haben wohl recht; es geht nicht anders. Die in jenen *res* und *natura* ausgesprochene Verdoppelung bzw. Vervierfachung des Subjektes ist doch wohl als mindestens mißverständlich preiszugeben.

2. Wenn man Scheeben bei seiner Erklärung behaften darf, daß der Name „Person" bei Gott so wenig wie bei den Geschöpfen durch sich selbst die Relativität ausdrückt, daß er formell keine relative Bedeutung hat, wenn aber andererseits gerade die Relativität das ist, was hier ausgesagt werden soll, warum klammert man sich dann an den alles immer wieder verdunkelnden Personbegriff? „Die Terminologie ist durch den kirchlichen und theologischen Sprachgebrauch derart fixiert, daß sie nicht mehr darf verlassen werden" (J. Pohle a. a. O. S. 25)!

Die Sachlichkeit dieses Argumentes will uns nicht einleuchten. Es ist offenkundig: einmal, daß der alte Personbegriff, der hier allein in Frage kommen kann, heute obsolet geworden ist, sodann, daß die alleinmögliche Definition der in Frage stehenden Größe nicht einmal eine Definition dieses alten Personbegriffs ist. Darum ziehen wir es vor, dort, wo die alte Dogmatik und wo die katholische noch heute von „Personen" redet, Vater, Sohn und Geist in Gott die drei eigentümlichen, in ihren Beziehungen untereinander bestehenden Seinsweisen des einen Gottes zu nennen.

Das also ist die Wiederholung in Gott, die *repetitio aeternitatis in aeternitate*, durch die sich die Einheit des offenbarten Gottes von Allem, was sonst Einheit heißen mag, abhebt. Wir heben uns die Besprechung der einzelnen hier sichtbar gewordenen Begriffe, der Begriffe *paternitas*, *filiatio* und *processio* insbesondere, auf zur Erörterung in je ihrem eigenen Zusammenhang. Hier war Antwort zu geben auf die allgemeine Frage nach der Dreiheit in der Einheit, auf das augustinische: *quid tres?*

Es wird gut sein, sich klarzumachen, daß die Frage, auch nachdem die Antwort gegeben ist, immer noch und immer wieder gestellt ist. Man hat es immer wieder versucht, hier Antwort zu geben. Auch wir haben es jetzt versucht. Wir wollten eine relativ bessere Antwort geben als die, die herkömmlicherweise mit dem Personbegriff gegeben wird. Aber schon die Tatsache, daß wir schließlich doch nur die bekannten Momente des alten Personbegriffs, hoffentlich etwas sinnvoller, um den Begriff der Seinsweise gruppieren konnten, mag uns daran erinnern, daß unsere Antwort den Anspruch eine **absolut** bessere Antwort zu sein, sicher nicht erheben kann. Die großen zentralen Schwierigkeiten, die die Trinitätslehre gerade an dieser Stelle von alters her bedrückt haben, bedrücken auch uns. Auch wir können nicht angeben, wie ein Wesen zugleich sein eigener Hervorbringer und in doppelter Weise sein eigenes Hervorgebrachtes sein kann. Auch wir können nicht angeben, wie eine Ursprungsbeziehung eines Wesens zugleich dieses Wesen selbst, ja wie drei Ursprungsbeziehungen zugleich dieses Wesen selbst und doch sich untereinander nicht gleich sondern unaufhebbar voneinander verschieden sein sollen. Auch wir können nicht angeben, wie die Ursprungsbeziehung eines Wesens zugleich eine dauernde Seinsweise dieses Wesens sein und wie darüber hinaus dasselbe Wesen, in zwei anderen entgegengesetzten Ursprungsbeziehungen stehend, gleichzeitig und ebenso wahr und wirklich, in den entsprechenden zwei weiteren Seinsweisen sein soll. Auch wir können nicht angeben, inwiefern in diesem Fall 3 wirklich 1 und 1 wirklich 3 sein soll. Auch wir können nur feststellen, daß das Alles in diesem Fall so sein muß und nur in Interpretation der biblisch bezeugten Offenbarung und im Blick auf diesen Gegenstand können wir das feststellen. Kein einziger der verwendeten Begriffe, heiße er nun Wesen oder Seinsweise oder Ursprungsbeziehung, sei er der Zahlbegriff 1 oder der Zahlbegriff 3, kann ja hier adäquat sagen, was er sagen sollte, was man mit ihm sagen möchte, indem man ihn verwendet. Wer hier etwa nur auf das achten wollte, was diese Begriffe als solche, in ihrer immanenten Bedeutungsmöglichkeit sagen können, wer sich auf den Hinweis, dem sie hier dienen sollen, nicht einlassen wollte und könnte, der würde sich hier wohl nur grenzenlos ärgern können. Und wer stünde hier nicht immer wieder vor der Frage, ob diese Begriffe ihm Hinweis wirklich **sind**, oder ob er nicht, bei ihrer immanenten Bedeutungsmöglichkeit verharrend, nur grenzenloses Ärgernis nehmen kann. Der Grundsatz: *non sermoni res, sed rei sermo subiectus est*, ohne dessen Aneignung man nicht Theologe sein kann, ist wirklich nicht und wird nie sein ein selbstverständlicher Grundsatz. Daß dem so ist, wird auch und gerade an dieser Stelle offenkundig. Es bleibt dabei, daß die sämtlichen Begriffe, in denen wir hier zu reden versuchen, jeder ein Stück weit taugen für das, was hier gesagt werden sollte, um dann offensichtlich nichts mehr zu taugen oder eben nur dazu, in seiner Untauglichkeit mit einigen anderen Untauglichkeiten seiner Art über sich selbst hinauszuweisen auf das Problem, wie es uns durch die Schrift gestellt ist. Wenn man gesagt hat, was das ist: Vater, Sohn und Geist in Gott, muß man fortfahren und sagen, daß man nichts gesagt hat. *Tres nescio quid* hat ja auch Anselm auf die augustinische Frage schließlich doch wieder antworten können und doch wohl antworten müssen. Die Gefährdung, in der man sich hier hinsichtlich aller Begriffe als solcher befindet, wiederholt sich aber hinsichtlich des Gegenstandes. Die Unangemessenheit aller Begriffe bedeutet nicht nur die drohende Nähe einer von den immanenten Bedeutungsmöglichkeiten dieser Begriffe ausgehenden philosophischen Kritik — die wäre zu ertragen, weil sie letztlich als solche unzuständig ist. Sie bedeutet aber die drohende Nähe theologischen Irrtums. Auch wir können es ja nicht vermeiden, daß jeder unserer Schritte gerade auf diesem Felde in Gefahr steht, sei es von tritheistischem, sei es von modalistischem Irrtum bedroht und je von der einen Seite her gesehen je des entgegengesetzten Irrtums mindestens verdächtig zu sein. Auch wir können hier nicht so mitten hindurchgehen, daß jedes Mißverständnis ausgeschlossen, daß unsere „Orthodoxie" eindeutig gesichert wäre. Auch wir können auch in dieser Hinsicht nur relativ befriedigende Antwort auf die augustinische Frage geben. Es ist also von allen Seiten gesorgt dafür, daß das *mysterium trinitatis* Mysterium bleibt. Von „Rationalisierung" kann darum keine Rede sein, weil man hier weder philosophisch noch theologisch etwas rationalisieren kann. Das will sagen: weder kann man hier als Philosoph mit einem zuvor geklärten Begriffsapparat die Interpretation des Gegenstandes zu Ende führen — man bleibt vielmehr darauf angewiesen, daß als entscheidender Akt der Interpretation vom Gegenstande her eine Klärung des für diesen Gegenstand von Hause aus ungeeigneten Begriffsapparates stattfindet. Noch kann man sich als Theologe mittelst dieses Begriffsapparates vor den beiden entgegengesetzten hier drohenden Irrtümern wirklich sichern, sondern man bleibt darauf angewiesen, daß gegenüber einer jenes Begriffsapparates sich bedienenden und darum ungesicherten theologischen Sprache die Wahrheit sich selbst die nötige Sicherung verschafft. Theologie heißt rationale Bemühung um das Geheimnis. Aber alle rationale Bemühung um dieses Geheimnis, je ernster sie ist, kann nur dazu führen, es aufs neue und erst recht als Geheimnis zu verstehen und sichtbar zu machen. Eben darum kann es sich lohnen, sich dieser rationalen Bemühung hinzugeben. Wer sich hier gar nicht bemühen wollte, der würde ja wohl auch nicht wissen, was er sagt, wenn er sagt, daß es sich hier um Gottes Geheimnis handelt.

3. DIE DREIEINIGKEIT

Es handelt sich in der Trinitätslehre um die Einheit in der Dreiheit und um die Dreiheit in der Einheit Gottes. Über diese beiden offenbar einseitigen und ungenügenden Formulierungen können wir nicht hinauskommen. Sie sind beide einseitig und ungenügend, weil bei der ersten eine leichte Überbetonung der Einheit und bei der zweiten eine leichte Überbetonung der Dreiheit unvermeidlich ist. Man muß den Begriff „Drei-

3. Die Dreieinigkeit

einigkeit" verstehen als die Zusammenfassung dieser beiden Formeln, oder vielmehr als die Bezeichnung derjenigen Zusammenfassung beider, die wir nicht zu erreichen vermögen und für die wir darum auch keine Formel haben, sondern um die wir nur als um die unbegreifliche Wahrheit des Gegenstandes selber wissen können.

Dreieinigkeit sagen wir. „Dreifaltigkeit" ist, wie Luther einmal sagte, „ein recht böse Deutsch". „Dreifaltigkeit lautet ebentheuerlich." Sein Anstoß an diesem Wort war offenbar sein an das fatale *triplicitas* erinnernder tritheistischer Klang. Luther wollte statt dessen reden von einem „Gedritt in Gott" (Predigt üb. Luc. 9, 28f., 1538, W. A. 6, 230). Es dürfte sich doch empfehlen, bei dem Wort „Dreieinigkeit" stehen zu bleiben, einmal, weil es besser als *trinitas* oder τριάς, sicher auch besser als „Dreifaltigkeit" und doch wohl auch besser als „Gedritt" die beiden entscheidenden Zahlbegriffe zum Ausdruck bringt, sodann darum, weil es im Unterschied zu dem Wort „Dreieinheit" das ja auch in Betracht kommen könnte, mit dem einig andeutet, daß es sich bei der Dreiheit in Gott wohl um Einheit aber um die Einheit eines Einsseins, das immer auch ein Einswerden ist, handelt.

Der Vollzug dieses Begriffs „Dreieinigkeit" wird doch immer wieder nur das dialektische Vereinigen und Unterscheiden in der gegenseitigen Beziehung jener beiden an sich einseitigen und ungenügenden Formeln sein können. Wir sehen einerseits, wie sich für die biblischen Hörer und Seher der Offenbarung Vater, Sohn und Geist oder wie man die drei Momente in der biblischen Offenbarung nennen möge, zusammenschließen zur Erkenntnis und zum Begriff des einen Gottes. Und wir sehen andererseits, wie für sie das Woher und das Wohin gerade dieser Erkenntnis und dieses Begriffs nie und nirgends eine kahle Eins, sondern vielmehr jene wie immer zu benennenden Drei sind. In der Bewegung dieser beiden Gedanken besteht der Vollzug des Begriffs der Dreieinigkeit.

Ex uno omnia, per substantiae scilicet unitatem, et nihilominus custodiatur oikonomiae sacramentum, quae unitatem in trinitatem disponit, tres dirigens Patrem et Filium et Spiritum — tres autem non statu, sed gradu, nec substantia sed forma, nec potestate sed specie — unius autem substantiae et unius status et unius potestatis, quia unus Deus, ex quo et gradus isti et formae et species in nomine Patris et Filii et Spiritus Sancti deputantur (Tertullian, *Adv. Prax.* 2). Calvin hat mehrfach (z. B. *Instit.* I 13, 17) auf ein Wort des Gregor von Nazianz (Orat. 40, 41) hingewiesen, das diese Dialektik der Erkenntnis des dreieinigen Gottes in der Tat sehr schön zum Ausdruck bringt: οὐ φθάνω τὸ ἓν νοῆσαι καὶ τοῖς τρισὶ περιλάμπωμαι· οὐ φθάνω τὰ τρία διελεῖν καὶ εἰς τὸ ἓν ἀναφέρομαι. *(Non possum unum cogitare quin trium fulgore mox circumfundar: nec tria possum discernere quin subito ad unum referar.)* Ähnlich hat Gregor von Naz. Orat. 31, 14 den Gedanken entwickelt, wir könnten uns das Tun und Wollen und das Wesen Gottes immer nur als eines vorstellen, um dann doch, der unterscheidenden Ursprünge gedenkend, drei — nicht nebeneinander anzubeten, aber als Gegenstand der Anbetung zu kennen. Sehr schön begegnet uns die trinitarische Dialektik auch in der „Praefatio von der Allerheiligsten Dreifaltigkeit" im Missale Romanum: *Domine sancte, Pater omnipotens, aeterne Deus! Qui cum unigenito Filio tuo et Spiritu Sancto unus es Deus, unus es Dominus: non in unius singularitate personae, sed in unius trinitate substantiae. Quod enim de tua gloria, revelante te, credimus, hoc de Filio tuo, hoc de Spiritu sancto, sine differentia discretionis sentimus. Ut in confessione verae sempiternaeque Deitatis et in personis proprie-*

tas et in essentia unitas et in maiestate adoretur aequalitas. Man beachte wie in dem dreigliedrigen Schluß dieser Stelle den *personae* und der *essentia* in Gott die *maiestas*, der *proprietas* und der *unitas* die *aequalitas* (offenbar gleichbedeutend mit ὁμοουσία) gegenübergestellt und so versucht wird, dem Dritten, auf das die trinitarische Dialektik hinzielt, einen eigenen Raum zu geben.

Dreieinigkeit Gottes heißt darum notwendig auch: Einigkeit des Vaters, des Sohnes und des Geistes unter sich. Das Wesen Gottes ist ja eines, aber auch die verschiedenen Ursprungsbeziehungen besagen gerade keine Trennungen, sondern — wo Unterschied ist, da ist auch Gemeinschaft — eine bestimmte Teilnahme jeder Seinsweise an den anderen Seinsweisen, und zwar, weil die Seinsweisen ja identisch sind mit den Ursprungsbeziehungen, eine vollständige Teilnahme jeder Seinsweise an den anderen Seinsweisen. Genau so wie nach dem biblischen Zeugnis in der Offenbarung der eine Gott nur in den Dreien, die Drei nur als der eine Gott erkennbar werden, so auch keiner der Drei ohne die zwei Anderen, sondern jeder der Drei nur mit den zwei Anderen.

Es braucht wohl nicht besonders gezeigt zu werden, daß, wo im Alten und Neuen Testament die trinitarische Unterscheidung in Frage kommt, die Hervorhebung je der einen Seinsweise Gottes nie und nirgends deren Getrenntsein von den anderen besagt, vielmehr durchgängig — man denke an die ausdrücklichen Aussagen über Vater und Sohn bei Johannes (etwa Joh. 10, 30, 38; 14, 10, 11; 17, 11) oder an das Verhältnis von Christus und Geist bei Paulus — nicht die Identität der einen Seinsweise mit der anderen, wohl aber die Mitgegenwart der anderen in der einen implizit oder explizit ausgesprochen wird.

Diese Einsicht hat seit Johannes Damascenus (*Ekdosis* I, 8 und 14) in der Theologie Ausdruck gefunden in der Lehre von der Perichorese (*circumincessio*, Ineinanderschreiten) der göttlichen Personen. Sie besagt, daß die göttlichen Seinsweisen sich gegenseitig so vollkommen bedingen und durchdringen, daß eine auch immer in den beiden anderen wie die beiden anderen auch in ihr stattfinden. Man hat das bald mehr von der Einheit des göttlichen Wesens, bald mehr von den Ursprungsbeziehungen als solchen her begründet. Beides ist richtig und besagt ja auch letztlich dasselbe. *Nec enim Pater absque Filio cognoscitur, nec sine Patre Filius invenitur. Relatio quippe ipsa vocabuli personalis personas separari vetat, quas etiam, dum non simul nominat, simul insinuat. Nemo autem audire potest unumquodque istorum nominum, in quo non intelligere cogatur et alterum* (Conc. Tolet. XI Denz. Nr. 281). *Propter unitatem naturalem totus Pater in Filio et Spiritu sancto est, totus quoque Spiritus sanctus in Patre et Filio est. Nullus horum extra quemlibet ipsorum est* (Fulgentius, *De fide ad Petr.* 1). *Est et enim totus Pater in Filio et communi Spiritu et Filius in Patre et eodem Spiritu et idem Spiritus in Patre et Filio. . . . Tanta igitur . . . aequalitate sese complectuntur et sunt in se invicem, ut eorum nullus alium excedere aut sine eo esse probetur* (Anselm von Canterbury, *Monol.* 59; vgl. auch Petr. Lomb., *Sent.* I *dist.* 19 *E*; Thomas v. Aq., *S. theol.* I qu. 45 *art.* 5). Das innere Leben Gottes würde sich auf Grund dieser Lehre darstellen als eine Art ununterbrochenen Kreislaufs der drei Seinsweisen, wobei wir uns an die Unangemessenheit dieses aus dem wörtlichen Sinn von περιχώρησις sich ergebenden Bildes gerne dadurch erinnern lassen, daß die lateinische Kirche statt des zeitlichen Nacheinanders lieber ein räumliches Nebeneinander der drei Personen annahm und also statt von einer *circumincessio* lieber von einer *circuminsessio* (Ineinander wohnen, *immanentia*, *inexistentia*) redete. So oder so hat dieses Theologumen — es entfernt sich von dem notwendigen Schriftgrund

3. Die Dreieinigkeit

der echten Dogmatik weniger als es auf den ersten Blick den Anschein haben mag — die Bedeutung, die Unterschiedenheit der Seinsweisen zugleich zu bestätigen: keine wäre ja, was sie ist (auch der Vater nicht!) außerhalb ihres Zusammenseins mit den anderen — und zu relativieren: keine existiert ja als besonderes Individuum, alle drei „inexistieren" einander, sie existieren nur gemeinsam als Seinsweisen des einen von Ewigkeit zu Ewigkeit sich selbst setzenden Gottes und Herrn. Nicht mit Unrecht hat darum J. Pohle (Lehrb. d. Dogm. 1. Bd., 1902, S. 355) die Lehre von der Perichorese „den letzten Summenzieher der beiden abgehandelten Hauptstücke", nämlich von der Lehre der *unitas in trinitate* und der Lehre von der *trinitas in unitate* genannt. Man wird sie in der Tat als die eine wichtige Gestalt der zum Vollzug des Begriffs „Dreieinigkeit" erforderlichen Dialektik zu würdigen haben.

Der Einigkeit des Vaters, des Sohnes und des Geistes **unter sich** entspricht ihre Einigkeit **nach außen**. Wesen und Wirken Gottes sind ja nicht zweierlei sondern eins. Das Wirken Gottes ist das Wesen Gottes in seinem Verhältnis zu der von ihm unterschiedenen, zu schaffenden oder geschaffenen Wirklichkeit. Das Wirken Gottes ist das Wesen Gottes als das Wesen dessen, der (*NB.* in freier Entscheidung, begründet in seinem Wesen, aber nicht genötigt durch sein Wesen) der Offenbarer, die Offenbarung, das Offenbarsein oder der Schöpfer, der Versöhner, der Erlöser ist. In diesem seinem Wirken ist uns Gott offenbar. Alles, was wir nach dem Zeugnis der Schrift von Gott wissen können, sind seine Taten. Alles, was wir von Gott sagen, alle Eigenschaften, die wir Gott beilegen können, beziehen sich auf diese seine Taten. Also nicht auf sein Wesen als solches. Obwohl das Wirken Gottes das Wesen Gottes ist, ist es notwendig und wichtig, sein Wesen als solches von seinem Wirken zu **unterscheiden**: zur Erinnerung daran, daß dieses Wirken Gnade, freie göttliche Entscheidung ist, zur Erinnerung auch daran, daß wir von Gott nur wissen können, weil und sofern er sich uns zu wissen gibt. Gottes Wirken ist freilich das Wirken des ganzen Wesens Gottes. Gott gibt sich dem Menschen ganz in seiner Offenbarung. Aber nicht so, daß er sich dem Menschen gefangen gäbe. Er bleibt **frei**, indem er wirkt, indem er sich gibt.

In dieser seiner Freiheit gründet die Unterscheidung des Wesens Gottes als solches von seinem Wesen als des Wirkenden, als des Sichoffenbarenden. In dieser Freiheit gründet die **Unbegreiflichkeit** Gottes, die Unangemessenheit aller Erkenntnis des offenbarten Gottes. Auch die Dreieinigkeit Gottes ist uns nur in Gottes Wirken offenbar. Darum ist uns auch die Dreieinigkeit Gottes unbegreiflich. Daher auch die Unangemessenheit aller unserer Erkenntnis der Dreieinigkeit. Die Begreiflichkeit, in der sie sich uns primär in der Schrift, sekundär in der kirchlichen Trinitätslehre dargestellt hat, ist eine kreatürliche Begreiflichkeit. Sie ist von der Begreiflichkeit, in der Gott für sich selber existiert, nicht nur relativ, sondern absolut geschieden. Nur auf der freien Gnade der Offenbarung beruht es, daß jene Begreiflichkeit in dieser absoluten Geschiedenheit von ihrem Gegenstand dennoch nicht ohne Wahrheit ist. In diesem Sinn ist die Dreieinigkeit Gottes, wie wir sie aus dem Wirken Gottes erkennen, Wahrheit. In einer von Gott aus geschehenden Überbrückung des Abgrundes zwischen göttlicher und menschlicher Begreiflichkeit wird es Ereignis, daß es im Bereich und in den Schranken menschlicher Begreiflichkeit ein wahres Erkennen des Wesens Gottes überhaupt und so auch der Dreieinigkeit gibt. In diesem Bereich und in diesen Schranken findet die Offenbarung statt. Wie wäre sie sonst Offenbarung, wo dieser Bereich nun einmal unser Bereich ist? Wie sollten wir der Dreieinigkeit anders einsichtig werden als in diesem Bereich und in diesen Schranken? Für ihre Wahrheit bürgt freilich ganz allein die Offenbarung als Schritt Gottes zu uns hin. Wir können so gewiß nicht dafür bürgen, als wir unsererseits den Schritt über jenen Abgrund zu tun nicht vermögen. Wir können sie uns nur verbürgt sein lassen. Und wir dürfen uns nicht wundern über die Unbegreiflichkeit, in der sie für uns verbleibt, indem sie uns begreiflich wird. Wir dürfen auch unser Begreifen mit seiner uns zugemessenen und angemessenen Wahrheit nicht mit der Wahrheit der Dreieinigkeit selbst verwechseln, von der her es für uns durch Gottes Gnade zu unserem in uns angemessener und zugemessener Wahrheit stattfindenden Begreifen kommt. Es ist also legitim, wenn wir auf Grund der im Bereich und in den Schranken menschlicher Begreiflichkeit stattfindenden Offenbarung die drei Seinsweisen des einen Gottes unterscheiden.

Gottes in der Schrift bezeugte Offenbarung nötigt uns zu dieser Unterscheidung. Die Schrift selbst redet fortwährend in diesen Unterscheidungen, und zwar ernstlich, d. h. so, daß wir ohne exegetische Gewalttat nicht in der Lage sind, diese Unterscheidungen aufzuheben. Sie zeigt uns Gott in seinem Wirken als Offenbarer, als Offenbarung, als Offenbarsein oder als Schöpfer, Versöhner und Erlöser, oder als Heiligkeit, Barmherzigkeit und Güte. In diesen Unterschieden können und sollen wir der Unterschiede der göttlichen Seinsweisen in der uns zugemessenen und angemessenen Wahrheit einsichtig werden. Die Schranke unseres Begreifens liegt darin, daß wir, indem wir diese Unterschiede begreifen, die Unterschiede der göttlichen Seinsweisen selber nicht begreifen. Diese bestehen nicht in solchen Unterschieden der Taten oder Eigenschaften Gottes. Wollten wir das annehmen, dann würden wir ja drei Götter oder ein dreigeteiltes Wesen Gottes annehmen. Gottes Wirken wäre dann ein merkwürdiges Zusammenspiel dreier göttlichen Wahrheiten oder Kräfte oder gar Individuen. Also wir müssen schon glauben, daß jene Unterschiede im Wirken Gottes zwar im Raum und in den Schranken unserer Begreiflichkeit wirklich stattfinden, daß sie aber auch hier und erst recht im verborgenen Wesen Gottes selbst das letzte Wort nicht bedeuten, daß in diesen Unterschieden die Unterschiede in Gott selbst nicht beruhen können.

Aber warum sollten sie uns nicht aufmerksam machen auf die uns unbegreiflichen Unterschiede in Gott selber, auf jene Unterschiede, die auf

3. Die Dreieinigkeit

der verschiedenen Art beruhen, wie Gott in der Verborgenheit seiner Gottheit sich selber setzt, sein eigener Ursprung ist? Warum sollten uns jene **begreiflichen** Unterschiede in Gottes Offenbarung nicht in ihrer ganzen Vorläufigkeit vor das Problem seiner **unbegreiflichen** und ewigen Unterschiede stellen? Man wird jedenfalls sagen müssen, daß sie verstanden werden können als **angetan und geeignet** dazu, uns diesen Hinweis zu geben. Es besteht — wir erinnern uns hier des zur Relationenlehre in dieser Hinsicht Ausgeführten — eine **Analogie** zwischen den Begriffen Vater, Sohn und Geist und den verschiedenen anderen Formulierungen jener Trias in der Offenbarung einerseits und andererseits den drei in den verschiedenen Ursprungsbeziehungen bestehenden göttlichen Seinsweisen, in denen wir die wahrlich unbegreiflichen ewigen Unterschiede in Gott erkannt haben. In diesen nicht wie die angeblichen *vestigia trinitatis* in der Welt vorhandenen, sondern durch die Offenbarung **in der Welt aufgerichteten** Analogien, durch die uns das Geheimnis nicht etwa ausgeliefert und aufgelöst, wohl aber bezeichnet, und zwar gerade als Geheimnis bezeichnet wird, haben wir die uns zugemessene und angemessene Wahrheit der Dreieinigkeit. Wir werden diese Wahrheit nicht **überschätzen**. Täten wir dies, verwechselten wir die Analogie mit der Sache selbst, setzten wir die uns begreiflichen Unterschiede den uns unbegreiflichen gleich, m. e. W.: meinten wir, das Wesen Gottes begriffen zu haben, indem wir sein Wirken begreifen, dann stünden wir sofort mitten im Irrtum des Tritheismus. Aber warum sollten wir jene Wahrheit darum **unterschätzen**? Warum sollten wir sie nicht unter Anerkennung der Unzugänglichkeit der Sache selbst gelten lassen als Hinweis auf die Sache selbst? *Abusus non tollit usum*: warum diesen Hinweis nicht brauchen, wie er als Schöpfung und Gabe der Offenbarung gebraucht sein will?

In der Sprache der alten Dogmatik heißt das, was über dieses positive Verhältnis zwischen Vater, Sohn und Geist in Gottes Wirken zu Vater, Sohn und Geist in Gottes Wesen zu sagen ist: die Lehre von den **Appropriationen** (Zueignungen, Zuteilungen). Durch besondere Zuteilung eines Wortes oder einer Tat an diese und jene Person der Gottheit soll uns, so hat Leo der Große (*Sermo* 76, 2) gelehrt, die Wahrheit der in ihrem Wirken faktisch ungeteilten und nun doch in den drei Personen existierenden Dreieinigkeit zum Bewußtsein gebracht werden. *Ob hoc enim quaedam sive sub Patris, sive sub Filii, sive sub Spiritus sancti appellatione promuntur, ut confessio fidelium in trinitate non erret: quae cum sit inseparabilis, nunquam intelligeretur esse trinitas, si semper inseparabiliter diceretur. Bene ergo ipsa difficultas loquendi cor nostrum ad intelligentiam trahit et per infirmitatem nostram coelestis doctrina nos adiuvat.* Augustin (*De doctr. chr.* I 5) appropriierte: dem Vater die *unitas*, dem Sohn die *aequalitas*, dem Geist die *connexio*. Thomas von Aquino: dem Vater die *potentia*, dem Sohn die *sapientia*, dem Geist die *bonitas* (*S. theol.* I qu. 45 art. 6 ad. 2). Eine Fülle von Appropriationen hat Bonaventura (*Breviloq.* I 6) teils von Älteren übernommen, teils selbst aufgezeigt: dem Vater die Einheit, dem Sohne die Wahrheit, dem Heiligen Geist die Güte, oder: dem Vater die Ewigkeit, dem Sohn die Erscheinung (*species*), dem Geist das Ereignis (*usus, fruitio*), oder: dem Vater das Prinzip, dem Sohn die Ausführung, dem Geist das Ziel, oder: dem Vater die Allmacht, dem Sohn die Allwissenheit, dem Geist den guten Willen. Eine besonders charakteristische biblische Appropriation hat man von jeher in dem ἐξ αὐτοῦ, δι' αὐτοῦ, εἰς αὐτόν (Röm. 11, 36) gefunden. Eine Appropriation haben wir natürlich auch vor uns, wenn in Luthers Katechismus die Begriffe Vater und Schöpfung, Sohn und Erlösung, Heiliger Geist und Heiligung in das bekannte enge Verhältnis zueinander gebracht werden, wobei man doch wohl beachten muß, wie gerade Luther, wo er auf die Trinität zu sprechen kommt, niemals versäumt, auf die wirkliche Einheit der scheinbar — und nun doch nicht nur scheinbar, sondern in ihrer Weise wahrhaft — dreiteiligen Aussagen über das Wirken Gottes hinzuweisen. Eine Appropriation ist natürlich auch das von Calvin in deutlicher Anlehnung an die große mittelalterliche Tradition bevorzugte Ternar: *principium, sapientia, virtus*.

Die klarste und vollständigste Definition des Begriffs der Appropriation hat Thomas von Aquino gegeben: *appropriare nihil est aliud quam commune trahere ad proprium ... non ... ex hoc quod magis uni personae quam alii conveniat ... sed ex hoc quod id quod est commune, maiorem habet similitudinem ad id quod est proprium personae unius quam cum proprio alterius* (*De verit. qu.* 7 *art.* 3, vgl. *S. theol.* I *qu.* 39 *art.* 7—8). Die zwei Regeln, die hier im Sinne dieser Definition zu beachten sind, lauten nach Anweisung der katholischen Dogmatiker (vgl. z. B. B. Bartmann, Lehrb. d. Dogm. 7. Aufl. 1. Bd., 1928, S. 215):

1. Die Appropriation darf nicht willkürlich, sondern sie muß vernünftig geschehen. Es eignen sich nicht alle und jede in sich vielleicht sinnvollen Triaden dazu, das Geheimnis der Dreieinigkeit auch nur wahrhaft zu bezeichnen. Es muß eine Verwandtschaft, eine Ähnlichkeit, eine Analogie zwischen den drei Bezeichnenden und den drei Bezeichneten stattfinden und sichtbar sein, wie sie etwa zwischen Vater, Sohn und Geist einerseits und den drei Ursprungsbeziehungen andererseits wirklich stattfindet und sichtbar ist. Fehlt dies, dann fehlt der Appropriation die Bedeutsamkeit.

Und 2. die Appropriation darf nicht exklusiv sein. Aus der Appropriation dieser und dieser Eigenschaft oder Tat Gottes an diese und diese Seinsweise darf keine Proprietät dieser Seinsweise, keine für diese Seinsweise konstituierende Unterscheidung gemacht werden. Das Appropriierte kommt ja in Wirklichkeit allen Seinsweisen zu, und die wirkliche Unterscheidung der Seinsweisen kann durch keine Appropriation (letztlich nicht einmal durch die Bezeichnungen Vater, Sohn und Geist) wirklich erreicht werden.

Evangelische Dogmatik wird als dritte und entscheidende Regel hinzuzufügen haben: Appropriationen dürfen nicht frei erfunden sein. Sie sind dann echt, wenn sie wörtlich oder sachlich oder beides der Heiligen Schrift entnommen, wenn sie Wiedergabe bzw. Interpretation der schon dort stattfindenden Appropriationen sind. Sind sie das, dann werden sie sicher auch weder willkürlich noch exklusiv sein.

Die gemachte Feststellung über die Begreiflichkeit des Vaters, des Sohnes und des Geistes in Gottes Wirken bedarf offenbar — wir fragen ja nach der Einigkeit der drei Seinsweisen nun auch nach außen — eines dialektischen Gegenstücks. Es ist schon am Rande des bisher Gesagten beständig sichtbar gewesen, aber es muß nun hervorgehoben werden: auch und gerade im Wirken Gottes, auch und gerade in dem Hereintreten Gottes in den Raum der Kreatur und also in den Raum und in die Schranken unserer Begreiflichkeit, ist Gott in seiner ewigen Wahrheit und ist Gott auch in der uns zugemessenen und angemessenen Wahrheit Einer. Es wäre heidnische Mythologie, sich das Wirken Gottes vorzustellen in Form eines gleichsam dramatischen Hervortretens und Wiederzurücktretens jetzt dieser, jetzt jener der göttlichen Personen, eines Auf- und Abwogens von halb oder ganz vereinzelten Kräften oder Gestalten oder Ideen, einer veränderlichen Koexistenz und Konkurrenz der drei Hypostasen. Wieder einmal läßt sich die Grenze nicht etwa eindeutig und allgemein bezeichnen: zwischen der erlaubten und gebotenen „Appropriation" und dieser verbotenen Mythologie. Eines kann hier dem anderen oft zum Verwechseln ähnlich sehen. Aber die Grenze ist gezogen: dem Ineinander und Miteinander der drei Seinsweisen im Wesen Gottes entspricht aufs genaueste ihr Ineinander und Miteinander in seinem Wirken. Daß er je in dieser für uns unverwischbar charakteristisch anderen entgegengesetzten Tat oder Eigenschaft je in dieser und dieser Seinsweise besonders sichtbar wird, kann und darf nicht bedeuten, daß wir Gott nicht auch in den jeweils verborgenen anderen Seinsweisen zu glauben und anzubeten hätten. So gewiß die Schrift als Zeugnis von Gottes Offenbarung im Zusammenhang gelesen sein will, so gewiß z. B. Karfreitag, Ostern und Pfingsten nur miteinander sagen, was sie sagen sollen, so gewiß ist zu sagen: Alles Wirken Gottes, wie wir es auf Grund seiner Offenbarung begreifen müssen, ist ein einziger in allen seinen drei Seinsweisen zugleich und gemeinsam erfolgender Akt. Von der Schöpfung über die Offenbarung und Versöhnung zur kommenden Erlösung gilt: der hier handelt ist der Vater und der Sohn und der Geist. Und von allen Vollkommenheiten, die im Blick auf dieses Handeln von Gott auszusagen sind, gilt: sie sind ebenso die Vollkommenheiten des Vaters wie des Sohnes wie des Geistes. *Per appropriationem* muß je diese Tat und jene Eigenschaft im Blick auf diese und diese Seinsweise Gottes in den Vordergrund gerückt werden, damit diese überhaupt als solche bezeichnet werden kann. Aber nur *per appropriationem* darf dies geschehen, also in keinem Fall unter Vergessen oder Leugnung der Gegenwart Gottes in allen seinen Seinsweisen, in seinem ganzen Sein und Tun auch uns gegenüber.

Die trinitätstheologische Regel: *opera trinitatis ad extra sunt indivisa* findet sich nicht wörtlich wohl aber der Sache nach deutlich zuerst bei Augustin: *Sicut inseparabiles sunt, ita inseparabiliter operantur* (*De trin.* I, 4). *Ad creaturam Pater et Filius et Spiritus sanctus unum principium, sicut unus creator et unus dominus* (*ib.* V 14). Denn: *Non potest operatio esse divina, ubi non solum aequalis est, verum etiam indiscreta natura* (C. Adrian. 15). Im Dogma der katholischen Kirche hat diese Einsicht ihren schärfsten Ausdruck gefunden in dem Satz des *Conc. Florent.* 1441 (Denz. Nr. 704): *Pater et Filius et Spiritus sanctus non tria principia creaturae, sed unum principium.* An den Nachdruck, mit dem Luther gerade für diese Wahrheit eingetreten ist, sei auch hier nochmals erinnert. Man wird von ihr nicht weniger als von der Lehre von der Perichorese sagen müssen, daß sie gewissermaßen die Probe aufs Exempel ist hinsichtlich der entgegengesetzten Satzreihen von der *unitas in trinitate* und von der *trinitas in unitate*. Sie bildet mit der Lehre von den Appropriationen zusammen die andere Gestalt des dialektischen Vollzugs des Begriffs der Dreieinigkeit.

4. DER SINN DER TRINITÄTSLEHRE

Wir verstehen unter der Trinitätslehre die kirchliche Lehre von der Einheit Gottes in den drei Seinsweisen des Vaters, des Sohnes und des Heiligen Geistes oder von dem dreimaligen Anderssein des einen Gottes in den Seinsweisen des Vaters, des Sohnes und des Heiligen Geistes. Alles, was hier im Einzelnen auszuführen war und noch sein wird, konnte und kann nur ausführen: die Einheit in der Dreiheit, die Dreiheit in der Einheit Gottes. Diese Lehre steht als solche nicht in den Texten des alt- und neutestamentlichen Zeugnisses von Gottes Offenbarung. Sie ist nicht aus den geschichtlichen Situationen entstanden, denen diese Texte angehören. Sie ist Exegese dieser Texte in der Sprache und das heißt auch im Lichte der Fragen einer späteren Situation. Sie gehört der Kirche an. Sie ist ein Theologumenon. Sie ist Dogma. Wir haben (§ 8, 2) nach ihrer Wurzel gefragt, d. h. nach der Möglichkeit, auf Grund derer sie in einer Kirche, die ihre Lehre durch das biblische Zeugnis normieren wollte, Dogma werden konnte. Und wir haben gesehen: ihre Möglichkeit liegt darin, daß Offenbarung in der Bibel bedeutet: die Menschen zuteil werdende Selbstenthüllung des seinem Wesen nach dem Menschen unenthüllbaren Gottes. Dieser Sachverhalt ist nach dem biblischen Zeugnis so beschaffen, daß wir im Blick auf die drei Momente der Verhüllung, der Enthüllung und der Mitteilung Gottes von einem dreifachen Anderssein des einen Gottes, der sich nach dem Zeugnis der Bibel offenbart hat, zu reden Anlaß haben. Das biblische Zeugnis von Gottes Offenbarung stellt uns vor die Möglichkeit, den einen Satz „Gott offenbart sich als der Herr" dreimal in verschiedenem Sinn zu interpretieren. Diese Möglichkeit ist die biblische Wurzel der Trinitätslehre. Es bleibt aber in der Bibel bei dieser Möglichkeit. Wir fragen nun nach dem Sinn ihrer Verwirklichung, nach der Notwendigkeit und dem Recht, mit dem die Kirche dieses Dogma formuliert hat. Sie **konnte** es tun. Aber **mußte** sie es tun? Welche Einsicht hat sie mit diesem Dogma ausgesprochen und welchen Grund haben wir also, uns um sein Verständnis zu bemühen?

Über diese Frage kann selbstverständlich dann sinnvoll nicht geredet werden, wenn uns die Kirche der Vorzeit, die dieses Theologumenon bildete und zum Dogma erhob, etwa in dem Grade **fremd** geworden ist, daß wir sie und ihre Gedankenarbeit nur noch historisch, d. h. in diesem Fall: von außen, unsererseits als Fremde, ihre Gedanken nicht wirklich mitdenkend, beschauen und nach ihren Absichten so oder so beurteilen können.

Das wäre z. B. dann der Fall, wenn wir über die Reminiszenz nicht hinauskommen sollten, daß in den Auseinandersetzungen etwa vor und nach Nicaea auch sehr undogmatische, nämlich kirchen- und staatspolitische, höfische, landschaftliche und gewiß auch wirtschaftliche Gegensätze eine sehr erhebliche Rolle gespielt haben. Oder nicht hinauskommen über die Reminiszenz, daß die Bildung des Trinitätsdogmas schlechterdings auch ein Stück spätantiker Philosophiegeschichte, ein Ausläufer der stoischneuplatonischen Logosspekulation gewesen ist. Oder mit den Historikern und Systematikern der Schule A. Ritschls nicht hinauskommen über die Reminiszenz, daß der Offenbarungsglaube der christlichen Welt, in der dieses Dogma entstand, für uns bis zur Unkenntlichkeit eingehüllt war in den Brodem einer von allen möglichen Orien-

4. Der Sinn der Trinitätslehre

talismen genährten alten Mysterienreligion, eingebettet in ein überwiegend physisches Verständnis des offenbarten Heilsgutes, in ein überwiegend kosmisch interessiertes Erkennenwollen der Offenbarung, in eine überwiegend sakramental orientierte Frömmigkeit, mit der wir uns so wirklich nicht identifizieren können, deren Legitimität wir vielmehr von der Reformation wie vom Neuen Testament her aufs ernstlichste in Frage stellen müssen. Wenn Erwägungen auf dieser Linie — und darüber hinaus vielleicht nur ein Gefühl der Pietät für eine durch ihr Alter geheiligte Form — in Sachen unserer Teilnahme an der Entstehung dieses Dogmas das letzte Wort behalten sollten, was würde das Anderes bedeuten als eben dies, daß uns jene Vorgänge und damit auch ihr Ergebnis, das Dogma, und damit auch alle spätere in der Richtung dieses Dogmas versuchte Arbeit im Grunde fremd wären. Wir stünden dann gerade dem Entscheidenden, was das Dogma sein will, nämlich christliche Erkenntnis Gottes, mindestens mit dem schweren Verdacht, wenn nicht gar mit der Gewißheit gegenüber, daß es damit nichts sei, daß da vielmehr nur byzantinische Politik, nur die Stoa und der Neuplatonismus, nur antike Mysterienfrömmigkeit das Wort geführt hätten. Alles Fragen nach dem Sinn der Trinitätslehre könnte dann nur aus dem Abstand des verwunderten und mißbilligenden Zuschauers erfolgen und schließlich ebensogut unterbleiben.

Man muß sich klar machen, daß man mit solcher Stellungnahme der Kirche jener Vorzeit zutraut, daß sie sozusagen ihr Thema verloren habe, daß sie in dem, was sie eigentlich sein wollte, Kirche Jesu Christi, von uns gar nicht mehr ernst zu nehmen sei, daß ihre Arbeit uns darum nichts angehe, es wäre denn als Objekt solcher Betrachtung von außen. Indem man sie würdigt, wie man allenfalls eine Häresie oder gar eine fremde Religion zu würdigen sucht, kann man natürlich nicht ernsthaft, d. h. nicht mit ihr zusammen, nach dem Sinn ihres Wollens fragen. Aber nun muß man sich weiter klarmachen, daß eben das ein sehr gewagtes und sehr gefährliches Urteil ist. Gewagt eben darum, weil man die Kirche der Vorzeit damit im Grunde als eine Häresie oder fremde Religion erklärt, ein Urteil, das zwar gewiß nicht formal unmöglich ist, aber mindestens höchst verantwortlich, insbesondere wenn es sich, wie gerade hier, um die dogmengeschichtliche Linie handelt, auf der seit den großen Entscheidungskämpfen des vierten Jahrhunderts alle bedeutsam gewordenen kirchlichen Theologen mit Einschluß der Reformatoren und ihrer Nachfolger im 17. Jahrhundert unentwegt weitergegangen sind. Und gefährlich könnte ein solches Urteil darum sein, weil, wer in der Kirche Andere in dieser Weise nur noch von außen sehen und verstehen will, sich fragen lassen muß, ob nicht vielleicht umgekehrt er der ist, der als Anhänger einer Häresie oder gar einer fremden Religion draußen steht. Normaler und sicherer dürfte es jedenfalls sein, mindestens auszugehen von der Voraussetzung, daß die Kirche der Vorzeit und gerade die Kirche dieser Vorzeit mit der Kirche, die wir kennen und die wir die Kirche nennen möchten, eine und dieselbe, daß es also sinnvoll ist, ernsthaft zu fragen, d. h. mit ihr zusammen zu fragen, was sie mit dem Dogma gewollt habe. Die Annahme, daß Jesus Christus seine Kirche in dieser Zeit nicht ganz verlassen habe und daß es also trotz allem, was vielleicht mit Recht gegen sie zu sagen ist, am Platze sei, sie zu hören, wie man eben die Kirche hört, diese Annahme dürfte vor der entgegengesetzten in allen Fällen einen sehr bestimmten Vorsprung haben. Die Gründe müssen in jedem Fall schon sehr gewichtig sein, wenn man sich entschließen muß, die Kirche irgendeiner Zeit wirklich sozusagen fallen zu lassen und jener Betrachtung und Beurteilung von außen, jenem nicht mehr ernstlichen Hören auf ihre Stimme Raum zu geben. Sind die Gründe, die im Fall der kirchlichen Vorzeit, in der das Trinitätsdogma entstanden ist, dafür sprechen könnten, so zwingend?

Profane Motive aller Art haben in der Dogmen- und Theologiegeschichte aller Zeiten, wahrlich auch in der des Protestantismus, ihre mitunter alles Übrige bedeckende Rolle gespielt. Es war trotz der Schadenfreude, mit der das geschah, gut, daß die Kirchengeschichtsschreibung des Pietismus und der Aufklärung es so unwiderleglich herausarbeitete, daß die Geschichte der Kirche gerade auch in solchen größten Entscheidungszeiten wie der, in der das Trinitätsdogma entstanden ist, alles Andere als eine Helden- und Heiligengeschichte gewesen ist. Aber man soll dann gerecht und einsichtig sein und sich sagen, daß nicht nur die Kirche von Byzanz, sondern auch die von Wittenberg und Genf und schließlich auch die reinste Kirche irgendwelcher Stillen im Lande noch immer und überall aus der Nähe besehen Stätten von Menschlichkeiten und Skandalen aller Art gewesen sind und daß es sich jedenfalls auf dem Boden der reformatorischen Rechtfertigungslehre nicht ziemt und nicht lohnt, die Weltlichkeit der Kirche gegen den Ernst ihrer vielleicht trotz und in dieser Weltlichkeit gewonnenen Erkenntnisse auszuspielen. Dasselbe ist zu sagen von der fraglos vorliegenden Verhängtheit des Dogmas mit der Philosophie jener Zeit. Mit dem Nachweis philosophischer Bedingtheiten kann man sich der Bekenntnisse und der Theologie aller Zeiten und aller Richtungen erwehren, um so wirkungsvoller, je weniger man den Balken in seinem eigenen Auge sieht. Denn von irgendeiner Philosophie haben die Theologen sprachlich immer gelebt und werden sie sprachlich immer leben. Aber statt sich pharisäisch darüber zu entrüsten und ganze Vorzeiten in den Orkus einer angeblich das Evangelium verleugnenden Philosophie zu schicken — nur darum, weil man selber eine andere Philosophie hat — wäre es besser danach und streng nur danach zu fragen, was denn nun die Theologen der Vorzeit in der Sprache ihrer Philosophie eigentlich haben sagen wollen. Und erst recht gilt es vorsichtig zu sein, wenn man die Unterschiede der sog. Frömmigkeit der verschiedenen Zeiten geltend macht und also gegen das Trinitätsdogma dies, daß die Frömmigkeit, aus der es hervorgegangen sei, eine so ganz andere sei als — so sprach man z. B. vor dreißig Jahren — unsere nüchtern auf „Weltanschauung und Sittlichkeit" eingestellte. Wer berechtigt uns, unsere eigene „Frömmigkeit" — und wenn uns ihre Übereinstimmung mit der Reformation und mit dem Neuen Testament noch so einwandfrei erschiene — als die in der Kirche allein mögliche zu betrachten und zum Kriterium der Erkenntnisse vergangener Zeiten zu erheben? Seien wir unserer Sache gewiß so weit wir es können. Antithetische Versteifungen dürften doch gerade in der Beurteilung der subjektiven „Religion" Anderer eine Sache sein, von der man nur abraten kann.

Die Gründe, die man haben kann, sich nun gerade der Kirche des vierten Jahrhunderts und also auch ihrem Dogma so mißtrauisch gegenüberzustellen, daß die Frage nach dessen Sinn hinfällig würde, scheinen uns nicht zwingend.

Aber es ist klar, daß wir sie, wenn Jemand sie nun doch geltend machen will, mit keinen Gegengründen widerlegen können. Die formale Möglichkeit, daß jene Kirche eine abgefallene Kirche sein könnte, die uns nichts angeht und nichts zu sagen hat, läßt sich nicht bestreiten. Wenn wir diese Möglichkeit faktisch leugnen, so ist das wie in allen entsprechenden Fällen eine Glaubensentscheidung oder sagen wir vorsichtiger: eine Entscheidung, die sich für eine Glaubensentscheidung halten möchte, die nur als Glaubensentscheidung Bedeutung haben kann, eine Entscheidung, für deren Recht wir schließlich nur an das Dogma selbst und an die uns und dem Dogma gegenüberstehende Heilige Schrift appellieren können mit der Frage: ob das Dogma nicht etwa, bei und in aller nicht zu leugnenden und nicht zu verwischenden Bedingtheit seiner Entstehung, eine Einsicht ausspricht, zu der eine auf die Heilige Schrift hörende Kirche nicht nur kommen konnte, sondern zu bestimmter Zeit kommen mußte? Ob man sich, indem man die Schrift und das Dogma für sich selbst reden läßt, der Überzeugung entziehen kann, daß hier die göttliche Wahrheit in einer Weise menschlich formuliert worden ist, in der sie einmal formuliert werden mußte und so, daß diese Formulierung, nachdem sie einmal geschehen ist, nicht wieder verloren gehen oder vergessen werden darf? Ob dort nicht — gewiß Exegese und darum nicht unfehlbare Offenbarung, aber immer noch und bis auf weiteres getrost als richtig nicht nur, sondern auch als wichtig zu bezeichnende Exegese stattgefunden hat? Und wenn wir diese Frage bejahen, wenn wir uns also zu der Möglichkeit bekennen, uns mit der Kirche der Vorzeit, die dieses Dogma als solches erkannt und bekannt hat, in einem Raume, d. h. mit ihr als dieselbe Kirche zu verstehen, wenn wir also nach einem Sinn der Trinitätslehre fragen, so bedeutet das doch nicht bloß eine zufällige persönliche Entscheidung. Wir dürfen uns darauf beziehen, daß diese Entscheidung bis auf diesen Tag nicht etwa nur die der römischen und der orthodoxen Kirche, sondern grundsätzlich auch die aller großen evangelischen Kirchen ist.

Keine von ihnen hat das geradezu widerrufen, was damit geschehen ist, daß eine ausdrückliche Bestätigung der altkirchlichen das Trinitätsdogma aussprechenden Symbole im 16. Jahrhundert zum integrierenden Bestandteil der reformatorischen Bekenntnisse gemacht wurde. Die gottesdienstliche Lesung des sog. „Apostolikums", wie sie in der preußischen und in anderen Landeskirchen in Übung steht, wiederholt in ihrer Weise dieses bedeutsame Geschehen. Und mindestens vor das Problem der Trinitätslehre stellt uns jede in unseren Kirchen gültig vollzogene Taufe.

Niemand kann sagen, daß er weiß, und niemand ist befugt zu erklären: daß es bloß das Gefühl der Pietät für ein altehrwürdiges Wahrzeichen des Christentums sei, das der Trinitätslehre in mehr oder weniger deutlicher Gestalt tatsächlich noch immer einen gewissen Raum auch in der vom Modernismus verwüsteten evangelischen Kirche verschafft. Diese Tatsache gibt uns auch das äußere Recht, ja sie stellt uns vor die Aufgabe, hier nach einem Sinn zu fragen.

Wir werden dabei davon ausgehen dürfen, daß die Entstehung der Trinitätslehre, welche andersartigen Motive dabei auch mitgewirkt haben mögen, jedenfalls mitbedingt war durch das Bedürfnis nach Klärung einer Frage, vor die sich die Kirche bei der Ausrichtung ihrer Botschaft durch die Heilige Schrift selbst gestellt sah. Vorausgesetzt, daß die Kirche ihrem Wesen nicht nur, wie es freilich zu allen Zeiten auch geschah, untreu, sondern in irgendeinem Maß und Sinn auch treu war und also mit ihrer Verkündigung das Zeugnis des Alten und Neuen Testamentes aufnehmen wollte, kann man sich nicht wundern, daß sie auf die Frage gestoßen ist, die in der Trinitätslehre ihre Beantwortung gefunden hat. Man kann sich auch darüber nicht wundern, daß sie in verhältnismäßig so früher Zeit gerade auf diese Frage gestoßen ist, und nicht wundern über die Heftigkeit der Kämpfe, in die sie durch diese Frage gestürzt worden ist und über die Unerbittlichkeit, mit der sie an der großen Linie der damals gewonnenen Antwort durch alle Jahrhunderte hin festgehalten hat. Die aus der Bindung ihrer Verkündigung an die Schrift ihr erwachsende Frage, die sie in der Trinitätslehre beantwortete, war tatsächlich eine Grundfrage, eine Lebensfrage erster Ordnung für die kirchliche Predigt und damit auch für die kirchliche Theologie. Ebendarum halten wir es für richtig, die Erörterung dieser Lehre an die Spitze aller Dogmatik zu stellen: eine praktische Durchführung dessen, was über ihre Bedeutung theoretisch von altersher von Vielen gesagt worden ist.

Die durch die Trinitätslehre beantwortete Frage ist aber eine bestimmte Frage in bezug auf den grundlegenden Begriff bzw. auf die grundlegende, in der Schrift bezeugte Tatsache der **Offenbarung Gottes**.

> Auch wenn man sie nur als einen Ausläufer der spätantiken Logosspekulation würdigen wollte, wäre jedenfalls zuzugeben: ihr Anlaß mindestens ist die als **Offenbarung** des Logos verstandene Erscheinung Jesu Christi: Sie will die Göttlichkeit dieses offenbarten, fleischgewordenen Logos erörtern. In dieselbe Richtung weist dann auch ihr zweiter Gegenstand: der Begriff des Geistes. Und um den Ursprungs- und Beziehungspunkt dieser Beiden, des Sohnes und des Geistes, handelt es sich, wenn sie von Gott dem Vater redet.

Die bestimmte Frage in bezug auf die Offenbarung, die die Trinitätslehre beantwortet, ist aber die Frage: Wer ist der, der sich offenbart? die Frage nach dem **Subjekt** der Offenbarung. Man kann den Sinn der Trinitätslehre kurz und einfach dahin zusammenfassen: sie antwortet auf diese Frage streng und folgerichtig, daß **Gott** der ist, der sich offenbart. Aber wenn dieser ihr Sinn ganz sichtbar werden soll, muß man denselben Satz auch umgekehrt betonen: Gott ist der, der sich **offenbart**. Denn gerade darin besteht die Strenge und Folgerichtigkeit der Antwort auf die Frage nach dem Subjekt der Offenbarung, daß wir, nach Interpretation dieser Antwort fragend, uns sofort wieder auf die Offenbarung selbst zurückverwiesen sehen. Die kirchliche Trinitätslehre ist ein in sich geschlossener Kreis. Ihr beherrschendes und entscheidendes Interesse besteht darin, genau und vollständig zu sagen, daß Gott der Offenbarer ist. Aber wie könnte sie gerade das genau und vollständig sagen ohne eben damit zu bekunden: kein Anderer als der **Offenbarer** ist Gott? Man könnte noch schlichter sagen: die Trinitätslehre sagt, daß unser Gott — nämlich der in seiner Offenbarung sich zum unsrigen machende wirklich **Gott** ist. Und auf die Frage: Wer aber ist Gott? wäre dann ebenso schlicht zu antworten: eben dieser **unser** Gott. Ist es nicht so: jene übergeordnete zusammen mit dieser untergeordneten Antwort sind die ebenso einfachen wie höchst folgenschweren Voraussetzungen alles christlichen Denkens und Redens von Gott. Christliche Verkündigung hat ihr erstes und letztes Kriterium darin, ob sie sich in dem durch diese beiden Antworten bezeichneten Zirkel bewegt. Christliche Theologie kann nichts Anderes bedeuten als Übung in dieser Bewegung. Die in der Bibel selbst nicht gelöste, aber in aller Schärfe gestellte Frage nach dem Subjekt der Offenbarung und damit alles Handelns Gottes am Menschen mußte doch beantwortet werden. Ist die Eile nicht verständlich, mit der man sich zu ihrer Beantwortung aufgerufen fühlte und der gewiß unheimliche Eifer, mit dem man sich an dieses Werk machte? Gerade weil es sich um eine so einfache aber auch so zentrale Sache handelte? Und konnte diese Frage anders als so beantwortet werden? Oder ist dieses Problem in der Bibel etwa nicht gestellt? Oder konnte es etwa doch anders beantwortet werden als es in der Trinitätslehre beantwortet worden ist?

Das auf die kirchliche Trinitätslehre hinweisende Problem, das wir in der Bibel gestellt zu sehen meinten, besteht darin, daß dort das Sein, Reden und Handeln und also das Sichoffenbaren Gottes durchweg beschrieben wird in den Momenten seiner Selbstverhüllung oder seiner Selbstenthüllung oder seiner Selbstmitteilung an Menschen, daß seine charakteristischen Eigenschaften die Heiligkeit, die Barmherzigkeit und die Liebe sind, seine charakteristischen Erweisungen im Neuen Testament bezeichnet durch Karfreitag, Ostern und Pfingsten und dementsprechend sein Name als der des Vaters, des Sohnes und des Heiligen Geistes. Es fehlt in der Bibel die ausdrückliche Feststellung, daß der Vater, der Sohn und der Heilige Geist gleichen Wesens und also im gleichen Sinn Gott selber sind. Und es fehlt auch die andere ausdrückliche Feststellung, daß Gott so und nur so, also als der Vater, der Sohn und der Heilige Geist Gott ist. Diese zwei ausdrücklichen Feststellungen sind, über das Zeugnis der Bibel hinausgehend, der doppelte Inhalt der kirchlichen Trinitätslehre.

Die Trinitätslehre bedeutet einerseits als **Abweisung des Subordinatianismus** die ausdrückliche Erklärung: **jene drei Momente bedeuten kein Mehr oder Weniger im Gottsein Gottes.** Der Vater ist nicht im Unterschied vom Sohn und vom Geist als der eigentliche Gott zu verstehen, und Sohn und Geist sind nicht im Unterschied zum Vater begnadete und verherrlichte Kreaturen, von Gott erweckte und in Bewegung gesetzte Lebensmächte und als solche und in diesem Sinn Offenbarer. Sondern **Gott** ist es, der sich offenbart, in gleicher Weise als der Vater in seiner Selbstverhüllung und Heiligkeit wie als Sohn in seiner

Selbstenthüllung und Barmherzigkeit, wie als Geist in seiner Selbstmitteilung und Liebe. Vater, Sohn und Geist sind der eine, einzige und gleiche Gott. Das von der Bibel bezeugte Subjekt der Offenbarung ist, welcher Art sein Sein, Reden und Handeln auch sein möge, der eine Herr, kein Halbgott, weder ein herabgestiegener, noch ein heraufgestiegener. Gemeinschaft mit dem, der sich da offenbart, bedeutet für den Menschen auf alle Fälle und unter allen Umständen, daß jener ihm gegenübertritt wie ein Du einem Ich gegenübertritt und sich mit ihm verbindet, wie sich ein Du mit einem Ich verbindet. Nicht anders! Abgeschnitten ist alle Gemeinschaft mit diesem Gott, die von der Art wäre, wie wir mit Kreaturen Gemeinschaft haben können, von der Art nämlich, daß das Du durch ein Ich in ein Es oder Er verwandelt werden kann, über das oder über den das Ich eben damit Verfügung bekommt. Auch und gerade als Sohn und als Geist wird der, der sich nach dem Zeugnis der Schrift offenbart, kein Es oder Er, er bleibt Du. Und indem er Du bleibt, bleibt er der Herr. Das Subjekt der Offenbarung ist das Subjekt, das unauflöslich Subjekt bleibt. Man kann nicht hinter dieses Subjekt kommen. Es kann nicht Objekt werden. Aller Subordinatianismus beruht auf der Absicht, aus dem der sich da offenbart, ein solches Subjekt zu machen, wie wir selbst es sind, ein Geschöpf, dessen Duhaftigkeit ihre Grenzen hat, das man überblicken, begreifen und meistern, das man objektivieren, demgegenüber sich das Ich behaupten kann. Wohlverstanden: auch der angeblich als Schöpfer gedachte Vater wird nach der subordinatianischen Lehre faktisch in die Geschöpfsphäre hineingezogen. Er wird sich nach dieser Lehre zu Sohn und Geist so verhalten wie die Idee zur Erscheinung. Eben in diesem überschaulichen Verhältnis stehend verrät auch er sich als eine vom Ich aus zu entwerfende und zu meisternde Größe. Subordinatianismus bedeutet letztlich Leugnung der Offenbarung, Einbeziehung der göttlichen Subjektivität in die menschliche und auf dem Weg über den Polytheismus Einsamkeit des Menschen mit sich selbst, in seiner eigenen Welt, in der es letztlich kein Du und darum keinen Herrn gibt. Diese Möglichkeit ist es, die die Kirche mit ihrer Verwerfung des Arius und jedes Subordinatianismus treffen wollte. Wir fragen: hat sie wohl daran getan oder nicht?

Die Trinitätslehre bedeutet aber andererseits, als **Abweisung des Modalismus**, die ausdrückliche Erklärung: **jene drei Momente sind dem Gottsein Gottes nicht etwa fremd.** Es verhält sich nicht etwa so, daß wir den eigentlichen Gott jenseits dieser drei Momente, in einem höheren Sein, in welchem er nicht der Vater, der Sohn und der Geist wäre, zu suchen hätten. Die Offenbarung Gottes und also sein Sein als Vater, Sohn und Geist ist nicht eine seinem Wesen fremde Ökonomie, die nach oben oder innen sozusagen begrenzt wäre, so daß wir nach dem verborgenen Vierten fragen müssen, um eigentlich nach Gott zu fragen. Sondern wenn wir nach Gott fragen, können wir nur nach dem fragen, der sich offenbart. Eben der, der nach dem Zeugnis der Schrift ist, redet und handelt als Vater, Sohn und Geist, in Selbstverhüllung und Selbstmitteilung, in Heiligkeit, Barmherzigkeit und Liebe, eben dieser und kein Anderer ist Gott. Gemeinschaft mit Gott bedeutet für den Menschen streng und exklusiv: Gemeinschaft mit dem, der sich offenbart, der in seiner Offenbarung Subjekt ist, und zwar unauflöslich Subjekt ist. Gerade die Unauflöslichkeit des Subjektseins wird garantiert durch die Erkenntnis der Letztwirklichkeit der drei Seinsweisen im Wesen Gottes, über oder hinter der es kein Höheres gibt. Abgeschnitten ist hier alle Gemeinschaft mit Gott, die ein Entrinnen vor seiner Offenbarung, ein Übersteigen der Wirklichkeit, in der er sich selber zeigt und gibt, bedeuten würde. Gott ist genau der, als der er sich uns zeigt und gibt. Wer an dem vorbeieilt, der uns nach dem biblischen Zeugnis in dreifacher Wendung als Du anredet, der kann nur ins Leere eilen. Modalismus bedeutet letztlich Leugnung Gottes. Unser Gott und nur unser Gott, nämlich der Gott, der sich in seiner Offenbarung zum unsrigen macht, ist Gott. Die Relativierung dieses Gottes, wie sie in der Lehre von dem eigentlichen Gott jenseits dieses offenbaren Gottes geschieht, bedeutet Relativierung, und das heißt Leugnung des einen wirklichen Gottes. Das Du, der Herr, fällt auch hier aus. Auch hier will der Mensch offenbar hinter Gott kommen, nämlich hinter Gott, wie er sich wirklich zeigt und gibt und damit hinter das, was er ist, denn beides ist dasselbe. Auch hier handelt es sich also um eine Objektivierung Gottes. Auch hier wird die göttliche Subjektivität aufgesogen von der menschlichen, die nach einem Gott fragt, den es nicht gibt. Auch hier findet sich der Mensch, auf dem Weg über die Mystik diesmal, letztlich allein mit sich selber, in seiner eigenen Welt. Diese Möglichkeit, mit jener ersten in ihrer Wurzel und in ihrer Spitze zusammentreffend, hat die Kirche abwehren wollen, indem sie den Sabellius und jeden Modalismus ablehnte. Und wieder fragen wir: sollte sie daran nicht wohl getan haben?

Die Trinitätslehre sagt — und das ist das Positive, das sie auf ihren polemischen Fronten verteidigt —, daß und inwiefern der, der sich nach dem Zeugnis der Schrift Menschen offenbart, unser Gott, daß und inwiefern er unser Gott sein kann. Er kann unser Gott sein, weil er in allen seinen Seinsweisen sich selbst gleich, ein und derselbe Herr ist. Erkenntnis der Offenbarung, wie sie am Zeugnis der Schrift aufgehen kann, heißt im Sinn der Trinitätslehre in allen Momenten des Ereignisses, auf das uns dieses Zeugnis hinweist: Erkenntnis des Herrn als dessen, der uns begegnet und sich uns verbindet. Und dieser Herr kann unser Gott sein, er kann uns begegnen und sich uns verbinden, weil er Gott ist in diesen drei Seinsweisen als Vater, Sohn und Geist, weil die Schöpfung, die Versöhnung, die Erlösung, das ganze Sein, Reden und Handeln, in dem er unser Gott sein will, begründet und vorgebildet ist in seinem eigenen Wesen, in seinem Gottsein selber. Als Vater, Sohn und Geist ist Gott sozusagen im voraus der unsrige. So sagt uns die Trinitätslehre beides, daß der, der sich nach der Schrift offenbart, zu fürchten und zu lieben ist: zu fürchten, weil er Gott sein kann, zu lieben, weil er unser Gott sein kann. Daß er beides ist, das kann uns die Trinitätslehre als solche nicht sagen. Kein Dogma, keine Theologie als solche kann das. Die Trinitätslehre als solche ist nicht das Wort Gottes, das uns das sagen könnte. Aber wenn es einen Dienst am Worte Gottes gibt, eine Verkündigung, die Wort Gottes werden kann und einen Dienst an diesem Dienst, Dogmatik als kritische Besinnung auf den rechten Inhalt der Verkündigung, dann dürfte doch wohl die Frage nach dem Subjekt der Offenbarung, auf die die Trinitätslehre antwortet, der erste Schritt solcher Besinnung sein. Die Schrift, in der das Problem der Trinitätslehre gestellt ist, ist und bleibt das Maß und der Richter der Lösung dieses Problems. Sie steht über dem Dogma der Kirche und also über der kritischen Besinnung, zu der wir uns durch das Dogma der Kirche anleiten lassen. Aber Alles wohl erwogen wagen wir es, diese Anleitung bis auf bessere Belehrung für eine angemessene zu halten.

§ 10
GOTT DER VATER

Der eine Gott offenbart sich nach der Schrift als der Schöpfer, d. h. als der Herr unseres Daseins. Er ist als solcher Gott unser Vater, weil er es als der Vater Gottes des Sohnes zuvor in sich selber ist.

1. GOTT ALS SCHÖPFER

In dem Ereignis, das die Bibel als Offenbarung beschreibt, handelt Gott als Herr mit dem Menschen. Nicht als ein Wesen von der Art und Ordnung, der der Mensch selber angehört, also nicht als ein Wesen, dessen der Mensch ebensogut seinerseits Herr sein könnte. Aber auch nicht als ein in seiner eigenen Art und Ordnung für sich seiendes und bleibendes Wesen. Das sind die beiden Irrtümer, die beiden Lügen in bezug auf Gott, die durch die Offenbarung gerade aufgehoben werden. Er handelt als der Herr, d. h. als die Instanz, die dem Menschen im Unterschied zu allen anderen Instanzen schlechthin überlegen ist, die ihn aber auch, gerade in dieser schlechthinnigen Überlegenheit schlechterdings angeht und in Anspruch nimmt. Daß Gott sich offenbart, d. h. daß er als Herr mit dem Menschen handelt, das ist aber auch nicht gleichbedeutend damit, daß Gott über den Menschen Macht hat und gebraucht. Macht ist allerdings die Voraussetzung und das Mittel von Herrschaft. Von Herrschaft reden wir da, wo eine Person einer anderen, ein Ich einem Du, sich als Träger von Macht zum Bewußtsein bringt, wo ein überlegener Wille seine Macht zu erkennen gibt. Das ist's, was in dem in der Bibel als Offenbarung beschriebenen Ereignis geschieht. Darum die beherrschenden Gottesnamen Jahve im Alten und Kyrios im Neuen Testament.

Aber wer ist der Herr und also der Gott, von dem da die Rede ist? Es ist, wie wir schon sahen, charakteristisch für die Bibel beider Testamente, daß ihre Antwort auf diese Frage uns zunächst durchaus nicht in einen Raum jenseits der menschlichen Geschichte, sondern mitten in diese Geschichte selbst hineinverweist.

Die Antwort lautet auf dem Höhepunkt des biblischen Zeugnisses: Jesus von Nazareth ist der Kyrios. Er ist der, der den Menschen in schlechthinniger Überlegenheit angeht. Er ist der sich offenbarende Gott. Wir kommen im folgenden Paragraphen auf dieses für die ganze Form und den ganzen Inhalt des biblischen Zeugnisses bezeichnende und als Voraussetzung der christlichen Kirche entscheidende Bekenntnis zurück.

Die Antwort, daß Jesus von Nazareth der Herr ist, ist schon im Neuen Testament keineswegs selbstverständlich; sie ist es auch in der Kirche nicht geworden und sie wird es nie werden können. Warum nicht? Sie enthält offenbar, wenn dieser Jesus von Nazareth ein wahrer und wirklicher Mensch gewesen ist, eine Ungleichung. Sie muß als Gleichung bestenfalls einsichtig werden. Wahre und wirkliche Gottheit, wie sie in dem Kyriosprädikat doch ausgesprochen ist, schreibt schon das Neue Testament zunächst einem ganz Anderen als Jesus zu.

Es erinnert mit dem Namen Christus, den es Jesus beilegt, an die Propheten, Priester und Könige des Alten Testamentes als an die bevollmächtigten und geheiligten Männer Jahves, hinter denen und über denen der steht, der primär und eigentlich vollmächtig und heilig ist. Es nennt Jesus das Wort oder den Sohn Gottes, den von Gott als Licht und Leben der Menschen in die Welt Gesandten. Es versteht Jesu Würde, Jesu Herrschaft, Jesu Überlegenheit als eine prinzipiell andersartige, untergeordnete gegenüber der jenes Anderen, der eigentlich ϑεός heißt. In den sog. Synoptikern scheint diese Betrachtungsweise ganz besonders im Vordergrund zu stehen. Fast wie eine Inkonzinnität, rätselhaft jedenfalls berührt es, wenn auch und gerade hier Jesus Kyrios heißt. Denn was ist hier Jesus Anderes als ein einziger Hinweis auf den Herrn, dessen Reich (nicht sein eigenes!) Jesus ausruft, verkündigt durch Worte und Taten, formell und sachlich kaum sehr viel anders als Johannes der Täufer, demgegenüber als dem „Einen Guten" (Mc. 10, 18) Jesus sich mit seinen Jüngern zusammenfaßt in den Anruf: Unser Vater! dessen Willen er auf das Bestimmteste auch von seinem eigenen Willen unterscheidet (Mc. 14, 36), zu dem er, wie immer wieder hervorgehoben wird, betet, dem gehorsam zu sein, schließlich als der ganze Sinn seines Berufs und Werks erscheint. Den (ἅγιος) παῖς Gottes gleich David und dem Gottesknecht von Jes. 53 nennt ihn darum eine wahrscheinlich alte aber in der Literatur des zweiten Jahrhunderts sehr beachtete Überlieferungsschicht (Matth. 12, 18; Act. 3, 13, 26; 4, 27,

30). Wie könnte dieser Jesus energischer von dem, der eigentlich Gott heißt, abgerückt und unterschieden werden als indem ihm das doppelt ärgerliche: *Eli, Eli, lama asabthani!* (Mc. 15, 34) in den Mund gelegt wird. Der hier, in den Synoptikern, eigentlich Gott heißt, scheint zweifellos der „Vater im Himmel" zu sein, der den Hintergrund und gerade so in unvergleichlicher Bedeutsamkeit den Sinngrund des berichteten Geschehens bildet. Aber auch bei Johannes steht nicht nur das vielbemerkte: „Der Vater ist größer als ich" (Joh. 14, 28), sondern durchgängig stellt sich Jesus gerade hier dar als den vom Vater (dem μόνος ἀληθινὸς θεός, Joh. 17, 3!) Gesandten, der davon lebt, des Vaters Willen zu tun, seine Worte zu sprechen, sein Werk zu vollenden, dessen Triumph einfach in seinem „Gehen zum Vater" besteht, und „durch" den Menschen zum Vater kommen (Joh. 14, 6). A. v. Harnack hatte in bezug auf alle Evangelien, das vierte mit eingeschlossen, recht, wenn er von Jesus sagte: „Ziel, Kraft, Einsicht, Erfolg und das harte Müssen — alles kommt ihm vom Vater. So steht es in den Evangelien; da ist nichts zu drehen und zu deuteln" (Wesen des Christentums, 51. Taus., 1906, S. 80). Und so wird auch Paulus nicht müde, neben Jesus und in gewissem Sinn an Jesus vorbei und über ihn hinaus auf den Vater, den „Vater Jesu Christi" zu verweisen. Die Grußformel fast aller seiner Briefe lautet: Χάρις ὑμῖν καὶ εἰρήνη ἀπὸ θεοῦ πατρὸς ἡμῶν καὶ κυρίου Ἰησοῦ Χριστοῦ. Soll damit „Gott unser Vater" nachdrücklich als der Vater auch des Herrn Jesus Christus bezeichnet werden? Nach Eph. 1, 17, wo er ὁ θεὸς τοῦ κυρίου ἡμῶν Ἰησοῦ Χριστοῦ, ὁ πατὴρ τῆς δόξης heißt, könnte dies unzweifelhaft der Fall sein. Oder stehen die beiden Größen θεὸς πατήρ und κύριος Ἰησοῦς Χριστός, wie in der Übersetzung der Vulgata und Luthers angenommen ist, nebeneinander als gemeinsames Woher der Gnade und des Friedens? Sicher ist, daß der κύριος Ἰησοῦς Χριστός von dem θεὸς πατήρ unterschieden und diesem nachgeordnet wird: Ἡμῖν εἷς θεὸς ὁ πατήρ . . . καὶ εἷς κύριος Ἰησοῦς Χριστός (1. Kor. 8, 6). Ὑμεῖς δὲ Χριστοῦ, Χριστὸς δὲ θεοῦ (1. Kor. 3, 23). Ἀνδρὸς ἡ κεφαλὴ ὁ Χριστός ἐστιν . . . κεφαλὴ δὲ τοῦ Χριστοῦ ὁ θεός (1. Kor. 11, 3). Jesus Christus ist κύριος εἰς δόξαν θεοῦ πατρός (Phil. 2, 11). Er ist die προσαγωγὴ πρὸς τὸν θεόν (Eph. 2, 18). Er wird zuletzt das Reich übergeben τῷ θεῷ καὶ πατρί (1. Kor. 15, 24). Er ist die εἰκὼν τοῦ θεοῦ (2. Kor. 4, 4; Kol. 1, 15). Und so nennt ihn der Hebräerbrief das ἀπαύγασμα τῆς δόξης (Hebr. 1, 3) den πιστὸν ὄντα τῷ ποιήσαντι αὐτόν (Hebr. 3, 2), der sich selbst untadelig Gott darbrachte (Hebr. 9, 14), und gibt von seiner Passion jene ganz an die Schau der Synoptiker erinnernde Schilderung: ὃς ἐν ταῖς ἡμέραις τῆς σαρκὸς αὐτοῦ δεήσεις τε καὶ ἱκετηρίας πρὸς τὸν δυνάμενον σῴζειν αὐτὸν ἐκ θανάτου μετὰ κραυγῆς ἰσχυρᾶς καὶ δακρύων προσενέγκας καὶ εἰσακουσθεὶς ἀπὸ τῆς εὐλαβείας, καίπερ ὢν υἱός, ἔμαθεν ἀφ' ὧν ἔπαθεν τὴν ὑπακοήν (Hebr. 5, 7—8).

Auf dieser Linie gesehen ist die Herrschaft Jesu als des Sohnes offenkundig nur eine Erscheinung, Ausübung, Anwendung der Herrschaft Gottes des Vaters. Wer Gott der Vater, Gott im eigentlichen Sinne ist, was er will und tut am Menschen, das klarzumachen, mitzuteilen, zu vollstrecken, diesen Gott den Vater zu vertreten, ist das Wesen der Jesus zugeschriebenen Göttlichkeit.

Filius revelat agnitionem Patris per suam manifestationem (Irenäus, *C. o. h.* IV 6, 3) . . . *ut in suis verbis non tam se quam Patrem adspiciamus* . . . *ut sic defixis oculis in Christum recta trahamur et rapiamur ad Patrem* (Luther, Komm. zu Gal. 1, 4, 1535, W. A. 40 I S. 98 Z. 25). Wir sollen: Erkennen, das Christus ist der rechte Brieff, das güldene Buch, darinnen wir lesen,' Lernen in sehen vor augen den Willen des Vaters (Zwei deutsche Fastenpredigten, 1518, W. A. 1 S. 274 Z. 41), der ein Spiegel ist des veterlichen hertzens (Gr. Kat., 1529, W. A. 30 I S. 192 Z. 5). Auf dieser Linie hat einst A. v. Harnack (a. a. O. S. 91) den damals viel umstrittenen Satz formuliert: „Nicht

1. Gott als Schöpfer

der Sohn, sondern allein der Vater gehört in das Evangelium wie es Jesus verkündigt hat, hinein", wobei doch Harnacks Meinung ausgesprochenerweise die war: nicht als ein Bestandteil oder Satz neben anderen gehöre das Zeugnis Jesu über seine eigene Person in das von ihm verkündigte Evangelium, wohl aber als Ausdruck des Tatbestandes, daß er als der Weg zum Vater sich gewußt habe.

Gerade wenn es richtig ist, bei der Antwort auf die Frage nach dem, der in der Schrift der Herr heißt, von dem Bekenntnis: Jesus ist der Herr! auszugehen, dürfte es wiederum richtig sein, uns zunächst in diese andere scheinbar gerade entgegengesetzte Richtung weisen zu lassen und also zu fragen: Welches ist das Ziel, zu dem Jesus der Weg ist? Wen oder was offenbart er denn, sofern er Gott den Vater offenbart? Was sehen wir in ihm, sofern er Gottes „Abglanz" und „Spiegel" ist? Wer ist „der Vater des Herrn Jesus Christus"? Die Antwort, die das Neue Testament uns hier gibt, ist eine sehr andere als die, die eine allzu naheliegende erbauliche, aber ganz willkürliche Auslegung des Wortes „Vater" hier geben möchte. Was als der dem Menschen zugewandte Wille des himmlischen Vaters gerade in dem, was durch und an Jesus geschieht, erkennbar wird, liegt nämlich zunächst durchaus nicht in der Richtung einer gütigen Bejahung, Bewahrung und Sicherung, sondern vielmehr in der einer radikalen Infragestellung ja Aufhebung der menschlichen Existenz.

Man beachte, daß schon im alten Testament der Begriff „Vater" ebenso durch den Begriff „Herr" zu interpretieren ist wie umgekehrt (Deut. 32, 6; Mal. 1, 6). Daß die Menschen als solche Kinder Gottes seien, daß ihnen als solchen Gott Vater sei, sagt weder das Alte noch das Neue Testament. Sondern Israel wird nach dem Alten Testament aus der Masse der Völker erwählt und berufen zur Kindschaft Jahves. „Aus Ägypten habe ich meinen Sohn gerufen" (Hos. 11, 1). Und durch eine „neue Geburt", also durch eine menschlich schlechterdings unbegreifliche Neubegründung seines natürlichen Daseins jenseits von dessen Aufhebung wird der Mensch nach dem Neuen Testament in diese Kindschaft versetzt (Joh. 1, 12f.; 3, 3f.). „Alle Pflanzen, die mein himmlischer Vater nicht gepflanzt hat, werden ausgerottet werden", so lautet das unerbittliche Gesetz, das hier gilt (Matth. 15, 13). Es ist ja der leidende Knecht Gottes von Jes. 53, der in Jesus wiederentdeckt wird (Act. 8, 26f.). Jesu Lebensgeschichte wird in allen vier Evangelien beschrieben als eine genau genommen von Anfang an sich ankündigende und in zunehmendem Gefälle sich verwirklichende Sterbensgeschichte Ἡμεῖς δὲ κηρύσσομεν Χριστὸν ἐσταυρωμένον, schreibt Paulus (1. Kor. 1, 23), wohlbewußt, daß das die Weisheit Gottes ist, die den Juden ein Ärgernis und den Griechen eine Torheit sein muß. Als den Hohepriester des neuen Bundes, der selber das Opfer ist, das er darbringt, versteht ihn der Verfasser des Hebräerbriefes. Sein Gehorsam ist Leidensgehorsam (Hebr. 5, 8), Gehorsam μέχρι θανάτου, θανάτου δὲ σταυροῦ (Phil. 2, 8). Und darum hat ihn Gott erhöht und ihm den Namen κύριος Ἰησοῦς Χριστός gegeben (Phil. 2, 9—11). Das geschlachtete Lamm ist würdig zu nehmen Kraft und Reichtum und Weisheit und Stärke und Ehre und Herrlichkeit und Lobpreisung (Apk. 5, 12). Ἐν τῇ ταπεινώσει ἡ κρίσις αὐτοῦ ἤρθη. Darum ist seine Lebensdauer unausdenkbar: ὅτι αἴρεται ἀπὸ γῆς ἡ ζωὴ αὐτοῦ (Act. 8, 33). Er ist das Weizenkorn, das in die Erde fallen und sterben muß, um viele Frucht zu bringen (Joh. 12, 24). Jenseits des Todes des Menschen Jesus von Nazareth liegt der Ort, von dem aus das Licht auf ihn fällt, das ihn zur Offenbarung Gottes des Vaters macht: ἐξ ἀναστάσεως νεκρῶν ist er „eingesetzt zum Sohne Gottes" (Röm. 1, 4). Darin handelt Gott der Vater an ihm und durch ihn, daß er ihn von den Toten auferweckt (Gal. 1, 1; 1. Kor. 6, 14; Röm. 4, 24; 6, 4; Eph. 1, 20). Den, der sich in Jesus so offenbart, nennt der Glaubende Ἀββὰ ὁ πατήρ (Gal. 4, 6; Röm. 8, 15). Diesen Vater sieht, wer Jesus sieht (Joh. 14, 7f.). Der Jesus „dahingegeben um unserer Sünde willen und auferweckt um unserer Gerechtigkeit willen" (Röm. 4, 25), der ist's, dem dieser Anruf gilt. Und indem der Glaube Glaube an Jesus ist, ist er selbst Glaube an den Willen und an das Werk dieses Vaters. In Christus hineingetauft sein, heißt: in seinen Tod hineingetauft sein, „eingepflanzt werden in die Gemeinschaft mit seinem Tode" (Röm. 6, 3f. vgl. Phil. 3, 10), in seiner Kreuzigung mitgekreuzigt und gestorben sein (Gal. 5, 24; Röm. 6, 6; Kol. 3, 3; Eph. 4, 22). Darum ist schon bei den Synoptikern Nachfolge Jesu identisch mit Selbstverleugnung und Aufsichnehmen des Kreuzes (Mc. 8, 34) und kann man sein Leben nur retten, indem man es verliert um Jesu willen (Mc. 8, 35). Jenseits dieser engen Pforte liegt schlechterdings Alles, was das Neue Testament über die καινότης ζωῆς (Röm. 6, 4) der Getauften und Glaubenden zu sagen weiß. Und den, der „in Christus" so mit Menschen handelt, diesen Weg zu diesem Ziel sie führt, ihn nennen die Glaubenden Vater und „Vater des Herrn Jesus Christus". Er ist der Vater des Sohnes, der gestorben war und wieder lebendig wird, verloren war und wieder gefunden wurde (Lc. 15, 29!). Μετανοεῖν, umdenken, neu denken, zu Gott und seinem Reich hindenken, heißt wirklich auch und gerade im Neuen Testament: bedenken, daß wir sterben müssen (Ps. 90, 12, vgl. Ps. 39, 5). Es heißt nicht nur das; aber Alles, was es sonst heißen mag, kann es nur heißen, indem es zuerst und entscheidend das heißt. Man beachte: Dein Name, dein Reich, dein Wille, sind die Gegenstände der drei ersten Bitten des an „Unseren Vater im Himmel" zu richtenden Gebetes (Matth. 6, 9f.), auf die die drei folgenden zu stehen kommen. Dieses „Dein" macht diese Bitten im Zusammenhang des Neuen Testaments schlechterdings gleichbedeutend mit dem: Lehre uns bedenken, daß wir sterben müssen!

Der, den Jesus als den Vater offenbart, wird schlechterdings am Tode des Menschen, am Ende seiner Existenz erkannt. Nicht identisch mit dem Tode, aber auch nicht etwa nur wie der Tod, sondern real mit dem Tode, den Tod am Menschen vollstreckend, die Zeichen des Todes dem Menschen aufprägend, tritt sein Wille in das Leben des Menschen hinein. Erst in der scharf gezogenen und immer wieder zu ziehenden Grenzlinie des Kreuzes wird sein Wille sichtbar als Wille, lebendig zu machen, zu segnen und wohlzutun. Durch den Tod hindurchgegangenes, vom Tode erstandenes, ewiges Leben, wirklich neue Geburt wird das Leben sein, das dieser Wille schafft.

Was bedeutet das Alles für unsere Frage: Wer ist Gott der Vater? Es kann wie gesagt nicht bedeuten, daß Gott der Vater mit dem Tode, mit der Negation des menschlichen Daseins identisch wäre. Hier wird ja vielmehr im Tode der Tod, in der Negation die Negation überwunden. Auferstehung ist ja die Kraft des Kreuzes, Lebensgewinn die Kraft des Lebensverlustes. Aber streng und ausschließlich als Kraft des Kreuzes, des Lebensverlustes, kommt es hier zu Auferstehung und Lebensgewinn. Damit ist gesagt, daß Gott der Vater jedenfalls auch mit dem, was wir als unser Leben kennen oder vielleicht mit dessen Sinn und Kraft, keineswegs identisch ist, daß sein Wille unserem Lebenswillen überlegen, ohne Verbindlichkeit, vielmehr in schlechthinniger Verfügungsgewalt gegenübersteht. Es wird nicht nur unmöglich sein, auf dem Wege des Selbstverständnisses, der Analyse unserer eigenen Existenz, festzustellen, was Gott der Vater mit uns will. Es kann uns vielmehr nicht verborgen sein, daß diese unsere eigene Existenz bis in ihre tiefsten Gründe und Kräfte durch den Willen Gottes in die radikale Krisis gestellt ist, daß sie, indem der Wille Gottes des Vaters an ihr geschieht, neu werden muß. Gott der Vater will weder unser Leben an sich noch unseren Tod an sich. Er will unser Leben, um es durch den Tod ins ewige Leben zu führen. Er will den Tod, um unser Leben durch ihn hindurch ins ewige Leben zu führen. Er will diesen Durchgang unseres Lebens durch den Tod zum ewigen Leben. Sein Reich ist diese neue Geburt.

Darum die merkwürdige Relativierung der Begriffe „Leben" und „Tod", die wir besonders bei Paulus wahrnehmen: 1. Kor. 3, 22; Röm. 8, 38; 14, 8; Phil. 1, 20. Ewiges Leben, Auferstehungsleben ist für Paulus fraglos das von Gott gewollte und von Gott zu erwartende Aufleben dieses unseres Lebens (1. Kor. 15, 53; 2. Kor. 5, 4). Aber eben das Aufleben dieses unseres Lebens jenseits des Durchgangs durch den Tod bedeutet, daß es diesseits dieser Pforte mit dem Tode zusammen auf der Waage liegen muß, gemeinsam aufgewogen durch die Hoffnung des Glaubens.

Wir fassen das zusammen, indem wir sagen: Gott der Vater, dessen Wille und Werk am Menschen diese sind, ist der Herr unseres Daseins. Er ist es im strengen Sinn, sofern er der Herr über Leben und Tod des Menschen ist. Alle andere Herrschaft, die nicht an dieser Todeslinie erkennbar würde, könnte nicht Herrschaft über unser Dasein, sondern bestenfalls eine Herrschaft in unserem Dasein sein. Die Herrschaft eines Gottes, der mit unserem Lebenswillen identisch wäre, wäre begrenzt durch die Herrschaft des Todes. Und die Herrschaft eines Gottes, der mit dem Tode identisch wäre, wäre nur die Grenze unseres Lebenkönnens. Beide wären nicht Herrschaft über unser Dasein. Denn unser Dasein ist unser Lebenwollen und -können in seiner Begrenzung durch den Tod, nicht nur unser Leben und auch nicht nur dessen Begrenzung durch den Tod. Sie wäre dann aber auch nicht wirkliche Herrschaft. Es wäre nicht der Träger einer uns wirklich überlegenen Macht, der uns da begegnete. Der wirkliche Herr unseres Daseins muß der Herr über Leben und Tod sein. Und dies eben ist Gott der Vater, wie wir ihn in der Schrift als den in Jesus Offenbarten bezeugt finden. „Der Herr des Daseins" heißt aber: der Schöpfer. Denn wenn Gott im Vollsinn der Begriffe der Herr unseres Daseins ist, dann heißt das: unser Dasein ist von ihm und nur von ihm gehalten über dem Abgrund des Nicht-Daseins. Es hat keine eigenständige Wirklichkeit weder in seiner Sicherheit als Leben noch in seiner Bedrohung durch den Tod. Es ist wirklich, sofern er es als ein wirkliches will und setzt. Es hat einen Urheber, von dem als solchem es schlechterdings unterschieden, auf den es aber auch schlechterdings bezogen ist — aber nicht so, daß es etwa diesem Urheber wesentlich eigentümlich wäre, ein solches wirkliches Außerhalb seiner selbst zu haben, nicht so, daß auch für ihn diese Bezogenheit eine Notwendigkeit wäre. Es hat einen Urheber, außer dem nichts notwendig ist, der zu nichts außerhalb seiner selbst notwendig bezogen ist. Es hat einen Urheber, der es aus freier Güte und nach seinem freien Willen und Plan ins Dasein ruft und im Dasein erhält, in freiem, nur durch ihn bestimmtem Gegensatz zu dem Nichts, in dem es bleiben könnte, ohne daß jenem etwas abginge. Es hat — das ist's, was wir mit dem Allen umschrieben haben — einen Schöpfer. Und der ist's, als den uns Jesus Gott den Vater zeigt. Er zeigt ihn uns gleichsam im Negativ: der, dessen Wille auf Golgatha geschieht, wo in und mit Jesus Christus unser aller Leben ans Kreuz geschlagen und gestorben ist, damit so und darin ewiges Leben offenbar werde, der ist das, was der Begriff Schöpfer bezeichnet.

Man beachte, wie Röm. 4, 17 der Gott Abrahams in einem Atemzug als der ζωοποιῶν τοὺς νεκρούς und als der καλῶν τὰ μὴ ὄντα ὡς ὄντα bezeichnet wird.

Mit dem Namen „Vater" bezeichnen wir ja den menschlich-natürlichen Urheber unserer Existenz. Aber unser menschlich-natürlicher Vater ist nicht unser Schöpfer. Er ist nicht Herr unseres Daseins, nicht einmal Herr unseres Lebens, geschweige denn unseres Todes. Indem die Schrift Gott unseren Vater nennt, nimmt sie eine Analogie auf, um sie sofort zu durchbrechen.

Also nicht an der menschlich-natürlichen Vaterschaft ist zu ermessen, was es heißt, daß Gott unser Vater ist (Jes. 63, 16). Sondern von der Vaterschaft Gottes her bekommt die menschlich-natürliche Vaterschaft das, was ihr an Sinn und Würde zukommt: Gott ist der Vater ἐξ οὗ πᾶσα πατριὰ ἐν οὐρανοῖς καὶ ἐπὶ γῆς ὀνομάζεται (Eph. 3, 15).

Gott unser Vater heißt Gott unser Schöpfer.[1] Und es dürfte nun deutlich geworden sein: gerade „in Christus", als „der Vater Jesu Christi", heißt Gott unser Schöpfer. Es ist keine allgemeine, vorher zu wissende oder eigenmächtig zu gewinnende Wahrheit, sondern es ist Offenbarungswahrheit, daß Gott unser Schöpfer ist. Nur indem das, was wir als Verhältnis von Vater und Sohn sonst kennen, durchbrochen wird durch das Wort von Christus, dem Gekreuzigten und Auferstandenen, nur indem es durch dieses Wort interpretiert wird, d. h. aber in diesem Fall: von diesem Wort her einen Sinn bekommt, den es von sich aus nicht haben kann — nur so wird sichtbar, was Schöpfung heißt. Aber so kann es sichtbar werden. Der „Vater Jesu Christi", der nach dem Zeugnis der Schrift in Jesus, seinem Knecht, offenbar wird, er hat die Eigenschaften eines „Herrn unseres Daseins". Das Zeugnis von ihm führt uns an den Ort, wo das Wunder der Schöpfung sichtbar werden kann. Es bezeugt den heiligen Gott, den Gott, der allein Gott ist, den freien Gott. — Dieses Zeugnis ist es, das wir nun an Hand der Grundsätze der Trinitätslehre zu verstehen haben.

[1] Vgl. zu diesem Satz Deut. 32, 6 und Jes. 64, 7.

2. DER EWIGE VATER

Der entscheidende Satz, durch den die eben gehörte Antwort auf die Frage: Wer ist Gott der Vater? zu einem Element der Erkenntnis des dreieinigen Gottes im Sinn des kirchlichen Dogmas erhoben wird, muß lauten: Gott kann als „Vater Jesu Christi" darum unser Vater sein, weil er schon zuvor, auch abgesehen davon, daß er sich uns als solcher offenbart, der ist, als der er sich offenbart: eben der Vater Jesu Christi, seines Sohnes, der als solcher selber Gott ist. Er kann es sein, weil er in sich selber Vater ist, weil Vaterschaft eine ewige Seinsweise des göttlichen Wesens ist. Wir haben es in dem, dessen Namen, Reich und Willen Jesus offenbart, gerade in seiner eigentümlichen Unterscheidung gegenüber diesem seinem Offenbarer, aber auch in seiner eigentümlichen Gemeinschaft mit ihm, mit Gott selber zu tun.

Wie kommen wir mit dem kirchlichen Dogma zu diesem Verständnis des biblischen Zeugnisses von Gott dem Vater? Die Antwort muß einfach lauten: wir kommen dazu, indem wir das biblische Zeugnis nun auch insofern annehmen und wortwörtlich ernst nehmen, als es den Inhalt der Offenbarung des Vaters formal schlechterdings bedingt und gebunden sein läßt durch seine Mitteilung in der Person des Offenbarers Jesus von Nazareth. Man kann ihren Inhalt nicht abstrahieren von dieser ihrer Form. Es kommt hier nicht in Frage, daß man Inhalt und Form unterscheiden und den Inhalt als göttlich-notwendig, die Form als menschlich-zufällig, jenen als das Wesen, diese als die geschichtliche Erscheinung der Offenbarung verstehen könnte. Die Form ist hier dem Inhalt wesentlich, d. h. aber: Gott als unser Vater, als der Schöpfer ist unbekannt, sofern er nicht durch Jesus bekannt ist.

Es ist besonders die johanneische Überlieferung, die diese Exklusive mit immer erneutem Nachdruck ausspricht: Joh. 1, 18; 5, 23, 37; 6, 46; 8, 19; 14, 6; 17, 25; 1. Joh. 2, 23 und 2. Joh. 9. Καθὼς γινώσκει με ὁ πατὴρ κἀγὼ γινώσκω τὸν πατέρα (Joh. 10, 15) und darum: ὁ ἑωρακὼς ἐμὲ ἑώρακεν τὸν πατέρα (Joh. 14, 9). Aber in derselben unmißverständlichen Deutlichkeit steht es schließlich auch bei den Synoptikern: Πάντα μοι παρεδόθη ἀπὸ τοῦ πατρός μου, καὶ οὐδεὶς ἐπιγινώσκει τὸν υἱὸν εἰ μὴ ὁ πατήρ, οὐδὲ τὸν πατέρα τις ἐπιγινώσκει εἰ μὴ ὁ υἱὸς καὶ ᾧ ἐὰν βούληται ὁ υἱὸς ἀποκαλύψαι (Matth. 11, 27).

Wenn diese Exklusive angenommen und ernst genommen wird, wenn man sich also jene Abstraktion zwischen Form und Inhalt verbieten läßt, dann ist die Möglichkeit abgeschnitten, den ersten Artikel des Glaubensbekenntnisses etwa als einen Artikel natürlicher Theologie aufzufassen. Die Botschaft Jesu von Gott dem Vater kann dann nicht dahin verstanden werden, als ob Jesus die bekannte Wahrheit ausgesprochen habe, daß die Welt einen Schöpfer haben muß und wirklich hat, und als ob er es dann gewagt habe, diesen Schöpfer mit dem vertraulichen menschlichen Namen „Vater" zu bezeichnen — nicht dahin, als ob er das, was alle ernsthafte Philosophie als die höchste Ursache oder als das höchste

Gut, als das *esse a se* oder als das *ens perfectissimum*, als das Universum, als den Sinngrund und Sinnabgrund, als das Unbedingte, als die Grenze, die kritische Negation oder den Ursprung namhaft gemacht hat, seinerseits gemeint und durch den der religiösen Sprache nicht unbekannten Vaternamen geweiht, christlich gedeutet und gleichsam getauft habe. Man kann dazu nur sagen: diese Größe, das vermeintliche philosophische Äquivalent des Schöpfergottes, hat mit oder ohne den aufgeklebten Vaternamen mit der Botschaft Jesu von Gott dem Vater n i c h t s zu tun. Sie würde auch dann nichts damit zu tun haben, wenn sie mit dem Prinzip des Stirb und Werde! mit dem überlegenen Ursprung und Ziel der Dialektik von Lebensverlust und Lebensgewinn in Beziehung gebracht und vielleicht identifiziert würde. Eine Idee, entworfen mit dem Anspruch, die Idee Gottes zu sein, ist als solche, nicht als Idee, wohl aber wegen dieses Anspruchs, von jener in den biblischen Zeugnissen ausgesprochenen Exklusive her, ein Abgott. Auch die wahrhaftig reine, geradezu verführerisch reine Gottesidee eines Plato kann davon nicht ausgenommen werden. Wenn jene Exklusive gilt, dann hat Jesus nicht sowohl den bekannten Weltschöpfer noch einmal verkündigt und durch den ebenfalls nicht unbekannten Namen des Vaters interpretiert, sondern er hat den u n bekannten Vater, s e i n e n Vater, offenbart und damit, erst damit und nur damit gesagt, daß und was der Schöpfer und daß dieser als solcher unser Vater ist.

Es wird nun als Interpretation jener Anrede „Unser Vater" wichtig, daß Jesus nach Joh. 20, 17 nicht sagt: Ich gehe zu unserm Vater! sondern: ἀναβαίνω πρὸς τὸν πατέρα μου καὶ πατέρα ὑμῶν καὶ θεόν μου καὶ θεὸν ὑμῶν. Nicht κατὰ φύσιν, sondern κατὰ θεοῦ χάριν καὶ θέσει, ἀφάτῳ φιλανθρωπίᾳ, durch den Sohn und den Heiligen Geist haben wir Gott zum Vater (Cyrill v. Jerus., Kat. 7, 7—8).

Das bedeutet nun aber für die Erkenntnis Gottes des Vaters dies: G o t t i s t n i c h t e r s t d a r u m G o t t d e r V a t e r, d a ß e r d e r S c h ö p f e r u n d a l s o u n s e r V a t e r i s t. Er ist es auch darum, und das ist das *opus ad extra*, das in Jesus offenbar wird. Aber daraus, daß er in Jesus und nur in Jesus als Schöpfer und also als unser Vater offenbar wird, geht hervor, daß er das Entsprechende schon zuvor und an sich ist, nämlich in seinem Verhältnis zu dem, durch den er offenbar wird, also in seinem Verhältnis eben zu Jesus. Ist es richtig, daß wir an dem an und durch Jesus vollstreckten Willen Gottes Väterlichkeit zu erkennen haben, und ist es weiter richtig, daß jede Abstraktion dieses Willens davon, daß er gerade an und durch Jesus vollzogen wird, durch jene Exklusive abgeschnitten ist, dann haben wir seine Väterlichkeit, abgesehen von dem, was sie für uns bedeutet, als die zuvor Jesus geltende, also als die einer Sohnschaft Jesu entsprechende zu verstehen. Es gibt dann eine Väterlichkeit Gottes in ihm selber, welche nicht erst darin ihre Wahrheit hat, daß er der Schöpfer und daß wir durch seine Gnade seine Kinder sind.

2. Der ewige Vater

sondern schon darin und primär darin, daß eine Offenbarung unserer neuen Geburt und also eine Offenbarung der Schöpfung, d. h. seiner Herrschaft über unser Dasein Ereignis sein kann. Die Möglichkeit dieses Ereignisses in Gott selber ist der mit Jesus von Nazareth identische Sohn Gottes. Im Verhältnis zu ihm, also als Vater dieses Sohnes, ist Gott zuvor in sich selber Vater.

Der Glaube an Gott den Vater muß so verkündigt werden, daß unausgesprochen sofort und ohne Verwirrung durch die Erinnerung an andere Väterlichkeiten der Glaube an den eingeborenen Sohn den Hörern eingeprägt wird. Τὸ γὰρ τοῦ πατρὸς ὄνομα ἅμα τῷ τῆς ὀνομασίας προσρήματι νοεῖν παρέχει καὶ τὸν υἱόν . . . . Εἰ γὰρ πατήρ, πάντως ὅτι πατὴρ υἱοῦ (Cyrill v. Jerus., Kat. 7, 3—4). *Per prius paternitas dicitur in divinis secundum quod importatur respectus personae ad personam quam secundum quod importatur respectus Dei ad creaturam* (Thomas v. Aquino, *S. Theol.* I *qu.* 33 *art.* 3*c*). Gott ist Vater *secundum relationem quam habet ad personam filii* (Polanus, *Syntagma theol. chr.*, 1609, III 4, zit. nach Heppe, Dogm. d. ev.-ref. Kirche, 1861, S. 92).

Im Blick auf diese ursprüngliche Väterlichkeit Gottes redet das Trinitätsdogma von der „Person" oder wie wir sagen: von der Seinsweise Gottes des Vaters. Nicht nur in dieser Seinsweise ist Gott Gott. Er ist es auch in der Möglichkeit — oder wir müssen gleich sagen: in den Möglichkeiten, in denen er als der in der neuen Geburt an uns Handelnde offenbar wird. Er ist es, wenn es zwischen der Offenbarung und ihrem Inhalt eine Abstraktion wirklich nicht geben soll, auch in der Seinsweise des Sohnes und des Heiligen Geistes. Aber gerade wenn dem so ist, weist uns der Inhalt der Offenbarung, sofern sie zugleich die Offenbarung der Schöpfung, der göttlichen Herrschaft über unser Dasein ist, zurück auf eine entsprechende innere Möglichkeit in Gott selber, die der Ordnung nach als die erste, ursprüngliche, in den anderen Möglichkeiten vorausgesetzte zu verstehen ist. In dieser ersten ursprünglichen Möglichkeit ist er Gott der Vater im Sinn des Trinitätsdogmas: der **ewige Vater**.

Πρὸ πάσης ὑποστάσεως καὶ πρὸ πάσης αἰσθήσεως, πρὸ χρόνων τε καὶ πρὸ πάντων τῶν αἰώνων τὸ πατρικὸν ἀξίωμα ἔχει ὁ θεός (Cyrill v. Jerus., Kat. 7, 5).

Man soll nicht sagen, daß der Gebrauch des Namens „Vater" hier ein übertragener, uneigentlicher, inadäquater sei. Das könnte nur dann gesagt werden, wenn das Maß der Eigentlichkeit hier und überhaupt unsere Sprache bzw. die geschaffene Wirklichkeit wäre, auf die sich unsere Sprache bezieht. Ist der Schöpfer das Maß der Eigentlichkeit des Geschaffenen und also auch unserer Sprache, dann wird gerade umgekehrt zu sagen sein: uneigentlich ist nicht nur die Verwendung des Vaternamens für das Urheberverhältnis, in welchem eine Kreatur zu der andern steht, sondern letztlich auch seine Verwendung für das Verhältnis Gottes als des Schöpfers zur Kreatur, wie wir es aus der Offenbarung der neuen Geburt abgelesen haben. **Eigentlich und adäquat ist Gott allein als der, der er bei sich selber ist**, also als der ewige Vater seines ewigen Sohnes Vater zu nennen. Aus der Kraft und Würde dieses allein eigentlichen Vaternamens fließt aus Gnade und für den Glauben der uneigentliche — gewiß darum nicht unwahre, aber wirklich uneigentliche — Vatername Gottes als des Schöpfers und aus diesem wieder die Benennung der innerkreatürlichen Urheberverhältnisse: dessen, was im Himmel und auf Erden Väterlichkeit heißt (Eph. 3, 15), auch diese als eine wahre aber uneigentliche, von der Kraft und Würde des innertrinitarischen Vaternamens Gottes abhängige zu verstehen.

Οὐ γὰρ ὁ θεὸς ἄνθρωπον μιμεῖται, ἀλλὰ μᾶλλον οἱ ἄνθρωποι διὰ τὸν θεόν, κυρίως καὶ μόνον ἀληθῶς ὄντα πατέρα τοῦ ἑαυτοῦ υἱοῦ, καὶ αὐτοὶ πατέρες ὠνομάσθησαν τῶν ἰδίων τέκνων (Athanasius, Or. c. Ar. I 23.)

Der trinitarische Vatername Gottes, Gottes ewige Väterlichkeit, bezeichnet die Seinsweise Gottes, in der er der Urheber seiner anderen Seinsweisen ist.

Fons ergo ipse et origo est totius divinitatis (Conc. Tolet. XI 675, Denz. Nr. 275). Als αὐτόθεος, ἄναρχος, ἀγέννητος, θεὸς ἐπὶ πάντων, als *a nullo originem habens, a se ipso existens, ingenitus, innascibilis, principium sine principio* bezeichnen ihn die Kirchenväter in dieser Seinsweise.

Man muß streng beachten, daß diese Urheberschaft (das unvergleichliche Urbild des Verhältnisses von Schöpfer und Geschöpf, das selber wieder das unvergleichliche Urbild aller innerkreatürlichen Urheberverhältnisse ist) sich auf das Verhältnis der göttlichen Seinsweisen untereinander bezieht, also nicht etwa dahin gedeutet werden darf, als ob zwischen dem Vater auf der einen und dem Sohn und dem Heiligen Geist auf der anderen Seite ein Über- bzw. Unterordnungsverhältnis hinsichtlich ihrer Göttlichkeit stattfinde. Das göttliche Wesen wäre nicht das göttliche Wesen, wenn es in ihm Superiorität und Inferiorität und dann wohl auch verschiedene Quanten von Göttlichkeit gäbe. Der Sohn und der Geist sind mit dem Vater eines Wesens. In dieser Einheit des göttlichen Wesens ist der Sohn vom Vater und ist der Geist vom Vater und vom Sohne, während der Vater von keinem als von sich selber ist. Will sagen: die innergöttliche Möglichkeit, kraft welcher Gott uns als Schöpfer und als unser Vater offenbar werden kann, ist keine in sich selbst begründete und ruhende Möglichkeit. Sie setzt vielmehr eine solche voraus und sie setzt ein Geschehen in Gott voraus, kraft welches sie als Möglichkeit gesetzt wird. Sie geht aus einer in sich selbst begründeten und ruhenden Möglichkeit in Gott hervor. Sie ist — Alles als innergöttliche Beziehung oder Bewegung, als *repetitio aeternitatis in aeternitate* zu verstehen! — Abbild eines Vorbildes, Ausgang aus einem Ursprung, Wort eines Erkennens, Entscheidung eines Willens. Dies: das Vorbild, der Ursprung, das Erkennen, der Wille in Gott, in welchem er sich von sich selber unterscheidet, aus welchem das Andere hervorgeht: das Abbild, der Ausgang, das Wort, die Entscheidung, kurz dies, daß er sich

2. Der ewige Vater

als der Schöpfer und als unser Vater zu einem von ihm selbst Unterschiedenen außer ihm in Beziehung setzen kann — dieses Erste in Gott selber ist der ewige Vater im Sinn des Trinitätsdogmas. Gott ist der ewige Vater, sofern er von Ewigkeit und in Ewigkeit der Vater des von Ewigkeit und in Ewigkeit mit ihm des gleichen Wesens teilhaftigen Sohnes ist. In dieser Beziehung und nicht anders ist Gott Gott — der Gott, der sich im Sohne als der Schöpfer und als unser Vater offenbart. — Aus dieser Einsicht ergeben sich nun zwei wichtige Folgerungen eben in bezug auf diese seine Offenbarung durch den Sohn.

1. Aus der Ewigkeit des Verhältnisses von Vater und Sohn, in dem auch die des Verhältnisses beider zum Heiligen Geist schon enthalten ist, folgt einmal notwendig, daß nicht nur Gott der Vater als der Schöpfer und als unser Vater und daß Gott der Vater nicht nur als der Schöpfer und als unser Vater anzusprechen ist. Wir sagten schon: der Gebrauch des Vaternamens für dieses Verhältnis und Handeln Gottes nach außen ist ein abgeleiteter und uneigentlicher. Die Offenbarung führt uns, sofern sie Offenbarung Gottes des Schöpfers und unseres Vater ist und sofern dieser ihr Inhalt nicht zu trennen ist von ihrer Form als Offenbarung in Jesus, zur Erkenntnis Gottes des ewigen Vaters. Aber eben in dieser Erkenntnis können wir ja den Vater nicht trennen vom Sohn und vom Heiligen Geist. Eben in dieser Erkenntnis muß uns also die bloß relative Bedeutung des isolierenden Weges, auf dem wir zu dieser Erkenntnis kommen, deutlich werden. Es bedeutet eine „Appropriation" (vgl. § 9, 3), wenn wir isolierend gerade Gott den Vater als Schöpfer und als unseren Vater verstehen und Gott den Vater gerade als Schöpfer und als unseren Vater. Die Dreieinigkeit bedeutet nicht das Nebeneinander von drei in drei verschiedenen Funktionen handelnden Teilen Gottes. *Opera trinitatis ad extra sunt indivisa*, wie auch das Wesen Gottes ein einiges und ungeteiltes, die *trinitas* selbst eine *individua trinitas* ist. Also ist nicht nur das im ersten Artikel des Glaubensbekenntnisses bezeichnete Subjekt Vater, allmächtig, Schöpfer Himmels und der Erden, sondern mit ihm, in der Ordnung und in dem Sinn, die Jedem zukommt, auch das Subjekt des zweiten und dritten Artikels. Und wiederum ist das Subjekt des ersten Artikels nicht nur Vater, allmächtig, Schöpfer Himmels und der Erden, sondern, wiederum in der Ordnung und in dem Sinn, die ihm dabei zukommen, auch Subjekt der Versöhnung wie das des zweiten und der Erlösung wie das des dritten Artikels. Also: nicht nur der Vater ist Schöpfergott, sondern der Sohn und der Geist sind es mit ihm. Und: der Vater ist nicht nur Schöpfergott, er ist mit dem Sohn und dem Geist auch Versöhner-, auch Erlösergott. Gerade die Erkenntnis der innertrinitarischen Besonderheit des Vaternamens garantiert also die Erkenntnis der Einheit Gottes, die durch den Blick auf die Besonderheit der Offenbarung Gottes als des Schöpfers und als unseres Vaters

sofort gefährdet wäre, wenn dieser Blick nicht von jener scheinbar — aber doch nur scheinbar — so spekulativen innertrinitarischen Einsicht geleitet wäre. Weil Gott der ewige Vater ist als der Vater des Sohnes und mit ihm zusammen der Ursprung des Geistes, darum kann der in der Versöhnung und in der Erlösung handelnde, der als der Versöhner und Erlöser sich offenbarende Gott kein zweiter und dritter Gott und auch kein zweiter und dritter Teil Gottes sein, darum ist und bleibt Gott in seinem Wirken wie in seinem Wesen *unus et individuus*.

Darum verbieten sich alle theologischen Liebhabereien: die eines einseitigen Gott-Vater-Glaubens, wie er in der Aufklärung gepflegt wurde, ebensowohl wie der des sog. Christozentrismus, wie ihn der Pietismus liebte und noch liebt, wie endlich aller Unfug, der mit einer isolierten Verehrung des Geistes getrieben worden ist und getrieben werden kann. Man kann Gott nicht unseren Vater nennen, ohne den Sohn und den Geist, und man kann den Sohn nicht Heiland und den Geist nicht Tröster nennen, ohne bei beiden den Vater mitzumeinen.

Diese Erkenntnis sichert das trinitarische Dogma von dem ewigen Vater, dem Vater seines eingeborenen Sohnes.

2. Aus derselben Ewigkeit des Verhältnisses von Vater und Sohn, in welchem auch die Ewigkeit der Beziehung beider zum heiligen Geist ausgesprochen ist, folgt nun aber auch das Andere: daß die notwendige Relativierung der uns zu der Einsicht in dieses ewige Verhältnis führenden Offenbarungserkenntnis keine Entwertung oder Diskreditierung dieses Erkenntnisweges bedeuten kann. Daß das Verständnis gerade Gottes des Vaters als des Schöpfers und Gottes des Schöpfers gerade als des Vaters ein uneigentliches Verständnis ist, weil Gott in seinem Wesen und Wirken Einer ist, das heißt n i c h t: es ist ein unwahres, ein verbotenes und preiszugebendes Verständnis. „Uneigentlich" kann hier nur heißen: es ist an sich kein erschöpfendes, sondern ein einseitiges, der Ergänzung bedürftiges Verständnis, ein Verständnis, dem man sich nicht exklusiv hingeben, das man nicht exklusiv geltend machen kann und darf, ein Verständnis, bei dem mitgemeint sein muß, was in ihm selber als solchem nicht enthalten ist. Die „Appropriation", die wir vollziehen, wenn wir Gott den Vater und wenn wir die Schöpfung in jener Besonderheit verstehen, ist nicht nur erlaubt, sondern auch geboten, und die auf sie sich begründende Erkenntnis ist in ihrer ganzen Relativität wahre Erkenntnis. Ohne diese Appropriation zu machen, könnten wir auch nicht einsehen, daß sie „nur" eine Appropriation ist. Gerade auf dem durch sie begründeten Erkenntnisweg und nur auf ihm ist das Ziel erreichbar, von dem aus die Relativität des Weges eben als Weg erkennbar wird. Die Appropriation entspricht ja einfach der Wirklichkeit der uns in der Schrift bezeugten Offenbarung und es entspricht die Uneigentlichkeit der auf die Appropriation sich begründenden Erkenntnis der Wirklichkeit des die Offenbarung vernehmenden Glaubens, der eben kein Schauen ist. Das Trinitätsdogma, das uns vorhin an die Einheit des Wesens und

Wirkens Gottes erinnerte, will uns nicht über die Offenbarung und den Glauben hinaus, sondern in die Offenbarung und in den Glauben hinein, zu ihrem rechten Verständnis führen. Es kann sich also nicht darum handeln, daß die Appropriation gerade Gottes des Vaters für die Schöpfung bzw. der Schöpfung gerade für den Vater eine vorläufige und überwindbare Ansicht wäre, die dann in einer höheren Gnosis des einen Gottes aufzugehen und zu verschwinden hätte. Die Einheit Gottes bedeutet ja in keinem Sinn die Aufhebung seiner Dreieinigkeit. Als der, der er ist, offenbart sich Gott. Das sagt das Trinitätsdogma eben auch. Gerade die Ewigkeit des Verhältnisses von Vater, Sohn und Geist besagt, weil dieses Verhältnis Einheit und Verschiedenheit der drei Seinsweisen in sich schließt, auch das, daß Gottes Wirken nach außen ebenso real ein in seiner Einheit in sich verschiedenes, wie ein in seiner Verschiedenheit einheitliches ist. Wir haben vorhin in bezug auf die Einheit des Wirkens von Vater, Sohn und Geist nach außen die Klausel angebracht: sie wirken je in der Ordnung und in dem Sinn, die jedem dabei zukommt. Das will sagen: die Einheit ihres Wirkens ist zu verstehen als Gemeinschaft der drei Seinsweisen im Sinn der Lehre von der „Perichorese" (vgl. § 9, 3), nach der alle drei ohne Verlust oder gegenseitige Aufhebung ihrer Eigenständigkeit sich wechselseitig durchdringen, einander wechselseitig inexistieren. Nicht so also kann diese Einheit zu verstehen sein, als wäre die Wahrheit in bezug auf Gottes Wirken nach außen nun doch ein Erlöschen der Eigenständigkeit der drei Seinsweisen in einem neutralen ununterschiedenen Vierten, so daß mit dem Modalismus kein auf dieses *opus ad extra* sich beziehender Satz im Ernst von einer bestimmten Seinsweise und alle auf dieses *opus ad extra* sich beziehenden Sätze wahllos von jeder einzelnen Seinsweise ausgesagt werden könnten. Wir heben hier nur hervor, was zu unserem Thema gehört: der Vater ist nicht der Sohn und nicht der Geist. Das bleibt auch im *opus ad extra* wahr, so gewiß es eben von Ewigkeit und in Ewigkeit wahr ist. Auf diese Unterscheidung bezieht sich die Appropriation, in der wir den Schöpfer mit Gott dem Vater und Gott den Vater mit dem Schöpfer gleichsetzen. Sie ist eine bloße Appropriation, sofern sie die Wahrheit der Perichorese, des Miteinanderseins von Vater, Sohn und Geist in ihrem Wesen und Wirken nicht mitausspricht. Sie spricht aber die Wahrheit aus und vermittelt auch wahre Erkenntnis, sofern sie mit jener Gleichsetzung die Unterscheidung berührt und bezeichnet, die auch im *opus ad extra* stattfindet, die Ordnung und den Sinn, in welchen Gott als der Dreieinige das Subjekt des *opus ad extra indivisum* ist. Sie spricht die Wahrheit aus, sofern sie mit jener Hervorhebung gerade des Vaters bzw. des Schöpfers hinweist auf die Affinität zwischen der Ordnung der drei Seinsweisen Gottes auf der einen und der der drei Seiten seines Wirkens als Schöpfer, Versöhner und Erlöser auf der anderen Seite. Zwischen dem

Verhältnis des Vaters zum Sohne einerseits und dem Verhältnis des Schöpfers zum Geschöpf b e s t e h t nun einmal eine Affinität: um Urheberschaft, wenn auch *in toto coelo* verschiedenem Sinne, geht es hier wie dort. Im Blick auf diese Affinität ist es nicht nur erlaubt, sondern auch geboten, die Schöpfung als *proprium* gerade Gott dem Vater zuzuschreiben und Gott den Vater *peculiariter* gerade als Schöpfer zu verstehen. Und umgekehrt ergibt sich aus der ewigen, also auch für das *opus ad extra* gültigen Wahrheit jener Unterscheidung die Einsicht, daß gewisse Sätze über das Wirken des Sohnes und des Geistes dem Vater n i c h t appropriiert werden können, obwohl doch Gott der Vater nicht weniger Subjekt der Versöhnung und der Erlösung ist als der Sohn und der Geist.

Man kann von Gott dem Vater nicht sagen, daß er empfangen und geboren wurde, gelitten hat, gestorben und auferstanden ist. Man kann von ihm auch nicht sagen, daß man um sein Kommen bitten muß und daß er ausgegossen werden soll über alles Fleisch. Denn einerseits stehen alle diese Sätze in Affinität zu dem Verhältnis des Sohnes bzw. des Geistes zum Vater, nicht aber umgekehrt: ihr Inhalt kommt also *peculiariter* dem Sohn und dem Geist und nicht dem Vater zu. Andererseits beziehen sich besonders die Sätze des zweiten Artikels auf Gott den Sohn, sofern er als der Versöhner handelnd, Menschheit, also Geschöpflichkeit, angenommen hat. Sie würden also, angewandt auf Gott den Vater kollidieren mit dessen Affinität zum Wesen und Handeln Gottes als des Schöpfers. Gewiß ist in der Fleischwerdung des Wortes der Schöpfer Geschöpf geworden, und gewiß ist der Heilige Geist, um den wir bitten, der *creator spiritus*, und eine Gegenwart des Vaters auch in dem geboren werdenden, leidenden und sterbenden Sohn und in dem zu Pfingsten ausgegossenen Geist wird man darum nicht in Abrede stellen können noch dürfen. Man wird aber ebensowenig sagen dürfen: Gott der Vater ist gestorben, wie man sagen darf: Jesus von Nazareth oder der Geist von Pfingsten hat Himmel und Erde erschaffen.

Eine absolut eindeutige Grenze des Gebotenen und Verbotenen läßt sich freilich nicht ziehen. Man kann nur sagen, daß eben die Lehre von der Perichorese, mit der sich Mißbrauch treiben läßt, indem man einseitig das Ineinander der drei Seinsweisen hervorhebt, auch das andere Moment enthält, durch das man sich vor Mißbrauch warnen lassen soll, nämlich das Verständnis des Ineinanders als eines Miteinanders, die Voraussetzung der ewigen Eigenständigkeit der drei Seinsweisen in ihrer ewigen Gemeinschaft. Und man kann allerdings das mit aller Bestimmtheit sagen, daß eine Systematisierung jener Einseitigkeit, wie sie z. T. im alten Modalismus (z. B. in der Form des „Patripassianismus") vorlag, darum absolut verboten ist, weil sie die Aufhebung der Dreieinigkeit in jenes neutrale Vierte bedeuten würde. Die Ewigkeit der Vaterschaft Gottes bedeutet nicht nur die Ewigkeit der Gemeinschaft des Vaters mit dem Sohne und dem Geiste, sondern sie schützt ihn auch vor der Ineinssetzung mit dem Sohne und dem Geiste. Zu dieser Ineinssetzung darf es auch auf Grund des Satzes *opera trinitatis ad extra sunt indivisa* nicht kommen. Sie würde nicht nur gegen das Trinitätsdogma verstoßen. Sie wäre auch unvereinbar mit dem Annehmen und Ernstnehmen des biblischen Zeugnisses, das den Vater und den Sohn eins sein läßt in ihrer Verschiedenheit. Es ist also recht und notwendig, daß die Erkenntnis des Vaters als des Schöpfers und als unseres Vaters bei allem Wissen um die Einheit des Vaters mit dem Sohne und dem Geiste immer wieder eine besondere Erkenntnis ist. Nur in dieser Besonderheit ernst genommen führt sie zu jenem Wissen und gerade dieses Wissen wird uns dazu anleiten, sie immer wieder auch in ihrer Besonderheit ernst zu nehmen.

§ 11
GOTT DER SOHN

Der eine Gott offenbart sich nach der Schrift als der Versöhner, d. h. als der Herr mitten in unserer Feindschaft gegen ihn. Er ist als solcher der zu uns gekommene Sohn oder das uns gesagte Wort Gottes, weil er es als der Sohn oder das Wort Gottes des Vaters zuvor in sich selber ist.

1. GOTT ALS VERSÖHNER

Wir kehren zurück zu dem Ausgangspunkt unseres vorigen Paragraphen, wo wir eingesetzt haben mit der Frage: Wer ist der, den die Heilige Schrift den Herrn nennt, der in der Offenbarung mit dem Menschen handelt? und wo wir geantwortet haben: auf dem Höhepunkt des biblischen Zeugnisses wird gesagt (durchaus in der Meinung damit das für das ganze, also auch für das alttestamentliche biblische Zeugnis Wahre und Gültige zu sagen): Jesus von Nazareth ist dieser Herr. Wir sind dann zunächst der Linie der neutestamentlichen Botschaft gefolgt, auf der, scheinbar im Gegensatz zu dieser Aussage, Jesus von Nazareth vielmehr verstanden wird als der Knecht Gottes, der den Willen seines himmlischen Vaters verkündigt und ausrichtet. Wir haben dann aber gesehen, wie auch und gerade die Offenbarung des Vaters als deren bloßer Mittler Jesus zunächst erscheinen möchte, sich nach dem biblischen Zeugnis durchaus nicht abstrahieren läßt von diesem Mittler. Das, w a s Gott in Jesus offenbart, und die Art, w i e er es offenbart: nämlich in Jesus, sind nach dem Neuen Testament nicht zu trennen, und unter der Voraussetzung, daß dieses Verbot ernst zu nehmen sei, haben wir den Begriff Gottes als des Vaters eben in seinem Verhältnis zu diesem seinem Offenbarungsmittler als eine ihm endgültig und wirklich zukommende Seinsweise, wir haben seine Vaterschaft als eine ewige verstehen müssen.

Wir wenden nun unsere Aufmerksamkeit wieder der dort erst berührten und dann sofort verlassenen anderen Linie des biblischen Zeugnisses zu, auf der es gerade nicht die Unterscheidung Jesu von dem Vater, sondern, ohne Leugnung dieser Unterscheidung, sofort seine Gemeinschaft, ja Einheit mit ihm hervorhebt. Den Aussagen über das Verhältnis des Vaters zum Sohne, auf die wir uns im vorigen Paragraphen bezogen haben, entsprechen aufs genaueste eine Reihe von Aussagen über das Verhältnis des Sohnes zum Vater. Von diesen Aussagen ist ja die Bildung des Trinitätsdogmas ausgegangen, und es steht von vornherein zu erwarten, daß wir ihm auch und gerade hier Folge zu leisten haben werden, wenn es die in diesen Aussagen bezeugte Einheit des Sohnes mit dem Vater, also die Gottheit Jesu Christi, als eine endgültige, eigentliche und wesentliche verstanden wissen will.

Man wird hier schon auf die freilich von allerlei Dunkelheit umgebene Anwendung des Kyrios-Namens auf Jesus hinweisen müssen. Greift hier die apostolische Sprache nach dem im hellenistischen Ägypten bekannten Titel des göttlichen Weltherrschers? Oder nach dem Titel, der in Syrien dem Kultgott im Gegensatz zu seinen Sklaven, den Kultgenossen, zukam? Oder nach dem Titel des Kaisers in der römischen Kaiserreligion? Wie dem auch sei, dieser Name rückt den durch ihn Bezeichneten schon im Blick auf das, was er außerhalb des damaligen Judentums bedeutete, weit weg von den übrigen Menschen, auf die Seite der „Gottheit" in dem mehr oder weniger ernsthaften Sinn des Begriffs, wie er in dieser religiösen Welt in Betracht kommen mochte, dorthin, wo ihm auf alle Fälle jene Kniebeugung zukommt, von der Paulus Phil. 2, 10 geredet hat. Es kann aber — und damit wird die Sache eigentlich sofort fast eindeutig — bei dem engen Zusammenhang zwischen der Urgemeinde und der palästinensischen und hellenistischen Synagoge unmöglich unbewußt und unbeabsichtigt geschehen sein, wenn man mit diesem Namen jedenfalls auch den alttestamentlichen Gottesnamen Jahve-Adonai übersetzte und also auf Jesus anwandte. In die gleiche Richtung weist uns die praktische Bedeutung des Namens Jesu als des Namens, in dem geweissagt, gelehrt, gepredigt, gebetet, getauft wird, in dem Sünden vergeben, Dämonen ausgetrieben und andere Wunder getan werden, in dem die Seinigen sich versammeln, in dem sie einander aufnehmen, an den sie glauben, den sie anrufen, in dem sie erhalten bleiben müssen, um deswillen sie freilich auch gehaßt und geschmäht werden und alles irdische Gut verlieren, ja vielleicht sogar sterben müssen, in welchem sie aber wiederum auch „abgewaschen, geheiligt, gerechtfertigt" sind (1. Kor. 6, 11), der sozusagen der Ort, der Bezirk ist, in welchem ihr ganzes Reden und Tun sich abspielen soll (Kol. 3, 17). Es ist genau die gleiche umfassende und durchgreifende Bedeutung, die (vgl. § 8, 2) im Alten Testament der Name Jahves hat: der Name Jahves ist eben der den Menschen offenbare Jahve. Wer ist dann Jesus, wenn sein Name dieselbe Bedeutung hat? Braucht es noch die ausdrückliche Erklärung des Paulus (Phil. 2, 9), daß ihm Gott den Namen geschenkt, der über alle Namen ist?

Als zweites dringlich in dieselbe Richtung weisendes allgemeines Phänomen — es ist das Verdienst von K. L. Schmidt (RGG.[2] Art. Jesus Christus) nachdrücklich darauf hingewiesen zu haben — ist dies zu nennen, daß die neutestamentliche Überlieferung das offenbarende Handeln Jesu dargestellt hat als ein unmöglich aufzulösendes Ineinander von Wort und Tat, und zwar von Wort und Wundertat. Τὰ περὶ Ἰησοῦ τοῦ Ναζαρηνοῦ lassen sich, abgesehen von den letzten für den Sinn und die Richtung des Ganzen entscheidenden Ereignissen seines Lebens zusammenfassen in die Worte: ἐγένετο ἀνὴρ προφήτης δυνατὸς ἐν ἔργῳ καὶ λόγῳ (Luc. 24, 19) oder: ἃ ἤρξατο ποιεῖν τε καὶ διδάσκειν (Act. 1, 1). Aber solche und ähnliche „Sammelberichte", die übrigens oft genug (z. B. Act. 2, 22; 10, 38) auch nur den Wundertäter Jesus zu kennen scheinen, sprechen nur einen Eindruck aus, dem man sich bei unbefangener Lektüre etwa des Markus-Evangeliums ohnehin unmöglich entziehen kann: daß die hier freilich auch vorgetragene Lehre nicht ohne, sondern nur durch die Interpretation der sie ununterbrochen begleitenden Tat verstanden sein will. Es ist eine Schranke des Jesusbuches von R. Bultmann (1926), daß es an dieser doch kaum zu überhörenden Forderung der Texte vorübergeht, um „Jesus" einseitig aus seinen Worten zu konstruieren. Die ununterbrochen mitredenden Taten, die hier mitzuhören sind, sind Wundertaten. Wie sie mit dem zentralen Inhalt der Worte Jesu zusammenhängen, zeigt die Geschichte von dem Paralytischen (Mc. 2, 1—12), wo Jesus zum Entsetzen der Schriftgelehrten — sie reden sofort und von ihrem Ort aus mit Recht von Gotteslästerung — nicht nur von Sündenvergebung redet, sondern Sünde vergibt und zum Erweis seiner Vollmacht zu diesem Tatwort den Paralytischen gesund macht. Gottes sichtbar werdende Tat, die Totalität eines gnädigen Geschehens am Menschen, unterstreicht das gesprochene Wort als Gotteswort. Das ist der Sinn der Jesu (und unter Verweis auf die ihnen von Jesus übertragene Vollmacht ausdrücklich auch seinen Aposteln) zugeschriebenen Wundertaten — ein Sinn, der diese Wundergeschichten, wie man sie auch sachlich beurteilen möge, innerhalb der Fülle der Wundergeschichten jenes ganzen Zeitalters jedenfalls als etwas sehr Besonderes kennzeichnet. Ihr Besonderes liegt aber in ihrer durchgängigen und unlöslichen Verbindung mit dem Wort Jesu, eine Verbindung, die ebenso dieses Wort von einer bloßen Prophetenrede wie die Wundertaten von bloßer Thaumaturgie unterscheidet, eine Verbindung, in der das Wort und die Tat in gleicher Weise ein Oberhalb, ein Jenseits von Ethos („Geschichte"!) und Physis, eine dem ganzen Bestand der menschlichen, ja der kosmischen Wirklichkeit gegenüberstehende höhere Instanz sichtbar machen. Wer ist der, der offenbar eintretend für diese höhere Instanz, so reden, weil so handeln, so handeln, weil so reden kann?

Man könnte von den weiteren Jesus im Neuen Testament beigelegten Titeln: dem Titel des Messias-Christus, dem Titel des Menschensohns und dem Titel des Sohnes Gottes sagen: sie sind an sich zweideutig oder doch undeutlich: „Sohn Gottes" z. B. war im alten Orient eine verbreitete Bezeichnung einfach für den König. Aber der Zusammenhang der neutestamentlichen Christologie macht nun doch auch diese Titel in ganz bestimmter Weise sprechend. Der, den das Evangelium schildern will, so hebt der vierte Evangelist an, das Wort, das fleischgeworden unter uns zeltete, in seiner Herrlichkeit von uns gesehen wurde (Joh. 1, 14) — dieses Wort war nicht wie alle anderen Worte ein geschaffenes menschliches, auf Gott sich bloß beziehendes, bloß von Gott und über Gott redendes Wort. Es ist als Wort dort gesprochen, wo Gott ist, nämlich ἐν ἀρχῇ, *in principio* alles dessen, was ist, πρὸς τὸν θεόν: zu Gott gehörig, also selber θεός, Gott von Art (Joh. 1, 1), identisch mit dem Wort, durch das — πάντα δι' αὐτοῦ ἐγένετο — Gott alles, was ist, ins Sein und ins Dasein gerufen (Joh. 1, 3). Nicht mehr und nicht weniger als Gott selber ist da, indem dieses Wort: οὗτος, d. h. Jesus, von dem das Evangelium erzählen will, da ist als das Licht in der Finsternis, die das Licht nicht begreift (Joh. 1, 2 und 4—5). Jenes θεὸς ἦν ὁ λόγος wird dann Joh. 1, 18 (nach der richtigen Lesart) ausdrücklich wiederholt: μονογενὴς θεὸς ὁ ὢν εἰς τὸν κόλπον τοῦ πατρός, der hat den unsichtbaren Gott offenbart. Dieselbe Gleichsetzung zwischen dem gesehenen, gehörten, betasteten Gegenstand der christlichen Verkündigung und dem ὃ ἦν ἀπ' ἀρχῆς findet auch 1. Joh. 1, 1 statt. Und so sagt auch Paulus: θεὸς ἦν ἐν Χριστῷ καταλλάσσων (2. Kor. 5, 19) und: ἐν αὐτῷ κατοικεῖ πᾶν τὸ πλήρωμα τῆς θεότητος σωματικῶς (Kol. 2, 9). Die Stelle Hebr. 1, 9 f., in der die Erhabenheit des Sohnes Gottes auch über die Engelwelt festgestellt wird, ist darum merkwürdig, weil dort in den zitierten Psalmworten auch die Unterscheidung zwischen dem vielleicht immer noch adjektivisch und uneigentlich zu deutenden θεός und ὁ θεός in Wegfall kommt, der Sohn ausdrücklich als ὁ θεός bezeichnet wird. Ὁ μέγας θεός kann Jesus genannt werden (Titus 2, 13), ἴσος τῷ θεῷ (Joh. 5, 18; Phil. 2, 7), ἐν μορφῇ θεοῦ ὑπάρχων (Phil. 2, 6), der ἴδιος υἱός seines Vaters (Röm. 8, 32), der υἱὸς τῆς ἀγάπης αὐτοῦ (Kol. 1, 13), der υἱὸς ὁ μονογενὴς (Joh. 3, 16, 18; 1. Joh. 4, 9), ὁ ἐκ τοῦ οὐρανοῦ καταβάς (Joh. 3, 13, 31). Er kann von sich sagen: ἐγὼ καὶ ὁ πατὴρ ἕν ἐσμεν (Joh. 10, 30). Er ist vom Vater gekommen (Joh. 16,

28). Er hat schon bisher gewirkt, wie sein Vater gewirkt hat (Joh. 5, 17). Er hat das Leben in sich selber, wie sein Vater das Leben in sich selber hat (Joh. 5, 26). Wer ihn sieht, der sieht den Vater (Joh. 14, 9). Er kann mit dem Vater sagen: Bevor Abraham wurde, bin ich (Joh. 8, 58) und zum Vater: Du hast mich geliebt vor Erschaffung der Welt (Joh. 17, 24). Denn vor dem Sein der Welt hatte er Herrlichkeit (Joh. 17, 5). Ὁ θρόνος σου ὁ θεὸς εἰς τὸν αἰῶνα τοῦ αἰῶνος läßt Hebr. 1, 8 Gott seinen Sohn anreden. Er ist das Alpha und das Omega, der Erste und der Letzte, die ἀρχή und das τέλος (Apoc. 22, 13, vgl. 1, 8, 17), der Seiende und der Gewesene und der Kommende ὁ παντοκράτωρ (Apoc. 1, 8), gestern und heute derselbe und in Ewigkeit (Hebr. 13, 8). Und darum ist von ihm zu sagen, wie schon der Johannesprolog hervorhebt, daß Gott durch ihn die Äonen schuf (Hebr. 1, 2), daß er das kräftige Wort ist, durch das er alle Dinge trägt (Hebr. 1, 3), daß in ihm alles geschaffen wurde, was im Himmel und auf Erden ist (Kol. 1, 16; 1. Kor. 8, 6). Er ist πάντων κύριος (Act. 10, 36). Er kann von sich selbst sagen: Alle Dinge sind mir übergeben von meinem Vater...! und darum: Kommet her zu mir Alle, die ihr mühselig und beladen seid, ich will euch erquicken (Matth. 11, 27—28). Wie denn auch der Inhalt des Petrusbekenntnisses von Matth. 16, 16: „Du bist Christus, der Sohn des lebendigen Gottes" nachher (Matth. 26, 63 f.) als die Gotteslästerung erscheint, die Jesus ans Kreuz führt.

Das ist neben der im vorigen Paragraphen hervorgehobenen ersten die andere Linie der neutestamentlichen Überlieferung. Das heißt dort „Jesus der Herr", die Gottheit Jesu Christi.

Man kann den neutestamentlichen Satz von der Einheit des Sohnes mit dem Vater, also von der Gottheit Christi, unmöglich verstehen auf Grund der Voraussetzung, die ursprüngliche Ansicht und Aussage der neutestamentlichen Zeugen sei die über einen Menschen gewesen, der dann entweder als solcher zur Göttlichkeit erhoben worden sei oder als die Personifikation und das Symbol eines göttlichen unter uns erschienen sei.

Es bedeutet sofort eine Bedrohung des hier nötigen Verständnisses, wenn man das Problem der neutestamentlichen Christologie mit M. Dibelius (RGG.² Art. Christologie I) dahin formuliert: „wie sich das Wissen um die geschichtliche Gestalt Jesu so schnell in den Glauben an den himmlischen Gottessohn umgewandelt habe". Das fragt sich eben, ob man ein solches Wissen um eine „geschichtliche Gestalt" als das Erste, eine Verwandlung dieses Wissens in den Glauben an den himmlischen Gottessohn als das Zweite voraussetzen und dann nach geistesgeschichtlicher Art fragen kann, wie jene Umwandlung zustande gekommen sein möchte. Wir sehen keine Möglichkeit, auf diesem Wege anderswo als in einer Aporie zu endigen. — Es gibt auf der Basis dieser Fragestellung in der Hauptsache zwei modern historische Versuche die Entstehung jenes Satzes zu erklären (vgl. zu ihrer Charakterisierung K. L. Schmidt a. a. O. am Anfang und am Schluß des angeführten Artikels; aber auch schon Schleiermacher, Der chr. Gl. § 22), zwei Versuche, die merkwürdigerweise mit beiden wichtigsten von der Kirche schließlich ausgestoßenen Seitenlinien des christologischen Denkens schon des zweiten Jahrhunderts sachlich aufs genaueste zusammentreffen.

Man kann nämlich den neutestamentlichen Satz von der Gottheit Christi erstens individualistisch verstehen: als die Apotheose eines Menschen, eines „großen Mannes", der als solcher, durch das Geheimnis seiner Persönlichkeit und seines Werkes seiner Umgebung so eindrucksvoll wurde, daß das Entstehen des enthusiastischen Eindrucks und Gedankens: „Er ist ein Gott" sich nicht vermeiden ließ. Ein solcher Mensch wäre Jesus von Nazareth gewesen, der Anfänger und Verkündiger einer seiner Zeit und mehr oder weniger auch anderen späteren Zeiten unerhörten Lebenshaltung der Kindlichkeit, der Freiheit, des Gehorsams, der Liebe und der Treue bis in den Tod, der mehr oder weniger freiwillige oder unfreiwillige Stifter der christlichen Religion und der Gründer der christlichen Kirche. Vom begeisterten und begeisternden galiläischen Land-Rabbi, der er war und als der er ursprünglich von den Seinigen verehrt wurde, steigt er in ihren Augen empor zum Propheten vom Rang des Elia, vom politischen Messias, der er ihnen ursprünglich mindestens auch war, empor zum Sohne Davids, der als solcher auch Sohn Gottes heißen konnte, zu einem in Visionen auch nach seinem leiblichen Tode seine Gegenwart bezeugenden, in seinem „Geiste" weiterlebenden und darum wohl auch präexistenten himmlischen Wesen desselben Namens, bis die Beteuerung, im Quadrat der Entfernung von ihrem historischen Gegenstand immer hitziger werdend, sich überschlägt und die Gleichung zwischen Jesus und Gott nicht mehr unmöglich ist. Wobei die Vorstellung, daß Gott diesen Menschen Jesus zu bestimmter Stunde, bei seiner Geburt oder in seiner Taufe oder in jener Verklärung auf dem Berge, oder eben in seiner Auferstehung von den Toten zu solcher Würde eingesetzt, ihn als seinen Sohn angenommen habe, ein artiges Symbol sein konnte für das, was man im Eifer seines Christus-Enthusiasmus selber getan hatte: ein wunderbarer Mensch, den man einst als solchen gekannt hatte und den man auch eigentlich immer noch meinte, wurde im „Auge des Glaubens" zum Gott emporidealisiert, wie das auch anderen Heroen widerfahren konnte und widerfahren ist. Das ist die **ebionitische** bzw. die in den Spuren des Ebionitismus historisch rekonstruierte Christologie.

Man kann aber den neutestamentlichen Satz von der Gottheit Christi zweitens auch gerade umgekehrt **kollektivistisch** dahin deuten: es handle sich in ihm um die **Personifizierung** einer auch sonst sehr wohlbekannten Idee, einer allgemeinen Wahrheit: etwa der Wahrheit der Gemeinschaft von Gottheit und Menschheit, oder der Wahrheit, der Erschaffung der Welt durch Gottes Wort und Weisheit, oder der Wahrheit der Erlösung auf dem Weg des Stirb und Werde!, oder der Wahrheit des Zusammenseins von Heiligkeit und Güte, von Vergebung und Anspruch. Daß es gerade Jesus von Nazareth war, in welchem man diese Idee Erscheinung werden sah, war nun mehr oder weniger zufällig und gleichgültig, so gleichgültig, daß die konkrete Menschlichkeit seiner irdischen Existenz oder schließlich auch deren geschichtliche Wirklichkeit auch in Frage gestellt werden konnte. Als Theophanie, als Mythus, d. h. als Gestaltwerdung jener allgemeinen Wahrheit wurde er geglaubt, als der bekannte Danielische Menschensohn oder als der bekannte präexistente Logos oder als der bekannte Weltheiland, von dem ein wenig der ganze Hellenismus zu wissen meinte, oder als ein Analogon jener göttlichen Hypostasen, wie sie die Rabbinen lehrten, wenn sie von der *Memra* (dem Worte) der *Schechina* (der Herrlichkeit), dem *Metatron* (dem obersten Erzengel Gottes) redeten. Indem und sofern man nun eben gerade in Jesus von Nazareth das Symbol dieser Idee anschaute und verehrte, nannte man ihn Kyrios, Gottes Sohn und schließlich, der Dialektik dieser Gleichung wohl bewußt, Gott selber. Die Kraft des Christus-Enthusiasmus, der dieser Gleichung fähig und bedürftig war, war die Kraft der Idee, die Kraft der Anschauung von dem herniedersteigenden und manifest werdenden Gotte überhaupt, die in ihrer Beziehung gerade auf Jesus von Nazareth nur ihre besondere Kristallisation fand, wie sie denn solche Kristallisationen damals und zu andern Zeiten nachweislich auch sonst gefunden hat. Das allgemeine „Auge des Glaubens" war nun einmal auch und gerade auf ihn gefallen. Aber sie, diese Idee, meinte man und nicht den Rabbi von Nazareth, den man als solchen kennen oder auch nicht kennen konnte, ohne viel dabei zu gewinnen oder zu verlieren, den man jedenfalls nur um der Idee willen kennen wollte. Das ist die **doketische** bzw. die in den Spuren des Doketismus historisch rekonstruierte Christologie.

Diese beiden Auffassungen bzw. Erklärungen des Satzes von der Gottheit Christi scheinen sich mehr zu widersprechen, als dies in Wirklichkeit der Fall ist. Die erste versteht Jesus als den oder als einen in die Übergeschichte hineinragenden Gipfel der Geschichte. Die zweite versteht ihn als den in die Geschichte sich hineinsenkenden Wurzelschoß der Übergeschichte. Nach der ersten ist er die höchste Erscheinung menschlichen Lebens, nach der zweiten das vollkommenste Symbol göttlicher Gegenwart. Allzu schwierig dürfte es offenbar nicht sein, diese beiden Konzeptionen dialektisch aufeinander zu beziehen und miteinander auszusöhnen. Gemeinsam ist ihnen jedenfalls die Ansicht, daß es sich in dem neutestamentlichen Satz von der Gottheit Christi streng genommen um eine uneigentlich gemeinte und zu verstehende Redensart handle.

Die Kirche schon des zweiten Jahrhunderts hat sich den Ebionitismus ebensowohl wie den Doketismus und damit im voraus auch die entsprechenden modern-historischen Erklärungen verboten. Und der neutestamentliche Satz von der Gottheit Christi kann in der Tat nur verstanden werden unter der Voraussetzung, daß er weder mit der Apotheose eines Menschen noch mit einer Personifizierung einer Idee Gottes oder einer göttlichen Idee etwas zu tun hat. Er entzieht sich dieser Alternative. Aber das geschieht freilich auf einer Linie, in der die Ebene, auf der sich die ebionitische und die doketische Linie schneiden, selber von einer anderen Ebene, also in einer dritten Dimension, senkrecht zu ihr und zu jenen Linien, geschnitten wird. Beharrlich auf jener Ebene mit ihren zwei Dimensionen weiterdenkend, wird man über die Dialektik von Geschichte und Übergeschichte, Übergeschichte und Geschichte, über die Vorstellung eines Christus-Enthusiasmus, in welchem aus einer geschichtlichen Gestalt ein himmlisches Wesen oder aus einem himmlischen Wesen eine geschichtliche Gestalt wird, nicht hinauskommen. Man redet dann beharrlich nicht von dem Christus des Neuen Testamentes, sondern von dem idealisierenden und mythologisierenden Menschen und von Jesus als von dem Gegenstand des Denkens dieses Menschen. Man redet dann nicht von Gottes Offenbarung. Der neutestamentliche Satz von der Gottheit Christi ist aber nur sinnvoll als Zeugnis von Gottes Offenbarung. Wer ihn anders exegesiert, kann ihn notorisch nur gegen die Meinung seiner Urheber und im Streit gegen sie exegesieren. Ebionitismus und Doketismus sind Mißverständnisse einer Dialektik, die sich im Denken und Reden der neutestamentlichen Schriftsteller abspielt und abspielen muß, so gewiß es eben Menschen — daraufhin daß es Gott gefallen hat, Menschheit anzunehmen — sind, die hier denken und reden, so gewiß also jene erste Ebene mit ihren zwei Dimensionen der Bezirk ist, in welchem sie denken und reden.[1] Aber ihr Denken und Reden auch auf dieser Ebene hat einen anderen Sinn als den, den er, vom ebionitischen und doketischen Denken her gesehen, zu haben scheint. Dieser andere Sinn ist damit gegeben, daß das Denken und Reden der neutestamentlichen Zeugen, auf der ersten Ebene sich abspielend wie alles menschliche Denken, bezogen ist auf jene senkrecht hereinfallende zweite Ebene, die identisch ist mit Gottes Offenbarung. Es ist also wohl wahr, daß auch im Denken und Reden der neutestamentlichen Zeugen deutlich erkennbar und unterscheidbar so etwas wie eine entgegengesetzte Bewegung stattfindet. Es ist wohl wahr, daß wir vor allem in den Synoptikern im Ganzen ein christologisches Denken vor uns haben, das in Jesus Gott — und vor allem im vierten Evangelium ein im Ganzen anderes christologisches Denken, das Gott in Jesus findet. Aber das Erste bedeutet nicht, daß die Synoptiker in einem bloßen Menschen, in der geschichtlichen Gestalt eines „großen Mannes", in einer eindrucksvollen Persönlichkeit, in einem Heros, auf einmal gerade Gott gefunden haben. Und das Zweite bedeutet nicht, daß Johannes eine Idee, eine allgemeine Wahrheit intellektueller, sittlicher oder religiöser Natur, nun auf einmal gerade in Jesus personifiziert gefunden habe. Den fatalen Ausgangspunkt des ebionitischen Denkens: die Persönlichkeit — und den fatalen Ausgangspunkt des doketischen Denkens: die Idee wird man in den neutestamentlichen Dokumenten vergeblich suchen, sondern immer nur irgendwie hinter den Dokumenten und im Widerspruch zu ihnen willkürlich konstruieren können. Sondern der Ausgangspunkt des in Jesus Gott findenden synoptischen Denkens ist die gewissen Menschen offenkundige Tatsache des göttlichen Gesandten als solchen, die eindeutige Tatsache des Mannes, der da lehrend

---

[1] Wir werden auf diese im Neuen Testament selbst vorliegende Dialektik im Zusammenhang der Lehre von der Fleischwerdung des Wortes zurückkommen.

und heilend, sterbend und auferstehend, als eine Wirklichkeit, die als göttliche nicht erst erschlossen und gedeutet und behauptet zu werden brauchte, in ihrer Mitte war, sondern die das Bekenntnis: Du bist Christus, der Sohn des lebendigen Gottes! (Matth. 16, 16) unmittelbar, nicht als synthetischen, sondern als analytischen Satz auf ihre Lippen rief. Und der Ausgangspunkt des Gott in Jesus findenden johanneischen Denkens war die gewissen Menschen offenkundige Tatsache der göttlichen Sendung, Botschaft und Offenbarung, die sie bei Jesus fanden, das Ereigniswerden von „Gnade und Wahrheit", „Auferstehung und Leben", ihr faktisch stattfindendes Gespeistwerden mit dem „Brot des Lebens" (Joh. 6, 35), ihr faktisches Getränktwerden mit jenem lebendigen Wasser (Joh. 4, 10). „Wir schauten — seine Herrlichkeit." Woraus sich wiederum, nur in umgekehrter Richtung, nicht als synthetischer sondern als analytischer Satz, das Petrusbekenntnis ergab, das hier lauten mußte: Κύριε, πρὸς τίνα ἀπελευσόμεθα; ῥήματα ζωῆς αἰωνίου ἔχεις· καὶ ἡμεῖς πεπιστεύκαμεν καὶ ἐγνώκαμεν ὅτι σὺ εἶ ὁ ἅγιος τοῦ θεοῦ (Joh. 6, 68). Je von diesen wirklichen Ausgangspunkten des neutestamentlichen Denkens aus und schon mit diesen wirklichen Ausgangspunkten ist dann beide Male auch das gemeinsame Ziel: der Satz von der Gottheit Christi, verständlich. Es war eben nicht so, daß sich hier eine geschichtliche Gestalt erst in ein himmlisches Wesen oder ein himmlisches Wesen erst in eine geschichtliche Gestalt und beide Male ein Wissen erst in ein Glauben hätte „verwandeln" müssen. Nicht wie ihr Wissen, sondern wie ihr Unglaube in Glaube verwandelt wurde, berichten uns die neutestamentlichen Zeugen, und innerhalb des Glaubens findet dann jene entgegengesetzte Bewegung ihres Denkens statt. Sie hat mit der Dialektik von Ebionitismus und Doketismus wirklich nichts zu tun. Was bedeutet denn der erste Schritt auf einem Wege, an dessen Ende ein Mensch mit Gott gleichgesetzt wird und was der erste Schritt auf dem anderen Wege, an dessen Ende Gott ein Mensch ist? Kann dies das Ende eines Weges sein, dessen Anfang es nicht schon war? Kann die entscheidende Behauptung in den entsprechenden Sätzen oder in dem entsprechenden beide Male gleichlautenden Satz verstanden werden als ein in aufsteigender oder absteigender Überlegung oder Deutung gewonnenes Denkresultat? Kann diese Behauptung etwas Anderes sein als eine geradlinig der Voraussetzung entnommene Erklärung eben dieser Voraussetzung, eine *petitio principii*, wie der Logiker hier fraglos sagen müßte? Der Sachverhalt in den neutestamentlichen Texten ist jedenfalls dieser: in Jesus wird gerade Gott gefunden, weil Jesus selbst als ein Anderer denn als Gott faktisch gar nicht zu finden ist. Und Gott wird gerade in Jesus gefunden, weil er anderswo als in Jesus faktisch nicht gefunden wird, in ihm aber faktisch gefunden wird. Dieses Faktische am Anfang der beiden Wege des neutestamentlichen Denkens ist die Offenbarung, der in einer dritten Dimension liegende Beziehungspunkt, der dieses Denken vor dem der Ebioniten und Doketen und ihrer modernen Nachfolger auszeichnet. — Man darf auf dem Hintergrund dieses in den neutestamentlichen Texten doch einfach vorliegenden Tatbestandes gewiß auch folgende Erwägung zur Geltung bringen: indem die ebionitische und die doketische Christologie voraussetzen, es sei am Ende eines aufwärts- und eines abwärtssteigenden Nachdenkens — des Nachdenkens über den Menschen Jesus als solchen und des Nachdenkens über die Gottheit in besonderer Beziehung zu dem Menschen Jesus — jeweilen einfach eine kleine oder auch große Hyperbel, mittels derer der Satz von der Gottheit Christi herausspringe bzw. verständlich zu machen sei, muten sie dem Denken der biblischen Zeugen eine Leistung zu, die diese selbst doch wohl nur als eben die Gotteslästerung hätten beurteilen können, deren nach ihrem Bericht Jesus angeklagt, aber eben fälschlich angeklagt wurde. Wenn Jesus sich bzw. wenn die älteste Kirche ihn in dem Sinn als Gottes Sohn bezeichnet hätte, wie diese beiden Konzeptionen es voraussetzen, dann wären er und seine Kirche mit Recht aus der Gemeinde des Alten Testaments ausgestoßen worden. Denn was könnte jenes Idealisieren eines Menschen oder jenes Mythologisieren einer Idee Anderes sein als charakteristisch das, was das Alte Testament unter der Errichtung und Anbetung eines Abgottes, eines jener unwürdigen und nichtigen Konkurrenten Jahves verstand. Wie wenig hätte der das Wort „Gott" im Sinn des Alten Testamentes verstanden, der meinen oder doch hyperbolisch zu meinen vorgeben könnte, daß ein Mensch wirklich zum Gott werden oder daß der wirkliche Gott in einem Menschen sein Abbild haben könne! Wenn wir die erste Generation der Zeugen Jesu als auch nur einigermaßen echte Israeliten bzw. als palästinensische Juden ansprechen dürfen, wenn wir ihnen zutrauen dürfen, daß sie den Unterschied von Gott und Mensch nicht als einen quantitativen und also zu überbrückenden, sondern als einen qualitativen verstanden haben, dann wird man es als zum vornherein unmöglich bezeichnen dürfen, daß sie so gedacht haben sollten, wie sie gedacht haben müßten, wenn sie den Satz von der Gottheit Christi im Sinn dieser beiden Konzeptionen verstanden hätten. Wenn sie als palästinensische Juden dieses Satzes überhaupt fähig waren, wenn sie sich getrauten, die gegen Jesus erhobene Anklage der Gotteslästerung nicht nur als ein grauenvolles Mißverständnis zurückzuweisen, sondern als das Ende des Alten Testamentes auszurufen, als das Ereignis, in welchem Israel, indem es nicht mehr und nicht weniger als Jahve verwarf, sein eigenes Erstgeburtsrecht endgültig preisgab — dann konnte jener Satz in ihrem Munde nicht das Ergebnis einer aufwärts oder abwärts steigenden Spekulation, es konnte dann nur in seiner doppelten Bewegung nur die Aussprache einer gleichsam axiomatischen Voraussetzung sein, die erläuternde Aussprache über einen ihrem Denken vorgegebenen schlechthinnigen Anfang ihres Denkens. Man kann dann die Erklärung ihres Satzes: Jesus ist der Herr! nur darin suchen, daß er es eben für sie war, und zwar war in derselben faktischen und also selbstverständlichen und undiskutierbaren Weise wie eben Jahve von alters her Israels Gott war. Die ganze Ratlosigkeit einer Historik, die sich einerseits nicht verhehlen kann, daß jener Satz „schon in den ältesten literarischen Zeugnissen, den Briefen des Paulus, im Wesentlichen fertig vor uns liegt", andererseits mit jener Voraussetzung nun einmal nicht rechnen will, kommt zum Vorschein in den Sätzen von Johannes Weiß: „Das Zusammentreten der bisher unzusammenhängenden Vorstellungselemente in einem solchen Mittelpunkt setzt eine Kraft der Anziehung voraus, die wir uns nicht stark genug denken können. Wie gewaltig muß die mittelbare oder unmittelbare Wirkung der Persönlichkeit Jesu auf die Seelen ihrer Anhänger gewesen sein, daß sie solches von ihm zu glauben und für diesen Glauben zu sterben bereit waren!" (RGG.[1] Art. Christologie I). Was heißt wohl „Kraft der Anziehung", was heißt „mittelbare oder unmittelbare Wirkung" in diesem Fall, angesichts dieses Effektes? Man darf fragen: ob die alte Kirche nicht, abgesehen von allem Anderen, doch vielleicht auch mehr Sinn für geschichtliche Wirklichkeit und Möglichkeit hatte, wenn sie es den Häretikern überließ, auf den Stumpengeleisen der Apotheosen- und der Hypostasen-Christologie hin und her zu fahren, sondern es für naheliegender hielt, den Sinn des neutestamentlichen Satzes von der Gottheit Christi in der ihm entsprechenden faktischen Voraussetzung zu suchen, wie sie ja das Neue Testament selbst angibt?

Darum — so meinen wir diesen neutestamentlichen Satz in Einklang mit der alten Kirche verstehen zu müssen — darum ist Jesus der Herr, weil er es von dem Gott, den er seinen Vater nennt, hat, der Herr zu sein, weil er mit diesem seinem Vater, als der Sohn dieses Vaters, als „des ewgen Vaters einig Kind" der Herr ist — ein „ist", das zwar, wenn man es nicht mit denen, die es zuerst ausgesprochen, zu bejahen in der Lage ist, auch verneint, das aber nicht abgeleitet, nicht begründet, nicht diskutiert, sondern nur als Anfang alles Denkens über ihn in einem analytischen Satz bejaht werden kann. Im Unterschied zu der Behauptung von der Vergöttlichung eines Menschen oder von der Vermenschlichung einer göttlichen Idee ist der Satz von der Gottheit Christi so zu verstehen: Christus offenbart seinen Vater. Aber dieser sein Vater ist Gott. Wer also ihn offenbart, der offenbart Gott. Wer kann aber Gott offenbaren außer Gott selber? Gerade nicht ein erhöhter Mensch und gerade nicht eine herabgekommene Idee können das tun. Beide sind ja Kreatur. Gewiß ist der den Vater offenbarende Christus auch Kreatur und sein Werk ein kreatürliches Werk. Aber wenn er nur Kreatur wäre, dann könnte er auch Gott nicht offenbaren, so gewiß die Kreatur nicht an die Stelle Gottes selber treten und an seiner Stelle wirken kann. Offenbart er Gott, so muß er selber, wie es auch mit seinem Kreatursein sich verhalte, Gott sein. Und er muß dann — denn hier gilt Entweder-Oder — ganzer wahrer Gott sein, ohne Abzug und Einschränkung, ohne Mehr oder Weniger. Er ist nicht beinahe und er ist nicht „irgendwie" Gott. Mit jeder solchen Einschränkung würde man sein Gottsein nicht nur abschwächen, sondern leugnen. Wer ihn als die Offenbarung seines Vaters bekennt, der bekennt ihn als ein diesem seinem Vater in der Gottheit Wesensgleichen.

Aber was bedeutet das für uns — denn davon müssen wir auch hier ausgehen — Jesus als die Offenbarung seines Vaters und also als seinen wahren Sohn zu bekennen? Blicken wir jetzt darauf und legen wir jetzt darauf den Nachdruck, daß Jesus als Offenbarer des Vaters, seines Willens und seines Wirkens, uns nicht nur unsern Herrn verkündigt, sondern, indem er das tut, selber unser Herr ist, daß er also als der Sohn des Vaters auch sich selber offenbart — dann bedeutet das, sofern es ein Handeln Gottes ist, was darin Ereignis wird, offenbar etwas Anderes als jenes Handeln Gottes des Schöpfers, das wir als den Inbegriff des Inhaltes der Offenbarung des Vaters verstanden. Es bedeutet nämlich über die Wirklichkeit von Gottes Herrschaft über unser Dasein hinaus: Gottes Herrschaft darin, daß er sich uns zuwendet, ja zu uns kommt, ja mit uns redet, von uns gehört sein und unsere Verantwortung veranlassen will. Es bedeutet die Wirklichkeit eines von Gott angebahnten Verkehrs zwischen ihm und uns. Gott will und wirkt nicht nur, sondern — das geschieht doch in seiner Offenbarung in Jesus — er eröffnet uns seinen Willen und sein Wirken. Er geht nicht mit uns um wie mit Staub oder Ton, obwohl wir es als seine Geschöpfe sind. Er läßt uns nicht einfach seiner Schöpfermacht unterworfen, von seiner Schöpfermacht regiert und bewegt sein, um seine Absicht an uns zu vollstrecken. Er sucht uns als solche, die sich finden lassen können. Er redet mit uns als mit solchen, die hören, verstehen, gehorchen können. Er handelt als der Schöpfer mit uns, aber als Person mit Personen, nicht als Macht über Dinge. „Eur Bruder ist das ewge Gut." Und gerade das ist ja in keiner Weise selbstverständlich, sondern das ist wunderbar, und zwar nicht nur und nicht in erster Linie als Allmachtswunder, als das Mysterium, in welchem der Satz *finitum non capax infiniti* aufgehoben wird. Das geschieht freilich auch. Aber nicht die Aufhebung dieses Satzes ist das Mysterium der Offenbarung Gottes des Sohnes, sondern die Aufhebung des anderen, viel einschneidenderen Satzes: *homo peccator non capax verbi divini*. Daß Gott mit uns einen Verkehr anbahnen kann, das ist freilich auch, aber schließlich doch nicht entscheidend dadurch in Frage gestellt, daß er unendlich ist, wir aber endlich sind, er der Herr über Leben und Tod, wir aber lebend als die vom Tode Begrenzten, er der Schöpfer, wir die aus dem Nichts ins Sein und ins Dasein Gerufenen. Wohl aber ist diese Möglichkeit Gottes entscheidend dadurch in Frage gestellt, daß wir Gottes **Feinde** sind. Woher wissen wir das? Gewiß nicht von uns aus. Gewiß nicht damit und darin, daß wir um die Problematik unseres Seins und Daseins als Menschen wissen, also etwa um den Widerstreit der geistigen und der natürlichen Seite unseres Existierens oder um den Widerstreit zwischen unseren theoretischen Idealen und unseren praktischen Vollbringungen oder überhaupt um die Antinomien, in denen unser Denken und unser Dasein verläuft. Daß wir Gottes Feinde sind, das folgt aus diesen an sich nicht zu bestreitenden Tatbeständen nimmermehr und könnte, wenn es ein Ausdruck dieser bekannten Tatbestände sein wollte, nur als misanthropische Übertreibung gekennzeichnet werden. Die Erkenntnis: „ich habe gesündigt und bin nicht wert dein Sohn zu heißen" (Luc. 15, 18f.) ist keine Erkenntnis einer abstrakten Anthropologie. Nur der des Vaterhauses schon wieder gedenkende Sohn weiß, daß er ein verlorener Sohn ist. Daß wir Gottes Feinde sind, wissen wir erst und nur dadurch, daß Gott jenen Verkehr mit uns tatsächlich angebahnt hat. Aber gerade unter der Voraussetzung der Tatsächlichkeit dieses Geschehens können wir dieses Geschehen selbst nur als ein wunderbares verstehen. Das Wort Gottes, dessen Offenbarung in der Schrift bezeugt wird, sagt dem Menschen, daß er ein Rebell ist, der die Gemeinschaft zwischen ihm als Geschöpf und Gott als dem Schöpfer mutwillig verlassen und sich an einen Ort gestellt hat, wo diese Gemeinschaft unmöglich ist. Es sagt ihm, daß er sein eigener Herr sein wollte und damit in den Bereich des Zornes Gottes, in den Zustand der Verwerfung durch Gott und damit der Verschlossenheit gegen Gott sich begeben hat und geraten ist. Es sagt ihm, daß seine Existenz, ihrer schöpfungsmäßigen Bestimmung zuwider, Widerspruch gegen Gott ist, Widerspruch, der das Hören auf Gott ausschließt. Es sagt ihm also seltsamerweise, daß er es, das Wort Gottes, das ihm das sagt, gar nicht hören **kann**, und zwar darum nicht hören kann, weil er es nicht hören **will**, weil die Tat seines Lebens Ungehorsam und damit faktisch, hinsichtlich des Gebrauchs, den er selbst von seinem Leben macht, Nicht-Hören ist gegenüber dem, was Gott ihm sagt. Ja noch mehr: dieser Inhalt des dem Menschen gesagten Wortes Gottes macht es auch ganz **unbegreiflich**, daß der Mensch das Wort Gottes auch nur zu hören bekommt, daß Gott sich ihm überhaupt zuwendet und ihn anredet. Seine Verschlossenheit für das, was Gott ihm sagen kann, ist ja nur ein Ausdruck des auf ihm liegenden Zornes Gottes. Muß dieser Zorn Gottes, wenn er ernstlich ist — und das Wort Gottes wird uns nichts Anderes sagen, als daß er wahrhaftig ernstlich ist — nicht vor allem und entscheidend darin bestehen, daß Gott sein Angesicht von uns abgewendet hat und also **nicht mit uns redet**, daß es ein Wort Gottes für den gefallenen Menschen auch **objektiv gar nicht gibt?** Hören wir es nun dennoch und bedeutet dies das Doppelte: daß wir es faktisch **hören können** und daß wir es faktisch **zu hören bekommen** — und nur unter dieser Voraussetzung werden wir ja uns und unsere Lage Gott gegenüber so und nicht anders beurteilen — so können wir dieses unser „dennoch Hören" doch wohl nicht als eine uns dennoch („irgendwie") verbliebene oder als eine von uns nun dennoch zu beschaffende Möglichkeit verstehen. Das könnten wir offenbar nur in grober Zerstreutheit und Vergeßlichkeit gegenüber dem, was uns durch das Wort Gottes über uns selbst und unsere Lage vor Gott gesagt ist. Gerade diese Deutung unseres „dennoch Hörens" würde ganz einfach bedeuten, daß wir noch gar nicht oder schon wieder nicht mehr gehört haben. Haben wir gehört und wieder gehört — bezieht sich unser „Selbstverständnis" wirklich auf unser Hören und nicht auf unser von diesem Hören abstrahiertes Selbst — dann können wir diese Möglichkeit unseres Hörens nur als eine uns subjektiv und objektiv schlechterdings wunderbar geschenkte Möglichkeit, als das Dennoch der Gnade, das auf unserer Seite keine Entsprechung, keine Vorbedingung hat, verstehen.

Τὸ φρόνημα τῆς σαρκὸς ἔχθρα εἰς θεόν· τῷ γὰρ νόμῳ τοῦ θεοῦ οὐχ ὑ π ο τ ά σ σ ε τ α ι, ο ὐ δ ὲ γὰρ δ ύ ν α τ α ι (Röm. 8, 7). Ἐ χ θ ρ ο ὶ ὄντες κατηλλάγημεν τῷ θεῷ (Röm. 5, 10). Ἐν αὐτῷ ζωὴ ἦν, καὶ ἡ ζωὴ ἦν τὸ φῶς τῶν ἀνθρώπων καὶ τὸ φῶς ἐν τῇ σκοτίᾳ φαίνει, καὶ ἡ σκοτία αὐτὸ οὐ κατέλαβεν (Joh. 1, 5). Εἰς τὰ ἴδια ἦλθεν καὶ οἱ ἴδιοι αὐτὸν οὐ παρέλαβον (Joh. 1, 11). Ὃ οἴδαμεν λαλοῦμεν καὶ ὃ ἑωράκαμεν μαρτυροῦμεν, καὶ τὴν μαρτυρίαν ἡμῶν οὐ λαμβάνετε (Joh. 3, 11). Ὃ ἑώρακεν καὶ ἤκουσεν, τοῦτο μαρτυρεῖ, καὶ τὴν μαρτυρίαν αὐτοῦ οὐδεὶς λαμβάνει (Joh. 3, 32).

So ist das Selbstverständnis gerade des wirklich Hörenden hinsichtlich der Möglichkeit seines Hörens beschaffen. Er versteht sich selbst als einen solchen, der sich selbst dieser Möglichkeit immer wieder beraubt. Er kann nur Gott als den verstehen, der ihm diese Möglichkeit gibt, und von dem aus sie Möglichkeit ist.

Wir werden von der subjektiven Seite dieser Möglichkeit, also von der Möglichkeit, daß wir **hören können**, was Gott uns sagt, im folgenden Paragraphen, in der Lehre von Gott dem **heiligen Geist**, zu reden haben. Daß Gott uns zuvor überhaupt etwas **sagen** kann, dieses angesichts seines Zornes über den sündigen Menschen erste Unbegreifliche, ist in Gottes Offenbarung das Werk des **Sohnes** oder des **Wortes** Gottes. Das Werk des Sohnes oder des Wortes ist die Gegenwart und Kundgebung Gottes, die wir angesichts dessen, daß sie in der menschlichen Finsternis und dieser Finsternis zum Trotz wunderbar Ereignis ist, nur als Offenbarung bezeichnen können. Das Wort Versöhnung ist ein anderes Wort für dieselbe Sache. Sofern Gottes Offenbarung als solche vollzieht, was nur Gott vollziehen kann, nämlich die Wiederherstellung der von uns zerstörten, ja vernichteten Gemeinschaft des Menschen mit Gott, sofern Gott im Faktum seiner Offenbarung seine Feinde als seine Freunde behandelt, ja sofern im Faktum der Offenbarung Gottes Feinde seine Freunde schon sind, ist die Offenbarung selbst die Versöhnung. Wie umgekehrt Versöhnung, die Wiederherstellung jener Gemeinschaft, die im Zorn über den Zorn triumphierende Barmherzigkeit Gottes nur die Gestalt des Mysteriums haben kann, das wir eben als Offenbarung bezeichnen.

Paulus bezeichnet Christus als den δι' οὗ νῦν (d. h. bei Paulus: in der durch die Offenbarung bezeichneten Gegenwart des *regnum gratiae*) τὴν καταλλαγὴν ἐλάβομεν (Röm. 5, 11). Dem Wohlgefallen Gottes, in ihm sein πλήρωμα wohnen zu lassen, entspricht sein Wille δι' αὐτοῦ ἀποκαταλλάξαι τὰ πάντα εἰς αὐτόν (Kol. 1, 20). Κόσμον καταλλάσσων war Gott in ihm, heißt es übereinstimmend auch 2. Kor. 5, 19. Und darum ist der apostolische Dienst die διακονία τῆς καταλλαγῆς (2. Kor. 5, 18), zur Vollstreckung kommend in der Aufforderung καταλλάγητε τῷ θεῷ (2. Kor. 5, 20). — Der Begriff Versöhnung fällt also wohl mit dem der Offenbarung, aber nicht mit dem der Erlösung (ἀπολύτρωσις, σωτηρία) zusammen. „Erlösung" dürfte im Neuen Testament das von der Offenbarung oder Versöhnung aus gesehen noch ausstehende, künftige, vollendende Handeln Gottes bezeichnen: νυνὶ δὲ ἀποκατήλλαξεν (ὑμᾶς) ἐν τῷ σώματι τῆς σαρκὸς αὐτοῦ (Kol. 1, 22). Καταλλαγέντες σωθησόμεθα (Röm. 5, 10). Vgl. zu dem eschatologischen Gebrauch von ἀπολύτρωσις: Luc. 21, 28; Röm. 8, 23; Eph. 4, 30; Hebr. 11, 35 — von σωτηρία: 1. Thess. 5, 8f.; Röm. 13, 11; Phil. 1, 19; 2, 12; Hebr. 1, 14; 9, 28. Im Unterschied dazu ist die „Versöhnung" das die Aussicht auf diese Zukunft begründende Handeln Gottes in Christus als dem μεσίτης zwischen Gott und den Menschen (1. Tim. 2, 5) oder des „neuen Bundes" (Hebr. 9, 15; 12, 24), dem Träger und Bringer der εἰρήνη, wie sie besonders bei Paulus als grundlegender Sinn der gnädigen Zuwendung Gottes zum Menschen verstanden (vgl. die Zusammenstellung von χάρις und εἰρήνη in den Grußformeln) und Eph. 2, 14—15 als ein göttliches Handeln expliziert wird.

Das Unbegreifliche der Offenbarung als solcher, der Offenbarung als der Versöhnung, die nur von Gott aus Wirklichkeit sein kann, dieses Unbegreifliche ist das Faktum des Sohnes Gottes, der in unserer Mitte, also mitten in unserer Feindschaft gegen Gott, der Herr ist. Weil die Liebe Gottes, die in diesem Faktum offenbar wird, nicht identisch sein kann mit der Liebe Gottes zu der Welt, die er schaffen wollte und erschaffen hat — zwischen dieser Welt und unserer Welt liegt ja die Sünde und der Tod — weil die in diesem Faktum offenbare Liebe Gottes vielmehr gerade seine Liebe zu der verlorenen Welt des an ihm schuldig gewordenen Menschen ist (Joh. 3, 16), zu der Welt, deren Kontinuität zu jener ursprünglichen uns völlig verborgen ist — darum können wir das Herrsein Gottes hier mit dem Herrsein Gottes dort nicht verwechseln, nicht direkt identifizieren, darum müssen wir dort (im Blick auf die Schöpfung) von einer ersten, hier (im Blick auf die Versöhnung)

1. Gott als Versöhner

von einer zweiten Seinsweise Gottes reden. So gewiß wir sagen müssen: die Versöhnung bzw. die Offenbarung ist nicht die Schöpfung oder eine Fortsetzung der Schöpfung, sondern über die Schöpfung hinaus ein unbegreiflich neues Werk Gottes, so gewiß müssen wir sagen: der Sohn ist nicht der Vater, sondern der eine Gott ist hier — in diesem Werk — nicht ohne den Vater, aber nun eben der Sohn oder das Wort des Vaters.

Es ist nicht abzusehen, wie die Verschiedenheit der Seinsweisen des Sohnes Gottes von der des Vaters — dieselbe Verschiedenheit wird dann auch von der Seinsweise des Heiligen Geistes zu behaupten sein — geleugnet werden kann, ohne den Ernst des Zornes Gottes über die Sünde und den Gegensatz zwischen dem ursprünglichen und dem gefallenen Menschen, der Welt der Schöpfung und unserer Welt der Sünde und des Todes spekulativ umzudeuten und abzuschwächen zu einer bloßen Spannung innerhalb eines uns bekannten und überschaubaren Ganzen. Unter dieser Voraussetzung wird man natürlich die Unbegreiflichkeit der Offenbarung als der göttlichen Versöhnungstat bestreiten müssen, man wird sie dann als einen zweiten oder dritten Akt innerhalb derselben uns als ein Ganzes einsichtigen Reihe der Schöpfung folgen sehen und wird es leicht haben, den Versöhnergott mit dem Schöpfergott zu identifizieren. So hat Schleiermacher die Sünde quantitativ als ein bloßes Manko, folgerichtig die Versöhnung („Erlösung") als die Krönung der Schöpfung und wiederum folgerichtig die Trinität modalistisch, d. h. die Verschiedenheit der drei Seinsweisen als eine in den Tiefen Gottes aufgehobene verstanden. Eine entsprechende Trinitätslehre müßte auch hinter der in bezug auf die Synthese von Ursprung und Abfall noch viel hemmungsloseren Gnosis von E. Hirsch (Schöpfung und Sünde, 1932) stehen. Man kann auch umgekehrt sagen: Zu solchen Katastrophen muß es in der Lehre von Schöpfung und Versöhnung kommen, wo durch keine ordentliche Trinitätslehre die nötigen Hemmungen eingeschaltet sind.

Umgekehrt ist zu sagen: Weil es sich in der Offenbarung Gottes um sein Herrsein mitten in unserer Feindschaft gegen ihn, also um das Wunder der Versöhnung handelt, darum kann dieses Werk nicht das Werk eines Übermenschen oder Halbgottes sein. Die Unerhörtheit der Liebe Gottes zu der Welt des gefallenen Menschen, die Kraft der Versöhnung wäre unterschätzt, wenn man die wahre Gottheit des Versöhners in Frage stellen wollte. Ein übermenschliches oder halbgöttliches Geschehen, ein streng genommen eben doch nicht wunderbares sondern letztlich selbstverständliches, innerkosmisches und also kreatürliches Geschehen entspricht nicht dem Ernst der Problematik, auf die es antworten sollte, entspricht nicht dem Charakter der allmächtigen Gnade, den das Geschehen tatsächlich hat, das die Heilige Schrift als das Geschehen der Versöhnung oder Offenbarung beschreibt. **Der Charakter der allmächtigen Gnade, den dieses Geschehen hat, und in dessen Lichte die Problematik, auf die es antwortet, eine Problematik von unendlichem Ernste wird, erfordert die Anerkennung, daß sein Subjekt identisch ist mit Gott im Vollsinne des Wortes.**

Gerade von hier aus: im Blick auf die Versöhnung, deren Subjekt kein Geringerer und nichts Geringeres als Gott selbst sein kann, wenn ihre Kraft und der Ernst der durch sie beantworteten Problematik eingesehen ist, wenn sie nicht als eine bloß scheinbare Versöhnung verstanden werden soll, ist die Erkenntnis der wahren Gottheit Christi von jeher mit Recht behauptet und verkündigt worden. Die sog. Clemens-Homilie (1,1) beginnt mit der Erklärung, man müsse über Jesus Christus denken ὡς περὶ θεοῦ und interpretiert das sofort mit den Worten: ὡς κριτοῦ ζώντων καὶ νεκρῶν. Man dürfe nicht μικρὰ φρονεῖν περὶ τῆς σωτηρίας ἡμῶν. Indem man klein von Christus denke, zeige man unmittelbar, daß man auch nur eine kleine Hoffnung habe. Es gehörten zusammen und entsprächen sich notwendig das Wissen πόθεν ἐκλήθημεν καὶ ὑπὸ τίνος καὶ εἰς ὃν τόπον. Ebenso fordert Gregor von Nyssa: Wer der Wohltäter sei, das könne und müsse aus seinen Wohltaten, welcher Natur der Handelnde sei, das müsse aus dem Ereignis seines Handelns erschlossen werden: Ἀφ' ὧν γὰρ εὖ πάσχομεν, ἀπὸ τούτων εὐεργέτην ἐπιγινώσκομεν, πρὸς γὰρ τὰ γινόμενα βλέποντες, διὰ τούτων τὴν τοῦ ἐνεργοῦντος ἀναλογιζόμεθα φύσιν. Wer dem Sohn und dem Geist Geschöpflichkeit zuschreibe, und also einem Geschöpf sich unterwerfe, der stelle seine Hoffnung nicht auf Gott und täusche sich in der Meinung, als Christ in einen besseren Zustand versetzt zu sein (*Or. cat.* 14 u. 39). Eben diesen Zusammenhang hat aber auch Luther immer wieder betont: *Vincere peccatum mundi, mortem, maledictionem et iram Dei*, das sind nicht Werke einer *humana aut angelica potestas*, sondern *mera opera divinae maiestatis. Qua re cum docemus homines per Christum iustificari, Christum esse victorem peccati, mortis et aeternae maledictionis, testificamur simul eum esse natura Deum.* (Zu Gal. 1, 3, 1535, W. A. 40¹ S. 81 Z. 18; zu Gal. 1, 4 ib. S. 96 Z. 15; zu Gal. 3, 13 ib. S. 441 Z. 16, 25, 31) ... denn die sund ist alsso eyn gross ding, und yhr reynigung kost allso viel, das eyn solch hohe person, wie Christus hie gepreysset wirt, muss selb datzu thun und durch sich selb reynigen; was sollt denn ynn solchen grossen sachen vermuegen unsser arm und nichtigess thun, die wyr creaturn, datzu sundige unnd untuchtige vordorbene creaturn sind?; das were doch eben alss wenn yhm yemand furnehm mit eynem aussgeleschten brand hymel unnd erden vorprennen. Es muss sso gross tzalung der sund hie seyn, alss gott selbs ist, der durch die sund beleydigt ist (Pred. üb. Hebr. 1, 1 f., 1522, W. A. 10¹¹ S. 161 Z. 21). Nu Got macht keinen zu einem Künig, der nicht Got ist, dann er wil den Zaume auss seiner Handt nicht lassen, will allein ein Herre sein über himel und erden, todt, hell, Teuffel und über alle Creaturen. Seyteinmal er nu den zu einem Herren macht über alles, das geschaffen ist, so muß er jhe got sein (Pred. üb. Joh. 3, 1 f., 1526, W. A. 10¹², S. 296 Z. 37). Denn wo die person nicht Gott were, die fur uns sich opfferte, so hülfe und gülde fur Gott nichts, das er von eyner iungfrauwen geboren und gleych tausent tödte erlitte. Aber das bringt den segen und den sieg uber alle sunde und tod, das der same Abrahams auch warer Gott ist, der sich fur uns gibt (Pred. üb. Phil. 2, 5 f., 1525, W. A. 17 ¹¹, S. 236 Z. 25). Wir Menschen sind alle Sünder und verloren. Sollen wir nun gerecht und selig werden, so muß es durch Christum geschehen. Weil wir aber durch Christum allein gerecht und selig werden, so muß er mehr denn ein pur lauter Mensch seyn. Denn menschliche Hand und Macht vermag niemand gerecht und selig zu machen, Gott muß es selbst thun (Pred. Von der Passion, wie Chr. begraben sey, und vom 53. Cap. Jes. E. A. 3, 276). Nichts Anderes sagt die Antwort auf die Frage 17 des Heidelberger Katechismus: Darum müsse der Mittler wahrer Gott sein, „dass er auss krafft seiner Gottheyt den last des zornes Gottes, an seiner menschheyt ertragen, und uns die gerechtigkeyt und das leben erwerben und widergeben möchte".

Also als der zu uns gekommene Sohn oder als das uns gesagte Wort Gottes ist Jesus der Herr. Wir sagen damit etwas, was hinausgeht über den Satz, daß Gott der Schöpfer oder „unser Vater im Himmel" ist. Jesus offenbart den Gott, der der Schöpfer und der „unser Vater im Himmel" ist. Aber indem er das tut, indem das Unerhörte Ereignis ist: daß in ihm dieser Gott offenbar wird, offenbart er uns sich selbst, so gewiß das Faktum der Offenbarung ein Neues bedeutet gegenüber ihrem Inhalt, so gewiß Versöhnung nicht als Vollendung der Schöpfung zu verstehen ist, sondern nur als ein Wunder in und an der gefallenen Welt. Wir hörten im vorigen Paragraphen, daß diese Offenbarung des Schöpfers und unseres Vaters im Zusammenhang des neutestamentlichen Zeugnisses nicht abstrahiert werden kann von der Person des Offenbarers. Aus dieser Einheit des Offenbarungsinhaltes und der Offenbarer-Person haben wir dort den ursprünglichen und eigentlichen Sinn der Vaterschaft Gottes verstanden: Er ist Vater, weil er der Vater dieses seines eingeborenen Sohnes ist. Aus derselben Einheit ergibt sich sofort auch die Gottessohnschaft Jesu Christi: es gibt keine abstrakte Offenbarer-Person, sondern die Offenbarer-Person ist die dem von ihr offenbarten Schöpfer untergeordnete, aber auch unlöslich zugeordnete, mit ihm seiende Person Jesus Christus, in der jene Offenbarung Wirklichkeit ist. Anders ausgedrückt: es gibt keinen Jesus an sich, der dann vielleicht auch das Prädikat eines Trägers jener Offenbarung seines Vaters bekommen könnte. Wie es denn auch keine Offenbarung des Vaters an sich gibt, die dann beispielsweise und in ausgezeichneter Gestalt auch in Jesus wahrzunehmen wäre. Sondern Jesus ist die Offenbarung des Vaters und die Offenbarung des Vaters ist Jesus. Und eben kraft dieses „ist" ist er der Sohn oder das Wort des Vaters.

Unsere Kritik der ebionitischen und der doketischen Christologie hat uns gezeigt, daß im neutestamentlichen Zeugnis die Person und die Sache wirklich diese Einheit bilden, daß das Denken der Apostel über Jesus Christus, ob es nun bei der Person oder bei der Sache einsetzte, unter allen Umständen nicht in Form eines Syllogismus verläuft, sondern mit der Erkenntnis der Gottheit Christi aufhört, weil es damit schon angefangen hat. Man kann die Einheit von Offenbarungsinhalt und Offenbarer-Person, auch von dieser Seite gesehen, nur umgehen, indem man sich dem neutestamentlichen Zeugnis entzieht, indem man das in ihm aufgerichtete Verbot und Gebot nicht beachtet.

Und nun können wir im Blick auf das über Schöpfung und Versöhnung Ausgeführte noch hinzufügen: die Gottessohnschaft Jesu Christi ergibt sich auch daraus, daß die Schöpfung (der Inhalt seiner Offenbarung des Vaters) und die Versöhnung (der Inhalt seiner Selbstoffenbarung) ganz und gar verschieden voneinander in ihrer Bedeutung für uns, auch wieder ganz und gar zusammengehören in ihrem Ursprung. Wir haben ja schon den Begriff des Schöpfers, indem wir dabei der Spur der Heiligen Schrift selbst folgen wollten, nicht anders fassen können als auf dem scheinbaren Umweg über die Erkenntnis Gottes als des Herrn über Leben und Tod, als des Gottes von Karfreitag und Ostern. Und indem wir den Begriff des Versöhners zu fassen versucht haben, mußten wir voraussetzen: es gibt eine von Gott geschaffene, wenn auch gefallene und verlorene Welt, einen von Gott geschaffenen, wenn auch faktisch in der Feindschaft gegen Gott existierenden Menschen. Nur in dem als

Versöhner durch Kreuz und Auferstehung an uns Handelnden konnten wir den Schöpfer und nur in dem trotz unserer Feindschaft der Herr unseres Daseins bleibenden Schöpfer können wir den Versöhner erkennen. Τῷ γὰρ ἐξ ἀρχῆς τὴν ζωὴν δεδωκότι μόνῳ δυνατὸν ἦν καὶ πρέπον ἅμα καὶ ἀπολομένην ἀνακαλέσασθαι (Gregor von Nyssa, *Or. cat.* 8).

Wir müssen sie unterscheiden, diese zwei, und wir müssen sie offenbar auch so unterscheiden, daß wir das Unterordnungsverhältnis einsehen und anerkennen, das hier stattfindet. Wir müssen also sagen: der Versöhner ist nicht der Schöpfer, und als Versöhner folgt er dem Schöpfer, vollzieht er sozusagen einen zweiten göttlichen Akt — nicht einen solchen, den wir aus dem ersten abzuleiten, dessen Folgen aus dem ersten wir zu überblicken und als notwendig einzusehen vermöchten, aber doch einen zweiten, in seiner ganzen Neuheit und Unbegreiflichkeit auf den ersten bezogenen Akt. Gott versöhnt uns mit ihm selber, er kommt zu uns, er redet mit uns — das folgt darauf, und wir müssen sogar sagen: das folgt daraus, daß er zuerst der Schöpfer ist. Wir können auch sagen: es folgt darauf und daraus, daß er „unser Vater im Himmel" ist. Wäre er nicht zuerst der Schöpfer und Vater, der der Herr unseres Daseins ist, an dem wir gesündigt haben, dessen Zorn darum auf uns liegt, dessen Zorn aber doch nur die Umkehrung seiner Liebe als Schöpfer und Vater ist, wie könnte er dann der Versöhner, der Friedestifter sein? **Dieser Ordnung von Schöpfung und Versöhnung entspricht christologisch die Ordnung von Vater und Sohn oder Vater und Wort:** Jesus Christus als der Versöhner kann dem Schöpfer, kann „unserem Vater im Himmel" nicht vorangehen. Er steht zu ihm in dem unumkehrbaren Verhältnis, daß er auf ihn und aus ihm folgt, wie der Sohn auf den Vater oder aus dem Vater, wie das Wort auf den Sprecher oder aus dem Sprecher folgt. Aber wiederum **kann diese Unterordnung und Folge keine Verschiedenheit des Seins, sondern eben nur eine Verschiedenheit der Seinsweise bedeuten.** Denn es ist die Versöhnung nicht leichter begreiflich, nicht weniger göttlich als die Schöpfung. Es ist nicht so, als ob die Versöhnung im Unterschied zur Schöpfung als ein kreatürliches Geschehen verständlich zu machen wäre. Sondern wie die Schöpfung *creatio ex nihilo* ist, so die Versöhnung Totenerweckung. Wie wir Gott dem Schöpfer das Leben verdanken, so Gott dem Versöhner das ewige Leben.

Ipse est autem creator ejus, qui salvator ejus. Non ergo debemus sic laudare creatorem, ut cogamur, imo vere convincamur dicere superfluum salvatorem (Augustin, *De nat. et grat.* 33, 39). *Creasti me, cum non essem, redemisti me cum perditus essem. Sed conditionis quidem meae et redemptionis causa sola fuit dilectio tua* (Anselm von Canterbury, *Medit.* 12). Diess zeitliche vergängliche Leben in dieser Welt haben wir durch Gott, der da ist, wie wir im ersten Artikel unsers christlichen Glaubens bekennen, allmächtiger Schöpfer Himmels und der Erden. Aber das ewige, unvergängliche Leben haben wir durch unsers Herrn Jesu Christi Leiden und Auferstehung, der da sich zur

Rechten Gottes gesetzt hat, wie wir im andern Artikel unsers christlichen Glaubens bekennen (Luther, Pred. üb. Matth. 22, 34 f., 1532, E. A. 5, 151). Wie sollte der zweite Akt weniger groß und wunderbar sein als der erste? Man könnte eher umgekehrt streiten und im zweiten, in der Versöhnung, das noch größere Wunder sehen wollen. Wie denn im Offertorium der römischen Messe Gott angeredet wird: *Deus, qui humanae substantiae dignitatem mirabiliter condidisti et mirabilius reformasti...* und in dem Kyrie-Tropus „Cuncti potens": *Plasmatis humani factor, lapsi reparator*. Aber der Streit ist gegenstandslos. *Intelligant redempti tui, non fuisse excellentius, quod initio factus est mundus, quam quod in fine saeculorum Pascha nostrum immolatus est Christus* (*Oratio* nach der 9. Prophetie in der Vigil der Osternacht).

Hier steht echtes Wunder neben echtem Wunder, hier kann weder hüben noch drüben ein Mehr oder Weniger an Wunder, hier kann also auch kein Mehr oder Weniger an Gottheit in Betracht kommen. Hier gilt beide Male nur Entweder-Oder. Hier ist also Sohnschaft so gut wie Vaterschaft, in und mit der damit ausgesprochenen Über- und Unterordnung der Seinsweisen als uneingeschränkt wahre Gottheit zu verstehen.

2. DER EWIGE SOHN

Wer ist der Sohn Gottes? Wir haben die vorläufige Antwort gehört: Jesus Christus als der den Vater Offenbarende und uns mit dem Vater Versöhnende ist der Sohn Gottes. Denn indem er das ist, offenbart er sich selbst als der zu uns gekommene Sohn oder als das uns gesagte Wort Gottes. Das Trinitätsdogma fügt dieser dem Offenbarungszeugnis der Schrift entnommenen Einsicht nur insofern etwas Neues hinzu, als es sie dahin interpretiert: Jesus Christus kann uns darum den Vater offenbaren und uns mit dem Vater versöhnen, weil er sich offenbart als der, der er **ist**. Er wird nicht erst Gottes Sohn oder Wort im Ereignis der Offenbarung. Sondern das Ereignis der Offenbarung hat darum göttliche Wahrheit und Wirklichkeit, weil in ihm das Eigentliche Gottes offenbar wird, weil Jesus Christus sich offenbart als der, der er schon **zuvor** ist, auch abgesehen von diesem Ereignis, auch in sich selber. Seine Sohnschaft, auf Grund derer er der Offenbarer, der Mittler, der Versöhner sein kann, ist nicht eine bloße Veranstaltung Gottes, hinter der in irgendeinem höheren, Geheimnis bleibenden Wesen Gottes keine Sohnschaft, kein Wortsein in Gott wäre, sondern vielleicht eine unaussprechliche und sprachlose Esheit, ein Göttliches, ein ϑεῖον anderen oder unbekannten Namens. Nein, die Offenbarung hat **ewigen** Gehalt und **ewige** Geltung. In alle Tiefen der Gottheit hinein, nicht als Vorletztes, sondern als Letztes, was von Gott zu sagen ist, ist Gott Gott der Sohn wie er Gott der Vater ist. Jesus Christus, der Sohn Gottes, ist Gott selber, wie Gott sein Vater Gott selber ist.

Wie kommt diese Interpretation des biblischen Offenbarungszeugnisses zustande? Wir können auch hier nur die sehr einfache, aber folgenschwere Antwort geben: sie kommt dadurch zustande, daß man die gleiche, unbegreifliche Göttlichkeit des Werkes der Schöpfung und des Werkes der Versöhnung und also die Einheit von Vater und Sohn, wie sie uns in diesem Zeugnis als bezeichnend für die von ihm bezeugte Offenbarung vor Augen tritt, als letztes Wort stehen und gelten läßt. Das kirchliche Dogma von der Gottheit Christi im Unterschied zu dem neutestamentlichen Satze von der Gottheit Christi sagt nichts Anderes als dies: Eben die schlichte Voraussetzung, auf der dieser neutestamentliche Satz beruht, die Voraussetzung, daß Jesus Christus darum Gottes Sohn ist, weil er es ist (nicht darum, weil er uns diesen Eindruck macht, nicht darum, weil er erfüllt, was wir von einem Gott erwarten zu dürfen meinen, sondern darum, weil er es ist!) — diese schlichte Voraussetzung ist mitzumachen. Mit ihr hat alles Denken über Jesus und das muß sofort heißen: alles Denken über Gott anzufangen und aufzuhören. Keine Reflexion kann diese Voraussetzung begründen wollen, keine Reflexion kann diese Voraussetzung in Frage stellen. Alle Reflexion kann nur von ihr ausgehen und zu ihr zurückkehren. Aus dieser Einsicht entstand das kirchliche Dogma von der Gottheit Christi und diese Einsicht spricht es aus. Denn wenn es die Gottheit Christi ausdrücklich versteht als **ewige** Gottheit, wenn wir sagen: der zu uns gekommene Sohn, das uns gesagte Wort, ist zuvor in sich selber Sohn oder Wort Gottes, so sagen wir damit praktisch nichts Anderes als eben: der Satz von der Gottheit Christi ist nicht als abgeleiteter, sondern als **Grundsatz** zu verstehen. So, sagt das Dogma, haben ihn die Apostel verstanden und so müssen wir ihn auch verstehen, wenn wir die Apostel verstehen wollen. So müssen wir also die Apostel und jenen Satz auch verstehen, wenn uns unser eigenes Verstehen nicht etwa weggeführt haben sollte von dem Verstehen der alten Kirche, die eben dieses Verständnis im Dogma ausgesprochen und niedergelegt hat. Unser eigenes Verstehen, wie wir es hier versucht haben, hat uns bis jetzt nicht vom Dogma der alten Kirche weg, sondern zu ihm hingeführt. Es hätte auch anders sein können — das Dogma hat für uns keine göttliche, sondern nur eine menschliche, pädagogische Dignität. Wir könnten von ihm abrücken; aber wir haben **keinen Anlaß**, dies zu tun. Wir können und wir müssen auch als Ausdruck unseres eigenen Verständnisses des Neuen Testamentes das sagen, was das Dogma sagt. Wir können den neutestamentlichen Satz von der Gottheit Christi nicht anders und nicht besser verstehen, als indem wir ihn im Einklang mit der alten Kirche nachdenken, d. h. indem wir ihm das Dogma von der ewigen Gottheit Christi unmittelbar gegenüberstellen. Das Dogma als solches steht nicht in den biblischen Texten. Das Dogma ist eine Interpretation. Aber wir können uns überzeugen, daß es eine gute, sachgemäße Interpretation dieser Texte ist. Darum schließen wir uns ihm an: die Gottheit Christi ist wahre, ewige Gottheit. Wir erkennen sie in seinem Handeln in der Offenbarung und Versöhnung. Aber **nicht die Offen-**

2. Der ewige Sohn

barung und Versöhnung schafft seine Gottheit, sondern seine Gottheit schafft die Offenbarung und Versöhnung.

Κύριος ὢν κατὰ ἀλήθειαν, οὐκ ἐξ προκοπῆς τὸ κυριεύειν λαβών, ἀλλ' ἐκ φύσεως τὸ τῆς κυριότητος ἔχων ἀξίωμα. Καὶ οὐ καταχρηστικῶς ὡς ἡμεῖς κύριος καλούμενος ἀλλὰ τῇ ἀληθείᾳ κύριος ὤν. (Cyrill von Jerusalem, Kat. 10, 5.)

Jesus Christus ist darum der wirkliche und wirksame Offenbarer Gottes und Versöhner mit Gott, weil Gott in ihm, seinem Sohn oder Worte nicht irgend etwas, und wäre es das Größte und Bedeutungsvollste, sondern sich selbst setzt und zu erkennen gibt, genau so wie er sich von Ewigkeit und in Ewigkeit selber setzt und erkennt. Er ist der Sohn oder das Wort Gottes für uns, weil er es zuvor in sich selber ist.

Es ist eine von den vielen optischen Täuschungen des modernistischen Protestantismus, wenn er gemeint hat, dieses „zuvor in sich selber", d. h. das Bekenntnis der wahren ewigen Gottheit Christi, unter Berufung auf eine vermeintlich der alten und mittelalterlichen Kirche gegenüber veränderte Stellungnahme der Reformatoren zu dieser Sache als den Exponenten einer untheologischen, metaphysischen Spekulation deuten und diskreditieren zu sollen und zu können. — Was man aus den Äußerungen der Reformatoren in dieser Absicht anzuführen pflegt, genügt von ferne nicht zu dem Nachweis, daß sie je daran gedacht hätten, das Dogma von der Gottheit Christi anzugreifen oder auch nur anzurühren.

Es ist vor allem eine Stelle in der ersten Auflage von Melanchthons Loci (1521), die hier in Betracht kommt. In der Einleitung dieser ältesten evangelischen Dogmatik unterscheidet Melanchthon unter den *Loci theologici* solche, die *prorsus incomprehensibiles* seien und solche, die nach dem Willen Christi dem ganzen Christenvolk *compertissimi* sein müßten. Von jenen ersten sei zu sagen: *mysteria divinitatis rectius adoraverimus, quam vestigaverimus.* Denn das Letztere sei mit großer Gefahr verbunden und Gott habe seinen Sohn ins Fleisch verhüllt, *ut a contemplatione maiestatis suae ad carnis adeoque fragilitatis nostrae contemplationem invitaret.* Melanchthon kündigt also an, daß er keinen Grund sehe, viel Mühe zu wenden an jene *loci supremi de Deo, de unitate, de trinitate Dei, de mysterio creationis, de modo incarnationis.* Die Scholastiker seien über dem Erforschen dieser Dinge zu Narren und die *beneficia Christi* seien darüber verdunkelt worden. Denn die Argumente (*e philosophia*, sagt die zweite Auflage 1522), die sie hier vorgebracht hätten, seien oft würdiger gewesen eines häretischen als eines katholischen Dogmas. Lebensnotwendig seien dagegen die anderen *loci*: von der Macht der Sünde, vom Gesetz, von der Gnade. *Nam ex his proprie Christus cognoscitur, siquidem hoc est Christum cognoscere, beneficia eius cognoscere, non quod isti docent eius naturas, modos incarnationis contueri. Ni scias, in quem usum carnem induerit et cruci affixus sit Christus, quid proderit eius historiam novisse?* Wie der Arzt von den Pflanzen mehr wissen müsse als ihre Natur, nämlich ihre *vis nativa*, so müsse Christus als *salutare* erkannt werden, wie dies eben in jenen anderen *loci* an die Hand gegeben werde, von denen die Scholastiker nicht redeten. Dem Vorbild des Paulus im Römerbrief sei Folge zu leisten, wo, als ob er die *disputationes frigidae et alienae a Christo* vorausgesehen hätte, nicht von der Trinität, von der Fleischwerdung, von der *creatio activa et passiva* die Rede sei, sondern eben vom Gesetz, von der Sünde, von der Gnade, d. h. aber von den *loci, qui Christum tibi commendent, qui conscientiam confirment, qui animum adversus satanam erigant.* Es waren die Rationalisten des 18. und des beginnenden 19. Jahrhunderts (vgl. z. B. Joh. Joach. Spalding, Über die Nutzbarkeit des Predigtamtes, 1772, S. 138f.; K. G. Bretschneider, Handbuch der Dogmatik, 1. Bd. 4. Aufl. 1838, S. 553) und es waren in der neueren Zeit besonders A. Ritschl (vgl. Rechtf. u. Versöhnung[4] 3. Bd. S. 374, Theologie und Metaphysik, 1874, S. 60) und seine Schüler (vgl. z. B. M. Rade, Glaubenslehre 1. Bd., 1924, S. 53; H. Stephan, Glaubenslehre, 2. Aufl. 1928, S. 166, 240), die sich dieser Stelle meinten freuen zu dürfen. Man sollte sich doch nicht verbergen, daß diese Stelle nicht das besagt, was man in ihr gerne finden würde. Sie verrät eine vorübergehende Stimmung aber nicht eine geschichtlich bedeutsam gewordene theologische Stellungnahme auch nur Melanchthons. Auch diese Stimmung richtete sich nicht gegen den Inhalt, sondern gegen die Bedeutung des trinitarischen Dogmas in seinem Verhältnis zu den Melanchthon mehr am Herzen liegenden anderen Dogmen. Sie war auch nicht veranlaßt durch Melanchthons eigene, vielleicht kritische Beschäftigung mit dem Trinitätsdogma, sondern einerseits durch seine durch die Anregungen Luthers veranlaßte intensive Beschäftigung mit jenen anderen Dogmen, andererseits durch den Verdruß über die unkirchlich theoretische Weise, in der er die „Scholastiker", d. h. die ihm zunächst bekannten Theologen des Spätmittelalters mit der Trinitätslehre beschäftigt fand. Es war eine vorübergehende Stimmung: es bedurfte nachher nur des Auftretens der Antitrinitarier, um ihn sofort anders zu stimmen und dem Trinitätsdogma jener Äußerung zum Trotz nun doch in seinen Loci Raum zu verschaffen. Jene Stimmung ist für die reformatorische Bekenntnisbildung und theologische Schule in keiner Weise bedeutsam geworden.

Die Freunde jener Melanchthonstelle würden sich wohl, wenn ihnen Calvin etwas vertrauter wäre, auch auf diesen berufen. 1537, zur Zeit seines ersten Genfer Aufenthaltes, hat ihn der theologisch-kirchliche Abenteurer Petrus Caroli öffentlich und nicht ohne auch bei ernsthaften Leuten einiges Gehör zu finden, des Antitrinitarismus anklagen können. Die Tatbestände, auf die sich diese Anklage bezog, waren diese: Die für den Anfang der Genfer Reformation maßgebende *Confession de la foy* von 1536 (bei K. Müller, S. 111f.), deren Inhalt freilich für den damals überhaupt im Vordergrund stehenden W. Farel bezeichnender ist als für Calvin, schweigt sowohl in ihrer Gotteslehre wie in ihrer Christologie von der Trinitätslehre. Aber auch die etwas früher im selben Jahr erschienene erste Fassung der *Institutio* Calvins selber (*cap.* 2 *De fide*, am Anfang) gibt zwar eine durchaus korrekte und respektvolle Darstellung der Trinitätslehre: es war nicht einmal das richtig, daß Caroli Calvin vorwarf, er sei den Ausdrücken *trinitas* und *persona* aus dem Wege gegangen; man merkt aber, daß das Interesse des Verfassers an dieser Sache nicht gerade brennend ist. Noch in seiner 1545 erlassenen Verteidigungsschrift gegen Caroli schreibt Calvin selbst, die wahre Erkenntnis der Gottheit Christi bestehe darin, alles Vertrauen und alle Hoffnung auf ihn zu setzen und seinen Namen anzurufen. *Quae practica notitia certior haud dubie est qualibet otiosa speculatione. Illic enim pius animus Deum praesentissimum conspicit et paene attrectat, ubi se vivificari, illuminari, salvari, justificari et sanctificari sentit* (*Adv. P. Caroli calumnias C. R.* 7, 312f.). Darüber hinaus scheint Calvin zu jener Zeit gegen die Autorität und Authentizität der altkirchlichen Symbole allerlei Einwände gehabt zu haben (C. R. 5, 337; 10[2], 84, 86; 7, 311f.). Und Tatsache ist, daß er sich der Forderung des Caroli, diese Symbole zur Beglaubigung seiner Orthodoxie zu unterschreiben, um der „Tyrannei" solcher Forderung willen energisch entzogen hat (C. R. 7, 315; 10[2], 120f.). Der ganze Streit ist theologisch und menschlich reichlich dunkel. Soviel geht doch aus der angeführten Stelle und vor Allem aus der ersten Fassung der *Institutio* deutlich hervor; Calvin war damals, wie Melanchthon 16 Jahre früher, mit andern Dingen, nämlich wie jener: mit den Problemen der Heilszueignung und nicht mit deren objektiven Voraussetzungen beschäftigt. Man kann bei W. Farel ernstlich fragen, ob er diese letzteren nicht vielleicht wirklich zunächst aus den Augen verloren hatte und insofern wie so mancher Zeitgenosse am Anfang des Weges stand, der zum Antitrinitarismus führen mußte. Von Calvin selbst kann man dies auch im Blick auf jene Zeit nicht sagen. Er hat vielmehr jene Voraussetzungen auch in dieser Frühzeit deutlicher vor Augen gehabt als etwa der Melanchthon jener Äußerungen von 1521. Neben dem Fehlen einer eigentlichen charakteristischen Trinitätslehre, die er geradezu auf „Arianismus" zurückführen wollte, hat ihm der wie es scheint ziemlich kopflose Caroli gerade das zum Vorwurf gemacht, daß er Christus den alttestamentlichen Namen *Jehovah* beilege. Gerade als *elogium divinitatis* meinte ja das Calvin (*C. R.* 7, 312; 10^2, 121; 9, 708)! Von etwas Anderem als wieder von einer etwas unwirschen (durch die mutwillige Anklage des Caroli verstärkten) Stimmung — nicht etwa gegen jene objektiven Voraussetzungen, sondern nur gegen ihre lehrhafte Formulierung durch die alte Kirche, kann man auch bei dem damaligen Calvin nicht reden. Wie weit entfernt er davon war, aus dieser Stimmung antitrinitarische Folgerungen zu ziehen, davon gibt der Ausbau seiner *Institutio* sowohl wie seine Haltung etwa im Falle Servet unzweideutiges Zeugnis.

Um was es in der ganzen Sache ging, wird deutlich bei L u t h e r, auf den man sich in dieser Sache auch zu berufen pflegt. Seine Einsichten sind es, die entscheidend hinter jenen Äußerungen Melanchthons und indirekt wohl auch hinter denen Calvins stehen. Luther hat aus seiner Erkenntnis der Rechtfertigung des Menschen allein in Christus und also allein durch den Glauben mit Recht die Folgerung gezogen: also kann alle menschliche Theologie überhaupt nur Theologie der Offenbarung sein. So eigenmächtig und darum lebensgefährlich es ist, sich bei der Frage nach der Rechtfertigung des Menschen an dem vorgefaßten oder aus den Aussagen der Schrift willkürlich abstrahierten Begriff des göttlichen Gesetzes zu orientieren, so eigenmächtig und gefährlich ist es überhaupt, in der Theologie von einem vorgefaßten.oder aus den Aussagen der Schrift willkürlich abstrahierten Begriff Gottes auszugehen. Sondern wie die Frage der Rechtfertigung im besonderen, so ist auch die g a n z e theologische Frage nur im Blick auf den in Christus sich selbst offenbarenden Gott zu beantworten. Schon 1519 nennt es Luther einen von ihm nun schon oft wiederholten Gedanken: dies sei der *unicus et solus modus cognoscendi Deum* (von den *doctores Sententiarum* mit ihren *absolutae divinitatis speculationes* schmählich vernachlässigt), daß *quicumque velit salubriter de Deo cogitare aut speculari, prorsus omnia postponat praeter humanitatem Christi* (Brief an Spalatin vom 12. Februar 1519, W. A. Br. 1 S. 328f.). Um dieselbe Zeit kann man Luther so polemisieren hören: *Proinde, qui vult Deum cognoscere, schalam terre infixam contueatur: cadit hic tota ratio hominum. Natura quidem docet, ut simus propensiores ad contemplanda magna quam abiecta. Hinc collige, quam inique, ne dicam impie, agant et speculantur, sua confisi industria, summa Trinitatis misteria: quo loco sedeant angeli, quid loquantur sancti, Cum tamen in carnem natus est Christus atque in carne mansurus sit. Vide autem, quid continget illis. Primo:* Wen sy myt dem kopf dur den hymmel born und sehen sich in dem himel umb, do funden sieh niemantzs dan Christus leyt in der kryppen und ins weibes schosse, sso storczen sy widder herunder und brechen des halss. *Et ii sunt scriptores super primum librum sententiarum. Deinde adeo nihil consequuntur istis suis speculationibus, ut neque sibi neque aliis prodesse aut consulere possunt.* Hye sich hehr, Thoma und Philippe, hebe unden an und nicht oben (*Schol. in libr. Gen.* zu Gen. 28, W. A. 9 S. 406 Z. 11). Und noch bekannter ist die folgende Stelle: Denn das habe ich offt gesagt und sage es noch ymer, das man auch, wenn ich nu tod bin, daran gedencke und sich huete fur allen lerern, als die der Teuffel reitet und fueret, die oben am höhesten anfahen zu leren und predigen von Gott blos und abgesondert von Christo, wie man bisher ynn hohen schulen speculirt und gespilet hat mit seinen wercken droben ym himel, was er sey, dencke und thue bey sich selbs. etc. Sondern wiltu sicher faren und Gott recht treffen oder ergreiffen, das du gnade und huelffe bey jhm findest, so las dir nicht einreden, das du jhn anderswo suchest denn jnn dem Herrn Christo, noch mit andern gedancken umbgehest und dich bekömerst, odder nach einem andern werck fragest, denn wie er Christum gesand hat. An dem

Christo fahe deine kunst und studiren an, da las sie auch bleiben und hafften, Und wo dich dein eigen gedancken und vernunfft oder jemand anders fueret und weiset, so thu nur die augen zu und sprich: Ich sol und wil von keinem andern Gott wissen denn jnn meinem Herrn Christo. (Pred. üb. Joh. 17, 3, 1528, W. A. 28 S. 100 Z. 33; vgl. auch Komm. zu Gal. 1, 3, 1535, W. A. 40 1 S. 75f.; W. A. Ti. 6 S. 28). Es sollte doch nicht zu verkennen sein: diese Äußerungen Luthers treffen, sofern sie inhaltliche Polemik enthalten, nicht die Lehre von der Gottheit Christi. Und sofern sie die Gottheit Christi betreffen, enthalten sie keine inhaltliche Polemik. Luther will, das ist sein Anliegen in diesem Gedanken, die Gottheit überhaupt und die Gottheit Christi im besonderen nicht auf dem Weg einer eigenmächtigen Spekulation, sondern er will sie auf dem Weg der Erkenntnis der Offenbarung Gottes, er will sie also in der Tat auf dem Weg der Erkenntnis der *beneficia Christi* und also der *humanitas Christi,* d. h. seiner in der Schrift bezeugten menschlichen Wirklichkeit, durch welche uns seine Wohltat zukommt, erkannt wissen. Er will sie aber — und das hätte doch nie verschwiegen oder auch nur in den Hintergrund gestellt werden dürfen — e r k a n n t wissen. Umsichtiger als der Melanchthon von 1521 versäumte Luther nicht, darauf hinzuweisen, daß es sich in jenem Traume Jakobs um ein Hinauf- und um ein Herabsteigen der Engel handele: *angeli ascendentes et descendentes: doctores precones verbi Dei.* Der Weg führt zunächst von unten nach oben, von der *natura humana Christi* zur *cognitio Dei.* Aber er führt wirklich nach oben und darum dann auch wieder nach unten. Deinde *cum* Χριστός *in sic humilibus formis cognitus est, tum ascenditur et videtur, quod est Deus. Et tunc cognoscitur quod Deus benigne, misericorditer despectat* (Pred. üb. Genes. 28, 12f, 1520, W. A. 9 S. 494 Z. 17f). Also gerade die Erkenntnis der Güte Gottes hängt nun doch wieder daran, daß der Weg auch von oben nach unten führt. *Nos Christiani non* haben gnug daran, wie ein *Creator* sey zu rechen gegen der Creatur. *Sed docemus postea ex scriptura,* was Got in sich selber ist . . . *quid est deus in seipso ?* . . . *quid* ist er bey sich selber, da er sein Gottlich wesen bey sich selbs hat ? *Ibi Christiani: Is unicus dominus, rex et creator, per filium sic depinxit se, quod in deitate* so stehe . . . *Non solum inspiciendus deus ab extra in operibus. Sed deus vult etiam, ut agnoscamus eum etiam ab intra.* Was ist er inwerds ? (Predigt über Joh. 1, 1 f., 1541, W. A. 49 S. 238 Z. 5).

Was von der ganzen Berufung auf die Reformation in dieser Sache übrigbleibt, ist schließlich nur die Tatsache, daß das brennende Problem der Reformatoren ein anderes war als das des vierten Jahrhunderts und daß sie es sich im Gedränge des Kampfes um dieses ihr Problem geleistet haben und vielleicht leisten mußten, das Problem des vierten Jahrhunderts gelegentlich mit einer etwas ungeduldigen Bewegung zur Seite und an seinen Ort zu rücken. Daß es für sie nicht an diesem Ort g e s t a n d e n und daß sie es nicht als die selbstverständliche Voraussetzung ihres Problems erkannt oder jedenfalls spätestens in der Auseinandersetzung mit ihrem schon damals auftauchenden Gegner zur Linken wiedererkannt haben, hat noch niemand im Ernst behaupten können. Mag man es ihnen (so S t e p h a n a. a. O. S. 140) als Mangel an theologischer Konsequenz auslegen, daß sie die altkirchliche Lehre nicht nur nicht angegriffen, sondern an ihrem Ort so solenn wie möglich bejaht haben, oder mag man (so A. Ritschl, Rechtfert. u. Versöhnung[4] 1. Bd. S. 145 f.) in dieser Haltung einen Ausfluß ihrer kirchenpolitischen Rücksichtnahme auf das mittelalterliche *corpus christianum* sehen, die Tatsache als solche ist am Tage und wir haben das Recht, uns an sie zu halten. D i e R e f o r m a t o r e n h a b e n n i c h t d a r a n g e d a c h t, die C h r i s t o l o g i e in e i n e r L e h r e von den *b e n e f i c i a C h r i s t i* auf- bzw. untergehen zu lassen. Sollte es keine Verständigung darüber geben, daß es nun einmal endgültig zweierlei ist, wenn Melanchthon (Loci 1535, C. R. 21, 366) sagt: *scriptura docet nos de filii divinitate non tantum speculative sed practice, hoc est iubet nos, ut Christum invocemus, ut confidamus Christo* — und wenn man, wie Ritschl und die Seinen es wollten, das *speculative* einfach streicht bzw. es einfach in das *practice* umdeutet?

2. Der ewige Sohn

Der Einwand, daß es sich in dem Dogma von der Gottheit Christi um eine untheologische Spekulation handle, ist aber auch sachlich unverständig und unhaltbar und dürfte schließlich auf seine Urheber zurückfallen.

J. J. Spalding, der jene Melanchthonstelle vielleicht als Erster in diesem Sinn auszunützen versucht hat, argumentiert, prototypisch für Alles, was bis in unsere Tage hinein in dieser Richtung gesagt zu werden pflegt, folgendermaßen: „Nicht das, was der Sohn Gottes in sich, in seiner unserem Verstande undurchschaulichen Natur ist, gehöret zu unserm eigentlichen Christenthum, zu der allgemein nothwendigen und fruchtbaren Religionserkenntnis; sondern das, was er für uns ist, wozu er uns gegeben worden, was wir ihm zu danken haben, wie wir ihn annehmen und gebrauchen sollen, um zu der Glückseligkeit zu gelangen, zu welcher er uns führen will. Und wie sicher können wir dabey aller jener schweren Wörter und noch schwerern Begriffe entbehren!" (a. a. O. S. 142). „Wenn eine deutliche göttliche Erklärung da ist, daß mir nach meinen Verschuldungen noch wieder eine Umkehrung verstattet werde, und ein Zugang zu meiner Glückseligkeit offen stehe; wenn mir in dieser Erklärung gesagt wird, daß mir diess durch Jesum Christum vermittelt und zugewendet worden, so sehe ich nicht, warum mir dieser Grund meiner Beruhigung nicht zuverlässig genug seyn sollte. Eine solche allgemein erklärte Versicherung für unzulänglich zu halten, darauf nicht eher mit völliger Beruhigung trauen zu wollen, als bis ich selbst erst eingesehen, wie Gott diese Begnadigung habe möglich machen können, oder ob er auch befugt gewesen, Sünde zu vergeben, das hieße, mir eine Art von Beurtheilung über die heiligen Regierungsgesetze Gottes anmaßen, die mir unmöglich zukommen kann. Er verspricht mir Vergebung durch Christum; mehr brauche ich nicht. Was mein Erlöser zu dem Ende hat thun müssen, was er hat seyn müssen, um das thun zu können, das gehöret nicht zu meiner Religion, weder in Absicht auf meine Tugend, noch auf meine Gemütsruhe; das überlasse ich lediglich demjenigen, der mir so deutlich sein Wort über meiner Wiederaufnehmung gegeben hat. Diese Erklärung und Versicherung von dem wahrhaften Gott, daß er mir vergeben will, ist mir ungleich nöthiger zu wissen, als die Art, wie er es macht, daß er mir vergeben kann; und aus beyden etwas gleich wesentliches und wichtiges in der Religionserkenntnis zu machen, dazu würde man schwerlich hinlänglichen Grund finden können." (S. 144f.) Kurz, das Wissen um das, was das Dogma sagt, gibt den Christen „nicht den geringsten Zusatz zu ihrer Gottseligkeit und zu ihrem Trost, aber einen desto größern zur vergeblichen Belästigung ihres Verstandes" (S. 147). Bei dieser Beweisführung ist, wie es für die Aufklärungstheologie (im weitesten Sinn des Begriffs) bezeichnend ist, völlig übersehen, daß es sich im Dogma keineswegs darum handelt, die einfache und an sich genügende „Religionserkenntnis" durch eine ebenso subtile wie entbehrliche Erklärung der Möglichkeit ihres Inhaltes zu bereichern bzw. schwierig zu machen, daß es sich aber in dieser „Religionserkenntnis" allerdings — welche „Belästigung des Verstandes" die immer bedeuten möge und in welchem Sinn das immer zu meiner Religion, Tugend und Gemütsruhe „gehören" möge — um das Geheimnis des Wortes Gottes handelt, d. h. daß die Wahrheit dessen, was Christus für uns ist, die Wahrheit seiner *beneficia* nun einmal die Wahrheit des Ereignisses göttlicher Kundgebung und nicht die Wahrheit einer von diesem Ereignis zu lösenden „allgemein erklärten Versicherung" ist. Daß der wahrhafte Gott mir vergeben hat — das, und nicht bloß, daß er mir vergeben will, ist übrigens der Inhalt der hier in Betracht kommenden „Religionserkenntnis"! — das ist nicht anders als Wahrheit zu hören und zu verstehen als in dem Geheimnis des Weges Gottes aus seiner göttlichen Majestät in meine durch die Sünde zerstörte Geschöpflichkeit. Was hat die allgemeine Wahrheit, daß es eine Versöhnung gibt (als Wahrheit, die man hören und verstehen kann abgesehen von dem Geheimnis dieses Weges) mit der Wahrheit der

Gnade Gottes zu schaffen? Das Dogma von der Gottheit Christi hat es mit dieser Wahrheit zu tun, darum mit dem Geheimnis dieses Weges, darum mit dem Unterschiede zwischen dem Woher und dem Wohin dieses Weges und darum mit dem Unterschied des Sohnes Gottes an sich und für uns. An der Unterscheidung des „an sich" von dem „für uns" hängt die Anerkennung der Freiheit, der Ungeschuldetheit der Gnade Gottes, d. h. gerade dessen, was sie wirklich zur Gnade macht. Diese Anerkennung ist's, die im kirchlichen Dogma vollzogen wird, während die Aufklärungstheologie (im weitesten Sinn des Begriffs) offenbar gegen sie im Kriege liegt.

Es ist merkwürdig genug, aber es ist so: gerade das kirchliche Dogma von der ewigen wahren Gottheit Christi mit seinem „zuvor in sich selber" verneint und verbietet ein untheologisch spekulatives Verständnis des „für uns". Und gerade wer das kirchliche Dogma meint ablehnen zu müssen, tut das sicher, weil er in einem untheologisch spekulativen Verständnis des „für uns" befangen ist. In drei Punkten läßt sich das zeigen:

1. Wer davon nicht hören will, daß Christus zuvor in sich selber Gott ist, um so und daraufhin unser Gott zu werden, der macht das Letztere, sein Gottsein für uns, zu einer notwendigen Eigenschaft Gottes. Gottes Sein ist dann wesentlich gebunden und bedingt als Offenbarsein, d. h. als ein sich Verhalten Gottes zum Menschen. Der Mensch ist dann als Gott unentbehrlich gedacht. Um die Freiheit Gottes in der Tat der Offenbarung und Versöhnung, d. h. aber um den Gnadencharakter dieser Tat ist es dann geschehen. Es liegt dann in der Natur Gottes,[1] daß er uns vergeben muß. Und es liegt in der Natur des Menschen, einen Gott zu haben, von dem er Vergebung empfängt. Das und nicht das kirchliche Dogma, das eben diesen Gedanken verbietet, ist untheologische Spekulation.

2. Gerade wer sich nur an den Sohn Gottes für uns halten will, ohne dessen zu gedenken, daß er zuvor in sich selber der Sohn Gottes ist, sollte das jedenfalls nicht Glaubenserkenntnis heißen. Wenn nämlich Glaubenserkenntnis Erkenntnis eines göttlichen Handelns, einer Enthüllung des verhüllten Gottes, also eines Hervortretens, eines Weges Gottes ist, wenn Glaubenserkenntnis sich dadurch von irgendeiner anderen Erkenntnis auszeichnet, daß sie Erkenntnis des Geheimnisses der Rede Gottes ist — der Rede Gottes, die sich von einem Schweigen Gottes abhebt, die eben als Ereignis, zwischen einem *terminus a quo* und einem *terminus ad quem* Wahrheit ist und nicht sonst! Wer die *beneficia Christi* abgesehen von diesem Ereignis meint verstehen zu können, er und nicht das kirchliche Dogma, das an dieses Ereignis erinnert, treibt untheologische Spekulation.

3. Will man die Aufgabe der theologischen Besinnung darauf beschränken, Christus in seiner Offenbarung, aber eben nur in seiner Offenbarung, an sich und als solcher zu verstehen, welches wird dann das Maß und Kriterium dieses Verstehens, dieses so hoch gerühmten *beneficia Christi*

---

[1] *C'est son métier* (Voltaire).

cognoscere sein können ? Offenbar wird dies ein vom Menschen Mitgebrachtes sein müssen. Dieser Maßstab kann dann entweder die uns mögliche Schätzung menschlicher Größe oder die uns mögliche Schätzung der Idee Gottes oder eines Göttlichen sein. Weil Christus nach dieser unserer Schätzungsmöglichkeit hoch zu werten ist, darum und insofern, auf Grund unseres „Werturteils" nennen wir ihn dann Gottes Sohn. Wir stehen damit wieder vor jenen beiden christologischen Typen, die wir als den ebionitischen und den doketischen kennen gelernt haben.

A. Ritschl — seine Christologie gehört nach unserer Einteilung (im Unterschied zu derjenigen der ihm folgenden religionsgeschichtlichen Schule) zweifellos unter den „doketischen" Typus — hat den Vorgang, in welchem es unter dieser Voraussetzung zur Erkenntnis der Gottheit Christi kommen kann, folgendermaßen beschrieben: „Sind die Gnade und Treue und die Herrschaft über die Welt, welche in der Handlungsweise wie in der Leidensgeduld Christi anschaulich sind, die wesentlichen, für die christliche Religion entscheidenden Attribute Gottes, so war es unter gewissen geschichtlichen Veranlassungen folgerecht, die richtige Schätzung der Vollkommenheit der Offenbarung Gottes durch Christus in dem Prädikate seiner Gottheit sicherzustellen" (Unterricht in der chr. Rel. 1875 § 24; vgl. Rechtfertigung und Versöhnung[4] 3. Bd. S. 370f.).

Sollte nicht das: dieses Deuten, Werten und Schätzen mittels eines vom Theologen selbstgewiß mitgebrachten und auf Christus angewandten Maßstabes (auch wenn es im Ergebnis und den Worten nach den Inhalt des kirchlichen Dogmas wieder zu erreichen scheint) das eigentlich untheologische Spekulieren sein ? Während das kirchliche Dogma mit seinem „zuvor in sich selber" uns offenbar gerade diesen Maßstab aus den Händen schlagen will, indem es uns sagt, daß die Erkenntnis der Gottheit Christi nur Anfang und nicht Ergebnis unseres Denkens sein kann?

Kein Zweifel: das Dogma von der Gottheit Christi durchbricht das Korrelationsverhältnis zwischen göttlicher Offenbarung und menschlichem Glauben. Mit dem religionspsychologischen Zirkel, mit der Theorie von den in einer „Spannungseinheit" stehenden, uns zugänglichen zwei Wahrheitsmomenten und wie diese wohlgemeinten Erfindungen alle heißen mögen, kommt man an das, was dieses Dogma sagen will, allerdings nicht heran. Und wenn Alles, was mit diesem Instrumentarium nicht zu fassen ist, schon deshalb unerlaubte Metaphysik ist, dann allerdings ist dieses Dogma solche Metaphysik. Wir müssen aber auf Grund der genannten drei Punkte den Spieß ganz schlicht umkehren und sagen: darin besteht die wirklich unerlaubte Metaphysik, die sich die Reformatoren notorisch nicht geleistet haben: jenes uns vermeintlich zugängliche, überschauliche und verständliche Korrelationsverhältnis zu verabsolutieren, es als die Wirklichkeit zu verstehen, in der sich Gott dem Menschen und dem menschlichen Denken und Reden sozusagen ausgeliefert habe, statt zu bedenken, daß unser Stehen in diesem Verhältnis jederzeit reine Illusion und unser Denken darin, unser Reden darüber reine Ideologie sein kann, wenn beides nicht in Gott selbst begründet ist und durch Gott selbst immer wieder bestätigt wird. **Weil und sofern das wahr ist, was das Dogma sagt: daß Gottes Wort das Wort Gottes ist, darum und insofern ist auch jenes Korrelationsverhältnis wahr.** Seine Wahrheit hängt wie an einem Nagel an der Wahrheit, von der das Dogma redet. Und darum auch alle Wahrheit unseres Denkens und Redens darüber an der Erkenntnis der Wahrheit des Dogmas. Ohne sie ist es Träumerei und Geschwätz, und wenn es sich lange Theologie der Offenbarung und des Glaubens nennen würde. Darum und daraufhin, daß Christus zuvor in sich selber Gottes Sohn ist, gibt es die beiden in Spannung untereinander befindlichen Wahrheitsmomente (die W ahrheitsmomente des ebionitischen und des doketischen Denkens), in denen wir erkennen, daß er Gottes Sohn für uns ist, nicht umgekehrt. Eine Theologie, die nicht weiß um die Freiheit der Gnade Gottes, nicht weiß um das Geheimnis seines Weges, nicht weiß um die Furcht Gottes als den Anfang der Weisheit, wie käme sie dazu, sich Theologie der Offenbarung und des Glaubens zu nennen? Wie sollte sie Erkenntnis der *beneficia Christi* sein? Ist da nicht Alles trotzige Eigenmacht, nur um so schlimmer, weil sie sich auch noch so demütig gibt? Aber es hat keinen Sinn, hier zu schelten. Wir stehen gerade hier mit besonders schmerzlicher Deutlichkeit vor dem Riß, der mitten durch die evangelische Kirche geht. Die sich hier widersprechen, können sich weder verstehen noch überzeugen. Sie sprechen nicht nur eine andere Sprache, sondern auch aus einer anderen Erkenntnis. Sie haben nicht nur eine andere Theologie, sondern auch einen anderen Glauben. Wir können hier letztlich nur protestieren, wie wir in anderen Zusammenhängen gegen die Aufstellungen der römisch-katholischen Theologie nur protestieren können.

Das für die dogmatische Wissenschaft belangvollste Dokument des kirchlichen Dogmas von der Gottheit Christi ist der auf dieses Problem sich beziehende Teil des zweiten Artikels des sog. *Symb. Nicaeno-Constantinopolitanum.*

Das *Symb. Nic.Const.* ist ein Taufsymbol aus dem letzten Drittel des vierten Jahrhunderts, vielleicht das Taufsymbol der Kirche von Konstantinopel (oder der von Jerusalem?), in welches die entscheidenden trinitätstheologischen Bestimmungen des Konzils von Nicaea 325 aufgenommen wurden und das nach nicht eben sicherer Überlieferung die Anerkennung des Konzils von Konstantinopel 381 gefunden haben soll. Es ist seit 565 fester Bestandteil der morgenländischen, seit 1014 der abendländischen Liturgie geworden. — Wir nennen es das hier für uns belangvollste Dokument des Dogmas von der Gottheit Christi,

1. weil unter den drei von den Reformationskirchen formell rezipierten altkirchlichen Symbolen gerade seine Bestimmungen in dieser Hinsicht zugleich die schärfsten und die knappsten sind,

2. Der ewige Sohn

2. weil es, gerade in dieser Hinsicht in der Hauptsache nur das alte eigentliche Nicaenum reproduzierend, abschließend den Ertrag der altkirchlichen Diskussion über die Gottheit Christi wiedergibt,

3. weil es wegen seiner liturgischen Bedeutung in der anatolischen und in der römisch-katholischen Kirche geeignet ist, über die kirchlichen Trennungen hinweg an den freilich anderweitig auch wieder ganz verborgenen ökumenischen Konsensus des christlichen Bekenntnisses zu erinnern,

4. weil es unzweideutig das sagt, was der liberale Protestantismus nicht hören mag und was gerade darum in einer evangelischen Dogmatik unbedingt geltend gemacht werden muß.

Die in Betracht kommende Stelle, mit deren kurzer Kommentierung wir die Behandlung des uns beschäftigenden Problems abschliessen, lautet:

(Πιστεύομεν . . .)	(*Credo . . .*)
1. εἰς ἕνα κύριον Ἰησοῦν Χριστόν	1. *in unum Dominum Jesum Christum*
2. τὸν υἱὸν τοῦ θεοῦ τὸν μονογενῆ	2. *filium Dei unigenitum*
3. τὸν ἐκ τοῦ πατρὸς γεννηθέντα πρὸ πάντων αἰώνων	3. *et ex Patre natum ante omnia saecula*
4. φῶς ἐκ φωτός, θεὸν ἀληθινὸν ἐκ θεοῦ ἀληθινοῦ, γεννηθέντα οὐ ποιηθέντα	4. *Deum de Deo, lumen de lumine, Deum verum de Deo vero, genitum non factum*
5. ὁμοούσιον τῷ πατρί	5. *consubstantialem Patri*
6. δι' οὗ τὰ πάντα ἐγένετο	6. *per quem omnia facta sunt*
(Text nach *Denzinger* Nr. 86)	(Text nach dem *Missale Romanum*)

1. **Wir glauben an den einen Herrn Jesus Christus.** — Der Begriff „Herr" weist uns zunächst hin auf die Bedeutung Jesu Christi für uns. Er ist uns gegenüber der Träger von Autorität und Gewalt. Er hat Anspruch auf uns und er verfügt über uns. Er befiehlt und regiert. Aber er tut das nicht zufällig und vorläufig, nicht teilweise und beschränkt wie andere Herren. Seine Herrschaft ist keine abgeleitete, keine in einer höheren Herrschaft begründete. Sie ist Herrschaft im letzten abschließenden Sinn des Begriffs. Sie ist in sich selbst begründete Herrschaft. Das sagt die Klausel „ein" Herr. Sie will sagen: der Glaubenssatz „Jesus Christus ist der Herr" ist gerade nicht nur eine Analyse der im Glauben uns offenbaren Bedeutung Jesu Christi für uns. Sondern er besagt, daß in sich selbst begründet, abgesehen von dem, was er für uns bedeutet, Jesus Christus eben das ist, was er für uns bedeutet, und daß er es für uns bedeuten **kann**, eben weil er es auch abgesehen davon zuvor in sich selber **ist**.

Wie sollte der Glaube dazu kommen, sich selbst (als das Erfassen dessen, was Jesus Christus für uns bedeutet) für die Rechtfertigung jenes Glaubenssatzes zu halten? Gerade der Glaube wird vielmehr sich selbst nur dadurch für gerechtfertigt halten, daß Jesus Christus zuvor, allem unseren Erfassen vorangehend, in sich selber der ist, als der er sich uns zu erfassen gibt. *Christus quamquam sit coelestis et sempiternae conditor civitatis, non tamen eum, quoniam ab illo condita est, Deum credidit, sed ideo potius est condenda, quia credidit . . . Roma Romulum amando esse Deum credidit, ista istum Deum esse credendo amavit* (Augustin, *De civ. Dei* XXII 6, 1).

Die Klausel „der eine" Herr rückt Jesus Christus unmittelbar zum

Vater, von dem das Bekenntnis im ersten Artikel mit Nachdruck gesagt hatte: er ist ein Gott. Wenn zwischen den Begriffen „Gott" und „Herr" keine Konkurrenz sein kann, wenn sie sich auf das eine Wesen beziehen — so auf das eine, wie sich die Aussagen über Schöpfung und Versöhnung auf das eine Wirken dieses einen Wesens beziehen, dann ist schon mit dieser Klausel das Entscheidende gesagt: Jesus Christus ist selbst dieses Wesen, nicht sein Legat und Bevollmächtigter bloß, sondern mit ihm identisch. Darum, weil er der eine Herr ist, weil er in diesem strengsten Sinne der Herr ist, darum hat seine Herrschaft für uns, in seiner Offenbarung, keinen Anfang und kein Ende, bricht sie über uns herein, mit dem unerhörten und unvergleichlichen Gefälle der ewigen Wahrheit und Wirklichkeit selber, ist sie von nirgendswoher einzusehen und abzuleiten, fängt ihre Erkenntnis an mit ihrer Anerkennung. Nur wenn er ein anderer Herr wäre, einer von den Herren innerhalb unserer Welt, könnte es anders sein. Er ist aber dieser Herr, der „Herr aller Herren" (Deut. 10, 17; 1. Tim. 6, 15). Er hat jene Bedeutung für uns, weil sie die Entsprechung ist dessen, was sein Wesen ist „zuvor in sich selber".

2. Wir glauben an Jesus Christus als an den eingeborenen Sohn Gottes. — Der Begriff „Sohn" soll uns unter Punkt 4 beschäftigen. Die Klausel „der einziggeborene" betont zunächst die Einheit, d. h. aber die Exklusivität, die Einzigkeit der in Jesus Christus geschehenen Offenbarung und Versöhnung. Wer in ihm den Sohn Gottes glaubt, der weiß um keinen anderen Sohn Gottes neben ihm, d. h. aber um keine anderen Offenbarungen, die ihm ebenfalls Offenbarung Gottes selber wären, um keine anderen Versöhnungen, in denen er sich ebenfalls mit Gott selber versöhnt wüßte. Es gibt ja auch andere, immanente, innerhalb der geschaffenen Welt sich abspielende Offenbarungen und Versöhnungen: es gibt Offenbarungen des Geistes und Offenbarungen der Natur. Ein Mensch kann sich dem anderen offenbaren. Und der Mensch kann versöhnt werden mit seinem Schicksal, er kann sogar mit dem Tode, er kann — und das dürfte das Größte sein, sogar mit seinem Mitmenschen versöhnt werden. Aber das Alles ist nicht das Tun des Sohnes Gottes. Jedenfalls wer in Jesus Christus den Sohn Gottes glaubt, wem Gott in ihm offenbar und wer durch ihn mit Gott versöhnt wird, wird in allen jenen Offenbarungen und Versöhnungen nicht Werke von anderen Gottessöhnen erblicken. Sollten sie echte Offenbarungen und Versöhnungen sein, dann könnten sie nur identisch sein mit der Offenbarung und Versöhnung durch den Sohn Gottes. Es wäre dann Jesus Christus der in ihnen als lebend und handelnd erkannt werden müßte. Die eine Offenbarung und Versöhnung würde damit nicht zu einer unter vielen. — Aber das ist nicht Alles, was das Bekenntnis mit der Klausel von dem einziggeborenen Sohn Gottes sagen will.

2. Der ewige Sohn

Wäre dies Alles, so könnte das immer noch heißen, daß das neutestamentliche υἱὸς μονογενής zu interpretieren wäre durch das im Neuen Testament ja auch vorkommende υἱὸς ἀγαπητός. Und das könnte so gemeint sein, daß ein von Gott unterschiedenes Wesen Gegenstand des besonderen Wohlgefallens, der Bevorzugung, der Erwählung, der Adoption Gottes wäre, daß er, dieser Einzige, von Gott Sohn genannt und zu seinem Sohn, zur Würde und zu den Rechten der Sohnschaft eingesetzt wäre. Und das würde dann für uns bedeuten, daß er als solcher zu anerkennen, daß er als solcher zu glauben wäre. Es wäre dann die Exklusivität dieses Glaubens, die sog. „Absolutheit des Christentums", die dann den Inhalt des Bekenntnisses bilden würde. Aber wenn das Bekenntnis mit dem μονογενής allerdings die Einheit, die Einzigkeit der in Jesus Christus geschehenen Offenbarung bekennt, so ist das etwas sehr Anderes als die Absolutheit des Christentums. Das Bekenntnis sagt nicht, daß man im Glauben, wohl gar in einem als „Entscheidung" verstandenen Glauben eine Möglichkeit unter vielen anderen wählen, auszeichnen und behaupten könne und müsse als die absolute gegenüber den vielen anderen. Wie sollte dem Glauben eine solche Erhöhung Jesu Christi zukommen, wo doch schon der Sinn seiner Erhöhung durch seinen himmlischen Vater ein ganz anderer ist: keine Neuerung nämlich, sondern die Bestätigung eines Ursprünglichen und Eigentlichen? Die Einzigkeit Jesu Christi als des Sohnes Gottes und also die Einzigkeit der in ihm geschehenen Offenbarung und Versöhnung ist nicht ein von Gott ihm nachträglich verliehenes Prädikat. Sie ist nicht als der Inhalt eines synthetischen, sondern als der Inhalt eines analytischen Satzes zu verstehen. Μονογενής ist gerade nicht durch ἀγαπητός zu interpretieren, sondern umgekehrt: *Non ideo μονογενής dicitur, quia ἀγαπητός sed ideo est ἀγαπητός quia μονογενής* (Quenstedt, *Theol. did. pol.*, 1685, I *cap.* 9 *sect.* 1 *th.* 34).

Der einziggeborene Sohn ist eben nach Joh. 1, 18 der eingeborene Gott. Gott selbst, Gott in sich selber, ist in der Seinsweise des Einziggeborenen vom Vater. Darum ist dieser Einziggeborene Gegenstand der Liebe des Vaters, darum kann er Gegenstand unseres Glaubens werden. Vor aller Offenbarung und allem Glauben, vor dem, daß die Herrlichkeit dieses Einziggeborenen sich Menschen zu schauen gibt (Joh. 1, 14), ist sie Herrlichkeit Gottes selber. Und darum ist sie dann in ihrer Offenbarung „Gnade und Wahrheit". Darum kann ihre Offenbarung nur eine einzige sein. Die Einzigkeit ihrer Offenbarung und Versöhnung für uns ist die Entsprechung dessen, was Gott in seinem Wesen zuvor in sich selber ist: der Sohn des Vaters, neben dem es einen zweiten so wenig geben kann wie ein Zweiter Gott sein kann neben dem einen Gott.

3. Wir glauben an Jesus Christus als an den vom Vater vor aller Zeit Gezeugten. — Man muß auch hier davon ausgehen, daß dies von Jesus Christus als dem Offenbarer Gottes, also durchaus von dem in der Zeit an uns und für uns handelnden Gott gesagt ist. Die Aussage über Gott als solchen steht nicht abstrakt als zweite neben einer ersten über Gott als den Herrn unserer Geschichte. Sondern eben die Aussage über Gott als den Herrn unserer Geschichte wird unterstrichen durch die Aussage: Er ist Gott als solcher, keine bloße, auch nicht die höchste Analogie Gottes selber in einer von Gott unterschiedenen Wirklichkeitssphäre. Er bedeutet nicht, sondern er ist Gott selber. Die Klausel „vor aller

Zeit" schließt also die Zeit nicht aus, weder das *illic et tunc* der Offenbarung, wie sie in der Schrift bezeugt wird, noch das *hic et nunc*, in welchem sie für uns Offenbarung werden soll. Es schließt die Zeit, konkret: diese Zeit, die Zeit der Offenbarung, es schließt die Geschichte nicht aus sondern ein. Aber eben dies, daß Zeit (Zeit von unserer Zeit, Zeit und Geschichte des sündigen Geschöpfs — und das ist doch auch die Zeit und Geschichte der Offenbarung) eingeschlossen ist in ein göttliches „vor aller Zeit", eben das ist nicht selbstverständlich, eben das ist Gnade, Geheimnis, in der Furcht Gottes zu erkennende Grundlegung. Darum muß die Aussage über Gott als solchen, über Gott selbst, ausdrücklich erfolgen, auf die Gefahr des Mißverständnisses hin, als solle hier ohne Offenbarung und Glauben, als solle hier „ungeschichtlich" geredet werden, wo es doch gerade darauf ankommt, recht von Offenbarung und Glauben, recht von der Geschichte zu reden. Auch die Aussage über Gott als den Herrn unserer Geschichte ist ja an sich nicht unmißverständlich. Auch sie könnte für sich genommen ein Satz anthropologischer Metaphysik sein. Man kann und muß umgekehrt auch sie nur als eine Unterstreichung der Aussage über Gott als solchen verstehen. Gewiß ist der Satz von der Präexistenz Jesu Christi nur eine Explikation des Satzes von seiner Existenz als Offenbarer und Versöhner, als des in der Zeit an uns und für uns handelnden Gottes. Aber eben so gewiß ist der Satz von seiner Existenz nur eine Explikation des Satzes von seiner Präexistenz. Dieser, der für uns existierende Sohn Gottes, ist der Präexistierende. Aber nur dieser, der präexistierende Sohn Gottes, ist der für uns Existierende. Das Dogma von der Fleischwerdung des Sohnes Gottes wird den ersten Satz erläutern. Das Dogma von der Gottheit Christi, das uns hier beschäftigt, betont den zweiten.

Der zweite Artikel des *Nic. Const.* unterscheidet sehr deutlich zwischen diesen beiden Erkenntniskreisen. Das Dogma von der Inkarnation ist ausführlich nicht im *Nic. Const.*, sondern im *Ephesinum* von 431 und im *Chalcedonense* von 451 ausgesprochen.

„Vom Vater vor aller Zeit gezeugt" heißt: nicht in der Zeit als solcher geworden, nicht geworden in einem Ereignis innerhalb der geschaffenen Welt. Daß der Sohn Gottes Mensch wird, und daß er in seiner Menschheit als der Sohn Gottes von anderen Menschen erkannt wird, das sind Ereignisse, wenn auch schlechterdings ausgezeichnete Ereignisse in der Zeit, innerhalb der geschaffenen Welt. Aber eben diese ihre Auszeichnung stammt und kommt selbst nicht aus der Zeit. Sonst wären sie eben nur relativ ausgezeichnete Ereignisse, wie es deren auch andere gibt. Gerade weil sie göttliche Kraft haben, weil die Kraft des Diesseitigen hier die Kraft des Jenseitigen, die Kraft der Immanenz Gottes hier die Kraft seiner Transzendenz ist, muß ihr Subjekt verstanden werden als seiend vor aller Zeit, als ewiges Subjekt, so ewig wie Gott selber, selber ewig als Gott. Jesus Christus wird nicht erst Gottes Sohn, indem er es für uns ist. Er wird es von Ewigkeit her, er wird es als ewiger Sohn des ewigen Vaters.

Das „vor aller Zeit" darf also nicht selber wieder als eine zeitliche Bestimmung verstanden werden. *Absque initio, semper ac sine fine: Pater generans, Filius nascens et Spiritus sanctus procedens*, sagt das *Conc. Later.* IV, 1215 von allen drei Seinsweisen Gottes. Zu der in diesem Zusammenhang oft zitierten Stelle Ps. 2, 7: Du bist mein Sohn, heute habe ich dich gezeugt! macht Cyrill v. Jerus. die treffende Bemerkung: Τὸ δὲ σήμερον, οὐ πρόσφατον, ἀλλ' ἀΐδιον· τὸ σήμερον ἄχρονον, πρὸ πάντων τῶν αἰώνων (*Cat.* 11, 5). *Vox „hodie" notat diem immutabilis aeternitatis* umschreibt Quenstedt (a. a. O. *th.* 15) und interpretiert darum (a. a. O. *th.* 28) den Begriff der Zeugung des Sohnes aus dem Vater hinsichtlich ihres Verhältnisses zur Zeit folgendermaßen: *Haec generatio Filii Dei non fit derivatione aut transfusione, nec actione, quae incipiat aut desinat, sed fit indesinente emanatione, cui simile nihil habetur in rerum natura. Deus Pater enim filium suum ab aeterno genuit et semper gignit, nec unquam desinet gignere. Si enim generatio filii finem haberet, haberet etiam initium et sic aeterna non esset.* Wir können und müssen also von diesem (über das uns heute treffende zeitliche Ereignis entscheidenden) göttlichen Vorher ebensowohl sagen, daß es heute stattfindet wie daß es gestern stattfand und morgen stattfinden wird. *Nec tamen propterea generatio haec dici potest imperfecta et successiva. Actus namque generationis in Patre et Filio consideratur in opere perfectus, in operatione perpetuus.* Will sagen: die Transzendenz dieses „Vorher" gegenüber aller Zeit kann darum keine Entleerung des auf dieses „Vorher" sich gründenden zeitlichen Ereignisses bedeuten, weil sie echte, ewige Transzendenz ist. Was in Gott wirklich ist, das muß, gerade weil es in Gott (nicht in der Weise geschaffener Wesen) wirklich ist, immer wieder wirklich werden. Aber eben dieses Werden (weil es dieses Werden ist!) schließt alle Ergänzungsbedürftigkeit jenes Seins aus. Dieses Werden bestätigt vielmehr nur die Vollkommenheit jenes Seins.

4. Wir glauben an Jesus Christus als an das **Licht vom Licht, den wahrhaftigen Gott vom wahrhaftigen Gott, gezeugt, nicht geschaffen.** — In dieser Klausel haben wir es mit der eigentlichen und entscheidenden trinitätstheologischen Bestimmung der Gottheit Christi zu tun. Sie sagt ein Doppeltes: Einmal, daß wir im Wirken und Wesen Gottes Licht und Licht, Gott und Gott zu **unterscheiden** haben, so zu unterscheiden, wie wir innerhalb der geschaffenen Welt eine Lichtquelle und einen von ihr ausgehenden Lichtschein oder ein anzündendes und ein angezündetes Licht, Vater und Sohn, den Sprecher und das gesprochene Wort zu unterscheiden haben. Sodann, daß diese Unterscheidung als Unterscheidung in **Gott selbst** zu verstehen ist. Also nicht so zu verstehen ist, als ob auf der einen Seite Gott, auf der anderen Seite ein Geschöpf zu finden sei, sondern so, daß auf beiden Seiten in gleicher Weise der eine Gott zu finden ist. Wir versuchen es, die beiden hier sichtbaren Reihen miteinander, in ihrer gegenseitigen Bezogenheit aufeinander, zu verstehen.

Die Aussagen über die Unterscheidung und die Einheit in Gott sind zunächst einfach Aussagen über die Offenbarung, wie sie die Kirche in der Heiligen Schrift bezeugt gefunden hat. Hier, in dieser Offenbarung, ist Gott da und Gott dort, Gott so und Gott anders, Gott der Schöpfer und Gott der Versöhner und doch nur ein und derselbe Gott. Hier ist der verborgene und der offenbare Gott und doch der verborgene Gott kein anderer als der offenbare, der offenbare kein anderer als der verborgene. Das Dogma spricht zunächst einfach diese Dialektik der Offenbarung als solche nach; es wiederholt jene Unterscheidung und jene Ineinssetzung. Aber nach der vorangehenden Klausel kann es nun keine Frage mehr sein: es soll in bezug auf die in Jesus Christus geschehene Offenbarung, zur Interpretation der Offenbarung als solcher, etwas über die Offenbarung hinaus, es soll aus der Offenbarung etwas über ein Jenseits und Oberhalb der Offenbarung gesagt werden. Es soll gesagt werden: so wie Christus in der Offenbarung ist, gerade so ist er zuvor in sich selber. Also: er ist zuvor in sich selber Licht vom Licht, wahrhaftiger Gott vom wahrhaftigen Gott, der Gezeugte Gottes, nicht sein Geschöpf. So schlechterdings ernst haben wir eben die Offenbarung zu nehmen, daß wir in ihr als dem Akt Gottes unmittelbar auch sein Sein zu erkennen haben.

Eben damit, daß es sich um die Unterscheidung und Einheit zweier Seinsweisen Gottes selber handelt, ist nun aber schon gesagt, daß wir es zwar versuchen können und müssen, diese Unterscheidung und Einheit zu bezeichnen, daß wir aber nicht erwarten dürfen, sie mit diesen Bezeichnungen zu begreifen. Wir können und müssen sie denken und aussprechen. Denn wenn wir darauf verzichten wollten, so würde das bedeuten, daß wir uns ihrer Erkenntnis entziehen würden. Ihre Erkenntnis ist uns aber mit dem biblischen Zeugnis von Gottes Offenbarung, so wie wir es verstehen zu müssen meinten, jedenfalls als Aufgabe der Dogmatik aufgegeben. Aber wir haben Anlaß, uns zu erinnern: Erkenntnis des Wortes Gottes kann nur sein Erkenntnis im Glauben und also entscheidend An-Erkenntnis, menschliche Verantwortung gegenüber der uns durch diesen Gegenstand gestellten Frage. In einem Begreifen dieses Gegenstandes, in einer Bemächtigung seiner wird sich diese unsere Verantwortung nicht vollziehen können. Er wird unserem Denken und Sprechen gegenüber Gegenstand bleiben. Unser Denken und Sprechen wird ihm nicht angemessen, sondern nur unangemessen (inadäquat) sein können. Erkenntnisgehalt wird unserem Denken und Sprechen — auch wenn wir das Dogma, ja auch wenn wir die Aussprüche der Heiligen Schrift nachdenken und nachsprechen — nur durch Gottes Gnade, nicht an sich, zu eigen sein können. Es wird an sich, immanent betrachtet, ein unzulängliches, brüchiges Denken und Sprechen sein und bleiben.

a) Verhältnismäßig am unanfechtbarsten von den drei Formeln unserer Klausel ist die mittlere: „Wahrer Gott vom wahren Gott." Mit dem ἐκ wird aufs kürzeste die Unterscheidung der zwei Seinsweisen bezeichnet: Wahrer Gott gründend in, hervorgehend aus wahrem Gott, das ist Jesus Christus. Das ist Gott so nur in dieser Seinsweise. Die Unterscheidung der Seinsweise, in der Jesus Christus Gott ist, besteht also in der Beziehung zu einer anderen Seinsweise Gottes, einer Beziehung, die durch das ἐκ als „Gründen in", als „Hervorgehen aus" bezeichnet wird. Umgekehrt wird die Einheit beider Seinsweisen als Seinsweisen eines schlechterdings identischen Seins bezeichnet durch die Wiederholung des Substantivs θεός mit dem ebenfalls nachdrücklich wiederholten Adjektiv ἀληθινός.

Im offiziell gewordenen lateinischen Text ist die Steigerung: *Deum de Deo, lumen de lumine, Deum verum de Deo vero*, offenbar beabsichtigt. Calvin hat die Stelle im Streit mit Caroli eine *battologia* genannt, ein *carmen magis cantillando aptum quam formula confessionis, in qua syllaba una redundare absurdum est* (*Adv. P. Caroli calumnias C. R.* 7, 315f.). Man wird sie doch besser so verstehen, daß darin die Verschärfung des Gedankens von geringerer zu erhöhter Bestimmtheit sozusagen *in actu* vorgeführt werden soll.

Die Schwierigkeit auch dieser einfachsten Formel besteht darin, daß das ἐκ, sobald man es, so oder ähnlich wie eben geschehen, zu deuten versucht, unvermeidlich die Vorstellung von zwei selbständigen, in einem bestimmten Abhängigkeitsverhältnis zueinander stehenden Wesen erweckt, oder aber, wenn man eine solche Veranschaulichung unterläßt, bedeutungslos wird, so daß über einen Unterschied in dem *Deus verus* nichts mehr gesagt ist. Die bezeichnete Wahrheit liegt tatsächlich jenseits auch dieser bezeichnenden Worte. *Deus verus* und *Deus verus* stehen sich nicht als selbständige Wesen gegenüber, sie sind aber in demselben selbständigen Wesen zweierlei. Das ist's, was hier keine Sprache angemessen, sondern auch die Sprache des Dogmas nur unangemessen wiedergeben kann.

b) In der ersten Formel „Licht aus Licht" haben wir es mit einem erhöhten aber um so gefährlicheren Versuch zur Anschaulichkeit zu tun. Konkret gemeint ist wahrscheinlich zunächst das von den Kirchenvätern besonders gern verwandte Bild von Sonne und Sonnenlicht. So verhält sich Jesus Christus als die eine Seinsweise Gottes zu der ersten, in der er gründet, aus der er hervorgeht, wie sich das Sonnenlicht zur Sonne verhält.

ὢν ἀπαύγασμα τῆς δόξης αὐτοῦ lesen wir ja Hebr. 1, 3 vom Sohne Gottes. *Cum radius ex sole porrigitur ... sol erit in radio, quia solis est radius, nec separatur substantia, sed extenditur. Ita de Spiritu Spiritus, et de Deo Deus, ut lumen de lumine accensum* (Tertullian, *Apolog.* 21).

Man kann sich an dem in der Tat hohen und schönen Bildwert dieser Formel nur freuen und wird doch bekennen müssen, daß sie nicht nur das durch sie Bezeichnete als seiend im Raum und in der Zeit voraussetzt, sondern auch sehr verschiedenen physikalischen Deutungen ausgesetzt ist, von denen wahrscheinlich keine einzige das besagen würde, was hier mit ihr gesagt werden soll. In ähnliche Schwierigkeiten gerät man auch dann, wenn man das *lumen de lumine* von einem anzündenden und einem angezündeten Licht versteht. Ein *vestigium trinitatis* in der geschaffenen Welt will das Bekenntnis gewiß mit dieser Bildrede nicht angeben, also eine Aussage über den hypostatischen Charakter und über die Homousie von Licht und Licht in jener doppelten Bedeutungsmöglichkeit nicht machen. Aber eben weil es das streng genommen auch nicht kann, bleibt die Bildrede als Aussage über Jesus Christus inadäquat, bleibt der Gegenstand deutlich jenseits des Wortes.

c) Die entscheidende Formel ist natürlich die dritte: „Gezeugt, nicht geschaffen."

Sie sagt in ihrem vorwegzunehmenden negativen Teil: Jesus Christus ist als Seinsweise Gottes freilich von Gott her, aber nicht so von Gott her, wie die Geschöpfe vom höchsten Engel bis zum geringsten Sonnenstäublein von Gott her sind, nämlich durch Schöpfung, d. h. so, daß er seine Existenz als eine von der Existenz Gottes verschiedene durch den Willen und das Wort Gottes hätte. Von der menschlichen „Natur" Christi, von seiner Existenz als Mensch, in der er uns als Offenbarer Gottes und Versöhner mit Gott nach der Schrift begegnet, wird das freilich zu sagen sein, aber nicht von dem, der hier menschliche Natur annimmt, d. h. der hier als Mensch existiert,[1] um doch sein Sein und Wesen in diesem seinem Menschsein gerade nicht zu erschöpfen und gefangen sein zu lassen, um in diesem Menschsein auch ganz und gar nicht Mensch zu sein, um gerade kraft dessen, worin er nicht Mensch ist, in seinem Menschsein Offenbarer und Versöhner zu sein. Der, der hier Mensch wird, um Offenbarer und Versöhner zu werden, ist nicht geschaffen. Sonst wären Offenbarung und Versöhnung ein Geschehen innerhalb der Schöpfung und, weil die Schöpfung die Welt des gefallenen Menschen ist, ein vergebliches Geschehen. Weil der, der hier Mensch wurde, Gott ist, Gott in dieser Seinsweise, darum (und nicht sonst) ist sein Menschsein wirksam als Offenbarung und Versöhnung.

Aber nun zu der positiven Seite dieser Formel! Überraschend genug bezeichnet sie das wirkliche Werden Jesu Christi, sein ihm als Gott angemessenes ewiges Werden, sein Ursprungs- und Abhängigkeitsverhältnis als Gott in seiner bestimmten Seinsweise gerade mit einem Bild aus der Geschöpfsphäre. Und man möchte hinzufügen: mit dem für diese Sphäre wie kein anderes bezeichnenden Bild! „Gezeugt", d. h. doch wohl in eminentem Sinn: so geworden, wie alles Lebendige innerhalb der Schöpfung, auf Grund und unter Voraussetzung des göttlichen Schöpferwortes wird, geworden im Zusammenhang des Geschlechts in der doppelten Bedeutung des Wortes, geworden wie auch der Wurm wird, geworden

---

[1] „Um unsertwillen", wie das *Nic. Const.* nachher sagt.

2. Der ewige Sohn

wie der Mensch wird, in dem Vorgang, in welchem Schöpfung und Sünde in der vielleicht rätselhaftesten Weise — nicht ineinander sondern gegeneinander sind, indem sie miteinander sind. Man wird gerade über diesen Anstoß nicht hinwegsehen dürfen, um hier zu verstehen.

Thomas von Aquino versteht als das Eigentliche, das durch die Bildrede von der Zeugung ausgedrückt werde, die *processio verbi* (*S. theol.* I, qu. 27 art. 2). Dazu ist zu sagen: Gewiß müssen die *generatio* und die *processio Verbi* als Bezeichnung desselben Sachverhaltes verstanden werden. Aber nicht so, daß der eine von diesen Begriffen einfach auf den anderen zurückgeführt werden könnte. Auch die *processio Verbi* wird man als eine wichtige, aber in ihrer Weise ebenfalls inadäquate Bildrede auffassen müssen. Beide Bildreden, die vom Sohne und die vom Wort Gottes, weisen auf einen Gegenstand hin, dem sie nicht angemessen sind. Aber eben darum muß auch jede von ihnen für sich ernst genommen und darf keine von ihnen durch den Hinweis auf die andere erledigt werden.

Selbstverständlich macht schon die Naturhaftigkeit der Bildrede von der Zeugung zunächst klar, daß wir es auch hier, also in der ganzen Rede von Vater und Sohn, als Bezeichnung der beiden Seinsweisen Gottes, mit einer brüchigen und anfechtbaren Bildrede zu tun haben. Wir bezeichnen Gott mit dieser Rede, aber wir begreifen ihn nicht.

Die alte Kirche, die ja gerade diese Bildrede nicht erfunden, sondern in der Heiligen Schrift vorgefunden, und zwar als die hervorragendste Bildrede für diese Sache vorgefunden hatte, war sich über deren Inadäquatheit in keiner Weise im unklaren und hat das auch offen ausgesprochen. *Est in hoc mysterio generationis vocabulum ab omnibus imperfectionibus generationis physicae adhaerentibus purgandum* (Quenstedt a. a. O. th. 47). Und schon Cyrill von Jerus. fordert ausdrücklich, daß nicht nur der nächstliegende physische Sinn des Begriffs Zeugung, sondern auch der der geistigen Zeugung (etwa im Lehrer-Schüler-Verhältnis) oder der der geistlichen Zeugung (wie sie im Kinder-Gottes-Werden der Gläubigen stattfinde) hier durchaus ausgeschlossen bleiben müsse (*Cat.* 11, 9).

Aber was besagt dann die Bildrede?

Quenstedt hat an die Stelle der mit Recht abgelehnten Verständniskategorien eine zu diesem Zweck erfundene neue gesetzt, indem er (a. a. O. *th.* 47) redete von einer *generatio hyperphysica, quae fit ab aeterno, sine omni temporis successione, materia et mutatione et in sola essentiae communicatione consistit.* Aber dasselbe war doch erhellender gesagt, wenn Irenaeus erklärte: *Si quis itaque nobis dixerit: Quomodo ergo Filius prolatus a Patre est? dicimus ei, quia prolationem istam, sive generationem, sive nuncupationem, sive adapertionem aut quolibet quis nomine vocaverit generationem eius inenarrabilem exsistentem, nemo novit, non Valentinus, non Marcion, neque Saturninus, neque Basilides, neque angeli, neque archangeli, neque principes, neque potestates, nisi solus qui generavit Pater et qui natus est Filius* (*C. o. h.* II 28, 6) und wenn wiederum Cyrill von Jerus. erklärte, der Vater erzeuge den Sohn ὡς οἶδεν αὐτὸς μόνος; wir könnten von dieser Zeugung schlechterdings nur sagen, wie sie jedenfalls nicht geschah (*Cat.* 11, 11). Μὴ ἐπαισχυνθῇς ὁμολογῆσαι τὴν ἄγνοιαν, ἐπειδὴ μετ' ἀγγέλων ἀγνοεῖς (ib. 11, 12). Εἰπέ μοι πρῶτον, τίς ἐστιν ὁ γεννήσας, καὶ τότε μάνθανε ὃ ἐγέννησεν (ib. 11, 14). Auch der Begriff der *communicatio essentiae* besagt eben, wenn er streng genommen wird, etwas, was ohne Leugnung der Einheit des Wesens Gottes nicht gesagt werden kann, um dunkel oder nichtssagend zu werden, wenn er nicht streng genommen wird. Er führt nicht hinaus über die Schranke, die an anderer Stelle (a. a. O. I *cap.* 9 *sect.* 2 *qu.* 8 *font. sol.* 5) auch Quenstedt zugeben muß: *Satis est, nos hic* τὸ ὄν *tenere, quod scriptura docet,* τὸ ποῖον *vero reservare isti statui, qui mera lux erit.*

Die Bildrede von Vater und Sohn sagt gerade in ihrer völligen, unmöglich zu übersehenden Weltlichkeit und Unzulänglichkeit: solche — nicht dieselbe sondern eine ganz andere, eine unbegreiflich und unsagbar andere — aber solche Verschiedenheit und solche Kontinuität wie sie in der geschaffenen Welt zwischen der Person eines Vaters und der Person eines Sohnes besteht, solches Sein der ersten für die zweite und solches Sein der zweiten aus der ersten, solche Zweiheit und Einheit desselben Seins besteht zwischen der Seinsweise Gottes, in der er uns in Jesus Christus offenbar wird, und der anderen, von der er als der in Jesus Christus offenbare her ist. Dasselbe, was wir nur, verhüllt in jenes rätselhafte Miteinander von Schöpfung und Sünde, als Zeugung eines Sohnes durch einen Vater kennen, dasselbe ist — in seinem eigentlichen Wie durch dieses Bild nicht begriffen, sondern nur bezeichnet, in seinem eigentlichen Wie uns so unerforschlich wie das Wesen Gottes überhaupt — das Sichselbstsetzen Gottes, in welchem er zugleich und doch durch sich selbst unaufhebbar unterschieden, der Vater Jesu Christi und Jesus Christus der Sohn des Vaters ist. Gerade diese kräftigste Bildrede kann und will uns also nur zur Erkenntnis aufrufen, um uns keinen Augenblick bei sich selbst festzuhalten, um unseren Blick vielmehr sofort über sich selbst hinaus weiterzuleiten auf den Gegenstand, demgegenüber sie sich, ohnmächtig wie auch sie an sich es ist, verantworten möchte, weiterzuleiten zu der An-Erkenntnis, in der hier die Erkenntnis allein bestehen kann. Alle Assoziationen, die sich bei diesem Bilde sinnvollerweise einstellen mögen, sind legitim und keine ist legitim. Alles, was hier in Betracht kommen mag: die Fruchtbarkeit des Vaters, die Liebe, die es nicht zuläßt, daß er allein bleiben wollen kann, die Abhängigkeit der Existenz des Sohnes vom Vater, die Liebe, die er dem Vater mit seiner Existenz schuldig ist, die unaufhebbare, in keiner Wahl, sondern in der beiderseitigen Existenz begründete Gemeinschaft dieser zwei — das Alles mag hier reden, aber das Alles muß hier auch wieder schweigen können. Es ist ein nichtwissendes Wissen, das sich in dieser Bildrede ausspricht. Es soll sich selbst verstehen als ein wissendes Nicht-Wissen. Es soll wie alles Menschenwort — aber das wird wohl an wenig Stellen so deutlich wie hier — dem Worte, das Gott selbst von sich selbst sagt, nur dienen. Wir können und sollen bei dieser Bildrede, die ja schon als solche und an sich das tiefste Geheimnis des geschöpflichen Lebens bezeichnet, an Alles denken, an was hier sinnvollerweise, im Blick auf das Vater-Sohn-Verhältnis in Gott, gedacht werden kann, und dann sollen wir sagen: wir sind unnütze Knechte, wir haben nur in Bildern gedacht und geredet, wie wir es zu tun schuldig waren, aber ohne daß wir für das, was wir da gedacht und geredet haben, „Richtigkeit" in Anspruch nehmen könnten.

Die „Richtigkeit" gehört exklusiv dem, worüber, und nicht dem, was wir gedacht und geredet haben.

Daß das „Gezeugt" und das ganze Bild von Vater und Sohn an sich nichts sagen bzw. daß es hinsichtlich Gottes nicht die Wahrheit sage, folgt aus alledem durchaus nicht. Es sagt etwas Unangemessenes, aber es sagt etwas, und es sagt die Wahrheit. Wenn wir die Rede von Vater und Sohn als bildhaft bezeichnen, so ist ja wohl zu bedenken, daß sich das nur auf unsere menschliche Rede als solche, aber nicht auf ihren Gegenstand beziehen kann. Es ist also nicht so, als ob das Vater-Sohn-Verhältnis selbst eine ursprünglich und eigentlich geschöpfliche Wirklichkeit wäre, als ob Gott nun eben doch in irgend einem verborgenen Grunde seines Wesens etwas Anderes wäre als Vater und Sohn und als ob also diese Namen nur freigewählte und letztlich bedeutungslose Symbole wären, Symbole, deren ursprünglicher und eigentlicher nichtsymbolischer Gehalt in jener geschöpflichen Wirklichkeit bestünde. Sondern umgekehrt: gerade in Gott hat das Vater-Sohn-Verhältnis wie alle geschöpflichen Verhältnisse seine ursprüngliche und eigentliche Wirklichkeit. Das Geheimnis der Zeugung ist ursprünglich und eigentlich nicht ein geschöpfliches, sondern ein göttliches, man muß vielleicht geradezu sagen: das göttliche Geheimnis.

Die *generatio ipsa* ist *in divinis propriissima et longe verior et perfectior quam ullius creaturae* (Quenstedt a. a. O. *qu.* 8 *ekth.* 5).

Wir aber kennen nur das Bild dieser Wirklichkeit in seiner doppelten Unangemessenheit als geschöpfliches und als sündig-geschöpfliches Bild. Wir können nur in der Unwahrheit von der Wahrheit reden. Wir wissen nicht, was wir sagen, wenn wir Gott Vater und Sohn nennen. Wir können es ja nur so sagen, daß es in unserem Munde und in unseren Begriffen Unwahrheit ist. Uns ist die Wahrheit, die wir aussprechen, indem wir Gott Vater und Sohn nennen, verborgen und unerforschlich.

Der *modus generationis ipsae* ist *in Deo longe alius quam in nobis estque nobis incognitus et ineffabilis* (Quenstedt a. a. O.).

Wir sprechen aber, indem wir Gott so nennen, die Wahrheit, seine Wahrheit aus. In diesem Sinn sagt das „Gezeugt" genau das, was ein Glaubensbekenntnis in seiner notwendigen Distanz aber auch in seiner notwendigen Bezogenheit zu seinem Gegenstand sagen kann und soll: Es erklärt die Seinsweise Gottes in Jesus Christus als ein in Gott selbst wirkliches „Von her" und „Zu hin" als die in Gott selbst wirkliche Hervorbringung aus einem Ursprung. Das ist das eigentliche und ursprüngliche, uns als solches freilich nicht einsichtige Vater-Sohn-Verhältnis, das Vater- und Sohnsein Gottes. Und nun ist weiter zu sagen: der Nachdruck und auch die Klarheit des „Gezeugt" liegt jedenfalls auch in seiner Entgegensetzung zu dem abgewiesenen „Geschaffen". Zeugen ist weniger als schaffen, sofern jenes das Hervorbringen des Geschöpfs aus dem Geschöpf, dieses das Hervorbringen des Geschöpfs überhaupt durch den Schöpfer bezeichnet. Zeugen ist aber mehr als Schaffen, sofern es — jener geschlossene Kreis von Geschöpf und Geschöpf, wie er uns in dem, was wir als Zeugung kennen, anschaulich ist, wird nun zum Bilde — das Hervorbringen Gottes aus Gott, Schaffen dagegen bloß das Hervorbringen des Geschöpfs durch Gott bezeichnet.

Quenstedt unterscheidet folgendermaßen: *Generatio est entis similis secundum substantiam ex substantia gignentis productio. Creatio est entis dissimilis secundum substantiam ex nihilo extra essentiam creantis productio* (a. a. O. qu. 8, font. sol. 16).

In dieser Eminenz der Hervorbringung aus Gott in Gott gegenüber der Hervorbringung durch Gott, in der Eminenz der Freiheit, in der Gott seine eigene, gegenüber der Freiheit, in der er eine von ihm unterschiedene Wirklichkeit setzt, in der Eminenz der Liebe, in der er sich selber Gegenstand ist gegenüber der Liebe, deren Gegenstand ein durch seinen Willen in Unterschiedenheit von ihm Existierendes ist — in dieser Eminenz liegt der Sinngehalt des „Gezeugt nicht geschaffen".

Von hier aus wird ein scholastischer Streitsatz verständlich, der zur Erläuterung der Absicht des Dogmas an dieser Stelle bedeutungsvoll ist. (J. Kuhn, Kath. Dogmatik 2. Bd., 1857, S. 464 nennt ihn geradezu „die höchste dogmatische Bestimmung, gleichsam die Spitze, in welche der nizänische Glaube ausläuft".) Johannes Damascenus (Ekdosis I, 8) hat — in den Spuren des Athanasius (*Or. c. Ar.* 2, 29) — unterschieden: die Zeugung als ἔργον φύσεως, die Schöpfung als ἔργον θελήσεως Gottes. Thomas von Aquino (*S. theol.* I qu. 41 art. 2) hat dies dann im Anschluß an Hilarius (*Lib. de Synod. can.* 24f.) dahin erklärt, daß die Zeugung des Sohnes gewiß als ein göttlicher Willensakt zu verstehen sei, aber nur als der Willensakt, in welchem *Deus vult se esse Deum*: als der Willensakt, in welchem Gott, selbstverständlich in Freiheit, sich selber will und kraft dieses seines Willens sich selber ist. In diesem Sinn, ja sogar identisch mit diesem Sich selber sein Gottes ist auch die Zeugung des Sohnes ein ἔργον θελήσεως, weil θέλησις und φύσις dann eines und dasselbe sind. Die Zeugung des Sohnes ist aber kein Willensakt Gottes, sofern im Begriff des Willens die Freiheit so oder anders zu wollen, ausgedrückt sein soll. Diese Freiheit hat Gott hinsichtlich der Schöpfung — Gott ist frei, sie zu wollen oder nicht zu wollen — und darum ist die Schöpfung ein ἔργον θελήσεως. Er hat diese Freiheit aber nicht hinsichtlich seines Gottseins. Gott kann nicht nicht Gott sein. So kann er auch — und das sagt dasselbe — nicht nicht Vater und also nicht ohne den Sohn sein. Seine Freiheit, seine Aseität hinsichtlich seiner selbst besteht in der Freiheit, durch nichts als durch sich selber bestimmt, Gott, und das heißt Vater des Sohnes zu sein. Eine Freiheit, dies nicht sein zu können, wäre eine Aufhebung seiner Freiheit. Also ist die Zeugung des Sohnes ein ἔργον φύσεως. Sie könnte nicht nicht geschehen, so gewiß Gott nicht nicht Gott sein könnte, während die Schöpfung ein ἔργον θελήσεως ist in dem Sinn, daß sie auch nicht geschehen könnte, ohne daß Gott darum weniger Gott wäre. Zusammenfassend formuliert Quenstedt: *Filius Dei est obiectum volitum et amatum ipsius voluntatis divinae, non tamen per illam productus.* Der Vater zeugt den Sohn *volens*, aber nicht *quia voluit* (a. a. O. qu. 8 font. sol. 13). Er zeugt ihn nicht *necessitate coactionis*, wohl aber *necessitate immutabilitatis* (Hollaz, *Ex. Theol. acroam.*, 1706, I 2, 37).

Es ist an dieser Stelle am Platz, ergänzend eine Erinnerung einzuschalten, die im *Nic. Const.* fehlt. Die Bildrede vom Vater und vom Sohn, auf deren ausdrückliche Interpretation sich das *Nic. Const.* beschränkt hat, ist nicht die einzige, an der wir uns den Begriff der Gottheit Christi klarzumachen haben. Neben ihr steht im Neuen Testament selbst und in der Sprache der Kirche die andere: Jesus Christus ist das Wort Gottes. So ist er nach dieser Bildrede als eine zweite Seinsweise Gottes von einer ersten verschieden und wiederum im Wesen eins mit ihr, wie das Wort, das Jemand spricht, ein von ihm selbst Verschiedenes und als sein Wort nun doch im Wesen nichts Anderes als er selber ist. Wir sagen dasselbe, wenn wir sagen: der „Sohn Gottes" und das „Wort Gottes".[1] Man darf vielleicht sagen, daß das erste Bild sachnäher ist, wenn wir das Handeln Gottes in Jesus Christus inhaltlich als Versöhnung, das zweite, wenn wir es formal als Offenbarung verstehen. Auch der Satz von der Gottheit Jesu Christi als des Wortes Gottes bezieht sich jedenfalls zunächst schlicht auf das in der Schrift bezeugte Handeln Gottes an uns in Jesus Christus. Auch unter diesem Bild verstehen wir also zunächst einfach die *beneficia Christi*: das uns gesagte Wort Gottes in seiner Wahrheit und Wirklichkeit kann (wie der bei uns für Gott und bei Gott für uns eintretende Sohn) nichts Anderes, nicht weniger als Gott selber sein.

Wenn Gott redet, dann sind Nus und Logos gleicher Wahrheit und Würde teilhaftig. Deus totus existens mens et totus existens logos, quod cogitatur, hoc et loquitur et quod loquitur, hoc et cogitat (Irenäus, *C. o. h.* II 13, 8 und 28, 5). *Non enim se ipsum integre perfecteque dixisset, si aliquid minus aut amplius esset in eius Verbo quam in ipso* (Augustin, *De trin.* XV, 14). *Etenim non potest aliud quam quod es aut aliquid maius vel minus te esse in verbo, quo teipsum dicis, quoniam verbum tuum sic est verum quomodo tu es verax* (Anselm v. Canterbury, *Prosl.* 23). „Da Moses spricht ‚Am anfang schuff Gott hymel und erden' etc. ist noch kein Person sonderlich genennet odder ausgedrückt, Aber so bald saget er weiter ‚Und Gott sprach: es werde liecht', drückt er aus, das bey Gott ein wort war, ehe denn das liecht ist worden, Nu kund dasselbe wort, das Gott da redet, nicht der ding etwas sein, die da geschaffen wurden, widder hymel noch erden, syntemal Gott eben durch das sprechen, das er thet, hymel und erden sampt dem liecht und allen anderen Creaturen machet, also das er nichts mehr zum schaffen than hat denn sein wort, darumb mus es vor allen Creaturen gewesen sein. Ist es denn zuvor gewesen, ehe sich zeit und die Creaturen anfiengen, so mus es ewig sein und ein ander und höher wesen denn alle Creaturen, Daraus denn folget, das es Gott sey" (Luther, Pred. üb. Gen. 1, 1, 1527, W. A. 24 S. 29 Z. 4).

Als nichts Anderes denn Gott begegnet uns Jesus Christus, das Wort Gottes, aber anders: in einer anderen Seinsweise gegenüber Gott, sofern Gott das Wort spricht, sofern das Wort von ihm ausgeht.

Wenn aber Gott redet und das Wort gefellet, so ist er nicht allein, so kan er auch das wort nicht selbs personlich sein, das er redet, Darumb, weil das wort auch Gott ist, mus es ein ander Person sein, Also sind die zwo Person ausgedrückt: der vater, der das wort spricht und das wesen von yhm selbs hat, Der son, der das wort ist und vom vater kömpt und ewig bey ihm ist (Luther a. a. O. Z. 14, vgl. W. A. 10 I S. 183 Z. 13).

Dieselbe Offenbarung nötigt uns also, Gott und sein Wort zu trennen und sie in eins zu setzen.

---

[1] *Verbum suum qui est Filius eius* (Irenäus, *C. o. h.* II 30, 9).

Wer kan hie aus diessen wortten Mosi nit begreyffen, wie ynn der gottheytt mussen tzwo personen seyn unnd doch nur eyn gottheyt? er wollt denn die helle schrifft leugnen. Widderumb, wer ist sso scharfsynnig, der hie widerreden mag? Er muss das wort lassen ettwas anderss seyn denn got, seynen sprecher, und muss doch bekennen, es sey tzuuor allen creatur gewessen und die creatur dadurch gemacht; sso muss erss gewisslich lassen auch Gott seyn, denn ausser der creaturn ist nichts denn got. So muss er auch bekennen, das nur eyn gott sey. Und allso tzwingt und schleusst diesse schrifft, das diesse tzwo personen seyen eyn volkomlicher gott, und eyn igliche ist der ware, eynige volkomener, naturlicher gott, der alle ding geschaffen hatt, und das der sprecher seyn wessen nit von dem wort, ssondern das wortt von dem sprecher seyn wessen habe, doch alliss ewiglich und ynn ewickeyt ausser allen creatur (Luther, Pred. üb. Joh. 1, 1 f., 1522, W. A. 10 I S. 184 Z. 6).

Diese in der Offenbarung selbst unentrinnbar uns vorgelegte Verschiedenheit und Einheit in Gott anerkennt und unterstreicht das Dogma, wenn es Jesus Christus, das Wort Gottes, versteht als **ewiges Wort**. Das Wort Gottes, in welchem er sich uns zu erkennen gibt, ist kein anderes als das, in dem er sich selbst erkennt. Darum und so ist es Gottes eigenes Wort, das Wort der Wahrheit an uns in seiner Offenbarung. Nach der damals vorangegangenen dogmengeschichtlichen Entwicklung kann es keine Frage sein, daß das *Nic. Const.*, wenn es vom Sohne Gottes redet, in allen Teilen mitverstanden wissen will: das Wort Gottes. Das Wort ist der eine Herr. Das Wort ist vom Vater gesprochen vor aller Zeit. Das Wort ist Licht vom Licht, wahrhaftiger Gott vom wahrhaftigen Gott. Das Wort ist von Gott gesprochen, nicht geschaffen. Dem Satze: „Jesus Christus ist der ewige Sohn des ewigen Vaters" ist also gegenüberzustellen der Satz: Er ist das ewige Wort des von Ewigkeit her sprechenden bzw. der ewige Gedanke des von Ewigkeit her denkenden Vaters, das Wort, in welchem Gott sich selbst denkt, bzw. sich selbst bei sich selbst ausspricht.

Jesus Christus ist Gottes ewige *emanatio intelligibilis utpote verbi intelligibilis a dicente, quod manet in ipso* (Thomas von Aquino, *S. theol.* I, *qu.* 27 art. 1).

Als dieses Wort, das Gott ewig bei sich selber denkt bzw. spricht, dessen Inhalt also nichts Anderes sein kann als Gott selber — ist Jesus Christus als zweite Seinsweise Gottes Gott selber.

Wir werden uns doch auch hier nicht verbergen dürfen: auch diese Rede ist in unserem Munde und in unseren Begriffen eine unangemessene Rede. Wir wissen nicht, was wir sagen, wenn wir Jesus Christus das ewige Wort Gottes nennen. Wir kennen ja kein solches Wort, das, von einem Sprecher verschieden, nun doch das ganze Wesen des Sprechers enthalten und wiedergeben würde, keinen *Logos* mit adäquatem *Nus*gehalt und keinen *Nus*, der sich in einem *Logos* erschöpfend aussprechen könnte, kein Denken oder Reden, das den Gegensatz von Erkennen und Sein in synthetischer Überwindung hinter sich ließe. Kurz: wir kennen kein wahres Wort. Und darum kennen wir auch nicht das wahre Wort über das wahre Wort, das Wort Gottes! Wieder müssen wir sagen,

2. Der ewige Sohn

was wir über das Vater-Sohn-Verhältnis gesagt haben: das wahre Wort ist für uns, die in der doppelt verhüllten Sphäre der Geschöpflichkeit und der Sündigkeit Denkenden und Redenden, streng und exklusiv das in Gott verborgene, ewige Wort, Jesus Christus selber. Es ist nicht etwa so, daß unser kreatürliches Denken und Reden im Verhältnis zu der solchen kreatürlichen Logos hervorbringenden kreatürlichen Vernunft an sich Gleichnisfähigkeit hätte, die uns zu dem Anspruch berechtigte, die Wahrheit zu denken und zu sagen, wenn wir Jesus Christus das Wort Gottes nennen. Sondern es bedarf der Offenbarung und des Glaubens, es bedarf des zusammenhängenden gnädigen Ereignisses der Fleischwerdung des ewigen Wortes und der Ausgießung des Heiligen Geistes, um das, was wir als Wort kennen, zu solcher Gleichnisfähigkeit je und je zu erwecken und zu erheben, damit es Wahrheit werde, wenn wir Jesus Christus das Wort Gottes nennen.

Nu mussen wyr das hertz und vorstentniss weytt auffthun, das wyr solch wort nit achten wie eyniss menschen geringe vorgencklich wortt, ssondernn alss gross der ist, der do spricht, sso gross mussen wyr auch seyn wort achten. Es ist eyn wortt, das er ynn sich selb spricht, unnd ynn yhm bleybt, nymer von yhm gesundert wirt. Drumb nach des Apostels gedancken mussen wyr also dencken, wie gott mit yhm selb tzu sich selb rede unnd eyn wort von sich selb lass ynn yhm selb, aber dasselb wortt sey nit eyn lediger wind odder schall, ssondern bring mit sich das gantz wesen gotlicher natur, und wie droben ynn der Epistel vom scheyn unnd bild gesagt ist, das die gottliche natur alsso gepildet wirt, das sie yns bilde gantz mit folget unnd sie das bild selbs wirt und ist, unnd die klarheytt auch alsso den scheyn auslessit, das sie ynn den scheyn wessenlich geht. Dermassen alhie auch gott seyn wortt alsso von sich spricht, das seyn gantz gottheyt dem wort folget unnd naturlich ym wort bleybt und wessenlich ist. Sihe, da sehen wyr, woher der Apostel seyne rede hatt, das er Christum nennet eyn bild gottlichs wesens unnd eyn scheyn gottlicher ehren, Nemlich auss dissem text Mosi, der do leret, das gott von sich spricht eyn wortt, wilchs mag nit anderss seyn denn eyn bild, das yhn tzeichent. Sintemal eyn iglich wort ist eyn tzeychen, das ettwas bedeute. Aber hie ist das bedewt wirt, naturlich ym tzeychen odder ym wort, wilchs ann anderrn tzeychen nit ist; drumb nennet er es recht eyn wessenlich bild odder tzeychen seyner natur. (Luther a. a. O. S. 186 Z. 9.)

Eben wegen der Unangemessenheit auch dieser Bildrede würde es nicht ratsam sein, den Begriff der Gottheit Christi nun etwa gerade auf den einen Nenner des Bildes „Wort" bringen zu wollen.

Mindestens eine starke Neigung dazu scheint bei Thomas von Aquino in dieser Richtung vorzuliegen — vgl. S. theol. I außer *qu.* 27 *art.* 2 auch *qu.* 34 —, und zwar nicht etwa auf Grund einer besonderen Schätzung des „Wortes" als des Inbegriffs der Offenbarung, der Schrift oder der kirchlichen Verkündigung, sondern auf Grund seiner Anthropologie, d. h. auf Grund seiner Schätzung gerade des Erkenntnisvorgangs als der *similitudo supremarum creaturarum* (*qu.* 27, *art.* 1). Dazu ist zu sagen: Die *emanatio verbi manentis in dicente* ist nicht darum gleichnisfähig, weil ihr eine solche *similitudo* immanent wäre, sondern darum, weil sie im Ereignis der Offenbarung und des Glaubens zur *similitudo*, zum Gleichnis und damit auch zur Gleichnisfähigkeit erweckt und erhoben wird. Dasselbe ist selbstverständlich gegen die früher besprochene Lehre Augustins von dem *vestigium* bzw. von der *imago trinitatis* in den drei Seelenkräften der *memoria*, des *intellectus* und des *amor* zu sagen. Es gibt keine *analogia entis*, es gibt nur eine *analogia fidei*. Es ist aber lehrreich zu sehen, wie gerade Augustin den Vorzug, den auf Grund seiner Theorie auch er dem Begriff des „Wortes" gibt: *Eo quippe filius quo verbum*, dann doch wieder umkehrt: *et eo verbum quo filius (De trin.* VII 2). Er weiß nämlich sehr wohl, daß mit „Sohn" etwas von Jesus Christus gesagt ist, was mit „Wort" nicht gesagt werden kann, was zu dem, was wir als „Wort" kennen, immer hinzugedacht werden muß: die Kontinuität, die Wesensgleichheit zwischen dem Sprecher und dem Gesprochenen. Er muß also die Bilder miteinander verbinden: *Verbo quod genuit dicens est, non verbo, quod profertur et sonat et transit, sed* ... *Verbo aequali sibi quo semper et immutabiliter dicit seipsum* (ib.VII 1). *Seipsum dicens genuit Verbum sibi aequale per omnia* ... *Et ideo Verbum hoc vere veritas est* (*ib*. XV 14). Und auch Thomas von Aquino versäumt doch nicht zuzugeben, es bedürfe verschiedener *nomina*, um die Vollkommenheit des göttlichen Ursprungs Christi auszusprechen: *Filius, splendor, imago, verbum. Non autem potuit unum nomen inveniri, per quod omnia ista* (nämlich Alles, was je mit dem einen oder anderen dieser Namen bezeichnet werden soll) *designarentur (S. theol.* I *qu.* 34 *art.* 2 ad 3). F. Diekamps *Conclusio theologica*: „Die Zeugung des Sohnes aus dem Vater ist eine intellektuelle" (Kath. Dogm. 1. Bd., 6. Aufl. 1930, S. 329 f.) dürfte doch als eine unerlaubte Systematisierung auch der Ansicht des Thomas bezeichnet werden. Vgl. dazu die vorsichtigere Haltung von B. Bartmann, Lehrb. d. Dogm. 1. Bd., 4. Aufl. 1928, S. 198 f., besonders auch die dort S. 200 gegebenen Nachweisungen zu Thomas.

Gerade in einem seiner Grenzen bewußten Gebrauch aller Bildreden, auch der Bildrede vom „Wort", werden wir um so zuversichtlicher sein dürfen im Blick auf das Ereignis der Offenbarung und des Glaubens jedesmal in unserer menschlichen Unwahrheit die göttliche Wahrheit zu sagen: *peccatores iusti*!

5. Wir glauben Jesus Christus als „einen Wesens mit dem Vater". — Die Aufnahme gerade dieser Klausel in das ursprüngliche Nicaenum bedeutete historisch eine kühne, in verschiedenster Hinsicht fragwürdige, aber schließlich geschichtlich und sachlich gerechtfertigte Antizipation.

Es war kirchlich betrachtet mehr als bedenklich, daß Konstantin I. es wagen durfte, dem Konzil von 325 dieses ὁμοούσιος förmlich zu befehlen und daß sich die Majorität dieses Konzils entgegen ihrer wohlerwogenen gegenteiligen Überzeugung diese kaiserliche Theologie befehlen ließ: menschlich moralisch kann man mit seiner Sympathie nicht auf Seiten der so zum Siege geführten orthodoxen Minorität und noch weniger auf seiten der angeblich um des Friedens willen nachgebenden eusebianischen Mittelpartei stehen, sondern eigentlich nur auf seiten des fatalen Arius und seiner wenigen Freunde, die sich lieber absetzen und exilieren ließen, als daß sie ihren Widerspruch aufgegeben hätten. (Entsprechender Unfug zuungunsten des nicaenischen Glaubens hat sich 355 zu Mailand zugetragen!) Der Sinn und die Absicht, mit der das ὁμοούσιος durchgesetzt wurde, war aber auch alles Andere eher als eindeutig: es war vor und noch lange nach Nicaea durchaus nicht durchsichtig, ob man sich mit dem (laut Irenäus, *C.o.h.* I 5, 1 übrigens auch der valentinianischen Gnosis vertrauten!) Begriff der Homousie nicht dem Sabellianismus oder auch einem Tritheismus verschreibe. Man konnte im dritten und vierten Jahrhundert tatsächlich mit guten Gründen Gegner dieser Formel sein: sie ist noch 269 von einem Konzil in Antiochien in berechtigter Abwehr des Paulus von Samosata ausdrücklich verworfen worden! Und gerade die Theologengruppe, die die Lehre von der ewigen Gottheit Christi schließlich zum Sieg geführt hat, die sogenannten Jungnicaener, haben sie nur in ganz bestimmter Interpretation: im Sinn der Wesensgleichheit bei Unterscheidung der Personen schließlich gutgeheißen. Es war begreiflich, daß gerade die Dogmatisierung des vorher verhältnismäßig wenig erörterten ὁμοούσιος erst recht das Zeichen zu einem Kampf dagegen und dafür wurde, einem Kampf, der die ganze Zeit zwischen 325 und 381 beschäftigte, und in dem die Kirche auf großen Umwegen und unter zahlreichen Rückschlägen nachträglich verstehen lernen mußte, was sie 325 *hominum confusione et Dei providentia* gemeint und beschlossen hatte. Man kann wohl fragen, ob jene zur Zeit des konstantinopolitanischen Konzils maßgebenden Theologen, die Kappadozier vor allem, von sich aus diese Formel gebildet haben würden. Auch das dem Arianismus gegenüber widerstandsfähigere Abendland, das in gewissen Augenblicken die Rettung des nicaenischen Glaubens gewesen ist, hat das ὁμοούσιος schließlich nicht hervorgebracht, sondern als vollendete Tatsache akzeptiert.

Man kann es tatsächlich nur nachträglich unter rückhaltloser Anerkennung der Problematik seines Aufkommens verstehen und anerkennen. Aber nachträglich kann und muß man es anerkennen. Und zwar geschichtlich: weil es sich faktisch neben dem ἀληθινὸν θεόν und neben dem γεννηθέντα οὐ ποιηθέντα, aber für das damalige Denken noch unzweideutiger als diese beiden Bestimmungen, als die Formel erwiesen hat, an der sich der Widerspruch der Arianer endgültig als solcher offenbaren und dann auch brechen mußte. — Hilarius *(De Syn. c.* 83) schrieb einmal nicht ohne Humor: *Homousia si cui displicet, placeat necesse est, quod ab Arianis sit negatum* — und sachlich: weil das, was die Kirche positiv meinte (sie mußte sich freilich mühsam genug durchschlagen zur Erkenntnis dessen, was sie meinte, und bei der Dogmatisierung von 325 war sie noch weit von dieser Erkenntnis!) im Zusammenhang mit den andern Formeln des Symbols jedenfalls auch und gerade in dieser für uns Nachfahren klar genug zum Ausdruck gekommen ist.

„Einen Wesens", d. h. identischen Wesens, das bedeutet das Dogma gewordene ὁμοούσιος, *consubstantialis.*

So ist es von Athanasius, dem in der ganzen Sache virtuell führenden Mann der Kirche, verstanden worden: ἀνάγκη γὰρ ... τὴν ταυτότητα πρὸς τὸν ἑαυτοῦ πατέρα σώζειν *(De decr. nic. syn.* 23) ἵνα μὴ μόνον ὅμοιον τὸν υἱόν, ἀλλὰ ταὐτόν τῇ ὁμοιώσει ἐκ τοῦ πατρὸς εἶναι σημαίνωσιν *(ib.* 20), ἔχων ἐκ τοῦ πατρὸς τὴν ταυτότητα *(Or. c. Ar.* I 22) u. ö. Und so ist es dann im Abendlande entscheidend für die weitere Entwicklung von Augustin verstanden worden. „In einerlei Wesen", so haben auch Luther und die Verfasser des Konkordienbuches die Formel übersetzt.

Die Deutung: „Gleichen Wesens" ist in dieser Deutung eingeschlossen: wenn der Sohn mit dem Vater einen Wesens ist, so ist er auch gleichen Wesens mit ihm. Wogegen „gleichen Wesens" nicht notwendig auch „einen Wesens" bedeutet, sondern polytheistisch verstanden werden könnte.

Die Jungnicaener, für die die Deutung: Wesensgleichheit die beherrschende war, haben damit das bei Athanasius weniger betonte Problem des Unterschieds und der Selbständigkeit der Personen auszeichnen wollen. Von da aus ist der Polytheismus zur dauernden Gefahr der morgenländischen Theologie geworden. Umgekehrt wird man zugeben müssen, daß die Voranstellung der Wesenseinheit den Modalismus zur dauernden Gefahr der abendländischen Theologie gemacht hat. Man darf aber sagen: aus dem ganzen Zusammenhang des Bekenntnisses, in welchem das ὁμοούσιος ja allein verständlich ist, wird es deutlich genug, daß Wesenseinheit nicht ohne die (auch im Begriff selbst ja inexplizit ausgesprochene) Wesensgleichheit zu denken, mit andern Worten, daß der Unterschied der Seinsweisen nicht zu vergessen und ihre Selbständigkeit nicht preiszugeben ist. Wogegen das Umgekehrte nicht stattfindet, die Sicherung gegen den Polytheismus nicht ebenso nahe liegt. Aus diesem Grunde entscheiden wir uns für die ταυτότης des Athanasius bzw. für die augustinisch-abendländische Interpretation des ὁμοούσιος.

„Einen Wesens" bedeutet erstens selbstverständlich die Abwehr des arianischen Verständnisses Jesu Christi als eines Gott zwar ähnlichen, aber weil bloß ähnlichen endlich und zuletzt doch von ihm unterschiedenen „Halbgottes von unten", eines Übermenschen: es unterstreicht und verschärft das γεννηθέντα οὐ ποιηθέντα, es stellt Jesus Christus aller, auch der höchsten Kreatur gegenüber auf die Seite des Schöpfers.

„Einen Wesens" bedeutet aber zweitens auch die Abwehr der von Origenes her so geläufigen Anschauung von Jesus Christus als einer unteren Stufe, einer geringeren Quantität innerhalb der Gottheit selber, eines „Halbgottes von oben": es unterstreicht und verschärft das ἀληθινὸν θεόν.

„Einen Wesens" macht also Front gegen die beiden Seiten, die wir im Blick auf die Situation im zweiten Jahrhundert als die ebionitische und die doketische bezeichnet haben.

„Einen Wesens" bedeutet aber drittens auch die Abwehr einer Differenzierung oder Vervielfältigung des Wesens Gottes durch den Unterschied der Seinsweisen, d. h. aber die Abwehr des Polytheismus. Es nötigt dazu, die „Personen" wirklich als Seinsweisen, d. h. nicht als zwei Subjekte, sondern als zweimal (in unaufhebbarer Zweimaligkeit freilich, das ergibt sich aus dem Zusammenhang des Symbols!) dasselbe Subjekt, als Zwei, die nur in ihren gegenseitigen Beziehungen und nicht an sich, nicht in ihrem Wesen Zwei sind, zu verstehen. Ὁμοούσιος τῷ πατρί heißt: Ich und der Vater sind eins — Ich und der Vater, nur in dieser Unterscheidung gilt das „eins" — aber „eins", nur in dieser Einheit gibt es das Ich und den Vater.

Auch von diesem berühmtesten und, technisch betrachtet, zentralsten Begriff des Dogmas ist zu sagen, was wir von allen Formeln der vorangehenden Klauseln gesagt haben: wir begreifen von ferne nicht den Gegenstand, demgegenüber wir uns mit diesem Begriff zu verantworten suchen. Gerade wenn man den Begriff der Homousie nicht polytheistisch, aber auch nicht modalistisch versteht, gerade wenn man ihn, einerseits mit Athanasius und Augustin versteht als Wesensidentität, aber auch, das Anliegen der Jungnicaener aufnehmend, reden läßt von zwei unterschiedenen gleichen Seinsweisen des einen Wesens, gerade dann redet er offenkundig von einem Wesen, von dem wir keinerlei Anschauung haben, gerade dann wird er zu einem Begriff von der Art, die man in der Philosophie als „leere Begriffe" zu bezeichnen pflegt. Unterscheidung in der Einheit, Einheit in der Unterscheidung haben wir nun oft genug als den Sinn der ganzen Trinitätstheologie geltend gemacht. Es ist gerade angesichts des Begriffs der Homousie, der beides zugleich besagen will, am Platz, daß wir uns eingestehen: wir kennen letztlich nur Einheiten ohne Unterscheidung, Unterscheidungen ohne Einheit. An dieser Schranke unseres Denkens und Sprechens scheitern alle Bilder: das Bild von Vater und Sohn, das Bild von Sprecher und Wort, das Bild von Licht und Licht, das Bild — auch das ist ja ein Bild — von Urbild und Abbild. Da ist nirgends das eine Wesen in wirklich zwei Seinsweisen oder da sind nirgends zwei Seinsweisen wirklich eines Wesens, sondern da ist immer entweder ein Wesen in nur scheinbar, nur vorübergehend zwei Seinsweisen. Oder da sind zwei Seinsweisen, denen eben auch zwei Wesen entsprechen — je nachdem man die Bilder deutet, und alle diese Bilder können doppelt gedeutet werden. **Das wirklich eine Wesen in wirklich zwei Seinsweisen ist Gott selber und Gott allein.** Er selber, er allein ist ja auch Vater und Sohn, Sprecher und Wort, Licht und Licht, Urbild und Abbild. Von ihm her empfängt die geschaffene, die sündige Kreatur, die Wahrheit ihrer Verhältnisse durch seine Offenbarung. Ihn muß sie erkennen, nicht eigenständig und eigenmächtig, sondern durch seine Offenbarung im Glauben — um ihre eigene Wahrheit zu erkennen. Der Begriff der Homousie ist **kein** Versuch eigenständiger, eigenmächtiger, sogenannter natürlicher Gotteserkenntnis. Er will der Erkenntnis Gottes durch seine Offenbarung im Glauben **dienen**. Wir haben uns die geschichtliche und sachliche Fragwürdigkeit gerade dieses Begriffs nicht verheimlicht. Wir können und wollen uns also nicht verhehlen, daß er an sich betrachtet der Erkenntnis Gottes sehr **schlecht** dient. Die Philosophen und die philosophierenden Theologen haben von jeher leichtes Spiel mit ihm gehabt. Aber wenn nun auf seine immanente Güte oder Ungüte so viel gar nicht ankäme? Wenn er nun gerade in seiner offenkundigen Zerbrochenheit das notwendige, damals im vierten Jahrhundert notwendig aufzurichtende und seither immer wieder und heute den neuen Arianern zum Trotz erst recht aufrechtzuerhaltende Zeichen wäre, nicht das Zeichen einer verwegenen spekulativen Intuition der Kirche, wohl aber das Zeichen einer unerhörten, der Kirche in der Heiligen Schrift widerfahrenden Begegnung? Was verfinge dann Alles, was gegen ihn zu sagen ist? Hätte sie nicht das Alles zu wissen und dann doch ihn zu anerkennen als das Dogma, das die Kirche, nachdem sie es einmal erkannt, nicht mehr fahren lassen kann? Weil er in seiner ganzen Torheit immer noch wahrer ist als alle Weisheit, die sich im Widerspruch zu ihm zu Worte gemeldet hat! Wir haben keinen Anlaß, es anders anzusehen. Wir täuschen uns nicht darüber, daß wir nicht wissen, was wir sagen, wenn wir diesen Begriff in den Mund nehmen. Aber noch weniger können wir uns darüber täuschen, daß uns alle Linien unserer Erwägungen über die Gottheit Christi an den Punkt geführt haben, wo wir dem Dogma recht geben müssen: Jesus Christus ist ὁμοούσιος τῷ πατρί, *consubstantialis Patri*.

Es ist am Platze, gerade hier noch einmal Luther das Wort zu geben, der an Hand des Gegensatzes und der Einheit von Urbild und Abbild auch das Entscheidende gesagt hat, was zu dem Begriff der Homousie zu sagen ist: Also wird mit diesen worten gewaltiglich geleret, das Christus mit dem Vater ein einiger warhafftiger Gott ist, aller ding jm gleich, on unterscheid, ausgenomen, das er vom Vater und nicht der Vater von jm ist, gleich wie der glantz von der klarheit Göttlichs wesens, und nicht die klarheit Gottlichs wesens vom glantz ist. — Also auch, da er spricht: Er ist das Ebenbilde seines wesens, zeuget auch gewaltiglich, das Christus müsse rechter natürlicher Gott sein und doch darumb nicht viel, sondern ein einiger Gott ist. Man heisst itzt Controfect, wenn ein bilde eben und gleich gemacht ist dem, des bilde es ist. Aber es feilet allen bilden, das sie nicht haben noch sind dasselbe einig wesen oder natur des abgebildeten, sondern sind einer andern natur oder wesens. Als wenn ein Maler, Schnitzer oder Steinmetze einen König oder Fürsten bildet auff ein tuch, holtz oder stein, so eben und ehnlich als er jmer kan, das auch alle augen müssen sagen: Sihe, das ist der oder dieser König, Fürst oder mensch etc. Solchs ist wohl ein Ebenbild oder controfekt, Aber es ist nicht das wesen oder natur des Königes, Fürsten oder menschen etc., Sondern ein schlecht Bilde, figur oder gestalt desselben, und hat ein ander wesen, Denn sein natur oder wesen ist stein, holtz, tuch oder papir, und wers ansihet oder angreifft, der sihet noch greifft nicht das wesen, natur oder substantz des menschen, Und spricht jederman: das ist ein hültzern, steinern, tüchern bilde. Es ist aber nicht das lebendige, wesentliche menschern Bilde . . . . Aber hie ist Christus das Ebenbilde des Vaters also, das er ist seines Göttlichen wesens Bilde, und nicht aus einern andern natur gemacht, Sondern ist (wo mans reden solt) ein Göttern Bilde, das da aus Gott ist und die Gottheit jnn sich oder an sich hat, wie ein Crucifix ein hültzern Bilde Christi heißt, aus holtz gemacht, Und alle menschen und Engele sind auch gemacht zum Bilde Gottes, Sie sind aber nicht seines Wesens oder natur Bilde, noch aus seiner Götlichen natur gemacht oder entstanden, Christus aber ist aus seiner Gotlichen natur entstanden von ewigkeit, sein wesentlich Bilde, *substantialis imago, non artificialis aut facta vel creata*, das seine Göttliche natur gantz und gar in sich hat und selbs auch ist, nicht aus etwas anders gemacht noch geschaffen gleich wie das Göttlich wesen selbs nicht ist aus etwas anders gemacht noch geschaffen. Denn wo er nicht die gantze Gottheit des Vaters jnn sich hette und völliger Gott were, so kundte er nicht seines wesens Bilde sein noch heißen, weil der Vater noch etwas hette, darin der Sohn jm nicht gleich oder ehnlich were, also würde er zu letzt dem Vater gantz unehnlich und gar nichts sein Ebenbilde nach dem wesen. Denn das Göttlich wesen ist das aller einigst wesen, unzerteilich, das es mus gantz und gar sein, wo es ist oder mus nichts sein (Luther, Die drei Symbola oder Bekenntnis des Glaubens Christi, 1538, W. A. 50 S. 276 Z. 30 u. S. 277 Z. 19).

6. Wir glauben Jesus Christus als den, „durch welchen Alles geschaffen wurde".

Wir haben es mit einem fast wörtlichen Zitat von Joh. 1, 3 zu tun: πάντα δι' αὐτοῦ ἐγένετο καὶ χωρὶς αὐτοῦ ἐγένετο οὐδὲ ἓν ὃ γέγονεν heißt es dort sogar noch ausdrücklicher als im Symbol selber. Entsprechend Joh. 1, 10: ὁ κόσμος δι' αὐτοῦ ἐγένετο, 1. Kor. 8, 6: δι' οὗ τὰ πάντα, Kol. 1, 15 f.: er ist πρωτότοκος πάσης κτίσεως ὅτι ἐν αὐτῷ ἐκτίσθη τὰ πάντα . . . τὰ πάντα δι' αὐτοῦ καὶ εἰς αὐτὸν ἔκτισται, Hebr. 1, 2: δι' οὗ καὶ ἐποίησεν τοὺς αἰῶνας.

Man kann sich fragen, ob dieser Satz im Zusammenhang des Symbols noch zu den Bestimmungen über die Gottheit Christi gehören soll oder ob er nicht vielmehr als Aussage über sein Werk als Mittler schon der Schöpfung den Übergang bildet zu den nachfolgenden Formeln über die Inkarnation und das Versöhnungswerk. Die syntaktische Form scheint doch in andere Richtung zu weisen. Aber selbst wenn dem so wäre — der Inhalt dieses Satzes ist jedenfalls auch streng trinitätstheologisch zu verstehen und bedeutet, so verstanden: auch der Sohn Gottes hat Anteil an dem Werk, das im ersten Artikel des Symbols Gott dem Vater zugeschrieben wurde, an dem Werk der Schöpfung. So verstanden ist er eine indirekte, aber um so ausdrucksvollere Bestätigung des ὁμοούσιος und damit aller vorangehenden Klauseln. Nimmt der Sohn teil an dem, was als das besondere Werk des Vaters bezeichnet wurde, wirkt er mit dem Vater im Werk der Schöpfung, dann heißt das, jedenfalls im Sinn des Athanasius und der im vierten Jahrhundert schließlich siegreich gewordenen Theologie: Er ist mit ihm eines Wesens. Damit „durch ihn" Alles geschaffen werden, damit er Mittler der Schöpfung sein konnte, dazu mußte er selber Gott von Art sein.

Die Abweisung des arianischen Verständnisses von Joh. 1, 3 u. Par. ist im Symbol nicht ausdrücklich ausgesprochen. Nach Arius ist der Sohn das selber geschöpfliche Instrument des göttlichen Schöpfers. Das ist durch das ὁμοούσιος und durch das γεννηθείς οὐ ποιηθείς unter allen Umständen ausgeschlossen. Unsere Klausel interpretiert also das ὁμοούσιος nur insofern, als ihre eigene Interpretation durch den Zusammenhang des Symbols gesichert ist.

Wieder haben wir hier des Satzes: *opera trinitatis ad extra sunt indivisa* zu gedenken. Er besagt an unserer Stelle: Es bedeutet eine Appropriation, wenn dem Sohn (wie es in der Fortsetzung im Symbol geschieht) gerade die Offenbarung und Versöhnung zugeschrieben wird. Diese Appropriation ist richtig und notwendig, weil in der Offenbarung selbst begründet. Aber eben die Offenbarung kann nicht recht verstanden werden, wenn wir nicht fortfahren: wie diese Appropriation nicht ausschließen kann, daß auch der Vater Subjekt dieses Geschehens ist (sofern in und mit dem Sohne auch der Vater in der Offenbarung und Versöhnung gegenwärtig ist und handelt), so kann sie auch nicht ausschließen, daß der Sohn auch Subjekt des Geschehens ist, von dem der erste Artikel redet, also Subjekt der Schöpfung. Wir folgen Joh. 1 und folgen den früher zitierten Ausführungen Luthers zu Gen. 1 und Joh. 1, wenn wir interpretieren: Jesus Christus ist das Wort, durch welches Gott die Welt aus dem Nichts geschaffen hat. Eben als dieses Wort des Vaters ist er im Unterschied zu allem durch ihn Geschaffenen dem Vater gleich, wahrer Gott von Ewigkeit.

Wo hat Gott die Welt geschaffen? fragt sich Augustin. Im Himmel? Auf der Erde? In der Luft? Im Wasser? Im Weltall? Aber sie alle sind ja selbst geschaffen! Hat er sie geschaffen aus einem Seienden, das er dazu zuvor in die Hand genommen hätte? Aber *unde tibi hoc quod tu non feceras, unde aliquid faceres? Quid enim est, nisi quia tu es? Ergo dixisti et facta sunt atque in verbo tuo fecisti ea* (Conf. XI 5, 7). *Eo sempiterne dicuntur omnia* (ib. XI 7, 9). Also: *Fecit omnia per verbum suum et verbum eius ipse Christus, in quo requiescunt angeli et omnes caelestes mundissimi spiritus in sancto silentio* (*De cat. rud.* 17, 28). *Constat ... summam substantiam prius in se quasi dixisse cunctam creaturam quam eam secundum eandem et per eandem suam intimam locutionem conderet* (Anselm v. Canterbury, *Monol.* 11). *Cum ipse summus spiritus dicit se ipsum, dicit omnia, quae facta sunt ... Semper in ipso sunt, non quod sunt in se ipsis sed quod est idem ipse* (*ib.* 34). Im selben Sinn hat Thomas v. Aquino die Frage: *Utrum in nomine verbi importetur respectus ad creaturam?* bejaht. *Deus enim cognoscendo se, cognoscit omnem creaturam.* Uno actu erkennt Gott sich selbst und Alles, was außer ihm ist; und so ist sein Wort nicht nur das Ebenbild des Vaters, sondern auch das Urbild der Welt (*S. theol.* I qu. 34 art. 3). Ebenso Luther: *Filius enim in se habet exemplar non solum maiestatis divinae, sed etiam exemplar omnium rerum creaturum* (Comm. zu Gen. 1, 20f., 1535f., W. A. 42 S. 37 Z. 30). Auch die Leibeswärme, in der eine Henne ihre Eier ausbrütet, ist nach Luther *ex verbo divino, quia, si absque verbo esset, calor ille esset inutilis et inefficax* (zu Gen. 1, 22, ib. S. 40 Z. 9). Es ist demgegenüber doch etwas kümmerlich und humorlos, wenn K. G. Bretschneider, Handb. d. Dogm., 1. Bd. 4. Aufl. 1838, S. 659) versichert ... wir müßten „die ganze Vorstellung von der Weltschöpfung durch den Sohn als eine nicht der Religion, sondern der Johanneischen und Paulinischen Theologie angehörende ansehen", und wenn, auch hier in den Spuren des alten Rationalismus, A. Ritschl zu den bewußten neutestamentlichen Stellen bemerken zu müssen meint: „Diese Kombination führt auf den Boden der eigentlichen (!) Theologie hinüber und hat keine direkte und praktische Bedeutung für den religiösen Glauben an Jesus Christus" (Unterricht i. d. chr. Rel., 1875 § 24). Man kann und muß angesichts jener Bibelstellen und angesichts ihrer Auslegung durch die alte Kirche gewiß warnen vor der (bei Augustin und auch bei Anselm nicht einwandfrei ausgeschlossenen) Konsequenz, als sei die Schöpfung der Welt Gott so wesensnotwendig wie die Zeugung des Sohnes, als entspringe sie keiner *nova voluntas* (so sagt es Augustin, *Conf.* XII 15, 18), als sei die Existenz der Welt in Gottes Wort notwendig eingeschlossen (so könnte es nach den angeführten Anselm-Worten vielleicht aussehen), als sei also die Welt ein Wesensprädikat Gottes. Man kann aber unmöglich den Gedanken als solchen als ein unnötiges Theologumen verdächtigen.

Der Gedanke hat ja nicht nur die abstrakt trinitätstheologische Bedeutung, klarzumachen, daß das Wirken und also auch das Wesen des Vaters und des Sohnes eines und dasselbe sind. Sondern indem er das tut, beleuchtet und erklärt er noch einmal, wer und was Jesus Christus ist in seiner Offenbarung: nicht ein Fremder, dem wir als einem Fremden deutend und wählend nach unserem eigenen Denken und Ermessen gegenübertreten könnten, auch nicht ein Halbfremder, den wir nach unserer anderweitigen Kenntnis des Gottes, der ihn gesandt hat, zu beurteilen hätten. Sondern „Er kam in sein Eigentum" (Joh. 1, 11), in die Welt, zu uns, die er selbst geschaffen, die von Haus aus die Seinen sind und er der Ihrige. Das Wort, das wir in der Offenbarung hören, das Wort, durch das wir aufgerufen werden zu der unverdienten und von uns aus unmöglichen Gemeinschaft Gottes mit den Sündern — dieses Wort ist kein anderes als das, durch das wir, die wir es hören dürfen, mit der ganzen von Gott unterschiedenen Wirklichkeit ins Dasein gerufen sind, ohne das wir weder Sünder noch Gerechte, ohne das wir überhaupt nicht wären. Eben der, der uns in der Offenbarung aus unserer Feindschaft gegen ihn zu sich, aus dem Tode ins Leben ruft, eben der gibt sich, indem er das tut, auch als der zu erkennen, der uns zuvor aus dem Nichts ins Sein gerufen — ins Sein als die begnadigten Sünder, aber ins Sein als die begnadigten Sünder. Wir können das Wort der Rechtfertigung und Heiligung nicht hören, ohne daß es uns zur Erinnerung würde: eben durch dieses Wort, nicht anderswie und nicht anderswoher sind wir auch, wir die durch dieses Wort Gerechtfertigten und Geheiligten. Eben dieses Wort ist der Grund unseres Seins jenseits unseres Seins, eben kraft seiner überlegenen Existenz ist, ob wir es hören oder nicht hören, ob wir ihm gehorsam oder ungehorsam sind, unsere Existenz Wirklichkeit. Eben dieses Wort erging an uns, ehe wir kamen oder nicht kamen, indem wir kommen oder nicht kommen. Unser Kommen oder Nichtkommen selbst ist nur darum möglich, weil eben dieses Wort wirklich ist. Derselbe Jesus Christus, durch den sich Gott uns als seinen Feinden verbindet, derselbe hat sich uns schon verbunden als denen, die ihm gehören, weil er allein uns gerufen hat aus dem Nichts, weil er allein uns hält über dem Nichts. Und an dieser unserer ersten Verbindung mit ihm, wie sie uns in der zweiten und durch die zweite, durch seine Offenbarung offenbar wird, ist das gemessen, was diese zweite selber für uns zu bedeuten hat. Das heißt Sünder sein, wie es uns als unser Sein in der Offenbarung Jesu Christi aufgedeckt wird: daß wir uns von dem sondern, ohne den wir auch in dieser Sonderung gar nicht wären — sondern von dem gesondert wir eigentlich gar nicht sein können. Sünder sein heißt: an einen Ort getreten sein, wo unsere Existenz schlechterdings unbegreiflich wird, weil sie dort eigentlich nur noch Sturz in das Nichts sein könnte, wo unsere Existenz nur noch als Ereignis einer unbegreiflichen Güte verständlich — oder eben unverständlich sein kann. Und das heißt Gnade erlangen, wie es uns als unser Sein wiederum in der Offenbarung Jesu Christi aufgedeckt wird: daß der, ohne den wir nicht wären und von dem wir uns nun doch gesondert haben, uns nicht nur trotz unserer Sonderung von ihm nicht in das Nichts fallen läßt, aus dem er uns gerufen, sondern uns, indem er uns als Sünder anspricht und in Anspruch nimmt, über die Existenz hinaus nicht weniger als sich selbst, die Gemeinschaft und den Umgang mit sich selber schenkt. Was bedeutet das? Das bedeutet: Jesus Christus das Wort Gottes in seiner Offenbarung braucht nicht erst irgendwoher zu bekommen, sondern es hat schon zuvor in sich selbst die Vollmacht, uns anzusprechen und uns in Anspruch zu nehmen. Es ist keine Frage, ob wir uns ihm gegenüber verantworten wollen, sondern wir sind ihm verantwortlich, und unser ganzes Sein ist, so oder so, Verantwortung ihm gegenüber. Wir haben keine Möglichkeit, uns ihm gegenüber zu berufen und zurückzuziehen auf ein Eigenes, wo wir zunächst einmal bei uns selbst wären, wo er uns noch nichts oder nichts mehr anginge, auf ein sozusagen neutrales Menschsein, wo es uns vorläufig überlassen wäre, uns unter das Gericht und die Gnade, die er uns ansagt zu stellen oder auch nicht zu stellen, von wo aus wir uns gemächlich mit ihm auseinandersetzen könnten. Wir wissen ja gar nicht anders von unserem Menschsein als eben durch dasselbe Wort, das uns Gericht und Gnade ansagt. Eben damit sagt es uns, daß es selber der Grund unseres Menschseins ist: auf diesem Grund sind wir Menschen, nicht anders. Es geht uns an, weil es uns immer schon angeht, bevor es uns angeht. Es ist die Hand, die uns schon hält, indem sie uns faßt. Es ist der Regierungsakt des Königs, der schon zuvor König war und der zu diesem Akte die Macht und das Recht hat. Es umgibt uns von allen Seiten (Ps. 139, 5). Es ist das Wort, das Gewalt hat, das Wort des Herrn. Und darin eben ist es das Wort des Herrn: daß es das Wort des Versöhners ist, der auch der Schöpfer ist.

Wir endigten bei unserer Frage nach der neutestamentlichen Lehre von der Gottheit Christi bei der Tautologie: Jesus Christus ist für die Menschen des Neuen Testamentes darum der Herr, weil er der Herr ist. Wir können diese Tautologie nicht beseitigen, aber wir können sie jetzt so umschreiben: Er ist für sie der Versöhnergott, indem er der Schöpfergott ist. Sein Gericht und seine Gnade gehen sie an, indem er ihre Existenz angeht. Man muß es ja freilich sofort auch umgekehrt sagen: er geht ihre Existenz an, indem er sie angeht mit seinem Gericht und mit seiner Gnade. Die Meinung kann also nicht die sein, als hätten sie in ihrer Existenz, in ihrem geschöpflichen Menschsein einen ihnen zuvor gegebenen Maßstab, auf Grund der Anwendung dieses Maßstabs ließen sie sich nun sein Gericht und seine Gnade gefallen und daraufhin glaubten sie ihn als dem Herrn und als Gottessohn. Vielmehr ist ihnen durch sein Gericht und seine Gnade der Ausweg, der Fluchtweg in ein solch zuvor gegebenes und gesichertes Menschsein gerade versperrt, jeder eigene Maßstab entwunden und jedes eigene Messen verleidet. Dort und nur dort haben sie sich selbst, ihr Sein und also auch die Möglichkeit eigenen Urteils gefunden, wo sein Zorn und seine Güte sie getroffen haben. Aber dort haben sie ihr Sein und damit die Möglichkeit eines eigenen Urteils gefunden. Sie sind, indem sie die von ihm Beurteilten sind. Und als die von ihm Beurteilten urteilen sie nun, urteilen sie auch über ihn. Darum und so urteilen sie über ihn: Er ist Gottes Sohn. Sie sagen damit: Er ist unser Versöhner, indem er unser Schöpfer ist. Sie könnten ebensogut das Urteil: „Wir sind" aufgeben wie das Urteil: „Er ist Gottes Sohn." Beides ist für sie darum nicht zu trennen, weil sie um sich selbst, um ihre Existenz, um ihre Geschöpflichkeit, um den Schöpfer nicht aus einer anderen Quelle wissen als um ihre Versöhnung, weil für sie also keine Distanz in Betracht kommt zwischen einem bekannten Schöpfergott und Jesus Christus als einem vielleicht zu Gott in irgendeiner Beziehung stehenden Erlöser und Heiland. Sondern indem sie durch Jesus Christus um ihre Versöhnung wissen, wissen sie um sich selbst, ihre Existenz, ihre Geschöpflichkeit, den Schöpfer. So ist ihnen der Boden unter den Füßen weggezogen, auf dem sie stehen müßten, um zu fragen, zu untersuchen, dahinter zu kommen, ob Jesus Christus der Herr und Gottes Sohn sei. So können sie mit dieser Erkenntnis, mit diesem Bekenntnis nur anfangen. Man muß schon wieder abstrahieren zwischen Schöpfer und Versöhner, man muß aus dem, was den Menschen des Neuen Testamentes ein Wort war, schon wieder zwei Worte machen, um aus dem Neuen Testament ebionitische oder doketische Christologie herauszulesen.

In diesem Sinn also beleuchtet und erklärt unser Satz: wer und was Jesus Christus ist in seiner Offenbarung. Er sagt von ihm, daß er in seiner Offenbarung die unmittelbare Gewalt des Schöpfers hat über die Menschen. Aber indem man das anerkennt, wird man seine Gewalt als Schöpfer nicht etwa beschränken auf seine Offenbarung.

Schon im zweiten Jahrhundert liebte man es, dem δι' οὗ τὰ πάντα die Entdeckung gegenüberzustellen, die Kirche sei das erste Geschöpf Gottes, früher geschaffen als Sonne und Mond καὶ διὰ ταύτην ὁ κόσμος κατηρτίσθη (Hermae Pastor, Vis. II 4, 1; Clem. Hom. 14, 1). Und im zwanzigsten Jahrhundert hat R. Seeberg jenen biblischen Gedanken dahin interpretiert: „Wenn Gott die Welt mit der Bestimmung, daß in ihr Kirche werde, schuf, so ist der Wille Gottes — und das ist eben Christus — schon bei der Schöpfung und Gestaltung der Welt wirksam gewesen..." Sofern die natürliche Welt „der Boden einer geistigen, geschichtlichen Welt werden sollte, ist der göttliche Wille, daß eine Geschichte sei, die zur Kirche führt... schon bei der schöpferischen Gestaltung der Welt so wirksam gewesen, daß die natürliche Möglichkeit für den Bestand und den Zusammenhang einer geistigen Welt hergestellt wurde" (Chr. Dogmatik 1. Bd., 1924, S. 463 f). Auch wenn wir davon absehen wollen, daß „Kirche" doch wohl noch etwas Anderes sein dürfte als „geistige, geschichtliche Welt" — so bleibt zu sagen: Gewiß ist Jesus Christus als der, durch den Gott Alles schuf, auch die κεφαλὴ τοῦ σώματος, τῆς ἐκκλησίας (Kol. 1, 18). Als jener kann er dieses sein und wird er es. Aber nicht als dieses ist er jener: nicht als Haupt der Kirche, also nicht erst und nicht nur in seiner Offenbarung ist er der, durch den Gott Alles schuf. Gewiß ist er darum in seiner Offenbarung so gewaltig, weil er schon der Schöpfer ist. Aber nicht erst darin und nicht nur darum ist er der Schöpfer, weil er in seiner Offenbarung so gewaltig ist. Wenn man sich hier Umkehrungen erlaubt, wenn man sich nicht damit begnügt, den Schöpfer in der Offenbarung wiederzuerkennen, sondern dazu fortschreitet, die Schöpfung als solche aus der Offenbarung abzuleiten und zu begründen, dann ist das eine ebenso unerlaubte Spekulation, wie der früher besprochene Versuch, die Offenbarung als *creatio continuata* zu verstehen. Wer die Kirche bzw. die Offenbarung schon der Schöpfung bzw. dem Schöpfungswillen Gottes als solchen zuschreibt, der vergißt oder unterschlägt, daß Kirche bzw. Offenbarung nur Ereignis werden kann als Antwort auf die Sünde des Menschen, oder er muß es auf sich nehmen, auch die Sünde des Menschen in die Schöpfung einzubeziehen. Und auch die freie Güte Gottes, die diese Antwort gibt, muß er dann vergessen haben oder zu einem notwendigen Glied eines dialektischen Prozesses machen. Diese spekulative Synthese der Werke Gottes wird dann, wie es bei Seeberg so unvermeidlich geschieht wie bei Schleiermacher, in der Aufhebung des Unterschieds der göttlichen Personen, in einer modalistischen Trinitätslehre ihren passenden Ausdruck finden. Sonst kann man nicht sagen, daß die Welt um der Kirche, um der Offenbarung willen geschaffen wurde und daß diese Absicht der Sinn der Teilnahme des Sohnes Gottes an der Schöpfung sei. Um einen anderen Preis als den jener Konsequenzen sind solche Synthesen nun einmal nicht zu haben. Wer diesen Preis nicht zahlen will — und wir haben Gründe, ihn nicht zahlen zu wollen — der wird auf solche Synthesen verzichten müssen.

Die Wahrheit der Erkenntnis, daß Christus in seiner Offenbarung die Gewalt des Schöpfers hat, hängt daran, daß sie die Anerkenntnis eines Faktums und nicht eine eigenmächtige Kombination ist. Wo diese Gewalt erfahren wird, da gibt es ja gerade nichts zu kombinieren, da sind Schöpfung und Offenbarung nicht zwei nebeneinander zu haltende, miteinander zu vergleichende und zueinander in Beziehung zu setzende Wahrheiten, sondern die eine Wirklichkeit Jesu Christi als des Offenbarers mit der Gewalt des Schöpfers. Und diese Gewalt des Schöpfers kann dann nicht als eine speziell nur auf die Offenbarung bezogene und beschränkte gedacht werden.

Augustin hat darum recht, wenn er auch die Engel, und Luther hat darum recht, wenn er auch die brütende Henne durch das Wort geschaffen sein läßt.

Schöpfung heißt dann eben Gottheit in ihrer Ursprünglichkeit oberhalb und jenseits aller Kreatürlichkeit. Das — wir müssen also doch wieder auf die Trinitätstheologie zurückblicken — ist es, was das Symbol mit dem δι' οὗ τὰ πάντα sagen will. Durch das δι' οὗ unterscheidet es den Sohn ganz vom Vater. Durch das τὰ πάντα schließt es ihn auch hier ganz mit ihm zusammen. Gerade so ist es das erste und letzte Wort des Dogmas, das erste und letzte Wort darüber, wer und was Jesus Christus „zuvor in sich selber" ist — gerade so doch auch nur das erste und letzte Wort der Rechenschaft über die Wirklichkeit der Offenbarung, wie sie im Spiegel des Zeugnisses der Heiligen Schrift nicht zu verkennen ist.

§ 12
GOTT DER HEILIGE GEIST

Der eine Gott offenbart sich nach der Schrift als der Erlöser, d. h. als der Herr, der uns frei macht. Er ist als solcher der Heilige Geist, durch dessen Empfang wir Kinder Gottes werden, weil er es als der Geist der Liebe Gottes des Vaters und Gottes des Sohnes zuvor in sich selber ist.

1. GOTT DER ERLÖSER

Wir setzen nun ein drittes Mal ein bei dem neutestamentlichen Zeugnis: Jesus ist der Herr! Nun aber mit der Frage: Wie kommen Menschen dazu, das zu sagen? Wir setzen jetzt voraus: Sie glauben, darum reden sie. Sie sind mit dem, was sie da sagen, ernst zu nehmen. Sie sind dabei zu behaften. Will sagen: sie sagen es nicht als Ergebnis einer eigenmächtigen Überlegung, sondern in Anerkennung einer Tatsache. Sie sagen es nicht, indem sie dem Manne ein Amt oder dem Amt einen Mann geben wollen, sondern daraufhin, daß der Mann das Amt hat und vollstreckt. Sie sagen es nicht als Ziel, sondern als Anfang ihres Denkens über ihn. Sie sagen es, weil er der Herr ist. Sie sagen also nicht, daß er ein Halbgott von oben oder von unten, die Inkarnation einer göttlichen Idee oder ein Übermensch — sie sagen, daß er Gott ist. Eben auf Grund dieser Voraussetzung stoßen wir notwendig auf die Frage: Wie kommen sie dazu, das zu sagen? Wie kommen sie zu diesem Anfang ihres Denkens über ihn? Wie geht das zu, daß sie durch den Sohn den Vater, durch den Vater den Sohn glauben? Wie kommt dieser Inhalt in dieses Gefäß? Wie kommt dieses Prädikat: dieser Glaube — zu diesem Subjekt: dem Subjekt Mensch? Wie kann dieser Glaube irgend jemandes Ding sein? Können denn Menschen glauben? Wenn Glauben das heißt: dem Herrn begegnen, der Gott ist, so begegnen wie die neutestamentlichen Zeugen

Jesu begegneten, also in harter Gegenständlichkeit, in der Welt, die die Welt des Menschen ist, in der Alles problematisch ist, Alles erst zu prüfen und gewiß nichts mit dem Ergebnis zu prüfen ist, daß es mit Gott identisch sei — und nun doch gerade so begegnen, daß gar nichts problematisch ist, gar nichts erst auf dem Weg der Prüfung zu finden, sondern so, daß die Begegnung mit ihm als solche die Begegnung mit Gott ist? Das heißt Offenbarung im Neuen Testament. Aber gehört nicht auch im Neuen Testament der Mensch, dem solches widerfährt, zur Offenbarung? Und wie kann einem Menschen solches widerfahren? Möchte man nicht sagen, daß der ganze Begriff der Offenbarung an dieser Stelle problematisch wird, wenn die Voraussetzung die ist, daß der Glaube an die Offenbarung in jener schlechterdings unproblematischen Erkenntnis Gottes in Christus besteht? — Es verhält sich nicht so, als ob für das Neue Testament an dieser Stelle etwa keine neue Frage, neuer Antwort bedürftig, bestünde.

Auch und gerade im Neuen Testament ist die Möglichkeit des Glaubens nicht etwa schon mit der Tatsache gegeben, daß Jesus als die Offenbarung des Vaters bzw. als der, der er ist: als der Sohn oder das Wort Gottes auf dem Plane ist. Noch immer und erst recht ist ihm gegenüber auch der Mensch der, der er ist. Wie kommt er dazu, hier zu sehen und zu hören? Wenn der erste Johannesbrief anfängt mit der Erklärung: Wir bezeugen und verkündigen euch ὃ ἀκηκόαμεν, ὃ ἑωράκαμεν τοῖς ὀφθαλμοῖς ἡμῶν, ὃ ἐθεασάμεθα καὶ αἱ χεῖρες ἡμῶν ἐψηλάφησαν (1. Joh. 1, 1 f.), so ist das der Hinweis auf eine Wirklichkeit, deren Möglichkeit im Neuen Testament keineswegs selbstverständlich ist. Οὐχ ὅτι ἀφ' ἑαυτῶν ἱκανοί ἐσμεν λογίσασθαί τι ὡς ἐξ ἑαυτῶν (2. Kor. 3, 5). „Wer Ohren hat zu hören, der höre!" sagt der synoptische Jesus von seiner Verkündigung (Mc. 4, 9). „Fleisch und Blut hat dir das nicht offenbart", antwortet er dem Petrus auf sein Bekenntnis (Matth. 16, 17). Angesichts des fleischgewordenen Wortes, mitten in der Offenbarung, scheint es so etwas wie einen Aufschub, eine Problematik, eine Bedingtheit der Offenbarung zu geben. Wird die Offenbarung, gerade diese, die wirkliche Offenbarung, denn auch zu ihrem Ziel kommen? Wird sie den Menschen erreichen? Wird sie ihm offenbar werden? Allein an dem guten oder schlechten Willen des Menschen scheint das nicht zu liegen. Denn wenn dieses Offenbarwerden stattfindet, wenn hörende Ohren da sind, dann heißt es: Euch ist es gegeben, das Geheimnis des Reiches Gottes zu wissen. Ἐκείνοις δὲ τοῖς ἔξω ἐν παραβολαῖς τὰ πάντα γίνεται. Sie sollen sehend sehen und nicht einsehen, hörend hören und nicht vernehmen, so daß sie nicht umkehren und ihnen nicht vergeben werden kann (Mc. 4, 11—12). Kraft höchster sachlicher Notwendigkeit muß es so sein, wo jenes Gegebensein nicht stattfindet.

Offenbarwerden muß als etwas Besonderes, als eine besondere Tat des Vaters oder des Sohnes oder beider zum Gegebensein der Offenbarung des Vaters im Sohne hinzukommen.

Der Vater muß es dem Menschen offenbaren (Matth. 16, 17), der Vater muß ihn ziehen (Joh. 6, 44), der Vater muß es ihm geben (Joh. 6, 65), der Mensch muß dem Sohn vom Vater gegeben werden (Joh. 10, 29), er muß es vom Vater hören und lernen (Joh. 6, 45). Es kann aber auch heißen, daß es das fleischgewordene Wort Gottes selber ist, das denen, die es annehmen, die ἐξουσία gibt, Kinder Gottes zu sein und als solche an seinen Namen zu glauben, welche also als solche nicht kraft ihrer ersten natürlichen, sondern kraft einer zweiten göttlichen Zeugung und Geburt sind, was sie sind

(Joh. 1, 12—13; 3, 3). Und es kann auch die Rede sein von einem vom Trone Gottes und des Lammes leuchtenden wie Kristall ausgehenden Strom lebendigen Wassers (Apoc. 22, 1). Das ist dieses hinzukommende Besondere des Offenbarwerdens in der Offenbarung. Der Reichtum der Gnade ist nicht nur da für uns in Jesus Christus, sondern: ἐπερίσσευσεν εἰς ἡμᾶς ἐν πάσῃ σοφίᾳ καὶ φρονήσει γνωρίσας ἡμῖν τὸ μυστήριον τοῦ θελήματος αὐτοῦ (Eph. 1, 8, 9.)

Dieses besondere Moment in der Offenbarung ist nun unzweifelhaft identisch mit dem, was das Neue Testament eben als die subjektive Seite im Ereignis der Offenbarung in der Regel den Heiligen Geist nennt.

Jesus hauchte sie an, heißt es Joh. 20, 22 von den Jüngern, indem er zu ihnen sprach: λάβετε πνεῦμα ἅγιον und durch dieses λαμβάνειν werden sie (sachlich ganz übereinstimmend mit Act. 2), was sie sind, seine Apostel, seine Gesandten. Das πνεῦμα ist das Lebendigmachende (Joh. 6, 63; 2. Kor. 3, 6). „Keiner kann Jesus Kyrios nennen, es sei denn im heiligen πνεῦμα (1. Kor. 12, 3). Dadurch, daß wir das πνεῦμα, das aus Gott ist, empfangen haben, wissen wir die uns geschehenen Gnadentaten Gottes als solche (1. Kor. 2, 13). Versiegelt mit dem heiligen πνεῦμα der Verheißung hörtet ihr das Wort der Wahrheit, das Evangelium eurer Errettung und kamt ihr zum Glauben (Eph. 1, 13). Gott muß uns geben das πνεῦμα der Weisheit und der Offenbarung zur Erkenntnis seiner selbst (Eph. 1, 17). Wenn aber Jemand nicht geboren ist aus Wasser und πνεῦμα kann er nicht in das Reich Gottes eingehen (Joh. 3, 6). Εἰ δέ τις πνεῦμα Χριστοῦ οὐκ ἔχει, οὗτος οὐκ ἔστιν αὐτοῦ (Röm. 8, 9). Darum wird es Act. 19, 2f. das auffallendste Kennzeichen derer, die nur auf den Namen des Johannes, nicht aber auf den Namen Jesu getauft sind, genannt, daß sie vom heiligen πνεῦμα nichts wissen.

Πνεῦμα θεοῦ oder Χριστοῦ ist wie υἱὸς θεοῦ eine Bildrede. Πνεῦμα heißt nach Joh. 3, 8, Act. 2, 2 Wind, wie er, von hier kommend, geheimnisvoll nach dort geht, und wohl noch präziser nach 2. Thess. 2, 8; Joh. 20, 22 Hauch, wie er aus dem Munde eines Lebewesens geht und ein anderes Lebewesen erreichen kann: unsichtbar und ohne Aufhebung der räumlichen Entfernung zwischen beiden. Dieses kleine und aufhebbare Paradoxon wird im Neuen und schon im Alten Testament zum Gleichnis des großen, unaufhebbaren Paradoxons der göttlichen Offenbarung. Daß Gott dem Menschen sein πνευμα gibt bzw. daß der Mensch dieses πνεῦμα empfängt, das besagt jetzt: daß Gott zum Menschen kommt, sich für den Menschen und den Menschen für sich erschließt, sich dem Menschen zu erfahren gibt, den Menschen zum Glauben erweckt, ihn erleuchtet und ausrüstet zum Propheten oder Apostel, sich eine Gemeinde des Glaubens und der Verkündigung schafft, der er mit seiner Verheißung sein Heil mitteilt, in der er die Menschen an sich bindet und für sich in Anspruch nimmt, kurzum, in der er der Ihrige wird und sie zu den Seinigen macht. Als dieses Unvergleichliche ist das πνεῦμα: τὸ πνεῦμα τὸ ἅγιον. Heilig, weil es so nur Gottes πνεῦμα ist. Und weil sein Sinn die Heiligung, d. h. die Aussonderung, die Verhaftung, die Aneignung, die Auszeichnung der Menschen ist, die es empfangen, die Auszeichnung, durch die sie werden, was sie an sich und von sich aus weder sein noch werden können: zu Gott Gehörige, mit Gott in realer Gemeinschaft Stehende, vor Gott und mit Gott Lebende. Man wird als Prototyp für alle biblischen Anwendungen der Rede vom göttlichen πνεῦμα die Stelle Gen. 2, 7 betrachten dürfen, wo es von Gott heißt, daß er dem Menschen ins Angesicht gehaucht habe den Hauch des Lebens und daß der Mensch so, erst so, lebendig geworden sei: *et inspiravit in faciem eius spiraculum vitae et factus est homo anima vivens* (Vulg.).

Gottes Geist, der Heilige Geist, ist im Alten und Neuen Testament allgemein gesagt: Gott selbst, sofern er in unbegreiflich wirklicher Weise, ohne darum weniger Gott zu sein, dem Geschöpf gegenwärtig sein und kraft dieser seiner Gegenwart die Beziehung des Geschöpfs zu ihm selbst realisieren und kraft dieser Beziehung zu ihm selbst dem Geschöpf Leben verleihen kann. Das Geschöpf bedarf ja des Schöpfers um zu leben. Es bedarf also der Beziehung zu ihm. Diese Beziehung kann es· aber nicht schaffen. Gott schafft sie durch seine eigene Gegenwart im Geschöpf, also als die Beziehung seiner selbst zu sich selbst. Gott in seiner Freiheit, dem Geschöpf gegenwärtig zu sein und also diese Beziehung zu schaffen und damit das Leben des Geschöpfs zu sein, das ist der Geist Gottes. Und Gottes Geist, der Heilige Geist, speziell in der Offenbarung, ist Gott selbst, sofern er nicht nur zum Menschen kommen, sondern im Menschen sein und so den Menschen für sich selbst öffnen, bereit und fähig machen und so seine Offenbarung an ihm vollstrecken kann. Der Mensch bedarf der Offenbarung, so gewiß er ohne sie verloren ist. Er bedarf also dessen, daß ihm die Offenbarung offenbar, d. h. daß er für die Offenbarung offen werde. Eben das ist aber keine Möglichkeit des Menschen. Es kann nur Gottes eigene Wirklichkeit sein, wenn das geschieht, und es kann also nur in Gottes eigener Möglichkeit beruhen, daß es geschehen kann. Es ist Gottes Wirklichkeit, indem Gott selbst den Menschen nicht nur von außen, nicht nur von oben, sondern auch von innen, von unten her, subjektiv gegenwärtig wird. Es ist also Wirklichkeit, indem Gott nicht nur zum Menschen kommt, sondern vom Menschen aus sich selber begegnet. Gottes Freiheit, dem Menschen so gegenwärtig zu sein und also diese Begegnung herbeizuführen, das ist der Geist Gottes, der Heilige Geist in Gottes Offenbarung.

Das Werk des Heiligen Geistes besteht darin, *nos aptare Deo* (Irenaeus, *C. o. h.* III 17, 2), Er ist der *doctor veritatis* (Tertullian, *De praescr.* 28), Er ist der *digitus Dei, per quem sanctificemur* (Augustin, *De spir. et lit.* 16, 28). *Intelligo spiritum Dei, dum in cordibus nostris habitat, efficere, ut Christi virtutem sentiamus. Nam ut Christi beneficia mente concipiamus, hoc fit Spiritus sancti illuminatione: eius persuasione fit, ut cordibus nostris obsignentur. Denique, solus ipse dat illis in nobis locum. Regenerat nos, facitque ut simus novae creaturae. Proinde, quaecunque nobis offeruntur in Christo dona, ea Spiritus virtute recipimus* (Calvin, *Catech. Genev.* 1545, bei K. Müller S. 125 Z. 16). Er ist der *applicator, illuminator, sanctificator* (*Syn. pur. Theol.*, Leiden 1624, *Disp.* 9, 21).

Der heilige Geist ist nicht identisch mit Jesus Christus, mit dem Sohn oder Wort Gottes.

Auch in dem Satz 2. Kor. 3, 17: ὁ δὲ κύριος τὸ πνεῦμα handelt es sich nicht um eine Identifizierung Jesu Christi mit dem Geist, sondern um die Aussage: Dem Geist eignet die κυριότης, die Gottheit des Herrn, von dem in v. 16 die Rede war. Wo dieser Geist ist, der der Herr ist, der Gott ist, da ist Freiheit, lautet die Fortsetzung, nämlich Freiheit von jener Verdeckung des Herzens, wie sie die Lesung des Mose im Gottesdienst der Juden noch immer unfruchtbar macht: Freiheit, zu sehen und zu hören. Und v. 18: in uns spiegelt sich — unser Angesicht ist aufgedeckt — die Herrlichkeit des Herrn, und so werden wir in sein Bild verwandelt, aus seiner Herrlichkeit zu eigener Herrlichkeit — nämlich ἀπὸ κυρίου, πνεύματος, durch den Herrn, der der Geist ist. Es ist nicht nur durch den sonstigen Sprachgebrauch, sondern auch durch den Sinn und Zusammenhang dieser Stelle selbst geboten, den Geist auch hier nicht mit Jesus Christus zu identifizieren. An die anderen Stellen, wo der Geist deutlich (so 1. Kor.

12, 4f.; 2. Kor. 13, 13; 1. Petr. 1, 2 u. a.) neben dem Vater und Christus oder (so 1. Kor. 6, 11) neben Christus allein genannt wird, soll hier nur erinnert sein.

Diese Nicht-Identität zwischen Christus und dem Heiligen Geist erscheint im Zusammenhang des neutestamentlichen Zeugnisses so notwendig als möglich begründet. Heiligen Geist gibt es nämlich nur jenseits des Todes und der Auferstehung Jesu Christi bzw. in Form von Erkenntnis des Gekreuzigten und Auferstandenen, d. h. also unter Voraussetzung des Abschlusses und der Vollendung der objektiven Offenbarung. Wir sahen ja früher: in seinem Durchgang durch den Tod ins Leben ist er die Offenbarung des Vaters. Die ihn glauben und bekennen, die glauben und bekennen ihn als den erhöhten Herrn. Darum stehen der Geist, in welchem sie glauben und bekennen, und der, der dieses Glaubens und Bekenntnisses Gegenstand ist, sich sozusagen auf zwei verschiedenen Ebenen gegenüber. Darum ist das, was von da drüben, von dem Erhöhten her, zu uns herüberkommt, herabfällt, der Geist.

Dieses „Herabfallen" des Heiligen Geistes ist eine Vorstellung besonders der Apostelgeschichte (vgl. Act. 2, 2; 10, 44; 11, 15). Darum kann jenes „Nehmet hin den Heiligen Geist!" (Joh. 20, 22) nur ein Wort des auferstandenen Christus sein. Darum wird Act. 2 die Ausgießung des Heiligen Geistes als ein zu dem vollendeten Kerygma von Leben, Sterben und Auferstehen Jesu hinzutretendes Werk dessen, von dem dieses Kerygma redet, geschildert. Darum die eigentümliche aber sicher für das Verständnis des ganzen Neuen Testamentes bedeutsame Lehre des Johannesevangeliums: Jesus ist (im Unterschied zu Johannes dem Täufer) ὁ βαπτίζων ἐν πνεύματι ἁγίῳ (Joh. 1, 33). Ströme lebendigen Wassers sollen von dem Leibe dessen ausgehen, der an ihn glaubt, heißt es in der schwierigen Stelle Joh. 7, 38 f. mit dem Hinzufügen: das habe Jesus gesagt von dem Geist, den die an ihn Glaubenden empfangen sollten, und mit der wichtigen Erklärung: οὔπω γὰρ ἦν πνεῦμα, ὅτι Ἰησοῦς οὐδέπω ἐδοξάσθη. Joh. 14, 16 erscheint dann der Geist als (wiederum zukünftige) Gabe des Vaters an die Jünger, die Gabe, um die Jesus den Vater für jene bitten will. Der Vater wird ihn senden in seinem, Jesu, Namen (Joh. 14, 26). Wogegen Joh. 15, 26 er selber, Jesus, ihn, den vom Vater Ausgehenden, (ὁ παρὰ τοῦ πατρὸς ἐκπορεύεται) vom Vater senden wird. Dazu muß Jesus aber nach Joh. 16, 7 seinerseits erst von den Jüngern weggehen: συμφέρει ὑμῖν ἵνα ἐγὼ ἀπέλθω. ἐὰν γὰρ μὴ ἀπέλθω, ὁ παράκλητος οὐ μὴ ἔλθῃ πρὸς ὑμᾶς. ἐὰν δὲ πορευθῶ, πέμψω αὐτὸν πρὸς ὑμᾶς. Joh. 16, 13 ist dann endlich einfach allgemein von seinem Kommen die Rede. Es ist offenbar die Erfüllung dieser wiederholten Zusage, was wir Joh. 20, 22 vor uns haben.

Die Anschauung des Neuen Testamentes ist bei dem Allen schwerlich die, daß es erst chronologisch hinter Karfreitag und Ostern Menschen gegeben habe, die den Heiligen Geist empfangen haben. Was wäre dann gemeint, wenn so und so oft Jüngern und Nichtjüngern auch vor Karfreitag und Ostern allen Ernstes Glauben zugeschrieben wird? Was bedeutete dann jene Antwort Jesu auf das Petrusbekenntnis Matth. 16, 17? Die Verklärungsgeschichte Mc. 9, 2 f. u. Par. zeigt, daß jedenfalls die Synoptiker mit der Möglichkeit von Antizipationen des Abschlusses und der Vollendung der Offenbarung, von Offenbarungen des erhöhten Christus, schon chronologisch vor dessen Erscheinung gerechnet haben. Und man kann wohl fragen, ob nicht auch die sämtlichen Wundertaten Jesu sozusagen als rückwärts fallende Strahlen der Herrlichkeit des Auferstandenen zu verstehen sind, ja ob nicht schließlich das ganze Leben Jesu in dieser retrospektiven Beleuchtung betrachtet sein will. Aber auch bei Johannes, wo der chronologische Schematismus bewußter und strenger durchgeführt scheint, ist das zeitliche Ver-

1. Gott der Erlöser

hältnis zwischen dem als Mensch mit den Jüngern Lebenden und dem erhöhten Christus und also auch zwischen dem verheißenen und dem gegebenen Geist sicher komplizierter als es auf den ersten Blick aussieht. Wie will man gleich Joh. 2, 11 verstehen, wenn das Zukünftige nicht auch hier als Zukünftiges doch auch schon gegenwärtig gedacht ist? Auch Joh. 20, 22, auch die Pfingstgeschichte Act. 2 sind doch wohl so zu verstehen als das ausdrückliche und solenne Zeugnis von einem Geschehen, das chronologisch weder vorwärts noch rückwärts gerade auf Pfingsten beschränkt war.

Wir müssen nun sofort hinzufügen: Indem der Geist das von Christus als dem Erhöhten verschiedene Moment der Offenbarung ist: die Offenbarung, sofern sie an uns und in uns Ereignis wird, ist er doch restlos zu verstehen als der Geist des Christus, des Sohnes, des Wortes Gottes. Also gerade nicht etwa als eine Offenbarung selbständigen Inhaltes, nicht als eine neue über Christus, über das Wort hinausgehende Belehrung, Erleuchtung und Bewegung des Menschen, sondern schlechterdings als die Belehrung, Erleuchtung, Bewegung des Menschen eben durch das Wort für das Wort.

Der Heilige Geist wird zwar an verhältnismäßig wenig Stellen ausdrücklich der „Geist Christi" genannt (Gal. 4, 6; Röm. 8, 9; Phil. 1, 19; 1. Petr. 1, 11). In der Regel heißt er einfach der „Geist Gottes", was dann an einer Reihe von Stellen als der „Geist des Vaters" verstanden werden muß. Aber irgendeine Inkongruenz zwischen Christus und dem Geist dürfte sich nirgends nachweisen lassen, sondern wieder dürfte das Johannesevangelium den Sinn des ganzen Neuen Testamentes wiedergeben, wenn es Jesus vom Geist sagen läßt: ἐκεῖνος μαρτυρήσει περὶ ἐμοῦ (Joh. 15, 26), οὐ γὰρ λαλήσει ἀφ' ἑαυτοῦ ἀλλ' ὅσα ἀκούει λαλήσει καὶ τὰ ἐρχόμενα ἀναγγελεῖ ὑμῖν. ἐκεῖνος ἐμὲ δοξάσει, ὅτι ἐκ τοῦ ἐμοῦ λήμψεται καὶ ἀναγγελεῖ ὑμῖν (Joh. 16, 13 f.).

Man kann die Aussagen über die Bedeutung und Wirkung des Heiligen Geistes in dem Geschehen, das im Neuen Testament Offenbarung heißt, in drei Gruppen bringen.

1. Der Geist verbürgt dem Menschen das, was dieser sich selber nicht verbürgen kann: seine persönliche Teilnahme an der Offenbarung. Die Tat des Heiligen Geistes in der Offenbarung ist das durch Gott selbst für uns, aber nun nicht nur zu uns, sondern in uns gesprochene Ja zu Gottes Wort. Dieses von Gott gesprochene Ja ist der Grund der Zuversicht, in der ein Mensch die Offenbarung verstehen darf als ihn angehend. Dieses Ja ist das Geheimnis des Glaubens, das Geheimnis der Erkenntnis des Wortes Gottes, aber auch das Geheimnis des Gott wohlgefälligen willigen Gehorsams. „Im Heiligen Geist" gibt es das alles beim Menschen: Glaube, Erkenntnis, Gehorsam.

Ἐν τούτῳ γινώσκομεν ὅτι ἐν αὐτῷ μένομεν καὶ αὐτὸς ἐν ἡμῖν, ὅτι ἐκ τοῦ πνεύματος αὐτοῦ δέδωκεν ἡμῖν (1. Joh. 4, 13). Es ist vor allem die spezifisch paulinische Anschauung vom Heiligen Geist, die hier zu beachten ist. Der Geist „wohnt in uns" (Röm. 8, 9, 11), und so ist er die ἀπαρχή (Röm. 8, 23) oder der ἀρραβών (2. Kor. 1, 22; 5, 5; Eph. 1, 14), gleichsam das vorausgeworfene Licht des uns von Gott zukommenden Heils. Wer des Heiligen Geistes teilhaftig ist, der hat „geschmeckt" das „gute Wort Gottes und die Kräfte der künftigen Welt" (Hebr. 6, 5f.). Mit Christus oder mit dem

Worte zusammen bezeugt der Heilige Geist unserem Geiste, daß wir Gottes Kinder sind: αὐτὸ τὸ πνεῦμα συμμαρτυρεῖ τῷ πνεύματι ἡμῶν (Röm. 8, 16). Darum offenbart uns Gott διὰ τοῦ πνεύματος, was er uns offenbaren will: weil der Geist „Alles erforscht", auch τὰ βάθη τοῦ θεοῦ, und weil er, der Geist, das für uns in uns tut (1. Kor. 2, 10). Er „kommt unserer Schwachheit zuvor" (συναντιλαμβάνεται); wir wissen nicht, was rechtes Beten ist, er aber tritt für uns ein (ὑπερεντυγχάνει) mit seinen von uns nicht nachzusprechenden (ἀλαλήτοις) Seufzern, und so und daraufhin: weil hier, ganz abgesehen von unsrem Schwach- oder Starksein, Beten- oder Nichtbetenkönnen, aber in uns etwas Gottgemäßes (κατὰ θεόν) geschieht, hört und erhört Gott unser Gebet (Röm. 8, 26f.). Durch den Heiligen Geist ist die Liebe Gottes (oder: die Liebe zu Gott) ausgegossen in unsere Herzen (Röm. 5, 5). Kurz: weil und sofern er den Heiligen Geist empfängt, ist der Mensch ein Tempel Gottes (1. Kor. 3, 16; 6, 19; 2. Kor. 6, 16), weil und sofern er den Heiligen Geist empfangen hat, darf man ihm auf den Kopf zusagen: das Wort ist dir nahe, in deinem Munde und in deinem Herzen (Röm. 10, 8). Die bei Paulus so häufige Formel ἐν πνεύματι bezeichnet das Denken, Handeln, Reden des Menschen als ein in der Teilnahme an Gottes Offenbarung sich ereignendes. Es ist genau das subjektive Korrelat zu dem denselben Sachverhalt objektiv bezeichnenden ἐν Χριστῷ.

2. Der Geist gibt dem Menschen die Belehrung und Leitung, die er sich selbst nicht geben kann. Hier wird deutlich, was ja auch in dem eben Gesagten zu bedenken ist: der Geist ist nicht und wird nicht identisch mit uns selbst.

Als Begriff der paulinischen Anthropologie sagt πνεῦμα nicht etwa, daß der Heilige Geist ganz oder teilweise, ursprünglich oder nachträglich, zum Wesen des Menschen gehöre, sondern es bezeichnet bestenfalls den Ort (jenseits von σῶμα und ψυχή), wo das Empfangen des Heiligen Geistes Wirklichkeit werden kann (1. Thess. 5, 23).

Er bleibt der schlechthin Andere, Überlegene. Wir können nur darauf achten, welches sein Ja ist zum Worte Gottes, wir können dieses sein Ja nur nachsprechen. Als unser Lehrer und Führer ist er in uns, nicht als eine Kraft, deren Herren wir werden könnten. Er bleibt selber der Herr.

Hierher dürfte in der Hauptsache die johanneische Lehre vom Parakleten gehören. Der Begriff erinnert an den dem Paulus so wichtigen Begriff der Paraklese. Dieser bezeichnet die (deutsch nicht wiederzugebende) Einheit des vom Apostel sozusagen aufzunehmenden und weiterzugebenden „Mahnens" und „Tröstens", das Gott den Seinigen widerfahren läßt (vgl. z. B. 2. Kor. 1, 3 f.). Das ist's, was Jesus nach dem Johannesevangelium als das besondere Werk des Heiligen Geistes in Aussicht stellt. Der Geist als der Paraklet ist der „Geist der Wahrheit" (Joh. 14, 17; 15, 26; 16, 13). Ἐκεῖνος ὑμᾶς διδάξει πάντα καὶ ὑπομνήσει ὑμᾶς πάντα ἃ εἶπον ὑμῖν ἐγώ (Joh. 14, 26). Ὁδηγήσει ὑμᾶς εἰς τὴν ἀλήθειαν πᾶσαν (Joh. 16, 13). Identisch mit dem Parakleten und also mit dem Heiligen Geist ist wohl auch das, was im 1. Johannesbrief (aber auch 2. Kor. 1, 21) das Chrisma genannt wird, von dem es ebenfalls heißt: Ἔχετε ἀπὸ τοῦ ἁγίου καὶ οἴδατε πάντες (1. Joh. 2, 20). „Ihr habt nicht nötig, daß Jemand euch belehre, sondern wie sein Chrisma euch belehrt in allen Dingen, so ist es in Wahrheit und ohne Lüge"(ib. 2, 27). Hierher gehört aber auch, daß Paulus dem Geist ein ἄγειν bzw. den Glaubenden ein ἄγεσθαι durch den Geist zuschreibt (Gal. 5, 18; Röm. 8, 14), wozu die merkwürdig direkten Weisungen zu vergleichen sind, in denen dieses ἄγειν besonders nach der Apostelgeschichte (vgl. z. B. Act. 8, 29; 10, 19; 13, 2; 16, 6 u. ö.) konkret werden kann.

Auf dieser ganzen Linie ist der Geist offenbar weniger die Wirklichkeit, in der Gott uns seiner selbst versichert als umgekehrt die Wirklichkeit, in der er sich unserer versichert, in der er in unmittelbarer Gegenwärtigkeit seinen Herrschaftsanspruch auf uns geltend macht und durchführt.

3. Exegetisch sehr dunkel und sachlich sicher geradezu zentral wichtig ist dies, daß der Geist die große, die einzige Möglichkeit ist, kraft welcher Menschen so von Christus reden können, daß ihr Reden Zeugnis, daß also die Offenbarung Gottes in Christus durch ihr Reden aufs neue aktuell wird. Hat jenes Eintreten Gottes für sich bei uns in dem doppelten Sinne, in dem wir es uns eben veranschaulicht haben, als Wirkung des Heiligen Geistes eine selbständige Bedeutung neben dem, daß der Mensch durch den Heiligen Geist ein wirklicher Sprecher und Verkündiger wirklichen Zeugnisses und so des wirklichen Wortes Gottes werden soll und kann? Zielt die neutestamentliche Lehre vom Heiligen Geist nicht über alles das, was der Geist für den Glaubenden in seinem persönlichen Verhältnis zu Gott bedeuten kann, hinaus auf das hin, was im Glaubenden und durch den Glaubenden in der Kraft des Geistes für Gott, d. h. im Dienste Gottes geschehen soll? Ist nicht das Verhältnis von Geist und Kirche bzw. das Verhältnis zwischen dem Geist und dem zu vollstreckenden Willen des Herrn der Kirche das beherrschende und alle übrigen bestimmende?

Eine Pfingstpredigt ist jedenfalls keine Auslegung von Act. 2, 1—14, wenn sie nicht beachtet und zur Geltung bringt: die Ausgießung des Heiligen Geistes, von der in diesem Texte die Rede ist, besteht höchst konkret darin, daß sich zerteilende „Zungen" sichtbar werden und daß die Jünger auf die „es" sich niederließ „in andern Zungen" zu reden beginnen: καθὼς τὸ πνεῦμα ἐδίδου ἀποφθέγγεσθαι αὐτοῖς. (Wiederholungen dieses Geschehens werden Act. 10, 46 und 19, 6 erwähnt.) Und die zweite Wirkung des Pfingstwunders besteht darin, daß die anwesenden Angehörigen aller möglichen fernen und nahen Völker γενομένης τῆς φωνῆς ταύτης die Jünger in ihren eigenen Sprachen aussprechen hören τὰ μεγαλεῖα τοῦ θεοῦ (Act. 2, 7f.). Von diesem Reden der Jünger und von diesem Hören der Parther, Meder und Elamiter usw. müßte eine Pfingstpredigt reden, die Auslegung von Act. 2, 1f. sein wollte: auch der Nachdruck der Act. 2, 14f. folgenden Petrusrede, sofern sie nicht in der Darlegung des Kerygmas selber besteht, liegt schlechterdings darin, daß das Geschehene erklärt wird als die Erfüllung der Joel-Weissagung von der Ausgießung des Geistes über alles Fleisch, die darin bestehen wird, daß Menschen — Männer und Frauen wird auffallend stark betont — eben „weissagen" werden. Das ist's, was zu Pfingsten erfüllt ist. Es gibt jetzt dem Herrn Jesus gegenüber, gewiß ihm schlechterdings untergeordnet, aber als ein von ihm selbst unterschiedenes Moment der Wirklichkeit seiner Offenbarung: einen Apostolat, zum Zeugnis von ihm beauftragte, bevollmächtigte und befähigte Menschen, deren menschliches Wort von allerlei Volk als Verkündigung der „großen Taten Gottes" vernommen werden kann. Das schafft der Heilige Geist. Die schwere exegetische Frage an dieser Stelle besteht darin, wie sich diese Gabe der „Zungen" von Pfingsten zu dem verhält, was 1. Kor. 12 und 14 unter demselben Namen als eine besondere Gabe einzelner Glieder der christlichen Gemeinde von Paulus sehr ernst genommen und geschätzt, aber auch sehr zurückhaltend, ja kritisch besprochen wird. Wir haben dieser Frage hier nicht nachzugehen. Sicher ist, daß das, was Paulus dort unter diesem Namen kennt, die zentrale Bedeutung für ihn selbst und nach seiner Einsicht auch für die Gemeinde nicht hat, wie das, was Act. 2 berichtet wird. Aber ebenso sicher ist, daß das, was dem Bericht von Act. 2 zentrale Bedeutung gibt, die Beauftragung, Bevollmächtigung und Ausrüstung des Apostolates auch für ihn — und zwar auch für ihn als Werk des Heiligen Geistes — die Voraussetzung seiner Tätigkeit und Botschaft ist. Πρὸς φωτισμὸν τῆς γνώσεως τῆς δόξης τοῦ θεοῦ ἐν προσώπῳ Χριστοῦ ließ Gott es in unseren Herzen hell werden wie am ersten Schöpfungstag (2 Kor. 4, 6). „Ihr werdet die Kraft des auf euch herabkommenden Heiligen Geistes empfangen und werdet meine Zeugen sein", sagt Act. 1, 8 der Auferstandene zu seinen Jüngern. Dieselbe Zusammenstellung von πνεῦμα und μαρτυρεῖν finden wir Joh. 16, 26: Der Geist wird euch zeugen von mir und auch ihr werdet zeugen! Wiederum lautet ein Jesuswort: Die Jünger sollten nicht sorgen, was sie in der Stunde der Anfechtung zu ihrer Verantwortung sagen sollten: was ihnen dann gegeben werde, das sollten sie sagen. Οὐ γάρ ἐστε ὑμεῖς οἱ λαλοῦντες ἀλλὰ τὸ πνεῦμα τὸ ἅγιον (Mc. 13, 11 u. Par., Luc. 12, 12 in der Abwandlung: der Heilige Geist διδάξει ὑμᾶς . . . ἃ δεῖ εἰπεῖν).

Der Heilige Geist ist die Befähigung zum Sprechen von Christus; er ist die Ausrüstung des Propheten und des Apostels, er ist die Berufung der Kirche zum Dienst des Wortes. Sofern Alles, worin diese Befähigung, Ausrüstung und Berufung besteht — davon war unter Punkt 1 und 2 die Rede — auf dieses Ziel hingerichtet ist, sofern es keine Privatsache, sondern nur eine Sache der Kirche oder vielmehr: des Herrn der Kirche sein kann, wenn es Einzelne gibt, denen der Geist verbürgt, daß Gottes Offenbarung sie angeht, Einzelne, die der Geist treibt — insofern wird man diese an dritter Stelle genannte Wirkung des Geistes die entscheidende nennen dürfen. Fragen wir nach dem „Sinn" des Geistes (τὸ φρόνημα τοῦ πνεύματος Röm. 8, 27) so werden wir antworten müssen: er besteht darin, daß er die Gabe des Sprechens von den „großen Taten Gottes" ist. Fragen wir aber, was das heißt, diese Gabe zu empfangen und zu besitzen, dann werden wir die Antwort doch immer wieder aus den beiden ersten Bestimmungen unseres Begriffs ablesen müssen.

Im Leitsatz ist das Wesen und das Werk des Heiligen Geistes in der Offenbarung umschrieben mit den beiden auf biblische Aussagen anspielenden Wendungen: Er ist der „Herr, der uns frei macht" und: „durch dessen Empfang wir Kinder Gottes werden". Man darf nämlich gerade diese beiden Wendungen als Zusammenfassung dessen in Anspruch nehmen, was wir dem Zeugnis der Heiligen Schrift vom Wesen des Geistes als Moment der Offenbarung Gottes in Jesus Christus zu entnehmen haben.

Der Begriff Freiheit sagt zunächst formal: es handelt sich, wenn die Schrift vom Heiligen Geist als Moment der Offenbarung redet, um ein Können, ein Vermögen, eine Fähigkeit, die dem Menschen als dem Adressaten der Offenbarung beigelegt wird, die ihn zum wirklichen Empfänger der Offenbarung macht. Das ist ja das Problem, vor das wir uns gestellt sahen: wie kann der Mensch glauben? Wie wird der *homo peccator capax verbi divini*? Die Antwort des Neuen Testamentes lautet: es ist der Heilige Geist, der ihn dazu und zu dem Dienst, in den er damit gestellt ist, frei macht.

Christus hat uns zur „Freiheit befreit", lesen wir Gal. 5, 1. Der Begriff steht dort und er steht auf der ganzen Linie zweifellos im Gegensatz zu dem Begriff der in Christus überwundenen Knechtschaft. Diese Knechtschaft besteht zunächst — aber doch nur zunächst — in dem Gebundensein der Menschen an ein menschlich mißverstandenes und mißbrauchtes Gottesgesetz, an ein Gesetz, dem der Mensch göttliche Autorität zuschreibt und dem gerecht zu werden er sich bemüht, obwohl er doch tatsächlich die Stimme des gebietenden Gottes in ihm nicht erkennt, obwohl er weit davon entfernt ist, es sich zur wirklichen Offenbarung dienen zu lassen. Aber das Wesen und der Fluch dieser Knechtschaft liegt tiefer: weil der Mensch so gebunden ist, darum ist er unfähig, unfrei, wirkliche Offenbarung zu vernehmen. Man muß es wohl auch umgekehrt sagen: weil er unfrei ist für wirkliche Offenbarung, darum ist er so gebunden. Jedenfalls: er steht, scheinbar, aber auch nur scheinbar an Gott glaubend, auf ihn hörend und beflissen ihm zu dienen, dem lebendigen Gott ohnmächtig gegenüber, nämlich ohnmächtig, ihn wie er ist zu erkennen und ihm so wie er es haben will zu gehorchen. Die Freiheit, zu der uns Christus befreit, kann also nicht etwa nur in der Freiheit von jener Bindung, sie muß auch und sie muß entscheidend in der Freiheit von jenem Nichtkönnen, von jener Ohnmacht bestehen, in der Freiheit für die wirkliche Offenbarung Gottes. Das bestätigt uns ein Blick auf den wichtigen Zusammenhang Joh. 8, 30—59: Die Juden meinen als Abrahams Volk frei zu sein (v. 33). Jesus streitet es ihnen ab: „Wer Sünde tut, der ist der Sünde Knecht" (v. 34), also unfrei. Warum und inwiefern? „Wenn euch der Sohn frei machte, dann würdet ihr recht frei sein" (v. 36). Aber eben das ist unmöglich! Das ist ihre Sünde, daß das Wort Jesu keine Stätte bei ihnen findet (οὐ χωρεῖ ἐν ὑμῖν. v. 37), daß sie es nicht hören können (οὐ δύνασθε ἀκούειν v. 43). „Wer aus Gott ist, der hört die Worte Gottes; darum hört ihr nicht, weil ihr nicht aus Gott seid" (v. 47). Unmöglich kann also die Freiheit, zu der ihr der Sohn (v. 36), zu der die Wahrheit (v. 32) frei macht, bloß die Negation der (in diesem Zusammenhang kaum erwähnten) falschen Bindung bedeuten. So verstanden würde die Freiheit wohl sofort als „Vorwand, dem Fleisch seinen Lauf zu lassen" (Gal. 5, 13), als „Decke der Bosheit" (1. Petr. 2, 16) dienen müssen. So verstanden wäre sie offenbar nichts Anderes als neue Unfreiheit. Die wirklich Freien sind vielmehr frei als Knechte Gottes (1. Petr. 2, 16). Es ist nicht ausgeschlossen, daß das Paradoxon 1. Kor. 7, 22: von dem christlichen Sklaven, der auf Grund seiner Berufung ein Freigelassener des Herrn und von dem christlichen Freigeborenen, der ebenfalls auf Grund seiner Berufung ein Sklave Christi ist, neben seinem nächsten Sinn auch in diese Richtung weist. Sicher ist, daß die Freiheit, die nach 2. Kor. 3, 17 da ist, wo der Herr, der Geist ist, exklusiv die Freiheit bezeichnet, sich im Unterschied zu den Juden, denen das Angesicht Gottes, obwohl und indem sie die heiligen Texte lesen, verborgen bleibt, zum Herrn, zu Gott, zu bekehren. Und ebenso eindeutig ist das „Gesetz der Freiheit", von dem Jac. 1, 25; 2, 12 die Rede ist, die dem Gesetz der Juden gerade entgegengesetzte aber eben positiv entgegengesetzte Ordnung, unter der der Mensch steht, der nicht nur ein Hörer, sondern ein Täter — und das heißt bei Jakobus kein vergeßlicher, kein bloß vermeintlicher, sondern ein wirklicher, ein in der Tat seines Lebens, ein in seiner Existenz beanspruchter Hörer des Wortes Gottes ist. Wer dessen fähig ist, ein solcher Täter, d. h. ein solcher wirklicher Hörer des Wortes zu sein, der ist frei im neutestamentlichen Sinn dieses Begriffs. Es handelt sich nicht um irgendeine Freiheit, um irgendein So- oder auch Anderskönnen. Es handelt sich — entsprechend jener Freiheit Gottes selbst: seiner Freiheit, sich selbst, Gott zu sein — um die Freiheit des Menschen für Gott, um die „herrliche

Freiheit der Kinder Gottes" (Röm. 8, 21), die *analogia fidei* jener göttlichen Freiheit, die allein wirklich Freiheit zu heißen verdient. Das ist die formale Zusammenfassung der Wirkung des Geistes in Gottes Offenbarung: seine Wirkung besteht in der Freiheit, nämlich in der **Freiheit, einen Herrn, diesen Herrn, Gott, zum Herrn zu haben.**

Demgegenüber sagt nun der Begriff der **Gotteskindschaft** inhaltlich: es handelt sich, wenn die Schrift vom Heiligen Geist als Moment der Offenbarung redet, um ein **Sein** desjenigen Menschen, dem jenes Können, jene Freiheit, eigen ist. Solche Menschen **sind** das, was sie können. Sie können das, was sie **sind**. So und darum sind sie wirkliche Empfänger der Offenbarung, können sie glauben. Nochmals: wie wird der *homo peccator capax verbi divini?* Die zweite (die erste umfassende) Antwort muß jetzt lauten: er **wird** es nicht zuerst, um es dann zu sein, sondern er **ist** es, und so, auf Grund dieses Seins, wird er es. Er ist Gottes Kind. Als solches ist er frei, kann er glauben. Und er ist Gottes Kind, indem er den Heiligen Geist empfängt. Man kann und muß es auch umgekehrt sagen: er empfängt den Heiligen Geist, indem er Gottes Kind ist. Jedenfalls: in diesem Empfangen des Heiligen Geistes ist er, was er an sich und von sich aus nicht sein kann: einer, der zu Gott gehört, wie ein Kind zu seinem Vater, einer, der Gott kennt, wie ein Kind seinen Vater kennt, einer, für den Gott da ist, wie ein Vater für sein Kind da ist. **Das ist die zweite, die sachliche Zusammenfassung der Wirkungen des Heiligen Geistes in Gottes Offenbarung.**

Die Freiheit für Gott, so wiederholen wir zunächst in Anknüpfung an unsere formale Bestimmung des Sachverhaltes, ist die Freiheit der Kinder Gottes (Röm. 8, 21). Selbstverständlich kann der neutestamentliche Begriff der Gotteskindschaft in keinem Sinn konkurrieren mit dem Begriff der Gottessohnschaft Jesu Christi. Er ist vielmehr von diesem schlechterdings abhängig. Die Kirchenväter haben unterschieden: Jesus Christus ist *Filius Dei natura*, die Glaubenden sind *filii Dei adoptione*. Sie können es darum *adoptione* sein, weil Jesus Christus es *natura* ist. Weil der Versöhner der Sohn Gottes ist, darum besteht die Versöhnung, die Offenbarung, für ihre Empfänger darin, daß auch sie, in dem unaufhebbaren Unterschied der Begnadigten von dem, der sie begnadigt, Söhne Gottes sind, daß Gott auch für sie da ist, wie ein Vater für sein Kind da ist. „Der Mensch kann sich nichts nehmen, es werde ihm denn gegeben vom Himmel herab" (Joh. 3, 27). Das gilt nicht für die Gottessohnschaft Jesu Christi, das gilt aber für die Gotteskindschaft der an ihn Glaubenden. „Durch den Glauben, in Christus Jesus, seid ihr Söhne Gottes, daraufhin, daß ihr auf Christus getauft seid und (als solche) Christus angezogen habt" (Gal. 3, 26f.). Der Mensch muß, um Gottes Kind zu sein, berufen sein zu der κοινωνία τοῦ υἱοῦ αὐτοῦ Ἰησοῦ Χριστοῦ (1. Kor. 1, 9). Er muß „gezeugt werden durch das Wort der Wahrheit" (Jac. 1, 18) und es ist „die gute Gabe", die ihm schlechterdings „von oben" zukommt, wenn das Ereignis wird (Jac. 1, 17). Es ist geradezu eine „Geburt von oben" (Joh. 3, 3), von seiner natürlichen Geburt absolut verschieden, beruhend auf der ἐξουσία, die der Logos selbst ihm geben muß, kraft welcher er Gottes Kind ist. Aber das Alles bedeutet keine Einschränkung, sondern vielmehr eine Unterstreichung der immer wieder auftauchenden Indikative, in denen das Neue Testament von den Glaubenden sagt: sie **sind** (Röm. 8, 14), wir **sind** (Röm. 8, 16), wir heißen und **sind** (1. Joh. 3, 1), wir **sind jetzt** (1. Joh. 3, 2), ihr **seid** (Gal. 4, 6), ja sogar: ihr Alle **seid** (Gal. 3, 26) — Söhne, Kinder Gottes und darum nicht

Knechte (Gal. 4, 7), die nur zeitweilig zum Hause gehören (Joh. 8, 35), sondern Erben (Röm. 8, 17; Gal. 4, 7), nicht Ismael sondern Isaak (Gal. 4, 30f.), nicht „Gäste und Fremdlinge" sondern „Mitbürger der Heiligen und Gottes Hausgenossen" (Eph. 2, 19). Ein solches Kind Gottes sein und den Heiligen Geist empfangen, das ist eins und dasselbe. Der Heilige Geist ist τὸ πνεῦμα τοῦ υἱοῦ (Gal. 4, 6) und darum das πνεῦμα υἱοθεσίας (Röm. 8, 15).

Worin zeigt er sich als solcher? Paulus nennt an entscheidender Stelle nur Eines, in dem für ihn offenbar Alles enthalten ist: im Heiligen Geist und also als Kinder Gottes schreien wir, κράζομεν: Ἀββά, ὁ πατήρ (Röm. 8, 15; Gal. 4, 6). Es ist merkwürdiger- aber sicher nicht zufälligerweise derselbe Ruf, den die evangelische Geschichte (Mc. 14, 36) dem betenden Jesus in Gethsemane in den Mund legt. So also, in dieser Gestalt, ist der Sohn Gottes der Prototyp der Sohnschaft der Glaubenden. Diesen Christus haben die Kinder Gottes „angezogen". Dieses Kind, der sündige Mensch, kann diesem Vater, dem heiligen Gott, nicht anderswo als Kind dem Vater begegnen als dort, wo der eingeborene Sohn Gottes seine Sünde getragen und hinweggetragen hat. Daß der Mensch mit dem Sohne Gottes dorthin gestellt ist, darin besteht zwar nicht seine Versöhnung — die Versöhnung besteht in dem, was der Sohn Gottes für uns getan und gelitten hat — aber darin wird die Versöhnung an ihm vollstreckt, darin besteht seine Teilnahme an der in Christus geschehenen Versöhnung. Das heißt den Heiligen Geist haben. Den Heiligen Geist haben heißt: mit Christus in jene Wende vom Tode zum Leben gestellt sein. Die Gestalt eines wirklichen Empfängers der Offenbarung Gottes, die Gestalt, die seinem Denken, Wollen und Reden das Gesetz gibt, wird also immer die Gestalt des Todes Christi sein (Röm. 6, 5; Phil. 3, 10). Und so wird auch seine Freiheit, sein Können, sein Vermögen für Gott, nicht anders zu verstehen sein, denn als Kraft der Auferstehung Christi, nicht als eine ihm eigene und immanente, sondern als eine ihm von Gott her zukommende, eine ebenso unverfügbare wie uneinsichtige, eine nur als faktisch, und zwar nur als Faktum Gottes zu verstehende Freiheit. In diesem Faktum versichert uns Gott seiner und versichert er sich unserer und lehrt er uns, was wir sagen sollen als seine Zeugen. Alle Aussagen über den Heiligen Geist können sich ebensowohl wie alle Aussagen über den Sohn Gottes nur auf dieses göttliche Faktum beziehen. Von ihm aus sind sie wie im Neuen Testament selbst so auch für uns verständlich oder auch nicht verständlich.

Man vergleiche zu dem hier Ausgeführten die Äußerungen Luthers zu Gal. 4, 6f. (W. A. 40¹ S. 579—597): Er nennt das „Abba Vater!" den Schrei des Heiligen Geistes in unseren Herzen mitten in der schwersten, der völligen Ohnmacht und Verzweiflung dieses unseres Herzens angesichts seiner radikalen Sündigkeit, angesichts seines Zweifelns auch an Gottes Huld, angesichts der Anklage des Teufels: *Tu es peccator!* angesichts des Zornes Gottes, der uns mit ewiger Verdammnis bedroht, in der Anfechtung, in der es keine Erfahrung von der Gegenwart und Hilfe Christi gibt, wo vielmehr auch Christus uns zu zürnen scheint, wo man sich nur an das *nudum verbum* hängen kann. Da ertönt jener Schrei, dringt durch die Wolken, erfüllt Himmel und Erde, ertönt so laut, daß die Engel, indem sie ihn hören, meinen, vorher überhaupt noch nie etwas gehört zu haben, ja daß Gott selbst in der ganzen Welt nichts Anderes hört als eben diesen Ton. Und doch ist er *quantum ad sensum nostrum attinet* ein geringfügiger Seufzer, in welchem wir selbst diesen Schrei des Geistes gar nicht hören. Sondern was wir erfahren, das ist die Versuchung, was wir hören, sind die Stimmen, und was wir sehen, ist das Angesicht der Hölle. Wollten wir uns jetzt unserer Erfahrung anvertrauen, dann könnten wir uns nur verloren geben. Da und so ist — das verstehen freilich die nicht, die *speculative tantum* vom Heiligen Geist reden wie die Papisten und die Schwärmer — Christus allmächtig, regierend und triumphierend in uns. Das Wort, nein jenes unscheinbare Seufzerlein (*gemitulus*) jener *affectus*, in dem wir nur noch trotz Allem und ohne irgendeinen Erfahrungsgrund dafür zu haben: Vater! sagen können, dieses Wort wird jetzt so beredsam wie kein

Cicero oder Virgil. Merkwürdig genug: gerade an dieser Stelle (a. a. O. S. 586 Z. 13 bzw. 29) holt Luther zum stärksten Schlag aus gegen den *pestilens error* der katholischen Lehre, daß es im Diesseits keine wirkliche und unerschütterliche Gewißheit der Gnade Gottes gebe. Wann und wo gibt es solche Gewißheit? Sicher nicht im Blick auf uns selbst, aber im Blick auf die *promissio et veritas Dei, quae fallere non potest. Aversis oculis a lege, operibus, sensu et conscientia* wird diese Gewißheit Ereignis als Ergreifen der göttlichen Verheißung. Die Verheißung bringt uns diese Gewißheit, sofern sie uns die Möglichkeit eben jenes Schreiens Abba Vater! bringt, das in unserem Munde und Herzen das Kleinste, vor Gott das Größte, das Eine ist als Schreien seines eigenen Geistes in uns. *Tum certo definitum est in coelo, quod non sit amplius servitus sed mera libertas, adoptio et filiatio. Quis parit eam? Iste gemitus.* Das geschieht aber, indem ich Gottes Verheißung annehme. Und daß ich Gottes Verheißung annehme, *hoc fit, cum isto gemitu clamo et respondeo corde filiali isti voci: Pater. Ibi tum conveniunt pater et filius* (S. 593 Z. 18). Aber: *quanta magnitudo et gloria huius doni sit, humana mens ne quidem concipere potest in hac vita, multo minus eloqui. Interim in aenigmate cernimus hoc, Habemus istum gemitulum et exiguam fidem, quae solo auditu et sono vocis promittentis Christi nititur. Ideo quoad sensum nostrum res ista centrum, in se autem maxima et infinita sphera est. Sic Christianus habet rem in se maximam et infinitam, in suo autem conspectu et sensu minimam et finitissimam, Ideo istam rem metiri debemus non humana ratione et sensu, sed alio circulo, scilicet promissione dei, Qui ut infinitus est, ita et promissio ipsius infinita est, utcunque interim in has angustias et, ut ita dicam, in verbum centrale inclusa sit. Videmus igitur iam centrum, olim videbimus etiam circumferentiam* (S. 596, Z. 16).

In dem bisher Gesagten ist nun bereits ausgesprochen: der Heilige Geist ist nach dem Zeugnis der Schrift nicht weniger und nichts Anderes als Gott selber — unterschieden von dem, den Jesus seinen Vater nennt, unterschieden auch von Jesus selber, aber nicht weniger als der Vater und nicht weniger als Jesus Gott selber, ganz Gott.

Wir erinnern uns nochmals an 2. Kor. 3, 17: ὁ κύριος τὸ πνεῦμα, der Herr ist der Geist. Wir denken an das berühmte: πνεῦμα ὁ θεός, Gott ist Geist (Joh. 4, 24). In beiden Stellen ist die Umkehrung: der Geist ist der Herr, der Geist ist Gott zwar nicht in den betreffenden Zusammenhängen, wohl aber als Konsequenz aus dem, was gesagt wird, nicht nur erlaubt, sondern geboten. Dieselbe Gleichung ist vorausgesetzt Act. 5, 3f., wo dem Ananias vorgeworfen wird, gegen den Heiligen Geist gelogen zu haben und wo es unmittelbar darauf heißt: οὐκ ἐψεύσω ἀνθρώποις ἀλλὰ τῷ θεῷ; wie es denn auch unmöglich nach Mc. 3, 28 f. — was auch darunter verstanden sein möge — eine Lästerung des Heiligen Geistes geben könnte, die den Menschen einer unvergebbaren, ewigen Sünde schuldig macht, wenn der Geist weniger, wenn er etwas Anderes als Gott selbst wäre.

Daß nicht nur diese und ähnliche Stellen, sondern daß die ganze neutestamentliche Lehre vom Wirken des Geistes die Gottheit seines Wesens impliziert, das kann eigentlich nur dann bestritten werden, wenn man zuvor wegexegesiert hat, daß die neutestamentliche Gemeinde mit dem Ἰησοῦς Κύριος ihren Glauben an Jesus Christus als an Gott selber bekannt habe. Ist der Christus des Neuen Testamentes ein Halbgott von oben oder von unten, dann wird freilich der Glaube an ihn zu einer menschlichen Möglichkeit. Dann kann man ihn, wie außerordentlich er als Phänomen immerhin sein mag, erklären als zustande gekommen auf Grund gewisser verfügbarer und einsichtiger Gründe und Voraussetzungen. Dann bedarf es der Gottheit des Heiligen Geistes, der diesen Glauben schafft, in der Tat auch nicht. Dann kann der Name „Heiliger Geist" gut und gerne ein bloßer Name für eine besonders tiefe, ernste und lebendige Wahrheitsüberzeugung oder Gewissenserfahrung sein und kann dann auch wohl bei der Beschreibung dessen, was den Glauben nach dem Neuen Testament begründet, ruhig überhaupt verschwiegen werden.

Man kann dann das Erlebnis und die Reflexion der zum Glauben kommenden heidnischen Zeitgenossen der Urgemeinde etwa mit Karl Holl so beschreiben: „Dieser Gottesgedanke Jesu (gemeint ist der Gedanke des zuerst und grundlegend vergebenden und dann und daraufhin erst fordernden Gottes), der allem natürlichen religiösen Empfinden so schroff zuwiderlief, besaß doch seine verborgene, seine unwiderstehliche Kraft. Er bohrte sich tiefer ein als jeder andere Gottesbegriff. Denn er redete zum Gewissen. War es nicht überzeugend, daß der zu Gott emporstrebte, seinen Maßstab nicht an menschlicher Anständigkeit oder Heldenhaftigkeit, sondern am Unbedingten, an Gottes eigenem sittlichen Wesen, an dessen Güte nehmen müßte? Aber wer es ernsthaft damit versuchte, dem zerging, ohne daß er es wollte, der Unterschied zwischen Gerechten und Ungerechten, zwischen Reinen und Unreinen. Der feierliche Eingangsspruch der Mysterien: ‚wer wohl und gerecht gelebt hat' wurde zur Oberflächlichkeit. Dafür empfing das γνῶθι σεαυτόν jetzt seine volle Schärfe. . . . Aus der Tiefe solcher Selbstbesinnung erwuchs dann ein Verständnis für den Gottesgedanken Jesu. War es nicht wirklich so, daß der Gott, von dessen Gaben der Mensch doch lebte, immer den Menschen mit verzeihender Güte trug? Nur daß der Mensch sich dessen nicht bewußt geworden war. Und war der Gott, der das Herz des Menschen suchte, der auch den Verlorenen wiederzugewinnen wußte, in solcher Liebe nicht größer, heiliger, machtvoller als alle Götter des hohen Olymp? So fügte sich Alles zu einem geschlossenen Sinn zusammen. Wer ihn faßte, hatte das Gefühl, als ob er aus einem Traum erwacht wäre; die Kühnheit, das Unerhörte, oder wie man heute mit dem abgehetzten Schlagwort sagt: das ‚Irrationale' der Predigt Jesu allein hätte es nicht getan. Was bloß irrational ist, übt höchstens die beschränkte und vorübergehende Anziehung des kraftvoll Eigenwilligen. Aber daß das Irrationale hier einen einleuchtenden Sinn ergab, daß das, was dem gesunden Menschenverstand vor den Kopf stieß, den Nachdenklichen sich als die Offenbarung einer tieferen, einer überzeugenden Wahrheit über Gott und den Menschen bekundete — dies ist das Sieghafte im Christentum gewesen." (Urchristentum u. Religionsgesch. Ges. Aufs. z. KGesch. 2. Bd., 1928, S. 18.) — Man vergleiche diese als Exegese des Neuen Testamentes sich gebende Analyse Holls mit Röm. 8, 16f., Gal. 4, 6f. und der Lutherschen Erklärung dazu. Daß hier und dort mit verschiedenen Worten dasselbe gesagt sei, das wird man ja gewiß nicht behaupten wollen. Nein, hier ist offenbar genau an die Stelle des Heiligen Geistes das Unterscheidungs- und Urteilsvermögen des Menschen getreten, vermittels dessen sich ihm der Gottesgedanke Jesu „einbohren" kann wie jeder andere Gottesbegriff, wenn er es auch tiefer tut als jeder andere — kraft dessen er sich, wie aus einem Traum erwachend, in tiefer Selbstbesinnung dessen bewußt werden kann, wessen er sich bis jetzt nicht bewußt gewesen war, kraft dessen er das ihm zunächst Anstößige nun doch als einleuchtend sinnvoll feststellen, kraft dessen er sich mit einem Wort von der in Jesu Gottesgedanken ausgesprochenen „Wahrheit über Gott und den Menschen" überzeugen kann. Hier wird nicht mit dem unendlichen Zirkel der göttlichen Verheißung, sondern durchaus *humana ratione et sensu* gemessen. Hier besteht „das Sieghafte im Christentum" nicht darin, daß Christus in der Ohnmacht des Menschen mächtig ist, nicht in dem Zentrum ohne sichtbare und erfahrbare Peripherie, sondern darin, daß Christus oder vielmehr Jesu „Gottesgedanke" einen dem Menschen oder wenigstens den „Nachdenklichen" einleuchtenden „geschlossenen Sinn" hat. Hier braucht das Wort „Heiliger Geist" nicht zu fallen und erst recht die Lehre von der Gottheit des Geistes gewiß nicht vertreten zu werden. Offenbar darum muß das Neue Testament hier so gelesen werden, weil es auch dort, wo es von Christus redet, so verstanden ist, als rede es von dem Träger eines besonderen, den Menschen zwar nicht bewußten, aber eigentlich einsichtigen Gottesgedankens, dem Träger der tiefen überzeugenden Wahrheit, daß das Verhältnis von Vergebung und Forderung dem gesunden Menschenverstand (d. h. der oberflächlichen griechischen Selbsterkenntnis!) zuwider gerade das Umgekehrte sei als üblicherweise angenommen.

Wenn wir jetzt voraussetzen dürfen, daß dies keine haltbare Exegese der neutestamentlichen Christologie ist, dann ist auch die Umdeutung der neutestamentlichen Geistlehre in eine Lehre von einer ganz tiefen, ganz gewissenhaften Wahrheitsüberzeugung nicht haltbar. Denn wenn es bei den Menschen des Neuen Testamentes so steht, daß die Göttlichkeit Jesu Christi ihnen nicht auf Grund ihres Erkennens und Wählens, sondern auf Grund ihres Erkannt- und Erwähltwerdens (nicht als Ergebnis sondern als Anfang ihres Denkens über ihn) einsichtig wurde, dann kann der Glaube oder der Grund des Glaubens dieser Menschen nicht als ein ihnen selbst leider verborgenes Vermögen, das Entstehen des Glaubens formal nicht als das Erwachen aus einem Traum und inhaltlich nicht als eine Erinnerung daran, wie es im Grunde immer schon war, verstanden werden. Dann gibt es keine religionsgeschichtliche Kategorie des Glaubens, dann kann auch das Gewissen nicht als δός μοι ποῦ στῶ zur Erklärung der Möglichkeit des Glaubens herangezogen werden. Dann ist der Glaube, die neutestamentliche πίστις vielmehr zu verstehen als eine Möglichkeit aus einer Seinsweise Gottes, aus einer Seinsweise, die mit dem im Neuen Testament als Vater und Sohn Bezeichneten auf einer Ebene, in wesensmäßiger Einheit steht.

Im Glauben ist eine „Salbung" oder „Versiegelung" vorausgesetzt, die mit der „gesalbten" oder „versiegelten" Kreatur keine Ähnlichkeit haben kann (Athanasius, *Ep. ad Serap.* I 23; III 3.) Wäre dieses Vorausgesetzte, der Heilige Geist, ein Geschöpf, dann könnte er uns keine μετουσία θεοῦ vermitteln. Wir würden dann, selber Geschöpf, wiederum bloß mit einem Geschöpf zu tun haben, der θεία φύσις ferne bleiben. Ist es aber wahr, daß wir durch den Heiligen Geist jener μετουσία gewürdigt werden, müßte man dann nicht rasen, wenn man seine Gottheit leugnen wollte? (*ib.* I 24.) Man kann gegen die hier verwendete Begrifflichkeit gewiß Bedenken haben. Aber kann man deshalb im Zweifel sein, daß hier, im Unterschied zu dem vorhin angeführten modernistisch protestantischen Theologen die richtige Exegese der neutestamentlichen Geistlehre vorliegt? Blicken wir zurück auf die Ergebnisse unserer Analyse der neutestamentlichen Geistlehre, d. h. auf die Prädikate, die wir dem Geist und seinem Wirken in der Offenbarung zugeschrieben gesehen haben, was kann man dann Anderes sagen als: *Spiritus vox hic a creaturae notione plane submovenda est?* (*Syn. pur. Theol.*, Leiden 1624, Disp. 9, 2.)

Das bedeutet nun aber auch, daß die Kreatur, der der Heilige Geist in der Offenbarung mitgeteilt wird, dadurch keineswegs ihr Wesen und ihre Art als Kreatur verliert, um etwa selber Heiliger Geist zu werden.

Auch im Empfang des Heiligen Geistes bleibt der Mensch Mensch, der Sünder Sünder. Und auch in der Ausgießung des Heiligen Geistes bleibt Gott Gott. Die Sätze über die Wirkungen des Heiligen Geistes sind Sätze, deren Subjekt Gott ist und nicht der Mensch, und unter keinen Umständen dürfen sie in Sätze über den Menschen umgedeutet werden. Sie reden von der Beziehung Gottes zum Menschen, zu seinem Wissen, Wollen und Fühlen, zu seinem Erleben und Erfahren, zu seinem Herzen und Gewissen, zu seiner ganzen seelisch-leiblichen Existenz, sie können aber nicht umgekehrt und als Sätze über die Existenz des Menschen verstanden werden. Daß Gott der Heilige Geist der Erlöser ist, der uns frei macht, das ist ein Satz der Erkenntnis und des Lobpreises Gottes. Wir selbst sind laut dieses Satzes: Erlöste, Befreite, Kinder Gottes im Glauben, in dem Glauben, den wir eben mit diesem Satz bekennen, d. h. aber in der Tat Gottes, von der dieser Satz redet. Dieses unser Sein ist also eingeschlossen in die Tat Gottes. Wir können, indem wir diesen Glauben an den Heiligen Geist bekennen, nicht sozusagen zurückblicken und unser in der Tat Gottes eingeschlossenes Sein als erlöste, befreite Kinder Gottes abstrakt betrachten und feststellen wollen. Wir können wohl stark und gewiß sein im Glauben — das ist eben die Tat Gottes, die wir hier bekennen, das Werk des Heiligen Geistes, daß wir das sind — wir können aber nicht an der Betrachtung unserer selbst als der Starken und Gewissen uns noch einmal besonders stärken und vergewissern wollen. Den Heiligen Geist haben heißt Gott und gerade nicht sein eigenes Haben Gottes seine Zuversicht sein lassen. Es liegt im Wesen der Offenbarung und Versöhnung Gottes in der Zeit, es liegt im Wesen des *regnum gratiae*, daß das zweierlei ist: „Gott haben" und unser „Haben Gottes", daß unsere Erlösung kein solches Verhältnis ist, das wir zu überschauen, d. h. das wir nach beiden Seiten, von Gott her und von uns aus zu verstehen vermöchten. Paradox genug: wir können es nur von Gott aus verstehen, d. h. wir können es nur im Glauben als von Gott her gesetzt verstehen. Das ist der Glaube, daß wir es als von dorther gesetzt, und zwar erfüllt und vollstreckt verstehen. Aber eben nicht als von uns her erfüllt und vollstreckt, nicht so, daß wir zugleich uns selbst anschaulich wären in dem Sein, das dieser Erfüllung und Vollstreckung von Gott her entspricht, also in unserem Erlöstsein oder Seligsein oder ewigen Lebendigsein. Wenn wir es auch so verstehen könnten, dann hieße das ja, daß alle Not des Glaubens hinter uns läge. Er müßte dann kein „Dennoch!" mehr sein. Er müßte nicht mehr Gehorsam und Wagnis sein. Er müßte überhaupt nicht mehr Glaube sein. Er wäre Schauen. Denn das hieße doch Schauen, wenn wir überschauen, zusammenschauen könnten, wie das, was von Gott her wahr ist, auch von uns aus wahr ist. Das wäre mehr als Gottes Offenbarung und Versöhnung in der Zeit, das wäre unser Sein mit ihm in der Ewigkeit, im *regnum gloriae*. Wenn wir diesen Unterschied nicht aufheben, dieses Jenseits von Offenbarung und Glauben nicht vorwegnehmen können, dann muß das heißen: wir können uns die Erlösung, sofern damit mehr als die Tat Gottes, sofern damit unser eigenes Sein behauptet sein soll, nur als zukünftige, d. h. als von Gott her auf uns zukommende verstehen. Wir haben sie im Glauben.

Aber daß wir sie im Glauben haben, das heißt, daß wir sie als Verheißung haben. Wir glauben, daß wir erlöst, befreit, Kinder Gottes sind, d. h. wir nehmen die im Wort Gottes in Jesus Christus ergehende Zusage als solche an, obwohl und indem wir sie in bezug auf unsere Gegenwart im Geringsten nicht verstehen, im Geringsten nicht erfüllt und vollstreckt sehen; wir nehmen sie an, weil sie von einem Tun Gottes an uns redet, obwohl und indem wir nur unsere leeren Hände sehen, die wir dabei Gott entgegenstrecken. Wir glauben unser künftiges Sein, wir glauben an ein ewiges Leben mitten im Tal des Todes. So, in dieser Künftigkeit, haben und besitzen wir es. Die Gewißheit, in der wir um dieses Haben wissen, ist eben Glaubensgewißheit, und Glaubensgewißheit heißt konkret: Hoffnungsgewißheit.

Ἐλπιζομένων ὑπόστασις, πραγμάτων ἔλεγχος οὐ βλεπομένων (Hebr. 11, 1). Darum wird der, wie wir sahen, so wichtige Begriff der Gotteskindschaft besonders von Paulus gern mit dem Begriff des zwar noch nicht angetretenen, aber rechtmäßig in Aussicht stehenden und als solches gewissen Erbes (κληρονομία) erläutert (Röm. 8, 17; Gal. 3, 29; 4, 7; Tit. 3, 7, aber auch Jac. 2, 5). Darum heißt es Gal. 5, 5, daß wir im Geist aus dem Glauben die erhoffte (gerade so in Jesus Christus gegenwärtige!) Gerechtigkeit erwarten (ἐλπίδα δικαιοσύνης ἀπεκδεχόμεθα), darum 2. Kor. 5, 7, daß wir im Glauben wandeln und nicht im Schauen, darum an der nicht genug zu beachtenden Stelle Röm. 8, 23f., daß wir, dieselben (man bemerke das doppelte καὶ αὐτοί), die wir die ἀπαρχὴ τοῦ πνεύματος haben, mit der ganzen Kreatur seufzen in der Erwartung der Sohnschaft, sofern unter Sohnschaft verstanden sein soll die Erfüllung und Vollstreckung der Verheißung, die ἀπολύτρωσις τοῦ σώματος. Τῇ γὰρ ἐλπίδι ἐσώθημεν· ἐλπὶς δὲ βλεπομένη οὐκ ἔστιν ἐλπίς· ὃ γὰρ βλέπει τις, τί καὶ ἐλπίζει; εἰ δὲ ὃ οὐ βλέπομεν ἐλπίζομεν, δι' ὑπομονῆς ἀπεκδεχόμεθα. Gott hat euch wiedergeboren. Wie? Durch die Auferstehung Jesu Christi von den Toten! Wozu? Zu einer lebendigen Hoffnung, nämlich zu dem unvergänglichen, unbefleckten, unverwelklichen Erbe, das euch im Himmel aufbewahrt ist (1. Petr. 1, 3f.). Wir heißen und sind Kinder Gottes, wir sind es jetzt ... und es ist noch nicht erschienen, was wir sein werden. Wir wissen, daß wenn er erscheinen wird, werden wir ihm gleich sein (1. Joh. 3, 1f.). Euer Leben (d. h. eure Errettung) ist verborgen mit Christus in Gott. Wenn Christus, unser Leben, erscheinen wird, dann werdet auch ihr mit ihm in Herrlichkeit erscheinen (Kol. 3, 3f.). Darum ist Abraham der Vater aller Glaubenden: weil er nicht ansah seinen erstorbenen Leib noch den der Sarah, sondern gab Gott die Ehre in der Gewißheit: Was er verheißt, das kann er auch tun! (Röm. 4, 19f.) Darum heißt der Heilige Geist selber πνεῦμα τῆς ἐπαγγελίας (Eph. 1, 13), darum sein Amt an uns unsere Versiegelung εἰς ἡμέραν ἀπολυτρώσεως (Eph. 4, 30, vgl. 1, 14).

Alles, was von dem den Heiligen Geist empfangenden, vom Heiligen Geist getriebenen und erfüllten Menschen zu sagen ist, ist im Sinn des Neuen Testamentes eine eschatologische Aussage. Eschatologisch heißt nicht: uneigentlich, unwirklich gemeint, sondern: bezogen auf das ἔσχατον, d. h. auf das von uns aus gesehen, für unser Erfahren und Denken noch Ausstehende, auf die ewige Wirklichkeit der göttlichen Erfüllung und Vollstreckung. Gerade und nur eschatologische Aussagen, d. h. Aussagen, die sich auf diese ewige Wirklichkeit beziehen, können als Aussagen über zeitliche Verhältnisse beanspruchen, wirklich und eigentlich gemeint zu sein. Oder wie sollte der Mensch etwas Wirklicheres und Eigentlicheres meinen können als Wahrheit eben in dieser Beziehung?

Das Neue Testament redet eschatologisch, wenn es vom Berufensein, Versöhntsein, Gerechtfertigt-, Geheiligt- und Erlöstsein des Menschen redet. Gerade so redet es wirklich und eigentlich. Man muß verstehen, daß Gott das Maß aller Wirklichkeit und Eigentlichkeit ist, verstehen, daß die Ewigkeit zuerst ist und dann die Zeit und darum die Zukunft zuerst und dann die Gegenwart, so gewiß der Schöpfer zuerst ist und dann das Geschöpf. Wer das versteht, der wird hier nicht Anstoß nehmen.

Nicht eschatologisch, d. h. ohne solche Beziehung auf ein Anderes, Jenseitiges, Zukünftiges, kann man nur von Gott selbst, hier: vom Heiligen Geist und seinem Werk als solchem reden. Man kann freilich sagen, daß auch unser Reden von Gott selbst und seinem Werk insofern eschatologisch ist, als unsere Gedanken und Worte als solche ja allesamt diesen Gegenstand nicht erfassen, sondern nur über sich selbst hinaus auf ihn hinweisen können. Aber eben das, auf was da hingewiesen wird, wenn von Gott, seinem Wesen und Werk geredet wird, hat dann selbst keinen Rand und keine Grenze, ist nicht bezogen auf ein ἔσχατον, ist selber das ἔσχατον. Das ist's, was wir vom Menschen, den wir kennen, auch und gerade im Glauben nicht sagen können. Er lebt nicht ewiges Leben. Das ist und bleibt Gottes, des Heiligen Geistes, Prädikat.

Er herrscht über jedes Geschöpf, wird aber nicht beherrscht; er vergöttlicht, wird aber nicht vergöttlicht. Er erfüllt, wird aber nicht erfüllt; er läßt teilnehmen, hat aber nicht teil; er heiligt, wird aber nicht geheiligt (Joh. Damasc., *Ekdos.* I 8).

Von uns aber ist zu sagen: so schenkt sich uns Gott in seiner Offenbarung, daß wir reich in ihm, arm in uns selber sind und bleiben, ja erst recht werden. Beides wird unsere Erfahrung: daß wir reich sind in Gott und daß wir dann und so erst recht arm werden in uns selber. Aber nicht in dem, was wir erfahren, haben wir nun den göttlichen, den geistlichen Reichtum, die göttliche, die geistliche Armut. Was wir erfahren, was sich da quantitativ und qualitativ bei uns verändert, erweitert, entwickelt, auf und nieder, vielleicht auch gradlinig oder in Spiralen vorwärts bewegt, was Gegenstand von Anthropologie, Psychologie, Biographie des gläubigen Menschen werden kann, das ist als menschliches Zeichen dessen, daß Gott sich uns durch seine Offenbarung im Glauben geschenkt hat, zwar gewiß nicht gering zu achten. Es müßte mit merkwürdigen Dingen zugehen, wenn solche Zeichen gar nicht sichtbar werden sollten. Aber auch da wird gelten: „Was sichtbar ist, das ist zeitlich, was aber unsichtbar ist, das ist ewig" (2.Kor. 4, 18). Der Mensch bleibt der Mensch, der sich selbst und andere täuschen kann; das Zeichen bleibt das Zeichen, das wieder vergehen und fallen kann; der Heilige Geist aber bleibt der Heilige Geist, ganz und gar der Geist der Verheißung. Auch und gerade das Kind Gottes im Sinne des Neuen Testamentes wird keinen Augenblick und in keiner Hinsicht aufhören zu bekennen: „Ich glaube, daß ich nicht aus eigener Vernunft noch Kraft an Jesum Christum meinen Herrn glauben oder zu ihm kommen kann!" Gott bleibt der Herr, auch und gerade indem er selbst als seine eigene Gabe in unser Herz kommt, auch und gerade indem er uns „erfüllt". Es tritt kein Anderer für uns ein bei ihm als er selbst. Es tritt auch kein Anderer für ihn ein bei uns als wieder er selbst. Es redet kein Anderer aus uns, indem er durch uns redet, als noch einmal er selbst. „In deinem Lichte sehen wir das Licht" (Ps. 36, 10). So verlangt es die Gottheit des Heiligen Geistes. So verlangt es gerade die Wesentlichkeit, die Direktheit des Werks des Heiligen Geistes. Man greift nicht nach einem Mehr, sondern nach einem Weniger und schließlich nach dem Nichts, wenn man vorbei an dem Unterpfand, das mit Gott selbst identisch ist, nach einem in sich unzweideutigen Erfahren und Erleben, nach einer Garantie der Garantie sozusagen, greifen zu müssen meint, um sich daraufhin zur Gewißheit des Glaubens zu entschließen. Als ob eine Gewißheit, zu der man sich erst entschließen muß, die Gewißheit des Glaubens sein könnte. „Wenn ich nur dich habe, so frage ich nichts nach Himmel und Erde", und weiter: „Wenn mir gleich Leib und Seele verschmachtet, so bist du doch Gott allezeit meines Herzens Trost und mein Teil" (Ps. 73, 25 f.). So denkt und redet man ἐν πνεύματι. Während man, nach einem Anderen, nach sich selbst greifend, in sich selbst Trost und Bestätigung suchend, ja nur verrät, daß man noch lange nicht oder schon lange nicht mehr ἐν πνεύματι denkt und redet. Gott in uns können wir nur begreifen, indem wir uns in Gott begreifen. Wie wir freilich uns in Gott nur begreifen können, indem wir Gott in uns begreifen! Gerade ἐν πνεύματι kann und wird man sich so oder so nur von sich selbst zu Gott hin kehren, zu Gott beten, nicht aber Gott betrachten und über Gott verfügen wollen. Wiederum aber betet nur der, der Alles bei Gott sucht. Und wieder sucht nur der Alles bei Gott, der bei sich selber nichts sucht.

Μακρόθεν ἑστώς, seine Augen nicht aufschlagen mögend zum Himmel: Gott sei mir Sünder gnädig! betet der Zöllner im Tempel. Und dieser ging gerechtfertigt hinab in sein Haus (Lc. 18, 10 f.). Ist Jesus zu Simon ins Schiff getreten oder nicht? Hat er sein Schiff mit Segen gefüllt oder nicht? Was aber hat Simon dazu zu sagen? „Gehe hinaus von mir, denn ich bin ein sündiger Mensch!" (Lc. 5, 1 f.) Es gilt zu verstehen, daß ... alles, was nicht Christus ist, gantz unrein und verdampt ist mit der geburt und allem leben, Und keine reinigkeit noch heiligkeit jnn uns noch aus uns komet, Sondern außer und uber uns und weit von uns, ja uber alle unser synne, witz und verstand, allein jnn dem Christo durch den glauben gefunden und erlangt wird (Luther, Pred. zu Torgau, 1533, W.A. 37 S. 57 Z. 32). So denkt und redet man ἐν πνεύματι.

Was wir Gott darzubringen, zu opfern haben, um recht zu beten, das ist unser Selbst eben in dieser Anspruchslosigkeit.

Wir haben zu opfern: einen „geängstigten Geist", ein „geängstet und zerschlagen Herz" (Ps. 51, 19), ein Herz, das weiß, daß es als neues Herz — einen Geist, der weiß, daß er als neuer, gewisser Geist von Gott in uns geschaffen werden und daß eben darum gebetet werden muß (Ps. 51, 12).

An dieser Anspruchslosigkeit hängt die Richtigkeit, die Erhörlichkeit alles Gebetes.

Röm. 8 ist nicht denkbar ohne Röm. 7 (und zwar mit Einschluß von Röm. 7, 24) und zwar so, daß Röm. 7 nicht als ein Rückblick auf eine Vergangenheit, sondern als Feststellung über die Gegenwart und über alle zeitliche Zukunft auch und gerade des christlichen Menschen verstanden wird. Das *Veni creator Spiritus!* ist wahr und erhörlich, wenn es beharrlich Flehen ist, wenn kein präsentisches oder perfektisches *venit* alles zerstörend dahintersteht. Gerade weil in Gott und von Gott her lauter *venit* die Wahrheit ist!

Daß der Glaube einen unbeweglichen Grund hat, daß es Glaubensgewißheit gibt durch Gottes Offenbarung, das hängt daran, daß dieser Grund nicht nur am Anfang, sondern auch in der Mitte und am Ende in Gott gesucht wird und nirgends sonst, n i c h t in uns selber. Gnade ist auch der e m p f a n g e n e Heilige Geist, wir selbst aber sind Sünder, das ist wahr. Wer es anders sagt, der weiß nicht um die Gottheit des Heiligen Geistes in Gottes Offenbarung.

2. DER EWIGE GEIST

Der Heilige Geist wird nicht erst Heiliger Geist, Gottes Geist im Ereignis der Offenbarung. Sondern das Ereignis der Offenbarung hat auch nach seiner subjektiven Seite Klarheit und Wirklichkeit, weil auch der Heilige Geist, das subjektive Moment in diesem Ereignis, das Eigentliche Gottes selbst ist. Was er in der Offenbarung ist, das ist er zuvor in sich selber. Und was er zuvor in sich selber ist, das ist er in der Offenbarung. In alle Tiefen der Gottheit hinein, als Letztes, was von ihm zu sagen ist, ist Gott Gott der Geist, wie er Gott der Vater und Gott der Sohn ist. Der zu Pfingsten ausgegossene Geist ist der Herr, Gott selber, wie der Vater, wie Jesus Christus der Herr, Gott selber ist. — Noch einmal können wir auf die Frage, wie diese Aussage zustande kommt, nur die Antwort geben: es bedarf zum Zustandekommen dieser Aussage keiner besonderen dialektischen Überhöhung, es bedarf vielmehr nur des Stehen- und Geltenlassens, es bedarf nur des Ernstnehmens der biblischen Aussagen selber. Laut dieser Aussagen ist das Werk des Heiligen Geistes in der Offenbarung ein Werk, das nur Gott selbst zugeschrieben werden kann und das darum auch ausdrücklich Gott zugeschrieben wird. Das D o g m a vom Heiligen Geist, dem wir uns nun zuwenden, sagt darüber hinaus nichts Neues. Das Dogma erfindet auch hier nichts, es findet nur, was im Neuen Testament zu finden freilich nicht selbstverständlich war und ist, worauf im Neuen Testament nur mehr oder weniger deutlich hingewiesen wird. Es steht also nicht selbst in der Schrift, sondern es ist Exegese der Schrift. Es redet nicht von einer anderen Gottheit des Heiligen Geistes als von der, in der er sich uns nach der Schrift offenbart. Es stellt aber fest: eben diese Gottheit ist wahre, eigentliche, ewige Gottheit. Der Geist ist heilig in uns, weil er es zuvor in sich selber ist.

Die Lehre von der Gottheit und von der Selbständigkeit der göttlichen Seinsweise des Geistes ist in der Kirche erheblich später als die entsprechende Lehre vom Sohn allgemein verstanden und anerkannt worden. In der uralten Dreigliederung des Symbols kann man sie freilich von Anfang an sich ankündigen sehen. Aber die Väter des zweiten und noch des dritten Jahrhunderts haben sich im Ganzen darauf beschränkt, von den Wirkungen und Gaben des Heiligen Geistes zu reden, wobei einerseits die subordinatianische Ansicht, er sei ein Geschöpf bzw. eine geschöpfliche Kraft, andererseits die modalistische Ansicht, er sei mit dem Sohn oder Logos identisch, öfters gestreift, jedenfalls nirgends geradezu ausgeschlossen wurde. Relativ klar und unzweideutig ist das, was sich dann später nach beiden Seiten durchgesetzt hat, in jener Zeit nur von Tertullian (in seiner Schrift gegen Praxeas) vertreten worden, vielleicht nicht ohne Zusammenhang mit seiner montanistischen Schätzung gerade des Geistes. Noch das Nicaenum mit seinem ὁμοούσιος für den Sohn begnügt sich wie die älteren Symbolformen, den Heiligen Geist als Gegenstand des Glaubens zu nennen, ohne dem Arianismus auch an dieser Stelle entgegenzutreten. Es war Athanasius, der dann (in seinem gegen Macedonius von Konstantinopel gerichteten Briefe an Serapion) auch hier die Zusammenhänge gesehen und das entscheidende Wort gesprochen hat. Ihm folgten (nicht ohne Zögern) die Jungnicaener und das Konzil von 381. Die ganz scharfe, den Bestimmungen des *Nic. Const.* über den Sohn eindeutig entsprechende Formulierung hat das Dogma erst im 5. Jahrhundert (*Symb. Quicumque*) erhalten. Den Abschluß der Lehre wird man doch erst in der 1014 endgültig vollzogenen Aufnahme des *filioque* in das Credo der abendländischen Liturgie und in dem (mit) durch die Ablehnung dieses Zusatzes bedingten Schisma der Ostkirche zu erblicken haben.

Es ist zutiefst in der Sache begründet, daß die christliche Erkenntnis hinsichtlich des Heiligen Geistes sich in der Kirche so schwer und so langsam durchgesetzt hat. Daß der Heilige Geist der Herr, ganz und gar Gott, das göttliche Subjekt ist im selben Sinn wie der Vater Jesu Christi, im selben Sinn wie Jesus Christus selber, das ist ja sicher die noch härtere und einschneidendere Zumutung — nicht nur und gar nicht am meisten für das formale Denken — sondern gegenüber dem, was der Mensch nun einmal auch und gerade im Verhältnis zu Gott von sich selber denken möchte. Um ihn selber, um sein Dabeisein bei Gottes Offenbarung, geht es ja in dem Problem des Geistes innerhalb des Offenbarungsbegriffes. Mag der Mensch sich sagen lassen, daß der Ursprung der Offenbarung, der Vater, ganz und gar Gott ist und vielleicht auch das, daß auch der Offenbarer, der Sohn, ganz und gar Gott ist, um eben so Gottes Offenbarer sein zu können, immer noch bleibt die Frage offen: Sollte Gott gesagt haben, daß auch sein, des Menschen eigenes Dabeisein bei der Offenbarung, die Wirklichkeit seiner Begegnung mit dem Offenbarer, nicht sein, des

Menschen, sondern noch einmal ganz und gar Gottes eigenes Werk sei? Wäre der Geist, der Mittler der Offenbarung zum Subjekt hin, eine Kreatur oder eine kreatürliche Kraft, dann wäre behauptet und gerettet, daß der Mensch kraft seines Dabeiseins neben Gott und Gott gegenüber, in seiner Weise auch Herr ist in der Offenbarung. Denn unser Verhältnis zu Kreaturen und kreatürlichen Kräften ist nun einmal auch in den für uns ungünstigsten Fällen ein wechselseitiges, ein Zusammenwirken von Freiheit und Notwendigkeit, ein Verhältnis zwischen Pol und Gegenpol. Auch der Modalismus in bezug auf den Geist: die Identifizierung des Geistes mit Christus würde bedeuten: der Mensch steht der Offenbarung gegenüber als einem Objekt. Indem sie seiner mächtig wird, muß und kann er nun auch ihrer mächtig werden. Auch als Empfänger der Fülle der Gnade könnte dann der Mensch seinen Glauben noch immer als „drastisches Organ" verstehen.[1] Durch die Lehre von der Gottheit und von der Selbständigkeit der göttlichen Seinsweise des Geistes wird der Mensch sozusagen innerhalb seines eigenen Hauses in Frage gestellt. Es wird nun erst klar, daß sein Dabeisein in der Offenbarung nicht das Dabeisein eines Partners und Gegenspielers sein kann, daß ihm aus seinem Dabeisein keinerlei Ansprüche und Privilegien Gott gegenüber erwachsen, daß es nur ein faktisches, unbegreifliches, wunderbares Dabeisein sein kann, faktisch daraufhin, daß Gott dabei ist, wie wir schon sagten: nicht nur objektiv, sondern auch subjektiv, nicht nur von oben, sondern auch von unten, nicht nur von außen, sondern auch von innen. Das Dogma vom Heiligen Geist bedeutet die Erkenntnis, daß der Mensch bei Gottes Offenbarung in jeder Hinsicht nur so dabei sein kann, wie der Knecht beim Tun seines Herrn dabei ist, also nachfolgend, gehorchend, nachahmend, dienend, und daß sich dieses Verhältnis — anders als in jedem menschlichen Herr-Knecht-Verhältnis — in keiner Weise und an keiner Stelle umkehrt. Diese durchgeführte Erkenntnis von der Unbedingtheit, d. h. von der Unumkehrbarkeit der Herrschaft Gottes in seiner Offenbarung ist es, was das Dogma vom Heiligen Geist schwierig macht — gewiß auch intellektuell schwierig, aber sicher nur darum auch intellektuell schwierig, weil der Mensch gerade das, was damit gesagt ist, nun einmal nicht wahrhaben will.

Es ist folgerichtig, daß gerade diese Lehre die letzte Etappe in der Entwicklung des trinitarischen Dogmas bilden mußte. Sie mußte erreicht sein, bevor die Lehre von der Gnade, die dann das besondere Thema der Kirche des Abendlandes geworden ist, zum Problem werden, bevor der Kampf und Sieg Augustins gegen Pelagius Ereignis werden konnte. Aber auch die Reformation mit ihrer Lehre von der Rechtfertigung allein im Glauben ist nur auf dem Hintergrunde gerade dieses Dogmas verständlich. Seine wirkliche und ganze Tragweite ist freilich im Katholizismus (auch bei Augustin!) nie und auch im nachreformatorischen Protestantismus nur sehr teilweise verstanden worden. Der modernistische Protestantismus vollends ist weithin ganz einfach eine Rück-

---

[1] So A. Ritschl, Rechtf. u. Vers.⁴ 1. Bd., 1900, S. 157.

kehr zu jenen vornicaenischen Unklarheiten und Zweideutigkeiten hinsichtlich des Geistes gewesen.

Wir wenden uns nun zur näheren Darlegung des Dogmas auch hier dem Symb. Nicaeno-Constantinopolitanum zu.

Die in Betracht kommende Stelle aus dem dritten Artikel des Symbols lautet:

(Πιστεύομεν . . .)
1. εἰς τὸ πνεῦμα τὸ ἅγιον, τὸ κύριον
2. τὸ ζωοποιοῦν
3. τὸ ἐκ τοῦ πατρὸς ἐκπορευόμενον
4. τὸ σὺν πατρὶ καὶ υἱῷ συνπροσκυνούμενον καὶ συνδοξαζόμενον.

(Credo . . .)
1. *in Spiritum sanctum Dominum*
2. *et vivificantem*
3. *qui ex Patre Filioque procedit*
4. *qui cum Patre et Filio simul adoratur et conglorificatur*.

1. **Wir glauben an den Heiligen Geist, den Herrn.** Der griechische Grundtext gebraucht hier κύριον adjektivisch. Das bedeutet keine Einschränkung der Aussage, wie sie in dem lateinischen *Dominus* und in dem deutschen „Herr" vorliegt. *Dominus*, Herr, ist ja der Geist so wenig wie der Vater und der Sohn als einer neben zwei anderen Herren, sondern in unzertrennlicher Einheit mit ihnen. Das ist es, was hier zunächst, zurückverweisend auf das ἕνα κύριον im zweiten Artikel gesagt werden soll: der Heilige Geist ist mit dem Vater und dem Sohne Träger der in keiner höheren Herrschaft gegründeten Herrschaft Gottes. Er ist mit dem Vater und dem Sohne das eine souveräne göttliche Subjekt, das Subjekt, das keiner Verfügung und keiner Einsicht durch ein anderes untersteht, das sein Sein und sein Dasein aus sich selber hat. Aber die adjektivische Verwendung von κύριος zusammen mit der von uns bisher noch nicht gewürdigten Tatsache, daß πνεῦμα ja selbst (was im Lateinischen und Deutschen ebenfalls nicht sichtbar wird) ein **Neutrum** ist, muß uns nun doch sofort aufmerksam machen auf die besondere Weise, in der gerade der Heilige Geist das Alles ist. Beides weist uns darauf hin: er ist es in einer neutralen Weise, neutral im Sinne von **unterschieden**, nämlich unterschieden von Vater und Sohn, deren Seinsweise je eine gegenseitige ist, neutral aber auch im Sinne von bezogen, nämlich **bezogen** auf Vater und Sohn, deren Gegenseitigkeit ja kein Gegeneinander, sondern ein Zueinander, Auseinander und Miteinander ist. Dieses Miteinander des Vaters und des Sohnes ist der Heilige Geist. Das Besondere der göttlichen Seinsweise des Heiligen Geistes besteht also, paradox genug, darin, daß er das **Gemeinsame** ist zwischen der Seinsweise Gottes des Vaters und der Gottes des Sohnes. Nicht das, was ihnen gemeinsam ist, sofern sie der eine Gott sind, sondern das, was ihnen gemeinsam ist, sofern sie der **Vater** und der **Sohn** sind.

Spiritus sanctus commune aliquid est Patris et Filii (Augustin, *De trin*. VI 5, 7). Er steht „in der Mitte zwischen dem Gezeugten und dem Ungezeugten" (Johannes

Damasc., *Ekdos.* I 13). *Nomen Spiritus sancti non est alienum a Patre et Filio, quia uterque est et spiritus et sanctus* (Anselm von Canterbury, *Ep. de incarn.* 2).

Gerade der Heilige Geist könnte also, selbst wenn das bei Vater und Sohn möglich wäre, auf keinen Fall als dritte „Person" (im modernen Sinn des Begriffs) verstanden werden. Gerade der Heilige Geist ist in besonders deutlicher Weise, was auch Vater und Sohn sind: nicht ein drittes geistiges Subjekt, ein drittes Ich, ein dritter Herr neben zwei anderen, sondern eine dritte Seinsweise des einen göttlichen Subjektes oder Herrn.

Es ist in dieser Hinsicht bemerkenswert, daß die Kirche es verboten hat, den Heiligen Geist in Menschengestalt darzustellen (Bartmann, Lehrb. d. Dogm.[7] 1. Bd., 1928, S. 194).

Er ist das Gemeinsame, besser gesagt: er ist die Gemeinschaft, er ist der Akt des Gemeinsamseins des Vaters und des Sohnes. Er ist der Akt, in welchem der Vater der Vater des Sohnes oder der Sprecher des Wortes und der Sohn der Sohn des Vaters, das Wort des Sprechers ist.

Er ist *communio quaedam consubstantialis* (Augustin, *De trin.* XV 27, 50); er ist das *vinculum pacis* (Eph. 4, 3), der *amor*, die *caritas*, das gegenseitige *donum* zwischen Vater und Sohn, so hat man besonders in der Nachfolge Augustins gerne gesagt. Er ist also jene Liebe, in der Gott (sich selbst, d. h. als Vater und Sohn je sich selbst und) als Vater den Sohn, als Sohn den Vater liebt. *Si charitas qua Pater diligit Filium et Patrem diligit Filius, ineffabiliter communionem demonstrat amborum, quid convenientius quam ut ille dicatur charitas proprie, qui Spiritus est communis ambobus* (Augustin, *De trin.* XV, 19, 37). Er ist insofern — die Bildlichkeit dieser Wendung braucht nicht betont zu werden — das Ergebnis ihrer gemeinsamen „Hauchung", *spiratio. Amborum sacrum spiramen, nexus amorque*, wie es in dem Kyrie-Tropus „Cuncti potens" heißt (L. Eisenhofer. Handbuch der kath. Liturgik, Bd. 2, 1933, S. 89).

Inwiefern ist dieser Akt als eine besondere göttliche Seinsweise zu verstehen? Als besondere göttliche Seinsweise ist er offenbar darum zu verstehen, weil dieses gemeinsame Sein und Wirken des Vaters und des Sohnes neben dem je des Vaters und des Sohnes eine besondere, von jenem unterschiedene Weise göttlichen Seins ist. Als eine göttliche Seinsweise ist er offenbar darum zu verstehen, weil Gott in diesem Akt seines Gottseins als Vater und Sohn, in dieser seiner gegenseitigen Liebe nichts Anderes und nicht weniger sein und wirken kann als ein sich selbst Gleiches. Es kann ja kein höheres Prinzip geben, aus welchem und in welchem Vater und Sohn sich erst zusammenfinden müssen, sie können sich nur in ihrem eigenen Prinzip zusammenfinden. Dieses Prinzip ist aber die Hauchung des Heiligen Geistes bzw. der Heilige Geist selber. Wiederum ist das Werk dieser Liebe nicht etwa die geschaffene Welt, ist sie doch die gegenseitige Liebe des Vaters und des Sohnes; ihr Werk muß also ein ihnen Gleiches sein, und dieses Gleiche ist eben der Heilige Geist.

Vater und Sohn sind *non participatione, sed essentia sua, neque dono superioris alicuius, sed suo proprio servantes unitatem Spiritus in vinculo pacis* (Augustin, *De trin.* VI 5, 7). *Nam ideo amor non est impar tibi aut Filio tuo, quia tantum amas te et illum et ille te et seipsum, quantus es tu et ille, nec est aliud a te et ab illo* (Anselm von Canterbury, *Prosl.* 23). *Si nulla umquam creatura, id est si nihil umquam aliud esset quam summus spiritus Pater et Filius: nihilominus seipsos et invicem Pater et Filius diligerent. Consequitur igitur hunc amorem non esse aliud quam quod est Pater et Filius, quod est summa essentia (Monol. 53).*

Gott ist also, und insofern ist er Gott der Heilige Geist „zuvor in sich selber" Akt der Gemeinschaft, der Mitteilung, Liebe, Gabe. Darum und so und von da aus ist er es in seiner Offenbarung. Nicht umgekehrt! Wir erkennen ihn so in seiner Offenbarung. Er ist es aber nicht, weil er es in seiner Offenbarung ist, sondern weil er es zuvor in sich selber ist, ist er es auch in seiner Offenbarung.

Er ist in seiner Offenbarung der *donator doni*, weil er in sich selbst, als Geist des Vaters und des Sohnes das *donum donatoris* ist (Augustin, *De trin.* V 11). *Donum vero dicitur non ex eo tantum, quod donetur, sed ex proprietate, quam habuit ab aeterno. Unde et ab aeterno fuit donum. Sempiterne enim donum fuit, non quia daretur, sed quia processit a Patre et Filio ... temporaliter autem donatum est* (Petrus Lombardus, *Sent.* I dist. 18 D). *Donum non dicitur ex eo quod actu datur, sed in quantum habet aptitudinem ut possit dari. Unde ab aeterno divina persona dicitur donum, licet ex tempore detur* (Thomas von Aquino, *S.th.* I qu. 38 art. 1 ad 4). *Amor habet rationem primi doni, per quod omnia dona gratuita donantur. Unde cum Spiritus sanctus procedat ut amor ... procedit in ratione doni primi* (*ib.* art. 2 c).

Darum, sagt das Dogma mit seinem τὸ κύριον, darum ist der Heilige Geist der in der Offenbarung als Erlöser an uns handelnde Herr, der uns wirklich frei, wirklich zu Kindern Gottes macht, der seiner Kirche wirklich die Sprache gibt, das Wort Gottes zu reden: weil er in diesem seinem Werk an uns nichts Anderes zeitlich tut, als was er ewig in Gott tut, weil diese seine Seinsweise in Gottes Offenbarung zugleich eine Seinsweise des verborgenen Wesens Gottes ist, so daß es wirklich das verborgene Wesen Gottes selbst und also der Herr im uneingeschränktesten Sinne des Begriffs ist, der — in seiner ganzen Unerforschlichkeit — auch in dieser Hinsicht in der Offenbarung offenbar wird.

2. Wir glauben an den Heiligen Geist, den Lebenschaffenden. Auch dieser Satz lehrt die Gottheit des Heiligen Geistes. Er tut es, entsprechend dem *per quem omnia facta sunt* im zweiten Artikel, durch den Hinweis darauf, daß der Heilige Geist mit dem Vater (und dem Sohne) Subjekt der Schöpfung ist. Er ist nicht nur Erlöser, so gewiß die Erlösung in unauflöslicher Korrelation zur Versöhnung steht, so gewiß die Versöhnung in der Erlösung zur Vollstreckung kommt. Er ist also mit dem Sohn und als der Geist des Sohnes auch der Versöhner. Und wie in der Versöhnung und als deren Voraussetzung Gott der Vater offenbar wird durch den Sohn, d. h. Gott der Schöpfer und das Werk der Schöpfung als geschehen durch dasselbe Wort, das in Jesus Christus Fleisch geworden ist — so nun auch der Heilige Geist als der auch in der Schöpfung in seiner Weise Mitwirkende.

Wir haben das ζωοποιοῦν, das uns an die schon zitierten neutestamentlichen Stellen Joh. 6, 63; 2. Kor. 3, 6 erinnert, zunächst sicher soteriologisch zu verstehen. Aber hinter diesen Stellen selbst steht ja wieder die Erinnerung an die der *ruach* und der *neschamah* im Alten Testament zugeschriebene Bedeutung für das *regnum naturae*, an Gen. 2, 7, wo Adam zwar nicht wie nach 1. Kor. 15, 45 Christus der zweite Adam, selber zum πνεῦμα ζωοποιοῦν, wohl aber durch den „lebendigen Odem" Gottes zu einem „lebendigen Wesen" wird. Und von da aus kommen wir sofort zu jenem „Geist", der nach Gen. 1, 2 über dem „Ozean" der noch nicht gestalteten, noch von keinem Leben erfüllten und gestalteten Schöpfung schwebte („brütete"), durch den nach Ps. 33, 6 das „Heer des Himmels" gemacht ist, der nach Gen. 7, 15 in allem Fleisch ist, der nach Ps. 139, 7 an keinem Ort, wo der Mensch hingehen könnte, nicht ist, zu jenem „Odem" in aller Kreatur, der sie nach Ps. 150, 6 zum Lob des Herrn verpflichtet, weil es nach Ps. 104, 29f. sein, des Herrn Odem ist, durch den sie geschaffen ist und ohne den sie sofort vergehen müßte.

Wir haben bereits am Anfang unseres Paragraphen dieser allgemeinen und ordnungsmäßig ersten Bedeutung des Begriffs Geist gedacht. Erkenntnismäßig kann sie nur die zweite sein. Denn wie wir nur durch Offenbarung (und also durch den Geist in der soteriologischen Bedeutung des Begriffs) uns selbst und Alles, was ist, überhaupt als Schöpfung Gottes erkennen, so auch im Besonderen ihre Schöpfung durch das Wort und durch den Geist (nun in jener ersten allgemeinen Bedeutung des Begriffs). Diese allgemeine Bedeutung des Geistes, seine Bedeutung als Schöpfergeist, dürfte aber darin bestehen, daß die Kreatur nicht nur nach dem durch das Wort vollstreckten Willen des Vaters da ist in ihrer von der Existenz Gottes verschiedenen eigenen Existenz, sondern solcher eigenen Existenz nun auch in sich und von sich aus fähig wird und fähig bleibt, wie sie ja auch objektiv durch das Wort Gottes in ihrer Existenz erhalten bleiben muß. Der Heilige Geist ist Schöpfergott mit dem Vater und dem Sohne, sofern Gott als Schöpfer nicht nur Existenz, sondern Leben schafft. Man wird nicht umhin können, unter diesem Gesichtspunkt von einer in der Offenbarung vorausgesetzten, ersten, allgemeinen, auf die schöpfungsmäßige Existenz des Menschen und der Welt als solche bezogenen Gegenwart und Wirkung des Heiligen Geistes zu reden. Sie kann so wenig wie das *per quem omnia facta sunt* im zweiten Artikel, so wenig wie das Dogma von der Schöpfung überhaupt, Gegenstand einer allgemeinen, der Erkenntnis der Offenbarung vorausgehenden selbständigen Erkenntnis sein. Sie kann also auch nicht etwa Gegenstand einer natürlichen Theologie werden. Sie kann nur auf Grund der Offenbarung und im Glauben erkannt und bekannt werden. Aber auf Grund der Offenbarung und des Glaubens muß sie — schon als notwendige Konsequenz der Gottheit des Heiligen Geistes, schon mit Rücksicht auf den Satz *opera trinitatis ad extra sunt indivisa*, aber auch wegen ihres bedeutungsvollen Inhaltes, bekannt werden.

Ἡ δὲ τοῦ ἁγίου πνεύματος μεγαλωσύνη ἀδιάλυτος, ἀπέραντος καὶ πανταχοῦ καὶ διὰ πάντων καὶ ἐν πᾶσιν ἀεί ἐστιν. πληροῦσα μὲν τὸν κόσμον καὶ συνέχουσα κατὰ τὴν θεότητα, ἀχώρητος δὲ κατὰ τὴν δύναμιν, καὶ μετροῦσα μέν, οὐ μετρωμένη δέ (Didymus v. Alexandrien, *De trin.* II 6, 2). *Spiritui sancto ... attribuitur quod dominando gubernet et vivificet quae sunt creata a Patre per Filium.* Er ist die *bonitas* und also das Ziel und also das *primum movens* der Schöpfung (Thomas von Aquino, *S. theol.* I *qu.* 45 *art.* 6 *ad* 2). Darum betet die römische Kirche im *Offertorium* der Vigil vor Pfingsten, deutlich daran erinnernd, daß der Heilige Geist in der Taufe auch der Heilige Geist in der Schöpfung ist, nach Ps. 104, 30: *Emitte Spiritum tuum et creabuntur et renovabis faciem terrae.* Und im *Introitus* des Pfingstsonntags: *Spiritus Domini replevit orbem terrarum, allelujah: et hoc quod continet omnia scientiam habet vocis.* Und in dem bekannten Pfingsthymnus:

> *Veni creator spiritus,*
> *mentes tuorum visita,*
> *imple superna gratia*
> *quae tu creasti pectora.*

Und in der *Oratio* des Quatembersamstags in der Pfingstwoche: *Mentibus nostris ... spiritum sanctum infunde cuius et sapientia conditi sumus et providentia gubernamur.* Aber auch Luther weiß von einem *duplex Spiritus quem Deus donat hominibus: animans et sanctificans.* Von dem *Spiritus animans* sind z. B. alle *homines ingeniosi, prudentes, eruditi, fortes, magnanimi* getrieben. *Soli autem christiani ac pii habent Spiritum sanctum sanctificantem* (W. A. Ti. 5 S. 367 Z. 12). Und Calvin hat den Heiligen Geist sogar bei der allgemeinen Definition der drei Seinsweisen Gottes beschreiben können als Gottes *virtus per omnia quidem diffusa, quae tamen perpetuo in ipso resideat (Cat. Genev.,* 1545, bei K. Müller, S. 118 Z. 28). Gen. 1, 2 verstand er dahin: sowohl das zunächst als Chaos *(inordinata moles, massa indisposita)* geschaffene Dasein der Dinge als auch ihr Sosein, ihre Gestalt *(pulcher ac distinctus ordo)* sei, um nicht nur geschaffen zu werden, sondern zu sein, um Bestand zu haben einer *arcana Dei inspiratio,* eines ihnen von Gott zukommenden *vigor* bedürftig gewesen (Komm. zu Gen. 1, 2, 1544, *C. R.* 23, 16). Und gerade Calvin hat diesen Gedanken als einen gewichtigen Ausdruck der Lehre von der Gottheit des heiligen Geistes verstanden: *ille enim est, qui ubique diffusus omnia sustinet, vegetat et vivificat in coelo et in terra. Iam hoc ipso creaturarum numero eximitur, quod nullis circumscribitur finibus; sed suum in omnia vigorem transfundendo essentiam vitam et motionem illis inspirare, id vero plane divinum est (Instit.* I 13, 14). Wiederum lehrt J. Gerhard: *Quemadmodum in prima creatione Spiritus sanctus aquas fovendo iisque incubando fuit efficax, ita in rerum creaturarum conservatione idem cum Patre et Filio efficaciter agit:* in der Frühlingszeit *qua cuncta revirescere ac frondescere incipiunt, postquam per hiemem fuerunt emortua,* aber auch im Werden jedes neuen Individuums, in welchem sich dessen Art erneuert (*Loci,* 1610, *L.* III 10, 132). Und Paul Gerhardt in dem Pfingstlied „Zeuch ein zu deinen Toren":

> Du Herr, hast selbst in Händen
> die ganze weite Welt,
> kannst Menschenherzen wenden,
> wie es dir wohlgefällt;
> so gieb doch deine Gnad
> . . . .

3. Wir glauben an den Heiligen Geist, den vom Vater und vom Sohne ausgehenden.

Diese Klausel entspricht dem *genitum non factum* im zweiten Artikel. Sie soll also zunächst die Negation aussprechen: der Heilige Geist ist kein Geschöpf. Von keinem Geschöpf ist zu sagen, daß es von Gott „ausgegangen", d. h. daß es eine Emanation des göttlichen Wesens sei. Die Schöpfung der Welt und des Menschen ist kein „Ausgang", keine Emanation aus Gott, sondern die Begründung einer von Gott unterschiedenen Wirklichkeit eigenen, nicht göttlichen Wesens. Was von Gott „ausgeht", das kann wiederum nur Gott sein. Und weil das Wesen Gottes nicht teilbar sein kann, kann ein von Gott Ausgehendes — und als solches bezeichnet das Dogma den Heiligen Geist — nicht ein aus Gott Hinausgehendes, also gerade nicht eine Emanation im üblichen Sinne des Begriffs, sondern nur eine Seinsweise des einen in sich selbst bleibenden und gleichen Wesens Gottes sein, in diesem Fall offenbar: ausgehend nicht von dem einen Wesen Gottes als solchem, sondern von einer anderen oder von den anderen Seinsweisen dieses Wesens. Die Klausel ist also zunächst die Umschreibung der Gottheit des Heiligen Geistes, nun nicht im Blick auf das den drei Seinsweisen gemeinsame *opus ad extra*, sondern im Blick auf seine Wirklichkeit als eine göttliche Seinsweise, d. h. auf seine Wirklichkeit in seinem Verhältnis (Relation) zu den anderen göttlichen Seinsweisen. Diese Wirklichkeit ist eine solche, die ihn kennzeichnet als göttlichen Wesens mit dem Vater und dem Sohne. Das ist das Eine, was gesagt ist mit dem *qui procedit*.

Processionis vox accipienda est ... juxta actionem Dei ad intra ... id est qua ita agit Deus in essentia sua, ut reflexus in seipsum, divinae essentiae communione relationem realem constituat (*Syn. Theol. pur.*, Leiden 1624, *Disp.* 9, 10).

Das Andere ist eine Abgrenzung gegenüber dem Sohn oder Wort Gottes. Das Wirken des Heiligen Geistes in der Offenbarung ist ja gegenüber dem des Sohnes oder Wortes Gottes ein anderes. Nie und nirgends getrennt von diesem und nur *per appropriationem* von diesem zu unterscheiden, ist es doch nie und nirgends mit diesem zu verwechseln. Gerade wenn man sich enthalten will und muß, über die Offenbarung hinauszudenken, wird man das objektive Moment des Wortes und das subjektive Moment des Geistes in der Offenbarung wohl im Wesen, nicht aber als Seinsweisen Gottes in eins zusammenzudenken unternehmen, sondern anerkennen, daß der Heilige Geist wie in seiner Offenbarung so auch zuvor in sich selbst, nicht nur Gott, sondern in Gott selbständig ist wie der Vater und wie der Sohn. Wiederum gibt es aber keine besondere, zweite Offenbarung des Geistes neben der des Sohnes und also nicht zwei Söhne oder Worte Gottes, sondern in der einen Offenbarung vertritt der Sohn oder das Wort das Moment der Zueignung Gottes an den Menschen, der Geist das Moment der Aneignung Gottes durch den Menschen. Entsprechend muß aber offenbar, wenn wir mit unserem Denken den Boden der Offenbarung nicht verlassen wollen, ein Unterschied anerkannt werden in der Wirklichkeit dessen, was der Sohn und was der Geist zuvor in sich selber sind. Das *qui procedit* hat also in zweiter Linie den Sinn, die göttliche Seinsweise des Geistes von der durch das *genitus* bezeichneten des Sohnes (und damit implizit auch von der des Vaters) zu unterscheiden.

Daß der Pastor Hermae (*Sim.* V 5, 2; 6, 5f.; IX 1) den Heiligen Geist den Sohn Gottes nennt, ist eine vereinzelte Wunderlichkeit. Die Notwendigkeit der Unterscheidung des Geistes nicht nur von der Kreatur, sondern auch vom Sohn oder Wort Gottes folgt innerhalb des Dogmas selbst schon aus dem *unigenitus* des zweiten Artikels. Beide Unterscheidungen sind zusammengefaßt in dem Satz des Gregor von Nazianz: ὃ καθ' ὅσον μὲν ἐκεῖθεν ἐκπορεύεται, οὐ κτίσμα· καθ' ὅσον δὲ οὐ γεννητόν, οὐχ υἱός. (*Or.* 31, 8) und dem Satz des *Symb. Quicumque: Spiritus sanctus a Patre et Filio, non factus nec creatus nec genitus, sed procedens.*

Aber was heißt hier „Ausgang", *processio*, ἐκπόρευσις? Es ist kein Zufall und keine Nachlässigkeit, daß der Begriff ein solcher ist, der an sich auch auf den Ursprung des Sohnes aus dem Vater angewendet werden könnte, daß er also das Spezielle des Ursprungs gerade des Heiligen Geistes gerade nicht bezeichnet, sondern eigentlich und streng genommen nur besagt: daß der Heilige Geist neben der Erzeugung des Sohnes oder dem Sprechen des Wortes diesen seinen eigenen, „irgendwie" andersartigen „Ausgang" in Gott habe. Man kann die Eigenart dieses Ausgangs gegenüber dem ersten mit dem Begriff der „Hauchung", *spiratio*, bezeichnen, aber genau genommen doch bloß bezeichnen. Denn wie unterscheidet sich Hauchung von Zeugung, wenn doch mit beiden in gleicher Unbedingtheit die ewige Genesis einer ewigen Seinsweise Gottes bezeichnet sein soll? Müßte nicht jede denkbare und angebbare Unterscheidung dazu führen, daß entweder die Gottheit oder die Selbständigkeit der göttlichen Seinsweise des Heiligen Geistes doch wieder geleugnet würde? Die Schwierigkeit, vor der wir hier stehen, ist in der Tat unüberwindlich.

Distinguere inter illam generationem et hanc processionem nescio, non valeo, non sufficio (Augustin, *C. Maxim.* II 14, 1). Dieselbe Erklärung hat auch Joh. Damascenus (*Ekdos.* I 8) abgegeben, und sie ist auch später oft wiederholt worden. *Quo modo a generatione differat, explicabit nullus* (M. Leydecker *De veritate rel. reform.*, 1688, S. 28, zit. nach H. Heppe, Dogm. der ev. ref. Kirche, 1861, S. 94). Manchmal geradezu mit der Warnung: *istud discrimen tutius ignoratur quam inquiritur* (so F. Turrettini, *Inst. Theol. el.*, I 1679, *L.* III *qu.* 30, 3). Und zu einer kirchlichen Definition des näheren Sinnes der *processio* ist es aus guten Gründen nie gekommen.

Die Empfindung, die man hier unwillkürlich hat: es möchte die Aporie, vor der wir hier stehen, eine mehr als zufällige und eine über diese besondere Frage hinausgehende Bedeutung haben, ist richtig. Warum können wir den Unterschied zwischen der Zeugung des Sohnes und der Hauchung des Geistes nicht angeben, obwohl wir ihn doch — nochmals wohlverstanden: gerade wenn wir mit unserem Denken den Boden der Offenbarung nicht verlassen, gerade wenn wir den offenbaren Gott als den ewigen verstehen wollen — behaupten müssen? Offenbar wird in dem Augenblick, wo wir das, was wir die *spiratio Spiritus* nennen, um es zu bestimmen, messen möchten an dem, was wir die *generatio Filii* heißen, sichtbar und wirksam, was wir ja bei der Erörterung jener *generatio* deut-

2. Der ewige Geist

lich festgestellt haben: daß auch jene *generatio* oder *loquutio* ein Versuch ist, auszusprechen, was der Mensch nicht wesentlich aussprechen, was er mit seiner Sprache nicht erreichen kann. Wie wird der Sohn Gottes gezeugt? Wie sein Wort gesprochen? Wir wissen es nicht: weder wenn wir von der ewigen noch wenn wir von der zeitlichen Wirklichkeit sprechen, die mit diesen Bildern — beides sind ja nur Bilder! — bezeichnet sein kann. Unsere Erkenntnis kann nur Anerkenntnis des Faktums sein. Darum sind wir jetzt in Verlegenheit, wo wir, um zu erfahren, was *spiratio* ist, *spiratio* mit *generatio* vergleichen möchten.

Augustin hat (a. a. O.) sein bestimmtes *nescio* begründet, und zwar gerade damit begründet: ... *quia et illa (generatio) et ista (processio) est ineffabilis*. Im vorletzten Kapitel seines Werkes über die Trinität (*De trin.* XV, 27, 50) ist er dann freilich noch einmal auf die Frage zurückgekommen und scheint nun, wenigstens andeutend, doch eine positive Antwort darauf geben zu können. Er gibt nämlich an Hand seiner bekannten Lehre von der *imago trinitatis* in der menschlichen Seele zu erwägen, ob sich die Genesis des Geistes zu der des Sohnes nicht so verhalten möchte, wie in der Seele der Wille oder die Liebe zur Erkenntnis. Der Wille gehe aus der Erkenntnis hervor, ohne doch ein Bild der Erkenntnis zu sein (*voluntatem de cogitatione procedere — nemo enim vult, quod omnino quid vel quale sit nescit — non tamen esse cogitationis imaginem*). So der Geist aus dem Sohne! Diese Andeutung ist dann von Thomas v. Aquino (*S. theol.* I *qu.* 27, *art.* 3 und 4) in breiter Ausführung aufgenommen worden. Der Ausgang des Heiligen Geistes sei die *processio secundum rationem voluntatis*, die sich von der *processio secundum rationem intellectus* dadurch unterscheide, daß sie aus dieser hervorgehe und sich auf diese, sie voraussetzend, beziehe. *Ideo quod procedit in divinis per modum amoris, non procedit ut genitum, vel ut filius, sed magis procedit ut spiritus (art. 4 c)*. Die moderne katholische Dogmatik scheint (vgl. z. B. F. Diekamp, Kath. Dogm.[6] 1. Bd., 1930, S. 345f.) diese Erklärung für eine wirkliche Beantwortung der Frage zu halten und macht darum von dem augustinischen *nescio* keinen Gebrauch mehr. Demgegenüber darf man daran erinnern, daß Augustin im Unterschied zu Thomas nicht versäumt hat, im Anschluß an jene Andeutung darauf hinzuweisen, daß dem Licht, das von jener *imago trinitatis*, die wir selbst sind, auf diese Frage falle, nun doch immer noch unsere durch unsere *iniquitas* verursachte, nur durch Gott selbst zu heilende *infirmitas* gegenüberstehe, und so wolle er sein Buch lieber *precatione quam disputatione* schließen. Wir haben die ganze Theorie von der *imago trinitatis* nicht aufnehmen können und werden darum sagen müssen, daß wir die Frage hinsichtlich des Geistes auch durch sie nicht für beantwortet halten können. Das Verständnis der *generatio* als Erkenntnis bzw. des Sohnes als Wort Gottes ist, wie wir sahen, ein wahres und bedeutsames, aber ein inadäquates Verständnis, dessen eigentliche Tragweite uns, indem wir zu verstehen meinen und, so gut wir können, wirklich verstehen, verborgen bleibt. Und darum kann uns auch die sich darauf beziehende Erklärung des Heiligen Geistes als des aus der Erkenntnis hervorgehenden Willens auf keinen Fall weiterhelfen als zu einer weiteren und nun doch etwas eigenmächtig gebildeten Analogie. Vielmehr wird uns die in jenem ersten Augustinwort zugestandene Unmöglichkeit, jenen Unterschied anzugeben, wenn wir es vergessen haben sollten. daran erinnern müssen, daß die *processio* des Geistes und des Sohnes wohl zu bezeichnen, aber nicht zu begreifen ist.

Das bedeutet nun aber nicht mehr und nicht weniger als: wir können das Wie der göttlichen „Ausgänge" und also der göttlichen Seinsweisen nicht feststellen. Wir können den Vater, den Sohn und den Heiligen Geist nicht definieren, d. h. wir können sie nicht gegeneinander abgrenzen. Wir können nur feststellen, daß in der Offenbarung drei sich selbst gegeneinander Abgrenzende auf dem Plane sind, und wir müssen, wenn wir nicht über die Offenbarung hinausdenken wollen, dabei bleiben, daß diese drei sich selbst gegenseitig Abgrenzenden auch zuvor in Gott selber Wirklichkeit sind. Wir können das Daß der göttlichen Ausgänge und Seinsweisen feststellen. Alle vermeintlichen Feststellungen unsererseits über das Wie dieser Abgrenzung dürften sich als undurchführbar erweisen. In unseren Händen erweisen sich auch die uns durch die Heilige Schrift nahegelegten Begriffe als unvermögend das zu fassen, was sie fassen sollten. Was gesagt werden müßte, will offenbar Gott, wollen offenbar jene drei in der Offenbarung sich selbst gegenseitig Abgrenzenden in dem einen Gott, definitiv und exklusiv selber sagen, ohne daß es zu einem Nachsagen unsererseits kommen könnte, oder eben nur zu einem solchen Nachsagen, bei dem wir uns unseres Unvermögens bewußt bleiben müssen, in welchem wir auf die Wahrheit Gottes jenseits der gänzlich fragwürdigen Wahrheit unserer Gedanken und Worte angewiesen bleiben. Das *ignoramus*, zu dem wir uns in bezug auf den notwendig zu behauptenden Unterschied von Zeugung und Hauchung bekennen müssen, ist also das *ignoramus*, zu dem wir uns in bezug auf die ganze Trinitätslehre, d. h. aber in bezug auf das Geheimnis der Offenbarung, in bezug auf das Geheimnis Gottes überhaupt bekennen müssen. Könnten wir jenen Unterschied definieren, dann könnten wir den Sohn und den Geist und dann auch den Vater und damit Gott selbst definieren. Denn eben Gott selbst ist ja der Vater, der Sohn und der Geist. Nur wenn sie nicht Gott wären, könnte hier eine Definition gelingen, eine solche Definition die mehr wäre als eine Umschreibung dessen, d a ß Gott selbst in seiner Offenbarung auf dem Plane ist. Was aber auf dem Plane ist in Gottes Offenbarung, das ist ja der Vater, der Sohn und der Geist. Eine gelungene Definition dieser Drei könnte also nur unter der Voraussetzung stattfinden, daß der Vater, der Sohn und der Geist n i c h t Gott wären. Also: gerade um deswillen, was die Trinitätslehre zu sagen hat: daß der Vater, der Sohn und der Geist Gott sind, darf sie gerade an dieser Stelle nicht mehr sagen wollen, darf sie gerade an dieser Stelle nicht in eine Definition auslaufen. Das ist's, was die allgemeine trinitätstheologische Bedeutung des *qui procedit* sein dürfte.

Τίς οὖν ἡ ἐκπόρευσις; Εἰπὲ σὺ τὴν ἀγεννησίαν τοῦ πατρός, κἀγὼ τὴν γέννησιν τοῦ υἱοῦ φυσιολογήσω καὶ τὴν ἐκπόρευσιν τοῦ πνεύματος, καὶ παραπληκτίσωμεν ἄμφω εἰς θεοῦ μυστήρια παρακύπτοντες (G r e g o r v o n N a z i a n z, *Or.* 31, 8).

Der „Ausgang" des Heiligen Geistes ist aber nach dem lateinischen Text des Symbols, dem wir uns hier anschließen (*ex Patre Filioque*): sein Ausgang vom V a t e r und vom S o h n e.

Das Symbol, das im Urtext nur ἐκ τοῦ πατρός hat, steht, das ist hier vor allem zu bemerken, noch nicht in dem hier entstandenen berühmten Streit. Es sagt nach Joh. 15, 26: „aus dem Vater", ohne damit zu sagen: „nicht aus dem Sohne". Es konnte das nicht sagen, einmal darum nicht, weil es zu jener Zeit auch unter den griechischen Theologen keinen Widerspruch gegen den sachlichen Gehalt jenes Zusatzes gab. Ebenso vorbehaltlos, wie es in diesem Zusatz geschieht, konnte z. B. Epiphanius sagen: Πατὴρ ἦν ἀεί, καὶ τὸ πνεῦμα ἐκ πατρὸς καὶ υἱοῦ πνέει (*Ancoratus* 75) oder Ephraem: der Vater ist der Erzeuger, der Sohn der aus dem Schoß des Vaters Erzeugte, der Heilige Geist der vom Vater und vom Sohn Ausgehende (*Hymnus de defunctis et trinitate* 11), und noch im fünften Jahrhundert Cyrill von Alexandrien: Τὸ πνεῦμα τὸ ἅγιον ... πρόεισι δὲ καὶ ἐκ πατρὸς καὶ υἱοῦ (*Thes. de trin.* 34). Das Symbol konnte aber das *Filioque* auch darum nicht ausschließen wollen, weil nicht abzusehen ist, welcher Häresie gegenüber es dies hätte tun wollen. Die Gegner, gegen die die Klausel sich richtet, sind wieder die die Gottheit des Heiligen Geistes leugnenden Mazedonianer, die freilich den Ausgang des Geistes auch vom Sohne behaupteten, aber im arianischen Sinn: als den Ausgang eines Geschöpfs von einem anderen Geschöpf. Mit der Ausschließung des ἐκ τοῦ υἱοῦ würde das Symbol offenbar in schreiendem Widerspruch zu seinem zweiten Artikel zugegeben haben, daß mit dem ἐκ τοῦ υἱοῦ weniger gesagt sei als mit dem ἐκ τοῦ πατρός. Eben in diesem Gegensatz gegen die Pneumatomachen mußte und konnte das Symbol das *Filioque* aber auch nicht ausdrücklich lehren. Es wollte, zurückblickend auf das γεννηθέντα ἐκ τοῦ πατρός im zweiten Artikel, den Ursprung des Geistes in bezug auf die Konsubstantialität mit dem Vater mit dem Ursprung des Sohnes parallel stellen. Mit dem ἐκ τοῦ πατρός und nur mit ihm (das ἐκ τοῦ υἱοῦ bekannten ja die Gegner in ihrer arianischen Weise ebenfalls) war das ausgesprochen. Man wird also sagen müssen: es besteht kein notwendiger Grund — der eben angeführte faktische Grund ist eben kein notwendiger — weshalb das *Filioque* nicht in dem ursprünglichen Symbol gestanden haben könnte.

Daß das *Nic. Const.* im Abendland den sakrosankten Charakter noch jahrhundertelang nicht hatte und ihn auch nachher in dem Maße nie bekommen hat, wie er ihm im Osten schon sehr früh beigelegt wurde, das war die formale Möglichkeit — und daß im Abendland die Trinitätslehre Augustins sich immer allgemeiner als Ausdruck gemeinsamer Erkenntnis durchsetzte, das war der positive Grund, weshalb man hier da und dort (soviel man weiß zuerst am Anfang des 6. Jahrhunderts in Spanien) das *Filioque* zunächst in den liturgischen Gebrauch des Credo aufnahm. Die Billigung dieser Übung durch den römischen Stuhl hat volle fünfhundert Jahre auf sich warten lassen. Fast gleichzeitig mit einem Streit zwischen den fränkischen und den griechischen Mönchen in Jerusalem (808) wegen des von den ersteren in der Messe gesungenen *Filioque*, in welchem Papst Leo III. die Rechtgläubigkeit des beanstandeten Zusatzes in Schutz nahm, hat derselbe Papst auf einer Synode zu Rom (810) die Einschaltung in das Symbol als solche mißbilligt und (809) Karl dem Großen, der mit einer Synode zu Aachen dafür eintrat, den Wunsch ausgesprochen, es möchte in dessen Hofkapelle das *Filioque* nicht mehr gesungen werden. Die allgemeine Strömung des Denkens im Abendlande war und blieb doch eine andere. Aber erst der allmählich deutlicher werdende Widerspruch der Ostkirche gegen die in dem Zusatz enthaltene Lehre als solche, d. h. erst die im Symbol selbst noch nicht enthaltene und vom Symbol aus nicht zu erklärende Negation in der Sache, führte dazu, daß das *Filioque* offiziell gestattet wurde. Das Credo, das 1014 anerkannter Bestandteil der römischen Messe wurde, enthielt das *Filioque*. So ist es abendländisch-kirchliches Dogma geworden. Auch in den Unionsverhandlungen der späteren Jahrhunderte haben sich aber die Päpste (so noch ausdrücklich Benedikt XIV. in der Bulle *Etsi pastoralis* 1742) auf den Standpunkt gestellt, daß der Zusatz zum liturgischen Text den Griechen gegenüber nicht als *conditio sine qua non* zur Beseitigung des Schismas zu behandeln sei, sondern eben nur das Bekenntnis zu der in dem Zusatz ausgesprochenen Wahrheit. Die Reformation war auch trinitätstheologisch stark genug an Augustin orientiert, um sich selbstverständlich und ohne weiteres auf den Boden des allgemeinen abendländischen Bekenntnisses zu stellen, und so ist der Zusatz implizit oder explizit auch Bestandteil der evangelischen Bekenntnisschriften geworden. Man konnte zwar innerhalb der altprotestantischen Theologie gelegentlich (so J. Coccejus, *S. Theol.*, 1662, 12, 8) urteilen, es sei ein Fehler gewesen, daß die römische Kirche das noch von Leo III. feierlich in seiner alten Form bestätigte Symbol dann doch verändert habe — die Sache ist in der Tat nicht gerade ein glänzender Beleg für die römisch-katholische Theorie von der Sicherheit der in den Händen des Papstes vereinigten Lehrgewalt der Kirche — man konnte (so Quenstedt, *Theol. did. pol.*, 1685, I *c.* 9 *sect.* 2 *qu.* 12 *object. dial.* 16) erklären, daß die rechtgläubige Entscheidung in dieser Sache *non ad fidem simplicem, sed ad peritiam theologicam* gehöre und nur von Niemandem geradezu geleugnet werden dürfe; man konnte sogar noch weitherziger (so F. Turrettini, *Inst. theol. el.*, I 1679, *L.* III *qu.* 31, 6) ausdrücklich erklären, die griechische Ansicht von der Sache sei nicht als Häresie zu beurteilen, nur eben die abendländische als die bessere — man war doch bei Lutheranern und Reformierten völlig einig darin, daß man sich sachlich der einst so merkwürdig (an Konzil und Papst vorbei) gefallenen Entscheidung anzuschliessen habe.

Scharf und ernstlich gekämpft wurde in der ganzen Sache eigentlich immer nur von Seiten des Ostens, während der Westen sich in der Hauptsache auf die Defensive beschränkte. (Vgl. dazu die Formel des *Conc. Lugd.* II 1274, Denz. Nr. 460: *Damnamus et reprobamus qui negare praesumpserint, aeternaliter Spiritum Sanctum ex Patre et Filio procedere.*) Wobei doch zu bemerken ist: Scharf empfunden und ausgesprochen wird der Gegensatz auch von Seiten des Ostens genau genommen erst seit den Zeiten des noch in ganz anderer Hinsicht am Schisma interessierten Photius (9. Jahrh.) und genau genommen immer vor allem unter dem Gesichtspunkt der formalen Beschwerde darüber, wie illegitim und lieblos das Abendland bei dieser Veränderung des Symbols vorgegangen sei. (Vgl. dazu die beweglichen Klagen von A. St. Chomjakow in: Östl. Christentum. Dokumente, herausgegeben von H. Ehrenberg, 1. Bd. S. 156f.) Was die theologische Deutung des Gegensatzes jedenfalls in der modernen russischen Orthodoxie betrifft, so steht neben dem wohl nicht restlos ernst zu nehmenden Zeitgenossen L. P. Karsavin, der das *Filioque* in dunklen Worten für die Lehre von der unbefleckten Empfängnis und von der päpstlichen Unfehlbarkeit ebenso wie für den Kantianismus, den Fortschrittsglauben und viele andere Übel der abendländischen Kultur verantwortlich macht (Östl. Christentum, 2. Bd. S. 356f.), zur Zeit der Unionsverhandlungen zwischen Orthodoxen und Altkatholiken der Archimandrit Sylvester in Kiew, der sich immerhin begnügte, historisch-dogmatisch herauszuarbeiten, daß das *Filioque* in jedem möglichen Sinn nur von dem *opus trinitatis ad extra*, nicht aber von dem inneren Leben Gottes ausgesagt werden könnte (Antwort auf die in dem altkath. Schema enthaltene Bemerkung von dem Heiligen Geiste, 1875), aber doch auch der ungleich besonnenere V. Bolotow in Petersburg, der das augustinische *Filioque* freilich als eine zu Unrecht zum Dogma erhobene Privatmeinung hinstellte, der aber doch jene These von Sylvester für nichtdurchführbar hielt, vielmehr darauf hinwies, daß eben auch die Negation des *Filioque* nicht im Symbol stehe und schließlich zu dem Ergebnis kam, daß die ganze Frage die Ursache der Trennung nicht gewesen sei und ein *impedimentum dirimens* für die Interkommunion zwischen Orthodoxen und Altkatholiken nicht bilden könne (Thesen über das „*Filioque*", *Revue intern. de théol.*, 1898, S. 681f.). Dieser letzte Standpunkt soll es sein, an den man sich als an den heute in der östlichen Orthodoxie maßgebenden zu halten hat.

Wir haben Gründe, uns der abendländischen Tradition hinsichtlich des *Filioque* anzuschließen, und da die kirchliche Trennung des Westens vom Osten nun einmal Ereignis ist und (ob zu Recht oder Unrecht, ist eine Frage für sich) auch unter diesem Zeichen steht, haben wir Anlaß, uns darüber Rechenschaft abzulegen.

Es ist nicht weniger als der ganze Ansatz unseres hier versuchten Verständnisses der Lehre vom Heiligen Geist und von der Trinität überhaupt, der uns zunächst grundsätzlich auf diese Seite führt. Auch die Anhänger der morgenländischen Lehre bestreiten nicht, daß der Heilige Geist im *opus ad extra*, also in der Offenbarung (und von da aus rückwärts gesehen in der Schöpfung) als der Geist des Vaters und des Sohnes zu verstehen ist. Wir sind nun aber durchweg der Regel gefolgt — und halten diese Regel für grundlegend — daß die Aussagen über die Wirklichkeit der göttlichen Seinsweisen „zuvor in sich selber" inhaltlich keine anderen sein können als diejenigen, die über ihre Wirklichkeit eben in der Offenbarung zu machen sind. Unsere sämtlichen Sätze über die sogenannte immanente Trinität ergaben sich uns sehr einfach als Bestätigungen und Unterstreichungen oder sachlich: als die unentbehrlichen Vordersätze über die ökonomische Trinität. Sie konnten und wollten nichts Anderes sagen als: es hat zu bleiben bei der Unterschiedenheit und Einheit der Seinsweisen in Gott, wie sie uns nach dem Zeugnis der Schrift in der Wirklichkeit Gottes in seiner Offenbarung begegnen. Die Wirklichkeit Gottes in seiner Offenbarung ist nicht einzuklammern mit einem „nur", als ob irgendwo hinter seiner Offenbarung eine andere Wirklichkeit Gottes stünde, sondern eben die uns in der Offenbarung begegnende Wirklichkeit Gottes ist seine Wirklichkeit in allen Tiefen der Ewigkeit. So ernst haben wir sie gerade in seiner Offenbarung zu nehmen. Angewandt auf die besondere Lehre vom Heiligen Geist heißt das: Er ist nicht nur der Geist des Vaters und des Sohnes in seinem Wirken nach außen und auf uns, sondern er ist in alle Ewigkeit — keine Grenze und kein Vorbehalt ist hier möglich — kein Anderer als der Geist des Vaters und des Sohnes. „Und des Sohnes", will sagen: es besteht nicht nur für uns, sondern es besteht in Gott selbst keine Möglichkeit einer Öffnung und Bereitschaft und Fähigkeit des Menschen für Gott — das ist ja das Werk des Heiligen Geistes in der Offenbarung — es wäre denn von dem her, von dem Vater her, der sich in seinem Wort, in Jesus Christus offenbart — und zugleich und ebenso notwendig: eben von dem her, der sein Wort ist, von dem Sohn, von Jesus Christus her, der den Vater offenbart. Jesus Christus als Geber des Heiligen Geistes ist nicht ohne den Vater, von dem er, Jesus Christus, her ist. Aber der Vater als Geber des Heiligen Geistes ist auch nicht ohne Jesus Christus, zu dem hin er selber der Vater ist. Die morgenländische Lehre bestreitet nicht, daß dem in der Offenbarung so ist. Sie liest aber ihre Aussagen über das Sein Gottes „zuvor in sich selber" nicht aus der Offenbarung ab, sie bleibt nicht bei der Ordnung der göttlichen Seinsweisen stehen, die nach ihrem eigenen Zugeständnis im Bereich der Offenbarung gültig ist, sondern sie greift über die Offenbarung hinaus, um zu einem ganz anderen Bild von Gott „zuvor in sich selber" zu kommen. Wir müssen hier schon, ganz abgesehen von dem Ergebnis, Einspruch erheben. Woher nimmt man das Recht,

Bibelstellen wie Joh. 15, 26, die vom Ausgang des Geistes vom Vater reden, zu isolieren gegenüber den vielen anderen, die ihn ebenso deutlich als den Geist des Sohnes bezeichnen? Liegt es nicht viel näher, solche entgegengesetzten Aussagen in der gegenseitigen Ergänzung zu verstehen, die ja zugestandenermaßen in der Wirklichkeit der Offenbarung stattfindet, und den so ersichtlich werdenden Sachverhalt dann auch als den für alle Ewigkeit gültigen als Sachverhalt im Wesen Gottes selbst anzuerkennen? Uns ist also die morgenländische Leugnung des *Filioque* schon darum, schon formal verdächtig, weil sie offenkundig eine einzelne Bibelstellen isoliert exegesierende Spekulation ist, weil sie zu der Wirklichkeit Gottes in seiner Offenbarung und für den Glauben keine Beziehung hat.

Dieser formale Schaden hat aber sofort sachliche Bedeutung. Das *Filioque* ist der Ausdruck der Erkenntnis der Gemeinschaft zwischen Vater und Sohn: der Heilige Geist ist die Liebe, die das Wesen der Beziehung zwischen diesen beiden Seinsweisen Gottes ist. Und die Erkenntnis dieser Gemeinschaft ist nichts Anderes als die Erkenntnis des Grundes und der Bestätigung der Gemeinschaft zwischen Gott und Mensch als einer göttlichen, ewigen Wahrheit, wie sie in der Offenbarung durch den Heiligen Geist geschaffen wird. In der innergöttlichen, zweiseitigen, vom Vater und vom Sohn ausgehenden Gemeinschaft des Geistes ist es begründet, daß es in der Offenbarung eine Gemeinschaft gibt, in der nicht nur Gott für den Menschen, sondern wirklich — das ist doch das *donum Spiritus sancti* — auch der Mensch für Gott da ist. Wie umgekehrt eben in dieser zwischen Gott und Mensch durch den Heiligen Geist geschaffenen Gemeinschaft in der Offenbarung, jene Gemeinschaft in Gott selbst, jene ewige Liebe Gottes erkennbar wird, erkennbar als das alle Vernunft übersteigende Geheimnis der Möglichkeit solcher Offenbarungswirklichkeit, erkennbar als der eine Gott in der Seinsweise des Heiligen Geistes.

Missio haec temporalis (Spiritus sancti) praesupponit aeternum illum Spiritus sancti (aeque a Filio atque Patri) processum estque eius declaratio et manifestatio (Quenstedt, Theol. did. pol., 1685 I cap. 9, sect. 2 qu. 12 beb. 3).

Dieser ganze Einblick und Ausblick geht bei der Leugnung des immanenten *Filioque* verloren. Ist der Geist nur in der Offenbarung und für den Glauben auch der Geist des Sohnes, ist er in Ewigkeit, und das heißt doch wohl: in seiner eigentlichen und ursprünglichen Wirklichkeit, nur der Geist des Vaters, dann ist die Gemeinschaft des Geistes zwischen Gott und Mensch ohne objektiven Gehalt und Grund. Sie steht, mag sie immer offenbart und geglaubt sein, als bloß zeitliche Wahrheit ohne ewigen Grund sozusagen auf sich selber. Was dann auch von der Gemeinschaft zwischen Gott und Mensch zu sagen sein mag: ihr fehlt dann jedenfalls die Verbürgung in der Gemeinschaft zwischen Gott dem Vater und Gott dem Sohn als ewiger Gehalt ihrer zeitlichen Wirklichkeit. Sollte das nicht eine Entleerung der Offenbarung bedeuten?

Noch schlimmer würde sich Alles darstellen, wenn die Leugnung des *Filioque* nun doch etwa nicht bloß auf die immanente Trinität sich beschränken, sondern auch in der Interpretation der Offenbarung selbst sich geltend machen, wenn also der Heilige Geist auch in seinem *opus ad extra* einseitig oder doch überbetont als der Geist des Vaters verstanden werden sollte. Man wird hier sehr vorsichtig sein müssen, weil das ja eben theoretisch bestritten wird. Man wird aber doch nicht umhin können zu fragen, ob es, wenn jene Leugnung, wenn das exklusive *ex Patre* als ewige Wahrheit gilt, vermeidlich sein kann, einmal: daß die Beziehung des Menschen zu Gott entscheidend unter dem Gesichtspunkt Schöpfer und Geschöpf verstanden wird und dann einen mehr oder weniger ausgeprägt naturalistischen, unethischen Charakter bekommt, sodann: daß diese Beziehung nach Beiseitestellung des Offenbarungsmittlers, des Sohnes oder Wortes als des Grundes, von dem sie her ist, die Art einer unmittelbaren, direkten Beziehung, eines mystischen Einswerdens mit dem *principium et fons Deitatis* annehmen wird.

Wenn die eigentümlich hemmungslose, alle Grenzen von Philosophie und Theologie, von Vernunft und Offenbarung, von Schrift, Tradition und unmittelbarer Erleuchtung, von Geist und Natur, von *Pistis* und *Gnosis* (aber auch den Unterschied zwischen ökonomischer und immanenter Trinität!) verwischende Denk- und Redeweise der russischen Theologen und Religionsphilosophen, wie sie uns etwa in den Ehrenbergschen Dokumenten entgegentrat, nichts mit dem fehlenden *Filioque* zu tun haben sollte, so würde man jedenfalls von einem merkwürdigen Zusammentreffen dieses Fehlens mit eben solchen Erscheinungen reden müssen, die als Folgen oder als notwendige Parallelerscheinungen dieses Fehlens nur zu leicht verständlich wären.

Aber wie dem auch sei: wir können in der morgenländischen Fassung des Verhältnisses zwischen den göttlichen Seinsweisen ihre Wirklichkeit, wie wir sie aus der göttlichen Offenbarung nach dem Zeugnis der Schrift zu kennen meinen, nicht wiedererkennen.

Auch nicht in der Fassung, in der sie das ἐκ τοῦ υἱοῦ zwar ausschließt, ein διὰ τοῦ υἱοῦ aber als mögliche Interpretation des ἐκ τοῦ πατρός zugeben will. Denn auch dieses διὰ τοῦ υἱοῦ führt nicht und soll nach der Absicht der orientalischen Theologie nicht führen zu dem, worauf uns Alles anzukommen scheint: auf den Gedanken der vollen konsubstantialen Gemeinschaft zwischen Vater und Sohn als dem Wesen des Geistes, urbildlich entsprechend der Gemeinschaft zwischen Gott als dem Vater und dem Menschen als seinem Kinde, deren Schaffung das Werk des Heiligen Geistes in der Offenbarung ist.

Das διὰ τοῦ υἱοῦ, *per filium* hat den Sprachgebrauch der meisten griechischen und lateinischen Väter vor dem Schisma für sich. Es kann ja auch unmöglich bestritten werden, daß der Ausgang des Geistes vom Sohne, sofern der Sohn selbst der Sohn des Vaters ist, letztlich auf den Vater zurückzuführen ist. Aber das haben auch die Lateiner nicht bestritten. Augustin selbst hat unzweideutig erklärt: *principaliter* geht der Geist vom Vater aus, vom Vater hat es der Sohn, *ut et de illo procedat Spiritus sanctus* (*De trin.* XV 26, 47, vgl. 17, 29; *In Joann. tract.* 99, 8). Aber die morgenländische Lehre seit dem Schisma und auch die ältere morgenländische Lehre, sofern sie nachträglich schismatisch interpretiert wird, sagt mehr als dies: sie versteht das ἐκ τοῦ πατρός im Sinn von ἐκ μόνου τοῦ πατρός, sie versteht also das διὰ τοῦ υἱοῦ nicht als Bezeichnung des unter Voraussetzung der Zeugung des Sohnes nun doch unmittelbaren Ausgangs des Geistes auch aus diesem, sondern als die Fortpflanzung oder Weitertragung oder Prolongatur des Ausgangs des Geistes vom Vater. Sie fand sich klassisch repräsentiert in dem Bilde des Gregor von Nyssa von den drei Fackeln, deren zweite an der ersten, deren dritte an der zweiten entzündet wird (*De Spir. s.* 3). Sie drückt sich (nach Bolotow a. a. O. S. 692) aus in dem andern Bilde, wonach der Vater dem Munde, der Sohn dem Wort, der Geist aber dem dem Worte Laut gebenden Atem zu vergleichen ist: sofern der Atem um des Wortes willen ausgeatmet wird, sofern das Aussprechen des Wortes das Atmen unvermeidlich mit sich führt, ist das Wort das logische Prius des Atmens und insofern gilt das διὰ τοῦ υἱοῦ. Sofern aber das Wort nicht den Atem hervorbringt, der Atem nicht vom Worte kommt, sondern vom Munde, gilt das ἐκ τοῦ πατρός, nicht aber das ἐκ τοῦ υἱοῦ. Kein ἐκπορεύεσθαι, sagt ein ebenfalls gern angeführtes Wort des Athanasius (*Ad Serap.* I 20), soll der sekundäre Ursprung des Geistes vom Logos sein, sondern nur ein ἐκλάμπειν παρὰ τοῦ λόγου τοῦ ἐκ πατρός. Zeugung und Hauchung erscheinen also nach diesem Verständnis des διὰ τοῦ υἱοῦ „als eine in gerader Linie fortlaufende Bewegung, in der die zweite aus der ersten hervorgeht" (M. J. Scheeben, Handbuch der kath. Dogmatik, Neudr. 1925, 1. Bd. S. 820). Der Sohn ist ein Mittelprinzip, der Vater allein αἰτία, Prinzip im strengen Sinn des Wortes.

In dieser Interpretation muß offenbar auch das an sich selbstverständliche διὰ τοῦ υἱοῦ abgelehnt werden. Und ihr gegenüber muß das Festhalten des Abendlandes an dem ἐκ τοῦ υἱοῦ verständlich und notwendig erscheinen. Wenn das so verstandene διὰ τοῦ υἱοῦ den eigentlichen Ursprung des Geistes auch aus dem Sohn wirklich ausschließt, so heißt das, daß es zwischen Sohn und Geist keine *relatio originis* gibt, d. h. aber daß der Geist nur uneigentlich der Geist des Sohnes genannt werden kann, gerade nicht so, wie der Sohn der Sohn des Vaters heißt. Aber auch Vater und Sohn haben dann, wenn nicht auch der Sohn eigentlicher Ursprung des Geistes ist, nicht Alles gemeinsam, sondern ihre Ursprünglichkeit in bezug auf den Geist fällt dann auseinander in eine primäre und eine bloß sekundäre. Aber auch die Einheit Gottes des Vaters dürfte in Frage gestellt sein, wenn er nicht schon als Vater des Sohnes implizit auch der Ursprung des Geistes ist, sondern der Ursprung des Geistes aus ihm als eine zweite Funktion neben seiner Vaterschaft erscheint. Endlich und vor allem: der Geist verliert bei dieser Konzeption seine Mittelstellung zwischen Vater und Sohn, und Vater und Sohn verlieren den gegenseitigen Zusammenhang im Geiste.

Mag sein, daß ein unüberwundener Rest von origenistischem Subordinatianismus mit als die Fehlerquelle der orientalischen Auffassung anzusprechen ist. Es ist doch vor allem die Einheit der Trinität, die wir auf der ganzen Linie für durch die Leugnung des *Filioque* gefährdet halten müssen. Wir haben an anderer Stelle gesehen, daß der Tritheismus immer die besondere Gefahr der östlichen Theologie gewesen ist, und wir können uns auch angesichts der unter Leugnung des *Filioque* konstruierten Trinität des Eindrucks nicht erwehren, daß hier die *trinitas in unitate* gegenüber der *unitas in trinitate* in bedrohlichster Weise überbetont wird. Um dieser *unitas* willen hat sich das *Filioque* Augustin aufgedrängt und hat es sich im Abendland durchgesetzt. Den entscheidenden Grund, uns diesem Anliegen anzuschließen, finden wir darin, daß wir nur in dieser *unitas*, aber nicht in dem seltsamen Nebeneinander des Vaters und des Sohnes hinsichtlich des Geistes, wie es in der orientalischen Lehre sichtbar wird, die Entsprechung dessen finden, was wir als das Werk des Heiligen Geistes in der Offenbarung kennen. Gilt die Regel, daß Gott in seiner Ewigkeit kein anderer ist als der, der sich uns in seiner Offenbarung erschließt, dann ist der Heilige Geist dort wie hier der Geist der Liebe des Vaters und des Sohnes und also *procedens ex Patre Filioque*.

Der positive Sinn der abendländischen Fassung des Dogmas ist nach dem Gesagten so zusammenzufassen:

Indem Gott von Ewigkeit in sich selbst Vater ist, bringt er von Ewigkeit sich selber hervor als den Sohn. Indem er von Ewigkeit der Sohn ist, geht er von Ewigkeit hervor aus sich selber als dem Vater. Eben in diesem ewigen Sichselberhervorbringen und Aussichselberhervorgehen setzt er sich selber ein drittes Mal: als der Heilige Geist, d. h. als die ihn in sich selbst einigende Liebe. Indem er der Vater ist, der den Sohn hervorbringt, bringt er hervor den Geist der Liebe; denn indem er den Sohn hervorbringt, verneint Gott schon in sich selbst, schon von Ewigkeit her, schon in seiner schlechthinnigen Einfachheit: das Einsamsein, das Sichselbstgenügen, das Aufsichselberstehen. Auch und gerade in sich selbst, von Ewigkeit her, in seiner schlechthinnigen Einfachheit ist Gott zum Andern hin, will er nicht ohne den Andern sein, will er sich selbst nur haben, indem er sich mit dem Andern, ja in dem Andern hat. So ist er der Vater des Sohnes, daß er mit dem Sohne den Geist, die Liebe, hervorbringt und so in sich selber der Geist, die Liebe, ist. Wohlverstanden: nicht um einem Gesetz der Liebe zu genügen, nicht weil die Liebe die Wirklichkeit wäre, der auch Gott zu gehorchen hätte, muß er der Vater des Sohnes sein. Der Sohn ist das Erste, der Geist ist das Zweite in Gott, will sagen: indem er der Vater des Sohnes ist, als Vater den Sohn hervorbringt, bringt er den Geist hervor und also die Negation des Einsamseins, das Gesetz und die Wirklichkeit der Liebe. Daraufhin ist die Liebe Gott, höchstes Gesetz und letzte Wirklichkeit, daß Gott die Liebe ist, nicht umgekehrt. Und darum ist Gott die Liebe, darum geht die Liebe aus ihm hervor als seine Liebe, als der Geist, der er selber ist, weil er sich selbst setzt als Vater und also sich selbst als Sohn. Daraufhin: in dem Sohn seiner Liebe, d. h. in dem Sohn, in und mit welchem er sich selbst hervorbringt als die Liebe, bringt er dann auch im *opus ad extra* hervor: in der Schöpfung die von ihm selbst unterschiedene kreatürliche Wirklichkeit und in der Offenbarung die Versöhnung und den Frieden der von ihm abgefallenen Kreatur. Die Liebe, die uns in der Versöhnung und von da aus rückwärts gesehen, in der Schöpfung begegnet, ist darum und darin wirkliche Liebe, höchstes Gesetz und letzte Wirklichkeit, weil Gott zuvor in sich selbst Liebe ist: nicht bloß ein höchstes Prinzip des Zusammenhangs von Sonderung und Gemeinschaft, sondern Liebe, die das Andere, den Anderen auch in der Gemeinschaft will und bejaht, sucht und findet in seiner Sonderung, um auch in der Sonderung die Gemeinschaft mit ihm zu wollen und zu bejahen, zu suchen und zu finden. Weil Gott zuvor in sich selbst Liebe ist, darum ist und gilt die Liebe als die Gotteswirklichkeit im Werk der Offenbarung und im Werk der Schöpfung. Er ist aber zuvor in sich selbst Liebe, indem er sich selbst setzt als der Vater des Sohnes. Das ist die Erklärung und der Beweis des *qui procedit ex Patre*.

Eben weil wir es so erklären und beweisen, müssen wir nun aber fortfahren: auch indem Gott der Sohn ist, der aus dem Vater hervorgeht, bringt er den Geist, bringt er die Liebe hervor. Auch in dieser Seinsweise negiert er in seiner schlechthinnigen Einfachheit die Einsamkeit, ist er zu dem Andern hin, will er nicht ohne den Andern sein, von dem er her ist. Wie könnte er anders der Sohn sein denn als der Sohn des Vaters? Wie sollte Gott weniger darin der Ursprung der Liebe sein, daß er Sohn, als darin, daß er Vater ist? Verschieden als Vater und Sohn ist Gott eben darin einig, daß sein Verschiedensein ja das des Vaters und des Sohnes ist, also nochmals: nicht das Verschiedensein, wie es auch in einem höchsten Prinzip der Sonderung und Gemeinschaft vorkommen könnte, kein liebloses Verschiedensein, sondern jenes Verschiedensein, das in der Gemeinschaft die Sonderung und in der Sonderung die Gemeinschaft bejaht. Wie sollte also die Hauchung des Geistes weniger wesentlich, weniger eigentlich und ursprünglich dem Sohn als dem Vater eigen sein? Und wir müssen im Blick auf das *opus ad extra* weiterfragen: wenn es wahr ist, daß Gott sich uns durch seinen eingeborenen Sohn offenbart, wenn es weiter wahr ist, daß Gottes eingeborener Sohn nicht weniger und nichts Anderes ist als Gott der Vater, wenn es weiter wahr ist, daß Gottes Offenbarung jedenfalls auch die Offenbarung seiner Liebe ist, wenn Offenbarung nicht Offenbarung wäre ohne Ausgießung und Mitteilung des Geistes, durch den der Mensch Gottes Kind wird, sollte dann dieser Geist nicht unmittelbar auch der Geist des Sohnes sein? Ist der Sohn hier bloß mittelbar, bloß abgeleitet der Schenker des Geistes, der Offenbarer der Liebe? Ist er es aber hier unmittelbar und direkt, wie kann er es dann sein, wenn er es doch in Wirklichkeit, in der Wirklichkeit Gottes zuvor in sich selber nicht ist? Ist die Liebe hier, und ist sie von hier aus gesehen schon in der Schöpfung Gottes Wirklichkeit im Sohn und durch den Sohn, so haben wir keinen Grund und keine Erlaubnis, über das, was hier gilt, hinaus zu denken, dann ist sie die Liebe des Sohnes auch zuvor in ihm selber, auch in Ewigkeit. Als Sohn des Vaters ist dann auch er *spirator Spiritus*. Gewiß: als Sohn des Vaters. Insofern gilt das *per Filium*. Aber *per Filium* kann nun nicht heißen *per causam instrumentalem*. Dieser Sohn dieses Vaters ist und hat Alles das, was sein Vater ist und hat. Er ist und hat es als Sohn. Aber er ist und hat es. So ist er auch der *spirator Spiritus*. So hat er auch die Möglichkeit es zu sein. So erklären und beweisen wir das *qui procedit ex Patre Filioque*.

Die Frage könnte an dieser Stelle auftauchen, ob nicht entsprechend dem Ausgang des Geistes vom Vater und vom Sohne auch ein Ausgang des Sohnes vom Vater und vom Geiste behauptet werden müsse. Man könnte dafür einerseits exegetisch geltend machen, das Werk des Heiligen Geistes erscheine doch in der Offenbarung in mehr als einer Hinsicht als ein schöpferisches oder gar als ein erzeugendes. Vor allem die den Einblick und Eingang in das Reich Gottes bedingende Geburt aus dem Geist Joh. 3, 5f. könnte hier angeführt werden. Sind, so könnte man fragen, die Kinder Gottes Geistgezeugte, ist dann nicht auch von dem Sohne Gottes etwas Entsprechendes zu sagen? Und ist nicht faktisch von dem Sohne Gottes in der Offenbarung Entsprechendes gesagt? Erscheint nicht in der Geschichte von der Taufe Jesu am Jordan (Mc. 1, 9f. u. Par.) seine Gottessohnschaft als begründet durch den auf ihn herniedersteigenden Geist? Ist nicht auch Röm. 1, 3 davon die Rede, daß Jesus Christus zum Sohne Gottes in Kraft bestellt wurde κατὰ πνεῦμα ἁγιωσύνης ἐξ ἀναστάσεως νεκρῶν? Und was sollen wir erst sagen zu Luc. 1, 35, wo es in der Weissagung des Engels von der bevorstehenden Empfängnis der Jungfrau Maria heißt: πνεῦμα ἅγιον ἐπελεύσεται ἐπὶ σέ, καὶ δύναμις ὑψίστου ἐπισκιάσει σοι, διὸ καὶ τὸ γεννώμενον ἅγιον κληθήσεται υἱὸς θεοῦ, und zu Matth. 1, 18, wo es ebenfalls von Maria heißt: εὑρέθη ἐν γαστρὶ ἔχουσα ἐκ πνεύματος ἁγίου, und zu Matth. 1, 20, wo wir lesen: τὸ γὰρ ἐν αὐτῇ γεννηθὲν ἐκ πνεύματός ἐστιν ἁγίου? Wenden wir unsere Regel auch hier an, daß die dogmatischen Aussagen über die immanente Trinität inhaltlich abgelesen werden können und müssen aus den Bestimmungen über die Seinsweisen Gottes in der Offenbarung, sind wir dann nicht genötigt, ein Ursprungsverhältnis, das dann weder Zeugung noch Hauchung, sondern ein Drittes wäre, auch zwischen dem Geist und dem Sohne anzunehmen? Und man könnte sagen wollen, daß dann erst der Kreislauf der gegenseitigen Beziehungen, in denen Gott Einer in drei Seinsweisen ist, ein vollständiger und in sich geschlossener sei und daß schon deshalb ein solcher Ursprung des Sohnes aus dem Vater und dem Geiste zu postulieren sei.

Dieses zweite, systematische Argument darf nun sofort ausgeschaltet werden: Müßte der Kreislauf, die Perichorese, zwischen den drei Seinsweisen Gottes wirklich ein Kreislauf von gegenseitigen Ursprüngen und müßte er als solcher vollständig sein, dann müßte ja zuerst auch ein Ursprung des Vaters aus dem Sohne und aus dem Geiste entdeckt werden. Die Perichorese, die allerdings eine vollständige und gegenseitige ist, ist aber nicht eine solche der Ursprünge als solcher, sondern eine solche der Seinsweisen als der Seinsweisen des einen Gottes. Sie ist eine weitere Umschreibung der Homousie des Vaters, des Sohnes und des Geistes, hat aber mit Zeugung und Hauchung an sich nichts zu tun, bedarf also auch keiner Ergänzungen in dieser Richtung, so daß jenes Postulat nicht einmal als formal legitim begründet bezeichnet werden kann.

Schwieriger ist es, den ersten, exegetischen Einwand zu beseitigen. Man muß dazu auf der ganzen Linie dies beachten: das Werk des Heiligen Geistes in bezug auf den Sohn in der Offenbarung, von dem in allen jenen Stellen die Rede ist, ist gerade nicht ein solches, das mit der ewigen Zeugung des Sohnes durch den Vater oder mit der ewigen Hauchung des Geistes durch Vater und Sohn als kommensurabel bezeichnet werden könnte, so daß daraus eine weitere ewige Ursprungsbeziehung abgelesen werden könnte und müßte. Zu dieser Kommensurabilität fehlt durchweg dies: die Zeugung und die Hauchung sind Hervorbringungen aus dem Wesen Gottes des Vaters bzw. des Vaters und des Sohnes, aber nicht Hervorbringungen aus einem anderen Wesen. Die in den genannten Stellen beschriebenen Hervorbringungen des Heiligen Geistes dagegen sind durchweg Hervorbringungen aus einem als seiend vorausgesetzten anderen Wesen. Sehr deutlich läßt sich dies an Joh. 3 zeigen: die Geburt aus dem Geist ist eben eine neue Geburt, eine Wiedergeburt, und der durch den Geist zum Kinde Gottes zu gebärende Mensch ist schon da, indem ihm dies widerfährt. Er wird durch den Geist zum Kinde Gottes geboren. Man kann aber offenbar nicht sagen, daß das Kind Gottes, das dieser Mensch wird, durch den Geist geschaffen oder erzeugt wird. Es ist, was es ist, in der Gemeinschaft mit Jesus Christus, dem ewigen Sohne Gottes. Ebenso steht es mit der sicher als eine Parallele zu der Geschichte von der Jungfrauengeburt aufzufassenden Geschichte von der Jordantaufe. Dieser Mensch Jesus von Nazareth, nicht der

Sohn Gottes, wird durch das Herabkommen des Geistes zum Sohne Gottes. Wiederum ist jene Bestellung Jesu Christi zum Sohne Gottes durch den Heiligen Geist Röm. 1 ausdrücklich auf die Auferstehung bezogen. Der ὁρισμός ist die Erhöhung und Offenbarung des Gekreuzigten und Gestorbenen zur Herrlichkeit des Sohnes Gottes. Er bezeichnet die Teilnahme des vorher nach seiner Menschheit bezeichneten Jesus Christus an der Majestät des ewigen Sohnes. Dieser Sohn Gottes als solcher hat sein Sein nicht aus diesem ὁρισμός, nicht aus dem Heiligen Geist. Sondern aus dem Heiligen Geist hat es der nach seiner Menschheit bezeichnete Jesus Christus, dieser Sohn Gottes zu sein. Genau so steht es nun aber auch mit den hier in Betracht kommenden Jungfrauengeburtsstellen. Nicht darin kann ja die Fleischwerdung des Wortes Gottes aus Maria bestehen, daß jetzt und hier erst der Sohn Gottes entstehen würde, sondern darin besteht sie, daß der Sohn Gottes jetzt und hier dieses Andere an sich nimmt, was in Maria zuvor schon existiert, nämlich das Fleisch, die Menschheit, die menschliche Natur, das Menschsein. Und nun besagt speziell das Dogma von der Jungfrauengeburt auf keinen Fall, daß der Heilige Geist der Vater des Menschen Jesus sei und also in der Menschwerdung des Sohnes Gottes auch der Vater des Sohnes Gottes werde. Sondern es besagt, daß der Mensch Jesus keinen Vater hat (genau so wie er als Sohn Gottes keine Mutter hat). Was dem Heiligen Geist in der Geburt Christi zugeschrieben wird, das ist jene Annahme des Menschseins in der Jungfrau Maria zur Einheit mit Gott in der Seinsweise des Logos. Daß dies möglich ist, daß dieses Andere, dieses Menschsein, dieses Fleisch für Gott, für die Gemeinschaft, ja Einheit mit Gott da ist, daß das Fleisch Wort sein kann, indem das Wort Fleisch wird, das ist das Werk des Heiligen Geistes in der Geburt Christi. Dieses Werk des Geistes ist prototypisch für das Werk des Geistes im Werden der Kinder Gottes: ebenso werden wir ja, aber nun nicht direkt, sondern indirekt, *per adoptionem*, im Glauben an Christus, was wir von Natur nicht sind: Kinder Gottes. Jenes Werk des Geistes ist aber nicht ektypisch für ein Werk des Geistes am Sohne Gottes selbst. Was der Sohn dem Geiste „verdankt" in der Offenbarung, das ist sein Menschsein, das ist die Möglichkeit, daß das Fleisch für ihn da sein und also er, das Wort, Fleisch werden kann. Wie sollte daraus abzulesen sein, daß er ihm sein ewiges Sohnsein verdanke? Er ist ewiger Sohn aus dem Wesen des ewigen Vaters, das auch das seinige ist und also nicht durch Annahme eines anderen Wesens. Was für das Verständnis der ewigen Trinität aus diesen Stellen abzulesen ist, das hat also nichts mit einem Ursprung in Gott zu tun, das dürfte vielmehr die Bestätigung des schon Gesagten sein: wie der Heilige Geist in der Offenbarung Gott und Mensch, Schöpfer und Geschöpf, den Heiligen und die Sünder verbindet, so daß sie Vater und Kind werden, so ist er in sich selber die Gemeinschaft, die Liebe, die den Vater mit dem Sohn, den Sohn mit dem Vater verbindet.

Mit dieser Erklärung und diesem Beweis haben wir nun aber schon das Letzte gesagt, was zur Interpretation der abendländischen Auffassung immer gesagt worden ist und notwendig gesagt werden muß: das *ex Patre Filioque* bezeichnet nicht einen doppelten, sondern es bezeichnet einen gemeinsamen Ursprung des Geistes vom Vater und vom Sohne. Daß der Vater der Vater, daß der Sohn der Sohn ist, hervorbringend der erste, hervorgebracht der zweite, das ist ihr nicht Gemeinsames, darin sind sie unterschiedene Seinsweisen Gottes. Daß es aber zwischen ihnen und von ihnen her, als Gottes dritte Seinsweise, der Geist, die Liebe ist, das haben sie gemeinsam. Diese dritte Seinsweise kann nicht aus der ersten allein und nicht aus der zweiten allein und auch nicht aus einem Zusammenwirken beider folgen, sondern nur aus ihrem einen Sein als

Gott der Vater und Gott der Sohn, die ja eben nicht zwei entweder für sich oder zusammenwirkende „Personen" sind, sondern zwei Seinsweisen des einen Seins Gottes. Also: das eine Gottsein des Vaters und des Sohnes oder: der Vater und der Sohn in ihrem einen Gottsein sind der Ursprung des Geistes. Was zwischen ihnen ist, was sie verbindet, ist darum keine bloße Beziehung, erschöpft sich darum nicht etwa in der Wahrheit ihres Nebeneinander und Miteinander, ist darum als eine selbständige göttliche Seinsweise ihnen gegenüber das aktive Zueinander und Ineinander der Liebe, weil diese zwei, Vater und Sohn, eines Wesens und zwar göttlichen Wesens sind, weil Vaterschaft und Sohnschaft Gottes als solche in diesem aktiven Zueinander und Ineinander aufeinander bezogen sein müssen. Daß der Vater und der Sohn der eine Gott sind, das ist der Grund, daß sie nicht nur verbunden, sondern im Geist, in der Liebe verbunden sind, daß also Gott die Liebe und daß die Liebe Gott ist.

Tertius enim est Spiritus a Deo et Filio (Tertullian, Adv. Prax. 8). In der Offenbarung ist es wahr, so sagt Augustin, daß *Spiritus et Dei est qui dedit, et noster qui accepimus*, ist es wahr, daß der Geist Gottes auch der Geist des Elia oder der Geist des Mose, also der Geist eines Menschen heißen kann. Diese wunderbare Wahrheit hat in Gott selbst ihren Grund darin, daß Vater und Sohn (wenn auch der Sohn vom Vater her, der es also *principaliter* ist) *principium* des Heiligen Geistes sind: *Non dua principia, sed sicut Pater et Filius unus deus et ad creaturam relative unus creator et unus dominus, sic relative ad Spiritum sanctum unum principium (De trin.* XV 14, 15). Diese Einheit des Ursprungs des Geistes wurde zum Dogma erhoben im *Conc. Lugd.* II 1274: *Non tanquam ex duobus principiis, sed tanquam ex uno principio, non duabus spirationibus, sed unica spiratione procedit* (Denz. Nr. 460). Und das *Conc. Florent.* hat 1439 in Aufnahme jener früher zitierten augustinischen Auslegung des *per Filium* hinzugefügt: *Quoniam omnia quae Patris sunt, Pater ipse unigenito Filio suo gignendo dedit praeter esse Patrem, hoc ipsum quod Spiritus sanctus procedit ex Filio, ipse Filius a Patre aeternaliter habet a quo etiam aeternaliter genitus est.* In diesem Sinn sei das *Filioque* dem Symbol *veritatis declarandae gratia et imminente necessitate* beigefügt worden (Denz. Nr. 691).

4. Wir glauben an den Heiligen Geist, „der mit dem Vater und dem Sohne zugleich angebetet und verehrt wird". Auch diese letzte hier in Betracht zu ziehende Klausel des Symbols definiert die Gottheit des Heiligen Geistes. Sie greift gewissermaßen zurück auf die erste: wie der Vater, wie der Sohn der eine Herr ist, so auch der Geist, hieß es dort, und nun: wie der eine Herr als der Vater und als der Sohn anzubeten und zu verehren ist, so auch als der Geist. Man beachte, wie im lateinischen Text durch das hinzugefügte *simul* der tritheistische Schein, der bei dem bloßen *cum* nicht ganz vermieden wäre und vielleicht auch in den beiden griechischen Komposita nicht ganz vermieden ist, ausgeschlossen wird. „Mit" darf hier nicht heißen: „neben" — die göttlichen Seinsweisen sind ja nicht nebeneinander — sondern: „zugleich mit" oder „in und mit", aber wiederum nicht so, daß der Geist eine bloße Eigenschaft oder Beziehung des Vaters oder des Sohnes wäre, sondern so, daß

es ebensowohl vom Vater oder vom Sohne oder von beiden heißen könnte, daß sie zugleich mit dem Heiligen Geist anzubeten und zu verehren seien. Also: „gleichwie" der Vater und der Sohn.

Darum in der römischen Messe, aber auch in der evangelischen Liturgie das *Gloria Patri et Filio et Spiritui sancto*. Darum in Luthers Trinitatislied:

> Wir glauben an den heil'gen Geist,
> Gott mit Vater und dem Sohne ...

Darum in M. Rinckarts „Nun danket alle Gott" Str. 3:

> Lob, Ehr und Preis sei Gott
> dem Vater und dem Sohne
> und dem, der beiden gleich
> im höchsten Himmelsthrone ...

Es ist offenbar die Gottheit des Geistes, wie sie nun auch vom Menschen her gesehen feststehen soll, was hier hervorgehoben werden soll. Man könnte fragen: warum wird das gerade mit diesem Hinweis sozusagen liturgischen Charakters hervorgehoben? Warum heißt es nicht: der mit dem Vater und dem Sohne zu glauben oder zu lieben ist? Man wird, welches auch die historische Erklärung sein möge, jedenfalls sagen müssen, daß der Hinweis gerade in dieser Form faktisch eine doppelte Sicherung bedeutet. Durch die Bezeichnung als Gegenstand der Anbetung (Proskynese) und Verehrung wird das abstrakt betrachtet neutrische πνεῦμα einbezogen in die durch die Bezeichnungen πατήρ und υἱός gewährleistete Personalität Gottes. Nicht an sich (das gilt auch vom Vater und vom Sohn nicht), wohl aber als identisch mit dem einen Gott ist auch der Geist kein Neutrum, kein Es, sondern ein Er, der große, ursprüngliche, unvergleichliche Er, über den der Mensch keine Macht, sondern der alle Macht über ihn hat. Und durch die Bezeichnung als Gegenstand der Anbetung und Verehrung wird der Geist, der ja gerade in der Offenbarung der Geist Gottes und des Menschen *(Spiritus Dei et noster)*, die Vollstreckung der Gemeinschaft zwischen Gott und Mensch ist, dem Bereich des Menschen auch wieder nachdrücklich entzogen. Daß er in uns wohnt, daß es ein Sein des Menschen „im Geiste" gibt, das soll uns keinen Augenblick darüber täuschen, daß der nicht nur quantitative, sondern qualitative Unterschied von Gott und Mensch auch und gerade in der Offenbarung nicht aufgehoben, sondern eben in der Offenbarung aufgerichtet ist, damit unter Voraussetzung dieses Unterschiedes Gott und der Mensch Gemeinschaft hätten. Nur das ist (im Unterschied zu allen geschaffenen Geistern) der Heilige Geist, der dem Menschen transzendent ist, bleibt und immer wieder wird, indem er ihm immanent ist. Anbetung und Verehrung heißt: Zuwendung unter Voraussetzung und Beachtung der Distanz, nicht irgendeiner Distanz, nicht der kahlen, mathematischen Distanz des Endlichen gegenüber dem Unendlichen, sondern der Distanz des Menschen als Geschöpf gegenüber Gott als dem Schöpfer, des Menschen als Sünder gegenüber Gott als dem Richter, des Menschen als Begnadigten gegenüber Gott als dem frei und grundlos Barmherzigen. Darum Proskynese, darum Ehre sei Gott in der Höhe! Nirgends könnte offenbar die Verwechslung des Glaubenden mit dem Geglaubten, des Liebenden mit dem Geliebten so nahe liegen wie gerade in bezug auf diese dritte Seinsweise Gottes in seiner Offenbarung. „Anzubeten und zu verehren gleich wie der Vater und der Sohn", damit sollte die Verwechslung abgeschnitten sein. Diese Gabe, das *donum Spiritus sancti* läßt sich von ihrem Geber nicht abstrahieren. Der Geber aber ist Gott. Wir können die Gabe nur haben, indem wir Gott haben und so, wie wir Gott haben. Auf die Bedeutsamkeit gerade dieser Klausel für die ganze Lehre von den Wirkungen des Geistes, insbesondere für die ganze Lehre vom Glauben soll hier nur noch einmal hingewiesen sein. Man sollte meinen: ein Blinder müßte hier sehen, daß das Dabeisein des Menschen bei Gottes Offenbarung, das *Deus in nobis*, wenn es gehaltvoll ausgesagt sein soll, nur vom göttlichen Subjekt, dem als solchem unaufhebbaren Subjekt her verstanden werden kann. Zu einer selbständigen Anthropologie kann auch und gerade die Lehre von der *gratia Spiritus sancti applicatrix* nicht führen. Rechtfertigung und Heiligung sind Taten jenes göttlichen Subjektes, auch und gerade indem dieses sich uns zu eigen gibt. Es gibt sich uns zu eigen als der *Spiritus sanctus, qui cum Patre et Filio simul adoratur et conglorificatur*. So wird es unser Heil und nicht anders. Wir haben diese Klausel ständig vor Augen gehabt bei Allem, was über die Aneignung der Gnade und des Heils in unseren bisherigen Zusammenhängen zu sagen war, und wir werden sie auch in Zukunft im Auge behalten müssen. So dürfen wir es unterlassen, sie an dieser Stelle noch einmal besonders zu unterstreichen.

Man kann eine Erörterung der Dreieinigkeit Gottes nicht besser abschliessen, als dies Augustin am Schlusse seines Werkes über diesen Gegenstand (*De trin.* XV 28, 51) getan hat. Er erklärt dort noch einmal in schlichten Worten, er glaube an Gott Vater, Sohn und Heiligen Geist, weil Gott sich in der Schrift so offenbart habe. Die „Wahrheit" hätte sich nicht so ausgesprochen, *nisi trinitas esses. Ad hanc regulam fidei dirigens intentionem meam, quantum potui, quantum me posse dedisti, quaesivi te, et desideravi intellectu videre quod credidi et multum disputavi et laboravi.* Und nun sieht er sich veranlaßt zu beten: *Libera me, Deus, a multiloquio quod patior intus in anima mea, misera in conspectu tuo et confugiente ad misericordiam tuam.* Er weiß ja um die Gefährdetheit seines Redens nicht nur, sondern auch seines Denkens. Er betet darum, daß er nicht einschlafen und verharren möchte bei dem, was er bloß in menschlicher Vielrednerei gedacht und gesagt habe. Er weiß, daß Gott selbst allein die Vollendung dessen sein kann, was der Mensch über ihn denkt und redet. R. Seeberg (Lehrb. d. Dogmengesch, 2. Bd., 1923, S. 163) entnimmt diesen Worten Augustins, ihm sei am Ende bei der „Fülle der Gesichte" selbst bange geworden. Nun, das könnte wohl sein. Es gibt Theologien, deren Urhebern am Ende keineswegs bange zu werden braucht, weil ihnen die „Fülle der Gesichte" aus guten Gründen erspart geblieben ist.

Augustin war nicht in dieser glücklichen Lage. Er hatte sich in Gefahr begeben, die „Fülle der Gesichte" war in der Tat über ihn gekommen. In dieser Gefahr kann man umkommen. Und ein Theologe, der sich in Gefahr begibt, kann nicht nur selbst umkommen, sondern auch Andere ins Verderben bringen. Darum lautet Augustins letzte Bitte und zugleich das letzte Wort seines Buches: *Domine Deus une, Deus Trinitas, quaecumque dixi in his libris de tuo, agnoscant et tui: si qua de meo, et tu ignosce, et tui. Amen.*

I. BIBELSTELLEN

Genesis

1,	1	457
	2	495, 496
	3	41
	14	301
	20 f.	466
	26	362
2,	7	472, 495
	10	65
7,	15	495
17,	17	349
28		439
	12 f.	440
32,	22 f.	349

Exodus

3,	13 f.	335, 339 f.
7,	10	228
16		250
19—20		187
23,	21	334
32		265

Deuteronomium

5,	4	176
32,	6	407, 410

Richter

13,	18	340

1. Samuel

1,	27	251
3,	1	164

1. Könige

18		322

Jesaia

6		68, 340
11,	4	157
49,	1	165
53		156, 405, 407
55		259
	8	181
55,	10 f.	158

61,	1	323
	1 f.	330
63,	16	410
64,	7	410

Jeremia

1		148
	5	165
20,	7	119
23,	23	340
	29	157
31,	31 f.	187
	33	335
	34	3

Hosea

11,	1	407

Amos

8,	11	164

Micha

3,	2	164

Maleachi

1,	6	407
3,	1	340

Psalmen

2,	7	449
33,	6	495
	9	148
36,	10	488
39,	5	408
45,	2	125
49,	2	253
51,	2	489
	19	489
69,	10	118
73,	25 f.	488
85,	15	198
	25	198
90,	12	408
98,	3	198
104,	29 f.	495
	30	496

116, 10	111	3, 28 f.	482
117	174	4, 9	471
117, 1	198	11	165
119	164	11 f.	471
121	116	7, 31 f.	156, 157
139, 5	468	8, 34 f.	408
7	495	9, 2 f.	474
150, 6	495	22 f.	14
		24	23, 232

Sprüche

9, 1	65

		10, 17 f.	349
		18	405
		13, 11	478
		14, 36	405, 481
		15, 34	406
		16, 1 f.	176, 232

Matthäus

1, 18	509
20	509
3, 2	157
4, 4	155
5, 14 f.	50
6, 9 f.	408
7, 29	322
8, 1 f.	259
9, 1 f.	72, 245, 259
11, 2	104
25	153
25 f.	122, 192
26	153
27	411
27 f.	422
12, 18	405
15, 13	407
21 f.	184
16, 16	422, 425
17	153, 471, 474
18	106
19	88
18, 17	33
18	88
21, 1 f.	259
22	142
14	165
34 f.	435
22, 37	231
23, 34 f.	125
24, 40	165
26, 63 f.	422
28, 18	156
19	330, 368
19 f.	58
20	59, 271

Lukas

1, 16	99
26	246
35	509
2, 1	281
12	127
21	252
34	160
5, 1 f.	156, 246, 488
8	232
9, 28 f.	389
57 f.	349
10	72
10 f.	116
11	156
12, 12	478
21	169
15, 18	428
29	408
16, 1 f.	260
17, 34	165
18, 9 f.	259, 488
21, 28	430
24, 13 f.	230
19	420

Markus

1, 9 f.	331, 509
2, 1 f.	421

Johannes

1—2	179
1, 1	141, 179, 192, 421, 458
1 f.	440
2	421
3	421, 464 f.
4 f	421
5	49, 429
6 f.	115
9	164

1, 10	454		58	422
11	429		10, 12 f.	157, 192
12 f.	407, 472		15	411
13.	153		29	183, 471
14	161, 198, 277, 421		30	183, 390, 421
16	236		38	390
17	141, 198		12, 24	407
18	411, 421		26	183
33	474		14, 6	183, 406, 411
2, 11	475		7 f.	408
3—4	92, 98, 156, 176 f., 232		9	183, 411, 422
3, 1 f.	232, 432		10 f.	390
3	472, 480		13	183
3 f.	153, 407		16	474
5 f.	509		17	476
6	472		23 f.	141
8	164, 472		26	474, 476
11	429		28	406
13	421		15, 26	474 f., 504
16	421, 430		16,	98
18	421		5 f.	260
20 f.	167		7	474
27	480		13	16, 474, 476
27 f.	115		13 f.	475
31	421		20	177
32	429		26	478
34 f.	121		28	421
4, 4	246		17, 1	341
10	425		3	203, 406, 440
10 f.	230		5	422
24	482		11	183, 390
47 f.	149, 245, 246		24	422
5, 17	422		25	411
18	421		20, 17	412
23	411		19 f.	98
26	422		22	472, 474, 475
37	411		28	336
6, 35	425			
37	183		Apostelgeschichte	
44	183, 471		1, 1	420
45	183, 471		8	478
46	411		2	472, 475, 478
63	472, 494		1 f.	157, 477
65	471		2	472, 474
68	425		7 f.	477
7, 38	474		14 f.	259, 477
8, 19	411		22	420
30 f.	479		3, 13	405
35	481		26	405
45	183		4, 27	405
46 f.	143, 156		30	406
49	183		5, 3 f.	482
56	150		6, 4	53

8, 26 f.	407
29	476
33	407
9, 33	162
10, 19	476
36	422
38	420
44	477
46	477
11, 15	477
13, 2	476
26	174
16, 6	476
17, 31	248
19, 2 f.	472
6	477
26, 19	17

21	480
23	430, 475, 486
26 f.	23, 476
27	478
30	165
38	409
9, 28	337
33	160
10, 4	337
8	254, 476
11, 32	322
33	330
36	394
12, 6	11, 240, 257
13, 11	430
14, 8	409
16, 25	122

Römer

1, 1 f.	330
4	408, 509
16	155
17	14, 236
3, 3	240
4	252
13	240
4, 14	245
17	410
18	236
19 f.	486
24	408
25	408
5, 5	476
10	429, 430
11	430
6, 3	253
3 f.	408
4	341, 408
5	481
6	408
14	252
7	489
24	489
8	489
6	472
7	429
9	475
11	475
14	476, 480
15	408, 481
16	476, 480
17	481, 486

I. Korinther

1, 9	480
18	155
18—2, 10	173
23	407
2	205
6	202
9	149, 254
10	254, 476
12	254
13	254, 472
15	12
3, 16	476
22	409
23	406
6, 11	420, 474
14	408
19	476
7, 27	479
8, 2 f.	257
6	406, 422, 464
9, 16	114
11, 3	406
12	474
3	472
4 f.	331, 368, 473
13, 12	13, 172, 257
13	240
14	477
15	149
24	406
45	495
53	409
16, 13	254

I. Bibelstellen

II. Korinther

1, 3 f.	476
21	476
22	475
24	88
2, 4	125
15	160
17	52
3, 5	471
6	472, 494
16 f.	473
17	479, 482
4, 4	406
6	41, 478
7	13
5, 4	409
5	475
7	486
16	153
18	430
19	341, 421, 430
20	430
6, 7	198
16	476
10, 5	86
13, 13	330, 332, 474

Galater

1, 1	341, 408
3	176, 440
4	236, 239, 406, 432
7	12
11	157
12	256
23	240
2, 6	173
7	252
16	253, 255
20	253
3, 1	12
6	174, 252
7	241
9	72
13	241, 246, 432
22	240
26 f.	480
29	486
4, 1 f.	230
6	12, 408, 475, 480, 481
7	481, 486
8 f.	257
26	72
27	72
4, 30 f.	481
5, 1	479
5	241, 486
13	479
19	476
24	408

Epheser

1, 8 f.	472
9	153
13	198, 472, 486
14	475, 486
17	406, 472
20	341, 408
22	156
2, 14 f.	430
15	281
18	406
19	481
3, 9	122
15	410, 414
4, 4	331, 368
9	118
16	65
22	408
30	430, 486
5, 12	167

Philipper

1, 19	430, 475
20	409
2, 5 f.	432
6	421
8	407
9	161, 420
9 f.	407
10	420
11	406
12	430
3, 10	408, 481
4, 4	230
7	233

Kolosser

1, 5	198
13	421
15	406
15 f.	464
16	422
17	165
18	165, 469
20	430
22	430

1, 26 122
2, 9 421
   14 281
   15 161
3, 1 f. 230
   3 408
   3 f. 486
   17 420

I. Thessalonicher

2, 13 52
5, 8 f. 430
   23 476

II. Thessalonicher

2, 8 472
   13 330

I. Timotheus

2, 3 198
   5 430
4, 3 198

II. Timotheus

1, 10 118
2, 15 198
   25 198
3, 7 198
4, 1 240
   6 240

Titus

1, 3 198
2, 13 421
3, 7 486

Hebräer

1, 1 f. 432
   2 464
   2 f. 422
   3 . . . . 379 f., 406
   5 f. 421
   8 422
   14 430
3, 2 406
   12 252
5, 7 f. 232
   7 f. 406
   8 407
   12 . . . . 155, 188
6, 5 f. 475
7, 1 252
9, 14 406
   15 430
   28 430
13, 8 . . . . 154, 422

Jakobus

1, 17 480
   18 . . . . 158, 198, 204, 480
   21 254
   25 479
2, 5 486
   12 479

I. Petrus

1, 2 . . . . 330, 474
   3 486
   11 475
   23 . . . . 155, 158
   24 158
2, 16 479
4, 11 52

II. Petrus

1, 19 125

I. Johannes

1, 1 421
   1 f. 471
2, 14 160
   20 476
   23 411
   27 . . . . 160, 476
3, 1 f. 480, 486
4, 9 421
   13 475
5, 7 f. 330

II. Johannes

9 411

Judas

3 240
6 240
20 f. 331

Offenbarung

1, 4 330
   8 422
   17 422
   18 . . . . 158, 198, 204
   21 254
3, 20 260
5, 12 407
   13 422
11, 1 . . . . 254, 486
   35 430
12, 24 430
22, 1 472
22, 13 422

II. NAMEN

Adam, K. 107
Alsted, H. 320
Althaus, P. 21, 85, 249, 267, 354
Ambrosius 89, 97, 281, 368
Aner, K. 151, 247
Anselm von Canterbury 13, 15, 18, 21, 23, 86, 117, 242, 248, 253, 255, 260, 292, 355, 357, 370, 375, 377, 385, 390, 434, 457, 466, 493 f.
Aristoteles 10
Arius 327, 372, 460, 465
Artemon 372
Athanasius 285, 294, 414, 456, 461 f., 465, 484, 490, 506
Athanasianisches Symbol vgl. *Symb. Quicumque*
Atzberger, L. 66
Augustana, Conf. 22, 71, 74, 380
Augustin 1, 2, 4, 5, 12, 13, 14, 15, 23, 34, 40, 81, 97, 99, 101, 102, 116, 207, 208, 241, 248, 253, 257, 259, 260, 281, 292, 353, 355, 357, 358, 363, 375, 377, 384, 393, 395, 434, 445, 457, 459 f., 461, 465 f., 469, 473, 491, 492 f., 498 f., 506, 511, 513 f.

Bär, H. 51, 64
Baier, W. 5, 16, 81, 117
Barth, H. 36, 38 f.
Bartmann, B. 39, 66, 70, 77, 87, 281, 282, 380, 386, 394, 460, 493
Bavinck, H. 318, 355
Benedikt XIV. 501
Berner Synodus 81
Bernhard von Clairvaux 253
Berneuchener Buch 64
Bezzel, H. 72
Biedermann, A. E. 273, 293, 378
Bihlmeyer, P. 67, 68
Birtner, H. 64
Blumhardt, J. Chr. 294, 296
Bodelschwingh, F. 50
Böhl, E. 234
Boethius 376
Bohlin, T. 220
Bohne, G. 51
Bolotow, V. 502, 506
Bonaventura 18, 19, 21, 241, 316, 357, 369, 393
Braun, J. 66, 319, 386

Bretschneider, K. G. 438, 466
Brunner, E. 24 f., 28, 99, 251 f.
Bucan, W. 117, 248
Buddeus, F. 5, 19, 22, 81
Bullinger, H. 90, 117
Bultmann, R. 36, 38, 132, 133, 179, 421
Burmann, F. 12, 16, 199, 380

Calov, A. 318
Calvin, J. 15, 17, 34, 72, 90, 99, 101, 109, 117, 157, 174, 176, 230, 232, 241, 244, 253, 292, 316 f., 318, 325, 326, 328, 363, 368, 370, 377, 379, 381, 385, 389, 438, 451, 473, 496
Carlyle 341
Caroli, P. 438, 451
Cartesius, R. 35, 54, 102, 203, 220, 223 f., 228, 302
Chalcedonense, Conc. 448
Chemnitz, M. 87, 199, 244, 248, 318, 325
Chomjakow, A. St. 502
Clemens-Homilie 432, 469
Clemens Rom. 105
Coccejus, J. 1, 12, 199, 502
Constantiense, Conc. 96
Corpus iuris can. 66, 68
Cuncti potens (Kyrie-Tropus) 435, 493
Cyprian 99, 281
Cyrill v. Alexandrien 285, 501
Cyrill v. Jerusalem 84, 285, 292, 374, 412 f., 437, 438, 449, 453

Daub, C. 25
Deneffe, A. 281, 286
Dibelius, M. 422
Dibelius, O. 64, 223
Didymus v. Alexandrien 495
Diekamp, F. 14, 40, 271, 281, 282, 359, 377, 380, 386, 460, 499
Dionysius Areop. 87
Dionysius, Papst 368
Dorner, J. A. 293
Duns Scotus 87, 199

Eisenhuth, H. E. 166
Engelland, H. 22
Ephesinum, Conc. 448
Ephraem 501
Epiphanius 501
Eunomius 372
Euseb von Cäsarea 107, 285

Farel, W. 438
Feuerbach, L. 132, 220, 362
Fezer, K. 56
Fides Damasi 374
Florentinum, Conc. 70, 373, 385, 395, 511
Francke, A. H. 19, 23
Friedrich Wilhelm IV. v. Preußen 266
Fulgentius 369, 390

Gallicana, Conf. 55
Genfer Konfession von 1536 438
Gerhard, J. 1, 6, 16, 18, 81, 117, 127, 199, 248, 318, 356, 362, 377, 496
Gerhardt, P. 496
Glage, M. 66
Goethe, J. W. 346
Goeze, M. 108
Gogarten, F. 128 f., 177 f.
Grabmann, M. 21
Gregor d. Gr. 281
Gregor v. Nazianz 384, 389, 498, 500
Gregor v. Nyssa 97, 285, 292, 384, 432, 434, 506
Grisebach, E. 12, 192, 243
Grünewald, M. 115, 277
Grützmacher, R. 377
Günther, A. 377

Haecker, Th. 115
Haering, Th. 319
Hamann, J. G. 294
Harms, K. 66, 72
v. Harnack, A. 22, 97, 99, 100, 151, 266, 332, 406
Heckel, Th. 51
Hegel, F. 272, 341
Heidan, A. 15, 19, 22, 54, 102
Heidegger, M. 36, 38, 166, 200
Heidegger, H. 52
Heidelberger Katechismus 57, 133, 246, 328, 432
Heiler, F. 106
Heim, K. 25, 26, 29
Helvetica prior, Conf. 73
Helvetica post., Conf. 52, 90, 246
Hempel, J. 325
Herder, J. G. 151, 174, 200
Hermae Pastor 469, 498
Herrmann, W. 88, 266
Hettinger, F. 67
Hilarius 373, 374, 456, 461
Hirsch, E. 431
Hofmann, J. 298

Holl, K. 173, 174, 203, 207, 372, 483
Hollaz, D. 6, 13, 19, 23, 54, 113, 117, 127, 456
Hurter, H. 65

Ignatius von Antiochien 99, 116, 188, 281
Irenäus 31, 99, 105, 203, 254, 281, 332, 358, 406, 453, 457, 460, 473
Isidor v. Sevilla 283
Jakobus, Protevangelium des 119
Jerusalem, J. Fr. W. 151
Joachim von Flore 356
Johannes Damascenus 24, 292, 390, 456, 487, 493, 498

Kant, I. 151, 201, 362
Karl d. Gr. 501
Karsavin, L. P. 502
Keckermann, B. 318, 357, 362
Kierkegaard, S. 19, 115
König, J. Fr. 320
Kohlbrügge, H. F. 234, 294, 296
Konstantin I. 460
Kuhn, J. 40, 456
Kutter, H. 75, 76, 294

Lagarde, P. 151
Lateranense, Conc. IV 40, 449
Leiden, *Syn. pur. Theol.* 5, 54, 117, 370, 380, 397, 473, 484
Leo d. Gr. 281, 393
Leo III. 501 f.
Leo XIII. 281
Lessing, E. 107 f., 151 f., 357
Leydecker, M. 498
Löhe, W. 72
v. Loewenich, W. 173
Lüdemann, H. 293
Lugdunense, Conc. II 502, 511
Luthardt, Chr. E. 25
Luther, M. 12, 18, 30, 49, 50, 53, 71, 81, 92, 98, 100, 104, 105 f., 116, 117, 122, 125, 131, 132, 139, 141, 142, 149, 151, 156, 157, 161, 173, 174, 175 ff., 179 ff., 184 f., 188 f., 190, 192, 203, 230, 232, 236, 239 f., 241, 244 f., 248, 252 f., 255, 259, 279, 294, 296, 301, 355 f., 358, 362, 367, 382, 384, 385, 389, 395, 406, 432, 434 f., 439 f., 457 f., 461, 464, 466, 469, 481 f., 488, 496, 512

Macedonius v. Konstantinopel 372, 490
Marheineke, Ph. K. 257, 272, 319

II. Namen

Martensen, H. 319
Mastricht, P. van 5, 199
Menken, G. 294
Melanchthon, Ph. 12, 15, 18, 21, 34, 72, 84, 99, 244, 246 f., 292, 316, 357, 377, 381, 385 f., 437 f., 440
Missale Romanum 67 f., 389, 435, 445, 492, 496, 512
Möhler, J. A. 40, 106, 107
Moeller van den Bruck 356
Müller, H. M. 20, 94, 192, 206, 235, 242 f.
Mulert, H. 19, 200
Musculus, W. 117

Nicaeno-Constantinopolitanum, Symb. 444 f., 492 f.
Nitzsch, C. J. 318
Noet v. Smyrna 372

Oetinger, F. Chr. 138
Olevian, C. 244
Origenes 292, 372
Osiander, A. 253
Otto, R. 140
Overbeck, F. 26

Papias 107
Pauck, W. 268
Paul v. Samosata 372
Pelagius 208, 327
Peterson, E. 286
Petrus Lombardus 21, 24, 248, 292, 316, 357, 358, 363, 374, 390, 494
Petrus Martyr 117
Philippi, F. A. 84
Photius 502
Pius IX. 377
Planck, G. J. 19, 200
Plato 17
Pohle, J. 386, 391
Polanus 413
Praxeas 372
Priscillian 372
Procksch, O. 335
Przywara, E. 40, 138 f., 178 f.

Quenstedt, A. 4, 5, 18, 19, 81, 113, 117, 199, 244, 248, 284 f., 363, 369, 379, 381, 447, 449, 453, 455 f., 502, 504
Quicumque, Symb. 88, 369, 373, 490, 498

Rade, M. 319, 438
Ragaz, L. 75, 76

Rinckart, M. 512
Ritschl, A. 82, 151, 180, 244 f., 293, 297, 396, 438, 440, 443, 466, 491
Romanus, Cat. 67, 70, 81, 368
Rothe, R. 281, 298
Rupprecht, J. 73

Sabellius 372
Savoy-Deklaration 38
Seeberg, R. 241, 281, 469, 513 f.
Servet, M. 320, 327, 439
Siegfried, Th. 128 f., 312
Smend, J. 64
Söhngen, G. 6
Spalding, J. 438, 441
Speratus, P. 111
Spranger, E. 193 f.
Sylvester, Archimandrit 502

Schaeder, E. 218 f., 228, 264
Scheeben, J. M. 39, 70, 380, 386, 506
Scheel, O. 332
Schelling, F. W. J. 357, 362
Schian, M. 223
Schlatter, A. 24, 318, 357
Schleiermacher, F. 8, 19, 35, 36, 37, 63, 81, 131, 132, 151, 160, 200, 207, 209, 212, 220, 272, 293, 298 f., 319, 320, 327, 372, 378, 422, 431
Schmidt, H. 335
Schmidt, K. L. 420, 422
Scholz, H. 7, 17, 203
Schumann, K. Fr. 20
Schweizer, A. 37, 117, 293, 298 f., 319

Straßburger Synode 101
Strauß, D. Fr. 378
Stephan, H. 438, 440

Tertullian 12, 99, 105, 173, 281, 368, 375, 384, 389, 451, 473, 490, 501
Tetrapolitana, Conf. 34
Thomas v. Aquino 5, 16, 21, 23, 24, 34, 40, 75, 87, 199, 241, 244, 252, 281, 283, 293, 326, 357, 358, 363, 373, 376, 380, 385 f., 390, 393 f., 413, 453, 456, 458 f., 460, 466, 494, 496, 499
Thurneysen, E. 56, 255, 322, 346
Tillich, P. 48, 55, 63, 64, 65, 75, 76, 137, 142, 191, 327
Titius, A. 8
Toletanum, Conc. IX. 369
     „   „   XI. 368, 373, 390, 414

Toletanum, Conc. XII. 369
Traub, F. 198
Tridentinum, Conc. 35, 68, 70, 96, 108
Troeltsch, E. 151, 266, 293, 319, 347
Turrettini, F. 5, 22, 117, 127, 199, 326, 331, 498, 502
Twesten, A. 82, 357

Vaticanum, Conc. 14, 77, 282, 289
Vilmar, A. F. C. 6, 72, 82, 299
Vinzenz v. Lerinum 14, 34
Voltaire 442

Waläus, A. 5, 199
Waldensibus praescripta, Prof. fidei 67
Weiß, J. 426
Wendelin, M. F. 199
de Wette, M. L. 36
Winkler, R. 179, 220, 223
Winzen, D. 70
Wobbermin, G. 6, 19, 36, 135, 179, 203, 218, 220 f., 222 f., 228, 244, 248, 255, 267, 272, 330, 356
Wöllner, J. Chr. 266

Zwingli, U. 24, 156, 292

III. BEGRIFFE

Abendmahl 90
  Transsubstantiation? 90, 96
Berufung 59, 153, 155, 165, 303, 349, 407
Buße 408
Bilderverbot 340
Christen 197, 233
Christus vgl. Jesus Christus
Dogma
  Autorität 436
  Befehl 281, 285 f.
  Begriff 10, 280 f.
  „eschatologisch" 284
  u. Kirche 288
  Lehrsatz? 281, 285
  u. Offenbarung 327
  „Offenbarungswahrheit"? 281 f.
Dogmatik
  Aufgabe 1 f., 73 f., 280, 296 f., 325 f.
  Begriff 10, 261 f.
  Berufung 18 f., 303
  u. Dogma 289 f., 327
  Erkenntnisweg 42 f., 305 f.
  u. Gebet 23
  u. Glaube 16 f., 86, 289
  „Glaubenslehre"? 280
  irreguläre 293 f.
  u. Kirche 16, 77, 290
  u. Kulturproblem 300 f.
  „Laien" 79
  u. Offenbarung 86 f.
  „Offenbarungswahrheit"? 14, 88, 285
  Prolegomena
    Notwendigkeit 24 f.
    Möglichkeit 35 f.
    Problem 305 f.
  ihre Rechtfertigung 302 f.

  reguläre 292 f., 295
  als Schule 81 f.
  u. kirchliche Verkündigung 73 f., 263 f. 296 f.
  u. außerkirchliche Verkündigung 83
  Wahrheitserkenntnis 10 f.
  Wissenschaft 2 f., 291 f., 296 f., 304, vgl. Theologie (und Philosophie)
    vgl. Hl. Schrift, Theologie, Katholizismus, Modernismus
Dreieinigkeit
  Appropriation 393 f., 415 f., 465, 497
  Begriff 388 f.
  „Dreifaltigkeit"? 389
  Dreiheit 373 f.
  Einheit 368 f., 373, 386, 415 f.
  Homousie vgl. Wesensidentität
  „ökonomische" u. „immanente" 352, 503
  Offenbarung 311 f., 319 f., 328 f., 392 f., 410, 411, 430 f., 435, 450, 468, 487, 489, 497, 503
  opera ad extra 391 f., 395, 417, 465, 495, 503
  Perichorese 390 f., 417, 509
  „Personen" vgl. Seinsweisen
  Relationen 384 f., vgl. Seinsweisen
  Seinsweisen 315, 318, 352, 369, 374, 378 f., 386, 390, 413, 430 f., 434 f., 450 f., 492 f., 497, 499 f., 510
  Unbegreiflichkeit 320, 387, 391 f., 450, 454, 499 f., 513 f.
  Ursprungsbeziehungen vgl. Seinsweisen
  Wesensgleichheit 370, 414, 461
  Wesensidentität 370, 414, 460 f., 506 f., 510 f.

vgl. Trinitätslehre, Vater, Jesus Christus, Geist Hl.
Erfahrung vgl. Wort Gottes, Geist Hl., Glaube
Erkenntnis 195, vgl. Wort Gottes
Erlebnis, rel. 200 f., 218
Erlösung 147, 430, 485 f.
Erwählung 49, 17 f., 153, 155, 160, 163, 165, 407 vgl. Gnade
Eschatologie 486 f.
Exegese vgl. Hl. Schrift
„Frömmigkeit" 35, 212, 223, 225, 228, 231, 308, 398
Gebet 23, 49, 76, 77, 101, 243, 488 f., 513
Geist, Hl. 155 f., 189 f., 342 f., 470 f.
    Gottheit 342 f., 472, 482 f., 490 f., 512 f.
        Klauseln des Symb. Nic. Const. 492 f.
        Herrschaft 492
        Schöpfer 494 f.
        Ausgehend v. Vater u. v. Sohn (*spiratio, Filioque*) 496 f.
        Angebetet mit d. Vater u. d. Sohn 511 f.
    u. Jesus Christus 473 f., 497
    Werk 342 f., 475 f.
        Erkenntnis u. Gehorsam 189 f., 475, 484 f.
        Belehrung u. Leitung 476 f.
        Dienst Gottes 477 f.
        Freiheit für Gott 473, 478 f.
        Gotteskindschaft 407, 471, 480 f., 485 f., 509 f.
    vgl. Dreieinigkeit, Trinitätslehre
Gericht 168, 186 f., 209, 467 f.
Gesetz 186
Glaube
    analogia fidei 11, 257 f., 460, 480
    „Anfechtung" 192, 206
    Erfahrung 185, 190, 206 f., 250, 256
    Erkenntnis 239 f.
    fides quae und *fides qua creditur* 218, 248
    fiducia 246 f.
    Gabe Gottes 258, 471 f.
    Gegenstand 17, 241 f., 250 f., 258 f. vgl. Glaube (Verheißung)
    Gehorsam 166 f., 209, 215, 264, 475
    u. Hl. Geist 189 f., 475, 484
    Gewißheit 482 f., 486, 488
    Gottförmigkeit 251 f.
    „Hohlraum" 255 f.
    u. Mystik 186, 222, 232 f.
    πίστις 240 f.
    Verheißung 229, 275, 486
    Wunder 234, 254, 259 f.
    vgl. Wort Gottes, Geist Hl.
Gnade 41, 68 f., 120, 123, 155, 175, 202, 253 f., 391, 429, 431 f., 467 f.
Gott
    Eigenschaften 382, 434 f.
    Einheit 315, 368
    Erlöser 147, 470 f., vgl. Erlösung
    Freiheit 102, 120, 123, 144, 163, 165, 323 f., 337, 339, 342, 391, 456
    Heiligkeit 340
    Herrschaft 146, 162, 323 f., 331, 337, 342, 351, 369, 405 f., 409, 445, 492
    „Hypostasen" vgl. Eigenschaften
    Liebe 144, 430, 456, 493 f., 504, 507, 115
    Name 146, 334, 339, 368
    Persönlichkeit 143, 370, 378, 512
    Schöpfer 146, 409 f., 434, vgl. Schöpfung
    Unbegreiflichkeit 391
    Unterschied, qualitativer 426, 512
    Versöhner 147, 419 f., 434, vgl. Versöhnung
    Werk 391
    Wesen 369, 391, 456
    Wille 407 f., 456, 469
    Zorn 187, 431
    vgl. Dreieinigkeit, Trinitätslehre, Vater, Jesus Christus, Geist Hl.
Heiligung 183, 472, 487 f., 513
Jesus Christus
    Auferstehung 341, 408
    beneficia Christi 440 f.
    Christologie 43, 96, 131 f., 179, 309, 329, 341, 372
    u. Hl. Geist 474
    Gottheit 332 f., 341, 405 f., 422, 424 f., 431 f., 435 f.
        Klauseln des Symb. Nic. Const. 444 f.
        Der eine Herr 445 f.
        der einziggeborene Sohn Gottes 446 f.
        vom Vater vor aller Zeit gezeugt 447 f.
        wahrer Gott vom wahren Gott usw. 450 f.
        gezeugt, nicht geschaffen 452 f.
        einen Wesens mit dem Vater 460 f.
        Schöpfer 464 f., vgl. 410

Jungfrauengeburt 510
  u. d. Kirche 2 f., 11, 14, 41, 49, 57, 97 f., 103, 215, 275, 350, 397
  Menschheit 138, 163, 180, 341, 405, 452
    Wort u. Tat 420 f.
      Leiden u. Sterben 407 f.
  Offenbarung 122 f., 405, 411, 429 f., 433
  u. d. Vater 332 f., 338 f., 454 f., 462 f., 470, 508, 510 f.
  Wiederkunft 123, 142
  Wort Gottes 110, 116, 141 f., 159, 260 f., 405, 457 f.
  vgl. Dreieinigkeit, Trinitätslehre
Katholizismus, römischer 33, 35
  character indelebilis 100
  Dogma 280 f., 285 f.
  Dogmatik 14, 39 f., 281 f., 286 f.
  Gnade 69 f.
  Kirche 69, 77
  Lehramt 271 f.
  Magie ? 70
  opus operatum 70 f.
  Sakrament u. Predigt 65 f.
  Schrift, Hl. 108 f., 271, 274
  Sukzession 99 f., 105 f.
  Tradition 107, 271
  Vikariat 99 f.
  vgl. Theologie (natürliche)
Kirche
  Amt 97 f.
  Gebet 76 f., 101
  Glaube 16, 110
  Jugendunterricht 1, 51, 54, 78, 82
  Mission 159
  u. Hl. Schrift 15, 103 f., 120, 267 f., 274 f.
  Sichtbarkeit 49, 398
  Sozialarbeit 1, 50 f., 54, 78, 83
  u. Theologie 1 f., 78, 290
  Tradition 35, 107
  Sukzession 99 f., 105 f.
  Vikariat 97, 105
  Verantwortlichkeit 23
  u. Welt 48, 75 f., 160 f.
  vgl. Jesus Christus, Wort Gottes, Verkündigung
Leben, ewiges 409, 487
Mensch
  Existenz 18 f., 36 f., 129 f., 213, 220, 230, 409 f., 466 f., 475 f., 478 f., 491
  Gefühl 210 f., 212, 215
  Gewissen 210 f., 212, 215

imago Dei 251 f.
  Intellekt 139, 211, 214, 241
  psychol. Randgebiete 212
  Selbstbestimmung 209 f., 217, 258
  status integritatis et corruptionis 135
  Wille 210 f., 212, 215
  vgl. Theologie (natürliche: Anthropologie)
  vgl. Wort Gottes
Modernismus 33 f.
  Aufklärung 35, 265, 347, 348, 441
  Dogmatik 35, 264 f., 266 f.
  Hl. Schrift 108, 128, 272
  Verkündigung 62 f.
  vgl. Theologie (natürliche)
Offenbarung
  Akt, göttl. 339, 348
  Begriff 308 f.
  Bund 110 f., 335
  Einheit im AT und NT 336 f.
  Geschichte 118 f., 150 f., 314, 333, 343, 448
  Gestalt 333 f.
  Gott als Subjekt 258, 311 f., 320, 329, 403 f., 431, 484 f., 491, 513
  Mitteilung 342 f.
  u. Schrift, Hl. 119, 154, 311, 321 f.
  „Offenbarungen" ? 309, 337, 342, 350 f., 446
  „Offenbarungswahrheit" ? 14, 88, 281 f., 285 f.
  Verhüllung u. Enthüllung 175, 180, 315, 338 f., 383
    Gott an sich u. Gott für uns 177 f., 437 f.
    Mysterium 122, 171, 320, 430
    Tod u. Auferstehung 408
  u. Verkündigung 101 f., 124, 154, 321
  vgl. Dreieinigkeit, Jesus Christus, Geist Hl., Wort Gottes
Prädestination, vgl. Erwählung, Gott (Freiheit), Offenbarung (Gott als Subjekt)
Predigt 52, 56 f., 71 f., vgl. Verkündigung
Rechtfertigung 183, 241 f., 254, 67, 513
Rede von Gott 1 f., 15, 47 f.
Reformation 111
„Religion" vgl. „Frömmigkeit"
Religionsgeschichte 227, 361
Sabbat 340
Sakrament 56 f., 60 f., 71 f.
Sünde 110 f., 147, 231, 270, 289, 428 f., 467, 479

III. Begriffe

Schöpfung 133 f., 146, 338, 404 f., 452 f., 497
  durch d. Hl. Geist 494 f.
  durch Jesus Christus 410, 464 f.
  aus dem Nichts 409, 434
  u. Offenbarung 495
  u. Vaterschaft Gottes 410, 464 f.
  u. Versöhnung 433, 452, 468 f.
Schrift, Hl.
  Apostolat 105 f., 109 f., 114 f., 117 f., 150, 153, 277 f., 322 f., 477 f.
  Autorität 273 f.
  u. Dogmatik 15, 34, 43, 264 f., 305 f., 311, 326 f.
  efficacia extra usum? 113, 159
  Exegese 15, 78, 82, 108 f., 190, 278
  Geschichtlichkeit, Sage, Mythus? 343 f.
  u. Glaube 110 f., 276 f., 327
  Inspiration 115 f., 127
  Jesus Christus 110 f., 118 f.
  Kanon 103, 107, 109 f., 114, 118, 121
  Schriftlichkeit 107
  u. kirchl. Verkündigung 103, 125 f., 263 f., 305 f.
  Prophetie 53, 105 f., 109 f., 114 f., 117 f., 150, 153, 277 f., 340
  vgl. Kirche, Wort Gottes, Offenbarung
Taufe 159, 237 f., vgl. Trinitätslehre
Theologie
  Begriff 1, 284 f.
  theologia crucis 13, 173, 186
  Disziplinen 3, 367
  Gewißheit 12, 225 f., 235 f.
  theologia gloriae? 173, 185, 186, 276, 289
  Gnosis? 85, 290, 296 f.
  Häresie 30 f., 303 f., 397
  „Kritische Frage" 12
  u. Moral 270
  natürliche Theologie 134, 160, 200, 411
    „Anknüpfungspunkt" 26, 249, 251, 257
    analogia entis 40, 123, 175, 180, 252, 255, 257, 353 f., 459
    Anthropologie 35 f., 41, 130, 145, 166, 177 f., 204, 213, 251
    Apologetik 25 f., 361
    Apriori, rel. 201
    „Eristik" 25, 28 f.
    „existentielles Denken" 18 f., 36 f.
    Ontologie 35 f., 41
    „Vorverständnis" 36, 133
    „Uroffenbarung" 354
    Zirkel, religionspsychol. 135, 443

„Offenbarungstheologie" 266 f., 444
  u. Politik 270
  u. Philosophie 38, 86, 128 f., 131 f., 171, 206, 209, 231, 270, 300 f., 312 f., 359, 388, 398, 411 f., 505; vgl. Dogmatik (Wissenschaft), Theologie (natürliche)
  „positive" 168 f., 266 f.
  „Rationalisierung" 312, 388
  scientia practica 199 f.
  Sprache 358 f., 364 f., 387 f., 450
  „theozentrische" 223
  als Verkündigung 51
  Wissenschaft vgl. Dogmatik
  vgl. Kirche

Trinität vgl. Dreieinigkeit
Trinitätslehre
  Adoptianismus 372
  ihre Aktualität 328
  Antitrinitarismus 370 f.
  Begriff 324
  u. Christologie 179, 332
  in d. Dogmatik 43, 316 f., 400
  Doketismus 423 f., 433, 443 f., 462
  Ebionitismus 422 f., 433, 443, 462
  Drei Gestalten des Wortes Gottes 125, 367
  u. Gottesbegriff 317 f., 329
  u. Kirche 325, 396
  Modalismus 329, 372, 380, 402, 417, 418, 461, 490
  Monarchianismus 372
  Monotheismus 370 f., 373
  u. Offenbarung 309, 311 f., 325, 328 f., 351, 353, 400 f., vgl. Dreieinigkeit (Offenbarung)
  in d. Reformation 399, 437 f., 501 f.
  Sabellianismus 372, 375, 377
  u. Hl. Schrift 312 f., 319, 325, 331, 351, 392, 396, 400 f., 436
  Sinn 395 f.
  Spekulation? 317, 352, 437, 441 f.
  Subordinatianismus 372, 401 f., 506
  Taufformel 368, 399
  u. theol. Disziplinen 367
  Tritheismus 370, 388, 461, 506
  Vestigium trinitatis 353 f., 384, 393
    Bewußtsein, menschl. 357, 362
    Geschichtsphilosophie 356, 362
    Kultur 355 f.
    Natur 355
    Religionsgeschichte 356, 361

vgl. Dreieinigkeit, Vater (Gott), Jesus
    Christus, Geist Hl.
Vater (Gott)
    Vater Jesu Christi 328, 411, 452 f.,
        462 f.
    als Schöpfer 405 f.
    unser Vater 412 f., 480 f.
    Ursprung d. Hl. Geistes 500 f.
    vgl. Dreieinigkeit, Trinitätslehre
Verkündigung, kirchl. 52 f., 74, 120
    Auftrag 55 f.
    ihr Gegenstand 93
    ihr Kriterium 94 f., 263 f., 401
    als Menschenwort 1, 47 f., 73 f., 91 f.,
        96 f., 282
    als Tat Gottes 95 f.
    Verheißung 59 f., 110
    ihre Wahrheit 289
    vgl. Offenbarung, Predigt, Sakrament,
        Hl. Schrift, Wort Gottes
Versöhnung 122, 146, 427 f., 433, 446, 481
    vgl. Jesus Christus, Offenbarung,
        Schöpfung
Wiedergeburt 18, 90, 153, 233, 407 f., 471,
    480, 509
Wort Gottes
    Absichtlichkeit 144 f., 214
    Anerkennung 214 f., 450
    Begriff 136
    concretissimum 141, 145, 155, 165, 262
    Einseitigkeit 180 f., 216
    u. Erfahrung 206 f., 244

göttl. Entscheidung 162 f., 215
menschl. Entscheidung 166 f., 215
Erkennbarkeit 194 f.
Erlöserwort 147
Geheimnis 168 f., 459
Geistigkeit 138 f., 214
Geistlichkeit 182 f., 217
u. Geschichte 148 f., 162
Gestalt u. Gehalt 189 f.
Gewalt 155 f., 215, 468
u. Glaube 113, 123, 159, 166 f., 183,
    186, 188 f., 234 f., 236, 242, 258, 269,
    471
Gleichzeitigkeit 150 f.
Herrenwort 146, 289, 468
u. Kosmos 160 f., 172
u. d. Mensch 198 f., 468, 471
Persönlichkeit 141 f.
als Offenbarung 120 f., 307 f., 321, 429,
    457
als Rede 136 f.
als Schöpferwort 146 f., 468
u. Hl. Schrift 112 f., 116, 121, 124, 143,
    278, 307
als Tat 148 f.
Unbegreiflichkeit 262 f.
als Verkündigung 90 f., 120 f., 263 f.,
    307 f.
Versöhnerwort 147, 468
s. Wahrheit 140, 224 f., 321 f.
Welthaftigkeit 171 f., 216
Wirklichkeit 163 f.
vgl. Jesus Christus